Beisheim

Distribution im Aufbruch

Distribution im Aufbruch

Bestandsaufnahme und Perspektiven

herausgegeben von

Prof. Dr. Otto Beisheim

Verlag Franz Vahlen München

Die Deutsche Bibliothek - CIP-Einheitsaufnahme

Distribution im Aufbruch : Bestandsaufnahme und Perspektiven /
hrsg. von Otto Beisheim. - München : Vahlen, 1999
ISBN 3-8006-2375-7

ISBN 3 8006 2375 7

Satz: DTP-Vorlagen des Herausgebers
Druck und Bindung: Kösel, Kempten
Umschlag: simmel-artwork, Offenbach
Gedruckt auf säurefreiem, alterungsbeständigem Papier
(hergestellt aus chlorfrei gebleichtem Zellstoff)

Am Vorabend der Jahrtausendwende: ein Gespräch mit Freunden und Kollegen

Schon immer faszinierten „runde Zahlen" die Menschheit. Optimisten lassen sie regelmäßig auf den Beginn einer neuen, besseren Ära hoffen, und der Ängstliche deutet sie nicht minder reflexartig als Vorboten dieser oder jener Apokalypse. Deshalb kann es eigentlich nicht überraschen, daß der „Code 2000", der immerhin für eine **Jahrtausendwende** steht und eine neues Millennium einläutet, Menschen und Medien bewegt. Daß und in welchem Maße aber diese an sich unscheinbare Zahlenkombination plötzlich auf viele eine geradezu **magische Wirkung** auszuüben scheint, erstaunt mich gleichwohl. Wer bislang davon überzeugt war, in einer Zeit der Aufklärung zu leben, in der Vernunft an die Stelle von Aberglauben getreten ist und das Streben nach Selbstbestimmung mittelalterliche Schicksalsergebenheit verdrängt hat, mag sich angesichts dieser weit verbreiteten irrationalen Stimmung fragen, ob die Erde wirklich eine Kugel ist.

Der Zufall will es, daß mein persönliches Jubiläum, das wir paradoxerweise gleichfalls als „rund" bezeichnen, mehr oder weniger mit der Jahrtausendwende zusammenfällt. Nun ist „der 75." alles andere als rund, und wer mich kennt, der weiß, daß es mir fern liegt, dieses Zusammentreffen von individueller und allgemeiner **Biographie** für persönliche Eitelkeit und Selbstdarstellung zu mißbrauchen. Wohl aber möchte ich die mir im Laufe eines langen Arbeitslebens zugewachsenen Möglichkeiten nutzen, um mich einer Aufgabe zu stellen, die meiner Position und dem Lebensabschnitt, in dem ich mich befinde, angemessen ist.

Als Kind der angeblich „goldenen Zwanziger" kenne ich das vergangene Jahrhundert nicht nur vom Hörensagen. Ich habe es miterlebt und im Rahmen meiner Möglichkeiten mitgestaltet; habe es genossen und mitunter auch erlitten. Zeitzeuge der letzten Epoche dieses turbulenten alten Jahrtausends zu sein, bedeutet für mich auch Glück - aber nicht nur. Ohne deshalb in die Rolle des Zauberlehrlings zu schlüpfen, der sich ängstlich fragt, wohin das alles führen mag, empfinde ich für die Gegenwart und vor allem für die Zukunft dieser Gesellschaftsform, die mir meinen beruflichen Erfolg erst ermöglicht hat, **Verantwortung** und **Verpflichtung**. Wer, wie ich, wiederholt erlebt hat, wie Irrationalität und Verzagtheit urplötzlich den gerade noch klaren Horizont verdunkelten und als Sich-selbst-erfüllende Prophezeiung Unheil brachten, darf kein stummer Zeitzeuge sein, muß Position beziehen. Und darum geht es mir.

Die Griechen taten es auf ihre unnachahmliche Weise und dokumentierten in der Pinakothek ihre Geschichte, d.h. ihre glorreiche Vergangenheit. Mein Anliegen ist die **Zukunft**. Nachdem wir gegenwärtig die vermutlich größte Umwälzung seit der industriellen Revolution erleben, verstehe ich durchaus, daß viele darüber hauptsächlich Unsicherheit und Unbehagen empfinden. Natürlich bestehen Risiken; man müßte ja blind sein, sie nicht zu erkennen. Mehr noch, auch wenn es paradox klingt: Man muß mutig sein, um Angst überhaupt empfinden zu können. Auf Dauer aber ist Angst kein guter Ratgeber, langfristig hilft nur der **rationale Diskurs**:

- Wie muß die zukünftige Welt beschaffen sein, um auch noch den nach uns kommenden Generationen Heimat zu sein?
- Welches sind die Themen, welches die Probleme des Aufbruchs?
- Wie läßt sich die Diskrepanz überbrücken zwischen dem Wunsch nach Verharren, der Gesellschaften mehr noch prägt als den Einzelnen, von Großunternehmen ganz zu schweigen, und dem Zwang zu Innovation, der unserem konkurrenzorientierten Wirtschaftssystem innewohnt?
- Wie müssen sich die marktprägenden Unternehmen organisieren, um auch im kommenden Jahrtausend ihre Existenz sichern zu können, zum Wohle ihrer Mitarbeiter und ihrer Kunden?
- Welche Rahmenbedingungen sollten die staatlichen Organe schaffen?

Wie viele mag es geben, deren persönliches Jubiläum mit der Jahrtausendwende zusammenfällt? Sicherlich unzählige; aber genauso sicher ist, daß nur wenige von diesen das Glück haben, auf derart viele Weggefährten zählen zu können wie ich, kompetent und loyal genug, um bei diesem Vorhaben ohne Zögern mitzutun. 82 Freunde, Kollegen und Partner haben mir geholfen, zurückzublicken und vorauszuschauen und mir damit zu diesem Ehrentag einen großen Wunsch erfüllt. Keiner, der meine Bitte abgeschlagen hätte. Ein **wundervolles Geschenk**, für das ich mich auch an dieser Stelle bei allen ganz herzlich bedanken möchte.

Wir alle, fraglos in unvergleichlicher Weise vom Schicksal begünstigt, haben in diesen turbulenten Zeiten eine Pflicht zu erfüllen: die Verzagten zu stützen und die Übermütigen, Leichtsinnigen zu bremsen. Soweit dazu die **Kraft der Gedanken** ausreicht, ist uns dies, so hoffe ich, gelungen. Versucht haben wir es jedenfalls. Entstanden ist eine eindrucksvolle Sammlung von Ideen, Analysen und Prognosen, eine Dokumentation der Vergangenheit und ein Zukunftsentwurf zugleich. Allen, die dazu beigetragen haben, nochmals mein tief empfundener Dank.

Otto Beisheim
Baar, am 3. Januar 1999

Inhaltsverzeichnis

Teil 4
Fundamente und Entwicklungslinien der Distribution

Teil 5
Zentrale Gestaltungsbereiche

5.1 Handelspolitik

5.2 Personalpolitik

5.3 Handelsforschung und Informationsverarbeitung

5.4 Beschaffungs- und Absatzmarketing

Teil 6
Electronic Commerce

Teil 7
Trends und Tendenzen

Teil 1
Aufbruch in das neue Jahrtausend

Der Mensch im modernen Dienstleistungs-System

Otto Beisheim

1 Die Zukunft hat schon begonnen

Wie vordergründig wir uns vielfach noch mit den konkreten Herausforderungen durch die Jahrtausendwende auseinandersetzen und wie fern uns bislang die „Welt nach 2000“ tatsächlich noch ist, beweist exemplarisch unsere **kollektive Kurzsichtigkeit**. Jedenfalls haben es die Hohenpriester unserer Zeit, die Informatiker, sträflicherweise unterlassen, den allgegenwärtigen elektronischen Gehilfen der Menschheit den simplen Befehl zu erteilen, die drei Nullen als Beginn des nächsten Jahrtausends zu begreifen. Auch sonst sind die Vorstellungen darüber, wie dieses strukturiert sein wird, zumeist kaum mehr als schemenhaft. Dabei sind und waren die **Zeichen der neuen Zeit** eigentlich nicht zu übersehen, jedenfalls nicht im Handel:

- Die **Unternehmenskonzentration**, wiewohl zumeist übertrieben dargestellt, nimmt doch unaufhaltsam zu und beläßt kleineren Anbietern, die nur in Nischen überleben können, immer geringere Marktanteile. Wie *Erwin Conradi* in seinem Beitrag ausführt, beschreibt der wohlfeile Kalenderspruch, „daß nicht mehr die Großen die Kleinen, sondern die Schnellen die Langsamen fressen", eben nur einen Teil der Wahrheit. In vielen Märkten muß, wer überleben will, groß **und** schnell sein. Wie das sprichwörtliche Schicksal der Dinosaurier belegt, bietet allerdings auch Größe für sich genommen keine Erfolgsgarantie, sondern ist nicht zuletzt eine Gefahr. Sie ist immer dann Teil des Problems, wenn es nicht gelingt, das Größenwachstum effizient zu steuern. Dazu müssen sich, wie uns der leider so früh verstorbene *Bruno Tietz* vor Augen führt, international agierende Dienstleister als **Dienstleistungs-System** organisieren.

- Die **Convenience-Orientierung** der Menschen hat ein früher kaum für möglich gehaltenes Ausmaß angenommen. Welcher Kunde akzeptiert heute noch das früher selbstverständliche Schlange-Stehen? Und wer in unserer „Instant"-Gesellschaft ist noch bereit, länger auf die Auslieferung einer Bestellung zu warten? Die Figur des Smart Shoppers, der sich in der Musikabteilung des Warenhauses ausführlich beraten läßt, um den gewünschten CD-Player sodann im Verbrauchermarkt preisgünstiger zu erwerben, ist leider keine Erfindung des Wirtschaftsjournalismus. Vielmehr verkörpert dieser Typus einen Trend, der für die zukünftige Handelsstruktur richtungsweisend ist: Die Masse der Kunden ist nicht länger bereit, für Mehr-Leistung auch mehr zu bezahlen, zugleich aber erwartet sie „Added Value". Insofern ist die Dienstleistungsgesellschaft für den Handel nicht nur eine Chance, sondern, wie *Roland Berger* es ausdrückt, auch Verpflichtung zur weiteren Professionalisierung: Er muß den Kunden maßgeschneiderte Problemlösungen anbieten - aber zu Preisen, die nur durch ein Höchstmaß an Standardisierung des Leistungsprozesses zu gewährleisten sind.

- Der Terminus **„Globalisierung"** ist, wie *Erich Greipl*, *Stefan Müller* und *Katja Gelbrich* in ihrem Beitrag faktenreich begründen, ungenau und weit übertrieben. Auch das geeinte Europa wird, wie *François Poncet* uns berichtet, zwar ein wirtschaftlicher Gigant sein, mitnichten aber die Insignien einer Supermacht besitzen. Dennoch bleibt festzuhalten, daß die Märkte zusammenwachsen und die nationalen Schranken nach und nach fallen. Die *METRO*-Gruppe bspw. erwirtschaftete 1998 ihren Umsatz zu 35% im Ausland, und andere Dienstleister tun es ihr gleich, so daß die Branche darin den Industrie-Unternehmen in keiner Weise mehr nachsteht. Natürlich bietet diese Entwicklung, wie es die Sonntagsredner und Phrasendrescher jeglicher Couleur auszudrücken belieben, Chancen zuhauf, und natürlich ist dieser Prozeß notwendig und unaufhaltsam. Aber genau so wahr ist, daß er, wie jeder Strukturwandel, auch Opfer kostet und Verlierer haben wird.

- Auf der unablässigen Suche nach **Effizienzpotential** steht die gesamte Wertschöpfungskette fortwährend auf dem Prüfstand. Getrieben und getragen von den geradezu unglaublichen informationstechnologischen Möglichkeiten dieser Zeit, die neben *Hans-Dieter Cleven* u.a. *Wolfgang Fritz* sowie *Sönke Albers, Claudius Paul* und *Matthias Runte* würdigen, erfaßt dieses Reengineering gleichfalls die in der Nachkriegszeit gewachsene, teils mehr, teils weniger effiziente Hersteller/ Handels-Beziehung. Auch hier wird es nicht nur Gewinner geben können. Damit die Strategien und Verhaltensweisen im Absatzkanal immer seltener konfrontativ und immer häufiger kooperativ sind (*Heribert Meffert*), benötigen wir, wie es *Ulrich Eggert* formuliert, **neue Kompetenzprofile**. Gefragt sind nicht mehr „nur" reine Fachkompetenz, sondern System-, Methoden- und insbesondere auch Sozialkompetenz. Dies gilt im übrigen keineswegs nur für die Mitarbeiter, sondern zunächst und vor allem für uns alle, die wir in vorderster Linie stehen und Verantwortung für das Ganze tragen. Im übrigen wird sich zeigen müssen, ob sich in der mittlerweile vierzigjährigen Geschichte des modernen Handels in der Bundesrepublik Deutschland, die *Hans-Otto Schenk* facettenreich vor uns ausgebreitet hat, das Electronic Shopping als ein „Meilenstein der Entwicklung oder als kostspieliger Irrtum" erweisen wird. Dem gleichfalls leider viel zu früh von uns gegangenen *Erwin Dichtl* verdanken wir hierzu einige - wie von ihm nicht anders zu erwarten - provokativ und gekonnt formulierte Überlegungen.

Wer in diesem Prozeß der Konzentration und der Umstrukturierung überleben will, muß die relevanten Tendenzen frühzeitig erkennen und darauf angemessen reagieren, indem er z.B. als Dienstleister zum **globalen Dienstleistungs-System** reift. Während *Horst Albach* in diesem Zusammenhang unsere Aufmerksamkeit auf die Rolle des innovativen Unternehmers, der das Vertrauen der Venture Capitalists gewinnen muß, fokussiert, betonen *Gerhard Fels* und *Cuno Pümpin* u.a. auch die Bedeutung des technischen Fortschritts. Einmal zum internationalen Player avanciert, vergrößert sich der Kompetenz- und Verantwortungsbereich des Dienstleisters erheblich; denn seine unternehmerischen Entscheidungen und Handlungen betreffen künftig viel mehr

Menschen viel nachhaltiger, als dies sich die meisten Firmengründer in der Nachkriegszeit je haben träumen lassen.

2 Entwicklung des Handels zum globalen Dienstleistungs-System

2.1 Vom traditionellen Eigentümer-Unternehmer zum modernen Systemlenker

Heute wissen wir, daß die Nachkriegszeit, in der auch der Grundstein für die *METRO*-Gruppe gelegt wurde, trotz - oder möglicherweise gerade wegen - ihrer Wirren und Entbehrungen ein guter Nährboden für **Unternehmerpersönlichkeiten** war. Daß ihnen aufgrund individueller biographischer Zufälle und der allgemeinen Zeitläufte die Tore der Universitäten häufig verschlossen blieben, erwies sich nachträglich gleichfalls nicht unbedingt als Nachteil. Was dieser Generation an systematischem Wissen gemangelt haben mag, mußte und konnte sie durch „Learning by Doing", durch Improvisationstalent und, was häufig unterschätzt wird, gesunden Menschenverstand ausgleichen. Mit einer rückblickend kaum mehr nachvollziehbaren Tatkraft und Entschlossenheit legten leidenschaftliche Einzelkämpfer und unternehmerische Pioniere damals den Grundstein für Imperien, die heute **von Einzelpersonen nicht** mehr **zu steuern** bzw. **zu beherrschen** sind. Zu Recht fordern deshalb *Ralf Witt* und *André Schimmel*, daß wir uns auch dieser Herausforderung stellen und das sich entwickelnde Feld des (systematischen) Wissensmanagements in unsere interne Weiterbildung integrieren müssen.

Wissenschaftler haben versucht, diesen Wandel mit Hilfe einer „Theorie der Firma" zu erklären. Demnach hat sich das vom Eigentümer geführte „unitarische" Unternehmen zum „Multi-divisionalen Unternehmen" entwickelt, das auf dem so erfolgreichen Prinzip der **Arbeitsteilung** beruht. Allerdings stellte sich bald heraus, daß diese Theorie das soziale Gebilde „Unternehmen" um so weniger beschreiben, geschweige denn erklären konnte, je komplexer dieses sich in Anpassung an die jeweilige Markt- und Wettbewerbssituation strukturierte. Und tatsächlich verlangt, wie jeder weiß, der jemals an verantwortlicher Stelle stand, Handeln in komplexen Unternehmen nach weit mehr als nach der Summe individueller Handlungen.

Lange bevor die als Paradigmenwechsel apostrophierte Gedankenwelt Mitte der achtziger Jahre populär wurde, hat der **systemorientierte Ansatz** der Betriebswirtschaftslehre, zu Beginn der sechziger Jahre formuliert, die Unternehmung als dynamisches, offenes, komplexes und zweckorientiertes System beschrieben. Dessen Überlebensfähigkeit hängt, und auch darin stimmen Theorie und Praxiserfahrung weitgehend überein, ganz wesentlich von Struktur und Qualität seiner **Beziehungen zur Außenwelt** ab. Wer sich die Organisation großer Unternehmen vor Augen führt, die auf vertikaler und horizontaler Ebene mit zahllosen anderen Marktteilnehmern interagieren, aber auch laterale Kooperationen eingehen, erkennt diesen Zusammenhang unmittelbar.

Groß geworden sind in den Gründerjahren viele mit einer durchschlagenden **Idee**; in meinem Fall war es bekanntlich das Cash & Carry-Prinzip. Dauerhaft überleben aber wird nur, wer in der Lage ist, ein komplexes, diversifiziertes und nicht zuletzt soziales Gebilde zu beherrschen: Eben das Unternehmung/Umwelt-System, das nach einem dynamischen Gleichgewichtszustand strebt. Die Figur des von einem ganzen Stab hochgradig spezialisierter und effizienter Manager unterstützten **Systemlenkers** verdrängt bzw. ersetzt somit die klassische solitäre Unternehmerpersönlichkeit. Wenn derzeit dennoch allenthalben der Ruf nach diesem einzelkämpferischen Entrepreneur laut wird, so ist dies angesichts der weitgehenden Erstarrung unserer Gesellschaft einerseits gewiß verständlich, wiewohl die Frage erlaubt sei, was denn genau Politiker jeglicher Provenienz meinen, wenn sie sich dabei fast zwanghaft auf *Schumpeter* berufen. Andererseits scheint sich dahinter aber auch die Sehnsucht nach der guten alten (Gründer-)Zeit und damit ein Mißverständnis zu verbergen. Erstens waren die Zeiten niemals „gut“, sondern immer schon schwierig, und zweitens haben sie sich geändert. Sie haben sich so dramatisch geändert, daß unternehmerischer Mut und die Tatkraft einzelner nicht länger genügen. Man denke in diesem Zusammenhang nur an das mittlerweile unglaublich eng gewobene, in den Beiträgen von *Marcel Kisseler* und *Gerhard Schricker* beschriebene Netz juristischer Vorschriften, Leitlinien und Restriktionen, die jede noch so dynamische Unternehmerpersönlichkeit lähmen, es sei denn, sie kann sich der Hilfe eines Expertenstabes versichern, der ihr gangbare Wege durch dieses Dickicht weist.

Mehr noch als alle anderen kann man angesichts der kaum vorstellbaren **Vielzahl von Beziehungen**, die sie zu Lieferanten und Kunden unterhalten, große Dienstleistungsunternehmen als System begreifen. So arbeiten die Betriebe der *METRO*-Gruppe allein in Deutschland mit mehr als 11 000 Waren- und Dienstleistungslieferanten regelmäßig zusammen. Und die Zahl der Kunden, die Tag für Tag die Märkte der verschiedenen *METRO*-Vertriebslinien für ihre Einkäufe aufsuchen, beläuft sich auf rund drei Millionen. Je intensiver wir zusammenarbeiten, um so mehr müssen wir lernen, mit anderen kompetent umzugehen. Die gängige These von dem erhöhten **Bedarf an Sozialkompetenz** bleibt jedoch Phrase, solange wir nicht erkennen, daß wir dazu unser gesamtes Aus- und Weiterbildungssystem erneuern und intensivieren - und insbesondere dieser Erkenntnis auch Taten folgen lassen müssen. Neben anderen erinnern uns *Wolfgang Mayrhofer* und *Erhard Mielenhausen* nachdrücklich daran.

Doch besitzt der Systembegriff im Dienstleistungssektor noch eine zweite, nicht minder wichtige Bedeutung: **Standardisierung** und beliebige **Reproduzierbarkeit** gleichartiger Vorgänge, z.B. in Gestalt von Systemvertrieb, Systemgastronomie etc. In einer Marktsituation, in der Wettbewerbsvorteile vielfach vor allem aus Zeit- und Kostenvorteilen erwachsen, spielt die kostenminimierende Systematisierung von Leistungen eine, vermutlich die entscheidende Rolle: Wenn es gelingt, einzelne Transaktionen, wie z.B. den Kassiervorgang, die Bestückung von Paletten oder die Retrodistribution, von ihrem jeweiligen speziellen Kontext zu lösen und sie beliebig zu multiplizieren und anderenorts modulartig und ohne aufwendige Vorlaufzeiten einzusetzen, dann lassen sich Einsparungen in unvergleichbarer Höhe erzielen; denn Transaktionen aller Art können so schneller und billiger ablaufen. Aus dieser entscheidenden Erkenntnis haben wir frühzeitig, d.h. seit Ende der sechziger Jahre, Konsequenzen gezogen. Indem sie diese Vorteile systematisch an ihre Kunden weitergibt, strebt die *METRO*-Gruppe natürlich einerseits nach einer starken Wettbewerbsposition. Andererseits war es mir immer bewußt, daß für den erfolgreichen Unternehmer daraus innerhalb des von *Otto Schlecht* kenntnis- und erfahrungsreich umrissenen Orientierungs- und Gestaltungsrahmens der **Sozialen Marktwirtschaft** vor allem auch Verantwortung erwächst.

2.2 Konsequenzen des Wandels

Der Handel hat im Verlauf seiner **Geschichte** eine erstaunliche Entwicklung genommen: Wenn *Erich Kaufer* in diesem Band den Fernhandel des europäischen Mittelalters beschreibt, der nicht nur Güter austauschte, sondern implizit auch Wissen über unterschiedliche Formen von **Kultur** und **Zivilisation**, so hat dieses Bild auf den ersten Blick recht wenig mit dem dichten Netz von Lebensmittel-Läden zu tun, welches die Bundesrepublik Deutschland in der Nachkriegszeit prägte; *Rolf Spannagel* und *Helmut Bunge* erinnern daran. Noch schwerer aber fällt es, eine offensichtliche Analogie zu der später einsetzenden Flächenexpansion im Handel und seiner Entwicklung zum modernen Systemdienstleister zu erkennen. Dieser Prozeß nämlich hatte und hat vor allem eines im Sinn: Transaktionskosten zu verringern und das Distributionssystem so effizient bzw. reibungslos „wie eine Maschine" funktionieren zu lassen.

Selbstverständlich bin ich mir bewußt, daß diese unvorsichtige Formulierung Maschinenstürmer und berufsmäßige Kritiker geradezu einlädt, die Entwicklung des Handels über die Jahrhunderte hinweg mit einer schleichenden Entmenschlichung gleichzusetzen. Der, wie *Marco Polo* oder die *Fugger*, im Laufe der Geschichtsschreibung verklärte Intermediär von Kulturen und Lebensweisen vergangener Zeiten zur kalten Shareholder-Value-Maschine des 3. Jahrtausends degeneriert! Zugegeben: die fortschreitende Loslösung von menschlicher Arbeitskraft und die Hinwendung zur primär technologiegestützten Transaktion scheint die von der Organisationstheorie geprägte Metapher vom **„Unternehmen als Maschine"** zu bestätigen. Dennoch - oder gerade deshalb - seien einige differenzierende Gedanken erlaubt:

- Der Strategie, Personal durch Fläche und effiziente Präsentationsformen zu ersetzen, verdanken die Discounter ihren Siegeszug. Und der Verbraucher hat sich darauf eingestellt. War es bspw. vor Jahren noch in weiten Teilen der Bevölkerung verpönt, bei *Aldi* einzukaufen, so sind mittlerweile die Einkaufsbeutel der Discounter für viele zum Statussymbol avanciert, das sie als **Smart Shopper** ausweist. Für dumm wird umgekehrt gehalten, wer mehr bezahlt, als scheinbar nötig. Die Folgen dieses u.a. auch von *Hermann Diller* beschriebenen Wertewandels sind nicht zuletzt in den Innenstädten zu sehen, über deren Verödung viele klagen. Auf der ominösen „Grünen Wiese" hingegen entstehen immer neue, großflächige Betriebsformen, wie *Ursula Altenburg* in ihrem Beitrag exemplarisch für Leipzig nachweist. Leidet also die Infrastruktur unserer Städte in nicht mehr kompensierbarer oder unumkehrbarer Weise unter dem Strukturwandel des Handels? Oder ist dieses Szenario übertrieben und die Beziehung zwischen Innenstadt und „Grüner Wiese" keine Frage des „Entweder-oder", sondern vielmehr eines arbeitsteiligen „Sowohl-als-auch", wie *Rainer P. Lademann* es formuliert?

- Wie andere Handelsunternehmen sucht auch die *METRO*-Gruppe ständig, die **Wertschöpfungskette** zu straffen: Sie trennt sich von ineffizienten Zulieferern oder nimmt den Herstellern Leistungen (z.B. Direktabholung, Sammel- und Distributionslogistik, Branding) ab, wenn sie diese selbst effizienter erbringen kann. *Dieter Ahlert* führt zahlreiche Beispiele für die erfolgreiche Rückwärtsintegration von Handelsunternehmen an. Diese müssen jede Transaktion ständig prüfen, weil es gerade die Schnittstellen sind, die mit Abstand das größte Sparpotential bieten. Dafür stellt das Controlling ausgeklügelte Methoden zur Verfügung, die *Thomas Günther* in seinem Beitrag vorstellt. Und schon sehen sich die professionellen Kritikaster erneut bestätigt. Wenn wir offensichtlich nichts anderes im Sinn haben, als darüber nachzudenken, wie die Handelsfunktionen möglichst effizient - im Extremfall gar weitestgehend ohne das Zutun von Menschen - ablaufen können, welch anderes Ziel als das der Entmenschlichung dieser wichtigen Lebenssphäre verfolgen damit die Verantwortlichen?

- Das **Internet** wird, so stellen es uns jedenfalls neben vielen anderen *Friedrich Roithmayr* sowie *Kerstin Fink* in diesem Buch in Aussicht, (nicht nur) das Handelsmarketing revolutionieren. Von den einen als Zugang zur „schönen neuen Welt" gefeiert, von den anderen als überschätzte technische Spielerei abgetan, soll es uns in die Lage versetzen, individuelle Leistungspakete für die Kunden zu schnüren und deren Loyalität zu stärken, ohne auf die (Kosten-)Vorteile des traditionellen Massenmarketing verzichten zu müssen.

  Es liegt mir fern, das Potential des World Wide Web - vermutlich die wichtigste Erfindung seit dem Telefon - in irgendeiner Weise in Frage zu stellen. Dennoch haben mich die in meinem Berufsleben gesammelten Erfahrungen gelehrt, gerade leise Zweifel nicht zu überhören. Seit den Anfangsjahren verdankt die *METRO*-Gruppe ihre Erfolge in beträchtlichem Maße ihrem überlegenen Informationsmanagement, dessen Fortentwicklung zum integrierten Informationsmanagement *Eric Schoop* aus wissenschaftlicher Sicht beschreibt. Deshalb bin ich der letzte, der die Chancen, die der „Gläserne Konsument" nicht zuletzt den Verbrauchern bietet, bestreiten würde. Allerdings besitzt ein **virtueller Kontakt** bei weitem nicht den Informationswert eines **physischen Kontakts**. Ob Mimik, Gestik oder ein kurzes Zögern bei der Antwort: In zahllosen Verhandlungen mit Geschäftspartnern und Kunden lernt der erfahrene Praktiker, diese **informellen** Signale zu interpretieren und zu schätzen, sprechen sie doch häufig Bände und enthüllen die eigentliche Intention des Gegenübers: Ein Mehrwert, den kein elektronisches Signal bieten kann. Lassen uns also die neuen Medien sozial verarmen und entgehen uns dadurch, geblendet oder überlastet von der häufig tauben Informationsfülle, nicht die entscheidenden Informationen? *Franz-Rudolf Esch* liest nicht nur allen, die für die Handelswerbung verantwortlich sind, die Leviten (mangelnde Professionalität, Einfallslosigkeit etc.), sondern erinnert uns auch an das Paradoxon des Informationszeitalters: **Informationsmangel** durch **Informationsüberfluß**.

- Börsennotierte Unternehmen müssen ihre Leistung Tag für Tag unmittelbar an den Reaktionen der Anleger messen lassen, quantifiziert im kurzatmigen Auf und Ab der Börsenkurse. Mit der zunehmenden Vernetzung der **Finanzmärkte**, die

Kurt F. Viermetz in diesem Band schildert, zählen immer mehr professionelle Anleger aus Übersee zur Gruppe unserer Shareholder. Und deren Performance wiederum bemißt sich allein an der (kurzfristigen) Rendite ihrer Fonds. Laufen wir deshalb Gefahr, im Buhlen um die Gunst dieser kaum dem College entwachsenen „Eierköpfe" zu vergessen, daß hinter all den Ziffern, Indices und Trends letztlich Menschen stehen, denen wir in der einen oder anderen Weise verpflichtet sind; sei es, weil sie unsere Mitarbeiter sind oder deshalb, weil es sich um Kunden handelt?

Roland Mattmüller diskutiert in seinem Beitrag („Image-Malus des Handels") die alten, stereotypen **Vorbehalte** und **Vorwürfe**, derer sich der Handel seit jeher erwehren mußte. In vergleichsweise kurzer Zeit hat der Strukturwandel - vor dem emotionalen Hintergrund der alten Klischees - einen bunten Strauß neuer und alter Vorwürfe, letztere nur in neuzeitlicher Verpackung, geflochten. Da verdrängt bspw. der böse Bube „filialisierter Handel" die guten alten Tante Emma-Läden. Allein die Wortwahl klingt verräterisch; selbstverständlich ist ein Schuft, wer seiner alten Tante ans Leder will. Auch läßt er gesichtslose Zweckbauten „auf der Grünen Wiese hochziehen" und würde, ließe man ihn gewähren, die Infrastruktur unserer Städte bald ganz zerstört haben, von der Arbeitsplatzvernichtung durch die Effizienz der von ihm unfairerweise eingesetzten neuen Technologien ganz zu schweigen.

All das, was man darauf entgegnen könnte, ist schon tausendfach gesagt und diskutiert worden. Daß grundlegende Veränderungen, so notwendig sie auch sein mögen, Ängste auslösen, die wiederum den Boden bereiten für Schuldzuweisung und regressive Tendenzen. Daß sich auch die sog. sozialen Strukturen fortwährend ändern und den jeweiligen Umfeldbedingungen anpassen müssen, weshalb der Vorwurf der Zerstörung sozialer Strukturen ebenso böswillig wie destruktiv ist, etc. Ich will mich deshalb im folgenden damit begnügen, der Frage nachzugehen, ob der **Mensch** oder das **Menschliche** tatsächlich, wie suggeriert wird, weitgehend aus dem modernen Dienstleistungs-System verdrängt wurde.

3 Rolle des Menschen im Dienstleistungs-System

Wenn ich behauptet habe, daß auch in modernen Dienstleistungs-Systemen der Mensch an erster Stelle kommt, so lassen sich dafür zunächst drei Gründe nennen:

(1) Nach wie vor erbringen Handelsunternehmen eine „Dienstleistung" und sind sich dessen auch bewußt. Wenn es gelingt, dank einer konsequenten Transaktionsko-

sten-Orientierung dem Kunden diese Leistung billiger und schneller als auf die „gute, alte Weise“ zur Verfügung zu stellen, so ist dies für viele ein **unschätzbarer Dienst** (vgl. Kap. 3.1).

(2) Gerade große Dienstleistungs-Systeme benötigen Partner. Ob wir nun bescheiden, wie *Ulli Arnold*, von Beschaffung sprechen oder im modischen Neudeutsch mit seinen wunderschönen Anglizismen von Outsourcing. Der Handel unterhält eine unglaubliche Fülle von Außenbeziehungen, die um so effizienter ablaufen, je mehr sie beiden Seiten dienen. Aber auch innerhalb eines Unternehmens ist der Partnerschaftsgedanke von eminenter Bedeutung (vgl. Kap. 3.2). Wenn *Josef Wieland* in seinem Beitrag **Partnerschaft** gar als integralen Bestandteil von Unternehmensethik betrachtet, so leitet er damit zu meinem dritten Argument über.

(3) Wir leben nicht mehr in der Zeit des Manchester-Kapitalismus, ganz abgesehen davon, daß dieser im Stammland des Rheinischen Kapitalismus niemals wirklich Fuß fassen konnte. Vielmehr zieren Bücher über Wirtschaftsethik die Bestseller-Listen, und die Hochschulen bieten einschlägige Kurse an - so als ob man ethisches Verhalten lehren könne. Unstrittig aber ist, daß, wenn alles sich verändert, auch Funktionen und insbesondere Erscheinungsformen **unternehmerischer Verantwortung** neu zu definieren sind. Einerseits läßt sich bedingungsloser Altruismus weder ökonomisch vertreten, noch verspricht eine solche Haltung dauerhaften Erfolg. Andererseits kann allein schon deshalb kein Unternehmen seine soziale Verantwortung ablehnen, weil tagtäglich in den Medien das Welttribunal mehr oder minder berufener Richter tagt und niemand Stärke sowie Einfluß der Stakeholder unterschätzen sollte (vgl. Kap. 3.3).

3.1 Dienstleistung im System: ein Widerspruch?

Die Maßgabe, Leistungen zu standardisieren, um Kosten zu senken, scheint die Dienstleistungsphilosophie zu konterkarieren: Lesen wir nicht in den Büchern und Artikeln z.B. von *Christian Homburg* oder *Volker Trommsdorff* über Kundennähe, Kundenbindung und Kundenzufriedenheit, daß wir dem Kunden dienen müssen, d.h. dessen individuelle Probleme lösen und dessen Erwartungen erfüllen sollten? Und schließen nicht **Individualität** und **standardisierte Dienstleistung** einander aus?

Natürlich ist das Streben nach Transaktionseffizienz Motor und Fixpunkt des Systemvertriebs. Was zunächst äußerst mechanistisch bzw. technokratisch und damit

„un-menschlich“ klingt, erweist sich bei näherer Betrachtung aber geradezu als notwendige Bedingung für Kundennähe. Diese Form von Kostenorientierung verhindert kundengerechte Dienstleistung nicht, sondern ermöglicht sie häufig genug erst.

- Alle einschlägigen Verbraucherbefragungen, aber auch die Tag für Tag an der Verkaufsfront gewonnenen Erfahrungen belegen es: Der Großteil der Verbraucher ist ganz eindeutig preisorientiert. Manche sind dies sicherlich auf eine vordergründige Weise; die weit überwiegende Mehrzahl jedoch sucht nicht grundsätzlich das billigste Angebot, sondern das aus ihrer subjektiven Sicht günstigste **Preis/Leistungs-Verhältnis**. Dieses nehmen sie als ein unzertrennliches Ganzes wahr und beurteilen eine Leistung nicht isoliert, sondern immer in Relation zu dem dafür zu entrichtenden Betrag. Und wenn die Verbraucher eine Leistung kostengünstiger erhalten können als zuvor oder von einem anderen Anbieter, ohne deshalb mindere Qualität hinnehmen zu müssen, dann erblicken sie darin einen wesentlichen Vorteil. Dieses zentrale Bedürfnis können Anbieter angesichts der bestehenden Kostenstruktur nur stillen, wenn sie durch eine systematische Analyse und Optimierung des Transaktionsprozesses konsequent Einsparpotential aufdecken und dieses dann nutzen. Nichts anderes ist ein Dienstleistungs-System.

- Transaktionseffizienz impliziert immer auch **Zeitgewinn.** Wir sprechen davon, in einer zunehmend convenience-orientierten Gesellschaft zu leben. Was anderes als Zeitgewinn verschaffen uns Tiefkühlkost, Lieferservice oder Quick Response, um nur einige Beispiele zu nennen? Wenn der Kunde eine Leistung also schneller erhält als zuvor oder als von einem anderen Anbieter, so ist auch dies eine Form von Dienstleistungsqualität. Eine wesentliche zumal, wie jeder, der z.B. schon einmal länger in einer Schlange (an der Kasse eines Supermarktes, bei der Vorverkaufsstelle eines berühmten Opernhauses etc.) warten mußte, weiß.

- Mehr noch als das zunehmend zu beobachtende **hybride Kaufverhalten** fordern **Smart Shopper** Flexibilität und Leistungsvermögen der Dienstleister heraus. Dieser Verbrauchertypus betrachtet es geradezu als eine „sportliche Herausforderung“, hochwertige Produkte preiswert einzukaufen. Zugleich ist er aber nicht bereit, den von ihm gleichwohl erwarteten Mehrwert an Leistung (z.B. an Einkaufsatmosphäre, Beratung) zu honorieren. Auch diese bislang als unvereinbar betrachteten Verbraucherwünsche kann dauerhaft nur erfüllen, wer **Transaktionskosteneffizienz** zur Leitidee seiner Unternehmensphilosophie macht, ohne darüber die menschliche Dimension des Leistungsprozesses zu vernachlässigen.

3.2 Partnerschaft im Dienstleistungs-System

Eine zentrale Erkenntnis der Systemtheorie lautet, daß ein System nicht losgelöst von seiner Umwelt betrachtet werden kann. In diesem Sinne ein Unternehmen als komplexes und offenes System zu beschreiben, das wiederum in ein Supersystem (d.h. in seine Umwelt) eingebettet ist, erscheint zunächst nur als eine belanglose, formale Analogie. Sie wird aber mit Leben erfüllt und für uns bedeutsam, wenn wir daraus ableiten, daß aus der Vielzahl von Beziehungen, die ein Dienstleistungsunternehmen unterhält, nicht zuletzt auch Verpflichtungen, Rücksichtnahmen und bisweilen auch Abhängigkeiten erwachsen. Nur im Kontext dieses **Beziehungsgeflechts** von Partnern, sowohl innerhalb als auch außerhalb des Unternehmens, kann ein „global" agierender Dienstleister seine Funktionen dauerhaft aufrechterhalten.

3.2.1 Partner innerhalb des Systems

Die großen Dienstleistungs-Systeme sind auf dem Prinzip der Partnerschaft aufgebaut worden, das wiederum auf dem Prinzip der **Arbeitsteilung** beruht: Die größere Einheit unterstützt die kleinere, Spezialisten stehen den Generalisten bei, die verschiedensten Funktionen ergänzen einander mit dem Ziel, Synergieeffekte zu schaffen. Als Dienstleister sind Handelsunternehmen in erster Linie auf das Know How ihrer Mitarbeiter angewiesen. Mag am Anfang auch die entscheidende unternehmerische Idee gestanden haben; dauerhaft können nur das Wissen, die Systemtreue, Methodenkenntnis und Innovationsfähigkeit von Managern und Mitarbeitern den Unternehmenserfolg sichern.

3.2.2 Partner außerhalb des Systems

(1) Andere Dienstleistungs-Systeme

Kooperationen bringen Marktkräfte zusammen, die einander dringend bedürfen, bisweilen gar in einer symbiotischen, jedenfalls in einer synergetischen Weise: Generalisten und Spezialisten, Kapital und Konzepte, bestehende Systeme und neue Geschäftsideen, die in traditionellen und in innovativen Geschäftsfeldern gesammelten Erfahrungen. Auch **Große** und **Kleine** lernen voneinander. Oft sind es erstaunlicherweise Großunternehmen, die am meisten davon profitieren, jedenfalls dann, wenn sie mit Partnern kooperieren, die noch von der Dynamik und Motivation des Firmengründers getragen werden. Daß unter ihrem Einfluß das größere, häufig schon stärker mit sich selbst beschäftigte und deshalb bürokratisierte System leichter Zugang zu den Neuerungen der Zeit gewinnt, ist relativ einfach zu erklären: Innovationen widersprechen zumeist dem traditionellen Denken und den formalen Routinen großer Unternehmen, die auch der natürlichen Risikobereitschaft des Einzelnen enge Grenzen setzen. Nicht zuletzt deshalb erweisen sich Partnerschaften, sei es in Form von Beteiligungen, Verträgen oder Allianzen, häufig als ein starker Wachstumsmotor.

(2) Kunden

Partnerschaft mit dem Kunden kann nur entstehen, wenn beide eine längerfristige Beziehung unterhalten, d.h. eine Transaktion nicht einmalig bzw. zufällig ist. Hat sich der Kunde von der Zuverlässigkeit und Leistungsfähigkeit eines Dienstleisters überzeugt, dann können beide buchstäblich aufeinander bauen. Und für den Dienstleister sind **wiederholte Transaktionen** Anlaß und Gelegenheit, über die betrieblichen und persönlichen Aufgaben bzw. Probleme seiner Kunden nachzudenken, „als wären es die eigenen". Was zunächst blauäugig oder vordergründig idealistisch klingt, erweist sich bei genauer Betrachtung keineswegs als übertrieben; denn es handelt sich ja auch um seine eigenen Aufgaben und Probleme: Abgrenzbare und relativ dauerhafte Kundenbedürfnisse sind nichts anderes als potentielle Geschäftsfelder des Dienstleisters.

Sicherlich muß jedes Unternehmen zunächst aus sich selbst heraus innovationsfähig sein. Genauso wichtig aber ist es, sich den Zugang zu anderen Quellen der Kreativität nicht nur offen zu halten, sondern diese, wie z.B. die **Hoch-** und **Fachschulen**, auch zum Sprudeln zu bringen. Darauf will ich später noch ausführlicher eingehen.

(3) Industrie

Wissenschaftler - allen voran die Statistiker - versuchen, die Wirtschaft mit Hilfe verschiedener Schemata in eindeutig unterscheidbare Bereiche einzuteilen: z.B. in einen primären, einen sekundären und einen tertiären Sektor. Andere grenzen **Sach-** und **Dienstleistungen** voneinander ab. Und wenn dann die reale Entwicklung die alte Ordnung sprengt, so werden schnell neue Schubladen erfunden, um das vertraute Weltbild aufrecht erhalten zu können. Eine dieser neuen Schubladen trägt das Etikett **„Wissen und Information"**, so als ob es sich um einen eigenständigen Sektor, neben dem der Dienstleistungen, handele. Dieses menschliche Bedürfnis, die Realität simplifizierend zu kategorisieren und zu typisieren, gleicht jedoch häufig dem Versuch, mit einem grobmaschigen Netz einen aufgeschreckten Bienenschwarm einzufangen - und verspricht kaum größeren Erfolg.

Tatsächlich sind die natürlichen Übergänge fließend und die **Abgrenzungskriterien ungenau**. Gelten nur solche Leistungen als „Dienst", die ein produzierendes Unternehmen durch Auftragsvergabe oder Outsourcing an Externe delegiert? In welchem Sektor sind solche Dienstleistungen zu verbuchen, die unternehmensintern für die Erstellung und den Vertrieb von Produkten erbracht werden? Dazu muß man bedenken, daß große industrielle Unternehmenskomplexe in ihrem Innenleben - Verwaltung, Finanzen, Entwicklung, Logistik, Marketing - eigentlich selbst große Dienstleister sind. Offensichtlich können also alle Analysen, und seien sie noch so klug und kunstfertig konzipiert, letztlich nicht mehr, als dem realen Trend hinterherzulaufen, gleichgültig, wie auch immer wir das jeweilige Gewicht der Sektoren messen wollen.

Zwischen der Industrie und den Dienstleistungs-Systemen der Distribution haben **Grenzüberschreitungen** Tradition. Die Markenartikelindustrie läßt sich geradezu definieren als ein System, in dem sich Produkt und produktnahe Dienstleistung unauflöslich verbunden haben, gleichgültig, ob simple Zahnpasta oder technisch anspruchsvolle Automobile hergestellt werden. Und dennoch bleibt der Weg des Produktes zum Käufer, die Distribution, eine klassische Dienstleistung. Je leistungsfähiger, größer und differenzierter sich der Handel dem Kunden präsentiert, je mehr sein Vertriebskonzept selbst ein Markenartikel ist, desto mehr emanzipiert sich der **Handel** von der Industrie. Längst schon beobachten wir vielfach einen **Rollentausch**: Aus dem Verteiler von Ware vergangener Zeiten ist ein moderner, hochgradig kompetenter Dienstleister geworden, der zunehmend auch solche Aufgaben aus der ursprünglichen Sphäre der Produktion übernimmt, die er effizienter bewältigt als diese.

Diese Verlagerung von Wertschöpfungsanteilen von der Produktion zur Distribution gehorcht naturgemäß keinem einfachen Entweder/Oder-Prinzip. Nehmen wir einmal das von *Cai Fischer* ausführlich geschilderte **Category Management** als Beispiel. Wenn es denn einst nicht nur als Pilotprojekt wie bisher, sondern flächendeckend etabliert sein wird, werden nur solche Hersteller/Handels-Verbünde die nächste Phase des Wettbewerbs bestehen, die gemeinsam entscheiden, jeweils orientiert am Kundennutzen. Ob man darin nun eine Win/Win/Win-Situation erblickt, wie manche sich auszudrücken belieben, oder nicht. Richtig daran ist: Markenpolitik, Verkaufsförderung und Werbung, Marktanalysen, Logistik oder Produktinformation - alles wird auf den Prüfstand gestellt und an der Frage gemessen werden: Wer kann diese Leistung am effizientesten erbringen? Dies gilt selbst für die von *Edeltraud Günther* diskutierte ökologisch bestimmte Ver- und Entsorgung, die bislang noch allzu normativ und zu wenig effizienzorientiert betrachtet wird. Gewiß versuchen die Akteure derzeit noch mit allerlei Tricks, die (Marketing-)Führerschaft in diesem Metasystem zu gewinnen und die Rolle des **Category Captain** zu übernehmen. Der unbestechliche Wettbewerb wird auch hier bald für die notwendige Klarheit sorgen.

Wenn man Dienstleistung also nicht als starren Sektor, sondern als **variable Kompetenz** auffaßt, dann folgt die Distribution nur ihrem natürlichen Recht, wenn sie sich „einmischt" in die Sphäre der Produktion. Wer sich noch immer den alten Grabenkämpfen verpflichtet fühlt, wird diese Grenzüberschreitung primär aus dem Blickwinkel „Konzentration" bzw. „Nachfragemacht des Handels" betrachten. Wer hingegen in die Zukunft schaut, erkennt darin nur die logische Konsequenz der Arbeitsteilung: Der jeweils Kompetentere - und das wird in diesem Fall derjenige sein, der in der Lage ist, seine Fähigkeiten und sein Wissen zu bündeln sowie systematisch und problemgerecht zu nutzen - soll und wird eine bestimmte Funktion übernehmen. In der einen Category wird es der **Hersteller**, in einer anderen jedoch der **Handel** sein.

3.3 Soziale Verantwortung als Voraussetzung erfolgreicher Unternehmensführung

Wenn sich der Handel zum globalen Systemdienstleister entwickelt, so verändert dies nicht nur seine Position im Wertschöpfungsprozeß. Die Akteure mußten auch erkennen, daß ihre Entscheidungen und Verhaltensweisen immer mehr Menschen betreffen, sei es direkt, sei es indirekt - und vor allem weit stärker, als man es sich vor 50 und selbst noch vor 20 Jahren überhaupt vorstellen konnte. Daher gilt es, aus der nunmehr **erweiterten Perspektive** und mit Blick auf die veränderten Rahmenbedingungen, das Kapitel „Verantwortung des Unternehmers" neu zu schreiben.

3.3.1 Wirtschaftsethik: ein Jahrtausende währender Diskurs

Das Spannungsfeld „Ethik und Wirtschaft" ist so alt wie das Wirtschaften selbst. Uns allen ist das Bild, wie *Jesus* zornentbrannt die Händler aus dem Tempel treibt, noch aus der Zeit des Katechismus-Unterrichts vertraut. Auch später mußten sich Unternehmer und Ökonomen regelmäßig der Vorwürfe prominenter Zeitgenossen erwehren, so im 18. Jahrhundert, als der noch heute bekannte Schriftsteller *Daniel*

Defoe schrieb, „das Böse“ sei ihrer Tätigkeit immanent. Was 1715 - am Vorabend der industriellen Revolution ausgesprochen - nachträglich wie ein Plädoyer gegen den Fortschritt anmutet, ist in Wirklichkeit primär Ausdruck einer der Urängste der Menschheit: der **Furcht vor Veränderung**. Da der Handel immer schon die verschiedensten Lebens- und Erfahrungswelten miteinander verband, war und ist er in allen Gesellschaften ein ständiger Unruheherd, was vielleicht neben anderem erklärt, weshalb er in totalitären Systemen regelmäßig unterdrückt wird. Der großen Masse der Änderungsunwilligen wiederum dient der Handel als Projektionsfläche ihrer Ängste. Zwar will uns die Wissenschaft weiß machen, daß der „Neue Mensch“, in Gestalt des Sensation Seekers oder dessen Abkömmlings, des Variety Seekers, ständig auf der Suche nach Abwechslung und neuen Herausforderungen sei. Und die Medien führen uns Greise vor, die sich am Bungee-Seil in die Tiefe stürzen und angeblich „Thrill“ suchen. Das mag alles sein; aber es beschreibt allenfalls die Ausnahmesituation. Normalität ist das Trägheitsmoment, die Angst vor dem Neuen.

Sozialpsychologen berichten, daß sich das mit Neuem zumeist verbundene diffuse Gefühl des „Unwohlseins“ zu massiver, manifester Angst steigern kann, wenn wir das Gefühl haben, eine Situation nicht kontrollieren zu können. Hinzu kommt ein zweites: Bekanntlich neigt der Mensch dazu, sich **opportunistisch** zu verhalten; manche immer, andere nur dann, wenn sie sich unbeobachtet glauben. Und machen wir uns nichts vor: Wo Kontrolle fehlt, ist die Versuchung groß, ausschließlich den eigenen Interessen zu dienen - bisweilen selbst dann, wenn dies der Gemeinschaft ernsthaft zum Nachteil gereicht. Insofern kommt es nicht von ungefähr, wenn der generalisierte Opportunismus-Verdacht keineswegs nur die Kaste „der Politiker“, sondern auch und vor allem „die Unternehmer“ trifft. Beide verfügen über einen mal größeren, mal kleineren Handlungsspielraum, und ihre Entscheidungen haben weitreichende Konsequenzen, nicht allein für die anonyme Gesellschaft schlechthin, sondern ganz konkret für jeden einzelnen.

Diese Kombination von individueller, scheinbar kaum kontrollierter Freiheit einerseits und kollektiver Wirkung andererseits schürt natürlich Ängste und verleitet manche zu **blinden Verdächtigungen**: Sie unterstellen Managern, ohne sie selbst zu kennen, von vornherein Egoismus und Gewissenlosigkeit. Für unsere Gesellschaftsordnung so zentrale Themen wie Wirtschaft oder Unternehmertum sucht man in den Lehrplänen unserer Schulen zwar zumeist vergeblich; wenn aber, z.B. in den Krimiserien des Fernsehens, die **Rolle des Unternehmers** doch einmal besetzt ist, dann mit großer Wahrscheinlichkeit als Negativ-Held. Dieser subjektive Eindruck läßt sich mit Hilfe von systematischen Inhaltsanalysen der Medienwissenschaftler objektivieren. Ob im

Medien Tenor oder in den Umfragen des *Allensbach*-Instituts: Immer begegnet uns ein Zerrbild des ausschließlich am Gewinn orientierten Unternehmers.

Über die Wirklichkeitsnähe dieses **negativen Menschenbildes** und darüber, ob der Staat opportunistischem Verhalten durch Kontrollen und Androhung von Sanktionen vorbeugen sollte, wird seit langem gestritten. Als Folge davon ist Unternehmensethik heute in aller Munde, jedenfalls als Schlagwort, und wurde darüber zum Zankapfel von Praktikern, Politikern und Wissenschaftlern. In der einschlägigen Literatur lassen sich im wesentlichen **drei Positionen** unterscheiden.

(1) Manche gehen davon aus, daß Unternehmen der Gesellschaft nicht nur nutzen, sondern ihr auch schaden, sei es durch Umweltverschmutzung oder weil sie natürliche Ressourcen beanspruchen bzw., je nach Sichtweise, verschwenden. Es obliege deshalb dem **Staat** in seiner **Wächterfunktion**, die Tätigkeit solcher Unternehmen, die eine unangemessene Nutzen/Schadens-Bilanz aufweisen, zu reglementieren oder im Extremfall ganz zu verbieten.

(2) Neoliberale Ökonomen wie *Milton Friedman* argumentieren demgegenüber für eine Politik des **Laissez-Faire** und wenden sich gegen jegliche Einmischung des Staates. Der Marktmechanismus sorge schon aus sich selbst heraus für eine optimale Befriedigung menschlicher Bedürfnisse. Die Vertreter dieser derzeit dominierenden Position stützen sich auf *Adam Smith*, einen der Urahnen der Wirtschaftstheorie, und dessen Menschenbild. Demnach stehe bspw. der Bäcker nicht aus lauter Wohlwollen frühmorgens auf und versorge seine Kunden mit frischen Brötchen, sondern aus wohlverstandenem Egoismus und um seines eigenen Vorteils willen. Aufgabe des Unternehmers sei nun einmal, wovon im übrigen auch das Steuerrecht ausgeht, die Gewinnerzielungsabsicht. Betrachtet man „Gewinn" vernünftigerweise nicht als etwas letztlich Unanständiges, was überdies in der Privatschatulle des Unternehmers verschwindet, sondern als notwendige Ausgangsbedingung nicht zuletzt sozialverantwortlicher Unternehmenstätigkeit, so wird vernünftigerweise niemand diese Prämisse unserer Wirtschaftsordnung bestreiten können.

(3) In den achtziger Jahren nahm bekanntlich die Umweltdiskussion breiten Raum ein. Zunehmend sensibilisiert für externe Effekte (wobei sich die Aufmerksamkeit ausschließlich auf deren negative Erscheinungsform, z.B. in Gestalt von Umweltverschmutzung, konzentrierte), forderten die Vertreter des **Treuhändermodells** von den Unternehmen, freiwillig die Verantwortung für die sozialen Konsequen-

zen ihrer Handlungen zu übernehmen. Dabei können es einzelne Führungskräfte (Individual-Ethik), aber auch das gesamte Unternehmen (Unternehmens-Ethik) sein, die ihr Tun an bestimmten moralischen Grundprinzipien, wie Mitbestimmung oder Erhalt der natürlichen Ressourcen, ausrichten. Diese „substitutive Rolle der Moral" sei immer dann gefragt, wenn die staatliche Ordnungspolitik relevante Tatbestände nicht erfasse.

In jüngerer Zeit ist vorrangig das Treuhändermodell weiterentwickelt worden, wenn auch unter variierenden Bezeichnungen: So stellte der bekannte „Marketing-Papst" *Philip Kotler* anfangs der siebziger Jahre mit dem Societal Marketing ein Konzept vor, das dem bereits ausgangs der sechziger Jahre als Reaktion auf den Wertewandel entwickelten Human Concept of Marketing ähnelt. Es folgten das Öko-Marketing sowie das Gesellschaftsorientierte Marketing. Diesen und weiteren Ansätzen ist gemeinsam, daß deren Protagonisten von den Unternehmern fordern, (freiwillig) ihre ausschließlich gewinnorientierten Unternehmensziele zu überdenken und um solche zu ergänzen, die dem **Gemeinwohl** dienen.

3.3.2 Aktueller denn je: Ethik im Zeitalter der Globalisierung

Auch wenn man, wie ich, die häufig diffusen Ängste und Sorgen, die sich mit der Globalisierung bzw. den ihr zugeschriebenen Veränderungen verbinden, für unberechtigt, zumindest aber für übertrieben hält: Töricht oder unverantwortlich, wenn nicht beides zugleich, müßte sein, wer nicht erkennt, daß in einer Zeit des **Umbruchs** und der **allgemeinen Verunsicherung** der konstruktive Diskurs über die soziale Verantwortung der Unternehmer dringender, aber auch brisanter denn je ist. Sicherlich: der einheitliche Weltmarkt, bereits Anfang der achtziger Jahre von *Theodore Levitt* beschworen, ist in vielen Märkten nur Vision und wird es wohl auch bleiben. Realität hingegen ist, daß auf der strategischen Ebene der Unternehmensführung zur Jahrtausendwende und darüber hinaus Ländergrenzen immer weniger Bedeutung besitzen.

Kaum ein Monat vergeht, in dem nicht der Zusammenschluß großer Industrieunternehmen für Schlagzeilen sorgt; und der Dienstleistungssektor unterliegt derselben Entwicklung: Banken, Versicherungen und gerade Handelsunternehmen sind gezwungen, ihre Ressourcen zu bündeln bzw. neu zu strukturieren, wenn sie im schärfer werdenden Wettbewerb überleben wollen. Dieses scheinbar grenzenlose Wachstum hat zwangsläufig **Kritik** laut werden lassen und den allgegenwärtigen Ruf nach Einhalt und Regulierung, d.h. letztlich nach Konservierung des Bestehenden, verstärkt. Protagonisten des „Wächtermodells" entwerfen Horrorszenarien, wonach die Global Player die souveränen Gestaltungsräume der nationalen Regierungen einschränken und ihnen gar das Machtprivileg streitig machen. Letztlich stellten sie sogar das Organisationsprinzip „Staat" in Frage. Ohne daß ich ein so komplexes Thema an dieser Stelle auch nur ansatzweise vertiefen könnte, sei doch ein - wie ich meine - entlarvender Hinweis erlaubt. Dieselben Ängste waren schon einmal, in den sechziger und siebziger Jahren, virulent. Damals expandierten die amerikanischen „Multis" stark, weshalb ihnen manche unterstellten, sie seien drauf und dran, die Weltherrschaft an sich zu reißen.

Nun habe ich, ohne es damals natürlich wissen zu können, selbst einen Global Player gegründet; zum Jahrtausendwechsel wird die *METRO*-Gruppe weltweit mehr als 50 Mrd. Euro umsetzen. Deshalb alarmieren mich derartige apokalyptischen Szenarien, auch wenn ich ganz anders, nämlich weit optimistischer und konstruktiver darüber denke. Zwar hatte ich nie Verständnis für die ach so deutsche Zukunftsangst, die in merkwürdigem Kontrast zu dem bisweilen gleichfalls unvermutet durchbrechenden „Furor Teutonicus" steht. Und dennoch - oder vielleicht gerade deshalb - treibt mich die „alte" Frage nach der **unternehmerischen Verantwortung** um. Dies um so mehr, als wir an der Schwelle zu einem neuen Jahrtausend stehen, und weil die urdeutsche Mischung aus Emotionalität, Pessimismus und Tatendrang bekanntlich brisant ist. Offensichtlich muß etwas grundlegend schief gelaufen sein in der **Kommunikation** zwischen Politik, Medien und Öffentlichkeit, wenn ganz normale, ja erforderliche Wachstumsprozesse derartige Ängste auslösen und diffamiert werden. Obwohl nackte Zahlen dagegen vermutlich nichts ausrichten können, sei an dieser Stelle doch daran erinnert, daß z.B. die offensichtlich so „bedrohliche" *METRO*-Gruppe in Deutschland einen Marktanteil von 7,5%, europaweit von 2,9% und weltweit von 0,8% hält, jeweils über alle Bereiche des Konsumgüterhandels gemittelt.

Aber zurück zur allgemeinen Diskussion: Liegt die **Lösung** unseres Problems wirklich im „Wächtermodell", also darin, der internationalen Verflechtung durch staatliche Sanktionen entgegenzuwirken? Oder soll sich, wie es die Vertreter der reinen neoliberalen Lehre fordern, der Unternehmer jedweder Verantwortung enthalten? Was wäre schließlich, übernähmen die Global Player, dem Treuhändermodell folgend, freiwillig soziale Aufgaben, die bislang zumeist „dem Staat" vorbehalten waren? Müßten wir uns dann nicht einer neuen Diskussion über „Macht und Machtmißbrauch" erwehren, in der dann das freiberufliche soziale Engagement als eine besonders konkrete Form der unbilligen Einflußnahme gewertet würde?

3.3.3 Zukunft der Unternehmensethik-Diskussion: Pragmatismus statt Altruismus

Wer tagtäglich erlebt hat, wie Kunden ganz unmittelbar über neue Entwicklungen und Maßnahmen aller Art abstimmen, nämlich per Kassenbon, dem erscheint die Frage, welches Modell welchen Erklärungsbeitrag liefert, müßig. Sie wird auf ganz einfache Weise beantwortet werden, nämlich von all denen, die auf die eine oder andere Weise von der Unternehmenstätigkeit betroffen sind, sei es als Kunde, als Zulieferer, Anteilseigner, Gläubiger, Mitarbeiter oder einfach „nur" als mündiger Bürger. Die **Stakeholder** also werden auf ihre sehr direkte Weise antworten, und selbst Global Player können nur überleben, wenn sie auf die Stimmen ihrer Interessengruppen hören und deren Ansprüche ernst nehmen, so irrational diese bisweilen auch erscheinen mögen.

Auf den ersten Blick kommt diese Wendung der Argumentation vielleicht etwas überraschend: Aber im unmittelbaren Bezug zur Realität verliert das **Konzept der unternehmerischen Verantwortung** viel von seinem ursprünglichen, vermeintlichen moralischen Anspruch. Bislang galt ethisches Handeln zumeist schlechthin als „das Gute" - eine Auffassung, deren Wurzeln bis in die Antike zurückreichen: Bereits *Sokrates* hatte, mit seinen Schülern durch Athen wandelnd, über „das Gute" philosophiert. Und sein prominenter Schüler und Deuter, *Platon*, setzte gerechtes Handeln mit ethischem Verhalten gleich. Im Gegensatz zu den Sophisten glaubten beide bekanntlich an ein (jenseitiges) Reich der Ideen, die ewig gültig und vollkommen sind. Ihrer idealistischen Sicht der Dinge folgend müßte man also die Unternehmer in Verantwortungsvolle (und mithin „Gute") und Egoisten unterteilen. Während erstere freiwillig ihre treuhänderischen Aufgaben erfüllen, könne man von den „Menschen ohne Gewissen" nicht erwarten, daß sie soziale Verantwortung übernehmen; sie müßten dazu gezwungen werden.

Natürlich steht es mir nicht zu, Geistesgrößen, die über Jahrtausende hin unser Denken und damit auch unser Handeln geprägt haben, zu beurteilen. Aber die Frage sei erlaubt, ob sie, mit einer derart komplexen Welt wie der unseren konfrontiert, nicht selbst auch eine andere als die simplifizierende **dualistische Position** des Guten einerseits und des Schlechten andererseits bezogen hätten? Es ist sicher müßig, darüber zu spekulieren; aber unbestritten erscheint mir, daß sich die äußeren Umstände unserer Welt - und damit auch die Umfeldbedingungen unternehmerischen Handelns - drastisch geändert haben. Erstens fällt es in einer **pluralistischen Gesellschaft** zunehmend schwer, allgemeingültige moralische Grundprinzipien zu formulieren. Wie etwa das von den Marktforschungsabteilungen vieler Unternehmen verwandte *SINUS*-Konzept der sozialen Milieus und des Wertewandels zeigt, kennt unsere Gesellschaft keine dominante soziale Schicht mehr, weshalb es auch keinen Wertekonsens geben kann. Wagt man es doch, einen Vorschlag zu unterbreiten, so fallen die dabei formulierten Grundprinzipien (z.B. Freiheit oder Gerechtigkeit) notwendigerweise so allgemein aus, daß der Interpretationsspielraum groß und der normative Gehalt gering sind.

Zweitens, und dies als der eigentliche Fluchtpunkt meiner Argumentation, ist Unternehmensethik längst nicht mehr Antezedenz, sondern Konsequenz unternehmerischer Tätigkeit. Schon seit Jahren zählt die von den Medien transportierte, verstärkte und bisweilen verfälschte **öffentliche Meinung** zu den dominanten Marktkräften und Selektionsfaktoren. Nur solche Unternehmen, die dem Rechnung tragen, können offensiv agieren. Da indessen die verschiedenen Stakeholder teilweise höchst unterschiedliche Interessen verfolgen, setzt erfolgreiche Unternehmensführung voraus, die Balance zwischen den, zumal im internationalen Kontext, widerstrebenden Kräften zu wahren. Soziale Verantwortung ist damit keine Frage der Freiwilligkeit oder der Moral mehr; und schon gar nicht läßt sie sich durch staatlichen Druck erzwingen, geschweige denn dauerhaft gewährleisten. Sie ist vielmehr unverzichtbarer Bestandteil bzw. eigentliche Ausgangsbedingung des Existenzkampfes der Unternehmen geworden und bedarf nicht des moralischen Rekurses auf eine „höhere Instanz“. In welche Schieflage ein Konzern geraten kann, der diese Abhängigkeit von der öffentlichen oder der veröffentlichten Meinung - und sei es auch nur kurzfristig - verkennt, hat uns u.a. das Beispiel *Shell* drastisch vor Augen geführt.

Im folgenden will ich (von vielen denkbaren) Gründen zwei nennen und diskutieren, warum ich in dieser Diskussion eine nicht-moralisierende und vielleicht gerade deshalb moralische Position favorisiere:

(1) Kundenloyalität kein Ruhekissen

Wer Szenarien entwirft, in denen insbesondere die Global Player außerhalb von Normen und Moral und für manche gar außerhalb der Legalität agieren, der erliegt einem grundlegenden Fehler: Er „macht die Rechnung ohne den Wirt“, der in unserem Falle der Kunde ist. Zugegeben: Es mag phrasenhaft klingen, weil in einschlägigen Publikationen und Diskussionsrunden gebetsmühlenhaft wiederholt; dennoch ist auch hier daran zu erinnern, daß Unternehmen, wenn sie ihre Existenz sichern und dauerhaft Gewinn erwirtschaften wollen, eine **langfristige Beziehung** zu ihren Kunden aufbauen müssen. Dies gilt in besonderem Maße für Dienstleistungsunternehmen, die teilweise schon im Leistungsprozeß auf die Mitwirkung des Kunden angewiesen sind. Die Wissenschaftler haben auch dafür geeignete Konzepte, Theorien und Begriffe gefunden und sprechen von Kundenintegration oder betrachten den Kunden als externen Faktor.

Ob damit ein spürbarer Erkenntnisfortschritt verbunden ist, wage ich nicht zu beurteilen. Bedeutsam erscheinen mir hingegen einschlägige empirische Untersuchungen, die bspw. ergeben haben, daß Banken in der Depotverwaltung ihren Gewinn um 85% steigern können, wenn sie dafür sorgen, daß 5% (!) weniger Kunden abwandern. Für den Großhandel wird der unter diesen Bedingungen mögliche Gewinnzuwachs mit 45% angegeben. Das bedeutet: Je länger eine Beziehung dauert, desto rentabler wird sie für das Unternehmen, weil es dann Transaktionskosten sparen, von der erhöhten Kauffrequenz profitieren, Cross Selling-Potential nutzen kann etc. Quer durch alle Branchen und Studien zeigt sich, daß man ein Vielfaches des nicht nur finanziellen Aufwandes treiben muß, um einen Kunden zu akquirieren, gemessen an dem Input, dessen es bedarf, um eine schon **bestehende Kunden-Beziehung** aufrechtzuerhalten. Umgekehrt läßt jeder abgewanderte Kunde bzw. jeder, der eine Leistung nur einmalig nachfragt, den Gewinn überproportional schmelzen bzw. verursacht bisweilen gar Verluste.

Die Befunde sind derart überzeugend und lassen sich im übrigen auch in der Praxis nachvollziehen, daß das Konzept des **„Lifetime Customer Value“** als Steuerungs- und Controlling-Instrument zunehmend an Bedeutung gewinnt. Auch ein Global Player, der deshalb seine Kunden langfristig an sich binden will, muß seine Kompetenz jeden Tag aufs neue unter Beweis stellen. Denn Konzentration, Größenwachstum und Globalisierung haben die Wettbewerbsintensität nicht gemindert; im Gegenteil. Im übrigen wird der Konkurrenzkampf nunmehr auf einem Feld ausgetragen, das weiter gesteckt ist als zuvor. Das Risiko, daß ein Kunde abwandert - und damit der Zwang, ständig Höchstleistungen zu erbringen, um dies verhindern zu können -, ist dadurch sogar noch größer geworden.

Erstens konkurrieren in höchstem Maße leistungsfähige Anbieter nunmehr weltweit miteinander, was dem Nachfrager faktisch eine größere **Auswahl** beschert. Im Extrem bietet das Duopol zweier leistungsstarker Anbieter dem Nachfrager eine effektiv „größere“ bzw. bessere Auswahl als ein weites Polypol von im Zweifelsfall Marginal-Anbietern. Und zweitens nimmt die **Mobilität** der Konsumenten ständig zu, was insbesondere Handelsunternehmen zu spüren bekommen: Nichts - auch nicht die keineswegs unerheblichen Opportunitätskosten der Fahrt - kann den Smart Shopper davon abhalten, mit seinem Wagen in den mehrere Kilometer entfernten Nachbarort (oder im Grenzgebiet in das Nachbarland) zu fahren, wenn er dort ein überzeugenderes Preis/Leistungs-Verhältnis geboten bekommt. Auch weite Reisen, z.B. zu einem Factory-Outlet-Center, sind inzwischen gang und gäbe. Und von der sich abzeichnenden grenzenlosen Mobilität und Transparenz des E-Commerce will ich erst gar nicht sprechen. Es ließen sich auch noch weitere Argumente dafür finden zu begründen, auf wessen Seite letztlich die **Macht** liegt. Es ist nach wie vor der **Kunde**, und er wird es auch zukünftig sein, der mit seiner Einkaufsstättenwahl darüber entscheidet, welcher Global Player überleben wird. Dabei lassen individuelle Präferenzen und haushälterische Kalkulationen wenig Raum für eine nebulöse Form von Loyalität. Der Kunde, der „treu" sein soll, muß von Mal zu Mal, von Transaktion zu Transaktion, neu gewonnen werden. Eine stärkere Abhängigkeit ist kaum vorstellbar, zumal der Kunde in seiner selbstverständlichen Selbstbezogenheit Fehlleistungen gnadenlos bestraft.

(2) Weltöffentlichkeit als Tribunal

Konsumerismus und Orientierung am Shareholder Value sind nur zwei der Phänomene, die in den vergangenen Jahren dafür sorgten, daß ein Geflecht von wechselseitigen Abhängigkeiten die früher tendenziell eindimensionale Beziehung zwischen Unternehmen und Kunden ersetzt hat: Große Firmen haben es heute mit einer Vielzahl von Gruppen zu tun, die ihre Interessen nicht nur artikulieren, sondern auch durchsetzen können, man denke nur an *Greenpeace*. Im Falle von Konflikten mit diesen teilweise weltweit organisierten Anspruchsgruppen haben die Unternehmen etwas Entscheidendes zu verlieren: **ihren Ruf**. Und der ist in unserer Kommunikationsgesellschaft und in einer Zeit, da sich viele Anbieter häufig allein durch ihre Image-Positionierung voneinander abgrenzen, **lebenswichtig**. Ein renommierter Unternehmensberater formulierte dies neulich folgendermaßen: „Bei den wirklich erfolgreichen Marken ist es meistens nur ein Satz, der die Essenz des Unternehmens darstellt - und manchmal sogar nur ein Wort".

Keiner der Global Player agiert im luftleeren Raum; der **allgemeine Erwartungsdruck** läßt sie vielmehr zu **quasi-öffentlichen Institutionen** werden. Und „öffentlich" bedeutet heute nicht weniger, als „der ganzen Welt" gegenüber rechenschaftspflichtig zu sein. Deshalb kann sich kein Unternehmen mehr seiner sozialen Verantwortung entziehen. Die neoliberalen Ökonomen und ihre Vordenker sowie die Vertreter des Treuhändermodells haben damit beide recht - und zugleich auch nicht:

- Wenn *Adam Smith* den Unternehmer als prinzipiell egoistisch skizziert, so stimmt dies insofern, als nach wie vor jeder Entrepreneur Gewinn erzielen muß. Und zwar nicht „irgendwie Gewinn", sondern in dem Maße, wie es ihm die Finanzmärkte vorschreiben. Nur wer jemals erlebt hat, wie Aktienkurse - und damit der für eine selbstbestimmte Unternehmensexistenz erforderliche Unternehmenswert - buchstäblich einbrechen können, nur weil das Unternehmen die von Mal zu Mal von Außenstehenden immer höher gesetzten Gewinnerwartungen der Börse nicht erfüllt hat, der kann das zum Überleben notwendige Ausmaß von Kapital- oder Umsatzrendite ermessen. Und trotz dieses Drucks richten dieselben Unternehmer Stiftungsprofessuren ein, vergeben Stipendien, fördern soziale Einrichtungen und schaffen eine soziale Infrastruktur. Bei näherer Betrachtung ist auch dies allerdings kein Widerspruch zum neoliberalen Zeitgeist. Denn die **Zukunftsfähigkeit der Unternehmen** ist mit dem Wohl und Wehe der Gemeinschaft, in der sie agieren, untrennbar verbunden: Ohne ein **funktionierendes Gemeinwesen**, ohne eine leistungsfähige Infrastruktur kann keine Firma überleben. Zugleich ist nur ein ertragreiches, d.h. gewinnorientiertes Unternehmen in der Lage, ein soziales Unternehmen zu sein, wie es der Vorstandsvorsitzende des größten deutschen Industrieunternehmens auszudrücken pflegt. Auf der Basis von Verlusten lassen sich nun einmal keine Arbeitsplätze schaffen.

- Verantwortung zu übernehmen ist daher, anders als im Treuhändermodell gefordert, keine Frage von **Altruismus**, sondern, wenn man so will, von egoistischem **Streben nach Selbsterhalt**. Und wenn sich heutzutage zahlreiche Firmen sog. Branchenkodizes unterwerfen, wonach sie selbst und ihre Zulieferer sich z.B. verpflichten, die grundlegenden Arbeits- und Menschenrechte anzuerkennen, Kinder- und Zwangsarbeit, sexuelle Diskriminierung sowie unbezahlte Überstunden zu unterlassen bzw. zu unterbinden, so mag dies formal gesehen freiwillig geschehen. Tatsächlich aber haben die Betroffenen gar keine Alternative. Man denke nur an die Entrüstung, als Gerüchte besagten, *Adidas* hätte die Bälle für die 98er Fußball-Weltmeisterschaft in chinesischen Arbeitslagern nähen lassen. Schmerzlicher noch und längerfristiger wirksam als die prompte Reaktion der Börse, welche die Meldung mit einem markanten Kursrückgang quittierte, kurz bevor die Aktie im Zuge der gesamten Marktentwicklung noch weiter fiel, dürfte der Image-Verlust gewesen sein.

- Die **„Neue Unternehmensethik"** ist daher alles andere als Ausdruck von naivem, wirklichkeitsfremdem Altruismus, sondern **logische Konsequenz** eines gesunden Pragmatismus: Unternehmen übernehmen soziale Verantwortung, weil sie erkannt haben, daß eine wechselseitige Abhängigkeit zwischen ihnen und ihren Stakeholdern besteht und weil ihnen ihr soziales Engagement zum Vorteil gereicht.

Bekannte Wirtschaftsethiker beschreiben „die Moral“ - umgesetzt z.B. in Form von umweltschonenden Produkten oder in der Übernahme gesellschaftlicher Verpflichtung - zunehmend als eine **Wettbewerbsstrategie**, mit deren Hilfe es gelingt, sich von seinen Konkurrenten abzuheben. Mittlerweile bin ich davon überzeugt, daß sie weit mehr ist als eine Nischenstrategie, derer sich in den letzten Jahren vor allem mittelständische Unternehmen bedienten, um der mächtigen Konkurrenz großer Anbieter zu entgehen. Meiner tiefen Überzeugung zufolge ist sozial verantwortliches Handeln auch weit mehr als ein Instrument, mit dem sich Imagevorteile erzielen und vielversprechende Betätigungsfelder erschließen lassen. Dies sicher auch; wenn aber Produkt-Know How (Industrie) und Prozeß-Know How (Handel) immer schneller altern und auch immer schneller kopiert werden können, dann verbleiben als unternehmensspezifische Wettbewerbsvorteile vor allem Image und, noch wichtiger, Glaubwürdigkeit: Denn im zukünftigen Wettbewerb, jenseits der Jahrtausendmarke, wird es auch für die Großen ums blanke Überleben gehen. Mehr als andere Unternehmen stehen sie auf dem Prüfstand einer argusäugigen Weltöffentlichkeit und müssen gesellschaftlich verantwortungsvoll handeln, ob sie dies nun wollen oder nicht. Macht ist in unserer Zeit etwas Flüchtiges. Wer kennt heute noch Namen wie *Stüssgen*, *Lichdi* oder *Schürmann*, die in den fünfziger und frühen sechziger Jahren zu den Großen des deutschen Lebensmittelhandels zählten?

4 Förderung von Human-Kapital: eine öffentliche und unternehmerische Aufgabe

Der Konsumgüterhandel und die Bundesrepublik Deutschland haben eines gemeinsam: Mehr als alle anderen sind beide auf ihr **Human-Kapital** angewiesen, auf ihre Mitarbeiter und auf ihre Bürger. Um die jeweiligen Partikularinteressen durchzusetzen, ist die an sich notwendige **Standortdiskussion** in dem vergangenen Jahrzehnt leider viel zu sehr politisiert worden, als daß sie unserer Wirtschaft oder Gesellschaft spürbar genutzt hätte. Anstatt einen Neuanfang zu wagen, haben wir uns in **ritualisierte Schuldzuweisung** geflüchtet. Offenbar nimmt unsere Gesellschaft lieber Stagnation und Erstarrung in Kauf, als sich (der vermutlich) schmerzhaften Selbsterkenntnis zu stellen.

Vielleicht auch deshalb ist die Bundesrepublik Deutschland im Verlauf von knapp einem Jahrzehnt im Ranking der **globalen Wettbewerbsfähigkeit** von Rang 5 auf Rang 11 zurückgefallen (vgl. Abb. 1). Mußten wir 1989 „nur“ Japan, der Schweiz, den USA und Kanada in dieser Rangliste den Vortritt lassen, so waren uns 1998 weit mehr Länder strukturell überlegen, nämlich die USA, die Niederlande, Finnland, Norwegen, die Schweiz, Dänemark, Kanada, Irland, Großbritannien und Neuseeland (in dieser Reihenfolge).

Um einen direkten Vergleich zu ermöglichen, berücksichtigt die 98er-Rangskala nur die 22 Nationen, die schon 1989 analysiert wurden, also primär westeuropäische, nordamerikanische und ozeanische Industrienationen. Im Laufe der Jahre des Monitoring der Wettbewerbsfähigkeit von Nationen kamen zu den ursprünglich ausgewählten auch Schwellen- und Entwicklungsländer hinzu, so daß die 98er-Stichprobe nunmehr 46 Länder umfaßt. In der vollständigen Rangliste liegt die Bundesrepublik Deutschland deshalb gar nur auf Rang 14, da auch Singapur und Hongkong sowie das mittlerweile unabhängig von Belgien bewertete Luxemburg besser abschnitten.

Fraglos läßt sich über die 1989 von *IMEDE* sowie *World Economic Forum* und 1998 von *IMD* vorgelegten Zahlenwerke trefflich streiten, zumal sie nicht nur auf **objektiven Indikatoren** basieren, sondern auch auf notgedrungen **subjektiven Expertenschätzungen**. Richtig ist sicher auch, daß die Bundesrepublik Deutschland in diesem Zeitraum die Integration Ostdeutschlands verkraften mußte, was ja bekanntlich weitaus schwieriger war und ist, als die meisten anfänglich dachten.

Davon unbenommen aber bleibt, woran mir im folgenden hauptsächlich gelegen ist. Bei keinem der zehn Faktoren, die im 89er-Berichtsband die internationale Wettbewerbsfähigkeit widerspiegeln, schnitt die Bundesrepublik Deutschland so schlecht ab wie ausgerechnet beim **Human-Kapital**: Unter den betrachteten 22 Industrienationen landet sie hier auf Rang 12; neun Jahre später reicht es dann gar nur noch zu Rang 15 (im Kontext aller 46 Nationen gar nur zu Rang 21). Mit dem Argument, mit dem man jede unangenehme Studie wenn schon nicht „weg-diskutieren“, so doch relativieren kann, nämlich der Kritik an Methodik, Datenbasis oder Auswertungsverfahren, ließe sich ja vielleicht noch dieser oder jener Rangplatz zurückgewinnen. Nicht aber die Spitze, die wir ja immer wieder für uns reklamieren. Nachdem selbst an deutschen Stammtischen die furchtbare Ahnung, daß der deutsche Fußball vermutlich nur noch **Mittelmaß** ist, nicht mehr so leicht verdrängt werden kann, stehen die Chancen, daß wir auch auf anderen Gebieten schonungslos Bilanz ziehen und einen Neuanfang wagen, vielleicht gar nicht so schlecht.

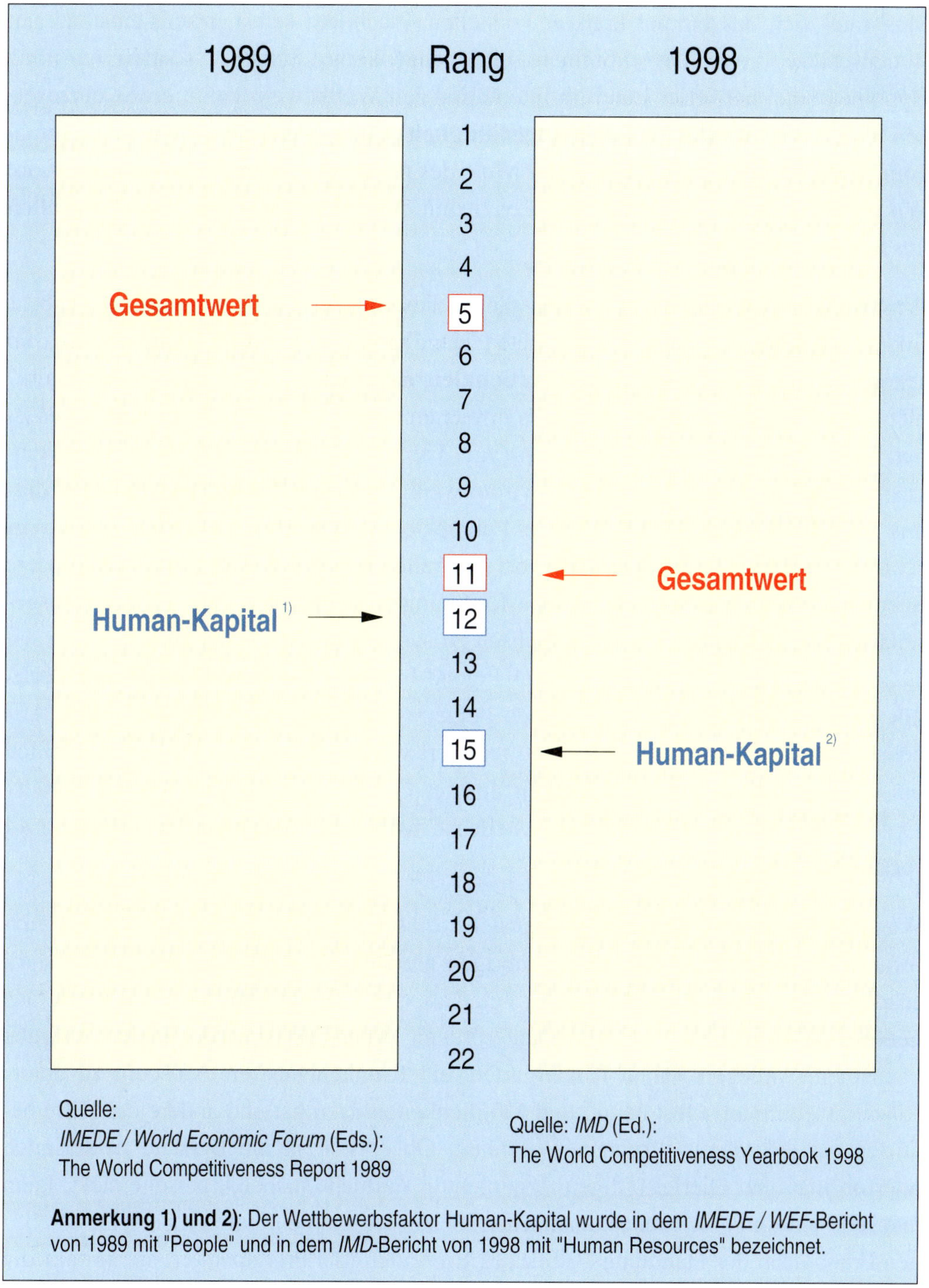

Abb. 1: Internationale Wettbewerbsfähigkeit der Bundesrepublik Deutschland: Schwächen beim Human-Kapital

Man muß sich das einmal konkret vorstellen. Nachdem selbst unsere einstmaligen Bodenschätze, die Kohlevorkommen, schon längst keine „Schätze", sondern nur noch Hypothek sind, hat unser Land im internationalen Wettbewerb kaum etwas einzusetzen als die **Kreativität** und **Leistungsfähigkeit** seiner Menschen, sieht man einmal vom Vorteil der zentralen Lage in der Mitte des prosperierenden Teils von Europa ab. Wir aber leisten uns den sträflichen Leichtsinn, unser Human-Kapital nicht mit allen unseren Mitteln zu fördern.

Was verbirgt sich nun im einzelnen hinter diesem pauschalen Vorwurf? In Tab. 1 findet sich eine Auswahl der konkreten Handlungs- und Entscheidungsebenen. So scheint es mit dem Grad der **internationalen Erfahrung** des „Exportweltmeisters" nicht allzu weit her zu sein; jedenfalls erreichen unsere Manager diesbezüglich lediglich Rang 9 im weltweiten Vergleich (vgl. Tab. 1). Weiterhin: Pro Kopf der nachwachsenden Generation investieren wir so wenig in unser **Bildungssystem**, daß dies uns nur Rang 13 einbringt. Unsere Lehrer/Schüler-Quote ist offenbar gar derart schlecht, daß hierin 23 Nationen vor uns rangieren. Auch sonst scheinen unsere Schulen und Hochschulen den Herausforderungen, denen sich eine Wettbewerbsgesellschaft zu stellen hat, kaum gewachsen zu sein (Rang 20). Nicht zuletzt haben wir es anscheindend versäumt, bei unserer Jugend Interesse für **Wissenschaft** und **Technik** zu wecken (Rang 21), wozu auch beigetragen haben mag, daß alle unsere Lebensbereiche zunehmend von Juristen reguliert werden (Rang 27). Daß es schließlich um die **Flexibilität** und die Fähigkeit unserer Gesellschaft, sich neuartigen Herausforderungen anzupassen, schlecht bestellt ist, wußte ich; aber **so** schlecht? Rang 44 spricht hier eine deutliche Sprache.

Was also ist zu tun? Worin liegt angesichts dieser Situation die **soziale Verantwortung** des Unternehmertums, die im übrigen hierzulande auch nicht übermäßig stark ausgeprägt zu sein scheint (Rang 26; vgl. Tab. 1)? Von einer moralischen Warte aus ließen sich dazu viele Vorschläge unterbreiten. Aber das ist weder meine Aufgabe noch mein Anliegen. Einen Kindergarten, ein Krankenhaus, ein Museum zu unterstützen, wenn man selbst Mittel und Möglichkeiten dazu hat und andere der Hilfe bedürfen, ist jedermanns Privatangelegenheit. Ob es gilt, in die Bresche zu springen oder ob man, bei allerlei billigen Argumenten Zuflucht suchend, beiseite steht, kann und muß jeder mit sich selbst ausmachen. Sehen wir also einmal von der vielschichtigen Frage nach der Handlungs-Ethik des Einzelnen (als Privatperson) ab, so fällt die Antwort leicht: **Alle relevanten Gruppen** unserer Gesellschaft müssen ihren Beitrag leisten, damit unsere lange vernachlässigte strategische Ressource „Human-Kapital" wieder ihre zentrale Funktion erfüllen kann.

Rang	Wettbewerbsfaktor	*IMD*-Klassifikation
1		
2	**Skilled Labor** (is easy to get in this country)	→ 8.12
3		
4		
5		
6		
7	**(No) Brain Drain** (well educated people do not emigrate abroad)	→ 8.13
8	**Total Expenditure on R & D** (% of GDP)	→ 7.02
9	**International Experience** (of management)	→ 6.25
10		
11		
12		
13	**Public Expenditure on Education** (US $ per capita)	→ 8.28
14	**Productivity** (= GDP per person employed)	→ 6.02
15		
16		
17	• **Worker Motivation** (truly identify with company objectives) • **New Information Technology** (= meets business requirements)	→ 6.29 → 5.16
18		
19	**Educational Achievement** (*TIMSS*)	→ 8.25
20	**Educational System** (meets the needs of a competitive economy)	→ 8.24
21	• **Science & Technology** (arouses the interest of youth) • **Higher Education Enrollment** (% of 20-24 year-old population)	→ 7.15 → 8.24
22		
23		
24	**Pupil / Teacher Ratio** (pupils per teacher)	→ 8.27
25		
26	**Social Responsibility** (managers do not neglect social responsibility)	→ 6.34
27	**Development and Application of Technology** (is supported by the legal environment)	→ 7.10
...		
44	**Flexibility & Adaptability** (people adapt well to new challenges)	→ 8.42
45		
46		

Anmerkung: Die aufgelisteten Wettbewerbsdimensionen sind Teil der Faktoren „Infrastructure“ (= 5), Management“ (= 6), „Science & Technology“ (= 7) und „People“ (= 8).

Lesebeispiel: Mit seinen Aufwendungen für F & E (gemessen am Anteil am BIP) rangierte Deutschland unter den 46 analysierten Ländern auf Position 8. Hierbei handelt es sich um die zweite Subdimension des siebten Wettbewerbsfaktors „Science & Technology“ (→ 7.02).

Quelle: *IMD* (Ed.): The World Competitiveness Yearbook (1998)

Tab. 1: Profil des Human-Kapitals der Bundesrepublik Deutschland im globalen Wettbewerb

(1) Interessanterweise verweisen bisweilen gerade solche Zeitgenossen, die in offizieller Funktion gerne den schlanken Staat und „überhaupt“ mehr Privatinitiative fordern, auf den fürsorglichen Staat, wenn sie sich: nein, nicht am Portepee, sondern ans Portemonnaie gefaßt fühlen. Gerne erinnere ich mich des einmütigen Kopfnickens, mit dem jeder rechnen kann, der in Wirtschaftskreisen eine nicht zuletzt an dem Elite-Prinzip orientierte Erneuerung unserer Hochschulen fordert. Weniger gefallen mir allerdings die betretenen Mienen, die sich regelmäßig dann einstellen, wenn es darum geht, dafür auch die erforderlichen finanziellen Mittel bereitzustellen (also nicht nur Pfennig-Beträge). Ich habe mir sagen lassen, daß den Abschlußprüfungen der *WHU* in Koblenz bisweilen mehr Vertreter der renommierten deutschen **Unternehmen** beiwohnen als Prüfungskandidaten. Es wäre schön, wenn wir all diese Unternehmen, die sich so ihren Führungskräftenachwuchs zu sichern wissen, auch zu den **aktiven Förderern** dieser Einrichtung zählen könnten. Dabei denke ich nicht nur an die *WHU* - und auch nicht nur an die Wirtschaft.

(2) Alle sind gefordert und aufgerufen, die internationale Wettbewerbsfähigkeit der deutschen Wirtschaft und damit das Fundament unseres hohen Lebensstandards zu bewahren, zu fördern und - wo nötig - zurückzugewinnen. Wenn es stimmt, daß die private „International University“ sich nicht zuletzt deshalb schließlich im badischen Bruchsal ansiedelte, weil ihr in Stuttgart, dem ursprünglich bevorzugten Standort der Präsidentin und Gründerin, allenthalben Schwierigkeiten bereitet wurden, so ist dies für Bruchsal natürlich ein Glücksfall, für Stuttgart hingegen ein Menetekel. Zugleich aber bestätigt dieses willkürlich herausgegriffene Beispiel, was auch die Wirtschaft bei allen Investitionsvorhaben immer wieder erlebt: **Behörden** und **Verwaltungen** können durch **engagiertes, projektorientiertes Management** Entwicklungen fördern oder durch „Dienst nach Vorschrift“ bremsen (nicht jedoch verhindern; denn gute Ideen setzen sich immer durch, wenn nicht heute, dann morgen, wenn nicht hier, dann dort).

(3) Neben fördernden Entrepreneuren aus der Wirtschaft und unterstützenden öffentlichen Verwaltungen benötigen wir als Drittes ein wohlwollendes **öffentliches Klima**, um den geistigen Turn Around zu schaffen. So lange Leistung, Leistungskontrolle oder Förderung von Eliten negativ besetzte Reizworte sind, dürfen wir uns nicht wundern, wenn unsere angebliche Leistungsgesellschaft eher Wunschtraum (für die einen) bzw. Bedrohung (für die anderen) denn Realität ist. Natürlich weiß auch ich, daß so manche Einrichtung sich das selbst verliehene Etikett „Elite“ erst noch wird verdienen müssen; ein wirklicher Leistungsver-

gleich mit den traditionellen Einrichtungen steht schließlich noch aus, wobei man fairerweise nicht Äpfel mit Birnen vergleichen sollte (z.B. Vorlesungen vor Hunderten von Studenten unter kaum zumutbaren Bedingungen mit seminarähnlichen Veranstaltungen vor 20, 30 Zuhörern).

Wir werden erst dann (wieder?) eine **Leistungsgesellschaft** sein, die zuversichtlich in die Zukunft schauen kann, wenn die Leistungen derjenigen, die Unternehmen gründen und führen oder die Wissen produzieren, zumindest dieselbe Aufmerksamkeit und Anerkennung finden wie die Künste der Gladiatoren unserer Zeit, die es verstehen, einem Ball eine bestimmte, vom Gegenspieler nicht vorhersehbare Richtung zu geben oder ein überdimensioniertes Rennfahrzeug schneller als andere im Kreis herumzufahren. Nichts gegen diese Scheinwelt, die ich dann und wann gerne selbst am Bildschirm betrachte. Außerhalb unserer Freizeit aber müssen wir uns der Realität, den realen Anforderungen stellen.

(4) Hierzu muß eine weitere Gruppierung unseres gesellschaftspolitischen Lebens mittun: die **Politiker**. Natürlich ist Geld nicht alles; aber ohne die erforderlichen finanziellen Mittel ist alles nichts. Daß die Hochschulfinanzierung bereits vor vielen Jahren auf einem schon damals unzulänglichen Niveau eingefroren wurde und gleichzeitig die Studentenzahlen sich mehr als verdoppelten, werte ich als Skandal. Als Skandal deshalb, weil gleichzeitig die fraglos knappen Haushaltsmittel in den bekannten und dennoch unergründlichen Subventionslöchern versikkern. Alle Welt weiß, daß bestimmte Branchen längst am Ende ihres Lebenszyklus stehen, daß unsere Agrarmarktordnung Wahnsinn mit System ist, ein kostspieliger zumal. Komme man mir jetzt nicht mit dem wohlfeilen Argument des „sozialverträglichen Wandels". Auch ich gönne selbstverständlich dem Werftarbeiter an der Küste, dem Kumpel in den Kohlerevieren und dem kleinen Landwirt im Voralpengebiet, daß sie kein Gnadenbrot verzehren müssen, sondern in dem Bewußtsein, einer gesellschaftlich notwendigen und anerkannten Arbeit nachzugehen, ihr Berufsleben beenden können. Nur darf man deshalb nicht das Pferd am Schwanze aufzäumen wollen. Mit Blick auf den nächsten Wahltermin oder den eigenen Wahlkreis den Zukunftsindustrien das Wasser abgraben, um die alten Industrien zu subventionieren, das kann nicht gutgehen. Umgekehrt wird ein Schuh daraus: Zuerst die Leistung, dann - bzw. dadurch ermöglicht - die soziale Wohltat.

Wer wollte bestreiten, daß die **Wissensindustrien** über die Zukunft der hochentwickelten Industrienationen entscheiden und weniger die Fähigkeit, ausgereifte

Massenprodukte etwas kostengünstiger herstellen zu können als andere? Nur dann, wenn es uns gelingt, unseren Anteil an diesen expandierenden Zukunftsmärkten zu vergrößern, stehen uns auch die erforderlichen Mittel zur Verfügung, um den unausweichlichen Strukturwandel sozialverträglich ablaufen zu lassen.

Neben der Bitte, Finanzströme künftig weniger wählerstimmenorientiert und stärker marktorientiert zu lenken, habe ich ein zweites, nicht weniger wichtiges Ansinnen. In keiner der mir bekannten Gesellschaften scheint die **Distanz zwischen** der **politischen Führung** sowie den **Künstlern** und **Wissenschaftlern** so groß zu sein wie hierzulande. Klingt „intellektuell" hierzulande mittlerweile nicht wie ein Schimpfwort, zumindest aber als Synonym für „unbrauchbar", wirklichkeitsfremd und sonstige wenig schmeichelhafte Eigenschaften? Wie ist es um eine Gesellschaft bestellt, die ihre Intelligentesten, denn nichts anderes sind die Intellektuellen etymologisch gesehen, derart behandelt? Selbst „Die Fünf Weisen" werden in der Politikberatung nur dann gehört, wenn sie den jeweils Machthabenden wohlgefällige Stichworte und Prognosen liefern.

(5) Nun will und kann ich den **Handel** von all dem nicht ausnehmen. In vielen Bereichen bzw. Phasen der Wertschöpfungskette beanspruchen wir mittlerweile die Marketingführerschaft. Aber haben wir deshalb tatsächlich schon den einstmaligen Kompetenzvorsprung der Markenartikelindustrie aufgeholt? Oder verdanken wir das erreichte Kräftepatt nicht häufig auch ganz einfach dem Umstand, daß der Handel aufgrund seiner größeren Marktnähe das Gesetz des Handelns auf seiner Seite hat? Wie ich bereits erwähnt habe: Während der goldenen Jahre des Aufbaus und des Wirtschaftswunders konnten und mußten wir vielfach intuitiv entscheiden. Aber sind heute, angesichts der erreichten Wettbewerbsintensität und des verfügbaren Know How, „Bauch-Entscheidungen", derer sich viele auch noch rühmen, wirklich ausreichend, um das Unternehmensschiff durch stürmische Gewässer und gefährliche Untiefen zu steuern? Je älter ich werde, desto mehr zweifle ich daran.

Ob der Handel ein Kompetenz-Defizit hat oder je hatte, mögen andere beurteilen. Bestätigen möchte ich indessen, daß auch in unserem Bereich die Kluft zwischen Praxis und Wissenschaft, zwischen Tatmensch und Intellektuellem groß ist. Die künftigen Eliten des Handels aber werden weit mehr akademisch geprägt sein müssen, als es bislang der Fall war. Wir sollten uns rechtzeitig und mit Nachdruck darum kümmern, daß wir einen Führungskräftenachwuchs erhalten, für den Intellekt und Realitätssinn keine Gegensätze sind, sondern zwei sich ergänzende Formen der künftig erforderlichen Kompetenz. In unserem ureigensten Interesse ist es an der Zeit, die große Tradition der deutschen Handelshochschulen wiederzubeleben. Leipzig kann dabei nur ein Anfang sein.

Nachwort

Zwei Gründe sind es im wesentlichen, die mich dazu bewegen, über den engeren unternehmerischen Funktions- und Verpflichtungsbereich hinaus unser aller Engagement zu beschwören. Wohlgemerkt: zu beschwören, nicht zu fordern oder gar einzuklagen. Erstens können meiner tiefen Überzeugung zufolge **Gemeinschaft** und **Gemeinnützigkeit** nur durch das **Engagement des Einzelnen** entstehen. Wer diese Einsicht mit mir teilen kann und die Möglichkeiten dazu besitzt, sollte handeln. Die von mir schon zu Beginn der siebziger Jahre gegründeten gemeinnützigen Stiftungen schaffen den dazu erforderlichen institutionellen Rahmen. Zwar prägt ein breiter Kanon an sozialen und karitativ-humanitären Zielen die einzelnen Projekte. Im Vordergrund aber steht dabei jeweils die Qualifizierung des Human-Kapitals, sei es durch Erziehungs-, Ausbildungs- oder Wissenschaftsförderung. Meine gemeinnützigen Stiftungen werden mein Vermächtnis nach meinem Ableben in Gänze umsetzen. Hierzu erhalten sie mein gesamtes privates Vermögen, mit dessen Erträgen sie die Stiftungsziele verwirklichen werden.

Mein zweiter Beweggrund ist schlichtweg **Dankbarkeit**: Dankbarkeit und Reverenz an ein **freies Gesellschafts- und Marktsystem**, das mir mein unternehmerisches Engagement und meine Erfolge erst ermöglicht hat. Viele haben durch ihr enormes Engagement dazu beigetragen. Und doch wären alle ihre und meine Anstrengungen vergebens gewesen, hätten wir in einem grundsätzlich leistungsfeindlichen soziopolitischen System agieren müssen. Angesichts der Vielfalt an Herausforderungen, denen sich Wirtschaft und Gesellschaft jenseits der Jahrtausendwende zu stellen haben, wird sich jedoch auch unser Gesellschaftssystem erneuern müssen. Meine Ko-Autoren haben dazu zahlreiche bedenkenswerte Anregungen gegeben.

Teil 2

Transnationalisierung und Globalisierung

Internationalisierung und Globalisierung - was sonst?

Erwägungen zu Strategie und Umsetzung in einem Handelsunternehmen

Erwin Conradi

1 Das Wachstumsmodell der Unternehmung

Können Wirtschaftsunternehmen längerfristig ohne Wachstum, also auf gleichbleibendem Umsatzniveau existieren? Über diese Frage, die für unser bislang so erfolgreiches Wirtschaftssystem von zentraler Bedeutung ist, wird immer wieder kontrovers diskutiert. Spätestens seit der *Club of Rome* die Realität der **Endlichkeit der Ressourcen** einer Philosophie des „immer schneller - immer weiter - immer höher" ge-

genüberstellte (vgl. *Oemens/Janssen* 1995), suchen Wirtschaft und Wissenschaft nach schlüssigen Antworten und nach erfolgversprechenden Konzepten für **Prosperität ohne Wachstum**.

Das Schlagwort vom „qualifizierten bzw. qualitativen Wachstum" machte die Runde, ohne daß je befriedigend definiert worden wäre, wie ein solches Modell unter dem Druck der Realität eines Wirtschaftssystems wie dem unseren auszusehen habe. Ein Gesellschaftssystem, dessen wesentliche Triebfeder das Streben nach mehr Lebensqualität ist und dabei Lebensqualität vorwiegend im materiellen Sinne definiert, erzeugt letztendlich den Zwang zu immerwährendem Wachstum, und das heißt auch zu immerwährendem Umsatzwachstum. Daß es Rationalisierung, Kreativität und Innovation möglich machen, bisweilen „Verschnaufpausen" einzulegen, Phasen also, in denen die Unternehmen auch bei stagnierendem Umsatz befriedigende, ja sogar gute Ergebnisse erwirtschaften, darf von der Wirklichkeit und den systemimmanenten Sachzwängen nicht ablenken. Ein Wirtschafts- und Gesellschaftssystem, das traditionell auf dem Prinzip des „Mehr" beruht, bedarf indirekt auch des „Mehr" an Umsatz zur Sicherung seiner **Überlebensfähigkeit**. Es mag unpopulär sein, dies auszusprechen; es zu verschweigen ändert aber nichts an den Fakten.

Natürlich braucht es nicht viel mehr als gesunden Menschenverstand, um zu begreifen, daß ein Modell, das auf „unendlichem" Wachstum basiert, angesichts endlicher Grenzen alles Irdischen nicht dauerhaft funktionieren kann! Die Antwort auf diesen unübersehbaren **Widerspruch** kann und wird die Wirtschaft alleine nicht geben können, und ich zweifle daran, ob wir sie in einem überschaubaren - und damit einem für unser reales Handeln relevanten - Zeitraum erhalten werden. Unter den gegenwärtigen Rahmenbedingungen jedenfalls muß, wie alle praktischen Erfahrungen zeigen, jedes Wirtschaftsunternehmen nach einer kontinuierlichen Ausweitung seiner Aktivitäten streben, will es mindestens seine relative Position wahren. Gelingt ihm dies auf Dauer nicht, so ist ein schleichender Verzehr von Vermögenswerten die unvermeidbare Folge. An Beispielen dafür - sowohl im Investitions- und Produktionsgüterbereich als auch im Konsumgüterbereich - mangelt es nicht.

Der Handel macht hiervon natürlich keine Ausnahme. Ganz im Gegenteil; da seine Geschäfte ortsgebunden sind, hat er eine zusätzliche Hypothek zu tragen. Der Satz **„All business is local"** ist eine Metapher, die dies griffig zum Ausdruck bringt. Dem stationären Handel ist verwehrt, was für viele Industriezweige selbstverständlich ist: mangelnden Binnenumsatz durch vermehrten Export zu kompensieren. Und dies hat erhebliche Konsequenzen für die Strategien stationärer Handelsunternehmen.

Das **Diktat des Wachstums** zwingt u.a. dazu, immer neue Kundenpotentiale zu gewinnen, und das heißt letztendlich auch immer neue Räume. Im direkten wie im übertragenen Sinne muß der stationäre Handel die Nähe des Kunden suchen (vgl. z.B. *Albers/Eggert* 1988), was ihn wiederum dazu zwingt, ständig neue Regionen zu erschließen. Will er also wachsen, muß er immer wieder räumliche Grenzen überwinden. Anfangs waren dies die Grenzen einer Stadt oder einer Provinz. Heute geht es in diesem Sinne um die Überwindung nationaler Grenzen.

Bis weit nach dem Ende des Zweiten Weltkrieges war der Handel überwiegend mittelständisch und somit allenfalls regional orientiert. Erst in den letzten 30 Jahren überwand er diese kleinräumige Struktur in nennenswertem Umfange (vgl. z.B. *Berekoven* 1990, S. 8ff.). In großen Wirtschaftsräumen, wie zum Beispiel den Vereinigten Staaten, dauerte die „Nationalisierung", also die **Durchdringung des gesamten Raumes** zwischen Atlantik und Pazifik, gar bis zur Mitte dieses Jahrzehnts. Und auch heute noch ist die Zahl der Handelsunternehmen, die den gesamten Wirtschaftsraum der Vereinigten Staaten abdecken, klein, obwohl nahezu alle dort tätigen Handelsunternehmen dies zu ihrem strategischen Ziel erklärt haben. Zu den Unternehmen mit einer hohen „Landesdurchdringungsquote" gehören vor allem *Wal-Mart*, *Sears*, *Kmart*, *JC Penney*, *Kroger*, *Best Buy*, *Home Depot* und *Dayton Hudson*.

Früher als in den Vereinigten Staaten stießen im kleinstaatlich organisierten Europa Handelsunternehmen an Grenzen, welche die natürlichen bzw. von Menschen geschaffenen Bedingungen dort ihrem Expansionsstreben setzten.

2 Herausforderungen des Marktes

2.1 Die strategische Alternative

Im Verlauf von 30 Jahren ununterbrochenen Aufschwungs sind in Europa in allen nationalen Märkten bedeutende Handelsunternehmen entstanden, die als ausschließlich „National Players" nunmehr keine Möglichkeit für ein sinnvolles Flächenwachstum und damit keine Basis für nachhaltiges Umsatzwachstum haben. Deshalb und eingedenk der Notwendigkeit, wachsen zu müssen, blieb diesen Unternehmen nur die strategische Alternative:

(1) **Diversifikation** des Aktivitätenportfolios in neue Handels-/Vertriebstypen und Verbleib innerhalb der eigenen nationalstaatlichen Grenzen.

(2) **Export** des Vermarktungskonzeptes (Geschäftsprinzip) in Räume außerhalb der nationalen Grenzen, also Internationalisierung des Unternehmens.

Auf den Vorstandsetagen aller großen europäischen Handelsunternehmen diskutiert man angesichts dieser Herausforderung, welcher Weg unter welchen Bedingungen für das eigene Unternehmen der richtige sei; denn jede Option stellt höchst **unterschiedliche Anforderungen**. Nicht zuletzt fällt mit dieser Entscheidung möglicherweise auch eine andere, sehr weitreichende Entscheidung, nämlich die über die Existenz des Unternehmens in Autonomie.

Nach allem, was wir heute wissen, werden in den kommenden fünf Jahren die Handelsmärkte in Europa noch einmal umverteilt. Wenn dann die Karten neu gemischt sind, wird vieles anders sein, als es heute ist. **Neue Allianzen** werden entstehen, und der **Konzentrationsprozeß** wird sich im europäischen Raum beschleunigt fortsetzen. Unternehmen, die heute noch als krisenfest gelten, könnten dann in Schwierigkeiten geraten. Wer an diesem Prozeß als gestaltende Kraft und nicht nur im passiven Sinne teilnehmen möchte, der muß spätestens jetzt die richtigen Akzente setzen. Die Versuchung mag groß sein, das eine (Internationalisierung) und das andere (Diversifikation) zu unternehmen. Ob die eigenen Ressourcen für eine solche Doppelstrategie ausreichen, bedarf einer höchst umsichtigen Prüfung; denn die Anforderungen an die **Finanz-** und die **Humanressourcen** sind bedeutend. Erst wenn der „strategische Fit" gegeben ist (zwischen den Erfordernissen der Situation und den Möglichkeiten des Unternehmens), wird aus einer „an sich richtigen" Entscheidung eine richtige Entscheidung (vgl. z.B. *Fayerweather* 1978; *Waterman* 1982), die geeignet ist, Unternehmen und Mitarbeiter in eine sichere Zukunft zu führen.

2.2 Der Faktor Mensch

Noch ist Internationalisierung für den Handel nicht „Business as usual" (vgl. z.B. *George/Diller* 1993). Erfolgreiche Internationalisierung von Handelskonzepten gehört somit auch weiterhin zur hohen Schule des Metiers, u.a. deshalb, weil die damit verbundenen Anforderungen an das Lern- und Adaptionsvermögen von Unternehmen enorm sind. Schließlich kann man auch im ausgehenden 20. Jahrhundert große Teile des Konsumverhaltens nur regional begreifen. Geschichte, Sitte, Kultur, Religion, Sprache, Klima, soziale und geographische Strukturen prägen noch immer das **Konsum- und Einkaufsverhalten der Menschen** in den nationalen Märkten dieser Welt -

und werden dies vermutlich auch in Zukunft tun. Anders, als es uns die Anhänger der zunächst von *Levitt* (1983) propagierten Standardisierungsthese glauben machen wollten, verspricht deshalb ein blinder „1:1-Transfer" von Know How und System keinen dauerhaften Erfolg. Intelligente Adaption ist gefragt - und das ist bekanntlich schwierig.

Einen ersten Schritt zur Globalisierung seiner Geschäftstätigkeit hat der Handel allerdings bereits vor Jahrzehnten getan. Seit Anfang der sechziger Jahre bereisen seine Einkäufer die Kontinente auf der Suche nach neuen Produkten sowie immer günstigeren und leistungsfähigeren **Beschaffungsmärkten.** Was wir heute modisch „Global Sourcing" nennen (vgl. z.B. *Arnold* 1990), ist für den Handel seit Jahrzehnten Alltag. Mit starken Schwankungen zwischen den einzelnen Produktgruppen beträgt der Importanteil (Non-Food) bei den großen Anbietern durchschnittlich mehr als 20%.

Herkunftsregionen	Anteil am wertmäßigen Gesamtimport *(in %)*
Länder der Europäischen Union	32
Andere Länder Europas	19
Länder außerhalb Europas	49
Gesamt	**100**
Quelle: Berechnungen nach Statistiken der *Außenhandelsvereinigung des Deutschen Einzelhandels (AVE)*	

Tab. 1: Non-Food-Importstruktur des Konsumgüterhandels (1997)

Die internationalen Einkäufe summieren sich somit zu imposanten Milliardenvolumina. Es war also keineswegs Weltfremdheit oder provinziell geprägter Kleingeist, daß Handelsunternehmen später als die Industrie damit begannen, die Grenzen ihres Stamm-Marktes zu überspringen; denn auf der Beschaffungsseite hat dies der Handel ja schon vor Jahrzehnten getan. Fast die Hälfte des Volumens wird gar im außereuropäischen Marktraum beschafft (vgl. Tab. 1). Beim Absatz hingegen mangelte es lange Zeit sowohl an der Notwendigkeit als auch an den erforderlichen sonstigen Rahmenbedingungen, diesen Schritt zu gehen.

3 Internationalisierung durch Multiplikation von Konzepten

3.1 Besonderheiten der Internationalisierung von Handelsunternehmen

Die Globalisierung von Handelskonzepten unterscheidet sich maßgeblich von vergleichbaren Aktivitäten der Industrie. Wir wissen heute, daß praktisch überall auf dieser Welt, also selbst in „Emerging Countries", **industrielle Produktionsstätten** als autarke Enklaven errichtet werden können. Auf der Basis von importiertem Know How lassen sich dann dort Produkte in Weltmarktqualität herstellen - und zwar ohne dabei nennenswert mit den Bürgern und der Infrastruktur der jeweiligen Region in Berührung zu kommen. Eine autarke Energieversorgung, der Import von Technik und Konstruktionsplänen sowie der Transfer von einigen Ingenieuren und Handwerksmeistern genügen, um nach einer überschaubaren Anlernphase in weitgehend automatisierten Fabriken Konsumgüter jeder Art und Qualität herzustellen.

Dagegen ist es völlig unvorstellbar, erfolgreich ein Einzelhandelsgeschäft zu führen, ohne selbst **integraler Bestandteil des Gemeinwesens** zu sein, mit dem man Geschäfte machen möchte. Konsumgüterhandel funktioniert niemals als Enklave, sondern immer nur im Sinne einer Emulsion. Handel betreiben heißt, auch wenn dies für Außenstehende übertrieben klingen mag: Einswerden mit der Gesamtheit der Lebensumstände und der Infrastruktur des Gemeinwesens, in dem man tätig sein möchte. Nicht umsonst bestand die Politik des „Wandels durch Annäherung" immer auch darin, miteinander Handel zu betreiben.

Dieser Unterschied im Anforderungsprofil ist einer der wichtigen Gründe, warum der **Handel** im Vergleich zur **Industrie** relativ spät mit der Internationalisierung begonnen hat. Die Erschließung jedes neuen Absatzraumes erfordert die Bewältigung eines schwierigen Lern- und Adaptionsprozesses, die in der Summe einen komplexen Prozeß von „Organizational Learning" und „Management of Organizational Change" ergeben (vgl. *Lippitt/Langsetz/Mossop* 1985). Jeder neue Wirtschaftsraum, in den ein Handelsunternehmen im Zuge seiner Expansionsstrategie seinen Fuß setzen will, ist in diesem Sinne eine ganz neue Herausforderung. Darin liegt kein marginaler, sondern ein fundamentaler Unterschied zur Internationalisierung der Industrie. Und dies ist auch einer der Gründe, warum der Handel erst so spät diesen Weg beschritt.

Ein anderer ist sicherlich darin zu sehen, daß es lange Zeit an den erforderlichen, z.B. **konzeptionellen Voraussetzungen** mangelte. Mit den modernen, IT-gestützten, transaktionskostensparenden und systemgetriebenen Vertriebskonzepten hat sich der

Handel mittlerweile aber ein Instrumentarium geschaffen, das es erlaubt, neue territoriale Märkte zu betreten.

Die *METRO*-Gruppe hat auf der Basis ihres **Cash-and-Carry-Konzeptes** schon in den ausgehenden sechziger Jahren mit der Internationalisierung begonnen. Sie ist heute in mehr als 20 Ländern mit eigenen Handelsaktivitäten engagiert (vgl. Abb. 1). Damit gehört sie zweifellos zu jenen Handelshäusern, die im Bereich der Konsumgüter- und Massendistribution zusammen mit *Carrefour*, *Ahold*, *Auchan* und *Wal-Mart* die umfassendste Erfahrung bezüglich des Aufbaus und der Führung eines polynationalen Handelsunternehmens besitzen.

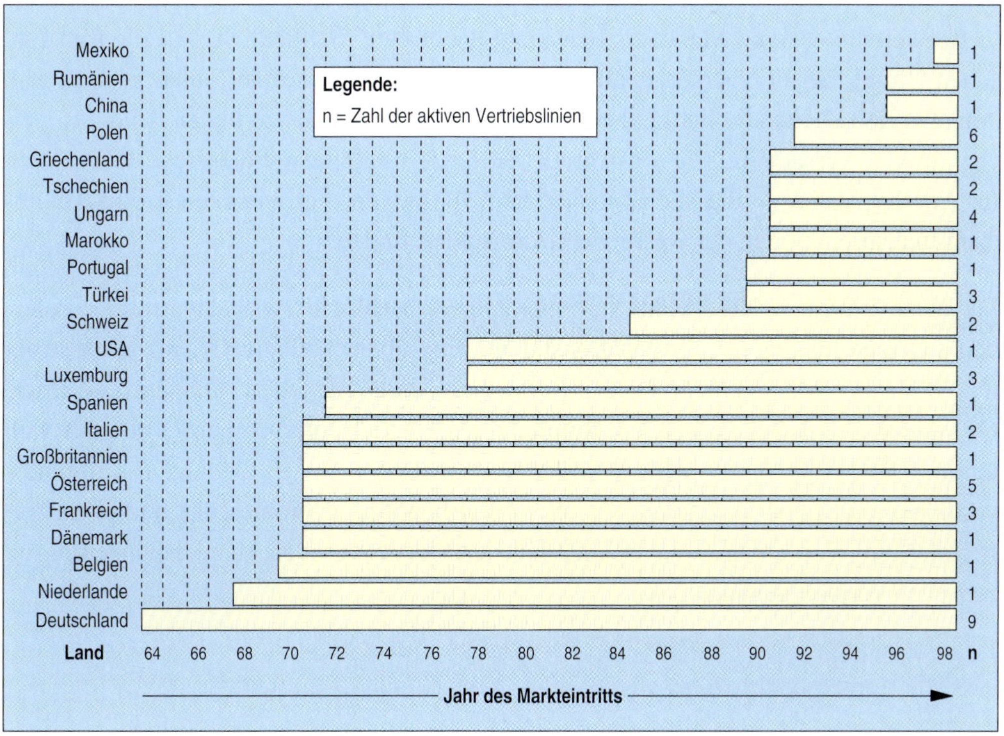

Abb. 1: Internationalisierung der METRO-Gruppe

Wir haben dabei lernen müssen, daß es etwas völlig anderes ist, ob man sich im Zuge von Internationalisierungsvorhaben

- die Märkte des industrialisierten Teils der westlichen Hemisphäre erschließen möchte oder sich

- in den Ländern des ehemaligen Ostblocks zu betätigen sucht oder sich
- in den „Emerging Countries" engagieren will.

In jeder Gruppe von Märkten entscheiden sehr spezifische Eignungen und Faktoren über Erfolg und Mißerfolg. Wenn sich z.B. ein deutsches Handelsunternehmen in den hoch entwickelten und wettbewerbsintensiven **französischen Markt** begeben will, so benötigt es ein für diesen Markt innovatives, dort also noch nicht in vergleichbarer Form vertretenes Vermarktungskonzept. Weiterhin bedarf es eines Höchstmaßes an qualifiziertem, handelsbezogenem Management-Know How.

Schließlich sind „State of the Art"-Kenntnisse von Systemen, Methoden und Tools unabdingbar. Fehlt auch nur eine dieser Voraussetzungen, ist es besser, in einem so wettbewerbsintensiven Markt erst gar nicht anzutreten. Schließlich sind die französischen Bürger bestens versorgt; niemand in Frankreich wartet auf einen zusätzlichen Anbieter, es sei denn, er hat konzeptionell etwas völlig Neues zu bieten. Und das gleiche gilt vice versa. Ein „Me too-Ansatz" ist keine tragfähige strategische Konzeption für eine Expansion in die hoch entwickelten Märkte, die sich insbesondere in den reichen Industrienationen der westlichen Hemisphäre finden.

Für einen Eintritt in die Märkte des ehemaligen **Ostblocks**, wie Ungarn oder Polen, benötigt man hingegen Improvisationstalent, eine überschaubare Organisationsstruktur, einfache Management-Tools, Robustheit und vor allen Dingen: „Macher-Qualitäten". Und wer von außen kommend als Handelsunternehmen in den **Schwellenländern** Erfolg haben will, dem darf es zunächst nicht an Geduld, Einfühlungsvermögen und Flexibilität mangeln. Weiterhin benötigt er Pioniergeist und originäres Händlertum, also etwas, was vielen Managern in den großen Handelskonzernen inzwischen verlorengegangen ist.

3.2 Zwei Formen der Internationalisierung

Grundsätzlich muß man natürlich zwischen zwei Formen der Internationalisierung unterscheiden:

(1) Per Akquisition von Unternehmen

(2) Per Aufbau einer eigenen Organisation in neuen Wirtschaftsräumen

Der Handel wird seine Internationalisierungsvorhaben nur ausnahmsweise planmäßig durch **Akquisitionen** realisieren können. Ein „Hostile Take-over", wozu es gelegentlich in der amerikanischen Industrie kommt, hat im europäischen Handel bisher nicht stattgefunden. Auch dies kommt nicht von ungefähr, sondern ist ein nachvollziehbares Spezifikum des Handels. Mehr noch als in der Industrie hat sich dort das Know How eines motivierten Management-Teams als Erfolgsvoraussetzung erwiesen, weshalb eine feindliche Unternehmensübernahme geradezu kontraproduktiv wäre.

Zu einer Akquisition gehören bekanntlich immer ein Verkäufer und ein Käufer - und die besondere Gunst der Stunde; und diese ist eben nicht planbar. Wer seine Internationalisierungsstrategie im Handel planvoll und zügig verwirklichen will, dem bleibt als sichere Grundlage zunächst nur die eigene Initiative, also der eigenständige **Aufbau** durch Transfer eines erprobten Vermarktungskonzeptes in neue Wirtschaftsräume.

4 Zwölf Postulate: Erfahrungen der *METRO*-Gruppe

Die wichtigsten Erfahrungen, welche die *METRO*-Gruppe mit dem Thema „Internationalisierung" gesammelt hat, lassen sich in zwölf strategische Postulate fassen. Diese beziehen sich auf die zahlenmäßig kleine, hinsichtlich ihrer Umsatzdimension aber schon heute bedeutende Gruppe von Konsumgüter-Handelsunternehmen, vorwiegend europäischen Ursprungs.

(1) Anstoß und Basis einer dynamischen Internationalisierungskampagne sind im wesentlichen folgende **Rahmenbedingungen**:

- Begrenztes Marktwachstum in den industrialisierten Ländern Europas
- Entstehung systemgestützter und damit transferierbarer Mass-Merchandising-Konzepte
- Neue Größenordnung der Unternehmen und ihre gestärkte Finanzkraft
- Zunehmende Belastungen durch eine ausufernde Ordnungspolitik in den Heimatmärkten
- Virtuelle Schrumpfung des Globus durch Beschleunigung, Verbesserung und Verbilligung des Transportwesens, der Kommunikation und des Know How-Transfers

- Veränderte geo-politische und geo-ökonomische Konstellation

Die Internationalisierung erlaubt es diesen Unternehmen, die Enge ihrer heimatlichen Märkte zu überwinden und die sich ihnen, dank einer veränderten geopolitischen und geo-ökonomischen Konstellation, bietenden Chancen zu nutzen. In einem sich wechselseitig aufschaukelnden Entwicklungsprozeß trägt heute dazu auch ein verbessertes Management-Know How bei.

(2) Internationalisierung im Konsumgüterhandel bedeutet: **Transfer eines Vermarktungskonzeptes** in einen neuen Wirtschaftsraum. Dieser Know How-Transfer ist nur dann sinnvoll und erfolgversprechend, wenn das Vermarktungskonzept innovativ und/oder den dort bereits bestehenden Strukturen konzeptionell überlegen ist. Auch muß es der Zielgruppe, an die es sein Angebot richtet, einen erkennbaren Vorteil gegenüber bereits bestehenden Angebotsformen versprechen - und natürlich auch bieten. Wer nur leisten kann, was andere bereits anbieten, wird scheitern. Mit einem „Me too-Ansatz“ ist der Vorsprung der bereits etablierten Unternehmen nicht zu kompensieren, jedenfalls nicht mit wirtschaftlich vertretbarem Aufwand.

(3) Zur Internationalisierung eignen sich am ehesten solche Vermarktungskonzepte, die IT- und systemgeprägt sind; denn es gilt:

- Was systematisierbar ist, ist lehrbar.
- Was lehrbar ist, ist erlernbar.
- Was erlernbar ist, ist multiplizierbar.

Deshalb betrachten wir Internationalisierung als den systematischen Transfer eigenen Know Hows in neue Wirtschaftsräume. Transaktionskostensparende, moderne **Mass-Merchandising-Konzepte** sind in aller Regel **IT- und systemgeprägt** und kommen für eine Internationalisierung eher in Frage als tradierte Vermarktungskonzepte, wie sie uns z.B. in der Form von Warenhäusern begegnen.

(4) Internationalisierung im Handel ist ein Know How-getriebener und nicht Kapital-getriebener Prozeß. Daraus ergibt sich, daß die perfekte Kenntnis des Konzeptes, seiner Erfolgskomponenten, der Management-Tools, der Struktur- und Ablauforganisation von mindestens gleich großer Bedeutung ist wie die Kenntnis der Besonderheiten des Landes, das neu erschlossen werden soll. Da **Know How-Transfer** an Menschen gebunden ist, bedarf eine erfolgreiche Internatio-

nalisierung auch und gerade **geeigneter Mitarbeiter**, was erfahrungsgemäß schwieriger zu organisieren ist, als die erforderlichen Finanzmittel bereitzustellen.

(5) Der Erfolg von Massenvermarktungskonzepten, wie sie uns etwa in Form von Verbrauchermärkten, SB-Warenhäusern, Fachmärkten, Cash & Carry-Märkten sowie Food-Discountmärkten bekannt sind, basiert zunächst auf der Durchsetzung großer Warenvolumina. Ziel ist die Erreichung einer hohen Lagerumschlagsgeschwindigkeit als Voraussetzung zur Erzielung einer „Negative Working Capital Situation".

Da eine enge Korrelation zwischen den Variablen „Umsatzvolumen" und „Preis" besteht, müssen Massenvermarktungskonzepte die **Preisführerschaft** anstreben, um große Warenmengen umschlagen zu können. Preisführerschaft wiederum ist auf Dauer nur möglich, wenn man die **Kostenführerschaft** besitzt. Diese schließlich basiert auf Struktur-, Ablauf- und System-Know How sowie auf einem hohen Grad an Marktpenetration und Marktgeltung.

Jede Internationalisierungsstrategie muß somit zum Ziel haben, in dem zu erschließenden Markt innerhalb überschaubarer Frist mindestens regional in das **Dreier-Oligopol der Anbieter** aufzusteigen. Dabei gelten im übrigen die gleichen Gesetzmäßigkeiten wie im Heimatmarkt.

Wer dieses Ziel innerhalb angemessener Frist nicht erreicht, wird scheitern. Daraus folgt im Einklang mit der allgemeinen These von der **Dominanz des Zeitwettbewerbs** (vgl. z.B. *Kirschbaum* 1995), daß eine dynamische Markterschließungsstrategie mehr Erfolgsaussichten bietet als eine langsame. Die Zeit arbeitet nicht für, sondern gegen den neuen Anbieter. Daß eine Strategie, welche Zeit als Engpaßfaktor betrachtet, beträchtliche Anlaufverluste in Kauf nehmen muß, liegt auf der Hand. Sie sollten deshalb Bestandteil jeder Markterschliessungs-Planung sein.

(6) Internationalisierung kann niemals ein Mittel zur Überwindung von konzeptionellen, positionellen, strategischen oder strukturellen Schwächen im Heimatmarkt sein. Wer schon zu Hause Probleme hat, der sollte sich nicht auf das dann unverhältnismäßige Wagnis einer Internationalisierung einlassen. Im übrigen kann der erforderliche Know How-Transfer nur von einer **starken Heimatbasis** aus organisatorisch bewältigt werden.

(7) Wer die Besonderheiten des Marktes, in die er sich im Rahmen seiner Internationalisierungsstrategie begeben will, nicht im Detail kennt, wird keinen Erfolg haben. Im **„Fine Tuning" des Vermarktungskonzeptes** liegt das eigentliche Geheimnis der Sieger. Dabei ist entscheidend, daß bei der landesspezifischen Adaption die ursprünglichen Erfolgskomponenten des Gesamtkonzeptes unverändert erhalten bleiben.

Die klassische These: „So viel Standardisierung wie möglich, so viel Differenzierung wie nötig" muß dabei von Markt zu Markt neu definiert und tagtäglich umgesetzt werden. Zusammenfassend hat sich gezeigt, daß es notwendig ist, dem Druck des lokalen Managements, das im operativen Engagement verständlicherweise fast immer die nationalen Spezifika überbewertet und eine zu weitgehende Modifikation des Konzeptes anstrebt, entschieden entgegenzuwirken. Das Vermarktungskonzept ist ein **Wissens- und Handlungssystem**; dieses zu beherrschen, darin wurzelt unser Know How und darauf stützen sich unsere Erfolgserwartungen. Deshalb bedürfen alle Systemveränderungen der Zustimmung des Konzeptträgers. Dabei geht es nicht um Rechthaberei oder irgendeine Form von Paternalismus. Vielmehr hat die Erfahrung gelehrt, daß die Erfolgskomponenten des bewährten Konzepts strukturell zu erhalten sind.

(8) Internationalisierung setzt totales **Commitment** und entschlossenes Handeln des Top-Managements voraus (vgl. z.B. *Aaby/Slater* 1989; *Naidu/Kanti/Prasad* 1994). Das betrifft natürlich auch die Ressourcen-Allokation, vor allem aber die mentale Einstellung und die Bereitschaft, die Strukturorganisation des Unternehmens auf dieses Vorhaben ein- und gegebenenfalls umzustellen.

Für ein groß angelegtes Internationalisierungsvorhaben, das mehrere Länder erfaßt, erscheint bereits in einem frühen Stadium eine **Holding-Struktur**, als Dach über den autonom operierenden Landesgesellschaften, unverzichtbar. Diese als Management-Holding konzipierte Konzern-Führungsgesellschaft beschränkt sich idealerweise auf die originären Aufgaben einer Management-Holding. Sie stützt sich auf ein modernes, ausgefeiltes Controlling-System und führt die Landesgesellschaften durch Coaching sowie durch Ressourcen-Allokation, Strategie- und Budgetvorgaben. Die Management-Holding unterhält jedoch keinerlei Ressourcen im Sinne einer strategischen Eingreiftruppe zur Kompensation quantitativer und qualitativer Defizite der Landesorganisationen. Eine wesentliche Aufgabe dieser Holding ist es, dafür Sorge zu tragen, daß quantitativ und qualitativ geeignete Management-Ressourcen für die Unternehmensentwicklung zur Verfügung stehen.

(9) Die Geschäftsleitungen der Landesgesellschaften müssen das Problem einer doppelten Identität souverän bewältigen. Ihre erste Verantwortung und ihre erste Identifikation gelten der Landesgesellschaft, für die sie unmittelbar tätig sind. Zugleich aber sollten sie eine große Affinität zum Konzern, seinen Prinzipien, seinen Zielen und seinem Wertesystem entwickeln und diese fördern. Die Landesorganisationen haben die Vorgabe, sich innerhalb des jeweiligen Wirtschaftsraumes so zu verhalten, daß sie ein wohlakzeptiertes Mitglied der jeweiligen Business- und Social Society sind. Nur die Identifikation mit den sozialen und ökonomischen Gegebenheiten des jeweiligen Landes schafft die Voraussetzung für **Akzeptanz** und damit für ein auch langfristig erfolgreiches Engagement.

(10) Wer als multinationales Unternehmen bestehen will, muß dies auch dokumentieren. Bspw. muß glaubhaft sein, daß bei der Besetzung von Führungspositionen uneingeschränkte Chancengleichheit herrscht, nicht zuletzt in nationaler bzw. kultureller Hinsicht. Hierbei darf es sich keinesfalls um eine rein taktische Maßnahme handeln. Vielmehr muß, um alle kreativen und sonstigen Talente im Unternehmen erschließen und nutzen zu können, ein systematisches **interkulturelles Human Resource-Management** betrieben werden (vgl. z.B. *Kammel/Teichelmann* 1994).

(11) Wer in internationalen Märkten Geschäfte tätigt, wird früher oder später auch die Gepflogenheiten der **internationalen Finanzwelt** adaptieren müssen. Mit anderen Worten: Auch Bilanzierungsstandards, Investor Relations, Public Relations und Informationspolitik sind zu internationalisieren.

(12) Die Vereinigung von Landesgesellschaften aus mehreren Ländern oder gar Kontinenten unter dem Dach einer Management-Holding verändert zwangsläufig **Kultur und Mentalität** des Unternehmens von Grund auf. Davon kann das Profil der Anforderungen an Qualifikation und Mentalität, die ein solches Unternehmen an die Mitarbeiter an seiner Spitze stellt, nicht unberührt bleiben.

Angesichts dieser Herausforderungen stellt sich die Frage, ob **Diversifizierung**, also die strategische Alternative, nicht der einfachere Weg zu neuem Wachstum ist. Unsere Unternehmensgruppe konnte auch Erfahrungen auf diesem Gebiet sammeln. Es würde aber den Rahmen dieses Beitrages sprengen, im Detail dieser Frage nachzugehen. Soviel sei hier aber festgehalten: Anspruchsvolle Lernprozesse setzen beide Wege voraus:

- Im Falle der Diversifizierung muß die Management-Holding die Erfolgskomponenten völlig neuer Branchen und deren Geschäftsprinzipien verstehen lernen, und zwar in einer Qualität und Tiefe, die es ermöglichen, die strategischen und operativen Entscheidungen eines autonom operierenden Sparten-Managements zu bewerten, zu leiten und gegebenenfalls zu korrigieren. Das stellt angesichts der Subtilität heutigen Handelswissens und eines an Intensität des Wettbewerbs kaum zu übertreffenden Umfeldes eine höchst schwierige Aufgabe dar.
- Im Falle der Option „Internationalisierung“ besteht die Aufgabe darin, die Adaption und den (Know How-)Transfer eines im nationalen Kontext perfekt beherrschten Geschäftsprinzips in neue, fremdartige Wirtschaftsräume in der beschriebenen Weise zu managen.

Beide Aufgaben fordern nicht nur unvergleichbare **Anforderungsprofile**; es sind wohl gleichfalls höchst unterschiedlich veranlagte **Manager-Typen** zu deren Bewältigung erforderlich. Auch die Management-Holding muß in ihrer Ressourcen- und Führungspolitik diesen Anforderungen Rechnung tragen. Werden beide strategischen Wege miteinander vermischt, so wächst zunächst der Komplexitätsgrad der zu bewältigenden Aufgabe und damit auch der Anspruch an die Führung in bedeutendem Maße.

5 Ein Blick in die Zukunft

5.1 Rückblick und Ausblick

Läßt sich der große Einsatz, den eine Internationalisierung von Unternehmen fordert, wirtschaftlich begründen? Was können Unternehmen gewinnen, die sich zur Internationalisierung ihrer Geschäftstätigkeit entschließen?

Mit dem erneuten Anknüpfen an die strategische Grundsatzdiskussion „Markterweiterung“ und der aus meiner Sicht geradezu paradigmatischen Frage der stetigen Überprüfung der **Marktpositionierung in dynamischen Märkten** schließt sich der Kreis: Nur ein kontinuierliches Wachstum kann die langfristige Sicherung von Unternehmen gewährleisten. Gesucht werden also Strategien, die dauerhaftes Umsatzwachstum ermöglichen.

Bereits in der Vergangenheit ließen sich im Handel zwei markant unterschiedliche **Expansionsstrategien** beobachten:

(1) **Offensive Strategie**: Die eine Gruppe von Unternehmen begann frühzeitig damit, ihre regionalen Grenzen zu überwinden und ihre Aktivitäten auf den gesamten (nationalen) Wirtschaftsraum auszudehnen. Diese Strategie hatte zum Ziel, das gesamte Umsatzpotential dieses Wirtschaftsraumes (zum Beispiel eines Landes) durch eine möglichst flächendeckende Präsenz zu nutzen.

(2) **Defensive Strategie**: Eine andere Gruppe von Unternehmen verfolgte demgegenüber das Ziel, ihre regionale Präsenz und Dominanz (zum Beispiel Stadt, Provinz) zu verbessern. Sie verdichteten ihre Standortnetze und optimierten ihre Logistik- und Werbekosten. Es gelang ihnen auf diesem Wege, ihren regionalen Marktanteil und auch das Preisniveau in „ihrer" Region hochzuhalten. Durch diese „Wagenburg-Mentalität" haben sie das Eindringen der Konkurrenten in das, was sie als ihr Hoheitsgebiet verstanden, nahezu unterbinden können. Zugleich bescherte ihnen ihre Politik über lange Zeit eine Maximierung ihrer Gewinne. Da sie nicht die Erschließung des gesamten nationalen Wirtschaftsraumes finanzieren und Investitionskosten, Anlaufkosten, Kosten eines sub-optimalen Ladennetzes in der Aufbauphase etc. tragen mußten, erzielten sie zunächst oft bessere Gewinnmargen als ihre Mitbewerber, die auf eine offensivere Strategie gesetzt hatten.

Lange Zeit sahen die **Regionalfürsten** mit ihrem Weg wie die Gewinner aus. Nach und nach wurden sie jedoch von den **national operierenden Handelsunternehmen** eingekreist. Diese inzwischen viel größeren Unternehmen waren auch der bessere Partner der Industrie und konnten schließlich aufgrund besserer Einkaufspreise und insgesamt größerer Ressourcen die „regionalen Fürsten" selbst in deren Hochburgen herausfordern. Aufgeschreckt durch diese Entwicklung wagten diese dann - meist viel zu spät - den Ausbruch aus der Region und versuchten, in anderen Wirtschaftsräumen Fuß zu fassen. Fast immer vergeblich. Mittlerweile, im Zeitalter der Massendistribution, sind diese Unternehmen nahezu alle „verschwunden"; natürlich aufgegangen in größeren Einheiten, eben in jenen Unternehmen, deren Strategie von Anbeginn an offensiver und auf die Durchdringung nationaler Märkte ausgerichtet war.

Überträgt man diese im nationalen Bereich gewonnene Erfahrung auf die supranationale Ebene, dann muß kein Prophet sein, wer vorhersagt: Auf lange Sicht werden im Bereich der Massendistribution Unternehmen, die, aus welchem Motiven auch immer, ausschließlich national präsent sind, ein ähnliches Schicksal erleiden wie die ehemaligen „Regionalfürsten und Platzhirsche" des nationalen Handels. Von den großen, **international operierenden Handelskonzernen** in ihrem Heimatmarkt existentiell herausgefordert, sehen sie einer mehr als unsicheren Zukunft entgegen. Vieles spricht für und weniges gegen diese Vorhersage. Ungewiß ist allein die Länge der Zeitstrecke.

Sicherlich wird es auch in Jahrzehnten noch erfolgreiche, nur in einem Wirtschaftsraum operierende Handelsunternehmen geben. Aber in einer von Internationalisierung und Globalisierung geprägten Welt bleiben ihnen nur **Nischen**; ihr Bedeutungsverlust ist programmiert.

5.2 Die Qualität der strategischen Option „Globalisierung"

Die Unternehmensstrategie „Globalisierung" ist zunächst nichts weiter als eine Option der Unternehmenspolitik. Nachdem nun aber einmal die Möglichkeit, diesen Weg zu beschreiten, grundsätzlich besteht, ist es für jedes Handelsunternehmen eine Entscheidung von allergrößter Tragweite, ob es darauf verzichtet oder diese Chance nutzt. Unternehmen, die sich dieser Herausforderung stellen und sie bewältigen, werden zu den marktbestimmenden Akteuren aufsteigen und von dieser Position auf vielfältige Weise profitieren.

Sechs markante Vorteile von Internationalisierung und Globalisierung möchte ich hier beispielhaft für die Qualität dieser strategischen Option aufführen:

(1) Globalisierung schafft die Voraussetzung dafür, in völlig neue Umsatzklassen aufzusteigen; eine Dimension, welche europäische Unternehmen, allein schon aufgrund der im **Weltmaßstab** kleinstaatlichen Struktur Europas, sonst nicht erreichen könnten. Allerdings verkörpert Größe an sich nicht die primäre Zielsetzung; sie muß immer gepaart sein mit Qualität. Aber Qualität, selbst auf ihrem höchsten Niveau, kann auf Dauer Größe nicht substituieren.

(2) Wer die Strategie der Internationalisierung ausschließlich für eine Offensivmaßnahme hält, übersieht deren **defensive Komponente**. Was zunächst paradox klingt, leuchtet bei näherer Betrachtung unmittelbar ein: Wer seinen Mitbewerbern die Märkte dieser Welt kampflos überläßt und ihnen damit dort das Geldverdienen leicht macht, wer sie nicht in ihren Heimatmärkten stellt, der wird sich zuletzt mit deren Offensivstrategie, mit deren wirtschaftlicher Stärke und mit deren in internationalen Märkten erworbenem Know How-Vorsprung auseinandersetzen müssen - und zwar auch und gerade in seinen eigenen Revieren.

(3) Handelsunternehmen werden erst durch ihr internationales Engagement zu **gleichwertigen Counterparts** ihrer längst global operierenden, gigantischen Partner auf der Beschaffungsseite.

(4) Internationale Präsenz ist nichts anderes als ständige, institutionalisierte **Marktforschung**. International operierende Unternehmen kennen aufgrund ihrer Markt- und Kundennähe weltweit alle Entwicklungstrends des Handels und profitieren von einem permanenten und frühzeitigen Know How-Transfer.

(5) International operierende Unternehmen sind für weltoffene Manager ein **attraktiverer Arbeitgeber** und profitieren dabei im Werben um das immer knappere Angebot an überdurchschnittlich qualifizierten Managern.

(6) Internationalität ist praktizierte **Risikostreuung**.

Für eine Globalisierungsstrategie sprechen also aus Sicht der Handelsunternehmen gewichtige Gründe. Folglich muß die nächste Frage lauten: Was spricht eigentlich gegen sie?

5.3 Das ordnungs- und wettbewerbspolitische Szenario

Viele befürchten als Konsequenz des zunehmenden Konzentrationsprozesses und des dadurch begünstigten Entstehens von immer größeren Handelsunternehmen eine **monotone Handelslandschaft**. Ich halte diese Sorge aber für völlig unbegründet. Vielmehr wird der Konsumgüterhandel auch in den kommenden Jahrzehnten in den einzelnen nationalen Märkten und Regionen mit unterschiedlichen Sortimenten, Leistungsprofilen und Angebotstypen um die Gunst der Kunden werben.

Dafür sorgen u.a.

- das regional unterschiedliche Konsumverhalten,
- der hochintensive Wettbewerb und die Notwendigkeit der Differenzierung gegenüber den Mitbewerbern und
- die permanenten Innovationsimpulse.

Objektiv kann festgestellt werden, daß die Vielfalt der Angebotstypen, der Standard der Ladenlokale sowie die Breite und Tiefe des Warenangebotes durch den Konzentrationsprozeß, der schon abgelaufen ist, nur gewonnen haben. Nie zuvor war in irgendeinem Land des industrialisierten Teils der westlichen Hemisphäre ein vergleichbares Niveau zu beobachten. Nie zuvor haben die Menschen in Relation zu ihrem Einkommen so günstig einkaufen und aus einem auch nur annähernd so vielfältigen Angebot auswählen können wie diese Generation.

Nichts deutet darauf hin, daß eine Fortsetzung des Konzentrationsprozesses im internationalen Maßstab diesen Qualitätsstandard der Konsumgüterversorgung reduzieren könnte. Wo Kaufkraft ist, wird es auch weiterhin eine Vielzahl von Anbietern für alle Warensegmente geben. In Nischen wird es immer wieder zu Neugründungen kommen, und neue Vermarktungskonzepte werden für Bewegung sorgen (vgl. Abb. 2). Warum sollte das **Wheel-of-Retailing** plötzlich zum Stillstand kommen? Forscher, die sich mit Veränderungen (z.B. Organisationsentwicklung) befassen, aber auch Psychologen haben dafür einen Begriff geprägt: Resistance to Change. Menschen fürchten Neues, und dieser generalisierte **Änderungswiderstand** sorgt dafür, daß sie sich gegen jegliche Neuerung wehren (vgl. z.B. *Kirkpatrick* 1985). Als die Eisenbahn eingeführt wurde, fürchteten viele Gesundheitsschäden, verursacht durch die mit kaum mehr als Schrittgeschwindigkeit dahinrasende Maschine.

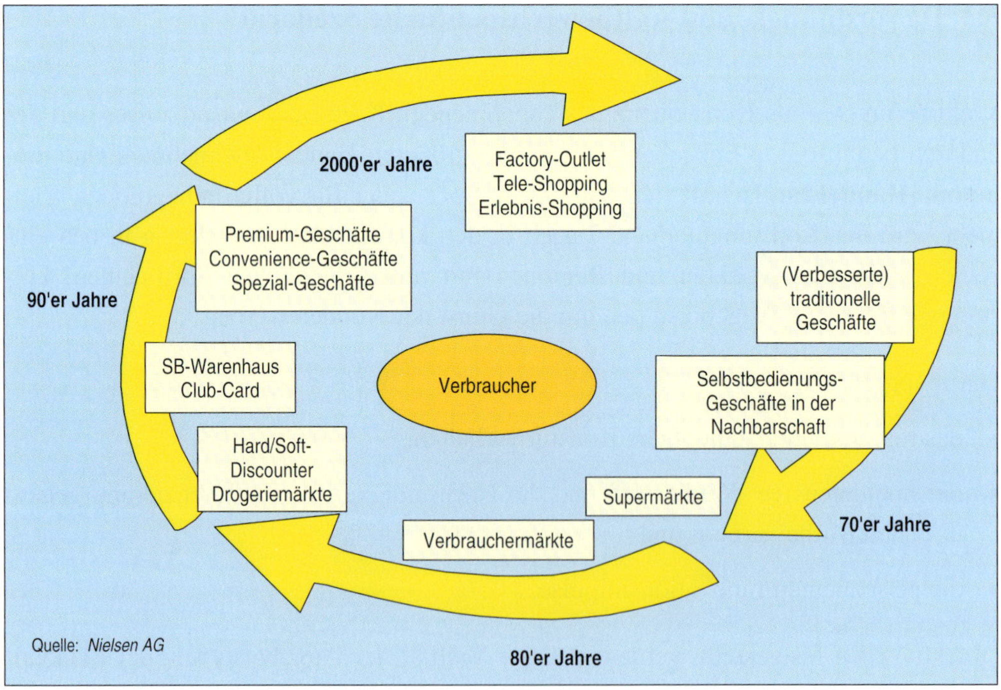

Abb. 2: Dynamik der Betriebsformenentwicklung

Der **Wettbewerb zwischen den Großunternehmen** des Handels wird an Heftigkeit nicht nachlassen, sondern eher zunehmen. Alle Erfahrungen deuten darauf hin, daß gerade sie es sind, die aufgrund ihres Ringens um die Gunst der Kunden, aber auch aufgrund ihres Management-Know Hows für ein günstiges Preisniveau sorgen. Vor allem der hohe „Durchsatz" mit preisaktiven Massenvertriebsformen führt dazu, daß die Einzelhandelspreise in deutlich geringerem Ausmaß steigen als die Verbraucherpreise insgesamt; eine Entwicklung, die in den zurückliegenden Jahrzehnten in den großen Industriestaaten zu einer beachtlichen Zunahme der Verbraucherwohlfahrt geführt hat (vgl. Abb. 3). Dieser Trend wird sich fortsetzen.

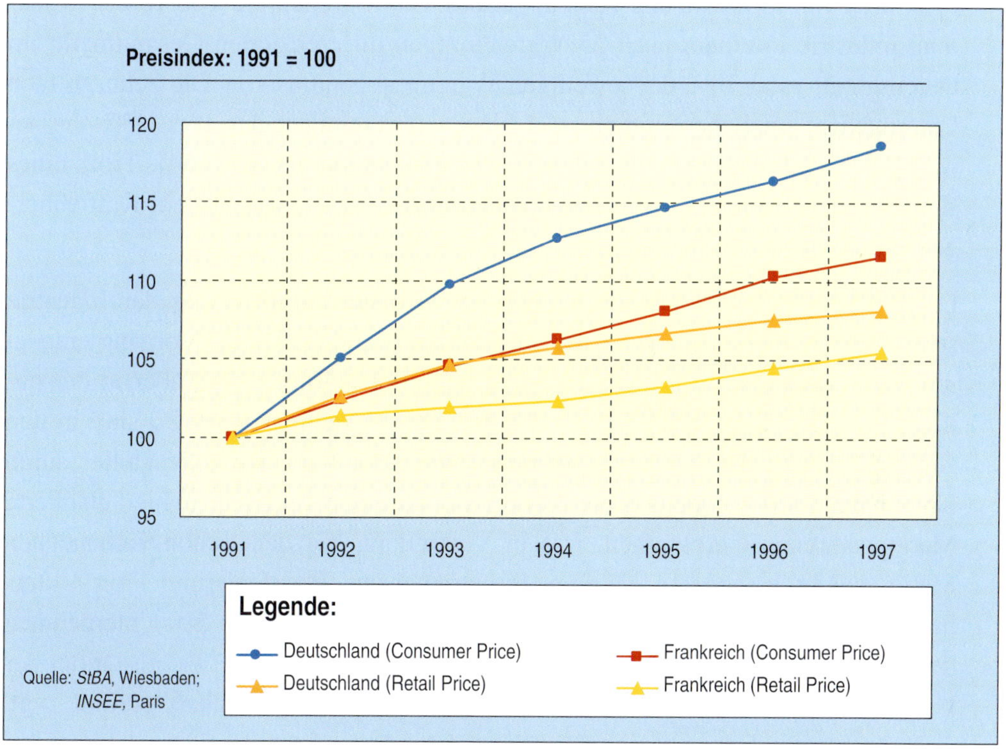

Abb. 3: Preisniveau des Privaten Verbrauchs und der Einzelhandelsgüter im Länder-Vergleich

Wenn die Grundaussage unverändert Gültigkeit hat, daß es die Aufgabe des Handels in der Volkswirtschaft ist, eine jederzeitige, umfassende, qualifizierte und kostengünstige Versorgung der Konsumenten zu gewährleisten (vgl. *Gümbel* 1985), dann stellt der Globalisierungsprozeß im Handel mit all seinen Möglichkeiten und Folgen zweifellos ein geeignetes Struktur- und Organisationsmodell dar, diese Aufgabe anforderungsgerecht zu erfüllen. Von dieser Entwicklung kann die **Versorgungsqualität** der Konsumenten also nur profitieren.

Verbleibt das Argument, daß sich dadurch das **Kräfteverhältnis im Vertikalwettbewerb** zwischen Industrie und Handel „besorgniserregend" zugunsten des Handels verändere und die großen Handelsunternehmen mit ihrer „Nachfragemacht" die Lieferanten erpressen könnten. Dazu zwei Anmerkungen:

(1) Der **Konzentrationsprozeß** im Handel hat, wie gerade auch die Untersuchungen der *Monopolkommission* belegen, bislang nur zu einer Annäherung der Marktstrukturen von Industrie und Handel geführt. So bestreiten die Top 10 der Ernährungsindustrie in einem nach 25 Warengruppen differenzierten Gesamtmarkt im Durchschnitt rund 70% der jeweiligen Warengruppenumsätze. Die zehn größten Unternehmen im Lebensmittelhandel hingegen vereinigen nur etwa 45% des jeweiligen Nachfragevolumens auf sich (vgl. *Lademann* 1998, S. 54). Trotz eines signifikanten Aufholprozesses des Handels ist also nach wie vor ein Kräfteübergewicht der Industrie im vertikalen Absatzkanal gegeben.

    Darüber hinaus ist zu bedenken, daß die **Transnationalisierung** der Industrie sehr viel weiter vorangeschritten ist als die des Handels. Dieser Vorgang erzeugt multinationale Konzernbildung und Konzentrationswirkung, was aber in der nationalen Unternehmensstatistik nicht entsprechend sichtbar wird. So sind in den zurückliegenden 15 Jahren zahlreiche ausländische Lebensmittelhersteller durch Übernahmen in den deutschen Markt vorgedrungen und haben hier etablierte Marktpositionen übernommen, was in Verbindung mit dem schon vorhandenen Marktgewicht in anderen Märkten die strategische Positionierung ihrer Unternehmen ganz wesentlich stärkt. Eine Auswertung der führenden 500 Unternehmen der Lieferstufe des deutschen Lebensmittelhandels zeigt, daß etwa ein Drittel der Umsätze auf Unternehmen mit ausländischer Kapitaleignerschaft entfällt (vgl. Tab. 2). Diese „Transnationalen" gehören jeweils zu den führenden Anbietern in ihren Produktmärkten und dominieren über zwei Drittel aller ausgewerteten Branchen.

    Wenn wir also von einem erhöhten Konditionen- und Wettbewerbsdruck in der heimischen Industrie sprechen und Ursachenanalyse betreiben, so ist zunächst diese „Internationalisierung" des inländischen Anbieterwettbewerbs, verbunden mit einer deutlichen Zunahme der Warenimporte, zu nennen, die natürlich in unseren stagnierenden Märkten den Druck merklich erhöht hat. Daß auch die Konzentration im Handel und die Nachfragebündelung der großen Handelsgruppen dazu beiträgt, liegt gleichfalls auf der Hand. Primär aber wurde dadurch lediglich die Verhandlungsposition des Handels derjenigen der Industrie angeglichen.

Warengruppe	Top 1	Top 2	Top 3	Top 4	Top 5
Mahl- und Schälmühlenerzeugnisse	USA				USA
Teigwaren	F				
Nährmittel	CH	USA		CH	
Stärke und Stärkeerzeugnisse	NL		USA		
Backwaren (ohne Kekse)			USA		
Süßwaren (inkl. Eiscreme)	I		NL	USA	
Dauermilcherzeugnisse			CH		
Erzeugnisse der Ölmühlen		NL	USA	NL	
Margarine, Platten- und andere Nahrungsfette	NL		NL		
Fisch und Fischerzeugnisse	NL		GB		
Röstkaffee, bearbeiteter Tee, teeähnliche Erzeugnisse	USA				CH
Spirituosen			USA		GB
Weine, Perl- und Schaumweine	CAN				CH
Mineral-/Tafelwasser, alkoholfreie Erfrischungsgetränke, Säfte	USA	USA			USA
Essig, Senf, Essenzen und Gewürze			AU		
Kartoffelerzeugnisse			USA	CAN	
Andere Erzeugnisse der Ernährungsindustrie		CH	NL		NL
Tabakwaren	USA	GB		USA	GB
Seifen, Wasch-, Spül-, Reinigungs- und Putzmittel		USA	NL		USA
Körperpflegemittel	USA		F		

Quelle: *Lademann* (1996)

Tab. 2: Internationalisierung der Lieferstufe des deutschen Lebensmittelhandels

(2) Die Bilanzen der Industriekonzerne lassen keineswegs erkennen, daß der Handel die Industrie ausbeute und eine „besorgniserregende“ Verschiebung der Kräfteverhältnisse gegeben sei. Gerade die Top 100 der Ernährungsindustrie konnten in den letzten Jahren ihre Umsatz- und Kapitalrenditen sogar **steigern** bzw. mindestens **stabilisieren**. Der Handel hingegen mußte sich unter dem ausgeprägten Preis- und Wettbewerbsdruck mit eher **abnehmenden** Betriebsergebnissen zufriedengeben; seine Umsatzrendite liegt im Durchschnitt bei rund 0,5% des Umsatzes - und damit auf einem Niveau, das angesichts des stereotypen Vorwurfs der übermäßigen Nachfragemacht bei gleichzeitig stabilen Umsatzrenditen in der Ernährungsindustrie von 2 bis 3% mehr als bemerkenswert ist (vgl. *Lademann* 1998, S. 54).

6 Perspektive

Im volkswirtschaftlichen Sinne - und zwar sowohl in struktur- als auch in prozeßpolitischer Hinsicht - sind meßbare Nachteile einer forcierten Internationalisierung von Handelskonzernen nicht wahrscheinlich. Für diese hingegen schafft die geographische Ausweitung ihres Aktionsradius eine wichtige Voraussetzung für Zukunftssicherung und Prosperität. Natürlich wäre es falsch, die Internationalisierung als ein Allheilmittel zur Überwindung unternehmensspezifischer Probleme betrachten zu wollen. Wohl aber verschafft sie uns eine **Chance** zur Überwindung von Erschwernissen und Begrenzungen im heimatlichen Markt.

Die Erfahrung hat gelehrt, daß Wirtschaftsunternehmen sich ihnen bietende Chancen ergreifen sollten, weil sonst andere sie nutzen werden. Dieser Grundsatz gilt sinngemäß auch bezüglich der Globalisierung von Handelsunternehmen. Und darüber hinaus ist Globalisierung eine faszinierende Gestaltungsaufgabe und Managementherausforderung für alle, die sich damit befassen.

Globalisierter Wettbewerb: Schicksal und Chance

Gerhard Fels

1 Einleitung

Das Thema Globalisierung wird derzeit sehr kontrovers diskutiert. Wie ein Blick in die Bestsellerlisten der Buchtitel unschwer zeigt, haben kritische Stimmen dabei deutlich die Oberhand. Der globalisierte Wettbewerb scheint Ängste zu erzeugen, die von der politischen Linken nur allzu gern aufgenommen und in bunten Facetten widergespiegelt werden. So beklagen die marktkritischen Skeptiker den vermeintlich erbarmungslosen „Terror der Ökonomie" (vgl. *Forrester* 1997) und sehen die entwickelte Welt blindlings in die „Globalisierungsfalle" tappen (vgl. *Martin/Schumann* 1996).

Offenbar hadern weite Kreise der Bevölkerung mit dem Schicksal der Globalisierung. Selbst einige Unternehmen sehen die Verschärfung des Wettbewerbs mit gemischten Gefühlen. Die Vorteile der zusammenwachsenden Weltwirtschaft scheinen den Betrachtern entweder verborgen zu sein, oder sie werden willkürlich ausgeblendet. Dieser Beitrag will zu einem Ausgleich der mangelnden Balance beitragen und dabei **Chancen und Risiken der Globalisierung** aus ökonomischer Sicht gegeneinander abwägen.

2 Globalisierung der Märkte - eine Bestandsaufnahme

2.1 Gründe für die zunehmende internationale Verflechtung

Die Kritiker der zunehmenden weltwirtschaftlichen Vernetzung wollen das Rad der Globalisierung anhalten. Ein scharfes Abbremsen ist jedoch kaum möglich, und wenn, dann nur mit erheblichen Einbußen an wirtschaftlicher Dynamik. Denn die beiden Antriebsmotoren der Globalisierung sind zugleich entscheidende Quellen für Wachstum und Wohlstand: der technische Fortschritt und die Liberalisierung von Handel und Kapitalverkehr. Letztere wäre zwar prinzipiell umkehrbar. Doch haben die Staaten ihre Grenzen geöffnet, weil sie die Vorteile der internationalen Arbeitsteilung erkannten.

2.1.1 Handelsliberalisierung als überlegene Strategie

In der Tat ist die Geschichte der Liberalisierung nach dem Zweiten Weltkrieg eine wahre Success-Story. Im Mittelpunkt steht hier das im Jahr 1947 gegründete *GATT*, das sich **multilateralen Freihandel** auf die Fahnen geschrieben hatte. Der Erfolg in den acht Verhandlungsrunden bis zur Ablösung des *GATT* durch die umfassendere *Welthandelsorganisation (WTO)* im Jahr 1995 kann sich sehen lassen. Die Teilnehmerstaaten haben ihre Einfuhrzölle in diesem Zeitraum um mehr als vier Fünftel gesenkt (vgl. *iwd* 1998, Nr. 17, S. 2). Anfangs trieben allein die Industrieländer die Handelsöffnung voran. Ihre Kapitalmärkte haben selbst sie allerdings erst in den siebziger Jahren nennenswert liberalisiert. Frankreich und Italien bspw. bauten letzte Beschränkungen erst mit der Gründung des Europäischen Binnenmarktes ab.

Die erste Generation der Schwellenländer Südostasiens klinkte sich zu Beginn der siebziger Jahre auch in die **internationale Arbeitsteilung** ein. Nicht zuletzt der anschließende wirtschaftliche Erfolg von Hongkong, Singapur, Taiwan und Korea überzeugte immer mehr Entwicklungsländer in Asien und Lateinamerika, im Laufe der achtziger Jahre ebenfalls ihre ideologischen Bedenken gegen den Kapitalismus abzuwerfen. Seit dem Ende des Kalten Krieges haben sich auch die ehemaligen Ostblock-Staaten auf den Weg zur Marktwirtschaft westlicher Prägung gemacht.

Im internationalen Wettbewerb der Institutionen hat sich die Strategie des Freihandels offenbar als deutlich überlegen erwiesen. Wer sich hingegen abschottet, verpaßt den Anschluß und bleibt zurück, wie das Beispiel derjenigen Entwicklungsländer zeigt, die weiterhin die Weltmarkt-Integration scheuen. Daher gilt um so mehr: Ein Liberalisierungs-Stopp wäre kontraproduktiv und liefe der Evolution des globalen Wirtschaftssystems entgegen.

2.1.2 Technischer Fortschritt läßt Distanzen schrumpfen

Die fortschreitende technische Entwicklung hat die Möglichkeiten zur Internationalisierung beträchtlich erweitert. So erlauben Innovationen der Fertigungstechnik, den Produktionsprozeß in kleine Einheiten zu zerlegen, die je nach Arbeitsintensität an verschiedene Standorte in der Welt verlagert werden können. Ferner sind die **Transportkosten** immens **gesunken**: Die Container-Revolution erleichterte das Verladen, und der Trend zur Wissensgesellschaft läßt den Welthandel weniger transportintensiv werden.

Der rapide Fortschritt in der **Mikroelektronik** hat zudem Datenverarbeitung und Kommunikation erheblich leistungsfähiger gemacht und die damit verbundenen Kosten auf Bruchteile verringert. So sind etwa die Ausgaben für ein Drei-Minuten-

Gespräch von New York nach London von rund 300 US $ im Jahr 1930 auf etwa einen US $ gefallen (vgl. *Economist* 1997, S. 103, Angaben in Preisen von 1996). Auch die Kosten der Satellitennutzung fielen rapide - allein im Laufe der siebziger Jahre um mehr als das Sechsfache (vgl. *World Bank* 1995, S. 51).

All dies sind Voraussetzungen dafür, Produktionsprozesse zu internationalisieren und zugleich zentral koordinieren zu können. Diese Möglichkeiten nutzen vor allem die transnationalen Unternehmen, zum Teil mit einem weltweiten Netz an Tochtergesellschaften. In jüngerer Zeit springen indes auch immer mehr Unternehmen auf den Zug der Globalisierung, die bislang nur innerhalb der nationalen Grenzen aktiv waren.

2.2 Indikatoren und Auswirkungen der Globalisierung

2.2.1 Beschleunigtes Integrationstempo seit Mitte der achtziger Jahre

Das Zusammenwachsen der nationalen Märkte verdeutlicht ein Blick auf die Entwicklung der Quote zwischen Welthandelsvolumen und globaler Produktion. Sie hat sich seit 1950 stetig erhöht und ist vor allem seit Mitte der achtziger Jahre noch einmal deutlich angestiegen (vgl. *IMF* 1997, S. 46). So sind die weltweiten Exporte seit 1985 um jahresdurchschnittlich nahezu 10% gestiegen, während die Produktion lediglich um 5,6% pro Jahr zulegte. In diesem Zeitraum haben sich indes die **weltweiten Kapitaltransaktionen** zur dynamischsten Kraft der Globalisierung gemausert - die Finanzmärkte wuchsen um über 14% und die Direktinvestitionen um mehr als 15% pro Jahr. Diese Daten beziehen sich aufgrund statistischer Meßprobleme auf die Industrieländer, sind aber wegen des großen Gewichts dieser Staatengruppe in der Weltwirtschaft als Globalisierungsindikatoren geeignet.

Die grenzüberschreitenden Direktinvestitionen expandierten vor allem in der zweiten Hälfte der achtziger Jahre - im Zuge der Vorbereitungen auf den Europäischen Binnenmarkt und durch den Eintritt der Schwellenländer in die Weltwirtschaft. Zwischen 1985 und 1990 legten sie jährlich um mehr als 30% zu. Die Finanzmärkte setzten nach einer erneuten Liberalisierungsrunde des Kapitalverkehrs Anfang der neunziger Jahre dann zum Höhenflug an - mit jahresdurchschnittlichen Wachstumsraten von rund 20% zwischen 1990 und 1996. An den Devisenbörsen hat der tägliche weltweite Umsatz inzwischen beinahe das Volumen der gesamten globalen Währungsreserven erreicht (vgl. *IMF* 1997, S. 61) - eine eindrucksvolle Zahl, auch wenn hinter einer Handelstransaktion mehrere Interbankengeschäfte stehen.

Es kann allerdings noch keineswegs vom globalen Dorf die Rede sein (vgl. *IMF* 1997, S. 112ff.). Denn auch weiterhin divergieren die Preise international handelbarer Güter, die sich bei vollkommen integrierten Märkten eigentlich angleichen müßten. Ferner darf die rasche Expansion der Direktinvestitionen nicht über deren noch relativ geringes absolutes Volumen hinwegtäuschen. So investieren die großen Industrienationen im Durchschnitt weniger als 7% der nationalen Bruttoanlageinvestitionen im Ausland. Festzuhalten bleibt: Offenbar hat die Globalsierung in den letzten Jahren an Tempo zugelegt. Sie wird neben dem Welthandel immer mehr von der Dynamik der Kapitaltransaktionen vorangetrieben. Ein einheitlicher Weltmarkt befindet sich freilich noch im Werden.

2.2.2 Neue Dimensionen der internationalen Arbeitsteilung

Vor dem Ersten Weltkrieg war die internationale Verflechtung bereits auf einem hohen Niveau angelangt. Die damalige Intensität des Welthandels wurde erst wieder in den siebziger Jahren erreicht. Doch hat die internationale Arbeitsteilung heute eine andere Qualität als vor dem Ersten Weltkrieg. Denn erst mit dem Eintritt der Schwellenländer in den Weltmarkt hat das Wort „global" seine eigentliche Berechtigung bekommen. Ferner schafft der **technische Fortschritt** Möglichkeiten, die Ende des letzten Jahrhunderts noch Stoff für Zukunftsromane geliefert hätten, denkt man nur an

- Mobiltelefon,
- Telefax,
- E-Mail oder
- Internet.

Statt in achtzig Tagen geht es heute in Sekunden um die Welt. Informationen jeglicher Art und sogar Finanzbeträge in Milliardenhöhe können per Mausklick und Satellit in Realtime an nahezu jeden beliebigen Ort gesendet werden.

In der Folge wählen immer mehr Unternehmen ihre Standorte auf der Welt so aus, daß die Mitarbeiter rund um die Uhr an Projekten arbeiten können. Andere lassen ihre Softwareprogramme bspw. in Indien entwickeln oder eröffnen in den Schwellenländern sogar ihr Back-Office, um einfache EDV-Tätigkeiten dorthin zu verlagern.

3 Chancen und Risiken der Globalisierung

3.1 Bedrohung durch ungezügelte Weltmarkt-Konkurrenz?

3.1.1 Die ökonomische Perspektive der globalen Integration

Offenbar nimmt nicht nur die Intensität des Güterhandels zu, sondern auch die internationale Mobilität von informationsbezogenen und damit ungebundenen Dienstleistungen. Damit treten die Industrienationen auch hier immer mehr in Konkurrenz zu den Niedriglohnländern. **Bedrohungsängste** sind die Folge.

Doch profitieren beide Ländergruppen von einer tieferen internationalen Arbeitsteilung. Denn sie ermöglicht die Nutzung von Spezialisierungsvorteilen. Wenn jedes Land das Spektrum an Gütern und Serviceleistungen produziert, für dessen Erbringung es die besten Voraussetzungen hat, dann können die weltweiten Produktionsmöglichkeiten besser genutzt werden. Über den Kanal des Welthandels profitieren die Verbraucher von billigeren Importen. Niedrigere Preise bringen so höhere Realeinkommen, Impulse für Wachstum und Beschäftigung und letztlich einen **steigenden Lebensstandard**.

Hinzu kommt: Die Konsumenten können durch den Handel unter den Industrieländern zwischen einer großen Zahl ähnlicher Produkte nach ihren jeweiligen Präferenzen auswählen. Wohlstandsfördernd wirkt ebenso der intensivere internationale Wettbewerb zwischen den Unternehmen. Denn höherer Konkurrenzdruck zwingt zur Nutzung von Produktivitätsreserven und spornt die Innovationsbereitschaft an.

3.1.2 Die Sicht der Unternehmen

Der **schärfere Wettbewerb** läßt die Unternehmen zwar im Logistikbereich von günstigeren Einkaufsmöglichkeiten profitieren. Auf dem Absatzmarkt steigen durch Globalisierung, Europäischen Binnenmarkt und Euro indes die Herausforderungen. Selbst Unternehmen, die bislang im Schatten des Weltmarktes produziert haben, bekommen inzwischen immer mehr die ausländische Konkurrenz zu spüren. Die Aktiengesellschaften sehen sich überdies den steigenden Rendite-Anforderungen der Finanzmärkte gegenüber. Denn im Zuge des Shareholder-Value-Ethos haben institutionelle Investoren und Rating-Agenturen auch in Europa an Einfluß gewonnen.

Verschiedene Möglichkeiten stehen für die Unternehmen offen, dem Wettbewerbsdruck zu begegnen. Zwar sind Effizienzsteigerungen in Beschaffung und Betriebsorganisation unverzichtbar. Doch dürfte ein reiner Kostenwettbewerb mit der ausländischen Konkurrenz am Standort Deutschland mit seinen hohen Produktionskosten kaum zu gewinnen sein. Vielmehr müssen deutsche Unternehmen deutliche **Stärken auf dem Absatzmarkt** entwickeln - durch Innovationen, Kundenorientierung, hohe Produktqualität und - soweit möglich - durch gezielte Spezialisierung oder sogar Marktführerschaft in einer Nische.

Anpassung durch Internationalisierung kann eine weitere Strategie sein. Going Global durch Export oder Direktinvestitionen stärkt die Position auch im eigenen Land. Jenseits der Grenzen können die Unternehmen an Wachstumsmärkten partizipieren, die Kostenvorteile einer größeren Ausbringungsmenge sowie günstigere Beschaffungskonditionen nutzen und nicht zuletzt von attraktiveren Produktionsbedingungen im Ausland profitieren. Die Globalisierung stellt die Unternehmen folglich nicht nur vor neue Herausforderungen, sie eröffnet zugleich neue Möglichkeiten.

Den steigenden Wettbewerb in der europäischen **Handelsbranche** und die resultierenden Strukturveränderungen beleuchtet ein Gutachten des *ifo Instituts für Wirtschaftsforschung* (vgl. *Täger* 1998). Demnach beschränkt sich die Internationalisierung des Sektors derzeit weitgehend auf die Beschaffung, die Vertriebsaktivitäten sind noch vorwiegend national orientiert. Doch zeichnet sich angesichts der Europäischen Wirtschafts- und Währungsunion eine stärkere Auslandsorientierung auch der kleineren Unternehmen ab, in welcher vor allem „der Groß- und Außenhandel (...) eine wichtige Promotoren- und Innovatoren-Rolle übernehmen“ wird (vgl. *Täger* 1998, S. 11). Als bemerkenswert hebt der Autor im übrigen hervor: Börsennotierte Handels-Unternehmen dürften in Zukunft stärker von den Anforderungen der Finanzmärkte als von der Konkurrenz auf den Absatzmärkten unter Druck gesetzt werden.

3.2 Ruinöser Standortwettbewerb und Ohnmacht der Politik?

3.2.1 Kritik und Kartelle

Die vermeintliche Allmacht der internationalen Finanzinvestoren stößt bei vielen Globalisierungs-Skeptikern auf harsche Kritik. Sie verdammen den angeblichen Casino-Kapitalismus, beklagen die schwindende Autonomie nationaler Wirtschaftspolitik und sehen sogar die Erosion des demokratischen Fundaments voraus. Die Politik könne - so die Behauptung - ihren Aufgaben in der Sozialpolitik oder in der Bereitstellung der Infrastruktur nicht mehr hinreichend nachkommen.

Derartiges Lamento mündet gewöhnlich in Forderungen, den als ruinös empfundenen Standortwettbewerb zu zügeln. Zu dessen Eindämmung empfehlen die Kapitalismuskritiker i.d.R. **Harmonisierungslösungen** oder **Mindeststandards** in der Steuer- oder Sozialpolitik. Diese Strategie erscheint allerdings weder sinnvoll noch realistisch. Denn mit der Abschottung von der internationalen Konkurrenz werden Ressourcen fehlgelenkt und die eigene Wirtschaft von den dynamischen Wachstumsimpulsen des Weltmarktes abgekoppelt. Zudem läuft ein solches Konditionenkartell letztlich auf eine Abschottung gegenüber den Schwellenländern hinaus, die gerade auf die Nutzung niedriger Standards angewiesen sind. Es geht dabei also offensichtlich nicht um mehr Fairneß im Wettbewerb, sondern um eine neue Form des Protektionismus.

3.2.2 Richtigstellung und Reformdruck

Was ist von den Vorwürfen gegen den Standortwettbewerb zu halten? Sicherlich haben Investoren und Unternehmen durch die Liberalisierung der Kapitalmärkte und durch den Fortschritt in der Kommunikationstechnik heute bessere Möglichkeiten, ihr Finanz- oder Sachkapital aus einem Land abzuziehen, wenn ihnen die erwartete Rendite ihrer Anlage zu gering erscheint. Die Globalisierung schränkt daher tatsächlich die Autonomie der Politik ein und stellt nationale Institutionen wie Regulierungen und Sozialpolitik auf den Prüfstand.

Doch ist der Standortwettbewerb keineswegs ruinös. Denn die Drohung der Investoren, ihr Kapital abzuziehen, zwingt die Politik zu sachgerechtem Handeln. Sie muß ihrer eigentlichen **ordnungspolitischen Aufgabe** nachkommen und wachstumsförderliche Rahmenbedingungen setzen. Fährt sie indes fort, Unternehmen und Haushalte über Gebühr mit Abgaben und Regulierungen einzuschränken, setzt die Sanktion der Kapitalmärkte ein - mit einem Abwandern der Investoren, steigenden Zinsen und einer Abwertung der Währung. Derart erzwungene Reformen verbessern die Produktionsbedingungen in jedem Land, so daß alle profitieren können. Der Standortwettbewerb ist folglich kein Nullsummenspiel, bei dem ein Land nur auf Kosten des anderen gewinnen kann. Vielmehr liegt in der **Kontrolle durch die Finanzmärkte** eine Chance für mehr Wachstum und Beschäftigung.

Auch in der **Steuerpolitik** spricht vieles gegen ein oft behauptetes „Race to the Bottom“ (vgl. *Beyfuß* u.a. 1997, S. 57ff; *Sachverständigenrat* 1997/1998, S. 274ff.). Denn bei der Standortentscheidung nehmen die Investoren auch staatliche Dienstleistungen, Infrastruktur, Bildungsstandard oder das Ausmaß an sozialem Frieden in den Blick. Sie wägen also ab zwischen der staatlichen Leistungspalette und deren Preis in Form von Steuern und Abgaben. Ein ins Bodenlose gehender Steuerverfall steht daher nicht zu befürchten. Allerdings geraten die Staaten unter heilsamen Druck, das Preis/Leistungs-System zu verbessern - also die Ausgabenstruktur zu straffen und die Verzerrungen durch das Steuersystem zu minimieren.

Zwar dürfte es zunehmend schwer fallen, mobiles Kapital zu besteuern. Doch wiegt die Steuerbürde auf deutschen Unternehmen so schwer, daß eine Erleichterung mehr als wünschenswert erscheint. Denn bei der Gewinnbesteuerung liegt Deutschland im internationalen Vergleich trotz Abschaffung von Vermögen- und Gewerbekapitalsteuer noch immer in der Spitzengruppe. Eine **große Steuerreform** hat daher weiterhin höchste Priorität. Die Politik sollte dabei auf eine nachhaltige Entlastung von Unternehmen und Haushalten setzen. Denn die Erfahrung der USA mit der *Reagan*'schen Steuerreform im Jahr 1986 zeigt eindrucksvoll: Eine Senkung der Steuersätze kann durchaus zu einem Wachstum der Steuereinnahmen führen, da die Wirtschaftsaktivität hierdurch neue Impulse erhält.

Eine weitere Behauptung der Kritiker des Standortwettbewerbs muß stark relativiert werden. Denn von der Untergrabung der **Sozialstandards** durch die Globalisierung kann bis dato kaum die Rede sein. Das zeigt ein Blick auf die Entwicklung der Sozialquote in der *Europäischen Union*. Entgegen der Erwartung ist das Verhältnis von Sozialausgaben zur Wirtschaftsleistung seit 1980 bis Mitte der neunziger Jahre sogar um rund drei Prozentpunkte gestiegen (vgl. *Beyfuß* u.a. 1997, S. 31). In Deutschland hat diese Sozialquote, nicht zuletzt bedingt durch die Wiedervereinigung, in den letzten Jahren neue Rekordhöhen von über 34% erreicht. Anfang der siebziger Jahre befanden sich die Sozialausgaben noch mit dem Investitionsvolumen auf gleicher Höhe, inzwischen liegen sie um mehr als zwei Drittel darüber. Auch in der überdimensionierten Sozialpolitik gilt folglich: Ein über die Globalsierung vermittelter Reformdruck ist durchaus heilsam. Denn der ausgeuferte Wohlfahrtsstaat trägt über viele Kanäle zur hohen Erwerbslosigkeit in Deutschland bei.

3.3 Globalisierung - der Anfang vom Ende der Arbeit?

3.3.1 Weltweite Zunahme an Einfacharbeit

Die fortschreitende Globalsierung wird immer häufiger für die Massenarbeitslosigkeit in Deutschland und anderen Staaten verantwortlich gemacht. Schreckensszenarien vom Ende der Arbeit erfreuen sich dabei großer Beliebtheit. Überdies - so die These - liege in der gestiegenen Weltmarkt-Konkurrenz eine wesentliche Ursache für die zunehmende Einkommensungleichheit in den USA oder in Großbritannien.

Aus wirtschaftstheoretischer Sicht lassen sich solche Zusammenhänge in der Tat nachweisen. Denn der Eintritt der Schwellenländer in den Weltmarkt wirkt wie eine globale Zunahme von Einfacharbeit. Die Industrienationen importieren in der Folge vermehrt arbeitsintensive Güter, die in den Niedriglohnländern billiger hergestellt werden können. Im Ergebnis geraten die Löhne für Einfacharbeit in den entwickelten Staaten unter Druck. Kommt es nicht zu einer größeren Lohnspreizung, verringern sich die Beschäftigungschancen gering qualifizierter Arbeitnehmer.

Empirische Untersuchungen dieses Bedrohungs-Szenarios weisen nach: Der **Beitrag der Globalisierung** zur vergrößerten Lohnspreizung und zur gestiegenen Arbeitslosigkeit ist meßbar, allerdings **recht gering** (vgl. *Grömling* u.a. 1998, S. 359, *IMF* 1997, S. 57f.). Offenbar wiegt die Bedeutung von Warenimporten aus Niedriglohnländern noch nicht sehr schwer. Deren Anteil am Produktionsvolumen der Industrienationen liegt gerade einmal zwischen 3 und 8% (vgl. *IMF* 1997, S. 58). Zudem werden die Globalisierungseffekte überlagert von den Auswirkungen des technischen Fortschritts, der ebenfalls die Nachfrage nach Einfacharbeit sinken läßt.

Um Mißverständnissen vorzubeugen: Die verminderten Einkommens- und Beschäftigungschancen gering Qualifizierter in den Industrienationen sind nur eine Seite der Medaille. Denn die Globalisierung bringt in den modernen Ökonomien einen Strukturwandel zu anspruchsvollen Tätigkeiten in Gang. Damit entstehen neue **Arbeitsplatzchancen für hoch Qualifizierte** in den wissensintensiven High-Tech-Sektoren oder in den modernen Diensten. Darüber hinaus tragen Internationalisierung und Technikfortschritt zu einer effizienteren Ressourcennutzung bei und somit zu mehr Wachstum und Beschäftigung.

3.3.2 Deutschland - Egalitätsstreben und Reformschwäche führen zu Arbeitslosigkeit

Wie steht es in Deutschland mit Blick auf die populären Thesen vom Ende der Arbeit und von der angeblich zunehmenden Ungleichheit in der Einkommensverteilung? Eine Betrachtung der Einkommensentwicklung in der Bundesrepublik offenbart (vgl. *Schröder* 1998, S. 10ff.): Der **Lebensstandard** - gemessen als das verfügbare Realeinkommen pro Kopf - hat sich **seit 1960 nahezu verdreifacht** (2,7fache Erhöhung). Auch in den letzten 15 Jahren ist immerhin noch ein Anstieg von knapp 20% zu verzeichnen. Dabei ist der Wohlstandsgewinn noch nicht einmal berücksichtigt, der sich seit 1980 durch die Verkürzung der Jahresarbeitszeit um 200 auf 1 500 Stunden ergeben hat. Wie die Statistik darüber hinaus zeigt, „hat sich der Einkommensanstieg über alle sozialen Gruppen (...) recht gleichmäßig vollzogen" (vgl. *Schröder* 1998, S. 20). Ein deutlicher Anstieg der Armut ist folglich in Deutschland nicht zu verzeichnen.

Dieses Ergebnis untermauert eine Studie des *Deutschen Instituts für Wirtschaftsforschung* für den Zeitraum zwischen 1985 und 1996 (vgl. *Krause* 1998). Entgegen der Vermutung, daß die Globalisierung zu einer größeren Ungleichheit geführt haben könnte, hat der **relative Abstand zwischen Reich und Arm** in Westdeutschland jedoch **kaum zugenommen**: Im Jahr 1996 lag die Kaufkraft der reichsten 10% der Bevölkerung bei 234% des Durchschnitts; diese Quote ist seit 1985, als sie bei 232% lag, so gut wie nicht angestiegen. Ebenso blieb das Verhältnis zwischen der Kaufkraft des ärmsten Zehntels und dem Mittelwert im betrachteten Zeitraum nahezu konstant bei 30%.

Offenbar hat die Tarif- und Sozialpolitik einer zunehmenden Ungleichheit in Deutschland entgegengewirkt. Vor allem überproportional gesteigerte **tarifliche Mindestlöhne** haben die Einkommenschancen derjenigen gering Qualifizierten erhöht, die einen Arbeitsplatz besitzen. Doch zahlen viele andere schlecht Ausgebildete hierfür einen hohen Preis in Form von steigender **Arbeitslosigkeit**. Denn die Mindestlohnanforderungen haben eine größere Lohnspreizung verhindert. In der Folge ist eine Vielzahl industrieller Arbeitsplätze weggefallen, und einfache Beschäftigung im Dienstleistungssektor konnte kaum geschaffen werden.

Ein Vergleich zu den USA und Großbritannien, aber auch zu korporatistischen Staaten wie den Niederlanden, Dänemark oder Schweden macht deutlich: Nicht die Globalisierung ist die Ursache für die hohe Arbeitslosigkeit, sondern das ausgeprägte

Egalitätsdenken und vor allem die mangelnde Reformfähigkeit in Deutschland. Die anderen Länder haben eine geringe Steigerung der Arbeitskosten im Niedriglohnbereich akzeptiert (vgl. *Fehn* 1997, S. 123). Hinzu kommen vielfältige marktwirtschaftliche Reformen auf dem Arbeitsmarkt und in der Sozialpolitik. Die Dänen etwa bieten jedem Jugendlichen und jedem Langzeit-Arbeitslosen eine Beschäftigung an, machen die Annahme dieser Offerte aber zur Pflicht. Von einer solchen - durchaus gerechtfertigt erscheinenden - wohlfahrtsstaatlichen Härte ist die Bundesrepublik noch weit entfernt.

3.3.3 Reformvorbild USA - Tertiarisierung als Zukunft der Arbeit

Reformvorreiter und führendes Wirtschaftsmodell sind derzeit ohne Zweifel die USA. Der amerikanische Beschäftigungsmotor läuft in den letzten Jahren auf so hohen Touren, daß die Experten bereits beginnen, ihre Überhitzungstheorien zu verwerfen. Doch auch die langfristige Beschäftigungsentwicklung in den Vereinigten Staaten beeindruckt. So ist die Zahl der Arbeitsplätze dort seit 1970 um rund 60% gestiegen - und damit um weit mehr als im *OECD*-Durchschnitt von immerhin einem Drittel. Deutschland kommt hier lediglich auf einen Zuwachs von 6% (vgl. *iwd* 1998, Nr. 1, S. 2f.).

Der **flexible Arbeitsmarkt** in den USA, der schlanke Staat mit einer niedrigen Steuerbelastung wie auch die wenig regulierten Gütermärkte haben offenbar eine dynamische Beschäftigungsexpansion zugelassen. Sie geht zudem nahezu im Gleichschritt mit dem Wirtschaftswachstum - von Jobless Growth wie in der Bundesrepublik ist in den Vereinigten Staaten keine Spur. Wenngleich das amerikanische Wirtschaftsmodell auch nicht eins zu eins auf das deutsche Wertesystem zu übertragen ist, so gibt es doch deutlich die Reformrichtung an, in die sich im übrigen auch Großbritannien, die Niederlande, Dänemark und Schweden bewegen.

Die beeindruckende Beschäftigungs-Performance der USA wird maßgeblich aus dem **Dienstleistungssektor** gespeist. Seit 1970 hat sich die Zahl der Service-Arbeitsplätze nahezu verdoppelt (vgl. *iwd* 1998, Nr. 1, S. 2f.). In den achtziger und vor allem in den neunziger Jahren ist dabei das Gros der neuen Stellen überdurchschnittlich bezahlt und daher nicht dem Spektrum der Einfacharbeit zuzurechnen, wie häufig behauptet wird. So haben die USA gerade bei den modernen Diensten eine Vielzahl von Arbeitsplätzen für hoch Qualifizierte geschaffen und erwirtschaften hier einen wachsenden Handelsüberschuß, wie etwa in den Bereichen Unternehmensberatung, Wirtschaftsprüfung, Investmentbanking oder in der Film- und Fernsehwirtschaft. Aber auch am unteren Ende der Qualifikationsskala sind die USA dem Druck von Globalisierung und technischem Fortschritt recht erfolgreich begegnet. Anders als Deutschland konnten sie dank flexibler Lohnstrukturen **für gering Qualifizierte umfangreiche Beschäftigungsmöglichkeiten** erhalten - vor allem bei einfachen Diensten.

Die Vereinigten Staaten demonstrieren eindrucksvoll: Die Arbeitsplatzpotentiale der Dienstleistungsgesellschaft dämpfen die Effekte, die Globalsierung und technischer Fortschritt auf den Arbeitsmarkt ausüben. Denn viele orts- und personengebundene Service-Tätigkeiten sind dem internationalen Wettbewerb und dem Rationalisierungsdruck kaum ausgesetzt. Die Zukunft der Arbeit liegt daher in der **Tertiarisierung der Wirtschaftsstrukturen**. Deutschland hingegen verbaut sich hier viele Chancen durch hohe Mindestlohnanforderungen und starre Regulierungen auf den Dienste-Märkten. Im Resultat läßt sich im Vergleich zu den USA eine Dienstleistungslücke von rund 3,5 Mio. Arbeitsplätzen berechnen (vgl. *iwd* 1998, Nr. 6, S. 7), die im Bereich der einfachen Dienste besonders ausgeprägt ist.

3.4 Perspektiven an der Schwelle zum 21. Jahrhundert

3.4.1 Chancen im Umbruch zur globalen Informationsgesellschaft

In Kürze endet nicht nur ein Jahrtausend, auch wirtschaftlich bricht ein neues Zeitalter an: das der globalen Informationsgesellschaft. Der Vergleich mit dem säkularen Übergang von der Agrar- zur Industriegesellschaft liegt nahe. Doch steht die Frage im Raum, wie der Umbruch in die neue Wirtschaftswelt ohne allzu große Reibungsverluste zu bewältigen ist. Die Vereinigten Staaten geben hier offenbar ein gutes Beispiel. Mit ihren flexiblen Märkten meistern sie den forcierten Strukturwandel ohne einen Anstieg der Arbeitslosigkeit wie in Deutschland. Im Gegenteil: Bei Arbeitslosenraten von weit unter 5% im Sommer 1998 herrscht jenseits des Atlantiks Vollbeschäftigung.

Selbst die Experten sind verwundert über die Dauer des Aufschwungs, der aufgrund der hohen Produktivitätszuwächse ohne nennenswerten Inflationsdruck fortschreitet. Die Rede ist bereits von dem **„neuen Paradigma“** einer Ökonomie ohne Inflation und Konjunkturschwankungen. Bei derartigen Prophezeiungen, die wesentliche ökonomische Erkenntnisse beiseite schieben, ist zwar Vorsicht geboten. Doch scheinen die

USA von den dynamischen Impulsen des anbrechenden Multimedia-Zeitalters zu profitieren. Offenbar sind sie auf dem Weg in die globale Informationsgesellschaft bereits weit vorangekommen. Wie aber steht es mit den europäischen Staaten?

3.4.2 Die Weltwirtschaft im Jahr 2020

„Die Zukunft Europas? Ein Wurmfortsatz Asiens!“ hat *Wolfram Engels* einmal pointiert formuliert (vgl. *Adam* 1994, S. 92). So düster wird die Zukunft des alten Kontinents Europa zwar keineswegs sein. Doch besteht kein Zweifel: Wenn die jetzige Krise in Asien überstanden ist, werden die dortigen Schwellenländer in der Weltwirtschaft weiter an Gewicht zunehmen. Vor allem **China** wird zur **ökonomischen Großmacht** werden. In einem optimistischen Zukunftsszenario der *OECD* (1997, S. 40ff.) für das Jahr 2020, das von wachstumsfreundlichen Reformen in den Industrie- und Entwicklungsländern ausgeht, wächst Chinas wirtschaftliches Gewicht so stark, daß es dann mehr als die Hälfte des gesamten *OECD*-Sozialproduktes aufwiegt.

Auch im Welthandel werden die **Emerging Economies** weiter an Bedeutung zulegen. Vor allem die asiatischen Entwicklungs- und Schwellenländer haben bereits seit 1970 ihren Weltmarktanteil in etwa verdreifachen können (vgl. *Grömling* u.a. 1998, S. 31). Die *OECD*-Projektion geht davon aus, daß sich der Anteil der Nicht-*OECD*-Länder am Welthandel von rund einem Drittel im Jahr 1995 auf etwa die Hälfte im Jahr 2020 erhöhen wird.

Die Industrieländer brauchen eine solche Entwicklung allerdings keineswegs zu fürchten, wenn sie ihre Reformaufgaben erledigen. Denn der Aufstieg der Schwellenländer offeriert große Exportchancen. Zudem verdeutlicht das *OECD*-Szenario, daß mit den Anteilsverlusten der **Industrieländer keine Wohlfahrtseinbußen** einhergehen. Im Gegenteil: Wenn der Kuchen wächst, können auch relativ kleinere Stükke - absolut gesehen - größer sein. In der Tat wächst der Lebensstandard gemäß der Projektion bis zum Jahr 2020 in beiden Staatengruppen deutlich - in den Schwellenländern um eindrucksvolle 270%, aber auch in den Industrienationen um 80%.

3.4.3 Reformen für eine prosperierende Zukunft

Dazu müssen die Aging Economies allerdings mit Flexibilität und Innovationskraft neue zukunftsträchtige Märkte erschließen. Denn die weltweite Zunahme an Einfacharbeit setzt einen Strukturwandel zu **wissensintensiven Tätigkeiten** in Gang, bei denen die Industrieländer ihre Vorteile gegenüber den Schwellenländern ausspielen können. In Spitzentechnik und modernen Dienstleistungen warten folglich die größten Wachstums- und Beschäftigungschancen. Zur Erschließung dieser Märkte sind Investitionen in Sach- und Humankapital der entscheidende Schlüssel. Attraktive Standortbedingungen zu schaffen wird so zur ersten Pflicht der Wirtschaftspolitik in den Industriestaaten.

Daneben gilt es, den Druck abzufedern, den die Globalisierung auf die ökonomischen Möglichkeiten schlecht ausgebildeter Arbeitnehmer ausübt. **Qualifikation und Schulung** sind hierzu ein wichtiges Rezept, bei dem im übrigen auch die Unternehmen in der betrieblichen Aus- und Weiterbildung gefragt sind. Auch die Beteiligung der Arbeitnehmer am Produktivvermögen mildert die Wirkung der Globalisierung, die den mobilen Faktor Kapital tendenziell begünstigt. Doch ist vor allem die Tarifpolitik in der Bringschuld, Beschäftigung für die gering Qualifizierten zu ermöglichen. Die Toleranz für eine geöffnete Lohnstruktur ist dabei unerläßlich, damit Einfacharbeit vor allem im Dienstleistungsbereich rentabel wird. Auf dieser Basis sollte die Sozialpolitik die **Niedriglöhne durch staatliche Transfers aufstocken**. Das Konzept für einen solchen Kombi-Lohn ist im *Institut der deutschen Wirtschaft*, Köln entwickelt worden. (vgl. *Klös* 1998). Damit würde das Problem der „Working Poor" vermieden, und die gering Qualifizierten könnten den größten Teil ihres Lebensunterhaltes selbst erwirtschaften.

4 Fazit

Wie das Beispiel der USA und anderer Staaten deutlich macht, zeichnen die Kritiker der Globalisierung ein zu düsteres Bild: Die Integration der Weltwirtschaft stellt keineswegs nur eine Bedrohung dar, sondern **erhöht den Lebensstandard** für alle Beteiligten, seien es Industrie- oder Schwellenländer. Der forcierte Standortwettbewerb deckt zwar die Schwächen im institutionellen Gefüge der Volkswirtschaften auf, doch verschärft er auch den Druck zu ohnehin notwendigen **Reformen**. Starre Strukturen auf Arbeits- und Gütermärkten passen nicht mehr in eine Welt des schnellen Wandels. Ebensowenig darf die hohe Abgabenbelastung eines überdimensionierten Wohlfahrtsstaats das Vorankommen in die Wirtschaftswelt von morgen bremsen. Wer dieses Schicksal annimmt, wird von den großen Chancen der Globalisierung profitieren.

Konsumgüterhandel global betrachtet: Mythen und Realität

Erich Greipl, Stefan Müller und *Katja Gelbrich*

1 Status quo

1.1 Konsumgüterhandel und Wohlfahrt

Der Einzelhandel, mit seinem Strukturprofil, seinen Qualitäts- und Leistungsstandards und seiner Innovationsdynamik, ist ein valider Gradmesser des ökonomischen Entwicklungsstandes einer Volkswirtschaft. Dies ergibt sich nicht nur aus Plausibilitätsüberlegungen, sondern läßt sich auch empirisch nachweisen. So korreliert die vom *IMD* (1998) gemessene **Effektivität des Distributionssystems** [(1); vgl. Tab. 1] mit der im Monitoring der globalen Wettbewerbsfähigkeit gleichfalls erhobenen **Lebensqualität** (2) zu rund 0,77 und mit der zehnstufig gemessenen **Lebenszufriedenheit** (3) der jeweiligen Bevölkerung immerhin noch zu rund 0,58. Auch wenn man den Einfluß des Bruttosozialprodukts herauspartialisiert, bleibt dieser Zusammenhang erhalten (r = 0,55 bzw. 0,28).

(1)	The distribution infrastructure of goods and services is inefficient / efficient. (1-6)
(2)	Quality of life in your country is not adequate / very adequate. (1-6)
(3)	All things considered, how satisfied or dissatisfied are you with your life now? (1-10)
Quelle: *IMD* (1998), *Voenhoven* (1996)	

Tab. 1: Operationalisierung zentraler Indikatoren der „Distributionseffizienz-/Wohlfahrts-Hypothese"

Unter **Konsumgüterhandel** verstehen wir im folgenden den Handel mit Ge- und Verbrauchsgütern sowie Nahrungs- und Genußmitteln. Auf der Einzelhandelsstufe sind die Privaten Haushalte die relevanten Abnehmer und auf der Großhandelsstufe die Wiederverkäufer, gewerblichen Verwender und Großverbraucher. Bei der **Marktstufenbetrachtung** (vgl. Tab. 2) werden ausschließlich die Einzelhandelsumsätze erfaßt, während in **die Unternehmensbetrachtung** (z.B. Big Player; vgl. Abb. 11) sowohl die Einzelhandels- als auch die Großhandelsumsätze der jeweiligen Unternehmen eingehen; denn die meisten Großunternehmen sind mehrstufig strukturiert und integrieren den Großhandel wie den Einzelhandel. Dabei spiegelt der Großhandelsumsatz den Außenumsatz der jeweiligen Gruppen wider (z.B. Cash & Carry-Umsätze oder Liefergroßhandelsumsätze an Dritte).

1.2 Strukturwandel und Änderungsdruck

Kein anderer Bereich der Weltwirtschaft unterlag in den zurückliegenden Jahrzehnten so nachhaltigen **Strukturwandlungen** wie die **Konsumgüterdistribution** (vgl. z.B. *Sternquist* 1998), und dies nicht nur in den entwickelten Industrieländern, sondern auch in den Transformationsländern und der sog. Dritten Welt (vgl. z.B. *Sell/Gehle* 1996). Nachdem aber die Vernetzung der einzelnen Volkswirtschaften und der weltwirtschaftlichen Regionen in vielerlei Hinsicht erst an ihrem Anfang steht (vgl. *Frankel* 1997), sind für die kommenden Jahre weitere markante Umschichtungen zu erwarten - und zwar in quantitativer wie in qualitativer Hinsicht.

Dem kann sich, obwohl er bereits ein anerkanntermaßen weit überdurchschnittliches Leistungsniveau erreicht hat und eine differenzierte Strukturmischung aufweist, auch der **deutsche Konsumgüterhandel** nicht entziehen. So prognostiziert *BBE* (1996), daß bis zum Jahre 2010 hierzulande etwa 50% des derzeitigen Betriebsbestandes umgeschichtet sein werden.

Als charakteristische **Merkmale des Strukturwandels** sind, wie schon in den zurückliegenden Jahrzehnten, folgende Tendenzen und Veränderungen zu erwarten:

- Starker Rückgang von Klein- und Kleinst-Betriebseinheiten
- Fortgesetzte Flächenexpansion trotz allenfalls geringfügig expandierender Nachfrage und ungenügender Rentabilität bereits bestehender Flächen
- Umdefinition der Betriebsformenprofile von den traditionellen, convenience-orientierten Formaten zu den discount-dominierten Angebotsformen des Sortiments- und Fachmarktbereichs
- Anteilsgewinne des sekundären Standortnetzes (= dezentral, am Individualverkehr orientiert, großflächige Angebotsformen) zu Lasten des primären, durch convenience- und servicedominierte Angebotsformen geprägten Standortnetzes
- Zunehmende Bedeutung agglomerativer Standortlagen (preisaktive Power-(Fachmarkt-)Center, Shopping Center und Factory-Outlet-Malls)
- Vordringen der Systemvertriebsformen, wobei es sich hauptsächlich um Filial-Systeme, aber auch um Franchise-Systeme und Hybridgebilde (Filialisierung + Franchisierung) handelt (vgl. hierzu auch den Beitrag von *Bruno Tietz* in diesem Band)

1.3 „Local or Global?"

„Retailing is local", so war es noch vor wenigen Jahren allenthalben zu lesen (vgl. z.B. *Tietz* 1991, 1992). Und auch heute noch hängt der Unternehmenserfolg in hohem Maße davon ab, inwieweit das jeweilige Handelssystem im allgemeinen und die Konzeptführung im besonderen es verstehen, sich den konkreten Bedingungen am jeweiligen **Standort anzupassen**, ohne jedoch über den Versuch, Differenzierungsvorteile zu generieren, den **Systemvorteil**, der auf der Standardisierung von Transaktionsketten und -prozessen basiert, zu verspielen.

Fraglos hat die Konsumgüterdistribution als Leistungs**system** mittlerweile längst ihre anfänglich lokale, später ausschließlich nationale, durch Klein- und Mittelbetriebe geprägte atomistische Struktur überwunden. Dennoch wäre es verfehlt und auch irreführend, deshalb pauschal von „Internationalisierung" oder „Globalisierung" zu sprechen; denn im Zuge dieses unstrittigen Entwicklungsprozesses bilden sich teils internationale, teils transnationale und teils globale Organisations- und Leistungsstrukturen heraus, und zwar nicht im Sinne eines der üblichen idealtypischen Ablaufmodelle der Internationalisierung sukzessiv, sondern simultan.

1.4 Zum Stand der Forschung

Noch anfangs dieses Jahrzehnts leiteten *Dichtl/Lingenfelder/Müller* (1991) ihren „State of the Art"-Bericht mit der gleichermaßen erstaunten wie ironischen Feststellung ein, daß man selbst in einem umfassenden und damals aktuellen Handwörterbuch einen Beitrag zur Internationalisierung von Handelsunternehmen ebenso vergebens sucht wie im Sachregister die Schlüsselbegriffe „Einzelhandel" oder „Großhandel". Man mag diese **Myopie** auf das traditionelle Desinteresse der Nationalökonomen (vgl. z.B. *Woll* 1964), einen „allfälligen Mangel an Sozialprestige des Handels" (*Gümbel* 1985, S. 5) oder andere Erklärungsansätze zurückführen. Hierzu zählt *Lingenfelder* (1996, S. 21) z.B. die vorherrschende Neigung, den institutionellen Handel, „wenn überhaupt, dann lediglich in seiner Rolle als Absatzmittler für grenzüberschreitende Aktivitäten von Industrieunternehmen" zu thematisieren. Entscheidend aber bleibt, daß die Internationalisierung des Handels, und zwar aus einer eigenständig strategischen Perspektive heraus und nicht als reine „Kielwasser-Internationalisierung", als Erkenntnisobjekt noch immer verkannt wird. Diese **Agnostik** beeinträchtigt alle Formen wissenschaftlicher Arbeit (theoretisch, empirisch-explikativ und empirisch-deskriptiv).

Studien wie die von *Lingenfelder* (1996), *George* (1997) oder *Zentes/Anderer* (1993) können angesichts der Flut an Untersuchungen, die sich mit der Internationalisierung von Industrieunternehmen befassen, lediglich als die Ausnahmen gelten, welche die Regel bestätigen. Nicht zuletzt der eklatante **Mangel** an **verläßlichen** und weltweit **vergleichbaren Strukturdaten** erweist sich für die empirische Handelsforschung als fatal: Zum einen, weil ohne eine objektive, allgemein akzeptierte Datenbasis Halbwissen und Vorurteile Konjunktur haben; man denke nur an die teils falschen, teils irreführenden Aussagen zu Grad und Dynamik von Konzentrations- und Globalisierungsprozessen. Zum anderen bedarf es, jedenfalls in einem von der „Induktions/Deduktions-Schleife" geprägten Forschungsparadigma, empirisch gewonnener Daten, um auch die Theorienentwicklung vorantreiben zu können. Die üblichen normativen Spekulationen sind hierbei wenig hilfreich.

1.5 Vordringliche Forschungsfragen

Wer Aggregate von Produktions- und Außenhandelsströmen analysieren und bewerten will, stellt üblicherweise **Weltvolumina** dar und bezieht auf diese die entsprechenden **Bereichs-** und **Regionalanalysen**. Für den Konsumgüterhandel jedoch steht diese Grundlagenarbeit aus letztlich unerfindlichen Gründen noch aus. Nachdem auch dort zunehmend im „Globalmaßstab" gedacht, entschieden und bewertet wird (vgl. z.B. *Olesch* 1994; *Rudolph* 1994; *Torjman* 1994; *Bodenbach* 1996), ist eine Darstellung der wesentlichen **Kenngrößen** der **Handelsstruktur** in weltwirtschaftlicher Differenzierung und Aggregierung überfällig (= **1**). Davon ausgehend lassen sich nicht zuletzt auch Hypothesen zum tatsächlichen Ausmaß der weltumspannenden Konzentration und zur Systemglobalisierung empirisch prüfen (= **2**).

Weiterhin ist zu fragen, wie es um die aus diesen Überlegungen abgeleitete These von der angeblichen „**Bedrohung** von **Wettbewerbs-** und **Versorgungsqualität**", ja der nationalen Souveränität (vgl. z.B. *Comilieri/Falk* 1992) tatsächlich bestellt ist (= **3**): Ist die „Macht" internationaler Unternehmen geeignet, die Machtausübung durch Nationalstaaten zu beinträchtigen (vgl. z.B. *Doz* 1986; *Martin/Schuman* 1996; *Weißmann* 1996)? Schließlich können anhand dieser empirischen Basis die zahlreichen subjektiven Wertungen des Strukturwandels objektiviert werden: Bewirken die

Konzentrationsprozesse, denen unstrittigerweise auch der Handel unterliegt, eine spürbare Verbesserung oder eine Verschlechterung der Versorgungsqualität der Bevölkerung (= **4**)?

Folgt man der Definition der *Gruppe von Lissabon* (1997, S. 50), so bezeichnet das Konstrukt **„Globalisierung"** Art und Vielfalt der Verbindungen zwischen Volkswirtschaften durch Systemnetzwerke. Hierbei sind die **Reichweite** (= die regionale Ausbreitung) sowie die **Intensität** dieses Prozesses zu beachten, wobei man beide Parameter differenziert nach den einzelnen regionalen Räumen analysieren muß. Zweifellos verändert „die" Globalisierung das Profil der Märkte sowie Intensität und Qualität der Marktprozesse. Wurde der Wettbewerb bisher vorwiegend auf nationaler und regionaler Ebene ausgetragen, so konkurrieren nun national, regional und international aktive Marktteilnehmer miteinander. Als Folge davon nimmt u.a. die Intensität des Wettbewerbs um die Gewinnung strategischer Partner und die Nutzung von Expansionspotential zu; dasselbe gilt für geeignete Unternehmensstandorte. Im besonderen Maße aber steigert diese Entwicklung die Preisaggressivität, wozu nicht zuletzt auch der dramatische **Strukturwandel** im **Kauf-** und **Ausgabeverhalten** der Letztverbraucher beiträgt: Die kontinuierliche Ausweitung des Budget-Anteils, der Dienstleistungen aller Art sowie den staatlich administrierten Leistungen vorbehalten ist, geht eindeutig zu Lasten des Konsumgüterhandels und verschärft so zusätzlich dessen Konzentrationstendenz (= **5**).

Nicht nur die *Gruppe von Lissabon* (1997, S. 18) äußert in diesem Zusammenhang die Befürchtung, daß im Zuge der hier als Philosophie bzw. Werthaltung verstandenen Globalisierung das Konzept des Wettbewerbs von einem **Marktsteuerungsmodell** zu einer **Ideologie mit Hegemoniestreben** degeneriere. Dabei konfigurierten die globalen Netze der multinationalen Unternehmen alle Bereiche des Wirtschaftslebens in territoraler und sektoraler Hinsicht. Indem nunmehr die Großen des Marktes unmittelbar miteinander konkurrierten, erhalte der Wettbewerb den Charakter eines „pausenlosen, unerbittlichen Kampfes", der von der machtbetonten Entscheidungsgewalt von Finanz- und Industrie-Netzwerken geprägt sei, in deren Hand das Schicksal von Millionen von Menschen liege. Unabhängig davon, ob bzw. inwieweit diese Horrorvision von Globalisierung berechtigt ist, gilt es hier mit Blick auf den Konsumgüterhandel anhand der **tatsächlichen Gegebenheiten** zu prüfen, ob sich für seinen Bereich der unterstellte Vorgang anhand geeigneter Kennzahlen objektiv nachweisen läßt (= **6**).

2 Gesamtwirtschaftliche Bedeutung

2.1 Marktvolumen und Marktpotential

Auf der Ebene der Letztverbraucher wurden 1997 weltweit **Konsumgüter** im Werte von 7 270 Mrd. US $ umgesetzt (vgl. Abb. 1). Dieses Volumen entspricht etwa der Weltproduktion der Pkw-Hersteller, dem Neunfachen der Weltproduktion der Computer- und Elektronikindustrie oder dem Vierfachen des Volumens des Konsumgüterhandels in Nordamerika. Insofern übertreibt nicht, wer aus globaler Perspektive den Einzelhandel als einen Wirtschaftsbereich von **gigantischer Dimension** bezeichnet.

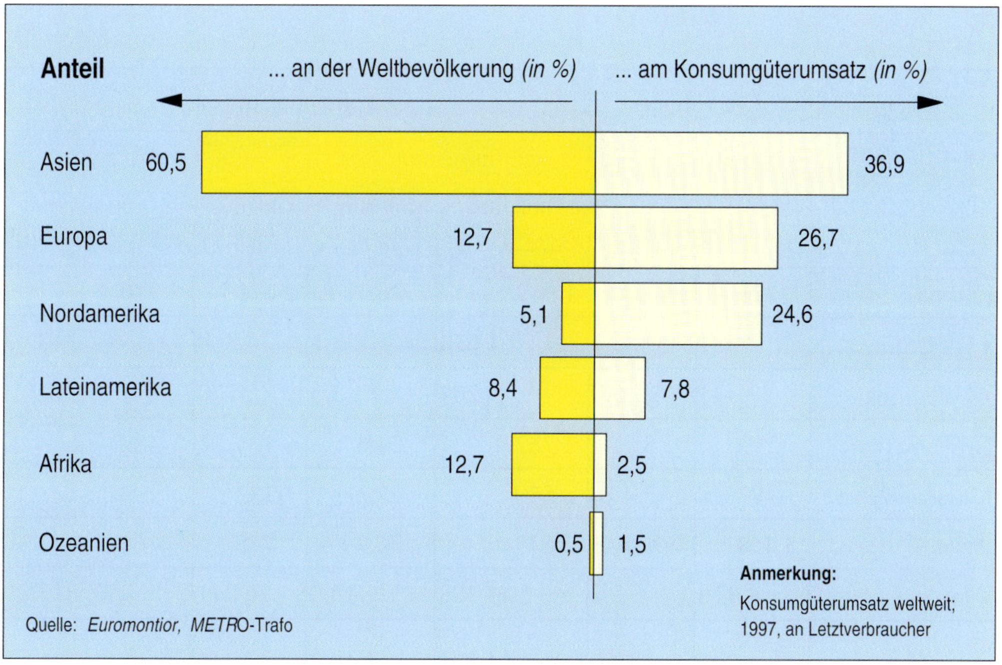

Abb. 1: Struktur des Welt-Konsumgüterhandels (Überblick)

Differenziert man das Gesamtvolumen zunächst grob nach **Weltregionen**, so wird die Profilstruktur der **Triade** sichtbar. Nordamerika, Europa und Asien repräsentieren mehr als 85% des gesamten Marktes, wenn auch jeweils aus unterschiedlichen Gründen: Asien, das rund 60% der Weltbevölkerung beherbergt, **wegen** seines gewaltigen Bevölkerungspotentials, Nordamerika und Westeuropa hingegen **trotz** ihres vergleichsweise geringen Bevölkerungsanteils (5,1 bzw. 12,7%). Aufgrund ihres herausragenden wirtschaftlichen Entwicklungsniveaus kompensieren diese Weltregionen den Größennachteil jedoch.

Indessen gilt für Asien, mehr noch als für die anderen Kontinente, daß die Gesamtbetrachtung teilweise eklatante **Unterschiede zwischen** den einzelnen **Ländern** verdeckt. So weisen die internationalen Statistiken für jeden Inder 189 US $ und für jeden Chinesen 272 US $ an jährlichem **Einzelhandels-Umsatz** aus - und damit lediglich einen Bruchteil dessen, was jeder Japaner Jahr für Jahr für Konsumgüter ausgibt (10 371 US $; vgl. Tab. 2). Mit Blick auf unsere Analysen bedeutet dies, daß bei den dabei angestellten Erdteilvergleichen die Kategorie **„Asien"** stark von den für Japan ermittelten Werten geprägt ist - falls, was nicht immer der Fall ist, diese verfügbar sind.

Region	Einwohner		Einzelhandelsumsatz			
	absolut (*in Mio.*)	anteilig (*in %*)	insgesamt absolut (*Mrd. US $*)	insgesamt anteilig (*in %*)	je Einwohner absolut (*in US $*)	je Einwohner Index (*Ø Welt = 100*)
Europa	727	12,7	1 942	26,7	2 671	210
• Westeuropa	384	6,7	1 678	23,1	4 368	343
• Osteuropa	343	6,0	264	3,6	770	61
Nordamerika	293	5,1	1 787	24,6	6 104	480
Lateinamerika	482	8,4	570	7,8	1 182	93
Asien	3 458	60,5	2 679	36,9	775	61
• Japan	126	2,2	1 308	18,0	10 371	815
• Übriges Asien	3 332	58,3	1 371	18,9	412	32
Ozeanien	29	0,5	111	1,5	3 902	307
Afrika	728	12,7	180	2,5	248	19
Summe	**5 716**	**100**	**7 270**	**100**	**1 272**	**100**
Quelle: Euromonitor, METRO-Trafo; eigene Berechnungen						

Tab. 2: Weltmarkt des Einzelhandels im einzelnen

Lateinamerikas Position im Weltkonsumgüterhandel entspricht in etwa seinem Bevölkerungsanteil. Die Märkte **Australiens** und **Neuseelands** wiederum besitzen trotz ihres fortgeschrittenen Entwicklungsstandes nur geringe Bedeutung. Ein Weltmarktanteil von 1,5% ist zwar relativ gesehen (d.h. gemessen am Bevölkerungsanteil von 0,5%) beachtlich; bei absoluter Betrachtung aber kann der Fünfte Kontinent in den Strategieüberlegungen der Big Player keine nennenswerte Rolle spielen. Dasselbe gilt, wenn auch mit umgekehrter Begründung, für **Afrika**, das 12,7% der Weltbevölkerung und damit denselben Anteil wie Europa stellt, aber nur 2,5% des Gesamtvolumens des Konsumgüterhandels bestreitet, während auf **Europa** 26,7% entfallen.

Der Alte Kontinent verlangt im übrigen gleichfalls nach differenzierter Betrachtung: **West-** und **Osteuropa** beherbergen nahezu gleich viele Menschen (6,7 bzw. 6,0%), die aber in höchst unterschiedlichem Maß konsumieren. Westeuropas Anteil am weltweiten Einzelhandelsumsatz beträgt 23,1%, der Osteuropas hingegen nur 3,6%. Die Transformationsländer befinden sich also im Aufbruch, haben aber im Zuge des Umstrukturierungsprozesses erst ein Niveau erreicht, das dem Asien-Durchschnitt entspricht.

2.2 Entwicklungsperspektive des Einzelhandels

Wie Abb. 2 zu entnehmen ist, werden Lateinamerika, Osteuropa und Asien in den kommenden Jahren voraussichtlich weit überdurchschnittliche **Wachstumsraten** erzielen. Da es sich dabei jedoch zu großen Teilen um einen statistischen Effekt (= **Basis-Effekt**) handelt, wird ihre absolute Marktbedeutung jedoch auch künftig begrenzt bleiben. Umgekehrt bedeutet dies, daß die Triade-Märkte weiterhin die Fixpunkte der Strategieüberlegungen der Big Player sein werden.

Mit wachsendem Einkommen sinkt bekanntlich der Anteil, der für Nahrungsmittel ausgegeben werden muß. Dieser erstmals von dem sächsischen Statistiker *Ernst Engel* 1857 beschriebene und als **Engelsches Gesetz** in die Literatur eingegangene Zusammenhang läßt sich auch in der Beziehung **„Bruttoinlandsprodukt - Einzelhandelsumsatz“** nachweisen (vgl. Abb. 3). Während dieser Quotient im Falle Westeuropas im Zeitraum 1992 (= 26,0%) bis 1997 (= 22,7%) um 3,3% gefallen ist und damit einen wachsenden Wohlstand signalisiert (vgl. Anhang, Tab. I), stagnierte Osteuropa (= + 0,2%), entsprechend seiner stellenweise krisenhaften Entwicklung in diesen Jahren, gleichzeitig auf hohem Niveau (1992 = 42,5%; 1997 = 42,7%).

Dieser allgemeine Verlauf läßt sich in manchen Ländern mehr, in anderen weniger stark nachweisen. Stellvertretend seien hier die Länder Spanien (= - 7,2%) und Tschechien (= + 6,4%) genannt, die sich in diesen sechs Jahren diesbezüglich höchst unterschiedlich entwickelten (Spanien: 1992 = 25,0%, 1997 = 17,8%; Tschechien: 1992 = 43,1%, 1997 = 49,5%).

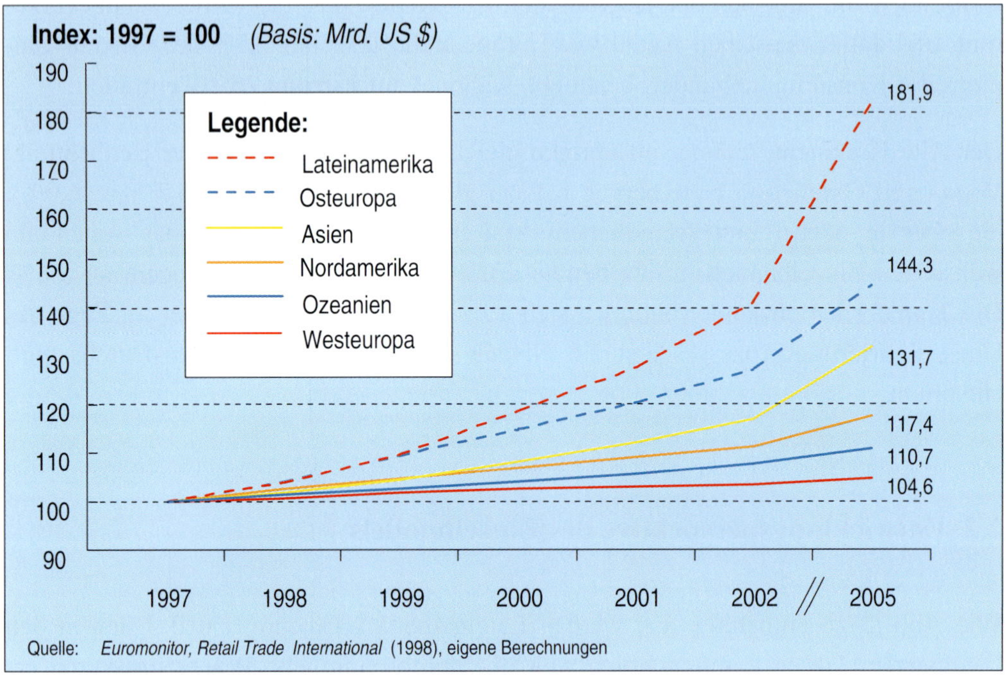

Abb. 2: Projektionen des weltweiten Einzelhandelsumsatzes

Daß rückläufige Anteile des Einzelhandelsumsatzes an der Wertschöpfung einer Volkswirtschaft einerseits ein positiv zu wertendes Signal sind, bestätigt erneut die Korrelationsanalyse: Je geringer der **Anteil des Einzelhandelsumsatzes** am **Bruttoinlandsprodukt**, d.h. je weniger (relativ gesehen) die Bevölkerung von ihrem Einkommen für den täglichen Lebensunterhalt aufbringen muß, um so positiver empfindet diese ihre **Lebensqualität** (r = - 0,75) und um so zufriedener sind die Befragten mit ihrem Leben insgesamt (**Lebenszufriedenheit** r = - 0,48). Inhaltlich begründen läßt sich dies mit der wachsenden Inanspruchnahme von überproportional zufriedenheitsstiftenden Dienstleistungen aller Art (z.B. Gastronomie, Reisen, Services rund ums Wohnen). Andererseits bedeutet dies natürlich auch, daß allein schon deshalb der **Wettbewerbsdruck** in dem deshalb real stagnierenden Konsumgüterhandel wächst.

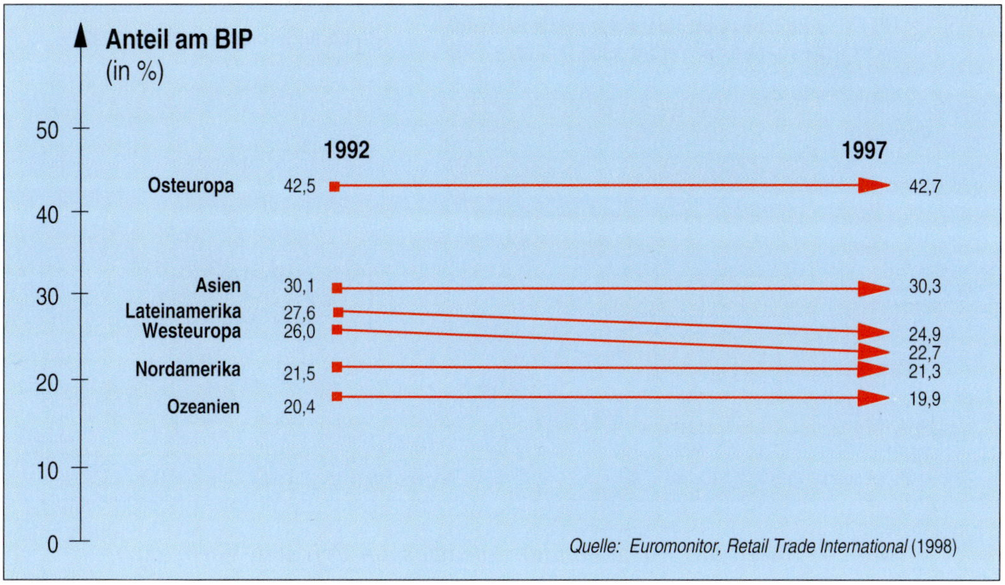

Abb. 3: Anteil des Einzelhandelsumsatzes am Bruttoinlandsprodukt (im Zeitverlauf)

Kaum anders fallen die Koeffizienten aus, wenn wir diese beiden zentralen Sozialindikatoren zu einer verwandten Maßzahl in Beziehung setzen. Da der Anteil des Einzelhandelsumsatzes am **Privaten Verbrauch** mit dessen Anteil am Bruttoinlandsprodukt hoch korreliert (r = 0,79), läßt sich wiederum ein enger Zusammenhang mit den Indikatoren Lebensqualität (r = 0,69) und Lebenszufriedenheit (r = 0,46) nachweisen. Erneut fällt dabei die unterschiedliche Dynamik in den verschiedenen Weltregionen auf (vgl. Abb. 4).

Während daran gemessen Asien im Beobachtungszeitraum (1992 bis 1997) einen Verlust an Lebensqualität hinnehmen mußte, konnten die Westeuropäer mit - 9,1% innerhalb dieser fünf Jahre weitgehend zu den Nordamerikanern aufschließen. Deren auf niedrigem Niveau weitgehend stagnierender Wert von 31,5% spiegelt den Umstand wieder, daß dort bekanntlich vergleichsweise geringe Lebenshaltungskosten mit einem überdurchschnittlichen Einkommen der Bevölkerung zusammenfallen. Für Osteuropa gilt erneut, daß der Transformationsprozeß es der Bevölkerung in dem hier betrachteten Zeitraum noch nicht ermöglicht hat, einen wachsenden Anteil ihres Einkommens für andere Bedarfsbereiche als die Grund- und Standardversorgung auszugeben. Die Intensität des **Anpassungsdrucks**, den dieser Strukturwandel insbesondere auf den Food-Sektor ausübt, demonstriert Abb. 5 beispielhaft für den **deutschen Markt**.

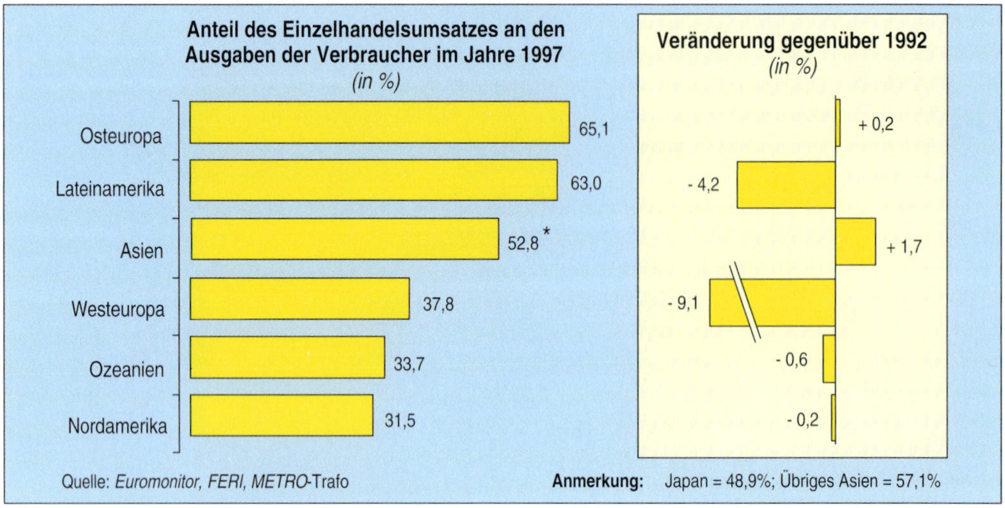

Abb. 4: Anteil des Einzelhandelsumsatzes am Privaten Verbrauch

Gab die hiesige Bevölkerung 1970 noch 35% ihres verfügbaren Einkommens für Nahrungs- und Genußmittel aus, so werden es im Jahre 2010 vermutlich nur noch 17% sein; eine prozentuale Halbierung muß in diesem Zeitraum voraussichtlich auch der Bekleidungssektor verkraften. Hingegen beanspruchen insbesondere die Kommunikationsbedürfnisse (Verkehr & Nachrichten sowie Bildung & Unterhaltung) einen immer größeren Anteil des Gesamtbudgets (von 18% auf 32%).

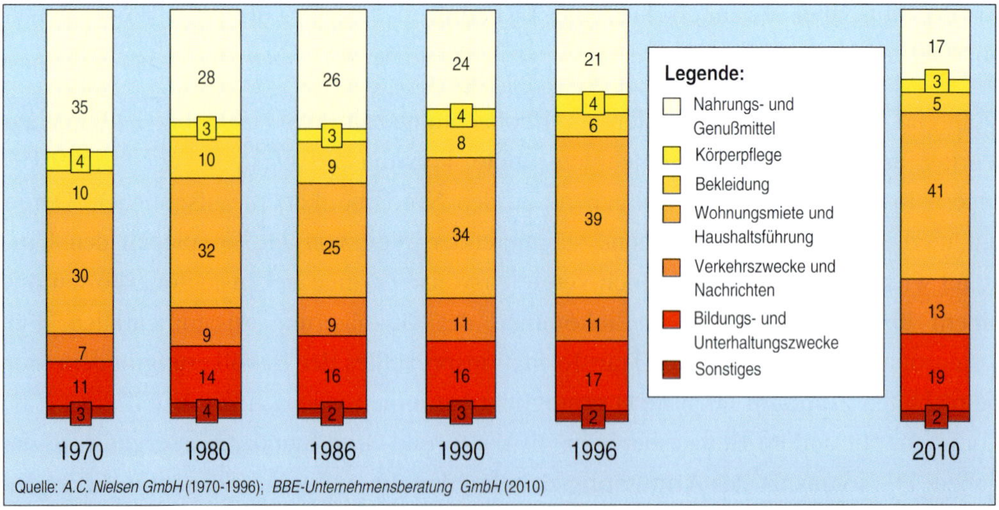

Abb. 5: Strukturwandel des Privaten Verbrauchs

3 Strukturmuster

3.1 Absolute und relative Bedeutung der Einzelhandelsgeschäfte

Effiziente Volkswirtschaften verstehen es, ihre Bevölkerung mit begrenzten **Mitteln** besser zu versorgen als weniger effiziente. Entsprechend dieser allgemeinen Regel kommt Nordamerika mit 5,5 Einzelhandelsgeschäften pro 1 000 Einwohner aus (vgl. Abb. 6), ohne daß darunter, wie jedermann weiß und wie sich empirisch nachweisen läßt, das Versorgungsniveau leidet. Hingegen versorgen z.B. durchschnittlich 14,1 Einzelhandelsgeschäfte 1 000 Spanier. Daß diese jährlich pro Kopf nur 2 872 US $ umsetzen, während der amerikanische Einzelhandel im Mittel 6 326 US $ erzielt, läßt sich, abgesehen von Wechselkurs-/Umrechnungseffekten, mit der jeweiligen Verkaufsflächenausstattung sowie der damit verbundenen Distributionseffizienz (Spanien = 6,3; USA = 8,2; vgl. *IMD* 1998, S. 418) erklären. Dem Amerikaner, dem im Mittel 3,1 qm Verkaufsfläche zur Verfügung stehen (Spanier = 1,2 qm; vgl. Tab. 3) erwächst aus dem weitmaschigeren Versorgungsnetz zumindest kein Nachteil. Der amerikanische Einzelhandel wiederum kann es angesichts günstiger Bau- und Bodenpreise sowie vergleichsweise niedriger Personal- und Sachkosten verkraften, jährlich eine um über 10% geringere Flächenproduktivität (2 048 US $) zu haben als der spanische Einzelhandel (2 306 US $).

Eindeutig für die Effizienz unserer Distributionsstruktur spricht der Vergleich zwischen **Deutschland** und den **USA**. Unter weit geringerem Flächeneinsatz erwirtschaftet der Einzelhändler hierzulande einen kaum geringeren Umsatz. In **Japan** wiederum erklären die Mehrstufigkeit der dortigen Distributionskanäle (vgl. *Fahy/Taguchi* 1995) die für eine hochentwickelte Industrienation ungewöhnliche Dichte der Einzelhandelsstrukktur und das dort stellenweise exorbitante Preisniveau (z.B. für Lebensmittel aller Art) das allen Vergleichsländern weit überlegene Umsatzniveau (10 371 US $ pro Einwohner; vgl. Anhang, Tab. III). Selbst die wohlhabenden Schweizer können hierbei mit 7 567 US $ pro Kopf nur bedingt Schritt halten. So ungleich, wie man es sich nur vorstellen kann, gestaltet sich die Situation in **Japan** und **China**. Zwar stehen den Verbrauchern dort annähernd gleich viele Einzelhandelsgeschäfte zur Verfügung (11,9 bzw. 11,2 pro 1 000 Einwohner; vgl. Tab. 3). Aber in Japan können diese trotz der gewaltigen Boden- und Immobilienpreise fünfmal mehr Verkaufsfläche einsetzen (10 000 vs. 200 qm) und dabei das Achtunddreißigfache umsetzen (10,37 vs. 0,27 Mio. US $).

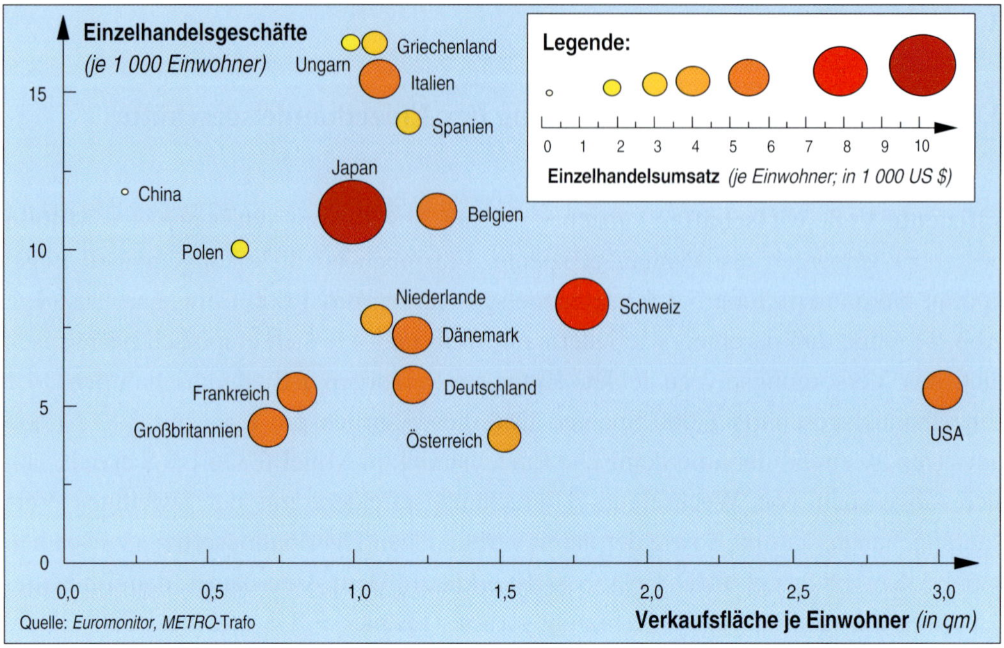

Abb. 6: Einzelhandelsausstattung im internationalen Vergleich

Auf je 1000 ... entfallen ...	Chinesen	Deutsche	Japaner	Spanier	US-Amerikaner
Einzelhandelsgeschäfte	11,9	5,7	11,2	14,1	5,5
Verkaufsfläche (*qm*)	200	1 200	1 000	1 200	3 100
Einzelhandelsumsatz (*in Mio. US $*)	0,27	5,68	10,37	2,87	6,37
Quelle: *Euromonitor*, *METRO*-Trafo; eigene Berechnungen					

Tab. 3: Strukturprofil ausgewählter Länder

Daß von den amerikanischen Einzelhandelsgeschäften lediglich 18,4% Lebensmittelgeschäfte sind (vgl. Abb. 7 und Anhang, Tab. II), läßt sich mit den in solchen Ländern **stärker differenzierten Bedürfnissen** der Verbraucher erklären. In Lateinamerika, dem Kontrastbeispiel, sind hingegen 60,3% der 8,79 Verkaufsstellen (pro 1 000 Einwohner) mit der Befriedigung des Grundbedarfs der Bevölkerung befaßt, ohne daß jedoch dieses dichter geknüpfte Versorgungsnetz der **Lebensqualität** oder der **Lebenszufriedenheit** der Bevölkerung in konkretisierbarer Weise zugute käme: Die Variable „Anzahl Geschäfte je 1 000 Einwohner" korreliert vielmehr mit Lebensqualität (- 0,52) wie mit Lebenszufriedenheit (- 0,41) deutlich negativ. Das heißt: Je mehr Geschäfte für die Grundversorgung der Bevölkerung zuständig sind, um so unzufriedener ist diese. Neben Ausstrahlungseffekten des in diesen Ländern geringeren (materiellen) Wohlfahrtniveaus sorgt für diesen scheinbar paradoxen Zusammenhang natürlich die geringere Leistungsfähigkeit atomistischer Distributionsnetze.

Als weitere Strukturvariable ist in diesem Zusammenhang der **Umsatzanteil**, den der **Lebensmittel-Einzelhandel** in den einzelnen Weltregionen am gesamten Einzelhandel hält, zu beachten. Je größer dieser ist, um so mehr muß sich eine Volkswirtschaft noch darauf beschränken, die **primären Bedürfnisse** ihrer Bevölkerung zu stillen.

Die stellenweise **ungenügende Datenbasis** zwang dazu, in Abb. 7 (wie auch in anderen Fällen) auf die Positionierung zweier Erdteile zu verzichten. So werden für **Afrika** in den internationalen Statistiken, von den in Tab. 1 dokumentierten allgemeinen Informationen abgesehen, regelmäßig nur die Werte für Südafrika mitgeteilt. Da dieses Land für den afrikanischen Raum aber atypisch ist, können die „südafrikanischen Daten" sinnvollerweise nicht als Indikationsgrößen für Afrika dienen. Trotz der mangelhaften statistischen Basis läßt sich aber aufgrund der allgemeinen Lebenserfahrung davon ausgehen, daß in diesem Kontinent nur ein weitmaschiges Versorgungsnetz besteht, was natürlich kein Ausdruck von Effizienz der Distribution, sondern von stellenweise extremer Unterversorgung ist. Von der Positionierung **Asiens** mußte gleichfalls abgesehen werden, da die Datenbasis häufig China, Indien sowie Japan und damit die entscheidenden Länder nicht enthält.

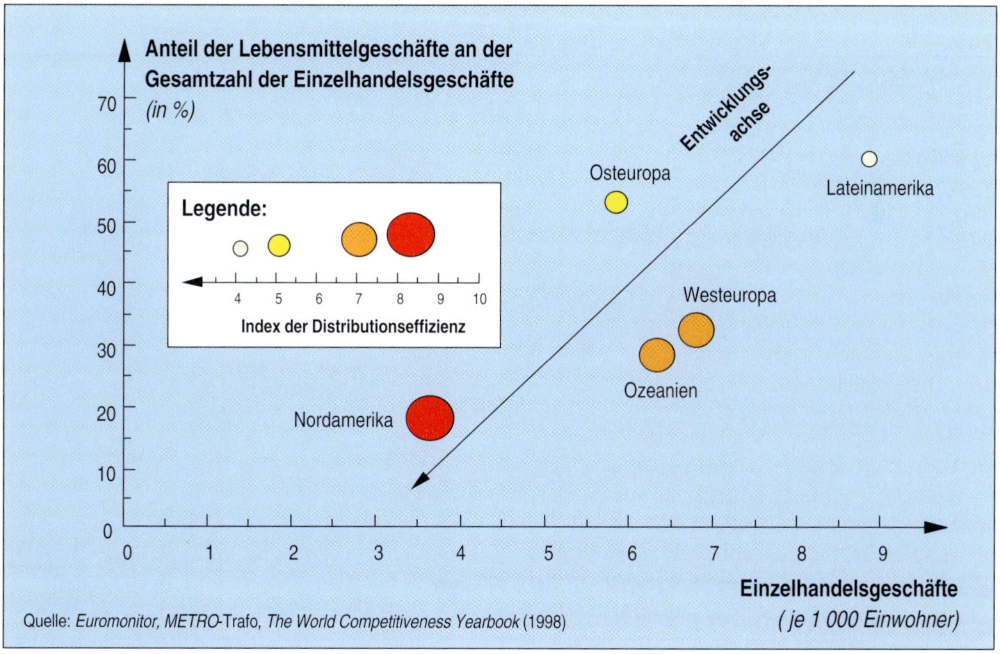

Abb. 7: Relative Dichte des Besatzes an LEH-Geschäften und Distributionseffizienz

Dennoch zeichnet sich als **genereller Trend** ab, daß mit wachsender Effizienz der Distributionsstruktur der Anteil der Lebensmittelgeschäfte überproportional sinkt. Analysiert man die relative Bedeutung des Lebensmittel-Einzelhandels **zweidimensional**, d.h. mit Blick auf seinen **Umsatzanteil** wie auf seinen **Geschäftsstellenanteil** am gesamten Einzelhandel, so erkennt man, daß mit Ausnahme von Osteuropa der Food-Bereich produktiver arbeitet als der Non-Food-Bereich (vgl. Abb. 8). Dies gilt in besonderem Maße für Ozeanien, wo nur 28,4% der Geschäftsstellen Lebensmittel-Einzelhandelsgeschäfte sind, die jedoch 44,8% zum Umsatz des gesamten Einzelhandels beitragen. Dafür sorgen vorrangig großflächige und hochproduktive Supermärkte und Supercenter, die in den zentralen Orten nicht nur eine Nah-, sondern auch eine Regionalversorgungsfunktion wahrnehmen. Für Osteuropa hingegen, wo 52,7% der Geschäfte Lebensmittel-Einzelhandelsgeschäfte sind und diese nur einen Umsatzanteil von 44,1% erzielen, bestätigt sich erneut: Dort gilt es offensichtlich nach wie vor, die Hypothek des planwirtschaftlichen Systems abzutragen. In Lateinamerika wiederum, obschon noch ganz von einem auf die Grundversorgung fokussierten, kleinstteilig organisierten Distributionsapparat geprägt, hat das mit der Internationalisierung von Systemen einhergehende Vordringen von Super- und Hypermärkten allerdings bereits zu einem Produktivitätszuwachs geführt. Insofern übersteigt auch hier das Umsatzgewicht des Lebensmittelhandels dessen Verkaufsstellengewicht.

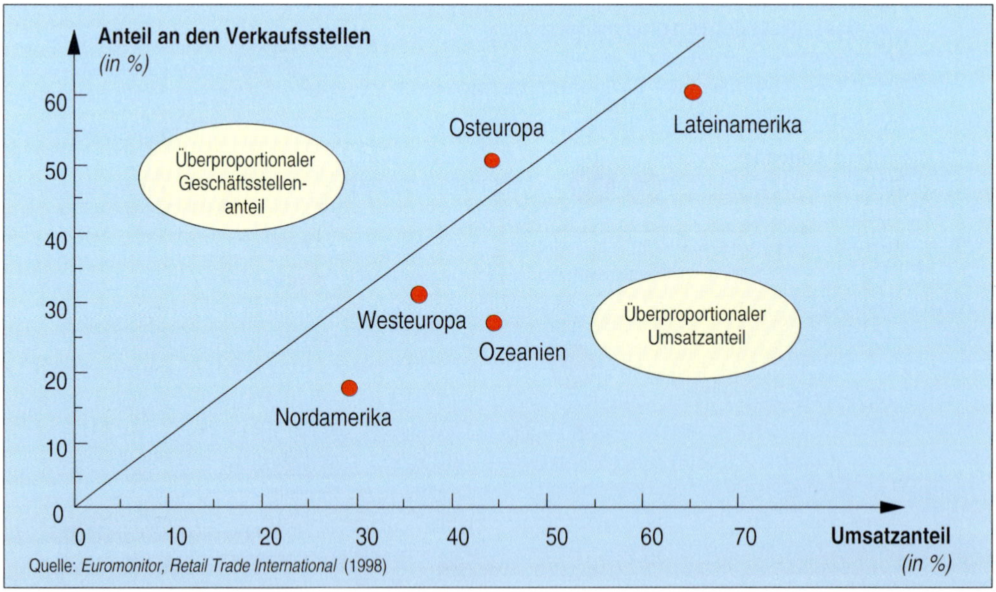

Abb. 8: Anteil des LEH am gesamten Einzelhandel (1996-1997)

3.2 Konsequenzen der Distributionsstruktur für Lebensqualität und Zufriedenheit der Bevölkerung

Lassen sich - mit Blick auf unsere Fragestellung - gleichartig strukturierte Gruppen von Ländern identifizieren und tragen diese unterschiedlichen Bedingungen in identifizierbarer Weise zur Lebensqualität der jeweiligen Bevölkerung bei? Um darauf eine Antwort geben zu können, wurden 27 Länder einer Clusteranalyse unterzogen (hierarchisches Verfahren nach Ward). Nur für diese standen alle fünf potentiell clusterbildenden Variablen zur Verfügung:

- Einzelhandelsumsatz (pro Einwohner)
- Anzahl Einzelhandelsgeschäfte (pro Einwohner)
- Grad der Urbanisierung (= Anteil der Stadtbevölkerung; vgl. *IMD* 1998, S. 482)
- Distributionseffizienz (vgl. *IMD* 1998, S. 418)
- Bruttosozialprodukt (pro Einwohner)

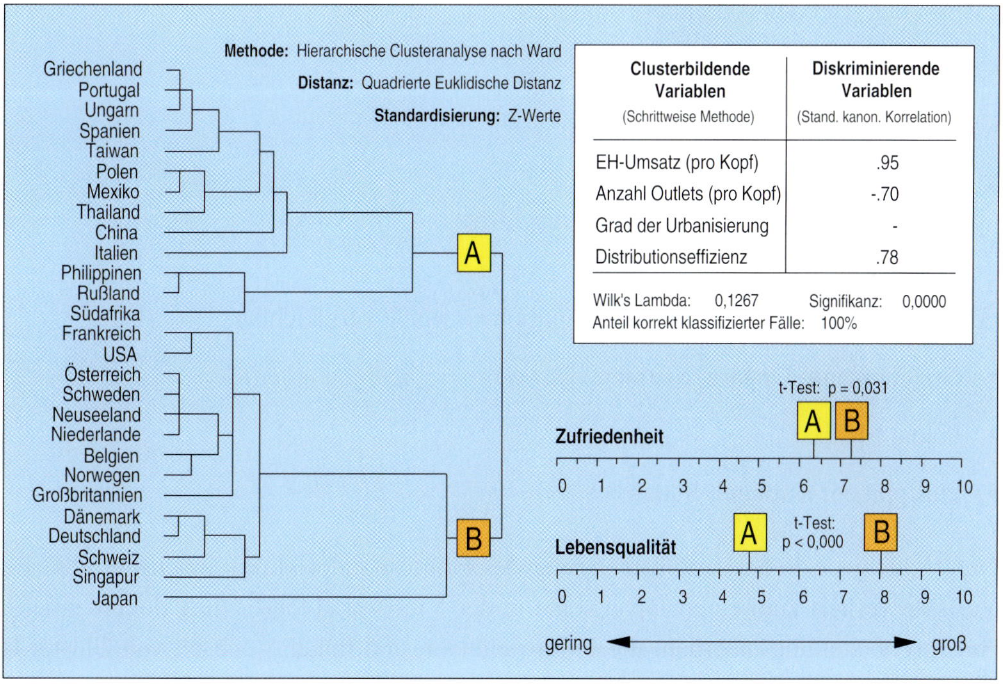

Abb. 9: Gleichartige Ländermärkte

In der in Abb. 9 dargestellten Lösung, wie auch in einer Reihe anderer Analysen, schälten sich zwei eindeutig abgrenzbare und durch die Diskriminanzfunktion gut trennbare Ländercluster heraus. Diese repräsentieren zwar hauptsächlich die **Industrieländer** einerseits und die **Schwellenländer** andererseits, aber mit im einzelnen durchaus bemerkenswerten Abweichungen. So ähneln die Versorgungsbedingungen in den Mittelmeeranrainerstaaten (Griechenland, Spanien und Portugal) strukturell mehr denen, die in Schwellenländern anzutreffen sind, als der Situation in Industrienationen. Verzichtet man bei der Clusterbildung im übrigen auf die clusterbildende Variable „Bruttosozialprodukt (pro Einwohner)", so sorgt der Fusionsprozeß dafür, daß auch Italien zum weniger entwickelten Cluster B zählt. Die Bewohner dieser (weniger entwickelten) Länder sind, wie anschließende t-Tests gezeigt haben, mit ihrem Leben im allgemeinen signifikant weniger zufrieden und stufen insbesondere ihre Lebensqualität erheblich schlechter ein (4,6 auf einer zehnstufigen Skala) als die Bewohner der Länder des A-Cluster (= 7,9).

Unabhängig von Methodik und Auswahl der clusterbildenden Variablen haben schließlich alle Analysen **kleine Ländergruppen** mit sehr **ähnlichen Distributionsbedingungen** ergeben, wie sich an der geringen Zunahme der Fehlerquadratsumme ablesen läßt. Bei den A-Ländern sind dies:

- Neuseeland, Niederlande
- Dänemark, Deutschland, Schweiz
- Frankreich, USA
- Österreich, Schweden

Folgende B-Länder erwiesen sich als in hohem Maße vergleichbar:

- Griechenland, Ungarn, Spanien, Taiwan
- Polen, Mexiko
- Philippinen, Rußland, Südafrika

Durch die zusätzliche Berücksichtigung des Bruttosozialprodukts als clusterbildende Variable verliert zum einen Japan seine in der Vier-Variablen-Lösung dokumentierte Außenseiterstellung innerhalb der Industrieländer, und Italien wechselt von Cluster B zu Cluster A. Zum anderen verlieren dadurch die Variablen „Einzelhandelsumsatz (pro Kopf)" und „Distributionseffizienz" ihre Diskriminationsfähigkeit.

4 Konzentrationsprofil

4.1 Branchenführer und ihr nationales Marktgewicht

Ein Blick auf Tab. 4 genügt zu erkennen, daß die **These** von der übermäßigen **Handelskonzentration** für den Konsumgüterhandel einer empirischen Überprüfung nicht Stand hält. Falls der Marktführer überhaupt mehr als 10% Marktanteil (national) besitzt, so handelt es sich jeweils um kleinere Länder, wie das Extrembeispiel Finnland/ *Kesko* (= 26,4%) zeigt. Die vermeintlichen Giganten aber, wie *Wal-Mart*, *Carrefour* oder *METRO*, reichen selbst in ihren Stammländern nicht an die 10%-Marke heran.

Land	Unternehmen	Nationaler Marktanteil (*in %*)	Land	Unternehmen	Nationaler Marktanteil (*in %*)
Westeuropa					
Finnland	*Kesko*	26,4	Portugal	*Modelo Continente*	8,3
Dänemark	*FDB Co-op*	16,9	Frankreich	*Carrefour*	8,0
Schweiz	*Migros*	14,9	Deutschland	*METRO*	7,5
Norwegen	*Norges Gruppen*	14,3	Großbritannien	*Tesco*	6,9
Irland	*ABF Retail*	14,2	Spanien	*El Corte Inglés*	5,5
Luxemburg	*Cactus*	13,4	Belgien	*Louis Delhaize*	3,2
Schweden	*ICA Handlarnas*	12,7	Griechenland	*Marinopoulos Group*	2,6
Niederlande	*Royal Ahold*	12,3	Italien	*Coop Italia*	2,2
Österreich	*BML*	10,3	Türkei	*Migros*	0,8
Osteuropa					
Ungarn	*ÁFÉSZ-COOP Chain*	4,3	Slowakei	*Tesco*	1,2
Tschechien	*Interkontakt*	1,5	Rußland	*GUM*	0,3
Polen	*Ruch*	1,3	Rumänien	*Mega Image*	0,2
Nordamerika					
Kanada	*Loblaw Cos*	5,6	USA	*Wal-Mart*	5,5
Lateinamerika					
Kolumbien	*Cadenalco*	4,7	Mexiko	*Cifra*	3,2
Chile	*D&S*	4,5	Argentinien	*Carrefour*	2,7
Peru	*Wong*	4,4	Brasilien	*Carrefour*	2,1
Asien					
Singapur	*NTUC FairPrice*	3,6	Indonesien	*Matahari Putra Prima*	0,9
Taiwan	*President Chain Store*	2,6	Thailand	*Siam Makro*	0,1
Japan	*Daiei*	1,6	China	*Shanghai No 1 Department Store*	0,1
Fortsetzung nächste Seite					

Fortsetzung					
Hongkong	*Dairy Farm*	1,3	Indien	*Apna Bazaar*	0,1
Malaysia	*Parkson*	1,2	Südkorea	*Lotte*	1,4
Philippinen	*Mercury Drug*	1,1			
Ozeanien					
Australien	*Coles Myer*	17,9	Neuseeland	*Foodstuffs Group*	16,4
Afrika			**Mittlerer Osten**		
Südafrika	*Pepkor*	10,8	Israel	*Blue Square*	6,2
Anmerkung: Umsatzwerte für Konsumgüter, jeweils letzter verfügbarer Stand (1997 bzw. 1996) Quelle: *Euromonitor, Retail Trade International* (1998)					

Tab. 4: Marktanteile der führenden Handelsunternehmen in Herkunftsländern

Nun könnte man einwenden, daß u.U. nicht das absolute Ausmaß, sondern die **Dynamik** des Konzentrationsprozesses Anlaß zur Sorge gibt. Wie Abb. 10 zeigt, bietet dafür allerdings selbst der Lebensmittel-Einzelhandel, der sich bekanntlich weit dynamischer entwickelt als andere Bereiche, keinen verwertbaren Hinweis.

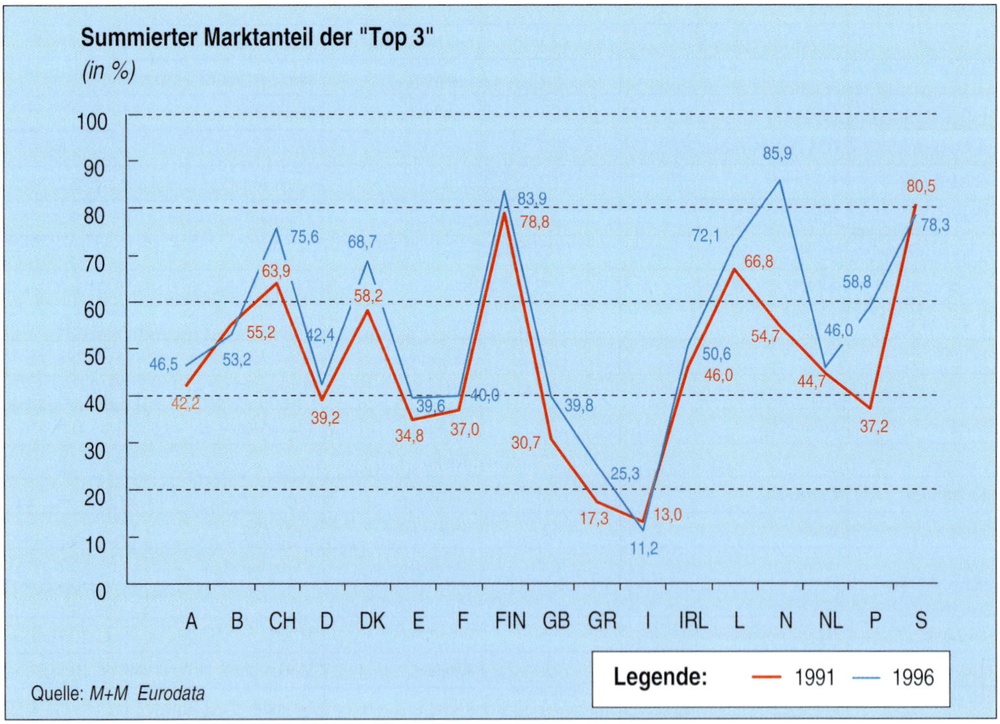

Abb. 10: Dynamik der Konzentration des europäischen Lebensmittel-Einzelhandels

In den hier betrachteten 17 europäischen Ländern konnten die „Top 3" ihren summierten Marktanteil zwischen 1991 und 1996 lediglich in einem Fall bemerkenswert steigern: In Norwegen, wo sie mit 85,9% (bisher 54,7%) nunmehr tatsächlich eine weitgehende Marktabdeckung erreichen. Daß die Aussagekraft dieser Maßzahl bei derart kleinen Märkten begrenzt ist, liegt zum einen auf der Hand und erfährt zum anderen dadurch Bestätigung, daß vergleichbare Marktanteile der „Top 3" nur noch in den gleichfalls kleineren Ländern (Finnland, Schweden, Schweiz, Luxemburg und Dänemark) zu beobachten sind.

Von 17 Ländern berichteten in diesem Zeitraum lediglich 13 einen geringfügig steigenden Konzentrationsgrad; in Österreich, Italien und Schweden nahm er gleichzeitig sogar etwas ab. Selbst wenn man keinen denkbaren Prozentsatz a priori als eindeutig „bedrohlich" einstufen kann und damit jegliche Bewertung subjektiv ist, so liegen doch die real beobachtbaren Daten im Regelfall fern ab von jeder plausiblen, normativ festlegbaren Marke, weshalb die **Konzentrationsthese** fraglos eher zu **verwerfen** denn zu bestätigen ist.

4.2 Globaler Konzentrationsgrad der Konsumgüterdistribution

Geradezu lächerlich wirkt die These von der übermäßigen Konzentration, wenn man die Umsatzvolumina der führenden Konsumgüterhandelsunternehmen zum Weltmarktvolumen der Konsumgüterdistribution (vgl. Tab. 5) in Beziehung setzt. Die *Wal-Mart*-Gruppe, die 1996 in 3 055 Märkten weltweit 106,1 Mrd. US $ erlöste, erreicht als einziger Big Player der Massendistribution einen globalen Marktanteil von mehr als einem Prozent. Die 20 Größten bringen es zusammengenommen lediglich auf 9,34%!

Es kann somit keine Rede davon sein, daß der Wettbewerb seine heilsame, d.h. kontrollierende und effizienzsteigernde Wirkung nicht entfalten könnte. Selbst wenn man konzediert, daß das interne und das externe Unternehmenswachstum in einzelnen, sachlich und räumlich **relevanten Märkten** zu einer spürbaren Verstärkung des Marktgewichts dieser Handelsunternehmen und zu einer Verdichtung der jeweiligen Oligopolgruppe geführt haben, so ist selbst in diesen wenigen Fällen i.d.R. nicht von einer marktbeherrschenden Position auszugehen. Einerseits haben Wettbewerb sowie Wettbewerbsordnung das Entstehen von Einzelmarktbeherrschung verhindert. Andererseits erweist sich auch dort, wo die Oligopolvermutung besteht, trotz der vom Gesetzgeber formulierten Fiktion des „fehlenden Innenwettbewerbs im Oligopol" der

Wettbewerb gerade zwischen den Marktführern als äußerst intensiv. Weder die Marktstruktur noch das Marktverhalten bieten Anzeichen dafür, daß Qualität und/oder Intensität des Distributionswettbewerbs durch das Vordringen der internationalen Systeme Schaden nehmen würden.

Zusammenfassend läßt sich somit angesichts der absoluten Umsatzzahlen und der Marktanteile feststellen, daß die Massendistribution **von großen Systemen** zwar geprägt, **nicht aber dominiert** ist.

Rang	Unternehmen	Stammland	Vertriebsformen	Umsatz *(in Mrd. US $)*	Weltmarktanteil *(in %)*	Anzahl der Märkte
1	*Wal-Mart*	USA	SB-Warenhaus, Verbrauchermarkt, Discounter, Preis-Club	106,1	1,42	3 055
2	*Metro*	Deutschland	SB-Großhandel (C&C), SB-Warenhaus, Verbrauchermarkt, Supermarkt, Discounter, Fachmarkt/Fachgeschäft, Warenhaus, Einkaufszentrum	60,9	0,82	2 889
3	*Sears Roebuck*	USA	Fachmarkt/Fachgeschäft, Warenhaus	38,2	0,51	4 007
4	*Intermarché*	Frankreich	Verbrauchermarkt, SB-Warenhaus, Supermarkt, Discounter, SB-Großhandel (C&C), Nachbarschaftsmarkt, Fachmarkt/Fachgeschäft	37,1	0,50	3 889
5	*Rewe*	Deutschland	Supermarkt, Verbrauchermarkt, Discounter, SB-Warenhaus, SB-Großhandel (C&C), Fachmarkt/Fachgeschäft	35,3	0,47	7 631
6	*Carrefour*	Frankreich	SB-Warenhaus, Discounter, Fachmarkt/Fachgeschäft	33,9	0,46	919
7	*Tengelmann*	Deutschland	Supermarkt, Discounter, Verbrauchermarkt, Drogeriemarkt, Fachmarkt/Fachgeschäft, SB-Großhandel (C&C)	33,7	0,45	7 720
8	*Aldi*	Deutschland	Discounter	32,9	0,44	4 645
9	*Promodès*	Frankreich	SB-Warenhaus, Verbrauchermarkt, Supermarkt, Discounter, SB-Großhandel (C&C)	32,9	0,44	4 820
Fortsetzung nächste Seite						

Fortsetzung

Rang	Unternehmen	Stammland	Vertriebsformen	Umsatz *(in Mrd. US $)*	Weltmarktanteil *(in %)*	Anzahl der Märkte
10	*Auchan*	Frankreich	SB-Warenhaus, Verbrauchermarkt, Supermarkt, Discounter, Warenhaus, Fachmarkt/Fachgeschäft, SB-Großhandel (C&C)	32,6	0,44	2 186
11	*Kmart*	USA	Discounter, Fachmarkt/Fachgeschäft	31,4	0,42	2 134
12	*Edeka / AVA*	Deutschland	Supermarkt, Verbrauchermarkt, SB-Warenhaus, Discounter, SB-Großhandel (C&C), Fachmarkt/ Fachgeschäft, Warenhaus	27,9	0,37	2 933
13	*Leclerc*	Frankreich	Verbrauchermarkt, SB-Warenhaus, Fachmarkt/Fachgeschäft	27,1	0,36	927
14	*Tesco*	Großbritannien	Verbrauchermarkt, Supermarkt, Nachbarschaftsmarkt, SB-Warenhaus, Discounter, Fachmarkt/Fachgeschäft	25,7	0,34	904
15	*Dayton Hudson*	USA	Discounter, Warenhaus	25,4	0,34	1 092
16	*Kroger*	USA	Supermarkt, Verbrauchermarkt, Nachbarschaftsmarkt	25,2	0,34	2.185
17	*JC Penney*	USA	Warenhaus, Drogeriemarkt, Versandhandel	23,6	0,32	4 478
18	*Sainsbury*	Großbritannien	Verbrauchermarkt, SB-Warenhaus, Fachmarkt/Fachgeschäft	22,3	0,30	802
19	*Daiei*	Japan	Drogeriemarkt, Einkaufszentrum, Verbrauchermarkt, Supermarkt	21,7	0,29	375
20	*Ahold*	Niederlande	Supermarkt, Verbrauchermarkt, Drogeriemarkt, Discounter, SB-Großhandel (C&C), Fachmarkt/ Fachgeschäft	21,7	0,29	2 270
			Gesamt „Top 20"	695,6	9,34	59 861

Anmerkung: Umsatzbasis 1996; Anzahl Geschäfte 1996 bzw. 1997
Unternehmensabgrenzung: letzter verfügbarer Stand

Quelle: *Euromonitor*: *Retail Trade International* 1998; *M+M Eurodata*: Eurotops 97/98, Fortune (1997), Retail News Letter (4/98); *METRO*-Trafo

Tab. 5: Die global führenden Konsumgüter-Handelsunternehmen

5 Globalisierungsprofil

5.1 Umsatzstruktur als Ausdruck des Internationalisierungsgrades

Noch weniger als die Konzentrations-These hat im Lichte der nüchternen Empirie die Globalisierungs-These Bestand. Natürlich ist nicht zu übersehen, daß der Handel die Landesgrenzen längst schon nicht mehr mit den quasi-natürlichen Grenzen seines Betätigungsfeldes gleichsetzt. Unbestritten ist auch, daß die erste Phase der „vorsichtigen" Internationalisierung (primär per Franchising) seit Jahren weitgehend hinter uns liegt. Dennoch wäre es irreführend, den „Globalisierungsprozeß" des Handels mit dem der Industrie gleichsetzen zu wollen. Während dort Auslandsquoten von 70 oder 80% und darüber registriert werden, liegen im Handelsbereich lediglich zwei Anbieter nahe bei oder deutlich über der 50%-Marke: *Ahold*, dessen Engagement in neun Ländern mit 59% erheblich zum Gesamtumsatz beiträgt, und *Tengelmann* (zehn Länder, Auslandsanteil Umsatz = 49%). Der Kreis derer, die auf dem Weltmarkt zumindest 20% ihres Umsatzes erzielen, umfaßt nur acht Handelsunternehmen, während insgesamt sieben der „Top 20", nämlich *Kroger*, *Kmart*, *Dayton*, *Penney*, *Daiei*, *Leclerc* und *Edeka*, keinerlei Auslandsumsatz oder allenfalls in geringfügigem Maße erzielen (vgl. Abb. 11).

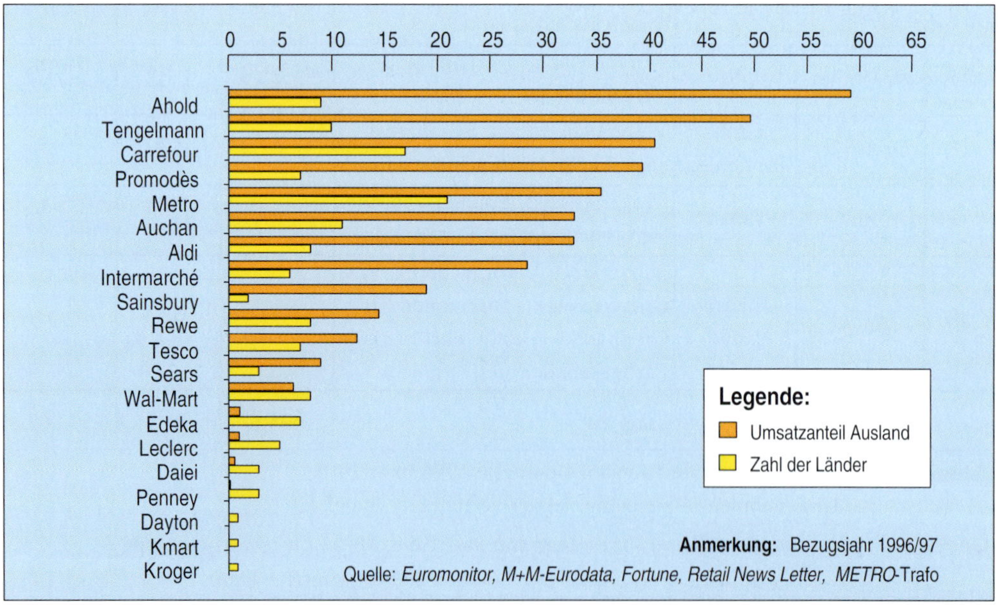

Abb. 11: Internationalisierungsgrad führender Konsumgüter-Handelsunternehmen

Die bereits in den Internationalisierungsmodellen der sog. *Uppsala-Schule* anhand des Konstruktes der psychischen Distanz (vgl. *Müller/Köglmayr* 1986) beschriebene Tendenz von Industrieunternehmen, zunächst näher gelegene Auslandsmärkte zu erschließen, läßt sich bedingt auch für den Konsumgüterhandel nachweisen. Lediglich *Ahold*, *Tengelmann*, *Carrefour* und *Sainsbury* erwirtschaften den überwiegenden Anteil ihres Auslandsumsatzes in außerhalb „ihres" Kontinentes gelegenen Ländern (vgl. Abb. 12). Insofern konkurrieren die angeblichen Global Player im Handelsbereich bislang nur ausnahmsweise in den Triade-Märkten direkt miteinander.

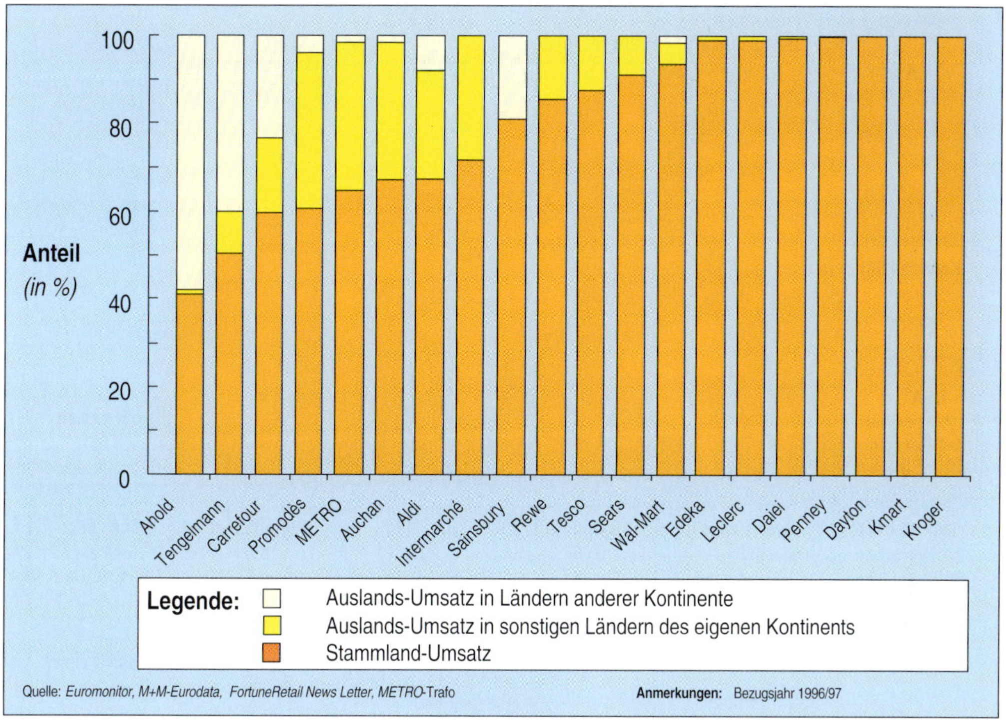

Abb. 12: Umsatzstruktur der „Big Player" der Massendistribution im Konsumgüterhandel

5.2 Internationalisierungsstrategien

Dabei werden im einzelnen recht **unterschiedliche Strategien** verfolgt. So begann *Wal-Mart*, mit einem Marktanteil von 1,42% Weltmarktführer (vgl. Tab. 5), erst 1991 mit der Internationalisierung der Geschäftstätigkeit. Mexiko, dem ersten Auslandsmarkt, sind mittlerweile sieben weitere gefolgt: einerseits gleichfalls nahe gelegene (Kanada und Puerto Rico) und andererseits besonders bevölkerungsreiche bzw. nachfragestarke Märkte (China, Indonesien, Brasilien und Bundesrepublik Deutschland). Während *Wal-Mart* in vier Erdteilen präsent ist, dort aber 1997 mit 7,5 Mrd. US $ nur 6,4% seines Gesamtumsatzes erwirtschaftete, konzentriert sich *Promodès* auf Europa. Dieses Engagement in sechs Ländermärkten außerhalb Frankreichs (vgl. Abb. 13) trägt immerhin 39,3% zum Gesamtumsatz bei.

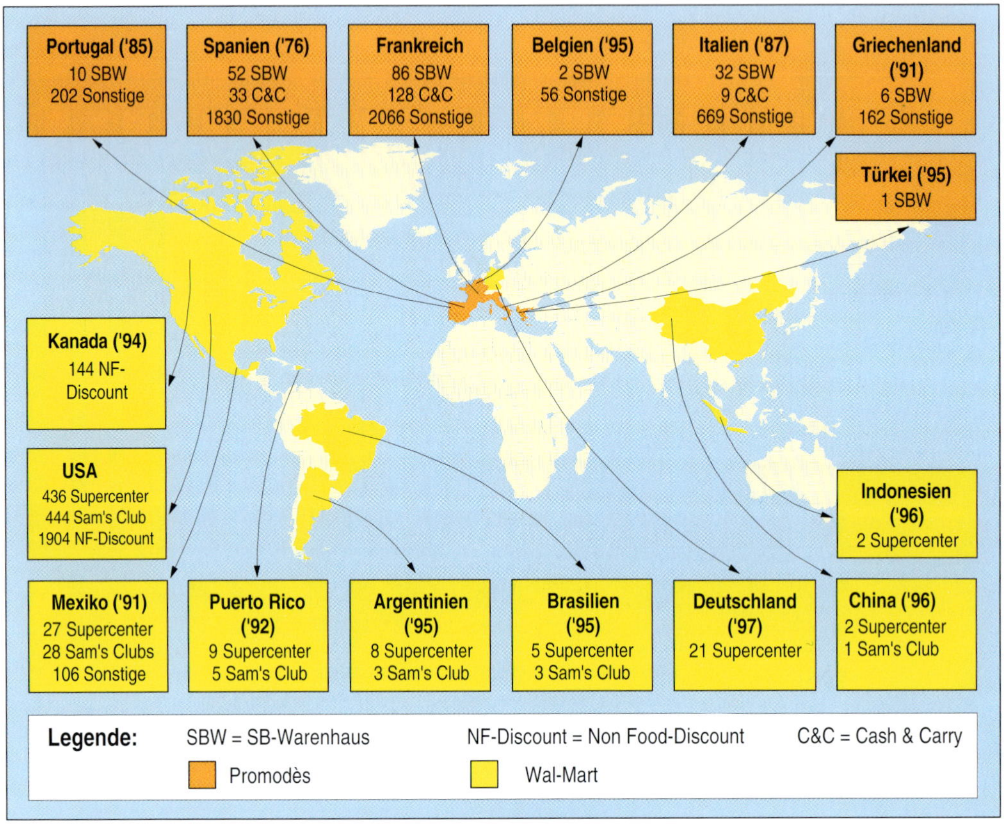

Abb. 13: Unterschiedliche Internationalisierungsstrategien am Beipiel von Wal-Mart und Promodès

Geht man allerdings noch einen Schritt weiter und prüft, welche Big Player bereits eine **Triade-Strategie** verfolgen, so fällt der Befund weitgehend negativ aus. Wohl lassen sich da und dort erste Ansätze nachweisen, mehr aber auch nicht. Kein Anbieter ist auf allen relevanten Märkten tätig und erst recht nicht mit allen relevanten Vertriebstypen bzw. -schienen.

- So hat ***Wal-Mart*** seine frühere Fixierung auf den US-amerikanischen Markt noch längst nicht überwunden. Die erst ansatzweise erkennbare Triade-Strategie beschränkt sich auf zwei Vertriebstypen: Supercenter, die Food und Non-Food anbieten, sowie *Sam's Warehouse Price Club*.

- ***Carrefour*** betrieb Mitte 1998 zwar insgesamt 323 Hypermärkte in 15 Ländern (auf drei Kontinenten), meidet aber bislang die USA. Mit der klaren strategischen Konzentration auf **eine** Vertriebslinie versucht man, den internationalen Markt beschleunigt zu durchdringen und zügig Schlüsselpositionen in den einzelnen regionalen Räumen zu besetzen.

- ***Auchan*** beschränkt seine vergleichsweise weit vorangetriebene Triade-Strategie in Asien und Südamerika gleichfalls auf Hypermärkte, während es in Europa überdies mit anderen Vertriebsformaten präsent ist (die es zumeist durch Akquisitionen oder Beteiligungen erschließt).

- ***Promodès*** verfolgt eine klare Europa-Strategie. Auch hier ist man bestrebt, durch Akquisitionen und Beteiligungen Zugang zu solchen Vertriebsformaten zu finden, die man bislang noch nicht beherrscht. Außerhalb Europas werden nur 3,9% des Gruppenumsatzes erzielt.

5.3 Attraktive Märkte für Big Player

Nachdem der Internationalisierungsgrad des Konsumgüterhandels, von wenigen Ausnahmen abgesehen, noch verschwindend gering ist, kann weder aus Sicht der aufgebauten Distributionskanäle noch der erschlossenen Märkte von Globalisierungsstrategien ernsthaft die Rede sein. In dem einen wie dem anderen Fall sehen sich selbst die Big Player zur **Fokussierung** gezwungen. Dafür bieten sich plausiblerweise zunächst solche Länder an, die ein hinreichend großes Marktpotential repräsentieren. Abb. 14 stellt dieses anhand des **Einzelhandelsumsatzes** dar.

Weiterhin wird dort der **Urbanisierungsgrad** berücksichtigt, da sich die Warendistribution um so leichter bewerkstelligen läßt und damit bei einem bestimmten Mitteleinsatz ein um so größerer Marktanteil erzielt werden kann, je mehr Bewohner eines Landes in Verdichtungsräumen leben und nicht weiträumig verstreut auf dem Lande.

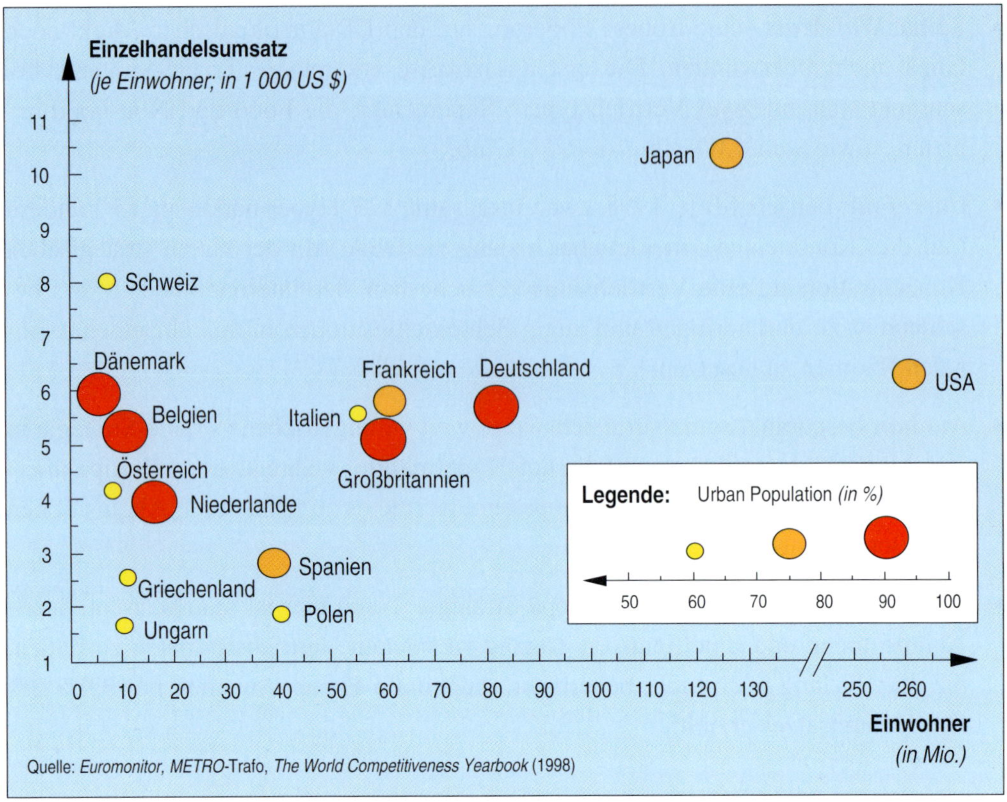

Abb. 14: Potential der wichtigsten Ländermärkte

Aus dieser Perspektive sind (ceteris paribus) zunächst fünf Ländermärkte attraktiv, die sich wieder in **drei Prioritätsklassen** unterteilen lassen:

- Allen voran die großen, kaufkraftstarken Märkte USA und Japan,
- sodann die Bundesrepublik Deutschland,
- schließlich Frankreich und Großbritannien.

Italien scheidet aus diesem Kreis wegen seines vergleichsweise geringen Urbanisierungsgrades zunächst aus. Ähnlich ungünstige Bedingungen für die Erschließung des Kaufkraftpotentials der jeweiligen Länder finden potentielle Global Player in Ungarn, Polen, Griechenland sowie in Österreich und der Schweiz vor.

6 Fazit

Weltweit befindet sich der Konsumgüterhandel im Aufbruch. Der **Wandel** der **Struktur- und Leistungsprofile**, bereits seit den sechziger Jahren in den Industrieländern zu beobachten, wird sich beschleunigen und verstärkt auch Transformationsländer jedweder Art erfassen. Treiber dieser Entwicklung sind eindeutig international operierende **Massenfilialunternehmen**, die mittels Ausweitung und Verdichtung ihrer Länderpräsenz die Kostendegressions-, Leistungssynergie- und Marktstärkeeffekte von Systemnetzwerken systematisch nutzen wollen. Zugleich wächst in der „politischen Klasse" die Akzeptanz des nicht zuletzt hier empirisch nachgewiesenen Effekts, daß qualifizierte Distributionssysteme die materielle **Wohlfahrt** steigern und die **Lebenszufriedenheit** der Bevölkerung (subjektiv) erhöhen, was diesen Prozeß weiter beschleunigen dürfte.

Diese dann zunehmend international, interkontinental und - im Sinne mehrerer Weltwirtschaftsregionen - auch global operierenden Systeme des Konsumgüterhandels werden die Ökonomisierung und Qualifizierung des Distributionsapparates in den einzelnen Ländern zwar verstärkt prägen, aber nicht das **Markt-** und **Wettbewerbsgeschehen** „beherrschen". Den unbestreitbaren konzentrativen Tendenzen stehen ebenso unstrittig die dann intensivierte Konfrontation der Big Player und die signifikant verbesserten Wirkmöglichkeiten des „potentiellen" Wettbewerbs in horizontaler und vertikaler Hinsicht gegenüber. Deshalb ist davon auszugehen, daß die kompetitiven Marktkräfte die Konsumgüterwirtschaft bestimmen werden und Wettbewerbssowie Versorgungsqualität weder auf mittlere noch auf längere Sicht bedroht sind.

Das derzeit noch ausgeprägte Gefälle im Versorgungsniveau der einzelnen Weltregionen mit Konsumgütern wird sich im Zuge des beschleunigten Vordringens von transaktionskostensparenden Vertriebssystemen und globalen Unternehmensnetzwerken nivellieren. Die „Triade" aber, bestehend aus den Märkten Nordamerikas, Westeuropas und Japans, wird weiterhin mit Abstand führend bleiben.

Anhang

Region	Zeitraum						
	1992	1993	1994	1995	1996	1997	Veränderung 97/92
Westeuropa	26,0	24,9	24,3	23,6	23,2	22,7	- 3,3
Osteuropa 2)	42,5	45,0	39,2	40,5	43,6	42,7	+ 0,2
Nordamerika	21,5	21,5	21,4	21,2	21,3	21,3	- 0,2
Lateinamerika	27,6	24,4	25,7	23,1	23,9	24,9	- 2,7
Asien	30,1	30,0	29,7	30,0	30,1	30,3	+ 0,2
Ozeanien	20,4	22,3	20,4	19,8	19,3	19,9	- 0,5
Afrika / Mittlerer Osten	23,8	22,4	22,7	22,9	22,8	23,0	- 0,8

Anmerkung: 1) auf Basis US $ (nominale Werte)
2) ohne Ukraine
Quelle: *Euromonitor, Retail Trade International* (1998)

Tab I: Anteil des Einzelhandelsumsatzes am Bruttoinlandsprodukt[1] (in %)

	Umsatzanteil	Geschäftsstellenanteil
Westeuropa	37,0	32,1 1)
Osteuropa 4)	44,1	52,7
Nordamerika	29,4	18,4
Lateinamerika	65,3	60,3
Asien	44,8	26,6 2)
Ozeanien	44,2	28,4 3)

Anmerkung: 1) ohne Luxemburg, Türkei 4) ohne Ukraine 4) ohne Ukraine
2) ohne China, Indien, Japan
3) Wert für 1992, nach 1992 keine Daten verfügbar
Quelle: *Euromonitor, Retail Trade International* 1998

Tab. II: Anteil des Lebensmittel-Einzelhandels am gesamten Einzelhandel (1996 bzw. 1997)

Länder alle Werte 1997	Einwohner *(in Mio.)*	EH-Umsatz		EH-Geschäfte		Verkaufsfläche		
		absolut *(Mrd. US $)*	je Einw. *(US $)*	absolut *(1 000)*	je *(1 000 EW)*	absolut *(1 000 qm)*	je Einw. *(qm)*	je Geschäft *(ø qm)*
Argentinien	35,7	73,8	2 069	330	9,2			
Australien	18,5	73,5	3 976	114	6,1			
Belgien	10,2	54,0	5 301	114	11,2	13 420	1,3	118
Brasilien	159,9	218,1	1 364	885	5,5			
Chile	14,6	17,6	1 204	178	12,2			
China	1 245,0	338,8	272	14 873	11,9	250 000	0,2	17
Dänemark	5,3	31,4	5 955	38	7,3	6 138	1,2	160
Deutschland	82,0	465,6	5 677	471	5,7	100 000	1,2	212
Finnland	5,1	26,8	5 213	28	5,4			
Frankreich	58,6	328,1	5 600	321	5,5	48 340	0,8	151
Griechenland	10,5	27,7	2 639	175	16,7	10 500	1,0	60
Großbritannien	58,8	306,9	5.216	251	4,3	43 536	0,7	173
Hongkong	6,5	31,3	4 814	47	7,2			
Indien	967,1	183,2	189	10 400	10,8			
Indonesien	201,3	58,9	293	1.503	7,5			
Irland	3,6	1,4	378	32	8,9			
Israel	5,6	20,4	3 624	41	7,3			
Italien	57,5	316,0	5 497	890	15,5	63 109	1,1	71
Japan	126,2	1 308,3	10 371	1 407	11,2	121 624	1,0	86
Kanada	30,2	125,8	4 162	181	6,0			
Kolumbien	36,3	16,2	446	413	11,4			
Luxemburg	0,4	1,7	4 200					
Malaysia	21,6	16,9	783	188	8,7			
Mexiko	94,3	87,3	926	1 096	11,6			
Neuseeland	3,7	12,9	3 506	23	6,3			
Niederlande	15,6	61,9	3.973	120	7,7	17 500	1,1	146
Norwegen	4,4	26,1	5 951	39	8,8			
Österreich	8,1	34,0	4 190	33	4,1	12 000	1,5	364
Philippinen	73,4	37,8	515	134	1,8			
Polen	38,7	73,5	1.902	394	10,2	22 200	0,6	56
Portugal	9,9	21,2	2 135	151	15,2			
Rußland	147,7	88,7	601	303	2,1			
Schweden	8,9	42,1	4 717	38	4,3			
Schweiz	7,1	54,0	7 567	55	7,7	12 300	1,7	223
Singapur	3,1	12,9	4 176	20	6,6			
Fortsetzung nächste Seite								

Fortsetzung								
Spanien	39,3	112,9	2 872	556	14,1	48 957	1,2	88
Südafrika	43,3	31,6	729	106	2,5			
Südkorea	45,1	68,9	1 528	775	17,2			
Taiwan	21,7	39,7	1 831	456	21,0			
Thailand	60,3	35,0	580	971	16,1			
Tschechien	10,3	20,5	1 990	299	29,0			
Türkei	63,7	33,4	524					
Ungarn	10,1	17,3	1.707	169	16,7	10.586	1,0	63
USA	262,6	1 661,0	6 326	1 444	5,5	811 160	3,1	562
Venezuela	22,6	24,5	1 086	274	12,1			

Tab. III: Zentrale Merkmale der Konsumgüterdistribution in den wichtigsten Ländern

Region	1992	1993	1994	1995	1996	1997	Veränderung 97/92
Westeuropa	37,9	38,2	38,0	37,8	36,9	37,0	-0,8
Osteuropa *	43,6	43,5	43,7	43,1	43,3	44,1	+0,5
Nordamerika	31,3	30,7	30,1	30,0	29,6	29,4	-1,9
Lateinamerika	60,2	61,3	61,6	63,0	64,3	65,3	+5,2
Asien	44,4	44,0	43,9	43,6	44,2	44,6	+0,2
• Japan	38,5					39,4	+0,9
• Übriges Asien	51,1					49,6	-1,5
Ozeanien	46,4	41,9	43,0	44,1	44,6	44,2	-2,1
Südafrika und Israel	41,8	40,1	38,9	39,9	41,1	40,6	-1,2
*) ohne Ukraine							

Tab. IV: Umsatzanteil des Lebensmittel-Einzelhandels am gesamten Einzelhandel (in %)

Internationalisierung im Einzelhandel

Andrea Gröppel-Klein

1 Die Entwicklung der Internationalisierung im Einzelhandel - ein Blick in die Praxis

„Going international" ist nicht nur ein abstraktes Schlagwort für die Expansionsbestrebungen von Handelsunternehmen, sondern die konkreten Folgen dieses internationalen Engagements zeigen sich im normalen Alltag der Konsumenten. Handelsunternehmen wie *Ikea*, *Woolworth*, *Hennes & Mauritz*, *BodyShop*, *Benetton*, *GAP* oder *Toys'R'Us* zählen in Deutschland zu den vertrauten Einkaufsstätten und deutsche Touristen stellen ohne Erstaunen fest, daß sie in ihrem Urlaubsland einen *Aldi*, einen *Media*-Markt oder eine *Douglas*-Parfümerie vorfinden.

Vereinzelte Handelsunternehmen, wie bspw. *Aldi*, sind schon mehr als 30 Jahre transnational aktiv. Die **erste große Internationalisierungswelle** im Einzelhandel wurde jedoch erst in den achtziger Jahren durch die *EG*-Binnenmarktinitiative ausgelöst. Ein zweiter Boom ist mit der Öffnung bzw. Liberalisierung der osteuropäischen Staaten entstanden. Der derzeitige Entwicklungsstand der Internationalisierung im Handel läßt sich wie folgt charakterisieren:

Insbesondere der Non-Food-Handel zeichnet sich durch einen hohen Europäisierungs- bzw. Globalisierungsgrad aus, wobei bezüglich **Non-Food** die Austauschrate „deutsche Unternehmen im Ausland" zu „ausländischen Unternehmen in Deutschland" eindeutig zugunsten der ausländischen Einzelhandelsfirmen entschieden wird, die mit innovativen Betriebstypen im deutschen Markt erfolgreich agieren (vgl. *Zentes/Ferring* 1995, S. 433). Als Musterschüler der Internationalisierung neuartiger Betriebstypenkonzepte im Non-Food-Bereich gelten vor allem zwei Firmen: *Ikea*, die mit 2,4 Mrd. DM Umsatz einen geschätzten Marktanteil von 10% erreicht hat und *Hennes & Mauritz*, die ihren Umsatz von 1993 bis 1997 um mehr als 260% steigern konnte. Das Internationalisierungskonzept dieser Firmen kann schlagwortartig als „Multiplikation der im Heimatland erfolgreichen Betriebstypen" charakterisiert werden, eine Strategie, die zunehmend an Bedeutung gewinnt (vgl. *Zentes/Anderer* 1994, S. 15f.).

Als aktuelles Beispiel für diese These kann die britische Kaufhausgruppe *Marks & Spencer* genannt werden, die im Zuge ihrer europäischen Expansion mit voraussichtlich 20 Outlets in Deutschland einsteigen möchte. Dabei werden wie in Großbritannien vor allem Top-City-Lagen mit einer Verkaufsfläche von 4 000 qm angestrebt. Als Vorbilder für diese Expansionsstrategie dienen die erfolgreichen britischen Kaufhäuser. Zum Profil des Unternehmens gehört, daß fast ausschließlich Eigenmarken unter der Dachmarke „St. Michael" geführt werden. Auch für Deutschland soll die Eigenmarkenpolitik beibehalten bleiben. Im Oktober 1996 ist bereits ein *Marks & Spencer-Outlet* in Köln eröffnet worden, Filialen in Dortmund, Essen, Wuppertal und Frankfurt am Main sollen ab Herbst 1998 ihre Pforten öffnen.

Der in Deutschland knallhart ausgetragene Preiskampf im Lebensmittelhandel mit den zwangsweise geringen Renditen wirkt dagegen als Markteintrittsbarriere für ausländische Unternehmen in den deutschen **Food-Handel**. Im Lebensmittelsektor sind dagegen **deutsche Unternehmen** bei ihren Internationalisierungsstrategien besonders erfolgreich. Insbesondere die Lebensmitteldiscounter haben einen regelrechten „Siegeszug" in Europa erlebt. Die deutschen Unternehmen spielen vielleicht schon deshalb eine Vorreiterrolle, weil das Lebensmitteldiscountprinzip in Deutschland mit der Harddiscount-Variante von *Aldi*, *Norma* und *Lidl* und mit der Softdiscount-Variante von *Plus* und *Penny* vor mehr als zwanzig Jahren (*Aldi* und *Norma* schon seit Beginn der sechziger Jahre) entwickelt wurde und hier im Vergleich zu anderen Ländern die größten Erfahrungen bestehen. In Frankreich bspw. begann die Discountwelle erst im Jahr 1988. Man versprach sich hier von dieser Betriebsform wenig Erfolg, da man der Ansicht war, der französische Konsument sei in bezug auf Lebensmittel zu qualitätsorientiert. Zudem waren frühere europäische Einkaufsverbände aufgrund der unterschiedlichen Eßgewohnheiten und Lebensmittelkonsumstandards in den einzelnen *EG*-Ländern gescheitert. Die Franzosen wissen jedoch die günstigen Discountpreise durchaus zu schätzen. Mittlerweile gibt es nach der „*Aldi*-und *Lidl*-Invasion" in Frankreich über 2 000 Harddiscountfilialen, und der Markt ist expandierend. Marktführer sind *Aldi* (1997: 343 Filialen), *Lidl* (1997: 632 Filialen) sowie die französische *Carrefour*-Tochter *Ertéco*. Auch in Großbritannien konnten sich erst in den letzten Jahren Harddiscounter etablieren. Hier eröffnete der erste *Aldi*-Markt 1990, 1995 gab es mehr als 120 Verkaufsstellen.

Die **zweite Internationalisierungswelle** mit der Parole **„Go East"** wurde Anfang der neunziger Jahre ausgelöst. Doch nicht nur die veränderten politischen und wirtschaftlichen Rahmenbedingungen in Polen, Ungarn und der Tschechischen Republik haben diese Entwicklung beschleunigt, auch die rezessiven Heimatmärkte haben viele Unternehmen veranlaßt, ihr Glück in Osteuropa zu suchen. Insbesondere der deutsche Einzelhandel ist seit einigen Jahren durch einen fortschreitenden Konzentrationsprozeß und einen extremen Verdrängungswettbewerb gekennzeichnet. Nach Auskunft des statistischen Bundesamtes stagnieren die Umsätze seit sieben Jahren. 1996 mußten mit Ausnahme der Einrichtungsbranche alle anderen Einzelhandelsbranchen reale und nominale Umsatzrückgänge verzeichnen, für 1997 hat das Münchner *ifo Institut für Wirtschaftsforschung* einen preisbereinigten Umsatzverlust von -0,5% berechnet und auch für 1998 werden keine Umsatzsteigerungen erwartet. Mehr und mehr deutsche Handelskonzerne versuchen daher, mittels internationaler Expansionsstrategien ihre Umsatzeinbußen im Inland zu kompensieren.

Nach einer Untersuchung von *Zentes/Opgenhoff* (1995) sind die Beweggründe „Absatzpotential im Gastland" sowie „Marktsättigung im Stammland" die mit Abstand am häufigsten genannten Internationalisierungsmotive von europäischen Handelsmanagern. Daneben kann über die erhöhten Einkaufsvolumina die Nachfragemacht im Inland gestärkt und günstigere Einkaufspreise erzielt werden, wodurch (nach Weitergabe der Preisnachlässe an die Konsumenten) man sich in der Folge auch eine Belebung des Heimatmarktes erhofft.

Erstaunlich sind jedoch die enorme **Geschwindigkeit und Intensität**, mit denen der zentraleuropäische Markt (Polen, Tschechei, Ungarn, Slowakei) bearbeitet wird. Es vergeht kaum eine Woche, in der nicht von dem Markteintritt bzw. von der Eröffnung einer neuen Filiale eines westeuropäischen Handelsunternehmens in Zentraleuropa berichtet wird. Insbesondere das mit 38 Mio. Einwohnern bevölkerungsreichste Land Polen stellt für viele westeuropäische Händler in jüngster Zeit ein besonders attraktives Expansionsziel dar. Ein Grund hierfür liegt sicherlich in der wirtschaftlichen Entwicklung des Landes. Das durchschnittlich verfügbare Haushaltseinkommen in Polen hat sich von 1990 bis 1996 verdoppelt. Das Einkommen war 1996 damit zwar immer noch achtmal kleiner als in Deutschland, die Wachstumsrate ist dennoch beeindruckend. Auch der private Verbrauch hat in Polen eine hohe Steigerungsrate mit jährlichen Zuwächsen von 4 bis 5% (zwischen 1993 und 1996) erfahren und war damit mehr als doppelt so hoch wie in Deutschland.

Derzeit werden in **Polen** noch über 90% des Umsatzes in sehr kleinen Geschäften mit einer durchschnittlichen Verkaufsfläche von unter 50 qm getätigt. Die Bevölkerung betrachtet den Einzug westeuropäischer Handelsfirmen mit gemischten Gefühlen. Zum einen begrüßen die Polen die Versorgung mit westlichen, qualitativ hochwertigen Waren, sie genießen die neue Vielfalt; und die steigende Anzahl an Autobesitzern freut sich über Zeitersparnisse des nun möglich gewordenen „One-Stop-Shopping“. Gleichfalls besteht die Hoffnung, daß die Anpassung an die Marktwirtschaft beschleunigt und ein Prozeß der **Gesundschrumpfung des Handels** einsetzen wird. Schließlich sind viele der sehr kleinen Geschäfte (man denke auch an die vielen Bauchläden in Polen) als langfristige Existenzgrundlage nicht tragfähig. Auf der anderen Seite befürchten jedoch viele, daß als Folge der internationalen Expansion ein harter Verdrängungswettbewerb einsetzen wird, der auch größere polnische Firmen vernichten wird. Diese Sorge ist nicht unberechtigt: Neun der zehn umsatzstärksten Einzelhandelsunternehmen in Polen kommen derzeit aus dem Ausland.

Nach einer Auswertung von *M & M Eurodata* hat die *METRO* nach Übernahme der *Makro C+C Märkte* in Polen und der Tschechischen Republik den Spitzenplatz in Zentraleuropa mit deutlichem Abstand und einem Umsatz von 4,5 Mrd. DM im Jahr 1997 (ohne *Adler*, *Praktiker*, *Vobis*, *Media*-Markt) übernommen (vgl. Tab. 1). Die Aktivitäten der *METRO* sind jedoch noch nicht verflacht. Bis Ende des Jahres 1998 möchte die *METRO* in Polen mit 111 *Tip*-Filialen, mit 15 *Makro* C+C-Märkten sowie mit sechs, in Großstädten angesiedelten Einkaufszentren präsent sein, die sowohl *Real*-, als auch *Adler*- und *Praktiker*-Märkte beherbergen. Die *Rewe* plant bis Ende des Jahres den Aufbau von 50 Filialen in Polen. *Tengelmann* erwirtschaftet hier mit

51 *Plus*-Discounterfilialen einen Umsatz von 327,4 Mill. DM Umsatz. Es sollen noch weitere 70 *Plus*-Geschäfte entstehen. Das französische Unternehmen *Auchan* möchte bis zum Jahr 2006 35 großflächige SB-Warenhäuser in Polen errichten, auch *Carrefour* und *Leclerc* möchten ihr Auslandsengagement in Zentraleuropa verstärken. Der britische Konzern *Tesco* strebt Hypermärkte mit 12 000 qm Verkaufsfläche an. *Vobis* hat sich zum Ziel gesetzt, bis Ende 1998 mit mindestens 40 Filialen in Polen zu agieren. *Ikea* verfügte 1996 bereits über fünf polnische Outlets und möchte gleichfalls expandieren. Auch die Fast-Food-Kette *McDonald's* meldete im Mai 1998, daß das einhundertste *Mc-Donald's* Restaurant in Polen eröffnet sei.

Rang	Unternehmen	Heimat-land	CR	SR	PL	HUN	Umsatz *(Mio. DM)*
1	• *Makro C+C* • *METRO* (o. *Media-Markt, Adler, Vobis*)	D/CH	125,8 -	- -	2641,0 269,2	- 1393,0	Σ 4429,0
2	• *Tengelmann* (o. *Obi*)	D	273,5	-	327,4	882,7	Σ 1483,6
3	• *Interkontakt* (mit *M-Holding, PHS*)	CR	869,9	190,6	202,6	-	Σ 1263,1
4	• *Meinl*	A	279,0	-	50,2	833,0	Σ 1162,2
5	• *Jeronimo Martin & Booker* (*Eurocash, Elektromis, Jumbo*)	PORTG B	- - -	- - -	687,6 218,9 37,0	- - -	Σ 943,3
6	• *Rewe* (*Penny/Minimal Billa*)	D	169,6 136,8	 36,0	99,9 196,2	163,4 24,1	Σ 826,0
7	• *Tesco*	GB	289,9	216,4	96,8	222,8	Σ 825,9
8	• *Ahold* • *Ahold & Allkauf*	NL	459,6 -	- -	- 203,6	- -	Σ 663,2
9	• *DTV*	D	-	-	449,6	-	Σ 449,6
10	• *Dohle*	D	-	-	437,9	-	Σ 437,9
Quelle: *Lebensmittel Zeitung* (Nr. 28 vom 10.7.1998, S.28)							

Tab. 1: Die Top 10 in Zentraleuropa

Diesen atemberaubenden Expansionsmeldungen stehen nur vereinzelte **Versuche osteuropäischer Unternehmen** gegenüber, in Deutschland Fuß zu fassen. Unter dem Namen „Sklep Polski - Das Beste aus Polen" verkauft seit gut einem Jahr die polnische Supermarktfirma *Porion* an drei Standorten in Düsseldorf, Köln und im Rheinland auf Flächen zwischen 400 und 700 qm ausschließlich polnische Lebensmittel. Weitere Läden in Deutschland sollen folgen (vgl. o.V. 1997, S. 34). Der *Porion*-Laden in Köln plante allerdings, im Spätsommer 1998 seine Pforten wieder zu schließen. Es bleibt also abzuwarten, ob dieses Konzept erfolgreich sein wird.

Grundsätzlich darf angesichts der rasanten Entwicklung nicht der Eindruck entstehen, daß Internationalisierungsstrategien stets vom Erfolg gekrönt werden. Auch bei der Expansion nach Deutschland zeigen sich viele **mißglückte Versuche**. „Die Liste der Gescheiterten ist lang - und liest sich wie ein ‚Who is Who' der internationalen Handelselite: *Carrefour*, *Delhaize*, *Promodès* und *Intermarché* (Lebensmittel) holten sich hierzulande ebenso eine blutige Nase wie *Wickes* (Baumarkt), *Virgin* oder *Fnac* (Musik, Bücher, Multimedia)" (*Rosmanith/Dawson* 1997, S. 20). Das Londoner Medienkaufhaus *Virgin* versuchte 1991, den deutschen Markt zu erobern und ließ sich in mehreren deutschen Großstädten nieder, darunter Hamburg, Berlin und Frankfurt am Main. 1995 wurde das letzte Haus in Deutschland auf der Frankfurter Zeil geschlossen.

Ende 1991 eröffnete der Medienkonzern *Fnac* in der Meinekestraße in Berlin seine erste und einzige Dependance in Deutschland mit einer Fläche von 3 200 qm. Erstes Problem: Die Erwirtschaftung einer monatlichen Miete von 300 000 DM. Zweites Problem: Das Gesetz gegen unlauteren Wettbewerb. So versuchte *Fnac*, mit den in Frankreich bewährten Wettbewerbsmethoden auch in Deutschland zu agieren und gewährte Kunden beim Kauf von neuen CDs einen 20%igen Rabatt. Dieses Rabatt-Gebaren wurde von Wettbewerbshütern der Konkurrenz bemerkt und unverzüglich abgemahnt (vgl. Tab. 2).

Auch *Galeries Lafayette* mußte bei ihrem Markteintritt in Berlin Lehrgeld bezahlen. Die Firma erlebte zu Beginn monatelange Tarifstreitigkeiten, begann am Anfang den Fehler, hochwertige Damenmode nur in den in Deutschland weniger gefragten Größen 36 und 38 anzubieten, und der Verkauf der extravaganten Damenmode wurde noch dadurch erschwert, daß der Duft der exzellenten Käse- und Fischabteilung sich nicht nur in der Lebensmittelabteilung, sondern fast im ganzen Haus ausbreitete. Die gröbsten Fehler sind mittlerweile behoben, doch die Umsatzziele sind noch nicht erreicht (vgl. *Rosmanith/Dawson* 1997, S. 24).

Land	Rabatte	Zugaben	Sonderverkäufe
Belgien	Erlaubt	Verboten	Nur WSV und SSV, Räumungsverkäufe
Dänemark	Erlaubt	Produkte über 1,50 DM verboten	Jederzeit erlaubt
Deutschland	Maximal 3% bei Barzahlung	Verboten	Jubiläums-/Räumungs- verkäufe, WSV, SSV
Frankreich	Erlaubt	Verboten	Jederzeit erlaubt
Griechenland	Verboten, dennoch üblich	Verboten	Verboten, dennoch üblich
Großbritannien	Erlaubt	Erlaubt	Jederzeit erlaubt
Irland	Erlaubt	Erlaubt	Jederzeit erlaubt
Italien	Erlaubt	Erlaubt, falls zuvor genehmigt	Nur zu festgelegten Zeiten
Luxemburg	Maximal 3% bei Barzahlung	Verboten	Jederzeit erlaubt
Niederlande	Erlaubt	I.d.R. verboten	Jederzeit erlaubt
Portugal	Erlaubt	I.d.R. verboten	Jederzeit erlaubt
Spanien	Erlaubt	Erlaubt	Jederzeit erlaubt
Quelle: o.V. (1994, S.13)			

Tab. 2: Erlaubt und Verboten in Europa

Es bleibt somit noch abzuwarten, ob die schon angesprochenen Expansionspläne von *Marks & Spencer* gelingen werden und der deutsche Konsument Gefallen an britischem Chic und englischen Lebensmittel finden wird, so daß alle angestrebten *Marks & Spencer*-Outlets in Deutschland realisiert werden und langfristig Bestand haben.

Die skizzierten Beispiele zeigen die turbulente Entwicklung der internationalen Handelslandschaft auf, und es drängt sich die Frage auf, welche übergeordneten Faktoren für den **Erfolg oder Mißerfolg einer Internationalisierungsstrategie** verantwortlich sind. Zu den Erfolgsdeterminanten zählen ohne Zweifel die genaue Kenntnis der rechtlichen und politischen Rahmenbedingungen, der ökonomischen Daten, der Eigentumsverhältnisse und bisherigen Distributionskanäle des avisierten Auslandsmarktes sowie die Berücksichtigung dieser Daten bei der Implementierung der Strategie. Auf diese Faktoren soll im Rahmen dieses Beitrags jedoch nicht weiter eingegangen werden. Für das Marketing ist die Fragestellung, ob das gewählte Internationalisierungskonzept mit der Kultur, dem Lebensstil und dem Konsumverhalten des Auslandsmarktes kompatibel ist, von besonderem Reiz. Gilt die Aussage, daß internationale Marketingstrategien „most susceptible to cultural error" sind (*Lin* 1993)? Bevor dieser These weiter nachgegangen wird, sollen zunächst die grundsätzlichen internationalen Strategieoptionen erläutert werden.

2 Strategien der Internationalisierung im Einzelhandel

Nach *Anderer* (1997, S. 18ff) betreffen grundlegende marketingstrategische Entscheidungsfelder der Internationalisierung von Handelsunternehmen die Art der Marktbearbeitung und die Wahl der Wettbewerbsstrategie sowie die Form des Markteintritts (Transaktionsform). Die einzelnen Optionen bedingen sich einander, wie im folgenden noch ausgeführt wird.

2.1 Marktbearbeitungsstrategien

Die Marktbearbeitungsstrategien, die dem Einzelhandel zur Verfügung stehen, liegen zwischen den Polen „Globalisierung" und „lokale Anpassung". Bei der **Globalisierung** findet eine identische Multiplikation eines Konzeptes im Ausland mit dem bewußten Verzicht auf nationale Differenzierung statt. Typische Beispiele sind *Benetton*, *BodyShop* und *Yves Rocher*. Eine notwendige Voraussetzung für die standardisierte Bearbeitung des Weltmarktes (bzw. wesentlicher Teilmärkte) ist das Vorhandensein homogener Abnehmersegmente, d.h. es müssen **transnationale Zielgruppen** existieren, die über den gleichen Lebensstil und über ein sehr ähnliches Konsumverhalten verfügen. Nach der Konvergenzthese ist diese Voraussetzung vielfach gegeben: Sie besagt, daß eine vergleichbare Informationsversorgung (durch TV- und Printmedien, Freizeit und Geschäftstourismus und durch die weltweite Ubiquität von Produkten) zu einer Angleichung von Werte- und Normenstrukturen führt und damit zu einer länderübergreifenden Angleichung von Kaufprozessen und Lebensstilen. Die Standardisierungsfähigkeit der internationalen Marketingstrategie ist somit von der kulturellen Distanz der Marktsegmente abhängig. Je mehr die Märkte konvergieren, desto eher kann auf eine Anpassung der Instrumente und Prozesse an die nationalen bzw. regionalen Besonderheiten verzichtet werden.

Das Ziel einer standardisierten Marktbearbeitungsstrategie liegt in der Ausnutzung weltweiter **Volumen- und Produktivitätsvorteile** in Beschaffung, Produktion, Distribution, Ladeneinrichtung und Werbung. Häufig verfügen globalstrategisch operierende Handelsfirmen über eine zentrale Führung, über ausgeklügelte Logistik- und Informationssysteme und bedienen sich häufig einer vertikalen Integration, um schon bei der Produktion die Internationalisierungsfähigkeit der Ware kontrollieren zu können.

Doch auch unabhängig davon, ob die Artikel von unternehmenseigenen Firmen oder im Lohnauftrag produziert werden, gewinnen **handelseigene Marken** bei globalen Strategien zunehmend an Bedeutung. Ziel ist es, in den neuen Absatzländern den Anteil an Handelsmarken in den Regalen systematisch auszubauen, und zwar aus zwei Gründen: Zum einen zählt bei vielen international tätigen Firmen die Eigenmarkenpolitik zu der Philosophie des Handelsunternehmens (z.B. *Marks & Spencer* mit der Eigenmarke St. Michael). Man spricht in solchen Fällen häufig auch von der Generierung von „Storebrands". Hierbei versuchen die Händler, den Namen ihres Unternehmens so zu positionieren, daß aus Sicht der Konsumenten alle angebotenen Produkte dem Unternehmen als Eigner zugeordnet werden. Die Konsumenten achten somit nicht mehr auf die Namen der einzelnen Artikel, sondern nur noch auf die Einkaufsquelle, also auf das Geschäft, in dem sie die Ware erstehen. Eine „Storebrand" läßt sich aufgrund ihres klaren Profils häufig einfacher internationalisieren als ein „klassisches" Handelsgeschäft mit einem vielschichtigen Herstellermarkensortiment. Zum anderen sollen die Konsumenten (insbesondere in den osteuropäischen Ländern) frühzeitig an die Namen der Handelsmarken und deren Produkteigenschaften gewöhnt werden. Konsumenten sollen am Point-of-Sale vor allem Handelsmarken vorfinden und diese **vor** den klassischen Herstellermarken kennenlernen, um den Geschmack, die Konsistenz, die Farbe oder den Geruch einer Handelsmarke als typische Produkteigenschaften zu verinnerlichen. Man erhofft sich als Folge, daß die Konsumenten die Handelsmarke auf Dauer den „normalen" Markenartikeln vorziehen, die sie erst zu einem späteren Zeitpunkt haben kennenlernen können. Somit sollen langfristige stabile Präferenzen für die Erzeugnisse des Händlers erzielt werden.

Die Strategie der **lokalen Anpassung** (= multinationale Strategie) basiert auf der Annahme, daß aufgrund der zunehmenden Individualisierung der Konsumenten und aufgrund kulturabhängiger und somit unterschiedlicher Konsummuster das im Stammland erfolgreiche Marketingkonzept des Händlers an die Besonderheiten des Auslandsmarktes angepaßt werden muß. Je nach Branche und kultureller Distanz zwischen den Ländern variiert das Ausmaß der nationalspezifischen Anpassung. Auch Unternehmen, die mit einer multinationalen Strategie operieren (wie bspw. *Ikea*), versuchen Standardisierungspotentiale auszuschöpfen (auch durch das forcierte Angebot von Handelsmarken), um Economies of Large Scale ausnutzen zu können. In der Möbelbranche kann die nationalspezifische Anpassung daher z.B. im Angebot landestypischer Ergänzungssortimente (z.B. für die USA: „King Size"-Betten), im werblichen Auftritt („Stars and Stripes" im typischen *Ikea* gelb/blau) liegen oder bei der Warendekoration (Cowboyhüte auf den Sofas) erfolgen. Die *Ikea*-Unternehmensphilosophie, die man kurz mit dem Slogan „Verkauf skandinavischer Wohnkultur zu günstigen Preisen" skizzieren kann, soll durch die nationale Anpassung in ihrer prägnanten Positionierung jedoch nicht verwässert werden.

2.2 Markteintrittsstrategien

Bei den Markteintrittsstrategien können Filialisierungs-, Franchise-, Kooperations- und Akquisitionsstrategien unterschieden werden (vgl. *Zentes/Ferring* 1995). Bei der **Filialisierung** findet eine internationale Multiplikation einer im Heimatland erfolgreichen Betriebsform statt. Eine solche Strategie ist immer dann empfehlenswert, wenn das Handelsunternehmen im Stammland eine Unique Selling Position erreicht und somit konsequent einen Preis-/Kostenführerschafts- und/oder einen einzigartigen Differenzierungsvorteil aufgebaut hat, der auch in ausländischen Märkten von den Konsumenten eine hohe Wertschätzung erfahren wird. Bei der Filialisierung kann das Unternehmen zwischen einer mehr oder weniger großen Standardisierung der Marktbearbeitung wählen.

Franchising wird vielfach als Komplementärsystem zur Filialisierung gesehen (vgl. *Zentes/Ferring* 1995, S. 420). Auch hier findet eine Multiplikation eines im Herkunftsland erfolgreichen Betriebstypenkonzeptes ins Ausland statt, allerdings mit dem Unterschied, daß der Franchisenehmer rechtlich selbständig ist. Vorteile des Franchisings im Vergleich zur Filialisierung liegen für den Franchisegeber in den geringeren Anfangsinvestitionen, in einer ausgewogeneren Risikoverteilung, häufig größeren Standortkapazitäten und vor allem in der Möglichkeit, marktspezifisches Know How durch die Franchisenehmer zu erwerben. Diese Vorteile können eine sehr schnelle

Marktdurchdringung ermöglichen. Im Rahmen der Internationalisierung von Franchisesystemen unterscheidet man direktes und indirektes Auslandsfranchising. Das direkte Franchising wird von einer Systemzentrale im Ausland geleitet und bietet sich vor allem für Auslandsmärkte an, die dem Herkunftsland in bezug auf Kultur, Lebensstil und Konsumverhalten sehr ähnlich sind. Bei indirektem Franchising erfolgt die Vergabe einer Gebiets- oder Nationallizenz an einen Master-Franchisenehmer, der seinerseits wieder über das Recht verfügt, in seinem geschützten Gebiet Franchiseverträge im Rahmen von Unterlizenzen zu vergeben (z.B. *fil à fil*). Grundsätzlich kann der Grad der Standardisierung des Marketingkonzeptes im Franchisevertrag festgelegt werden.

Kooperationsstrategien basieren auf einer Koalition rechtlich und wirtschaftlich selbständiger Partner. Vielfach handelt es sich hierbei um Einkaufsgemeinschaften. Daneben finden sich häufig Joint Ventures zwischen west- und osteuropäischen Partnern. Erstere verfügen i.d.R. über Kapital und marktwirtschaftliches Know How, letztere über spezifische Kenntnisse bezüglich der Distributionskanäle, der Beschaffungsmärkte, Arbeitskräfte und der kulturspezifischen Besonderheiten.

Bei der **Akquisitionsstrategie** schließlich verschafft sich die expandierende Handelsfirma einen Marktzugang durch Aufkauf oder Fusion eines Handelsunternehmens im Ausland. Ein aktuelles Beispiel für diese Strategieoption ist der Kauf der deutschen *Wertkauf*-Gruppe durch das größte US-Handelsunternehmen *Wal-Mart*.

2.3 Wettbewerbsstrategien

Ein weiteres Kennzeichen zur Charakterisierung des Internationalisierungskonzeptes stellt die Wahl der Wettbewerbsstrategie dar. *Porter* (1997, S. 62ff) diskutiert drei allgemeine Strategietypen, mit Hilfe derer Unternehmen eine erfolgreichere Marktposition einnehmen können als ihre Konkurrenten: Umfassende Kostenführerschaft („Overall Cost Leadership"), Differenzierung („Differentiation") und Konzentration auf Schwerpunkte („Focus", wobei die Schwerpunkte entweder mit der Kostenführerschafts- oder mit der Differenzierungsstrategie bearbeitet werden sollen).

Eine Übertragung des von *Porter* postulierten Wettbewerbsvorteils **„Kostenführerschaft"** auf den Einzelhandel (vgl. *Gröppel-Klein* 1998) bedeutet, daß der

Einzelhändler aufgrund seines konsequenten Kostenmanagements mit niedrigen Preisen erfolgreich agieren kann. Diese Strategie bedingt, daß der Konsument den Preisvorteil wahrnimmt und zu schätzen weiß. Ziel der **Differenzierungsstrategie** im Einzelhandel ist die Gestaltung eines unverwechselbaren, einzigartigen Images, das klar und dauerhaft im Bewußtsein der Konsumenten verankert ist. Ein umfassendes Differenzierungskonzept kann das Erlebnismarketing bieten. Erlebnisorientierung im Einzelhandel bedeutet die Anwendung einer langfristigen Positionierungsstrategie, die sich auf sämtliche Marketing-Mix-Instrumente bezieht, für den Kunden vor allem durch die Ladengestaltung „erlebbar" wird, Corporate-Identity prägend ist, sich an langfristigen Werte-Trends der Konsumenten ausrichtet und beim Konsumenten angenehme Empfindungen auslöst, die über die Befriedigung reiner Versorgungsbedürfnisse hinausgehen sowie einen Beitrag zur Lebensqualität spenden. Somit soll ein eigenständiges Image aufgebaut werden, welches sich von der Konkurrenz eindeutig abhebt (vgl. *Gröppel* 1991, S. 37).

Die These, daß Kostenführer bzw. Differenzierer erfolgreicher sind als solche Unternehmen, die sich weder für die eine noch die andere Strategie entscheiden können und damit laut *Porter* „zwischen den Stühlen sitzen", kann für den Einzelhandel bestätigt werden (vgl. *Gröppel-Klein* 1998). Allerdings kann im Zuge der Marktevolution der Erfolg von der Fähigkeit des Unternehmens abhängen, einen Kosten- und Differenzierungsvorteil **zugleich** zu realisieren (= **Outpacing-Strategie**).

Outpacing-Unternehmen verbessern also entweder erst die Leistung und streben dann Kostenreduktionen an oder sie gehen in umgekehrter Reihenfolge vor. Gestattet bspw. der niedrige Kostenapparat zusätzliche Investitionen, bspw. im Bereich der Ladengestaltung oder im Service, ohne daß die Preise hierfür erhöht werden müssen, so kann dem Handelsunternehmen eine Outpacing-Strategie erfolgreich gelingen. Wenn aus der Perspektive der Kunden das Geschäft jedoch nicht mehr über ein klares Preisprofil verfügt, so besteht die Gefahr, daß das Handelsunternehmen - wiederum aus Sicht der Konsumenten - in die Nähe der „Stuck in the Middle" Unternehmen rückt. Voraussetzungen für Outpacing-Erfolge sind oftmals ausgezeichnetes Markt-Know How und ein hoher Marktanteil.

Die kurze Skizzierung der Wettbewerbsstrategien zeigt auf, daß die erfolgreiche internationale Umsetzung der strategischen Variante „Differenzierung" erheblich größere Kenntnisse von der Kultur, dem Lebensstil und dem Konsumverhalten verlangt als eine kosten- und preisorientierte Strategie. Daher wollen wir uns im folgenden diesen Einflußgrößen zuwenden.

3 Erkenntnisse der Kultur- und Konsumforschung für das internationale Handelsmarketing

In der Literatur lassen sich **drei Verständnisebenen** des Begriffs „Kultur“ voneinander unterscheiden (vgl. *Angehm* 1986, S. 202): Die erste Ebene grenzt den Kultur- vom Zivilisationsbegriff ab und begreift Kultur als „... freie(s) Wirken des menschlichen Geistes im Dienste des ‚Schönen‘, ohne materiellen Zweck und Nutzen ...“. Die zweite Ebene schließt zusätzlich zum geistigen Schaffen Gegenstände der Volkskunst mit ein, wie z.B. Volksbräuche, Sagen, Güter des traditionellen Handwerks sowie die Darstellung religiöser Vorstellungen mittels Gegenständen und Worten. Die dritte und zeitlich jüngste Ebene geht noch weiter und versteht Kultur als „... Inbegriff aller Tätigkeiten..., die der Mensch bewußt im Hinblick auf die Gestaltung des Lebens entfaltet.“ Dieses neuere Kulturverständnis, das auch alltägliche Gegenstände mit einbezieht, liefert die Grundlage für die Definition von *Berekoven* (1985, S. 80), bei der Kultur als „... eine Gesamtheit der typischen Lebensformen einer Bevölkerung einschließlich der sie tragenden Geistesverfassung, insbesondere ihrer Wertvorstellungen und gesellschaftlichen Normen“ aufgefaßt wird. Das jüngere Begriffsverständnis ist für das Marketing sehr wesentlich, kann damit doch die Kultur als mögliche Einflußgröße für die Erfolgswirksamkeit von Marken und Dienstleistungen betrachtet werden.

Doch wie lassen sich kulturelle Werte und Normen **messen** und wie stark müssen die Unterschiede sein, daß eine kulturspezifische Anpassung des Marketingkonzeptes erforderlich wird? Zur Beantwortung dieser Frage sollen im folgenden die Erkenntnisse des produktorientierten Forschungsansatzes des internationalen Marketing (Mikro-Perspektive) sowie des globalen Ansatzes (Makro-Perspektive) herangezogen werden. Letzterer beschäftigt sich mit der Konvergenz bzw. Divergenz von Märkten.

3.1 Makro-Perspektive

Die Makro-Perspektive wird vor allem durch die von *Levitt* (1983) in seinem berühmt gewordenen Aufsatz „The Globalization of Markets“ postulierte Standardisierungsthese geprägt, die bereits im Kap. 2.1 vorgestellt wurde. In dem letzten Jahrzehnt hat die Konvergenzthese jedoch erheblichen Gegenwind erfahren. Zum einen lassen sich viele Produkte aufgrund kultureller Besonderheiten nicht weltweit mit einem standardisierten Konzept vermarkten, zum anderen sind mehr und mehr Menschen als Gegenreaktion auf globale Produkte und Dienstleistungen auf die Bewahrung ihrer kulturellen Eigenarten bedacht. Viele internationale Firmen agieren heute daher nach dem Grundprinzip: Soviel Standardisierung wie möglich, soviel Differenzierung wie nötig. Viele Firmen versuchen in einem begrenzten Rahmen die Vorteile einer standardisierten Marktbearbeitung zu nutzen, indem entweder eine mehr oder weniger große Anzahl von Ländern mit vergleichbaren Nachfrage- und Angebotsbedingungen mit demselben Marketingkonzept bearbeitet wird oder indem kulturübergreifend identifizierbare Zielgruppen (Cross-Cultural Target Groups) mit einer Strategie angesprochen werden (vgl. *Müller/Kornmeier* 1995, S. 346f.).

3.1.1 Ländercluster

Bei der Suche nach standardisiert bearbeitbaren **Länderclustern** können die empirischen Erkenntnisse des Kulturforschers *Hofstede* (1992) herangezogen werden. In einem enormen Forschungsaufwand wurden Interviews mit mehr als 100 000 Befragungspersonen in mehr als 40 Ländern dieser Welt geführt. Diese empirischen Studien zählen sicherlich zu den eindrucksvollsten, wenn auch umstrittensten Werken der Kulturforschung. *Hofstede* identifizierte vier grundlegende Kulturdimensionen, mittels derer die dominierenden Wertesysteme verschiedener Länder geordnet werden können: Individualismus, Machtdistanz, Maskulinität und Ungewißheitsvermeidung. *Hofstede* (1992) bezeichnet diese Dimensionen auch als Bausteine der „mentalen Programmierung einer Bevölkerung“.

Die Dimension des **Individualismus** (Gegenpol: Kollektivismus) beschreibt, inwieweit sich Menschen als unabhängige Individuen sehen, die ihre Entscheidungen frei bestimmen und dabei auch gegen soziale Normen verstoßen können. Gesellschaften mit hohem Individualismus-Index (wie z.B. USA, Australien) suchen nach Abwechslung, Vielfalt und hedonistischen Erfahrungen.

Machtdistanz wird von *Hofstede* (1992, S. 306) definiert als „... das Maß, bis zu dem schwächere Mitglieder von Organisationen und Institutionen (wie z.B. die Familie) die ungleiche Verteilung von Macht hinnehmen bzw. erwarten“. Kulturen mit hohen Machtdistanz-Indexwerten betonen die große Bedeutung von Prestige und Wohlstand für die Einteilung der Gesellschaft in Klassen (z.B. Malaysia, Mexiko, Arabische Länder, Frankreich, Spanien). Länder mit niedrigen Machtdistanz-Werten (z.B.

Österreich, Dänemark) legen hingegen großen Wert auf Gleichberechtigung und halten Klassenunterschiede für weniger wichtig.

Eine Gesellschaft wird als **maskulin** bezeichnet, wenn sie ein besonderes Gewicht auf Leistung, Geld, Erfolg und Selbstsicherheit legt (z.B. Japan, Deutschland). Mitglieder einer „maskulinen“ Gesellschaft, die diesen Werten nicht nachkommen, werden übergangen oder mißachtet. Eine feminine Kultur (z.B. Schweden, Norwegen) achtet dagegen auf zwischenmenschliche Beziehungen, Lebensqualität und Hilfe für andere („Welfare Societies“).

Die Dimension der **Ungewißheitsvermeidung** schließlich gibt an, „...bis zu welchem Grad eine Kultur ihre Mitglieder programmiert, damit sie sich in strukturierten Situationen entweder wohl oder unwohl fühlen“ (vgl. *Hofstede* 1992, S. 309). Als unstrukturiert werden Situationen bezeichnet, die nicht vorhersehbar, unbekannt, ungewiß, überraschend sind, also vom Normalen abweichen. Gesellschaften mit einer starken Tendenz zur Ungewißheitsvermeidung (z.B. Griechenland, Portugal, Uruguay) versuchen die Wahrscheinlichkeit des Auftretens ungewisser Ereignisse mit Hilfe von bestimmten Regeln, Gesetzen, Vorschriften und Sicherheitsmaßnahmen zu beeinflussen oder zumindest zu kontrollieren. Gegenüber ungewöhnlichen Situationen und Meinungen verhalten sie sich intolerant.

Die Indexwerte der untersuchten Länder in bezug auf die vier Kulturdimensionen können in Clusteranalysen einfließen, mittels derer sich **homogene Ländersegmente** generieren lassen. Nach einer Auswertung von *Müller/Kornmeier* (1995) stellen z.B. die Länder Dänemark, Niederlande, Norwegen, Finnland und Schweden ein solches Ländercluster dar, welches durch hohe Werte beim Individualismus-Index und geringe Werte hinsichtlich der Maskulinitäts-Dimension charakterisiert werden kann. Die hinter diesem Vorgehen stehende These lautet, daß diejenigen Länder, die sich zu einem homogenen Cluster zusammenfassen lassen, erfolgreich mit einem gemeinsamen standardisierten Marketingkonzept bearbeitet werden können.

Darüber hinaus zeigen diverse, an *Hofstede* ausgerichtete empirische Untersuchungen, daß sich aus den Kulturfaktoren konkrete **Marketingimplikationen** ableiten lassen. Bspw. versuchen Japaner, die zu einer starken Ungewißheitsvermeidung tendieren, ihr Kaufrisiko zu minimieren und legen im auffälligen Maße Wert auf Echtheitszertifikate und Gütesiegel. Risikoaverse Länder bevorzugen ferner eine genaue Beratung und viele Informationen. Konsumenten kollektivistischer Länder präferieren im Vergleich zu Verbrauchern mit individualistischer Orientierung informelle Kommunikationskanäle, wie Mund-zu-Mund-Propaganda (vgl. *Müller/Kornmeier* 1995).

Das Forschungsfeld der vergleichenden Kulturananalyse ist erst seit einigen Jahren für das internationale Marketing entdeckt worden. Die skizzierten Beispiele lassen jedoch erahnen, wieviel wertvolle Erkenntnisse dieser Forschungsansatz für das Marketing (auch für die Internationalisierung von Handelsunternehmen) noch in sich birgt.

Darüber hinaus sollten noch weitere Forschungsarbeiten angeregt werden, die die Ausprägungen der Kulturdimensionen in den zentraleuropäischen Ländern empirisch ermitteln (die meisten ehemaligen **Ostblock-Länder fehlen** bei den *Hofstede*-Untersuchungen), denn - wie anfangs geschildert - sind diese Länder, insbesondere Polen, besonders begehrte Expansionsziele für international agierende Handelsunternehmen. Es läßt sich allerdings spekulieren, wie Polen in das Schema einzuordnen ist. Nach *Hofstede* verfügt jedes Land dieser Erde über bestimmte Merkmale (z.B. Klima, Nettosozialprodukt, Religion), die mit den einzelnen Kulturdimensionen sehr stark korrelieren. Kennt man diese Merkmale, so kann man auch eine Annahme treffen, wie die vier Kulturfaktoren wahrscheinlich ausgeprägt sind. Es würde zu weit führen, diese Gedankengänge in diesem Beitrag auszuführen.

Aufgrund der Stellung der katholischen Kirche in der polnischen Gesellschaft, der noch jungen Demokratie, der geographischen Lage und dem damit verbundenen Klima, der Höhe des Nettosozialproduktes und aufgrund der Stellung der Familie in der Gesellschaft kann die These abgeleitet werden, daß **Polen im Vergleich zu Deutschland**

- einen höheren Ungewißheitsvermeidungsgrad einnimmt,
- ein eher kollektivistisch geprägtes Land ist (= geringerer Individualitätsindex),
- ähnlich wie Deutschland eher maskulin geprägt ist und
- in bezug auf die Machtdistanz einen Platz im Mittelfeld einnimmt.

Es ließe sich auf dem Erkenntnisstand der angesprochenen Studien, die Kulturdimensionen mit Marketingkonzepten koppeln, weiter spekulieren, daß die Polen bei dem angenommenen Kulturprofil

- Marken präferieren, die über ein hohes symbolisches Image verfügen, somit Aufschluß über den sozialen Status und die Zugehörigkeit zu einer Gruppe geben,
- eher markentreu sind und weniger experimentieren,
- Geschäfte bevorzugen, die Rückgaberechte offerieren, eine kompetente Beratung anbieten und auf die funktionale Qualität der Güter hinweisen.

3.1.2 Psychographische Segmentierung

Eine Möglichkeit, transkulturelle Zielgruppen („Cross Cultural Groups") zu ermitteln, bietet die psychographische Segmentierung nach dem **Life Style-Ansatz** (vgl. *Lingenfelder* 1997). Der Lebensstil bestimmt die Art, wie Menschen leben, welche Interessen und Meinungen sie haben, wie sie ihre Beziehungen zu anderen Personen gestalten, wie sie ihre Zeit verbringen und wie sie ihr Geld ausgeben. Der Lebensstil umfaßt somit beobachtbare Verhaltensweisen sowie psychische Größen (Wertorientierungen, Persönlichkeitsmerkmale, Interessen) und repräsentiert kulturelle und subkulturelle Verhaltensmuster. Seine Messung erlaubt den Vergleich des Konsumentenverhaltens in unterschiedlichen Kulturen.

Die Marketingpraxis hat sich des Life Style-Konstruktes ermächtigt und seit den 80er Jahren eine Fülle von Lebensstiluntersuchungen auf den Markt gebracht. Zur Ermittlung von kulturübergreifenden Zielgruppen wurden bspw. repräsentative Studien durchgeführt vom *Burnett Life Style Research-Institut* in sieben Ländern, von *Anticipating Change in Europe* in zwölf Ländern und vom *Stanford Research-Institut*, ebenfalls in zwölf Ländern. Die in Deutschland wahrscheinlich bekannteste Lebensstilsegmentierung, die sog. „Euro-Styles-Studie", stammt von der *GfK* in Nürnberg und wurde in 15 europäischen Ländern erhoben. Es würde den Rahmen dieses Artikels sprengen, die Ergebnisse dieser einzelnen Studien aufzulisten. Den Studien ist gemein,

- daß sie erstens eine **Konsumententypologie** entwickeln, bei der jedes einzelne Segment ein spezifisches, von den anderen Gruppen unterscheidbares Konsumverhalten zeigt (z.B. strebt der „Euro-Business"-Typ nach Karriere, der „Euro-Dandy" ist vergnügungssüchtig und „Euro-Prudent" ist sehr auf Sicherheit bedacht) und
- daß sie zweitens angeben, wie hoch die **Häufigkeit der einzelnen Typen** in den untersuchten Ländern ist. Ein Handelsunternehmen, das sein Marketingkonzept auf eine spezielle Lebensstilgruppe ausrichtet, kann sich somit vorab schon ausrechnen, ob dieser Konsumententypus im avisierten Expansionsland in genügend hoher Anzahl vertreten ist und ob sich eine Internationalisierung somit überhaupt lohnt. Kulturübergreifende Konsumententypologien können somit einen hohen ökonomischen Nutzen stiften.

Allerdings muß sich die Life Style-Forschung den Vorwurf gefallen lassen, induktiv vorzugehen und eine mangelhafte theoretische Basis aufzuweisen. Eine Ausnahme bildet hier die **Value-and-Life-Style-Segmentierung** (kurz: VALS) des *Stanford Research-Institutes*. Der VALS-Ansatz basiert auf der Bedürfnispyramide nach *Maslow* und den sozialen Charaktertypen nach *Riesman*. Die Grundidee dieses Ansatzes ist, daß innerhalb einer Kultur unterschiedliche Lebensstilsegmente den einzelnen Stufen der *Maslow*schen Bedürfnispyramide zugeordnet werden können. Auf dem Weg von der Befriedigung physiologischer Bedürfnisse bis hin zur Selbstverwirklichung können zwei Wege eingeschlagen werden. Der „außengeleitete" Mensch sieht sich Aufgaben gegenüber, die sich aus dem Umgang mit anderen Menschen und den Beziehungen zu ihnen ergeben. Außengeleitete Menschen orientieren sich gerne an anderen, sind eher materiell eingestellt und führen ein expressives Leben. Für den „innengeleiteten" Mensch sind dagegen die Erarbeitung des eigenen Charakters sowie soziales und kulturelles Engagement wichtiger als Prestige und Kommerz. Die innere Werthaltung wird beim VALS-Ansatz mit 22 grundlegenden Einstellungsitems gemessen, hinzu kommen Fragen zur Sozio-Demographie, zum Freizeitverhalten, zur Umwelt und zur Ernährung.

In den zentraleuropäischen Ländern sind **Lebensstiluntersuchungen** noch **rar** gesät. Um so begrüßenswerter ist, daß eine in Polen von der Agentur *Young & Rubicam* durchgeführte Studie auf dem VALS-Ansatz basiert (vgl. *Zabielska* 1997), da hierdurch eine Vergleichbarkeit mit anderen Ländern ermöglicht wird. Hier konnten sieben verschiedene Gruppen identifiziert werden, die den VALS-Typen sehr stark ähneln. Das größte Segment stellen dabei mit 22% die „nach Erfolg Strebenden" dar (in der VALS-Terminologie „Emulators"). Dieses außengeleitete Cluster orientiert sich an den höher stehenden Gruppen. Es handelt sich um junge Leute, die gerne schicke Kleidung kaufen, die sich ein schönes Auto leisten möchten und keine Scheu haben, sich hierfür zu verschulden.

Eine weitere und für den Einzelhandel besonders relevante Möglichkeit, psychographische Kundensegmentierungen transnational durchzuführen, kann auf der Basis der **Einkaufsmotive** erfolgen. Die Motivforschung zeigt auf, daß die wenigsten Menschen einkaufen gehen, um sich mit Gütern zu versorgen, sondern der Einkaufsbummel einen Wert für sich darstellt, bei dem manche Konsumenten ihren trostlosen Wohnumgebungen entfliehen möchten. Andere suchen sozialen Kontakt; manche finden Vergnügen im Schnäppchen suchen und Preise herunterhandeln und wieder andere möchten von dem Verkaufspersonal umschmeichelt werden etc. Studien in den USA, Deutschland und Österreich (vgl. *Gröppel-Klein* 1998; *Gröppel-Klein/Thelen/Antretter* 1998) haben ergeben, daß in den drei Ländern erstens vergleichbare Einkaufsmotive existieren und diese zweitens eine große Bedeutung für die

Erklärung des Konsumentenverhaltens am Point-of-Sale sowie für die Beurteilung der Handelsunternehmen haben. Einkaufsmotive können die am Point-of-Sale erlebten Emotionen und Kognitionen sowie die Verweildauer, die Erkundungsbereitschaft und das Kaufinteresse beeinflussen. Die Untersuchungen lassen ferner den Schluß zu, daß sich in Abhängigkeit unterschiedlich ausgeprägter Einkaufsmotive unterschiedliche Ansprüche an den Einkaufsort ergeben. Handelsunternehmen, denen es gelingt, die Einkaufsmotive der Konsumenten besser zu befriedigen als die Konkurrenz, haben eine starke Wettbewerbsposition. Es kann vermutet werden, daß diese These auch kulturübergreifend gilt.

3.2 Mikro-Perspektive

Im Vordergrund dieser Betrachtungsweise steht die Unterscheidung in **kulturfreie** und **kulturgebundene Produkte** (vgl. *Meffert/Bolz* 1994, S. 86), welche den Entscheidungskonflikt zwischen Standardisierung und Differenzierung lösen soll. Die Annahme lautet, daß die Nachfrage nach langlebigen Gebrauchsgütern weltweit homogen sei, so daß eine Anpassung nur im Hinblick auf bestimmte technische Eigenschaften erforderlich sei. Bei stark kulturgebundenen Produkten, wie z.B. bei Nahrungsmitteln und Kleidung, seien dagegen im Regelfall stärkere Modifikationen vorzunehmen und es sollte darauf geachtet werden, daß nicht gegen soziale Normen verstoßen wird. Bspw. dürfen in islamischen Ländern keine Lebensmittel verkauft werden, die mit tierischen Fetten zubereitet worden sind. Für Handelsunternehmen würde diese These bedeuten, daß diejenigen Händler, deren Sortimente aus kulturfreien Gütern bestehen, den Auslandsmarkt standardisiert bearbeiten könnten, während Unternehmen mit kulturgebundenen Sortimenten Anpassungen an den Auslandsmarkt vornehmen müßten.

Eine solche „Erfolgsformel" ist jedoch für den Handel **wenig operational**. Erstens lassen sich viele „Non-Conforming Examples" (z.B. *Heinz-Ketchup*, *CocaCola*, *McDonald´s*) anführen, die zeigen, daß sich auch Produkte, die der kulturgebundenen Kategorie zugerechnet werden, weltweit standardisiert erfolgreich vermarkten lassen. Zweitens führen viele Händler unterschiedliche Produkte zu Sortimenten zusammen, so daß das Gesamtangebot i.d.R. weder der kulturfreien noch der kulturgebundenen Kategorie zuzuordnen ist. Drittens wird an dieser Einteilung vermehrt Kritik geübt; da es nicht möglich sei, ein Produkt von vornherein zu klassifizieren, ließe sich die

Zugehörigkeit zu der einen oder anderen Gruppe doch vielmehr erst nach einer Analyse der kulturellen Verhaltensmuster feststellen (vgl. *Djursaa/Kragh* 1997).

Djursaa/Kragh (1997) empfehlen daher, den **kulturellen Kontext**, in dem ein Produkt konsumiert wird, in den Vordergrund zu stellen. Dieser sog. Consumption Context besteht aus einer Reihe sich ergänzender Produkte, die der Konsument in einer bestimmten Weise miteinander verbindet, um eine Aufgabe zu lösen bzw. eine Motivation zu befriedigen. So kann bspw. auch ein Wohnzimmer einen solchen „Consumption Context" darstellen. Hier gebraucht der Konsument komplementäre Produkte, wie die Möbel, den Fernseher, die Zeitung, die Fernbedienung, die Verdunklung etc., um fernzusehen. Die grundlegende Hypothese lautet nun, daß die unterschiedlichen „Consumption Contexts" mehr oder weniger stark von kulturellen Werten und Normen geprägt werden. Bspw. stellt das Weihnachtsessen eine Konsumbegebenheit dar, die sehr intensiv von der Kultur eines Landes beeinflußt wird. Die Autoren betrachten den „Consumption Context" als Kontinuum mit den beiden Extrempunkten „Central" (= zentraler, großer Einfluß der kulturellen Regeln und Gepflogenheiten) vs. „Peripheral-Consumption Context" (= periphere, geringe Kulturgebundenheit). Die Stärke des kulturellen Einflusses ist nun dafür verantwortlich, inwieweit eine ausländische Innovation angenommen wird. Für ein ausländisches Gut, welches im **„Central Context"** konsumiert wird, werden hohe Barrieren bezüglich der Akzeptanz des Produktes erwartet, daher wird eine standardisierte Vermarktung in dem betreffenden Kulturumfeld wenig Aussicht auf Erfolg haben. Ausländische Innovationen, die im **„Peripheral Context"** konsumiert werden, werden dagegen auch bei standardisierter Vermarktung geringen Hemmschwellen am Markt ausgesetzt sein.

Dieser Erklärungsansatz konnte von *Djursaa/Kragh* (1997) in zwei empirischen Studien untermauert werden. Die erste, in britischen und dänischen Haushalten durchgeführte Studie zeigt, daß die einzelnen Zimmer einer Wohnung unterschiedlichen „Consumption Contexts" zugeordnet werden können und daß die Bereitschaft, einen traditionellen Einrichtungsstil aufzugeben, vor allem in jenen Zimmern zu beobachten ist, die von den Bewohnen als zweitrangig angesehen werden. Dieses Ergebnis könnte auch das Kaufverhalten bei *Ikea* erklären. Hier stellte die Firma fest, daß sich die wenigsten Kunden mit ***Ikea*-Möbeln** im Wohnzimmer einrichten, statt dessen finden *Ikea*-Produkte vermehrt ihren Weg ins Gäste- oder Kinderzimmer und/oder ins Büro. *Ikea* hat dieses Kaufverhalten akzeptiert und die Sortimentspolitik speziell in bezug auf das Möbelangebot für Zimmer mit - wie *Djursaa/Kragh* es nennen würden - „Peripheral Consumption Context" ausgeweitet.

Die zweite Studie, die in Dubai und den Arabischen Emiraten durchgeführt wurde, beschäftigte sich mit dem kulturellen Kontext von **Nahrungsmitteln**. In den arabischen Ländern kann das Mittagessen in den „Central Consumption Context" eingeordnet werden. Es ist die wichtigste Mahlzeit des Tages, bei der sich die ganze Familie trifft, das Familienoberhaupt eine entscheidende Rolle spielt und die mit einem Gebet beendet wird. Entsprechend stehen bei dieser Mahlzeit ausschließlich traditionelle Nahrungsmittel und Zutaten auf dem Speiseplan, die nach herkömmlicher Methode zubereitet werden. Ausländische Produkte sind hier verpönt. Dagegen wird das Abendessen und insbesondere das Frühstück dem „Peripheral Consumption Context" zugeordnet. Daher finden bei diesen Mahlzeiten auch ausländische Produkte wie Cola, „amerikanischer Kaffee", Streichkäse und Pizza regen Zuspruch oder es werden zu diesen Essenszeiten auch ausländische Restaurantketten wie *McDonald's* oder *Pizza Hut* besucht.

Die Autoren konnten überdies feststellen, daß Kinder, Jugendliche und junge Erwachsene (Singles) grundsätzlich mehr Konsumaktivitäten in den „Peripheral Consumption Context" einordnen als ältere Menschen. Dieses Ergebnis mag einen Hinweis dafür liefern, daß Menschen in der ersten Phase des Familienzykluskonzeptes gegenüber global vermarkteten Produkten aufgeschlossener sind als Mitglieder späterer Zyklusphasen.

Wenngleich die Ergebnisse von *Djursaa/Kragh* durch weitere empirische Studien in unterschiedlichsten Ländern untermauert werden müssen, so vermag dieser Forschungsansatz schon heute die „Culture-Bound"/„Culture-Free"-Diskussion neu zu befruchten und vor allem wertvolle Hinweise für die Wahl des Marktbearbeitungskonzeptes international agierender Konsumgüterhersteller zu liefern. Die **Erkenntnisse** lassen sich jedoch auch auf das internationale Marketing von Handelsunternehmen **übertragen**.

Eine konsumentenorientierte und erfolgreiche Warenpräsentationstechnik im Non-Food-Handel besteht in der Inszenierung von Sortimentsthemen, d.h. Waren, die in einem engen Bedarfs- und Verwendungszusammenhang stehen, werden in räumlicher Nähe zueinander mit passenden Dekorationsmitteln am PoS präsentiert. Je nachdem, wie stark ein solches Sortimentsthema eher dem „Peripheral" oder dem „Central Consumption Context" zugeordnet wird, muß die Artikelzusammenstellung und die Präsentation der Ware mehr oder weniger stark die länderspezifischen Besonderheiten des Marktes berücksichtigen. Die Werbung kann sich gleichfalls dieser Erkenntnisse bedienen.

4 Zusammenfassung

Nach Darstellung der turbulenten Entwicklung der Internationalisierung im Einzelhandel anhand von Beispielen aus der Praxis sind die unterschiedlichen strategischen Optionen des Handels erläutert worden. Dabei zeigt sich, daß auch für den internationalen Einzelhandel die Erfolgsformel gilt: Soviel Standardisierung wie möglich, soviel Differenzierung wie nötig. Was so einfach klingt, kann jedoch bei der Umsetzung in die Praxis auf viele Fallstricke stoßen. Das Unternehmen benötigt genaue Kenntnisse über die politischen, rechtlichen und ökonomischen Rahmenbedingungen des Auslandsmarktes sowie über dessen Kultur, die Lebensstile und das Konsumverhalten. Ist ein Internationalisierungskonzept nicht mit den Werten, Wünschen und Bedürfnissen einer Kultur oder Subkultur vereinbar, so ist es zum Scheitern verurteilt. Daher lag der Schwerpunkt dieses Beitrags auf der Erläuterung der **„weichen“ Erfolgsdeterminanten**. Zudem wurde der Versuch unternommen, Implikationen für den noch recht unbekannten Markt „Zentraleuropa“ aus den sozio-kulturellen Daten abzuleiten. Allerdings muß die Autorin zugeben, daß der Menge an verwertbaren Erkenntnissen für das internationale Handelsmarketing eine mindestens genauso große Menge an offenen Fragen gegenübersteht, die Wissenschaft und Praxis in Zukunft gemeinsam lösen müssen. Nur so kann die Erfolgswahrscheinlichkeit von Internationalisierungsstrategien des Handels erhöht werden.

Der Kulturforscher *Hofstede* erklärte in einem Vortrag bei der Internationalen Human Resource Management Konferenz an der *Universität Paderborn* im Juni 1998, daß die bekannte Parole „Think globally, act locally“ mißdeutig sei und umgekehrt werden müßte in „Act globally, think locally“. Damit meinte er, daß die meisten grösseren Unternehmen schon längst international aktiv sind und somit global handeln, daß aber die kulturellen Besonderheiten der einzelnen Nationen bzw. Regionen, in denen man tätig ist, viel stärker in das Bewußtsein der Manager gerückt werden müssen, um vermeidbare Fehler auszuschalten. Daher: **Think locally!** Dieses gilt sicherlich ganz besonders für den Einzelhandel.

Der Handel im globalen Wettbewerb

Cuno Pümpin

1 Die Anfänge der Internationalisierung

Betrachten wir die Entwicklungsgeschichte des Handels, so fällt auf, daß die „interkontinentale" Handelstätigkeit fast so alt ist wie die Menschheitsgeschichte. Schon in vorchristlicher Zeit pflegten ägyptische, assyrische und phönizische Händler Wirtschaftsbeziehungen, welche die Kontinente Asien, Europa und Afrika einbezogen. In der Neuzeit entstanden unter der Leitung der *Fugger* und *Welser* internationale Konzerne, die ebenfalls weitgespannte Handelsbeziehungen pflegten. Eine echte

Globalisierung der Handelstätigkeit erfolgte allerdings erst mit der Kolonialisierung der Neuzeit.

Voraussetzung für diese erste echte Globalisierungsphase waren neue **Transportmittel**: vorerst hochseetaugliche Segelschiffe wie Caravellen, später die Dampfschiffe. Einen weiteren wesentlichen Beitrag zur Internationalisierung der Handelstätigkeit leisteten die Eisenbahnen, auch wenn hier die geographische Reichweite noch begrenzt war.

Ein zentrales Merkmal des globalen Warenaustausches bis weit in das 20. Jahrhundert hinein bestand darin, daß Großhandelsaktivitäten dominierten: Internationale Handelsfirmen beschafften ihre Güter in den Kolonien und verteilten diese in den Stammländern über lokale Einzelhandelsfirmen. Umgekehrt waren es wiederum dieselben Großhandelsfirmen, die Industrieprodukte in die Kolonien lieferten.

Erst im Verlaufe des 20. Jahrhunderts treten die ersten international tätigen Einzelhandelskonzerne auf den Plan. Zu erwähnen sind z.B. *Woolworth*, *J.C. Penny* und *Safeway*, die in den siebziger Jahren nach Europa und zum Teil nach Asien vorstießen. Viele dieser Internationalisierungsanstrengungen amerikanischer Handelskonzerne waren aber kaum von Erfolg gekrönt und endeten mit dem Rückzug in den Heimatmarkt (vgl. *Dreesmann* 1985, S. 150, sowie die Auflistung gescheiterter Internationalisierungsversuche im Einzelhandel bei *Hollander* 1971, S. 98f.).

Seit den achtziger Jahren hat sich das Bild verändert. Zwischen 1980 und 1989 haben über 600 ausländische Einzelhandelsfirmen **in Europa expandiert** (*Corporate Intelligence Group* 1991, S. 3). Eine ganze Reihe von Handelskonzernen haben echte Globalisierungsstrategien eingeleitet und umgesetzt. Zu erwähnen sind die bekannten Beispiele wie *Benetton*, *Ikea*, *Carrefour*, um nur einige zu nennen. Zudem haben die vorwiegend italienischen und französischen Designerfirmen ebenfalls globale Distributionsorganisationen aufgebaut.

2 Einflußfaktoren der Globalisierung

Welche Faktoren haben diesen Trend zu einer zunehmenden Globalisierung der Aktivitäten von Einzelhandelsunternehmen bewirkt? Ist in Zukunft mit Trends zu rechnen, welche die Globalisierung hemmen? Wir wollen uns mit diesen Fragen im folgenden auseinandersetzen.

2.1 Fördernde Faktoren

Der starke Trend zu Globalisierung im Einzelhandel ist sicherlich vorab darauf zurückzuführen, daß globale Geschäftssysteme in der Lage sind, einen überlegenen ökonomischen Nutzen zu generieren, denn nur so ist die starke Expansion seit den achtziger Jahren erklärbar. Diese **Nutzensteigerung** ist nun keinesfalls nur auf einen einzigen oder wenige isolierte Faktoren zurückzuführen. Vielmehr handelt es sich um ein Netzwerk von Auswirkungen, die sich gegenseitig beeinflussen. Wir wollen diese einzelnen Aspekte im folgenden kurz betrachten.

Der wohl größte Einfluß auf die strategischen Möglichkeiten im Bereiche der Globalisierung liegt in der **Kommunikationstechnologie**. Die enormen Fortschritte haben die Kosten nachhaltig beeinflußt. Kostete im Jahre 1935 ein dreiminütiges Telefongespräch von Europa in die USA noch über 1 000 Mark, so beträgt der Preis für ein gleiches Gespräch mit Internettelephonie heute noch wenige Pfennige. Diese extreme Senkung der Kommunikationskosten ermöglicht es, auf weltweiter Basis in Sekundenbruchteilen zu marginalen Tarifen Informationen zu vermitteln. Damit ist die technologische Grundlage für den Aufbau und die Führung globaler Organisationen geschaffen.

Das Medium Telefon ist natürlich nur eines unter vielen neuen Kommunikationsmitteln, die heute zur Verfügung stehen. Denken wir lediglich an die weltweite Übertragung von Fernsehprogrammen, an die Möglichkeit, Videokonferenzen abzuhalten und ähnliches.

Dabei steht die eigentliche Revolution - Breitbandkommunikation über das Internet oder dessen Nachfolger - erst am Anfang: Die Welt wird zum **„Global Village“**.

Die enormen Fortschritte der Informationstechnologie und die neuen Möglichkeiten im Kommunikationsbereich erlauben nicht nur neue Konzepte im Gebiet des Aufbaus globaler Geschäftsaktivitäten, sie beeinflussen auch die Märkte und damit das Konsumentenverhalten. Auf der ganzen Welt spielen heute Kinder gleichzeitig dieselben Videospiele von *Sony* oder *Nintendo*. Über das Internet ergibt sich sogar die Möglichkeit, gleichzeitig mit Partnern von Tokyo bis San Francisco zu spielen oder zu kommunizieren. Globale Fernseh-Netzwerke wie *CNN* verbreiten dieselben Informationsinhalte - z.B. über Lifestyle, Investments oder Sport - über die ganze Welt. Diese globale Kommunikation hat zur Folge, daß das ursprünglich länderspezifisch stark differenzierte **Konsumentenverhalten** immer mehr **homogenisiert** wird. Damit ist die Grundlage für die globale Vermarktung von Produkten gegeben. Globale Distributionsorganisationen können von diesem Trend profitieren.

Ein weiterer Aspekt ist in der enormen **Zunahme der Mobilität** zu sehen. Alle Kontinente bereist zu haben, ist heute fast eine Selbstverständlichkeit. Auch hier hat die Verbilligung des Transportwesens im allgemeinen und der Flugkosten im speziellen zu einer starken Annäherung der Kulturen beigetragen. Auch dies führt tendenziell zu einer vermehrten Homogenisierung der Märkte.

Zu erwähnen ist auch die starke Verbreitung der **englischen Sprache**. Wurde noch zu Beginn dieses Jahrhunderts versucht, mit Esperanto eine globale Sprache zu schaffen, ist diese Intention heute völlig versandet. Das Englisch ist im Zusammenhang mit der Propagierung der Informationstechnologie zur Weltsprache Nr. 1 avanciert, was wiederum die Kommunikation unter den Einwohnern verschiedenster Länder erleichtert.

Schließlich ist ein sehr wichtiger Einflußfaktor, der die Globalisierung unterstützt, in der **Liberalisierung des Welthandels** zu sehen. Vereinbarungen des *GATT* und der Nachfolgeorganisation *WTO* tragen maßgeblich dazu bei, daß Waren heute relativ problemlos exportiert und importiert werden können. Damit ist eine wichtige Grundlage zur Senkung der Transaktionskosten gegeben.

Dynamische Handelskonzerne können von den skizzierten Entwicklungen nachhaltig profitieren. Sie können Produkte global vermarkten und damit sowohl Beschaffungs- als auch Marketingsynergien ausnützen. Indem die Fixkosten der Zentrale nicht nur tief gehalten, sondern auch über die globalen Aktivitäten verteilt werden können, ergeben sich weitere Effekte der **Stückkostensenkung**.

2.2 Hemmende Faktoren

Diesen Kräften, die eine zunehmende Globalisierung des Handels unterstützen, wirken aber auch einige andere Faktoren entgegen, die ebenfalls berücksichtigt werden müssen. Zweifellos ist in den vergangenen Jahren in weiten Bevölkerungskreisen ein Unbehagen in bezug auf die Globalisierung entstanden. Dieses wird von gewissen Kreisen geschickt ausgenützt: **Angst** wird geschürt. Es entsteht beinahe eine kultische Bewegung, die sich gegen die Globalisierung stemmt.

Eine weitere Kritik stammt aus dem **ökologischen Lager**. Dieses sieht in der mit dem internationalen Personen- und Güterverkehr verbundenen Zunahme der Verkehrsleistung eine große Bedrohung für die Ökologie. Auch von dieser Seite wird eine vermehrte Regionalisierung und Lokalisierung der Wirtschaftssysteme angestrebt.

Sodann können wir auch im **soziologischen Bereich** Entwicklungen feststellen, die einer zunehmenden Globalisierung entgegenlaufen. Zu erwähnen ist z.B. die zunehmende Individualisierung der Gesellschaft und das „Cooconing", das für eine gewisse Abkapselung des Individuums von den übrigen sozialen Prozessen steht.

Schließlich ergeben sich in der **politisch-rechtlichen** Sphäre Hemmnisse. Zu erwähnen sind etwa unterschiedliche Rechts- und Steuersysteme oder generell politische Risiken.

Insgesamt gesehen kann aber doch davon ausgegangen werden, daß die Kräfte, die für eine weitere Globalisierung sprechen, wesentlich stärker sind als die hemmenden Faktoren. Die Hauptursache dürfte hier in der Technologie liegen. Die weltweite Vernetzung der Kommunikationssysteme, das Internet und die globale Verbreitung von Fernsehprogrammen und ähnliches können schlechthin nicht mehr rückgängig gemacht werden. Deshalb muß jedes Handelsunternehmen die Konsequenzen, die sich aus dieser Entwicklung ergeben, kritisch analysieren und geeignete Strategien zur Zukunftssicherung erarbeiten. Mit dieser Thematik wollen wir uns im nächsten Abschnitt befassen.

2.3 Exkurs: Die Entwicklung im Internet

Es kann davon ausgegangen werden, daß die technologische Entwicklung insbesondere im Bereiche der Informations- und Kommunikationstechnologie einen entscheidenden Einfluß auf die Thematik der Globalisierung im Handel in den kommenden zehn bis zwanzig Jahren ausüben wird. Das Medium, über welches diese Entwicklung zum Ausdruck kommen wird, ist in erster Linie das Internet. Dabei möchte ich diesen Begriff durchaus weit fassen, denn es ist anzunehmen, daß das gegenwärtige Internet durch neue Netze ergänzt und weiter entwickelt wird. Bereits oben haben wir einige Entwicklungstendenzen im Kommunikationsbereich aufgezeigt. Wir können aber davon ausgehen, daß die Technologie zur Zeit (Mitte 1998) vor einem **neuen Quantensprung** steht. Somit werden sich in kürze neue Gegebenheiten ergeben, die mit dem, was bis heute an Technologien vorhanden ist, kaum mehr verglichen werden können. Drei Aspekte sind hier von zentraler Bedeutung:

- Erstens wird die **Übertragungsleistung** um einen Faktor 100 zunehmen. Bereits heute laufen Versuche mit Breitbandsystemen über Kabelnetze, bei denen eine Übertragungsrate von 5 Megabits pro Sekunde erreicht wird. Im Vergleich zu den bisherigen Leistungen von 56 Kilobits sind dies völlig neue Dimensionen.
- Zweitens wird der **Netzzugriff** in Kürze dramatisch **vereinfacht**. Währenddem heute noch umständlich ein PC gestartet und ein Browser geladen werden muß, wird in naher Zukunft der sofortige Internet-Zugriff über den Fernseher oder andere Geräte zur Selbstverständlichkeit.
- Drittens muß realisiert werden, daß die **Spracherkennung** enorme Fortschritte macht. Auch hier werden in kürze hardware- und softwaremäßige Lösungen zur Verfügung stehen, die es erlauben, mündlich mit dem zu bedienenden Gerät zu kommunizieren.

Hohe Übertragungsleistung, einfacher Zugriff über das gewohnte Fernsehgerät und einfache Eingabe von Befehlen mittels Spracherkennung werden zusammen eine völlig neue Welt eröffnen. Viele Personen, die bisher Hemmungen hatten, einen PC einzusetzen und zu bedienen, werden via vereinfachtem Zugang zum Netz über gewohnte Technologien wie Fernsehen usw., diese neuen Medien benützen. Man muß damit rechnen, daß von dieser Seite her in wenigen Jahren eine völlig neue Welt entsteht. Es mag deshalb kaum erstaunen, daß der **elektronische Handel** dramatisch zunehmen wird. Die Marktforschungsfirma *Forester Research* prognostiziert, daß im Jahr 2002 349 Mrd. US $ über das Internet umgesetzt werden.

Das Internet hat in bezug auf die Globalisierung einen derart bedeutenden Einfluß, weil es sozusagen eine völlig neue Welt - man spricht hier von Cyber Continent - darstellt. Ein Hauptmerkmal dieses Cyber Continents besteht darin, daß der Benutzer ohne Zeitverzögerung auf eine Homepage zugreifen kann, die sich irgendwo auf der Welt befindet. Dies bedeutet nichts anderes, als daß die **physischen Distanzen** praktisch nicht mehr existieren. Der Benutzer in Deutschland kann in der gleichen Minute den Preis eines Gutes bei einem deutschen und einem amerikanischen Lieferanten prüfen. Damit wird die Distanz als ein wichtiges Abschirmungskriterium des Handels in Zukunft nachhaltig an Bedeutung verlieren.

Es ist heute bereits bestens bekannt, daß das Internet **eigene Gesetze** entwickelt. Im Mittelpunkt steht dabei die Entstehung von Netzwerken von Menschen, die gleiche Interessen oder Anliegen haben. Dabei spielt es wiederum keine Rolle, in welchem geographischen Raum sich diese Menschen befinden. Man weiß heute, daß der Aufbau derartiger Netzwerke zu einem Schlüsselerfolgsfaktor der zukünftigen Geschäftstätigkeit wird. Dies bedeutet für den Handel nichts anderes, als daß der Aufbau von internationalen Netzwerken in die Überlegungen einbezogen werden muß.

Gesamthaft gesehen werden das Internet und die neuen Medien in den kommenden Jahren den **Handel nachhaltig verändern**. Dabei muß keinesfalls alles den heutigen Vorstellungen über E-Commerce folgen. Es sind durchaus viele Mischformen vorstellbar, bei denen bekannte existierende Handelsformen mit neuen elektronisch abgestützten Kommunikationsmöglichkeiten konvergieren. Sicher ist, daß diese Entwicklung einen enormen Einfluß auf die Globalisierungsthematik ausüben wird und daß deshalb diese Aspekte bei der Beantwortung der Frage nach Globalisierungsstrategien unbedingt zu berücksichtigen sind.

3 Anforderungen im globalen Wettbewerb

Es ist offensichtlich, daß der Trend zur Globalisierung für Handelsfirmen recht unterschiedliche Auswirkungen haben kann. So wird sich ein großer Handelskonzern mit anderen Anforderungen konfrontiert sehen, als ein regionaler Fachmarkt. Gleichwohl sind alle Firmen von den neuen technologischen Entwicklungen betroffen. Im folgenden soll versucht werden, die Auswirkungen auf die Handelsfirmen darzustellen und aufzuzeigen, welche **strategischen Konsequenzen** sich daraus ergeben.

3.1 Marktdefinitionen

In der Vergangenheit konnten Handelsfirmen ihre Märkte relativ problemlos **geographisch abgrenzen**: Für ein Einkaufszentrum galt, daß der Einzugsradius maximal etwa 50 km beträgt. Damit waren - rein von der Geographie her - der Markt und das Einzugsgebiet bestimmt. Ähnliches war für nationale Handelsketten, wie z.B. die *Migros*, der Fall. Auch hier konnte die Schweiz als Markt definiert werden. Wie wir gesehen haben, verliert diese geographische Marktdefinition heute an Bedeutung. Niemand kann einen deutschen Kunden daran hindern, auf die Homepage der *Migros* in der Schweiz zuzugreifen. Das gleiche gilt natürlich auch umgekehrt für die Kunden der *Migros*: Auch sie können problemlos auf eine deutsche, englische oder japanische Homepage zugreifen. Daraus resultiert, daß die Geographie als Marktabgrenzungskriterium nachhaltig an Gewicht verliert. Damit soll keinesfalls gesagt werden, daß jetzt ein homogener globaler Markt entsteht. Vielmehr ist damit zu rechnen, daß die Marktsegmentierung über Netzwerke enorm an Bedeutung gewinnen wird. Es wird eben nicht mehr einen **nationalen** Markt für Sportler geben, sondern einen **weltweiten** Markt für Sporttaucher oder Drachenflieger. Für den Handel heißt dies, daß die gesamte Marktsegmentierung neu überdacht werden muß. Es gilt, genau zu identifizieren, für welche spezifischen Kundengruppen welche Leistungen zu erbringen sind. In diesem Zusammenhang sind auch andere als nur durch die Handelsleistungen gedeckte Bedürfnisse mitzuberücksichtigen. Von Bedeutung wird es demzufolge sein, Zielgruppen mit gleichen Interessenlagen zu identifizieren und zu „Communities“ zusammenzuschließen. Die richtige Definition derartiger „Communities“ wird von zentraler Relevanz sein. (In diesem Zusammenhang kann durchaus auch einer regionalisierten „Community“ eine Bedeutung zukommen. Bspw. kann ein Zulieferer der Gastronomie die Wirte in der betreffenden Region zusammenfassen und auf diese Weise eine „Community“ gestalten).

3.2 Innovation

Von entscheidender Wichtigkeit für jede Handelsunternehmung wird die zukünftige Gestaltung des Leistungsprogramms sein. Dieses wird sich, wie bereits gesagt, nicht nur auf reine Handelsleistungen beziehen. Vielmehr sind hier auch **Kommunikationsleistungen**, Unterhaltungsleistungen und ähnliches mitzuberücksichtigen. Die Innovation ist deshalb von zentraler Bedeutung, weil damit zu rechnen ist, daß die neuen Medien das Konsumentenverhalten nachhaltig verändern werden. Firmen, die die diesbezüglichen Chancen erkennen und originelle Leistungssysteme entwickeln, können hier große Chancen nutzen.

3.3 Multiplikation

In der heutigen Zeit des Umbruchs wird es immer schwieriger werden, Leistungen systematisch zu entwickeln und nach klassischen Methoden im Markt einzuführen. Vielmehr leben wir in einer Phase der **extremen Zeitverkürzung**, bei welcher Planung, Einführung und Multiplikation zusammengepreßt werden. Dies bedeutet, daß innovative Handelskonzepte, sobald deren Tauglichkeit nachgewiesen ist, sofort international multipliziert werden müssen (vgl. dazu *Schlegel* 1995, S. 98ff.). Aus dieser Sicht wird die Globalisierung kaum mehr eine andere Wahl offenlassen. Nimmt ein Anbieter die Multiplikations-Chance nicht wahr, so ist damit zu rechnen, daß seine Ideen und sein Konzept sehr rasch von Wettbewerbern aufgegriffen und von deren Seite multipliziert werden.

3.4 Branding

Es ist heute allgemein bekannt, daß eine **starke Marke** einen unschätzbaren Wert darstellt. Gerade unter dem Blickwinkel des Cyberspace dürfte dies noch an Bedeutung gewinnen. Der Grund liegt darin, daß die (zumindest bis heute) anonyme Kommunikation über das Internet nur dann richtig zum Tragen kommen kann, wo eine Vertrauensbasis besteht. Die Marke und das Image einer Firma sind wesentliche Bestandteile für den Aufbau einer derartigen Vertrauensbeziehung. Auch hier wird die globale Perspektive an Wichtigkeit zulegen. Gelingt es einem Unternehmen, eine globale Marke und ein globales Image zu etablieren, so könnte dies ein nachhaltiger Wettbewerbsvorteil gegenüber einem regionalen Anbieter sein.

3.5 Logistik

Bis heute stellt die Logistik sicher in einem beachtlichen Umfang einen begrenzenden Faktor dar. Es ist immer noch teuer, ein Buch bei *Amazon.com* in den USA zu bestellen und dieses nach Europa ausliefern zu lassen. Gerade hier zeigt sich jedoch, daß innovative Unternehmen sehr rasch in der Lage sind, ein **globales Konzept** aufzubauen, dem der regionale Händler nur schwer etwas entgegenzusetzen hat. So hat *Amazon.com* damit begonnen, in Europa elektronische Buchläden zu übernehmen (z.B. *Telebuch* in Deutschland). Auf diese Weise verfügt *Amazon.com* innerhalb kürzester Zeit über eine **Distributions- und Logistik-Infrastruktur** in Europa, mit welcher eine ganze Reihe von Ländern abgedeckt werden kann. *Amazon.com* ist damit in der Lage, die Besucher auf ihrer Homepage in den USA auch lokal in Europa zu bedienen. Der globale Anbieter hat die Möglichkeit, im Logistik-Bereich nicht unbedeutende Synergien zu nutzen. Gerade wenn es darum geht, rasch an einem Ort - z.B. in Südostasien - verfügbare Waren in ein anderes - z.B. in ein europäisches - Land zu verschieben, kann die globale Infrastruktur zu beachtlichen Stückkostensenkungen genutzt werden.

3.6 Beschaffung

Beschaffungssynergien werden von Handelsunternehmen i.d.R. mit höchster Priorität ins Auge gefaßt. Es liegt auch auf der Hand, daß globale Wettbewerber wesentlich **höhere Einkommensvolumina** erzielen können, als dies bei lokalen Firmen der Fall ist. Allerdings haben hier auch lokale Handelsfirmen dank den modernen Kommunikationsmitteln die Möglichkeit, in enge Kooperation mit ihren Lieferanten zu treten und somit letzten Endes Produktivitätsfortschritte zu erzielen.

Insgesamt gesehen können wir davon ausgehen, daß infolge der neuen Entwicklungen der globale Wettbewerb deutlich zunehmen wird. Auf den einfachsten Nenner gebracht bedeutet dies, daß der regionale Anbieter vermehrt seitens globaler Anbieter unter Druck kommt. Um so mehr ist es notwendig, hier geeignete Gegenstrategien zu entwickeln. Wir wollen diese Strategien anhand von drei Beispielen kurz näher betrachten.

4 Strategien von Handelsfirmen

4.1 Handelskonzerne

Auf allen Kontinenten gibt es größere Handelskonzerne, die mit mehr oder weniger traditionellen Handelsformen über die vergangenen 30 bis 50 Jahre groß geworden sind. Gerade weil diese Konzerne i.d.R. im Lebenszyklus **reife Handelsformen** betreiben, müssen sie sich konsequent gegenüber innovativen Angreifern verteidigen. Die beste Strategie wäre hier zweifellos, selbst in die Offensive zu gehen und neue Handelskonzepte, die global eingesetzt werden können, zu verwirklichen. Dem stehen allerdings oft kulturelle Schranken entgegen. Deshalb dürften vermehrt **Großfusionen** angestrebt werden, die darauf abzielen, bestehende reife Handelsformen zu restrukturieren, aber auch um auf diese Weise eine globale Präsenz aufzubauen.

4.2 Innovative „Spezialisten“

In den vergangenen 30 Jahren sind eine ganze Reihe von Spezialisten entstanden, die mit einem Handelskonzept eine globale Strategie verfolgt haben. Am besten bekannt ist hier wohl *Benetton*. Zu erwähnen sind aber auch *The Body-Shop*, *Laura Ashley* usw. Es ist anzunehmen, daß in Zukunft ebenfalls neue Handelsunternehmen entstehen werden, die vielleicht durch Integration neuer Medien interessante Leistungssysteme entwickeln und anbieten. Für derartige Innovatoren gilt wohl der Grundsatz, die neue Leistung so rasch als möglich zu **internationalisieren** und zu **multiplizieren**. Zu diesem Zweck können durchaus Kooperationen mit lokal verankerten Anbietern eingegangen werden. Solche Schritte ermöglichen vor allem einen raschen Markteintritt. Zudem sind Vorteile von Seiten der Logistik zu erwarten.

4.3 Regionale Anbieter

In der wohl schwierigsten Situation werden sich regionale Anbieter befinden, die traditionelle Handelsleistungen in einem geographisch abgegrenzten Markt erbringen. Hier kann eine Strategie der **Kundenbindung** und der **Kundenintegration** eine vielversprechende Strategie darstellen. Das betreffende Handelsunternehmen muß durch einen engen persönlichen Kontakt versuchen, auf die individuellen Wünsche der Kunden einzugehen, um diesen spezifische Leistungen anbieten, die eben von den globalen Wettbewerbern nicht erbracht werden können. Chancen dazu gibt es immer wieder. Wichtig ist aber doch, daß hier nicht nur auf traditionelle Möglichkeiten aufgebaut wird, sondern daß auch die Chancen der neuen Medien konsequent genutzt werden.

Insgesamt gesehen ist davon auszugehen, daß in den kommenden Jahren der Handel genau so revolutioniert wird wie andere Branchen. Dabei wird der Trend zum globalen Wettbewerb eine entscheidende Rolle spielen. Aus dieser Sicht werden jene Unternehmen erfolgreich sein, die in der Lage sind, innovative Strategien äußerst rasch zu entwickeln und umzusetzen (vgl. *Downes/Mui* 1998, S. 13 ff.).

Herausforderungen an immobile Produktionsfaktoren im Zeitalter der Globalisierung

Friedrich L. Sell

1 Einleitung

Macht eine nachhaltige „Globalisierung" aus vielen Einzelvolkswirtschaften eine, weitgehend integrierte Weltwirtschaft und zugleich eine, große und demokratische Weltgesellschaft? Mag sein, daß die Zukunft solche Zustände für uns bereit hält, die Gegenwart sieht noch ziemlich anders aus: Verwaltungsbeamte aus den spanischen Enklaven auf Marokko (Melilla, Ceuta) beteuern in jüngster Zeit öffentlich, daß sie in ihren jeweiligen Grenzstädten (im mehrfachen Sinne) **keine Berliner Mauer** errichten wollten.

Spanische Kritiker einer Befestigung der Grenze verweisen darauf, daß das Meer zwischen Spanien und der Küste Nordafrikas bereits eine authentische Mauer sei, die bereits viele Leben gekostet habe (ebenda). Spanien steht hier nicht alleine; Frankreich hat seine besonderen Schwierigkeiten mit der Einwanderung aus Algerien und Tunesien (vgl. *Scholl-Latour* 1992, S. 276). Von dem Zuwanderungspotential anderer Regionen haben wir damit noch nicht einmal gesprochen.

Es gibt aber nicht nur die eben geschilderte Furcht vor Zuwanderung, sondern vor allem auch die vor irreversibler Arbeitslosigkeit und/oder Lohneinbußen durch Globalisierung. Im Rahmen der seit geraumer Zeit geführten „Standortdebatte" im Zeitalter der Globalisierung wird immer wieder die Meinung geäußert, daß die immobilen Produktionsfaktoren im „Norden" - und darunter besonders der Faktor Arbeit - von dem damit einhergehenden erhöhten Wettbewerbsdruck durch den „Süden" besonders betroffen seien, daß sie viel stärker als früher um die Attraktion mobiler Produktionsfaktoren zu kämpfen, gleichzeitig aber mit erheblichen relativen Einkommenseinbußen zu rechnen hätten und demzufolge als die eigentlichen „Verlierer" im Globalisierungsprozeß gelten könnten. *Viviane Forrester*, die Autorin des Bestsellers „Der Terror der Ökonomie" (München 1997; die deutsche Übersetzung gibt dabei den Originaltitel L'horreur de l'économie falsch wieder, eigentlich ist der **Schrecken** der Ökonomie gemeint - Anm. des Verfassers), geht sogar so weit, die hohe Arbeitslosigkeit in Zentraleuropa als nicht mehr umkehrbare Entwicklung hinzustellen und anders lautende Versprechen der Politiker als zynische Lügen anzuprangern: Der rasante Anstieg der Arbeitslosenzahlen in den Industrieländern bewirke, daß sie sich unmerklich der Armut der dritten Welt annäherten.

Um eine solche Argumentationskette - wenn es überhaupt eine ist - zu überprüfen, sollten zunächst diejenigen Aspekte des Globalisierungsphänomens identifiziert werden, welche für immobile Produktionsfaktoren besonders relevant sind. Auch ist der Begriff der „Faktorimmobilität" selbst zu klären. Erst anschließend sind die angeblichen Wirkungen der Globalisierung zu untersuchen und gegebenenfalls besondere Anforderungen an immobile Produktionsfaktoren daraus abzuleiten! Daß der Faktor Arbeit dabei im Vordergrund stehen wird, liegt nahe. Auch angesichts der Protestwelle von Arbeitslosen in Frankreich (und, sehr viel abgeschwächter, in Deutschland) zum Jahresbeginn 1998 (eine Entwicklung, die in Europa schnell um sich greifen kann), wird es höchste Zeit, Erklärungen zu liefern, dort und insoweit die Volkswirtschaftslehre das zu tun vermag.

2 Was ist „Globalisierung"?

In der Literatur findet man mindestens die folgenden zwölf Annäherungsversuche an den Begriff der „Globalisierung", wobei sowohl allgemeine Merkmale des Globalisierungsprozesses selbst als auch ihre besonderen Begleitumstände genannt werden:

- Internationalisierung der Produktion, insbesondere durch Direktinvestitionen (erleichterte Standortwahl)
- Herausbildung von Global Players durch Unternehmenszusammenschlüsse und strategische Allianzen
- Zunehmende Bedeutung des interindustriellen Nord-Süd-Handels, u.a. als Folge von Handelsliberalisierung (*WTO*, *NAFTA*) und relativen Faktorpreisrigiditäten in Industrieländern (vgl. *Landmann/Pflüger* 1996, S. 206; *Landmann/Pflüger* 1997)
- Zunehmende „Fragmentierung" im internationalen Handel (mit Komponenten statt mit Fertigprodukten)
- Verstärkte Integration von Produktionsfaktoren in die weltwirtschaftliche Arbeitsteilung im Zuge von Transformationsprozessen: Gegeben die in Transformationsstaaten unterdurchschnittliche Kapitalausstattung der Arbeitsplätze, kommt es damit weltwirtschaftlich zu einer relativen Vermehrung des Faktors Arbeit im Verhältnis zu Realkapital und zu einer relativen Verknappung qualifizierter Arbeit im Verhältnis zu ungelernter Arbeit.
- Verkürzung der Halbwertzeiten des Humankapitals, da Wissensvorsprünge schneller erodieren (Beschleunigung des Produktzyklus)
- Verstärkung der potentiellen Konkurrenz bei handelbaren Gütern und Dienstleistungen bzw. allgemeine Wettbewerbsverdichtung (Abbau von Marktsegmentierungen)
- Erhöhte Konkurrenz der immobilen um die mobilen Produktionsfaktoren (Regelungs- und Steuerwettbewerb)
- Verminderte Kosten der Raumüberwindung bzw. allgemeines Auftreten von sog. Distanzkostendegression (vgl. *Krueger* 1998, S. 2; *Weltbank* 1995, S. 62)
- Weltumspannendes Netz der Devisen- und Kapitalmärkte: Wie die (süd)ostasiatische Währungs- und Finanzkrise gezeigt hat, werden wirtschaftspolitische Fehler von globalen Marktteilnehmern schnell und hart bestraft. *Horst Siebert* vom *Institut für Weltwirtschaft* spricht in diesem Zusammenhang auch von der disziplinierenden Wirkung der internationalen Kapitalströme (vgl. *Siebert* 1997).
- Verringerte Kosten (erhöhte Geschwindigkeit) der Informationsspeicherung, -verarbeitung und -übermittlung („globales Kommunikationssystem") bzw. allgemein sinkende Transaktionskosten

- Schnellere Ausbreitung nationaler Schocks auf andere Volkswirtschaften, dadurch möglicherweise erhöhter Koordinationsbedarf der Wirtschaftspolitiken

Wir werden die hitzige Diskussion darüber, ob die Globalisierung selbst nur ein Kind des technologischen Wandels, also des technischen Fortschritts sei, im folgenden weitgehend aussparen. Sicherlich besteht zwischen beiden Vorgängen eine hohe wechselseitige Korrelation, aber es gibt wohl kaum eine empirische Evidenz dafür, daß der technologische Wandel - etwa im Sinne von *Granger*-Kausalität - Globalisierung „verursacht“. Jüngste empirische Untersuchungen zeigen, daß es einen statistisch „robusten“ Zusammenhang zwischen dem Ausmaß an „Deindustrialisierung“ im Norden (gemessen etwa am Anteil der industriellen Beschäftigung an der Gesamtbeschäftigung) einerseits und der zunehmenden Integration des „Südens“ in die Weltwirtschaft andererseits gibt (vgl. *Saeger* 1997, S. 579ff.).

Besonders hervorstechende Merkmale der Globalisierung wie die **Internationalisierung** der Produktion (durch Direktinvestitionen) und die zunehmende **Fragmentierung** im Handel lassen sich unter den Gesichtspunkt einer **Zerschneidung** der Wertschöpfungsketten subsumieren. In diesem Zusammenhang ist zu klären, wie sich die so verstandene „Globalisierung“ auf die sog. „immobilen Produktionsfaktoren“ auswirkt und welche Anforderungen sich daher für diese in der Zukunft ableiten lassen.

3 Ansprüche an immobile Produktionsfaktoren im Zeitalter der Globalisierung

Anders als im 19. Jahrhundert, als Güter, Kapital und Personen die Grenzen frei überschreiten konnten, kennen wir heute keine freie Migration mehr, einzig der Handels- und der Kapitalverkehr sind vergleichsweise ungehindert. Das wiederum hat mit einem zweiten Phänomen zu tun: mit den Wohlfahrtsstaaten, die wir in den meisten hochentwickelten Ländern beobachten. Sie haben staatsbürgerliche Eigentumsrechte geschaffen. Das führt notwendigerweise zu Einwanderungsbeschränkungen, da der Transferstaat mit jeder Zuwanderung neue Bürger mit automatischen Rechten des Zugriffs auf die Geldbeutel der eingesessenen Bürger schafft (vgl. *Lal* 1997, S. 15).

Es handelt sich insgesamt bei der Immobilität der Produktionsfaktoren keineswegs um ein durchweg exogenes Faktum, vielmehr muß (mindestens) zwischen den folgenden drei Aspekten unterschieden werden:

(1) Es liegt eine **natürliche Immobilität** vor; als bestes Beispiel kann hier der Boden gelten.

(2) Es liegt eine **technisch bedingte** (Realkapital) und/oder **qualifikationsbedingte** (Humankapital) Immobilität vor; hier lassen sich die sog. „sektor-spezifischen" bzw. „qualifikationsspezifischen" Faktoren anführen, die zumindest vorübergehend (aber nicht langfristig) an ihren bisherigen Standort gebunden sind. Allerdings können sektorspezifische Faktoren, worauf *Helpman* (1984, S. 453) hinweist, gleichwohl **international** mobil sein und zwar dann, wenn sie in vergleichbaren (multinationalen) Unternehmen eingesetzt werden können. Er zählt hierzu „Management, Distribution and Product-Specific R&D". Da diese Faktoren eng mit Humankapital verwandt sind, ergibt sich bereits hier ein Hinweis auf die nicht unbeträchtliche Mobilität dieses Faktors.

(3) Es liegt eine **ökonomisch bedingte** bzw. **strategische** Immobilität vor, die aus dem Zusammenwirken von (subjektiven plus objektiven) Wanderungskosten sowie von der Wirtschaftspolitik zu verantwortenden Bleibeprämien (in erster Linie in Gestalt von Sozialtransfers wie Sozialhilfe, Kindergeld, Wohngeld oder der Arbeitlosenversicherung) zu erklären ist. Zu den objektiven Wanderungskosten könnten etwa Kosten der Raumüberwindung gerechnet werden, während sich in den subjektiven Wanderungskosten u.a. die Risiken einer Nichtbeschäftigung in der neuen Region bei Aufgabe einer möglicherweise ebenfalls unsicheren Weiterbeschäftigung in der alten Region niederschlagen dürften.

Aber die Dinge sind noch ein bißchen komplizierter oder sagen wir: differenzierter. *Herbert Giersch* (1989, S. 3) hat schon früher darauf hingewiesen, daß das bereits investierte Realkapital ähnlich immobil ist wie die seßhafte Arbeitskraft; und als immobile Ressourcen können nur beide zusammen gewinnen, indem sie sich attraktiv machen für komplementäre Ressourcen, die noch mobil sind und eine hohe Rentabilität in der Zukunft suchen.

Eine weitere Kategorie immobiler Produktionsfaktoren wird von einigen Autoren im **öffentlichen Infrastrukturkapital** (vgl. *Siebert* 1997; *Sinn* 1996, 1997; *Wood* 1994) gesehen, bei dem es zwischen den Ländern des Südens und des Nordens einen signifikanten Unterschied in der Faktorausstattung gibt. Die optimale Bereitstellung von Infrastrukturleistungen folgt der Regel „Grenzproduktivität = reale Grenzkosten" (*Siebert* 1997, S. 183). Im Hinblick auf den (aus welchen Gründen jetzt auch immer) immobilen Faktor Arbeit läßt sich sagen, daß eine höhere und bessere Infrastruktur seine Grenzproduktivität (wie auch die des Realkapitals) vermutlich **erhöht**.

Allerdings tritt im Zusammenhang mit der Infrastruktur im Globalisierungsprozeß bei hoher Kapitalmobilität ein Zielkonflikt auf: Trägt Kapital zur Finanzierung derselben bei, so werden die Grenzkosten der Bereitstellung von Infrastruktur steigen - und bei gegebener Grenzproduktivität wird auch die Bereitstellung dieses öffentlichen Gutes selbst sinken - weil als zusätzliche gesamtwirtschaftliche Grenzkosten der Zielverlust, Kapital nicht im Land halten zu können, angesetzt werden muß. Dies ist das eine Argument. Ein zweites, ebenso wichtiges, muß davon unterschieden werden; hier geht es um die Frage, wie denn bei hoher Kapitalmobilität die Steuersätze auf den Faktor Kapital in den einzelnen Ländern **im Zuge der Globalisierung** am „Ende" aussehen werden und welche Infrastruktur in den einzelnen Ländern dabei herauskommt. Hier gehen die Auffassungen weit auseinander.

Eine besonders kritische Sichtweise nimmt *Sinn* (1996) ein: Eine erhöhte Kapitalmobilität im Globalisierungsprozeß könnte ihm zufolge dazu führen, daß die einzelnen Länder sich darin überbieten, günstige Bedingungen für privates Kapital zu schaffen, etwa die Steuern zu senken, mit der Folge, daß die Bereitstellung von öffentlichen Gütern auf ein ineffizient niedriges Niveau fällt und/oder bei fallenden Durchschnittskosten der Infrastruktur das Problem entsteht, daß der Staat sein Budget nicht ausgleichen kann (vgl. *Siebert* 1997, S. 189). Das entstehende Defizit wird dann i. A. die Steuerlast des immobilen Faktors Arbeit erhöhen (vgl. *Sinn* 1996, S. 8).

Je nach dem, auf welche Weise **welcher** Aspekt durch Globalisierungsprozesse berührt wird, haben wir es mit unterschiedlichen Anforderungen an die immobilen Produktionsfaktoren zu tun. Im Zusammenhang mit der oben illustrierten **strategischen** Immobilität muß beachtet werden, daß die Restrukturierung des Sozialstaats durch globalen Anpassungsdruck tendenziell einen senkenden Einfluß auf die Bleibeprämie hat. Andererseits ist der Einfluß auf die (subjektiven und objektiven) Wanderungskosten nicht eindeutig, denn trotz Degression der Distanzkosten kann das Risiko einer Nichtbeschäftigung in der neuen Region durch Globalisierung u. U. höher als zuvor eingeschätzt werden. Eine Senkung der Wanderungskosten würde das Ausmaß der Immobilität tendenziell verkleinern.

Was Globalisierung für die Weltwirtschaft bedeutet, ist in der Terminologie von *Adam Smith* als ein gigantisches Programm verstärkter (intra- und internationaler) **Arbeitsteilung** zu bezeichnen. *Adam Smith* hat uns gelehrt, daß zunehmende Arbeitsteilung - solange natürliche Ressourcen nicht zu einem bindenden Engpaß werden - mit Produktivitäts- und Einkommenssteigerungen verbunden ist. Voraussetzung dafür ist allerdings auch, daß das Entlohnungssystem die unterschiedlichen Leistungen widerspiegelt. In den Vereinigten Staaten, die für eine wesentlich höhere Lohnspreizung als in Europa bekannt sind, haben Untersuchungen von *Feenstra* und *Hanson* aus dem Jahr 1996 (S. 243) ergeben, daß zwischen 30 und 50% des im Zeitraum 1979 - 1990 gestiegenen Anteils beim „Nonproduction Wage Share" auf Outsourcing zurückzuführen ist.

Es ist vor allem eine größere **Lohnspreizung** - zugunsten von gelernter und zuungunsten von ungelernter Arbeit -, die vom Globalisierungsprozeß als Anpassungsdruck ausgeht. Der Versuch, diesem Anpassungsdruck durch Mindestlohngesetzgebung und/oder durch tarifliche Relativlohnstarrheit zu entgehen, muß zwangsläufig in höherer Arbeitslosigkeit der weniger qualifizierten Arbeitskräfte münden. Diese Behauptung ruht keineswegs allein auf theoretischen Überlegungen, sondern kann auch in der Praxis beobachtet werden: „So wurden in den neuen Bundesländern, wo der Abstand zwischen den Gehältern für Akademiker und für Facharbeiter wesentlich geringer ist als im Westen, deutlich mehr Facharbeiter durch Höherqualifizierte ersetzt" (*Handelsblatt* vom 18. 6. 1997). Ebenso werden „Facharbeiter um so eher durch Ingenieure ersetzt, je näher die Arbeitskosten beieinander liegen" (ebenda).

4 Fazit

Was haben die immobilen Produktionsfaktoren selbst zu **leisten**, um den Herausforderungen der Globalisierung zu begegnen? Die klassische Außenhandelstheorie hat gezeigt, daß ein ungehinderter Warenhandel als Substitut für Faktorwanderung wirken kann, da auch auf diesem Wege ein Faktorpreisausgleich in der Weltwirtschaft möglich ist. Wenn sich Produktionsfaktoren strategisch für Immobilität „entscheiden", dann können sie einerseits auf Terms of Trade-Verbesserungen des eigenen Sektors hoffen. Solche Veränderungen sind aber kaum vorhersagbar. Eine „Versicherungsfunktion" gegen absolute und relative Einkommenseinbußen liegt dann viel eher in einem nicht abbrechenden Prozeß der Ausbildung; politisch kann diese Einsicht als ein klarer Auftrag für eine Qualifizierungsoffensive im alten Kontinent verstanden werden. Da der Wohlfahrtsstaat europäischen Zuschnitts immer weniger in der Lage sein wird, attraktive Bleibeprämien zu zahlen und die (objektiven) Wanderungskosten weiter sinken werden, kann der Nachteil der Immobilität zunehmend nur durch höhere Attraktivität für mobile Produktionsfaktoren ausgeglichen werden. Vor diesem Hintergrund wird in der Schweiz schon heute über eine Weiterbildungspflicht - nach Ausbildung und Erstberuf - diskutiert (vgl. *Wiebel* 1998, S. 57). Auch der Nontradeables-Sektor wird in der Zukunft eine noch größere Beschäftigungsverantwortung als jetzt schon erhalten.

Die in Europa weiter steigende Arbeitslosigkeit, insbesondere bei ungelernten Arbeitskräften, ist nicht nur eine Bedrohung für den internen sozialen Frieden, sondern auch eine massive Bürde für die öffentlichen Haushalte, denen auf diese Weise dringend benötigte Mittel zum Erhalt und zur Reform öffentlicher Bildungseinrichtungen entzogen werden. Es darf kein Tabu mehr sein, über die „Verwendung" der Produkte unseres Bildungssystems in Zentraleuropa nachzudenken. Das *Heckscher-Ohlin*-Theorem würde es auch nahelegen, nicht nur Ausländer bei uns auszubilden, sondern gerade gut ausgebildete Inländer (zum Beispiel Lehrer) ins Ausland zu „exportieren".

Transnationalisierung von Handelssystemen

Uwe Christian Täger

1 Handelsunternehmen im Prozeß des grenzüberschreitenden Handels

Die Entwicklung des Welthandels ist untrennbar mit dem Wandel in den Organisations- und Entscheidungsstrukturen der Unternehmen verbunden, die als Marktakteure die zum Teil sehr hohen Risiken von grenzüberschreitenden Import- und Exportaktivitäten oder Direktinvestitionen auf ausländischen Märkten auf sich nehmen. Die neuen und zum Teil schwer durchschaubaren Nachfrage- und Angebotskonstellationen der fremden Auslandsmärkte erfordern von den Handelsunternehmen vielfach eine überdurchschnittlich hohe Handlungs- und Wettbewerbsflexibilität. Im Verlauf von Jahrzehnten haben sich daher viele transnationale Firmen des Groß- und Einzelhandels ein umfangreiches Potential an alternativen Handlungsmöglichkeiten erarbeitet, mit denen sie die zum Teil sehr anspruchsvollen Herausforderungen der fremden Märkte aktiv angenommen haben und soweit notwendig, diese Impulse in ihre Systeme implementiert haben. Diese Prozesse haben dazu beigetragen, daß viele der **stark auslandsaktiven Handelsunternehmen** einen hohen Grad an innovativen Aktivitäten in ihrem Wettbewerbs- und Marketingverhalten an den Tag legen und sich damit auch zeitliche Vorsprünge gegenüber der Konkurrenz erkämpfen.

Standen bis zu Beginn des 2. Weltkrieges hauptsächlich beschaffungswirtschaftliche Zielsetzungen im Vordergrund des Auslandsengagements größerer Handelsunternehmen, so wurde in den letzten vier Jahrzehnten diese primär außenhandelswirtschaftliche Zielsetzung mehr und mehr ergänzt von **absatzwirtschaftlichen Zielsetzungen** und Motiven größerer Handelsunternehmen für ein langfristiges Auslandsengagement. Insbesondere der große inländische Erfolg bestimmter Verkaufs- bzw. Absatzsysteme größerer Unternehmen des Filialeinzelhandels hat die betreffenden Unternehmen veranlaßt, mit der Übertragung dieser Systeme auf einen ausländischen Markt den Eintritt in einen fremden Auslandsmarkt zu riskieren.

Mit der Entwicklung von leistungsfähigen und wettbewerbskonformen Organisations- und Entscheidungsstrukturen und -systemen in größeren Handelsunternehmen hat sich der Prozeß der **Transnationalisierung von erfolgreichen Verkaufssystemen** und der damit verbundenen Betriebs- und Ladengeschäftstypen erheblich verstärkt. Die nicht zu große Distanz bzw. räumliche Nähe zu dem ausländischen Engagement war für die beteiligten Unternehmen in der Anfangsphase der Transnationalisierung eine wichtige Plattform, um die spezifischen Anforderungen eines fremden Markts auf das eigene Distributionssystem möglichst schnell und effizient zu verarbeiten.

Handelsunternehmen, deren Erfolg sich primär aus der Entwicklung und konsequenten Durchsetzung eines Systems im intensiven Distributionswettbewerb ergibt, stehen bei der Prüfung eines Auslandsengagements vor einem **existenziellen Problem**:

- Einerseits muß das erfolgs- und wettbewerbsrelevante System in seinen Grundstrukturen und -elementen auch auf dem jeweiligen Auslandsmarkt abgesichert sein und genutzt werden können, um die grenzüberschreitenden Transaktionskosten des Markteintritts und der Marktbearbeitung so gering wie möglich zu halten.
- Andererseits ist das Handelsunternehmen mehr oder weniger stark gezwungen, infolge der bestehenden landesspezifischen Konsum- und Einkaufsstättenpräferenzen der Kunden die notwendigen Anpassungen im System vorzunehmen, die zu erheblichen Kosten und Friktionen in den zentralen Logistik-, Beschaffungs- und Informationsprozessen führen können.

Um diesen system- und auch technikbedingten Erfordernissen einerseits und den nachfrage- und konkurrenzspezifischen Aspekten andererseits ausreichend Rechnung zu tragen, werden im Fall eines risikoreichen Engagements auf einem bisher fremden Auslandsmarkt Phasen einer **intensiven Planung und Bewertung** vorgeschaltet. Dabei spielen mehr und mehr mittel- und langfristige Aspekte eines Eintritts in einen fremden Markt eine wichtige Rolle, da die zum Teil sehr schwierige, aber notwendige Implementierung von landesspezifischen Angebots- und Nachfrageerfordernissen in ein bestehendes System als eine innovative Herausforderung von den Handelsunternehmen angesehen werden muß.

Die Beobachtung der zahlreichen und zum Teil sehr komplexen Auslandsaktivitäten von größeren und kleineren Unternehmen des deutschen Groß- und Einzelhandels zeigt sehr deutlich, daß vor allem die hohe Intensität der **horizontalen Konkurrenzbeziehungen** auf den Auslandsmärkten die Handelsunternehmen mehr oder weniger zwingen, eine stärkere Adaption ihrer Systeme an die landesspezifischen Gegebenheiten vorzunehmen. Die oft beschriebene Internationalisierung von Handelsunternehmen ist in den letzten Jahren daher einer zunehmenden Transnationalisierung gewichen (vgl. *Neuhaus* 1996; *George* 1997; *Anderer* 1997; *Hoffmann* 1998). Die Handelsunternehmen verfolgen in einem wachsenden Maß in ihren Auslandsstrategien eine stark betonte **Länderstrategie**, die vornehmlich die nachfrage- und konkurrenzbezogenen Faktoren des jeweiligen Absatzmarkts berücksichtigt (vgl. *Davies/Treadgold* 1990, S. 176). Im Zuge dieser transnationalen Entwicklung erhalten die bestehenden Systeme wesentliche und weiterführende Impulse für die Öffnung und Aufnahme neuer Elemente, welche die wettbewerbliche Flexibilität des Systems erhöhen. Dieser Prozeß der Transnationalisierung von Handelssystemen soll primär anhand der grenzüberschreitenden Aktivitäten der großen Unternehmen des Einzelhandels der *EU*-Länder im Überblick dargestellt und auf wichtige Einflußgrößen hin analysiert werden.

2 Ursachen und Bestimmungsgründe der Transnationalisierung von Handelssystemen

Wie schon erwähnt, stehen die bisher mehr national und weniger europäisch ausgerichteten Handelssysteme unter einem sich mehr und mehr verschärfenden Wettbewerbsdruck. Diese Entwicklung hat dazu geführt, daß die meisten größeren Handelssysteme alternative Strategien entwickelt haben, um diesem zunehmenden Druck mit **Aktivität** zu begegnen und nicht in eine **Passivität** zu geraten, die in den meisten Fällen schnell mit einer deutlichen Verschlechterung der Marktposition des jeweiligen Unternehmens verbunden sein kann. Welche Strategien von dem einzelnen Unternehmen favorisiert werden, hängt im wesentlichen von der grundlegenden Zielsetzung und Politik des Managements sowie von den Interessen und Anteilsstrukturen der Kapitaleigner des jeweiligen Unternehmens ab.

Eine grenzüberschreitende Transnationalisierung wird vor allem dann von einem Handelsunternehmen ins Auge gefaßt, wenn die mit dem Markteintritt verbundenen Transaktionskosten für die Etablierung des „Grund"-Systems des jeweiligen Handelsunternehmens mit den zu erwartenden langfristigen Umsatz- und Ertragsentwicklungen zu verantworten sind. Ein Eintritt in einen ausländischen Markt wird von einem Handelsunternehmen im allgemeinen allerdings erst dann realisiert, wenn die **inländische Marktposition gut abgesichert** ist und etwaige Risiken aus einem Auslandsengagement realistisch kalkuliert und „beherrscht" werden können. Aufgrund der schwierigen Einschätzung der fremden Wettbewerbsgegebenheiten werden die mit einem Auslandsengagement verbundenen Absatzrisiken von vielen Unternehmen häufig unterschätzt. Dies ist auch der Grund dafür, daß viele Handelsunternehmen zu Beginn ihres Auslandsengagements zunächst wenige Pilotmärkte eröffnen, um wichtige Erfahrungen über das Einkaufs- und Konsumverhalten der Kunden in dem jeweiligen Auslandsmarkt zu gewinnen.

Versucht man eine Systematik der zahlreichen Gründe für eine Transnationalisierung zu gewinnen, so können folgende wesentliche Kategorien von Gründen beobachtet werden:

(1) Sättigungstendenzen auf den inländischen Absatzmärkten

In vielen europäischen Ländern besteht unter den größeren Anbietern ein enges Oligopol von umsatzstarken Konzern- bzw. Wettbewerbsgruppen des Einzelhandels, die in bestimmten Produktmärkten eine marktführende bzw. -beherrschende Stellung einnehmen. Viele dieser Märkte sind von einer überdurchschnittlich **hohen Intensität des Wettbewerbs** und **geringen Wachstumsraten** der Umsatzentwicklung gekennzeichnet, wie z.B. wichtige Produktmärkte im Lebensmittelbereich (*ifo Institut* 1997, S. 103 ff.). Zeitlich bedingte Wettbewerbsvorsprünge werden von den Unternehmen hauptsächlich durch Betriebstypen-Innovationen erkämpft, die jedoch aufgrund der nahezu gleichen Marketingressourcen der Großunternehmen des Einzelhandels und infolge eines schnelleren Lebenszyklus in relativ kurzer Zeit „egalisiert“ werden. Aufgrund dieser Sättigungstendenzen und des hohen Innovationszyklus sehen viele Handelssysteme in einem Auslandsengagement einen für sie wichtigen „Schlüssel“ für eine Unternehmens- und Umsatzexpansion und einer langfristigen Sicherung des Unternehmens.

(2) Zunehmende (Umsatz-)Größe erhöht die Wettbewerbsfähigkeit

Es sind sowohl die **Economies of Scale** als auch die damit verbundenen **Economies of Scope**, die die Handelsunternehmen zu einem Auslandsengagement veranlassen. Waren es zu Beginn der Transnationalisierung von Handelssystemen primär die sich aus einem größeren Beschaffungsvolumen ergebenden günstigeren Einkaufskonditionen, so sind es in den letzten Jahren zunehmend die langfristigen Umsatz- und Ertragserwartungen gewesen, die sich aus der sog. Multiplizierung von erfolgreichen Marketing- und Absatzkonzepten bestimmter Betriebs- bzw. Geschäftstypen ergeben.

Die effiziente Nutzung von Kosten- und Ertragssynergien setzt allerdings voraus, daß die für die Transnationalisierung zum Einsatz kommenden Systeme in ihren Grundstrukturen bestehen bleiben und keiner zu großen länderspezifischen Modifizierung ausgesetzt werden, die zum Teil zu einer erheblichen Erhöhung des Kostenniveaus und damit zu einer Beeinträchtigung der Wettbewerbsfähigkeit führen kann.

Die aus einem hohen Beschaffungsvolumen resultierenden **günstigen Einkaufskonditionen** sind ein wichtiger Wettbewerbsparameter für den Markteintritt des umsatzstarken US-Handelsunternehmens *Wal-Mart-Stores Inc.* in einzelne *EU*-Länder (vgl. Tab. 1).

Vor dem Hintergrund des großen einzelhandelsrelevanten Marktvolumens des US-Binnenmarkts können die US-Handelsunternehmen günstige Bezugskonditionen bei den weltbekannten Marken- und sonstigen Produzenten leichter durchsetzen als die europäischen Handelsunternehmen mit ihren vergleichsweise kleineren Beschaffungsvolumina. Das größte US-Handelsunternehmen wird daher mit einer stark aggressiven Niedrigpreispolitik seine Eintritts- und Erschließungsstrategie für einige europäische Länder verbinden. Die Handelsunternehmen aus den *EU*-Ländern dagegen besitzen ihre wettbewerbsrelevanten Systemvorteile in ihren hohen marketingtechnischen Gestaltungspotentialen für ein differenzierendes Waren- und Dienstleistungsangebot in den verschiedenen Auslandsmärkten.

Rang	Unternehmen	(Heimat-/Ursprungs-) Land	Umsatz *(in US $)*	Zahl der Geschäfte	(Geschäfts-) Jahr
1	*Wal-Mart Stores Inc.*	USA	118,0	3 408	1997/98
2	*METRO AG*	Deutschland	50,08	3 400	1997
3	*Intermarché (JTM) Enterprises*	Frankreich	36,89	8 290	1997
4	*Ahold*	Niederlande	34,56	3 500	1998
5	*Jto-Yokado*	Japan	34,15	k.A.	1996/97
6	*Rewe-Gruppe*	Deutschland	34,10	11 230	1997
7	*Edeka-Gruppe*	Deutschland	32,28	7 500	1997
8	*Carrefour*	Frankreich	31,76	320	1997
9	*Tesco*	Großbritannien	29,68	758	1997/98
10	*Aldi*	Deutschland	29,50	4 315	1997
11	*Tengelmann*	Deutschland	29,15	7 645	1996/97
12	*Promodés*	Frankreich	28,48	4 921	1997
13	*Spar-International*	Niederlande	27,75	18 744	1997
14	*The Kroger Co.*	USA	26,60	2 223	1997
15	*J. Sainsbury*	Großbritannien	25,82	505	1997
16	*Auchan*	Frankreich	24,39	2 200	1997
17	*Leclerc*	Frankreich	24,06	1 400	1997
18	*Safeway*	USA	22,50	1 370	1997
19	*Daiei*	Japan	21,65	k.A.	1997
20	*Costco Wholesale*	USA	21,48	289	1997

Quelle: *Elsevier Food International*, ergänzt um Angaben des *ifo Instituts für Wirtschaftsforschung*, in: *Lebensmittel-Praxis International* (1998, S. 14)

Tab. 1: Die weltweit größten Unternehmen des Einzelhandels

(3) Hohe Bekanntheit und positives Image

Durch die in den letzten drei Jahrzehnten stark gestiegene **Mobilität der Konsumenten** in den *EU*-Ländern und die wachsenden **Medienangebote** für die Konsumenten hat sich die Bekanntheit von größeren Handelssystemen infolge ihrer dominierenden Leistungs- und Wettbewerbsparameter unter den Konsumenten in der *Europäischen Union* erheblich erhöht, wie z.B. die deutsche *Aldi*-Gruppe aufgrund ihrer Niedrigpreisangebote oder der französischen *Promodés* aufgrund ihrer gut sortierten Verbrauchermärkte „Continent".

Eine derartige Plattform bildet eine wesentliche Ursache und Basis für ein Auslandsengagement, da das jeweilige Handelsunternehmen von einer positiven Akzeptanz für sein Produkt- und Leistungsangebot bei den ausländischen Konsumenten ausgehen kann. Allerdings kann die langfristige Ausfüllung von positiven Konsumentenerwartungen im Ausland erhebliche Schwierigkeiten mit sich bringen, da in den einzelnen Auslandsmärkten die oft hohe Dynamik des Wettbewerbs und wichtiger Kosteneinflußgrößen (wie z.B. in der Logistik) nur sehr schwer in ihren künftigen Wirkungen abzuschätzen sind.

(4) Nutzung von Marktchancen

In vielen *EU*-Ländern hat der verschärfte Wettbewerb hauptsächlich zwischen den größeren Unternehmen des Einzelhandels und den Herstellern in einzelnen Produktbereichen (wie z.B. für Grundnahrungsmittel oder im Süßwaren- und Spirituosenbereich) auch zu einer gewissen Uniformität des Produkt- und Leistungsangebots geführt. Infolge der hohen Konzentration der inländischen Marktteilnehmer auf diese zum Teil sehr intensiv umkämpften Produktmärkte haben sich andererseits oftmals **kleinere Nachfragesegmente** herausentwickelt, die entweder überhaupt nicht oder nur sehr unzureichend von den größeren inländischen Einzelhandelsanbietern Berücksichtigung gefunden haben (z.B. Produkte für Körperpflege, hochmodische Bekleidung). Diese sich dann anbietenden Marktchancen werden oftmals gezielt von ausländischen Handelssystemen genutzt, die mit ihren spezifischen Produktangeboten und Outlet-Design diese Nachfragesegmente schwerpunktmäßig bedienen. Als Beispiel hierfür können das Vordringen des britischen Handelsunternehmens *Marks & Spencer* mit ihren speziellen Produkt- und Markenangeboten in den meisten *EU*-Ländern sowie das Vordringen der sogenannten deutschen Hard-Discounter mit ihrer aggressiven Preisstrategie in den übrigen *EU*-Ländern angeführt werden.

Die skizzierten Gründe für eine Strategie der Transnationalisierung sind eng mit den **herausragenden Wettbewerbsmerkmalen der einzelnen Handelssysteme** verbunden, die zu einer besonderen Bindung und Zufriedenheit bei bestimmten Kundengruppen führen können. Auch wenn in der Phase des Markteintritts diese spezifischen Wettbewerbsvorsprünge eine ausschlaggebende Rolle spielen, so bieten diese Vorsprünge langfristig nur eine geringe Sicherheit für eine anfänglich hohe positive Resonanz bei den Konsumenten. Eine fortlaufende und systematische Analyse und Beobachtung absehbarer gesellschaftlicher, kultureller und wettbewerblicher Entwicklungen und eine darauf abgestellte Marketingpolitik sind notwendig, damit es nicht zu einer „Erlahmung" der Wettbewerbsaktivitäten bei ausländischen Tochtergesellschaften kommt.

3 Wichtige Strategien der Transnationalisierung

Der Eintritt in einen ausländischen Absatzmarkt ist im allgemeinen von einer längeren Vorbereitungs- und Planungsphase gekennzeichnet, in der der Erfolg und die Risiken der verschiedenen Strategien des Eintritts nach unterschiedlichen Aspekten einer gründlichen Prüfung unterzogen werden. Folgende **Strategien des Markteintritts** spielen eine wesentliche Rolle:

- Übernahme eines bestehenden Handels- oder Distributionssystems in dem Zielland
- Aufbau eines neuen Handelssystems z.B. durch Standortneugründungen mit Etablierung eines entsprechenden Logistiksystems
- Kooperation mit einem inländischen Handelsunternehmen in dem jeweiligen Zielland

In vielen Fällen werden auch **zugleich unterschiedliche Strategien** des Markteintritts verknüpft, um möglichst schnell und kostenmindernd als anerkannter und bekannter Marktteilnehmer im Distributionssystem des jeweiligen Landes in Erscheinung treten zu können. Von ausschlaggebender Bedeutung für die Wahl des Eintritts in den ausländischen Markt sind unternehmenspolitische Fähigkeiten und Stärken des Handelssystems, die wettbewerblich bedeutsamen und unverzichtbaren Systemmerkmale mit den landes- und regionsspezifischen Anforderungsmerkmalen des jeweiligen Auslandsmarkts wirkungsvoll zu verknüpfen. Aus diesem Moment heraus ist es ein wesentlicher Punkt der Planung für ein (erstes) Auslandsengagement, inwieweit die wettbewerbsentscheidenden Systemmerkmale mit einer bestimmten Strategie des Markteintritts „sicher und wirksam" transferiert werden können (wie z.B. eine effiziente Beschaffungsorganisation, ein leistungsfähiges IuK-System, kundenfreundliche und erfolgreiche Betriebstypen, spezifische Waren- und Dienstleistungsangebote).

Im Hinblick auf die Notwendigkeit, die systembedingten Wettbewerbsparameter auch zur Wirkung zu bringen, werden die drei erwähnten **Strategien** des Eintritts in ausländische Märkte **kurz skizziert**.

(1) Käufliche Übernahme eines Unternehmens

Um möglichst schnell einen Markteintritt zu realisieren, erwerben viele Unternehmen in einem Zielland eine sogenannte **„Kontroll"-Beteiligung** an einem inländischen Handelsunternehmen, d.h. das Unternehmen hat die Möglichkeit eines bestimmenden Einflusses auf die Tätigkeiten des Unternehmens, wie die Gestaltung des Absatzes und Beschaffung der Preise, der Investitionen oder die Verwendung des Gewinns (vgl. *Immenga/Mestmäcker* 1997, S. 923 ff.). Die Übernahme der *Wertkauf*-Gruppe durch das US-Handelsunternehmen *Wal-Mart* in Deutschland oder der österreichischen *Billa*-Gruppe durch die *Rewe*-Gruppe sind hauptsächlich mit dem Ziel erfolgt, mit einem im Wettbewerb schon bekannten und etablierten Handelssystem wichtige und günstige **Standorte zu sichern**. Aufbauend auf wenigen Modifizierungen des Marktauftritts des etablierten Handelssystems, der aufgrund der hohen Bekanntheit bei den Konsumenten beibehalten werden soll, werden die zentralen Organisations- und Entscheidungsstrukturen des übernommenen Handelsunternehmens nach den strategischen Zielsetzungen des übernehmenden Unternehmens ausgerichtet. Die dabei auftretenden Schwierigkeiten und „Reibungsverluste" der Integration des übernommenen Unternehmens in das ausländische „neue" Handelssystem können nicht immer nur auf firmenspezifische Unterschiede und Entwicklungen zurückgeführt werden, sondern resultieren vielfach auch auf kulturellen und sozio-ökonomischen Faktoren in den Ländern der beiden Handelsunternehmen (vgl. *Anderer* 1997, S. 269 ff.; *George* 1997, S. 204 ff.).

(2) Aufbau eines neuen Handelssystems

Der Eintritt vieler Handelssysteme in ausländische Märkte erfolgt allerdings auch vereinzelt in der Form, daß ohne Mithilfe eines inländischen Handelsunternehmens ein eigenständiges Distributions- und Handelssystem mit den erforderlichen Infrastruktur- und Betriebseinrichtungen neu aufgebaut wird. Eine solche Strategie hat den Vorteil, daß das Handelsunternehmen sein im Wettbewerb erprobtes und eingefahrenes System **ohne sogenannte Altlasten** zur Wirkung bringen kann. Nahezu alle deutschen Diskountsysteme (wie z.B. *Aldi*, *Norma*, *Lidl*) haben diese Form des Markteintritts in die übrigen europäischen Märkte gewählt, um auf der Grundlage ihres primär kostenminimierenden Systems ihre Wettbewerbsvorteile unmittelbar einsetzen zu können. Eine ähnliche Form des Markteintritts präferiert *Marks & Spencer*, um die firmenspezifischen Imagevorteile seines Produktangebots „unverwechselbar" im Zielland gegenüber den Konsumenten zur Wirkung zu bringen.

(3) Kooperation mit einem inländischen Handelsunternehmen

Sowohl aus rechtspolitischen als auch zum Teil aus wirtschaftlichen Gründen sind in vielen Fällen die Unternehmen praktisch gezwungen, ein grenzüberschreitendes Engagement nur in Kooperation mit einem inländischen Handelsunternehmen in dem jeweiligen Zielland zu vollziehen. Ein wesentlicher Grund kann darin gesehen werden, daß das ausländische Handelsunternehmen die langjährigen **Erfahrungen des inländischen Kooperationspartners** nutzen will und zum Teil sogar muß, da die Absatzrisiken eines völlig autonomen Auslandsengagements als zu groß gelten. Darüber hinaus ist vielfach auch eine kooperative Zusammenarbeit mit einem inländischen Handelssystem notwendig und vorteilhaft, um z. B. die warenmäßige **Belieferung kostengünstig** zu gestalten. In einigen Fällen wird eine derartige kooperative Zusammenarbeit zwischen zwei größeren Handelsunternehmen durch eine „ideelle", d.h. kleinere Minderheitsbeteiligung untermauert (vgl. *ifo Institut* 1997, S. 95 ff.).

Die Beobachtung zeigt allerdings, daß einige der kooperativen Gemeinschaftsunternehmen zwischen einem in- und ausländischen Handelsunternehmen nur für einen gewissen Zeitraum Bestand haben. Häufig treten nach der Phase des Markteintritts infolge unterschiedlicher Wettbewerbsinteressen **grundlegende Dissonanzen** zwischen den Kooperationspartnern auf, die meist dadurch gelöst werden, daß das ausländische Unternehmen aufgrund seiner strategischen Systemüberlegenheit bzw. -dominanz eine Mehrheitsbeteiligung übernimmt und das Unternehmen voll und ganz in das eigene Handelssystem integriert. Dadurch kann gesichert werden, daß die für den Wettbewerb ausschlaggebenden Systemmerkmale des „führenden bzw. kontrollierenden" Unternehmen auch nachhaltig zur Wirkung gelangen können.

Aus dieser Situation heraus ist die Form der Kooperation als Markteintritt im Zuge einer Transnationalisierung eines Handelsunternehmens in vielen Fällen nur eine **Phase des Übergangs** bis zur vollen Systemübernahme bzw. -integration. So wurde z.B. die Kooperation zwischen dem deutschen Handelsunternehmen *Douglas AG* und dem französischen Konzern *Moët Hennessy Louis Vuitton* infolge inzwischen zutage getretener Interessengegensätze und unterschiedlicher geschäftspolitischer Auffassungen gekündigt bzw. kam nicht weiter zum Tragen (vgl. *Schmidt* 1998, S. 70 ff.).

Die meist größeren Unternehmen des Nahrungsmittelhandels in Europa sind mit ihrem größten Umsatzanteil fest in ihrem jeweiligen Herkunftsland verankert (vgl. Tab. 2), in den anderen europäischen Ländern erreichen die Tochtergesellschaften Anteilswerte in der Größenordnung bis zu 30%. Tochter- bzw. Auslandsgesellschaften in „Übersee" sind im allgemeinen nur lose mit dem Handelssystem des Herkunftslandes verbunden, sie haben vielfach den Charakter von Finanzinvestitionen. Fast alle ausländischen Tochtergesellschaften der großen Handelsunternehmen sind im Alleinbesitz der jeweiligen Muttergesellschaft bzw. Gruppenzentrale.

			Umsatz 1996 *(in Mio. DM)*			
Rang	Firmen (Herkunftsland)	Investitionen in *EU*- und anderen Ländern (nach Umsatzhöhe geordnet)	Herkunftsland	Andere europäische Länder	Übersee	Insgesamt
1	*METRO / Makro* (D / CH / NL)	F, I, A, GB, B, PL, E, P, HUN, GR, DK, L, RO, Thailand, Brasilien, Taiwan, Philipp., Venezuela, Argentinien, Türkei, Indonesien, Kolumbien, Malaysia, Marokko, Südkorea, China, USA u.a.	61 970	23 416	10 789	96 175
2	*Intermarché* (F)	D, B, E, P, I	39 873	15 821	-	55 694
3	*Rewe* (D)	A, I, F, PL, CR, HUN, E, SK	45 275	7 816	-	53 091
4	*Carrefour* (F)	E, I, P, PL, Brasilien, Argentinien, Taiwan u.a.	30 360	8 618	12 039	51 017
5	*Tengelmann* (D)	I, A, NL, HUN, CR, E, PL, USA	25 546	4 791	20 335	50 672
6	*Promodès* (F)	E, P, I, GR, B, Marokko, Türkei, Vereinigte Arabische Emirate, Mauritius, Taiwan	29 980	17 333	2 094	49 407
7	*Aldi* (D)	A, B, NL, P, GB, DK, USA	33 251	12 232	3 827	49 310
8	*Auchan* (F)	I, E, P, B, PL, L, HUN, USA	32 878	15 235	853	48 966
9	*Edeka* (D)	DK, A, CR, F, PL	41 760	475	-	42 235
10	*Leclerc* (F)	E, P, PL	39 814	472	-	40 286
11	*Tesco* (GB)	IRL, F, CR, SK, HUN, PL	33 875	4 828	-	38 703
12	*Sainsbury* (GB)	USA	29 781	3 743	-	33 524
Fortsetzung nächste Seite						

Tab. 2: Die größten Unternehmen des Nahrungsmittelhandels in Europa

Fortsetzung							
			Umsatz 1996 *(in Mio. DM)*				
Rang	Firmen (Herkunftsland)	Investitionen in *EU*- und anderen Ländern (nach Umsatzhöhe geordnet)	Herkunftsland	Andere europäische Länder	Übersee	Insgesamt
13	*Ahold* (NL)	CR, USA, Thailand	13 350	344	16 995	30 688
14	*Casino* (F)	PL, USA	20 761	17	1 963	22 741
15	*Lidl*[1] (D)	F, I, E, GB, B, P, A, CR, GR, NL	18 400	4 200	-	22 600
16	*Migros* (CH)	F, D	21 435	246	-	21 681
17	*Delhaize „Le Lion"* (B)	F, GR, CR, USA u.a.	5 198	1 407	13 978	20 583
18	*Marks & Spencer* (GB)	F, E, B, NL, D, USA, Kanada, verschiedene asiatische Länder	15 412	1 295	1 699	18 406
19	*Cora* (F)	B, L, HUN	11 763	3 284	-	15 047
20	*GIB* (B)	PL, USA	12 353	78	972	13 401
21	*Galeries Lafayette* (F)	D	10 350	31	-	10 380
22	*Comptoirs Modernes* (F)	E	8 171	766	-	8 937
23	*Spar* (A)	I, HUN, SLO, CR	4 770	2 425	-	7 195
24	*Dansk Supermarked* (DK)	D, GB, PL	5 629	1 484	-	7 113
25	*Schlecker* (D)	A, NL, E, F	6 099	941	-	7 040

1) Lidl & Schwarz

Quelle: *Lebensmittel Zeitung*: *Deutscher Fachverlag* und andere Quellen (1997)

Tab. 2: Die größten Unternehmen des Nahrungsmittelhandels in Europa

4 Wesentliche Rahmenbedingungen im Prozeß der Transnationalisierung

Die direkte Konfrontation eines bisher im inländischen Heimatmarkts agierenden Handelsunternehmens mit den neuen rechtlichen und wirtschaftlichen Rahmenbedingungen eines ausländischen Absatzmarkts wirft für das betreffende Unternehmen im allgemeinen erhebliche Fragestellungen auf. Die Beachtung und Implementierung dieser Informationen und der aus den Rahmenbedingungen resultierenden Wirkungen auf das eigene System machen es erforderlich, daß die unbedingt notwendige **Informationsgewinnung und -bewertung** sowie Wirkungsprüfung **durch erfahrene Fachexperten** erfolgt. Dabei sind auch Experten des Gastlandes heranzuziehen, die über die kulturelle sowie gesellschafts- und wirtschaftspolitische Einbettung der Einfluß- und Wirkfaktoren bestimmter Handels- bzw. Distributionssysteme Kenntnisse haben. Wie schon erwähnt ist der Handelssektor in vielen Bereichen in einem sehr viel höheren Maß von diesen Faktoren abhängig als andere Industrie- und Wirtschaftssektoren.

Die notwendige Anpassung an diese länderspezifischen Faktoren ist vor allem auch deshalb erforderlich, um dem in den letzten Jahren in einigen Ländern oft geäußerten Argument und Verdacht einer möglichen **Überfremdung des inländischen Handels** durch ausländische Großunternehmen zu begegnen. Eine derartige öffentliche Diskussion über den „politischen" Status eines marktmächtigen ausländischen Handelsunternehmens kann zu merkbaren Irritationen der Kunden führen, die langfristig auch zu einer Verschlechterung der Position des jeweiligen Unternehmens auf den relevanten Beschaffungs- und Absatzmärkten führen kann. Deshalb ist es für das Image eines Handelsunternehmens im Urteil der Kunden, aber auch der Öffentlichkeit sehr wichtig, daß ein Handelsunternehmen mit einem ausländischen Eigentümer oder einer ausländischen Systemzentrale alle Anstrengungen unternimmt, um wesentliche gesellschafts- und wirtschaftspolitische Bedingungen und Usancen in den inländischen Lieferanten- und Kundenbeziehungen angemessen zu berücksichtigen.

Als besonders wichtig für die Bewertung der Wirkungen von handels- und wettbewerbspolitischen Rahmenbedingungen können folgende Gruppen von **Bedingungen** angesetzt werden:

(1) Nachfragebezogene Bedingungen

Um den Erfolg einer Strategie der Transnationalisierung umfassend abschätzen zu können, sind Informationen über die (einzel-)handelsrelevante **Kaufkraft** für bestimmte Produktgruppen und über ihre regionale Verteilung im jeweiligen Zielland von sehr großer Bedeutung. Für die spätere Realisierung von möglichen Kaufkraftpotentialen sind „Intensitäts"-Faktoren der Kaufkraftbindung von Kundentypen an bestimmte „traditionelle" Geschäftstypen oder Firmen des Ziellandes von großem Aussagewert. So kann z.B. die Ladendichte von Einzelhandelsgeschäften wichtige Hinweise über Einkaufsverhaltensweisen der Konsumenten geben (vgl. Tab. 3).

Land	Zahl der Läden	Einwohner (*in Mio.*)	Einzelhandelsgeschäfte pro 1 000 Einwohner	Beschäftigte je Laden
Griechenland	175 000	10,4	16,81	1,93
Italien	890 396	57,1	15,58	2,20
Spanien	555 518	39,1	14,20	2,33
Portugal	123 527	9,9	12,49	2,52
Belgien	111 831	10,1	11,07	1,63
Dänemark	38 366	5,2	7,38	4,80
Luxemburg	2 908	0,4	7,25	4,81
Irland	25 048	3,6	7,02	4,47
Niederlande	102 000	15,3	6,65	5,85
Schweden	54 777	8,7	6,26	4,03
Frankreich	343 954	57,8	5,95	4,69
Deutschland	408 414	81,3	5,02	7,02
Finnland	23 053	5,1	4,54	4,03
Österreich	30 735	8,0	3,83	8,33
Großbritannien	212 988	58,3	3,65	11,12
Gesamt *EU*	3 098 393	370,4	8,37	4,01
Quelle: *Retail News Letter* (Juli 1998) und Berechnungen des *ifo Instituts*				

Tab. 3: Ladendichte von Einzelhandelsgeschäften in der Europäischen Union

(2) Angebotsbezogene Bedingungen

Auch wenn die vorhandenen Angebotsbedingungen (wie z.B. landes- und regionsspezifische Warengruppierungen, Entgeltstrukturen für die Beschäftigten) in den Planungen einer Transnationalisierung oftmals einer umfassenden Prüfung und Bewertung unterzogen werden, so ergibt die unbedingt notwendige Berücksichtigung dieser Faktoren in einem eingefahrenen und erfolgreichen System vielfach erhebliche Schwierigkeiten. Viele Handelssysteme sind mit ihren Elementen und Regeln sowie den wichtigen IuK-Strukturen in einem starken Maße unter den Bedingungen des „Heimatlandes" des jeweiligen Handelsunternehmen entwickelt und angepaßt worden.

Im Zuge der zunehmenden Transnationalisierung gewinnen diese Systeme allerdings eine hohe **Anpassungsfähigkeit** und **Flexibilität** (vgl. das C & C-Großhandelssystem der *METRO*-Gruppe).

(3) Konkurrenzbezogene Bedingungen

Die Gespräche des *ifo Instituts* mit multinationalen Handelsunternehmen haben gezeigt, daß das mit einem Eintritt in einen ausländischen Absatzmarkt verbundene Investitionsvolumen in seiner Höhe sehr stark von der Wettbewerbsstärke der auf diesem Auslandsmarkt schon agierenden Handelsunternehmen abhängig gemacht wird. Die Intensität und der Umfang der Marktdurchdringung des relevanten Marktes sowie die Aktions- und Reaktionsflexibilität der schon im Markt agierenden Handelssysteme bilden wichtige Prüfsteine für die Transnationalisierung. Die systembedingten Nachteile der genossenschaftlich strukturierten Handelskooperationen, z.B. in den Niederlanden und in Großbritannien, waren zum Teil ein Grund für das Vordringen moderner ausländischer Handels- bzw. Filialsysteme in diesen *EU*-Ländern.

(4) Rechtspolitische Rahmenbedingungen

Die Konfrontation eines ausländischen Handelsunternehmens mit einem zum Teil recht unterschiedlichen Rechts- und insbesondere Wettbewerbssystem im jeweiligen Zielland kann erhebliche Irritationen auslösen. Die Gestaltung von Rabatten, von Ladenöffnungszeiten oder Arbeitszeiten und Arbeitsentgelten, die Vorschriften für Standortneugründungen unterliegen in vielen Ländern handlungseinschränkenden rechtlichen Regulierungen (vgl. *Täger* u.a. 1995, S. 417). Andererseits haben die Handelssysteme so manche innovativen **„Umgehungs"-Strategien** entwickelt, um durch derartige wettbewerbsrelevanten Regulierungen sich in ihrer Gestaltung von Marktbeziehungen zu Lieferanten und Kunden nicht zu sehr einschränken zu müssen.

Diese stark länderbezogenen Ausprägungen von Strategien der Transnationalisierung haben dazu geführt, daß sich „... meist intensive dyadische Beziehungen zwischen Zentrale und ausländischen Tochtergesellschaften ..." herausgebildet haben (*Anderer* 1997, S. 335). Diese Entwicklungen haben auch zur Entstehung von **zentralistischen Netztopographien** in international agierenden Handelsunternehmen geführt und weniger zu einer intensiven dezentralen Zusammenarbeit zwischen den ausländischen Tochtergesellschaften. Den zentralen Entscheidungsorganen eines Handelssystems kommt daher auch eine entscheidende strategische Bedeutung für die Kommunikation zu den ausländischen Subsystemen bzw. Tochtergesellschaften zu.

5 Ausgewählte Fragestellungen von transnationalen Aktivitäten des Handels

5.1 Vorbemerkung

Eine langfristig erfolgreiche Transnationalisierung setzt bei den jeweiligen Handelsunternehmen voraus, daß die wirtschaftlichen Aktivitäten der ausländischen Tochtergesellschaften in einem zentralen IuK-System der Muttergesellschaft bzw. der Unternehmenszentrale abgebildet werden. Die Notwendigkeit einer engen Vernetzung der Informationsströme zwischen den ausländischen Tochtergesellschaften und den Steuerungs- und Entscheidungszentralen besteht vor allem daher, möglichst frühzeitig solchen Fehlentwicklungen bei Tochtergesellschaften zu begegnen, die zu einer ernsthaften Gefahr für das Bestehen des gesamten Handelssystems werden können. Aus diesem Moment heraus gewinnen **aussagefähige Controllingsysteme** für die Transnationalisierung von Handelssystemen eine immer größer werdende Bedeutung.

Eine wesentliche Plattform der wachsenden Transnationalisierung bildet der **welt- und europaweite Einkauf** der großen Handelsunternehmen. Strategien des Global Sourcing finden aber dort ihre Grenzen, wo dies zu einer nicht systemadäquaten Standardisierung im Produkt- und Leistungsangebot führt. Die Einbettung der sogenannten Weltprodukte in ein landes- und regionsspezifisches Sortiments- und Warenangebot richtet sich vor allem an den wettbewerbsrelevanten Leitmerkmalen des jeweiligen Handelssystems aus. Die intensive Verknüpfung der Chancen und Angebote des Global Sourcing mit den spezifischen Anforderungen einer kostenoptimalen Anpassung der Absatz- und Verkaufsaktivitäten an das Gastland wird eine wesentliche Herausforderung der künftigen Transnationalisierung von Handelssystemen werden.

Viele Einkaufskooperationen des mittelständischen Einzelhandels haben in den letzten Jahren erfolgreiche Systeme der **horizontalen Zusammenarbeit in der Gruppe** und der vertikalen Zusammenarbeit mit den in- und ausländischen Herstellern und Lieferanten entwickelt. Der wettbewerbliche Erfolg und die förderpolitische Anerkennung dieser Systeme zur Minderung der Nachteile kleinerer Handelsunternehmen im intensiven Distributionswettbewerb haben viele Kooperationszentralen veranlaßt, diese Systeme auch auf Auslandsmärkten zur Wirkung zu bringen.

5.2 Notwendigkeit eines transnationalen Controlling

Insbesondere bei größeren Handelsunternehmen wird die „Leitung und Führung" der ausländischen Gesellschaften von einem mehr oder weniger ausgebauten System des Controlling begleitet, um die Entwicklung und den Erfolg des Engagements in den einzelnen Ländern möglichst kurzfristig und aussagefähig erfassen und bewerten zu können (vgl. *Möhlenbruch* 1998, S. 451 ff.). Infolge der schon erwähnten sehr unterschiedlichen Rahmenbedingungen z.B. in den mittel- und osteuropäischen Staaten (z.B. Währungsschwankungen, Preisreglementierungen, Devisenregulierungen), aber auch in den *EU*-Ländern (z.B. Ansiedlungsreglementierungen, Verbraucherschutzgesetzgebung) ist ein einheitliches und zentrales Handelscontrolling mit erheblichen Ansprüchen und Schwierigkeiten konfrontiert.

Land	**1996** Umsatz *(in Mio. DM)*	*(in %)*	**1997** Umsatz *(in Mio. DM)*	*(in %)*	**1997 / 96** Prozentuale Veränderung
Belgien	47	0,3	59	0,3	25,5
VR China	22	0,2	216	1,3	881,8
Dänemark	499	3,6	551	3,2	10,4
Frankreich	4 752	34,2	5 283	31,1	11,2
Griechenland	196	1,4	223	1,3	13,8
Großbritannien	35	0,3	33	0,2	-5,7
Italien	3 002	21,6	3 433	20,2	14,4
Luxemburg	142	1,0	140	0,8	-1,4
Niederlande	178	1,3	298	1,8	67,4
Österreich	2 931	21,1	3 224	19,0	10,0
Polen	85	0,6	360	2,1	323,5
Rumänien	63	0,5	225	1,3	257,1
Schweiz	377	2,7	596	3,5	58,1
Spanien	57	0,4	61	0,4	7,0
Türkei	578	4,2	809	4,8	40,0
Ungarn	924	6,7	1 476	8,7	59,7
Insgesamt	13 888	100,0	16 987	100,0	22,3
Quelle: Geschäftsberichte *METRO AG* (1996 und 1997); Berechnungen des *ifo Instituts*					

Tab. 4: Struktur der Auslandsumsätze der METRO AG

Aus diesem Moment heraus sind die bisher entwickelten Systeme des Controlling von international agierenden Handelsunternehmen relativ stark an den spezifischen Gegebenheiten und Risiken der jeweiligen Länder ausgerichtet. Die Zielvorgaben der Systemzentralen erfüllen dabei eine wesentliche Orientierung, sind aber i.d.R. z.B. in den ost- und mitteleuropäischen Ländern **erheblichen Modifizierungen** infolge des Markteintritts von neuen ausländischen Handelssystemen unterworfen. Eine mehrjährige Nichterfüllung dieser Zielvorgabe kann allerdings zu einem plötzlichen Rückzug oder einer völligen Neuorientierung des Auslandsengagements führen. Die zum Teil sehr hohen Wachstumsraten des Umsatzes von Auslandsgesellschaften z. B. der *METRO AG* in risikoreichen ost- und mitteleuropäischen sowie Fernost-Ländern sind in einem engen Zusammenhang mit den hohen Investitionen und den künftig zu erwartenden Erträgen zu sehen (vgl. Tab. 4).

5.3 Global Sourcing

Einen wesentlichen Impuls erhält die Transnationalisierung durch die vermehrten Aktivitäten der großen Handelsunternehmen und -systeme für den Aufbau von europäischen Beschaffungszentralen, um durch eine effiziente **Bündelung der Nachfrage** günstigere Bezugspreise insbesondere bei den weltweit agierenden Herstellern und Anbietern zu erlangen. Nach vorsichtigen Schätzungen können rund 30% des Beschaffungsvolumens im Einzelhandel der *Europäischen Union* von einem konzentrativ und kooperativ organisierten Einkauf realisiert werden. Wettbewerbs- und Verhandlungsstärken vieler Hersteller, aber auch wirtschafts- und handelspolitische Faktoren stehen allerdings einer derartigen Zentralisierung im Wege.

Eine hohe Bezugskonzentration auf eine welt- und europaweite Beschaffungszentrale kann aber auch dazu führen, daß nur solche Unternehmen als Lieferanten in Frage kommen und akzeptiert werden, die mit ihren hohen Produktionskapazitäten eine europaweite Belieferung erfüllen und sichern können. Hersteller mit kleineren Produktions- und Vermarktungskapazitäten in den kleineren *EU*-Ländern können daher in eine schwierige Angebotssituation kommen.

Andererseits müssen aber auch die in den Ländern agierenden Systemzentralen bzw. Tochtergesellschaften notwendige **Lieferbeziehungen zu den inländischen Herstellern** aufbauen, um mit bekannten inländischen Produkten der landes- und regionsspezifischen Nachfrage- und Bedarfskonstellation angemessen Rechnung zu tragen. In einigen Fällen wird der von ausländischen Handelsunternehmen zu vollbringende Aufbau von Lieferbeziehungen zu einheimischen Herstellern dadurch zum Teil erheblich erschwert, daß diejenigen ausländischen Handelsunternehmen, die eine stark preisbetonte bzw. niedrigpreisige Angebots- und Verkaufspolitik als herausragenden primären Wettbewerbsparameter forcieren, nur zögerlich oder mit erheblichen Restriktionen als Kunde und Marktteilnehmer akzeptiert werden. Vereinzelt werden diese den Wettbewerb „störenden" Handelsunternehmen durch einen Lieferboykott wichtiger inländischer Hersteller tangiert, der nach bisherigen Beobachtungen jedoch vielfach nur für einen gewissen Zeitraum aufrecht erhalten werden kann.

5.4 Kooperationssysteme im Prozeß der Transnationalisierung

Ausgehend von der These, daß vor allem ein intensiver Prozeß der Transnationalisierung von solchen Handelssystemen ausgeht, die infolge überdurchschnittlich wirksamer Wettbewerbsparameter eine herausragende Marktposition im Inland einnehmen, können die **deutschen Handelskooperationen** mit ihren vergleichsweise weit entwikkelten Entscheidungs- und Organisationssystemen als **anschauliche Beispiele** für eine erfolgreiche Transnationalisierung angesehen werden (vgl. *Ahrens* 1994, S. 5 ff.). Die primäre Zielsetzung der Kooperationssysteme, mit Hilfe einer intensiven und breit angelegten Mitglieder- und „Förderbeziehung" den kleineren Unternehmen einen spürbaren Nachteilsausgleich im Wettbewerb gegenüber den Großunternehmen des Handels zu verschaffen, hat dazu geführt, daß diese zwischen der Kooperationszentrale und den verschiedenen Mitgliedsunternehmen erarbeiteten und erfolgreich praktizierten Systemen einer „kritischen" Zusammenarbeit eine erhebliche Signalwirkung und Vorbildfunktion für gleichartige Fördersysteme im Ausland ausgeübt haben.

Im Zuge einer wachsenden Öffnung der Kooperationssysteme für ausländische Handelsunternehmen haben die deutschen Kooperationen **zwei Strategien** eingeschlagen: Zum einen gründen die Kooperationen in anderen Ländern Tochtergesellschaften, die als Systemzentrale für die dort ansässigen Handels- bzw. Mitgliedsunternehmen fungieren, und zum anderen werden zu Mitgliedsunternehmen im Ausland direkte und grenzüberschreitende Liefer- und Förderbeziehungen aufgenommen. Ein vollständiger Transfer des zum Teil sehr differenzierten Kooperations- und Fördersystems in einen ausländischen Absatzmarkt scheitert vor allem an den zum Teil sehr unterschiedlichen Einstellungen von selbständigen Unternehmen des Groß- und Einzelhandels gegenüber kooperativen Gemeinschaftsunternehmen. Die französischen, spanischen und italienischen Unternehmen haben vielfach geringere Erwartungen an ein kooperativ organisiertes Förder- und Einkaufssystem als Handelsunternehmen in Deutschland und Schweden, die sich in einem sehr starken Maß mit den Zielsetzungen ihrer Einkaufskooperationen identifizieren. Kooperativ organisierte Einkaufssysteme zeichnen sich noch durch einen hohen Grad an Freiwilligkeit der Zusammenarbeit aus. Das unternehmerische Selbstverständnis über die freiwillige Einschränkung bestimmter unternehmerischer Freiheiten und Funktionen ist allerdings in den einzelnen *EU*-Ländern unterschiedlich ausgeprägt (vgl. *Beuthien/Schwarz/Täger* 1993).

6 Künftige Entwicklungen in der Transnationalisierung von Handelssystemen

Nahezu alle Großunternehmen des Einzelhandels werden ihre bisherigen Auslandsengagements mit dem künftigen Ziel ausbauen, in dem jeweiligen Auslandsmarkt die notwendige und **„kritische“ Umsatzgröße** zu erreichen, damit die dort agierende Tochtergesellschaft mit einer hohen Handlungsautonomie das eigene Vertriebs- und Verkaufssystem durchsetzen und fest etablieren kann. Das Erreichen einer bestimmten Umsatzgröße mit einem entsprechenden Filialnetz von attraktiven Betriebs- und Geschäftstypen bildet eine notwendige Plattform, um die größen- und systemspezifischen Wettbewerbsvorsprünge auch in entsprechenden Waren- und Leitungsangeboten den Kunden demonstrieren zu können. Dabei werden die verschiedenen Informations- und Medienangebote eine steigende Bedeutung erlangen, da die Konsumenten hieraus mehr und mehr Anregungen und Impulse für die Wahl ihrer Einkaufsstätten entnehmen. Dabei werden die „Schlupflöcher“ einer mehr oder weniger vergleichenden Werbung z.B. von Preisangeboten eine zunehmende Rolle spielen.

Vor diesem Hintergrund können **drei künftige Entwicklungslinien** in der Transnationalisierung von Handelssystemen beobachtet werden:

(1) Vor dem Hintergrund des verschärften Distributionswettbewerbs sowohl in den west- als auch in den mittel- und osteuropäischen Staaten werden die Handelsunternehmen ihre **landesspezifischen Absatz- und Verkaufsstrategien** noch weiter verfeinern und differenzieren - mit dem Ziel einer möglichst hohen Kundenzufriedenheit und damit Kundenbindung. Aus dieser Entwicklung heraus werden sich hohe absatzwirtschaftliche Anforderungen an das Handelssystem ergeben, die

vielfach die kostenmindernde Standardisierung von einzelnen zentralen Funktions- und Leistungsangeboten in Frage stellen werden.

(2) Um die wettbewerblich relevanten und notwendigen Systemvorteile von zentralen Funktionserfüllungen und -angeboten abzusichern, werden die Qualität und Effektivität von **zentralen Organisations- und Entscheidungsstrukturen** stärker unter den Zielsetzungen und Anforderungen der Transnationalisierung unter die Lupe genommen. Insbesondere das zentrale Clearing der Finanzmittel sowie die Zentralisierung von Beschaffungs- und Logistikentscheidungen werden noch stärker ausgebaut, um größenbedingte Marktchancen besser ausnutzen zu können. Die zunehmende Globalisierung des Wettbewerbs auf den Beschaffungs- und Finanzmittelmärkten zwingt die großen Handelsunternehmen zu dieser stärkeren Zentralisierung bestimmter Funktionsbereiche, um die wettbewerbsentscheidenden Systemvorsprünge im stark national geprägten Absatz- und Verkaufsbereich zu sichern und zur Wirkung zu bringen.

(3) Der künftige Erfolg einer Transnationalisierung von Handelssystemen hängt darüber hinaus entscheidend davon ab, mit welcher Intensität und mit welchen Instrumenten und „Botschaften" die Beschäftigten der ausländischen Tochtergesellschaften an ihren Arbeitsplätzen von den Landes- und Unternehmenszentralen angesprochen werden. Der Erfolg eines **landesspezifischen Handelssystems**, dessen Grundstrukturen von einem ausländischen Handelsunternehmen entwickelt wurden, basiert nicht allein auf der Attraktivität von günstigen Waren- und Leistungsangeboten einer ausländischen Zentrale, sondern ist eng mit den originären Verkaufs- und den übrigen Dienstleistungen des Personals in den verschiedenen Geschäfts- und Betriebstypen verbunden. Eine hohe Identifikation des Personals mit den systemspezifischen Wettbewerbsfaktoren steht in einem engen Zusammenhang mit dem allgemeinen Image und der Wettbewerbsposition des Unternehmens auf den verschiedenen Auslandsmärkten.

Globalisierung der internationalen Finanzmärkte

Kurt F. Viermetz

1 Einleitung

Die Herausforderungen der **Globalisierung** sind in aller Munde. Sie beschäftigen in zunehmenden Maße Politik, Gesellschaft und die Wirtschaft. Vor allem die internationalen Finanzmärkte sind durch den umwälzenden Prozeß der Globalisierung in den Mittelpunkt des Geschehens gerückt.

Aber bereits die Geistes- und Politikgeschichte Europas seit den Anfängen der Industrialisierung vor gut 200 Jahren beweist das Ringen und den Kampf zwischen der Legitimität der Verfolgung des Gewohnten und der Unerbittlichkeit der Märkte.

Was wir im Grunde heute erleben, nämlich die **weltweite Vernetzung von Finanz- und Warenmärkten**, der Märkte für Güter und Dienstleistungen ist eine Umkehr der Bewegung, die vom Zeitalter der Entdeckungen bis in die Anfänge des 20. Jahrhunderts die Welt mehr oder weniger nach dem Bilde Europas umzuformen versuchte. Die Bestrebungen Englands, Frankreichs, Spaniens, gegen Ende des letzten Jahrhunderts auch Deutschlands, europäische Kultur, europäische Werke, europäische Werte und europäische Waffen den anderen Völkern dieser Welt in Amerika, Afrika und Asien aufzudrücken, war alles in allem ein Vorläufer der heutigen Globalisierung.

Heute erscheint das Phänomen „Globalisierung" umgekehrt auf Europa zuzukommen, getragen von den revolutionären Veränderungen der **Technologie** im allgemeinen und der Informationstechnologie im besonderen. Dieser radikale Prozeß wird heute entscheidend beeinflußt, gesteuert und angeführt von der Technologie- und Medienindustrie der USA. Relativ neu an diesem Prozeß ist, daß sich das **Tempo** der **Veränderungen** von Jahr zu Jahr beschleunigt, sich das Netz der Verbindungen und Interdependenzen ständig verfeinert, verästelt, dabei die internationale Arbeitsteilung vorantreibt und sozusagen den Humus für ein kolossales Wachstum und Zusammenwachsen der Weltwirtschaft auf dem Weg in das 21. Jahrhundert bildet.

Diese verstärkte Dynamik zeigt sich am allerdeutlichsten in der Globalisierung der internationalen Finanzmärkte. Beste Indikatoren sind die vertiefte Integration aller nationalen Märkte, die explosionsartige Ausweitung der Volumina an allen Börsen und Märkten und die strukturellen Veränderungen, denen die Akteure in aller Welt ausgesetzt sind. Wie gesagt, in den vergangenen Jahren haben sich die Strukturen im internationalen Banking in atemberaubender Weise verändert. Sowohl in Europa als auch in den Vereinigten Staaten ist eine deutliche **Beschleunigung** des **Konsolidierungsprozesses** zu beobachten.

Auf der einen Seite haben wir gewaltige Zusammenschlüsse wie bspw. in Europa die der Schweizer Banken *UBS* und *SBC* zur *United Bank of Switzerland,* oder die Fusion der zwei in München beheimateten deutschen Großbanken *Bayerische Vereinsbank* und *Bayerische Hypotheken- und Wechselbank* zur *BHV-Bank* gesehen, oder verzeichnen in den USA die geplante Fusion von *Citicorp* und *Travelers Group* zu dem Weltgiganten *Citi Group* mit einer Börsenkapitalisierung von über 146 Mrd. US $. Erweitert wird die letztgenannte Transaktion noch durch das jüngst vereinbarte Investment Banking Joint Venture *Nikko Salomon Smith Barney* zwischen *Travelers* und *Nikko* in Japan. Hier könnte ein weltumspannendes **Allfinanz-Netzwerk** heranwachsen, das in allen Zeitzonen in sämtlichen Produktbereichen auftreten könnte. Auf der anderen Seite korrigieren einige europäische Banken ihre Ambitionen im Global Banking. Die beiden UK-Banken *Barclays* und *NatWest* wollen sich künftig wieder in erster Linie dem **traditionellen Bankgeschäft** im Heimatmarkt widmen, dem glänzenden Vorbild der *Lloyds TSB-Bank* folgend, die sich schon vor Jahren aus dem internationalen Finanzgeschäft zurückzog, und in der konsequenten Fokussierung auf den britischen Retail-Banking-Markt von den Kapitalmärkten mit der europäischen Spitzenbewertung von 82 Mrd. US $ belohnt wurde.

Sollte der Konsolidierungsprozeß die momentane Dynamik beibehalten, ist zu erwarten, daß eine ganz beachtliche Anzahl US-amerikanischer und europäischer Banken das Jahr 2 000 in der jetzigen Konstellation nicht mehr erleben werden. Wichtigster Motor der Konsolidierungsentwicklung scheint für das breite Publikum der Drang nach Größe zu sein. Aber die treibenden Kräfte für Veränderung sind natürlich mehrere. Mehr Größe bedeutet jedenfalls mehr operative Effizienz:

- **Cost Synergies** (Größe geht mit Kostenvorteilen einher, etwa durch die Degression hoher Aufwendungen im Bereich Information Technology.),
- **Revenue Synergies** (Das Angebot einer breitgefächerten Produktpalette erleichtert den Aufbau und den Erhalt von Kundenbeziehungen durch das konsequente Ausnutzen von Cross-Selling-Potentialen.) und schließlich
- **Diversifikation** zur Stabilisierung der Gewinnbasis (Der Kauf von *Mercury Asset Management*, dem größten britischen institutionellen Fondsmanager, durch *Merrill Lynch*, New York, unterstreicht diesen Punkt.).

Bei den treibenden Kräften der Veränderung geht es natürlich jenseits aller potentiellern Überlegungen zur Größe eines Instituts um die fundamentalen Trends in der Weltwirtschaft. Dazu gehören in erster Linie **Technologie**, **Deregulierung**, **neue Märkte** sowie die **Globalisierung**.

2 Technologie

Der Schlüsselfaktor für die Entwicklung aller Finanzdienstleister ist die revolutionäre Entwicklung der Informationstechnologie. Die ständig **sinkenden Kosten** der **Kommunikation** und Verarbeitung von Informationen implizieren, daß immer mehr Informationen einem wachsenden Kreis von Benutzern zur Verfügung stehen: Banken haben ihren klassischen Informationsvorsprung zu einem großen Teil verloren.

Das erinnert an das klassische Buch „Death of a Banker“ von *Ron Chernow*. Er beschreibt in gelungener Weise die abnehmende Macht der Banken und Bankiers: sie hätten ihr vertrautes Gut verloren, nämlich die Kontrolle über die Informationen (Kreditentscheidungen!). Seiner Meinung nach hatten **Kapitalsuchende** noch nie in der Finanzgeschichte so leichten Zugang zu Kapital - und vor allem noch nie zu so hervorragenden Konditionen! Gleichzeitig haben die **Kapitalanbieter** eine noch nie dagewesene Machtstellung erobert, so daß die gesamte Finanzdienstleistungsindustrie vor weitreichenden Konsolidierungs- und Rationalisierungswellen steht.

Ohne die sprunghafte Steigerung der Rechnerkraft wäre als weiteres Beispiel die explosive Entwicklung und **Verbreitung derivativer Finanzinstrumente** der vergangenen Jahre undenkbar. Eng mit der Weiterentwicklung der Informationstechnologie sind auch drei weitere Trends verknüpft: Commoditisation, Securitisation und Globalisation, die eigentlich keiner Erläuterung bedürfen - aber dennoch nicht unerwähnt bleiben können.

2.1 Commoditisation

Als Folge der leichteren und schnelleren Verfügbarkeit von Informationen wird der **Profitabilitätszyklus**, in dem einfache (Plain Vanilla) Produkte zum Standard und immer wieder durch neue, innovativere Lösungen ersetzt werden, dramatisch verkürzt. Technologie verwandelte einst **komplexe Produkte** letztlich in Commodities.

Die Finanzindustrie steht vor der Tatsache, daß kein Produkt wirklich geschützt werden kann. In der heutigen Wirklichkeit kann fast jegliches neues Produkt vom Konkurrenten - mit kleinen Abweichungen - jederzeit kopiert und sofort weltweit vermarktet und verkauft werden!

2.2 Securitisation

Regulatives Umfeld und internationaler Wettbewerb um Eigenkapital stellen die gesamte Bankbilanz zur Disposition. Die klassische Rolle der Banken als Finanzintermediäre hat durch staatliche Vorschriften, Eigenkapitalvorschriften etc. stark an Attraktivität verloren. Fortschritte in der Informationstechnologie führen zu sinkenden Transaktionskosten, und die Entwicklung von transparenten und unabhängigen Ratingsystemen resultiert in der schnelleren Verfügbarkeit von Kreditinformationen.

Die **Verbriefung traditioneller Bankkredite** ist kostengünstiger als das Belassen dieser Forderungen in der Bankbilanz, da Krediten aufgrund der Kapitaladäquanzbestimmungen in gewissem Umfange haftendes Eigenkapital gegenüberstehen muß. Zusammen mit der Verwendung von **Kreditderivativen** lassen sich durch Verbriefung die mit einem Kredit verbundenen Risiken heutzutage leicht trennen.

3 Deregulierung

Die zunehmende Deregulierung der Finanzmärkte und die damit verbundene Abnahme der Regulierungsdichte eröffnet neue, vielversprechende **strategische Alternativen** für Finanzinstitute und Investmentbanken. Umgekehrt bringt es ganz neue Wettbewerber in den Markt, die No-Bank-Banks in Amerika, die den Banken im letzten Jahrzehnt große Marktanteile abgerungen haben: *American Express* für die Kreditkarten, *General Motors Acceptance Corporation* für die Autofinanzierung, *GE Capital Corporation* für das Leasing, *Fidelity Fund Management* für das Fond-Management-Geschäft dienen als führende Beispiele dieses Trends, der in zunehmenden Maße auch auf den europäischen Markt übergreift.

Die Entwicklung der amerikanischen Volkswirtschaft gibt den Hinweis. Vor dreißig Jahren hielten die Banken noch ca. 70 bis 80% aller Finanzaktiva der am Wirtschaftsleben Beteiligten. Heute ist der Marktanteil des Bankensystems dramatisch auf gute 25% gesunken.

4 Neue Märkte

Neue Märkte eröffnen sich zum einen durch das Erscheinen neuer Länder auf der Bildfläche der internationalen Finanzmärkte, wie etwa der osteuropäischen Länder nach dem Zusammenbruch der Sowjetunion, also der klassischen Emerging Markets, zum anderen auch durch die Reorganisation bestehender Märkte, wie etwa im Fall der Europäischen Währungsunion durch die Einführung des Euro.

4.1 Europäische Währungsunion

Mit der Einführung einer einheitlichen Währung wird es ab 1999 für die elf teilnehmenden Nationen einen **einzigen gemeinsamen Kapitalmarkt** geben. Durch die

Kreierung einer einheitlichen Zinskurve des Euro aufgrund der ersten Zins-Quotierung des Tagesgeldes mit Hilfe der *Europäischen Zentralbank* am 4. Januar 1999 wird praktisch automatisch die gesamte Finanzindustrie der sich am Euro beteiligenden Länder über Nacht zu einem einzigen Markt zusammengeschweißt - oder fusioniert, könnte man auch sagen. Für die einzelnen Länder bedeutet dies eine schlagartig gesteigerte Zahl von Marktteilnehmern und eine dramatisch erhöhte Liquidität. In bezug auf die **Strukturmerkmale** wird dieser Kapitalmarkt schon aufgrund seiner Größe am US-amerikanischen Vorbild gemessen werden. Dies gilt in bezug auf die Liquidität, die Transparenz im Umgang mit Informationen, den Einfluß einzelner Regionen auf den Gesamtmarkt und die Vielfalt der verwendeten Instrumente.

Nach dem Wegfall des Währungsrisikos wird das **Kreditrisiko** und das **Rating** zum Hauptaugenmerk der europäischen Finanzinstitutionen avancieren. Regierungen, Unternehmen und Banken werden künftig gezwungen sein, ihren Kapitalbedarf allein auf der Grundlage ihrer Bonität, ihres Credit Rating, zu bestreiten.

Nationale Wettbewerbsvorteile werden nachhaltig durch den Euro an Bedeutung verlieren: Deutsche Hypotheken/Pfandbriefanleihen werden nicht mehr von französischen Asset-Backed-Security-Transaktionen zu unterscheiden sein. Die europäischen **Fremdkapitalmärkte** werden sich rasch verändern. Die Beziehung zwischen Risiko und Rendite als zentraler Leistungsmaßstab wird an Bedeutung gewinnen und das Prinzip der Mark-to-Market-Bewertung wird sich schließlich auch in Europa durchsetzen. An den **Aktienmärkten** wird eine sektorale an Stelle der nationalen Betrachtungsweise treten. Dieser Effekt wird den Trend zu einer wertorientierten Unternehmensführung im Sinne des Shareholder Value festigen, mit entsprechenden Implikationen für den Restrukturierungsbedarf, auch und gerade in Deutschland. Im Bereich der **Vermögensverwaltung** wird der länderspezifische Fond schlichtweg seine Bedeutung verlieren.

4.2 Emerging Markets

Emerging Markets werden, der Krise in Fernost ungeachtet, auch weiterhin ein starkes **Wachstumsfeld** für global operierende Investmentbanken bleiben. Die **industrielle Kundenbasis** der Investmentbanken drängt auf diese Emerging Markets und ist interessiert an lokalem Know How und Produkten, die helfen, die oft schwer kalkulierbaren Risiken zu begrenzen. Darüber hinaus bedarf es häufig der Unterstützung bei der Strukturierung von neuen Investments, den Engagements der großen Investoren an lokalen Märkten und der Auswahl strategischer Partner in den betreffenden Ländern. Kaum entwickelte Kapitalmärkte versprechen zudem aufgrund uneinheitlicher Regulierung zahlreiche Arbitrage-Möglichkeiten. Neuen Märkten kommt auch die Rolle einer **Einstiegsplattform** für neue Wettbewerber im Investment Banking zu.

In den westlichen Industrienationen sind neue Distributionsvorteile nur noch schwer zu erzielen, und die bestehenden Kundenbeziehungen sind nur schwer abzuwerben. Die Emerging Markets hingegen versprechen langfristig große Wachstumschancen zusammen mit einem relativ noch wenig entwickelten **Wettbewerb**.

5 Globalisierung

Investment Banking und Globalisierung gehen den Weg des Wandels Hand-in-Hand: „A moving business with a moving target". Vor allem **Deregulierung** der nationalen Geld- und Kapitalmärkte und **technologischer Fortschritt** sind für die Globalisierung im Finanzgeschäft verantwortlich. Die Freiheit der internationalen Kapitalflüsse hat zu einem weltweiten Wettbewerb um Kapital geführt.

Die Globalisierung manifestiert sich auch in den Trends der **Produktbereiche**. Um es am Beispiel der Investmentbanken zu erläutern: Sie zeichnen in allen führenden Finanzmärkten der Welt Wertpapiere, handeln mit verschiedensten Finanzinstrumenten und Währungen, betreiben Fondsmanagement und Vermögensverwaltung, bieten Beratungsdienstleistungen an, zum Beispiel bei Fusionen und Unternehmensübernahmen, offerieren Risikomanagement und investieren Risikokapital. Sie sind üblicherweise heute nicht mehr im sog. kommerziellen Bankgeschäft, der Abwicklung internationalen Zahlungsverkehrs oder dem traditionellen Kreditgeschäft tätig. Es ist offenkundig, daß die Trennungslinie zwischen Commercial Banks und Investment Banks heute längst nicht mehr genau gezogen werden kann.

5.1 Global Markets

Im **Wertpapierhandel** ist der Prozeß der Commoditisation bereits weit vorangeschritten. Außer dem Eigenhandel dient dieses Geschäft vielen Investmentbanken nunmehr der Unterstützung beim Erlangen großer Underwriting-Mandate.

Im Fixed **Income Trading** zeichnen sich in Europa durch die Währungsunion und durch den Trend hin zu Corporate Bonds tiefgreifende Veränderungen ab. Die Debatten konzentrieren sich auf die Annahme einer Verlagerung der Fremdfinanzierung, weg von Bankkrediten hin zu Corporate Bonds im Kapitalmarkt: Während etwa in Deutschland das Kreditvolumen der Banken auch heute noch ungefähr dem Bruttoinlandsprodukt entspricht, so liegt dieses Verhältnis in den USA bei ca. 40%.

Im Bereich **Equities** ist die „strategische Verknüpfung" der beiden Geschäftsfelder Equities und M&A von entscheidender Bedeutung. Beispielhaft seien hier nur Transaktionen wie Equity Carve-outs, IPOs von Tochtergesellschaften oder die mit traditionellen Fusionen und Akquisitionen verbundenen Kapitalmaßnahmen erwähnt.

Insbesondere bei amerikanischen Investmentbanken ist ein Trend zur **Integration** von **Retail-Brokern** und damit zu einer Stärkung der eigenen Distributionsmöglichkeiten, im Verkauf an die Endkundschaft der Privaten, zu beobachten. Der Zukauf von *Dean Witter* durch *Morgan Stanley* im Jahre 1997 unterstreicht diesen Punkt. Mehr noch als das Distributionsnetz ist jedoch ein starkes, analytisches, objektives Research für den Erfolg des Equities-Geschäfts ausschlaggebend.

5.2 Corporate Finance

Im Bereich der Beratung und Umsetzung von komplexen Finanzierungs- und M&A-Transaktionen ist der Trend hin zu einem **umfassenden Angebot** eindeutig auf dem Vormarsch. Insbesondere international tätige Klienten suchen nach Anbietern mit einer differenzierten Produktpalette, die neben der eigentlichen Beratung auch über Möglichkeiten zur Finanzierung der Transaktion und damit zur kompletten Durchführung in u.U. verschiedenen nationalen Märkten verfügen.

Kleinere **Beratungs„boutiquen"** profitieren in erster Linie von ihrer **Unabhängigkeit** und konsequenten Nischenfokussierung. Der Trend zu einer verstärkten globalen oder zumindest verstärkten regionalen Präsenz ist daher bei vielen Instituten zu beobachten.

In den zurückliegenden Jahren ist eine animierte Diskussion über das Entstehen der sog. **Bulge Brackets** vor allem im US-amerikanischen Geschäft entstanden. Aufgrund ihrer Reputation beim Kunden, so verläuft die Argumentation, werden die Top 5-Finanzinstitute langfristig einen Marktanteil von mehr als 70% bei allen großen Finanztransaktionen im Weltmarkt erreichen. Noch wichtiger, die Rentabilität dieser Institute wird nicht mehr in einem linearen Zusammenhang zu ihrem Marktanteil stehen, die Bulge Bracket-Banken werden sich vielmehr den profitableren Teil des Geschäfts sichern können. Mittlerweile spricht man vom **Super Bulge** (*Merrill Lynch, Goldman Sachs, Morgan Stanley DW*) - wohl weil schlagkräftige, global ausgerichtete Institute wie *J.P. Morgan* als Nr. 4 im Bulge Bracket angekommen sind. Diese Überlegungen zum Bulge-Bracket-Thema basieren auf der Annahme des folgenden Virtuous Circle: Einerseits achten Kunden bei der Mandatsvergabe sehr sorgfältig auf den Track Record, also die Erfahrung der Bank in dem relevanten Marktsegment, andererseits bedarf es seitens der Bank gerade dieses Vertrauens, um einen solchen Track Record aufbauen zu können! Deshalb ist der Aufbau bzw. die Aufrechterhaltung eines **substantiellen Marktanteils** im Bereich Corporate Finance von strategischer Bedeutung, und selbstverständlich sehr kostspielig.

Allerdings sollte nicht, in Anlehnung an den eben beschriebenen Virtuous Circle, davon ausgegangen werden, daß die Big Player bereits heute unumstößlich feststehen. Gerade das wechselhafte und stark zyklische Geschäft „Corporate Finance" erfordert von den Banken ein hohes Maß an **Flexibilität** und **Schnelligkeit** in der Antizipation neuer Trends und der Reaktion auf neue Herausforderungen.

5.3 Asset Management

Eine Vielzahl von Investmentbanken haben in jüngster Zeit durch **Akquisitionen** ihre Aktivitäten im Bereich des Asset Management verstärkt. Zwei Faktoren machen dieses Geschäftsfeld besonders attraktiv: Erstens, die starken Wachstumschancen und zweitens die relative Stabilität der Erträge aus dem Asset Management. Die starken Wachstumschancen ergeben sich in erster Linie durch die demographischen Veränderungen und die damit verbundene Krise in den staatlichen Altersvorsorgesystemen. Die Argumentation zugunsten eines Rentensystems mit Kapitaldeckung im Gegensatz zum traditionellen Umlage- oder Pay-As-You-Go-System ist aus der Debatte in Deutschland hinlänglich bekannt.

Daneben wird der privatwirtschaftlich organisierte Teil der Altersvorsorge in zunehmenden Maße an Bedeutung gewinnen. Im internationalen Vergleich hat **Europa** einen enormen **Nachholbedarf** bei der privaten **Pensionsvorsorge**, insbesondere bei der Etablierung betrieblicher Pensionsfonds in Anlehnung an die Pension Funds der

Vereinigten Staaten. Die Akkumulation privaten Vermögens wird dementsprechend noch stark zunehmen. Privates Vermögen wird dabei immer mehr von professionellen Anlegern wie Mutual Funds, Pension Funds oder Versicherungsfonds verwaltet.

Konkurrenz erwächst den Banken im Asset Management auch durch den Marktzutritt von **Versicherungen**. Langfristiger Erfolg wird Expertise in den beiden Wachstumsbereichen Mutual Funds und Defined-Contributions verlangen.

6 Der US-Markt als Trend-Setter

New York hat London als **führendes Finanzzentrum** der Erde abgelöst. Wall Street gilt immer mehr als Trend-Setter für die weltweiten Finanzmärkte. Deshalb seien die geschilderten Veränderungen anhand des US-Beispieles nochmals zusammengefaßt:

(1) Der **Konsolidierungsprozeß** der US-Finanzindustrie ist seit den achtziger Jahren von den dargestellten Themen ausgelöst, begleitet und schließlich in jüngster Zeit beträchtlich beschleunigt worden.

(2) **Transaktions-Werte** der stattgefundenen Fusionen oder Übernahmen haben sich langsam, aber sicher erhöht; der Trend geht zu immer größeren Firmenkombinationen. Die Größenordnungen der Transaktionen haben sich auch durch die Steigerungen der Price/Earnings-Faktoren von 15 auf das 25fache der Jahreserträge für die Bewertungsgrundlage erhöht. In einer alternativen Bewertungsmethode wird in der Zwischenzeit bis zum vierfachen des Buchwertes vom Markt bezahlt.

(3) Gleichzeitig hat sich die **Erfahrung** der Banken im Umgang **mit Umstrukturierung** verstärkt, Akquisitionen werden schneller „verdaut", es werden sogar öfters Serien von größeren Übernahmen geplant und auch durchgeführt.

(4) Eine weitere Konsequenz der erhöhten Akquisitions-Tätigkeit ist die Teilnahme mehrerer Institutionen an ein- und derselben Transaktion. Die Folge: der verstärkte Wettbewerb treibt den Übernahmepreis nach oben!

(5) Daraus hat sich nun eine lebhafte Debatte an der Wall Street zu **Serien-Akquisition** und **Shareholder Value** entzündet, ob das dem Prinzip des Shareholder Values entspricht oder auch schadet!

(6) Abgesehen von wenigen Ausnahmen scheint es für ausländische Institute kaum noch günstige Gelegenheiten zu geben, sich stärker im US-Markt zu engagieren.

(7) Wenn sich der Wettbewerb um größere Engagements auch auf die in den in einem Finanzverbund tätigen Versicherungen ausweiten sollte, wird das Ringen um den richtigen Einstieg in den heute noch von ungefähr 180 Versicherungen beherrschten US-Markt dramatisch zunehmen!

(8) Ein weiteres Konzept der US-Finanzindustrie wird sich stärkeren Änderungen unterziehen müssen, nämlich die Definition des **„Heimat-Marktes“**. Bis vor kurzem sprach man noch von Regionalmärkten, heute sprechen wir vom nationalen Markt, morgen vom Nafta-Markt, USA, Mexiko und Kanada, und übermorgen wird Nord- und Südamerika als der natürliche Heimatmarkt des US-Finanzsystems betrachtet werden müssen.

(9) Deswegen besteht überhaupt kein Zweifel, daß die großen US-Finanz-Institutionen sich verstärkt in den Märkten außerhalb der Vereinigten Staaten engagieren werden, um an den globalen Wachstumschancen teilzuhaben.

(10) Dabei haben die US-Investmentbanken bereits heute eine weltweite Dominanz in ihrem Sektor erreicht: Ca. 75% des weltweiten geschätzten Investment-Banking-Marktes werden von US-Institutionen gehalten.

(11) Dies gilt als Vorbild für die US-Money-Manager - die großen Investment-Fonds, die heute dabei sind, globale Strategien zu entwickeln und Marktanteile zu erobern.

(12) Auch US-Commercial Banks, die sich erfolgreich dem **Retailgeschäft** gewidmet haben (bestes Beispiel: die neue *Citi Group*), haben große Chancen, auf dem Weltmarkt markante Marktanteile zu erwerben!

(13) Auf längere Sicht werden auch im weltweiten Finanzdienstleistungsgeschäft wie in anderen führenden Industrien vielleicht auch nur zehn bis zwanzig globale **Brand-Names** den Weltmarkt beherrschen!

In vielen Meinungsäußerungen der Experten entsteht der Eindruck, daß die US- oder auch die Welt-Liga-Tabelle im Finanzdienstleistungsgeschäft bereits heute umrissmäßig erstellt, besetzt und vergeben ist. Das ist beileibe nicht so.

Soft Issues werden eine immer größere Rolle im Management des globalen Finanzgeschäftes spielen, und ein Moment der Unaufmerksamkeit - siehe das Beispiel einer Schweizer Großbank in der Behandlung seines Großaktionärs oder in der Auseinandersetzung zum Problem „Nazi-Gold“ - führt sofort zu neuen Markt-, Macht- und Börsenwert-Konstellationen!

Das **Resumee** zum Thema der Globalisierung der internationalen Finanzmärkte sollte deshalb ganz anders lauten: „The winners will be those who get to the future first“ oder: Diejenigen Finanzinstitute oder besser gesagt Finanzdienstleistungsunternehmen werden sich weltweit durchsetzen, die auf der Basis einer soliden strategischen Zielsetzung den Produkttrends gerecht werden, ihre Kundschaft behalten und erweitern können, und dabei auf die erprobten Managementprinzipien, ethischen Vorgaben und anderen Unternehmenskulturwerte der Vergangenheit zurückgreifen. Dabei gehen Institute mit angelsächsischen Partnerkulturen und den Vorteilen der englischen Sprache und des englischen Rechts mit klarem Vorsprung in das endgültige Rennen um die Führungsplätze in den internationalen Finanzmärkten von morgen.

Teil 3

Politische und soziokulturelle Rahmenbedingungen

Unternehmer, Innovation und Gesellschaftspolitik

Horst Albach

1 Einleitung

In seinem Buch „The New Industrial State" sagte *John Kenneth Galbraith* (1967) voraus, die Zukunft des kapitalistischen Systems werde besser voraussehbar werden, weil sie von den großen Unternehmungen gestaltet werde. Diese Prognose war offenbar falsch. Heute sagen junge Unternehmer in den USA: „The best way to predict the future is to invent it". Sie entsprechen dem Bild, das *Joseph Schumpeter* vom Unternehmer und seiner Rolle für die Gestaltung der Zukunft gezeichnet hat. Der Erfolg dieser jungen Unternehmer hat zu einer Rückbesinnung auf die wirtschafts- und gesellschaftspolitischen Rahmenbedingungen geführt, in denen *Schumpeter* seinen dynamischen Unternehmer sah. Der von *Schumpeter* erkannte Zusammenhang zwischen

Innovation, dynamischem Unternehmer und Gesellschaftspolitik wurde neu durchdacht und gab Anlaß zu Deregulierung und Privatisierung in vielen Ländern der Welt.

Hier soll diesem Zusammenhang auf der Grundlage von Untersuchungen über

- Existenzgründungen in Deutschland (vgl. *Albach/Hunsdiek* 1988; *Albach* 1998), insbesondere in den neuen Bundesländern (vgl. *Brandkamp* 1993; *Albach* 1998),
- Nachfolgeprobleme mittelständischer Unternehmen in Deutschland (vgl. *Albach/Freund* 1989) und in jüngster Zeit in Rheinland-Pfalz (vgl. *Albach/Hunsdiek/Kokal* 1998),
- Erfolgsfaktoren von Start-ups der neunziger Jahre in den USA (vgl. *Finger/Samwer* 1998),
- den Risikokapitalmarkt in Deutschland und Japan (vgl. *Albach/Hunsdiek/Kokal* 1986; *Albach* 1997) und nicht zuletzt
- die Deregulierung im Handwerk (vgl. *Albach* 1992) und im Einzelhandel (vgl. *Albach* u.a. 1992)

nachgegangen werden. Dabei beschränke ich mich auf die Darstellung der allgemeinen Ergebnisse, ohne auf die empirischen Untersuchungen im einzelnen einzugehen.

2 Der dynamische Unternehmer

Joseph Schumpeter verstand die wirtschaftliche Entwicklung als einen dynamischen Prozeß der **schöpferischen Zerstörung**. Innovationen zerstören alte Produkte, alte Lösungskonzepte, alte Vorstellungen. Träger dieser Zerstörung war der „dynamische Unternehmer", nicht der „statische Wirt", der den Erfolg des dynamischen Unternehmers später kopiert.

In welchem gesellschaftlichen Umfeld bewegt sich ein solcher Unternehmer? Drei Faktoren sind es, die diese Gesellschaft kennzeichnen:

(1) Es gibt Ideenfreiheit. In der Wirtschaft heißt das: Es gibt die Chance, neue Ideen zu entwickeln und durchzusetzen.

(2) Es gibt ein Finanzierungssystem, welches das erforderliche Geld für die Durchsetzung neuer Ideen zur Verfügung stellt. Der dynamische Unternehmer selbst ist mittellos.

(3) Es gibt Widerstand von Menschen und Institutionen gegen neue Ideen. Diese Widerstände sind überwindbar, weil sie nur auf dem Markt ausgeübt werden können. Mit der Unterstützung der Staatsgewalt kann Widerstand gegen neue Ideen nicht rechnen.

Diese drei Eigenschaften sind personifiziert im Unternehmer und Kapitalisten sowie institutionalisiert in offenen Märkten. Dieses sind drei **konstitutive Elemente** dessen, was man Gesellschaftspolitik oder auch, weniger eine aktive Rolle des Staates betonend, gesellschaftliche Kultur nennen könnte. Diesen drei Elementen wenden wir uns im folgenden zu.

Der Unternehmer bei *Schumpeter* hat eine **Funktion**. Sie besteht darin, die wirtschaftliche Entwicklung voranzutreiben durch neue Lösungen für Probleme der Konsumenten. Die neuen Lösungen verdrängen alte, schlechtere Lösungen vom Markt. Diese Funktion des Unternehmers kontrastiert scharf mit den Untersuchungen von Unternehmerpersönlichkeiten durch Wirtschaftshistoriker, Betriebswirte und Journalisten. Sie versuchen zu ergründen, was denn den Unternehmer als Person ausmacht. Sie beschreiben, was den erfolgreichen, den „großen“ Unternehmer kennzeichnet.

In der Gründungsforschung werden heute drei Aspekte einer Existenzgründung untersucht:

(1) Die Gründerpersönlichkeit

(2) Die Gründungsidee

(3) Der Geschäftsplan

In den Untersuchungen von amerikanischen Unternehmern, die ihre Unternehmen in den neunziger Jahren gegründet haben, finden sich sowohl Aussagen zur Person als auch zur Funktion des **Gründers**.

Ein junger Unternehmer bezeichnete die Gründer als eine „Mischung aus Arroganz, Selbstvertrauen und Geisteskrankheit“ Ein anderer meinte: „Ein Unternehmer ist felsenfest davon überzeugt, daß er stets recht hat, aber doch nicht so felsenfest, daß er aufhört, geisteskrank zu sein“. Der Unternehmer ist geisteskrank in dem Sinne, daß er die Risiken verdrängt, die eine Unternehmensgründung birgt. „Das Beste, was einem passieren kann, ist, daß man nicht weiß, wie hart es tatsächlich ist, denn man könnte rational nicht mit so viel Angst fertig werden“, gestand ein Unternehmer. Diese Aussage entspricht übrigens ganz der Auffassung *Schumpeters*, der der Ansicht war, daß der dynamische Unternehmer Chancen und Risiken nicht abwägt.

Aber die Funktion des Unternehmers steht doch im Vordergrund. Ein junger Unternehmer hat sie so beschrieben: „Man muß wie ein Gott erfinden, wie ein König führen und wie ein Sklave arbeiten". Der Unternehmer erkennt ein Problem, er hat die Vision einer Lösung, und er verfolgt diese Lösung des Problems mit großer Leidenschaft. Er verkauft nicht das Produkt, das die Lösung darstellt, sondern bereits die Vision des Produkts, noch ehe das Produkt selbst richtig entwickelt ist.

Der Unternehmer weiß, daß er die Lösung nicht allein entwickeln und erfolgreich am Markt verkaufen kann. Er muß daher ein **Team von Mitarbeitern** zusammenstellen und führen. Die erfolgreichen amerikanischen Unternehmensgründer der letzten Jahre sehen sich Tausende von Bewerbungen an, laden Hunderte zum Interview ein und stellen schließlich vielleicht zehn Leute ein. Ein junger Unternehmer sagte: „Man darf nur Mitarbeiter der Güteklasse A einstellen. Nur diese stellen selbst wieder Mitarbeiter der Güteklasse A ein. Mitarbeiter der Güteklasse B dagegen stellen Mitarbeiter der Güteklasse C ein. Darum ist erfolgreich nur derjenige, der von Anfang an nur die besten Leute einstellt".

Der Unternehmer schafft eine **Unternehmenskultur**. Viele Existenzgründer halten die Unternehmenskultur für einen der bedeutendsten Erfolgsfaktoren. Sie sind überzeugt, daß erfolgreiche Unternehmer eine „Fun Culture" schaffen, eine Kultur, in der es allen Freude macht zu arbeiten. „Fun Culture" heißt wohl auch, daß jeder das Gefühl hat, er sei für den Erfolg des Unternehmens entscheidend mitverantwortlich, ihm gehöre, so gesehen, das Unternehmen, wie es jedem anderen im Team gehört. Der Gründer vermittelt diese Vorstellung, weil er weiß, daß von den Mitarbeitern Erstaunliches geleistet wird, „wenn jeder denkt, uns gehört das Unternehmen". Er verstärkt diese Vorstellung, indem er jedem Mitarbeiter von Anfang an Optionen auf Anteile am Unternehmen gibt.

Und schließlich: Der Unternehmer kennt keine feste Arbeitszeit. In den jungen Unternehmen verbringt nicht nur der Unternehmer selbst so manche Nacht im Betrieb, sondern auch so mancher Mitarbeiter. In einer „Fun Culture" des angehenden 21. Jahrhunderts ist das wohl nicht überraschend. Freilich: In einer „Fun Culture" fühlt man sich wohl auch kaum als Sklave.

Die Arbeit macht Freude, nicht weil man für einen Unternehmer arbeitet, sondern weil man gemeinsam an einer Problemlösung und ihrer Durchsetzung im Markt arbeitet. Daß das Problem und seine Lösung und nicht die Unternehmerpersönlichkeit in den jungen erfolgreichen Unternehmen das Entscheidende sind, belegt auch die

Aussage eines jungen amerikanischen Unternehmers, daß es notwendig sei, eine „Egoless Culture“ zu schaffen. Dabei handelt es sich um eine Unternehmenskultur, die das Team und nicht den einzelnen betont. Jedem Mitarbeiter ist klar, daß das Ganze mehr ist als die Summe der Teile. „Put your ego aside and let the idea float!“, meint ein Unternehmer, ein anderer stimmt zu: „Do not focus on the individual, but on what has to be accomplished“. „The team is the star“ heißt das Credo.

Eine Gesellschaft, in der solche Unternehmer sich entfalten können, ist eine **„*Schumpeter*-Gesellschaft“**. Sie vertraut nicht nur auf die Innovationen, die in den Forschungslabors und in den Entwicklungsabteilungen großer und mittlerer Unternehmen entstehen - unter dem Druck des Wettbewerbs und der Peitsche einer aggressiven Lohnpolitik der Gewerkschaften - sondern auch auf die Innovationsfähigkeit vieler junger Unternehmer. Sie setzt auf junge Menschen mit Ideen, die ihre Ideen mit Leidenschaft, ja mit Besessenheit, durchsetzen wollen, und zwar auch gegen die Widerstände des Marktes und die Macht eingesessener Unternehmen.

3 Überwindbare Widerstände

3.1 Offene Märkte

Die Widerstände gegen die Innovationen junger Unternehmer haben zwei Ursachen:

(1) Das Beharrungsvermögen des Alten

(2) Die Unbekanntheit des Neuen

Diese Widerstände sind in verschiedenen Gesellschaften verschieden stark.

Das Alte ist nicht nur für die eingesessenen Unternehmen das Bequemste, es ist auch den Konsumenten lieb geworden. Widerstände gegen das Neue gehen daher auch von Konsumenten aus. Aber in einer Gesellschaft mit Konsumfreiheit gibt es immer einige Konsumenten, die bereit sind, das Neue auszuprobieren. In einer risikofreudigen Gesellschaft gibt es mehr solcher Konsumenten, als in einer risikoscheuen Gesellschaft, und diese sind auch schneller bereit, das Neue auszuprobieren.

Ohne **freie und offene Märkte** kann sich keine Haltung des „Let's try it!“ entwickeln. In freien und offenen Märkten können junge Unternehmer mit ihren neuen Ideen leichter Fuß fassen als in Märkten mit Zugangsbeschränkungen für neue Produkte. Es ist daher nicht verwunderlich, daß so viele neue Unternehmen auf dem virtuellen Markt des Internet entstanden sind und entstehen. Für die jungen Unternehmer ist es wichtig, daß sie möglichst rasch „Early Adopters“ unter den potentiellen Kunden für ihre Innovation finden. Je mehr Kunden durch Selbstselektion z.B. im Internet als „Early Adopters“ erkennbar werden, um so leichter ist es für junge Unternehmer, die wenigen Zielkunden zu gewinnen, die für den Anfangserfolg nötig sind. Der größte Widerstand ist überwunden, wenn die erste Referenzanlage läuft oder die erste Referenzdienstleistung sichtbaren Erfolg zeigt.

Freie und offene Märkte sind Märkte, in denen es nicht bürokratisch erschwert wird, Referenzanlagen zu errichten.

Neue Ideen lassen sich auf etablierten Märkten schwerer durchsetzen als auf Märkten, die schnell wachsen, die im Umbruch sind oder die ganz allgemein schlecht verstanden sind. Der Zutritt zu Märkten, auf denen etablierte Unternehmen hohe Zugangsschranken errichtet haben, ist schwieriger als zu Märkten mit niedrigen Marktzutrittsbeschränkungen. Es ist daher die Aufgabe des Staates, Marktzutrittsschranken niedrig zu halten. Freilich ist die höchste Marktzutrittsschranke die gute Reputation des eingesessenen Unternehmens. Auf sie kann und darf der Staat keinen wettbewerbspolitischen Einfluß nehmen.

3.2 Freie Medien

Die Unbekanntheit eines jungen Unternehmens ist, das zeigen alle Untersuchungen erfolgreicher Unternehmensgründungen, die entscheidende Marktzutrittsschranke. Wir haben gesagt, daß sie zu einem großen Teil überwunden ist, sobald die erste Referenzanlage steht.

Jüngere Untersuchungen zeigen, daß das jedoch nicht ausreicht. In Deutschland wie in den USA werden Unternehmen gegründet mit nicht mehr als einer Idee und einer „Blaupause“ des Produkts, das hergestellt werden soll. Vielfach liegt nicht einmal ein Modell des Produktes vor, und es vergehen Monate, bis das erste verkaufsfähige Produkt fertiggestellt ist. Der Markteinführung des neuen Produktes geht die „Markteinführung der unternehmerischen Vision“ voraus. Dem Marktanteil in den Händen der Abnehmer geht der Marktanteil in den Köpfen der potentiellen Kunden voraus. Die jungen Unternehmer in den USA halten diese „Mind Share“ für die Voraussetzung der „Market Share". Diese „Mind Share" wird **mit Hilfe der Medien** erzeugt. Die jungen Unternehmer setzen sie zielbewußt ein. Die Medien sollen die Vision verbreiten und dabei verdeutlichen, daß das junge Unternehmen allein die Kompetenz besitzt, dem Kunden das beste Produkt, den besten Service zu bieten. Wenn sich diese Vorstellung in den Köpfen der potentiellen Abnehmer festsetzt, braucht der junge Unternehmer die nachstoßende Konkurrenz nicht zu fürchten. Aus den „Erlkönig"-Innovationen werden heute die „Medien"-Innovationen. Die Unternehmer verbringen viel Zeit mit den Medien in der Hoffnung, die Marktzutrittsschranke der Unbekanntheit bereits überwunden zu haben, wenn das erste Produkt ausgeliefert wird. Mit Hilfe der Medien gelingt es, „Early Adopters" durch Selbstselektion zu identifizieren. Die „Early Adopters" begeistern sich für die neue Idee und fragen das neue Produkt nach. Die Innovationen der jungen Unternehmen werden nicht mehr wie früher in den Markt gedrückt, sondern von risikofreudigen Abnehmern in den Markt gezogen.

Das setzt eine **freie Medienkultur** mit vielen privaten Angeboten voraus. Offene, globale Produkt- und Dienstleistungsmärkte setzen offene, globale Medien voraus. Wie bedeutsam der durch die Medien geschaffene Marktanteil in den Köpfen ist, ist nicht nur jungen amerikanischen Unternehmern bewußt. Wir haben es in Deutschland alle nach der Vereinigung erlebt. Die westlichen Produkte hatten in den Köpfen der Bevölkerung schon einen hohen Bekanntheitsgrad, als noch kein westliches Produkt im Osten verkauft werden konnte. Etablierte Produkte aus den neuen Bundesländern hatten es plötzlich schwer, nicht ganz vom Markt verdrängt zu werden.

3.3 Liberalisierung

Die Liberalisierung von Märkten schafft Marktzutrittsschranken für junge Unternehmer und ihre Innovationen ab. Voraussetzung für die Liberalisierung war ein Umdenken in der Gesellschaft. Die Vorstellung, daß es eine Grundversorgung an Dienstleistungen der Nachrichtenübermittlung und des Verkehrs gebe, die nur durch öffentliche Unternehmen sichergestellt werden könnte, erwies sich als Mythos.

Die Erfahrung hat gezeigt, daß sich auf den liberalisierten Märkten von Post, Bahn und Telekommunikation viele neue Unternehmen, darunter auch viele junge, mit vielen neuen Produkten und Diensten etabliert haben. Im Laufe der Zeit werden auch die letzten „Universaldienstverpflichtungen" von privaten Dienstleistern im Wettbewerb übernommen werden. Aus Staatsmonopolen wurden *Schumpeter*-Unternehmer (wenn auch noch nicht in den Köpfen aller Mitarbeiter). Ihre Märkte wurden bestreitbar und werden von jungen, neuen *Schumpeter*-Unternehmern bestritten.

Die Liberalisierung dieser Märkte gehört zu den großen gesellschaftspolitischen Reformen der letzten Jahre.

4 Risikofreudige Kapitalmärkte

4.1 Das Hausbankensystem

Nach *Schumpeters* Vorstellung braucht der dynamische Unternehmer kein eigenes Geld, um seine Ideen am Markt durchzusetzen. Er erhält dafür fremdes Geld.

Wirtschaftshistorisch läßt sich der Optimismus *Schumpeters* hinsichtlich der **Finanzierung von Innovationen** schwerlich begründen. In Frankreich kam es zu der Revolution von 1848, weil die Kapitalmarktorganisation sich als unzureichend erwiesen hatte, die in der industriellen Revolution entstehenden jungen Unternehmen zu finanzieren. In Deutschland mußte der Eisenbahnkönig *Bethel Henry Strousberg* innovatorische Wege gehen, um die Zutrittsschranke des Verbots von Unter-pari-Emissionen zu überwinden. Der japanische Risikokapitalmarkt wird im wesentlichen aus den USA gespeist. In den neuen Bundesländern klagen die jungen mittelständischen Unternehmen vor allem über Finanzierungsschwierigkeiten.

Die jungen Unternehmen des 19. Jahrhunderts benötigten Kapital zur Finanzierung von Realkapital. Sie wollten in Werkzeugmaschinen und Energieerzeugungsanlagen investieren. Dafür wurde schließlich ein Kapitalmarkt entwickelt, die Börse, an der Eigenkapitaltitel von Industrieunternehmen gehandelt werden. Aber dieser Markt entwickelte sich nach allgemeinem Urteil in Deutschland wenig befriedigend. So wurde der Aufbau von Industrieunternehmen durch Selbstfinanzierung, gegenseitige Beteiligung unter den Industrieunternehmen (Konzernbildung) und den Industriekredit ermöglicht. Das Ergebnis ist ein Netzwerk von Unternehmens- und Bankverbindungen, das als bankenorientiertes System und als „kooperativer Kapitalismus" bezeichnet wird (vgl. *Windolf/Beyer* 1996). Die Hausbank finanziert vor, vermittelt den Industriekredit und ermöglicht den Zugang zu Eigenkapital an der Börse.

Dieses System erweist sich - zunehmend deutlicher, trotz aller Bemühungen des Bankensektors, über Kapitalbeteiligungsgesellschaften und Venturefonds der Kritik zu begegnen - als ungeeignet, den jungen Unternehmern unserer Zeit das erforderliche Kapital zur Verfügung zu stellen. Dabei ist Kritik ganz unberechtigt. Die Probleme sind andere, und die Lösung der Probleme erfordert andere Institutionen. Die Unternehmensgründer von heute brauchen Geld nicht für die Schaffung von Realkapital, sondern von **Geistkapital**. Sie brauchen es für Forschung und Entwicklung, für die Verbreitung von Informationen über ihre Idee und für den Aufbau eines Vertriebsnetzes für ihre Dienstleistungen. Dieses Geistkapital ist nicht besicherungsfähig. Es ist auch nicht veräußerbar. Es ist „personen-spezifisches Kapital". Nun wissen wir aber, daß selbst realkapital-spezifische Finanzierungen (Asset Specific Investments) mit dem Problem des Hold-up verbunden sind: Wenn es keinen Second-Hand-Markt für die Investitionsobjekte gibt, ist die Zugriffsmöglichkeit auf die Realinvestition praktisch nichts wert. Auf Humankapital oder Geistkapital kann ein Investor jedoch nicht einmal zugreifen. Er investiert in Vertrauen. Das aber ist nicht die Aufgabe von Kreditinstituten.

4.2 Venture Capitalists

In Vertrauen können Institutionen und Personen investieren, welche die jungen Unternehmer und ihre Mitarbeiter gut kennen. Diese können es unter zwei Bedingungen wagen, dem jungen Unternehmen Geld zu geben. Erstens: Das junge Unternehmen und seine Mannschaft überzeugen den Kapitalgeber von der Unternehmensidee und von dem unbedingten Willen, diese Idee am Markt durchzusetzen. Zweitens: Der Unternehmer und seine Mannschaft wissen, daß es in ihrem eigenen Interesse liegt, das Vertrauen des Kapitalgebers nicht zu enttäuschen. Das Projekt kann fehlschlagen, das weiß das junge Unternehmen, und das weiß der Kapitalgeber. Aber der Unternehmer weiß auch, daß er nur dann eine zweite Chance erhält, wenn der Fehlschlag nicht auf opportunistisches Verhalten zurückgeführt werden kann. Das setzt absolute Offenheit und Loyalität gegenüber dem Kapitalgeber voraus.

Es gibt zwei Gruppen von Personen und Institutionen, welche in diesem Sinne jungen Unternehmern Kapital zur Verfügung stellen können. Das eine sind die **„Business Angels"**: Investmentbanken, denen, da sie „Angels" sind, private Geldgeber ihr Kapital an-„vertrauen" und die, da sie eben „Angels" sind, auch in die Seele der jungen Unternehmer schauen können. Natürlich gibt es auch „gefallene Engel", doch sorgt der Markt dafür, daß sie nicht lange leben.

Die zweite Gruppe sind **private Hochschulen**. Sie verfügen über zwei wesentliche Voraussetzungen für den Erfolg von Start-up-Unternehmen. Sie kennen erstens den bzw. die Unternehmensgründer, sie können folglich ihre Ideen und ihr Durchsetzungsvermögen beurteilen. Sie können auch ihre Loyalität zur Institution einschätzen. Sie verfügen zweitens über ein ausgedehntes Netzwerk von Förderern und Ehemaligen, das die Unternehmensgründer für die Prüfung und Verbreitung ihrer Vision nutzen können. Mancher Beobachter hat die Ansicht vertreten, die Hochschulen in Deutschland würden in Zukunft nicht nur nach ihren Lehr- und Forschungsleistungen, sondern auch nach der Anzahl und nach der Bedeutung der aus ihnen hervorgegangenen Unternehmen beurteilt werden. Aus der Gründungsforschung ist bekannt, daß die Wahrscheinlichkeit des Gründungserfolges steigt, wenn Beratung und Finanzierung des jungen Unternehmens in einer Hand liegen. Die Beratung liegt heute vielfach in der Hand von Hochschulen, vor allem von privaten Hochschulen. Warum sollte die Finanzierung nicht in ihren Händen liegen?

5 Die Rolle des Staates

Welche Rolle spielt nun „Gesellschaftspolitik" in dem hier skizzierten Szenario? Die Gesellschaft wird erstens geprägt von Unternehmern, die eine Vision haben und ihre Ideen am Markt durchsetzen wollen. Das sind Unternehmer, die den Menschen dienen wollen, indem sie ihre Bedürfnisse am Markt befriedigen. Es sind nicht Unternehmer, die den Shareholder-Value maximieren wollen. Die Steigerung des Shareholder-Value ist die nachträgliche Bestätigung auch für die Kapitalgeber, daß sie auf eine Vision gesetzt haben, die sich am Markt durchgesetzt hat und die damit ein Problem für viele Konsumenten gelöst hat. Diese Gesellschaft ist kundenorientiert und deshalb auch offen für neue Ideen. Der Staat hält die Märkte offen.

Die Gesellschaft wird zweitens geprägt von Mitarbeitern, die wissen, daß sie ihr Geld in offenen Märkten verdienen müssen. Der Staat schützt ihre Einkommensinteressen nicht durch Ausbeutung von Konsumenten und Steuerzahlern. Die Arbeitnehmer wissen, daß sie sich am besten selbst schützen, und zwar durch Innovationen, durch Verbesserungsvorschläge und durch kontinuierliche Verbesserungsprozesse.

Die Gesellschaft wird drittens geprägt durch ein Finanzierungssystem, das in einem ganz neuen Sinne auf „Kredit" aufgebaut ist. Es beruht auf dem Vertrauen in Menschen, die neue Ideen haben, deren Durchsetzung am Markt „Geistkapital" erfordert.

Diese Gesellschaft ist eine neue Form des Kapitalismus. Vielleicht kann man sie „Geistkapitalismus“ nennen. Die Rolle des Staates besteht darin, diese Entwicklung zu fördern.

6 Schlußbemerkung

Ein Dank an den Herausgeber dieses Bandes ist angebracht. Er ist ein Unternehmer, der eine Vision von der Handelsdienstleistung hatte und sie durchgesetzt hat. Er hat neue Wege der Finanzierung beschritten und als „Business Angel“ gewirkt. Er hat, last but not least, „Geistkapitalinstitutionen“ in vielfältiger Weise finanziell gefördert. Dies waren und sind Investitionen in Vertrauen. Ich hoffe, er hat die Überzeugung gewonnen, daß die Beteiligten dieses Vertrauen rechtfertigen. Im Falle der *Wissenschaftlichen Hochschule für Unternehmensführung (WHU)*, die den Namen *Otto-Beisheim-Hochschule* trägt, ist dieser Vertrauensvorschuß besonders deutlich zum Ausdruck gekommen. Die Verantwortung, dieses Vertrauen nicht zu enttäuschen, wird von allen Mitgliedern der Hochschule als eine besondere Herausforderung empfunden. Ich hoffe, daß wir dieses Vertrauen durch unbedingte Hingabe an die Idee einer privaten, weltoffenen und praxisorientierten Hochschule gerechtfertigt haben. Ich verbinde diesen Dank an *Otto Beisheim* mit herzlichen Glückwünschen zu seinem 75. Geburtstag.

Die Dienstleistungsgesellschaft als Herausforderung und Chance

Roland Berger

1 Zunehmende Tertiarisierung

Dienstleistungen - das war in den Kategorien der traditionellen Industriegesellschaft stets die nur **ungenau definierte Restgröße** nach dem Agrarsektor und dem Produzierenden Gewerbe. Unter diesem Begriff subsumierte man alles, was nicht als Ernten, Erzeugen, Verarbeiten oder Bauen zu fassen war: Handeln, Verkaufen, Kommunizieren, Helfen, Betreuen gehörten ebenso dazu wie Transportieren, Forschen oder Heilen, kurz: eine große Bandbreite von einfachen bis hin zu hochqualifizierten Tätigkeiten.

Seit einigen Jahrzehnten beobachten wir in den großen Volkswirtschaften West-Europas, Nordamerikas sowie in Japan - die wir gewöhnlich als „Industriegesellschaften" bezeichnen - einen tiefgreifenden strukturellen Wandel: die zunehmende **Tertiarisierung**. Jener dritte Sektor hat das Agrarische und die Industrie in der Wertschöpfung wie auch in der Zahl der Beschäftigten überflügelt. Die Geschwindigkeit, mit der dieser Prozeß abläuft, ist in den einzelnen Staaten höchst unterschiedlich. Daraus resultieren, dies ist eine der Thesen, auf die ich im folgenden genauer eingehen möchte, Differenzen in der wirtschaftlichen Dynamik und in der Beschäftigungsbilanz der einzelnen Länder: Die dienstleistungsstarken Wirtschaften verzeichnen im Durchschnitt ein **höheres Wachstum beim Inlandsprodukt** und bei der Erwerbstätigkeit als jene Länder - darunter Deutschland -, in denen noch stärker traditionelle Strukturen vorherrschen.

Die Lehre, die Deutschland aus diesem internationalen Benchmarking ziehen muß, lautet: Nur dann, wenn wir den innovativen Strukturwandel von der traditionellen Industrie- in die Dienstleistungsgesellschaft (und weiter in die Wissens- und Informationsgesellschaft) beschleunigen, sind wir in der Lage, unser **Beschäftigungsproblem** strukturell zu lösen.

Der Prozeß zunehmender Tertiarisierung freilich stößt hierzulande auf Bedenken und Widerstände. Ich möchte deshalb hier über die **Chancen** reflektieren, ohne die vor uns liegenden Herausforderungen außer Acht zu lassen. Dazu zunächst einen Blick auf den **Stand der Entwicklung**. Ich komme dann auf einige Aspekte zu sprechen, die mir wesentlich erscheinen, wenn wir die USA als Beispiel für die Stärke einer Volkswirtschaft heranziehen, die den **Strukturwandel** erfolgreich bewältigt hat. Daran schließe ich einige Überlegungen zu drei großen **Trends** im Dienstleistungssektor an, die den Strukturwandel begleiten. Natürlich fehlt ein Blick auf die Situation des **Einzelhandels** nicht, ehe ich abschließend über die notwendigen Schritte spreche.

2 Deutschlands Dienstleistungssektor im internationalen Vergleich

Der private Dienstleistungssektor steht in Deutschland heute für **53,8%** der gesamten **Bruttowertschöpfung**. Die staatlichen Dienste lasse ich aus der Betrachtung außen vor, denn zum einen müssen sie aus dem heraus finanziert werden, was die übrigen Wirtschaftszweige erwirtschaften; zum anderen sind sie Teil unseres Problems, da ein hoher Anteil staatlich erbrachter Services den Handlungsraum für private Dienstleistungen einschränkt. Mit den genannten Werten liegen wir deutlich hinter anderen *OECD*-Staaten zurück: Wie Abb. 1 zeigt, tragen die privaten Dienstleistungen bspw. in den USA 59,9% und in Großbritannien 58,6% zur Wertschöpfung bei.

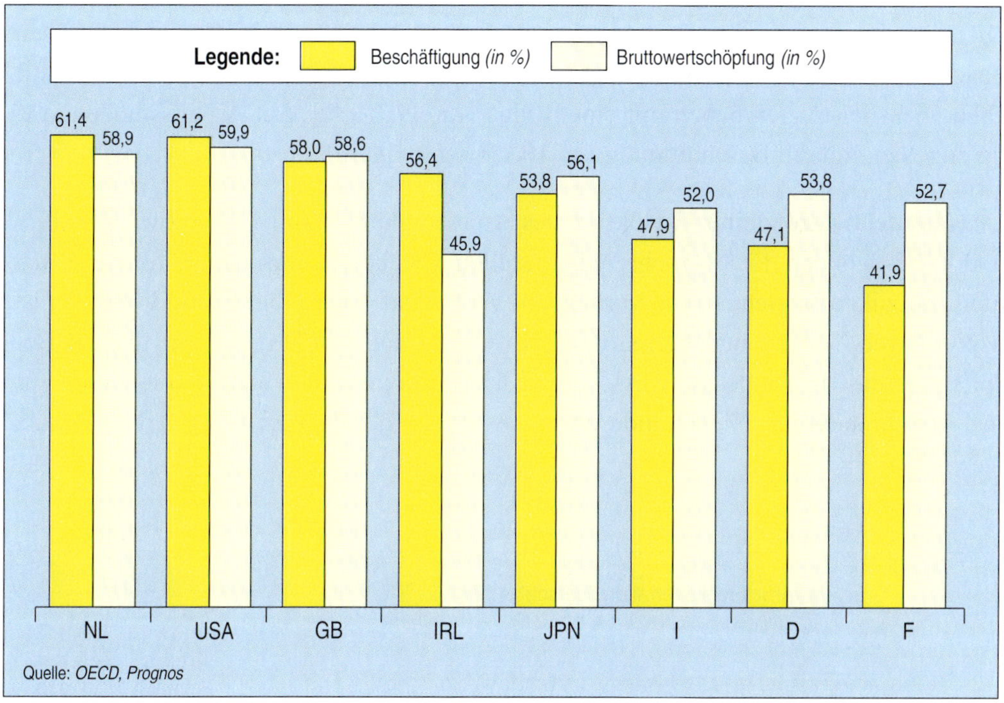

Abb. 1: Bruttowertschöpfung und Beschäftigung im privaten Dienstleistungssektor (1996)

Noch deutlicher als der Rückstand bei der Bruttowertschöpfung ist der Abstand Deutschlands zu einer Reihe anderer Länder bei der **Beschäftigung** in privaten Dienstleistungen (vgl. Abb. 1). 47,1% der Beschäftigten üben einen Beruf in diesem Sektor aus, während es in den USA 61,2% und in Großbritannien 58,0% sind. Die Differenz zu den Relationen bei der Bruttowertschöpfung rührt daher, daß die **Preise für Dienstleistungen** national erheblich differieren, ein international einheitlicher Maßstab für die Preisbereinigung aber nicht existiert. Daher erscheint es so, als ob Länder mit hohen Dienstleistungspreisen (wie Deutschland) einen relativ hohen Tertiarisierungsgrad aufweisen, während der Dienstleistungsanteil in Ländern mit günstigeren Preisen unterbewertet wird. So oder so aber wird deutlich, daß Deutschland hinter seinen Möglichkeiten zurückbleibt.

Dabei ist der Dienstleistungssektor der einzige, in dem noch **Potential** für zusätzliches **Angebot an Arbeit** besteht. Eine langfristige Betrachtung des Arbeitsvolumens - also die von der Bundesanstalt für Arbeit errechnete Gesamtheit aller in Deutschland geleisteten Arbeitsstunden - zeigt, daß dieses seit 1960 im Agrarsektor um 82,0% und in der Industrie um 42,4% geschrumpft ist (vgl. Abb. 2). Im privaten Dienstleistungssektor ist das Arbeitsvolumen dagegen um 90,4% angewachsen; gleichzeitig stieg die Beschäftigung in diesem Bereich um 176,5%. Auch die staatlichen Dienstleistungen haben mit einem Plus von 49,3% bei den Arbeitsstunden kräftig zugelegt und die Beschäftigung um 103,5% gesteigert.

Der **Handel** hat trotz einer Reduktion des Arbeitsvolumens um 17,1% zwischen 1960 und 1996 dennoch 12,8% mehr Arbeitsstellen angeboten, was darauf hinweist, daß hier sehr zukunftsorientiert die vorhandene Arbeit auf mehr Köpfe verteilt worden ist, bspw. durch Teilzeit und geringfügige Beschäftigungsverhältnisse. An diesem Beispiel müssen wir uns gesamtwirtschaftlich in den kommenden Jahren orientieren, zumal gerade auch die Niederlande eben dies als Erfolgsweg zu mehr Arbeit benutzt haben.

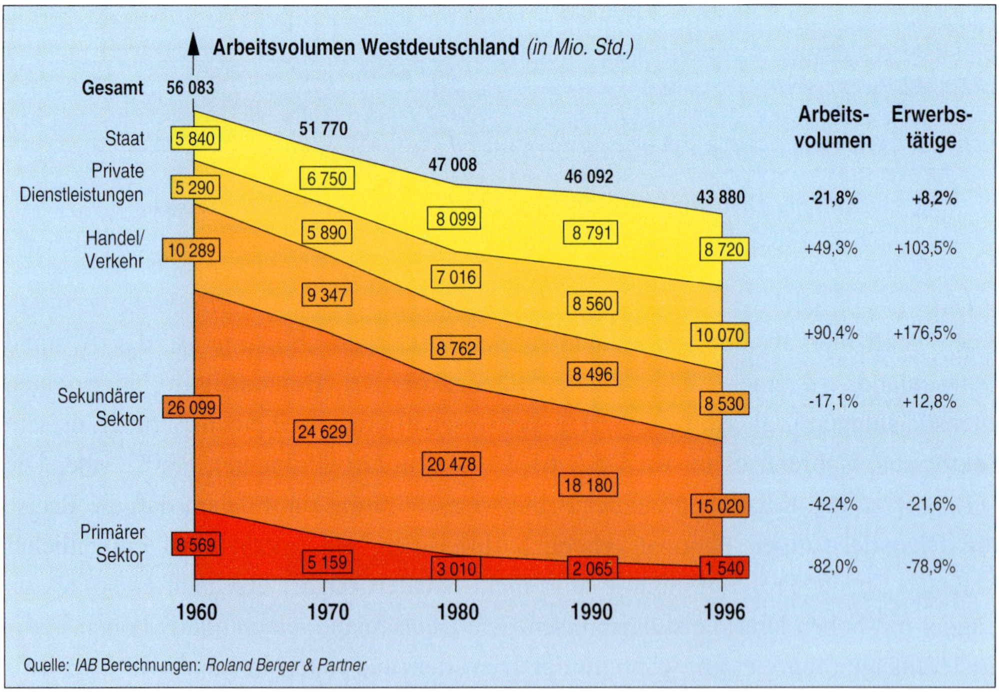

Abb. 2: Das Arbeitsvolumen in Westdeutschland (in Mio. Std.)

Es fällt ins Auge, daß die Länder, die in den zurückliegenden Jahren international erfolgreich vorführten, wie man nach der Rezession die **Arbeitslosigkeit** schnell wieder abbaut, in praktisch allen Fällen auch jene Länder sind, die einen hohen Dienstleistungsanteil aufweisen. Tab. 1 zeigt den Zusammenhang zwischen dem Anteil der Dienstleistungsbeschäftigten und dem Rückgang der Arbeitslosigkeit. Lediglich Irland fällt aus dem Rahmen: Sein Dienstleisteranteil ist noch relativ gering, wächst allerdings innerhalb Europas am dynamischsten. Deutschland dagegen, mit knapp 60% der Beschäftigten im privaten und öffentlichen Servicesektor, hat bei der Arbeitslosigkeit in diesen fünf Jahren massiv zugelegt.

Land	Dienstleistungs-anteil* an Beschäftigung 1992	Dienstleistungs-anteil* an Beschäftigung 1997	Arbeits-losenquote 1992	Arbeits-losenquote 1997
NL	71,1	73,9	6,5	5,6
USA	72,5	73,5	7,5	4,9
CDN	72,3	73,3	11,3	9,2
GB	67,8	71,9	10,2	6,9
DK	67,6	69,3	11,0	7,6
IRL	58,5	63,3	15,1	10,2
D	56,7	59,5	8,5	11,4

*) private und öffentliche Dienstleistungen
Quelle: *OECD, BA, Roland Berger & Partner*-Berechnungen

Tab. 1: Dienstleistungsbeschäftigung und Arbeitslosigkeit 1992/1997 (in %)

In den letzten Jahren gab es eine wissenschaftliche Diskussion über die Frage, ob der relativ niedrige Anteil der privaten Dienste an Wertschöpfung und Beschäftigung in Deutschland Ausdruck einer **„Dienstleistungslücke“** sei. Einige Forscher verneinten dies mit Hinweis darauf, daß die Unternehmen hierzulande viele Dienstleistungen selbst erbrächten, die rein branchenorientierte Statistik demzufolge den tatsächlichen Anteil an tertiären Tätigkeiten verschleiere. Tatsächlich lassen sich rund 38,0% aller Erwerbstätigen in der westdeutschen Industrie als Dienstleister bezeichnen, was einen starken Zuwachs gegenüber 1976 bedeutet, wo dieser Anteil noch 27,4% betrug.

Die Zahl sagt dreierlei: Sie gibt uns erstens einen Hinweis, daß deutsche Unternehmen in hohem Maße **vertikal integriert** sind - ein Umstand, der im Zeitalter der Globalisierung und der Konzentration auf Kernkompetenzen nicht eben vorteilhaft ist.

Zweitens sagt sie uns, daß in Deutschland **Skalen- und Spezialisierungsvorteile** beim Erstellen von Dienstleistungen aus diesem Grund häufig nicht genutzt werden. Wenn ein Unternehmen zum Beispiel seine Kernkompetenz im Organisieren von Geschäftsreisen hat, wird es im Markt anders agieren als eine Abteilung für Reisebuchungen innerhalb eines Unternehmens. Drittens schließlich führen Spezialisierung und Arbeitsteilung zu mehr **Innovation** sowie zu sinkenden Stückkosten und Preisen, da sich die Leistungserbringer gegenüber dem Wettbewerb behaupten müssen, und damit zu mehr Wachstum und Beschäftigung.

Ich schließe aus diesen Überlegungen folgendes: Selbst wenn wir in Bezug auf die Art der ausgeübten Tätigkeit möglicherweise keinen oder nur einen geringen nominalen Rückstand gegenüber anderen haben, liegt bei uns pragmatisch betrachtet eine Dienstleistungslücke insoweit vor, weil uns **effektive** und **effiziente Leistungsträger** im Servicesektor **fehlen** und wir aus diesem Grund vielfach auf Economies of Scale, Economies of Scope, Innovationen, Wachstum und Beschäftigung verzichten.

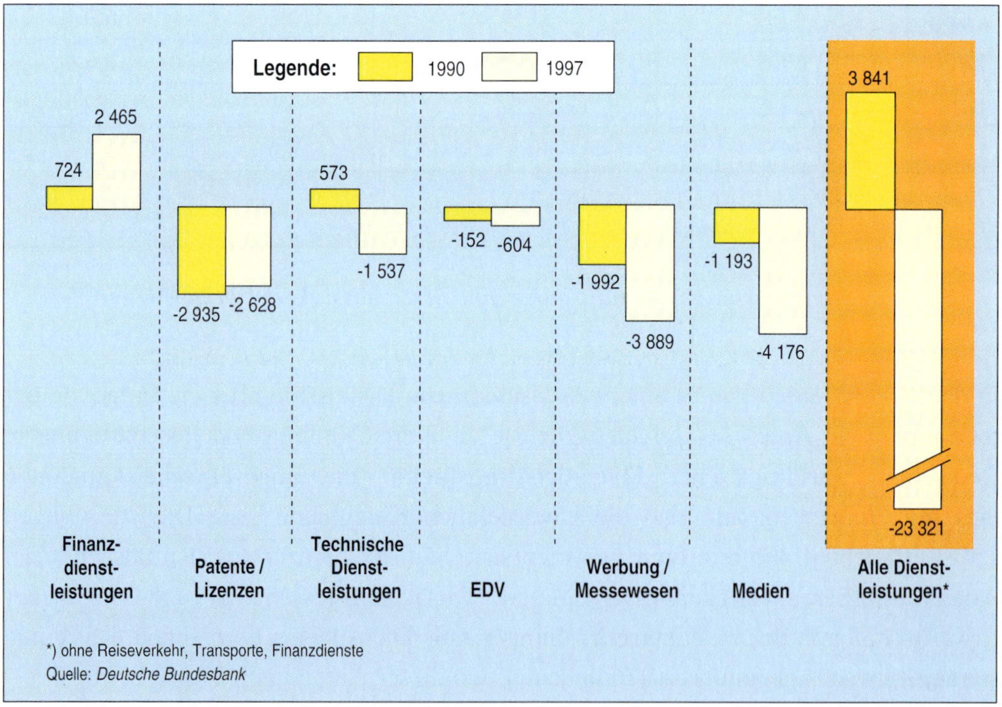

Abb. 3: Salden im Dienstleistungsaußenhandel Deutschland 1990/1997 (in Mio. DM)

Das läßt sich durch einen weiteren Umstand untermauern: Unsere **Außenhandelsbilanz** bei Dienstleistungen ist - anders als die Güterbilanz - **defizitär**. Das liegt nicht nur an der Reiselust der Deutschen und den entsprechenden Abflüssen für Transport- und Übernachtungsleistungen. Betrachten wir den Außenhandel mit den übrigen Diensten für sich (vgl. Abb. 3): Auch hier sind, bis auf den Finanzsektor, die Salden rot, wie die Zahlen der Deutschen Bundesbank zeigen. Wir kaufen also mehr Dienstleistungen auf internationalen Märkten zu, als wir dort selbst verkaufen. Besonders zu denken gibt mir dabei zweierlei: Erstens haben wir aus einem Plus von 3,8 Mrd. DM bei den Dienstleistungen (ohne Reisen, Transporte und Finanzdienste) in 1990 ein Minus von 23,3 Mrd. DM in 1997 gemacht. Und zweitens kaufen wir in vielen Fällen gerade hochintelligente Services zu, also Leistungen, hinter denen innovationsorientierte, zukunftsfähige, gut bezahlte Arbeitsplätze stehen.

Im Zusammenhang mit den oben gemachten Überlegungen heißt dies: Ökonomischen Erfolg bei Dienstleistungen werden wir dann haben, wenn wir den **Strukturwandel** hin **zur Dienstleistungsgesellschaft** mit einem privatwirtschaftlichen Servicesektor schnell bewältigen. Dazu natürlich gehört auch eine Veränderung der mentalen Bereitschaft. Ich gehöre nicht zu denen, die an der Service- und Kundenorientierung der Deutschen generell zweifeln, auch wenn es einige Beispiele gibt, mit denen sich bei diesem Thema argumentieren ließe. Unsere frühen Erfolge etwa im medizinischen Bereich oder im Ingenieurswesen zeigen, daß wir hier eine eigenständige und große Tradition haben, an die wir anschließen können.

3 USA: Eine wachstumsstarke Dienstleistungsgesellschaft

Dienstleistungsintensive Volkswirtschaften haben, das zeigen Statistiken der *OECD*, in den letzten Jahren mehr Arbeitsplätze aufgebaut als solche mit einem niedrigen Dienstleistungsanteil. In den zwanzig Jahren von 1976 bis 1996 steigerten die Niederländer die **Zahl der Erwerbstätigen** netto um 47,8%, die USA um 41,6%, die Schweiz um 25,3% und Japan um 23,1%. West-Deutschland kommt demgegenüber lediglich auf ein Plus von 7,0%, das ebenfalls dienstleistungsschwache Frankreich auf nurmehr 3,9%.

Das hohe Beschäftigungswachstum hat dabei jeweils ausschließlich im Dienstleistungssektor stattgefunden und die Verluste in der Industrie sogar kompensiert. Lediglich in den USA hat im gleichen Zeitraum auch die Industriebeschäftigung absolut zugenommen, doch steht das starke Wachstum bei den Dienstleistern (ein Plus von 34,98 Mio. Stellen seit 1976) für 93,1% der neu entstandenen Arbeitsplätze. Einer der Gründe für die gute Arbeitsplatzbilanz ist, daß in dienstleistungsintensiven Volkswirtschaften die sog. **Beschäftigungsschwelle** - also jener Wert des BIP-Wachstums, ab dem zusätzliche Arbeitsplätze entstehen - deutlich niedriger liegt: Während die deutsche Wirtschaft für einen Aufbau von Stellen real um 2,4% p.a. wachsen muß, entstehen diese in den USA bereits ab 0,6% realem Wachstum.

Lange Zeit galt es in Europa als ausgemacht, daß das Beschäftigungswunder in den USA allein auf eine starke Ausweitung der sog. „McJobs" zurückzuführen ist - jener Billigstarbeitsplätze also, auf denen man kaum seinen Lebensunterhalt verdienen kann. Studien des amerikanischen Arbeitsministeriums zeigen das Gegenteil: Bezogen auf die Periode von 1994 bis 1997 lagen **68%** der elf Millionen neuen Stellen in der **oberen Hälfte der Lohnskala**. Das zeigt, daß sich die immensen Arbeitsplatzgewinne in den Vereinigten Staaten primär auf die hochwertigen Bereiche des Dienstleistungssektors konzentrieren. Es sind zugleich diejenigen, die auch zukünftig wachstumsstark sein werden, bspw. Software-Entwicklung, technische Services, Medien und Freizeit. Nur ein Beispiel: Während in Deutschland das F&E-Personal von 1992 bis 1996 laut *IMD* von 478 600 Vollzeitäquivalenten auf 419 200 schrumpfte (-12,4%), bauten die US-Amerikaner diesen Zweig konsequent von 949 200 auf 962 700 aus (+1,4%) und sichern so ihre Innovations- und damit auch Wohlstandsbasis von morgen ab.

Zwei wichtige Aspekte leite ich aus diesen Fakten ab: Erstens sind Dienstleistungsgesellschaften aufgrund ihrer hohen Arbeitsintensität **beschäftigungswirksamer**, ermöglichen also mehr Menschen die Partizipation am Arbeitsprozeß als die traditionelle Industriegesellschaft, in der Arbeitsplätze in wachsendem Maße durch Wissen und Kapital ersetzt werden. Dies insbesondere dann, wenn die Kosten für Arbeit auf einem solch hohen Niveau liegen wie in Deutschland.

Zweitens heißt Dienstleistungsgesellschaft nicht, daß wir nun alle mehr Schuhe putzen lassen müssen, um Arbeitsplätze zu schaffen, wie eine namhafte deutsche Politikerin kürzlich polemisch bemerkte. Natürlich steht auch im Feld einfacher Dienste eine deutliche Ausweitung der angebotenen Stellen zu erwarten, doch zeigen die USA, daß der wesentliche Teil des Arbeitsplatzwachstums in hochqualifizierten (und damit auch hochbezahlten) Bereichen stattfindet. Diese Tätigkeiten sind zugleich **innovationsorientiert**, verbessern also die Position im globalen Wettbewerb um Ideen, Märkte, Wachstum und Beschäftigung.

4 Trends im Dienstleistungssektor

Für seinen Erfolg als Dienstleistungsgesellschaft muß Deutschland an den globalen Trends teilhaben, die den Strukturwandel begleiten und ihn unterstützend vorantreiben. Meiner Einschätzung nach sind es im Kern drei Trends, die die Dienstleistungsmärkte der Zukunft ausmachen: **Technischer Fortschritt**, die zunehmende **Globalisierung** und wachsende **Kapitalintensität**.

4.1 Technischer Fortschritt

Den Megatrend im Dienstleistungssektor bestimmt der technische Fortschritt in den **Informations**- und **Kommunikationstechnologien**. Dadurch kommt es zu einer erheblichen Erweiterung dessen, was sich als Dienstleistung verstehen läßt. Historische Definitionen, etwa die von *Fourastié* (1963), gingen davon aus, daß Dienstleistungen weder lagerbar noch transportierbar noch übertragbar seien. Außerdem hätten sie nur einen geringen Wert in Relation zu den Vorprodukten, auf die sie sich beziehen. War das schon zu der Zeit, als diese Definition sich ausbildete, nur bedingt richtig, so gilt dies heute um so weniger: Die rasante Entwicklung in den Informations- und Kommunikationstechnologien macht es möglich, daß sich Dienstleistungen zeitlich und räumlich unabhängig vom Nachfrager erbringen (zum Beispiel in Forschung & Entwicklung, Beratung oder Fernwartung) und standardisieren lassen (etwa im Informationssektor oder im Finanzbereich). Das unterstützt die Möglichkeiten, Services auszulagern anstatt sie intern zu erbringen - ein Schritt, den gerade Deutschland noch in umfassenderem Maße vollziehen muß.

4.2 Globalisierung

Die heute absehbaren technologischen Entwicklungen unterstützen in Verbindung mit offenen Grenzen die weitere Globalisierung des Dienstleistungsangebots. Unternehmer wie auch Nachfrager werden wesentlich unabhängiger von lokalen Gegebenheiten und Restriktionen. Zwei Beispiele:

- Durch **E-Commerce** und **Internet** sind selbst kleine Anbieter in der Lage, sich einerseits ein globales Kundenpotential zu erschließen. Wer das tut, kann echte Erfolgsgeschichten des Internet-Zeitalters schreiben, so bspw. der amerikanische Internet-Buchhändler *Amazon.com*. Dessen Umsatz ist von 15,7 Mio. US $ in 1996 auf 203,3 Mio. US $ zur Jahresmitte 1998 angewachsen, was einer Steigerungsrate von 53% pro Quartal (!) entspricht. Andererseits kann jeder Anbieter - gleich, ob Einzelperson, Mittelständler oder Großunternehmen - projektbezogen in virtuellen Netzwerken mitwirken. Amerikanische Software-Hersteller gehen mittlerweile so weit, selbst Rekrutierung, Personalbetreuung und Gehaltsabrechnung komplett übers Netz abzuwickeln - die Beschäftigten müssen „ihr" Unternehmen nie persönlich besuchen.

- Die technologiegestützte Globalisierung von Dienstleistungen ermöglicht es jedem, unabhängig von seiner Größe, **internationale Kostendifferentiale** für sich zu nutzen - eine Fluggesellschaft oder eine Versicherung, die die Belegverarbeitung nach Asien auslagert, ebenso wie ein Architekt, der seine Kunden weltweit sucht.

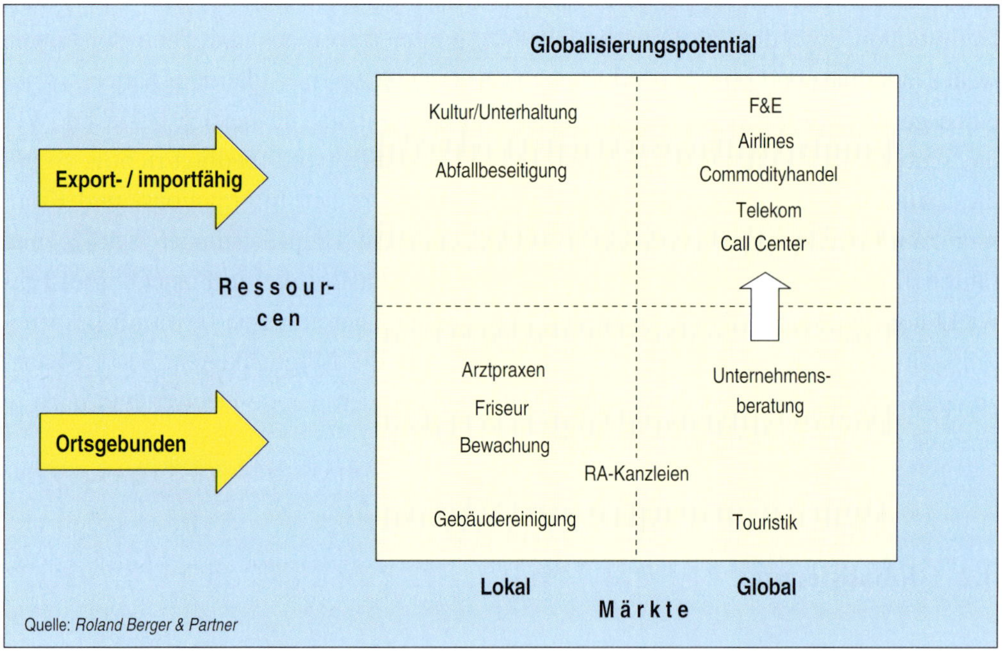

Abb. 4: Globalisierungspotential in Dienstleistungsbranchen

Natürlich hängt die Möglichkeit zur Globalisierung von der Art des jeweiligen Geschäfts ab. In Abb. 4 habe ich das Globalisierungspotential einiger Dienstleistungsbranchen in Abhängigkeit von ihren Märkten und Ressourcen zusammengestellt. Für entscheidend halte ich dabei die technologisch unterstützte Option, sich von einem ortsgebundenen zu einem **exportierbaren Business** zu entwickeln, wie es bspw. auf meine Branche, die Unternehmensberatung, zutrifft.

4.3 Kapitalintensität

Die Kapitalintensität im Dienstleistungssektor steigt an. Bedingt durch den wachsenden Einsatz von **Informations**- und **Kommunikationstechnologien** und eine intensivere Nutzung von Technik - etwa im Gesundheitswesen oder im Verkehrssektor - übertrifft das Bruttoanlagevermögen je Erwerbstätigen mit 237 300 DM heute das des Verarbeitenden Gewerbes (199 200 DM); allerdings bestehen je nach Branche erhebliche Differenzen von diesem Mittelwert, wie Abb. 5 zeigt.

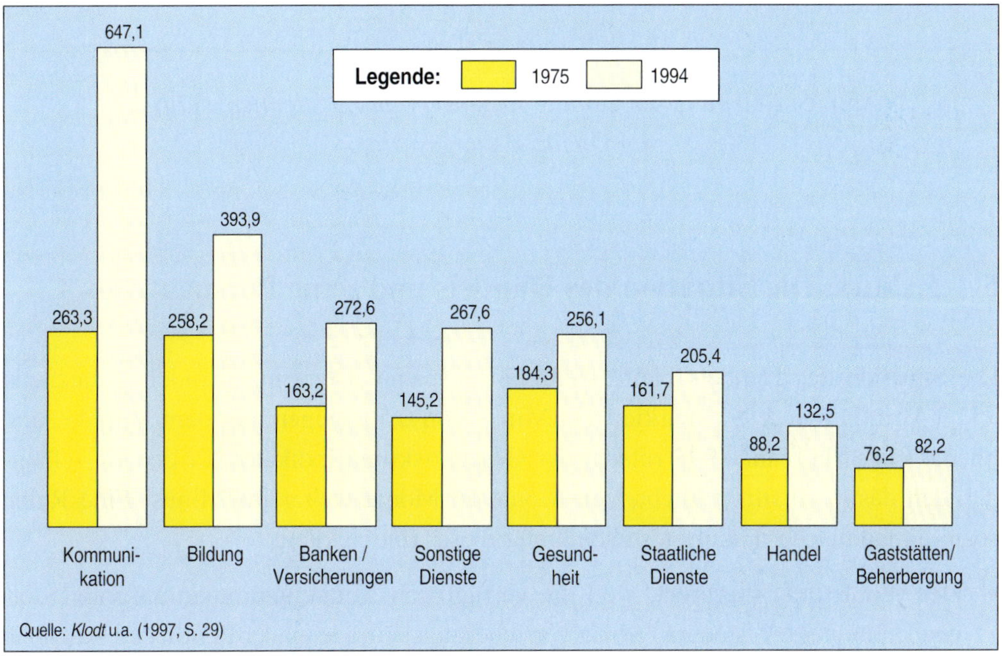

Abb. 5: Kapitalintensität (reales Bruttoanlagevermögen je Erwerbstätigen), Westdeutschland 1975/1994 (in Tsd. DM; zu Preisen von 1991)

Eine Konsequenz der zunehmenden Kapitalintensität ist der Zwang, sich im Kampf um Marktanteile in globalen Allianzen oder durch **Mergers** and **Acquisitions** zusammenzuschließen. Dafür gibt es in allen Dienstleistungsbranchen Beispiele, wie die Übersicht in Abb. 6 zeigt.

Beispiele ...	wachsender Kapitalintensität durch ...	globale Allianzen / Zusammenschlüsse
• Telekom	• Investitionen in Netze	• *Worldcom* + *MCI* (34 Mrd. US $)
• Medien	• Investitionen in Inhalte	• *Wolters Kluwer* + *Reed/Elsevier* (13 Mrd. US $)
• Banken	• Angestrebte Marktführung im globalen Assetmanagement	• *SBG* und *SBV* + *UBS* (922 Mrd. SFr. Bilanzsumme)
• Airlines	• Investitionen in Streckennetze	• *Star Aliance (Lufthansa + United)*
• Beratung	• Investitionen in Menschen, Know How und IT	• *Coopers & Lybrand* + *Ernst & Young* *A.T. Kearney* + *EDS*

Quelle: *Roland Berger & Partner*

Abb. 6: Beispiele für globale Allianzen und Zusammenschlüsse im Dienstleistungssektor

5 Exkurs: Die Situation des Handels und seine Perspektiven

Die Situation des Handels bleibt weiterhin gespannt. Der Einzelhandelsumsatz von 952,3 Mrd. DM in 1997 markiert ein Minus von 0,5% gegenüber dem Vorjahr, und für das erste Halbjahr 1998 rutscht der Geschäftsklima-Indikator für den Einzelhandel, den das *ifo-Institut* erhebt, von Monat zu Monat weiter ins Minus. Eine Reihe sozio-ökonomischer Faktoren stehen hinter dieser Entwicklung:

- Der **Wohlstand stagniert**, weil die verfügbaren Nettoeinkommen aufgrund steigender indirekter Steuern, Sozialversicherungsbeiträge und öffentlicher Abgaben seit 1991 trotz niedriger Inflation real um nur 0,2% p.a. angestiegen sind.
- Die anhaltend **hohe Arbeitslosigkeit** schränkt sowohl die Konsumbereitschaft als auch die Konsumfähigkeit einer großen (wachsenden) Bevölkerungsgruppe ein.
- Die **Zahl der Ärmeren** wächst: In Deutschland liegen gegenwärtig 19,5% der Haushalte im untersten Einkommensbereich (unter 1 800 DM pro Monat); 1985 waren es lediglich 16,7%. Mehr als 2,9 Mio. Deutsche haben 1997 Sozialhilfe bezogen, eine Zunahme von 26,4% gegenüber 1994.

- Nach Berechnungen von Roland *Berger & Partner* fließen heute nurmehr **50,7%** des gesamten **Privaten Verbrauchs in den Einzelhandel** (im weiteren Sinne) - 1990 waren es noch 52,1% und 1980 sogar 54,7%. Diese „Restrukturierung des Konsums" wurde durch steigende Ausgaben für Wohnen, Verkehr und Freizeit inklusive Tourismus ausgelöst.

Diese sozio-demographischen Eckwerte lassen kaum Impulse für den Handel erwarten. Ergänzend wird das Umfeld des Handels von fünf Megatrends geprägt:

(1) Die Zunahme des Flächenangebots führt dazu, daß die Kosten ansteigen. Bei stagnierendem Konsum bedeutet dies in der Konsequenz einen hohen **Druck** auf die **Margen**. Preisaggressive Betriebsformen sind die Gewinner dieser Situation - ein gnadenloser Shake-out ist die Folge.

(2) Die **Ansprüche** der Kunden **wachsen**: Sie wollen mehr Qualität, mehr Service und mehr Auswahl, während sie gleichzeitig auf niedrigere Preise und mehr Bequemlichkeit beim Einkauf achten.

(3) Die **neuen Technologien** betreffen den Handel auf allen Ebenen nachhaltig: Intern (Warenwirtschaft, Kommunikation, Zahlungssysteme) ebenso wie extern in den Beziehungen zu Herstellern und Lieferanten (ECR, Category Management) sowie zu den Kunden (E-Commerce, Internet).

(4) Die unmittelbar bevorstehende **Einführung des Euro** erzeugt grundlegend neue Rahmenbedingungen für Händler und Hersteller - ich darf hier nur die Stichworte europaweites Sourcing, länderübergreifendes Branding und Euro-Preisstrategien nennen.

(5) Durch den **Hyperwettbewerb** entsteht eine neue Dimension der Konkurrenz, die Länder- und Branchengrenzen überschreitet und komplette Wertschöpfungsketten einbezieht.

Um vor diesem Hintergrund langfristig Wachstum zu erzielen, muß der Einzelhandel permanent neue Märkte erobern und innovieren, da die traditionellen Erfolgsfaktoren alleine nicht mehr ausreichen. Nach meiner Einschätzung gibt es hierbei fünf strategische Handlungsfelder:

(1) **Internationalisierung**: Erfolg wird in Zukunft nur der haben, der im internationalen Benchmarking besteht. Von wenigen Ausnahmen abgesehen - *METRO*, *Wal-Mart*, *Ahold*, *Carrefour* und *Promodès*, um die wichtigsten Beispiele zu

nennen - ist der Auslandsanteil bei den weltweit größten Handelsunternehmen aber noch sehr gering. Hier sind unternehmerische Initiativen und Ressourcenbereitstellung gefordert.

(2) **Konzentration**: In Europa wird es, auch unterstützt durch den Euro, zu einer massiven Konzentrationswelle kommen. Gleichzeitig werden internationale Player verstärkt auf den europäischen Markt vorstoßen, wie *Wal-Mart* dies vorexerziert. Ein strategisch weitsichtiges Management wird jetzt, soweit es hier noch nicht aktiv ist, danach streben, seine Marktposition schnell durch Zukäufe oder Fusionen zu verbessern, um in die europäische Spitzenliga vorzudringen.

(3) **Professionalisierung**: Speziell der deutsche Handel muß sich rasch weiter professionalisieren, um seine Schnittstellenfunktion zwischen Produzenten und Konsumenten auch in einem veränderten Umfeld erfolgreich wahrnehmen zu können. Massive Investitionen in Technologien, Systeme und Mitarbeiter sind notwendig, um zum einen die warenwirtschaftliche Schiene in Effizienz, Flexibilität und Geschwindigkeit zu verbessern. Zum anderen kann man nur so den Kundenbedürfnissen nach Individualisierung, High Touch und High Service bei wettbewerbsfähigen Preisen gerecht werden. Dazu müssen die Handelsunternehmen u.a. auf ein effektives Informationsmanagement setzen, um entscheidungsrelevantes Wissen schnell zu erlangen und intern zu verteilen.

(4) **Vertikalisierung**: Vertikale Unternehmen sind auf dem Vormarsch, wie sich insbesondere im Bekleidungsbereich beobachten läßt, wo *H&M* ein gutes Beispiel für die erfolgreiche Profilierung als vertikal integrierte Marke mit einer grundlegend neuen Wertschöpfungskette ist. Das Unternehmen konnte seinen Umsatz in den zurückliegenden vier Jahren aus drei Gründen annähernd verdoppeln: Weil es sich auf ein enges Sortiment konzentriert, das zugleich gegenüber dem Wettbewerb deutlich differenziert ist, weil es imstande ist, sehr schnell auf Marktveränderungen zu reagieren und weil es ein einheitliches, globales Kommunikationskonzept verfolgt - all dies bei attraktiven Preisen!

(5) **Innovation**: Innovation in den Betriebsformen, im Angebot und im Prozeß bleibt zentraler Ansatzpunkt für zukünftiges Wachstum und Wettbewerbsfähigkeit. Nur Unternehmen, die die Bedürfnisse der Kunden frühzeitig erkennen, analysieren und in neue Konzepte umsetzen, können in einem Umfeld gewinnen, das auch in Zukunft durch bestenfalls gering wachsende, wenn nicht stagnierende Konsumausgaben gekennzeichnet sein wird. Dabei ist es entscheidend, sich klar zu

positionieren: als Lifestyle-Anbieter mit emotionalen Botschaften, als kompetenter Fachhändler mit umfassender Beratung oder als preisorientierte Betriebsform, die ihren Kunden zugleich ein Höchstmaß an Convenience bietet. Zudem sind die Handelsunternehmen gefordert, die elektronischen Vertriebswege (Internet, Electronic Commerce und Multimedia) für sich zu entdecken und zu nutzen. Andernfalls drohen sie Marktanteile gerade bei jungen, hochqualifizierten und einkommensstarken Kundengruppen zu verlieren, die die Neuen Medien überdurchschnittlich intensiv nutzen.

Insgesamt bin ich davon überzeugt, daß der Handel heute an einer Zeitenwende steht. Um Erfolg zu haben und damit Wachstum zu generieren, müssen die Unternehmen mit den traditionellen Spielregeln brechen. Die gesamte Branche steht vor der Herausforderung, alte Zöpfe radikal abzuschneiden. Mit Innovation sowie deutlicher Differenzierung und Profilierung lassen sich auch in einer Phase des Hyperwettbewerbs Kunden sichern und gewinnen.

6 Rahmenbedingungen für die Dienstleistungsgesellschaft in Deutschland

Wenn Deutschland sich zu einer Dienstleistungs-, Wissens- und Informationsgesellschaft entwickeln soll, sind die Rahmenbedingungen des Wirtschaftens die entscheidende Größe für den Erfolg dieses Strukturwandels.

Im Gegensatz zur Situation vor einigen Jahren hat sich hier inzwischen vieles in eine sehr positive Richtung bewegt, auch wenn wir das Ende des Weges noch nicht erreicht haben. Einige Stichworte für die angestoßenen Reformprojekte sind:

- Die **Teil-Liberalisierung** der **Ladenschlußzeiten** (1996) hat den Verbrauchern mehr Freiheiten bei der zeitlichen Organisation ihrer Einkäufe gegeben.

- Die **Novellierung** der **Handwerksordnung** (1998) birgt die Chance, daß sich die heute noch separierten Gewerke angebotsseitig integrieren, flexibler werden und dem Kunden Technik und Dienstleistung aus einer Hand anbieten können. Damit kommt Bewegung in den Handwerkssektor, der als wichtiger Dienstleistungszweig bislang durch ein besonders dichtes Netz an Schutzwällen gegen (Innovations-) Wettbewerb gekennzeichnet war.

- Im Bereich der Finanzdienstleistungen wird speziell das **Dritte Finanzmarktförderungsgesetz** (1998) zu innovativen Anlagemodellen führen, die bspw. sinnvolle Optionen für die selbständige Altersvorsorge darstellen. Auch die übrigen Deregulierungen im Finanzsektor führen zu mehr Marktaktivität.

- Die von der *EU* vorgeschriebene **Liberalisierung des Energiesektors**, die Deutschland im Frühjahr 1998 besonders frühzeitig umzusetzen begonnen hat, hat sozusagen als Nebeneffekt, daß neue Dienstleistungen rund um den Bezug und Verbrauch von Energie entstehen werden - etwa in Form von Energiemaklern, Preisrechercheuren oder beim Energiemanagement.

- Die **Privatisierungen** von Deutscher Telekom und Lufthansa, die formale Privatisierung der Deutschen Bahn und die zugehörigen Liberalisierungen ihrer Märkte haben in erster Linie die Preise erheblich sinken lassen.

Gerade die Telekommunikation übrigens beweist, wie der Rückzug des Staates in dynamischen Märkten dazu führt, daß **Wachstumsimpulse** freigesetzt werden, und zwar gerade dann, wenn wie in Deutschland innerhalb kurzer Zeit eine äußerst hohe Wettbewerbsintensität vorherrscht. Der Personalabbau, der durch die Überführung der Deutschen Telekom in eine marktorientierte AG notwendig geworden ist, ist bereits heute durch das Arbeitsplatzwachstum bei privaten Anbietern vollständig kompensiert.

Die Reformbeispiele zeigen, daß Deutschland sich auf dem richtigen Weg befindet, auch wenn noch ein gutes Stück zu bewältigen ist. Nach wie vor ist der **Staat im Dienstleistungssektor** zu stark präsent - die Staatsquote lag in Deutschland 1997 bei 48,8%. Ich darf in diesem Zusammenhang nur drei Schlagwörter nennen: die große Wachstumsbranche Gesundheit, der ganze Bereich der kommunalen Dienstleistungen von der Ver- und Entsorgung bis hin zu den Freizeitangeboten und die gesamte soziale Sicherung.

Neben der unmittelbaren Wirtschaftstätigkeit des Staates konstituieren im übrigen auch das Arbeits- und Tarifrecht Rahmenbedingungen, aufgrund derer gerade das Wachstum der Dienstleistungen gebremst wird. Mit **größerer Flexibilität** bei Arbeits- und Ladenöffnungszeiten und Entlohnung, mit mehr Mobilität bei Arbeitsinhalten und -orten, mit weniger Regulierung beim Kündigungsschutz wären Spielräume gewonnen, die Unternehmer nutzen könnten, um so neue Angebote und damit Wachstumsdynamik und Beschäftigung zu generieren.

Dies wäre dann auch ein wirksames Hilfsprogramm für die mehr als vier Millionen Arbeitslosen. Der Strukturwandel zur arbeitsintensiven Dienstleistungs-, Wissens- und Informationsgesellschaft böte die Chance, die notwendigen Arbeitsplätze zu schaffen, und zwar sowohl für Hochqualifizierte als auch für die Problemgruppe der Niedrig- oder Unqualifizierten, die derzeit rund 38% der Arbeitslosen ausmachen. Für sie brauchen wir ergänzend innovative soziale Ausgleichsmechanismen (etwa eine negative Einkommenssteuer), um auf diesem Weg konkrete Anreize zur Arbeitsaufnahme zu schaffen.

7 Fazit: Die Dienstleistungsgesellschaft als Herausforderung und Chance

Deutschland hat im Grunde genommen gar keine andere Wahl, als den Strukturwandel zur wissens- und informationsbasierten Dienstleistungsgesellschaft zu beschleunigen und zu verbreitern. Dieser notwendige Wandel ruft, das ist verständlich, bei manchem Besorgnis hervor. Nicht diese Angst vor dem Neuen aber gilt es zu unterstützen. Unsere Aufgabe ist es vielmehr, die **Chancen** zu **betonen**, die - das zeigen die USA, das zeigen die Niederlande - diesem Prozeß innewohnen. Wir müssen deutlich machen, daß nur mit mehr Dienstleistung Beschäftigung geschaffen und unser Hochlohnstatus gehalten werden kann.

Natürlich ist Veränderung nicht einfach. Deutschland verfügt aber über ein reiches intellektuelles und soziales Potential, um den vor uns liegenden Herausforderungen zu begegnen. Nur wenn wir die Übergangsperiode schnell meistern, kommen wir zu den Strukturen, die im 21. Jahrhundert erfolgsentscheidend sein werden: Eine **flexible Gesellschaft**, die ihre Wettbewerbsfähigkeit im Zeitalter der Dienstleistungen und der Globalisierung permanent neu unter Beweis stellen kann.

Deutschland kann dabei an eine reiche Tradition anknüpfen: Unsere **Innovationskraft** früherer Jahrzehnte bildet eine gute Ausgangsbasis. Und ich bin davon überzeugt, daß in der Bevölkerung eine große Bereitschaft vorhanden ist, den Wandel mitzugehen und mitzugestalten, weil sich die Einsicht durchgesetzt hat, daß die bestehenden Strukturen einer grundlegenden Erneuerung bedürfen, um das Land wieder an die internationale Spitze zu führen.

Der Wert der Handelstätigkeit

Eine industrie- und institutionenökonomische Analyse

Ulrich Blum

1 Handelsrenten als Wissensrenten

Alle historische Erfahrung lehrt, daß Gesellschaften selten allein durch die Produktion, häufig hingegen nur durch Handel reich geworden sind. Man kann hierzu eine Vielzahl von Begründungen heranziehen; mit Sicherheit von erhöhter Bedeutung ist der hohe **Humankapitalbedarf** bei den Händlern dann, wenn ein weiträumiger Austausch vorliegt. Offensichtlich liegt hier ein Bereich vor, in dem Risikokapital und Wissen in besonderem Maße entlohnt werden, der also die moderne Entwicklung vorwegnimmt, der zufolge eine Erosion der klassischen Produktionsfaktoren Boden und Arbeit zu verzeichnen ist (vgl. hierzu *Kommission für Zukunftsfragen der Freistaaten Bayern und Sachsen*, 1996, 1997, 1997b). In der Tat stellt Handel eines der wichtigsten Medien des Austausches von Wissen dar, was vor allem die neue Handelstheorie thematisiert hat. Hier sind vor allen Dingen die Arbeiten von *Bhagwati* (1987), *Helpman/Krugman* (1990) sowie *Grossman/Helpman* (1992) zu nennen, die u.a. der Frage nachgehen, wie durch den Einsatz von Humankapital, durch Lerneffekte und durch Wissensaustausch selbst Handelsvorteile errungen werden können. Insofern ist der häufig anzutreffende Wohlstand der Händler oder von Händlergesellschaften nicht primitiver Maloche und deren Vermehrung geschuldet, sondern dem strategischen Einsatz von Wissen und einer Geisteshaltung, die dieses ermöglichte.

Die vorliegende Abhandlung beleuchtet zunächst aus historischer Sicht das (Vor-) Urteil, Handel mache reicher als Warenproduktion und die Entlohnung aus Handelstätigkeit berge etwas Unredliches in sich, um den Sachverhalt dann aus industrie- und institutionenökonomischer Sicht zu hinterfragen. Schließlich werden die Erkenntnisse auf den Prozeß des sektoralen Wandels in Deutschland angewandt, um darauf aufbauend die wirtschaftspolitischen Gestaltungsmöglichkeiten des Staates zu analysieren und zu bewerten.

2 *Hermes*, *Demeter* und die Wirtschaftsgesinnung

Am Beispiel der beiden griechischen Gottheiten *Hermes* und *Demeter* wird die Wirtschaftsgesinnung der Antike unmittelbar deutlich, repräsentierten doch beide die wichtigsten Wirtschaftssektoren der damaligen Zeit: den Handel und die landwirtschaftliche Produktion. *Hermes* war der Gott der Kaufleute, der Wegelagerer und Diebe, *Demeter* der Gott des Ackerbaus und der Fruchtbarkeit. Der scheinbar voluntaristischen Preissetzung des Händlers stand der sichtbare Schweiß des Ackerbauern, die mit Fruchtbarkeit entlohnt wurde, gegenüber.

Sinn erhält dies vor dem Hintergrund der **Werttheorie** der damaligen Zeit, die das abendländische Denken bis in die Neuzeit beeinflußt hat. Bereits im 5. Jh. v. Chr. befaßten sich Philosophen wie *Platon* (427-347 v.Chr.), *Xenophon* (450-354 v.Chr.) und*Aristoteles* (384-322 v.Chr.) mit der Frage der Beziehung zwischen wirtschaftlichen Aktivitäten und den zugehörigen ethischen und gesellschaftlichen Normen. Man versteht das scheinbar Verwerfliche und Unproduktive im kaufmännischen Handeln, wenn man sich die volkswirtschaftlichen Vorstellungen von *Aristoteles* vor Augen führt: In einer stationären Wirtschaft änderten sich über Jahrhunderte hinweg die Produktionstechnologien kaum, und auch wirtschaftliches Wachstum ergab sich allenfalls aus Verbesserungen der „internationalen" Arbeitsteilung, also Handel, und dieser war wieder eingebunden in koloniale Abhängigkeiten.

Auf dieser Entwicklungsstufe ohne wirtschaftliche Expansion sind Preise kaum in der Lage, Knappheitssignale für die Produktion zu liefern, die diese umsetzen kann. Insbesondere führt ein Zins auf Kredite, die Investitionen dienen, zu einer Umverteilung von Arbeit zu Kapital, dem unterstellt wird, daß es mehr Marktmacht besitze und dadurch in der Lage sei, die konstante Wertschöpfung (= Entlohnung) zu seinen Gunsten zu verändern, um die Zinsen bezahlen zu können. Daher trat *Aristoteles* für ein **Zinsverbot** ein, das Kapital darf also nicht entlohnt werden, besitzt damit keinen ökonomischen Wert. Bei der Arbeit unterschied er bereits die drei Wertansätze, nämlich den Gebrauchswert, den Tauschwert und den Arbeitswert. Er forderte einen gerechten Preis, wobei dieser einen Bezug zum Status des Handelnden bzw. des Erzeugers besitzen muß.

Diese Vorstellungen wurden von *Thomas von Aquin* (1225-1274) weitgehend übernommen, für den das Wirtschaften eine Realität der Schöpfung war, das dem Ziel der vollendeten Glückseligkeit untersteht und im Füreinander eine soziale Dimension erhält. Er erkannte bereits, daß Tausch auf freien Märkten nur dann stattfindet, wenn beide einen Vorteil daraus erzielten, so daß sich dann der **gerechte Preis** als Ergebnis von zwei fair handelnden Marktpartnern ergibt. Den objektiven Wert eines Gutes bemaß er nach „Labor et Expensae", wobei er durchaus sah, daß die Tauschwerte hiervon abweichen könnten und damit einerseits Profitrenten andererseits auch Konkurse denkbar sind.

Tatsächlich waren die Preistaxen und Ständeordnungen des Mittelalters vor allem dem Mißtrauen gegenüber einem freien Wirtschaftssystem geschuldet; sie dienten der Finanzierung des Staates, der Gewährleistung und der Sicherung einer **„standesgemäßen Nahrung"** - letzteres hat sich bis in die Neuzeit vor allem bei den „freien" Berufen mit ihren staatlichen Gebührenordnungen erhalten.

Daß Handel in der Lage sei, Werte zu schaffen, wurde von der ersten wirtschaftstheoretischen Schule, den Physiokraten, abgestritten, die mit dem Tableau Economique (*François Quesnay* 1694-1774) erstmalig die Input/Output-Beziehungen einer

Volkswirtschaft darstellten und postulierten, nur die Natur sei produktiv. Die Vorstellung von produktiven und unproduktiven Arbeiten übernahmen auch die Klassiker; der Wert eines Guts ergab sich aus der eingebrachten Arbeit, der Wohlstand aus dem Grad von Arbeitsteilung, Spezialisierung und Handel, wobei die Preise aber durch den **Arbeitswert** gegeben sind (vgl. *Adam Smith* 1776; *David Ricardo* 1817). *Jean Baptiste Say* (1803) hob hingegen den Wert des Kapitalumlaufs hervor; damit ergab sich der Wert eines Gutes als Ergebnis der Addition von Grundrente (als Entlohnung des Bodens), Arbeitswert und Kapitalprofit.

Zwei berühmte Antiklassiker runden dieses Bild ab: *Karl Marx* (1867) übernahm weitgehend die Arbeitswertlehre der Klassiker. Da allein die Arbeit produktiv sei, die Kapitalisten aber in der Lage sind, sich den Mehrwert aus der Kombination von Arbeit und Kapital anzueignen, entstünde **Ausbeutung**, weil die Entlohnung nicht nach dem Arbeitswert, sondern nach einem niedrigeren Wert erfolgt - einem Wert, der es der Arbeiterklasse ermöglicht, sich zu reproduzieren. Die Vorstellung von einem objektiven Arbeitswert der Güter erzeugte eine Wirtschaftsauffassung, die den Handelsfunktionen feindlich gegenüberstand - die Wirtschaften des real existierenden Sozialismus liefern hierfür einen nachdrücklichen Beleg.

Friedrich List (1848) postulierte, daß die Fähigkeit zum Wohlstand wichtiger sei als der Wohlstand selbst. Da Handel in erheblichem Maße auch **Wissenstransfer** darstellt bzw. die Exportfähigkeit auf technologischer Kompetenz beruht, hob er die Bedeutung entsprechender staatlicher Bildungsinstitutionen hervor. Als Pionier der Humankapitaltheorie betonte er zwar nicht Freihandel und freie Preisbildung, aber die wissensintegrierende Wirkung des Güteraustauschs.

Die Fähigkeit des wettbewerblichen **Freihandels** zur Marktintegration und Wohlfahrtssteigerung wurde vor allem von der österreichischen Schule, und hier hauptsächlich von *Friedrich August von Hayek* (1969) betont. Er führt aus, daß letztlich Handel Informationsaustausch sei und durch den Wettbewerb ein unbekanntes Ergebnis entdeckt würde, das alle vorhandenen Informationen einbezöge, wenngleich nicht jeder Marktteilnehmer vollständige Markttransparenz besitzen müsse. Um dies zu ermöglichen, müsse auf dem Markt Vertrauen herrschen, so daß der Wettbewerb zugleich zu einer moralischen Veranstaltung wird, bei der auch nicht jeder Teilnehmer unbedingt in der Lage sein müsse, den Sinn jedes moralischen Handlungsgebots einzusehen. Es bilde sich dann zugleich ein gesellschaftlicher Wettbewerb um die besseren zugrundeliegenden Ethiken heraus, die sich in der Wirtschaftsgesinnung realisieren.

3 Industrie- und institutionenökonomische Grundlagen

3.1 Angebotsseitige Spezifika der Wirtschaftssektoren

Mit der Entwicklung der **Drei-Sektoren-Hypothesen** als empirische Exemplifizierung der *Engel*schen Nachfrage-Einkommens-Hypothesen rückten spezifische Charakteristika von Wirtschaftssektoren in das Zentrum des Interesses. Besonders bekannt wurde das Konzept von *Fourastié* (1954), der darauf hinwies, daß im Bereich des primären und des sekundären Sektors langfristig Sättigungstendenzen zu erwarten seien. Auslöser hierfür sei der technische Fortschritt, weshalb die von ihm vorgeschlagene Sektoralabgrenzung vor allem durch die Wirkung technologischer Veränderungen charakterisiert ist. Andere Konzepte berücksichtigten auch Produktionselastizitäten und Faktorspezifika; dadurch rückten die Angebotskomponenten stärker ins Zentrum der Betrachtung. Diese Entwicklung wird hier weitergeführt und im folgenden Erkenntnisse der Industrie- und der Institutionenökonomik als Kriterien verwendet, um die Aufdeckung des Sachverhalts, ob nämlich Handel mehr als Arbeit einbringt, weiterzutreiben. Untersucht werden:

- Informationsökonomische Wirkungszusammenhänge
- Kostenstrukturen
- Transaktionskosten

3.2 Transaktionskosten und Organisationsformen

Zu den wesentlichen Erkenntnissen der Transaktionkostentheorie zählt, daß institutionelle Arrangements relevant werden, sobald Transaktionskosten existieren. *Coase* (1937) und *Williamson* (1975) haben gezeigt, daß die Abwägung zwischen marktlicher und hierarchischer Organisationsform bestimmt wird von Kosten der Institutionalisierung von Märkten oder hierarchischen Arrangements, der Informationsbeschaffung sowie der Aushandlung und Durchsetzung der Ergebnisse.

Blum/Dudley (1996) konnten diesen Zusammenhang präzisieren, indem sie zwischen Transaktionskosten des Informationstransports, der Informationsspeicherung und der Informationsverarbeitung (Wissensgewinnung) unterschieden und diese in zwei relevante Dimensionen einordneten, nämlich externe Ökonomien (in Form von Skalen- und Verbundvorteilen) und Kontrollkosten. Es sind dann drei Organisationsformen denkbar:

- Die **hierarchische**, d.h. vertikal integrierte Institution; sie ist effizient, sobald externe Ökonomien existieren und diese die Kontrollkosten infolge von Informationsasymmetrien zwischen Vorgesetzten und Untergebenen überkompensieren. Dies geht einher mit niedrigen Kosten des Informationstransports.
- Die **flache** Institution; sie ist effizient, sobald die Informationsasymmetrien in der Hierarchie und die externen Ökonomien sinken. Dies geht einher mit niedrigen Kosten der Informationsspeicherung.
- Die **atomistische** Institution; sie ist effizient, wenn keinerlei Skalenökonomien vorhanden und die Informationsasymmetrien erheblich sind. Dies geht einher mit niedrigen Kosten der Informationsverarbeitung.

Eine Vertiefung dieses Zusammenhangs aus historischer Sicht findet sich bei *Blum* (1997) und *Blum/Dudley* (1998), die insbesondere geschichtliche Ereignisse auf Veränderungen der Struktur der drei oben genannten Transaktionskostenarten zurückführen und die den o.g. drei Typen von Institutionen entsprechenden Wertestrukturen beschreiben.

Wichtig ist aus dieser Sicht die Erkenntnis, daß die große Expansion international tätiger Handelsgesellschaften ab dem 18. Jahrhundert zunächst auf das Sinken der Kosten des Informationstransports zurückzuführen waren. Analog läßt sich auch die Entwicklung der Phönizier als Handelsnation einordnen. Mit dem dramatischen Verfall der Speicherkosten in der Zeit nach dem Zweiten Weltkrieg schlug die Geburtsstunde der Dezentralisierung, der Verflachung der Firmenstrukturen; Skalenökonomien sinken seitdem, die Institutionen profitieren aber teilweise von Verbundeffekten. Infolge der hohen Prozessorleistungen moderner Datenverarbeitungssysteme steht auch der dezentralen Informationsauswertung und Wissensgenerierung nichts im Wege, was zu einer Atomisierung der institutionellen Strukturen führt.

Der Handel ist dieser Entwicklung besonders stark ausgesetzt, weil er - wie später auszuführen sein wird - eine weit höhere technologische Anpassungsfähigkeit besitzt als die Industrie. Externes Größenwachstum bei gleichzeitiger Dezentralisierung (Verlagerung von Entscheidungsbefugnis nach unten bei gleichzeitigem Fortfall ganzer Leitungsebenen) und Atomisierung (Shop-in-Shop-Konzepte, Franchising) sind aktuelle Phänomene, die hierdurch erklärt werden.

3.3 Kostenstrukturen

Zu den zentralen Inhalten der modernen Industrieökonomik, zu deren Klassikern *Stiglitz* (1987), *Tirole* (1989), *Spulber* (1989), *Sutton* (1991) gehören, zählt das Konzept der **Irreversibilität**. Werden Kosten versenkt, so kann hierdurch zwar ein ertragreiches Geschäft betrieben werden, bei endlicher Verweildauer im Markt existiert jedoch keine Möglichkeit der Weiterverwendung der Anlagen außerhalb ihrer aktuellen Nutzung (egal ob für den jetzigen oder einen anderen Inhaber), so daß der investierte Betrag nicht auf der Beschaffungsseite zurückgewonnen werden kann. Typische Versunkene Kosten ergeben sich aus Notariatsgebühren und Grunderwerbssteuern, denn am Tag nach dem Kauf ist das Objekt bei gleicher Marktlage nicht um diese Lasten wertvoller, wenn es sofort wieder zum Verkauf steht. Anlagen mit hoher Spezifität zählen ebenso hierzu. Das Versenken von Kosten hat demzufolge zunächst zwei eindeutige Effekte:

- Es zeigt Konkurrenten und Kunden, daß das Unternehmen eine bestimmte **Verpflichtungszeit** eingeht, die sich aus der wirtschaftlichen Nutzungszeit der versenkten Kostengüter ergibt.
- Da das Unternehmen, das Kosten versenkt hat, dies nicht ungeschehen machen kann, ist es in der Lage, andere Konkurrenten glaubhaft mit dem Verfall der Marktpreise zu bedrohen, falls diese (durch Versenken von Kosten) in den Markt eintreten wollen. Dem Marktsassen fehlen die Alternativen - verläßt er den Markt, ist ein Großteil der Investitionen verloren -, die Eintrittswilligen hingegen können den Verlust noch abwenden. Dadurch verkleinert sich die Anbieterzahl, der oder die Marksassen können sogar erhöhte Gewinne vereinnahmen ohne Risiko neuer Konkurrenten.

Offen ist in dieser Debatte, ob das Versenken von Kosten **entscheidungsirrelevant** ist oder nicht. Für die Irrelevanz spricht die Unabänderlichkeit, aber wenn durch diese das künftige Nutzenkalkül verändert wird, kann sich hieraus erheblicher Handlungsbedarf ergeben. Besonders deutlich wird letzteres in der Illias von *Homer*, wenn *Agamemnon* vor Troja um des Blutes der Gefallenen willen fordert, den Krieg weiterzuführen; denn sonst wäre deren Opfer umsonst (sog. *Agamemnon*-Syndrom). Das Dilemma wird auch deutlich, wenn gutes Geld dem schlechten nachgeworfen wird; hier spielen ökonomische und psychologische Effekte zusammen (vgl. *Schaub* 1997).

Neben den hier genannten fixen Versunkenen Kosten existieren auch variable Versunkene Kosten, vor allem für Werbung (wenn das Produkt nicht mehr existiert, ist ein Markenname nichts wert), um Bekanntheit und Reputation aufzubauen. Auch diese verkleinern die Zahl der Anbieter (vgl. *Blum/Mönius* 1997).

Ohne Versunkene Kosten ist ein Markt **bestreitbar** (*Baumol/Panzar/Willig* 1982), und es besteht auch für den Monopolisten durch die Möglichkeit zu „Hit and Run Entry" potentielle Konkurrenz, die „polypolistisches" Verhalten erzwingt. Vergleicht man Handels- und Industrieunternehmen, so fällt auf, daß Versunkene Kosten vor allem bei letzteren anfallen. Im Handel spielt Reputation vor allem bei eigenen Handelsmarken und im Hinblick auf den Service eine wichtige Rolle.

3.4 Preissignale

Zu den wichtigsten strategischen Werkzeugen von Institutionen zählt die Signalgebung. Bereits weiter oben wurde verdeutlicht, daß das Versenken von Kosten ein Signal für Konkurrenten und Kunden bedeutet. Signale werden beim strategischen Handeln unter der Bedingung von **Informationsasymmetrien** eingesetzt. Strategisches Handeln bedeutet hierbei nicht langfristiges Handeln sondern ein Handeln, das die Überlegungen der Gegenspieler mit ins Kalkül einbezieht.

Eine flexible Preispolitik zählt zu den wichtigsten Instrumenten unternehmerischen Handelns; vor allem die industrieökonomische Forschung hat hier wesentliche neue Impulse gleichermaßen zur Formulierung von Preisstrategien wie deren wohlfahrtstheoretische Bewertung gegeben (vgl. *Milgrom/Roberts* 1992).

Die üblichen Vorstellungen über das Preisgebaren in nicht-polypolistischen Märkten beruhen auf der Annahme symmetrischer Informationen der Marktbeteiligten. Ausgehend von einem hypothetischen Gleichgewichtspreis ist eine starke Preissenkung als negativ zu interpretieren, insbesondere dann, wenn das entsprechende Unternehmen über erhebliche finanzielle Ressourcen verfügt, weil andere Anbieter hierdurch aus dem Markt gedrängt werden könnten. Wird die Annahme der Informationssymmetrie jedoch fallengelassen, so können sich völlig andere Interpretationen ergeben. Der Kampfpreis ist nur ein solcher, wenn die Kostenstruktur des Konkurrenten bekannt ist. Wissen die Unternehmen nichts über die Kostenstrukturen der Konkurrenten, so müssen sie sich auf die Interpretation von Preisen als Signale verlassen.

Es sei unterstellt, ein Unternehmen besäße ein Monopol auf einem Teilmarkt, was angesichts des hohen Grades an Produktdifferenzierung heute durchaus häufig vorkommt. Wie soll es die Preise setzen? Nimmt es den Monopolpreis, riskiert es den Markteintritt potentieller Konkurrenten. Ein Senken des Preises lohnt sich aber nur, wenn dadurch die Konkurrenz glaubhaft abgeschreckt wird - was offensichtlich von den eigenen Kostenstrukturen und denen der potentiellen Konkurrenten abhängt. Je nach Lage der Dinge kann ein Verkauf weit unter dem Monopolpreis sinnvoll und sogar wohlfahrtssteigernd sein.

4 Folgen für Wirtschaftsstruktur und Wirtschaftspolitik

4.1 Entwicklung der Wirtschaftsstruktur

Folgt man den oben angelegten Analysen, dann wird deutlich, daß die Veränderung der Kostenstrukturen von Informationen eine stetige Verflachung und Atomisierung der Institutionen auslöst. Dieses geschieht um so schneller, je flexibler sich die Technologie der Institution anpassen kann.

Mit Verflachung und Atomisierung, d.h. einer zunehmenden Vermarktung, geht auch eine Veränderung der Entlohnung der Produktionsfaktoren einher, weil

- die Bedeutung des Produktionsfaktors Wissen zunimmt und dieser auch vermehrt unabhängig von der Arbeit, z.B. im Verbund mit Kapital, auftritt;
- die Möglichkeit, Entlohnungsniveaus innerhalb von Hierarchien auszugleichen, abnimmt, und dies gilt für Institutionen ebenso wie für Wirtschaftsräume.

Der Zwang zu Flexibilisierung bei Unternehmen, die im Weltmarkt agieren, findet seine weitere Entsprechung im Abbau von Versunkenen Kosten. Dies geschieht durch Standortflucht dann, wenn diese politisch gesetzt sind (z.B. kostspielige Genehmigungsverfahren) und nicht kompensiert werden (z.B. durch Subventionen), oder durch Outsourcing, weil Fixkosten hierdurch variabilisiert werden können (z.B. einfache Wartungs- und Pflegedienste).

Die zunehmende Prägung der Wirtschaft durch Dienstleistungen ist weniger mit einem Hunger nach Tertiärem (vgl. *Fourastié* 1954), als vielmehr mit Veränderungen der Transaktionskosten von Informationen und mit dem Zwang zu Flexibilisierung zu erklären, weil hierdurch der Dienstleistungsgehalt des produzierenden Sektors immer stärker zutage tritt. Diese **„Händlergesellschaft“** bedarf zwar auch tangibler Güter, aber immer bedeutender werden die Serviceelemente, die sich um diese ranken.

4.2 Konzentration im Handel

Die Structure-Conduct-Performance-Hypothese der auf *Mason* (1939) und *Bain* (1949) zurückgehenden traditionellen Industrieökonomik erlaubt es angesichts der Ergebnisse der modernen ökonomischen Theorie nicht mehr, wettbewerbspolitische Empfehlungen abzuleiten. Ohnehin kann leicht gezeigt werden, daß weder der Marktstruktur-, noch der Marktverhaltens-, noch der Marktergebnistest allein eindeutige Ergebnisse über die Qualität des Wettbewerbs abzuleiten erlauben (vgl. *Blum* 1994, S. 425 ff.). Damit ist es auch nicht möglich, die Frage, ob Handel erträglicher ist als Warenproduktion, zu untersuchen.

Interessant erscheint es in diesem Zusammenhang, der Frage nachzugehen, ob im Handel **Renten** dadurch geschaffen werden, daß ein Zusammenschluß zu größeren Einheiten erfolgt und die verbleibende Konkurrenz über ausbeuterische Preise verdrängt oder über Limitpreise aus dem Markt gehalten werden soll. Tatsächlich lassen sich auf Basis der im dritten Kapitel vorgetragenen Konzepte leicht Argumente finden, die die intuitiv plausible Meinung, Konzentration im Lebensmittel-Einzelhandel sei per se schädlich, oder die die Preispolitik („Verkauf unter Einstandspreis“) der großen Filialisten relativieren:

(1) Die **Markteintrittskosten** liegen für den Handel (bzw. im Dienstleistungsbereich generell) infolge der geringen Versunkenen Kosten niedrig; Ausnahmen sind nur dort zu verzeichnen, wo erhebliche Verbundvorteile und Reputationseffekte vorhanden sind, bspw. bei Banken und Versicherungen. „Hit-and-Run Entry“ kommt selten - vor allem bei den Kaffeeröstern - vor, was der Konkurrenzlage, aber auch den politischen Regulierungen zuzuschreiben ist. Offensichtlich kann eine preistreibende Monopolisierung im Handel nicht ohne weiteres konstatiert werden.

(2) Da die **Informationsverteilung** für die Preissetzung ein strategische Element darstellt, kann nicht ohne weiteres von Verdrängungspreisen gesprochen werden, wenn „unter Einstandspreis“ verkauft wird. Dies relativiert deutlich die derzeit gehandelten und in die aktuelle Kartellnovelle eingehenden wettbewerbspolitischen Empfehlungen.

(3) **Markterschließung** wird durch die Verschlankung und Atomisierung zunehmend zu einer Aufgabe des Handels; wer hiervon profitiert, ist damit strittig. Zusätzliche Werbeausgaben des Handels, vor allem bei einem intensiven Wettbewerb der Handelsmarken, werden den Markt verengen, so daß damit eine „Nachfragemacht

im Handel" entstehen kann. Diese durch den Verzicht auf eigenes Marketing ausgelöste Konzentrationstendenz stellt damit keine schicksalhafte Entwicklung dar.

4.3 Wirtschaftsförderung

Wenn Versunkene Kosten die standörtliche Flexibilität einschränken, weil das Unternehmen eine Verpflichtung eingeht, dann kann es zweckmäßig sein, Ansiedlungen nach Maßgabe der Kostenversenkung durch Zuschüsse und Zulagen vor Ort zu fördern - gesucht sind also mobile Unternehmen, die mit der Niederlassung immobil werden. Diese Förderung ist vor allem dann angesagt, wenn der Staat eine Kostenversenkung durch seine Normen erzwingt. Dies steht auch mit der Vorstellung im Einklang, daß in einer Welt ohne Barrieren die Möglichkeit der Besteuerung durch den Staat an der **Standortrente** ihre Grenze findet - es sei denn, eine Abwanderung ist nicht möglich, bspw. durch Versunkene Kosten; dieses Eingehen von Inflexibilität wird das Unternehmen aber rational kalkulieren und dafür eine „Prämie" fordern.

Damit wird Wirtschaftsförderung vor allem zu einem Feld für die Industrie, nicht für den Handel und schon gar nicht als Anpassungshilfe zur Verzögerung der Entwicklungsdynamik. Wenn Handelsunternehmen politischen Druck aufbauen, um Ansiedlungshilfen zu erhalten, so ist dies weit mehr als bei der Industrie einem „Rent Seeking" zuzuschreiben - und es erhöht die Einträglichkeit des Geschäfts.

5 Fazit

Die Bedeutung von Handelsfunktionen wird in der **Wertschöpfungskette** zunehmen; dabei kommt dem Handel die gegenüber der Industrie technologisch bedingte erhöhte Flexibilität zugute, weshalb Gewinnchancen leichter genutzt werden können. Zugleich sind Händler leichter in der Lage, Wissensrenten im Rahmen der Verflachung und Atomisierung von Organisationen anzuziehen. Für den Staat werden Handelsfunktionen wegen ihres geringen Anteils an Versunkenen Kosten immer weniger besteuerbar, ohne eine Abwanderung oder Umorganisation zu riskieren.

Europa zwischen Einheitswährung und Erweiterung

Jean François-Poncet

1 Zwei unterschiedliche Vorstellungen von Europa

Zwei in Ziel und Mittel einander widersprechende Vorstellungen von Europa stehen einander seit Anbeginn der europäischen Einigung gegenüber:

- Für die Anhänger der einen Vorstellung, die der Gründerväter, soll Europa durch die Einigung eine **Weltmacht** werden, wie es heute die USA und morgen China sind. Dazu aber, so sagen sie, muß Europa mit einer Stimme sprechen und mit Entschiedenheit auf der internationalen Bühne auftreten - was bedeutet, daß es sich bundesstaatliche Strukturen gibt.
- Die Anhänger der anderen Vorstellung weisen solche Ambitionen zurück, halten sie für utopisch und wehren sich gegen die dafür notwendigen Schritte, die ihrer Meinung nach inakzeptabel, weil gefährlich für die Fundamente der nationalen Souveränität sind. Für sie beschränkt sich das Ziel der europäischen Einigung auf die **Bildung eines großen Marktes**, der offen ist für die der Globalisierung unterworfene Weltwirtschaft, aber nur bescheidene gemeinsame Institutionen und eine begrenzte Übertragung von souveränen Rechten erfordert. Die politische Existenz Europas kann und soll sich dagegen in einer westlichen Gemeinschaft manifestieren, die auf der *NATO* und einer nordatlantischen Freihandelszone beruht.

Die erste der beiden Vorstellungen wird gemeinhin **Frankreich** zugeschrieben, obwohl sich Frankreich sehr schnell in einen seit *de Gaulle* bestehenden, nie überwundenen Widerspruch verstrickt hat: Das Paradox eines Europas, das stark sein, aber nur schwache Institutionen besitzen soll. Ein Europa der Nationen, das heute und morgen mit Staaten, die einen ganzen Kontinent umfassen, rivalisieren können soll.

Das zweite Projekt ist eindeutig dasjenige **Großbritanniens**. England erweist sich in seinen Ansichten im Vergleich zu Frankreich als kohärenter, indem es nur bereit ist, ein eng an die USA angelehntes Europa in der Gestalt einer Freihandelszone zu akzeptieren. Die Mitgliedstaaten behalten dabei - auch auf dem Gebiet der Währung - ein Höchstmaß an Unabhängigkeit.

Brüssel und die Mittelmeerländer stehen der französischen Vorstellung nahe, sind aber in Bezug auf die Institutionen nicht ganz so schüchtern. Die skandinavischen Länder haben sich an Großbritannien orientiert. Deutschland schließlich teilt zwar die Freihandelsbestrebungen Großbritanniens, unterstützt aber - zumindest bis heute - im Großen und Ganzen die Vorstellung von einem föderalen Europa mit gemeinsamen Institutionen.

Die **Geschichte** hat zwischen den beiden gegensätzlichen Vorstellungen auch in vierzig Jahren europäischer Einigung **nicht entschieden**. Seit 1950 werden dieselben Argumente ausgetauscht. Dieselben Überzeugungen stehen einander gegenüber. Allmählich aber neigt sich die Waage der Geschichte unter dem Gewicht der Tatsachen zugunsten eines vereinigten Europas. Mit dem Schritt von den Römischen Verträgen zur Einheitlichen Europäischen Akte, mit einer Vielzahl von europäischen Direktiven, durch tatkräftige Interventionen im Bereich des Wettbewerbs, als Schlüsselpartner für den *GATT* und durch die Entwicklung von umfangreichen Hilfsprogrammen für Osteuropa, Palästina und die Dritte Welt wurde die Gemeinschaft viel mehr als eine Freihandelszone. Niemand käme heute auf den Gedanken, ihr den Status eines vollwertigen Akteurs in der Weltwirtschaft zu bestreiten.

Aber parallel dazu hat das politische Europa keine echten Fortschritte gemacht. Feierliche Erklärungen wurden in die Verträge von Maastricht und Amsterdam aufgenommen. Aber bei jeder Krise - Golfkrieg, Jugoslawien, Zentralafrika, aggiornamento der *NATO* - waren die europäischen Länder uneins, wenn nicht sogar zerstritten. Von gemeinsamer Außen- und Sicherheitspolitik ist bloß in den Texten die Rede. In der Wirklichkeit ist nur eine Kakophonie zu hören.

Wie wird es weitergehen? Ein bedeutendes Ereignis beherrscht die Zukunft der Union: die Einführung der **gemeinsamen Währung**. Niemand wird versucht sein, deren Bedeutung für die innere Entwicklung der Union sowie für ihre internationale Rolle zu unterschätzen. Aber reicht die einigende Dynamik des Euro aus, um die Zukunft Europas als Bundesstaat festzuschreiben? Dies ist alles andere als sicher. Gerade um diese Problematik aber wird in den nächsten Jahren die **Debatte in Europa** kreisen. Sie umfaßt drei Punkte:

- Wird die Einheitswährung die Teilnehmerstaaten auf den Weg der Integration führen, und wenn ja, in welchen Bereichen von Politik und Wirtschaft?
- Wird die Dynamik des Euro nicht auf eine entgegengesetzte Logik stoßen, eine Logik der Zersetzung als Folge der Erweiterung der Union in Richtung auf die neuen Demokratien des Ostens?
- Was geschieht beim Aufeinandertreffen dieser beiden gegensätzlichen Entwicklungen? Die geläufigen Hypothesen reichen von der Umwandlung der Union in eine echte Föderation bis zu ihrer völligen Auflösung. Sind solche Annahmen plausibel? Und welche anderen Szenarien sind denkbar?

2 Der Euro, ein starker Integrationsfaktor

Es ist riskant, eine Prognose über die Wirkung des Euro auf die europäische Einigung abgeben zu wollen, und dies aus **zwei Gründen**:

Zum einen gab es in der Vergangenheit nichts, was als **Vergleich** herangezogen werden könnte. Das einzige bekannte Beispiel, die USA, haben die umgekehrte historische Entwicklung durchgemacht: Der amerikanische Bundesstaat ist im 18. Jahrhundert entstanden, die Federal reserve erst 1913. Die Zentralbank war nicht Pionier bei der Schaffung gemeinsamer Institutionen, sondern ihre Krönung lange nach der Entstehung einer Regierung, einer Außenpolitik, einer Armee.

Zum anderen kann **niemand sicher** sein, daß der Euro gelingt. Selbst wenn die gemeinsame Währung die Krisen überlebt, die die Pessimisten ihr voraussagen, dabei aber die Arbeitslosigkeit nicht sinkt, die Steuerbelastung hoch bleibt und die Umstrukturierung der Industrie ein Gefühl der Unsicherheit aufrecht erhält, dann werden der Euro und darüber hinaus die ganze Gemeinschaft darunter zu leiden haben. Bei der ersten Gelegenheit wird Europa zum Sündenbock gemacht werden und die vom Euro erhoffte Dynamik sich in ihr Gegenteil verkehren.

Trotz all dieser Vorbehalte wird man sich der Einsicht nicht verschließen können, daß die Einheitswährung, so sie denn alle Erschütterungen übersteht, Europa einen entscheidenden Schritt auf dem Weg zur Einheit voranbringt - in wirtschaftlicher, aber auch politischer Hinsicht.

Der Euro wird unvermeidlich Veränderungen in der Wirtschafts-, Steuer- und Sozialpolitik aller Mitgliedsstaaten der Union in Gang setzen - weniger, weil die Regierungen sich dazu aus freien Stücken entschließen werden, sondern weil die durch den Euro in oft unterschätztem Ausmaß **verschärfte Konkurrenz** sie dazu zwingt. Die Transparenz der Preisgestaltung, der Abgaben, der Sozial- und Handelsgesetzgebung wird es dem Kapital, aber auch den Trägern des Wirtschaftslebens - Unternehmen und Personen - leicht machen, sich in dem für sie günstigsten Umfeld anzusiedeln. Gewiß ist in Europa, anders als in den USA, die **Mobilität der Arbeitskräfte** gering. Aber für die Eliten, die dank der Verbreitung des Englischen überall in Europa einsetzbar sind, ändert sich die Lage. Tausende junge französische Hochschulabsolventen haben sich bereits in London etabliert, und bei dieser Entwicklung stehen wir erst am Anfang. Die Regierungen müssen rasch tätig werden, wenn sie die besorgniserregende Abwanderung der Intelligenz stoppen wollen.

Neben der internen Wirkung des Integrationsschocks, den die Einheitswährung auslöst, wird es auch **externe Folgen** geben. Die Mehrzahl der Beobachter sind sich darin einig, daß der Euro eine starke Währung sein und einen bedeutenden Teil der internationalen **Kapitalreserven an sich ziehen** wird. Denn er lehnt sich an die Wirtschaftskraft von elf Mitgliedsländern an, die 20% des weltweiten Bruttoinlandsprodukts und 20,9% des internationalen Handels repräsentieren, und er wird zudem von einer unabhängigen Zentralbank verwaltet, die einer strikten Geldpolitik verpflichtet ist. Dieser Effekt wird sich wahrscheinlich nur allmählich bemerkbar machen und dem Dollar nicht seine Vorherrschaft rauben. Trotzdem wird das Monopol von einem Duopol abgelöst, das den Yen weit hinter sich läßt und Europa zum unumgänglichen Gesprächspartner der USA in Finanzangelegenheiten macht. Diese radikal neue Situation wird für die Länder, die am Euro teilnehmen, dazu führen, daß sie auch nicht mehr wie bisher beim Weltwährungsfonds und bei der Weltbank vertreten sein können. Es ist kaum vorstellbar, daß eine wirtschaftlich und währungspolitisch geeinte Gemeinschaft durch mehrere Verantwortliche aus mehreren Ländern repräsentiert wird, die zudem mit jedem turnusmäßigen Wechsel des *EU*-Vorsitzes ausgetauscht werden. Sicher wird man auf den Präsidenten der *Europäischen Zentralbank* zählen können. Aber das Fehlen eines politischen Ansprechpartners wird nicht lange durch schlichte Konzertierung der Finanzminister ausgeglichen werden können. Europa muß in den Instanzen, in denen schlecht und recht die Wirtschafts- und Finanzpolitik der Welt ausgearbeitet wird, mit einer Stimme sprechen können, auch bei den G-8-Treffen.

Bedeutet dies, daß der Euro die Union dem politischen Ziel ihrer Gründerväter näherbringt? So unmittelbar wohl nicht. Mittelbar vielleicht. Der Euro wird ein starker **psychologischer Integrationsfaktor** sein. Er wird dazu beitragen, die europäische Idee populär zu machen und zu demokratisieren. Zum ersten Mal werden die Europäer etwas Konkreteres gemeinsam haben als allgemeine Vorstellungen - zum Beispiel die Idee vom bewahrten Frieden oder vom wiedererstarkten internationalen Einfluß. Der Graben zwischen der Effizienz der Zentralbank und der Machtlosigkeit der Regierungen im Bereich der Außenpolitik, den demokratischen Defiziten bei der europäischen Einigung, die den Bürger von jeder echten Mitbestimmung in europäischen Angelegenheiten ausschließen, all das wird nur um so klarer zu erkennen sein. Vielleicht wird daraus eine verstärkte Nachfrage nach Europa entstehen, die von der Basis käme.

Die psychologischen Prozesse sind noch schwerer vorherzusehen als die ökonomischen Entwicklungen. Ihr Einfluß auf das Schicksal Europas kann allerdings entscheidend sein.

3 Die zersetzende Wirkung der Erweiterung

Darf man also annehmen, daß die Einheitswährung Europa - Zug um Zug, aber unumkehrbar - auf dem Weg der politischen Vereinigung voranbringt? Das Urteil wäre voreilig. Andere Projekte, andere Probleme und andere Kräfte werden diese Entwicklung bremsen, wenn nicht gar zum Halten bringen.

Der wichtigste **Störfaktor** ist offenbar die Erweiterung der Union. Niemand wird die Notwendigkeit einer Öffnung der Gemeinschaft für die neuen Demokratien in Zentral- und Osteuropa bestreiten. Das ist ein Grund mehr, die mit der Erweiterung verbundenen Probleme nicht zu unterschätzen. Deren Lösung wird die nächsten Schritte auf die politische Einheit zu erschweren und aller Wahrscheinlichkeit nach verzögern.

Kann eine Gemeinschaft aus fünfundzwanzig bis dreißig Mitgliedern, die weder auf dem selben Entwicklungsstand sind noch dieselben strategischen und politischen Sorgen teilen, eine gemeinsame Politik entwickeln und auf internationale Krisen, die einige Mitglieder wohl indifferent lassen werden, rasch und effizient reagieren? Mit einem Wort: Kann eine Union zu fünfundzwanzig oder dreißig noch ernsthaft politische Ziele verfolgen? Es gibt viele, die daran zweifeln.

Gewiß könnte eine tiefgreifende **Reform der Institutionen** im Prinzip Erweiterung und politische Effizienz miteinander versöhnen. Wenn alle Entscheidungen der Union mit Mehrheit getroffen würden, wenn die Zahl der Kommissionsmitglieder auf ein Dutzend begrenzt wäre, wenn der Präsident der Kommission vom *Europäischen Parlament* gewählt würde und ihm verantwortlich wäre, wenn das Recht zur Mitentscheidung des Parlaments auf alle Bereiche der europäischen Gesetzgebung ausgedehnt würde und alle seine Mitglieder aufgrund desselben Wahlrechts gewählt würden, dann wäre die Union auch mit so vielen Mitgliedern ausreichend entscheidungs- und handlungsfähig. Aber die Verhandlungen, die zu den Verträgen von Maastricht und Amsterdam geführt haben, stimmen nicht gerade optimistisch. Die Gegensätze zwischen großen und kleinen Staaten, zwischen jenen, die in allen Bereichen - auch in der Außenpolitik - zur weitgehenden Übertragung von souveränen Rechten an die Union bereit sind und jenen, die das ablehnen, haben sich als unüberwindlich erwiesen. Nichts berechtigt zu der Hoffnung, daß sich diese Gegensätze verkleinern werden. Im Gegenteil, alles deutet darauf hin, daß die notwendige, tiefgreifende Reform der Institutionen vollends unmöglich ist, wenn sie nicht vor der nächsten, für das Jahr 2003 oder 2004 vorgesehenen Erweiterung realisiert wird.

Dabei ist die Reform der Institutionen nicht die einzige Aufgabe, die die Union aufgrund der Erweiterung lösen muß. Die **Finanzfragen** dürften sich als ebenso schwierig erweisen. Wenn es einen Punkt gibt, in dem die Übereinstimmung der 15 kaum zu erschüttern sein dürfe, dann ist es die Obergrenze von 1,27% des Bruttoinlandprodukts der Union (so beschlossen auf dem Gipfel in Edinburgh 1992), welche die Einnahmen und Ausgaben der Union auf keinen Fall übersteigen dürfen. Hier endet die Übereinstimmung allerdings auch schon. Denn die bereitgestellten Mittel müssen für die Befriedigung der Bedürfnisse bereitstehen, die die neuen Mitglieder mit Entschiedenheit vorbringen werden. Die gegenwärtigen Nutznießer der sog. Kohäsionsfonds, Spanien, Portugal, Irland und Griechenland, wollen aber keine Verringerung der ihnen zufließenden Strukturhilfen hinnehmen. Deutschland - das zu 30% zum europäischen Haushalt beiträgt - verlangt nicht ohne Grund eine Reduzierung seiner Beiträge. Woher soll das zusätzliche Geld für die Staaten im Osten kommen? Reicht dazu das europäische Wirtschaftswachstum, das zusätzliche Steuereinnahmen erzeugt? Wird es ohne größeren Konflikt innerhalb der Gemeinschaft gelingen, an den Ausgaben für die Landwirtschaft zu sparen, die 50% des Unionshaushalts ausmachen? Nichts ist unmöglich. Aber die internen Konflikte, die sich ohne Zweifel aus den anstehenden schmerzlichen Entscheidungen ergeben, werden kein günstiges Klima für den großen Wandel von der wirtschaftlichen zur politischen Union schaffen.

Gewiß ist die Mehrzahl der Schwierigkeiten nicht neu, die der Erweiterung zugeschrieben werden, sei es in bezug auf die Institutionen oder in bezug auf die Gemeinschaftsfinanzen. Aber die Gemeinschaft hat damit bis heute recht und schlecht gelebt. Mit der Erweiterung werden diese Schwierigkeiten unerträglich. Die abwartende Haltung, die die Union in vielen Bereichen charakterisiert, wäre tödlich. Eine unverzichtbare, aber unmögliche Reform: Diese Lage droht uns mit der Erweiterung.

Wird die öffentliche Meinung die Regierungen zwingen, ihren **nationalen Egoismus** zu überwinden und sich aus der Sackgasse herauszumanövrieren? Dazu besteht Hoffnung. Unter einer Bedingung allerdings: Daß der Euro ein vollkommener Erfolg wird und Europa in eine neue Phase dauerhaften Wachstums eintritt. Man kommt nicht umhin festzustellen, daß nach Jahren der Krise und der Arbeitslosigkeit heute der Enthusiasmus, der die europäische Idee in den ersten Nachkriegsjahren trug, verschwunden ist. Seit Maastricht erleben wir, im Gegenteil, die dramatische Rückkehr der Nationalismen. Sie haben nicht nur Jugoslawien zerrissen und die UdSSR aufgelöst. Sie gehen auch in Westeuropa um. Die deutsch-französischen Beziehungen bleiben im großen und ganzen gut. Aber der Eifer ist verlorengegangen, der sie in den Jahren 1960 bis 1980 auszeichnete. Die Mißverständnisse haben sich vervielfacht und die Vorurteile drohen nachzuwachsen. Die europäische Einigung stößt auf Ablehnung. Sie wird für desorganisierte Interventionen, überflüssige administrative Schikanen und Geldverschwendung verantwortlich gemacht. Zugleich erweist sie sich als machtlos angesichts von Krisen, die das Eingreifen der Union erforderlich machen würden. Ihre größte Stärke ist, daß es zu ihr **keine glaubwürdige Alternative** gibt: der nationalstaatliche Weg erscheint als Sackgasse in einer Welt, in der die Zukunft den Staaten vom Umfang eines Kontinents und den Riesenunternehmen der Privatwirtschaft gehört.

4 Szenarien der Zukunft

Innerhalb eines halben Jahrhunderts hat sich Europas Gesicht verändert. Dank der Anstrengungen, die Gegensätze der Vergangenheit zu überwinden, eine Ära des Friedens zu begründen, einen gemeinsamen Markt zu schaffen und auf dem Weg zur Einheit voranzukommen, haben wir eine Gemeinschaft geschaffen, die andere Weltgegenden - Lateinamerika oder Südostasien - zum Vorbild nehmen.

Aber nichts ist endgültig entschieden. Die europäische Einigung schreitet voran, das ist unbestreitbar. Aber in **scheinbar entgegengesetzte Richtungen**. Einerseits begünstigt die Einheitswährung die Integration, ja sie zwingt dazu. Die Erweiterung andererseits behindert, ja verhindert sie. Der Euro folgt der föderalen Logik der Gründerväter. Die Erweiterung hingegen entspricht der rein zwischenstaatlichen Konzeption, wie sie seit langem von Großbritannien vertreten wird.

Hinter diesem Gegensatz verbirgt sich allerdings ein Paradox. Die widersprüchlichen Visionen, zwischen denen Europa hin- und hergerissen zu sein scheint, machen letzten Endes doch recht **ähnliche Reformen** notwendig. Die Einheitswährung wird, wie erwähnt, nur im Rahmen einer Harmonisierung, wenn nicht einer Angleichung der Wirtschafts- und Sozialpolitik aller Mitgliedsländer gelingen, was wiederum eine Reform der Entscheidungsstrukturen der Gemeinschaft voraussetzt. Was den großen Markt ohne Grenzen angeht, den Großbritannien und einige andere als Ziel und Abschluß des Einigungsprozesses ansehen, so wird auch er nur dann überleben, wenn er mit fester Hand von entscheidungs- und handlungsfähigen Institutionen gesteuert wird, die überdies die öffentliche Meinung mobilisieren können.

Im einen wie im anderen Fall erfordert die Zukunft der Union eine Reform der Institutionen. Einmal mehr gibt die Geschichte *Jean Monnet* recht. So ist die eigentliche Frage, ob die Reformen, die im einen wie im anderen Fall notwendig sind, auch durchgeführt werden, oder ob die europäischen Länder, über ihre Besonderheiten und die Reste ihrer Souveränität gebeugt, vor diesen Entscheidungen zurückschrecken werden.

Die angelsächsischen Beobachter, allen voran *Henry Kissinger*, schließen daraus, daß die Zukunft der europäischen Einigung zwischen zwei Polen hin- und herspringt: Entweder werden die unverzichtbaren Reformen realisiert, die gemeinsame Währung gelingt und die Zukunft Europas ist auf mittlere oder lange Sicht ein bundesstaatliches Gebilde; oder der institutionelle Status Quo bleibt erhalten, die Einheitswährung scheitert, die Erweiterung führt zur Lähmung und das seit 1950 mühsam errichtete Gebäude wird von der Auflösung bedroht.

Solche **extremen Alternativen** sind intellektuell durchaus verführerisch. Aber sie entsprechen nicht der Realität. Sie stoßen auf den Pragmatismus, den die Europäer in ihren Versuchen einer Vereinigung immer wieder bewiesen haben. Alles weist darauf hin, daß weder die Föderation noch die Auflösung Europas auf kurze oder mittlere Sicht wahrscheinlich sind.

Der Sprung zur Föderation stößt auf **Hindernisse**, die nicht verschwunden, sondern im Gegenteil noch höher geworden sind: Das überall zu konstatierende Wiederaufleben der nationalen Partikularismen, der fehlende Sinn für die Union als Schicksalsgemeinschaft, das Fehlen einer europäischen öffentlichen Meinung, die allergischen Reaktionen gegen die als technokratisch verschrieene Brüsseler Bürokratie, die Interessengegensätze zwischen großen und kleinen Staaten, usw... Die Liste ließe sich fortsetzen. Es braucht also viel Optimismus zu der Annahme, daß die Reform der europäischen Institutionen in Richtung auf eine Föderation ohne weiteres aus den Debatten des *Europäischen Rats* entspringt.

Was die andere der beiden extremen Alternativen angeht, die Auflösung der Gemeinschaft, so erscheint sie noch unwahrscheinlicher. Daß es in der Währungsunion Spannungen, sogar Stürme geben wird, ist abzusehen. Aber eines ist sicher: Es wird alles dafür getan werden, in Zukunft mehr noch als in der Vergangenheit, daß solche Krisen nicht degenerieren, sei es, daß sie die Gesamtheit der Gemeinschaft erfassen oder daß sie im Gegenteil „asymmetrisch" sind und nur eines oder wenige Länder betreffen. Es werden Hilfen bereitgestellt, Erleichterungen möglich gemacht, Lösungen gefunden. Eine Auflösung der Gemeinschaft würde so offensichtlich der globalen Entwicklung zuwiderlaufen, sie würde die Mitgliedstaaten so sehr ohne Alternative zurücklassen, daß dies - allen Pessimisten zum Trotz - von allen möglichen Abschlüssen des europäischen Abenteuers der unwahrscheinlichste ist.

Hingegen erscheinen einige **dazwischen liegende Szenarien** sehr viel plausibler. Eines davon hat viel von sich reden gemacht: das **Europa der zwei Geschwindigkeiten**. Dieses Modell stand im Zentrum eines europapolitischen Dokuments, das vor einigen Jahren von *Wolfgang Schäuble* und *Karl Lamers* veröffentlicht wurde. In Frankreich wird es von einigen wichtigen Beobachtern wie *Valéry Giscard d'Estaing* favorisiert. Es würde eine Versöhnung der beiden Bestimmungen der Union ermöglichen; ihre Ausweitung auf die Gesamtheit der neuen Demokratien im Osten und die Schaffung eines ausreichend integrierten Kerns, der als vollwertiger Akteur auf der internationalen Bühne auftreten könnte. Aber falls nicht noch etwas Unerwartetes geschieht, wird sich die Union voraussichtlich nicht in diese Richtung entwickeln.

Einerseits wird nämlich die Währungsunion, die der Ansatz für den „harten Kern" hätte sein können, auch Länder wie Österreich, Portugal, Irland oder Finnland einschließen, die auf ihrer Neutralität bestehen oder sonst wenig Neigung zeigen, sich in eine föderale Struktur zu integrieren. Andererseits wird die Vorstellung von einem Europa aus einem inneren und einem äußeren Kreis von all jenen heftig abgelehnt, die fürchten müssen, nur zum äußeren Zirkel zu gehören.

So bleibt das empirische Szenario, das keinem vorgefertigten Schema gehorcht, als wahrscheinlichste Hypothese übrig. Seine Grundlage wären **Kompromisse**, die niemanden zufriedenstellen, aber das Schlimmste verhüten und langsame Fortschritte erlauben. Es würde folgende Elemente umfassen:

- Schritt- und teilweise Reformen der Institutionen würden das Funktionieren Europas ausreichend verbessern, insbesondere eine sukzessive Ausweitung des Mehrheitsbeschlusses, damit die erweiterte Union der drohenden Lähmung entgeht. Diese Reformen würden allerdings nicht ausreichen, daß sich Europa mit den USA - morgen mit China oder Indien - auf der internationalen Bühne messen könnte. Sie beließen der **Subsidiarität** einen breiten Raum. Einige Bereiche der Gemeinschaftspolitik könnten sogar wieder renationalisiert werden.
- Das **Budget** der Union würde selbst auf mittlere Sicht kaum die Obergrenze von 1,27% überschreiten.
- Seine **Streitkräfte** blieben in die *NATO* integriert und wären folglich nur mit Zustimmung und in Zusammenarbeit mit den Vereinigten Staaten einsetzbar.
- Seine **Außenpolitik** hätte **zwei Gesichter**: Europa zeigte sich in allen internationalen Institutionen aktiv - wie das bereits der Fall ist -, so in der *Welthandelsorganisation (WTO)*, dem *Weltwährungsfonds*, der *Weltbank* und so weiter. Es wäre führend an der Behandlung aller großen, den ganzen Planeten betreffenden Aufgaben beteiligt, vom Umweltschutz bis zum Kampf gegen die Verbreitung von Massenvernichtungswaffen und zu den Nord/Süd-Beziehungen, und würde allmählich zu einer der Hauptstützen der *UNO*.
- Sobald eine Krise jedoch schnelle, risikoreiche Entscheidungen und militärisches Eingreifen erfordert, müßte sich Europa ins **Schlepptau der Vereinigten Staaten** begeben - wie das seit 1945 der Fall ist, denn seine bescheidenen Kräfte und die Schwerfälligkeit seiner Beschlußfassungsverfahren würden ihm nur eine symbolische Beteiligung erlauben.

Europa würde insgesamt wie eine große Schweiz aussehen. Es wäre wirtschaftlich ein Gigant, hätte eine der stärksten Währungen der Erde und würde eine energische, in viele Richtungen operierende, für alle humanitären Aufgaben aufgeschlossene Aussenpolitik betreiben. Aber es würde nicht über alle Trümpfe verfügen, die eine **Su-**

permacht kennzeichnen, vor allem nicht über die Fähigkeit, Streitkräfte an jeden Punkt des Planeten zu schicken. Es würden ihm die Mittel und wohl auch der Wille dazu fehlen, auf dem internationalen Terrain in derselben Liga wie die USA zu spielen. Es würde - der Not gehorchend, vielleicht inzwischen aber auch seiner Bestimmung folgend - in seiner Vorstellung von den internationalen Beziehungen einem *Woodrow Wilson* zustimmen und es den USA überlassen, auf dem Gebiet der „Realpolitik" tätig zu werden.

Diese Vorstellung von der europäischen Zukunft mag **überraschen** und **schockieren**. Sie gehört in den Bereich der politischen Science Fiction und ist weit von den Ambitionen der großen Europäer der ersten Stunde entfernt. Für sie waren die Vereinigten Staaten das Modell, dem es nachzueifern und das es einzuholen galt. Aber von allen möglichen Zukunftsszenarien entspricht diese Vorstellung am besten der absehbaren Entwicklung der europäischen Institutionen und der Einstellung einer Mehrheit der europäischen Bürger, vor allem der Bürger des nördlichen Europa.

Fehlt es diesem Modell an Glanz und Größe? Das ist nicht so sicher. Europa wird im Vergleich mit den anderen Akteuren auf der internationalen Bühne, ob man es will oder nicht, ein wenig aus der Art schlagen. Aber indem es sich für die großen Aufgaben engagiert, von denen die Zukunft unseres Planeten abhängt, würde es eine wichtige Rolle spielen, die niemand sonst zu übernehmen gewillt oder in der Lage wäre.

Rechtliche Weichenstellungen in Marketing und Handel

Marcel Kisseler

1 Einleitung

Das Ende eines Jahrhunderts war schon immer Anlaß, Perspektiven für das folgende Jahrhundert zu entwickeln und in diesem Falle sogar für den Anfang eines neuen Jahrtausends. Trotzdem könnte man annehmen, daß für die Marketingwissenschaft und die Handelswissenschaft eine rein zeitliche Zäsur kein Anlaß sein kann, sich Gedanken für neue Weichenstellungen zu machen. Wir erleben zur Zeit jedoch eine Beschleunigung in der Entwicklung auf den verschiedensten Gebieten, die nicht nur neue Fragen aufwerfen, sondern auch neue Antworten erfordern. Das gilt auch für den **rechtlichen Bereich**, weil er sich auf Marketing und Handel auswirkt.

Die allgemeine Rechtsentwicklung wird häufig vom Zeitgeist mitgestaltet, wenn z.B. dem Umweltschutz besondere Bedeutung in der Öffentlichkeit beigemessen wird, dann strahlt dies auch auf das Marketingverhalten aus. Ähnlich war es vor einigen

Jahren mit den Begriffen von Ethik und Moral. Aber noch wesentlich wichtiger sind die Entwicklungen der letzten Jahre, in denen man von **Globalisierung** spricht und in denen das Internet immer mehr Einfluß gewinnt.

Gerade das Internet und die Globalisierung des Wettbewerbs machen deutlich, daß es mit herkömmlichen Methoden nicht mehr möglich ist, einzelstaatliches Recht anzuwenden, und daß es alleine mit einer Harmonisierung des Rechts in Europa nicht getan ist. Trotzdem muß man sehen, daß derjenige, der Zukunft gestalten will, die Erfahrungen der Vergangenheit berücksichtigen muß. Hierzu besteht gerade auch im Bereich des **Rechts gegen unlauteren Wettbewerb** Veranlassung, weil dieses Recht in Deutschland inzwischen eine über hundertjährige Tradition begründet und damit auch Bestandteil der Rechtskultur im Wirtschaftsleben geworden ist.

2 Ein Jahrhundert im Rückblick

Marketingmanager und Kaufleute betrachten das Wettbewerbsrecht mit Mißtrauen und vertreten häufig die Auffassung, daß dieses Recht ihnen von Juristen vorgeschrieben werde, die von der Praxis nur unvollständig Kenntnis hätten.

Diese Betrachtung wird der tatsächlichen Rechtsentwicklung für den Bereich des Gesetzes gegen unlauteren Wettbewerb nicht gerecht. Der Grundsatz der **Gewerbefreiheit** wurde Ende des vergangenen Jahrhunderts vom Reichsgericht in der Weise **mißverstanden**, daß alles in der Werbung zulässig sei, was im Markenschutzgesetz nicht verboten war. Im Kommentar von *Baumbach/Hefermehl* (1996, Einleitung UWG, Randziffer 16) war dies u.a. mit der Feststellung verbunden: „Die Gerichte wurden damit zum Hüter der Unlauterkeit".

Schon daraus wird deutlich, daß auch eine hohe juristische Qualifikation nicht davor schützt, wirtschaftliche Sachverhalte unrichtig zu beurteilen. Es waren deshalb auch nicht die Juristen, die ein Gesetz gegen den unlauteren Wettbewerb für erforderlich hielten, sondern es waren die **Unternehmer** und ihre Organisationen, an der Spitze der *Deutsche Industrie- und Handelstag*. Bestrebungen der Wirtschaft fielen damals auf fruchtbaren Boden, weil insbesondere die wenigen, die sich damals um die deutschen Reichsgesetze bemühten, von dem Grundsatz getragen wurden, daß das Recht „die stärkste Waffe der Schwachen und Friedfertigen" ist. Das erste Gesetz gegen den unlauteren Wettbewerb von 1896 bewährte sich jedoch in der Praxis nicht. Deshalb ging zu Beginn dieses Jahrhunderts die Anregung wiederum von der Wirtschaft aus, das **Gesetz zu reformieren** und insbesondere mit einer Generalklausel zu versehen, damit alle Mißstände, die sich in der Zukunft zeigen sollten, damit auch aufgegriffen werden könnten.

Diese Zielsetzung des Gesetzgebers hat sich nunmehr auch verwirklicht, wie insbesondere die umfangreichen Kommentierungen zur Generalklausel des § 1 des Gesetzes gegen unlauteren Wettbewerb zeigen (vgl. z.B. *Köhler/Piper* 1995, Randziffer 1ff. zu § 1; *Baumbach/Hefermehl* 1996, Randziffer 1ff. zu § 1 UWG). Es erscheint aber wohl nötig, immer wieder auf die Schlichtheit und die Effizienz dieser Generalklausel hinzuweisen, die folgenden Wortlaut hat: „Wer im geschäftlichen Verkehr zu Zwecken des Wettbewerbs Handlungen vornimmt, die gegen die guten Sitten verstoßen, kann auf Unterlassung und Schadensersatz in Anspruch genommen werden."

Es war deshalb nicht der Gesetzgeber, der die vielfältigen **Facetten unlauteren Wettbewerbs** festgelegt hat; es ergab sich vielmehr aus den einzelnen Auseinandersetzungen zwischen den konkurrierenden Unternehmen, welche Werbemethoden von den zuständigen Gerichten als unlauter angesehen wurden. Der Kläger mußte deshalb vor Gericht jeweils den Nachweis erbringen, daß die Handhabung des Mitbewerbers eben unlauter sei, weil sie gegen die Generalklausel verstieß. Das Wettbewerbsrecht hat damals erstmalig eine ganz moderne Denkweise geschaffen, ohne eine Unzahl von Vorschriften zu verabschieden, die in der Wirtschaft kaum verstanden worden wären.

Wenn heute in der Werbung treibenden Wirtschaft häufig beklagt wird, das deutsche Wettbewerbsrecht sei **zu streng**, dann wird dabei nicht berücksichtigt, daß dies der überwiegenden Auffassung der Unternehmerschaft nach wie vor entspricht. Die Beschwerden über unlautere Werbung kommen, wenn man mal von den seltenen *Beschwerden* der Verbraucher absieht, von Unternehmern und nicht etwa von Behörden oder sonstigen Institutionen.

So bedurfte es auch keines „hippokratischen Marketing-Eids", der 1990 von dem *Institut für angewandte Marketingwissenschaften IFAM* in Düsseldorf als allgemeine Richtschnur festgelegt werden sollte. Dieser Eid sollte wie bei den Ärzten festlegen, was sein darf und was nicht. Dabei wird eben häufig von der Marketingwissenschaft übersehen, daß die Generalklausel des Gesetzes gegen unlauteren Wettbewerb praktisch die damit erhobenen Forderungen erfüllt. Nur muß man sich, wenn man sich mit Marketing und kaufmännischem Verhalten befaßt, bewußt sein, daß eben nunmehr seit über 100 Jahren die Unternehmen der Wirtschaft anständiges Verhalten im Geschäftsverkehr als Grundlage einer seriösen wirtschaftlichen Tätigkeit voraussetzen.

Die Vorstellung im Marketingbereich, Werbung sei **moralisch und ethisch wertneutral**, ist schlicht **unrichtig**. Man kann dies nicht damit begründen wollen, daß man behauptet, das Schwert ist nicht schlecht, sondern allenfalls derjenige, der es einsetzt. Diese Argumentation überzeugt nur vordergründig. Die Werbung ist bereits der Einsatz dieses Schwertes. Man muß sich eben von der Meinung trennen, daß man zum Werben kein Gewissen brauche.

Im übrigen ist das deutsche Wettbewerbsrecht fast ausschließlich **Zivilrecht**, während z.B. das Wettbewerbsrecht in Frankreich überwiegend Strafrecht ist. Deshalb ist rein formal das französische Recht strenger als das deutsche. Weshalb das deutsche als so besonders streng empfunden wird, liegt lediglich an der wirksamen und durchgreifenden Rechtsverfolgung, die in den anderen Ländern der *EU* eben nicht annähernd so gut organisiert und gesetzlich verankert ist wie in Deutschland.

3 Rechtsverfolgung und Zeitgeist

Das Gesetz gegen den unlauteren Wettbewerb einschließlich der Nebengesetze beschränkt sich auf verhältnismäßig wenige Vorschriften. Es ist damit in seinem materiellen Bereich durchaus überschaubar. Andererseits wurde dieses Recht jedoch im prozessualen Bereich so gestaltet, daß es sich mit einer außerordentlich klaren und harten Einstellung des Gesetzgebers sehr schnell und wirkungsvoll durchsetzen ließ.

Trotzdem hat seit Anfang der siebziger Jahre die allgemeine Entwicklung insbesondere im Bereich des Strafrechts dazu geführt, daß sich auch die Anschauungen im Wettbewerbsrecht verändert haben. Nicht ohne Grund wird beklagt, daß heute in Strafverfahren der **Täterschutz** hinsichtlich der Resozialisierung **höher angesiedelt** ist als der Opferschutz. Immer glaubt man, daß der gegen das geltende Recht Verstoßende doch aus irgendwelchen familiär oder gesellschaftlich begründeten Gegebenheiten fast gar nicht anders konnte, als gegen das Gesetz zu verstoßen.

Diese allgemeine weiche Einstellung gegenüber denjenigen, die gesetzliche Vorschriften nicht einhalten, hat sich auch im Wettbewerbsrecht gewissermaßen durchgesetzt. Bis zu Beginn der siebziger Jahre konnte die Rechtsverfolgung von einer Vielzahl von Mitbewerbern durchgesetzt werden, und zwar mit dem Mittel der **einstweiligen Verfügung**, ohne daß es einer vorherigen Abmahnung bedurfte. Derjenige, der z.B. im Einzelhandel eine unzulässige Sonderveranstaltung ankündigte, konnte von allen seinen Mitbewerbern mit einer einstweiligen Verfügung an der Fortführung dieses unzulässigen Verkaufs gehindert werden und mußte in allen Verfahren die Kosten tragen, so daß in den seinerzeit bekannt gewordenen Fällen dadurch wirklich erhebliche finanzielle Belastungen entstanden.

Unzulässige Sonderveranstaltungen wurden im Handel nie als Kavaliersdelikt angesehen, sondern sie beeinträchtigten die Belange der Mitbewerber ganz erheblich. Sie führten zu Veränderung von Kundenströmen und Umsatzverlagerungen im großen Stil. Eine unzulässige Sonderveranstaltung, die am Wochenende von einem Verbrauchermarkt durchgeführt wird, steigert den Umsatz der sonst üblicherweise eine Million DM beträgt, auf 2,5 Mio. DM. Aber nicht nur unzulässige Sonderveranstaltungen, sondern eine Vielzahl unzulässiger Werbemethoden führen zu ganz erheblichen Schäden für die Mitbewerber.

Die höchstrichterliche Rechtsprechung war dann allerdings der Auffassung, daß diese Strenge des Gesetzes den Wettbewerbssünder **zu hart träfe** und aus diesem Grunde müsse vor der Geltendmachung der Ansprüche vor Gericht der Wettbewerbsverstoß abgemahnt werden. Die Interessen desjenigen, der gegen das Gesetz verstößt, wurde damit praktisch höher bewertet als die Interessen der betroffenen Mitbewerber, die durch die unlautere Werbung in ihren wirtschaftlichen Interessen geschädigt wurden. Eine weitere Einschränkung erfolgte dadurch, daß die erste Abmahnung, aufgrund deren eine Unterlassungserklärung abgegeben wurde, ausreichen sollte, um die Wiederholungsgefahr für alle Mitbewerber auszuschließen, so daß diese mit entsprechenden Abmahnungen oder gerichtlichen Verfahren ins Leere liefen. Wegen der zeitlichen Verzögerung wurde deshalb denjenigen, die in ihren Rechten beeinträchtigt wurden, auch noch der Weg für eine verhältnismäßig preiswerte Durchsetzung ihres Rechtes genommen.

Seit der UWG-Novelle von 1994 wurde eine Entwicklung eingeleitet, die die **Rechtsverfolgung** noch weiter **behinderte** und Begriffe aus dem Kartellrecht in das Gesetz gegen unlauteren Wettbewerb übernahm, die zwangsläufig zu den unterschiedlichsten Interpretationen führten. Die Übersichtlichkeit der Gesetzesmaterie wurde gerade dadurch eingeschränkt.

4 Harmonisierung und Deregulierung

Wenn es sich auch nicht um Weichenstellungen für die Zukunft handelt, so betrachtete man doch in der zurückliegenden Zeit die Harmonisierung und Deregulierung in unserer Rechtsordnung als Schritte in die richtige Richtung. Das Ergebnis dieser Bemühungen ist jedoch so **unbefriedigend**, daß beide Begriffe noch keine neue Weichenstellung eröffnen.

Es gibt zwar internationale Verhaltensstandards; die einzelnen konkreten Rechtsordnungen der unterschiedlichen Länder sind jedoch **keineswegs** so **kompatibel**, als daß man sie harmonisieren könnte. Dies gilt auch für den Bereich der *Europäischen Union*. Man muß zwar feststellen, daß das Europarecht höherrangiges Recht ist und soweit es eben von der *Europäischen Union* verabschiedet wurde, grundsätzlich einheitliche Maßstäbe setzen könnte, wenn sich diese Rechtsvorschriften überall gleichmäßig durchsetzen ließen. Schon hierbei sind erhebliche Zweifel angebracht, und zwar liegt dies nicht zuletzt an der unterschiedlichen Durchsetzbarkeit geltenden Rechts durch die formalen und prozessualen Vorschriften in den einzelnen Ländern.

Nicht besser sieht es mit den Fragen der Deregulierung aus. Wer den Umfang der Gesetzes-, Verordnungs- und Ministerialblätter auf europäischer oder auf Bundes- und Landesebene betrachtet, der kann nur feststellen, daß man auch heute - mehr als 50 Jahre nach dem letzten Krieg - es für notwendig hält, mehr Gesetzesvorschriften zu verabschieden als zu Beginn der Bundesrepublik Deutschland. Eine wirkliche Deregulierung wäre wohl nur dann möglich, wenn z.B. Behördenleiter und -mitarbeiter sowohl stellungsmäßig wie gehaltlich eine Belohnung dafür erhalten würden, wenn sie dazu beitragen, daß **unnötige Vorschriften** aufgehoben werden.

Man fühlt sich an die Handhabung im alten Griechenland erinnert, daß unnötige Gesetze dadurch verhindert werden sollten, daß derjenige, der mit seinem Gesetzesvorschlag keine Mehrheit fand, schlimmstenfalls mit der Todesstrafe bedroht wurde. Obwohl es damals kaum Gesetze gab, war man jedenfalls der Auffassung, daß Wege gefunden werden müßten, um überflüssige Gesetze zu verhindern.

Für den Bereich des Wettbewerbsrechts im Hinblick auf Marketing- und Handelsaktivitäten bedarf es allerdings solcher drakonischer Maßnahmen nicht, weil diese Rechtsmaterie so verhältnismäßig klar und in wenigen Bestimmungen geregelt ist, daß eine Deregulierung allenfalls so negative Entwicklungen einleiten würde wie die letzte UWG-Reform von 1994.

Diejenigen, die angeblich eine Deregulierung wollen, fühlen sich dadurch gestört, daß es für den Marketingbereich und für die Werbung im Handel Vorschriften gibt, die sie einhalten müssen. Dabei beruht das Gesetz im wesentlichen lediglich darauf, daß man „**Sitte und Anstand** des ehrbaren Kaufmanns“ beachten soll. Der Begriff klingt zwar antiquiert, er ist aber in einer Zeit entstanden, wo der ehrbare Kaufmann wirklich das Vorbild für unternehmerische Tätigkeiten war. Hieran hat sich grundsätzlich bis heute nichts geändert. Deshalb sind diese Begriffe auch in das Gesetz zur vorläufigen Regelung des Rechts der Industrie- und Handelskammern eingegangen und befinden sich eben auch in den Wettbewerbsvorschriften, insbesondere auch in § 1 UWG. Aber es ergibt sich auch der Schluß, daß man anständiges Verhalten nicht deregulieren kann. Man kann zwar über die Zweckmäßigkeit der einen oder anderen Vorschrift streiten, die konkretes Verhalten vorschreibt, nicht jedoch über die Notwendigkeit einer Generalklausel wie sie § 1 UWG darstellt.

Der allgemeinen Zielsetzung des Wettbewerbsrechts dient u.a. auch das so viel angefeindete **Rabattgesetz**. Es ist eine Vorschrift, die die Diskriminierung von Letztverbrauchern verhindern soll. Diejenigen, die das Gesetz im Wettbewerb für hinderlich halten - und hierzu zählen leider auch die Verbraucherorganisationen - betrachten dies immer unter dem Gesichtspunkt, daß sie selbst günstiger mit Rabatt einkaufen könnten. Sie müssen aber das Gesetz auch unter dem Gesichtspunkt sehen, daß ihre Freunde und Bekannten billiger einkaufen als sie selbst. Dann werden sie über die Zielsetzung des Rabattgesetzes sicherlich anders denken, weil niemand gerne hat, daß andere besser behandelt werden als man selbst.

Deshalb sind auch die **Vorstellungen der Monopolkommission** nicht verständlich, weil sie nach wie vor nicht einsehen will, daß das Rabattgesetz den Preiswettbewerb nicht hindert, sondern jeder gerade in Deutschland zu Preisen verkaufen kann, die er selbst festlegt. Er soll nur dann, wenn er eben den ungünstigeren, also höheren Preis in seiner Werbung herausstellt, nicht nachher noch dem günstiger Anbietenden Konkurrenz machen können, indem er im einzelnen Verkaufsgespräch dann einen tieferen Preis vereinbart.

5 Verbraucherschutz

Bei einer rechtlichen Weichenstellung für das kommende Jahrhundert darf das Thema Verbraucherschutz nicht fehlen. Dabei bedarf es dann aber einer ehrlichen und **sachlicheren Auseinandersetzung** über den Begriff des zu schützenden Verbrauchers und des zu verhindernden Verhaltens, und zwar nicht in so polemischer Form wie bei den Angriffen auf das Rabattgesetz.

Es wäre schon viel gewonnen, wenn man auf der einen Seite übertriebene Schutzvorschriften beseitigen würde und auf der anderen Seite jeweils wirklich überprüfte, ob neue Vorschriften im Sinne des Verbraucherschutzes erforderlich sind. Dies gilt nicht nur für das nationale Recht sondern auch für das europäische Recht. Die **Ausuferung der europäischen Rechtsvorschriften** kann kaum noch als Wahrnehmung des Verbraucherschutzes angesehen werden. Wenn das deutsche Recht, z.B. auch das Lebensmittelrecht, schon unübersichtlich genug ist, dann wird durch die Übernahme von *EG*-Vorschriften diese gesamte Rechtsmaterie noch wesentlich unübersichtlicher. Der europäische Gesetzgeber hat sich offensichtlich viel vorgenommen, wenn er alles und jedes regeln will und z.B. meint, für die Verkehrsfähigkeit eines Grundnahrungsmittels wie Knoblauch eine siebenseitige Verordnung, die innerhalb der *EG* verbindliches Recht ist, verabschieden zu müssen.

Auf der einen Seite spricht man vom **mündigen Verbraucher** und beklagt sich über die Strenge der dem Verbraucherschutz dienenden Rechtsprechung des *Bundesgerichtshofs*. Auf der anderen Seite verdeutlicht man, daß man sowohl in Europa wie auch der Bundesrepublik den Verbraucher wirklich **für dumm und töricht hält**.

- Wie dumm müssen eigentlich Verbraucher sein, wenn sie bei jedem Fernsehspot für frei verkäufliche **Arzneimittel** den Zusatz hören müssen, „zu Risiken und Nebenwirkungen lesen Sie die Packungsbeilage und fragen Sie Ihren Arzt oder Apotheker." Dies ist wohl inzwischen der teuerste Werbespruch, der im gesamten Fernsehen eingeblendet wird, weil die Zeit ja letztlich Werbezeit ist. Es müßte eigentlich genügen, daß man allenfalls in die Werbung „Arzneimittel" einblendet, zumal sich ohnehin bei vielen Packungsbeilagen dann ergibt, daß Nebenwirkungen nicht bekannt sind.
- Man kann auch bezweifeln, ob die Todesdrohungen auf den Verpackungen von **Zigaretten** wirklich wirkungsvoll den Tabakkonsum einschränken.
- Für den Verbraucherschutz ist es auch belanglos, ob man in der Werbung für **Kraftfahrzeuge** von KW oder von PS spricht. Man hätte deshalb sicherlich darauf verzichten können, daß ab 1999 überhaupt nur noch von KW gesprochen werden darf.
- Schließlich wird man aber auch den Bemühungen von Müttern nicht gerecht, die für ihre Kinder das Beste wollen, wenn man meint, im **Säuglingsnahrungswerbegesetz** Bestimmungen treffen zu müssen, die nichts anderes als eine Bevormundung und Gängelung der jungen Mütter darstellen. Wer das Verhalten junger Mütter beobachtet, der kann doch nur feststellen, daß diese sich mit größter Sorg-

falt bemühen, dem Wohlergehen ihres Kindes zu dienen. Dafür sind aber keine ideologischen Feldzüge von Nöten.

6 Werbeverbote

Das Lamentieren über das angeblich zu strenge deutsche Wettbewerbsrecht kann man sehr schnell ad absurdum führen, wenn man die Bestrebungen in Europa zur Regulierung von Werbung betrachtet. Werbung begegnet nicht nur in Deutschland, sondern in ganz Europa einem kaum zu überwindenden **Mißtrauen**. Man glaubt das damit bemänteln zu können, daß der Verbraucherschutz und der Gesundheitsschutz bestimmte Werbevorschriften notwendig machten, die eben auch bestimmte Werbung untersagen. Dadurch wird dann zugleich deutlich, wie wenig ernsthaft man Deregulierung anstrebt, sondern immer wenn es einem opportun erscheint, dann muß eine Vorschrift geschaffen werden, die ein bestimmtes Werbeverhalten vorschreibt oder die Werbung sogar ganz verbietet.

Ein besonders klares Beispiel ist die **Tabakwerbung**. Von den Gegnern des Verbots der Tabakwerbung ist praktisch nur noch die Bundesrepublik Deutschland übrig geblieben. Die anderen meinen, sich den gesundheitspolitischen und sonstigen Argumenten nicht entziehen zu können. Dabei ist eine solche Verhaltensweise besonders scheinheilig: Die einen wollen ihre nationalen, d.h. staatseigenen Tabakmonopole schützen, die anderen erhalten vom gleichen Gesetzgeber, nämlich von der *Europäischen Union*, Milliardenbeträge zur Förderung des Tabakanbaus, vor allen Dingen in Griechenland, und schließlich wären auch die Finanzminister aller europäischen Staaten wohl sehr bedrückt, wenn sie ihre Tabaksteuern und -zölle nicht mehr einnehmen könnten. Insgeheim setzt man deshalb wohl auf die Hoffnung, daß das Werbeverbot nach außen sehr populistisch wirksam ist, aber umgekehrt keine negative Wirkung auf den Absatz von Tabakwaren haben wird, weil man aus den Ostblockstaaten weiß, daß auch ohne Werbung Tabakwaren verkauft werden und dort der Tabakkonsum wesentlich höher ist als in den westlichen Ländern. Es sollte deshalb in Zukunft schon verhindert werden, daß solche scheinheiligen rechtlichen Regelungen allgemein verbindlich werden.

Daß ganz allgemein der Werbung durch eine **überzogene Gesetzgebung** Gefahren drohen, ergibt sich schon heute aus der Rechtsprechung des *Europäischen Gerichtshofs*. Es muß deshalb dringend davor gewarnt werden, den Einstieg in Werbeverbote mit dem Verbot der Tabakwerbung zu suchen, weil ein solches Verbot dazu animieren wird, im Rahmen eines Domino-Effektes alle möglichen anderen Bereiche der Werbung zu verbieten.

Mit ähnlichen Argumenten wie für die Tabakwerbung würde man auch dann die **Alkoholwerbung** verbieten können, obwohl gerade die Selbstbeschränkungsregelungen der betroffen Wirtschaft durchaus ausreichen und von einer überzogenen Werbung für alkoholische Getränke wirklich nicht gesprochen werden kann. Werbeverbote sind zugleich ein Beweis dafür, daß man die Verbraucher doch nicht für mündig hält, obwohl man dies immer wieder gerade in Europa so besonders herausstellt.

Es mag Ideologen schwerfallen einzusehen, daß die Werbung das **Schmiermittel der gesamten Wirtschaft** ist und ohne Werbung eben wirtschaftliche Erfolge nicht annähernd in dem Ausmaß zu erreichen sind, wie sie für eine moderne Volkswirtschaft notwendig sind. In Deutschland konnte man die Folgen eines Wirtschaftssystems ohne Freiheit und ohne Werbung in den neuen Bundesländern durchaus betrachten. Darüber hinaus entspricht es allen Erfahrungen, daß solche Verbote wirkungslos sind. Am deutlichsten wurde dies bei der Prohibition in den Vereinigten Staaten von Amerika in den zwanziger Jahren. Der freiheitliche Rechtsstaat ist eben nicht dazu da, jeden Bürger zu zwingen, bestimmte Werbung nicht wahrnehmen zu dürfen, obwohl diejenigen, die die Gesetze machen, durchaus wissen, daß es diese Produkte gibt und daß es diese Produkte auch weiterhin geben wird.

Die neuere Entwicklung zeigt durchaus, daß Überlegungen für weitere Werbeverbote im Gespräch sind, z.B. die Werbung für Süßigkeiten. Einen gewissen Höhepunkt der Überlegungen stellt das Verbot oder die **Beschränkung der Automobilwerbung** dar, die u.a. darin gipfelt, daß die Formel 1-Rennen als verwerflich anzusehen sind. Wer eine solche Gängelung für fortschrittlich hält, der muß sich fragen lassen, ob er wirklich der Meinung ist, daß der Staat die Aufgabe hat, jeden in allen Lebensbereichen und -lagen zu bevormunden. Wer sich in einer Demokratie als Staatsbürger mit den großen Fragen der Politik auseinandersetzen kann, der sollte auch seinen eigenen Lebensbereich gestalten dürfen und sich nicht von anderen vorschreiben lassen müssen, was er zu tun und zu lassen hat.

Insgesamt läßt sich sagen, daß Werbeverbote **kein geeignetes Mittel** sind, um eine moderne Wirtschaftsstruktur zu steuern. Es muß genügen, daß die Werbung Verhaltensstandards entspricht, die Ehrlichkeit und Seriosität beinhalten, und darauf verzichtet, Marktpartner und damit auch Verbraucher unlauter zu übervorteilen oder irrezuführen.

7 Globalisierung und Internet

Wenn man früher von der industriellen Revolution gesprochen hat, so könnte man heute von der **Revolution zur Dienstleistungsgesellschaft** sprechen. Maßgebend hierfür ist u.a. das Internet, das völlig neue Möglichkeiten weltweit eröffnet hat und deshalb auch in Zukunft wesentlich mitbestimmen wird, wie sich das Wirtschaftsleben gestaltet. Wer im Internet weltweit bestellen kann, dem nützt es wenig, wenn z.B. die Werbung einer amerikanischen Firma nach deutschem Wettbewerbsrecht unlauter ist. Deshalb wird man zum Teil auch für das Wettbewerbsrecht neue Maßstäbe finden müssen, um in einem globalisierten Wettbewerb die rechtlichen Belange der Marktpartner zur Geltung bringen zu können.

Seit dem sog. *Keck*-Urteil des *Europäischen Gerichtshofs* (1993) kann man davon ausgehen, daß im wesentlichen im nationalen Bereich die Verkaufsmodalitäten beibehalten werden können, die sich aus der **Rechtskultur des einzelnen Landes** ergeben. Der *Europäische Gerichtshof* verzichtet bewußt darauf, bei den Verkaufsmodalitäten die Bürger in den einzelnen Ländern zu gängeln, sondern man überläßt es eben den nationalen Gesetzgebern, jene Vorschriften zu erlassen, die sie selbst für erforderlich halten.

Eine rechtliche Weichenstellung für die Zukunft wird sich deshalb auch mit diesen Entwicklungen besonders auseinandersetzen müssen und dementsprechend auch Instrumentarien zur Verfügung stellen, die den notwendigen Rechtsschutz gewährleisten. Ein solcher Schutz kann aber nicht gegen sondern nur mit der Wirtschaft geschaffen werden.

8 Mängel der Rechtsverfolgung

Unlautere Werbung führt häufig zu erheblichen Schäden bei den Mitbewerbern. Häufig führt dies natürlich zu Schäden bei den Letztverbrauchern, denen - z.B. wie vielfach auf Kaffeefahrten - mehr oder weniger minderwertige Ware zu völlig überhöhten Preisen verkauft wird. Das Interesse der geschädigten Mitbewerber besteht darin, die unzulässige Werbung so schnell wie möglich **zu unterbinden**.

Grundsätzlich ist eine solche kurzfristige Untersagung im deutschen Recht gegeben, aber keineswegs innerhalb Europas und erst recht nicht weltweit. In Deutschland ist besonders das Mittel der einstweiligen Verfügung geeignet, schnell zu einer Klärung zu führen. Deshalb wird diese Rechtsverfolgungspraxis auch durchaus international als vorbildlich anerkannt. Trotzdem werden vergleichbare Regelungen in den Ländern der *Europäischen Union* nicht eingeführt, so daß die Rechtsverfolgung außerordentlich erschwert wird, insbesondere **lange Zeiträume** vergehen, bis sich überhaupt eine zuständige Instanz mit der Frage befaßt. Die unlautere Werbung hat dementsprechend ihren vollen Erfolg gehabt, ohne daß sie zu ernsthaften Konsequenzen führt.

Ein besonderes Anliegen für die Zukunft muß deshalb weniger die **Harmonisierung des materiellen Wettbewerbsrechts** sein, zumal die Anschauungen innerhalb Europas über das, was wirklich unzulässig ist, gar nicht so weit auseinander liegen. Wichtiger ist vielmehr die Schaffung prozessualer Vorschriften, die zumindest europaweit eine außerordentlich wirkungsvolle und schnelle Rechtsverfolgung ermöglichen. Dabei konnte man für die Vergangenheit die deutsche Rechtsordnung insofern für vorbildlich halten. Im Hinblick auf die neuen Entwicklungen muß man jedoch sehen, daß man andere Wege finden muß, um unzulässige Werbung zu bekämpfen. Das wird besonders deutlich an der Auseinandersetzung mit dem Internet. Diese moderne Technik hängt stark von dem Vertrauen ab, das ihr Wirtschaftskreise und Verbraucher entgegenbringen. Es ist deshalb besonders wichtig, dieses Vertrauen nicht zu mißbrauchen. Andererseits ist das Internet nicht geeignet, durch staatliche Kontrollen ständig überwacht zu werden. Dann würde es viel von seiner Funktion verlieren.

Aber nicht nur im Bereich des Internets sind die Verfolgungsmöglichkeiten wesentlich geringer als bei unzulässiger Zeitungswerbung. So hat z.B. in Deutschland die TV-Werbung ein Ausmaß angenommen, daß eine Überprüfung dieser gesamten Werbung kaum möglich erscheint, sondern man darauf angewiesen ist, daß betroffene Mitbewerber den Anstoß für eine Rechtsverfolgung geben. Schließlich muß man berücksichtigen, daß allein im Jahr 1997 ein einzelner Mensch 454 Tage hätte vor dem Bildschirm verbringen müssen, um alle Werbespots zu sehen (vgl. *Reiner* 1998). Ohne **Beteiligung der Marktteilnehmer** lassen sich deshalb auch grobe Verstöße nicht feststellen und deshalb wird man sich sinnvoller Weise auch wieder auf die Entstehungsgeschichte des Rechtes gegen unlauteren Wettbewerb zurückbesinnen, weil der Gesetzgeber von 1896 und natürlich auch der von 1909 wußte, daß ohne die Mitwirkung der Organisationen der gewerblichen Wirtschaft ein wirksamer Kampf gegen unlauteren Wettbewerb nicht möglich ist.

Im Hinblick auf diese Zusammenhänge muß das deutsche Wettbewerbsrecht hinsichtlich seiner Verfolgungsmöglichkeiten natürlich nicht völlig umgestaltet werden, aber es ist in seinen Wirkungsmöglichkeiten eben begrenzt, und deshalb muß man Wege suchen, die inzwischen eingetretenen Mängel bei der Rechtsverfolgung auszugleichen. Dies kann allerdings nur gelingen, wenn das allgemeine **Mißtrauen** gegenüber der Werbung **abgebaut wird** und man allgemein erkennt, daß die Werbung treibende Wirtschaft auf das Vertrauen der betroffenen Marktteilnehmer angewiesen ist.

Seit einigen Jahren gehört es zur Diskussion in Marketingkreisen, aber auch bei Wettbewerbsjuristen, **Ethik und Moral** in der Wirtschaft zu thematisieren. Dieser Trend entspricht eben der Erkenntnis, daß das Vertrauen zwischen den Marktteilnehmern wesentlich wichtiger ist, als manch einer dies früher annahm. Natürlich gibt es auch genügend Leute, die es mit Ethik und Moral nicht so genau nehmen. Aber immerhin müssen auch diese erkennen, daß es zumindest sinnvoll ist, ethische und moralische Grundsätze anzuerkennen. Für sie gilt deshalb ein Ausspruch von *Marie von Ebner-Eschenbach*: „Bis zu einem gewissen Grad selbstlos sollte man schon aus Selbstsucht sein“ (*Wissenschaftliche Hochschule für Unternehmensführung* 1993, S. 66).

Aber überwiegend waren die Unternehmen der Wirtschaft immer der Auffassung, daß grobe Mißstände und Ausuferung unlauteren Wettbewerbs nicht Maßstab für wirtschaftliches Handeln sein könnten. Gerade diese Zielsetzung wurde auch vom Gesetzgeber anerkannt, indem er insbesondere im Allgemeininteresse Wert darauf legte, daß die Verfolgung von Wettbewerbsverstößen durch die **Organisationen der Wirtschaft** erfolgen soll. Der Gesetzgeber von 1896 drückte dies wie folgt aus: „Um aber die Unterdrückung einer unter die Vorschrift fallenden Reklame nicht völlig von dem Entschluß des einzelnen Mitbewerbers abhängig zu machen, will der Entwurf die gleichen Befugnisse auch den Verbänden zur Förderung gewerblicher Interessen, so weit sie als Partei in Zivilprozessen auftreten können, beilegen, und zwar ohne Unterscheidung, ob ein solcher Verein den Schutz des durch die Reklame betroffenen Gewerbezweiges zur besonderen Aufgabe macht, oder Ziele allgemeiner Art verfolgt“ (*Reichstag* 1896, S. 104).

Diese Zielsetzung des Gesetzgebers muß man sich nach wie vor vor Augen halten, erst recht im Hinblick auf die wenig glückliche UWG-Novelle von 1994. Es wäre ein Mißverständnis anzunehmen, daß die Organisationen der gewerblichen Wirtschaft bei der Verfolgung von unlauterem Wettbewerb Einzelinteressen einzelner Mitglieder verfolgten, sondern sie werden vielmehr im **Allgemeininteresse** tätig und haben dies auch in nahezu 100 Jahren entsprechend unter Beweis gestellt. Es wäre eine bedauerliche Fehlentwicklung, wenn man nunmehr immer mehr die rechtlichen Möglichkeiten der Wirtschaftsorganisationen einschränken würde, um den wirklichen Wettbewerbssündern das Leben zu erleichtern. Eine solche Erleichterung ist auch darin zu sehen, daß marktstarken Wettbewerbern die Möglichkeit eingeräumt wird, über die Erhöhung von Streitwerten die Rechtsverfolgung zu erschweren. Eine solche Erschwernis tritt zwangsläufig ein, wenn die Wirtschaftsorganisationen mit Streitwerten rechnen müssen, die nach dem Interesse des jeweils größten Mitglieds einer Branche festgelegt werden. Eine entsprechende Tendenz in der höchstrichterlichen Rechtsprechung würde im Ergebnis dazu führen, daß die Rechtsverfolgung wesentlich eingeschränkt werden müßte.

Besonders deutlich wird dies am Beispiel der Zentrale zur Bekämpfung unlauteren Wettbewerbs, deren Mitgliedschaft praktisch immer das größte Mitglied einer Branche umfaßt. Dem Gesetzgeber ging es früher vielmehr darum, daß wirklich wirkungsvoll unlauterer Wettbewerb bekämpft werden kann, und dies kann zwangsläufig nur mit begrenzten Mitteln erfolgen, so daß nicht in jedem Falle z.B. revisionsfähige Streitwerte finanziert werden könnten. Verfehlt erscheint es auch, die Tätigkeit der Wirtschaftsorganisationen als die Förderung fremden Wettbewerbs anzusehen, sondern die Bekämpfung unlauteren Wettbewerbs kann überhaupt nur in dem Interesse gesehen werden, das geltende Recht durchzusetzen, an das sich derjenige, der das Recht verletzt hat, eben nicht gehalten hat.

Diese Mißverständnisse sind vor allen Dingen eingetreten wegen der sog. **Gebührenvereine** oder **Vielfachabmahner**, die eigentlich schon durch die UWG-Novelle von 1986 erfaßt werden sollten. Die Gerichte haben aber diesen gesetzgeberischen Auftrag nicht umgesetzt, sondern die Mißstände haben sich zunächst kaum geändert. Nach der Novelle von 1994 gingen die Mißstände zwar zurück, aber mit der Wirkung, daß neue Umgehungsmöglichkeiten ausprobiert wurden und auch ernst zu nehmende Gerichte die Klagebefugnis nicht so überprüfen, wie der Gesetzgeber sich dies vorgestellt hat. So nehmen die Gebührenvereine und Vielfachabmahner wieder ihre Geschäfte auf und sind auf dem besten Wege, die alten Mißstände wieder herbeizuführen.

9 Werbe-Selbstkontrolle

Es würde den Rahmen dieser Ausführungen sprengen, wenn man auf alle angesprochenen Einzelfragen näher eingehen wollte, aber es sollte im wesentlichen auch nur stichwortartig dargestellt werden, welche Fehlentwicklungen man vermeiden sollte und welche Notwendigkeiten bestehen, die Rechtsverfolgung von Wettbewerbsverstößen anders zu handhaben als bisher.

Der *Zentralverband der deutschen Werbewirtschaft (ZAW)* hat schon Anfang der neunziger Jahre darauf hingewiesen, daß die **Werbewirtschaft** in Deutschland und in Europa **von Zensur bedroht** werde. Das Wort Zensur kann man in diesem Zusammenhang auch dahingehend verstehen, daß durch eine Vielzahl von Einzelgesetzen und Einzelvorschriften das Wettbewerbsrecht uferlos ausgestaltet werden soll und zum Teil auch schon wird. Es kommt deshalb darauf an, diese so wichtige Rechtsmaterie so übersichtlich und klar zu halten, daß in der Praxis eine reibungslose Handhabung möglich ist. Es geht deshalb darum, Instrumentarien zu schaffen oder die vorhandenen Instrumentarien dafür einzusetzen, daß eine solche völlige Zersplitterung des Rechts in den einzelnen Ländern vermieden wird. Den Weg in diese Richtung hat bereits der *Europarat* am 18. Februar 1972 aufgezeigt, indem er auch mit den Stimmen der Bundesrepublik Deutschland eine Resolution verabschiedete, durch die die Mitgliedsstaaten des Europarates aufgefordert wurden, die Bemühungen der Werbewirtschaft zu unterstützen,

(1) „wenn sie durch ihre werbewirtschaftlichen Dachorganisationen" Richtlinien für lautere Werbepraxis „nach Art der Richtlinie der Internationalen Handelskammer aufstellen,

(2) „wenn sie Institutionen gründen, die im Wege der freiwilligen Selbstdisziplin unlautere Werbung bekämpfen oder in anderer Weise für eine freiwillige Selbstordnung sorgen" (*WRP* 1996, S. 284).

Diese Resolution fand auch in der Wirtschaft breiteste Zustimmung und führte u.a. auch dazu, daß der **Deutsche Werberat** geschaffen wurde, der als neues **selbstdisziplinierendes Organ** der Werbewirtschaft wirken sollte und in den zurückliegenden Jahrzehnten auch gewirkt hat. Werbeselbstkontrolleinrichtungen gibt es seit Jahrzehnten in vielen Wirtschaftsbereichen, insbesondere auch in all den Bereichen, in denen vom Bundeskartellamt anerkannte Wettbewerbsregeln verabschiedet wurden. Heute muß man jedoch wohl über diese Organisationen hinaus auch die Tätigkeit der Wirtschaftsverbände, die sich mit der Bekämpfung unlauteren Wettbewerbs befassen, wie z.B. auch die Zentrale zur Bekämpfung unlauteren Wettbewerbs, als Selbstkontrollorganisation ansehen. Schließlich werden sie von den Wirtschafts-kreisen getragen, die die entsprechende Zielsetzung satzungsmäßig verankert haben und die notwendige Autorität besitzen, unabhängig von Größe und wirtschaftlicher Bedeutung einzelner Unternehmen jeden Wettbewerbsverstoß aufzugreifen, der gegen geltendes Recht in erheblichem Maße verstößt.

Die entsprechenden Organisationen in Deutschland haben über Jahrzehnte bewiesen, daß sie dieser Aufgabenstellung gerecht werden und wirkungsvoll gegen Gesetzesverstöße vorgehen und damit im Allgemeininteresse dem lauteren Wettbewerb dienen.

Wenn schon die Rundfunk- und Fernsehanstalten bei der Ausstrahlung von Werbesendungen nicht allzu sorgfältig das geltende Recht beachten, dann muß es doch mindestens den Organisationen der Wirtschaft möglich sein, Wettbewerbsverstöße zu ahnden, die in diesen Medien auftreten. Das gleiche gilt auch für **Werbung im Internet**. Es ist zwangsläufig so, daß die Werbung im Internet nicht mit den üblichen Mitteln schnell und kurzfristig unterbunden werden kann. Es kommt deshalb darauf an, daß diejenigen, die das Netz betreiben und in Anspruch nehmen, aus Eigeninteresse und im Interesse der Erhaltung des Vertrauens in das Internet sich **Verhaltensstandards** auferlegen, wie sie bspw. den Standards der Internationalen Handelskammer entsprechen oder anderer Organisationen, z.B. auch den Wettbewerbsregeln des Markenverbandes. Das Eigeninteresse der beteiligten Wirtschaftskreise wird auch dafür sorgen, daß es zu einer wirkungsvollen Selbstkontrolle kommt, und zwar nicht nur europaweit, sondern auch international. Nur diejenigen, die das Internet betreiben und das Internet in Anspruch nehmen, sind in der Lage, durch Selbstkontrolle wirkungsvoll vorzugehen, weil ansonsten weltweit so viele neue Rechtsvorschriften geschaffen werden müßten, über die sicherlich keine einheitliche Meinung erreicht werden kann.

Es gilt deshalb, **keine neuen Vorschriften** in das geltende Recht einzufügen, die mit den bisherigen Mitteln ohnehin nicht sanktioniert werden können, sondern es geht darum deutlich zu machen, daß die Wirtschaft selbst in noch stärkerem Maße als bisher Selbstkontrolleinrichtungen schafft und in Anspruch nimmt, die erhebliche Rechtsverstöße auch zur Ahndung bringen.

10 Weichenstellungen für die Zukunft

Die Erfahrungen des zurückliegenden Jahrhunderts geben die Grundlage für ein Wettbewerbsrecht, das den Bedürfnissen des Marketings und des Handels entspricht. Die Hinwendung zur Dienstleistungsgesellschaft erfordert aber neue Maßstäbe, gerade auch im Hinblick auf die neuen Technologien. Die Globalisierung oder auch Internationalisierung des Wettbewerbs in Europa erfordern einen rechtlichen Rahmen, der die notwendigen Spielräume für eine freie Gestaltung der Werbung öffnet.

Die unermeßlichen Möglichkeiten der Werbegestaltung lassen es jeweils nicht angemessen erscheinen, im Bereich des unlauteren Wettbewerbs ähnliche Strukturen zu schaffen wie sie für das Kartellrecht bei den Kartellbehörden bestehen. So sehr der Kartellbereich eine hoheitliche Tätigkeit erfordert, so wenig ist eine solche hinsichtlich der Werbung angezeigt. Es muß lediglich sichergestellt werden, daß i.d.R. möglichst mit den **Mitteln des Zivilrechts** unlautere Werbung verfolgt wird und verfolgt werden kann.

Das beste Hilfsmittel für die Zukunft ist, unter Beibehaltung vieler Möglichkeiten, die heute bestehen, die **Werbeselbstkontrolle** so klar zu verankern, daß es auch nicht notwendig ist, die *EG*-rechtlichen Vorschriften ständig wieder durch den Gesetzgeber noch einmal in den einzelnen Ländern verabschieden zu lassen. Die Entwicklung der Rechtsprechung zur vergleichenden Werbung in der Bundesrepublik Deutschland zeigt gerade, daß es durchaus möglich ist, *EG*-rechtlichen Vorstellungen Rechnung zu tragen, wenn die Gerichte die entsprechenden Maßstäbe anwenden, wie dies durch den *Bundesgerichtshof* heute geschieht.

Bei den Beratungen des Arbeitskreises im Bundesjustizministerium zu einer eventuellen Reform des Gesetzes gegen unlauteren Wettbewerb wurde bereits von verschiedenen Seiten damals darauf hingewiesen, daß es sinnvoll wäre, **nicht ständig den Gesetzgeber zu bemühen**, um *EG*-rechtliche Vorstellungen umzusetzen, sofern im Bereich des Wettbewerbsrechts diese ohnehin der deutschen Rechtsordnung, wie sie von der Rechtsprechung entwickelt wurde, entsprechen oder umgekehrt dieser so entsprochen werden kann, wie der *Bundesgerichtshof* dies bei der vergleichenden Werbung getan hat. Es ist überhaupt nicht zu erkennen, weshalb dann noch der Gesetzgeber bemüht werden soll, etwas umzusetzen, das an sich in seinen Vorstellungen ziemlich klar ist und dessen Durchsetzbarkeit auch gewährleistet wird.

Wer es mit der Deregulierung ernst meint, dem müßte eine so praxisorientierte Lösung, wie sie die Werbeselbstkontrolle darstellt, auch entgegenkommen. Dann wird zwar auch noch die eine oder andere Rechtsfrage durch den *Europäischen Gerichtshof* zu klären sein, aber dieser Gerichtshof gewährleistet ohnehin eine gleichartige Handhabung innerhalb der *Europäischen Union*. Es kann deshalb letztlich nur Verwirrung stiften, wenn alle möglichen Vorschriften immer wieder noch einmal neu formuliert in deutsches Recht umgestaltet werden, obwohl die Rechtslage ohnehin schon so ist, wie sie vom *EG*-Recht vorgesehen wird.

In der Wirtschaft wird es darauf ankommen, daß man die **Unabhängigkeit der Werbeselbstkontrolleinrichtungen** festschreibt und sicher ist, daß ohne Ansehen der Person die Rechtsverfolgung gegenüber jedem Unternehmen möglich ist, wenn gegen die aufgestellten Grundsätze verstoßen wird.

Konsequenzen der sozio-demographischen Veränderungen für den Handel

Gunter Redwitz

1 Neue Herausforderungen für den Handel in der Bundesrepublik Deutschland

Seit Jahren beobachten wir in Deutschland einen **rückläufigen Anteil des Handels** an den Ausgaben der Konsumenten. Andere Ausgabepositionen, wie Reisen, Auto, Wohnung oder Bildung, treten demgegenüber immer stärker in den Vordergrund. Sorgte in der Vergangenheit eine günstige konjunkturelle Situation, d.h. eine positive Entwicklung des Bruttosozialproduktes, nahezu automatisch für steigende Umsätze im Einzelhandel, so erscheint dies heute wegen der zunehmenden **Sättigung** in fast allen Konsumbereichen alles andere als selbstverständlich.

Diese und andere Entwicklungen setzen den Handel zunehmend unter Druck. Um den neuartigen Herausforderungen gerecht zu werden, ist es u.a. notwendig, die Bestimmungsfaktoren der privaten Nachfrage kontinuierlich zu analysieren und deren Veränderungen innerhalb der Unternehmenspolitik zu berücksichtigen. Der vorliegende Aufsatz möchte hierzu einen Beitrag leisten, indem er das umsatzstimulierende bzw. umsatzdämpfende Potential von sozio-demographischen und sozi-ökonomischen Entwicklungen beleuchtet. Darüber hinaus stehen auch die **psychischen Faktoren des Konsumentenverhaltens** im Mittelpunkt der Betrachtung, da diese in den letzten Jahren an Bedeutung gewonnen haben. So sorgte bspw. der sog. hybride Verbraucher für eine weitere Auflösung des traditionellen „Ordnungsrahmens" im Handelsmarketing und für steigende Anforderungen an die Kreativität und die Flexibilität der Handelsunternehmen.

2 Auswirkungen der sozio-demographischen Veränderungen

2.1 Bevölkerungsentwicklung

Zunahme und Abnahme der Wohnbevölkerung spielen für den Handel insofern eine wesentliche Rolle, als damit die **quantitative Nachfrage** vorgegeben wird. Ist die Bevölkerungsentwicklung positiv, wie es in Deutschland durch die Integration der Neuen Bundesländer und die Immigration bislang der Fall war, kann man von einer konsumstützenden Wirkung ausgehen (vgl. *Litzenroth* 1995). Das Bevölkerungswachstum in der Bundesrepublik Deutschland wird jedoch im Jahr 2000 seinen Höhepunkt erreichen, soweit keine neuen, bislang unbekannten Entwicklungen eintreten (z.B. im Verlaufe der europäischen Integration). Der danach **einsetzende Rückgang** hätte in vielen Branchen einerseits Auswirkungen auf die mengenmäßige Nachfrage nach Konsumgütern. Bei weiter steigenden Betriebsgrößen der Händler müßte dies andererseits dazu führen, daß der Druck auf die **Zahl der Outlets** weiter steigen wird. Zwar fallen die prognostizierten Änderungen nicht gravierend aus (vgl. Abb. 1); innerhalb eines sich verschärfenden Wettbewerbs könnte aber auch ein geringfügiger Umsatzrückgang dazu führen, daß die Gewinnschwelle unterschritten wird.

Eindeutig profitieren von der künftigen Bevölkerungsentwicklung dürften indessen die Hersteller und Händler von Produkten, die sich an ausländische Bürger wenden (z.B. Ethnic Food); denn innerhalb von nur zehn Jahren hat der **prozentuale Ausländeranteil** um mehr als 40% zugenommen.

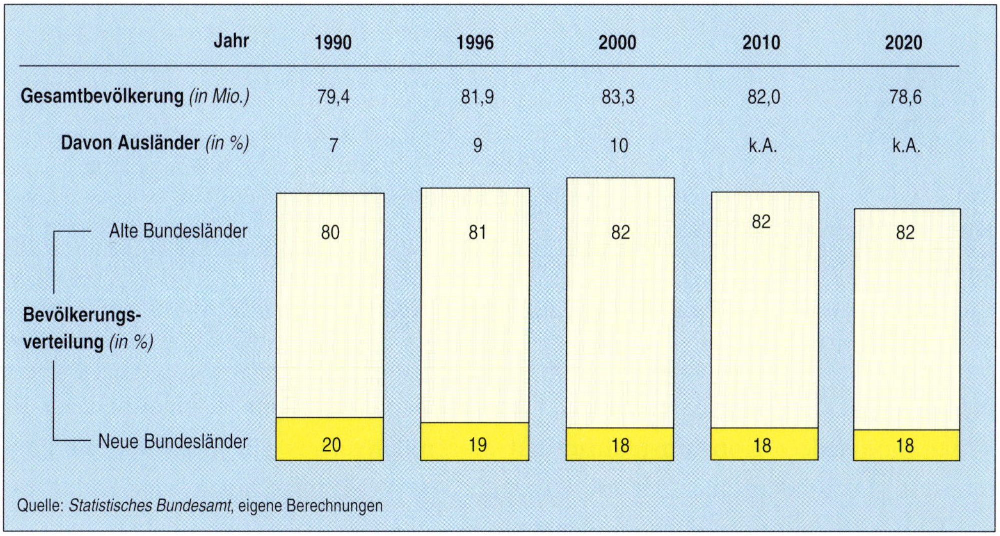

Abb. 1: Wohnbevölkerung in der Bundesrepublik Deutschland

2.2 Anzahl und Größe der Privathaushalte

Ein weiterer konsum- bzw. umsatzrelevanter Faktor verbirgt sich hinter der Anzahl und der Größe der Privathaushalte (vgl. *Litzenroth* 1995). Während bei den Gütern des täglichen Bedarfs, insbesondere bei Lebensmitteln, die Gesamtbevölkerung als Maßstab gilt, ist für viele **Gebrauchsgüter** die Zahl der Privathaushalte für Marktsättigung und Penetration bedeutsam. Dies gilt bspw. für Produkte der Unterhaltungselektronik, für Fototechnik oder Weiße Ware. Da die Anzahl der Haushalte in den letzten Jahren in Deutschland überproportional zur Bevölkerungszahl gestiegen ist, führte dies zu einem **Rückgang** der mittleren **Haushaltsgröße** (vgl. Abb. 2).

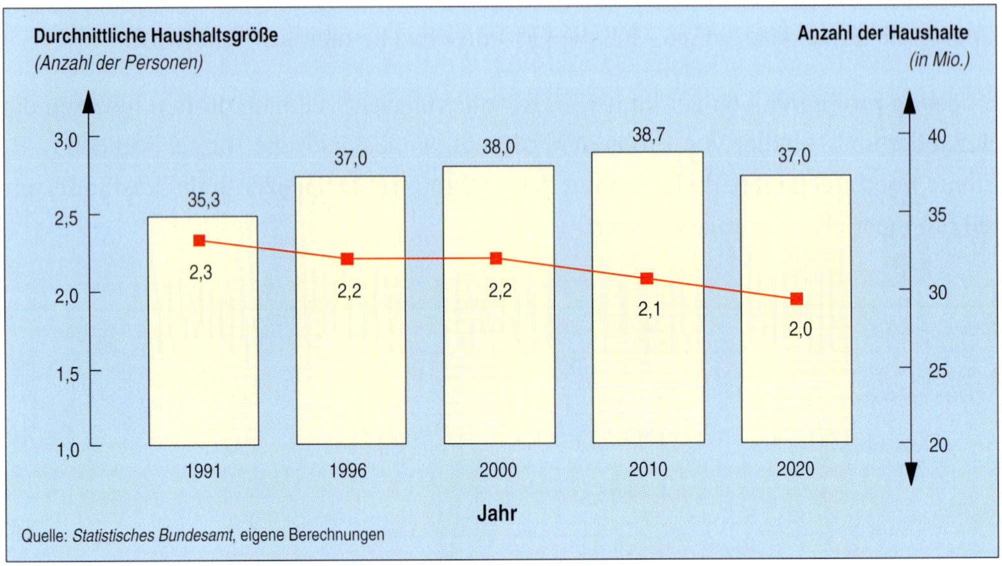

Abb. 2: Entwicklung der Privathaushalte

Die daraus zu ziehenden Konsequenzen für das Marketing lauten: Kleinere Haushalte weisen eine andere **Konsumstruktur** auf als größere. Dies gilt nicht nur für Pakkungsgrößen, sondern auch für die Kapazität von Waschmaschinen oder Kühlgeräten. Ferner ist mit einer leichten Zunahme der Nachfrage nach haushaltsbezogenen Gebrauchsgütern zu rechnen. Da die durchschnittliche Haushaltsgröße aber keinerlei Aussagen über den quantitativen Umfang von Zielgruppen und Marktsegmenten zuläßt, ist es sinnvoll, auch die Familienstruktur in die Analyse einzubeziehen.

2.3 Familienstruktur

Entwicklungsländer zeichnen sich u.a. durch Kinderreichtum und entsprechend große Haushalte aus. Industrialisierte Gesellschaften mit einer ausgeprägten Konsumorientierung und der Betonung individueller Lebensweisen tendieren hingegen verstärkt zu

Single- und Zwei-Personen-Haushalten. Dieser Trend wird auch zukünftig anhalten (vgl. Abb. 3). Dahinter verbergen sich verschiedene Phänomene, wie z.B. die soziale und lokale **„Entfernung der Generationen“**. So verlassen die heute heranwachsenden Jugendlichen deutlich früher das Elternhaus als noch vor wenigen Jahren, um eine eigene Existenz zu gründen. Auch die geringere Geburtenrate spielt in diesem Zusammenhang eine Rolle, und zwei Generationen unter einem Dach gelten heute schon fast als ein Relikt einer längst vergangenen Zeit.

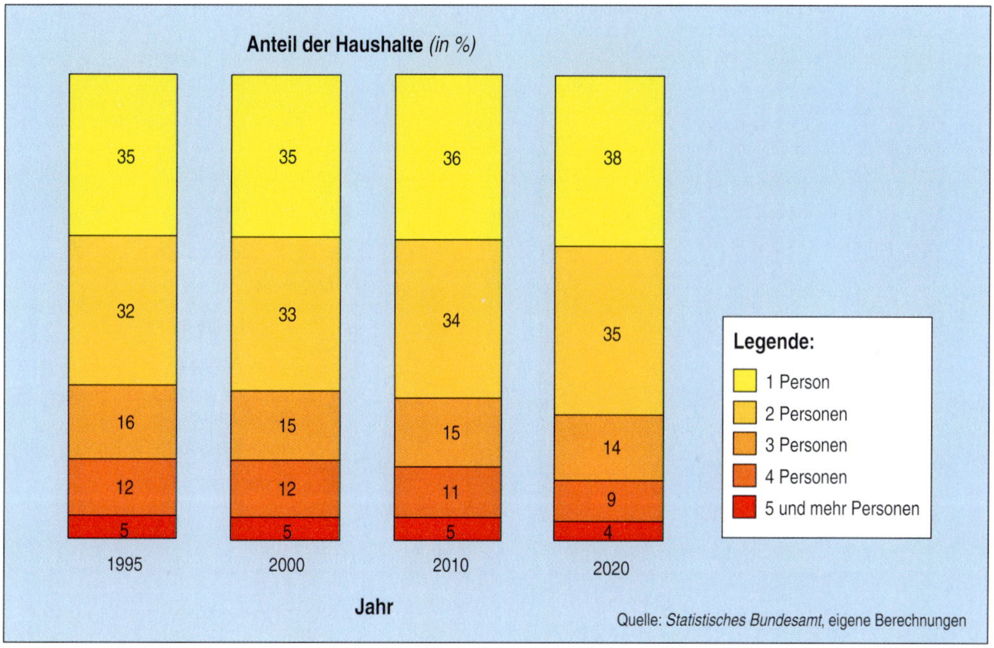

Abb. 3: Struktur der Privathaushalte

Die Zunahme der Single- und Zweipersonenhaushalte fördert zunächst das Angebot von **Convenience-Produkten**, da in diesen Gemeinschaften relativ mehr Menschen berufstätig sind und damit Zeit zum knappen Gut wird. Aber auch in anderer Hinsicht unterscheiden sich diese Haushalte von der traditionellen Großfamilie: So dürfte die **Intensität** der **Verwendung** von elektrischen Groß- und Kleingeräten erheblich schwanken, vom **Anforderungsprofil** an deren technische Ausstattung ganz zu schweigen. Die räumliche und die psychische „Entfernung der Generationen“ schließlich lassen vermuten, daß sich **Konsumtrends** im Lebensmittel- und Getränkebereich schneller als bislang durchsetzen könnten. Gleiches dürfte auch für den generellen Wertewandel zutreffen (vgl. *Inglehart* 1998).

2.4 Altersstruktur

Der durchschnittliche Verbraucher wird **immer älter**. Die Altersstruktur der Bevölkerung in der Bundesrepublik Deutschland und ihre zukünftige Entwicklung deuten an, daß sich der typische pyramidenförmige Aufbau mit einer breiten Basis und einer schmalen Spitze sprichwörtlich „auf den Kopf" stellen könnte (vgl. Abb. 4).

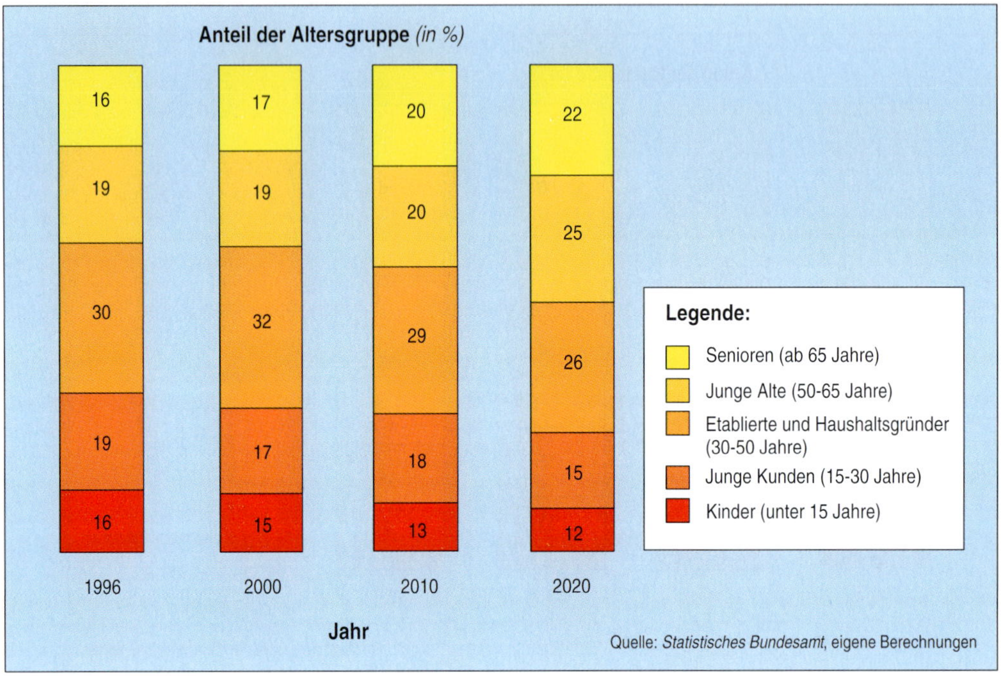

Abb. 4: Altersstruktur der Bevölkerung

Dahinter verbergen sich für fast alle Branchen durchgreifende Veränderungen der Anforderungen, die bislang nur selten umgesetzt wurden. Bspw. gewinnt man den Eindruck, daß nahezu die gesamte **Textilwirtschaft** in ihrer Produkt- und Kommunikationspolitik noch dem „historischen" Pyramidenmodell folgt. Vorzugsweise an den Mode- und Freizeittrends von Kindern und Jugendlichen ausgerichtet, fristen die Bedürfnisse der älteren Generation in den einschlägigen Marketingabteilungen nach wie vor ein Schattendasein (vgl. *Nickel* 1996). Da **„Kunden bis 30 Jahre"** bereits heute einen vergleichsweise **geringen Anteil** am Gesamtmarkt ausmachen und ihr quantitatives Gewicht in den nächsten Jahrzehnten weiter schrumpfen wird, scheint die Absatzpolitik in diesem Fall alles andere als strategisch ausgerichtet zu sein.

Das Segment der **Etablierten und Haushaltsgründer** (30-50 Jahre) bildet die breite Mittelbasis. Ihr Anteil wird sich bis zum Jahr 2000 noch erweitern, um dann wieder zurückzugehen. Da in diese Lebensphase jedoch häufig die Familien- und Haushaltsgründung fällt, was erfahrungsgemäß mit einer überdurchschnittlichen Nachfrage nach Konsumgütern und Dienstleistungen einhergeht, dürfte sich diese Zielgruppe auch künftig als überaus umsatzstark erweisen.

An der Spitze der traditionellen Alterspyramide stehen die „Jungen Alten" bzw. die **Senioren**, die künftig einen enormen **Bedeutungszuwachs** erfahren werden. Fast die Hälfte der Menschen in Deutschland dürften sich im Jahre 2020 in diesem Lebensabschnitt befinden. Zahlreiche Untersuchungen deuten ferner darauf hin, daß Senioren und „Junge Alte" keinesfalls mehr dem klassischen Verhaltensmuster gerecht werden (vgl. *Müller* 1997). Galt in früheren Epochen das 65. Lebensjahr noch als der „Anfang vom Ende", so beginnt heute für viele damit erst die „zweite Lebenshälfte". Ermöglicht wurde dieser Einstellungswandel durch eine kontinuierliche Verbesserung von **Gesundheitszustand** und **finanzieller Ausstattung** (vgl. Abb. 5). Damit vermag der ältere Teil der Bevölkerung auch im letzten Lebensabschnitt noch zahlreiche Konsumgüter und Dienstleistungen nachzufragen - man denke hierbei nur an den Tourismusmarkt. Das skizzierte Szenario gilt um so mehr, als immer weniger Senioren bereit sind, ihr gesamtes Geldvermögen auf die nächste Generation zu übertragen.

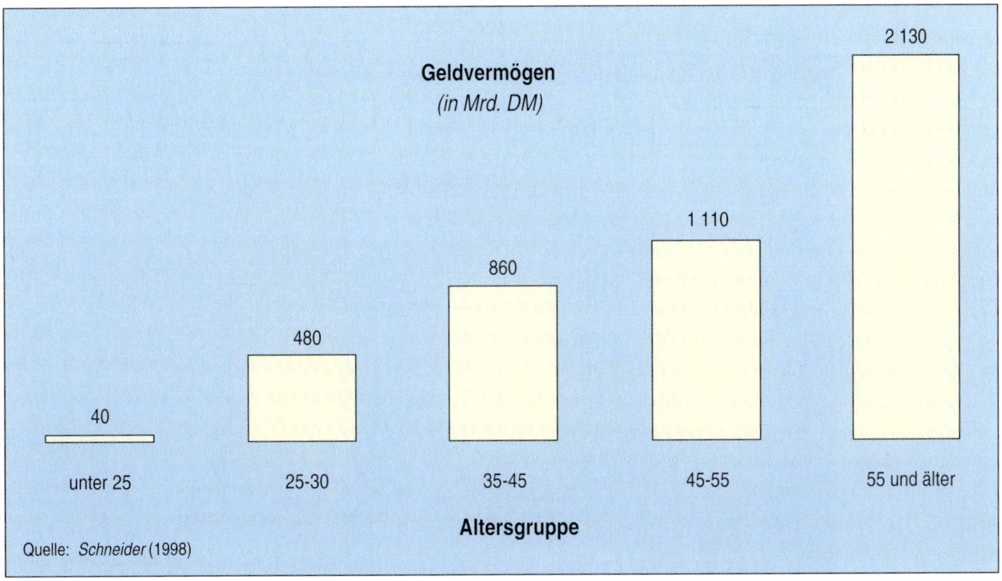

Abb. 5: Verteilung des Geldvermögens nach Altersgruppen

Betrachtet man die monatlichen Ausgaben nach Altersgruppen, dann erkennt man, daß sich die Hälfte davon im Segment „50 plus" bewegt. Um dieses Umsatzpotential erschließen zu können, sind Maßnahmen innerhalb des gesamten Marketing-Mix gefragt: Es reicht nicht aus, lediglich adäquate **Werbung** zu betreiben, vielmehr ist es notwendig, auch die **Produkte und Leistungen** (Packungsgröße, Gewicht, Bedienung und Wartung von technischen Geräten; vgl. *Hattemer* 1991) darauf auszurichten sowie die Anforderungen an **Handel** und **Vertrieb** zu beachten (Anfahrtswege, Parkplätze, Regalhöhen etc.; vgl. *Meyer-Hentschel* 1991).

2.5 Bildungsstand

Auch im Bildungsbereich hat sich seit dem Bestehen der Bundesrepublik Deutschland eine grundlegende Veränderung vollzogen. Teilt man die Bevölkerung in drei Generationen ein (in die Jahrgänge vor 1930, 1931-1965 und 1966 bis heute), so hat sogar ein **grundlegender Wandel** stattgefunden. In der ersten Generation dominierten Volksschule und Lehre (76%); Abitur, Studium sowie weiterführende Schulen waren die Ausnahme (24%). In der zweiten Generation verdoppelte sich schon der Anteil der Bevölkerung mit **Abitur** bzw. **Studium**, und in der dritten Generation liegt der Anteil mit einfacher Ausbildung (Volksschule/Lehre) nur noch bei 36%.

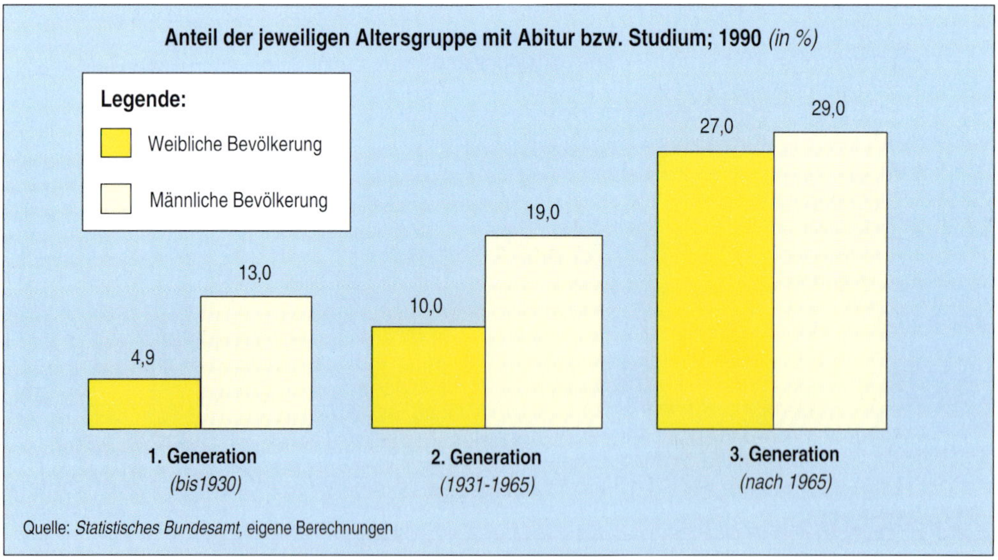

Abb. 6: Bildungsexplosion

Diese Veränderung des Bildungsniveaus verändert auch das Nachfrageverhalten der Konsumenten. Einerseits dürfte hierin die gesamte **Individualisierung** unserer Gesellschaft begründet liegen (vgl. *Inglehard* 1998); andererseits ist leicht nachvollziehbar, daß mit einem höheren Bildungsniveau auch die **Erwartungen** und **Ansprüche** der Konsumenten steigen. Wie Abb. 6 verdeutlicht, betrifft dies nicht nur den männlichen Teil der Bevölkerung; denn in der beschriebenen dritten Generation zeigt sich eine deutliche geschlechtsbezogene **Demokratisierung** des formalen Bildungsstandes. Dies wiederum hat weitreichende Auswirkungen auf das Zielgruppenverständnis vieler Hersteller- und Handelsunternehmen.

2.6 Frauenwelten

Die drei Generationen von Frauen, die heute unsere Gesellschaft bestimmen, sind so unterschiedlich in ihren Handlungsmaximen und Wertstrukturen, daß zwischen ihnen kaum noch Gemeinsamkeiten zu bestehen scheinen. Der unübersehbare Bildungszuwachs geht einher mit einem größeren Maß an **Selbstbewußtsein** und **Flexibilität** sowie einer ausgeprägten **Erwartungshaltung**. In den fünfziger Jahren standen nur rund 25% aller Frauen in einem Beschäftigungsverhältnis. In den meisten Fällen handelte es sich dabei noch um eine befristete Berufstätigkeit. Die Frau mußte nur dann dazuverdienen, wenn es galt, finanzielle Engpässe zu überbrücken. Heute sind ca. **60% aller Frauen** in der Altersklasse von 16 bis 69 Jahren **erwerbstätig**.

Wichtig hierbei ist, daß die Erwerbstätigkeit der Frauen heute nicht mehr primär zur Sicherung der familiären Existenz dient, sondern um einen höheren Lebensstandard zu erreichen oder das Ziel der **Selbstverwirklichung**. Für die Frau, insbesondere der dritten Generation, bedeutet Erwerbstätigkeit heute in erster Linie: Mehr Unabhängigkeit und Selbstwertgefühl sowie größere Mobilität (vgl. *Andorfer* 1995). Dies führt letztlich zu einem völlig anderen Geschlechterverhältnis insgesamt und zu einer qualitativ neuen Rolle der Frau in der Gesellschaft, was nahezu alle Lebensbereiche betrifft: den Zugang zu und den Umgang mit Einkommen und Vermögen, die Haushaltsführung und die diesbezügliche Aufgabenverteilung, aber auch die „Partnerschaft" innerhalb einzelner **Kaufentscheidungen** (vgl. Abb. 7). Für die Sortimentspolitik der Handelsunternehmen und deren Zielgruppenkommunikation ist diese Entwicklung von enormer Wichtigkeit.

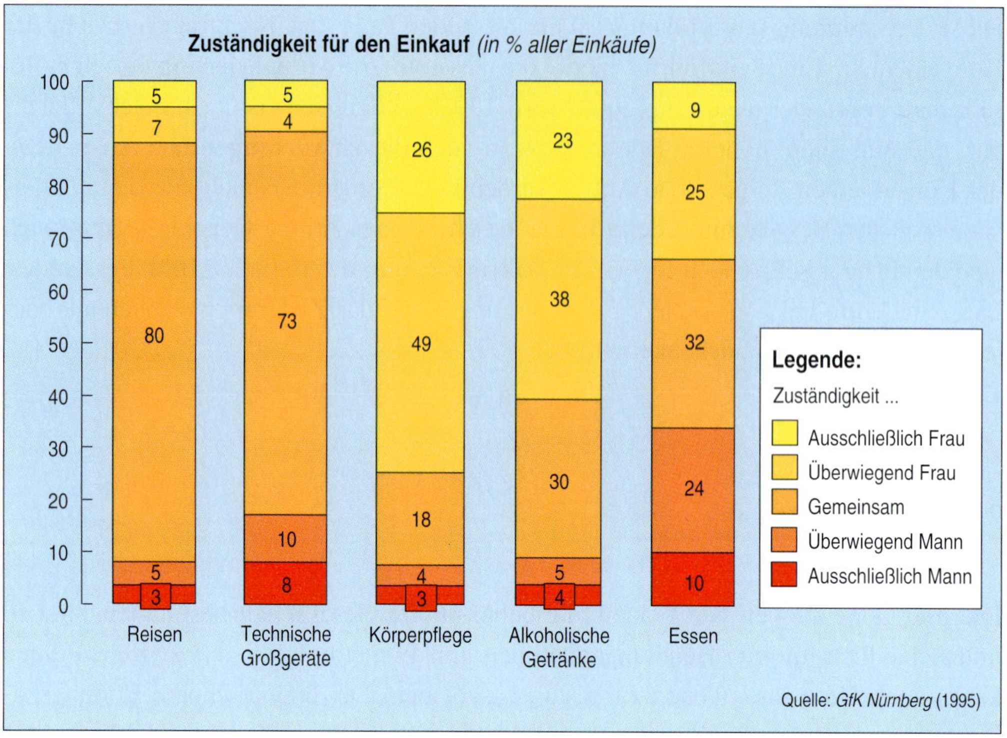

Abb. 7: Frauen als Mit-Entscheider im Haushalt

Zusammenfassend läßt sich festhalten: Die Analyse der sozio-demographischen Faktoren zeigt eine ganze Reihe von Veränderungen, die für das **Handelsmarketing** von Bedeutung sind. Bei einigen Merkmalen handelt es sich um tendenzielle Veränderungen (z.B. Bevölkerungsentwicklung, Familienstruktur), bei anderen hingegen kann man von gravierenden Entwicklungen sprechen (Altersstruktur, Bildungsniveau).

3 Konsequenzen der sozio-ökonomischen Entwicklung

Während die sozio-demographischen Faktoren die Art und Weise der Einkommensverteilung bestimmen (qualitative Perspektive), legt das insgesamt erzielte (Haushalts-Netto-)Einkommen den **quantitativen Umfang** des privaten Verbrauchs fest. Wie sehr sich diese wesentliche Bestimmungsgröße seit 1950 in der Bundesrepublik Deutschland verändert hat, verdeutlichen zahlreiche Statistiken.

3.1 Haushaltseinkommen

Im Jahre 1996 standen dem westdeutschen Durchschnittshaushalt laut *Statistischem Bundesamt* monatlich gut 5 600 DM netto (inklusive der Transferzahlung des Staates sowie der Vermögenseinkünfte) zur Verfügung; eine durchaus beachtliche Summe wenn man bedenkt, daß sich der sprichwörtliche „Otto-Normalverbraucher“ Anfang der fünfziger Jahre mit 300 DM begnügen mußte. Auch wenn man noch nicht abschließend von einer Angleichung sprechen kann, erreicht auch in Ostdeutschland das monatliche Haushaltseinkommen ein beachtliches Niveau. Darüber hinaus ist für die nächsten Jahre in Deutschland mit einer weiteren **positiven Einkommensentwicklung** zu rechnen, wobei sich in der Struktur zwischen den öffentlichen Einkommensübertragungen, den Vermögenseinkommen und den Privatentnahmen sowie den Nettolöhnen und -gehältern mehr oder weniger große Verschiebungen ergeben können. Dies gilt bspw. für Löhne und Gehälter, die zwar weiterhin den größten Einkommensanteil ausmachen werden, aber gegenüber Vermögenseinkünften und Privatentnahmen an Bedeutung verlieren werden.

3.2 Realeinkommen als Kaufkraftkomponente

Der Einkommenszuwachs der privaten Haushalte fiel in den neunziger Jahren zweifellos geringer aus als in den Jahrzehnten davor. Dies hängt u.a. mit der gestiegenen **Abgabenquote** (Steuern, Sozialabgaben) und den durch die Wiedervereinigung bedingten **Transferbelastungen** zusammen. Absolut gesehen kann man aber zumindest von keiner negativen Einkommensentwicklung sprechen. Im internationalen (also relativen) Vergleich stagniert das Realeinkommen der Haushalte in der Bundesrepublik Deutschland auf unverändert hohem Niveau.

3.3 Privates Geldvermögen als Kaufkraftkomponente

Neben den Einkünften aus Löhnen und Gehältern steht den deutschen Haushalten auch das privat gesparte Geldvermögen zu Konsumzwecken zur Verfügung. Ein Blick auf das **Sparverhalten** vermittelt ein insgesamt stabiles Bild: Im Jahre 1996 betrug nach Angaben des *Statistischen Bundesamtes* die Ersparnis aller deutschen Haushalte z.B. knapp 290 Mrd. DM, was einer Sparquote von ca. 12,3% entspricht.

In dieser **hohen Sparquote** drückt sich aber auch eine gewisse **Unsicherheit** der Bevölkerung bezüglich der wirtschaftlichen Entwicklung aus; man denke in diesem Zusammenhang nur an das seit langem beachtliche Ausmaß der Arbeitslosigkeit. Folglich neigen viele Bundesbürger dazu, eine solide Vermögensbasis aufzubauen und damit private Vorsorge zu betreiben. Betrug das **private Geldvermögen** 1975 in den alten Bundesländern noch 0,9 Bill. DM, so wuchs dieses bis 1994 auf den gewaltigen Betrag von über 4 Bill. DM an. Derzeit kann man innerhalb eines Drei-Jahres-rhythmus von einem Zuwachs von etwa einer Billion ausgehen, so daß das private Kapital bis zum Jahr 2000 auf einen Betrag von über 6 Bill. DM anwachsen dürfte. Nicht enthalten in dieser Summe ist das private **Immobilienvermögen**, welches mehr als 5 Bill. DM ausmacht. Insgesamt steht somit den privaten Haushalten neben den Arbeits- bzw. Transfereinkommen die zusätzliche Einnahmequelle der **Zinseinkünfte** zur Verfügung.

3.4 Freie und fixe Einkommensanteile

1994 waren 34% bzw. 33% des Einkommens der west- bzw. der ostdeutschen Verbraucher disponibel. Da deren Kaufentscheidungen immer weniger durch fixe Ausgaben determiniert sind, entsteht eine immer **größere Freiheit** bei den **Konsumentscheidungen**, was natürlich für den Einzelhandel eindeutig vorteilhaft ist. Umgekehrt bedeutet dies allerdings auch, daß die Nachfrage damit immer weniger kalkulierbar wird und angesichts dieser wachsenden Instabilität der Wettbewerb um die Kaufkraft der Konsumenten immer härter wird.

3.5 Klima-Modell des Verbraucherverhaltens

Neben sozio-demographischen Faktoren und quantitativ-monetären Einflußgrößen wirken auf den Konsum natürlich auch **psychische Faktoren** ein. Wie zahlreiche Studien belegen, erklären sie zuweilen einen größeren Teil des Konsumentenverhaltens, als es demographische und ökonomische Merkmale zusammen erlauben. Plastisch läßt sich die Relevanz psychischer Merkmale am Beispiel der **Individualisierung** vieler Lebensbereiche beschreiben, die maßgeblich zur Differenzierung einst homogener Konsumentengruppen in zahlreiche kleinere Teilzielgruppen geführt hat.

Folglich spielen auch die Hoffnungen, Erwartungen und Neigungen der Konsumenten eine zentrale Rolle, wenn es um die Entscheidung „Konsum vs. Sparen“ geht. Dabei ist zu berücksichtigen, daß die individuelle Wahrnehmung des Wirtschaftslebens nicht unbedingt der Realität entsprechen muß. Diesem Umstand hat die *GfK Marktforschung* im Klimamodell des Verbraucherverhaltens (vgl. Abb. 8) Rechnung getragen. Der *GfK*-Klimaindikator ermittelt dabei regelmäßig **Basisinformationen** zum **Verbraucherverhalten**, inkl. der Anschaffungs- und Sparneigung der Verbraucher.

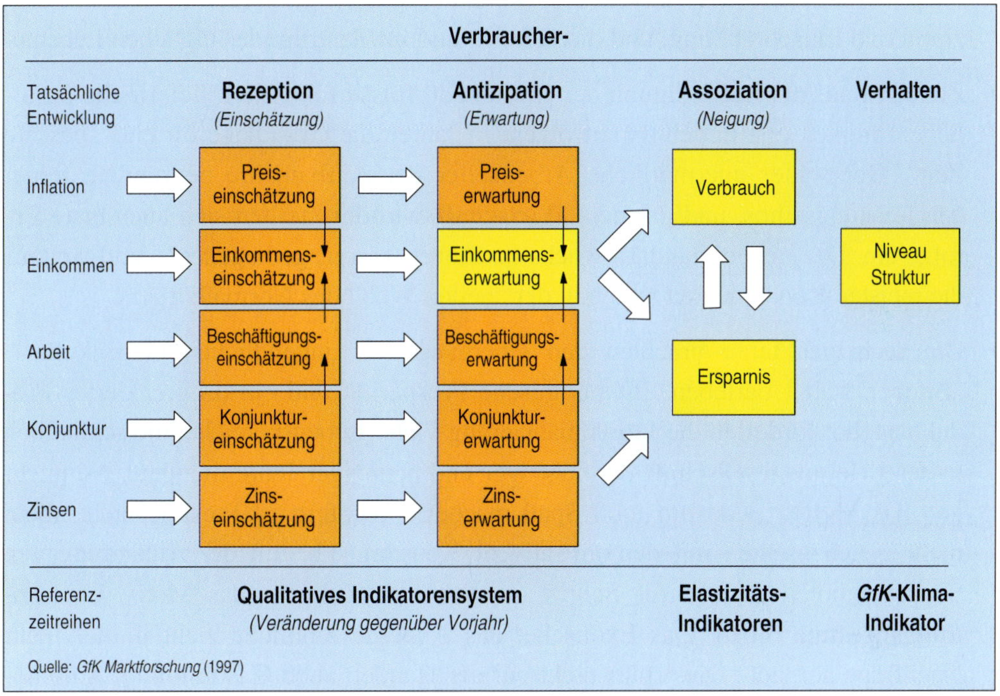

Abb. 8: Klimamodell des Verbraucherverhaltens

4 Trends im Einkaufs- und Konsumverhalten

Die demographischen Entwicklungen, die gestiegenen Nettoeinkommen breiter Bevölkerungsschichten wie auch die veränderten psychologischen Faktoren tragen dazu bei, daß sich das Einkaufs- und Konsumverhalten in Deutschland ständig wandelt. Die Frage, die uns nunmehr beschäftigt, lautet deshalb: Wie muß der **Handel** sein Angebot gestalten und präsentieren, um von diesen Veränderungen zu profitieren?

4.1 Abschied vom „Otto-Normalverbraucher“

Für den Verlauf der vergangenen 50 Jahre lassen sich für das Konsumentenverhalten in der Bundesrepublik Deutschland die folgenden drei Entwicklungsstufen identifizieren:

- Die **Kriegs- und Aufbaujahre** kannten weitgehend nur den „Otto-Normalverbraucher“, d.h. den Regelkonsumenten, der sein Einkommen innerhalb eines stabilen Ausgabenmusters verwendete. Die damalige Mangelsituation erforderte Disziplin und Einschränkung, und die Arbeit stand im Zentrum des täglichen Lebens.
- Zunächst auf die Befriedigung der Grundbedürfnisse fokussiert, lieferte die berufliche Tätigkeit erst in den darauffolgenden Jahren die Grundlage für eine „bessere Zeit“. Der schier unermüdliche Arbeitseifer der Aufbaujahre begründete ferner den Leistungsethos, und mit dem **Wirtschaftswunder** stellten sich auch erste Erfolge ein. Der Lebensstandard wuchs („schöner, teurer, gediegener“), und weitaus die meisten Konsumenten lebten in der „heilen Welt“ des Normalbürgers.
- Die sechziger Jahre brachten den Übergang zur „jugendlichen Gegenkultur“: „Erleben statt Überleben“. Ökonomische Prosperität und ein differenziertes Produktangebot förderten die Individualisierung vieler Lebensbereiche, die schließlich in der **Erlebnisgesellschaft** der achtziger und neunziger Jahre mündete. Nunmehr galt das Motto: „Konsum muß Spaß machen“. Insofern ist Prestige nicht allein mehr gleichzusetzen mit demonstrativem Konsum, d.h. mit der Anhäufung von Statussymbolen. Schritt für Schritt gesellte sich vielmehr das Motiv **Verwendungsprestige** hinzu. Das Exotische, das Außergewöhnliche zieht immer mehr Nachfrage auf sich. Dies spürt nicht nur der Handel; auch Gastronomie, Automobilindustrie und Tourismuswirtschaft müssen sich darauf einstellen.

4.2 Konsument im Lichte des Wertewandels

Auf der weniger gut sichtbaren Ebene des täglichen Lebens vollzogen und vollziehen sich Veränderungen, die auch unter der Bezeichnung „Wertewandel“ in die Literatur eingegangen sind (vgl. z.B. *Silberer* 1985). Dabei handelt es sich um eine Vielzahl von Entwicklungen, die das gesamte Verhaltensspektrum der **„multi-optionalen Konsumenten“** beschreiben und erklären.

Wiswede (1991) unterscheidet in diesem Zusammenhang **sieben Entwicklungslinien** (vgl. Abb. 9), die sich zum Teil überschneiden, zum Teil ergänzen oder auch nur für ein bestimmtes Segment der Konsumenten zutreffen. So ist für den Seniorenmarkt bspw. charakteristisch, daß die Abkehr vom puritanischen Ethos und die Hinwendung zu einem gegenwartsorientierten, genußfreudigen Konsumstil weitaus weniger stark ausgeprägt sind als in der Gesamtbetrachtung. Da bei ihnen nach wie vor traditionelle Lebenseinstellungen und Lebenskonzepte dominieren, verhindern Schuldgefühle ein hedonistisches Ausleben im „Hier und Jetzt“. Um den Wertewandel innerhalb dieser Generation voranzutreiben und somit die Kaufkraft der älteren Bevölkerung erschließen zu können, bedarf es deshalb einer besonders sensiblen Herangehensweise (z.B. hinsichtlich Produkt- und Leistungspolitik, Kommunikationspolitik).

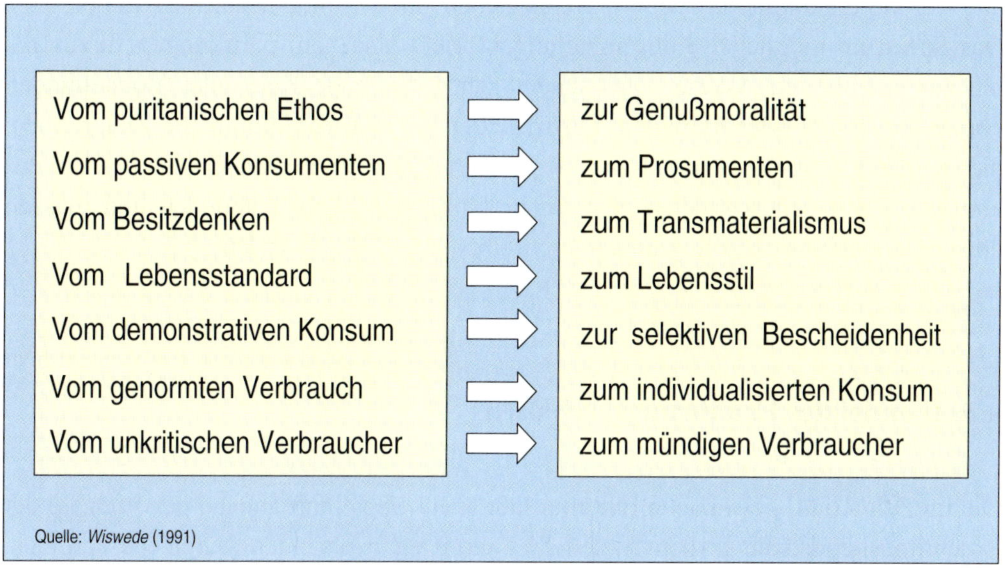

Abb. 9: Der neue Konsument im Licht des Wertewandels

In einer hedonistisch orientierten Gesellschaft tritt das **„Prinzip der Erregung“** an die Stelle des alten „Prinzips Sättigung“. Die aktive Gestaltung, die Suche nach Erlebnis und Abenteuer, das tätige Ausleben beherrschen einen immer größeren Teil der Bevölkerung, während die klassischen Konsumgüter oft nur noch eine Art Spezialform oder einen Rahmen des Erlebens und Genießens bilden. Weil der weitaus größte Teil der Konsumenten nicht mehr „in Atem gehalten“ wird vom ursprünglichen Zwang zur Existenzsicherung, löst sich das vordergründige Besitzstreben in der neuen Form des **wertorientierten Verbrauchens** auf.

Der **Lebensstil** kennzeichnet somit die Unterschiede innerhalb der Güterverwendung. Dieses Verwendungsverhalten - die „richtige" Art, mit erworbenen Produkten umzugehen - soll in erster Linie die Kultivierung des Geschmacks signalisieren. Der traditionelle Leitspruch „Ich bin, was ich ausgeben kann!" verwandelt sich mehr und mehr zur Maxime „Ich bin, wie ich es ausgebe!" Die neue Individualisierung, welche die „feinen bzw. kleinen Besonderheiten" betont, scheint eine unmittelbare Folge der Tatsache zu sein, daß breite Bevölkerungsschichten zwar demonstrativ konsumieren wollen, ihnen jedoch gewisse Einkommensgrenzen gesetzt sind, weshalb sie gezwungenermaßen Akzente setzen müssen - ein Phänomen, das sich bis zur **demonstrativen Konsumverweigerung** („weniger ist mehr") steigern kann (vgl. *Heller* 1979).

Der Genuß des Einfachen demonstriert in dieser Hinsicht ein höheres Konsumniveau und verkörpert damit das äußere Kennzeichen eines völlig neuartigen Lebensstils. Das Spektrum möglicher Konsumhaltungen reicht also vom partikularen Luxus bis hin zur kalkulierten Askese. Dies scheint der zutreffende Kern aller Vorstellungen vom polarisierten oder **hybriden Verbraucher** zu sein. Herkömmliche Zielgruppen, die sich über sozio-demographische Merkmalen definieren ließen, können deshalb das künftige Verbraucherverhalten nicht mehr hinreichend genau abbilden und müssen über psychographische Zielgruppenbeschreibungen ergänzt werden.

4.3 Wandel des Ernährungsverhaltens

Die im Zeitverlauf gewandelte Eßkultur läßt sich beispielhaft anhand der Vielzahl der Ernährungstrends, die in den letzten 50 Jahren zu beobachten waren, beschreiben. Nach den Phasen „satt essen" - „gut essen" - „edel essen" deutet sich in den neunziger Jahren ein ambivalentes Bedürfnis zum Einfachen, Schlichten, aber zugleich Edlen an, das sich in der Gründung zahlreicher einschlägiger Restaurants manifestiert, die **höchsten Genuß** bei größtmöglicher **Bescheidenheit** versprechen.

Hinzu kommt ein unübersehbarer Wunsch der deutscher Konsumenten nach **Vielfalt** innerhalb der angebotenen Lebensmittel. Beispielhaft sei hierfür die in Deutschland immens steigende Nachfrage nach Produkten „aus aller Welt" genannt (**Ethnic Food**). Dies setzt natürlich auch für die Sortimentspolitik der Lebensmittelhändler gänzlich neue Maßstäbe, auf die sich die betroffenen Unternehmen erst langsam einzustellen beginnen.

4.5 Freizeit und Reisen

Zweifellos haben wir heute ein quantitatives und qualitatives Freizeitniveau erreicht, das noch vor 50 Jahren niemand erwartet hätte. Dazu hat nicht nur die **verringerte Arbeitszeit** beigetragen, sondern auch das höhere Einkommensniveau der Konsumenten.

Da Freizeit für viele Konsumenten in zunehmendem Maße Reise- und Einkaufstätigkeit zugleich bedeutet, dürfte die Attraktivität der (Reise-)Ziele insbesondere für die **Standortpolitik** des Handels von Bedeutung sein. Dies gilt bspw. für die Branchen Schmuck, Textilien, Schuhe und Geschenkartikel, aber auch für regional orientierte Gastronomiebetriebe. Ihre Mobilität läßt die Konsumenten nicht nur an ihrem unmittelbaren Wohnort einkaufen, sondern führt sie teilweise über Kontinente hinweg. Insofern stellt diese Facette des veränderten Konsumentenverhaltens völlig neue Anforderungen an die **Öffnungszeiten** der Geschäfte. Die Forderung „Mehr Freizeit für den gemeinsamen Einkauf mit der Familie“ wird somit wahrscheinlich auch das Tabu der „Sonntagsöffnung“ brechen.

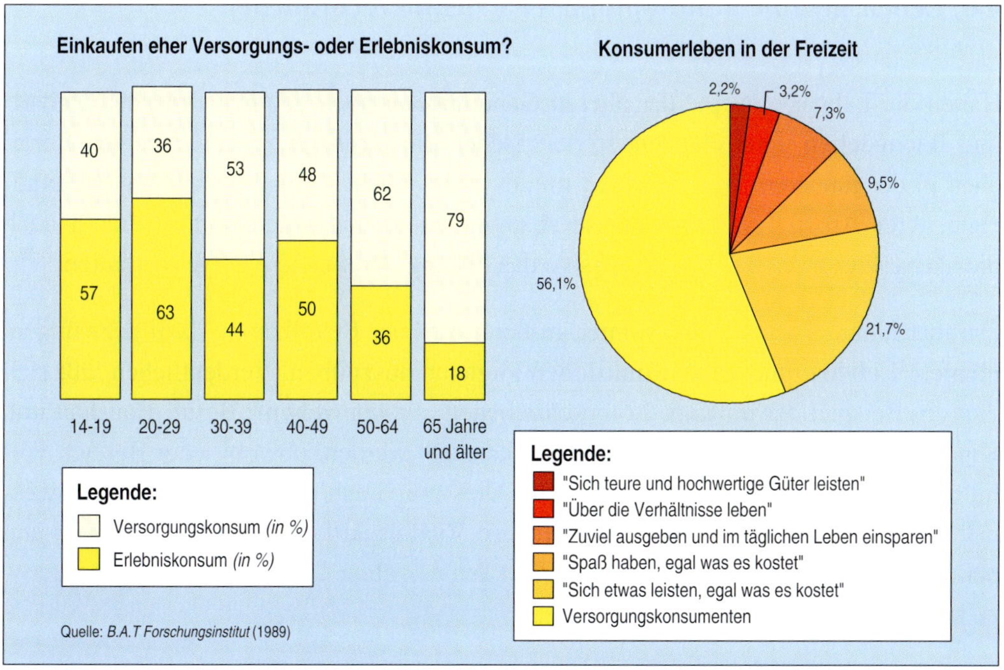

Abb. 10: Freizeit und Konsum zwischen Sparen und Verschwenden

Diese Entwicklung unterstreichen die Ergebnisse einer vom *B.A.T. Forschungsinstitut* (1989) durchgeführten Untersuchung. Nach Art und Weise ihres Einkaufsverhaltens gefragt, gaben insgesamt 42% der Probanden an, damit auch **Erlebnisse** zu verknüpfen. Dies entspricht hochgerechnet mehr als 20 Mio. Bundesbürgern. Besonders erlebnisorientiert zeigten sich dabei die jüngeren Konsumenten bis 29 Jahre, weshalb man davon ausgehen kann, daß sich dieser Trend künftig fortsetzen wird (vgl. Abb. 10). Nur noch in der Altersgruppe der Senioren hat der Versorgungskonsum Priorität. Daß sich jedoch bereits in den kommenden Jahren auch in diesem Segment ein Wandel vollziehen wird, deuten die 40-49jährigen an, unter denen schon heute 50% erlebnisbezogen einkaufen.

Eine weitere Frage innerhalb der genannten Untersuchung beschäftigte sich mit der **Art und Weise** der **Erlebnisorientierung** innerhalb des Einkaufsverhaltens. Dabei zeigte sich, daß ein Großteil der Erlebnisorientierten den damit verbundenen Kosten vergleichsweise wenig Augenmerk schenkt. Nur 7,3% haben eingestanden, im Gegenzug dafür im täglichen Leben sparen zu müssen.

4.6 Lebensgefühle multi-optionaler Erlebnisverbraucher

Haben die Lebenskonzepte der älteren Generationen noch deutlich zwischen **Privat-** und **Berufsleben** unterschieden, so verwischen die **Grenzen** zwischen beiden Bereichen in der jüngeren Vergangenheit immer mehr. Nicht wenige Konsumenten versuchen, ihrer Arbeit Freizeiterlebnisse abzugewinnen; und umgekehrt verdrängt auch die aktive Freizeitgestaltung sukzessive das bislang dominante passive Verhalten.

Darüber hinaus sieht sich ein immer größerer Teil der Bevölkerung dazu gezwungen, mehrere **Lebens-** und **Rollenfunktionen** zugleich auszuüben. Verdeutlichen läßt sich dies am Beispiel der im Kap. 2.6 beschriebenen „Frauenwelten“: Beruf, Haushalt und Kindererziehung müssen heute parallel „versorgt“ werden, obwohl jeder Bereich völlig unterschiedliche Anforderungen stellt. Dies mag auch ein Grund dafür sein, weshalb viele Konsumenten eine immer größere Vielfalt an Lebensstilen entwickeln und parallel pflegen, um den Wechsel zwischen den einzelnen Lebensbereichen „meistern“ zu können.

Als Beispiel für ein daraus resultierendes **Lebensgefühl** mag der „Wellness-Trend“ dienen, der u.a. die Konsumbereiche Fitness, Körperpflege, Reisen und Urlaub, Freizeit, Kleidung und Autos sowie Parfüme, Getränke und Ernährung umfaßt. Der Handel kann sich diese Lebensgefühle zunutze machen, indem er mit sog. Themenwelten, wie den „Douglas-Prototypen“, auf die neue, zunehmend komplexere Bedürfnisstruktur der Konsumenten eingeht. Dennoch werden auch die Handelsunternehmen ein noch viel größeres Maß an Kreativität entwickeln müssen, um (ihre) Produktwelt mit den Lebensstilen der Konsumenten in Einklang bringen zu können

Einen möglichen Lösungsansatz verkörpern die **Urban-Entertainment-Center** innerhalb des Erlebnishandels. Mit den verschiedensten Angebotskombinationen von Hotels, Unterhaltung und Kultur (Multiplex-Kino, Musical-Theater, Kabarett, Sportarena etc.), Erlebnis- und Themengastronomie, Internet-Café, Themenhandel und zusätzlichen Aktionen (Family-Entertainment-Center, Fitness- und Wellness-Center, Museen und Ausstellungen etc.) versucht man, Attraktivität zu bündeln und potentielle Kunden zu gewinnen. Daß dies völlig neue Anforderungen an die Marketing- und Vertriebskompetenz der betroffenen Center-Manager stellt, liegt auf der Hand. Ebenso deutlich wird vor diesem Hintergrund, daß sich in den nächsten Jahren die gesamte Sortimentspolitik wahrscheinlich einem tiefgreifenden Wandel unterziehen muß.

5 Von der Kaufpyramide zum taillierten Viereck

Abschließend möchte ich einen möglichen Entwicklungsweg beschreiben: Von der Kaufpyramide der Vergangenheit zum taillierten Viereck der Zukunft.

Die sog. Kaufpyramide, welche das typische preis- und qualitätsbezogene **Muster des Kaufverhaltens** widerspiegelt, ruht auf der bislang dominierenden (sozi-ökonomischen) Bevölkerungspyramide (vgl. Abb. 11). Während das Kaufverhalten der weitaus meisten Konsumenten dem Billig(-Preis)-Segment zuzuordnen war, verkörperte der Qualitätsbereich lediglich die Spitze der Pyramide. Indessen konnten die bisherigen Analysen verdeutlichen, daß mit den gravierenden sozio-demographischen und sozio-ökonomischen Veränderungen auch ein Wandel der Einstellungen und Ansichten der Konsumenten einhergeht (vgl. z.B. *Becker* 1998). Deshalb liegt die Vermutung nahe, daß sich dies auch in einem grundlegend neuen Kaufverhalten niederschlägt. Die meisten Prognosen gehen dabei von einer **Polarisierung** des **Kaufverhaltens** aus: Auf fruchtbaren Boden dürften demnach (Handels-)Strategien fallen, die entweder auf das untere oder das obere Preissegment setzen. Mittlere Preis- und Qualitätslagen werden - so die Annahme - deshalb zunehmend unter Druck geraten.

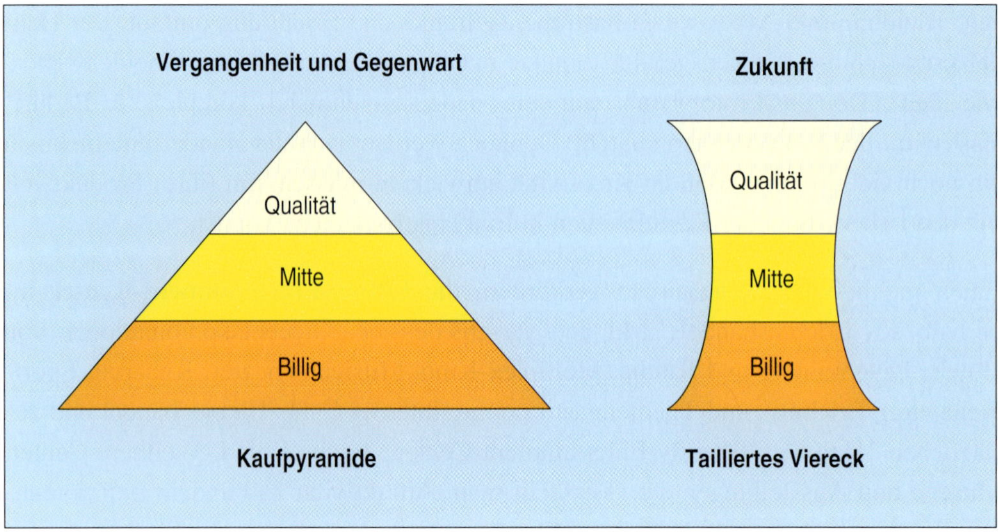

Abb. 11: Der Wandel im Kaufverhalten

Entgegen dieser Prognose kann man allerdings immer wieder feststellen, daß innerhalb der meisten Branchen die **qualitätsbezogenen Angebote** noch deutlich **unterrepräsentiert** sind. Um in diesem Segment Erfolg zu haben, reicht es indessen nicht aus, Produkte mit einem Premium-Attribut auszustatten. Vielmehr ist ein völlig neues **Qualitätsverständnis** notwendig, das auf eine Erweiterung des Qualitätsbegriffes abzielt und die Überzeugung zur Qualität voraussetzt. So dominiert bspw. im Lebensmittelbereich bei einer Vielzahl von Produkten nach wie vor die sog. Angabe der Mindesthaltbarkeit, während jedoch immer mehr Konsumenten (auch) Informationen zum Herstellungsdatum wünschen. Ursache hierfür ist u.a. die Praxis der Vermarktung vieler Spitzenprodukte, die das konsumentenbezogene Wissen der Handelsunternehmen weitgehend ignoriert.

Aber auch der Handel selbst muß sein Angebot grundlegend umstellen, wenn er im Wettbewerb um die Gunst der Konsumenten mithalten will. Vor dem Hintergrund der neuartigen Qualitätsanforderungen gehört dazu nicht nur eine entsprechende **Kommunikation** mit bislang vernachlässigten **Zielgruppen** (bspw. mit Senioren oder gebildeten, berufstätigen Frauen), sondern es bedarf auch mehr Kreativität bei der **Auswahl** der **Lieferanten**. Ebenso notwendig sind Investitionen in die Weiterbildung des Bedienungspersonals, da das gestiegene Kritikbewußtsein der Kunden deren Erwartungen hinsichtlich der Kompetenz in fachlichen und sozialen Fragen (z.B. Lebensstil) deutlich gesteigert hat.

Natürlich dürfen auch Handelsunternehmen die **volkswirtschaftlichen Daten** (Realeinkommen der Erwerbstätigen, Entwicklung der Arbeitslosigkeit etc.) nicht aus den Augen verlieren, wenn es darum geht, stagnierende Umsatzzahlen zu erklären und einschlägige Gegenmaßnahmen zu ergreifen (Anpassung der Sortiments- und Preispolitik). Vor dem Hintergrund einer zunehmenden Wettbewerbsintensität muß aber ein nur adaptives Verhalten ergänzt werden durch **offensive Strategien**, die eine Verbesserung der Qualitätsstandards, der Leistungspalette oder der Standortattraktivität zum Ziel haben. Dies erfordert u.U. völlig **neuartige Handelskonzepte**. Wie gezeigt, besteht ein möglicher Lösungsansatz darin, die Bereiche Freizeit, Erlebnis, Entertainment und Shopping miteinander zu kombinieren und somit auf verschiedene Lebensstile der Konsumenten einzugehen.

Insgesamt bleibt festzuhalten, daß das Konsumklima in Deutschland durchaus unter günstigen Vorzeichen steht. Ob der Handel aber davon profitieren kann, wird letztlich davon abhängen, inwieweit es ihm gelingt, sich auf die beschriebenen strukturellen und verhaltensbezogenen Veränderungen der Konsumenten einzustellen.

Die Distributionswirtschaft im Orientierungsrahmen der Sozialen Marktwirtschaft

Otto Schlecht

1 Persönliches

Für mich als Wirtschaftswissenschaftler wie insbesondere als langjährigen Staatssekretär im *Bundesministerium für Wirtschaft* ist der Handel einer der Lebensnerven der Volkswirtschaft und in der Sozialen Marktwirtschaft weit entfernt, nur Warenverteiler zu sein. „Wir haben es hier mit einer Wirtschaftstätigkeit zu tun, die nicht nur zu den ältesten der Welt gehört, sondern gleichzeitig auch zu den modernsten, dynamischsten und marktwirtschaftlichsten", so habe ich seine Bedeutung im Mai 1992 auf einem Kolloquium über ausgewählte Fragen der empirischen Handelsforschung umrissen (*Schlecht* 1992, S. 95). Der Handel soll „qualifizierte Marktversorgung und effektivere Ressourcennutzung generieren" (*Greipl* 1992, S. 152), so eine geeignete Zusammenfassung.

Insbesondere die **Stellung des Handels** im Zusammenhang mit der Wettbewerbsordnung sowie konkret den Novellierungen des Gesetzes gegen Wettbewerbsbeschränkungen hat mich im Bundesministerium für Wirtschaft häufig beschäftigt. Als „Freiburger" und Schüler *Walter Euckens* liegen mir gerade das Prinzip des Wettbewerbs und die Erhaltung eines funktionierenden Leistungswettbewerbs am Herzen, und als Vorsitzender der *Ludwig-Erhard-Stiftung* fühle ich mich den ordnungspolitischen Grundsätzen *Erhards* verpflichtet.

So bin ich der Einladung, einen Beitrag für die Festschrift „*Otto Beisheim*" zu schreiben, gerne gefolgt, zumal ich den Jubilar als engagierten Verfechter sowie **Förderer der Sozialen Marktwirtschaft** erlebt habe. Erinnern will ich nur an das Kolloquium an der *Technischen Universität Dresden* Ende 1997 zum Thema „Soziale Marktwirtschaft im nächsten Jahrtausend". Die *Otto-Beisheim-Stiftung* war Kooperationspartner von Kolloquium sowie der Ausschreibung des *Otto-Beisheim*-Förderpreises für wissenschaftliche Arbeiten. Zudem, das will ich nicht verschweigen, bietet mir die Autorenschaft Gelegenheit, auch im „Dunstkreis" des Handels für die Konzeption der Sozialen Marktwirtschaft zu werben.

2 Das Konzept Soziale Marktwirtschaft: Eine offene Ordnung

Der Begriff der Sozialen Marktwirtschaft geht auf *Alfred Müller-Armack* zurück. Soziale Marktwirtschaft verbindet „das Prinzip der Freiheit auf dem Markte mit dem des sozialen Ausgleichs und der sittlichen Verantwortung jedes einzelnen dem Ganzen gegenüber" (*Erhard* 1957a, S. 515). Sie beinhaltet zwar ordnungspolitische Prinzipien, ist jedoch kein feststehendes Theoriegebäude oder utopisches Endziel. Sie ist ein für neue Herausforderungen offenes Modell einer flexiblen Ordnung - je nach gesellschaftlichen und sozialen Zielsetzungen und Knappheiten.

Andererseits unterliegt Soziale Marktwirtschaft damit einer ständigen Bewährungsprobe und wird nie vollendet sein. „Eine der größten Stärken der Sozialen Marktwirtschaft ist auch eine ihrer größten Schwächen, nämlich der Begriff selbst" (*Klump* 1997, S. 222). Einerseits erfreut sich der Begriff einer breiten gesellschaftlichen Zustimmung, andererseits droht diese breite Akzeptanz jedoch zu verwässern, was die Grundprinzipien des Modells Soziale Marktwirtschaft ausmacht - je nach Standpunkt lassen sich sogar eigene Bedeutungsschwerpunkte hineininterpretieren. Daher ist die *Erhard*-gemäße Interpretation der Sozialen Marktwirtschaft um so wichtiger!

„Das Konzept der Sozialen Marktwirtschaft ist primär wertverpflichtet, und zwar der Freiheit des Individuums", so *Egon Tuchtfeldt* (1981, S. 84). Freiheit als Grundlage einer pluralistischen Gesellschaft ermöglicht es dem einzelnen, sich selbst nach individuellen Wünschen und Vorstellungen zu verwirklichen. Freiheit als „etwas Ganzes und Unteilbares" (*Ludwig Erhard*) erfordert die Beschränkung jedweder Macht, gilt aber nicht grenzenlos: In der Freiheit und den Rechten der Mitmenschen sowie in der Gemeinwohlverpflichtung findet die **individuelle Freiheit** ihre **Grenzen**.

Soziale Marktwirtschaft stellt eine **Wettbewerbsordnung** dar. Der Wettbewerb sorgt dafür, daß die Verbraucher im Mittelpunkt stehen. Der wettbewerbliche Marktprozeß bewältigt Lenkungsprobleme, sorgt für Konsumfreiheit, erzwingt Innovationen und technischen Fortschritt, sorgt für effiziente Produktion und Distribution, verteilt Einkommen und Gewinn ausschließlich nach Leistungen und verhindert Machtballung. Darüber hinaus wirkt Wettbewerb dem Mißbrauch des privaten Eigentums entgegen und garantiert die Freiheitsrechte der Bürger.

Obwohl der übergroße Teil der Menschen Einkommen im wettbewerblichen Marktprozeß erzielt, „ist nicht zu leugnen, daß auch eine noch so gute Wirtschaftspolitik in der modernen Industriewirtschaft durch sozialpolitische Maßnahmen ergänzt werden muß" (*Erhard* 1956, S. 462). Diese von Sozialpolitikern aller Couleur gern zitierte Aussage von *Ludwig Erhard* ist aber nur die halbe Wahrheit. *Erhard* betont nämlich, daß um so weniger sozialpolitische Hilfen notwendig sind, je erfolgreicher die Wirtschaftspolitik ist. Und: Sozialpolitische Leistungen sind zwar integraler Bestandteil der Sozialen Marktwirtschaft, aber als **subsidiäre Elemente**.

Die dauerhafte Sicherung der Funktionsfähigkeit der marktwirtschaftlichen Ordnung bedarf einer bewußten **staatlichen Gestaltung**, bei der nach *Alfred Müller-Armack* (1974, S. 221) eine „Synthese zwischen Einsichten in die Unabdingbarkeiten des Marktgeschehens und der Bemühung, dieses marktwirtschaftliche Organisationsgebilde mit sozialen und gesellschaftlichen Fortschritten" erreicht werden soll. So gehört es zu den wichtigen Aufgaben des Staates, mittels einer Wettbewerbspolitik intensiven Wettbewerb zu erhalten. „ ‚Wohlstand für alle' und ‚Wohlstand durch Wettbewerb' gehören untrennbar zusammen; das erste Postulat kennzeichnet das Ziel, das zweite den Weg, der zu diesem Ziel führt" (*Erhard* 1957b, S. 9).

Um Soziale Marktwirtschaft als erfolgreiche Wettbewerbsordnung errichten und erhalten zu können, gehören die konstituierenden und regulierenden Prinzipien *Walter Euckens* zu den staatlichen Rahmenbedingungen. Privateigentum, Haftungsregelungen, konvertibles und stabiles Geld, freie Preisbildung auf offenen Märkten, Vertrags- und Niederlassungsfreiheit, Konstanz und Verläßlichkeit der Politik sowie öffentliche Infrastrukturen, mittelfristige Wachstums-, Regional- und Mittelstandspolitik und ein marktwirtschaftliches Regelwerk zum Schutz der Umwelt gehören zur staatlichen Verantwortung.

Durch seine ordnungspolitische Beharrlichkeit konnte *Ludwig Erhard* diese Prinzipien in Deutschland realisieren und Soziale Marktwirtschaft zum Leitbild und zum Fundament der Bundesrepublik ausgestalten. 50 Jahre später stellen sich **ordnungspolitische Schlüsselfragen** wie nach dem Zweiten Weltkrieg: „Welche Ordnungsformen gewähren Freiheit? ... Ist eine Wirtschaftsordnung möglich, in der die Menschen nicht nur Mittel zum Zweck, nicht also nur Teilchen des Apparates sind?" (*Eucken* 1948, S. 77). Angesichts hoher Arbeitslosigkeit, steigender Staatsverschuldung, demographischer Verwerfungen, steigender Sozialabgaben und Steuerverpflichtungen wachsen die Zweifel, ob diese so erfolgreiche Ordnung in der Lage ist, gegenwärtige und zukünftig drückende Probleme zu bewältigen. Deshalb die Frage: Wie läßt sich das bewährte Modell der Sozialen Marktwirtschaft mit Freiheit, Wohlstand und Arbeit für alle ins nächste Jahrtausend führen? Hierbei ist das grundlegend veränderte Umfeld zu berücksichtigen.

3 Neue Herausforderungen

Der freie europäische Binnenmarkt mit einheitlicher Währung sowie die Globalisierung der Märkte verschärfen Wettbewerb und Strukturwandel und schränken die nationalen Autonomien ein.

Dies trifft den **Handel**, der sich ohnehin schon in dramatischen Veränderungen befindet: Konzentrationen, großflächige Betriebssysteme, preisaggressive Strategien und nicht zuletzt das „Tante-Emma-Läden-Sterben" sind Kennzeichen. Mit der Einführung der einheitlichen Währung entfällt der „Währungsschleier": Konsumenten können Preise direkt vergleichen - der Euro gereicht den Verbrauchern zum Vorteil, für den Handel bedeutet er härtere Konkurrenz, die durch die Erweiterung der *EU* um Beitrittsländer noch zunehmen wird. Zwar lassen sich im Handel auch Synergieeffekte erzielen, es wird jedoch internationalen Handelsunternehmen nicht möglich sein, eine einzige Angebots- und Verkaufsstrategie durchzusetzen. Denn es verbleiben nationale Unterschiede in Kultur, Tradition, Wirtschafts- und Sozialordnung.

Dennoch dürfen die **Chancen der Globalisierung** nicht übersehen werden. Das Ende der Expansionsmöglichkeiten in den Heimatländern, steigende Kaufkraft in Transformations- und ehemaligen Schwellenländern sowie die Vorteile transaktionskostensparender Massendistributionen fördern den Trend zur Internationalisierung. Die *METRO AG* ist dabei, in Polen, Rumänien und Ungarn die notwendige Infrastruktur für eine Expansion aufzubauen und ist bereits in China und der Türkei präsent. Die *METRO AG* ist in nahezu 20 Ländern vertreten und erzielt gut ein Drittel des Umsatzes im Ausland - ein echter Global Player!

Insbesondere für die Distributionswirtschaft ist **Geldwertstabilität** unabdingbare Voraussetzung für nachhaltigen Erfolg. Insofern sind die institutionellen Regelungen im Zusammenhang mit der Einführung des Euro - Unabhängigkeit der Europäischen Zentralbank, Stabilitäts- und Wachstumspakt - für einen stabilen Euro so wichtig. Es ist zu verhindern, daß die Europäische Union in eine Weichwährungs-, Dirigismus- und Tansfergemeinschaft abdriftet.

Neue **Kommunikations- und Informationstechnologien**, vom Telefax über Glasfaser bis zum Internet, revolutionieren Wirtschaft und Gesellschaft. Technologisches und Managementwissen ist überall und jederzeit zugänglich. In die neuen Telekommunikationsmärkte drängen, so auch die *METRO AG*, inzwischen branchenfremde Dienstleister. Wir sprechen von einer Informations-, Dienstleistungs- und Wissensgesellschaft, die flexible Strukturen auf Güter-, Finanz-, Dienstleistungs- und Arbeitsmärkten verlangt.

Darüber hinaus wird die Bevölkerungspyramide in Deutschland in den nächsten Jahrzehnten durch den dramatischen Anstieg des Durchschnittsalters auf den Kopf gestellt, und das Verhältnis von Beitragszahlern und Rentnern wird drastisch verschoben. Für den Handel bedeutet dies eine **Änderung der Präferenzen der Nachfrager**.

Die hohe Arbeitslosigkeit hängt maßgeblich zusammen mit nur mäßig zunehmender Investitionstätigkeit, mit Zweifeln, ob die Tarifpartner auch in Zukunft zurückhaltende Lohnpolitik betreiben sowie der Verunsicherung der privaten Haushalte und daraus resultierender Konsumzurückhaltung. Zudem ist der Großteil der Arbeitslosigkeit wegen der geringen Flexibilität des Arbeitsmarktes strukturell bedingt, und Langzeitarbeitslosigkeit ist auf die relativ geringe Qualifikation vieler Arbeitsuchender zurückzuführen (vgl. *Ludwig-Erhard-Stiftung* 1998, S. 1ff.).

Eine Staatsquote von inzwischen knapp 50%, ein Sozialbereich, der mehr als ein Drittel des Bruttoinlandsprodukts beansprucht und eine Abgabenquote von deutlich mehr als 40% sind eher Kennziffern einer halben „Staatswirtschaft" als einer Marktwirtschaft.

Seit etwa Anfang 1998 haben die Besserungstendenzen von Konjunktur und Arbeitsmarkt die Oberhand gewonnen, dies wirkt sich nicht zuletzt positiv auf den Handel aus - um eine nachhaltige Besserung zu erreichen, sind jedoch weitere Reformen unerläßlich.

4 Ordnungspolitische Antworten und notwendige Strukturreformen

Vor dem Hintergrund der Herausforderungen heißt es, einige ökonomische Wahrheiten wieder zur Geltung kommen zu lassen und die Bedeutung des Sozialen den neuen Begebenheiten anzupassen.

Die Globalisierung ist nicht die Ursache der Probleme der letzten Jahre, sondern hat sie verstärkt und offensichtlich werden lassen. Nur privatwirtschaftlich organisierte Unternehmen sind auf Dauer konkurrenzfähig. Deshalb gehören die staatlichen Aktivitäten auf den ordnungspolitischen Prüfstand; die freie Entfaltung des einzelnen ist zu gewährleisten und Machtkonzentrationen zu verhindern: Der Staat hat in erster Linie den Wettbewerb vor Mißbrauch zu schützen. Neue konkurrenzfähige Arbeitsplätze können auf Dauer nur private Arbeitgeber bereitstellen. Deshalb dürfen Unternehmen, die **Gewinne** machen, nicht an den Pranger gestellt werden, sondern müssen öffentlich **gelobt** werden. Denn: Ohne Gewinne keine Investitionen, ohne Investitionen keine neuen Arbeitsplätze.

4.1 Steuer- und Sozialabgabensystem: Mehr netto für alle!

Ohne Gewinne oder zumindest Gewinnerwartungen keine neuen Arbeitsplätze - diese Erkenntnis macht eine Große Steuerreform zwingend. Es muß sichergestellt werden, daß Unternehmen, Arbeitnehmer und Bürger vom zu hohen Zugriff des Steuerstaates entlastet und so Investitions- und Leistungsbereitschaft sowie Eigenverantwortlichkeit nachhaltig gestärkt werden. Eine deutliche **Senkung der Steuersätze** über den gesamten Tarif in Verbindung mit einem umfassenden Abbau von Ausnahme- und Sonderregelungen führt zu mehr Transparenz und Steuerehrlichkeit. Zudem stärkt eine solche Reform die Massenkaufkraft und entfacht die Binnenkonjunktur nachhaltig. Nur die Große Steuerreform wird den Umsatzrückgang im Einzelhandel, der 1998 nun schon zum sechstenmal in Folge zu verzeichnen ist, umkehren.

Gerade für international tätige Unternehmen stellt sich die Frage der Attraktivität des nationalen Steuersystems. Zur Diskussion „Harmonisierung oder Steuerwettbewerb?" läßt sich aus ordnungspolitischer Sicht sagen: Zu deutliche Unterschiede zwischen den nationalen Steuersystemen führen zu Verzerrungen im Unternehmerverhalten: Nicht effiziente Produktion und Distribution beherrschen sein Handeln, sondern die Steuervermeidung.

Deshalb gilt: Angleichung der Steuern: ja; jedoch in Richtung niedrigerer Steuern. Gleichzeitig führt der Wettbewerb der Steuerstandorte zur Disziplin in der Finanzpolitik. Da auch Steuerzahler in bezug auf Steuerhöhe und öffentliche Güter Preis/Leistungs-Vergleiche ziehen, ist nicht mit einem Abwärts-Wettlauf der Steuern gegen null zu rechnen. Hinzu kommt, daß eine reine Steuerharmonisierung unfaires Verhalten, bspw. bei der Anwerbung von Unternehmen, nicht überwinden kann. Denn auch mittels Subventionen werden ansiedlungswillige Unternehmen angelockt.

Deshalb gilt: Eine Harmonisierung von Steuern und Bemessungsgrundlagen bietet sich an auf Mindestniveau mit wenigen und grundsätzlichen Steuervereinbarungen. Darüber hinausgehende Kooperationen wären kontraproduktiv.

Die Steuerreform muß im Zusammenhang mit den **Reformen der Sozialversicherungen** gesehen werden. Es wäre gesamtwirtschaftlich verfehlt, wenn Steuersenkungen durch eine steigende Abgabenbelastung wieder aufgezehrt oder reine Umfinanzierungen - höhere Mehrwert- bzw. Ökosteuer gegen niedrigere Sozialabgaben - durchgeführt werden würden. Deshalb bedarf es im Bereich der Sozialversicherungen eines neu austarierten Verhältnisses von gesetzlich verordneter Solidarität und eigenverantwortlicher Subsidiarität: Subsidiarität hat Vorfahrt vor Solidarität! Damit gehört eine Versicherungspflicht für eine Mindestabsicherung zur Sozialen Marktwirtschaft; sie muß aber genügend Freiraum für Eigenvorsorge und individuelle Ausgestaltung lassen. Die soziale Hilfe darf die Eigeninitiative des einzelnen nicht lähmen oder das wirtschaftliche Anreizsystem außer Kraft setzen. Sozialstaatliche Hilfe bedeutet Hilfe zur Selbsthilfe. Steuer- und Sozialpolitik sind gefordert, damit soziale Leistungen nicht höher ausfallen, als Einkommen aus dem ersten Arbeitsmarkt. Nur dann bleiben Anreize zur Eigeninitiative erhalten.

4.2 Arbeitsmarkt und Flächentarif: Freiheit für die Arbeitnehmer!

Der Arbeitsmarkt ist kein Markt wie jeder andere, weil menschliche Arbeit kein Gut wie jedes andere ist. Deshalb sind in der Sozialen Marktwirtschaft Schutzregeln und Kollektivverträge ordnungspolitisch legitim. Trotzdem unterliegt auch der Arbeitsmarkt **ökonomischen Gesetzmäßigkeiten** von Angebot und Nachfrage. Es geht nicht um Abschaffung von Tarifautonomie und autonomen Flächentarifverträgen, sondern um mehr Flexibilität für ein besseres Marktgleichgewicht und mehr Beschäftigung. Nur dadurch läßt sich die Flucht aus dem Kollektivvertrag stoppen.

Insofern sind in Zeiten hoher Arbeitslosigkeit vorübergehend reale Nullrunden oder Lohnsteigerungen unter der Produktivität nötig. Zudem sind die Löhne stärker nach Qualifikationen und Regionen zu spreizen. Institutionell muß der Flächentarifvertrag sich auf Eckwerte, Mindestbedingungen und Optionen beschränken und den Betrieben mehr Freiräume gewähren. Moderate Tariflöhne kombiniert mit Ertrags- und Vermögensbeteiligungen sowie gegebenenfalls Lohnverzicht zugunsten der Sicherung von Arbeitsplätzen sind dann möglich. Die Neudefinition des Günstigkeitsprinzips im Tarifvertrags- und Betriebsverfassungsgesetz könnte das Abweichen vom Tarifvertrag erlauben, wenn dies Arbeitsplätze sichert und mehrt.

Ein **flexibler Arbeitsmarkt** wird die Problematik geringfügiger Beschäftigung lösen, auf die insbesondere der Handel angewiesen ist, wo etwa 14% der geringfügig Beschäftigten arbeiten. Die Expansion hat ihre maßgebliche Ursache in der zu hohen Steuer- und Abgabenbelastung der Normalarbeitsplätze. Zudem weist die geringfügige Beschäftigung den Weg in die Dienstleistungsgesellschaft, zeigt sie doch, daß hier ein erhebliches Reservoir an Niedriglohnjobs besteht, das mit Teilzeitarbeit ausgefüllt werden könnte, wenn ausreichend Flexibilität im Arbeits- und Tarifrecht existierte. Auch wird evident, daß Menschen bereit sind, niedrig bezahlte Tätigkeiten anzunehmen, wenn sie nicht durch die staatlichen Abgaben über Gebühr belastet werden. Klar ist aber: Sollte nach Absenkung der Abgaben die Expansion der geringfügigen Beschäftigung weitergehen, muß auch eine Begrenzung der geringfügig Beschäftigten bzw. des durch sie erwirtschafteten Umsatzes eines Unternehmen geprüft werden.

4.3 Liberalisierung und Deregulierung: Freiheit den Marktkräften!

In Deutschland wurden in den letzten Jahren wichtige Bereiche liberalisiert und dereguliert. Es wurden Monopole abgeschafft (frühere *Deutsche Bundespost*), Märkte für den Wettbewerb geöffnet (Energiebereich), staatliche Unternehmen privatisiert (*Lufthansa AG*, *Telekom AG*) und mehr Freiräume geschaffen, so bspw. durch die Liberalisierung der Ladenöffnungszeiten. Das Thema ist aber längst noch nicht zu Ende: Dies zeigt der Vorstoß des Vorstandsvorsitzenden der *METRO*-Tochter *Kaufhof Warenhaus AG*, *Lovro Mandac*, der jüngst eine Ausdehnung der Ladenöffnungszeiten forderte (*Die Welt* vom 6. Juli 1998, S. 13). Die Einführung des Euro wie die Globalisierung werden das Thema wiederbeleben: Mit dem Euro werden deutsche Verbraucher aufgrund längerer Öffnungszeiten im Ausland verstärkt in den Städten jenseits der Grenzen einkaufen, und Käufe über das Internet werden an Bedeutung gewinnen. Sachsen geht voran: Dort dürfen Läden an Samstagen vor verkaufsoffenen Sonntagen bis 21 Uhr öffnen.

„Die Politik sollte sich nicht dazu verleiten lassen, die Marktkräfte aufhalten zu wollen" (*Schlecht* 1992, S. 99) - Was ich 1992 angesichts der Tendenz zu großflächigen Discount-Läden zur Raumordnungs- und Mittelstandspolitik gesagt habe, läßt sich heute übertragen auf die Factory Outlet Center: Seitens der Politik soll ihre Ansiedlung restriktiv gehandhabt werden. Dies ist jedoch schon beim Bemühen gescheitert, die Ausbreitung von Einkaufszentren auf der „Grünen Wiese" zu verhindern. Zudem wird eine restriktive deutsche Genehmigungspraxis grenznahe Standorte in Nachbarländern für Investoren zunehmend interessant machen. Deshalb gilt: Der Handel kommt um eigene Anstrengungen, bspw. die Gestaltung attraktiver Innenstädte, nicht umhin. Hier schließt sich der Kreis: Längere Verkaufszeiten und der Verkauf an Sonntagen **steigern Innenstadt-Attraktivität** und Profilierung des Handels.

„Wir werden auf die Dauer an vielen Stellen lernen müssen, mit unvollkommenen Regelungen zu leben, mit Bestimmungen, die eher prinzipielle Rahmen setzen und nicht versuchen, gleich von vornherein jedes Wenn und Aber aufzunehmen, die sich nicht an den Bedenken und Risiken des Extremfalls orientieren, sondern den Normalfall zum Ausgangspunkt und zur Leitlinie nehmen" (*Schäuble* 1998, S. 45). Damit gewinnt unsere Gesellschaft mehr individuelle Freiheit!

5 Wettbewerb: Tragende Säule der Sozialen Marktwirtschaft

Der Kernbereich marktwirtschaftlicher Ordnungspolitik ist die Sicherung des dynamischen Wettbewerbs. Noch immer schützen Überregulierungen vor Wettbewerb, verringern den Innovationsdruck, lähmen die Wachstumsdynamik, erschweren den Marktzutritt für neue Wettbewerber und verhindern neue Arbeitsplätze.

Während meiner fast 40 Jahre im Bundeswirtschaftsministerium wurden immer wieder Forderungen laut nach staatlichen Schutzräumen wie auch nach einem eigenen Ministerium oder einem **eigenen Staatssekretär für den Handel**. Die auf den ersten Blick verständlichen Wünsche schmälern jedoch auf Dauer die gesamtwirtschaftliche Wohlfahrt und schaden dem Schützling selbst. Schon *Erhard* hatte davor gewarnt, um einzelne Berufszweige Stacheldrähte zu ziehen und gewerbliche Erbhöfe zu züchten (*Rede vor der Bundesarbeitsgemeinschaft der Mittel- und Großbetriebe des Einzelhandels e.V.* am 2. Mai 1955) Und ich selbst habe häufig formuliert: „Eine gute allgemeine Wirtschaftspolitik ist auch eine gute Handelspolitik! Der Handel behält damit seine Funktion als Schaufenster der Marktwirtschaft."

Für *von Hayek* (1969, S. 253) ist der Wettbewerb ein „Entdeckungsverfahren". *Franz Böhm* (1961, S. 22) nannte den Wettbewerb „das großartigte und genialste Entdeckungsinstrument der Geschichte". Angelehnt an *Böhm* habe ich postuliert: „Die Marktwirtschaft bleibt nur solange eine ökonomisch effiziente, sozial vertretbare und freiheitsbegründende Wirtschaftsordnung, als sie auf wirksamem Wettbewerb beruht" (*Schlecht* 1975, S. 67).

Die geistigen Väter unserer Wettbewerbsordnung verstanden unter Wettbewerbspolitik aber alles andere als einen „verwalteten" Wettbewerb, der vor Wettbewerb schützt. Sie wendeten sich nicht gegen absolute Unternehmensgröße an sich. Sie plädierten für Regeln, die die Freiheit und Dynamik des Wettbewerbs gewährleisten, übermäßige Marktbeherrschung (orientiert am jeweiligen relevanten Markt) und Mißbrauch von eklatanter Marktmacht verhindern.

Daran orientiert versuchte das *BMWi* bei den Novellierungen des GWB, einerseits ein sektorales Sonderrecht für den Handel zu verhindern, andererseits den Schutz des dynamischen Wettbewerbs zu sichern. Angaben zur optimalen Betriebsgröße und -struktur können weder vom Staat noch von Branchengremien gegeben werden. Sie müssen sich auf der Basis **einzelunternehmerischer Entscheidungen** am Markt herausbilden. Aufgabe der staatlichen Ordnungspolitik ist es, den freiheitlichen Ablauf dieses Suchprozesses zu garantieren.

Das Bundeswirtschaftsministerium betrachtet sowohl den Absatz- wie den Beschaffungsmarkt. Um die Nachfragemacht der großen Handelsnachfrager einzudämmen, wurden Einkaufskooperationen als Mittel zur Gegenmacht - im wesentlichen und unter bestimmten Bedingungen - vom Kartellverbot freigestellt (vgl. 5. GWB-Novelle 1990: § 5c GWB). Die Regelungen für mittelständische Zulieferer und Einzelhändler in der 6. Novelle zum GWB (Verbot des nicht nur gelegentlichen Verkaufs unter Einstandspreis, Roß- und Reiterproblematik) sind ordnungspolitische „Sünden"; man kann sie als läßlich ansehen, weil sie in der praktischen Auswirkung letztlich nicht wettbewerbsschädlich sind. Der Glaubwürdigkeit wird aber kein guter Dienst getan, wenn hoffnungsvollen Mittelständlern wettbewerbsrechtlicher Sand in die Augen gestreut wird.

Start des Konzentrationsprozesses im Handel war die Aufhebung der Preisbindung der zweiten Hand 1974. Damit erhielt der Handel mit der Preisgestaltung einen weiteren Aktionsparameter. Der Streit mit der *EU*-Kommission um deutsches Rabattgesetz und Zugabenverordnung läßt vermuten, daß die Intensität der Preisgestaltung noch zunehmen wird.

Die **Konzentration im Handel** und insbesondere im Lebensmittel-Einzelhandel führte immer wieder zur Frage „Leistungswettbewerb oder ruinöse Konkurrenz?" (*Lenel* 1997, S. 24ff.). Dabei läßt sich aufgrund der Gutachten der Monopolkommission feststellen: Die Konzentration im Handel hängt mit „größenbedingten Kostenvorteilen auf der Absatzseite und der ebenfalls größenbedingten Erzielung von Einkaufsvorteilen auf der Beschaffungsseite" (*Monopolkommission* 1994, S. 99) zusammen.

Von seiten der Produzenten wird der wachsende **Druck auf die Einkaufspreise** kritisiert und beklagt. Daß eine höhere Nachfrage eines Händlers Preisnachlässe beim Produzenten bewirkt, gehört zu den Grundprinzipien einer funktionierenden Marktwirtschaft mit freier Preisbildung und offenen Märkten. Gerade der Handel gilt als „bestreitbarer Markt" (*Baumol/Panzar/Willig* 1988), der zu „polypolistischem Verhalten" (*Blum/Leibbrand* 1998, S. 45) führt. Zudem bleibt es natürlich dem Lieferanten und Produzenten überlassen, weitere Nachfrager sowie andere Vertriebskanäle zu finden und die eigenen Produkte selbst zu bewerben. Weniger das laute Wehklagen über unfreiwillige Konzessionen der Anbieter oder die „nachfrageinduzierte Diskriminierung der nachfrageschwächeren Konkurrenten" (*Wuttke* 1995, S. 145) sollte jedoch die wettbewerbstheoretische Diskussion bestimmen. Vielmehr sind die Anstrengungen des Unternehmers im *Schumpeter*schen Sinne hervorzuheben.

Ich sehe der Entwicklung zu „größeren Einheiten" gelassen entgegen: Nicht nur größere Unternehmen entstehen, auch größere Märkte mit mehr Anbietern und Nachfragern und damit **intensiverer Wettbewerb**. Auch in Zukunft werden „eine geschickte Marktnischenpositionierung, Individualisierung und gezieltes Trading up sowie die

Zusammenarbeit mit einem effizienten Großhandel" (*Schlecht* 1992, S. 98) kleinen und mittleren Unternehmen ein Überleben sichern, so meine Aussage 1992 - ich halte daran fest! Zudem zeigen Gutachten, „daß eine auf den Schutz von kleinen und mittleren Unternehmen ausgerichtete Wettbewerbs- und Mittelstandspolitik das stürmische Vordringen der Großunternehmen des Handels nur verlangsamen, jedoch nicht stoppen kann" (*Täger* 1998, S. 9).

Und grundsätzlich: „Wenn Wettbewerb das Grundgesetz der sozialen Marktwirtschaft ist, dann stellt sich stets aufs Neue die Frage, ob wir den Schutz des Wettbewerbs wollen, der zu veränderten Strukturen führen kann und führt, oder ob wir bestimmte Strukturen vor dem Wettbewerb schützen wollen" (*Greipl* 1992, S. 160). Konzentrationen bei intensivem Wettbewerb sind wettbewerbspolitisch unerheblich. Auch die *Monopolkommission* (1994, Abs. 281ff.) sieht dies so.

Das größere Gewicht der Global Players stellt die internationalen ordnungspolitischen Kontrollinstanzen vor neue Herausforderungen. So muß die Welthandelsorganisation zu einer internationalen Wettbewerbsordnung mit Mindeststandards für fairen internationalen Leistungswettbewerb fortentwickelt werden. Die Finanzmärkte benötigen eine Infrastruktur und Rahmenordnung (Bankenaufsicht, Aktienrecht, Konkursordnung etc.). Auch sind internationale Konsultationen und Kooperationen zu intensivieren - jedoch nicht im Sinne von Wissen-anmaßender Ex-ante-Koordinierung. Vielmehr geht es um die Entwicklung gemeinsamer wirtschaftspolitischer Grundorientierungen.

6 Soziale Marktwirtschaft bedarf der Übernahme von Verantwortung

Globalisierung, Informationsgesellschaft und Standortwettbewerb erfordern auch eine entsprechende Unternehmenskultur und -strategie. Die gesellschaftspolitische Verantwortung der Unternehmer ist in der Sozialen Marktwirtschaft grundlegend. Zwar ist der primäre Ort der Moral die Rahmenordnung; ohne die **Moral des einzelnen** funktioniert Soziale Marktwirtschaft aber schlechter. Die Verantwortung des Unternehmers verengt sich nicht auf kurzfristig interpretierte Shareholder Value und endet nicht an der Ladentür. In den letzten Jahren wurden gewaltige Anstrengungen zur Steigerung der Konkurrenzfähigkeit unternommen.

„Der Handel beklagt seit Jahren sein schlechtes Image als Arbeitgeber und überdies Schwierigkeiten bei der Gewinnung geeigneter Mitarbeiter“ (*Tietz* 1993, S. 312). Deshalb darf sich Rationalisierung nicht auf die Senkung der Arbeitskosten beschränken. Es gilt: Neue Produkte kreieren, neue Märkte erschließen, Systeme aus Produkt und Dienstleistung anbieten, Hierarchien abbauen, Mitarbeiter motivieren, Verantwortung delegieren! Eine partizipative Unternehmenskultur ist keine sozialromantische Vorstellung, sondern Basis für Produktivitäts- und Absatzsteigerung. Das Motto „Mit Ethik zum Erfolg“ sollte unternehmerisches Ziel werden (vgl. *Schlecht* 1990, S. 50ff.).

Zu den besonderen Verpflichtungen des Unternehmers gehören die **Bereitstellung notwendiger Ausbildungsplätze**. Dies ist allein schon aus Unternehmerinteresse wichtig, um über genügend Fachpersonal verfügen zu können. Die *METRO AG* wird auch 1998 wieder ein gegenüber dem Vorjahr höheres Ausbildungsangebot bereitstellen. Gleichfalls positiv ist das **Engagement der *Otto-Beisheim-Stiftung*** um den wissenschaftlichen Nachwuchs. Neben der Stiftung von Preisen ist das finanzielle Engagement für Universitäten hervorzuheben. In diesem Zusammenhang darf ich hinweisen auf die Aktualität des *Beisheim*schen Engagements an der *Wissenschaftlichen Hochschule für Unternehmensführung - Otto-Beisheim-Hochschule*: Während sich die Bildungs- und Wissenschaftsminister in Deutschland um Verkürzung der Studienzeiten, die Möglichkeit der Auswahl von Studenten durch die Universität, die stärkere Leistungsbewertung von Dozenten sowie um die Notwendigkeit von mehr ausländischen Studenten an deutschen Hochschulen politisch streiten, wird dies an der *WHU* schon seit Jahren verwirklicht. Auch im Bereich der Bildung haben privatwirtschaftliche Lösungen also die Nase vorn!

7 Ausblick

Der Handel wird - mit fast 600 000 Unternehmen und gut vier Millionen Beschäftigten im Groß- und Einzelhandel - auch in Zukunft zu den Schlüsselsektoren der deutschen Volkswirtschaft gehören. In der gesamten *EU* ist der Handelsbereich durch anhaltend hohe Wettbewerbsdynamik gekennzeichnet. Die Konzentration, die sich in den letzten Jahrzehnten erheblich verstärkt hat, wird andauern. Damit wird auch die Warendistribution weiter vom **intensiven Strukturwandel** bestimmt werden - letztlich im wesentlichen von den Käufern getragen (vgl. *Schmalen* 1997, S. 405ff.). Aufgabe der (Wirtschafts- und Wettbewerbs-) Politik ist es dabei nicht, den Strukturwandel aufzuhalten oder funktionierenden Wettbewerb zwischen den verschiedenen Typen von Handelsunternehmen einzuschränken. Vielmehr geht es um die Erhaltung des wohlstandsfördernden Leistungswettbewerbs zugunsten der Konsumenten. Die attraktive Gestaltung der Rahmenbedingungen für unternehmerisches Handeln durch eine Revitalisierung der Sozialen Marktwirtschaft im Sinne *Ludwig Erhards* wird dabei wichtige Grundlage für den Erfolg der Distributionswirtschaft im globalen Wettbewerb sein.

nicht zu zweifeln. Die meisten von ihnen haben bereits längere Erfahrungen nicht nur in der Leitung der heimischen Notenbank, sondern auch in der Zusammenarbeit mit ihren Kollegen im Rahmen des *Europäischen Währungsinstituts*, dem Vorläufer der *EZB*.

Die Gemeinsamkeit in der Orientierung der Geldpolitik schließt nicht aus, daß es hinsichtlich der Verteilung der Aufgaben zwischen der übergeordneten *EZB* in Frankfurt und den nationalen Notenbanken zu **Meinungsverschiedenheiten** kommen wird; der Vertrag von Maastricht hat hier vieles offengelassen. Die stark föderative Struktur des *ESZB*, die jener der Bank deutscher Länder und der Landeszentralbanken in West-Deutschland von 1948 bis 1957 gleicht, ist für Auseinandersetzungen über die Verteilung operativer und administrativer Aufgaben naturgemäß anfällig. Es kommt hinzu, daß die einzelnen nationalen Notenbanken, obgleich sie im Kern dieselben Aufgaben erfüllen, nämlich Banknoten ausgeben, den Zahlungsverkehr der Banken unterstützen, die nationalen Währungsreserven verwalten, Statistiken erheben usw., administrativ höchst unterschiedlich aufgebaut sind.

Um ein **extremes Beispiel** zu nennen: Die dänische Notenbank hat überhaupt keine Nebenstellen im Land, die *Deutsche Bundesbank* dagegen hatte 1997 noch 163 Zweiganstalten und hat 1998 noch 147, außerdem neun Landeszentralbanken und die Zentrale, die Dienststelle des Direktoriums in Frankfurt. Dementsprechend ist auch die Personalausstattung und (soweit vorhanden) das Personalbudget der nationalen Notenbanken, auch wenn die unterschiedliche Größe der Wirtschaftsräume berücksichtigt wird, sehr unterschiedlich (*The Morgan Stanley Central Bank Directory* 1998, Table 3 weist für Dänemark 586 Beschäftigte aus, für die *Deutsche Bundesbank* 16 014, für die *Banque de France* 16 544). Da das System der europäischen Notenbanken finanziell letztlich aus der gleichen Quelle leben wird, nämlich aus dem Überschuß des Aktivgeschäftes über das unverzinsliche Passivgeschäft (vor allem den Banknotenumlauf), sind Auseinandersetzungen über die rationellste Struktur der einzelnen Notenbanken recht wahrscheinlich und notwendig.

Diese „internen" Probleme, die bei einem Zusammenschluß höchst unterschiedlich gewachsener Administrationen unvermeidlich sind, dürfen die Wahrnehmung der zentralen **Aufgabe des Systems** europäischer Zentralbanken letztlich **nicht beeinträchtigen**, wenngleich das Klima der Zusammenarbeit dadurch gelegentlich beeinflußt werden kann. Zum einen muß gelten, daß dieses System eine Gesamtverantwortung für den Währungsraum des Euro hat, was die Rücksichtnahme auf spezielle regionale Probleme ausschließt. Es kann in einer Währungsunion nicht nach Regionen unterschiedliche Notenbankzinsen geben und ebensowenig unterschiedliche Regeln für die Bereitstellung von Notenbankgeld an die Kreditinstitute des gemeinsamen Währungsgebietes. In dieser Hinsicht sind bei den Vorbereitungsarbeiten, die im *Europäischen Währungsinstitut* geleistet werden, die Wege schon richtig geebnet worden (Die einheitliche Geldpolitik in Stufe 3; *Europäisches Währungsinstitut*, September 1997).

Die formalen und personellen Voraussetzungen erlauben der europäischen Währungsunion die Wahrnehmung ihrer prioritären Aufgabe, die neue Währung, den Euro, stabil zu halten. Das besagt nicht, daß gelegentliche **exogene Einflüsse** - etwa eine Währungskrise in einem wichtigen Teil der Weltwirtschaft oder andere wirtschaftliche Schocks - diese Aufgabe zeitweise nicht gefährden könnten, wie auch die deutsche Notenbank beträchtliche Erhöhungen des Preisniveaus im Zusammenhang mit der Korea-Hausse, Sprüngen der Rohölpreise und der deutsch-deutschen Vereinigung nicht verhindern konnte. Es wird unter ähnlichen Umständen besonders darauf ankommen, daß die *Europäische Notenbank* genügend Unterstützung in der Öffentlichkeit für einen u.U. harten Kurs erfährt. Rückblickend auf die Erfahrungen in Deutschland schreibt *Rudolf Richter* (1998, S. 598): „Die deutsche Öffentlichkeit der letzten 50 Jahre und damit die deutschen Wähler wollten eindeutig eine stabile Währung ... Daher hat neben der Unabhängigkeit der deutschen Zentralbank die öffentliche Meinung in Deutschland zum Erfolg der Bundesbank beigetragen".

Die Frage, ob für das weite Währungsgebiet des Euro mit einer gleichen oder zumindest ähnlich starken Unterstützung der Öffentlichkeit für eine stabilitätsorientierte Geldpolitik gerechnet werden könnte, ist, gemessen an der historischen Entwicklung, berechtigt. Doch wird oft übersehen, daß sich nicht nur in Westeuropa, sondern auch in anderen Industrieländern und manchen „Schwellenländern" in den letzten 15 Jahren ein erheblicher Wandel vollzogen hat. Die **Inflationsraten** einzelner Länder, so unterschiedlich sie zunächst noch waren, näherten sich - auf **immer niedrigerem Niveau** - an. Sie liegen heute (Mitte 1998), ausgenommen Großbritannien, in keinem größeren Industrieland über 2% pro Jahr „Die industrielle Welt erfreute sich seit etwa 10 bis 15 Jahren einer langen Periode relativer monetärer Stabilität. Kein seriöser Volkswirt, kein verantwortlicher Politiker schlägt heute die Rückkehr zu inflationärer Politik vor", stellte *Jaques de Larosier*, früherer Gouverneur der *Banque de France* und lange Zeit Geschäftsführender Direktor des *IWF*, vor kurzem fest (vgl. *de Larosiére de Champfeu* 1998, S. 6). Freilich wird es auch in Zukunft darum gehen, jeden Rückfall in jene inflatorische Periode zu vermeiden, die auch für einige unserer Partnerländern in der *EU* in der weiter zurückliegenden Vergangenheit charakteristisch war; hier ist der Sieg nie wirklich gewonnen.

Die Stabilität einer Währung hat ein **doppeltes Gesicht**, die Aufrechterhaltung der Kaufkraft im Inneren und die Kaufkraft auf den Märkten dritter Länder. Vereinfacht gesprochen wird man sagen können, daß eine im Inland stabile Währung auch gegenüber der übrigen Welt längerfristig einen stabilen realen Wechselkurs haben wird, wenn die Wechselkurse nicht durch zwischenstaatliche Regeln lange festgezurrt sind und wenn nicht rein finanzielle Einflüsse, z.B. hohe Realzinsdifferenzen, die Entwicklung verzerren. Das Schicksal vergleichsweise großer Währungen, wie der D-Mark oder dem Yen paßt freilich nur grob in dieses (vereinfachte) Erklärungsmodell, da diese Währungen den Gegenpol für alle für oder gegen den US $ gerichteten „spekulativen" Bewegungen darstellen. Wie also wird es sich mit der internationalen Einschätzung des Euro verhalten?

Einige wirtschaftliche Grundtatsachen berechtigen zu der Hoffnung, daß der **Euro** international als eine **starke Währung** eingeschätzt werden wird. Der Euro wird zur gemeinsamen Währung eines großen einheitlichen Marktes für Güter und Kapital. Gemessen an den wirtschaftlichen Transaktionen im internen Markt wird der Euro eine Rolle spielen, die nur etwas geringer ist als die des US $; wenn einmal alle *EU*-Mitglieder auch Mitglieder der *EWU* sein würden, wäre das inländische Transaktionsvolumen in der *EU* größer als jenes in den USA. In jedem Falle erhöht sich die Liquidität in Euro gegenüber jener in den bisherigen nationalen Währungen und es verringert sich in der *EWU* der Bedarf an Drittwährungen für den Auslandszahlungsverkehr, da Währungen von Mitgliedsländern untereinander nicht mehr zu halten sind.

Eine wichtige Frage ist, was der Übergang zum Euro für den internationalen Kapitalmarkt und für die Rolle als **Reservewährung** bringen wird. Eindeutig wird mit dem Übergang zu einer einheitlichen Währung der „heimische" Kapitalmarkt weit größer; er erstreckt sich auf das gesamte Währungsgebiet des Euro. Der Rentenmarkt in der *EWU* wird voraussichtlich etwa dreimal so groß sein wie bisher der deutsche Rentenmarkt und damit dann jedenfalls halb so groß wie der in der USA. Hinsichtlich der Verwendung als Denominator von Internationalen Anleihen hat der Euro sogar die Chance, annähernd so bedeutend wie der US $ zu werden, da die europäischen Währungen auf diesem Markt schon bisher eine überproportionale Rolle spielen.

Die Rolle des Euro als Reservewährung wird freilich auf absehbare Zeit nicht an jene des US $ heranreichen, auf den bisher etwa 60% aller Währungsreserven in der Welt lauten. Der Euro kann wichtiger werden für die übrigen, nicht der *EWU* angehörenden Länder in West- und Osteuropa. Länder in Asien und Lateinamerika halten primär US $, sie werden dies wohl auch weiterhin tun.

Auch aus diesen Überlegungen ergibt sich, daß weltweit mit einer vergleichsweise **hohen Nachfrage nach Euro** gerechnet werden könnte. Ob sich diese Chance auch durchsetzen wird, hängt primär von dem Vertrauen ab, das vom Beginn an dem Euro weltweit entgegengebracht werden kann. Wenn die Marktteilnehmer die Basisfaktoren für den Wechselkurs einer Währung zur Grundlage ihres Urteils nehmen würden, dann sähe es in dieser Hinsicht für den Euro recht gut aus: Die Inflationsrate des „Euro-Landes" ist niedrig, etwas niedriger als in den USA. Die laufende Rechnung der Zahlungsbilanz des Euro-Landes weist jetzt einen Überschuß von über 100 Mrd. US $ im Jahr auf. Die USA dagegen bleiben bis auf weiteres bei einem Leistungsbilanzdefizit von über 200 Mrd. US $ pro Jahr (vgl. *International Monetary Fund* 1998, S. 182).

Die Sparquote in Westeuropa ist relativ hoch, das kompensiert zum Teil die negative Wirkung der im Vergleich zu den USA vielfach höheren Staatsdefizite. Die Arbeitslosigkeit ist in Europa ebenfalls höher. Das ist zwar gesellschaftspolitisch bedauerlich, wirkt aber eher anti-inflatorisch. Würde man auf der Basis dieser „Fundamentals" eine Prognose wagen, spräche vieles für einen starken Euro.

Die **Teilnehmer an den Devisenmärkten** der Welt zeigen sich von solchen längerfristigen Überlegungen zwar nicht unbeeinflußt, jedoch erst in zweiter Linie. In erster Linie dominieren im Devisenhandel kurzfristige Einschätzungen wie die Kalkulation über tatsächliche und erwartete Zinsdifferenzen der Währungen untereinander, über Aussichten für die Aktienkurse in den wichtigsten Ländern und über politische Veränderungen, die Konsequenzen für die Wirtschaftspolitik einzelner Länder haben könnten. Es wird daher auch viel davon abhängen, wie die Märkte die künftige Politik der *Europäischen Zentralbank* einschätzen.

Die *EZB* hat es in der Hand, ihr übergeordnetes Ziel, die **Preisstabilität** genauer zu definieren und damit die Erwartungen der Märkte zu stabilisieren. Sie kann das nach der Praxis verschiedener Notenbanken auf zwei Wegen tun. Sie kann ein „Preisziel" formulieren, also erklären, daß eine stärkere Erhöhung des Preisniveaus als um x% pro Jahr mit ihrer Politik nicht vereinbar sei, wie es die *Bank of England* macht. Oder die *EZB* kann anstelle einer direkten Vorgabe ein mittelbares Ziel nennen, nämlich die mit Stabilität vertretbare Ausweitung der Geldmenge, wie es die *Deutsche Bundesbank* seit 1974 praktiziert. Es ist auch denkbar, ja, fürs erste sogar angezeigt, daß beide Zielvorstellungen gemeinsam genannt werden.

Die Märkte werden diese Ankündigungen zur Kenntnis nehmen, aber, da die Notenbanken mit erklärten Preis- oder Geldmengenzielen diese nicht immer einhalten konnten und die **Abweichungen** vom Zielpfad sich überwiegend **nach oben**, nicht nach unten bewegten, werden sie sich doch stark von der aktuellen Politik der *EZB* bestimmen lassen. Aus heutiger Sicht bedeutet das, daß vor allem die Zinspolitik der Ausdruck der geldpolitischen Linie sein wird. Da nach den ersten Beschlüssen des Rates der *EZB* die Mindestreserven als geldpolitisches Instrument entfallen - es werden nur relativ geringe Reserven zwangsweise zu halten sein und diese sollen, einschließlich der unvermeidlich zu haltenden „Working-Balances" der Kreditinstitute, verzinst werden -, ist damit Liquiditätspolitik nicht mehr möglich.

Im Gegenteil: da die Mindestreserven erfüllt werden müssen, muß das *ESZB* hierfür auch immer genügend Zentralbankgeld - und dies zur zinstragenden Anlage, bereitstellen. Eine großzügigere Regelung hätten sich die Banken nicht wünschen können. Das Regime wäre strenger, wenn es unter diesen Umständen keine Mindestreserve und keine Verzinsung von Guthaben bei der Notenbank geben würde; das würde zu strengeren Liquiditätspositionen zwingen und heilsame Schwankungen des Geldmarktsatzes nicht von vornherein ausschließen (vgl. *Schlesinger* 1995, S. 186).

Um von vornherein die Märkte von dem **Stabilitätswillen der *EZB*** zu überzeugen, wird die Festlegung des Notenbankzinsniveaus zunächst eher an dem oberen Rand des Geldmarktzinsspektrums zum Beginn der *EWU* liegen müssen als am unteren. Dies würde besonders dann angezeigt sein, wenn der Wechselkurs des Euro (und damit der Mitgliedswährungen der *EWU*) zur Schwäche neigen würde, was bei den nicht vorherzusagenden, kurzfristigen Einflüssen auf den Devisenmärkten, trotz der guten fundamentalen Position der Mitglieder der *EWU*, nicht völlig auszuschließen ist.

Sollte der Start des Euro nicht so reibungslos gelingen, so bestünde gleichwohl kein Grund, in Pessimismus zu verfallen. Man denke an die **Geschichte der D-Mark**. Der Erfolgskurs dieser Währung, der anläßlich ihres 50. Geburtstages vielfach gefeiert wurde (und dem nun viele Vaterschaften zugerechnet werden), war von vornherein keineswegs so sicher, wie er sich im nachhinein ausnimmt. Besonders in den Anfangsjahren gab es Perioden, in denen das Vertrauen in die neue Währung - bei einem höchst skeptischen Publikum - äußerst gefährdet war. „Schon im Spätsommer 1948 begann sich eine typisch inflatorische Preisentwicklung abzuzeichnen, der im wesentlichen nur mit Hilfe der gesetzlichen Geldschöpfung begegnet werden konnte", schreibt *Hans Möller* (1976, S. 463), einer der deutschen Währungsexperten für die

Währungsreform der westlichen Alliierten von 1948. Und im Zusammenhang mit der vom Koreakrieg ausgelösten Preishausse und Angstkäufen kam es 1950/51 erneut zu einer gefährlichen Situation: Die Erzeugerpreise der deutschen Industrie stiegen im Extrem um 22%, die Lebenshaltungskosten um 11% -, die nur mit einer stark restriktiven Geld- und Finanzpolitik entschärft werden konnte (vgl. *Schlesinger* 1976, S. 566).

Wie auch immer sich die nicht leichte Anfangsphase für die neue Währung stellen wird, es wird darauf ankommen, daß der *Rat der Europäischen Zentralbank* den prioritären Auftrag zur **Stabilhaltung des Euro** in den Vordergrund seiner Überlegungen und Entscheidungen stellt und die Erfahrung der Notenbankpolitik in wohl allen Ländern bedenkt, häufig „zu spät und zu wenig" zu reagieren. Möge es der Weisheit des *Rates der EZB* gegeben sein, in der Phase der Bewährung, die früher oder später kommen und in der seine Prinzipienfestigkeit getestet werden wird, lieber zu früh und zu streng zu reagieren als umgekehrt.

Handelsentwicklung und Recht des unlauteren Wettbewerbs

Gerhard Schricker

1 Einführung

Die Gesetze, die dem **gewerblichen Rechtsschutz** dienen, sind für Industrie, Dienstleistungsgewerbe und Handel von unterschiedlicher Bedeutung. Während das Patent- und Musterrecht auf das produzierende Gewerbe in allen Bereichen der Technik zielt und das Markenrecht in der Markenartikelindustrie seinen Schwerpunkt hat, ist das Gesetz gegen unlauteren Wettbewerb (UWG) die wichtigste Regelung für den Handel. Dessen Werbung und Marketing unterliegen einer intensiven wettbewerbsrechtlichen Kontrolle; ergänzende Sonderregelungen, wie die Verbote von Zugaben, Rabatten und besonderen Verkaufsveranstaltungen gelten speziell für den Einzelhandel.

Das Recht des unlauteren Wettbewerbs wurde in Deutschland um die Jahrhundertwende zum **Schutz der konkurrierenden Unternehmen** geschaffen. Seit Ende der zwanziger Jahre wird daneben der Schutz des Publikums betont; nach heute herrschender Auffassung dient das UWG sowohl dem Schutz der Wettbewerber als auch der Abnehmer, insbesondere der privaten Letztverbraucher, und darüber hinaus dem Schutz der Allgemeinheit. Das Gesetz gegen Wettbewerbsbeschränkungen (GWB) und das UWG bilden zusammen die „Grundgesetze des Wettbewerbs“. Die im GWB geschützte Wettbewerbsfreiheit ist auch bei der Auslegung und Anwendung des UWG zu beachten.

Das letzten Endes dem Schutz der Institution Wettbewerb im Interesse aller verbundene UWG ist in seiner Geschichte nicht selten Versuchen einzelner Gruppen von Wettbewerbern ausgesetzt gewesen, sich durch Gesetzesänderungen oder eine ihnen günstige Rechtsanwendung besondere Privilegien zu erringen. Namentlich im Bereich des Handels sind immer wieder derartige strukturpolitische Bestrebungen hervorgetreten. Gewisse Handelsverbände und Wettbewerbsvereine kämpfen für das, was man in den dreißiger Jahren als „die gute Ordnung im Handel“ zu bezeichnen pflegte und was aus heutiger Sicht als eine fatale **Reduktion des freien Wettbewerbs** erscheint. Die Gefahr liegt nahe, daß mit Hilfe von Gesetzgeber und Gerichten gruppenspezifische Wettbewerbsbeschränkungen durchgesetzt werden.

Das Gesetz gegen unlauteren Wettbewerb hat in seiner gut hundertjährigen Geschichte (vgl. *Schricker* 1996, S. 473) mancherlei Metamorphosen durchgemacht. Sie schlugen sich teils im Gesetzestext nieder, teils sind sie in der Judikatur und im Schrifttum ablesbar. Die **Entwicklung seit dem 2. Weltkrieg** soll in ihrer Bedeutung für den Handel hier kurz nachgezeichnet werden. Es spricht einiges dafür, daß wir gegenwärtig an einer Wende stehen, die das Pendel von einer überzogenen Regelung weg nunmehr in Richtung auf eine vernünftige Liberalisierung hin ausschlagen läßt. Hoffnung erwecken vor allem die von der höchstrichterlichen Rechtsprechung neuerdings gesetzten Akzente.

2 Rechtsentwicklung

2.1 Der liberale Ansatz der fünfziger und sechziger Jahre

Der *Bundesgerichtshof (BGH)* hat in den fünfziger und sechziger Jahren in einer Reihe richtungweisender Entscheidungen der **Wettbewerbsfreiheit im Handel** die Bahn gebrochen. Als Markstein ist vor allem die Direktverkaufs-Entscheidung des

BGH zu nennen (vgl. *GRUR* 1958, S. 557), in der die grundsätzliche Freiheit der Vertriebswege proklamiert wurde. Man liest in der Urteilsbegründung (S. 558):

„Die Marktwirtschaft kennt keine festgelegten Absatzwege. Die Handelsstufen sind betriebswirtschaftlich zweckmäßige und damit dem Anschauungswandel unterworfene Gestaltungsformen der Absatzorganisation und keine die Wirtschaftsteilnehmer generell verpflichtende wirtschaftliche Gegebenheit. Der Unternehmer ist bei der zweckmäßigen Gestaltung seines Absatzsystems grundsätzlich frei. Deshalb vermag auch der Umstand, daß der Hersteller oder Großhändler sich nicht auf den üblichen Absatzweg an die nächstfolgende Handelsstufe beschränkt, daß er nicht ‚funktionstreu' ist, die Unlauterkeit generell nicht zu begründen."

Frei ist in der Marktwirtschaft auch die **Preisbildung**. Zwar hat die Rechtsprechung die Geltung des im Rabattgesetz von 1933 verankerten grundsätzlichen Rabattverbots nach anfänglichen Zweifeln bejaht, jedoch hebt der *BGH* hervor, daß sich aus § 1 UWG kein allgemeines Verbot der Preisdifferenzierung ableiten läßt (vgl. *BGH*, *GRUR* 1958, S. 487). Spätere Judikate bekräftigen die Zulässigkeit der Preisunterbietung; auch der Verkauf unter Einstandspreis ist als solcher nicht unlauter, solange nicht Bestand und Funktionieren des Wettbewerbs auf dem Markt bedroht sind (vgl. *BGH*, *GRUR* 1979, S. 321).

Entsprechend zeigte der *BGH* auch Zurückhaltung bei der Prüfung des Irreführungsvorwurfs im Zusammenhang mit sog. Lockvogelangeboten (vgl. *BGH*, *GRUR* 1970, S. 33f.). Nach der Entscheidung des *BGH* ist davon auszugehen,

„daß es im Einzelhandel weitgehend üblich und auch unbedenklich zulässig ist, bestimmte Waren billiger anzubieten als das übrige Sortiment. Vielfach werden diese billigen Angebote als Verkaufsschlager besonders herausgestellt in der Hoffnung, der Käufer werde zusammen mit dem Einkauf dieses Artikels auch seinen übrigen Bedarf decken. Je deutlicher der Kunde dabei erkennt, daß es sich um ein aus dem übrigen Sortiment herausfallendes Sonderangebot handelt, desto geringer wird naturgemäß die Gefahr, daß er von diesem Sonderangebot fälschlich auf die Preiswürdigkeit des gesamten Angebots schließt."

Sonderangebote und **Mischkalkulation** wurden hierdurch als zulässige Marketingmaßnahmen legitimiert. Die Abgrenzung zwischen zulässigen Sonderangeboten und den zunächst in der Anordnung des Reichswirtschaftsministers betreffend Sonderveranstaltungen von 1935, ab 1986 in §§ 7 f. UWG grundsätzlich verbotenen Sonderveranstaltungen blieb freilich prekär. Auch heute noch liegt hier ein Haupttätigkeitsfeld der Wettbewerbsvereine; so findet die Zentrale zur Bekämpfung unlauteren Wettbewerbs hier ein Drittel aller behandelten Fälle (vgl. o.V. 1998, S. 653f.).

Die grundsätzlich liberale Linie der höchstrichterlichen Judikatur in den fünfziger und sechziger Jahren läßt sich auch an der großzügigen Behandlung **neuer Werbe- und Vertriebsformen** ablesen. So wurde bspw. der Grund für die Zulassung von Preisausschreiben als Werbemitteln gelegt. Sie laufen § 1 UWG nicht zuwider, „mögen sie von Mitbewerbern auch vielfach als lästig und unbequem empfunden werden" (vgl. *BGH*, *GRUR* 1959, S. 138f.). Die Rechtsprechung versagte sich ferner dem Versuch, das Vertriebssystem der Sammelbesteller im Versandhandel mit Hilfe des UWG zu eliminieren (vgl. *BGH*, *GRUR* 1963, S. 578). Genossenschaftliche Rückvergütungen wurden als grundsätzlich nicht gegen das UWG verstoßend erachtet (vgl. *BGH*, *GRUR* 1964, S. 146). Nicht zu verbieten war weiterhin die wahrheitsgemäße Werbung „20% unter dem empfohlenen Richtpreis" (*BGH*, *GRUR* 1965, S. 96).

Auch das **Kaufscheinsystem** wurde wettbewerbsrechtlich legitimiert. Der *BGH* hat dies in folgendem Leitsatz zum Ausdruck gebracht:

„Die Verteilung von Kaufausweisen an Letztverbraucher, denen gegen Vorlage des Ausweises von den darauf aufgeführten Großhändlern und Fabrikauslieferungslagern Ware im Namen und für Rechnung des die Ausweise ausgebenden Unternehmens verabfolgt wird, stellt keine unzulässige Wettbewerbsmaßnahme dar, wenn die Letztverbraucher über die Funktionen, welche die beteiligten Unternehmen in diesem Vertriebssystem ausüben, wahrheitsgemäß und unmißverständlich aufgeklärt werden" (*BGH*, *GRUR* 1965, S. 431 - Leitsatz; vgl. auch *BGH*, *GRUR* 1968, S. 600ff.).

Der *BGH* hob hervor, daß die klagende Zentrale zur Bekämpfung unlauteren Wettbewerbs, die den Prozeß als Musterprozeß angestrengt hatte, hinsichtlich der behaupteten Vortäuschung von Preisvorteilen nicht einmal ausreichende Tatsachen vorgetragen, geschweige denn bewiesen habe; die Klägerin versuche vielmehr, die Unrichtigkeit der beanstandeten Werbung „aus theoretischen Erklärungen herzuleiten". Im Grunde ging es um einen Angriff gegen den Direktverkauf als solchen, den der *BGH* zurückwies.

Toleriert wurde noch in einer Entscheidung der siebziger Jahre die erbittert bekämpfte **Sortimentsdiversifikation** durch ungekoppelte „branchenfremde" Angebote im Kaffee-Filialhandel (vgl. *BGH*, *GRUR* 1979, S. 55 - Tierbuch). Mit dieser Bestätigung der Freiheit der Sortimentsgestaltung schließt sich der Kreis zu der eingangs zitierten Direktverkaufsentscheidung.

Darüber hinaus hat der *BGH* in der Kleenex-Entscheidung, die die kostenlose Abgabe von Waren zu Probezwecken betraf (vgl. *BGH*, *GRUR* 1965, S. 489ff.), allgemein die strukturpolitische Neutralität des UWG unterstrichen. Man liest in dem Urteil:

„Bei der rechtlichen Beurteilung des Verschenkens von Originalware haben ... die ... wirtschaftspolitischen, der heutigen Wirtschafts- und Wettbewerbsordnung nicht mehr entsprechenden Erwägungen auszuscheiden; es kommt deshalb nicht darauf an, ob der Werbende bei wiederholter Anwendung des Verschenkens von Originalware objektiv gegen anerkannte betriebswirtschaftliche Grundsätze verstößt und damit sich selbst schädigt; es ist ... auch nicht entscheidend, ob die mittleren und kleineren Mitbewerber wirtschaftlich in der Lage sind, sich derselben Werbemethode zu bedienen."

Zusammenfassend läßt sich feststellen, daß die höchstrichterliche Judikatur in den fünfziger und sechziger Jahren ein von der Freiheit der Vertriebswege, des Sortiments, der Preisbildung und der Werbemittel beherrschtes Leitbild des Handels entwickelte, bei dem strukturpolitische Erwägungen bewußt ausgeblendet wurden.

2.2 Regulierung zum Schutz des etablierten Einzelhandels

Das Streben gewisser Kreise des etablierten Einzelhandels nach wettbewerbsrechtlichen Subventionen wandte sich, von der Rechtsprechung enttäuscht, dem Gesetzgeber zu. Da die Umfunktionierung des UWG in ein strukturpolitisches Gesetz zum Schutz des traditionellen Einzelhandels allgemein abgelehnt wurde, bediente man sich des **Deckmantels des Verbraucherschutzes**. Um die privaten Letztverbraucher vor den Folgen der angeblich zu befürchtenden Bezugsscheinmentalität und vor schwindelhaften Pseudogroßhandlungen zu schützen, wurde durch die UWG-Novelle vom 26.6.1969 (BGBl. I S. 633; vgl. zur Entstehungsgeschichte *Schricker/Lehmann* 1976, S. 109 ff.) das Kaufscheinverbot des § 6b UWG und die Regulierung des Direktverkaufs, namentlich durch den Großhandel, in § 6a UWG eingeführt.

Die Rechtsprechung tat ein Übriges: Durch eine in mehrfacher Weise extensive Auslegung wurden § 6a und § 6b UWG im Verein mit der Preisangabenverordnung und dem Ladenschlußgesetz zu einer rechtlichen **Blockade der Handelsformenentwicklung** ausgebaut, die vor allem den Selbstbedienungsgroßhandel traf. Kernstück ist dabei die absurde Unterstellung, daß der Großhandelskunde - d.h. der Wiederverkäufer, gewerblicher Verbraucher oder institutionelle Großverbraucher - vom professionellen Einkäufer zum schutzbedürftigen privaten Letztverbraucher werde, wenn er „betriebsfremden" Bedarf deckt. Ihm gegenüber dürfe sich der Selbstbedienungsgroßhandel nach Maßgabe des § 6a UWG dann nicht mehr „Großhandel" nennen; der der Zulassungskontrolle dienende Ausweis werde zum wettbewerbswidrigen Lockmittel i.S.d. § 6b. Für die Legalität der Betriebsform des Selbstbedienungsgroßhandels sei deshalb wesentlich, solche Käufe zu verhindern (vgl. wegen der Einzelheiten die Kommentierung der §§ 6a, 6b bei *Baumbach/Hefermehl* 1996, S. 1145 ff.). Der so ausgeübte „Rechtszwang" ist in der wettbewerbsrechtlichen und wirtschaftswissenschaftlichen Literatur auf nahezu einhellige Kritik gestoßen (vgl. statt aller *Gröner/Köhler* 1986). Die Stimmen mehren sich, die für eine Streichung der Vorschriften eintreten (so z.B. nunmehr auch der führende Kommentar von *Baumbach/Hefermehl*, § 6a Rdnr. 1, § 6b Rdnr. 4).

Die Bereitschaft des Gesetzgebers zu strukturpolitischen Geschenken war freilich noch nicht erschöpft. Dieselben politischen Kräfte, die hinter der Schaffung der §§ 6a und 6b UWG standen, erwirkten, wiederum Bedürfnisse des Verbraucherschutzes vorschützend, gegen den Widerstand weiter Kreise der Wirtschaft und auch der Verbraucherverbände 1986 die Einführung von Verboten für mengenmäßig beschränkte Angebote (§ 6d) und für die Werbung mit Preissenkungen durch Preisgegenüberstellung (§6e); (Novelle vom 25.7.1986, BGBl. I S. 1169). Das „Horroralphabet" der §§ 6a - 6e war damit komplett; die Wettbewerbsvereine gewannen ein neues, reiches Tätigkeitsfeld.

2.3 Deregulierung unter dem Einfluß des Europäischen Gemeinschaftsrechts

Es zeigte sich jedoch, daß der **Bogen überspannt** war. Die in Deutschland sich auslebende wettbewerbsrechtliche Narrenfreiheit fand ihre Grenze am Europäischen Gemeinschaftsrecht. Zwar brachten die langjährigen Harmonisierungsbestrebungen nur einen Mindestschutz gegen Irreführungen, der die Tür zu strengerem nationalen Recht offen läßt; jedoch sind bei binnengrenzüberschreitenden Transaktionen die Grundsätze des freien Waren- und Dienstleistungsverkehrs im *EG*-Vertrag zu respektieren (vgl. Art. 30ff., Art. 59ff. EGV; zum ganzen UWG Großkommentar vgl. *Schricker* 1994a, Rdnr. F, S. 330ff., S. 376ff.). So hat der *Europäische Gerichtshof (EuGH)* 1993 entschieden, daß § 6e des deutschen UWG im grenzüberschreitenden Versandhandel zwischen Frankreich und Deutschland unanwendbar sei (vgl. *EuGH*,

GRUR 1993, S. 747 - *Yves Rocher*). Es sei nicht gerechtfertigt, wahrheitsgemäße Werbung nur wegen einer abstrakt befürchteten Irreführungsgefahr zu verbieten. Die *EG*-Kommission strengte gegen die Bundesrepublik ein Vertragsverletzungsverfahren an, das sich auch gegen das Rabattverbot richtete.

Zugleich geriet das Wettbewerbsrecht in Deutschland in den Sog der **Standortdebatte** und der **Deregulierungsbewegung** (vgl. *Loschelder* 1994, S. 535). Ein Reformentwurf der Regierungsparteien (*Bundestagsdrucksache* 12/7325 v. 21.4.1994) beklagte, die Entwicklung des UWG habe dazu geführt,

„daß heute ein engmaschiges Netz von teils geschriebenen, teils ungeschriebenen Verbotstatbeständen besteht, in dem sich die Unternehmer immer wieder verfangen. Es ist zumindest fraglich geworden, ob dieses Netz von Verbotstatbeständen wirklich den heutigen Bedürfnissen unserer Wirtschaft in allen Fällen noch gerecht wird.

Diese Zweifel werden noch verstärkt, wenn die Rechtsentwicklung in unseren **Nachbarstaaten** in der *EU* oder auch im *EWR* betrachtet wird. Ein Vergleich ergibt nämlich, daß sich das deutsche Wettbewerbsrecht in vielen Bereichen auf einem einsamen Niveau befindet, für das sich in anderen Ländern nichts Vergleichbares findet. Dies führt immer wieder zu Friktionen im grenzüberschreitenden Waren- und Dienstleistungsverkehr."

In der Folge wurde das UWG-Änderungsgesetz von 1994 erlassen (Gesetz v. 25.7.1994, BGBl. I S. 1738). Es strich die ominösen Paragraphen 6d und 6e des UWG ersatzlos und führte eine Reihe von Kautelen gegen das Unwesen der Abmahn- und Klagevereine ein (vgl. im einzelnen *Schricker* 1994b, S. 430). Allerdings handelte es sich nur um eine „kleine Reform".

Nicht zur Vollendung gelangte das Vorhaben, das **Rabattgesetz** und die **Zugabeverordnung** aufzuheben. Das Rabattgesetz wird in der Literatur heute nahezu einhellig als überflüssig, ja für den Preiswettbewerb schädlich bewertet. Seine wenigen Verteidiger haben vergeblich versucht, die überholten strukturpolitischen und gewerbepolizeilichen Motive, die ihm zugrunde liegen, durch verbraucherpolitische Hilfskonstruktionen zu ersetzen, die von den Verbraucherverbänden zutreffend als „scheinheilig" bezeichnet werden (vgl. *Verbraucherpolitische Korrespondenz*, Nr. 16, 1994, S. 1; vgl. ferner Nr. 49, 1993). Als Unikum stellt sich das deutsche Rabattverbot auch in der *EU* dar, nachdem mit Österreich und Luxemburg die letzten Rabattverbotsländer liberalisiert haben. Konsequent wurde der Entwurf eines Rabattderegulierungsgesetzes vorgelegt, das eine „Aufhebung des Rabattverbots ... mit dem

Ziel, den Preiswettbewerb und die Wachstumskräfte zu stärken" verfügen sollte (*Bundestagsdrucksache* 12/6722). Gegen das im Bundestag am 16.6.1994 bereits in abgemilderter Form beschlossene Gesetz hat der Bundesrat jedoch den Vermittlungsausschuß angerufen (vgl. *Bundesratsdrucksache* 602/94); seither hat man nichts mehr von der Rabattderegulierung gehört.

Von dem Gesetzesentwurf zur Aufhebung der Zugabeverordnung (vgl. *Bundestagsdrucksache* 12/6723) ist nur eine geringfügige Retusche der weitergeltenden Verordnung übrig geblieben, durch die die Erstattung oder Übernahme von Fahrtkosten öffentlicher Verkehrsmittel im Zusammenhang mit dem Besuch des Geschäftslokals legalisiert wurde (vgl. Gesetz v. 25.7.1994, BGBl. I S. 1688). Immerhin empfahl der Rechtsausschuß des Deutschen Bundestages eine weitere „Überprüfung der Zugabeverordnung" (*Bundestagsdrucksache* 12/7911 S. 5).

Inzwischen hatte sich jedoch der vom Europäischen Gemeinschaftsrecht auf das deutsche Recht ausgehende **Reformdruck abgeschwächt**. Es kam zu einem deutlichen Rückzug des *EuGH* bei seiner Aktivität der Überprüfung nationalen Rechts durch Anwendung des Grundsatzes der Warenverkehrsfreiheit. Der offenbar von den Hoffnungen und Wünschen nach Liberalisierung des nationalen Rechts sich allzu sehr bedrängt fühlende Gerichtshof verlautbarte, daß er in Zukunft nurmehr warenbezogene Vorschriften am Maßstab des Art. 30 messen werde, nicht aber auch Regelungen, die nur bestimmte Verkaufsmodalitäten beschränken oder verbieten. Vorschriften über Bezeichnung, Form, Abmessung, Gewicht, Zusammensetzung, Aufmachung, Etikettierung und Verpackung unterliegen somit weiterhin der gemeinschaftsrechtlichen Kontrolle, nicht aber Vorschriften, die allein Werbung und Marketing betreffen, soweit sie nicht Importerzeugnisse diskriminieren (vgl. *EuGH, GRUR Int.* 1994, 56; *EuGH, GRUR Int.* 1994, 170).

Diese Wendung in der Rechtsprechung des *EuGH* wurde und wird in der Literatur viel kritisiert und diskutiert. Die Meinungen über die Reichweite dieser „Selbstbeschränkung" des *EuGH* gehen auseinander. Die Einschränkung betrifft wohlgemerkt nur die Frage, ob der Grundsatz der Warenverkehrsfreiheit überhaupt anwendbar ist, weil der grenzüberschreitende Handel betroffen ist, nicht aber wurde der materielle Standard der Rechtfertigung solcher Beschränkungen geändert. Die neuere Praxis zeigt wieder eine gewisse Lockerung; so soll eine Werbung sehr wohl dem Art. 30 EGV unterfallen, wenn sie auf der Ware selbst angebracht ist; materiell ist dann danach zu fragen, ob das nationale Verbot wirklich erforderlich ist, um einen „verständigen Verbraucher" zu schützen (vgl. *EuGH, GRUR Int.* 1995, S. 804; vgl.

auch *EuGH, GRUR Int.* 1993, S. 951). Nach wie vor ist deshalb die Diskussion um das richtige „Verbraucherleitbild“ am Platze, in der zutreffend geltend gemacht wird, daß die deutsche Sorge um den Schutz des „flüchtigen Durchschnittsverbrauchers“ bei der Anwendung des § 3 UWG übertrieben ist. Schon gar muß den abstrakten Irreführungsverboten, wie insbesondere den Paragraphen 6a und 6b UWG aus der Sicht des Gemeinschaftsrechts die Daseinsberechtigung abgesprochen werden.

3 Blick in die Zukunft

3.1 Weitere Reformen in Deutschland

Ein im Vorfeld der UWG-Änderung von 1994 verbreitetes Schreiben des Bundesministeriums der Justiz vom 15.9.1993 zur Novellierung des UWG (*GRUR* 1993, S. 877), verweist auf eine „Grundsatzdebatte ..., an deren Ende eine Neubesinnung über den Standort des deutschen Wettbewerbsrechts insgesamt stehen soll“. Entsprechend kündigt die Begründung des Gesetzesentwurfs „eine grundsätzliche Überprüfung des Rechts gegen den unlauteren Wettbewerbs insgesamt ... zu einem späteren Zeitpunkt“ an (*Bundestagsdrucksache* 12/7345, S. 5). Inzwischen hat sich eine Arbeitsgruppe im Bundesjustizministerium mit der Überprüfung des Wettbewerbsrechts befaßt. Das Ergebnis ist enttäuschend (vgl. *GRUR* 1997, S. 201):

„Eine umfassende Überarbeitung des Gesetzes gegen den unlauteren Wettbewerb kommt zur Zeit nicht in Betracht“ (These 1). Selbst zu §§ 6a, 6b UWG heißt es nur: „Die als abstrakte Gefährdungstatbestände ausgestalteten §§ 6 bis 6b enthalten einen sehr weit vorverlagerten Schutz. Dennoch wird von der Praxis kein Bedürfnis für eine Streichung gesehen“ (These 6). In der Diskussion waren allerdings beachtliche Argumente für eine Streichung vorgebracht worden (vgl. *GRUR* 1997, S. 204). Der Bericht deutet an, woher die **Gegenkräfte gegen eine weitere Reform** des UWG herkamen, wenn er ausführt:

„Die meisten Mitglieder der Arbeitsgruppe standen größeren Eingriffen in das Gesetz gegen den unlauteren Wettbewerb zurückhaltend bis ablehnend gegenüber. Von Seiten des Bundesgerichtshofs und der Wettbewerbszentrale wurden besonders nachdrücklich die bisherigen, von Gesetzgeber und Rechtsprechung geschaffenen Regeln verteidigt und wurde empfohlen, die Rechtsentwicklung zunächst weiterhin der Rechtsprechung zu überlassen.“

Es wird vermerkt, daß „auch Verbände des Handels ... grundlegenden Veränderungen des UWG zurückhaltend gegenüber" standen (*GRUR* 1997, S. 201). Zusammenfassend läßt sich feststellen, daß angesichts der Zufriedenheit derjenigen mit dem UWG, die mit seiner Anwendung befaßt sind, der **Reformwille nicht zum Durchbruch** gelangen konnte. Die Reformpläne sind damit aufgeschoben, die Reformbedürfnisse aber keinesfalls aufgehoben.

Daß zum gegenwärtigen Zeitpunkt in der Gesetzgebung weniger die Deregulierung als vielmehr die **Regulierung** wieder die Oberhand zu gewinnen scheint, zeigt die beabsichtigte Einführung eines Verbots des Verkaufs unter Einstandspreis im neuen Kartellgesetz. Der neue § 20 Abs. 4 GWB soll wie folgt lauten (*Bundesratsdrucksache*, 852/97):

„Unternehmen mit gegenüber kleinen und mittleren Wettbewerbern überlegener Marktmacht dürfen ihre Marktmacht nicht dazu ausnutzen, solche Wettbewerber unmittelbar oder mittelbar unbillig zu behindern. Eine unbillige Behinderung im Sinne des Satzes 1 liegt insbesondere vor, wenn ein Unternehmen ohne sachlich gerechtfertigten Grund Waren oder gewerbliche Leistungen nicht nur gelegentlich unter Einstandspreis anbietet."

So wird man auch in Deutschland Gelegenheit haben, die negativen Erfahrungen zu machen, die man im Ausland mit der richterlichen Berechnung des Einstandspreises und der Prüfung der Ausnahmegründe vom Verbot gesammelt hat.

3.2 Die weitere Entwicklung in der *Europäischen Gemeinschaft*

In der *Europäischen Gemeinschaft* hat die Richtlinie 97/36/EG vom 30.6.1997 zur Änderung der Fernsehrichtlinie von 1989 (vgl. *GRUR Int.* 1998, S. 120) eine Regelung des **Teleshopping** gebracht, die das Angebot derartiger Transaktionen im wesentlichen den für die Fernsehwerbung geltenden Regeln unterwirft. Ein neuartiger Handelszweig wird damit einer Sonderregelung unterworfen. Diese schließt freilich die Anwendung allgemeiner Vorschriften, etwa gegen irreführende Werbung, nicht aus, wie man aus einer jüngst ergangenen Entscheidung des *EuGH* entnehmen kann (vgl. *EuGH, GRUR Int.* 1997, S. 913).

Für alle Zweige des Handels von Bedeutung ist die Richtlinie 97/55/EG vom 6.10.1997 zur Änderung der Richtlinie über die **irreführende Werbung** von 1984 zwecks Einbeziehung der vergleichenden Werbung (vgl. *GRUR Int.* 1997, S. 985). Nach jahrzehntelangen Vorarbeiten verwirklicht die *EU* den Plan, die wettbewerbsrechtliche Beurteilung der wahrheitsgemäßen vergleichenden Werbung im Interesse der Förderung von Markttransparenz und Wettbewerbsintensität und zur besseren Information der Verbraucher zu liberalisieren. Zugleich soll das Regelungsgefälle zwischen Ländern mit einem grundsätzlichen Verbot, wie Deutschland, und Ländern mit einer grundsätzlichen Zulassung der wahrheitsgemäßen Vergleichswerbung, wie dem Vereinigten Königreich, eingeebnet werden (vgl. zum Hintergrund *Schricker* 1992, S. 347, S. 351 ff.). Die vergleichende Werbung ist freilich nur erlaubt, wenn sie einen Katalog von Voraussetzungen erfüllt, die sichern sollen, daß der Vergleich informativ, nicht irreführend, nicht unsachlich und nicht herabsetzend ist und nicht den guten Ruf eines Mitbewerbers in unlauterer Weise ausbeutet. Für den Handel dürfte wichtig sein, daß auch Preisvergleiche ausdrücklich zugelassen werden.

Wie weit die Liberalisierung praktisch gehen wird, läßt sich schwer vorhersagen; angesichts der zahlreichen Kautelen in der Richtlinie dürfte nur eine graduelle Öffnung erfolgen. Immerhin muß das deutsche Recht vom Verbotsgrundsatz zum Prinzip der **grundsätzlichen Erlaubtheit** übergehen, was zumindest eine atmosphärische Änderung bedeutet und möglicherweise auch in anderen Bereichen des UWG Auflockerungen bewirken wird. Gegenüber Versuchen, die Reform der Rechtsprechung zu überlassen (vgl. zur richtlinienkonformen Auslegung *BGH*, ZIP 1998, 1084), ist zu betonen, daß es in Deutschland einer Umsetzung der Richtlinie durch Änderung des UWG bedarf, anders ist eine der Rechtssicherheit genügende nachhaltige Berücksichtigung der Richtlinie nicht zu bewirken.

Mit Fragen der weiteren **gemeinschaftsrechtlichen Harmonisierung** befaßt sich das Grünbuch der *EU*-Kommission über die „Kommerzielle Kommunikation" vom 8.6.1996 (vgl. *Henning-Bodewig* 1997, S. 515). „Kommerzielle Kommunikation" bezeichnet den gesamten Bereich von geschäftlicher Werbung, Marketing, Sponsoring und Öffentlichkeitsarbeit, wobei Verpackungsgestaltungen ausgenommen sind. Das Grünbuch und das beigefügte Arbeitsdokument beschäftigen sich in recht theoretisch anmutender Weise mit einer Erfassung und Analyse der nationalen Regelungen und der ihnen zugrunde liegenden Regelungszwecke sowie einer „Bewertung des Bedarfs an Gemeinschaftsaktionen". Konkrete Harmonisierungsvorhaben werden noch nicht ins Auge gefaßt. Das Folgedokument zum Grünbuch (veröffentlicht in der Zeitschrift Kommerzielle Kommunikationen 1998, S. 4ff.) kündigt die Ausarbeitung einer transparenten Bewertungsmethodik an, ferner die Einsetzung einer Expertengruppe für Kommerzielle Kommunikationen, die Einrichtung einer Kontaktstelle, eines Informationsnetzes und einer Datenbank. Beschwerden sollen beschleunigt bearbeitet werden, ein Netz wissenschaftlicher Sachverständiger soll geschaffen und die internationale Zusammenarbeit gefördert werden. Das Konzept soll zunächst auf vier Schlüsselbereiche angewendet werden, und zwar den Schutz der Minderjährigen, den unlauteren Wettbewerb, das Sponsoring und die irreführenden Werbebehauptungen. Ziel ist es, „den bestehenden Rechtsrahmen der Gemeinschaft auf dem Gebiet der Kommerziellen Kommunikationen zu verbessern". Nach der bisherigen Gangart der Kommission dürfte mit raschen Harmonisierungsmaßnahmen nicht zu rechnen sein.

3.3 Richterrechtlicher Wandel im deutschen Recht

Wenn die Kritik an der überspitzten Verbotspraxis im deutschen Wettbewerbsrecht derzeit auch den Gesetzgeber nicht zu weiterer Liberalisierung bewegen dürfte, so scheint sie doch bei der Rechtsprechung auf fruchtbaren Boden gefallen zu sein. Die höchstrichterliche Judikatur spiegelt das Bestreben wider, das Wertungsgefälle zum europäischen Ausland abzubauen und der **Wettbewerbsfreiheit** bei der Anwendung des UWG mehr Raum zu geben. Die spekulative Konstruktion weit hergeholter Irreführungsgefahren wird zunehmend vermieden.

Daß eine derartige Entwicklung im Gange ist, läßt sich aus einer größeren Zahl von Entscheidungen des *BGH* und zum Teil auch der Instanzgerichte ablesen (vgl. die Auflistung bei *Schricker* 1998, S. 541). Bezeichnend ist etwa der Vergleich der beiden *BGH*-Entscheidungen zur Trockenrasiererwerbung: Während der wahrheitsgemäße Slogan „Der meistgekaufte der Welt" 1971 noch als implizit über die Marktstellung in Deutschland irreführend verboten wurde (vgl. *BGH*, *GRUR* 1972, S. 129), wird der Slogan „Der meistverkaufte Europas" nunmehr in vergleichbarer Situation toleriert (vgl. *BGH*, *GRUR* 1996, S. 910). Der *BGH* betont, daß ein richterliches Eingreifen und insbesondere eine Anwendung des Irreführungsverbotes des § 3 UWG eine Verletzung schützenswerter Interessen der Mitbewerber und Verbraucher voraussetzt. So heißt es in einer vor kurzem ergangenen Entscheidung (vgl. *BGH*, NJW 1998, 1953, 1954):

„Eine Werbeaussage ist ... grundsätzlich nur dann wettbewerbswidrig, wenn es nach der Lebenserfahrung naheliegt, daß die erzeugte Fehlvorstellung für die Kaufentscheidung eines nicht unbeachtlichen Teils des Verkehrs von Bedeutung ist. Denn Aufgabe des Wettbewerbsrechts ist es nicht, den Verbraucher vor jedweder Fehlvorstellung zu schützen. Das Verbot der irreführenden Werbung gem. § 3 UWG dient vielmehr allein der Wahrung schützenswerter Interessen, sei es des Verbrauchers, sei es des Mitbewerbers ...".

Die neue, dem **Postulat der Wettbewerbsfreiheit** entgegenkommende Sicht der Judikatur muß auch bei der Anwendung der abstrakten Gefährdungsverbote der §§ 6a und 6b UWG zu Buche schlagen. Solange der Gesetzgeber sich nicht entschließt, diese Fremdkörper aus dem UWG zu entfernen, müssen sie zumindest in der Auslegung auf den Bereich zurückgeschnitten werden, für den sie gedacht waren. Die Vorschriften sollten dem Verbraucherschutz dienen. Dies mag es allenfalls rechtfertigen, die rein privaten Letztverbraucher von Kontakten mit den regulierten Handelsformen abzuschirmen, soweit die Vorschriften dies gebieten; das Bedarfsdeckungsverhalten der Gewerbetreibenden, Freiberufler und institutionellen Großverbraucher sollte aber von Verwendungsüberlegungen und -kontrollen frei bleiben; es soll diesem qualifizierten Kundenkreis **nicht ein Schutz aufgedrängt** werden, dessen er nicht bedarf.

Wozu Unternehmensethik?

Josef Wieland

1 Ist Ethik in der Wirtschaft möglich?

Die Frage „Wozu Unternehmensethik?" hat einen nicht zu leugnenden amateurhaften Unterton. Vor allem dann, wenn sie von jemandem gestellt wird, der von Amts wegen dazu berufen ist, Unternehmensethik zu lehren. Dennoch haben naive Fragen dieses Typs eine Eigenschaft, um derentwillen es erlaubt sein sollte, sie hin und wieder zu stellen. Ich meine ihr **Irritationspotential**. Damit sind wir, auch wenn manche jetzt überrascht sein werden, mitten im Thema dieses Aufsatzes. Schon die bloßen Begriffe „Wirtschafts- und Unternehmensethik" sind nämlich damit reichlich ausgestattet. Folgt man weithin akzeptierten Denktraditionen, so ist mit ihnen eher ein Entscheidungsproblem - entweder Ethik oder Wirtschaft - als ein real existierender Sachverhalt bezeichnet.

In der Tat sind die **kulturell vererbten Zweifel** an der Möglichkeit von Moral als wirtschaftlichem Entscheidungsparameter gewaltig. Von *Aristoteles* stammt der Ratschlag, daß der Oikonomos, der seine menschliche Natur nicht verfehlen will, sich mit Philosophie und Politik beschäftigen sollte, nicht aber mit der Ökonomie. Die *Bibel* kommuniziert denselben Ratschlag mit einem physikalischen Unmöglichkeits-Theorem: Eher gehe ein Kamel durch ein Nadelöhr, als daß ein Reicher in den Himmel gelange. *Cicero* stellt knapp fest, ein Kaufmann könne nur mit reichlich Lügen reichlich Gewinn machen. *Thomas von Aquino* benötigt viele Seiten um zu erklären, wie der Handel von einem Laster zu einer Tugend werden könne. Für *Martin Luther*, wie stets wenig zurückhaltend in seiner Diktion, ist Wirtschaft praktisch gleichbedeutend mit der Habgier des „alten Adam". *Karl Marx* verdanken wir die apodiktische Theorie, daß der Unternehmer nur die Charaktermaske der unmoralischen Kapitalbewegung sei, deren Gesetzmäßigkeit er bei Strafe seines Untergangs zu folgen habe. *Max Weber*, sonst eher bürgerlichen Überzeugungen anhängend, glaubt ebenfalls nicht, daß die ehernen Zwänge des Marktes individuell ethisches Verhalten zulassen. Schließlich sei noch der Nobelpreisträger der Ökonomik, *Milton Friedman*, angeführt, der die Sache im Jahre 1973 auf die lakonische Formel brachte: „The social responsibility of business is to increase its profits".

Vor diesem Hintergrund läßt sich in summa scheinbar nur feststellen, daß die Absicht von Unternehmen und Managern, **moralische Werte** zu einem Parameter ihrer Entscheidungen zu machen, bestenfalls gut gemeint sein kann. Allerdings stellt sich die bereits angesprochene Irritation ein, wenn man folgende Fakten in die Betrachtung hineinnimmt:

- Fast alle - und vor allem alle großen und renommierten amerikanischen - Business Schools unterrichten ihre Studenten in „Business Ethics" (vgl. *De George* 1987). Und auch an den deutschsprachigen Hochschulen finden sich mittlerweile drei Lehrstühle und eine Professur, die diesem Thema gewidmet sind.
- In mehr als einem Drittel der großen amerikanischen Unternehmen sind Ethics Officer in Ethics Offices seit mehreren Jahren damit beschäftigt, Ethics Programs in die Tat umzusetzen (vgl. *Wieland* 1993).
- Im vergangenen Monat hat die Bayerische Bauindustrie die erste Stufe der Einführung eines „EthikManagementSystems" erfolgreich abgeschlossen, das nun von den Mitgliedsfirmen in Form von Werteprogrammen und Wertesystemen in die Praxis umgesetzt werden wird (vgl. *Bauer* 1998).

Ethik am Bau - kann das sein? Die hier vorgestellten Überlegungen beabsichtigen, eine erste **Erklärung** für diese widerspruchsvolle Situation zu liefern. Warum beschäftigen sich Unternehmen mit organisationsspezifischen Ethikprogrammen? Wie organisiert man diesen Aspekt der Unternehmensführung? Welche Rolle spielt die Unternehmensethik im derzeitigen Umbruch von Wirtschaftsunternehmen, Märkten und Gesellschaften? Das sind die Fragen, die uns beschäftigen werden.

Ich habe in Deutschland und in den USA hierzu **empirische Untersuchungen** angestellt, deren Ergebnis ich nun knapp vorstellen möchte. Sie geben eine erste Antwort auf die Frage, warum sich heute Unternehmen mit dem Thema Ethik beschäftigen und vor allem beschäftigen müssen.

2 Aufgabenfelder angewandter Unternehmensethik

Welche Aufgabenfelder sind es nun, von denen Unternehmer und Manager glauben, daß darin ethische Fragen existieren, deren Klärung wichtig ist und für die Zukunft immer wichtiger wird? Ich habe die Ergebnisse meiner Untersuchungen und einige theoretische Überlegungen in die Matrix **„Aufgabenprofil der Unternehmensethik“** eingetragen (vgl. Tab. 1).

Dabei schlage ich vor, die Unternehmung als ein Set von **kooperativen Teambeziehungen** zu verstehen. Unterschieden werden Intra-Team-, Inter-Team- und Extra-Team-Kooperationen. Im ersten Fall handelt es sich um die Beziehungen innerhalb einer Unternehmung. Bei den Inter-Team-Fällen handelt es sich um die Interaktion zwischen der Unternehmung und Kunden, Haushalten, Partnern und Konkurrenten. Schließlich die Extra-Team-Kooperation, die alle Beziehungen der Unternehmung zur Gesellschaft umfaßt. Den auf der **Horizontalen** abgetragenen Intra- und Inter-Team-Kooperationsaufgaben der Unternehmung wird eine zweistufige Leistungserstellungs- und Beschaffungs- bzw. Absatzaufgabe der Unternehmung auf der **Vertikalen** zugeordnet. Die gesellschaftspolitischen Aufgaben der Unternehmung bilden einen Teil ihres strategischen Kooperationsumfeldes.

Die einzelnen Felder können hier nur exemplarisch erörtert werden:

Wir beginnen links oben mit der Relation **Intra-Team/Leistungserstellung**: Die Sicherheit von Produktion und Produkt haben immer dann eine moralische Dimension, wenn es darum geht, bekannte oder vermutete Gesundheits- und Umweltgefährdungen auch jenseits von staatlichen oder tarifvertraglichen Standards zu vermeiden. Hierher gehört auch die Erwartung, daß Unternehmen nicht versuchen, durch Ausnutzung von Informationsasymmetrieren Standards zu senken, zu umgehen oder Sachverhalte zu verschleiern.

Informationsunsicherheit herrscht in der Beziehung zwischen den Kapitaleigentümern und dem Management dann, wenn beide Funktionen getrennt sind. Wenn der

Kapitaleigner nicht sicher sein kann, ob das Management für oder gegen ihn arbeitet, ist eine ernste Vertrauenskrise mit weitreichenden ökonomischen Konsequenzen erreicht. Häufige Skandale auf diesem Gebiet unterstreichen das.

	Intra-Team Organisation / Markt	Inter-Team Markt / Organisation	Extra-Team Gemeinde / Welt
Leistungs- erstellung	• Produktion (Sicherheit, Umwelt, IuK-Medien) • Produkt (Sicherheit, Information) • Kapital (Information, Kontrolle) • Personal (Kompetenz, Diversity, Kontrolle, Temporalisierung)	• Netzwerke (Vertrauen, Integrität) • Strategische Allianzen • Joint Ventures • Lizenzverträge	• Legitimierung moralisch sensibler Produkte (Zigaretten, Alkohol, Rüstung, Wehrtechnik) • Legitimierung moralisch sensibler Produktionstechnologien (Risiko, Ökologie, Kinderarbeit)
Beschaffung/ Absatz	• Netzwerke • Strategische Allianzen • Joint Ventures • Franchising • Lizenzverträge	• Mitarbeiterorientierung • Kundenorientierung (Qualität, Serviceversprechungen, Garantieversprechungen) • Partnerorientierung (Just in Time) • Wettbewerb (Korruption, Fairness)	• Legitimierung moralisch sensibler Transaktionen (Menschenrechte, Entwicklungsrechte, Ökologie) • Legitimierung moralisch sensibler Standortentscheidungen (Regionalisierung, Globalisierung)
Quelle: *Wieland* (1997, S. 35)			

Tab. 1: Aufgabenprofil der Unternehmensethik

Schließlich die Fragen der **Personalführung** und **Personalentwicklung**, die alle auf die Motivation und Identifikation der Teammitglieder mit den Zielen des Teams abstellen. Finanzielle Anreize und organisatorische Kontrollsysteme sind in dieser Hinsicht sicherlich unersetzlich, aber sie alleine reichen heute nicht mehr aus, um Unternehmen mit modernen Informations- und Kommunikationstechnologien, Lean Production und Lean Management im globalen Markt zu halten. Entscheidend ist, daß die Mitarbeiter die Diversifität ihrer Persönlichkeiten und ihre individuellen Kompetenzen vollständig einbringen wollen und können. Zugleich aber müssen die Organisation und ihre Ziele als einheitlicher Bezugspunkt aller Aktivitäten durchgehalten werden. Dieser Spagat zwischen der Förderung von personaler Diversifität als immer wichtiger werdender Ressource und der Aufrechterhaltung von organisationaler Uniformität als nach wie vor wichtige Steuerungsstruktur erfordert die Ergänzung unternehmerischer Regelsteuerung durch Prozeßsteuerung mittels Kultur und Werten.

Sowohl die Koordination der Unternehmenstätigkeiten über die neuen IuK-Medien als auch die **Globalisierung** der Wirtschaft haben diese Entwicklung noch verschärft. Wir wissen zum Beispiel sehr wenig über die moralischen Voraussetzungen und Konsequenzen der Zusammenarbeit von Teams, die nicht mehr über Face-to-Face Medien gesteuert werden. Können virtuelle Teams wirklich kooperieren und welche Werte sind dafür erforderlich?

Globalisierung meint nicht nur den weltweiten Absatz von Produkten, sondern vor allem die Fähigkeit einer Firma, und hierzu gehören mehr und mehr auch mittelständische Firmen, **weltweit produktive Teams** zusammenzustellen. Damit wird die Integration der Individualität der Teammitglieder und die Diversifität ihres Wissens und ihrer kulturellen Erfahrungen zur direkten Erfolgsvoraussetzung. Nur so können die Kostenvorteile globaler Arbeitsteilung und das weltweit je fortschrittlichste innovative Wissen erreicht und genutzt werden. Die daraus folgende Aufgabe eines Unternehmens, mit unterschiedlichen kulturellen Traditionen und moralischen Standards umzugehen, ist in der globalen Ökonomie kein zu minimierender Störfaktor, sondern eine produktive Ressource. Es geht nicht um Ausschaltung, sondern um Gestaltung. Die Konjunktur der „Soft Facts“ im strategischen Management erklärt sich zu einem wichtigen Teil aus diesen Zusammenhängen.

Die Kehrseite dieser Globalisierung der Kapitalbewegung ist die **Temporalisierung der Teammitgliedschaften**. Es wird immer seltener und immer unwahrscheinlicher, daß Mitarbeiter ein Leben lang oder gar über Generationen hinweg zur selben Unternehmung gehören. Vielmehr ist abzusehen, daß im Verlauf eines Arbeitslebens häufige Teamwechsel im In- und Ausland die Normalität sein werden. Solche Teamwechsel können vom Arbeitsmarkt oder vom Kapitalmarkt hervorgerufen sein. Aber aus welchem Grund auch immer, Unternehmen sollten sich keine Illusionen darüber machen, daß darunter die traditionell als selbstverständlich vorausgesetzte Verbundenheit und Loyalität der Mitarbeiter zum Unternehmen entschwinden wird. Es fällt nicht leicht, sich das vorzustellen. Aber vielleicht ist das Bild nicht überzogen, daß soziale Strukturen in Unternehmen dann der Anonymität und Ungebundenheit großstädtischen Lebens entsprechen werden. Wenn es den Unternehmen nicht gelingt, für normative Äquivalente zu sorgen, entsteht ein **moralisches Vakuum**, das betriebswirtschaftlich ziemlich teuer werden kann. Hier liegt eine Aufgabe strategischer Unternehmensführung, von der ich nicht sehe, daß sie zur Zeit die angemessene Beachtung findet. Unternehmensethik, das heißt, die Deklarierung und praktische Umsetzung derjenigen Werte, für die ein Unternehmen und alle seine Mitglieder stehen, ist ein Weg, diese Aufgabe zu erfüllen.

Die im Feld rechts unten angesiedelten moralökonomischen Aufgaben der Relation **Inter-Team / Beschaffung / Absatz** starten mit der Kundenorientierung. Qualitäts-, Service- und Garantieversprechungen sind, wie wir alle wissen, nur dann etwas wert, wenn der aufrichtige Wille dahinter steht, sie auch in jenen Fällen zu erfüllen, in denen die Gelegenheit besteht, sie kostenlos zu brechen. Es ist eine unternehmerische Erfahrung der letzten Jahre, daß Just-in-Time Produktion, Wertschöpfungsnetzwerke, Strategische Allianzen, Joint Ventures und Franchisingverträge nicht allein über formale Verträge gesteuert werden können. Die unausweichliche Unvollständigkeit solcher Verträge und die Dynamik einer in der Zukunft offenen Geschäftsbeziehung machen den Aufbau von Vertrauen und die partielle Homogenisierung der Wertvorstellungen der Partner unausweichlich notwendig.

3 Ökonomische und moralische Gründe für ein Wertemanagement

Ich möchte diese Beispiele aus dem Bereich der Intra- und Inter-Team Kooperationen nicht weiter ausbreiten. Statt dessen möchte ich jetzt versuchen, deren **systematische Struktur** etwas klarer zu benennen. Es finden sich dann folgende vier Kategorien:

- **Kategorie 1**: Fälle langfristiger vertraglicher Bindungen, in denen ergebnisrelevante Abhängigkeiten zwischen den Ressourcen der Kooperierenden entstehen.
- **Kategorie 2**: Fälle von Informationsasymmetrien, die zur straflosen Ausbeutung von Kooperationspartnern führen können.

- **Kategorie 3**: Fälle von komplexen und nicht exakt spezifizierbaren Leistungen, deren Erfüllung dann entscheidend von der Aufrichtigkeit der Person abhängen.
- **Kategorie 4**: Die Durchsetzung von Eigentums- und Verfügungsrechten auch dann, wenn sie kostenlos durch andere gebrochen werden können.

Ökonomisch geht es demnach bei der **Renaissance des Themas Unternehmensethik** sowohl um den kostenminimierenden als auch produktiven Umgang mit der Unvollständigkeit von Vertragsbeziehungen und mit den Unsicherheiten in komplexen Handlungssituationen. Einerseits wird der Gültigkeit von Werten wie Ehrlichkeit, Offenheit, Aufrichtigkeit, Fairneß, Loyalität und Vertrauenswürdigkeit zugetraut, auch dann noch die Integrität wirtschaftlicher Transaktionen sicherzustellen, wenn die Möglichkeiten pekuniärer Anreize, rechtlicher Erzwingung und organisatorischer Kontrolle ausgereizt sind. Andererseits geht es um die Nutzung der produktiven und innovativen Potentiale aller Teammitglieder. Es geht um die Einführung einer Organisationskultur, die Dezentralisierung, flache Hierarchien, Netzwerkstrukturen ermöglicht und zugleich auch die Identität und die Integrität der Organisationsmitglieder.

Wo aber liegt nun hier der ethische Aspekt? Er liegt offensichtlich darin, daß der Moral zugetraut wird, die **Funktionsdefizite** von rechtlichen Regelungen und ökonomischen Anreizen zu **kompensieren**. Handelt es sich aber hier nicht schlicht um eine Indienstnahme der Ethik für ökonomische Zwecke? Eine solche Einschätzung ist zwar naheliegend, aber für ein Unternehmen naiv und gefährlich. Warum ist das so? Ich möchte mich in meiner Antwort auf zwei Argumente beschränken.

Erstens: Eine Beziehung Moral - Wirtschaft kann es niemals einseitig geben. Ein Unternehmen, das moralische Ansprüche öffentlich kommuniziert, bindet sich selbst an diese Kommunikation und die daraus folgenden Ansprüche. Die Enttäuschung der selbst erzeugten Erwartungen aber ist für ein Unternehmen kostenpflichtig und diese Kosten können prohibitiv sein. Ich neige zu der Vermutung, daß die Firma *Shell* sehr viel weniger moralische Empörung auf sich gezogen hätte, wenn sie vorher nicht immer wieder in großformatigen Anzeigen auf ihr Engagement für Jugend und Zukunft aufmerksam gemacht hätte. Moral ist daher nicht kostenlos zu haben und ihre Wirkung nicht zwingend ökonomisch positiv. Sie erfordert, hohe kommunikative Kompetenz und moralische Sensibilität als Managementaufgabe zu akzeptieren und zu beherrschen. Dies könnte die Scheu vieler Unternehmen erklären, dem Thema Ethik auch in der Öffentlichkeit näher zu treten. Der ökonomische und unternehmerische Umbruch, der sich vor unser aller Augen seit Jahren vollzieht, hat meines Erachtens dazu geführt, daß diese Abstinenz heute nur noch unter ökonomischen und, wie wir gleich noch sehen werden, auch gesellschaftlichen Verlusten aufrecht erhalten werden kann.

Zweitens: Die Erfahrung zeigt, daß die ökonomischen Konsequenzen von Moral überhaupt nur dann positiv sind, wenn die moralischen Ansprüche aufrichtig gewollt und auch um ihrer Selbst willen angestrebt werden. Es ist in gewisser Weise so wie mit der Ästhetik. Ein Unternehmen kann einen Teil seiner Ressourcen in die Förderung der Künste investieren. Anhänger der reinen Kunst werden dann möglicherweise monieren, daß es den Unternehmen eigentlich nicht um die Kunst gehe, sondern „nur", wie dann so schön wie leichtfertig gesagt wird, um eine Kapitalanlage. Der Punkt scheint mir indes zu sein, daß diese Kapitalanlage nur dann ökonomisch ertragreich sein wird, wenn sie mit künstlerischem Sachverstand und ästhetischem Sinn erfolgte.

Ich schlage daher folgende Formulierung für die Beziehung zwischen ökonomischem Erfolg und moralischer Integrität vor: Es gibt moralische Voraussetzungen von Ökonomie und ökonomische Konsequenzen von Moral. Aber es gibt auch ökonomische Voraussetzungen von Moral und moralische Konsequenzen von Ökonomie.

4 Gesellschaftliche Verantwortung und Legitimität des Unternehmenserfolgs

Wir kommen nun zu den **Extra-Team-Beziehungen**, die nach meinem Dafürhalten einer anderen unternehmensethischen Logik folgen als die bisher erörterten Intra- und Inter-Team-Beziehungen.

Zigaretten, Alkohol, Kernenergie, Wehrtechnik und Gentechnik sind Güter, die ich als „moralisch sensible Produkte" bezeichnen möchte. Um was geht es? Wer Zigaretten herstellt, muß nicht nur nachweisen können, daß sein Produkt Qualitäts- und Preisvorstellungen der Kunden trifft, sondern er muß zusätzlich begründen können, daß es moralisch legitim ist, Zigaretten herzustellen und zu vertreiben. Er muß zeigen können, daß sein Produkt, trotz der externen Kosten - also Kosten aus Krankheit, Siechtum und Tod - einen positiven Beitrag zur Wohlfahrt der Gesellschaft und ihrer Mitglieder leistet. Kann dieser Legitimitätsnachweis nicht erbracht werden, gibt es eine gute Chance, daß das Produkt auf politischem Wege zum **Marktaustritt** veranlaßt wird.

Gleiches gilt für „moralisch sensible **Produktionsmethoden**". Eine Versicherungsgesellschaft, die das Risiko einer Öltankerhavarie versichert, wird sich früher oder später vor die Frage gestellt sehen, ob der Abschluß des Versicherungsvertrages zu den Unglücksursachen zu zählen ist. Ohne Versicherungspolice wäre der Tanker eventuell nicht ausgelaufen. Wenn man dann noch feststellt, daß versicherungsmathematisch der Begriff des Risikos in solchen Fällen kaum noch sinnvoll zu definieren ist, weil die Eintrittswahrscheinlichkeit des Ereignisses gegen Null geht, der Erwartungswert des Schadens aber gegen Unendlich, dann stellt sich schon die Frage, was hier eigentlich wirklich versichert wurde? Dessen ökonomische Tragweite zeigt sich nur andeutungsweise in den heute schon prohibitiven Schadensregulierungen der Versicherer und den sozialisierten Kosten solcher Ereignisse.

Die Legitimität „moralisch sensibler **Transaktionen**" steht etwa dann zur Diskussion, wenn es um die wirtschaftlichen Beziehungen zu Ländern oder Partnern geht, die nach westlichem Verständnis Menschenrechte verletzten. Allerdings sind die unternehmensethischen Entscheidungen hier oft schwieriger, als es zunächst den Anschein haben könnte. Ich möchte dies an einem Beispiel erläutern, das häufig einen prominenten Platz im öffentlichen Diskurs unserer Gesellschaften einnimmt: Kinderarbeit. Stoffe und Bekleidung werden nicht selten in Ländern produziert, in denen Kinderarbeit möglicherweise zwar verboten, aber dennoch ein wichtiger und anerkannter wirtschaftlicher Faktor ist. Ein Unternehmen, das in solche Transaktionen involviert ist, muß damit rechnen, daß seine Produkte öffentlich in einen kausalen Zusammenhang mit notorischem sozialen Elend gebracht werden. Allerdings müssen folgende Gesichtspunkte für eine Entscheidung geklärt werden:

(1) Wie lange ist ein junger Mensch überhaupt ein Kind? Gelten unsere westlichen Vorstellungen wirklich universell oder doch eher die jeweils länder- und kulturspezifisch tradierten?

(2) Welche ökonomischen Konsequenzen hätte ein Abbruch der Geschäftsbeziehungen für das Kind?

(3) Welche ökonomischen Konsequenzen hätte ein Abbruch der Geschäftsbeziehungen für die Familie des Kindes?

(4) Welche Konsequenzen sind für die Entwicklung des Kindes zu erwarten?

(5) Wie lassen sich diese Sachverhalte überhaupt dokumentieren unter der Bedingung, daß solche Partner oft in sehr abgelegenen Gegenden der Welt ihre Produktion betreiben?

(6) Welche Folgen besitzt der Wechsel des Zulieferers für die Firma?

(7) Was bedeutet das für die Konsumenten? Es gibt keine Standardlösung für dieses Problemspektrum der Kinderarbeit, sondern die Palette der Möglichkeiten reicht vom Geschäftsabbruch über den Bau einer Schule bis hin zur Nichtintervention. Alle diese Lösungen können moralisch legitim und begründbar sein. Aber ein Unternehmen, das sich um diese Dinge aus welchen Gründen auch immer nicht kümmert und über keine klaren Standards und Verfahren verfügt, begeht einen ökonomischen und einen moralischen Fehler.

Schließlich die „Legitimierung moralisch sensibler **Standortentscheidungen**". Wir hatten bereits weiter vorne die Gelegenheit, auf einige der Folgen der Globalisierung der Produktion für die Beschäftigung hinzuweisen. Untersuchungen zeigen, daß es dabei nicht allein um die Standortentscheidungen großer und exportorientierter Unternehmen geht, sondern es sind vor allem kleinere und mittelständische Unternehmen, die Teile ihrer Produktion in Länder mit komparativen Lohnkostenvorteilen verlagern. Das alles ist ökonomisch unvermeidlich und moralisch legitim. Es gibt in offenen Gesellschaften einfach keine moralische Vorfahrtsregel für deutsche Arbeitsplatzbesitzer.

Und dennoch: Wir alle kennen die bitteren Konsequenzen für die davon direkt Betroffenen, und wir kennen auch die Auswirkungen auf das System der sozialen Sicherheit. Hier muß selbstverständlich weiter nach akuten Lösungen gesucht werden, aber offen gestanden macht es mich immer unruhiger, wenn ich beobachte, daß die Diskussion über die Gesamtproblematik in unserem Lande hauptsächlich als Spar- und Kürzungsdiskussion geführt wird. Das könnte sich am Schluß als die teuerste Diskussionsvariante überhaupt herausstellen. Man sollte sehen, daß besonders in Deutschland die Legitimität des Unternehmertums und der Marktwirtschaft an deren Fähigkeit geknüpft ist, Arbeitsplätze und Einkommensmöglichkeiten zu schaffen. Ist dies nicht möglich, wird zumindest eine vergleichsweise komfortable soziale Sicherung erwartet. Mit der Herstellung der realen Weltökonomie wird dieser moralischen Legitimation Zug um Zug und in immer schnellerem Tempo der Boden entzogen. Daß es heute im Gebälk aller Institutionen der „Sozialpartnerschaft" kracht, ist kein Zufall. Ganz wie auf der Ebene der Unternehmen entsteht hier ein moralisches Vakuum mit weitreichenden und unabsehbaren Folgen für den Wirtschaftsstandort Deutschland.

Ob sie es wollen oder nicht, Unternehmen müssen daher heute und in der Zukunft in ihre **moralische Kompetenz**, in eine neue **moralische Legitimation** des Unternehmertums investieren. Es ist immer weniger zu erwarten, daß die Gesellschaft die ökonomisch unabdingbare Ressource Moral - sei es die der Kunden, Partner oder Mitarbeiter- den Unternehmen quasi kostenlos über Familie, Schule, Kirche und Staat anliefert. Dagegen spricht nicht nur die abnehmende Bindekraft dieser Institutionen, sondern eben auch die Globalisierung. Ich bin der Überzeugung, daß aus den genannten Gründen diese Legitimation nicht wie bisher allein über die politische Rahmenordnung und die Kommunikation zwischen Verbänden erzeugt werden kann. Dieses deutsche Ordnungsmodell ist an seine Grenzen gestoßen.

Wie man diese Dinge auch immer bewerten mag: In der Schlußfolgerung sehen wir, daß auch im Bereich der Extra-Team-Beziehungen starke strategische Anreize für Unternehmen liegen, selbst in Moral zu investieren und sich mit dem moralischen Aspekt ihrer Transaktionen professionell zu beschäftigen. Aber erneut wäre es ein grobes Mißverständnis, darin nur die leider notwendige präventive Gegenwehr gegen möglichen gesellschaftlichen Druck zu sehen. Auch geht es nicht wie bei den Intra- und Inter-Team-Beziehungen um ökonomische und organisationstheoretische Überlegungen. Die Gesellschaft, und das meint heute im Prinzip alle Gesellschaften des Globus, ist für ein Unternehmen das Gesamt aller möglichen, jetzigen und zukünftigen Kooperationsbeziehungen. **Unternehmensethik** ist ein Mittel, diese **Kooperationsbeziehungen** von Unternehmen zu strukturieren und zu **stabilisieren**.

Teil 4

Fundamente und Entwicklungslinien der Distribution

Vertikalisierung der Distribution

Die kundenorientierte Neugestaltung des Wertschpöfungs-Prozeß-Managements

Dieter Ahlert

1 Vertikalisierung - ein neuer Trend in der Konsumgüter-Distribution?

„Der Hersteller produziert, der Händler verkauft die Ware, zwischen beiden Stufen koordiniert der Markt" - auf diese Formel kann die **klassische Arbeitsteilung in der Konsumgüterwirtschaft** gebracht werden. Mag sie in der Lebensmittel-Branche auch heute noch (überwiegend) gelten, so schon längst nicht mehr in den meisten Non-Food-Branchen.

Betrachten wir exemplarisch die Textil- und Bekleidungsbranche, in der heute ein facettenreiches **Spektrum der sog. Vertikalisierung** zu beobachten ist. Gemeint ist damit der Tatbestand, daß **ein** Willensbildungszentrum die komplette Wertschöpfungskette einschließlich der Produktion steuert. „Ein Markt wird auf den Kopf gestellt: Immer mehr Händler steuern die Produktion, und Hersteller werden zunehmend zu Händlern“; „Aus reinen Lieferanten werden Franchise-Geber, Shop-Anbieter, Direktverkäufer“; „Hat sich die traditionelle Arbeitsteilung zwischen den Stufen überlebt?“, so lauten die Schlagzeilen in der Jubiläumsausgabe der Zeitschrift Textilwirtschaft zu ihrem 50jährigen Bestehen (*Müller* 1996; *Ott* 1996).

Das Gemeinsame der überdurchschnittlich erfolgreichen, **vertikal integrierten Bekleidungsfilialisten** wie *Hennes & Mauritz* oder *Biba* sowie der auf den deutschen Markt drängenden ausländischen Händler wie *GAP*, *Marks & Spencer*, *Zara*, *Springfield* oder *Palmers* wird darin gesehen, daß sie Handel **und** Produktion gestalten (eigene Herstellung, Joint Ventures mit Produzenten in Niedriglohnländern, langfristige Lieferverträge), auf Zwischendistribution (Großhändler, Messen, Modezentren, Handelsvertreter) verzichten und damit Kostenvorteile in Produktion, Logistik und Vertrieb sowie vor allem Schnelligkeit in der Umsetzung modischer Trends realisieren. Die Vertikalisierung findet hier in der Form einer **Rückwärtsintegration in die Produktionsstufe** statt. Das besondere Problem der Bekleidungsbranche, hochmodische Ware, die sich als trendgerecht erweist, noch in der laufenden Saison nachzuliefern, lösen die vertikal integrierten Unternehmungen durch das Angebot permanent erneuerter, exklusiver Eigenprogramme, bis zu zwölf Kollektionen pro Jahr. Die Trendgerechtigkeit der ständig aktualisierten Ware wird vor allem durch eine weitgehend von Schnittstellen befreite Gestaltung der Kommunikationsprozesse zwischen dem Point of Sale und den Kollektions-Entwicklern erreicht (vgl. Abb. 1).

Die Reaktion der **vertikal nicht integrierten Bekleidungshersteller** auf die Rückwärtsintegration des Filial-Handels besteht neben **Direktverkäufen** (Factory Outlets, Direct Mail, Electronic Selling) in herstellerinitiierten Konzeptionen der **vertikalen Kooperation** (vgl. *Ahlert/Horstmann* 1994). Dabei unterscheidet *Horstmann* (1997, S. 140ff.) zwei Grundprinzipien der Steuerung in der textilen Wertschöpfungskette (vgl. Abb. 2 und Abb. 3): Mit dem Push-Konzept für (hoch-) modische Ware (Continuous Merchandising) wird das in den Filialsystemen bewährte Konzept der permanenten Sortimentsvariation umgesetzt, während das Pull-Konzept für Basics (Vendor Managed Inventory) eine unmittelbare Nachlieferung der von den Verbrauchern gekauften Ware sicherstellt. Das ursprünglich unter dem Terminus Quick Response praktizierte Pull-Konzept wird gegenwärtig - erweitert um eine kooperative Sortimentsgestaltung (Efficient Assortment), gemeinsame Verkaufsförderungsaktionen (Efficient Promotion) und kooperative Neuprodukteinführung (Efficient Product Introduction) - unter dem Begriff **Efficient Consumer Response** diskutiert.

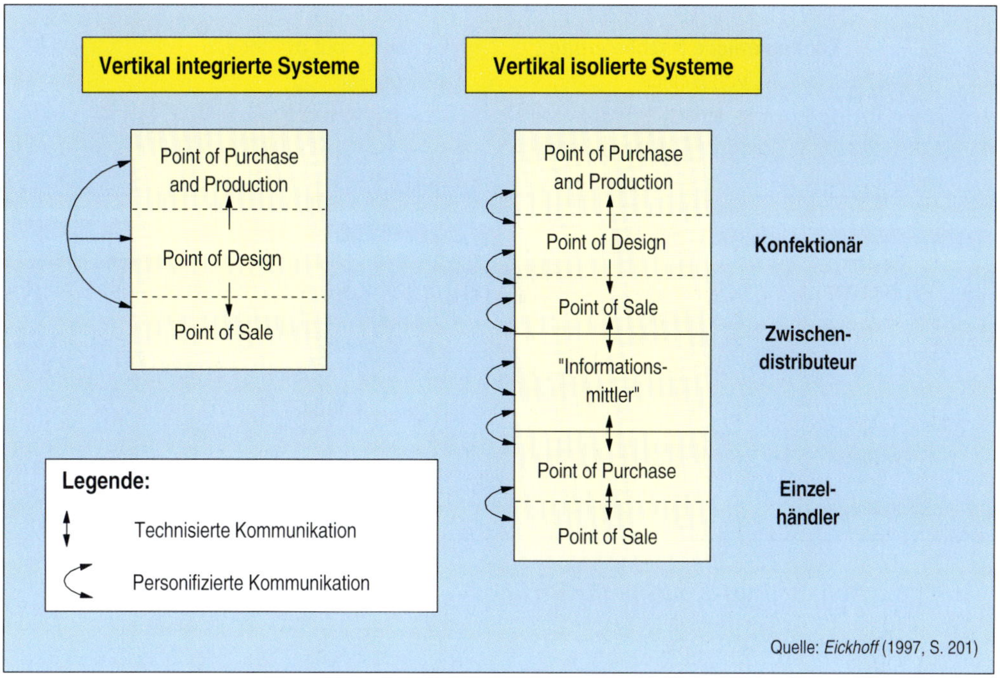

Abb. 1: Kommunikationsprozesse in vertikal integrierten und vertikal isolierten Systemen

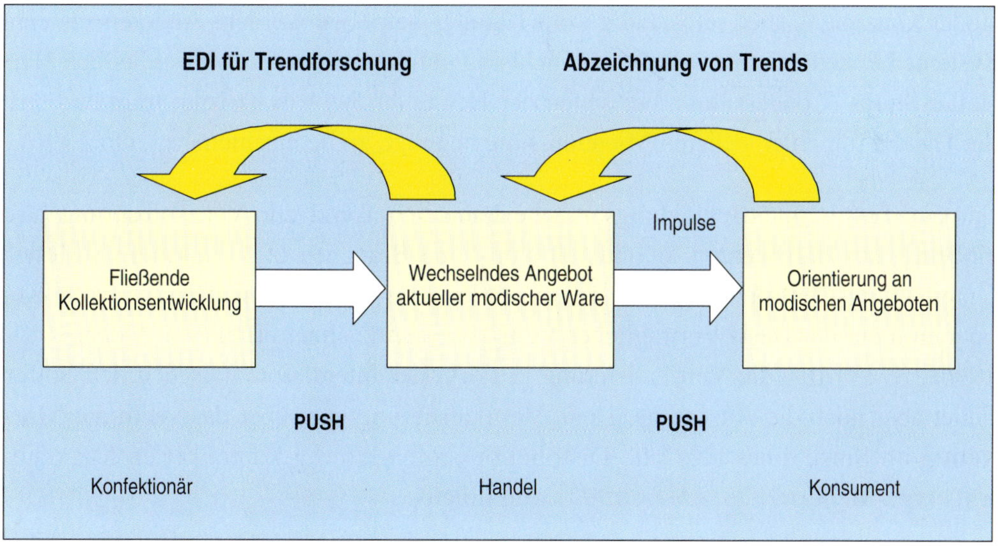

Abb. 2: Push-Konzept für modische Waren (Continuous Merchandising)

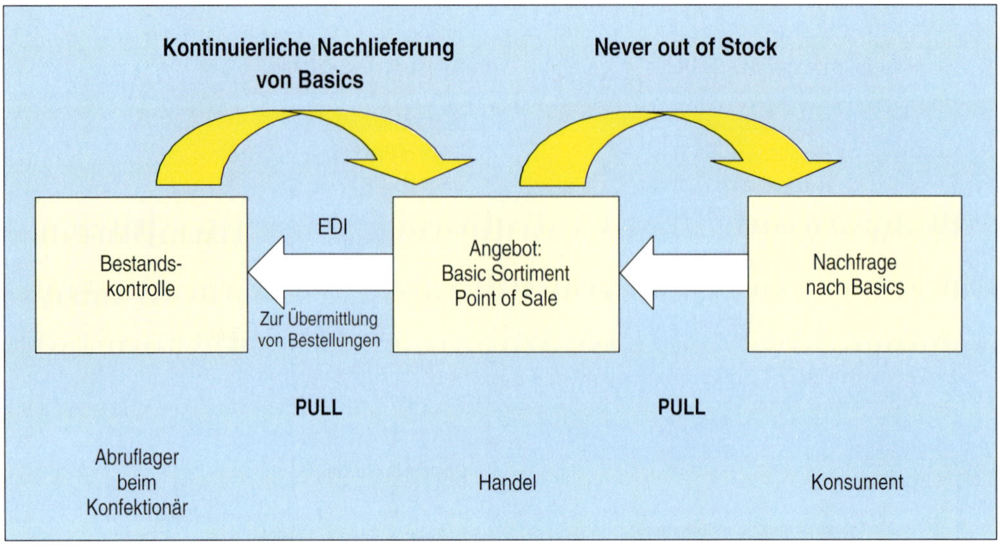

Abb. 3: Pull-Konzept für Basics (Vendor Managed Inventory)

Da die Umsetzung dieser beiden Grundprinzipien der Steuerung in unverbindlichen Kooperationsformen mit schwachem Verbindlichkeitsgrad allerdings nur begrenzt erfolgreich war, sind zahlreiche Konfektionäre in jüngster Zeit zur **Vorwärtsintegration in die Handelsstufe** in der Form von **Shop-Systemen** übergegangen. Dabei handelt es sich einerseits um Shop-in-Shop- oder auch Stand-Alone-Läden, die vom Hersteller konzipiert, aber selbständig vom Händler betrieben werden. Andererseits sind Systeme herstellereigener oder im Franchising geführter Läden sowie schließlich Hersteller-Shops (Concessions), bei denen der Hersteller das Absatzrisiko trägt und sich der Handel mit einer sicheren Mieteinnahme begnügt, zu beobachten (vgl. *Ott* 1996).

Für die Textil- und Bekleidungsbranche kann der Trend zur Vertikalisierung also eindeutig bestätigt werden. In anderen Non-Food-Branchen (z.B. Automobil, Möbel, Unterhaltungselektronik) ist zwar schon seit längerer Zeit eine intensive vertikale Kooperation auf der Basis Vertraglicher Vertriebssysteme anzutreffen (vgl. *Ahlert* 1981, 1996a, S. 139 ff.), die Vertikalisierung in Form der Integration zwischen den Stufen bildet aber noch die Ausnahme. Denn Vertikalisierung geht über das **vertikale Marketing** im Sinne eines über alle Distributionsstufen hinweg koordinierten Marktauftritts (vgl. *Meffert* 1975; *Ahlert* 1997) weit hinaus.

Vertikalisierung bedeutet, wie schon erwähnt, daß **eine** Instanz die Wertschöpfungskette von der Produktion bis zum Verkauf an den Letztverbraucher „unter Kontrolle“

hat. Auch in der Lebensmittel-Branche ist dies noch nicht als neuer Trend erkennbar, sondern erst ausnahmsweise, etwa im Verhältnis nachfragemächtiger Händler zu ihren Auftragslieferanten bei Handelsmarken, der Fall. Der (beginnende) Trend zur Vertikalisierung wirft die Frage nach der Überlebensfähigkeit dieses Koordinationsprinzips in mehrstufigen Marktsystemen auf:

- Wird sich Vertikalisierung unter Wettbewerb durchsetzen, und wenn ja, in welcher Form?
- Unter welchen Umständen könnte Vertikalisierung das Ergebnis sein, wenn das Distributionssystem nach den Regeln des Business Process Reengineering neugestaltet wird?

2 Formen der vertikalen Koordination in der Konsumgüter-Distribution

Vertikal integrierte und vertikal isolierte Systeme sind zwei extreme Alternativen der Koordination interdependenter Entscheidungen im vertikalen Beziehungsfeld zwischen Produktion und Konsumtion. Die grundsätzlich denkbaren Koordinationsprinzipien lassen sich, wie in Abb. 4 dargestellt, in einen Raum einordnen, der von zwei Dimensionen aufgespannt wird (vgl. *Grossekettler* 1981; *Ahlert* 1994).

Der **Bindungsgrad** gibt Auskunft darüber, ob und in welchem Ausmaß die an der Distribution teilnehmenden Parteien ihr Verhalten vertraglich abstimmen und festlegen. Die Alternativen lauten:

- **Markt:** Die Koordination geschieht hier über den Preismechanismus, „quasi wie von selbst“, sie ist aber mit erheblichen Transaktionskosten verbunden.
- **Hierarchie:** Die Koordination erfolgt durch Planung und Steuerung innerhalb einer Unternehmung, was mit erheblichen Organisations- bzw. Bürokratiekosten einhergehen kann.
- **Kooperation:** Weitgehend autonome Wirtschaftseinheiten stimmen in einer mehr oder weniger straffen Form der Verhaltensbindung ihre Aktivitäten aufeinander ab und praktizieren im Zuge einer effizienzorientierten Arbeitsteilung und Spezialisierung eine mehr oder weniger enge Zusammenarbeit; dadurch kann zwar ein erheblicher Teil der ursprünglichen Koordinationskosten (Transaktions- bzw. Büro-

kratiekosten) eingespart werden, dafür ist jedoch mit speziellen Kooperationskosten zu rechnen.

Aus transaktionskostentheoretischer Sicht (vgl. *Coase* 1988; *Williamson* 1993) geht es bei der **Wahl des optimalen Bindungsgrades** letztlich um die Frage, welche der drei zur Auswahl stehenden Koordinationsprinzipien die geringeren Nachteile in Form von Transaktions-, Bürokratie- und Kooperationskosten mit sich bringen werden oder ob eine Kombination dieser Koordinationsformen in Mischsystemen die optimale Lösung darstellen kann.

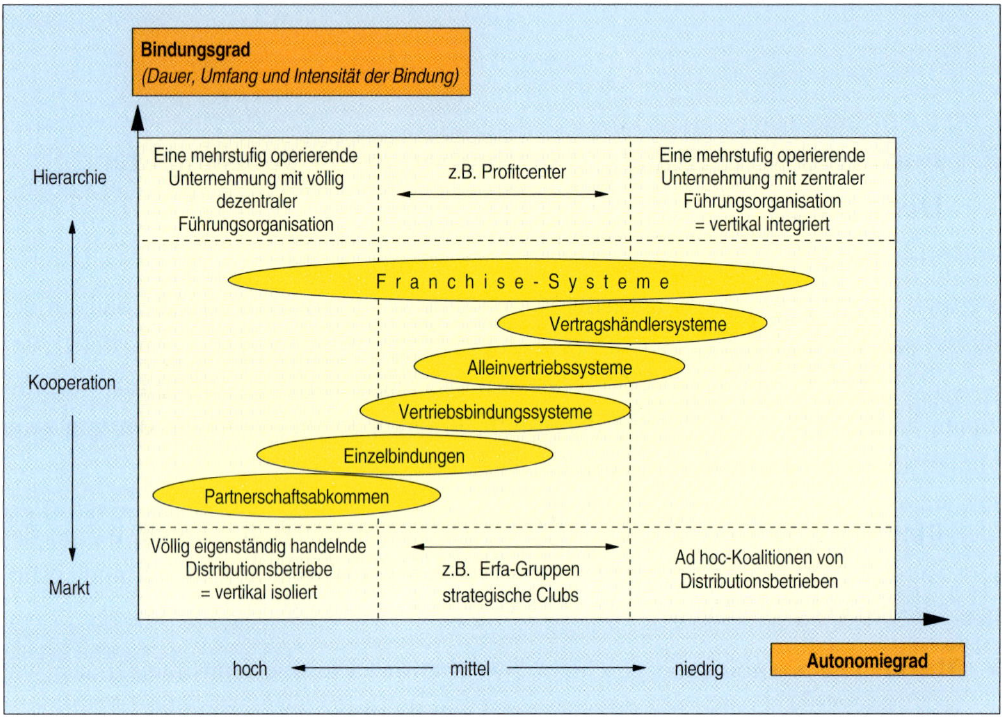

Abb. 4: Koordinationsprinzipien in der Konsumgüterproduktion

Der **Autonomiegrad** beschreibt die Freiheitsgrade, die den Akteuren im vertikalen System zugestanden werden. So kann bspw. auch in einem hierarchischen System von Fabrikläden bzw. Werksniederlassungen eine weitgehend dezentrale Führungsorganisation praktiziert werden, um die Bürokratienachteile der Hierarchie abzumildern und „Unternehmersinn“ an die Basis zu tragen (vgl. das Feld oben links in Abb. 4). Dies bedeutet, die Organisationseinheiten als eigenständige Profit Center oder im Extremfall als weitgehend autonom operierende Gebilde zu dezentralisieren. Von vertikal integrierter Distribution kann hier nicht mehr gesprochen werden, weil es an der den kompletten Wertschöpfungsprozeß „beherrschenden“ Instanz mangelt. Umgekehrt können auch völlig ungebundene Distributionsbetriebe anlaßbezogen auf autonomes Handeln verzichten und sich (vorübergehend) in strategischen Clubs oder Ad hoc-Koalitionen zwecks vertikaler Steuerung des Wertschöpfungsprozesses zusammenfinden. Die Zuordnung der bereits bekannten Kooperationsformen, die auf mehr oder weniger weitreichenden vertraglichen Bindungssystemen basieren (vgl. *Ahlert/ Schröder* 1996, S. 384ff.), kann nur recht vage, in Form von Punktwolken, erfolgen, da in der Praxis unter jeweils ein und derselben Bezeichnung recht unterschiedliche Konzepte aufzutreffen sind. Ein Beispiel sind die sog. Franchise-Systeme, die sehr zentralistisch geführt sein können und insofern vielfach in einem Atemzug mit Filialsystemen erwähnt werden, die aber den Franchise-Nehmern durchaus auch eine relativ große Autonomie gewähren können. In der erstgenannten Ausprägung des straff geführten Franchise-Systems liegen alle Merkmale einer Vertikalisierung vor.

Die Erscheinungsformen der Vertikalisierung können weiterhin danach systematisiert werden, wer **Systemführer** ist (vgl. Tab. 1). Die den kompletten Wertschöpfungsprozeß „beherrschende“ Instanz muß nicht zwingend **ein** Hersteller oder **ein** Händler sein. Es gibt auch Systemköpfe, die von einer Hersteller- bzw. Händlergruppe autorisiert oder gar konföderativ von Herstellern und Händlern gebildet werden. Schließlich kann auch eine dritte Institution die Systemkopf-Funktion übernehmen.

Industrie		Handel		Symmetrie-Modell			Dritter
Ein Hersteller	Hersteller-Gruppe	Ein Händler	Handels-System	System-übergreifender Händler-Verbund	Koalition	Konföderatives System	Unabhängiger Systemkopf

Tab. 1: Formen der Systemführerschaft in der Konsumgüter-Distribution

3 Vertikalisierung als Entscheidungsproblem in Industrie und Handel

Auf die Frage nach dem nachhaltig überlegenen Koordinationsprinzip in einem bestimmten Distributionssystem, also bei der Wahl zwischen vertikaler Integration,

Isolation oder Kooperation, gibt es vier unterschiedliche Wege, eine Antwort zu finden (vgl. Abb. 5):

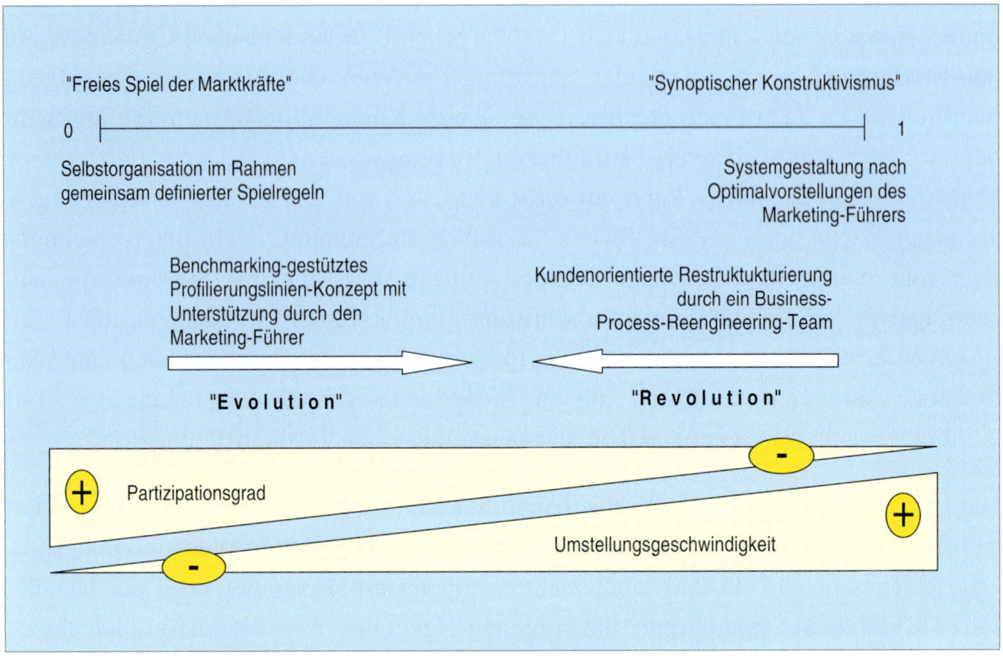

Abb. 5: Alternative Vorgehensweisen der strategischen Gestaltung vertikaler Absatz-Systeme

(1) Eine erste (extreme) Alternative besteht darin, es dem **freien Spiel der Marktkräfte** innerhalb des vertikalen Systems zu überlassen, welche Strukturen sich als überlegen herausbilden. Als Ergebnis der „Selbstorganisation" können sich Vertikalisierungstendenzen durchsetzen (oder auch nicht). Die Philosophie bei dieser Alternative lautet: „Der Wettbewerb als Entdeckungsverfahren wird es schon richten". Durchaus denkbar ist, daß sich die Systemteilnehmer auf bestimmte Spielregeln bzw. eine Rahmenordnung für diesen evolutionären Prozeß der Organisationsentwicklung einigen, z.B. im Rahmen einer Grundsatzvereinbarung über Efficient Consumer Response.

(2) Das entgegengesetzte Extrem kann als **synoptischer Konstruktivismus** bezeichnet werden: Der Marketingführer innerhalb des Distributionssystems gestaltet die Wertschöpfungskette nach seinen Optimalvorstellungen und unternimmt alles in seiner Gewalt stehende, um seine Vorstellungen (auch gegen Widerstand) durch-

zusetzen. Dieses in zahlreichen Vertragshändlersystemen der Automobilbranche vorherrschende Strategiediktat (vgl. *Ahlert/Kollenbach/Korte* 1996, S. 285ff.) kennzeichnet sich in der Vergangenheit durch die Dominanz des Markenartikelherstellers. In jüngerer Zeit übernehmen aber zunehmend Handelsunternehmungen die Systemführerschaft, wie die in Kap. 1 aufgeführten Beispiele aus der Textil- und Bekleidungsbranche zeigen.

(3) Der dritte Weg besteht darin, den Systemteilnehmern zwar möglichst große Freiräume für eigenständiges Profilierungsmanagement zu belassen, die Aktivitäten jedoch auf die Marketingkonzeption des Marketingführers konsequent abzustimmen. Bei heterogener Mitgliederstruktur ist es sinnvoll, eine Mehrzahl von Profilierungslinien zu konzipieren, in die sich die Distributionsbetriebe hineinentwickeln können. Der Marketingführer moderiert und unterstützt diesen evolutionären Entwicklungsprozeß, wobei sich die Gruppe an vorbildlichen Lösungen innerhalb und außerhalb der Branche orientiert (Benchmarking). Dieser Weg kann als **benchmarking-gestütztes Profilierungslinienkonzept** mit Unterstützung durch den Marketingführer bezeichnet werden (vgl. *Ahlert* 1996b).

(4) Der vierte Weg heißt **revolutionäre Neugestaltung der Wertschöpfungskette** nach dem Denkmuster: „Was würden wir tun, wenn wir noch einmal ganz von vorn beginnen könnten?" Ein Restrukturierungsteam wird beauftragt, für die komplette Wertschöpfungskette die geeignete Prozeßorganisation herauszubilden, die optimalen Arbeitsteilungsstrukturen und Abstimmungsprozesse festzulegen und im Rahmen der experimentellen Optimierung ständig auszutesten und fortzuentwickeln. Die Zusammensetzung des Restrukturierungsteams kann durch Hersteller und Händler kooperativ vereinbart werden, wie es bei der idealtypischen Variante des **Category Management** der Fall ist. Das Team kann aber auch vom Marketingführer allein besetzt werden, wobei jedoch stets die Endverbraucher den Ausgangspunkt aller Restrukturierungsüberlegungen bilden und die Belange der jeweils anderen Marktstufe adäquat berücksichtigt werden müssen, wenn die Neugestaltung das Attribut kunden- und prozeßorientiert verdienen will.

Im folgenden wird dieser **vierte Weg** weiter betrachtet: Das Ergebnis der Teamarbeit ist offen. Es kann darin bestehen, daß die Selbstorganisation für das betreffende Distributionssystem als die optimale Lösung angesehen wird. Das Team kann aber auch zu dem Ergebnis gelangen, daß Vertikalisierung die bessere Alternative ist, daß also ein Systemkopf zu etablieren ist, der den Wertschöpfungsprozeß zentralistisch steuert. Schließlich können auch differente Kooperationsmodelle in Betracht gezogen werden. Die zu klärende Frage ist, in welchen Phasen der Restrukturierungsprozeß ablaufen sollte, um zu einem nachhaltig exzellenten Koordinationskonzept für den Wertschöpfungsprozeß zu gelangen (vgl. *Ahlert* 1996c, S. 22 ff.).

4 Vertikalisierung - ein Resultat der kundenorientierten Restrukturierung des Wertschöpfungs-Prozeß-Managements?

4.1 Business Process Reengineering in der Konsumgüter-Distribution

Wird die Neugestaltung der Wertschöpfungskette nach den Regeln des Business Process Reengineering durchgeführt (vgl. Abb. 6), so geht es letztlich darum, eine kundenorientierte Prozeßorganisation zu etablieren, für die die sog. natürlichen Prozesse vorbildlich sind. Dabei gelingt die Minimierung der Koordinationserfordernisse im Extremfall dadurch, daß alle Aufgaben der Produktion und Distribution in einer Hand liegen. Vertikalisierung ist somit das „natürliche" Resultat des Restrukturierungsprozesses.

Business Process Reengineering

⟹ **Diskontinuierliches Denken**
Bewußte Abwendung von allen obsoleten Regeln

⟹ **Kundenorientierung**
Ableitung sämtlicher Aufgaben aus dem Kundennutzen

⟹ **Radikale Umstellung** von einer ressortorientierten auf eine **prozeßorientierte Arbeitsweise**

⟹ Anstelle eines aufwendigen Schnittstellen-Managements: **Minimierung der Koordinationserfordernisse** durch Rückkehr zu "natürlichen Prozessen"

⟹ Zusammenlegung von Planung, Entscheidung, Umsetzung und Kontrolle in eine Hand (Prozeßverantwortung):
Dezentralisierung der Zuständigkeiten / Flache Organisation

⟹ Konsequente und kreative Ausschöpfung der Potentiale **moderner computergestützter Informationstechnologien**

Abb. 6: Die wichtigsten Merkmale des Business Process Reengineering

Für die Aufteilung des kompletten Wertschöpfungsprozesses in mehrere sukzessive oder parallele Teilprozesse und deren Übertragung an unterschiedliche, selbständige Organisationseinheiten (Prozeßteams) bedarf es einer Begründung. Kundenkontaktteams wollen sich z.B. von bestimmten Tätigkeiten entlasten, für die sie nicht qualifiziert sind, und diese entgeltlich an andere Teams ausgliedern. Die Arbeitsteilung entwickelt sich also, von den Organisationseinheiten mit unmittelbarem Kundenkontakt ausgehend, retrograd durch die Wertschöpfungskette, wobei ein geeignetes Verrechnungspreissystem die Abstimmung zwischen den Prozeßteams gewährleisten muß (vgl. Abb. 7).

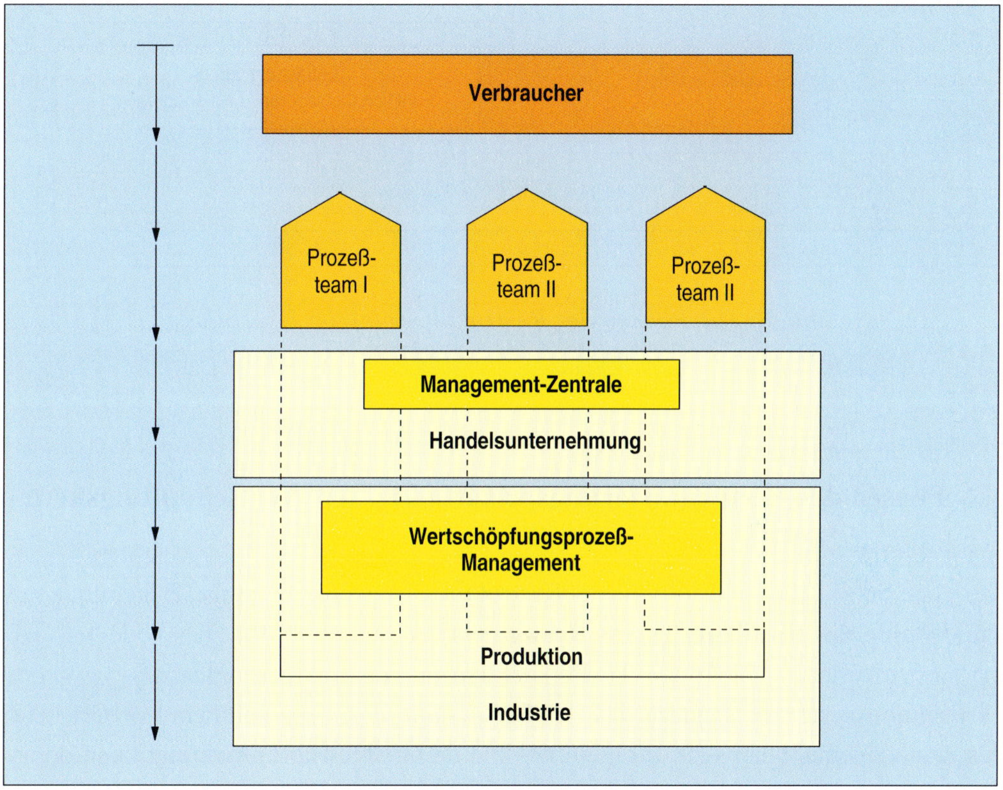

Abb. 7: Prozeßorganisation in der Wertschöpfungskette mit stufenübergreifender Integration

Business Process Reengineering führt nicht nur zu einer Prozeßorganisation, sondern auch der Weg der Restrukturierung läßt sich als Prozeß begreifen, der in unterschiedliche Phasen eingeteilt werden kann (vgl. zum Überblick Abb. 8).

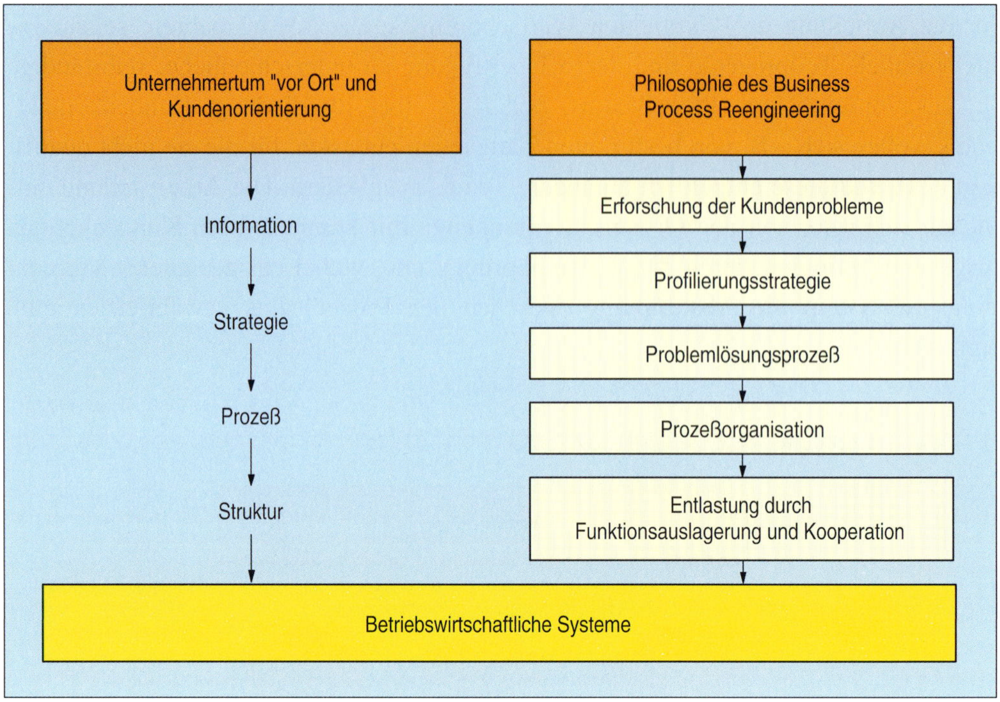

Abb. 8: Die Phasen der Restrukturierung im Überblick

4.2 Phasen des Restrukturierungsprozesses in der Wertschöpfungskette

Der erste Schritt für ein erfolgreiches Restrukturierungsprojekt ist das Bekenntnis zur **Philosophie des Business Process Reengineering** (vgl. Abb. 9). Dies bedeutet, daß die Restrukturierung nicht aus der Perspektive der Zentrale (des Handels- bzw. des Distributionssystems), sondern aus der Perspektive des Unternehmers vor Ort, also des Kundenkontaktteams zu erfolgen hat. Die dominante Einflußrichtung kann derart charakterisiert werden, daß das Prozeßteam „vor Ort" die Managementzentrale beeinflußt und nicht - wie sonst üblich - die Managementzentrale die Arbeit der Prozeßteams bestimmt.

Was den Gestaltungsanlaß anbetrifft, so sei im folgenden von einem bereits vorhandenen Distributionssystem ausgegangen, dessen Mitglieder sich auf ein radikales Reengineering des Wertschöpfungsprozesses einlassen wollen. Wichtig ist, daß sich die Restrukturierung nicht nur auf das Innenleben der Handelsbetriebe beschränkt, sondern die komplette Wertschöpfungskette umfaßt. Mit Kundenorientierung des Restrukturierungsprozesses ist gemeint, daß die Kundenzielgruppe die Arbeit des Kundenkontaktmanagements im Handelsbetrieb determiniert und diese die Funktionen des Systemhintergrundes in der Managementzentrale bis hin zur Produktion. Radikale Restrukturierung bedeutet, daß a priori keine vorgegebene Struktur der Stufeneinteilung und Arbeitsteilung in der Wertschöpfungskette bereits vorentschieden ist.

Philosophie

⇒ Perspektive
Unternehmer "vor Ort" (= Prozeßteam)

⇒ Dominante Einflußrichtung
Prozeßteam → Managementzentrale

⇒ Gestaltungsanlaß und -intention
Radikales Reengineering (Revolution/Innovation) des kompletten Wertschöpfungsprozesses

⇒ Ausrichtung: Kundenorientierung

↓
- Kundenzielgruppe
- Kundenkontaktmanagement (im Handelsbetrieb)
- Systemhintergrund (Managementzentrale)
- Produktion

→ Keine a priori vorgegebene Struktur (Stufeneinteilung/Arbeitsteilung) in der Wertschöpfungskette

Abb. 9: Die Philosophie des Restrukturierungsprozesses

Nur wenn sich die Entscheidungsträger auf diese Grundphilosophie der Restrukturierung (Unternehmertum „vor Ort" und Kundenorientierung) einlassen wollen, erscheint es aussichtsreich, die im folgenden aufgeführten Prozeßphasen zu durchlaufen.

Am Anfang der Restrukturierung steht die Informationsgewinnung, d.h. genauer die **Erforschung der Kundenprobleme** (vgl. Abb. 10). Unter dem Motto: „Lerne deinen Kunden besser kennen als dieser sich selbst" kommt es darauf an, die Konsumprobleme der aktuellen und potentiellen Kunden vor, während und nach dem Einkaufsvorgang zu erforschen. Hierbei bietet sich ein erster Ansatz zur segmentierenden Erfassung der Kunden, soweit diese unterschiedliche Anforderungen im Rahmen der

Produkt- und Einkaufsstättenwahl stellen. Mit Hilfe der Technologie des Positionierungsmanagements werden durch den Vergleich der Idealvorstellungen und der Realimages, sowohl in bezug auf die Produkte als auch die Einkaufsstätten, Versorgungslücken aufgedeckt (vgl. dazu ausführlicher *Ahlert/Kollenbach/Korte* 1994, S. 122ff.). Im Rahmen der Marktpotentialabschätzung ist sodann zu überprüfen, ob betriebswirtschaftlich ergiebige Versorgungslücken aufgefunden werden können, d.h. offene Konsumprobleme, zu deren Lösung eine hinreichend große Anzahl von Konsumenten bereit ist, kaufkräftige Nachfrage zu entfalten.

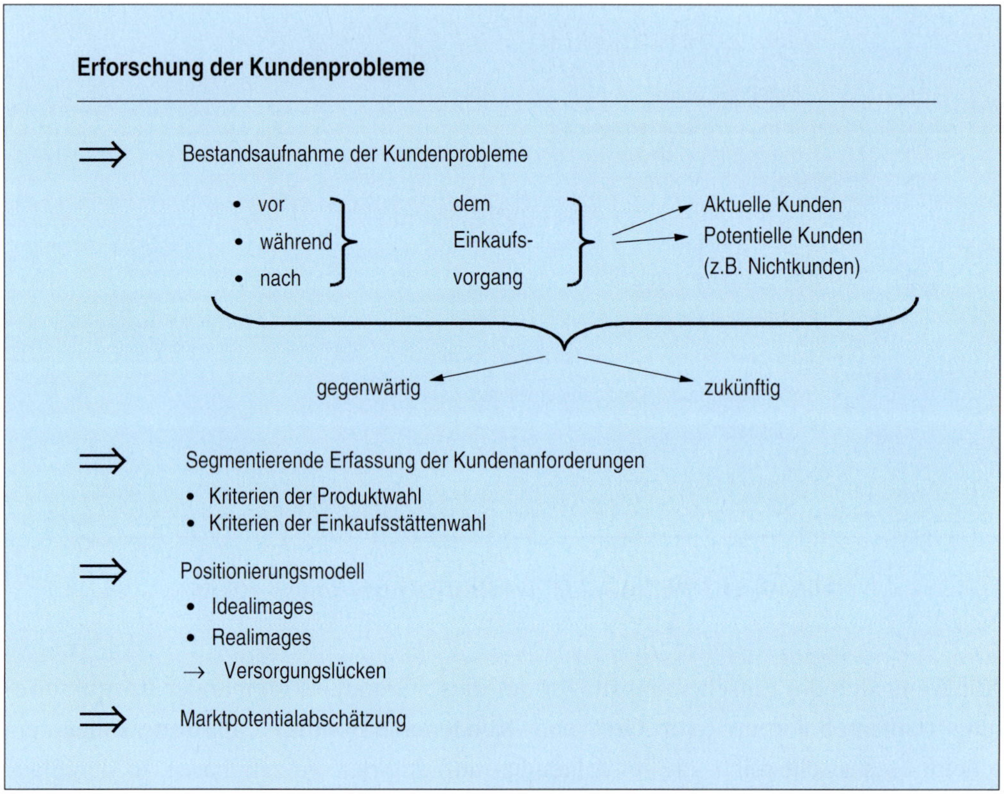

Abb. 10: Die Erforschung der Kundenprobleme als Ausgangspunkt der Restrukturierung

Die nächste Phase bildet die **Konzeption der Profilierungsstrategie**. Auch diese Vorgehensweise kann der Technologie des Positionierungsmanagements folgen, die in Abb. 11 stichwortartig skizziert ist.

Profilierungsstrategie

⟹ Formulierung der Positionierungs-
- Ziele
- Strategien
- Maßnahmen

⟹ Grundsätzliche Anhaltspunkte
Idealimage ↔ Realimage

⟹ Festlegung einer Leitorientierung

⟹ Entwurf exzellenter Profilierungskonzepte
- Alternative Profilierungskonzepte
- Additive Profilierungskonzepte

⟹ Entscheidung für eine oder mehrere Profilierungslinien

Abb. 11: Die Entwicklung der Profilierungsstrategie

Nachdem sich die Unternehmung für eine oder mehrere Profilierungslinien entschieden hat, ist jeweils detailliert festzulegen, in welcher Weise der **Prozeß zur Lösung der offenen Kundenprobleme** zu gestalten ist (vgl. Abb. 12).

Problemlösungsprozeß

⟹ Entwurf des kompletten Wertschöpfungsprozesses je Profilierungslinie

⟹ Gestaltung des Leistungspaketes zur Lösung des Kundenproblems

⟹ Aufspaltung des Wertschöpfungsprozesses in Teilprozesse
- Kernprozesse
  - Einkaufsprozesse
  - Akquisitionsprozesse
  - Abwicklungsprozesse
- Unterstützende Prozesse

⟹ Strukturierung in parallele Kundenkontaktprozesse

Abb. 12: Der Prozeß zur Lösung der offenen Kundenprobleme

In dieser Phase ist die Hauptarbeit des Restrukturierungsteams angesiedelt: Es geht um den Entwurf des kompletten Wertschöpfungsprozesses (je Profilierungslinie). Dabei ist nicht nur das jeweilige Leistungspaket zur Lösung der Kundenprobleme in den Bereichen Sortiments-, Preis-, Distributions- und Kommunikationspolitik zu gestalten. Unvermeidbar ist auch die Aufspaltung des Wertschöpfungsprozesses in Teilprozesse, wobei die Kernprozesse dadurch gekennzeichnet sind, daß sie unmittelbar Kundennutzen stiften, während die unterstützenden Prozesse nur in einem mittelbaren Zusammenhang zum Kundennutzen stehen, gleichwohl für die Abwicklung des Wertschöpfungsprozesses unverzichtbar sind. Da es eine Handelsunternehmung mit unterschiedlichen Kundensegmenten zu tun haben kann, ist eine Strukturierung in **parallele Kundenkontaktprozesse** notwendig.

Der ablauf- folgt die aufbauorganisatorische Gestaltungsarbeit. Hier geht es im engeren Sinne um die Herausbildung der **Prozeßorganisation** (vgl. Abb. 13). Es sind konkret die Prozeßteams für die Kundenkontaktprozesse (originäre Problemlösungsprozesse) sowie für die derivativen Hintergrundprozesse herauszubilden. Weiterhin sind die Rahmenbedingungen für die Gestaltung der Profitcenter-Organisation zu formulieren und ein Koordinationssystem für das Zusammenwirken zwischen den Prozeßteams zu gestalten. Dabei ist unter anderem auch durch ein geeignetes Steuerungs- und Verrechnungspreissystem die Verteilung der monetären Anreize zwischen den Prozeßteams zu regeln.

Prozeßorganisation

⟹ Herausbildung der Prozeßteams
- Für die originären Problemlösungsprozesse (Kundenkontakprozesse)
- Für die derivativen "Hintergrund"-Prozesse

→ System der Arbeitsteilung und Spezialisierung

⟹ Gestaltung der Rahmenbedingungen
- Für die Funktionsweise innerhalb einzelner Prozeßteams (Grundsätze der Selbstorganisation)
- Für die Verteilung der monetären Anreize innerhalb der Prozeßteams

→ Konfiguration der Profitcenter-Organisation

⟹ Gestaltung eines Koordinationssystems
- Für das Zusammenwirken zwischen Prozeßteams
- Für die Verteilung der monetären Anreize zwischen den Prozeßteams

→ Steuerungs- und Verrechnungspreissystem (Prozeß-Controlling)

Abb. 13: Die Strukturierung der Prozeßorganisation

Im Extremfall entspricht es dem „natürlichen Prozeß", daß eine Person bzw. ein Prozeßteam den gesamten Wertschöpfungsprozeß für die betreuten Kunden abwickelt. Bei wachsendem Aufgabenumfang bleibt es nicht aus, daß sich die originären Prozeßteams von bestimmten Funktionen, die Dritte effizienter erfüllen können, befreien. Die Entlastung durch Funktionsauslagerung und Kooperation nimmt also stets ihren Ausgangspunkt von den originären Prozeßteams (vgl. Abb. 14). Als Entlastungsformen stehen die Funktionsausgliederung sowie die interne und externe Kooperation zur Auswahl.

Entlastung durch Funktionsauslagerung und Kooperation

⟹ Funktionsausgliederung
- An Experten im Handelsbetrieb
- An die Zentrale des Handelssystems
- An Lieferanten ("Outsourcing")
- An andere Firmen ("Outsourcing")

⟹ Interne Kooperation
- Zwischen parallelen Prozeßteams innerhalb des Handelsbetriebes
- Zwischen Prozeßteams unterschiedlicher Handelsbetriebe derselben Handelsunternehmung

⟹ Externe Kooperation
- Horizontal zwischen Prozeßteams unterschiedlicher Handelsbetriebe derselben oder verschiedener Handelsgruppen (strategische Clubs)
- Vertikal mit Lieferanten (z.B. im Rahmen des "Category Management")

Abb. 14: Die Gestaltung der Arbeitsteilung und Spezialisierung in der Wertschöpfungskette

4.3 Kundenorientierte Vertikalisierung als Ergebnis der Restrukturierung

Wird Vertikalisierung mit **Strategiediktat des Marketingführers** im Distributionssystem gleichgesetzt, wobei dieser den kompletten Wertschöpfungsprozeß „beherrscht", so dürfte wohl nur in Ausnahmefällen zu vermuten sein, daß dies das Resultat eines Business Process Reengineering sein könnte. Möglicherweise ist dies in stabilen, stramm zu führenden Discountsystemen die überlegene Organisationsform. In dynamischen Kontextsituationen und insbesondere bei komplexen Konsumproblemen dürfte die Restrukturierung auf eine Prozeßorganisation hinauslaufen, die vom Kundenkontaktteam her geführt wird. Das Top Management in Handel und Industrie wird umdenken müssen: Nicht mehr Anweisung, sondern Stratetgie-Moderation und Coaching der selbständig agierenden, stufenübergreifenden Prozeßteams bilden den Schwerpunkt der obersten Führungsaufgaben. Wird unter Vertikalisierung die **Steuerung des kompletten Wertschöpfungsprozesses durch Prozeßteams mit unmittelbarem Kundenkontakt** verstanden, wie es ansatzweise beim Category Management angedacht ist, so befinden wir uns tatsächlich erst am Anfang einer Vertikalisierungsentwicklung in der deutschen Konsumgüter-Distribution.

Discounting: Erfolgsgeschichte oder Irrweg?

Hermann Diller

1 Erfolgsstory Discount

Die Entwicklung des Discounthandels kann als **die** Erfolgsstory des deutschen Einzelhandels schlechthin tituliert werden. In der langen Geschichte der Betriebsformen des Handels gab es wohl keine Betriebsform, die sich über einen so langen Zeitraum und mit einer solchen Dynamik verbreitet hat wie der **Discounthandel**. Abb. 1 belegt dies anhand der aktuellen Entwicklung im Lebensmittel-Einzelhandel. Die stürmische Entwicklung wurde dabei auch nicht durch die ansonsten verbreitete Umsatzflaute der letzten fünf Jahre gebremst. Andererseits lassen sich die Zuwachsraten der frühen neunziger Jahre, wo der Lebensmittel-Discount insbesondere in den neuen Bundesländern schnell diffundierte, nicht mehr wiederholen. Trotzdem ergibt sich insgesamt ein beeindruckender Markterfolg des Betriebstyps Discounter, der noch größere Dimensionen annimmt, wenn man die Absatzzahlen von *Aldi* (im Handelspanel nicht erfaßt) mit einbezieht. In diesem Falle haben die Discounter inzwischen rund 30% des Gesamtumsatzes im Lebensmittel-Einzelhandel auf sich vereint. Dabei gilt es freilich zu berücksichtigen, daß Discounter ihre Umsätze zunehmend auch mit Non Food-Sortimenten erzielen.

Der Lebensmittelhandel stellt keineswegs die einzige Branche dar, in der das Discountprinzip und der Discounthandel Platz gefunden haben. Auch in der Unterhaltungselektronik, im EDV-Handel, bei Drogerieartikeln, Do-it-Yourself-Bedarf, Schuhen, Möbeln und auch Textilien, also praktisch in allen großen Konsumgütermärkten, vereint der Discounthandel inzwischen beträchtliche Marktanteile auf sich. In jüngster Zeit verbreitet sich das Konzept auch bei Dienstleistungen, z.B. Banken, Hotelgewerbe, Reparaturservices etc.

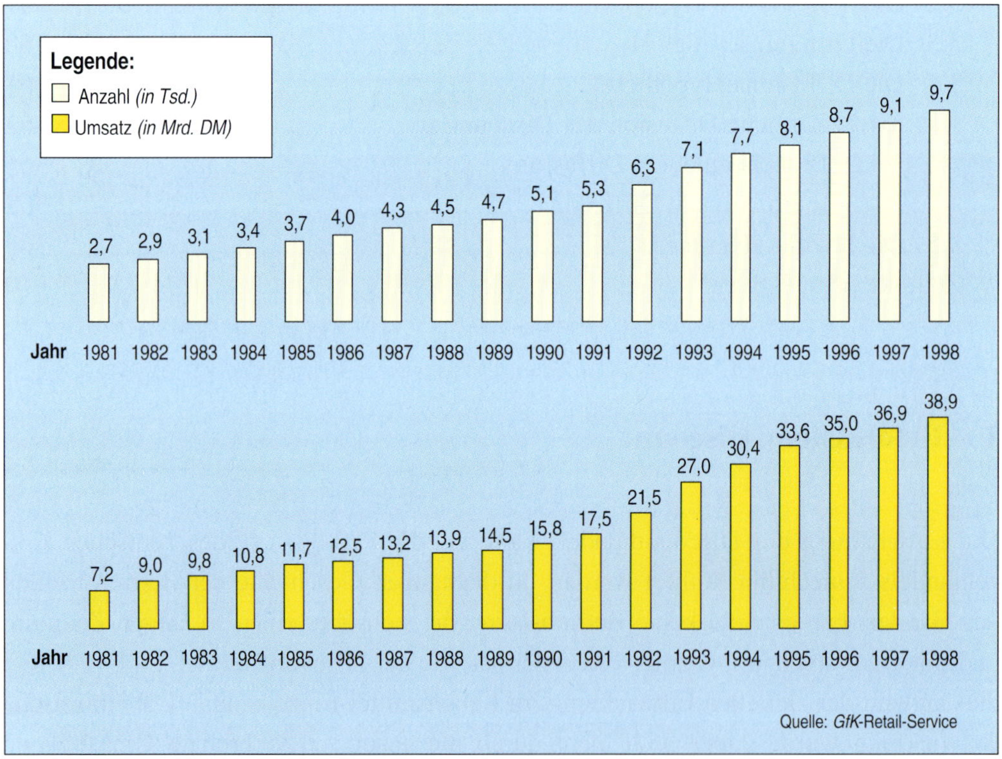

Abb. 1: Verkaufsstätten und Umsätze des Lebensmittel-Discount-Handels in Deutschland (ohne Aldi)

Auch aus **einzelbetrieblicher Sicht** war das Discounting für viele Unternehmen eine überaus erfolgreiche und z.T. sogar glorifizierte Erfolgsstory. An prominentester Stelle steht dabei der Unternehmenserfolg von *Aldi*, einem Unternehmen, das sich von 1 Mio. DM Umsatz 1960 auf 32 Mrd. Umsatz im Jahre 1995 steigern konnte. Auch Unternehmen wie *Dell* (Umsatzentwicklung allein seit 1995 von 3,5 auf 12,3 Mrd. US $) oder der Discountbroker *Charles Schwab* in den USA (Umsatzentwicklung seit 1985 von 159 Mio. US $ auf 1 420 Mio. US $ im Jahre 1995) zeugen von der Marktstärke der Discounter. Die Gewinnentwicklungen sind weit weniger transparent. Aus den USA wissen wir freilich, daß die Discountunternehmen auch überdurchschnittliche Gewinnzahlen aufweisen, etwa *Dell* mit einer Gewinnentwicklung von 149 Mio. US $ im Jahre 1995 auf 944 Mio. US $ 1998 oder *Charles Schwab* mit 11 Mio. US $ 1985 auf 173 Mio. US $ im Jahre 1995.

Angesichts derartiger Zahlen scheint der Titel dieses Beitrags zunächst paradox. Andererseits weist der Discounthandel bei näherem Hinsehen durchaus auch Schattenseiten und Mißerfolge auf. Gerade in Deutschland hat der Discounter z.B. lange Zeit bei vielen Unternehmern und auch in der Öffentlichkeit als „Arme-Leute-Betriebsform" eher Naserümpfen hervorgerufen, so daß es als eher bieder, wenn nicht unschicklich galt, bei Discountern einzukaufen. Auch aus betriebswirtschaftlicher Sicht wurden **Zweifel** laut: Soll es Sinn machen, ein so riesiges „Rad" zu drehen, um damit einen vergleichsweise kleinen Ertrag zu erwirtschaften? Kommt es mit dem Trading down an Handelsleistung nicht automatisch zu einem Verfall an Handelskultur? Fokussiert sich der Wettbewerb nicht zu einseitig allein auf den Preis und verdrängt damit auch solche Unternehmen vom Markt, die grundsätzlich überlebensfähig wären, unter den hitzigen Bedingungen des intensiven Preiswettbewerbs jedoch aus dem Markt ausscheiden müssen? Haben Unternehmen des Discounthandels mit Differenzierungsmöglichkeiten eine Chance, sich im Wettbewerb abzusetzen, oder gilt hier nur die „reine Lehre" des niedrigsten Preises? Werden durch solche strukturellen Veränderungen also langfristig andere Wettbewerbsziele wie Innovationsfähigkeit und Versorgungsqualität unterminiert?

Fragen dieser Art stehen wohl im Hintergrund, wenn in der Fachöffentlichkeit Analysen über die **Erfolgsursachen des Discount** vorgenommen und Prognosen über die weitere Entwicklung abgegeben werden. Nicht selten scheinen dabei - je nach Interessenlage - Angst oder Hoffnung die Diskussion zu prägen, nicht aber wissenschaftlich nachvollziehbare Analysen. Erstaunlicherweise haben sich auch in der Marketingtheorie bzw. Handelsbetriebslehre bisher relativ wenige Autoren intensiv mit Discounting auseinandergesetzt (vgl. *Behrens* 1956; *Bidlingmaier* 1966; *Cloppenburg*

1965; *Rehmann* 1967; *Theuer* 1967; *Schnitzler* 1974; *Berekoven* 1988, S. 101ff.; *Tietz* 1992).

Im nachfolgenden soll deshalb versucht werden, einige **Hypothesen zur Dynamik des Discounts** zu formulieren und kritisch zu durchleuchten, um darauf aufbauend einige Zukunftsperspektiven für diese Marketingstrategie zu entwerfen. Zuvor freilich gilt es, das Discount bzw. Discounting sauber zu definieren, zumal der Begriff bisher in der Praxis wie in der Fachliteratur recht unterschiedlich gebraucht wurde.

2 Discount, Discounthandel und Discountstrategie

Discount wurde im Laufe der Geschichte in unterschiedliche Begriffssystematiken der Marketing- bzw. Handelstheorie eingeordnet. Zunächst betrachtete man **Discount** häufig als absatzpolitisches Instrument, nämlich als eine „fallweise Gewährung eines Rabattes (Discount) bei Warenabnahme" (*Hansen/Algermissen* 1979, S. 72) bzw. als „ausgesprochen niedrige Preisstellung" (*Rehmann* 1967, S. 19a), d.h. als ein bestimmtes Kalkulationsgebaren. Als in den Nachkriegsjahren bestimmte Einzelhandelsunternehmungen dazu übergingen, dieses preispolitische Instrument konsequent und stilbildend einzusetzen, wurde Discount mit einer Betriebsform des Handels verknüpft, so etwa von *Bidlingmaier* (1966, S. 159f.), der Discount als „Einzelhandlungen, welche die Mehrzahl der Waren ihres Sortiments ständig zu Preisen verkaufen, die erheblich unter den vorgeschriebenen, empfohlenen oder üblichen Einzelhandelspreisen liefern", definiert. In diesem Sinne kann man vom **„Discounter"** sprechen, einem Handelsbetrieb, der sich durch konsequenten, d.h. ständigen und umfassenden Einsatz des Discounts als preispolitisches Instrument auszeichnet.

In späteren Definitionen tauchen auch andere, typische absatzpolitische Instrumente in der Definition des Discounters auf. So bezeichnen *Nieschlag/Dichtl/Hörschgen* (1994, S. 1041) den Discounter als eine „Betriebsform des Einzelhandels, bei der vornehmlich im Wege der Selbstbedienung ein auf raschen Umschlag ausgerichtetes Sortiment zu niedrigen Preisen angeboten und auf Nebenleistungen weitgehend verzichtet wird". Eine ähnliche Begriffsfassung findet sich beim Ausschuß für Begriffsdefinitionen (1995, S. 44). Schon hier deutet sich an, daß das Discoun**ting** begrifflich auch an ein in bestimmter Weise geprägtes Marketing-Mix und damit an eine Marketingstrategie angeknüpft werden kann. Diesen Ansatz wählen dann auch *Diller/Haas/Hausruckinger* (1997, S. 19ff.), wobei dort die Definition nicht nur an absatzpolitischen Instrumenten, sondern an unternehmensstrategischen Parametern festgemacht wird. **Discounting** wird als eine strategische Unternehmenskonzeption gesehen, die

(1) auf ein **begrenztes Angebotsfeld** und die für den Kundennutzen **zentralen Leistungskomponenten** zugeschnitten ist,

(2) von den Kunden als wesentlich empfundene, dauerhafte **Preisvorteile** bietet und

(3) die ihrerseits auf dem konsequenten Umsetzen von Grundregeln der **Kostenführerschaft** beruhen.

Diesem Verständnis zufolge ist ein Discounter also jedes Unternehmen, welches die Prinzipien des Discounting ständig und systematisch anwendet - unabhängig von seiner Branche oder Marktstufe. Im Gegensatz zur „klassischen" Auffassung braucht ein solcher Discounter also kein Handelsbetrieb zu sein, schon gar nicht ein Unternehmen des Lebensmittel-Einzelhandels. Die hier aus Platzgründen nicht näher zu erläuternden Unteraspekte der drei Bausteine des Marketing sind in Abb. 2 zumindest aufgelistet.

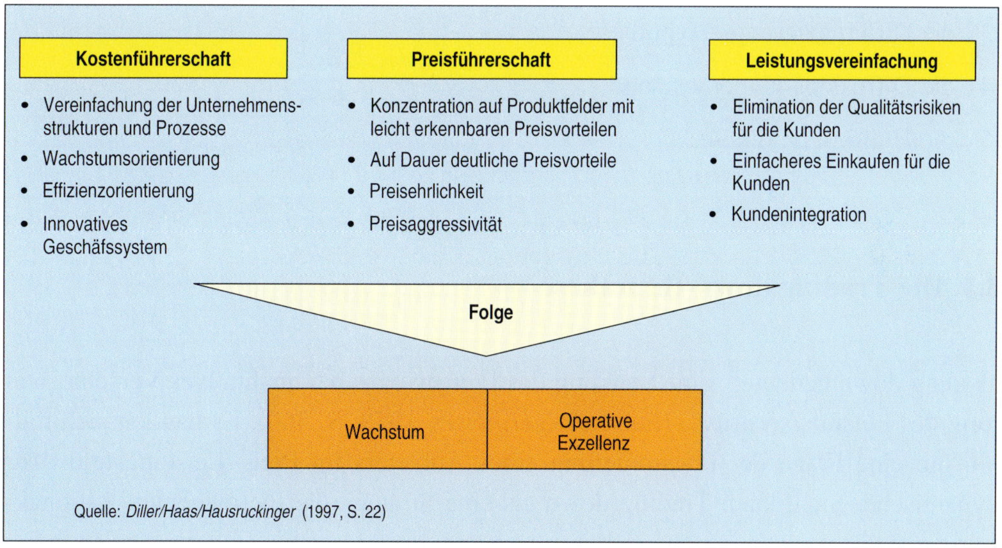

Abb. 2: Die Bausteine des Discounting

Die hiermit gewählte strategische Perspektive empfiehlt sich nicht nur für eine Definition der unternehmenspolitischen Erfolgsfaktoren und Handlungsmuster des Discounting (vgl. *Diller/Haas/Hausruckinger* 1997, S. 19ff.; 1998, S. 57ff.), sondern auch für die im vorliegenden Beitrag einzuschlagende dynamische Betrachtungsweise, die im übrigen auch in der modernen Strategiediskussion (Stichwort: Hyperwettbewerb) eine große Rolle spielt.

3 Dynamik des Discounting

Eine wissenschaftlich fundierte Einschätzung der Entwicklungsdynamik des Discounting erfordert den Rückgriff auf bewährte Theorien oder zumindest Hypothesen. Dabei geht es explizit oder implizit immer um die Frage, welcher Art und Stärke die Einflußfaktoren sind, welche das Vordringen bzw. Eindämmen der Discounter bzw. des Discounting bestimmen. Die diesbezüglichen Überlegungen und Modelle lassen sich zu **fünf Hypothesen** verdichten, die nachfolgend sukzessive näher untersucht werden sollen, nämlich

(1) die Trading down-Hypothese,

(2) die Auf-und-Ab-Hypothese,

(3) die Differenzierungs-Hypothese,

(4) die Diffusions-Hypothese und

(5) die Hybrid-Hypothese.

3.1 Die Trading down-Hypothese

Trading down bedeutet „eine Senkung des Preisniveaus bei qualitativer Verschlechterung des Leistungsprofils“ (*Hansen/Algermissen* 1979, S. 360). Es handelt sich mithin um eine Frage der Positionierung eines Anbieters im Preis-/Leistungsfeld. Aus dynamischer Sicht kann Trading down als eine Strategie der permanenten Rationalisierung, Leistungsvereinfachung bzw. -vermeidung und damit einhergehender Preisabsenkung interpretiert werden.

Als Trading down-Hypothese bezeichnen wir die Prognose, daß der (konsequente) Einsatz der Discounting-Prinzipien zu einer Leistungsverarmung am Markt und damit langfristig zu geringerer Versorgungszufriedenheit der Kunden führt. Darüber hinaus muß u.U. auch mit dysfunktionalen Wirkungen auf den Wettbewerb gerechnet werden.

Die Trading down-Hypothese zielt also offenkundig auf ein binnenhandelspolitisches, nicht auf ein einzelwirtschaftliches Problem. Problematisiert werden dysfunktionale Wirkungen des Preiswettbewerbs, deren Initiierung und Verstärkung dem Discount-Handel zugeschrieben werden. Discounting, so der Vorwurf, führe zu einem übersteigerten Preiswettbewerb und einem „... permanenten Ausverkaufsstil, der auch für den Letztverbraucher langfristig ein bedenkliches Danaergeschenk darstellt" (*Theuer* 1977, S. 58). Mit dem Begriff des übersteigerten Preiswettbewerbs wird implizit bereits auf eine bestimmte Wettbewerbskonzeption Bezug genommen, bei der nicht mehr das klassische Modell des vollkommenen, sondern jenes des funktionsfähigen Wettbewerbs verfolgt wird, bei dem es nicht auf die strukturellen Umstände des Geschehens auf dem Markt, sondern auf die Beobachtung und Kontrolle von funktionalen und dysfunktionalen Wirkungen geht (vgl. *Bartling* 1980; *Potucek* 1987).

Die diesbezüglichen Argumente sind auch in der Diskussion um Untereinstandspreise virulent (vgl. *Diller* 1979 und 1981), einer Problematik, die sich mit dem Discounting naturgemäß sehr eng verbindet. Auch wenn keine objektiven Zahlen über die Verbreitung von Untereinstandspreisen im Discounthandel vorliegen, ist aus Industriekreisen bekannt, daß viele Discounter eine nicht unbeträchtliche Anzahl von Artikeln ständig unter Einstandspreis verkaufen. Die dysfunktionalen Wirkungen solcher Preisaktivitäten, die zwar nicht allein vom Discounthandel betrieben, aber von ihm doch (möglicherweise als Gefangener des eigenen Geschäftskonzeptes) intensiv angewendet werden, sind durchaus zahlreich und einer Bewußtmachung wert (vgl. *Diller* 1982).

Ein **erstes** Problem liegt in der Gefahr, daß Discounter und deren Zulieferer wegen des starken Preiswettbewerbes und dem damit einhergehenden Preisdrucks bei den Einkaufsverhandlungen dazu verleitet werden, herkömmliche **Qualitätsstandards** herabzusetzen oder heimlich zu unterschreiten, um überlebensfähig zu bleiben. Aus institutionenökonomischer Sicht würde man hier von „Hidden Characteristics" (vgl. *Kaas* 1995) sprechen, d.h. für den Verbraucher gar nicht wahrnehmbare Qualitätsverschlechterungen bis hin zu kriminellen Machenschaften, wie sie in zahlreichen Qualitätsskandalen der letzten beiden Jahrzehnte auch tatsächlich deutlich wurden.

Damit einher geht **zweitens** eine Forcierung des **massenindustriellen Produktionssystems**, das zwar Rationalisierungsreserven ausschöpft, aber oft auch ökologische Schäden verursacht. Z.T. skandalöse Beispiele hierfür bieten die Eier-, Fleisch- oder

Lachsproduktion, die Wegwerfmentalität mangels Angebot an Reparaturdienstleistungen oder menschenrechtlich bedenkliche Produktionsbedingungen in den Textilfabriken der Entwicklungsländer. Hinzu kommt, daß Discounting aus seinem Wesen heraus auf hohe Absatzmengen abstellt und insofern vom qualitativen Wachstum ablenkt.

Damit kommt **drittens** die bremsende Wirkung des Discount-Wettbewerbs auf **Innovationen** zum Vorschein, was z.B. in der pharmazeutischen Industrie bei dem dort praktizierten Discount-Fall der Generica besonders augenfällig wird. Discountunternehmen sind auf schnelldrehende und ohne Absatzrisiko behaftete Artikel angewiesen. In einem solchen Sortimentsumfeld finden für den Kunden neue und deshalb nur zögerlich adoptierte Produkte kaum Platz.

Aber auch der Discounter selbst begrenzt seine Innovationsmöglichkeiten, weil alle Rationalisierungen über den niedrigen Preis an den Kunden weitergegeben werden und nicht zur Reinvestition im Unternehmen bleiben können. Treten ausländische Wettbewerber auf den Markt, die höhere Investitionsspielräume besitzen, besteht schnell die Gefahr, daß finanzielle Probleme auftreten, wenn man diesen Wettbewerbern standhalten will. Vielleicht setzte sich auch gerade deshalb das Scanning, eine in vielerlei Hinsicht attraktive Handels-Technologie, im deutschen Discounthandel nur sehr zögerlich durch und ist dort bis heute noch keineswegs gängiger Standard.

Schließlich taucht mit dem intensiven Wettbewerb **viertens** auch ein **ethisches Problem** auf, das nicht nur in der bereits oben genannten Gefahr der Verheimlichung von Qualitätsverschlechterungen und naturwidrigen Produktionsmethoden liegt, sondern sich z.B. auch in irreführender Preiswerbung oder anderen konsumentenfeindlichen Praktiken niederschlägt, welche den Kunden meist gar nicht bewußt werden. Wenn bspw. die Kosten für die gründliche und regelmäßige Reinigung der Geschäftsräume nicht mehr getragen werden können und dadurch hygienisch bedenkliche Bedingungen geschaffen werden, ist dies nicht immer sofort erkennbar und vom Markt „zu bestrafen“. Auch die Ordnungsämter sind mit derartigen Praktiken erfahrungsgemäß sehr schnell überfordert.

All diesen zunächst nur potentiellen, aber teilweise auch faktisch feststellbaren Fehlentwicklungen durch das Discounting könnte die These der **Konsumentensouveränität** entgegengestellt werden, nach der es ja dem Kunden freistehe, sich solchen Bedingungen zu unterwerfen oder nicht. Darüber hinaus weisen gerade die etwa im *Deutschen Kundenbarometer* ermittelten Zufriedenheitswerte für discountierende Unternehmen oft die besten Noten auf. Die diesbezügliche, im Rahmen der Theorie der

Verbraucherpolitik (vgl. *Scherhorn* 1975; *Diller* 1978, S. 379ff.) und der Versorgungszufriedenheit (vgl. *Fink* 1990) geführte Diskussion kann hier aus Platzgründen nicht ausgebreitet werden. Im Ergebnis bleibt festzuhalten, daß die quantitative Güterversorgung durch das Discounting stark positiv, die qualitative dagegen eher negativ beeinflußt wird. Insofern ist der Vorwurf eines „Irrwegs" durch Discounting nicht völlig von der Hand zu weisen. Andererseits kann den dysfunktionalen Wirkungen durch verschiedene Maßnahmen der Wettbewerbs- und Verbraucherpolitik durchaus begegnet werden. Die langjährigen und bisher ohne Konsequenzen verlaufenden Diskussionen um ein Verbot von Untereinstandspreisen zeigen freilich, daß nicht überall hinreichendes Bewußtsein für die Trading down-Hypothese besteht.

3.2 Die Auf-und-Ab-Hypothese

Im Gegensatz zur Trading down-Hypothese bewegt sich die Auf-und-Ab-Hypothese nicht auf einer wettbewerbs- bzw. verbraucherpolitischen Ebene, sondern auf dem Felde der Theorie der Betriebsformendynamik bzw. des Handelsmarketing. Hinter der Dynamik der Betriebsformen - so die Auf-und-Ab-Hypothese - stünde eine Gesetzmäßigkeit, nach der Handelsbetriebe ihren Markteintritt einer aktiven und aggressiven Preispolitik zu verdanken hätten, die im Laufe der Zeit durch ein Trading up abgelöst würde und zur Phase der Reife und Assimilation an andere Betriebsformen des Handels führe, was wiederum Platz für neue Anbieter lasse, die mit erneut preispolitischen Waffen in den Wettbewerb eingriffen.

Diese von *McNair* (1931) als „Wheel of Retailing" und von *Nieschlag* (1954) als „Gesetz der Dynamik der Betriebsformen im Handel" bezeichnete „Gesetzmäßigkeit" ließe erwarten, daß die discountierenden Unternehmen im Laufe der Zeit ein Trading up betrieben und damit nach einer gewissen Zeit wiederum Platz für neue Discounttypen schüfen. Nach *Nieschlag* ergeben sich die Spielräume vor allem durch günstigere Bezugsmöglichkeiten, Reduzierung der Kundendienstleistungen und Beschränkung der Sortimente. Die Reife und Assimilation sei durch das wettbewerbsbedingte Bemühen veranlaßt, dem Kunden mehr und Neues zu bieten, um die Attraktivität zu wahren, zumal Imitatoren in den Markt einträten und zusätzlichen Wettbewerbsdruck auslösten. Eine Kehrtwende vom Trading up zum Trading down sei freilich ungleich schwieriger als die umgekehrte Strategie, weshalb der Neubeginn der Dynamik entweder von neuen Anbietern oder von Tochtergesellschaften vorhandener Unternehmen gestartet würde. *Müller-Hagedorn* (1985) hat zu Recht darauf hingewiesen, daß diese von *Nieschlag* formulierte Gesetzmäßigkeit weder präzise genug noch generell bewährt genug ist, um sie tatsächlich als Gesetz zu kennzeichnen. Gleichwohl kann sie einzelne Entwicklungen und deren Hintergründe durchaus erhellen, so daß eher eine explorative Hypothese denn ein Gesetz vorliegt.

In unserem Zusammenhang bewährt sich diese Hypothese mit Blick auf die Nachkriegsentwicklung des Discounthandels aber eher nicht. Zwar sind die Discountbetriebe in der Tat durch ihr Niedrigpreiskonzept in den Markt eingedrungen, haben aber bisher kaum Trading up-Tendenzen erkennen lassen (vgl. *Köhler* 1990). Die Discounterfolge in den letzen Jahren waren weniger von einer Leistungsanreicherung als von einer Ausweitung des Discount-Prinzips auf andere Branchen (Vermarktung von Non-Food-Sortimenten zu Discountpreisen) gekennzeichnet. Die andeutungsweise Differenzierung eines Hard- und Soft-Discount ab Mitte der achtziger Jahre kam schnell zum Erliegen, weil die „Soft-Discounter", welche ihr Angebot durch Markenartikel und breitere Sortimente attraktiver gestalten wollten, mit diesem Konzept langfristig nicht reüssierten. Insofern **scheiterte** möglicherweise eine **Zyklusperiode** im Sinne der *Nieschlag*schen Hypothese.

Wie die Diskussion der Diffusionshypothese weiter unten noch deutlich machen wird, ist freilich die Penetrationsphase der ersten Discount-Generation wegen neuer, grenzüberschreitender Märkte eventuell noch gar nicht abgeschlossen, so daß die Notwendigkeit zu einer Trading up-Phase noch nicht erreicht ist. Aufgrund der Unbestimmtheit der Bedingungen für den Eintritt der verschiedenen Auf- und Ab-Phasen ermöglicht die Auf-und-Ab-Hypothese also keine fundierten Prognosen. Vielmehr zeigt sich die Notwendigkeit, den Triebkräften und Hürden der Diffusion des Discounting fundierter nachzugehen, was in Verbindung mit der Differenzierungs- und der Diffusions-Hypothese nachfolgend versucht wird.

3.3 Die Differenzierungs-Hypothese

Nach der Differenzierungs-Hypothese nimmt das Konzept des Discounting den für die Evolution von Marktsystemen (vgl. *Kotler/Bliemel* 1992, S. 567ff.) typischen Verlauf: Nach Markteintritt eines Pioniers treten im Laufe der Zeit **Imitatoren** auf, welche diese Konzepte entweder „punktgenau" nachahmen oder leicht abwandeln, so daß unterschiedliche Marktsegmente gezielter angesprochen werden können (auf diese Weise entstehen strategische Gruppen).

Auch beim Discounting lassen sich solche Versuche der Differenzierung beobachten. Im in den achtziger Jahren aufkeimenden Discountingwettbewerb US-amerikanischer Fluggesellschaften trieben z.B. manche Carrier die Leistungsreduzierung sehr weit, indem sie den Passagieren sogar abverlangten, das eigene Gepäck bis zur Maschine zu tragen, während andere Gesellschaften auf solche grundlegende Serviceleistungen nicht verzichten wollten.

Auch im deutschen Drogeriemarkt-Discount gibt es Unternehmen mit relativ breiten und solche mit recht schmalen Sortimenten. Im Lebensmittel-Discount entwickelte sich ein Hard- und Soft-Discount, der insbesondere durch den Anteil an Markenartikeln gekennzeichnet war. In all diesen Fällen versuchen Discounter, sich dem Intra-Betriebstypenwettbewerb durch Differenzierung zumindest teilweise zu entziehen. In nicht wenigen Fällen bedeutet dies freilich gleichzeitig eine gewisse Abkehr von den grundlegenden Discount-Prinzipien. Insofern können die Unternehmen hier leicht Irrwege einschlagen, die zu Mißerfolgen führen. Umgekehrt kann sich aus solchen Bemühungen auch ein neuer discountierender Betriebstyp entwickeln, wie das Beispiel der preisaggressiven Fachmärkte im Markt der braunen und weißen Ware belegt. Sie agieren zwar preispolitisch wie ein Discounter, aber sortimentspolitisch wie ein SB-Warenhaus oder Fachgeschäft. Differenzierung gehört also auch beim Discounting durchaus zur Dynamik des Konzeptes. Bevor es zu sprunghaften „Mutationen" des Discounting kommt, werden weniger innovative, auf eher kleinen Veränderungen aufbauende Discount-Variationen getestet. Im Rahmen der Hybrid-Hypothese werden wir weiter unten darauf nochmals zurückkommen.

3.4 Die Diffusions-Hypothese

Discounting breitet sich mit der Zeit aus. Dies wurde schon in den einführenden Bemerkungen und statistischen Betrachtungen deutlich. Bei genauerem Hinsehen lassen sich drei Unteraspekte unterscheiden, nämlich

(1) die zeitliche Diffusion auf einem bestimmten Markt (Marktpenetration),

(2) die Branchendiffusion und

(3) die internationale (räumliche) Diffusion.

Auf alle drei Aspekte soll nachfolgend näher eingegangen werden. Gemeinsam ist ihnen die Frage nach den **Sättigungsgrenzen des Discounting**.

3.4.1 Zeitliche Diffusion des Discounting

Für die Modellierung der zeitlichen Diffusion eines Betriebstypenkonzeptes kann eine Art **Lebenszyklusbetrachtung** angestellt werden. Dabei stehen drei Fragen im Mittelpunkt: Nach welchem Muster breitet sich Discounting im Laufe der Zeit aus? Welche spezifischen Determinanten beeinflussen diese Entwicklung? Welches Gewicht kann Discounting auf einem bestimmten Markt erlangen?

Ein von *Diller/Haas/Hausruckinger* (1997, S. 23ff.) entwickeltes **Phasenmodell** geht darauf näher ein. Dabei lassen sich insbesondere auch die dynamischen Aspekte des Wettbewerbs berücksichtigen, was dem strategischen Charakter des Discounting und dem bekannt turbulenten wettbewerblichen Umfeld im Handel besondere Rechnung trägt. Die Entwicklung vollzieht sich typischerweise in Phasen, die man voneinander abgrenzen und idealtypisch charakterisieren kann. Deren Unterscheidung ergibt sich, sobald man einige im Zeitablauf variierende „Gesetzmäßigkeiten" identifiziert und mit Blick auf das zeitliche Auftreten gruppiert. Dadurch treten die jeweils phasenspezifischen Wettbewerbskonstellationen und vorherrschenden Einflüsse zutage.

Als Idealmodell ergibt sich hier eine S-förmige, dem Lebenszyklus-Modell von Produkten ähnelnde Funktion, deren Verlauf von vier Phasen geprägt ist (vgl. Abb. 3): Ausgangspunkt für die Herausbildung des Discounting ist die **Konzeptionsphase**. In ihr werden die Discountingprinzipien zunächst von den Anbietern konzipiert und interpretiert. Daraus ergeben sich dann operative Handlungsoptionen, die zu einer in sich geschlossenen, schlagkräftigen Strategie geschmiedet werden können. Diese Strategie wird dann einem ersten „Markttest" unterzogen. Die dabei gewonnenen Erfahrungen offenbaren ggf. Unstimmigkeiten in der Konzeption, für deren Abstellung dann gesorgt werden kann. Im Ergebnis tritt auf dem betreffenden Markt erstmalig ein Discounter auf. Dabei kann es sich um eine völlige Neugründung handeln oder um ein bereits am Markt präsentes Unternehmen, das eine Wendung seiner bisherigen Strategie vornimmt. So unterschiedliche Unternehmen wie *Dell*, *Aldi*, *Vobis*, *South West Airlines* oder der amerikanische Discountbroker *Charles Schwab* sind alle „Kinder der Discounting-Revolution". Sie haben ihre Discounting-Strategie in dieser ersten Phase konzipiert, sei es zu Beginn ihrer Geschäftstätigkeit oder in Änderung einer zuvor verfolgten Strategie.

In der zweiten, der **Multiplikationsphase**, gewinnt das Discounting zusehends an Bedeutung: Unternehmen, die ihr strategisches Konzept dazu in der vorangegangenen Phase entwickelt haben, verfolgen es im Wettbewerb nun unter Einsatz aller Kräfte.

Auch ein Teil der Mitwettbewerber geht zu Discounting-Strategien über, sei es unter dem Eindruck der ersten Erfolge des oder der Schrittmacher, sei es in dem Glauben an die Erfolgsträchtigkeit der Konzeption oder weil sie nicht riskieren wollen, den Anschluß zu verlieren. Diese Strategien können sowohl völlige Imitationen der originären Konzeption sein, wie etwa in den Fällen *Norma* und *Escom*, als auch nur Analogien zum Vorbild, wie etwa bei *Schlecker*. So oder so vervielfacht sich jedoch die Zahl der am Markt tatsächlich verfolgten Discounting-Strategien.

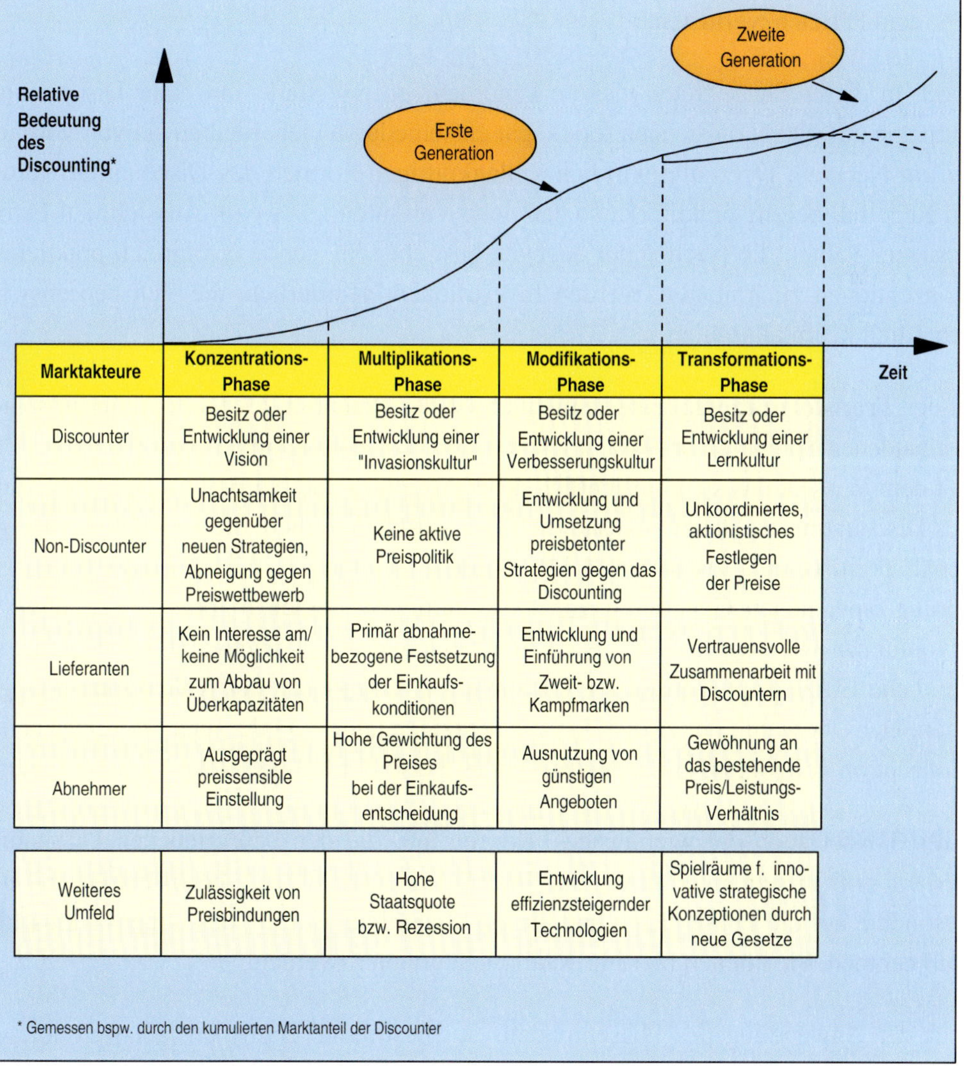

Marktakteure	Konzentrations-Phase	Multiplikations-Phase	Modifikations-Phase	Transformations-Phase
Discounter	Besitz oder Entwicklung einer Vision	Besitz oder Entwicklung einer "Invasionskultur"	Besitz oder Entwicklung einer Verbesserungskultur	Besitz oder Entwicklung einer Lernkultur
Non-Discounter	Unachtsamkeit gegenüber neuen Strategien, Abneigung gegen Preiswettbewerb	Keine aktive Preispolitik	Entwicklung und Umsetzung preisbetonter Strategien gegen das Discounting	Unkoordiniertes, aktionistisches Festlegen der Preise
Lieferanten	Kein Interesse am/ keine Möglichkeit zum Abbau von Überkapazitäten	Primär abnahme-bezogene Festsetzung der Einkaufs-konditionen	Entwicklung und Einführung von Zweit- bzw. Kampfmarken	Vertrauensvolle Zusammenarbeit mit Discountern
Abnehmer	Ausgeprägt preissensible Einstellung	Hohe Gewichtung des Preises bei der Einkaufs-entscheidung	Ausnutzung von günstigen Angeboten	Gewöhnung an das bestehende Preis/Leistungs-Verhältnis
Weiteres Umfeld	Zulässigkeit von Preisbindungen	Hohe Staatsquote bzw. Rezession	Entwicklung effizienzsteigernder Technologien	Spielräume f. innovative strategische Konzeptionen durch neue Gesetze

* Gemessen bspw. durch den kumulierten Marktanteil der Discounter

Abb. 3: Der Lebenszyklus des Discounting und dessen Einflußfaktoren

Der Übergang in die **Modifikationsphase** erfolgt, sobald sich die Geschwindigkeit verringert, in der sich das Discounting ausbreitet. Dabei werden die strategischen Konzeptionen in gegenläufiger Weise modifiziert: Eine Gruppe der Discounter verlegt sich darauf, ihr jeweiliges Konzept stetig zu verbessern. Obwohl sich das zunehmend auf Änderungen im Detail beschränkt, lassen sich so noch immer Effektivitäts- und Effizienzgewinne erreichen, wenngleich diese beständig abnehmen. Eine andere Discountergruppe verwässert ihre Discounting-Strategie - teils bewußt in der Absicht, dadurch einen Wettbewerbsvorteil zu erzielen, teils unbewußt aus einem Mangel an nötiger Kompetenz und Konsequenz. In beiden Fällen kommt es dabei zu Effektivitäts- und Effizienzverlusten.

Auch in dieser Phase treten weitere Unternehmen am Markt mit einer Discounting-Strategie auf. Doch da sie sich (erst) spät entschieden haben, bleiben sie von vornherein im Nachteil. Denn alle wirklich schlagkräftigen Formen des Discounting werden im Regelfall bereits praktiziert, so daß neue Varianten nur wenig Aussicht auf Erfolg besitzen. Sollten die Nachzügler dagegen bestrebt sein, schon erfolgreich praktizierte Konzeptionen zu imitieren, werden Investitionen erforderlich, die sich betriebswirtschaftlich kaum auszahlen.

In der **Transformationsphase** schließlich ist das Potential des Discounting in seinen vorhandenen Spielarten im wesentlichen ausgereizt. Es beginnt ein neuer Zyklus. Und mit dem Wissen, das sich hinsichtlich der Konzeption und der praktischen Umsetzung des Discounting bis dahin angesammelt hat, wird es möglich, die Disounting-Idee geschäftspolitisch neu zu fassen. I.d.R. ist diese Innovation, die gleichzeitig den Ursprung einer neuen Generation von Discounting-Strategien markiert, zwar nicht so revolutionär wie jene in der ersten Konzeptionsphase. Gleichwohl werden mit ihr deutliche Effizienzzuwächse möglich, die ein Absetzen von der Konkurrenz ermöglichen. Der Übergang, den *Aldi* Ende der achtziger Jahre von der alten zu seiner neuen Konzeption vollzog, ist ein beeindruckendes Beispiel für eine solche Transformation.

Abb. 3 listet auch die wichtigsten Faktoren auf, die den beschriebenen Diffusionsverlauf - oft in sehr interaktiver und interdependenter Weise - **beeinflussen** und insbesondere auf die Phasenlänge und die Beschleunigungskräfte des Lebenszyklus Einfluß nehmen. Sie können hier im Detail nicht erläutert werden.

Aus der Anwendung des Phasenmodells auf bestimmte Branchen läßt sich ablesen, welches strategische Potential die jeweilige Discounting-Generation repräsentiert. Diese Potential verringert sich von Generation zu Generation. Und so konvergiert die

Gesamtfunktion der Bedeutungszunahme des Discounting, die sich als Serie der (idealtypisch) S-förmig verlaufenden Kurven darstellt, gegen einen Grenzwert. Dieser zeigt dann für die jeweils spezifische Betrachtungsperiode die maximal erreichbare Bedeutung des Discounting auf diesem Markt an. Mathematisch läßt sich die beschriebene Entwicklung näherungsweise durch eine Wurzelfunktion darstellen. Der Rückgang des strategischen Potentials in jeder neuen Discounting-Generation läßt sich mit fallenden Lernraten, steigender Erfahrung der Non-Discounter mit der Bekämpfung ihrer Wettbewerber, Sättigungserscheinungen bei der Marktpenetration und/oder Betriebstypeninnovationen anderen Zuschnitts am ehesten erklären.

Die „Erfolgsgeschichte" des Discounting läßt sich also nur differenziert unter genauer Analyse der jeweilig erreichten Entwicklungsstufe in der jeweiligen Branche bestimmen. In der Praxis zeigen sich hier zum gegenwärtigen Zeitpunkt durchaus bemerkenswerte Unterschiede, die nachfolgend etwas näher beleuchtet werden sollen.

3.4.2 Branchenmäßige Diffusion

Discounting als strategisches Prinzip fand in verschiedenen Wirtschaftssektoren und Branchen nicht zur selben Zeit und mit der selben Intensität Verbreitung. Dies liegt einerseits an der unterschiedlichen **Discountfähigkeit** bestimmter Branchen und andererseits an der **Discountwilligkeit** der dort agierenden Unternehmen. Relevante Unterfaktoren finden sich im oben dargelegten Lebenszyklusmodell (vgl. Abb. 3). Hintergrundtreiber der Discountentwicklung sind insbesondere die oft technologisch bedingte Warendynamik (vgl. *Tietz* 1986, S. 95ff.; *Specht* 1991) sowie die wachsenden Kauf- und Konsumerfahrungen der Konsumenten. So wäre es Anfang der achtziger Jahre wohl noch undenkbar gewesen, PCs im Lebensmittel-Discount zu vermarkten, was 1998 jedoch anscheinend problemlos funktioniert.

Dieser Umstand weist auf **unterschiedliche Erscheinungsformen** der Branchen-Diffusion des Discounting hin: Zu unterscheiden sind erstens eine Diffusion des Discounting als strategisches Prinzip in verschiedenen Wirtschaftssektoren, z.B. im Einzelhandel, im Dienstleistungsgewerbe, bei Banken und Versicherungen oder in anderen Wirtschaftssektoren. Wie das Beispiel des Discount-Brokers zeigt, kommen die innovatorischen Anstöße für das Discounting hier nicht selten durch eine segmentierte Marktbearbeitung zustande. In anderen Fällen erfolgt ein Eindringen ausländischer Wettbewerber. Dies ist etwa am Beispiel französischer Hotelketten zu beobachten, welche zunächst in Frankreich selbst und später in anderen Ländern mit Discount-Konzepten Absatzerfolge erzielten.

Eine zweite Form der Branchendiffusion stellt der „Export" von Betriebstypen des Handels in andere Branchen dar. In diesem Falle entwickelt sich nicht aus der Branche heraus ein branchenspezifisches Betriebsformenmodell, vielmehr wird ein branchenfremdes Modell „importiert". Beispiele dafür bieten der Drogeriemarkt, der sich an den Lebensmittel-Discounter anlehnt, oder der preisaggressive Media-Fachmarkt, der Discountelemente des SB-Warenhauses übernommen hat. Dabei wurden nicht immer nur Erfolge produziert. Bspw. mißlangen viele Versuche, discountierende Betriebsformen in die Textilbranche zu übertragen, so daß dort der Marktanteil der (reinen) Textildiscounter nach wie vor unter 2% liegt. Großflächige Discount-Betriebe (z.B. *Adler*) scheinen hier größere Chancen zu besitzen als kleinflächige.

Nach Angaben des *Bundesverbandes der Filialbetriebe und Selbstbedienungswarenhäuser (BFS)* betrugen die Marktanteile der Discounter (eine definitorische Abgrenzung wurde nicht mitgeliefert) im Jahre 1995 zwischen 2 und 30% (vgl. Abb. 4). Bei dynamischer Betrachtung scheint es einen Discount-Trend vom Food- zum Non-Food-Sektor sowie von Gütern des kurzfristigen zu solchen des langfristigen Bedarfs, aber auch eine Entwicklung vom Low Interest Product- zum High Interest Product-Bereich zu geben.

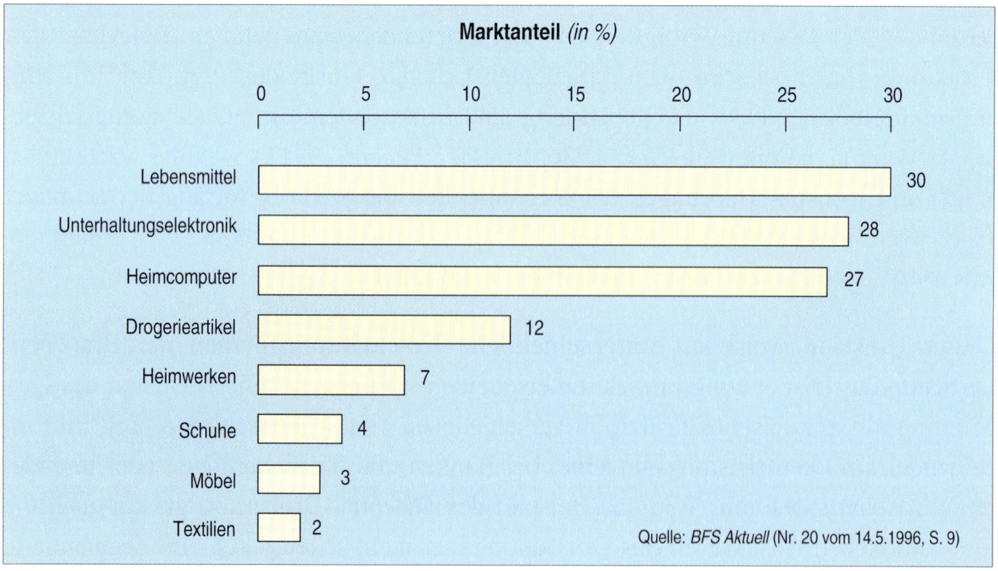

Abb. 4: Marktanteile des Discounthandels in unterschiedlichen Branchen

Ein dritter Aspekt der Branchendiffusion kann schließlich darin gesehen werden, daß Discountunternehmen bestimmter Branchen im Laufe der Zeit ihr ursprüngliches Sortiment branchenübergreifend erweitern. Teilweise geschieht dies zunächst nur zur kundenfrequenzerhöhenden Aktualisierung des Sortimentes oder zur Ermöglichung von Sonderangeboten („Self Liquidators", z.B. im Kaffeehandel), teilweise aber auch zur Nutzung vorhandener Kundenströme zu Zwecken der Umsatzausweitung. Wenn bspw. *Aldi* nach Angaben der Fachzeitschrift *Textilwirtschaft* zum fünftgrößten Textilvermarkter Deutschlands aufgestiegen ist, wird deutlich, welche Bedeutung diese Art von Branchendiffusion inzwischen erreicht hat. Der Standortbestand der Discountunternehmen erweist sich hier als Plattform für eine horizontale Diversifikation des Discount-Prinzips.

3.4.3 Internationale Diffusion

Niedrigpreiskonzepte wie das Discounting stellen eine gute Grundlage für die Internationalisierung von Betriebsformen des Handels dar (vgl. *George* 1997, S. 131ff.). Der gerade in Deutschland in seinem Lebenszyklus weit vorangeschrittene, stark penetrierte und perfektionierte Discounthandel entwickelte sich deshalb in den achtziger und neunziger Jahren zu einem **„Exportschlager"** deutscher Handelskonzerne. Dies gilt freilich im weiteren nur für den Lebensmittel- und Drogeriewaren-Discount, während Non Food-Discounter eher umgekehrt vom Ausland nach Deutschland hereindrangen. Nicht selten verband sich dabei das Discount-Prinzip mit innovativen Sortimentskonzepten, sog. „Category-Killers". Eine der Triebkräfte dieser Internationalisierung (vgl. *George* 1997, S. 134ff.) ist im Falle des Discount die positive Rückwirkung der Betriebsstättenmultiplikation auf die (globale) Wettbewerbsstärke durch Betriebsgrößenvorteile und positive Wachstumseffekte. Dies wiederum erzeugt Pull-Wirkungen auf andere Discountunternehmen, so daß ein sich verstärkender Internationalisierungswettbewerb entsteht, der dafür sorgt, daß das Discounting innerhalb der jeweiligen Branchen schnell auch international diffundiert.

Die Adoptionsraten des Marktes in den verschiedenen Ländern Europas sind dabei derzeit noch recht unterschiedlich, was jedoch auch mit dem wirtschaftlichen Entwicklungsstand und den Verbrauchsgewohnheiten sowie anderen situativen Umfeldbedingungen zu erklären ist. Tab. 1 gibt dafür einen kleinen Eindruck aus dem europäischen Lebensmittel-Einzelhandel auf der Basis von *A.C. Nielsen*-Daten.

Land	Marktanteil des Discount am LEH-Umatz (*in %*)
Norwegen	37,0
Deutschland	29,5
Belgien	24,7
Dänemark	20,0
Österreich	16,5
Europa-Durchschnitt	**15,6**
Niederlande	12,5
Finnland	11,5
Großbritannien	11,4
Schweden	11,0
Italien	10,4
Portugal	9,2
Spanien	9,1
Schweiz	7,9
Frankreich	7,4
Quelle: *A.C. Nielsen* (1997, S. 17)	

Tab. 1: Bedeutung des Discounts im europäischen Lebensmittel-Einzelhandel (1996)

Die unterschiedlichen Penetrationsraten in den europäischen, aber auch den überseeischen Ländern, lassen dem Discount noch viele Wachstumsspielräume. Dies gilt nicht nur für den Lebensmittelhandel, sondern für viele andere Erscheinungsformen des Discounting, das überraschenderweise keine typische Erscheinung wirtschaftlich rückständiger, sondern eher ein Kind fortgeschrittener Volkswirtschaften zu sein scheint. Nur am Rande sei erwähnt, daß „im Windschatten" der Discounter auch deren (oft mittelständische) Zulieferer internationale Erfahrungen gewinnen.

3.5 Die Hybrid-Hypothese

Von hybriden Erscheinungsformen wird gesprochen, wenn vordem unvereinbar scheinende Arten eines Phänomens sich zu einer neuen Erscheinungsform vereinen.

Der hybride Charakter kann dabei mehr oder minder stark ausfallen. Als extremes Geschäftskonzept fordert das Discounting die Entwicklung derartiger hybrider Formen geradezu heraus, weil die Entwicklungsrichtung „niedriger Preis" nur in begrenzter Art und Weise steigerbar ist. Zwar lassen neue Rationalisierungsmöglichkeiten durch technische Entwicklungen und andere Umfeldveränderungen immer wieder Steigerungen des ursprünglichen Discount-Prinzips zu, die Grenzeffekte einer solchen Verbesserung nehmen i.d.R. jedoch ab. Zudem findet im Laufe der Zeit eine Polarisierung der strategischen Landschaft statt, die neuen Raum für Betriebsformen und Unternehmenstrategien schafft, die die ursprünglich auseinanderlaufenden Entwicklungen zu vereinen sucht. So ist im Lebensmittel-Einzelhandel seit Mitte der achtziger Jahre von einer Polarisierung in Erlebnis- und Versorgungshandel die Rede (vgl. *Patt* 1987; *Gröppel-Klein* 1998). Der Versorgungshandel verzichtet auf jegliche emotionale Leistungskomponenten, entspricht dem oben genannten Discount-Prinzip der Leistungsvereinfachung und kommt deshalb dem Discounting sehr entgegen. Insofern war die „erste Generation" des Discounthandels ganz auf diese Versorgungsfunktion für den Verbraucher fixiert.

Moderne Erscheinungsformen des Discounting (**„Erlebnis-Discounting"**) versuchen freilich in unterschiedlicher Art und Weise, auch Erlebnis- und andere Zusatznutzenqualitäten in das Leistungsangebot einzubauen. Typisches Beispiel hierfür sind Handelsmarken, die von Discountern entwickelt und mit einer eigenständigen Markenaura umgeben werden, wie dies etwa in Holland oder Großbritannien geschieht. Ein anderes Beispiel sind die Factory Outlets, bei denen das Discount-Prinzip mit einem qualitativ besonders hochstehenden Markensortiment kombiniert wird.

Derartige Entwicklungen scheinen dem in der Theorie der Strategiedynamik bekannten Prinzip des Hyperwettbewerbs (vgl. *D'Aveni* 1995) zu entsprechen, nach dem die Unternehmen ständig nach grundsätzlich neuen Wettbewerbspositionen zu suchen haben, wodurch ein „Outpacing"-Wettbewerb (vgl. *Gilbert/Strebel* 1985) entsteht. Offenkundig existieren hier Analogien zur Assimilationshypothese in der *Nieschlag*schen Theorie der Dynamik der Betriebsformen, nunmehr allerdings strategietheoretisch fundiert.

Gewisse Elemente hybrider Erscheinungsformen des Discount zeigten sich im übrigen schon früher: Bspw. versuchten andere Betriebsformen im Lebensmittelmarkt, den Siegeszug der Discounter dadurch zu bremsen, daß sie ein preislagenbezogenes Teilsortiment mit sog. **„Einstiegspreisen"** als **Dauerniedrigpreisprogramme** in ihr Sortiment aufnahmen. Hier liegt dann ein Fall sog. vertriebsformenheterogener Sortimente (vgl. *Oehme* 1985) vor, der Züge eines hybriden Handelsmarketing in sich trägt. Eine ähnliche Entwicklung bahnt sich derzeit an, wenn immer mehr Non-Discounter, insbesondere Verbrauchermärkte und SB-Warenhäuser, ihr Preiskonzept auf Dauerniedrigpreise umstellen und damit ein ursprünglich tragendes Konzeptmerkmal, nämlich die Sonderangebotspolitik, aufgeben. Die Assimilation der Handelsbetriebsformen erfolgt hier durch Annäherung anderer Betriebsformen an das Konzept des Discounting und nicht umgekehrt, wie dies *Nieschlag* postulierte.

Auch die Diskussion um den sog. **Smart Shopper** (vgl. o.V. 1996; *Schmalen/Lang* 1998), der sich durch gleichzeitiges Streben nach Qualität (z.B. hochwertigen Marken) **und** Preisvorteilen auszeichnet, fördert hybride Formen des Discounting. Die großen Erfolge der **Factory Outlets** in den USA bieten hier ein treffendes Beispiel. Das zunehmende Bewußtsein für Hyperwettbewerb wird dafür sorgen, daß derartige Formen hybriden Discounts schnell diffundieren.

4 Zukunftsperspektiven

Mit dem hybriden Discounting sind bereits Aspekte der zukünftigen Entwicklung dieses Strategieprinzips angeschnitten worden. Über die Stoßrichtungen dieser Wettbewerbsdynamik kann zum gegenwärtigen Zeitpunkt nur spekuliert werden. Zwei Vermutungen liegen u.E. aber auf der Hand: Sie betreffen die Kombination des Convenience Shopping bzw. des Erlebnishandels mit dem Discounting.

Der Erfolg der Tankstellenshops und anderer Formen des sog. **Convenience Shopping** zeigt, daß die Ersparnis an Zeit künftig für den Verbraucher möglicherweise gleich wichtig oder sogar wichtiger als die Ersparnis an Geld werden wird. Dies hängt damit zusammen, daß die zunehmenden Optionen des Menschen im beruflichen und privaten Umfeld das subjektive Gefühl der Zeitknappheit verstärken und Zeitstreß entsteht. Der Abbau von Zeitstreß kann als hybride Komponente der Leistungsvereinfachung interpretiert und insofern in das Discounting-Konzept integriert werden. Dem Kunden werden flexible Einkaufszeiten geboten, was dem „Lean Consumption"-Prinzip (vgl. *Diller* 1997) entspricht. Die - wenn auch geringe - negative Wirkung, welche die Verlängerung der Ladenöffnungszeiten 1997 auf die Marktanteile im Einzelhandel auf den Discounthandel hatte, zeigt, daß derartige Wirkungen keine theoretischen Hirngespinste sind. Ein weiteres Indiz liefert die *Deutsche Shell AG*, die für den Herbst 1998 eine Preisoffensive für ihre Tankstellenshops angekündigt hat, bei der die bisher hohen Preise auf Supermarkt-Niveau abgesenkt werden sollen. Der Weg zum **„Convenience-Discounter"** scheint damit nicht mehr allzu weit.

Eine andere Form des Convenience Shopping gewinnt im Rahmen des **elektronischen Home-Shoppings** Bedeutung. Hier spart der Verbraucher Zeit, indem er vom heimischen Computer oder TV-Gerät aus Produktangebote recherchiert und Bestellungen aufgibt, die ihm künftig in zunehmendem Maße auch ganz oder teilweise zugestellt werden. Für alle jene Produktbereiche, bei denen der direkte Warenkontakt keine ausschlaggebende Rolle spielt, könnte sich hier sowohl unter Kosten- als auch unter Zeitgesichtspunkten ein neues Feld für **„elektronisches Discounting"** eröffnen. Dies gilt um so mehr, als die elektronischen Online-Medien vermutlich für hohe Preistransparenz sorgen werden und deshalb von preisaggressiven, discountierenden Unternehmen bevorzugt genutzt werden dürften.

Ein weiterer Zukunftstrend könnte sich in der oben bereits angesprochenen Kombination des **Erlebnishandels** mit dem Discounting ergeben. *Zentes* (1996, S. 15) gießt diese Entwicklungsoption in ein in Abb. 5 dargestelltes Positionierungsmodell. Als Beispiel für eine derartige Konzeption werden die US-Factory Outlet Centers genannt, die in den USA insbesondere von der *Mills-Corporation* sehr erfolgreich entwickelt und betrieben werden. Derartige Factory Outlet Centers bieten durch die Kombination mehrerer Fabrikverkaufsläden eine mehr oder minder beeindruckende, emotionalisierende Sortimentsleistung, bleiben jedoch beim Preis auf der herkömmlichen Discountlinie. Die Center werden durch Entertainment- und andere typische Erlebniskomponenten angereichert, so z.B. Kinos und Theater, Sportstätten oder Gastronomie. Ob derartige, äußerst flächenintensive Konzepte in Deutschland tatsächlich eine Chance haben, ist freilich offen, zumal hier auch innovationsfeindliche Verkrustungen der Handelsstruktur und eine hohe Regulierungsdichte Betriebstypeninnovationen stark behindern.

Wenn heute der Anteil der Smart Shopper jedoch bereits auf rund 35% geschätzt wird, ist langfristig nicht damit zu rechnen, daß derartigen Betriebsformen Einhalt geboten werden kann. Schon die zunehmende Internationalisierung im Einkaufsverhalten der Verbraucher wird hier die deutsch-nationalen Hürden unwirksam machen.

Vielleicht liegt in solchen Konzepten auch die einzige Chance, den im Lebenszyklus bereits fortentwickelten, discountähnlichen Betriebstypenkonzepten à la *Wal-Mart* Paroli zu bieten. Wie auch immer die Entwicklung verlaufen wird, das Discounting als strategisches Prinzip wird weiterhin zum Repertoire des strategischen (Handels-)

Marketing gehören. Daß die deutschen Pioniere des Discount-Konzeptes, etwa die Gebrüder *Albrecht* oder *Harry Leibrand*, dies noch heute aktiv mitgestalten, zeigt, wie schnellebig die Betriebstypenentwicklung inzwischen geworden ist und welche Bedeutung ein Denken in den Dimensionen des Hyperwettbewerbs besitzt. In diesem Sinne könnte auch die Ausgangsfrage des vorliegenden Beitrags in die Antwort: Discounting - Erfolgsgeschichte mit Irrwegen (in Vergangenheit und Zukunft) gewendet werden.

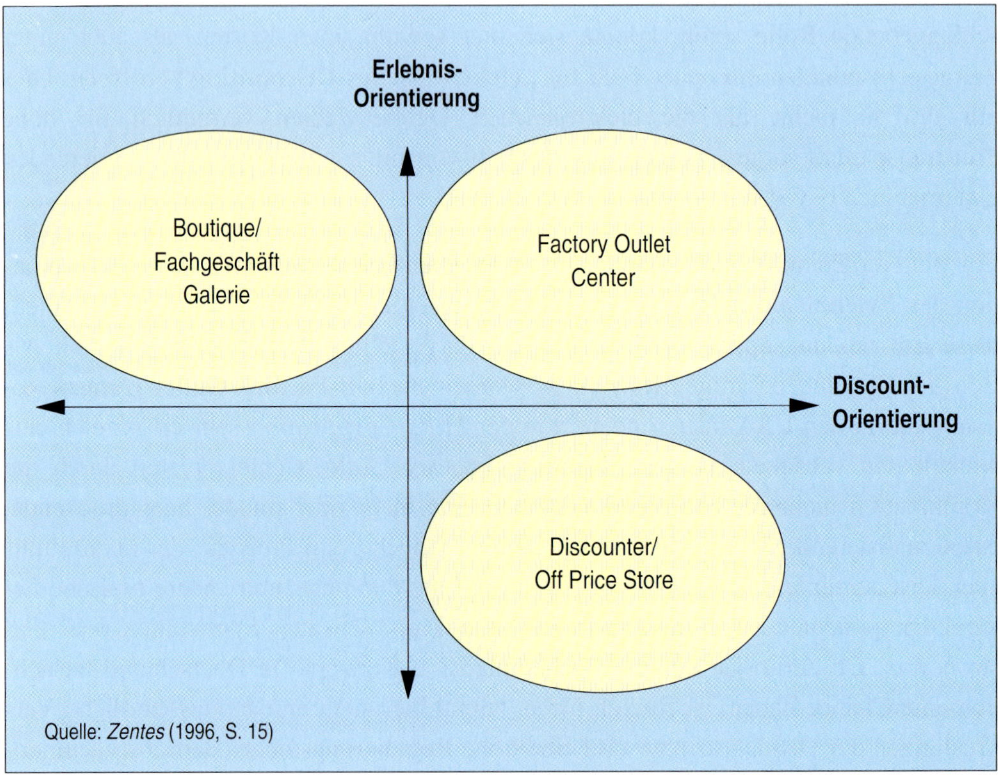

Abb. 5: Factory Outlet Centers - Erlebnis-Discount-Strategie

Kirche und Kaufmann im europäischen Mittelalter

Erich Kaufer

1 Die Stadt und ihr Handel: eine Schöpfung *Kains*?

Irgendwann vor etwa zehntausend Jahren kam es in der Menschheitsgeschichte zu einer Entwicklung, die sich ihrer Überlieferung traumatisch einprägte. Wir nennen sie heute die **„Erste Technische Revolution"**. Der Mensch lernte Tiere zu domestizieren, Getreide anzubauen, Lebensmittel zu verarbeiten und zu konservieren. Er begann zu produzieren, also systematisch Überschüsse zu erzeugen. Auf dieser produktiven Grundlage entstand die Stadt, wo die Überschüsse gehortet wurden und verteidigt werden mußten. Raubzüge und Kriege fanden in der Stadt ein bisher nicht gekanntes Ziel der mörderischen Habgier. Die Stadt trug das Mal der mit *Kain* in Neid und Mord gefallenen Schöpfung. Die Stadt bedeutete Vertreibung des Menschen aus dem Paradies der Jäger- und Sammlerkultur. In der jagenden und sammelnden altsteinzeitlichen Kultur wohnte kaum mehr als ein Mensch auf zehn Quadratkilometern. Die Arbeit war manchmal gefährlich, aber im allgemeinen nicht besonders zeitraubend und anstrengend. Mit dem neusteinzeitlichen Übergang zum Ackerbau konnte die Siedlungsdichte verzehnfacht werden, doch der Mensch mußte dafür hart im „Schweiße des Angesichts" sein Brot erarbeiten.

Das Mal, mit dem Gott den *Kain* gezeichnet hatte, war jedoch nicht nur eine „Brandmarke“ für den Mord an *Abel*, es schützte und behütete *Kain* und seine Nachkommen. *Kain* wurde der Begründer städtischer Technik und Kultur (Gen. 4, 17-24). Die Stadt wurde auch das Zentrum der Priester, die über das Heil der Menschen nachdachten, welche den Geheimnissen der Schöpfung nachspürten, Offenbarungen empfingen und Weisheit suchten. Die Stadt wurde der Ort, wo sich Gott und Menschen zu Religion verbanden. Seither trägt die **Stadt ein doppeltes Gesicht**: Sie ist eine Schöpfung *Kains* und ein Jerusalem des Heils.

In der Anschauung der Menschen überwog jedoch das der Stadt anhaftende *Kains*-mal. Die neue städtische Zivilisation brachte Herrscher hervor, die mit ihren Armeen ihre Territorien auszuweiten trachteten. Sie ließ Priesterkasten entstehen, die für ihre rivalisierenden Gottheiten Abgaben erpreßten. Infolge der städtischen Beengtheit breiteten sich alte Krankheiten epidemisch aus, weil sich Immunität nie ganz durchsetzen konnte. Neue Krankheiten wie die Pocken entstanden in der Enge der Städte.

Die Stadt, das war ein parasitärer Körper, der sich von Unterdrückung und Ausbeutung nährte, der sich wegen seiner im Vergleich zur Landbevölkerung hohen Sterblichkeit nicht ohne ständigen Zuzug vom Land halten konnte. Die Städte, das waren die „Friedhöfe der Menschheit“.

Als Hort für den Schutz der produzierten Überschüsse wurde die Stadt längst vor der Erfindung des Geldes das **Zentrum des arbeitsteiligen Gewerbes**, der verrechnenden Buchhaltung und damit der Erfindung der Schrift und das Zentrum des Handels mit landwirtschaftlichen und gewerblichen Erzeugnissen. Dieser Handel folgte Flüssen wie Euphrat, Tigris und Nil und bald den Küsten des mittelländischen Meeres nach Norden bis ins Schwarze Meer, nach Westen über Karthago nach Spanien und über Sizilien und Süditalien bis nach Etrurien. Bald einmal wagten sich Schiffe an den Säulen des Herkules vorbei nach Großbritannien. Phönizier sollen sogar Afrika umrundet haben.

Aus früheren Berichten über diesen Handel mit fernen Gegenden - etwa *Herodots* oder des Venezianers *Ca´da Mosto* von 1445 - nährt sich die Vorstellung, „Fernhandel“ sei wesentlich **kulturloser** und für die Zivilisation insgesamt **belangloser** „stummer und blinder Ergänzungshandel“ gewesen. Hören wir *Ca´da Mosto*:

„Auf ... der Höhe von Hodna liegt mehr als sechs Tagesreisen im Landesinnern ein Ort, den sie Tegazza nennen ..., wo eine große Menge Steinsalz gebrochen wird, ... Sobald sie (die Neger) ... mit dem Salz am Ufer sind, geschieht folgendes: Alle diejenigen, denen Salz gehört, häufen ihr Salz in einer Linie zu kleinen Hügeln auf, jeder kennzeichnet seinen Hügel, und dann zieht die ganze Karawane sich einen halben Tagesmarsch zurück. Darauf erscheinen andere Neger, die sich nicht sehen und anreden lassen wollen; sie kommen in wenigen großen Booten von einigen Inseln ... steigen aus, sehen sich das Salz an, legen vor jedem Hügel eine bestimmte Goldmenge ab und verschwinden wieder, Gold und Salz zurücklassend. Wenn sie verschwunden sind, kommen die Salz-Neger zurück, und wenn sie mit dem Gold zufrieden sind, nehmen sie es und lassen das Salz liegen, wenn nicht, lassen sie Gold und Salz liegen und ziehen sich zurück. Und dann kommen die Gold-Neger und tragen den Hügel, den sie ohne Gold finden ab, und vor die anderen Salzhügel legen sie entweder mehr Gold, wenn sie wollen oder verzichten darauf. So machen sie einen Handel, ohne daß einer den anderen sieht oder ein Wort mit ihm wechselt ...".

Solchen **Fernhandel der Ergänzung**, was nicht heimisch verfügbar war, gab es. Doch der Fernhandel des mittelländischen Raumes war schon in der Antike vor *Perikles* interregionale Integration geworden, die Rohstoffe und Nahrungsmittel, Weine, Luxusgüter, Waffen, Sklaven und Töpferwaren und über diese Güter Kultur und Zivilisation austauschte. Bereits Troja war als Monopolstation der jahreszeitlich bedingten Unterbrechung des Seehandels zwischen dem ans Schwarze Meer angrenzenden Norden und Osten und dem südlichen Siedlungsgebiet der Achaier erobert und zerstört worden. Troja fand dann seine späte und siegreiche Fortsetzung in dem das Mittelmeer auch durch Handel umspannenden Rom.

2 Europa: eine kleine Halbinsel Asiens

Als Zeus die schöne Tochter des Königs *Agenor* von Phönizien nach Kreta entführte, da gab er einer kleinen asiatischen Halbinsel den Namen Europa. Aber *Zeus* bevorteilte Europa in so mancher Hinsicht. In meinem Zusammenhang sind es vor allem die herrschaftliche, religiöse und kulturelle Vielfalt begünstigende Topographie und die Handel über große Distanzen ermöglichenden Flüsse in Nord/Süd-Richtung sowie das Mittelmeer und die Nord- und Ostsee. Die phönizische und griechische Kolonisation, das Römische Reich, Venedig, Pisa, Genua und die Hanse gründeten auf den einzigartig günstigen und wohlfeilen Handelsverbindungen über Flüsse und Meere. Selbst die Landwege zwischen den Flüssen und Meeren waren kurz im Vergleich zur Seidenstraße, zu den Karawanenstraßen nach dem Gold Timbuktus oder zu den Wegen, auf denen die Gewürze aus Asien nach Hormuz gelangten.

Der **Handelsweg des „Mittelmeeres“** begründete die einzigartige Kultur des mittelländischen Raumes „Mediterranea“! Das gilt für die Antike, in der die griechisch-römische Welt der Despotie der persisch-karthagischen Welt widerstand. Es gilt auch für das Mittelalter, in dem sich das Zentrum der Wirtschaft nach Norden in das Reich der Franken verlagerte. Ohne *Mohammed* hätte es keinen *Karl den Großen* gegeben, so sprach *Henri Pirenne* eine noch heute provokante These aus.

Was geschah, als das Römische Reich verblichen war, und die muslimischen Söhne Arabiens an den Südküsten des Mittelmeers entlang über Spanien bis ins Herz des Frankenreiches vorstießen? Das „Mittelmeer“ verlor seine handelvermittelnde Funktion. Europa zentrierte sich nach Aachen. Und dort suchte der Bischof von Rom Schutz vor dem ost-römischen Byzanz! Die Handelswege verlagerten sich nach Norden, obwohl sie im Gefolge der Kreuzzüge auch wieder in die Levante gingen. Die Champagne wurde ein einzigartiges Zentrum des westeuropäischen Handels, so wie es später Nischni Nowgorod im hanseatischen Osten wurde.

3 Europa: eine Zivilisation durch Handel

3.1 Der Kaufmann: ein Mitglied gesellschaftlicher Randgruppen

Doch bevor dieser Handel seine Wege neu fand, mußte sich vieles ereignen. Obwohl das antike Athen des attischen Seebundes seinen perikleischen Glanz nicht ohne den mittelmeerischen Handel gewonnen hätte, war Handel eine stets **verachtete Tätigkeit** gewesen, die man Sklaven und den bürgerrechtslosen Fremden, den Metoiken, überließ. Der freie Bürger widmete sich seinem landwirtschaftlichen Oikos und seiner Polis. So trug auch der Kaufmann des frühen Mittelalters schwer an seiner Bürde schon aus der Antike überlieferter Geringschätzung. Er war zudem ein nicht bodenständiger, umherreisender Fremder.

Was bedeutete es eigentlich, fremd zu sein? Während der allmählichen Klimaerwärmung des früheren Mittelalters verödeten die Städte immer noch, verkamen die Verkehrswege weiter, verdichteten sich die Wälder, vereinzelten sich die Siedlungen. Die Welt wurde klein. Als ein Mann während einer Predigt zum Gedenken an einen Verstorbenen keine Tränen der Trauer vergoß, verteidigte er sich mit dem Hinweis, er komme aus der Fremde, er sei hier nicht zu Hause. Der Fremde hatte kein Mitleid und er fand auch keines. Die syrischen, später die jüdischen und dann die christlichen Händler waren solche Fremden und deshalb stets **des Betrugs verdächtig**.

Der Begründer des Kirchenrechts - *Gratian* (um 1140) - hatte das dem heiligen Chrysostomos zugeschriebene Dictum, der Kaufmann könne seiner betrügerischen Natur entsprechend wohl kaum gottgefällig handeln und sei deshalb den von Jesus aus dem Tempel verjagten Geldwechslern gleich aus der Kirche zu verstoßen, zum kanonischen Rechtssatz des „Ejiciens Dominus..." erhoben. Und sein Zeitgenosse *Petrus Lombardus* (um 1100 - 1160) erklärte in seinem „Sentenzenbuch", das für Jahrhunderte zum Lehrbuch der theologischen Ausbildung wurde, ohne Umschweife, daß Soldaten und Kaufleute, die nicht von ihrem Gewerbe ließen, nicht zum Sakrament der Buße zugelassen werden könnten. Der Kaufmann schien sich Gottes Schöpfungsauftrag zu entziehen. Man sah ihn nicht produzieren, nicht „im Schweiße seines Angesichts sein Brot essen" (Gen. 3,19). Wie konnte er gewinnen, ohne andere zu schädigen? Die Händler des 11. und 12. Jh. waren noch mit ihren Waren umherziehende „Staubfüße". Sie gehörten wie die Spielleute oder die Prostituierten den **gesellschaftlichen Randgruppen** der frühen mittelalterlichen Gesellschaft an. Aber während diese Randgruppen bis in die Neuzeit hinein mit zunehmender Härte verfolgt wurden, errang der Kaufmann zuerst die Billigung der Kirche und sodann die Achtung der Gesellschaft. Einen Höhepunkt markiert *Lorenzo de´Medici*, il Magnifico!

3.2 Der Kaufmann erringt die Billigung der universalen Kirche

Zu einer Zeit, in der gerichtliche Beweisverfahren auf der Anzahl der Eidhelfer oder auf Gottesurteilen beruhten, waren reisende Kaufleute an jedem neuen Ort in schwierigen, gar gefährlichen Beweisnotständen. Der wegen seines weitverbreiten Bußbuches berühmte Bischof *Burchard von Worms* (um 1025) hatte grundsätzlich das **Gottesurteil als gerichtliches Beweismittel** empfohlen, weil er sah, daß in der damals allgemein schwierigen Beweislage der Meineid ein leichtes Mittel war, seine Unschuld zu behaupten. Angewandt auf die stets des Meineids verdächtigten Kaufleute, neigte man in ihren Gerichtsverfahren dazu, auf Gottesurteile zu vertrauen. Feuerproben, Schwertkämpfe und ähnliche Proben hätte der Kaufmann nicht lange überlebt. Ein Fortschritt war es da schon, das fehlerfreie Hersagen eines sprachlich schwierigen Textes - eines „Zungenbrechers" wie unser „Fischers Fritz fängt frische Fische..." vor Gericht als Gottesurteil zuzulassen.

Später statteten Territorialherren, Könige und Kaiser die Kaufleute mit dem **Privileg des „Eineides"**, also dem Recht aus, keine Eidhelfer beibringen zu müssen. Des Meineids verdächtig blieben sie gerade wegen dieses Privilegs. Und dennoch hatte sich - des Rechtssatzes „Ejiciens Dominus..." zum Trotz - bereits der so entschieden um die Reform der Kirche bemühte *Papst Gregor VII.* (1073-1085) energisch dagegen verwahrt, daß Philipp I. von Frankreich im Jahre 1074 italienische Kaufleute ihrer Güter beraubt hatte. Sie waren auf dem Weg zur Messe in Lendit gewesen, die jedes Jahr am zweiten Mittwoch des Juni begann (Die Messe von Lendit hatte die noch ältere Messe zu St. Denis, 876 von Karl dem Kahlen begründet, als die wichtigste Messe Frankreichs abgelöst. Übrigens erreicht *Papst Greogor* für die Kaufleute nichts, weil der von ihm mit der Sache betraute Erzbischof von Reims kein Interesse hatte, sich mit *Philipp I.* anzulegen). Die Territorialherren neigten mindestens so zu Raub, wie die Kaufleute als meineidig galten. Während ein Meineid jedoch bloß eine gerichtliche Wahrheitsfindung untergrub, bedrohte der Raub unmittelbar den kirchlichen Gottesfrieden und den königlichen Landfrieden. Was war ein kaufmännischer Meineid im Vergleich zum Raub eines Feudalherren?

Auch schlossen sich die Kaufleute der Handelsstädte zu Hause zu Zünften und in der Fremde zu **Konsulargemeinschaften** zusammen, um sich gemeinsam besser gegen das Repressaliensystem schützen zu können. Die Repressalie erlaubte es einem Gläubiger, sich an jedem vorbeikommenden Kaufmann einer Comune für Schulden schadlos zu halten, die irgendein Bürger dieser Comune bei ihm eingegangen war. Der Sicherheit aller reisenden Kaufleute einer Comune diente es also, wenn die Zusammenschlüsse der Kaufleute durch eigene Beweis- und Gerichtsverfahren von allen ihren Mitgliedern die Achtung des Rechts einforderten. Das Kaufmannsrecht wurde eines von „Treu und Glauben". Der reisende Staubfuß wurde zum „ehrbaren Kaufmann". Wenige Jahrzehnte nach Gratian betrieb *Papst Innozenz III.* (1198) die Heiligsprechung des frommen Tuchhändlers *Homobonus von Cremona.*

Dennoch: Die noch vorherrschende **Randständigkeit des Kaufmanns** kommt auch darin um Ausdruck, daß *Papst Innozenz III.* genau im Jahr der Heiligsprechung des Tuchhändlers *Homobonus* erklärte, allen Männern, die eine Prostituierte ehelichten und somit von ihrem sündigen Leben abbrächten, würden ihre Sündenstrafen erlassen. Der Kaufmann war so erlösungsbedürftig wie eine Dirne. Und das drückt die Heiligsprechung dieses Tuchhändlers auch aus. Sie sagt noch wenig über einen neu gewonnenen Status des Kaufmanns. Viel aussagekräftiger ist *Federigo Visconti*, von 1254 - 1277 Erzbischof von Pisa, damals noch eine der mächtigsten Handelsstädte. Dieser Erzbischof rät den Kaufleuten seiner Stadt, eine Bruderschaft des Heiligen Franziskus zu gründen. Er sei Kaufmann zu Assisi gewesen und sei deshalb für sie ein bei Gott besonders wohlgefälliger Mittler (Die erste Ordensregel des heiligen Franziskus ist geradezu besessen von der Abscheu vor dem Geld. Nicht einmal anfassen durfte man es! Um so bemerkenswerter ist des Erzbischofs Bemerkung: „Sed nota quam delectabile debet esse mercatoribus quod eorum consocius scilecet beatus franciscus fuit mercator et sanctificatus in tempore nostro. O quanta spes bona debet esse mercatoribus qui habent talem intercessorum mercatorem apud deum ... Secundo vivendum est quomodo verba ista "simile est regnum celorum homini negotiatori...").

In diesem Zusammenhang weist er auf Math. 13, 45 hin, wonach es mit dem Himmelreich wie mit einem Kaufmann ist, der eine schöne Perle sucht. Dieser Erzbischof könnte als Pisaner, als Vertreter einer Handelsstadt voreingenommen erscheinen. Er war jedoch einer der heiligmäßigsten Bischöfe seiner Zeit. 1222 hatte *Federigo* als bologneser Student die Kutte des Heiligen Franziskus geküßt und zeitlebens eine bewegende Erinnerung daran bewahrt. Er hatte in Paris bei Albertus Magnus studiert. Von ihm ist eine große Sammlung Predigten überliefert. Viele von ihnen hielt er auf dem Marktplatz zu Pisa, wohin er sogar seinen Bischofssitz verlegte. Er wollte unterweisend mitten unter seinen Kaufleuten sein. Gewiß hielt er sie zu Glaubwürdigkeit und Verläßlichkeit an, aber er schätzte auch den hohen gemeinschaftsbildenden Wert ihrer Tätigkeit. In den schriftlichen lateinischen Fassungen seiner in der Volkssprache vorgetragenen Predigten werden selbst „deus" und „ecclesia" mit Kleinbuchstaben begonnen, nur „Civis" und „Civitas" weichen davon stets ab. Das zeigt, wie hoch er die städtische, die kaufmännische Kultur einschätzte.

Die Frauen ermahnte er sich zu schmücken, damit ihre Gatten ihnen in der Fremde seltener untreu würden und mit Sehnsucht nach Hause zurückzukehren trachteten. In seinen Ermahnungen vermied er Drohungen mit höllischen Schrecknissen. Vielmehr predigte er einmal über den Satz: „Beweis: alle Menschen werden erlöst werden". In dieser Predigt setzt sich Federigo mit dem Satz Gregors des Großen „in infernis nulla redemptio" auseinander. Dabei zeigt sich das in den Kaufmannsstädten neugewonnene „mathematische" Denken. Federigo sagt, „nulla" bedeute „Null". Und jede Fürbitte für einen Verdammten werde seine Höllenqualen in proportionaler Weise so erleichtern, daß sie gen Null konvergierten.

Obwohl papsttreu in einer erzghibellinischen Stadt war Pisa die Stadt, die unter ihm nicht gegen die bischöflichen Herrschaftsrechte rebellierte. Es gab keinen Papst, der ihn nicht hoch verehrte. Federigo ist also nicht irgendeine Stimme aus der damaligen Kirche. Er ist eine der besonders beweiskräftigen Stimmen über die Einschätzung kaufmännischer Tätigkeit.

Die damaligen und bis heute immer noch zitierten „Verdammungslisten" der Kaufleute sind eben nicht wörtlich zu nehmen. Sie geben selten die kontroversen Auffassungen ihrer Zeit wieder. Zu beachten ist, daß die schärfsten Urteile gegen Kaufleute dem Waren- und Geldhandel der Kleriker gelten. Dank ihrer **Immunität von kommunalen Pflichten** und Abgaben waren sie verhaßte Konkurrenten der Laien, aber eben auch dem Reformpapstum ein Dorn im Auge. Mochten die Laien-Kaufleute die Kleriker-Kaufleute als Konkurrenten auch hassen, so hinderte das den Laien nicht daran, seinem Sohn eine Tonsur zu schneiden und zu behaupten, er sei Kleriker. Zu verlockend war die klerikale Immunität von den städtischen Bürgerpflichten. Einerseits erstrebte die Kirche, daß ihre Kleriker in Keuschheit und persönlicher Armut lebten und sich in gemeinschaftlichem Leben weiter bildeten. Andererseits wußte die Kirche, daß ihr Universalitätsanspruch auf ihrer wirtschaftlichen und politischen Macht beruhte. Wie sollte sich beides vereinbaren lassen? Gerade aus diesem Widerspruch erwuchsen die widersprüchlichen Stellungnahmen zu kaufmännischem Handeln.

So fand denn auch *Petrus Lombardus* mit seiner radikalen Ablehnung kaufmännischen Handelns lebhafte Kritik. Autoritäten wie *Albertus Magnus* (1193-1280), *Bonaventura* (1221-1274) und *Thomas von Aquino* (1225-1274) kommentierten ablehnend. *Thomas* etwa weist darauf hin, daß Soldaten und Kaufleute für das friedliche Gemeinwohl unerläßlich seien. Was den Handel sündhaft mache, sei die Habgier, weil sie zu Betrug, ungerechten Preisen und wucherischen Krediten ansporne. Wer sich von der Habgier fernhielt, konnte, wie es *Papst Innozenz III.* entschieden hatte, ein „heiliger Homobonus" werden.

3.3 Die Rolle der Messen im mittelalterlichen Handels- und Kreditverkehr

In der Frühzeit des erwachenden Fernhandels bedeutete die Einrichtung örtlicher Messen eine Ersparnis an der zunächst noch schwierigen kaufmännischen Schriftlichkeit und eine Erleichterung der **Kommunikation** über weite Entfernungen durch örtliche Zentralisation von Angebot und Nachfrage. Vor allem leisteten die Messen durch den „Meßfrieden", der sich auch für die von weither anreisenden Kaufleute durchsetzte, einen beträchtlichen Beitrag zur **Rechtssicherheit** und damit zur interregionalen wirtschaftlichen Integration Westeuropas durch Fernhandel. Deutlich zeigen das die Champagne-Messen, weil sie im Hochmittelalter ein besonderes Gewicht hatten. Die Champagne lag in der Nähe von Paris, aber außerhalb des Königreichs Frankreich, an den Handelswegen nach Flandern und England, nach Burgund, Italien und in die Provence. Der wichtigste Handelsweg war damals die „Frankenstraße" (Via Francigena) von Rom über Siena und Lucca, über den Cisa Paß nach Piacenza, den Großen St. Bernhard, durch die Champagne über Reims bis nach Calais. Die Champagnemessen fanden für jeweils 50 Tage sechsmal im Jahr in vier verschiedenen Städten - Lagny, Bar sur Aube, Provins und Troyes - statt. Am ersten Tag nach Neujahr begann die Wintermesse in Lagny. Zwischen dem 24. Februar und dem 30. März folgte die „Ostermesse" in Bar sur Aube. Vom Dienstag vor Christi Himmelfahrt ab, d.h. zwischen dem 28. April und dem 1.Juni, wurde sodann in der Oberstadt von Provins Messe gehalten. Der dritte Dienstag nach „Johannis" (24. Juni) - also der 9. - 15. Juli - leitete über zur „Johannis-Messe" in Troyes. Am 14. September - Tag der Kreuzerhöhung - wurde die „St. Aigulfmesse" in der Unterstadt von Provins eingeläutet. Am Allerseelentag kehrte die Messe (St. Remigius-Messe) nach Troyes, dieses Mal in die Vorstadt, zurück.

Alle Messen begannen mit einer Vorwoche von sieben Tagen, während der Waren **zollfrei** ein- und ausgehen konnten. Transportiert wurden die Waren selten auf Karren, sondern i.d.R. durch Tragtiere. Die Transporte wurde von Transportunternehmen durchgeführt, die feste Ankunftszeiten garantierten und oftmals auch den Schutz der Transporte übernahmen. Die Kaufleute schlossen sich zumeist solchen Transporten an. Auf die „Vormesse" folgten zehn Tage Tuchmesse. Nur bei der St. Aigulfmesse dauerte sie neun Tage. Ein weiterer Tag schloß die Tuchmesse feierlich ab. Zwei Wochen danach begann die Zahlzeit. Bis zu ihrem Ende fanden Messen für andere Güter wie Pfeffer oder Korduan (weiches Ziegenleder) statt. Während der Zahlzeit saldierten die Kaufleute ihre gegenseitigen Forderungen und Verbindlichkeiten zu Nettopositionen. Gestundet blieben sie längstens bis zum Ende der Zahlzeit. Auf diese Weise sparte man die Verwendung des ohnehin oftmals sehr knappen Geldes. Diese Übung ist der **Vorläufer** unseres heutigen **Girokontos**. Die Wechsler benötigten weitere 14 Tage, um die anfallenden Geschäfte des Geldwechselns abzuwickeln. Danach blieben noch vier Tage, während denen man bei den Meßbehörden die Ausstellung von „Meßbriefen" gegen säumige Schuldner fordern konnte. Selbstverständlich war es auch üblich, Schulden bis zur nächsten Messe zu kreditieren.

Die **Leitung der Meßbehörde** oblag zwei „Custodes", die der Graf der Champagne zur polizeilichen und richterlichen Sicherung des Meßfriedens i.d.R. auf ein Jahr bestellte. Wer gegen den Meßfrieden verstieß, konnte mit dem Ausschluß von der oder den Messen bestraft werden. Dieser „Meßbann" konnte einzelne Kaufleute oder ganze „Handelsnationen" treffen. Auf Grund der Bedeutung, welche die Champagne-Messen erlangt hatten, konnte der Graf der Champagne mit Hilfe der Meßsperre die

Beachtung des Meßfriedens auch außerhalb seines Territoriums erzwingen. Im Sommer 1242 überfielen die Placentiner (Einwohner Piacenzas) die Kaufleute der Toskana auf ihrem Weg zur St. Aigulfmesse in Provins. Florenz, Siena u.a. Handelsnationen verlangten daraufhin den Ausschluß aller Placentiner von den Messen. Da damals jedoch Piacenza die einflußreichste Handelsnation in der Champagne war, zogen sich die Verhandlungen hin und versandeten schließlich. Aber früher schon waren die Kaufleute von Metz und Toulouse auf Antrag der lyoneser Wechsler, die bologneser Kaufleute auf Antrag der Sienesen und Florentiner ausgeschlossen worden.

Allerdings entwickelte sich neben dem *Grafen von Champagne* eine Institution universeller **Durchsetzung von Rechtsansprüchen**. Zum einen befand sich ein Teil der Messeabgaben in den Händen der Geistlichkeit, etwa den Dekanen der Kollegiatskirchen in Troyes und Provins und den Klöstern St. Peter in Lagny, St. Jakob in Provins und St. Lupus in Troyes. Schuldanerkenntnisse wurden auch von den Dekanen und Äbten für ihren Herrschaftsbereich beglaubigt und mit kirchlichen Sanktionen gesichert. Bereits zum ersten Kreuzzug, der wesentlich von den Rittern der Champagne getragen wurde, hatte es Kredite der Kaufleute an die durch ihren „Immobilienbesitz" über weitere Entfernungen unbeweglichen Kreuzritter gegeben. Dem Kreuzzuge folgten die Kaufleute der Seehandelsstädte „auf dem Fuße". Vor allem die Pisaner nahmen jedoch auch Kaufleute der toskanischen und lombardischen Binnenhandelsstädte in ihre Konsulargemeinschaften auf. So gab es also schon auf dem zweiten, vor allem auf dem dritten Kreuzzug Kaufleute des „Binnenhandels" in der Champagne, die bis in die Kampflinien der Kreuzritter hinein durch Handelsbeziehungen vertreten waren. Auch dort konnten Kredite z.B. bei lucchesischen und sienesischen Kaufleuten oder deren Agenten aufgenommen und über die Champagne-Messen abgewickelt werden.

Der Papst übernahm die **Kreditsicherung**, indem er die genannten Dekane und Äbte ermächtigte, von ihm garantierte Kredite mit der Verhängung kirchlicher Strafen zu sichern. Diese, das Geschäft der „Kaufmann-Bankiers" mit begründende universelle Geltung kirchlichen Rechts wurde zu einer Waffe im Streit zwischen Kaisertum und Papsttum. So wie der Papst Zahlungen durch Kirchenstrafen erzwingen konnte. so konnte er sie auch durch die Androhung von Kirchenstrafen verhindern. Im Jahre 1230 verbot *Papst Gregor IX.* den Schuldnern lucchesischer Kaufleute, ihre Schulden zu bezahlen. 1234 traf diese Strafe die römischen Kaufleute. 1239 galt sie „diesen Söhnen der Verwünschung", den ghibellinischen Sienesen. Diese „Verwünschung" legte den Grundstein für den Aufstieg des florentiner Geldhandels. Aber zugleich beförderte sie eine Art Börse im Handel mit Schuldscheinen. Wurden etwa die Sienesen vom Papst bestraft, dann verkauften sie ihre Forderungen an die Römer, die sie dann mit päpstlichem Schutz eintrieben. Dennoch traf der päpstliche Bann die Sienesen hart, weil er sie für längere Zeit von dem lukrativen Zugang zu der päpstlichen Kasse ausschloß. Wer für den Papst die Gelder einzog und nach Rom überwies, hatte daraus nur geringe Vorteile, weil die Kommissionen niedrig und die Fristen kurz bemessen waren. Aber der Rückgriff auf die päpstliche Kasse erlaubte es den Kaufmann-Bankiers, ihre Filialen in Rom ohne eigenes Kapital zu betreiben. So ist bekannt, daß die *Medici* von Rom aus ohne eigenes Kapital operierten.

3.4 Der Kaufmann als gebildeter Bürger der Stadt

Im damaligen Italienisch unterschied man die Kaufleute einer mittelalterlichen Handelsstadt in die „Mercanti Piccoli" und in die „Mercanti Grandi". Unter den ersteren sind Kaufleute des **Klein- und Einzelhandels** zu verstehen. Die „Mercanti Grandi" sind die Vertreter des **Fernhandels**. Im Mittelalter selber bezeichnete man nur den Fernhändler mit „Mercante" (damals: Mercatante). Diejenigen, die bei einem Mercatante größere Warenmengen bezogen, um sie in kleinen Mengen weiterzuverkaufen, hießen „Venalitiarii", „Pizzicaiuoli" oder „Rivenditori". Da auf dem Markt beim Wiederverkauf üblicherweise um jeden Preis gefeilscht wurde, war der Rivenditore stets dem Verdacht ausgesetzt, zu täuschen und zu betrügen. Daher rührte sein geringes Ansehen. Der Fernhändler hatte allein schon deshalb ein höheres Prestige, weil er Güter herbeischaffte, die es nur anderswo gab. Seine lebenserhaltende Funktion war etwa im Falle von Getreideimporten während einer Hungersnot unmittelbar einsichtig.

Mochten auch die Handelsnetze des einzelnen Fernhändlers unterschiedlich weit reichen, so handelten doch die **größeren Städte Italiens** allein schon auf Grund der günstigen Lage dieser Halbinsel im Mittelmeer mit dem byzantinischen und islamischen Osten, dem islamischen Westen von Nordafrika bis nach Spanien, dem abendländischen West- und Nordeuropa, den Ausläufern der asiatischen Handelswege („Seidenstraße") am Schwarzen Meer. Gehandelt wurde mit Wolle aus Spanien und England, mit Europas Metallen wie Eisen, Kupfer, Zinn und Silber, afrikanischem Gold, mit Salz und Sklaven (einmal Venedigs Hauptexportartikel), mit Holz zum Schiffsbau, mit Waffen etwa aus dem Mailändischen, mit Getreide aus Nordafrika, Apulien, Dalmatien und dem Schwarzen Meer, mit Wein aus Griechenland und Frankreich, mit Baumwolle aus Griechenland, Spanien und Sizilien, mit Alaun zum Beizen der Wolle und mit Farbstoffen, mit Seiden und Gewürzen aus dem asiatischen

Osten, mit Luxustuchen und Madonnenbildern aus toskanischem Gewerbe, mit der breiten Vielfalt an Kostbarkeiten aus byzantinischen Werkstätten.

Die Tätigkeit des Fernhändlers verlangte eine hohe **Bildung** in Warenkunde, in Rechtskunde, in der Kunde der Vielfalt der Währungen, in Geographie, in jahreszeitlichem Wetterwechsel, in Fährnissen der Transportwege zu Wasser und zu Lande, verlangte eine hohe Fähigkeit, neue Absatz- und Produktionsarten und neue Formen der Finanzierung zu erkunden, eine große Fähigkeit, künftige politische Entwicklungen abzuschätzen.

Weiters mußte der Fernhändler, weil er „seßhafter" wurde, **organisieren**, Menschen **kennen** und **führen** können. Zunächst stellte er anderen reisenden Kaufleuten Kapital oder Waren oder beides zur Verfügung, um sie auf ihren Reisen entlang der Küsten des Mittelmeeres oder auf den Messeplätzen im Landesinneren umzuschlagen. Der reisende Kaufmann mochte sich durch Geschäftseinlagen am „Unternehmen" des seßhaften Kaufmanns beteiligen. Dafür mußten Beteiligungsformen gefunden werden. Sie mußten auch dem besonderen Treueverhältnis zwischen Kapitalgeber und reisendem Kaufmann gerecht werden. Diese Loyalitätsbeziehungen waren besonders eng zwischen den Einwohnern einer Kommune. Doch fanden auch Fremde Aufnahme in diesen Loyalitätsbund, in die städtischen Zünfte und in die stadtfernen Konsulargemeinschaften.

Im weiteren Schritt gründeten die Fernhändler ein **Netz von Niederlassungen** (Faktoreien) unter der Leitung eines „Faktors". So unterhielten die florentiner *Peruzzi* um 1336 Faktoreien in Rhodos, Tunis, Mallorca, Palermo, Neapel, Barletta, Rom, Pisa, Mailand, Venedig, Avignon, Paris, Brüssel und London. Das Netz der Niederlassungen des großen prateser Kaufmanns *Marco Francesco Datini* (1335-1410) war noch um vieles größer. Die Fernhändler nahmen Einlagen auf, die am Gewinn teilhatten. Aus Firmenzusammenbrüchen wie dem der *Bardi* und *Peruzzi*, die sich über ihre Londoner Niederlassungen mit nicht einbringlichen Krediten an *Edward III.* (1327-1377) überschuldet hatten, lernte man, die Niederlassungen als juristisch selbständige und damit allein haftende Tochtergesellschaften zu führen.

Dem, was heute als „Unternehmen" bezeichnet wird, lag damals ein konkreter **Geschäftsvertrag** für die Dauer zwischen zwei und fünf Jahren zu Grunde. In dieser Zeit konnten weder neue Kapitaleinlagen eingebracht, noch gemachte Kapitaleinlagen zurückgezogen werden. Selbst im Falle des Todes eines Geschäftspartners mußten die Erben den Ablauf des Vertrages mit der Auflösung der „Unternehmung" abwarten. Erst dann wurden die Gewinne geteilt und das Geschäftsbuch geschlossen. Bei der

Gründung einer neuen Unternehmung konnten die alten Kapitalgeber auch neue Einleger aufnehmen. Auf diese Weise hielt man die Buchungseinträge und Verrechnungen bei jeder Unternehmung in überschaubaren Grenzen. Wie rechnete man, wie buchte man? Wo lernte man?

Hauslehrer unterrichteten die Kinder der Kaufleute und die Kinder, die in die „Famiglia" des Kaufmanns zur Ausbildung aufgenommen wurden, zunächst im Schreiben und in Grammatik. Das geschah in etwa vom siebenten Lebensjahr ab. Hier und in der „Botthega" ihres Herrn lernten sie im übrigen alles, was für den Handel nützlich war. Etwa vom 14. Jh. ab werden diese „Nützlichkeiten" lehrbuchmäßig in „Pratiche della Mercatura" zusammengefaßt. „La Pratica della Mercatura" des *Francesco Balducci Pegolotti* ist das bekannteste solcher **Lehrbücher**. Es wurde vermutlich um 1337 unter dem Titel „Libro di Divisamenti di Paesi e di Misure di Mercantantie" verfaßt. *Pegolotti* wurde um 1290 geboren. Seit 1310 findet sich sein Name auf den Gehaltslisten der *Bardi*, der großen florentiner Familie der Kaufmann-Bankiers. Das „Libro" ist aus **zwei Gründen bemerkenswert**:

- Zum einen muß jeder heutige Leser überwältigt sein von der ungeheuren Fülle an wirtschaftlichen Angaben über die je nach Handelsplatz verschiedenen Maße, Gewichte und Löhne pro verschiedenes Handwerk, über die Währungsverhältnisse verschiedenster Handelszentren, über künftige Kalenderdaten, über die Länge der „Postwege" und damit zusammenhängend über die Fristen der „Wechselbriefe" und vieles andere mehr.

- Zum anderen ist bemerkenswert, wie dieses Buch beginnt: „In Nomine Domini, Ammen". Die Anrufung Gottes befand sich quasi „habituell" als Einleitung in jedem Buch der Geschäftsführung.

Das Geschäftsjahr begann am 25. März, dem Tag der „Inkarnation Unseres Herrn", dem Tag, an dem der Engel Gabriel die Jungfrau Maria begrüßte: „Ave gratia plena: Dominus tecum: Benedicta tu in mulieribus" (Luk. 1, 28). Damals begann das neue Jahr nicht mit einem geschichtslosen 1. Januar, sondern mit der Erinnerung an den Beginn der Heilsgeschichte. Dieser Tag wurde besonders augenfällig gefeiert. So entwarf *Brunelleschi* eine wunderbare Mechanik, mit der ein prachtvoller Engel während der Verkündigungsmesse vom Portal der „Santissima Annunziata" bis hin zum Altar Mariens flog. Und „Im Namen Gottes und des Gewinns" wurde auch jenes Konto in den Geschäftsbüchern betitelt, aus dem die Mildtätigkeiten der „Unternehmung" mit dem Hinweis „Gott möge sie meiner Seele gutschreiben" getätigt wurden. Diesem „Konto des Lieben Gottes" wurde der doppelte Anteil am Gewinn „gut" geschrieben. Die Bücher sind so geführt, daß auch Dritte wissen können, was der Geschäftsinhaber „geben" und „haben" muß bzw. was er „fordern" kann und was er „schuldet". Zu beachten ist, daß damals weder die Zeichen + und - noch das Gleichheitszeichen = bekannt waren.

Damit sind **zwei Ergebnisse** festzuhalten:

(1) Die noch heute verbreitete Auffassung, wonach der damalige Kaufmann stets danach getrachtet habe, die (kirchlichen) ethischen Gebote seines Handelns durch erfindungsreiche Techniken zu umgehen, zeugt nur von roher Unkenntnis der damaligen Mentalität.

(2) Das damals „praxisrelevante" Wissen eines Kaufmanns war ungemein breit und vielfältig, verlangte eine ausführliche schriftliche „Buchführung" und einen grossen rechnerischen Aufwand.

„Nicht zu faul sein, alles aufzuschreiben", lautete die gängige Ermahnung. Sie war leichter gesagt, als befolgt! Wachstafeln waren nur für vorläufige Notizen geeignet. Pergament war teuer (Das Sprichwort „Das geht auf keine Kuhhaut" erinnert daran, daß die Kuh die größte beschreibbare Pergamentfläche lieferte. Sie war allerdings die minderste Qualität). Erst mit dem Papier, das sich ab 1180 in Europa ausbreitete und mit fortschreitender Technik billiger wurde, gab es dann eine wohlfeile Möglichkeit der brieflichen Übermittlung von Anweisungen an die Faktoren und der **Speicherung von Geschäftsinformationen**.

Von *Francesco di Marco Datini* sind etwa 125 000 Briefe erhalten. Die meisten betreffen Geschäftsvorfälle. Ferner gibt es etwa 575 „Libri", in denen die Geschäfte seiner „Firmen" buchungsmäßig verzeichnet sind. *Federigo Melis* hat sie in einer monumentalen Studie, die der Monte dei Paschi di Siena verlegte, analysiert. Gegen Ende von *Datinis* Leben (1410) sind die Libri in Form der **doppelten Buchführung** geführt, und alle Bilanzen kommen zum Ausgleich. Die Geschäftsbücher unterschieden sich in ein „Libro di Mercatantia" und in ein „Libro de´Debitori e Creditori". Allerdings mußten manche Geschäfte, z.B. die Geldeinlage eines Bischofs, geheimgehalten werden. Z.B. tätigte der Fürstbischof *Melchior von Brixen* im Jahre 1496 bei *Jakob Fugger* eine Einlage von 20 000 fl., die bis zu seinem Tode im Jahre 1509 auf 300 000 fl. angewachsen war. *Papst Julius II.* erfuhr davon und suchte, dieses Geld zu erlangen. Nur ein direktes Auszahlungsverbot Kaiser Maximilians sicherte *Fugger* die Einlage. Um Diskretion zu wahren, gab es daher ein „Libro Segreto".

Formen der doppelten Buchführung tauchen jedoch bereits zum Ende des 13. Jh. auf. Die aufgestellten Bilanzen gelangten nicht immer zum Ausgleich, weil sie im Sinne der heutigen Zahlungsbilanzstatistik „Errors and Ommissions“ enthielten. Aber das Bemühen um **korrekte Buchhaltung** war im allgemeinen hoch entwickelt: Von *Raymond de Roovers* Analyse der *Medici*-Bank ist eine Bilanz des Jahres 1443 bekannt, in der „Soll und Haben“ bei einem Gesamtbetrag von 150 000 fl. um 52,31 fl. differieren. Und der Buchhalter der *Medici*-Filiale in Mailand meldet bei einem Gesamtbetrag von etwa 600 000 Lire einen Fehlbetrag von 914 Lire mit der Bemerkung „Gott möge ihn künftig vor noch größeren Fehlern bewahren“.

Diese Tendenz wurde dadurch verstärkt, daß man die wachsende Flut notariell zu beglaubigender Urkunden einzudämmen trachtete. Statt einzelne Forderungen und Schulden durch einzelne Urkunden verbriefen zu lassen, trugen die Schuldner die Anerkenntnis ihrer Schulden direkt in das Kontobuch ihres Gläubigers ein und fügten u.U. die Namen mehrerer Zeugen an. Damit wurde die Buchführung zu einem **gerichtlichen Beweismittel**. Diese Funktion der Buchführung hatte erhebliche Folgen für das Festhalten an den römischen Zahlen.

Spätestens seit *Leonardo da Pisa*, genannt *Fibonacci* (um 1170-1240) im Jahre 1202 sein Buch „Liber Abaci“ veröffentlichte, sind die **arabischen (indischen) Zahlen** in breiteren Kreisen bekannt. Doch bereits um 1 000 benutzte sie der spätere *Papst Silvester II.* während seiner Tätigkeit an der Bischofsschule zu Reims. Er numerierte mit ihnen die Steine für das Rechnen mit dem Abakus. Nach welchem System die arabischen Zahlen zu schreiben seien, lag noch nicht fest. Auf den Rechensteinen konnten sie sich um sich selbst drehen. Der arabischen Zahl haftete Willkürlichkeit und damit verbunden Leichtigkeit des Betruges an. Man vergleiche die Zahl MMCCCLXXVIII mit 2 378. Wie leicht läßt sich dort die 2 in eine 7, die drei in eine acht, die 7 in eine 2, die 8 in eine 3 „umwandeln“. Wegen ihrer Fälschungssicherheit blieben die römischen Zahlen auch dann noch in den Geschäftsbüchern obligatorisch, als schon mit arabischen Zahlen gerechnet wurde.

Entscheidende Änderungen traten mit der **Verbreitung des Papiers** ein. Bisher hatte man Zahlen in den Sand oder auf Wachstafeln geschrieben. Vor jeder neuen Rechenoperation mußte die alte gelöscht werden. Rechenoperationen konnte man nicht festhalten. Deshalb waren sie nicht nachprüfbar, sondern bloß neu zu berechnen. Das Papier ermöglichte es, Rechenoperation zu „behalten“ und somit zu kontrollieren.

Interessanterweise scheinen die toskanischen Städte des Binnenhandels das Rechnen mit dem **Abakus** früher und auf breiterer Grundlage unterrichtet zu haben als die Seehandelsstädte. Für Siena ist bereits für 1260 bezeugt, daß ein *Ugo Ugurgieri*, Mönch des Kloster *San Galgano*, in der Stadt den Abakus unterrichtete und dazu ein

- verschollenes - Lehrbuch verfaßte. Das 13. Jh. war die große Zeit des sienesischen Geldhandels durch Familien wie die *Piccolomini*, die *Salimbeni*, die *Bonsignori*, die *Angiolieri* und *Saracini*. Und *Giovanni Villani* berichtet, daß Florenz im Jahre 1338 bei einer Bevölkerung von 90 000 Einwohnern 8 000 bis 10 000 Kinder in den „Grammatik-Schulen“ und 1 000 bis 1 200 Schüler in den sechs Abakus-Schulen gehabt habe. In einer Chronik gegen Ende des 15. Jh. werden unter den vornehmsten Bürgern der Stadt Florenz nach *Cosimo de´Medici* zwei Bischöfe, sieben Künstler und zwei „Maestri dell´Abbaco“ genannt. Das „richtige“ Rechnen hatte hohe ethische Bedeutung, denn „richtig rechnen“ hieß, „das Rechte zu nehmen und zu geben“.

Immerhin wurden noch etwa 600 Kinder in Lateinschulen weitergebildet. Kaum eine Stadt hatte damals einen so hohen Grad „allgemeiner Schulbildung“. Vom siebten bis zum zehnten Lebensjahr besuchte man die „Grammatik-Schule“. Anschließend lernte man den Abakus und sonstiges Kaufmannswissen in einer „Botthega dell´Abbaco“. Mit etwa 14 Jahren trat man in ein Handelshaus zur Lehre ein.

Die alltäglichen Umrechnungen von einer Geld-, Maß- oder Raumeinheit in die andere förderten eine Schließungstechnik - den bei Schülern wohl nie beliebten **„Dreisatz“** -, der das Denken in Proportionen - bei Hohlmaßen auch in räumlichen Verhältnissen - erzwang und somit auch das neue Raumverständnis der toskanischen Malerei begünstigte. Man kann sich nur schwer vorstellen, daß die Perspektive woanders als im Florenz *Brunelleschis* (1377-1446) und *Masaccios* (1401-1428) erfunden worden wäre. Eine sehr berühmte „Abakus-Schule“ war von dem 1364 verstorbenen *Paolo dell`Abaco* bei S. Trinita zu Florenz gegründet worden. Diese Schule gelangte schließlich in den Besitz des *Giovanni di Bartolo*, der sich unter *Brunelleschi* an der Konstruktion der Kuppel von *S. Maria del Fiore* beteiligte.

Und immerhin ist *Piero della Francesca* (um 1416 zu Borgo San Sepolcro geboren und dort am 12.10.1492 begraben), u.a. von *Masaccio* stark beeinflußt, ein früher **Meister der Perspektive** und Autor zweier Schriften zu den mathematischen Grundlagen des Malens. San Sepolcro gehörte zeitweilig zu Florenz, lag jedenfalls unmittelbar in dessen Einflußbereich. Sein Schüler in Mathematik war *Luca Pacioli*, OFM, ebenfalls zu San Sepolcro um 1445 geboren und dort um 1517 gestorben. *Luca Pacioli* ist den Ökonomen bekannt durch seine 1494 veröffentlichte „Summa de Artihmetica, Geometrica, Proportioni et Proportionalita“. In diesem Werk ist auch seine berühmt gewordene Darstellung der Doppelten Buchhaltung enthalten. Mit Unterstützung seines Freundes *Leonardo da Vinci* veröffentlichte *Luca* 1497 sein Werk „Divina Proportione“.

Es war der allgemein hohe Grad **schulischer Bildung** in den toskanischen Handelsnationen, der auch die toskanische Sprache zur weitverbreiteten Sprache der Lehrbücher und der Praxis der Kaufleute machte und den Boden dafür vorbereitete, daß *Dante*, *Boccaccio* und *Petrarca* mit ihrem heimatlichen „Volgare" italienische Dichtung schrieben.

Schon im 13. Jh. konnte kein Zweifel mehr daran bestehen, daß kommunales städtischen Leben, aber auch die universale Kirche **des Kaufmanns bedurfte**. Jeder Mensch benötigt als „Animal Sociale" der Mithilfe der anderen, damit überhaupt Gesellschaft entstehen kann (vgl. *Thomas von Aquino* II, II qu. CXXIX, art. VI, ad primum; vgl. auch II, II, qu. CIX, art. III, ad primum). Und der Kaufmann sorgt nach *Thomas* dafür, daß der Mensch durch Tausch erhält, was ihm nicht spontan aus Großherzigkeit gewährt wird. Der Kaufmann ist das Scharnier im gesellschaftlichen Leben. So sah dies auch *Federigo Visconti*, der Zeitgenosse des *Thomas*. Deshalb schrieb er Civis mit einem großen C. Ebenso klar über den Kaufmann äußert sich *Petrus Olivi* (1248-1298), ein spiritualer Franziskaner aus der Provence, der zu seiner Zeit als zweiter Franziskus wegen seiner Verehrung der „Dame Armut" verehrt wurde. Er führt zunächst die üblichen Verurteilungen des Kaufmanns an, schließt sodann, daß sie selten zuträfen und weist darauf hin, daß nur wenige in einer Gemeinschaft die allgemein nützlichen Fähigkeiten des Kaufmanns besäßen. Damit ist festzuhalten:

In etwa dem Maße, in dem die interregionale **Integration** durch Fernhandel und die **Versorgung der Stadt** und ihres Umlandes durch Handel fortschritt, wurden die ethischen Verurteilungen, die dieses Fortschreiten hätten beeinträchtigen können, durch stets genauere Einsichten und tolerantere Urteile zurückgenommen.

Am Beginn dieser Überlegungen war gesagt worden, *Zeus* habe der schönen Tochter des Königs *Agenor* zuliebe, Europa, die kleine Halbinsel Asiens, in vielfacher Hinsicht bevorzugt. In der Tat verhinderten Klima und Topographie das Entstehen großräumiger Reiche, die um des Unterhalts großräumiger Bewässerung willen Vielfalt mit Despotie unterdrückten. Nur im mittelländischen Raum errang die Stadt die Herrschaft über ihr Umland - den Contado - und die Freiheit des Kaufmanns von despotisch-zentraler Herrschaft. Die **kulturschaffende Kraft** der *Bardi*, der *Buonsignori*, der *Strozzi*, *Medici* oder etwa der *Fugger* konnten sich in den asiatischen Großreichen nie entfalten. Europa ist ein Wunder, auch ein Wunder des Kaufmanns.

Image-Malus des Handels und rechtliche Konsequenzen

Roland Mattmüller

1 Problemstellung

Die Geschichte des Handels ist auch eine Geschichte gesellschaftlicher Vorbehalte und Vorurteile. Wie ein roter Faden zieht sich ein problematisches bzw. sogar deutlich negatives Image dieses Wirtschaftszweiges durch die Jahrhunderte hindurch und trägt maßgeblich zu einem entsprechend ablehnenden Verhalten vieler gesellschaftlicher Entscheidungsträger auch und gerade in der Gesetzgebung bei. Während die Leistungen anderer Systeme, allen voran des Handwerks, der Landwirtschaft, später dann der Industrie und in jüngerer Zeit der Dienstleistung, jeweils als nachvollziehbar und offensichtlich immer auch schon als in einer Volkswirtschaft besonders erwünscht galten, mußten die Händler seit jeher **um ihre Reputation kämpfen**. Der insgesamt eher zweifelhafte Ruf des Handels schlägt sich - bis auf den heutigen Tag - in zahlreichen Bestimmungen nieder, die den Handel in seinen strategischen und operativen Aktivitäten mehr als alle anderen Wirtschaftszweige reglementieren.

Im Vergleich der Teilsysteme einer Volkswirtschaft ist der Handel also durch spezifische und dabei maßgeblich durch sein Image verursachte Einschränkungen charakterisiert bzw. benachteiligt, was mit der Bezeichnung **Image-Malus** des Handels gekennzeichnet werden soll. Der nachfolgende Beitrag beschreibt zunächst diesen Image-Malus und liefert Anhaltspunkte für dessen Erklärung. Auf dieser Basis werden danach einige beispielhafte Konsequenzen in der Gesetzgebung bzw. Rechtsprechung aufgezeigt.

2 Ursachen und Erklärungsansätze des Image-Malus

2.1 Zur historischen Durchgängigkeit

Die negative Grundeinstellung vieler gesellschaftlicher Gruppen gegenüber dem Handel zeigt sich als auffällige geschichtliche Konstante. Ein kurzer historischer Abriß einiger wesentlicher Zeitabschnitte belegt etwa bereits in der Antike die dort herrschenden Vorbehalte gegen Händler zum einen. Zum anderen finden sich dort auch erste Ansätze einer Diskussion und theoretischen Auseinandersetzung um Aufgabe und **Rolle des Handels** in der Gesellschaft. So ordnet bspw. *Plato* die „akquisitorische Klasse" in seiner idealtypischen Gesellschaftsordnung auf der untersten Rangstufe ein und fordert genaue Bestimmungen über die Anzahl zulässiger Händler - letzteres hat sich bis in unsere heutige Zeit gehalten, wie im weiteren Verlauf noch zu zeigen sein wird.

Für *Plato* und viele seiner Zeitgenossen galt der Handel als unwürdige Tätigkeit, die zur Vermeidung negativer Auswirkungen auf die Geisteshaltung der Athener daher nur von Ausländern ausgeübt werden sollte. Diese Forderung hat *Plato* im übrigen jedoch nicht davon abhalten können, sich selbst im Ölhandel zu betätigen (vgl. *Tietz* 1993, S. 56 f.). Später unterschied *Aristoteles* zwischen einem noch zu akzeptierenden, weil aus Versorgungsgründen notwendigen Handel einerseits und dem verwerflichen, aus Gewinnstreben vorgenommenen (Chrematismus) andererseits (vgl. *Gümbel* 1985, S. 50). Im antiken Rom bspw. findet sich diese Trennung bei *Cicero* wieder. Er akzeptiert zum einen den für ein funktionierendes Gemeinwesen sinnvollen Fernhandel (im Sinne von Außen- und Großhandel), verurteilt aber gleichzeitig den würdelosen Kleinhandel (Einzelhandel), der nach seiner Meinung ohne betrügerische Grundeinstellung gar nicht durchführbar sei (vgl. *Schenk* 1991, S. 50).

Im übrigen ist es kennzeichnend, daß sowohl im antiken Griechenland als auch in Rom der Gott der Diebe auch gleichzeitig für den Handel „zuständig" war. Die eben aufgezeigte Differenzierung des Handels in einen - bei aller Durchgängigkeit des problematischen Gesamt-Images - eher unverzichtbaren und wichtige Versorgungsfunktionen übernehmenden Zweig und in einen mit deutlich stärkerer **sozialer Ächtung** ist auch charakteristisch für spätere Zeitabschnitte unserer abendländischen Kultur. Sie war stets auch verbunden mit zwei davon abgeleiteten grundlegenden Fragestellungen: Zum einen ging es um die Bemessung des dem Händler zustehenden Lohnes für seine durch diesen Image-Filter wahrgenommenen und bewerteten Leistungen.

Eine wichtige Rolle spielte diese Diskussion bspw. bei bekannten Persönlichkeiten des Mittelalters. Aufbauend auf Gedanken von *Augustinus* und seiner Suche nach gesellschaftlich vertretbaren Gewinnen aus Handelstätigkeiten greift *Thomas von Aquin* offensichtlich die oben genannte Zweiteilung der Antike auf. Er grenzt in diesem Zusammenhang den zur unumgänglichen Versorgung notwendigen Handel („Propter Necessitatem Vitae") vom aus lasterhaftem Gewinnstreben getriebenen Handel ab („Propter Lucrum Querendum"); (vgl. *Schenk* 1970, S. 20 f.).

Diese auf einer moralischen Ebene geführte Diskussion leitet gleichzeitig zur zweiten der oben erwähnten beiden Fragestellungen weiter: Sollte auf der Grundlage eines notwendigen Handels einerseits bzw. eines als gesellschaftlich unerwünscht einzuschätzenden andererseits die **Zahl** der in einem Gemeinwesen vorhandenen Händler an sich **reglementiert werden**, um eben die notwendige Versorgung aufrechtzuerhalten und gleichzeitig negative Auswirkungen zu verhindern? Auch hierzu nimmt bspw. *Thomas von Aquin* Stellung: „Es wird sich nicht leicht ein Ort finden lassen, der an allen Lebensnotwendigkeiten derart Überfluß hat, daß er nicht noch irgendwas, das erst woandersher beschafft werden muß, benötigt. Ebenso würde sich allen Leuten an dem, was am selben Ort im größten Überfluß vorhanden ist, ein schändlicher Vorrat anhäufen, wenn es nicht durch die Tätigkeit des Kaufmannes an andere Plätze gebracht werden könnte. Eine vollkommene Stadt muß daher auch die Kaufleute verwenden - aber im richtigen Maße." (*Aquin* 1913, S. 405). Damit wird eine Lenkung der Ansiedlung von Händlern und gleichzeitig eine Reglementierung ihrer Zahl gefordert. Beide Aspekte spielen auch heute noch die zentrale Rolle im Verhältnis zwischen Staat und Handel, um an dieser Stelle einen weiten historischen Bogen zu schlagen.

Vor einer genaueren gegenwartsbezogenen Darstellung dieses Konfliktfeldes soll jedoch zunächst auf die zu Beginn unseres Jahrhunderts und insbesondere in den zwanziger Jahren heftig geführte Diskussion über die Legitimation des Handels und die daraus abgeleitete charakteristische Frage nach der **„optimalen" Zahl** der erforderlichen Handelsbetriebe hingewiesen werden, die - erstaunlich nahtlos - an die obigen früheren Stellungnahmen aus der Antike und des Mittelalters anknüpfen. Dabei wurde unter dem semantisch merkwürdigen Begriff der „Übersetzung" des Handels (*Hirsch* 1925, S. 233) offensichtlich davon ausgegangen, daß eine Überzahl an Händlern vorliegt und daß nach einer entsprechenden Obergrenze an Handelsbetrieben zu suchen bzw. zu forschen und diese dann folgerichtig in der Realität umzusetzen sei.

Gleiches lag auch bereits dem sog. Produktivitätsstreit insbesondere der Volkswirtschaftslehre bzw. Nationalökonomie im vorigen Jahrhundert zugrunde und hält im Kern eben bis in unsere Zeit an. Bezogen auf das Image, das dem Handel abgeleitet von diesen hier nur kurz skizzierten Grundeinstellungen konsequenterweise zu Teil wird, hält *P. W. Meyer* Mitte der siebziger Jahre folgerichtig fest: „Im Grunde erstaunlich: Ein seit Jahrhunderten tätiger Wirtschaftszweig, der maßgeblichen Anteil an der wirtschaftlichen und gesellschaftlichen Entwicklung hat, der den wirtschaftlichen Wiederaufstieg nach dem Kriege ebenso mitgetragen hat wie andere Wirtschaftszweige, ein solch großer und für die Massenversorgung entscheidender Teil der Gesamtwirtschaft, wird gleichzeitig mit einem Image bedacht, das ihm nicht zu Gesicht steht." (*Meyer* 1976, S. 227).

2.2 Erklärungsansätze für den Image-Malus

Die mit den obigen Belegen untermauerte historische Konstanz der Vorbehalte gegen den Handel als Gesamtsystem bzw. gegen die Händler als einzelne Marktbeteiligte ist wohl unstrittig, liefert aber kaum eine Erklärung für das Konstrukt Image-Malus. Ein erster Ansatz zur Begründung liegt in der spezifischen Leistungserstellung des Handels, genauer in seiner für Außenstehende schwer faßbaren Leistung begründet (vgl. *Meyer* 1976, S. 227). Von den im traditionellen **funktionstheoretischen Ansatz** der Handelsforschung aufgezeigten Überbrückungsleistungen des Handels (Überbrükkung von räumlichen, zeitlichen, quantitativen und qualitativen Spannungen zwischen Herstellern und Nachfragern) ist insbesondere für den Konsumenten oft nur die Überwindung räumlicher Spannungen im Sinne handelsspezifischer Transportleistungen nachvollziehbar. Wie auch schon den obigen Ausführungen zu entnehmen ist, hatten Fernhändler sowie mit Abschwächungen zumindest in früheren Zeiten ambulante Händler ceteris paribus daher noch ein vergleichsweise gutes Image in der Gesellschaft. Dem Höckerhändler (oder moderner: stationärem Einzelhändler), der nicht einmal diese raumbezogene Leistung erbringt, schlug hingegen seit jeher größtes Mißtrauen entgegen.

Als Gegenargument gegen diese Schlußfolgerung könnte an dieser Stelle auf die ebenfalls schwer nachvollziehbare, immaterielle Leistungserstellung von Dienstleistungsanbietern verwiesen werden, die im Gegensatz zu Händlern auch in früheren Zeiten und noch stärker heutzutage in der Summe ein positives Image genießen. Der wesentliche Grund für diesen Unterschied liegt im Ausmaß einer möglichen **Entkoppelung der Leistung vom Leistungsträger**: Während die Leistungsfähigkeiten von Dienstleistern in hohem Maße adjunktive Güter darstellen - also nicht von der Person des Dienstleisters zu trennen sind -, kann die Handelsleistung zunächst einmal von jedermann erbracht werden. Dienstleistungen stellen demnach also Leistungen dar, die aus Sicht des Nachfragers mit individuellen Fähigkeiten und Fertigkeiten der Person verbunden sind - dies gilt für einfache Tätigkeiten genauso wie für hochgradige Expertendienstleistungen wie von Ärzten, Beratern etc. in besonderem Maße.

Die Tätigkeiten eines Händlers - mit den oben erwähnten graduellen Unterschieden - könnten hingegen vereinfacht ausgedrückt von jedermann erbracht werden, und sind daher im besonderen mit der Frage nach ihrer eigenständigen Wertigkeit, sprich Entlohnung, verknüpft. Wenn aber die erbrachte Leistung als solches nur wenig offensichtlich ist, so wird das dafür erzielte - oder von Außenstehenden vermutete erzielte - Einkommen einer entsprechend kritischen Betrachtung unterzogen, womit sich hier zunächst der Kreis zur Diskussion über den „gerechten Lohn“ für Händler schließt. Erschwerend kommt an dieser Stelle hinzu, daß nach tradierter Vorstellung in den Köpfen vieler Nachfrager (genauer: Konsumenten) das Einkommen des Händlers, sprich vereinfacht sein Gewinn, zu einer weiteren Verteuerung des Gutes für den Konsumenten führt. Eine solche Verteuerung geschieht zudem bereits durch die weiterverrechneten Kosten des Händlers etwa für seine Transportfunktion. In diesem Zusammenhang wirken die empirisch belegbaren, weit überzogenen Vorstellungen vieler Nachfrager über die Spannen und Gewinne des Handels wie ein verstärkender Hebel (vgl. *Gümbel* 1985, S. 25 f.).

Die bisherige Argumentation ist nochmals zu koppeln mit der Tatsache, daß es sich für den Käufer um ein- und dasselbe, unveränderte Produkt handelt - also im Gegensatz zu veredelnden oder dienstleistenden Tätigkeiten kein mit dem Händler oder seiner Arbeitsleistung unauflöslich verbundenes und/oder verbessertes Angebot vorliegt.

Erzielte Transaktionskostenersparnisse werden vom Nachfrager hingegen nur selten - etwa wiederum bei eingesparten Fahrtkosten - für den Handel in die Waagschale geworfen.

In ihrer Addition führen

- die aufgezeigte Unkenntnis über die eigentliche Leistung des Handels,
- die damit zusammenhängende Annahme einer reinen Verteuerung der Güter durch die Handelsspanne und vor allen Dingen durch den Gewinn des Händlers
- in Verbindung mit überzogenen Vorstellungen über deren Höhe

zu einem **Ausbeutungsverdacht** des Nachfragers gegenüber dem Handel (vgl. *Gümbel* 1985, S. 20). Die permanente und latente Vermutung der Nachfrager, vom Handel ausgebeutet zu werden, ohne andererseits auf ihn völlig verzichten zu können (**Auslieferungsverdacht**), ist die ursächliche Komponente für das bestehende Mißtrauen gegenüber der Institution Handel. Dieses führte auf der sozio-kulturellen Basis des christlich geprägten Abendlandes und seines im Kern agrarisch geprägten, auf Produktion und nicht auf Transaktion ausgerichteten Leistungsverständnisses zu einer negativen Grundeinstellung und damit zu dem hier untersuchten Image-Malus des Handels in der Gesellschaft - im Gegensatz etwa zum asiatischen Kulturkreis.

2.3 Image-Malus des Handels und Mittelstandsschutz

Die bisherigen Ausführungen sind vor der Betrachtung der sich daraus ergebenden Konsequenzen mit Blick auf eine bestimmte Gruppe von Händlern zu relativieren: Als Ausnahme und dabei wiederum als Konstante in der historischen Beziehung zwischen Staat und Handel gleichermaßen zeigt sich ein ausgeprägtes Schutzverhalten staatlicher Organe gegenüber mittelständischen und kleinbetrieblichen Händlern. Dieses ist vor allem auch charakteristisch für unser Jahrhundert, in dem die Handelslandschaft maßgeblich durch das Vordringen nicht-mittelständischer Unternehmen verändert wurde (Gleichwohl wird die Tatsache, daß auch diese „Großunternehmen" einmal kleine und teilweise kleinste Anfänge genommen haben, in der heutigen Diskussion über Konzentration und Größenwachstum im Handel allzu gern unterschlagen - vielmehr wird der Eindruck erweckt, als seien die heutigen Big Players schon mit ihren Umsatzmilliarden sozusagen „vom Himmel gefallen").

Waren es in früheren Jahrzehnten die Warenhäuser, die als typische Vertreter der Großbetriebsformen am Pranger standen, so sind es heute die SB-Warenhäuser, Verbrauchermärkte, Einkaufszentren und neuerdings die Factory Outlet Center, die besonders angegangen werden. Die starke und charakteristisch mittelstandsorientierte Prägung unserer heutigen Binnenhandelspolitik läßt sich dabei - neben dem Vorhandensein des Mittelstandsschutzgedankens etwa auch im Handwerk, in der Landwirtschaft etc. - im Handel über **zwei maßgebliche Argumentationslinien** begründen.

Zum einen kam es in der deutschen Handelsstruktur nach dem Zweiten Weltkrieg in der Tat zu unvergleichlichen Umwälzungen, die mit einem erheblichen Rückgang kleiner und mittlerer Handelsbetriebe in vielen Branchen einhergingen. Neben der in der Tat veränderten Konkurrenzsituation durch neue, vor allem SB-orientierte und preisaggressive Betriebsformen war für diesen Rückgang aber sicherlich auch das ausgeprägte Beharrungsvermögen vieler mittelständischer Händler verantwortlich, wodurch bspw. notwendige Sortimentsumstellungen, die Spezialisierung auf interessante Nischen oder etwa auch die Anhebung des Serviceniveaus gar nicht oder oft nur halbherzig vorangetrieben worden waren. Aus staatlicher Sicht ergaben die resultierenden zahlreichen Betriebsschließungen Probleme bei der flächendeckenden Versorgungssicherheit sowie soziale Auswirkungen an den betroffenen Standorten (z.B. Arbeitsplatz- und Ausbildungssituation). Vor allem mit letzteren wird das besondere mittelstandsorientierte Engagement des Staates begründet, obwohl dabei selten nach realen und validen Nettoeffekten etwa bei der Ansiedlung von Großbetriebsformen gefragt wird.

Die **zweite Argumentationslinie** - neben den eben geschilderten Rückgängen - beruht auf dem Charakteristikum des raumgebundenen Wettbewerbs im (stationären) Handel. Bedingt durch die unauflösliche Koppelung des Händlers an sein Einzugsgebiet als Begrenzung seines Umsatzpotentials bedeutet das Auftreten neuer, „kommunenexterner“ und dabei vor allem nicht-mittelständischer „Eindringlinge“ immer eine unmittelbare Konkurrenzbeziehung zu bereits ansässigen Händlern, entweder durch überlappende Fachsortimente oder durch entsprechende Effekte bei Vollsortimenten. Letztere bedingen darüber hinaus häufig zusätzliche Konkurrenzwirkungen auf weitere mittelständische Betriebe aus dem Lebensmittel-Handwerk. Im Gegensatz hierzu bringt etwa die Neuansiedlung nicht-mittelständischer Industrieunternehmen i.d.R. positive Effekte auch für die bereits ansässigen Gewerbetreibenden (etwa neue Zulieferungschancen), zumindest aber keine unausweichlichen Konkurrenzbeziehungen. Dies gilt auch für diejenigen vorhandenen Betriebe, die fachlich-sachliche Überschneidungen mit dem Angebot des neuangesiedelten Unternehmens aufweisen, etwa für kleinere Industrieunternehmen der gleichen Branche. Deren Absatzgebiet ist normalerweise nicht auf den Produktionsstandort und den umgebenden Raum beschränkt und läßt sich zudem bei Bedarf ausdehnen, so daß eine Konkurrenzbeziehung entweder nicht entsteht oder auch unabhängig von der Standortentscheidung des neuen Unternehmens entstanden wäre.

Mittelständische Handelsbetriebe sind hingegen zunächst auf ihr angestammtes Einzugsgebiet beschränkt und können bzw. wollen die ihnen zur Verfügung stehenden Optionen (z.B. Multiplikation, Betriebsstättenverlagerung etc.) nur unzureichend nützen. Das Auftreten externer Unternehmen gilt entsprechend bis heute noch häufig als Eindringen in eine zunftähnlich strukturierte Vorstellungswelt, die sich u.a. an den relativ starren Sortimentsabgrenzungen erkennen läßt. Zwangsläufig gelten daher vor allem externe Unternehmen mit Vollsortimenten als besondere Gefahr, da sie die vorhandenen Strukturen in mehrfacher Hinsicht stören. Diese Bedrohung und die eventuellen Konsequenzen einer möglichen Verdrängung ansässiger Betriebe ruft wiederum den Gesetzgeber auf den Plan, womit sich der Kreis zu der obigen ersten Argumentation schließt.

Zusammenfassend und vor dem Hintergrund der eben aufgezeigten Mittelstandsorientierung kann die Einstellung maßgeblicher staatlicher Organe auf die pointierte Aussage gebracht werden: Wenn schon Handel, dann wenigstens Mittelstand! Dies paßt wiederum in das Bild eines kleingewerblichen und zur Versorgung zwangsläufig notwendigen, aber auf keinen Fall mächtigen Händlers, wie es oben schon skizziert wurde und das sich offensichtlich bis auf den heutigen Tag gehalten hat.

3 Ausgewählte Konsequenzen in Gesetzgebung und Rechtsprechung

3.1 Beispiele aus der Handelsgeschichte

Die Tatsache, daß die gesetz- und verordnungsgebenden und -vollziehenden Instanzen des Staates kein objektives Neutrum darstellen, sondern von Menschen ausgefüllt und gesteuert werden, führt zu der legitimen Ableitung, daß diese Entscheidungsträger natürlich auch von den vorherrschenden **Wertvorstellungen** ihrer jeweiligen Zeit geleitet sind. Das Image des Handels spiegelt sich somit zwangsläufig im Denken und Handeln der staatlichen Entscheider wider. In diesem Sinne richteten sich die staatlichen Eingriffe in die Veränderung der Handelslandschaft immer auch auf die Begrenzung der Zahl der Händler bzw. auf deren Ausweitungsaktivitäten im einzelnen.

Schon zu Zeiten des Zunftwesens gab es quantitative Zugangsbeschränkungen. Mit der Aufnahme in die Krämerzunft - die von der Zustimmung der vorhandenen Mitglieder abhängig war, welche somit den Neuzugang an lokaler Konkurrenz regelten - galten Expansionsschranken, die sich u.a. auf die Zahl der Mitarbeiter und insbesondere der Betriebsstätten pro Zunftmitglied bezogen. Allerdings waren diese Restriktionen auch durch die Zunft selbst bestimmt und also nicht nur auf staatlicher Hoheitsgewalt beruhend. Aber auch mit Blick auf rein staatlich induzierte Eingriffe stellte bspw. in der jüngeren deutschen Handelsgeschichte die strategische Option der Filialisierung immer noch einen Schwerpunkt staatlicher Restriktionen dar. Nach einigen Vorläufern aus der Zeit um die Jahrhundertwende gab es vor allem nach dem ersten Weltkrieg in zahlreichen deutschen Ländern Sondersteuern auf Filialbetriebe, insbesondere des Einzelhandels (vgl. *Baer* 1932, S. 11).

Wie bei vielen - um nicht zu sagen: bei nahezu allen - staatlichen Einwirkungen auf strategische Entscheidungsprozesse im Handel nutzten auch hier die Verantwortlichen in den betroffenen Handelsbetrieben die verschiedensten **Umgehungsmöglichkeiten**, um die geplanten Expansionen dennoch durchführen zu können. So kam es insbesondere zu Scheinselbständigkeiten durch Übergabe bisheriger Filialen an „selbständige" Pächter bei gleichzeitiger Ausstattung der Ladenlokale mit Einrichtung und Ware durch den Filialbetrieb in Kommission und somit zu einer de facto-Abhängigkeit des offiziellen Geschäftsinhabers vom Filialisten. Gleichzeitig wurden etwa Kapitalbeteiligungen an kleineren Gesellschaften verstärkt, um somit bei Wahrung des Scheins der Selbständigkeit der einzelnen Betriebsstätten eine verdeckte Filialisierung und somit eine „verhüllte Unternehmenskonzentration" vorantreiben zu können (vgl. *Hirsch* 1925, S. 257).

Bereits die damalige zeitgenössische Handelsforschung hat auf die letztendlich zielkonterkarierenden Auswirkungen der Sondergesetzgebung für Filialbetriebe hingewiesen. Zudem wurde die offizielle Begründung für diese Restriktionen als Scheinargument kritisiert, für welche die Steuergerechtigkeit zwischen den Kommunen, in denen sich „nur" die Filialen einerseits befanden und denen mit Sitz der Zentrale und der dort begründeten Steuerpflicht andererseits, herangezogen wurde: „Hätte die Filialsteuer wirklich eine fiskalische Begründung, dann müßten nicht nur für Einzelhandelsunternehmen, sondern z.B. auch für Fabrikationsunternehmen mit mehreren Produktionsstätten solche Zuschläge erhoben werden." (*Baer* 1932, S. 14).

Auch die spätere Bundesrepublik kannte noch das Instrumentarium der steuerlichen Sonderbehandlung von Filialbetrieben. Bis zu seiner endgültigen Abschaffung im Jahr 1967 bestand ein bis zu 30% höherer Hebesatz der Gewerbesteuer für Handelsunternehmen mit getrenntem Sitz von Geschäftsleitung und Betriebsstätte. Der Sonderzuschlag belegt auch hier den im Kern restriktiven Charakter, da er über den notwendigen zwischengemeindlichen Ausgleich hinausreicht. Zwei Jahre vor seiner Abschaffung erneuerten die deutschen Warenhauskonzerne ihre „freiwillige" **Selbstbeschränkung** gegenüber dem Bundesminister für Wirtschaft, in welcher sie in den kommenden beiden Jahren auf die Neueröffnung von Filialen in Städten mit weniger als 200 000 Einwohner verzichteten. Nach ihrem Vorgänger - dem auf den Erfahrungen aus der nationalsozialistischen Zeit beruhenden Investitionsstopp in den fünfziger Jahren - resultierte diese Selbstbeschränkung aus dem zunehmenden politischen Druck der Mittelstandslobby gegen das Wachstum der Warenhäuser, vor allem in den kleinen und mittleren Städten. Die dadurch ausgelöste Atempause bei der Filialisierung nutzten die Warenhausunternehmen zur Überarbeitung und Optimierung der bestehenden Filialen. Als Konsequenz lag das Wachstum der Warenhausbetreiber in diesem Zeitraum ungefähr beim Doppelten der vergleichbaren Wachstumsquoten des restlichen stationären Handels (vgl. *Moser* 1974, S. 22).

Gleichzeitig führte die Selbstbeschränkung bzw. die dadurch nicht vorhandene und auch nicht zu erwartende Konkurrenz in den betroffenen Kommunen zur verstärkten Ansiedlung von Betriebsformen an **nicht-integrierten Standorten** außerhalb der Innenstädte, vor allem durch die aufkommenden Verbrauchermärkte etc. Diese konzentrierten sich auf die noch nicht abgeschöpfte Kaufkraft an den von Warenhäusern noch unbesetzten Standorten. Damit kann der politisch zumindest beeinflußte Filialisierungsverzicht der Warenhausbetreiber als ein förderlicher Faktor für das Entstehen der Handelsstruktur auf der „Grünen Wiese" bezeichnet werden, welche in der Folgezeit sicherlich die weitaus gefährlichere Konkurrenz zur bestehenden mittelständischen Handelsstruktur wurde.

Auch hier zeigen sich erneut die bereits erwähnten **zielkonterkarierenden Effekte** staatlichen Eingreifens in die Handelsentwicklung. Bei ihren Restriktionen gehen die staatlichen Organe offensichtlich von einem konstruierbaren und von ihnen auch hinreichend definierbaren Optimalzustand der Handelsstruktur aus, den es in qualitativer und quantitativer Hinsicht zu erreichen gilt. Trotz der dabei als eines der maßgeblichen Ziele angestrebten breiten Versorgung der Bevölkerung wird die staatliche Steuerung häufig mit der notwendigen Vermeidung von „Überkapazitäten" begründet und damit nahtlos an die bereits weiter oben skizzierte Diskussion der „Übersetzung" des Handels angeknüpft. Letzteres aber weist darauf hin, daß die Restriktionen - immer noch - stark von der ebenfalls schon erwähnten Vorstellung einer „gerechten Nahrung“ ausgehen, also von einem regional abgrenzbaren Gesamtumsatz des Einzelhandels, der in seiner optimalen Aufteilung jedem ansässigen Händler das wirtschaftliche Überleben sichert. In seiner Konsequenz läßt dieses Bild dann in der Tat lokale Wettbewerbsbeschränkungen notwendig werden, die in Form von rechtlichen Marktzugangsbarrieren für externe Anbieter bzw. auch als Eingriffe in die Umsatzverteilung insbesondere zugunsten der kleineren Händler vorliegen.

In diesem Sinne und als ausgewähltes Beispiel aus der langen Tradition staatlicher Restriktionen soll nochmals kurz auf die Warenhäuser zurückgegriffen werden, die seit ihrer Entstehung gegen Mitte bzw. Ende des letzten Jahrhunderts lange Zeit im Mittelpunkt der Reglementierung standen. Sie galten dabei im besonderen als Vertreter aller jener negativen Eigenschaften, die den Großbetrieben des Einzelhandels von entsprechenden Kreisen der Öffentlichkeit immer schon zugeordnet wurden (wie etwa „Anlockwirkung“ der Nachfrager, Verdrängung der kleinbetrieblichen Konkurrenz und damit Eindringen in die wie erwähnt zunftmäßig geprägte Vorstellungswelt des ortsansässigen Handels etc.). Analog zur Sonderbesteuerung der Filialbetriebe griff der Gesetzgeber auch bei den Warenhäusern zunächst zu fiskalischen Maßnahmen. Bereits um 1900 gab es bspw. mit dem preußischen Warenhaussteuergesetz das grundlegende Vorbild für eine Reihe nachfolgender ähnlicher Sondersteuern auf verschiedenartigste Bezugsgrößen der Warenhäuser, wie etwa Umsatz, Anlagen- und Betriebskapital oder auch einfach auf die Zahl der Mitarbeiter, die in der Folgezeit von nahezu allen deutschen Staaten eingeführt wurden (vgl. *Jacobi* 1972, S. 122 ff.). Daneben existierten auch damals schon spezifische baurechtliche Beschränkungen des Warenhauses und damit frühe Vorläufer unserer heutigen maßgeblichen Restriktion für Großbetriebe, auf die noch zurückzukommen sein wird.

Mit dem Einzelhandelsschutzgesetz der nationalsozialistischen Zeit begann 1933 dann letztendlich ein völliges Errichtungs-, Erweiterungs- und Verlagerungsverbot für Warenhausbetriebe. Bereits vorher aber führte der enorme Druck des Gesetzgebers auf diese Betriebsform zu zahlreichen Ausweichaktivitäten der Unternehmen. So kam es etwa als Konsequenz der teilweise sogar progressiv gestaffelten Sondersteuern auf das Personal („Kopfsteuer“) zu Entlassungswellen insbesondere von Hilfskräften, weniger qualifizierten Arbeitskräften und älteren Angestellten, womit das absolute Steueraufkommen und durch Senkung der Progression auch das relative bezüglich der verbleibenden Mitarbeiter gesenkt werden konnten. Parallel erfolgte eine verstärkte Nutzung des vorhandenen Personals durch Überstunden, Nachtarbeit etc. Als

Folge zeigten sich zahlreiche soziale Mißstände sowohl für die entlassenen als auch für die verbliebenen Mitarbeiter.

Diese und eine Reihe weiterer Optimierungsmaßnahmen der Warenhausbetreiber zur Senkung der Sondersteuern führten im Gesamtergebnis zu einer deutlichen **Dynamisierung der Warenhäuser**. Wie schon vorher in Frankreich, so stellte sich auch in Deutschland vor dem ersten Weltkrieg - also zur Blütezeit der Sondersteuern - ein deutliches Wachstum des durchschnittlichen Umsatzes pro Betriebsstätte ein (vgl. *Jacobi* 1972, S. 137). Erneut hatte die betriebs- und volkswirtschaftliche Forschung der damaligen Zeit auf diesen Umstand hingewiesen, ohne leider dadurch weitere und spätere Fehlsteuerungen vermeiden zu können: „Nichts hat so sehr zur Blüte der Warenhäuser beigetragen wie die Warenhaussteuer." (*Baer* 1932, S. 38). Auch dieses Ergebnis weist eine überraschende Ähnlichkeit mit den obigen Aussagen zur Selbstbeschränkung der Warenhäuser in der späteren Bundesrepublik auf.

Daneben kam es in den zwanziger Jahren zur Umwandlung von Warenhausbetrieben zu Kaufhäusern. Obgleich diese beiden Formen heute weitgehend als gleich betrachtet werden, konstituierte sich letztere durch Beschränkung auf einen der vier im preußischen Warenhausgesetz aufgeführten Warenbereiche (beim Angebot von mehr als einem Bereich - 1. Kolonialwaren, Lebensmittel; 2. Web- und Modewaren, Betten, Möbel; 3. Haus- und Küchengerätschaften; 4. Schmuck-, Luxus- und Spielwaren - galt eine Betriebsform per Gesetz als Warenhaus). Die häufig anzutreffende Beschränkung auf den immer noch umfangreichen Warenbereich 2, die damit verbundene Konzentration auf das gleichzeitig ausgeweitete Fachsortiment bei Beibehaltung der damaligen Warenhaus-Instrumente der aggressiven Preispolitik und Werbung brachte auch hier zumindest keine geringere Konkurrenzwirkung für den mittelständischen Handel mit ähnlichen, betroffenen Sortimenten (vgl. *Hirsch* 1925, S. 309).

3.2 Aktuelle Beispiele

In der jüngsten, bundesrepublikanischen Geschichte des deutschen Handels bzw. in der Gegenwart werden institutionale, staatliche Zugangsbeschränkungen de facto über das Instrumentarium des Baurechts geschaffen. Als Basis dienen die Aufgaben der Raumordnung und der Landesplanung sowie das zentrenhierarchische Konzept mit seiner strengen Zuordnung der Versorgungsfunktionen von Ober-, Mittel- und Unterzentren für das Umgebungsgebiet. Diese werden in den entsprechenden Gesetzen explizit durch den **Mittelstandsschutzgedanken** ergänzt. Konkret regelt insbesondere § 11 Abs. 3 der Baunutzungsverordnung (BauNVO) die Ansiedlung von Großbetrieben des Einzelhandels. Er greift - dabei ganz in der Tradition der oben aufgezeigten staatlichen Restriktionen stehend - direkt auf die Fläche bzw. indirekt auf das Sortiment solcher Betriebe ein. Im einzelnen sind durch ihn Einkaufszentren sowie großflächige Einzelhandelsbetriebe (und einzelhandelsähnliche Betriebe) in ihren Ansiedlungsvorhaben reglementiert. Ein Anspruch auf Ansiedlung besteht demnach nur in Kerngebieten und sog. Sondergebieten (in anderen denkbaren Gebietstypen, wie etwa in einem Industriegebiet kann die Gemeinde die Ansiedlung genehmigen - muß es aber nicht), wobei es im Ermessen der Gemeinde liegt, Sondergebiete auszuweisen. Der Begriff der Großflächigkeit ist dabei durch Richterspruch des Bundesverwaltungsgerichts 1987 auf 700 qm Verkaufsfläche festgesetzt worden (mit Ausnahmen etwa für den Baustoffhandel, für Möbelgeschäfte etc.). Auf eine ausführlichere Darstellung dieser maßgeblichen Restriktion muß an dieser Stelle verzichtet werden (vgl. im einzelnen *Mattmüller* 1997, S. 246 ff.).

Entscheidend für eine Würdigung sind aber auch hier die ausgelösten Ergebnisse dieser Bestimmung, auf die abschließend kurz hinzuweisen ist. Wie schon bei den oben erwähnten älteren Beispielen aus der Handelsgeschichte abzulesen war, erzeugen Reglementierungen dieser Intensität eine Reihe von **Umgehungs- bzw. Ausweichstrategien**. Im Falle des § 11 Abs. 3 BauNVO bestehen und bestanden sie zum Beispiel in der verstärkten Nutzung freier Flächen in den Kerngebieten, die einerseits im Gesetz explizit als Ausweichmöglichkeit genannt werden und andererseits - im Gegensatz zu den Sondergebieten - weitgehend unbeeinflußt von vielen Detailregelungen sind (So können die Gemeinden in Sondergebieten im Rahmen der „Feinsteuerung“ an die Genehmigung der Ansiedlung Auflagen hinsichtlich der Sortimente knüpfen und somit unerwünschte Konkurrenzeffekte auf den ansässigen Handel mindern.). Als Konsequenz ergab sich dadurch zum einen eine zunehmende Homogenisierung vieler Innenstädte. Zum anderen kam es beim Kampf um die knappen innerstädtischen Standorte zur Verdrängung vieler dort ansässiger mittelständischer Händler, für die der Verkauf oder die Vermietung ihrer eigenen Immobilie lukrativer war als die Weiterführung des Geschäftes oder die bei den von Großunternehmen gebotenen Miet- bzw. Kaufpreisen als Pächter nicht mithalten konnten und aufgeben mußten.

Eine weitere Ausweichaktivität besteht in der verstärkten Errichtung von Betrieben unterhalb der sog. Vermutungsgrenze des § 11 Abs. 3 BauNVO, also unterhalb 700 qm Verkaufsfläche. Die im Vergleich zu den großflächigen Betriebsformen damit zwangsläufig verbundene Einschränkung der Sortimente begünstigte wesentlich das

Wachstum der Fachmärkte in Deutschland. Letztere erwiesen sich gerade für Großkonglomerate als geeignete Möglichkeit, ihr Wachstum auch hinsichtlich der Zahl der betriebenen Outlets und der räumlichen Verbreitung trotz der restriktiven Baunutzungsverordnung voranzutreiben.

Die Tatsache, daß mit der starken Fachmarktlandschaft eine in der Summe gefährlichere Konkurrenz für den mittelständischen, traditionellen Facheinzelhandel geschaffen wurde, weist erneut auf die gleiche Wirkungskette hin, wie sie weiter oben bspw. bereits bei den Kauf- bzw. Warenhäusern zu erkennen war. Die eben genannten, aus einer Vielzahl weiterer Umgehungsaktivitäten und erzielter Resultate ausgewählten und hier skizzierten Ergebnisse der durch das Baurecht bewirkten Eingriffe des Gesetzgebers in die Handelsentwicklung mögen daher an dieser Stelle zu Verdeutlichung des Zusammenhanges zwischen Restriktionen und Auswirkungen ausreichen.

4 Schlußbetrachtung

Das **Ansehen des Handels** war zu allen Zeiten und mit wenigen Ausnahmen mächtig gewordener Handelsfamilien - bezeichnenderweise aus dem Fernhandel, wie etwa die Fugger - relativ **gering**. Auch unsere heutigen großen Handelsbetriebe, die im internationalen Wettbewerb in vielen Belangen an der Spitze liegen und also beachtliche unternehmerische Erfolge aufzuweisen haben, werden in der öffentlichen Diskussion bei weitem nicht derart berücksichtigt oder positiv gewürdigt, wie etwa vergleichbare Unternehmen aus Industrie oder Dienstleistung. Dieser gesellschaftlich tief verankerte Image-Malus des Handels schlägt sich im Denken und konkreten Verhalten der Entscheidungsträger in Politik und Gesetzgebung nieder. Als Ergebnis zeigen sie zahlreiche Bestimmungen, die den Handel - wie keine andere Wirtschaftsstufe - in seiner Entwicklung beeinflussen und reglementieren, wobei die jeweiligen Vertreter der Großbetriebe des Einzelhandels stets besonderen Eingriffen ausgesetzt waren und sind.

Neben der bis heute historischen Durchgängigkeit dieser Tatsache steht eine zweite Konstante: die durch die Restriktionen ausgelösten Wirkungen sind einerseits unbestritten strukturverändernd gewesen und haben jedoch andererseits i.d.R. zu **zielkonterkarierenden Ergebnissen** geführt. So wurde insbesondere das zentrale Ziel des Mittelstandsschutzes nur selten erreicht - viel häufiger richtete sich die Wirkungskette aus Restriktionen, Ausweichaktivitäten der Handelsentscheider und erneuten Folgerestriktionen in ihrem Endergebnis gegen den mittelständischen Handel. Ob dessen besonderer Schutz durch den Staat nun notwendig ist oder nicht: Die bisherigen Ergebnisse restriktiver Handelspolitik sollten die Verantwortlichen zum Überdenken ihres Verhaltens anregen. Für die Handelsunternehmen bzw. für deren Führungskräfte ist die Verbesserung ihres Images in der Gesellschaft eine mit Sicherheit langwierige, aber unverzichtbare Aufgabe, der sie sich in der Zukunft verstärkt widmen sollten.

Zwischen Kooperation und Konfrontation

Strategien und Verhaltensweisen im Absatzkanal

Heribert Meffert

1 Hersteller/Handels-Beziehungen als Herausforderung an Wissenschaft und Praxis

Die Trennung zwischen Hersteller- und Handelsunternehmen beruht auf der Erkenntnis, daß sich durch eine arbeitsteilige Organisation der Produktion und Distribution von Gütern Spezialisierungsvorteile realisieren lassen. Mit diesen Effizienzgewinnen der Arbeitsteilung ist zugleich ein Verlust an Autonomie für den Hersteller verbunden. Er verliert die umfassenden Steuerungs- und Kontrollmöglichkeiten und kann nicht mehr isoliert über sämtliche Aktivitäten in der Wertschöpfungskette entscheiden. Somit wird die **Koordination** zwischen Hersteller und Handel zu einer unabdingbaren Notwendigkeit, wenn Güter nicht im Wege des Direktvertriebs vom Hersteller zum Kunden gelangen sollen. Diese Problemstellung haben verschiedene Forschungszweige der Wirtschaftswissenschaften aufgegriffen, von denen sich vor allem die Ansätze der Koalitionstheorie, der Spieltheorie und der Transaktionskostenökonomik herausheben.

Die verhaltenswissenschaftlich geprägte **Koalitionstheorie** basiert auf der Erkenntnis, daß die Teilnahme von Individuen an einer Organisation durch bestimmte Anreize motiviert wird, für die im Gegenzug Beiträge zu entrichten sind. Übertragen auf das vertikale Marketing stellt die Koalitionstheorie das Vorliegen bestimmter gemeinsamer Vorteilsverhältnisse heraus, die sowohl auf Hersteller- als auch auf Handelsseite bestehen und zu einer Koalition zwischen beiden Marktteilnehmern führen. Konstrukte wie Vertrauen und Commitment erweisen sich dabei als entscheidend für den Kooperationserfolg und die Qualität der Beziehung. Sie stehen dementsprechend im Zentrum wissenschaftlichen Interesses (vgl. *March/Simon* 1958; *Stern/Brown* 1969, S. 6f.).

Einen stärker ergebnisorientierten Ansatz wählt die **Spieltheorie**, nach der die Interaktion zwischen mehreren Partnern als Spiel dargestellt wird. Durch Einbringung gemeinsamer Ressourcen und abgestimmtes Verhalten können alle Spieler ihre Ertragssituation im Sinne einer Win/Win-Situation verbessern. Bezüglich der Verhaltensweisen anderer Spieler besteht i.d.R. Unsicherheit. Deshalb ist nicht gewährleistet, daß sich eine Gleichgewichtssituation einstellt. Probleme ergeben sich insbesondere im Informationsaustausch und bei der Verteilung des gemeinsamen Gewinns. Die Gleichzeitigkeit kooperativer und konfliktärer Situationen kann nach *Brandenburger/Nalebuff* (1996, S. 30) unter dem Begriff „Coopetition" subsumiert werden. Wesentlich erscheint in diesem Zusammenhang die Erkenntnis, daß konfliktäres Verhalten zwischen Hersteller und Handel langfristig kooperativen Beziehungen unterlegen ist (vgl. *Axelrod* 1987).

Die **Transaktionskostentheorie** als Teilbereich der Neuen Institutionenökonomik versucht allgemein die Entstehung und Entwicklung wirtschaftlicher Organisationsformen anhand der mit ihnen verbundenen Transaktionskosten zu erklären. Ausgangspunkt stellen dabei Transaktionen dar, die dann vorliegen, wenn Produkte die

Unternehmensgrenzen verlassen und in den Verfügungsbereich eines anderen Unternehmens übergehen (vgl. *Williamson* 1985, S. 1). Dieses Verständnis impliziert eine vertikale Sichtweise. Bezogen auf die Beziehungen im Absatzkanal können transaktionskostentheoretische Überlegungen bspw. einen Maßstab zur Ermittlung eines unter Effizienzgesichtspunkten optimalen Integrationsgrades bzw. einer optimalen Funktionsverteilung im Absatzkanal bereitstellen.

Entwicklungen aus der Unternehmenspraxis belegen eindrucksvoll, daß sich insbesondere die **Machtverteilung** zwischen Hersteller- und Handelsunternehmen wesentlich auf die Ausgestaltung der Koordination auswirkt. So war die Beziehung zwischen Hersteller und Handel in den siebziger Jahren durch eine **Dominanz der Herstellerunternehmen** geprägt, die aufgrund der in vielen Produktfeldern bestehenden Engpaßfunktion der Produktion die Marketingführerschaft im Absatzkanal inne hatten. Beginnend mit der Aufhebung der vertikalen Preisbindung vollzog sich eine beachtliche Bedeutungszunahme des Handels, die mit dem Wandel vom Verkäufer- zum Käufermarkt einherging. Verstärkt wurde diese Entwicklung durch eine zunehmende **Handelskonzentration** und die Herausbildung eines eigenständigen Handelsmarketing. Die Herstellerunternehmen sahen sich dabei mehr und mehr veränderten Marktmachtkonstellationen gegenüber, die eine einseitige Ausrichtung ihrer Aktivitäten an den eigenen Zielen im Absatzkanal kaum noch zuließen. Der Handel hat sich seitdem als **Gatekeeper** etabliert und entscheidet heute in vielen Branchen über den Marktzugang und die Ausgestaltung des Marktauftritts. Aktuelle Schätzungen gehen davon aus, daß die Konzentration im Handel weiter voranschreiten wird. So werden im Jahr 2005 die Top 5 im Lebensmittel-Einzelhandel zwei Drittel des Umsatzes auf sich vereinigen (vgl. *Kaiser* 1998, S. 39).

Durch das Vordringen neuer Informations- und Kommunikationstechnologien bieten sich seit geraumer Zeit sowohl für Hersteller- als auch für Handelsunternehmen neue Chancen, durch die Nutzung strategischer Informationen die **Marketingführerschaft** im Absatzkanal an sich zu ziehen. So eröffnet sich etwa dem Handel durch die zunehmende Verbreitung der Scannertechnologie die Möglichkeit, käuferbezogene Daten zu erheben. Herstellerunternehmen sind demgegenüber nach wie vor auf den direkten Kontakt mit Endkunden angewiesen, um annähernd gleichwertige Informationen über das Kaufverhalten erschließen zu können. Allerdings können jedoch auch kapitalschwächere Unternehmen durch die Nutzung des Online-Vertriebs in verstärktem Maße Zugang zu solchen erfolgskritischen Informationspotentialen erhalten. Die damit verbundene Möglichkeit einer Umgehung des Handels hat neuerdings sogar zu der These verleitet, daß vielerorts eine Degenerierung von Handelsunternehmen zu reinen Logistik-Dienstleistern zu erwarten ist (vgl. *Butler* u.a. 1997, S. 17ff.). Solange indes das persönliche Einkaufserlebnis eine aus Käufersicht wichtige Nutzendimension darstellt, wird dem Handel auch in Zukunft im koordinierten Zusammenspiel mit den Herstellern eine wichtige Funktion zukommen.

2 Konfliktursachen und Konfliktfelder in der Hersteller/Handels-Beziehung

2.1 Ursachen von Konflikten

Unter einem Konflikt kann allgemein eine Situation verstanden werden, in der sich zwei oder mehrere Verhaltenstendenzen so gegenüberstehen, daß eine gemeinsame Entscheidungsfindung bzw. Verhaltensabstimmung auf Widerstand trifft (vgl. *Meffert* 1981, S. 108). Konflikte müssen dabei nicht zwangsläufig mit einer dysfunktionalen Wirkung verbunden sein. Vielfach wird argumentiert, daß sich ein gewisses Maß an Konflikten positiv auf die Effizienz der Interaktion auswirken kann (vgl. Abb. 1). Beispielhaft sei hier auf die Stimulierung neuer Ideen oder das Überdenken der eigenen Situation verwiesen. Mitunter werden Konflikte sogar als Voraussetzung für einen organisatorischen Wandel gesehen (vgl. *Staehle* 1994, S. 317).

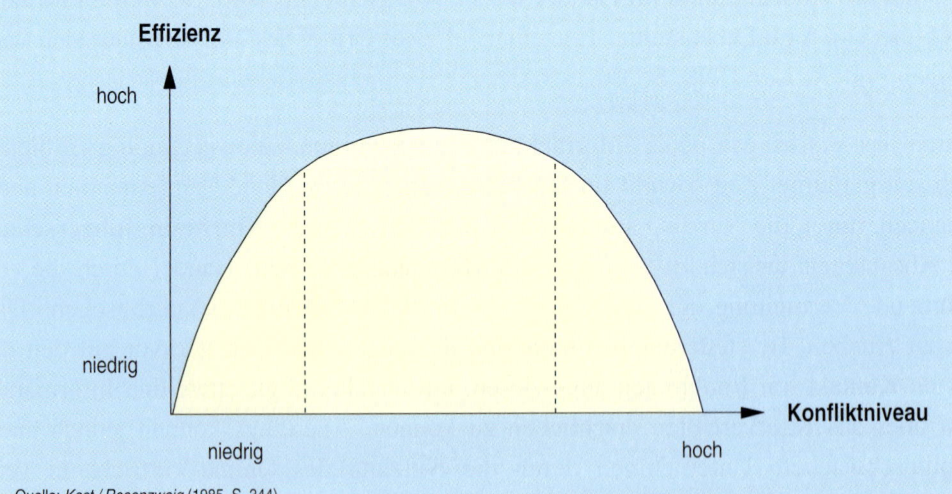

Quelle: *Kast / Rosenzweig* (1985, S. 344)

Abb. 1: Zusammenhang zwischen Konflikt und Effizienz

Als dysfunktionale Auswirkungen von Konflikten sind demgegenüber die Störung von unternehmerischen Handlungsplänen, die Abnahme an Rationalität und der Aufbau von Emotionalität sowie insgesamt die Instabilität der Beziehung anzuführen (vgl. *Staehle* 1994, S. 372; *Meffert/Wöllenstein/Burmann* 1996, S. 280). Dabei ist zu beachten, daß Konflikte Symptome tieferliegender Konfliktursachen sind (vgl. *Steffenhagen* 1975), deren Erforschung Aufschlüsse über die Beeinflussung der Wirkungen geben.

In den Forschungsarbeiten zum vertikalen Marketing wird vor allem die Verfolgung **konfliktärer Zielsetzungen** durch Hersteller- und Handelsunternehmen als Konfliktursache identifiziert. Deutlich zutage treten diese Zieldivergenzen durch das für beide Seiten vorherrschende Ziel der langfristigen Gewinnmaximierung, weshalb in diesem Zusammenhang auch von einem systemimmanenten Konflikt gesprochen werden kann (vgl. *Meffert/Steffenhagen* 1976, S. 9; *Irrgang* 1989, S. 7). Als weitere Ursache von Konflikten gilt die **asymmetrische Machtverteilung**, die dem dominierenden Unternehmen einen Spielraum in der Gestaltung der Unternehmenspolitik eröffnet und sich begrenzend auf die Verhaltensoptionen der anderen Seite auswirken kann. Gegenseitige Erwartungshaltungen bezüglich der Rollen- bzw. der Funktionsverteilung im Absatzkanal, die in der Realität nicht erfüllt werden, können ebenfalls Ursprung von Konflikten sein (vgl. *Steffenhagen* 1975, S. 85ff.; *Ahlert* 1996, S. 93ff.). Letztlich wird auch in einer asymmetrischen Informationsverteilung als Folge eines unzureichenden Informationsaustauschs eine bedeutende Konfliktursache gesehen. Als Symptome treten Konflikte vornehmlich in Bereichen der operativen Hersteller/Handels-Beziehung auf.

2.2 Konflikte in der operativen Hersteller/Handels-Beziehung

Hersteller und Handel betrachten das Sortiment aus verschiedenen Blickwinkeln. Während die Hersteller vornehmlich marken- und produktbezogene Ziele verfolgen, wie bspw. die imageadäquate Präsentation ihrer Marken oder die möglichst vollständige Plazierung ihres eigenen Produktionsprogramms, legt der Handel den Schwerpunkt auf die Optimierung des Sortiments, das aus den Produkten mehrerer - oft vielzahliger - Hersteller besteht. Als besonders interessant erweist sich für den Handel die Aufnahme von **Produktinnovationen** in das Sortiment, um eine starke Anziehungswirkung auf die Endkunden auszuüben. Angesichts einer begrenzten Innovationskraft sind Hersteller demgegenüber gezwungen, auch weniger innovative Produkte im

Handel zu plazieren, so daß sich bei den Leistungsentscheidungen entsprechende Konfliktpotentiale eröffnen. Gleiches gilt für den Entscheidungstatbestand der **Sortimentsbereinigung**, in der Handelsunternehmen ihre konzentrationsbedingt oft hohe Verhandlungsmacht geltend machen können. Eine Auslistung bei einem wichtigen Handelsunternehmen ist u.U. mit schwerwiegenden Konsequenzen für das Herstellerunternehmen verbunden. Insbesondere bei einem engen Produktspektrum kann sich dies über die Beeinflussung der Profitabilität des betroffenen Produktes wesentlich auf die Rentabilität des gesamten Unternehmens auswirken. Dementsprechend besitzen lediglich Hersteller mit etablierten Marken, die über ein hohes akquisitorisches Potential verfügen, eine starke Verhandlungsposition, aus der Freiheitsgrade im Umgang mit Konflikten entstehen können.

Auch im Bereich der **Distributionspolitik** werden unterschiedliche Zielsetzungen von Hersteller und Handel deutlich. Bei isolierter Optimierung des eigenen Unternehmens sind beide Akteure bestrebt, die Wertschöpfungskette unter **warenwirtschaftlichen Gesichtspunkten** kostenminimierend zu gestalten. Im Sinne einer „Win/Lose-Situation" haben Optimierungen auf der Herstellerseite zum Teil negative Auswirkungen auf die Wertschöpfung des Handels und vice versa. Bspw. bevorzugt der Hersteller mit Blick auf eine effiziente Produktion möglichst große Bestellmengen, während der Handel i.d.R. die schnelle Lieferung auch kleiner Bestellmengen fordert.

Konflikte entstehen zwischen Hersteller und Handel auch bei der **Warenpräsentation**. Herstellerseitigen Bemühungen, die eigenen Produkte wettbewerbsstrategisch vorteilhaft zu plazieren, steht das Denken des Handels im Sortiment entgegen. Diese Argumentation findet in den Untersuchungen von *Diller* (1993a, S. 14) und *Gaitanides* (1988) Bestätigung, die bei 42% der von ihnen analysierten Firmen der Lebensmittelindustrie ein Konzept identifizierten, das „weniger auf optimale Befriedigung des Schlüsselkunden als auf die Pflege hervorragender Markenartikel abzielte". der Handel an der Optimierung seines Sortiments vornehmlich unter ertragswirtschaftlichen Gesichtspunkten interessiert ist, kann sich hieraus ein Konflikt entwickeln. In welche Richtung dieser Konflikt gelöst wird, hängt wiederum wesentlich von der Machtverteilung im Absatzkanal ab.

Die **Kontrahierungspolitik** stellt das sensibelste Konfliktfeld im Verhältnis zwischen Hersteller und Handel dar. Der Preis nimmt neben der Absatzmenge und den Kosten direkten Einfluß auf die Profitabilität. Deshalb messen beide Akteure der handels- bzw. herstellergerichteten Kontrahierungspolitik entscheidende Bedeutung zu. Bei der Festlegung der Abgabepreise an den Handel entscheidet sich, welches Unternehmen in welchem Ausmaß an der Gesamtwertschöpfung partizipiert. Bei gegebenen Endverkaufspreisen und den zugehörigen Absatzmengen läßt sich die Verteilung der Wertschöpfung zwischen Hersteller und Handel als Null-Summen-Spiel interpretieren, bei dem der Gewinn des einen den Verlust des anderen darstellt.

Neben der Festlegung der Einstandspreise liegt ein hohes Konfliktpotential in der standort- und aktionsbezogenen Bildung der **Endverbraucherpreise** durch den Handel. Aus Herstellersicht werden u.U. Bemühungen der preislichen Positionierung im Wahrnehmungsraum der Konsumenten und damit der Aufbau des angestrebten Markenimages konterkariert. Der Handel verweist demgegenüber auf die Notwendigkeit von Aktionspreisen zur Sicherung der Attraktivität der Geschäftsstätten. Eine aktionsbezogene Preisbildung stellt darüber hinaus oft erhebliche Anforderungen an die Flexibilität der Produktion.

Im Bereich der **Kommunikationspolitik** offenbart sich schließlich ein Konfliktfeld, das herstellerseitig oft im Zusammenhang mit „Pull-Marketing" diskutiert wird. Durch den integrierten Einsatz der Kommunikationsinstrumente sollen die Produkte und Marken gegenüber den Endkunden im Wettbewerbsumfeld bestmöglich positioniert werden. Der Handel konzentriert seine Aktivitäten dagegen traditionell auf die Profilierung der Einkaufsstätte und die Förderung des Gesamtsortiments.

Einen Überblick über die aufgezeigten Konfliktfelder und ihre Ursachen gibt Abb. 2.

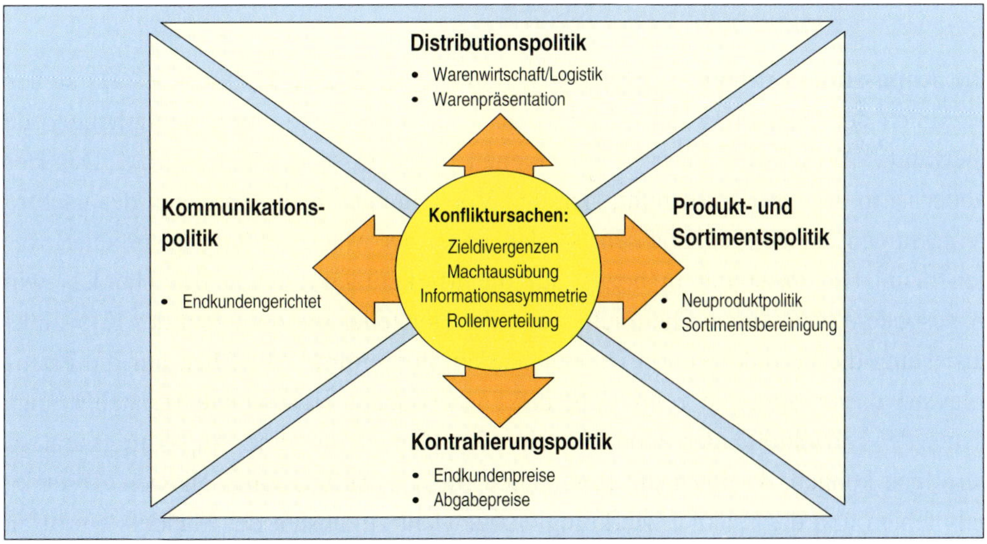

Abb. 2: Konfliktfelder und Konfliktursachen im vertikalen Marketing

3 Strategische Verhaltensweisen im Distributionssystem

3.1 Strategische Optionen von Herstellern

Unter Zugrundelegung einer längerfristigen Orientierung des Verhaltens an den Oberzielen der Unternehmung lassen sich aus Herstellersicht zum Umgang mit Konflikten **unterschiedliche Basisstrategien** ableiten. Sowohl in der Gestaltung der Absatzwege als auch im Hinblick auf die Reaktion auf Marketingaktivitäten des Handels sind jeweils aktive und passive Verhaltensweisen des Herstellers denkbar. Im einzelnen können somit, wie in Tab. 1 dargestellt, die absatzmittlergerichteten Basisstrategien Anpassung, Konflikt, Umgehung und Kooperation unterschieden werden.

Marketing des Herstellers	Passiv in der Gestaltung der Absatzwege	Aktiv in der Gestaltung der Absatzwege
Passiv in der Reaktion auf Marketingaktivitäten des Handels	Anpassung (Machtduldung)	Konflikt (Machtkampf)
Aktiv in der Reaktion auf Marketingaktivitäten des Handels	Kooperation (Machterwerb)	Umgehung / Ausweichen (Machtumgehung)
Quellen: *Meffert/Kimmeskamp* (1983, S. 216); *Buerke* (1988, S. 30)		

Tab. 1: Absatzmittlergerichtete Basisstrategien

Die **Anpassungsstrategie** zeichnet sich durch eine passive Haltung des Herstellers bezüglich der Gestaltung der Absatzwege aus, indem etwa „branchenübliche" oder „bewährte" Wege zum Vertrieb der eigenen Erzeugnisse gewählt werden. Der Hersteller ist in diesem Fall bemüht, sich den Vorstellungen bzw. Vorgaben des nachfragemächtigen Handels anzupassen, so daß von einer Machtduldung gesprochen werden kann. Die Passivität in bezug auf die Marketingaktivitäten des Handels wird insbesondere dann augenscheinlich, wenn der Hersteller mit dem Ziel der Kapazitätsauslastung die Produktion von Handelsmarken übernimmt. Mit Blick auf die Praxisrelevanz dieser Strategie zeigt sich, daß insbesondere viele kleine Hersteller angesichts der fortschreitenden Konzentration im Handel nur eine Anpassungsstrategie verfolgen können, da ihnen die Ressourcen für den Aufbau eines eigenen Absatzkanals fehlen und das relative Marktungleichgewicht zugunsten des Handels ein offensives Reagieren auf die Marketingaktivitäten des Handels nicht zuläßt (vgl. *Meffert* 1998, S. 283, 587).

Konfliktstrategien zeichnen sich demgegenüber durch das Bestreben einer eigenständigen Gestaltung der Absatzwege aus. Vorgaben des Handels werden nicht ohne weiteres übernommen, vielmehr versuchen Verfolger dieser Strategie, ihrerseits den Absatzmittler zu dominieren und die Marketingführerschaft im Absatzkanal zu übernehmen. Da das Erreichen dieser Position wiederum wesentlich von der Machtverteilung im Absatzkanal determiniert wird, stellt eine Konfliktstrategie folglich nur für solche Hersteller eine erfolgversprechende Alternative dar, die über starke Markenpersönlichkeiten verfügen und nicht von der Auslistung durch den Handel bedroht sind.

Bei der absatzmittlergerichteten Strategie der **Umgehung** weicht der Hersteller einer Verhaltensabstimmung mit dem Absatzmittler durch den Aufbau eines eigenständigen Absatzkanals aus. Vorteile einer solchen Strategie liegen aus Herstellersicht vor allem in der uneingeschränkten Steuerbarkeit und Kontrollierbarkeit sämtlicher Marketingaktivitäten über den gesamten Absatzweg hinweg und einem i.d.R. engeren Kundenkontakt. Angesichts der insgesamt höheren Kosten und finanziellen Risiken, die eine Umgehungsstrategie implizieren und der Effektivitätsvorteile, die der Handel in Form von Sortiments- und Verbundeffekten bieten kann, ist eine derartige strategische Vorgehensweise nur in Einzelfällen vorteilhaft. Eine neue Qualität gewinnt die Umgehungsstrategie allerdings durch die umfassenden Freiheitsgrade in Verbindung mit vergleichsweise geringeren Kosten im Rahmen des Electronic Commerce. Soll die Interaktion nur mit einzelnen Handelsbetrieben vermieden werden, ist auch eine partielle Umgehung möglich. Dies kann bspw. dann angestrebt werden, wenn es für den Hersteller sinnvoll erscheint, besonders dominanten Händlern auszuweichen oder aufgrund von Imageüberlegungen bestimmte Handelsformen zu meiden.

Die Grundlage von **Kooperationsstrategien** bildet i.d.R. die Überlegung, daß unter ökonomischen Gesichtspunkten einerseits auf die Vorteile, die eine Aufrechterhaltung der Geschäftsbeziehung mit dem Handel bietet, nicht verzichtet werden soll und andererseits eine Konfrontation zur Durchsetzung der eigenen Interessen nicht geeignet erscheint. Diese Einsicht steht in engem Zusammenhang mit einer machtbezogenen **Pattsituation**, die insbesondere zwischen großen Hersteller- und Handelsunternehmen zu beobachten ist (vgl. *Zentes/Swoboda* 1998, S. 285). Mit der kooperativen Verfolgung gemeinsamer Ziele geht oft eine Intensivierung der Hersteller/Handels-Beziehung einher. Aus Herstellersicht können auf diese Weise Markteintrittsbarrieren gegenüber Konkurrenten im Absatzkanal aufgebaut und mithin eine verbesserte Position im horizontalen Wettbewerb erreicht werden (vgl. *Dull/Mohn/Norén* 1995, S. 69).

Die **empirische Relevanz** dieser herstellerseitigen Basisstrategien wurde in einer Studie in der Konsumgüterindustrie belegt. So identifizierten *Diller/Gaitanides* (1988, S. 112ff.) im Lebensmittelbereich mit der Anpassungs-, Kampf- und Autonomiestrategie verschiedene Stoßrichtungen, die inhaltlich dreien der hier dargestellten absatzmittlergerichteten Basisstrategien entsprechen. Mit der Anpassungsstrategie verfolgen 18% der einbezogenen Unternehmen eine defensive und die Interessen des Handels besonders stark berücksichtigende Strategie. 40% der Hersteller legen ihrer strategischen Ausrichtung gegenüber den Händlern eine offensive und konfrontative Orientierung zugrunde (Konfliktstrategie). Schließlich verfolgen 42% der betrachteten Unternehmen mit der Autonomiestrategie eine Strategie vertrauensvoller Zusammenarbeit und persönlicher Kontakte mit dem Handel, die indes auf eine Position der eigenen Stärke fußt. Damit bestätigt die empirische Bedeutung dieser basisstrategischen Ausrichtung den hohen Stellenwert der deduktiv abgeleiteten Kooperationsstrategie.

3.2 Strategische Optionen des Handels

Beschaffungsstrategien des Handels haben in der wissenschaftlichen Diskussion bislang relativ geringe Beachtung gefunden. *Hansen* (1990, S. 548) konstatiert in diesem Zusammenhang eine vorherrschende Aktionsorientierung und weniger eine strategische Ausrichtung der Aktivitäten im Handel. Angesichts wachsender Rationalisierungsbestrebungen und der Internationalisierung der Beschaffung sind allerdings Restrukturierungen des Lieferantenportfolios im Sinne einer verstärkten Fokussierung auf Schlüssellieferanten feststellbar. Vor diesem Hintergrund lassen sich die für Hersteller vorherrschenden Basisstrategien der Anpassung, Kooperation, Umgehung und Konfrontation spiegelbildlich **auf den Handel übertragen**.

Eine **Anpassungsstrategie** ist dabei mit einer Duldung bzw. Akzeptanz der Herstellermacht verbunden. Angesichts des Bedeutungsgewinns des Handels ist die Verfolgung einer solchen Strategie in der Praxis oft nur noch gegenüber marktmächtigen Herstellern zu beobachten, deren Produkte oder Marken aufgrund ihrer Attraktivität aus Handelssicht zwingend Bestandteil des Sortiments sind und somit faktisch nicht umgangen werden können. So ist es bspw. kaum vorstellbar, daß Produkte wie Mon-Cherie (*Ferrero*), Coca-Cola (*The Coca-Cola Company*) oder Pampers-Windeln (*Procter & Gamble*) aus dem Kernsortiment entsprechender Einkaufsstätten ausgelistet werden (vgl. *Jensen* 1997, S. 58). Ausdruck einer solchen Machtduldung kann bspw. die Erfüllung von Herstellervorgaben bezüglich Warenpräsentation, Endverbraucherpreis, Kommunikationspolitik und/oder Bestellpolitik sein. Dennoch erhöht sich insbesondere für größere, überregional tätige Händler auch gegenüber solchen Unternehmen zunehmend der Spielraum eigenständigen Handelns.

Bei Vorliegen hoher Handelsmacht sind Hersteller oft verstärktem Druck ausgesetzt. Verfügt der Handel dabei über die Marketingführerschaft (z.B. hinsichtlich Listungen) im Absatzkanal, ist die von diesem verfolgte Konfrontationsstrategie zuweilen gar mit Bestrebungen einer Substitution und/oder Rückwärtsintegration verbunden. Herstellerunternehmen sind somit häufig an die Vorgaben des Handels gebunden. Ist es den Anbietern aufgrund der daraus resultierenden geringeren Erträge nicht möglich, in ausreichendem Maße in kommunikative Maßnahmen für bestehende Produkte bzw. in die Entwicklung neuer Produkte zu investieren, wird dadurch die Stellung im Markt weiter ausgehöhlt. Es werden vielfach ein Verstärkungsprozeß bzw. Teufelskreis in Gang gesetzt, welche die Hersteller in eine noch stärkere Abhängigkeit des Handels bringen. Prominente Beispiele in diesem Zusammenhang sind die Unternehmen *Schwarzkopf* und *Pfanni*, die aufgrund einer schwachen Handelsposition ihre Eigenständigkeit verloren haben (vgl. *Jensen* 1997, S. 58).

Wird die Ausgestaltung des Markenauftritts von Hersteller und Handel gemeinsam in der Einsicht der beiderseitigen Vorteilhaftigkeit einer partnerschaftlichen Koordination entwickelt, kann von einer **kooperativen Grundhaltung** ausgegangen werden.

Allen damit erörterten Verhaltensstrategien ist die Dualität des Hersteller/Handels-Bezugs gemein, so daß im folgenden eine integrierte Betrachtung erfolgen soll.

3.3 Integrierte Sichtweise von Hersteller/Handels-Strategien

Die von Hersteller und Handel gewählte Verhaltensstrategie hängt entscheidend von der **Machtverteilung im Absatzkanal** ab. Es kann davon ausgegangen werden, daß sich die strategische Grundhaltung der Unternehmen mit zunehmender Marktmacht, ausgehend von einer reinen Machtduldung in Form der beschriebenen Anpassungsstrategie über eine Kooperationspräferenz zur Erwägung einer Umgehungsstrategie bis hin zu einer offenen Konfrontationsstrategie, verändert. Abb. 3 verdeutlicht die resultierenden Grundformen einer Koordination der Beziehung beider Wertschöpfungspartner im Absatzkanal. Im folgenden sollen die strategischen Grundausrichtungen am Beispiel der Konsumgüterbranche erläutert werden.

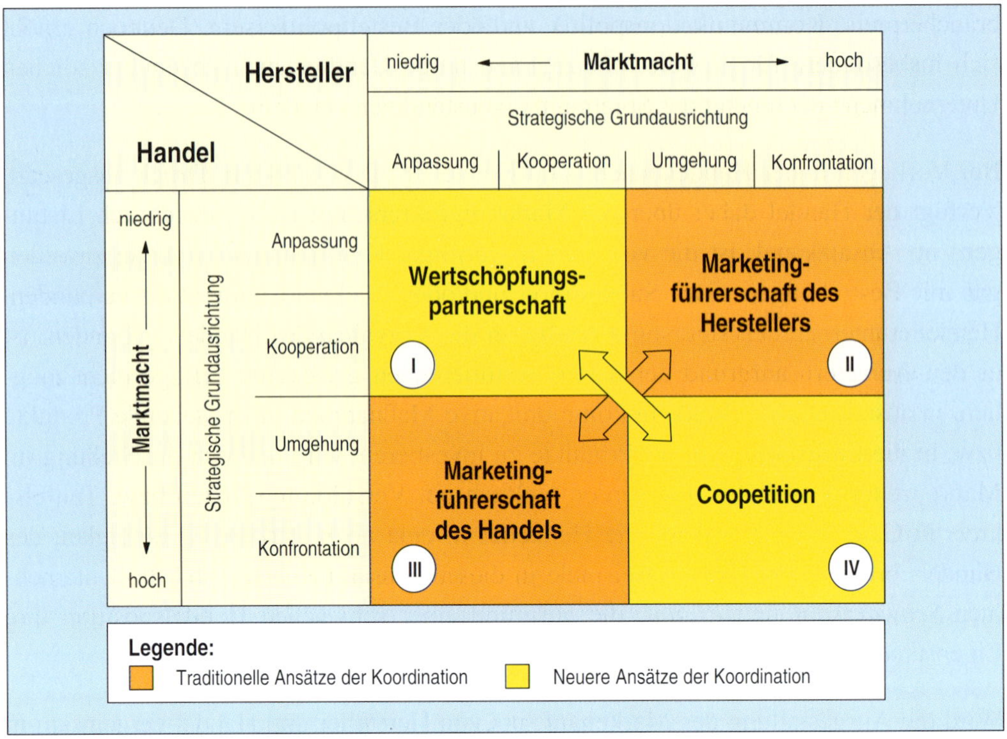

Abb. 3: Ausgestaltungsformen der Koordination im Absatzkanal

Entsprechend der Machtverteilung und der verfolgten Strategien beschreibt **Quadrant II** die Marketingführerschaft der Hersteller. Sie kann als Ergebnis einer Konfrontationsstrategie, verbunden mit der Möglichkeit bzw. Drohung der Umgehung auf Herstellerseite und einer Anpassungsstrategie bzw. einer kooperativen Grundhaltung des Handels, interpretiert werden. Sie prägte bis in die siebziger Jahre die Beziehungen im Absatzkanal. **Quadrant III** zeigt indes eine dominante Position des Handels. Dabei übernimmt dieser mit wachsender Marktmacht gegenüber vielen kleineren Herstellern zunehmend die Marketingführerschaft und gibt die Strategie der Anpassung in immer stärkerem Maß zugunsten einer Konfrontationsstrategie auf. Dieses Streben nach der Marketingführerschaft repräsentiert die traditionellen Ausgestaltungsformen der Koordination und dominiert bis heute in vielen Produktbereichen die Interaktion von Hersteller und Handel. Zusätzliches Konfliktpotential ergibt sich dabei auf Handelsebene durch die Verschärfung des horizontalen Wettbewerbs aufgrund der starken Expansion preisaggressiver Handelsformen - dem sog. Hard Discount. Darüber hinaus führt das Auftreten neuer nationaler und internationaler Wettbewerber auf Herstellerseite zu einer weiteren Ausdifferenzierung des Leistungsangebots und einer wachsenden horizontalen Wettbewerbsintensität. Beide Entwicklungen bringen, gekoppelt mit gestiegenen Erwartungen der Shareholder, die Unternehmensführung unter Handlungsdruck und erhöhen das Konfliktpotential im Absatzkanal. Untersuchungen von *Zentes/Morschett* (1996, S. 11), die zeigen, daß nur die Hälfte der Handelsunternehmen die Beziehung zur Industrie als kooperativ beurteilen, belegen diese Tendenz.

Trotz traditionell bestehender Konfliktsituationen läßt sich eine Bedeutungszunahme kooperativer Hersteller/Handels-Beziehungen beobachten. Dies ist nicht zuletzt auf die Einsicht zurückzuführen, daß Effizienzsteigerungspotentiale und Kostensenkungsmöglichkeiten innerhalb des eigenen Unternehmens weitgehend ausgeschöpft sind und weitere Effizienzgewinne nur noch durch Kooperation erreicht werden können. Das Mißtrauen zwischen Hersteller und Handel, welches sich über Jahre nicht zuletzt unter der Annahme eines vermeintlichen Null-Summen-Spiels gebildet hat, ist somit in den Aufbau einer vertrauensgeprägten Partnerschaft zur Schaffung beiderseitiger Vorteile umzuwandeln.

Dabei kann grundsätzlich zwischen den institutionellen Vereinbarungen von Hersteller und Handel in den Quadranten I und IV differenziert werden. Ist die Koordination im Absatzkanal mit einer kooperativen Grundausrichtung beider Seiten verbunden (**Quadrant I**), so kann sich eine **Wertschöpfungspartnerschaft** entwickeln. Zu beobachten ist diese Form der Beziehung insbesondere dann, wenn zwischen Hersteller und Handel eine verstärkte Abhängigkeitsbeziehung besteht (vgl. *Laurent* 1996, S. 139) oder beide gemeinsam eine Marktnische besetzen. Zu denken ist in letzterem Fall bspw. an die Vermarktung vertrauensintensiver Produkte wie ökologische Lebensmittel, die wie im Fall der Supermarktkette *Wholes Food Market* in den USA oder Biofrischmärkten in Deutschland von kleinen und mittelständischen Herstellern produziert und über meist regional organisierte Handelsunternehmen distribuiert werden, die sich im Ökologiesegment positioniert haben (vgl. *Schmelzer* 1997, S. 32).

Eine partnerschaftliche Zusammenarbeit wird bei einer vielfach konfliktären strategischen Ausrichtung nicht für alle Bereiche realisierbar sein, so daß bei einem Nebeneinander von Kooperation und Konfrontation im **Quadranten IV** von **Coopetition** gesprochen werden kann (vgl. *Brandenburger/Nalebuff* 1996). Dennoch haben beide Marktpartner erkannt, daß der Weg zur Optimierung der eigenen Ziele insbesondere über eine Optimierung des Gesamtsystems führt und somit zur eigenen Zielerreichung eine Win/Win-Situation notwendig ist. Hersteller/Handels-Beziehungen, die auf einer kooperativen Haltung (Wertschöpfungspartnerschaft) bzw. selektiv-kooperativen

Haltung (Coopetition) beruhen, indizieren einen Wandel in der Betrachtung der Hersteller/Handels-Beziehung vom bisher vorherrschend diskutierten Beeinflussungsmanagement in Richtung auf ein **Relationship**- oder auch **Beziehungsmanagement**.

4 Umsetzungsformen des Relationship-Management in der Unternehmenspraxis

Unter Relationship-Management, das insbesondere bei Beziehungen zwischen Industriegüterherstellern und ihren Abnehmern Anwendung gefunden hat (vgl. *Bruhn/Bunge* 1994, S. 49), wird allgemein ein Konzept zur Abgrenzung, Erklärung und Gestaltung von Geschäftsbeziehungen verstanden (vgl. *Gummesson* 1987, S. 11). Dabei liegt dem Relationship-Management die Annahme zugrunde, daß der Aufbau einer langfristigen Beziehung zwischen Transaktionspartnern sowohl für den Hersteller als auch für den Abnehmer Effektivitäts- und Effizienzvorteile verspricht (vgl. *Reichheld/Sasser* 1990; *McKenna* 1991; *Sheth/Parvatiyar* 1995). Übertragen auf die Beziehungen zwischen Herstellern und Händlern ist damit zugleich eine bewußte Abkehr von angestrebten Führerschaften im Absatzkanal verbunden. Anstelle dessen bilden sich unterschiedliche strukturelle und systembezogene Ausprägungsformen von Hersteller/Handels-Beziehungen heraus, von denen insbesondere das **Key-Account-Management** sowie Ansätze des **Efficient Consumer Response (ECR)** verstärkte Beachtung gefunden haben.

4.1 Key-Account-Management

Als ursächlich für die Etablierung eines Key-Account-Management in Konsumgütermärkten sind die **zunehmende Konzentration im Handel** und die damit einhergehende Konzentration und Professionalisierung des Einkaufs insbesondere seit Ende der achtziger Jahre anzusehen. Viele Hersteller sahen sich aufgrund der gestiegenen Bedeutung einzelner Kunden in ihrer Preis- und Konditionenpolitik unter Druck gesetzt und gezwungen, ihre regional organisierte Vertriebsstruktur um eine kundenorientierte Struktur zumindest zu ergänzen. Dem professionellen Einkaufsmanager auf der Handelsseite sollte ein ähnlich kompetenter Verhandlungs- und Gesprächspartner des Herstellers gegenübergestellt werden (*Diller/Gaitanides* 1989, S. 589;

Diller 1993b, S. 50f.). Als Beleg für diese Entwicklung kann die Abnahme von Entscheidungspositionen auf Handelsseite gewertet werden, die etwa im Lebensmittel-Einzelhandel von 690 Entscheidern im Jahre 1977 auf weniger als 70 im Jahre 1997 gesunken ist (vgl. *Henkel KGaA* 1998, S. 2).

Der Key-Account-Manager ist dabei aufgrund seines kundenbezogenen Informationsvorsprungs gegenüber Regionalmanagern in einer **Schnittstellenfunktion** zwischen Hersteller und Handel zu sehen. Ihm obliegen die Repräsentation des Unternehmens beim Schlüsselkunden und die funktionsübergreifende Koordination kundengerichteter Aktivitäten innerhalb des Unternehmens. Weitere Aufgaben bestehen neben der Konzeption und Kontrolle kundenspezifischer Absatz- und Marketingziele insbesondere in der Pflege der Geschäftsbeziehung und im Aufbau eines hohen Goodwill beim Handel. Im Ergebnis sollen aus Herstellersicht eine Stärkung der vertikalen Wettbewerbsposition, eine Verbesserung der Stellung im horizontalen Wettbewerb und eine Harmonisierung der Geschäftsbeziehungen erreicht werden (vgl. *Gaitanides/Diller* 1989, S. 186; *Gruner/Garbe/Homburg* 1997, S. 238; *Kleinaltenkamp/Rieker* 1997, S. 165f.).

Die mit dem Key-Account-Management angestrebte Verbesserung der eigenen Situation macht deutlich, daß es bei diesem Konzept weniger um die Optimierung der gesamten Wertschöpfungskette und somit um die Herbeiführung einer Win/Win-Situation geht. Vielmehr steht der **Nutzen des eigenen Unternehmens** im Vordergrund, wobei geeignete Beeinflussungsmöglichkeiten gesucht werden, um die eigene Position im Absatzkanal zu verbessern (vgl. *Kleinaltenkamp/Rieker* 1997, S. 166f.). Untersuchungen von *Diller* (1993b, S. 66ff.), die keinen empirischen Zusammenhang zwischen der Verfolgung einer Kooperationsstrategie und dem Vorliegen einer Key-Account-Struktur feststellen konnten, lassen entweder auf eine mangelnde kooperative Grundeinstellung der Unternehmen schließen („Vertrauenslücke") oder enttarnen die mangelnde Eignung des Konzepts zur Umsetzung dieser Partnerschaft („Konzeptlücke"). Vor diesem Hintergrund vermag es nicht zu überraschen, daß sich Unternehmen mit der kundenorientierten Organisationsform nicht bezüglich der Häufigkeit und Intensität von Konflikten von Unternehmen ohne Key-Account-Management unterscheiden.

Ungeachtet dessen hat sich das Konzept des Key-Account-Management mittlerweile bei vielen Unternehmen etabliert. Weiterentwicklungen, die u.a. eine größere räumliche Nähe des herstellerseitigen Key-Account-Managers zum Handelskunden vorsehen, lassen sich bspw. bei *Procter & Gamble* sowie *Henkel* finden.

Während Key-Account-Management damit als personenbezogener Ansatz der Hersteller/Handels-Beziehung bezeichnet werden kann, bieten sich in informationstechnologischen Entwicklungen neue Möglichkeiten zur Ausgestaltung vertikaler Kooperationen.

4.2 Efficient Consumer Response (ECR)

Eine besondere Bedeutung hat sowohl in der Wissenschaft als auch in der Praxis in jüngerer Zeit das Konzept des Efficient Consumer Response erlangt. Die primäre Ursache für die intensive Diskussion dieses Konzepts, dessen Wurzeln im Bereich des Lebensmittel-Einzelhandels liegen (vgl. *von der Heydt* 1998, S. 52), ist in den **hohen Renditesteigerungen** von etwa sechs Prozent im Absatzkanal zu sehen, die durch die Implementierung von ECR realisierbar sein sollen (vgl. *Biehl* 1995, S. 48). Im Mittelpunkt von ECR stehen der Wandel von einer unternehmensbezogenen hin zu einer unternehmensübergreifenden Prozeßstruktur und damit die Implementierung einer weitgehenden Wertschöpfungspartnerschaft innerhalb der Absatzkette (vgl. *Barth* 1996, S. 22), die sich am Kundennutzen ausrichtet. Kundenkarten, Scannerkassen und andere Hilfsmittel erlauben es dem Handel dabei in zunehmendem Maße, kundenbezogene Daten zu erfassen (Direktmarketing) und diese mit Instrumenten des Database Marketing auszuwerten (Data-Warehouse). Das US-amerikanische Handelsunternehmen *Wal-Mart* bspw. erkannte, daß sich männliche Kunden beim Windelkauf am Wochenende häufig mit dem Kauf von Dosenbier „belohnen“. Als Reaktion auf diese Erkenntnis wurden daraufhin die beiden Produktkategorien in den Regalreihen näher zusammengerückt und von wochenendbezogenen Preisaktionen ausgenommen (vgl. *Meissner* 1998, S. 55f.).

Verkaufsbezogene Daten können auf zweierlei Weise eine partnerschaftliche Interaktion zwischen Hersteller und Handel ermöglichen. Zum einen kann eine Kooperation auf der Marktseite unterschieden werden, die sich in einem **Category Management** manifestiert und eine stärkere Ausrichtung der Marketingaktivitäten an strategischen Warengruppen zum Ziel hat. Daneben bezieht sich eine vorgelagerte Kooperation auf der Angebotsseite in Form eines Supply Chain Management auf die Vermeidung sowohl unternehmensbezogener als auch unternehmensübergreifender Ineffizienzen und Reibungsverluste (*Barth* 1996, S. 362; *Möhlenbruch* 1997, S. 114). Damit können Category Management und Supply Chain Management als die zentralen Komponenten des Efficient Consumer Response interpretiert werden.

Die Komponente des **Supply Chain Management** konzentriert sich im Rahmen des Efficient Consumer Response auf die Optimierung der Logistik innerhalb der Wertschöpfungskette. Durch seine Nachfrage am Point of Sale löst der Kunde in Verbindung mit der elektronischen Weitergabe der Verkaufsdaten (Electronic Data Interchange) einen Bestellprozeß aus, der die gesamte Wertschöpfungskette und damit letztlich die Produktion der Güter aktiviert. Durch eine solchermaßen stärker pull-orientierte Versorgungskette sollen nach dem Kanban-Prinzip eine Reduktion von Warenbeständen, eine bessere Warenverfügbarkeit sowie Lieferkosteneinsparungen erreicht werden (vgl. *Barth* 1996, S. 363).

In seiner Ausrichtung ist das Supply Chain Management auf eine enge Vernetzung mit der zweiten Komponente des Efficient Consumer Response, dem **Category Management**, angewiesen. Category Management versucht dabei, Einkauf und Verkauf des Handels durch geeignete Organisationsformen und Steuerungssysteme miteinander zu verbinden, um eine Abkehr von einer einkaufs- bzw. lagerdominierten Sortimentsgestaltung hin zu einer bedarfsorientierten Angebotsdifferenzierung zu erreichen (vgl. *Meffert* 1995, S. 2). Ein erfolgskritischer Entscheidungstatbestand des Category Management liegt in der Abgrenzung der verschiedenen Warengruppen. Eine vormals anbieterseitige produktbezogene Zusammenstellung wird durch die Abgrenzung der Warengruppen anhand von Bedarfsanlässen und Verbundwirkungen beim Käufer ersetzt und entspricht strenggenommen nur der altbekannten Forderung nach einer verstärkten Nutzenorientierung des Angebots. Auf diese Weise sollen die Profilierung des Angebots im Wettbewerb der Wertschöpfungssysteme und der Wandel des Point of Sale zu einem „Point of Difference" erreicht werden. Innerhalb der Warengruppen bzw. Categories erscheint eine Zusammenfassung der Entscheidungskompetenz und Ergebnisverantwortung sinnvoll, um die Basis für einen Interessenausgleich zu schaffen. Die handelsseitige Sortimentsoptimierung kann durch die Nutzung des warengruppenbezogenen Know How der Hersteller unterstützt werden, um durch einen iterativen Verbesserungsprozeß der koordinierten Marketingaktivitäten eine bessere Befriedigung der Bedürfnisse zu erreichen.

Efficient Consumer Response impliziert zusammenfassend eine **Vertiefung der Beziehungen** zwischen Hersteller und Handel und ist mit der Notwendigkeit einer gezielten Auswahl von Kooperationspartnern unter branchen- und unternehmensspezifischen Aspekten verbunden. Bei der Implementierung erfordert Efficient Consumer Response sowohl materielle Investitionen in die Umgestaltung der Wertschöpfungskette als auch immaterielle Investitionen in Form der Offenlegung bisher geheim gehaltener Informationen. Um die Chancenpotentiale, die mit Efficient Consumer Response verbunden sind, realisieren zu können, ist dementsprechend auf beiden Seiten eine höhere Bereitschaft zur Kooperation notwendig. Inwieweit auf diese Weise tatsächlich eine höhere Beziehungsqualität zwischen Hersteller und Handel erreicht wird, kann aufgrund der nur vereinzelt vorliegenden empirischen Erkenntnisse an dieser Stelle nicht abschließend beurteilt werden.

5 Kooperationsbereitschaft und Konfliktlösungsfähigkeit als strategische Erfolgsfaktoren

Die Untersuchung von Hersteller/Handels-Beziehungen läßt deutlich werden, daß sich gegenwärtig ein Wandel von eher isoliert verfolgten Führerschaftsstrategien in Richtung gemeinsam angestrebter Optimierungslösungen im Sinne kooperativer Strategien vollzieht. Einem kooperativen Verhalten liegt dabei stets die Erkenntnis zugrunde, daß sich der gemeinsam erwirtschaftete Gesamtgewinn steigern läßt und über eine entsprechende Ergebnisverteilung für die Marktpartner eine Win/Win-Situation realisiert werden kann. Eine wesentliche Voraussetzung für die Nutzung dieses Chancenpotentials besteht in der gegenseitigen Annäherung von Hersteller und Handel. Durch beiderseitige materielle und immaterielle Investitionen in die Partnerschaft kann die Stabilität gefestigt werden. Neben dem notwendigen Maß an Kooperationsbereitschaft verlangt die partnerschaftliche Beziehung zudem die Fähigkeit, konstruktiv mit Konflikten umzugehen, die auch weiterhin zwischen Hersteller und Handel bestehen werden. Die Beziehungsqualität kann insbesondere durch eine offene Kommunikationskultur gesteigert werden.

Einer derartigen Annäherung von Hersteller und Handel wohnt jedoch zugleich ein Risikopotential inne, das aus der möglichen Weitergabe vertraulicher Informationen an andere Unternehmen resultiert, die zu dem jeweiligen Partner in einem horizontalen Wettbewerbsverhältnis stehen. Dem wechselseitigen **Vertrauen** kommt aus diesem Grund eine besondere Bedeutung zu. Überschreitet erfolgskritisches Wissen dennoch die festgelegten Grenzen der Hersteller/Handels-Beziehung, kann es aus Sicht der gesamten Branche zur Diffusion von Benchmarks kommen, an denen sich alle Hersteller- und Handelsunternehmen innerhalb des relevanten Marktes orientieren. Von der damit einhergehenden steigenden Wettbewerbsfähigkeit von Hersteller- und Handelsunternehmungen wird letztlich insbesondere der Endverbraucher profitieren.

Überlebensstrategien im Konsumgüterhandel

Rainer Olbrich

1 Erhalt und Steigerung der Überlebensfähigkeit im Konzentrationsprozeß als zentrale Herausforderung im Konsumgüterhandel

Seit einigen Jahrzehnten ist eine zunehmende **Unternehmenskonzentration** im deutschen und auch europäischen Konsumgüterhandel zu beobachten. Die Umsätze konzentrieren sich auf wenige große Unternehmen. Gleichzeitig geht die Anzahl der in den betroffenen Branchen insgesamt vertretenen Unternehmen immer mehr zurück. Dieser Prozeß der Unternehmenskonzentration ist nicht als zeitgebundenes Symptom zu interpretieren, sondern muß - nach den bisherigen Erfahrungen - als ein sich immer weiter zuspitzender Entwicklungsprozeß bezeichnet werden, dessen Ursachen nach wie vor strittig und bisher unzureichend erklärt sind. Mit dieser Entwicklung geht in vielen Branchen ein ausgeprägter Verdrängungswettbewerb einher. Nicht nur im Lebensmittelhandel, sondern auch in anderen Branchen (wie z.B. Unterhaltungselektronik, Bau- und Heimwerkerbedarf, Möbel, Bekleidung) ist ein intensiver Kampf um die Marktanteile zu verzeichnen. Letztlich steigt durch Zusammenschlüsse zwischen den verbliebenen Unternehmen der Konzentrationsgrad zwangsläufig immer schneller und sprunghaft an (vgl. zur Handelskonzentration *Ahlert/Wellmann* 1988a, 1988b; *Olbrich* 1998).

Im Zuge dieses Konzentrationsprozesses scheint sich das externe Wachstum von Handelsunternehmen gegenwärtig zu einer Art Wettlauf zwischen den bereits großen und mittelgroßen Handelskonzernen zu entwickeln. Aber auch viele kleinere Handelsunternehmen beginnen, durch systematische Aufkäufe am „Spiel mit dem **Größenwachstum**" teilzunehmen. Um diesen Konzentrationsprozeß, insbesondere aber um das externe Wachstum, ranken sich die unterschiedlichsten, nicht immer von Sachargumenten geprägten Äußerungen, die bis zur öffentlichen Anprangerung einzelner Handelskonzerne reichen (z.B. *Hirn/Jensen* 1996; vgl. o.V. 1993).

Parallel zu dem Konzentrationsprozeß im Konsumgüterhandel entstehen neue Typen von Handelssystemen, die sich durch einen mehrstufigen, über mehrere Distributionsstufen reichenden Aufbau, ein regional oder gar national flächendeckendes Vertriebsnetz, organisatorisch verankerte Teileinheiten und eine Einbindung in supranationale Beschaffungsorganisationen auszeichnen. In der jüngsten Vergangenheit sind auf diese Weise im Konsumgüterhandel Großunternehmen entstanden, die in mehreren Branchen tätig sind und zum Teil sogar in einzelnen Branchen mit unterschiedlichen Angebotsformen des Einzelhandels auftreten. Gleichzeitig beginnen einige Handelskonzerne, die Internationalisierung konsequent voranzutreiben. Weitverzweigte Handelssysteme bilden sich heraus.

In diesem Zusammenhang ist unter **Systembildung** der Übergang von unverbundenen Einzelbetrieben, die noch als freie Handelssysteme bezeichnet werden können, zu horizontal und/oder vertikal verbundenen Handels- bzw. Distributionssystemen zu verstehen. Diese Entwicklung zum Systemwettbewerb sorgt derzeit für gravierende Veränderungen im Konsumgüterhandel, insbesondere für einen intensiven Wettbewerb zwischen den unterschiedlichen Handelssystemtypen (vgl. *Tietz* 1994a).

Die neuen Handelssystemtypen wachsen sowohl auf internem als auch auf externem Wege. Beide Wachstumswege rufen spezielle betriebswirtschaftliche Probleme hervor, die von der Auswahl der Angebotsformen und der Abstimmung der Angebotsformen untereinander bis zu Fragen hinsichtlich der organisatorischen Integration der unterschiedlichen Aktivitäten reichen. Letztlich versuchen die angewachsenen Handelssysteme im Rahmen der **Vertriebslinienpolitik** durch eine Formierung abgegrenzter Geschäftsbereiche das durch internes Wachstum und/oder Zukäufe angewachsene Gebilde beherrschbar zu gestalten. Dabei kommt es nicht selten vor, daß ein abgegrenzter Geschäftsbereich mehrere tausend Einzelhandelsgeschäfte umfaßt.

Aus der gesellschaftlichen Bedeutung des Konzentrationsprozesses ergibt sich zunächst die grundsätzliche Forderung nach einer einzel- und gesamtwirtschaftlichen Bewertung dieses Größenwachstums von Handelssystemen. Während die gesamtwirtschaftliche Bewertung der zunehmenden Handelskonzentration eine relativ lange Tradition besitzt (vgl. z.B. die Sondergutachten der *Monopolkommission*), mangelt es an einer Untersuchung, die die einzelwirtschaftliche Perspektive aufgreift. Aus diesem Grunde steht die einzelwirtschaftliche Perspektive mit Blick auf mögliche Überlebensstrategien im Zentrum des vorliegenden Beitrages.

2 Grundzüge einer neuen Sichtweise der Handelskonzentration

An dieser Stelle erfolgt ein Einblick in eine Untersuchung, die beabsichtigt, die vorherrschende (und nach Auffassung des Verfassers klischeehafte und zu einseitige) Sichtweise der Ursachen der Handelskonzentration und des Größenwachstums von Handelskonzernen zu durchbrechen (vgl. zu dieser Untersuchung *Olbrich* 1998). Orientiert man sich an der entsprechenden handelsspezifischen Literatur und auch an den Theorien, die zur Erklärung der Unternehmenskonzentration herangezogen werden können, so gewinnt man den Eindruck, daß **„Größe“** und daraus resultierende **Macht** (insbesondere im Sinne von Nachfragemacht) sowie größenbedingte Ökonomisierungspotentiale (insbesondere Rationalisierungseffekte) verantwortlich für das Ausscheiden vieler Klein- und Mittelbetriebe und damit letzlich auch für die Handelskonzentration sind. Demgegenüber führt der in der Untersuchung erarbeitete Erklärungsansatz zu der Vermutung, daß innovative Betriebsformen für die enormen Wachstumsgeschwindigkeiten vieler der verbliebenen Großunternehmen verantwortlich sind und damit auch den wesentlichen Motor des Konzentrationsprozesses darstellen.

Diese Erklärung ist für die verbliebenen Unternehmen im Konsumgüterhandel insofern von Bedeutung, als sie eine wesentliche Informationsgrundlage ihrer Wachstumspolitik bilden sollte. Die Verbreitung herkömmlicher, d.h. weit verbreiteter Betriebsformen und der unbedachte Aufkauf von gescheiterten Firmen zum Zwecke der Vergrößerung von Einkaufsvolumina bilden keine Garantie für dauerhaften Erfolg.

Vielmehr basiert Überlebensfähigkeit im Handel auf tragfähigen, d.h. mit Verdrängungspotentialen versehenen Betriebsformen, die für einen gewissen Zeitraum Schutz vor Angriffen der Konkurrenten bieten. Das Portefeuille der in einem Handelssystem vorhandenen Betriebsformen sollte unter diesem Blickwinkel ständig überprüft und gegebenenfalls „renoviert" werden.

Die Angebotsform als zentraler, die Überlebensfähigkeit von Handelssystemen sichernder Gestaltungsparameter und als elementarer Bestimmungsfaktor der Unternehmenskonzentration ist bislang nicht Gegenstand handelswissenschaftlicher Auseinandersetzungen. Zwar wurden schon seit einigen Jahren entsprechende Arbeiten vermißt, und es ergingen Aufforderungen, sich mit dieser Thematik auseinanderzusetzen (vgl. *Tietz* 1993, S. 10f. und 1994a,b); die im Hinblick auf die vorliegende Problemstellung zu verzeichnenden Defizite in der wirtschaftswissenschaftlichen Theorienvielfalt ließen jedoch eine fundierte Auseinandersetzung mit diesen Fragen des Konsumgüterhandels nicht zu. Aus diesem Grund wird in der Untersuchung ein theoretischer Ansatz zur Erklärung institutioneller Konfigurationen des Konsumgüterhandels vorgestellt, der die Angebotsform als wichtige Determinante der institutionellen Konfiguration aufgreift. Der Erklärungsansatz mündet in das **Konzept betriebsformenspezifischer Verdrängungspotentiale** (vgl. *Olbrich* 1998, S. 185ff.).

Wie im Rahmen der Untersuchung tiefergehend gezeigt wird, besitzen innovative Angebotsformen, die sich gegen konventionelle Distributionsprinzipien durchsetzen, einen spezifischen, temporären Verdrängungsspielraum, der ihre weitere Verbreitung auf Kosten etablierter Angebotsformen ermöglicht. Diejenigen Handelssysteme, denen eine Verbreitung derartiger Angebotsformen gelingt und die gleichzeitig das Wechselspiel zwischen Größenvor- und -nachteilen zu ihren Gunsten beeinflussen, besitzen im Verdrängungswettbewerb eine hohe Überlebensfähigkeit. Stark vereinfacht, läßt sich dieser Wirkungsmechanismus wie folgt veranschaulichen (vgl. Abb. 1 und ergänzend Abb. 2).

Die Wachstumsgeschwindigkeit derjenigen Unternehmen, die auf innovative und erfolgreiche Betriebsformen gesetzt haben, nimmt zu, und damit steigt auch ihre Unternehmensgröße. Gleichzeitig wird auch der Unternehmenserfolg gesteigert, ohne daß sich - im günstigen Falle - Größennachteile negativ auswirken. Größenvorteile, z.B. in Form von Kostensenkungen, könnten eine positive Beeinflussung des Erfolges bewirken. Auf eine positive Beeinflussung des Erfolges der Betriebsformen und des Gesamterfolges durch die Unternehmensgröße sind Handelssysteme, die sich in einer derart günstigen Situation befinden, allerdings nicht angewiesen.

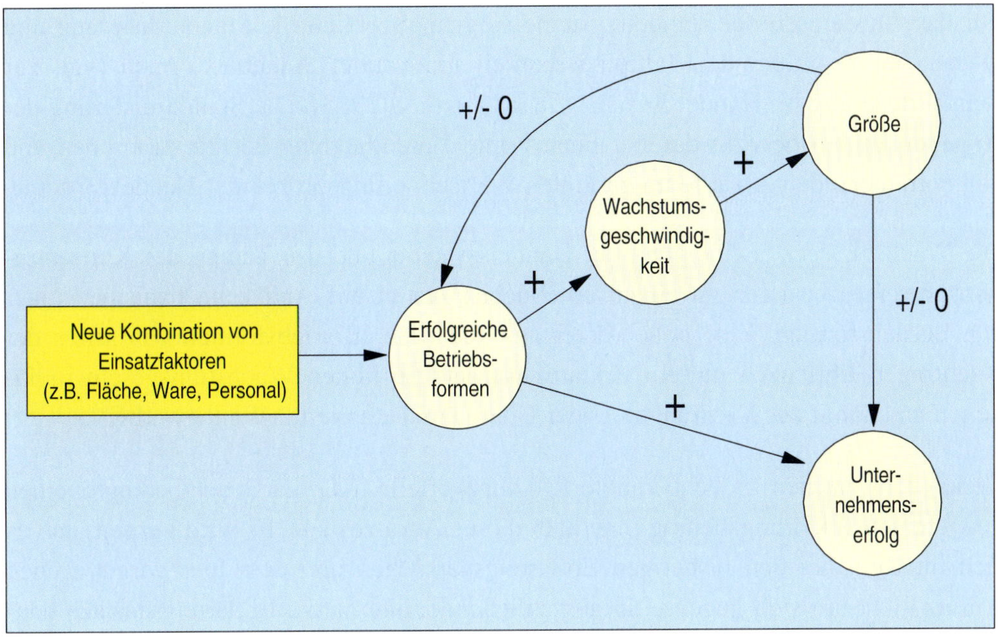

Abb. 1: Innovative Betriebsformen als zentraler Bestimmungsfaktor des Unternehmenserfolges

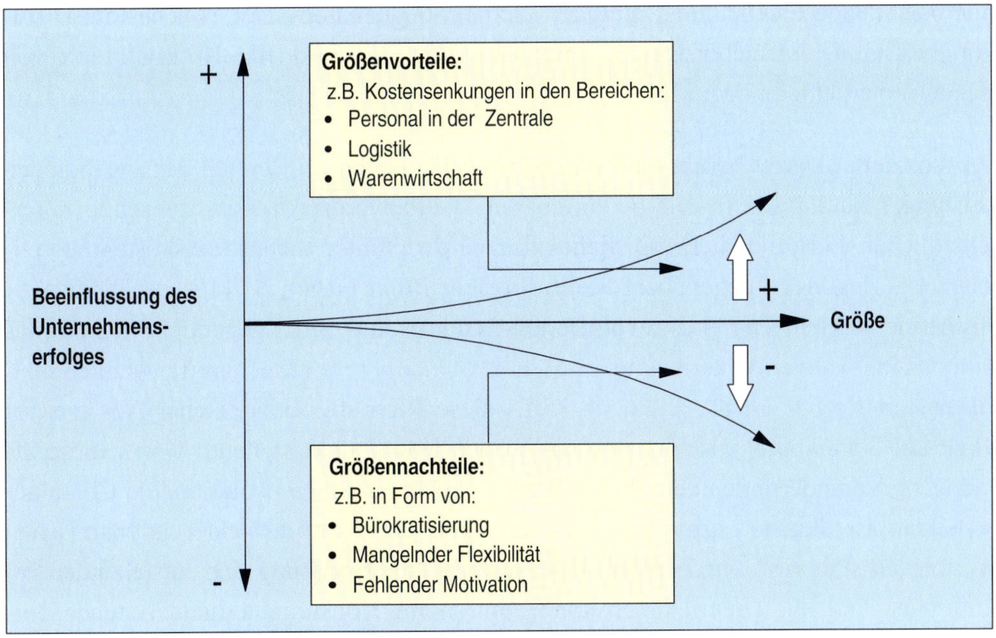

Abb. 2: „Größe“ als Determinante des Unternehmenserfolges

Für das Anwachsen der Handelssysteme sorgt maßgeblich die Standardisierung und die aus ihr resultierende Multiplizierbarkeit innovativer Angebotsformen (vgl. zur Standardisierung im Handel *Boyens* 1981; *Overtheil* 1983). Die Standardisierung der Angebotsformen bewirkt darüber hinaus eine Vereinfachung der zu steuernden und zu koordinierenden Abläufe im gesamten Wertschöpfungsprozeß der Handelssysteme.

Die Wachstumsgeschwindigkeit der Handelssysteme und das Tempo des Konzentrationsprozesses basieren zu einem erheblichen Anteil auf Ablösemechanismen unter den Betriebsformen. Eine hohe Akzeptanz neuartiger Betriebsformen von seiten der Nachfrager führt nach diesem Erklärungsansatz zu hohen Wachstumsgeschwindigkeiten und damit zur Verdrängung oder Übernahme etablierter Wettbewerber.

Gleichwohl machen größenbedingte Effizienzvorteile, u.U. gar machtbedingte, einen gewichtigen Erklärungsbeitrag innerhalb dieses Ansatzes aus. Es wird gezeigt, daß es sich im Kern bei den bisherigen Erklärungsversuchen und dem hier vorgetragenen Ansatz nicht um sich gegenseitig ausschließende, alternative Erklärungsansätze handelt. Vielmehr führt die Untersuchung zu dem Ergebnis, daß es sich um additive Komponenten handelt, wobei allerdings den Angebotsformen eine entscheidende Rolle - im Sinne einer conditio sine qua non - zugesprochen wird. Größenbedingte Effizienzvorteile sind nach dem hier vertretenen Ansatz nicht der Ausgangspunkt, viel eher eine begleitende Erscheinung, mitunter auch ein begleitendes Ziel, welches die Diffusion bestimmter Angebotsformen und damit die institutionelle Konfiguration von Handelsunternehmen beeinflußt.

Der skizzierte Ansatz beruht auf Selektionsmechanismen im Bereich der angebotenen Leistungen und insofern auf evolutionären Wettbewerbsprozessen zwischen unterschiedlichen Leistungen. Diese Sichtweise wird mitunter transaktionskostentheoretischen Überlegungen gegenübergestellt. So stellt *Blum* (1994, S. 118) der Transaktionstheorie vergleichend eine **„evolutionär-dynamische"** Sicht gegenüber, die auf das Bild des innovativen Unternehmers im Sinne *Schumpeters* zurückgreift. Ähnlich charakterisiert *Kerber* (1989, S. 26, S. 35ff.) diese Richtung theoretischer Ansätze mit Blick auf *Schumpeter* als Innovationen in den Mittelpunkt stellend, wobei diese als endogene Veränderungen den ökonomischen Prozessen einen evolutionären Charakter verleihen. Er skizziert grundlegende Aussagen der Vertreter einer „dynamischen Wettbewerbstheorie". Im Zentrum des Ansatzes zur Erklärung der entstehenden Institutionen und der Unternehmenskonzentration im Konsumgüterhandel stehen entsprechend Vorteile auf dem Gebiet der Angebotsformen, die sich durch überlegene Distributionsprinzipien ergeben.

Neben dem Handelsmanagement kommt der erarbeitete Erklärungsansatz der Industrie zugute. Sie sollte im Rahmen ihres Distributionsmanagement die als zukünftig erfolgversprechend angesehenen Betriebsformen beachten, um auf diese „Karte" zu setzen oder aber „gegenzusteuern".

Der Wettbewerbspolitik ist zu raten, die Konzentration im Handel nicht einseitig unter dem Blickwinkel der von einzelnen Handelsriesen angehäuften Umsatzvolumina zu sehen. Betrachtet man Größe allein in diesem Sinne, so birgt sie keine wirkliche Gefahr für den Verbraucher. Viele der heute noch an obersten Plätzen der Konzentration rangierenden Handelsriesen werden - wie in der Vergangenheit - in einigen Jahren durch Aufsteiger aus dem Verfolgerfeld überholt oder gar übernommen.

Die in den letzten Jahren „wie Pilze aus dem Boden geschossenen" und mehr oder weniger innovativen Betriebsformen (z.B. Fachmärkte, Discounter, sämtliche großflächigen Betriebsformen) sind im Kern nicht an Größenvorteile gebunden. Werden innovative Betriebsformen auch von relativ kleinen und noch mittelständischen Unternehmen verbreitet, so gehen auf den ersten Blick besorgniserregende Konzentrationsgrade durchaus mit hoher Wettbewerbsintensität einher. Wettbewerb ist nach den in der Untersuchung vorgetragenen und hier in Ausschnitten zitierten Ergebnissen gerade bei zunehmender Konzentration zu verzeichnen. Ein Endzustand mit erlahmenden Wettbewerbskräften tritt in Wirtschaftszweigen, die - wie der Handel - vergleichsweise geringe natürliche Zutrittsschranken aufweisen, solange nicht ein, wie der Staat einzelne Handelsformen nicht künstlich bevorteilt.

3 Ein Einblick in Ergebnisse empirischer Untersuchungen

3.1 Aufbau und grundlegende Hypothesen einer Kausalanalyse

Eine empirische Voruntersuchung im deutschen Lebensmittelhandel zeigte, daß Handelssysteme, die bestimmte, innovative Angebotsformen in ihrer Vertriebslinienstruktur aufweisen, Vorteile im Erfolgsvergleich besitzen (vgl. *Olbrich* 1994). Hingegen verwiesen Maßgrößen für die Unternehmensgröße nicht auf Vorteile im Erfolgsvergleich.

Die Ergebnisse der Voruntersuchung und weitere empirische Erkenntnisse zum Wachstum und zu einzelnen Erfolgskennziffern der Vertriebslinien von Handelssystemen (vgl. *Olbrich* 1998, S. 125ff.) nährten die Vermutung, daß Handelssysteme, die **innovative** und erfolgreiche Angebotsformen verbreiten, ein **höheres Wachstumstempo** realisieren (können) als Handelssysteme mit weniger erfolgreichen Angebotsformen. Deskriptive Analysen zeigten dann, daß innovative Betriebsformen, die auf überlegenen Distributionsprinzipien beruhen, auch kleineren Unternehmen ein rapides Wachstum ermöglichen, das somit originär nicht auf Größenvorteilen basieren kann. Hinter diesen ersten Ergebnissen steht die Aussage, daß nicht das aus einer hohen Wachstumsgeschwindigkeit resultierende Größenwachstum als kausaler Bestimmungsfaktor des Erfolges, sondern vielmehr der Erfolg der Vertriebslinien als Bestimmungsfaktor eines rapiden Unternehmenswachstums und auch eines vergleichsweise hohen Gesamterfolges des Handelssystems anzusehen ist. Unterschiedlich erfolgreiche Betriebsformen weisen nach diesen Überlegungen eine unterschiedlich schnelle Verbreitung auf, wobei auch Schrumpfungsprozesse zu berücksichtigen sind.

Der folgende Abschnitt gibt einen Einblick in eine empirische Untersuchung, die zeigt, daß nicht „Größenvorteile", sondern innovative, mit Verdrängungspotentialen versehene Betriebsformen für das zum Teil enorme Wachstum der Handelsriesen und damit auch für die Handelskonzentration verantwortlich sind. Gegenstand der Untersuchung ist der stationäre Konsumgüterhandel in Deutschland. Als Datengrundlage dient eine schriftliche Befragung. Es wurden ca. 300 deutsche Handelsunternehmen verschiedener Branchen und Größenklassen gebeten, an der Befragung teilzunehmen. Von dem Rücklauf konnten insgesamt 78 Fragebögen in die Auswertung einbezogen werden.

Die Hypothesen wurden mit Hilfe von LISREL-Modellen überprüft. Zur Operationalisierung der zu überprüfenden Hypothesen wurden, dem LISREL-Ansatz der Kausalanalyse folgend, hypothetische Konstrukte und zugehörige Meßvariablen (Indikatorvariablen) herangezogen (vgl. zum LISREL-Ansatz *Jöreskog/Sörbom* 1988; *Backhaus* u.a. 1996).

Die Komplexität der hier betrachteten Problematik zwingt dazu, im Rahmen der Kausalanalyse Teilmodelle zu bilden, die einzelne Wirkungsmechanismen überprüfen. Im Rahmen dieses Beitrages wird ein Teilmodell einer umfangreichen Modellserie vorgestellt. Die vermuteten Wirkungsrichtungen zwischen den Konstrukten wurden in der Untersuchung im Rahmen von Hypothesengerüsten tiefergehend aufgezeigt, wobei zum Teil interdependente Wirkungsbeziehungen zwischen einzelnen Konstrukten gleicher oder unterschiedlicher Ebenen untersucht wurden (vgl. zum Untersuchungsvorgehen und zu den weiteren LISREL-Modellen *Olbrich* 1998, S. 269ff.).

3.2 Zentrale Bestimmungsfaktoren der Überlebensfähigkeit

Im Zentrum der Untersuchung steht die **Überlebensfähigkeit** der Handelssysteme, die als Ziel der strukturellen Gestaltung, der „institutionellen Konfiguration", aufgefaßt wird:

Die Überlebensfähigkeit wird durch das Konstrukt **„Erfolg"** repräsentiert. Zur Operationalisierung des Konstruktes „Erfolg" wurden drei Meßvariablen herangezogen. Die Operationalisierung erfolgt in Anlehnung an *Meffert/Patt* 1987 und *Albach* 1986. Zwei Variablen bilden Maßgrößen des Rechnungswesens der Handelssysteme ab. Zum einen wurde im Fragebogen das ordentliche Betriebsergebnis des Jahres 1993 in Prozent vom Umsatz (Umsatzrendite) abgefragt. Da diese Größe aber nur das in einem Jahr eingetretene Ergebnis abbildet, wurde - im Sinne einer Längsschnittbetrachtung - zusätzlich eine Maßgröße für die Entwicklung des Unternehmenserfolges in den zurückliegenden zehn Jahren hinzugezogen. Zu diesem Zweck wurde im Fragebogen die Entwicklung des Betriebsergebnisses zwischen 1983 und 1993 (Trend des Betriebsergebnisses in Prozentpunkten) abgefragt. Darüber hinaus wurde eine subjektive Erfolgsbewertung der Befragten hinzugezogen, um nicht nur die Auswirkungen einzelner Konstrukte auf quantitative Maßgrößen des Rechnungswesens zu prüfen. Die Befragten wurden gebeten, die Entwicklung des Unternehmenserfolges zwischen 1983 und 1993 zu bewerten, wobei die Entwicklung von „äußerst positiv" bis „äußerst negativ" eingestuft werden konnte.

Im Rahmen des nachfolgenden Modells (vgl. Abb. 3) werden einige **ausgewählte Wirkungszusammenhänge** vorgestellt.

Hinsichtlich des Unternehmenswachstums wird von der Hypothese ausgegangen, daß eine hohe Wachstumsgeschwindigkeit den Unternehmenserfolg erhöht. Hintergrund dieser Hypothese ist die Vermutung, daß das Unternehmenswachstum in erfolgsträchtigen Vertriebslinien stattfindet und auf diesem Wege den Gesamterfolg des Handelssystems steigert, obwohl u.U. einzelne Begleiterscheinungen des Unternehmenswachstums gegen eine positive Erfolgsbeeinflussung sprechen (z.B. ein erheblicher Investitionsaufwand).

Das Konstrukt „Wachstumsgeschwindigkeit" wird durch drei Indikatorvariablen operationalisiert, die sich auf die Anzahl der im Unternehmen beschäftigten Mitarbeiter, die Anzahl der insgesamt vom Unternehmen betriebenen Outlets sowie den Gesamtumsatz beziehen.

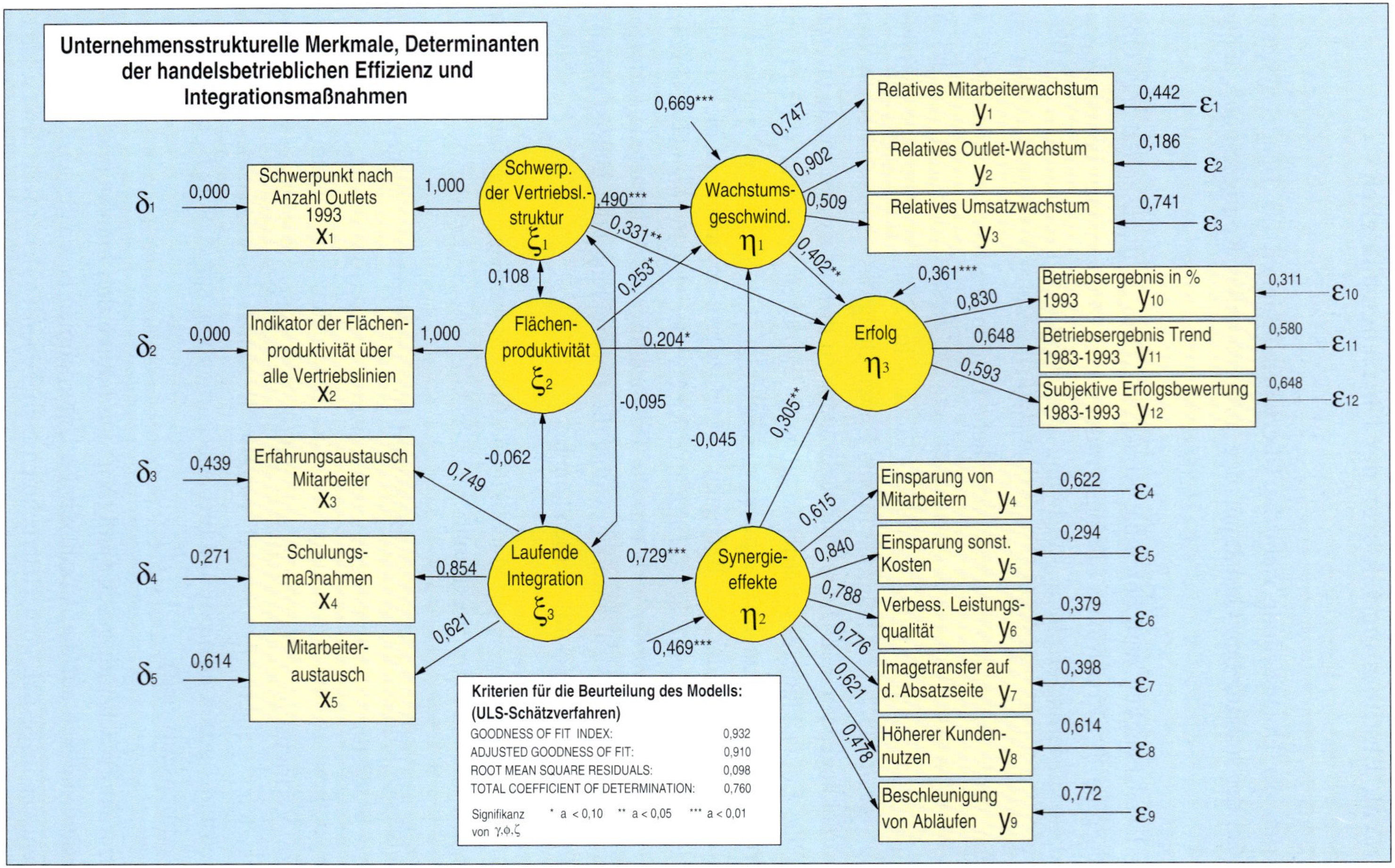

Abb. 3: Pfaddiagramm mit Schätzergebnissen für das Modell „Unternehmensstrukturelle Merkmale, Determinanten der handelsbetrieblichen Effizienz und Integrationsmaßnahmen"

Aufbauend auf den Ergebnissen der Voruntersuchung dient eine weitere Hypothese zur Überprüfung der Frage, ob das „Stammgeschäft“ eines Handelssystems den Unternehmenserfolg maßgeblich beeinflußt. Handelssysteme, die ihren Schwerpunkt der Geschäftstätigkeit in erfolgversprechenden Betriebsformen besitzen, müssen nach den bisherigen Vermutungen einen überdurchschnittlichen Unternehmenserfolg erzielen.

Das Konstrukt „Schwerpunkt der Vertriebslinienstruktur“ bildet hier das Stammgeschäft ab und wird durch einen ordinal skalierten Indikator operationalisiert. Die Vertriebslinien wurden gemäß des Mittelwertvergleiches der Betriebsergebnisse und der subjektiven Erfolgsbewertung in eine Rangfolge gebracht. Die Belieferung selbständiger Lebensmittel-Einzelhändler zeigte das geringste, Non-Food-Fachmärkte/filialisierte Fachgeschäfte zeigten das höchste prozentuale Betriebsergebnis. Diese Ergebnisse korrespondierten mit der subjektiven Erfolgsbewertung. Anschließend wurde für jedes Unternehmen gemäß seiner Anzahl an Outlets im Jahre 1993 der Schwerpunkt der Vertriebslinienstruktur ermittelt.

Das Konstrukt „Wachstumsgeschwindigkeit“ wird in diesem Modell als von dem „Schwerpunkt der Vertriebslinienstruktur“ abhängiges Konstrukt definiert. Hier wird somit der bereits angesprochenen Hypothese nachgegangen, die besagt, daß die Wachstumsgeschwindigkeit eines Handelssystems von dem Erfolg der in der Vertriebslinienstruktur vorhandenen Angebotsformen abhängt. Darüber hinaus wird die Hypothese geprüft, ob die Flächenproduktivität als Determinante der handelsbetrieblichen Effizienz neben dem Erfolg auch die Wachstumsgeschwindigkeit positiv beeinflußt. Diese Hypothese erscheint naheliegend, da davon auszugehen ist, daß Angebotsformen mit hoher Marktakzeptanz von den Unternehmen vordringlich verbreitet werden.

Weiterhin werden die Konstrukte „Häufigkeit laufender Integrationsmaßnahmen“ und „Häufigkeit von Synergieeffekten“ in die Modellstruktur aufgenommen. Die Operationalisierung des Konstruktes „Häufigkeit von Synergieeffekten“ stützt sich auf sechs, diejenige des Konstruktes „Häufigkeit laufender Integrationsmaßnahmen“ auf drei Indikatoren, die diese Konstrukte im Rahmen der Modellrechnungen gut repräsentieren. Das Konstrukt „Häufigkeit von Synergieeffekten“ wird in diesem Modell als von der „Häufigkeit laufender Integrationsmaßnahmen“ abhängiges Konstrukt definiert. Die Integration kann einerseits als Auslöser von Synergieprozessen (einmalige Integration) und andererseits als ein den Synergieprozeß begleitendes Maßnahmenbündel (laufende Integration) verstanden werden (vgl. *Reinke* 1996, S. 106ff.).

Die GFI-, AGFI- und RMR-Werte weisen auf eine **sehr gute Anpassung des Modells** an die empirischen Daten hin. Der hohe TCD-Wert von 0,760 zeigt weiterhin, daß die endogenen Konstrukte durch die exogenen Konstrukte in hohem Maße erklärt werden.

Einige γ-Koeffizienten des Strukturmodells weisen zudem mit 0,490 (γ_{11}) und 0,729 (γ_{23}) hohe und hoch signifikante Werte auf. Sämtliche Vorzeichen der γ- und β-Koeffizienten bestätigen die angesprochenen Wirkungsrichtungen (vgl. zur vertiefenden Diskussion der Ergebnisse *Olbrich* 1998, S. 321ff.).

Die Kausalanalyse zeigt, daß sich ein großer Anteil erfolgversprechender Vertriebslinien positiv auf den Unternehmenserfolg auswirkt. Handelssysteme, die ihren Schwerpunkt der Geschäftstätigkeit („Stammgeschäft") in erfolgversprechenden Betriebsformen besitzen, erzielen einen überdurchschnittlichen Unternehmenserfolg. Der Erfolg auf der Ebene des Einzelhandels konnte also ohne Beeinträchtigung durch negative Größeneffekte auf die Gesamtunternehmensebene übertragen werden. Je erfolgreicher die Betriebsform derjenigen Vertriebslinie ist, in der das Handelssystem seinen Schwerpunkt besitzt, desto höher ist auch die Wachstumsgeschwindigkeit des Handelssystems. Diese empirische Untersuchung hat weiterhin offengelegt, daß das Konstrukt „Erfolg" kausal durch das Konstrukt „Wachstumsgeschwindigkeit" nicht unerheblich beeinflußt wird.

In dem Modell zeigte sich weiterhin, daß „laufende Integrationsmaßnahmen" Synergieeffekte herbeiführen. Darüber hinaus konnte der grundsätzliche Wirkungszusammenhang aufgezeigt werden, daß sich mit einer zunehmenden, durch Integrationsmaßnahmen ausgelösten Häufigkeit von Synergieeffekten auch der Erfolg eines Handelsunternehmens erhöht.

Die weiteren Modelle führten zu dem Ergebnis, daß das Konstrukt „Größe", das in dem hier präsentierten Modell nicht berücksichtigt wurde, keinen positiven und auch keinen negativen Einfluß auf den gewählten Erfolgsmaßstab ausübt.

Insgesamt führt die Kausalanalyse zu folgenden **Schlußfolgerungen**:

(1) Handelssysteme, die erfolgreiche Angebotsformen verbreiten, realisieren ein höheres Wachstumstempo als Handelssysteme mit weniger erfolgreichen Angebotsformen. Nicht das aus einer hohen Wachstumsgeschwindigkeit resultierende Größenwachstum ist danach kausaler Bestimmungsfaktor des Erfolges, sondern vielmehr das **Verdrängungspotential** bestimmter Betriebsformen, die letztlich ein rapides Unternehmenswachstum und auch einen vergleichsweise hohen Ge-

samterfolg des Handelssystems ermöglichen. Unterschiedlich erfolgreiche Vertriebslinien bewirken nach diesem Erklärungsansatz unterschiedliche Wachstumsgeschwindigkeiten. Hintergrund dieser Überlegungen war die Vermutung, daß das Unternehmenswachstum in erfolgsträchtigen Vertriebslinien stattfindet und auf diesem Wege den Gesamterfolg des Handelssystems steigert, obwohl u.U. einzelne Begleiterscheinungen des Unternehmenswachstums gegen eine positive Erfolgsbeeinflussung sprechen.

(2) Unabhängig von der bereits erreichten Größe des Unternehmens können **Synergieeffekte**, die auf Integrationsmaßnahmen beruhen, im Sinne eines das Wachstum begleitenden Effektes eine weitere Steigerung des Unternehmenserfolges herbeiführen.

(3) Vorteilhafte **Angebotsformen** und ein adäquates **Integrationsmanagement** sind die Schlüsselfaktoren überlebensfähiger Konfigurationen im sich konzentrierenden Konsumgüterhandel. Die Innovationsfreude in der Vertriebslinienpolitik ist dann die zentrale Determinante der Überlebensfähigkeit von Handelssystemen, wenn sie Betriebsformen mit hohem Verdrängungspotential hervorbringt.

3.3 Ergebnisse weiterer empirischer Untersuchungen

Eine weitere empirische Untersuchung hat mittels Quer- und Längsschnittbetrachtungen ergänzend aufgezeigt, daß diejenigen Unternehmen, die im Besitz einer Vielzahl von Outlets eines Betriebstypes sind, also eine hohe kumulierte Verkaufsfläche aufweisen, keine vergleichsweise höhere Flächenproduktivität erzielen als Unternehmen mit geringer kumulierter Verkaufsfläche (vgl. *Olbrich* 1998, S. 327ff.). Die Ergebnisse sprechen dafür, daß sich die Unternehmenskonzentration nicht als Reflex von weit verbreiteten Betriebstypen erweist, die aufgrund von Größenvorteilen auf der Absatzseite überlegen sind. Im Hinblick auf den Marktanteil wiegt damit ein großer Anbieter nicht schwerer als eine von der kumulierten Verkaufsfläche her entsprechende Summe vieler kleinerer Anbieter. Die Unternehmenskonzentration steigt somit nicht aufgrund von Marktakzeptanzvorteilen großer Einheiten, die diese Vorteile auf Kosten kleiner wettbewerblicher Einheiten multiplizieren.

Darüber hinaus hat eine weitere empirische Untersuchung gezeigt, daß der Anstieg des Konzentrationsgrades im deutschen Lebensmittelhandel nicht nur durch Zusammenschlüsse, sondern zu einem wesentlichen Anteil auch durch Unternehmen beeinflußt wird, die auf Kosten etablierter Unternehmen in die Gruppe der Top 10 eindringen (vgl. *Olbrich* 1998, S. 363ff.). Diese Phänomene lassen einerseits darauf schliessen, daß sich auf dem betrachteten Markt etablierte Unternehmen von Zusammenschlüssen Ökonomisierungspotentiale (und u.U. Marktmachtvorteile) versprechen. Andererseits zeigen sie, daß sich betriebsformenspezifische Verdrängungspotentiale vergleichsweise kleiner Wettbewerber gegen etablierte Großunternehmen durchsetzen. Besonders anschaulich wird der zuletzt genannte Prozeß im Bereich der discountierenden Angebotsformen. Dieser Gesichtspunkt bestärkt die Vermutung, daß die Zusammenschlüsse innerhalb und außerhalb der Spitzengruppe letztlich eine Reaktion auf innovative, erfolgversprechende und rasch diffundierende Angebotsformen sind.

Interpretiert man die Ergebnisse der empirischen Untersuchungen im Gesamtzusammenhang, so ist mit Blick auf das explikative Untersuchungsanliegen zu schlußfolgern, daß Flächenexpansionen im Bereich lukrativer Betriebsformen vorgenommen werden, um weniger lukrative Betriebsformen zu verdrängen. Neue Betriebsformen mit Verdrängungspotentialen (günstige Input/Output-Relationen) werden von Pionieren verbreitet. Traditionelle Angebotsformen verlieren durch die Flächenexpansion der neuen, erfolgversprechenden Angebotsformen Umsätze. Bei kurzfristig unveränderbaren Fixkosten pro qm müssen Anbieter, die sich wesentlich auf degenerierende Angebotsformen stützen, aus dem Markt ausscheiden oder werden von übernahmefreudigen Unternehmen übernommen. Größenvorteile können dieses anscheinend auf Dauer nicht verhindern. Die vorliegenden Ergebnisse legen somit nahe, daß **Größenvorteile nicht ausreichen**, um Verdrängungspotentiale neu im Markt diffundierender Angebotsformen auszugleichen.

Dieser Wirkungsmechanismus wird derzeit von den expandierenden Discountunternehmen in vielen Branchen des Konsumgüterhandels anschaulich vorgeführt. Zu einem späteren Zeitpunkt können jedoch andere Betriebsformen hohe betriebsformenspezifische Verdrängungspotentiale besitzen und diesen Wirkungsmechanismus erneut bewähren.

4 Implikationen der Untersuchungsergebnisse für die Strategiewahl im Konsumgüterhandel

4.1 Strategien zur Steigerung der Überlebensfähigkeit

Im Konzentrationsprozeß sollten sich die verbliebenen Unternehmen vor dem Hintergrund der dargelegten Untersuchungsergebnisse die Frage stellen, ob eine rasche Vergrößerung des Unternehmens lebenswichtig ist oder ob gerade ein moderates, auf die Sicherung der Kerngeschäftsfelder bedachtes Wachstum die geeignete Vorgehensweise zur Steigerung der Überlebensfähigkeit ist. Nicht zuletzt ist auch der Rückzug aus als kritisch angesehenen Geschäftsfeldern eine Option der Unternehmensführung, die mit Blick auf die Vorgehensweise der Konkurrenten ein „Gegen den Strom schwimmen" bedeuten kann.

Sieht man zunächst von der zuletzt genannten Rückzugsstrategie ab, so können, stark vereinfacht, zwei unterschiedliche Strategien zur Steigerung der Überlebensfähigkeit im Konsumgüterhandel unterschieden werden:

- **Strategie A: Volumenorientierte Strategie**

  Strategie A zeichnet sich dadurch aus, daß volumenorientierte Marktstellungsziele im Vordergrund der Dimensionierung des Unternehmens stehen. Entsprechende Wachstumsziele orientieren sich an der Vergrößerung des „bewegten" Warenvolumens und an einer größtmöglichen, flächendeckenden Marktabdeckung. Ökonomisierungspotentiale (insbesondere Einkaufsvorteile und Rationalisierungseffekte) und u.U. lukrative Marktpositionen in regionalen oder lokalen Märkten (die wiederum helfen sollen, die Einkaufskonditionen zu senken) sollen die Vergrößerung des Unternehmens lohnenswert machen.

- **Strategie B: Leistungsorientierte Strategie**

  Strategie B zeichnet sich demgegenüber dadurch aus, daß leistungsorientierte Marktstellungsziele im Vordergrund der Dimensionierung des Unternehmens stehen. Entsprechende Wachstumsziele orientieren sich nicht an derivativen Effekten, die sich aus der Vergrößerung des Unternehmens ergeben können, sondern an den „sichtbaren", originären Effekten der angebotenen Leistungen (Betriebsformen, Sortimente und Dienstleistungen). Entsprechend erfolgt nur Wachstum in denjenigen Bereichen, die in den Augen der Verbraucher auf zunehmende Akzeptanz stoßen und aufgrund ihrer Erfolgsaussichten eine nachhaltige Sicherung des Unternehmens erwarten lassen.

Die Elemente **beider Strategien** schließen sich nicht zwingend aus. Beide Strategien können jedoch ohne Berücksichtigung der Motive und Vorgehensweisen der jeweils anderen Strategie angewendet werden. So kann Strategie B neben den positiven originären Effekten die Erzielung positiver derivativer Effekte (z.B. Synergieeffekte) beinhalten.

Renditegesichtspunkte auf der Ebene der angebotenen Leistungen dominieren allerdings im Rahmen von Strategie B mögliche, aber nicht sichere positive Effekte, die durch eine Ausdehnung des Warenvolumens eintreten können. In der Konsequenz würden z.B. Akquisitionsobjekte, die sich lediglich dadurch „rechnen", daß nachhaltige Vorteile im Einkauf erzielt werden müßten, nicht übernommen. Vielmehr würde das Portefeuille der angebotenen Leistungen nur um Bereiche ergänzt, die aufgrund ihrer Erfolgsträchtigkeit einen gewissen Schutz vor Verdrängung und gleichzeitig ein Potential zur Verdrängung von Wettbewerbern beinhalten.

4.2 Resümee

Letztlich wird jedes Unternehmen zu Strategie B greifen, sofern sich lukrative Wachstumsmöglichkeiten mit entsprechenden positiven Effekten bieten. Das Entscheidungsproblem zwischen den hier idealtypisch skizzierten Strategien spitzt sich in der unternehmerischen Praxis dann zu, wenn

- im Zuge eines Verdrängungswettbewerbs kaum lukrative Marktsegmente verblieben sind,
- die wenigen, derzeit innovativen Leistungen von Konkurrenzunternehmen verbreitet werden,
- immer weitere Verkaufsfläche im Markt plaziert wird und
- sich somit bei steigenden Handlungskosten und u.U. auch Wareneinstandspreisen der Umsatz auf immer mehr „Regale" verteilt.

In dieser Situation ist es verlockend und gefährlich zugleich, an die „heilsamen Kräfte" derivativer Effekte zu glauben, die sich aus dem Aufkauf von Unternehmen, die in einer ähnlich schwierigen Lage sind, ergeben können. Letztlich birgt Strategie A die Gefahr, daß das eigene Unternehmen zum Schmelztiegel der „abgewirtschafteten" Angebote des Wettbewerbsfeldes wird und selbst in den Sog dieses Abschmelzungsprozesses gerät.

Sollte sich im konkreten Einzelfall die erwähnte Zwangslage zeigen, so bieten sich neben einer Suche nach Wegen in Richtung auf Strategie B nur die enge Kooperation und auch die Aufgabe der Eigenständigkeit an. Auch die Kooperations- bzw. Rückzugsstrategien hängen allerdings davon ab, daß sich ein Kooperationspartner oder ein akquisitionswilliges Unternehmen von dem „Zusammengehen" derivative Effekte im

Sinne der Strategie A erhofft. Es ergibt sich ein Dilemma, das typisch für Konzentrationsprozesse ist.

Strategie B bietet dann einen Ausweg, wenn bereits Substanz für eine moderate, auf Verdrängungspotentiale gerichtete Wachstumsstrategie im Unternehmen vorhanden ist oder wenn innovative und erfolgversprechende Leistungen durch Eigenentwicklung oder Imitation in das Portefeuille aufgenommen werden können.

Im Ergebnis muß das Wachstumstempo eines Unternehmens, das sich konsequent für Strategie B entschieden hat, nicht langsamer ausfallen als dasjenige der Konkurrenten, die mit Hilfe von Aufkäufen auf Strategie A gesetzt haben. Letztlich können sich im Rahmen von Strategie B nachhaltige Beschleunigungseffekte ergeben, die aus den „eingefahrenen" Erfolgen und entsprechenden Reinvestitionen resultieren. Dabei handelt es sich zwar auch um derivative Effekte, die jedoch auf originären, positiven Effekten auf der Ebene der angebotenen Leistungen beruhen.

Vierzig Jahre moderner Handel in der Bundesrepublik Deutschland

Hans-Otto Schenk

1 Der Handel als Wegbereiter der modernen Gesellschaft

Was sind schon **vierzig Jahre Handel**? In der Wirtschaftsentwicklung des Abendlandes sind sie kaum mehr als ein Wimpernschlag. Für das Verständnis des modernen Handels sind ein paar Rückblicke deshalb unerläßlich. Immerhin war es der Handel, der zweitausend Jahre lang nachhaltiger als Landwirtschaft und Handwerk die sozialökonomische Entwicklung, die Entfaltung und den Fortschritt von Wirtschaft und Gesellschaft geprägt hat. Die Stadtgründungen, das Transportwesen zu Lande und zur See, das Geld- und Bankwesen, die Konsumkultur, sogar Grundlagen der zwischenmenschlichen Ordnung und der Bildung führen in ihren Ursprüngen immer wieder auf die Ideen und Ordnungsnotwendigkeiten der Händler zurück, auf ihre organisatorischen Leistungen und auf ihre Tradierung der Kenntnisse über das Zählen, Wiegen, Messen, Bewerten und Kommunizieren. Die berühmt gewordenen Rechenwerke von *Ulrich Wagner* (1482) und *Adam Riese* (1574) sind schließlich ebenso Anleitungen für Handelskaufleute gewesen wie das System der doppelten Buchführung, das nur wegen der erstmaligen Veröffentlichung in Buchform (*De Aritmetica* 1495) dem Franziskanerpater *Luca Pacioli* zugeschrieben wird, aber schon im 13. Jh. in Florentiner Kaufmannsfamilien angewandt wurde (vgl. *Braudel* 1986, S. 615f.).

Der Handelskaufmann war und ist **dem Philosophen ähnlich** insoweit, als auch er abstrahieren, analysieren und vorausschauend denken muß, allerdings nicht zum ideellen (Selbst-)Zweck der Erkenntnis, sondern zum Zwecke der erfolgreichen Durchführung seines realen und risikoreichen Warengeschäfts; „er ist es, der kalkulieren muß, welche Ware absetzbar ist, der abstrakte Wertschätzungen vornimmt, Mengen ausmißt, Maße einführt und technische Neuerungen. Ein wichtiges Moment dieses Abstraktionsprozesses ist der neue Zeitbegriff, der sich mit dem Handel durchsetzt: die ‚Zeit der Kirche' wird von der ‚Zeit des Händlers' abgelöst", worauf der französische Soziologe *Jaques Le Goff* hingewiesen hat (*Strohmeyer* 1980, S. 18f.).

Erst Mitte des 19. Jahrhunderts tritt die Industrie mit ihrer rationell-arbeitsteiligen (Massen-)Produktionsweise und ihrem stürmischen **technischen Fortschritt** auf den Plan. Daß der Handel jedoch immer Träger und Organisator von Märkten war und auch in Zukunft bleiben wird - selbst als „elektronischer Handel" mit seinen zeit- und ortlosen Märkten - und daß er dabei immer untrennbar mit den Prinzipien der Freiheit des Handelns verbunden bleiben wird, ist freilich kaum noch bewußt.

Wer bedenkt schon, daß selbst der Begriff **Marktwirtschaft** vom altrömischen Handelskaufmann abgeleitet ist, dem mercatus? Im Laufe der Jahrhunderte wurde der Markt-Begriff Mal für Mal umgeschliffen („Merchatus", „Marchant", „Merchant", „Mercer", „Marchet", „Marché", „Market", „Marcht"), und er trifft den Kern der frühen offenen ebenso wie den der späten, durch den Geldschleier verdeckten Tauschwirtschaft. „Handel und Markt bedingen einander. Ohne Markt kein Handel - ohne Handel kein Markt" (vgl. *Schenk* 1991, S. 45). Durch die Jahrhunderte spiegelt der Handel in seiner Entfaltung vom beweglichen Fern- und Seehandel zum stationären Nahversorgungshandel und in seiner vielfältigen Auffächerung in immer neue Zweige und Erscheinungsformen die Entwicklung hin zu einer freiheitlichen Gesellschaft wider. Erst seit eineinhalb Jahrhunderten sind Industrie und Handel - dieser nunmehr getrennt in Groß- und Außenhandel einerseits, Einzelhandel andererseits - gemeinsam die Haupttriebkräfte moderner Gesellschaften.

Und was bedeutet **moderner Handel**? Modern ist der Handel zu jeder Zeit gewesen, jedenfalls solange die Verhältnisse friedlich waren. Der vielzitierte Wandel im Handel war stets Ausdruck vorwärtsdrängender Modernisierung und freier kaufmännischer Entfaltung. Auch wenn Modernität und Mode nicht gleichzusetzen sind, so spielt doch in den neuartigen Erscheinungsformen des Handels das Modische eine nicht unerhebliche Rolle. Am eindrucksvollsten äußert sich die Verwandtschaft von Mode und Modernität in den ersten imposanten Warenhäusern im Paris der achtziger Jahre des vergangenen Jahrhunderts. Sie waren mit ihrer großvolumigen, Stahl und Glas in Lichthöfen vereinenden Bauweise christlichen Domen nachempfunden. Ihre Warenvielfalt löste ein neues, modernes Lebensgefühl aus. Ihr Glanz und ihr demokratisierter Luxus zogen die Menschen magisch in ihren Bann. Selbst Schriftsteller setzten solch modernen Einkaufsparadiesen literarische Denkmäler, allen voran *Emile Zola* mit seinem Roman „Au Bonheur des Dames".

Es ist müßig darüber zu streiten, welche Phänomene und welchen zeitlichen Horizont der Begriff „modern" abdeckt. Eine zeitliche Markierung soll jedoch nicht übersehen werden: *Julius Hirsch*, einer der Nestoren der deutschen Handelswissenschaft und Begründer der *Forschungsstelle für den Handel Berlin (FfH)*, legte bereits 1912 ein fundamentales, fast in Vergessenheit geratenes Lehrbuch „Der moderne Handel" vor. In der theoretischen Analyse, der empirisch-statistischen Untermauerung und dem Detailreichtum wirkt dieses Buch mit seinen vier Kapiteln (I. Der Handel in der kapitalistischen Entwicklung, II. Der moderne Großhandel, III. Der moderne Detailhandel, IV. Die staatliche Binnenhandelspolitik) nach wie vor ausgesprochen modern. Wenn *Hirsch* im Vorwort zur 2. Auflage (1925) entschuldigend auf die Schwierigkeiten der Überarbeitung hinweisen mußte - hatte doch der Weltkrieg die Warenmengen drastisch verringert und die Handelswege und -richtungen weitgehend verändert und waren die kriegsbedingten Neu- und Rückbildungen in ihrer Tragweite damals noch nicht abzusehen -, so ist auch dies kennzeichnend: Krieg und staatliche Bevormundung beschneiden die bürgerlichen Freiheiten und berauben den Handel seiner existenziellen Entwicklungsmöglichkeiten (vgl. *Hirsch* 1925, S. XV).

Und was bedeuten schließlich **40 Jahre moderner Handel in der Bundesrepublik Deutschland**? Diese vier Jahrzehnte kennzeichnen eine nie dagewesene Ära der technischen und kaufmännischen Umwälzungen in der Güterversorgung und der

„Demokratisierung des Konsums" (*Josef Neckermann*). Die Bedeutung des modernen Handels läßt sich an nüchternen Zahlen allein nicht ablesen, wenngleich auch sie eindrucksvoll sind: So erwirtschafteten Mitte der neunziger Jahre 117 000 Großhandlungen mit 1,4 Mio. Beschäftigten 1 090 Mrd. DM Umsatz und 387 000 Einzelhandlungen (ohne Kfz-Handel und Tankstellen) mit 2,8 Mio. Beschäftigten 680 Mrd. DM Umsatz - eine beachtliche, häufig verkannte **volkswirtschaftliche Größenordnung**.

Wer im Jahre 1957 vorhergesagt hätte, daß 40 Jahre später die *Rewe*-Gruppe, die *Edeka*-Gruppe und die *METRO* (als AG) mit je rund 60 Mrd. DM etwa doppelt soviel Umsatz erzielen würden wie eine privatisierte *Deutsche Bahn AG* (30,466 Mrd. DM) oder wie die *Adam Opel AG* (30,001 Mrd. DM), der wäre für geisteskrank erklärt worden. Nicht anders wäre es dem ergangen, der behauptet hätte, 1997 würden ein Discounter (*Aldi*) etwa 34,5 Mrd. DM, ein Versandhaus (*Otto-Versand*) knapp 30 Mrd. DM Umsatz realisieren, würde die Unternehmensgruppe *Tengelmann* weltweit über 203 000 Beschäftigte zählen oder würde die *Franz Haniel & Cie. GmbH* 475 Mio. DM Jahresüberschuß aus dem Handelsgeschäft ausweisen (vgl. *Giersberg* 1998, S. B 2). Solche Zahlen lassen indes die eigentlichen Umwälzungen und Entwicklungen hin zum modernen Handel als einem hochkomplexen Märktebildungs- und Wettbewerbsgenerierungssystem nicht erkennen; sie sind meist qualitativer Natur und kaum quantifizierbar.

Die **Zäsur** für den „modernen Handel" zu Beginn der sechziger Jahre wählte auch *Bruno Tietz* für seine grundlegenden Bestandsaufnahmen und Projektionen; denn seitdem lagen für seine Analysen ausreichende statistische Daten über die alte Bundesrepublik einschl. Saarland und West-Berlin vor (vgl. *Tietz* 1973, S. 1). Dabei ist es keineswegs selbstverständlich, daß dieser moderne Handel in Deutschland eine Erfolgsgeschichte sondergleichen hat. Seine Träger mußten sich gegen mancherlei Hemmnisse und Vorurteile durchsetzen.

2 Der Handel und die Tradition der Vorurteile

Kaum ein Wirtschaftssektor ist in seiner Bedeutung so verkannt worden - und wird es immer wieder - wie der Handel. Die Tradition der Vorurteile gegenüber der Händlertätigkeit ist in der wissenschaftlichen Ideenwelt ebenso tief verwurzelt wie in den Einstellungen vieler einfacher Menschen (vgl. *Schenk* 1991, S. 50-55). In der Ideenwelt ist der **Handel** durch die Jahrhunderte hindurch geradezu anti-aufklärerisch **verketzert** und mißdeutet worden. Vorurteile wurden von Gelehrten und vom Klerus tradiert - von *Aristoteles* über die römischen Kirchenväter mit ihrem jahrhundertelangen, auch antisemitisch motivierten Zinsverbot über den Frühsozialismus mit seinem Spott über die „Falschmünzer, Wucherer, Schacherer und Akkapareurs" des Handels (*Charles François Marie Fourier*), über die Physiokraten mit ihrer Verkennung des Handels als „classe stérile" (*François Quesnay*), über den *Marx-Engels-Lenin*schen Sozialismus mit seiner Geringschätzung der unproduktiven Zirkulationssphäre, in der nichts anderes als eine Geld-Ware-Geld-Metamorphose bewirkt werde, bis hin zum diffusen Ideenkonglomerat des Nationalsozialismus, der mit Warenhaussteuer, Zugabeverordnung und Rabattgesetz gegen das allzu erfolgreiche „jüdische Großkapital" im Handel zu Felde zog.

Aber auch Herr und Frau Jedermann, von wissenschaftlichen Theorien wie von Apologien unberührt, kennen und pflegen das eine oder andere Vorurteil gegenüber dem „leicht verdienten Geld" der „Koofmichs" und der „Heringsbändiger": „Und ist der Handel noch so klein - er bringt doch mehr als Arbeit ein ...". Ist es im kritisch-wissenschaftlichen Denken der „Ausbeutungsverdacht" (*Rudolf Gümbel*), so ist es im Denken mancher Literaten ebenso wie vieler einfacher Leute der „Betrugsverdacht", der auf ignorante Distanz zum Handel führt, einem Wirtschaftsbereich, den jeder braucht und keiner liebt, wie *Robert Nieschlag* einmal treffend formulierte.

3 Die Dynamik des modernen Handels in Deutschland

Will man auf knappem Raum einen Überblick über „den modernen Handel" in Deutschland vermitteln, dann sind Abstraktion, Vereinfachung und Auswahl unvermeidlich. Die Welt des Handels befindet sich in einem permanenten, dazu sich beschleunigenden **Veränderungsprozeß**. Exakte Jahresringe der Entwicklung lassen sich kaum festlegen. Anders als einzelne Entwicklungsstufen der Handelsbetriebslehre, die sich immerhin an wichtigen Publikationen oder Gründungsereignissen festmachen lassen - es sei nur an die von *Rudolf Seyffert* und *Edmund Sundhoff* abgegrenzten Phasen der systematischen Handlungswissenschaft (1675 bis 1804), des Niedergangs der Handelswissenschaften im 19. Jahrhundert oder die Aufbauzeit der beschreibenden Handelstechnik (1898 bis 1909) erinnert -, läßt sich die Dynamik des modernen Handels kaum mehr mit Jahreszahlen oder durch Momentaufnahmen nachzeichnen.

Auch entzieht sich „der Handel“ mit all seinen Differenzierungen und in seiner ganzen Komplexität (Groß-, Außen- und Einzelhandel, Handelsvermittlung) einer Feinzeichnung. Daher sollen hier nur einige prägende **Wegmarken** der Ausbauzeit des deutschen (Binnen-) Handels in den letzten vier Jahrzehnten vorgestellt werden. Das erste Jahrzehnt nach dem Zweiten Weltkrieg, die Zeit des Neuaufbaus mit mancherlei Improvisationen und Vorläufigkeiten, bleibe ebenso ausgespart wie die Entwicklung in der ehemaligen DDR mit ihrem planwirtschaftlichen Distributionssystem, in dem der Großhandel (Konsumgüter-, Materialversorgungs- und Beschaffungsgroßhandel) fast völlig und der Einzelhandel (HO, Konsum, Kommissionshandel) bis Ende der sechziger Jahre weitgehend sozialistisch umgestaltet waren.

Übrigens paßt der wenig glückliche Distributionsbegriff hier wirklich - nämlich als Ausdruck für einen staatlich organisierten „Verteil“-Apparat ohne kaufmännische Beschaffungs-, Absatz- und Kalkulationsfreiheit. Dem Handel in der Marktwirtschaft, der mit freier Sortiments- und Preisbildung, Übernahme der Markterschließung und des Absatz- und Beschaffungsrisikos sowie der Generierung von Wettbewerb zwischen den Produkten etwas völlig anderes leistet als Waren-„Verteilung“, wird er hingegen kaum gerecht.

Die wichtigsten Wegmarken des Wandels hin zum modernen Handel betreffen seine **Erscheinungsformen und Strukturen** einerseits, seine organisatorischen **Leistungen und Betriebsprozesse** andererseits. Daß die Auswahl, Ordnung und Beurteilung der Wegmarken subjektiv erfolgt, sei vorsorglich angemerkt. Urteile anderer Beobachter fallen gewiß anders aus, sei es die eher pessimistische Annahme vom prinzipiellen „Ende einer Entfaltung der Handlungsformen“ (vgl. *Meyer* 1979, S. 67) oder sei es die eher optimistische Annahme von der „Rückkehr zur Händlergesellschaft“ (vgl. *Tietz* 1994). Auch haben andere Autoren für den Referenzzeitraum andere Ordnungsvorschläge vorgelegt oder andere Schwerpunkte gesetzt. Man denke an die *Oehme*sche Charakterisierung der neuzeitlichen „merkantilen Revolution“

(1) im Operatingbereich (Einführung der Selbstbedienung, Einsatz von Ordersatz und Rollbehälter und Einsatz der elektronischen Datenverarbeitung),

(2) im Marketingbereich (Sortimentsexpansion, Vordringen der Handelsmarken und Entstehen differenzierter Vertriebsformen); (vgl. *Oehme* 1992, S. 16ff.).

Oder man denke an die von *Nieschlag/Kuhn* (1980 S. 255ff.) herausgestellten Hauptziele der westdeutschen Binnenhandelspolitik:

(1) Aufrechterhaltung des Wettbewerbs

(2) Sicherung des Zugangs neuer Betriebe

(3) Verbesserung des Bildungswesens

(4) Schutz der Verbraucher

(5) Erhaltung und Förderung der kleinen und mittleren Handelsbetriebe

3.1 Wandel der Strukturen im Handel

Der Strukturwandel im Handel könnte an den verschiedensten Kriterien festgemacht werden, z.B. an Betriebs- und Rechtsformen, Betriebsgrößen, Personal, Kapital, Erträgen, Kosten, Standorten oder Geschäfts- und Verkaufsflächen. Auch wären betriebswirtschaftliche Kennzahlen (Personal- und Raumproduktivität, Lagerumschlag, Deckungsbeitrag, ROI u.a.) oder volkswirtschaftliche Kennzahlen (Umsatzanteile, Groß- und Einzelhandelsdichte, Zentralität, Kooperationsgrad, Konzentrationsgrad u.a.) geeignet, den Strukturwandel wenigstens komparativ-statisch zu beschreiben.

Die eigentliche Dynamik, die Beschleunigung des Strukturwandels, die vor allem in Ausdehnung der Wettbewerbsräume, Erhöhung der Zahl der unmittelbaren Konkurrenten und im Tempo des Innovations- und Assimilationsprozesses zum Ausdruck kommt, kann an dieser Stelle jedoch nicht dargestellt werden (vgl. *Greipl* 1982, S. 332). Hier seien nur zwei besonders augenfällige **Phänomene des Strukturwandels** herausgegriffen: die Entwicklung der Umsätze und Unternehmen im Einzel- und Großhandel als generelles und die Entwicklung der Zahl und Verkaufsflächen der Shopping Center als spezielles Phänomen.

Tab. 1 läßt erkennen, daß sich in dem 30-Jahres-Zeitraum von 1960 bis 1990 der gesamte Einzelhandelsumsatz in den alten Bundesländern mehr als vervierfacht hat, während die Anzahl der Unternehmen um rund 10% abgenommen hat - ein deutlicher Beleg für den **Wandel hin zu größeren Unternehmenseinheiten**. Gleichzeitig wird in Tab. 1 sichtbar, daß das vielzitierte „Ladensterben" im wesentlichen nur im Lebensmittel-Einzelhandel stattgefunden hat. In dem Zeitraum 1950 bis 1988 hat sich der Umsatz des Großhandel sogar fast verzwölffacht bei einem Rückgang der Anzahl der Unternehmen um 18,4% - ein ähnlicher Befund des Größenwachstums wie im Einzelhandel (vgl. Tab. 2). Der Rückgang der Großhandlungen hat sich ebenfalls primär im Food-Bereich abgespielt.

Einzelhandel	1950[1]	1955[1]	1960	1965	1970	1975	1980	1990
	(Angaben in Mrd. DM)							
Umsatz								
• Lebensmittel[2]	12,8	21,6	31,8	42,5	53,7	79,0	102,7	141,3
• Nichtlebensmittel	14,9	107,1	130,4	87,9	133,1	213,9	313,9	546,6
• Insgesamt	27,7	128,7	162,2	131,3	186,8	292,9	416,6	687,9
	(Angaben in 1 000)							
Anzahl d. Unternehmen								
• Lebensmittel	-	-	196,4	196,4	154,2	113,8	101,8	85,2[3]
• Nichtlebensmittel	-	-	233,8	237,4	228,3	231,6	265,7	300,4[3]
• Insgesamt	-	-	430,2	433,8	382,5	345,4	367,5	385,6[3]

[1] ohne Saarland und ohne West-Berlin
[2] ohne *Aldi*, Spezialgeschäfte und nichtorganisierten Einzelhandel
[3] 1988

Quelle: *Tietz* (1993, S. 107)

Tab. 1: Entwicklung des Einzelhandels in Deutschland von 1950 bis 1990

Gegenstand	1950[1]	1956[1]	1960[2]	1966[3]	1970[4]	1976[4]	1980[5]	1988[5]
	(Angaben in Mrd. DM)							
Umsatz Großhandel								
• Lebensmittel	21,5	21,6	31,8	62,7	77,3	129,2	149,5	199,6
• Nichtlebensmittel	45,0	107,1	130,4	178,0	241,6	379,1	519,9	636,7
• Insgesamt	66,5	128,7	162,2	240,7	318,9	508,3	669,4	836,3
	(Angaben in 1 000)							
Großhandels-Unternehmen								
• Lebensmittel	57,8	35,3	35,5	32,8	29,9	25,7	21,6	19,5
• Nichtlebensmittel	82,6	106,0	99,4	94,2	90,7	89,4	90,8	95,1
• Insgesamt	140,4	141,3	134,9	127,0	120,6	115,1	112,4	114,6

[1] Alle Steuerpflichtigen. Gesamtumsatz inkl. kumulierter Umsatzsteuer, ohne Saarland und Berlin (West)
[2] Nur Steuerpflichtige mit Jahresumsätzen ab 8 500 DM, ohne Saarl. inkl. Berlin (West)
[3] Nur Steuerpflichtige mit Jahresumsätzen ab 12 500 DM
[4] Nur Steuerpflichtige mit Jahresumsätzen ab 12 000 DM
[5] Nur Steuerpflichtige mit Jahresumsätzen ab 20 000 DM

Quelle: *Tietz* (1993, S. 108)

Tab. 2: Die Entwicklung des Großhandels in Deutschland von 1950 bis 1988

Wie dramatisch die **Expansion der deutschen Shopping Center** in den Jahren 1965 bis 1997 verlaufen ist, zeigt Tab. 3. Vereinten 1965 die ersten drei Shopping Center eine Gesamtfläche von 100 000 qm auf sich, so entfielen 1997 bereits fast acht Milliarden qm Fläche auf 240 Shopping Center. Der sprunghaft Anstieg zwischen 1990 und 1995 ist Reflex der ungezügelten Ansiedlungspolitik in den Neuen Bundesländern.

Jahr (*Stand 31.12.*)	Zahl der Shopping-Center	Gesamt-Fläche (*in qm*)	∅-Fläche je Center (*in qm*)
1965	3	100 000	33 300
1970	17	563 000	33 100
1975	50	1 487 900	29 800
1980	67	1 933 500	28 900
1985	80	2 288 400	28 600
1990	95	3 026 100	31 900
1995	205	6 733 700	32 800
1996	225	7 420 200	33 000
1997	240	7 971 700	33 200
Quelle: *Pittroff* (1998, S. 60)			

Tab. 3: Entwicklung der Shopping-Center von 1965 bis 1997

Die nach der Wiedervereinigung dort errichteten hochmodernen und auch größten Shopping Center **auf der „Grünen Wiese"**, wie z.B. der *Saale-Park*, entzogen dem innerstädtischen Einzelhandel allerdings spürbar die für Erneuerung und Modernisierung erforderliche Kaufkraft. Die **innerstädtischen Einkaufszentren** hingegen vermochten nicht nur Kaufkraft zu binden, sondern auch die Attraktivität der Cities zu erhöhen. Hierzu zählen vor allem die von der (1965 von *Werner Otto* gegründeten) Hamburger *ECE Projektmanagement GmbH* betriebenen Einkaufszentren. Entstanden zwischen 1968 und 1973 die ersten zehn Zentren, so betreibt die ECE Mitte 1998 insgesamt 54 Einkaufszentren mit den Spitzenreitern „Alstertal" und „Elbe" (Hamburg), „PEP" und „Olympia" (München) und der im Herbst 1997 eröffneten Ladenpassage im Leipziger Hauptbahnhof, wobei stets auf die Einbindung des örtlichen Fachhandels (rund 30% des Mieter-Mix) geachtet wird.

3.1.1 Betriebsformendifferenzierung

Waren einige traditionelle Betriebsformen des Einzelhandels - allen voran Fachgeschäfte, Kauf- und Warenhäuser, Filialbetriebe und Konsumgenossenschaften - schon zu Beginn des 20. Jahrhunderts weit ausdifferenziert und wurde schon in den 30er Jahren auf das handelstypische Phänomen der **Dynamik der Betriebsformen** (*R. Nieschlag*; *M.P. McNairs* „Wheel of Retailing") mit den vier „gesetzmäßigen" Phasen Entstehung/Aufstieg/Reife/Assimilation sowie auf das permanente Hinzutreten neuer Betriebstypen hingewiesen, so beschleunigte sich diese Dynamik doch erst richtig in den letzten vier Jahrzehnten. Mit dem Vordringen der Handelskooperationen in den sechziger Jahren und mit dem Aufkommen eines eigenständigen Handelsmarketing in den siebziger Jahren wurden Betriebstypeninnovation und -differenzierung von den wachsenden Unternehmen und Verbundgruppen des Handels ganz bewußt als Profilierungsinstrumente eingesetzt.

Läßt sich die ganze **Vielfalt der Erscheinungsformen** auch nicht abbilden, so seien wenigstens die wichtigsten genannt. Im **Einzelhandel** sind dies vor allem die Universalversender - neben *Quelle* namentlich die Nachkriegsgründungen *Otto* (1949), *Nekkermann* (1950) und *Schwab* (1952) -, der Discounthandel (Discounthaus, Fachdiscounter sowie Verbrauchermärkte und SB-Warenhäuser als Großdiscounter), der neue mobile Handel (Getränke- und Tiefkühl-Heimdienste, fahrende Läden in sog. unterversorgten Landstrichen), Fachmärkte (Drogerie-, Möbel-, Bau- und Heimwerkermärkte), Tankstellen-Shops, Boutiquen und mancherlei Sonderformen (Direktvertrieb, Fabrikläden, Door-to-Door-Selling, Automaten, Duty-Free-Shops). Von den neuartigen kooperativen Betriebsformen seien nur genannt: Shopping Center, Franchise-Systeme des Handels, Gemeinschaftswarenhäuser und räumliche Kooperationssysteme wie Ladenunion, Depot-, Shop-in-the-Shop- oder Abteilungsmietsystem und Factory Outlet Centers.

Aber auch im **Großhandel** treten neue singuläre und kooperative Betriebsformen in Erscheinung - nicht selten als Reaktion auf Ausschaltungstendenzen durch rasch wachsende Groß(filial)betriebe des Einzelhandels. Zu nennen sind vor allem: Cash-and-Carry-Märkte, Regalpfleger (Rack Jobber), Großhandels- und Handelsvertreter-Zentren, Freiwillige Gruppen und Freiwillige Ketten sowie Zentralen von Einkaufsgenossenschaften und -gemeinschaften des Facheinzelhandels.

Der Prozeß der Betriebsformendifferenzierung hat auf nicht vorhersehbare Weise zu einer ständigen Erweiterung der Betriebstypen geführt, mit Ausnahme der sog. Tante-

Emma-Läden jedoch nicht zu einer Verdrängung alter durch neue. In den achtziger Jahren tauchten Prognosen über eine radikale **Polarisierung** auf: hier auf Service verzichtender, discountorientierter „Versorgungshandel", dort service- und auswahlstarker „Erlebnishandel". Gewiß hat in den letzten 40 Jahren eine Umverteilung der Umsatzanteile zwischen den Betriebsformen (sofern sie statistisch überhaupt erfaßbar sind) ergeben. Jedoch ist die eindeutige Polarisierung im Zeichen modernen Handelsmarketings und des Wandels der Einkaufsgewohnheiten der „hybriden" Verbraucher nicht eingetreten. Heute bieten auch Betriebstypen des „Versorgungshandels", besonders Großdiscounter, geschätzte Einkaufserlebnisse - über „Preiserlebnisse" hinaus - in Form von reicher Auswahl und höchster Warenqualität selbst bei weniger bekannten Eigenmarken sowie von Arrondierung durch Tankstellen-, Bank- und sonstige Dienstleistungen. Und wie immer man den „Erlebnishandel" abgrenzen mag, auch hier wird mittels Gemeinschaftseinkaufs und geschickter Mischkalkulation manches „Preiserlebnis" vermittelt. Am Ende erweist sich die moderne Vielzahl von Betriebsformen als eine **Symbiose**: Alle ergänzen sich organisch-funktional, und alle zusammen bieten die Waren- und Dienste-Alternativen, die den Wettbewerb in der Marktwirtschaft garantieren.

Freilich können die einzelnen Erscheinungsformen nicht immer als „deutsche Errungenschaften" gelten; viele entstanden in anderen Ländern - so der Discounthandel, das Franchising und Factory Outlet Malls/Centers in den USA, „Hypermarchés" in Frankreich, die Gemeinschaftswarenhäuser in Schweden, vorbildliche Shopping Center neben den USA in der Schweiz und in Japan, Großhandelszentren und Freiwillige Ketten wie die *SPAR* in den Niederlanden. Jedoch machen die perfektionistische Weiterentwicklung und das funktionale Nebeneinander derart vielfältiger Formen die unverwechselbare Landschaft des Handels in Deutschland aus, die mit Recht das Attribut „modern" verdient.

3.1.2 Kooperation und Konzentration

Kooperation und Konzentration sind ohne Zweifel prägende Elemente des modernen Handels. Die Formen der horizontalen und vertikalen **Kooperation**, also der vertraglichen Zusammenarbeit rechtlich und wirtschaftlich selbständiger Handelsunternehmen zum Zwecke der Leistungssteigerung, sind zahlreich. Sie reichen von losen Formen wie Erfahrungsaustauschgruppe, Werbering oder Betriebsvergleich über engere Ladengemeinschaften oder Freiwillige Ketten bis hin zu straffen Verbundsystemen wie Franchising oder strategischen Partnerschaften.

Im Kern sind alle Kooperationsformen des Handels, auch die modernen Verbundgruppen mit eigenständigen Marketingkonzepten und hoher Verbunddisziplin, durch zwei Eigenschaften gekennzeichnet: Freiwilligkeit und Stärkung der Leistungsfähigkeit im Wettbewerb. Kooperation als „Hilfe zur Selbsthilfe" hat sich in den vergangenen 40 Jahren als die **genial einfache Lösung zur Existenzsicherung** für Tausende von mittelständischen Handelsunternehmen erwiesen: Nicht nur sind sie durch Auftragsbündelung in Bezugsgrößenordnungen der größten Konzernunternehmen vorgestoßen (und somit in vergleichbare Einkaufspreise und -konditionen, die das Mithalten im intensiver werdenden Preiswettbewerb ermöglichten), sondern sie handhaben auch das moderne strategische Handelsmarketing so professionell wie es Klein- und Mittelbetrieben sonst nicht möglich wäre; man denke nur an Handelsmarken, nationale Werbeaktionen, neue Kommunikationsverfahren, Finanzierungshilfen oder Standort- und Sortimentsanalysen. Durch die seit 1995 auch rechtlich zulässige Kooperation der Klein- und Mittelbetriebe mit Großbetrieben sind zusätzliche Synergieeffekte erzielt worden, die allen Beteiligten zum Vorteil gereichen; man denke nur an die großen Einkaufskontore.

Die Formen der **Konzentration** im Handel sind ihrerseits vielfältig: Betriebs-, Unternehmungs-, Unternehmens-, Kapital- und Vermögens-, Macht- oder räumliche Konzentration beinhalten unterschiedliche Sachverhalte, die weder die Wirtschaftswissenschaftler noch die Wirtschaftspolitiker strikt trennen, womöglich gar nicht sehen. Die wichtigsten Konzentrationsformen sind die **singuläre Unternehmungskonzentration** (ein- oder wechselseitige Kapitalbeteiligung, Unternehmungsaufkauf und Fusion) und die **Unternehmenskonzentration als statistischer Ausdruck** der Ungleichverteilung von Markt-, besser: Umsatzanteilen auf eine Unternehmensgesamtheit.

Letztere verlangt stets zwei empirische Zahlenreihen, die Anzahl und Verteilung der Unternehmen sowie ihre Umsätze und deren Verteilung. Bei der Unternehmenskonzentration werden absolute und relative Konzentrationsraten unterschieden, je nachdem ob „die größten" Unternehmen und ihr Anteil am Gesamtumsatz aller betrachtet wird oder ob die Ungleichverteilung von Unternehmen und Umsätzen in verschiedenen Größenklassen zum Gegenstand gemacht wird. Aufgrund der Nichtbeachtung dieses fundamentalen Unterschieds herrscht **weitverbreitete Verwirrung** - sei es, daß die bloße Abnahme der Unternehmenszahl als (zunehmende) Konzentration oder daß jeder Unternehmenserwerb als Konzentrationsvorgang mißinterpretiert wird. (Spielt sich der Unternehmenserwerb z.B. in mittleren Größenklassen ab, hat er auf die oberen Größenklassen, also auf die dortige relative Konzentration, ebensowenig Einfluß wie auf die absolute Konzentration.)

Statistisch-empirische Befunde zeigen immer wieder, daß per Saldo die Anzahl der Handelsunternehmen in vielen Branchen zu- und nicht abgenommen hat. Lediglich im **Lebensmittel-Einzelhandel**, auf den sich fast alle Konzentrationsanalysen beschränken, ist seit 40 Jahren eine stetige Zunahme der absoluten und der relativen Konzentration in den oberen Größenklassen feststellbar. Relativierend sind allerdings zwei Befunde festzuhalten: Zum einen haben sich durch die Kooperations- und Konzentrationszunahme im letzten Jahrzehnt die Marktstrukturen im Lebensmittelhandel nur an die höher konzentrierte Industriestruktur angenähert. So wurden in der Ernährungsindustrie wesentlich höhere Umsatzkonzentrationen CR_{10} festgestellt - z.B. im Jahre 1986 für die Güterklasse Putz- und Pflegemittel 95,0, für Teigwaren 92,2 oder für Margarine 91,2 (vgl. *Lademann* 1988, S. 48) - als im Lebensmittelhandel mit CR_{10} von rund 60. Zum anderen wurden im Laufe dieser Zeit die Marktanteilsabstände unter den führenden zehn Nachfragern des Lebensmittelhandels deutlich geringer als die Marktanteilsabstände unter den 10 Marktführern der Nahrungsmittelindustrie (vgl. *Lademann* 1996, S. 50-52). Die verbreitete unzulässige Gleichsetzung der (quantitativen) Umsatzkonzentration mit (qualitativer) Machtkonzentration trägt ebenso wenig zum Verständnis für Konzentration bei wie die Tatsache, daß Konzentration, anders als Kooperation, grundsätzlich negativ bewertet wird - eine Quelle für arge Mißverständnisse! Denn

(1) gehört unterschiedliches, disparitätisches Wachstum wesensmäßig zur Marktwirtschaft,

(2) ist aus hohem oder zunehmendem Konzentrationsgrad keinerlei Rückschluß auf Wettbewerbsintensität möglich und

(3) lenkt bei der Unternehmungskonzentration die einseitige Betrachtung nur der erwerbenden Unternehmung von der Tatsache ab, daß immer zwei Beteiligte dazu gehören: eine aufkauffähige und eine verkaufswillige Unternehmung (deren Erlöse aus Unternehmensveräußerung noch steuerlich begünstigt werden!).

Trotz der ohne Zweifel erreichten hohen Kooperations- und Konzentrationsgrade in den meisten Branchen des Groß- und Einzelhandels wurden jedenfalls alle theoretischen Befürchtungen zunehmender Wettbewerbsbeschränkung bislang widerlegt. Sowohl die modernen Verbundgruppen als auch die Branchen mit relativ hoher absoluter Konzentration haben zum genauen Gegenteil geführt, nämlich zu einer ungeahnten **Intensivierung sowohl des Inter- und Intragruppenwettbewerbs** im modernen Handel **als auch des Stufenwettbewerbs** zwischen Handel und Industrie. Die Monopolkommission sah in ihrem Sondergutachten 14 „Die Konzentration im Lebensmittelhandel“ mit Recht in der grundlegenden Wandlung der Wettbewerbsverhältnisse auch „keine generelle Vermachtung der Märkte und Beeinträchtigung ihrer Funktionsfähigkeit" (vgl. *Monopolkommission* 1985, S. 125).

3.1.3 Standes- und Interessenvertretung

Eine in der Öffentlichkeit meist unterschätzte Rolle bei der Entstehung des modernen Handels in den letzten 40 Jahren haben seine vielfältigen Organisationen gespielt. Sowohl die öffentlich-rechtlichen **Industrie- und Handelskammern** (69 vor und 85 nach der Wiedervereinigung) mit ihrem Gesetzesauftrag, die Gesamtwirtschaft der Kammerbezirke zu fördern, als auch die **Tarifpartner** (Arbeitgeberverbände und Gewerkschaften *HBV* und *DAG*) haben stets an der wirtschaftlichen und sozialen Ordnung des Binnenhandels mitgewirkt. Vor allem haben rund 1 200 nicht-kommerzielle **Wirtschaftsverbände** des Handels als privatrechtliche Idealvereine zu der gedeihlichen Entwicklung der Handelsunternehmen beigetragen. In ihrer typischen Doppelfunktion - Vertretung der Mitgliederinteressen nach außen, insbesondere im vorparlamentarischen Raum, und Information der Mitglieder nach innen - sind sie wertvolle Wegbereiter für die Entfaltung des Handels gewesen.

Oblag dem *Deutschen Industrie- und Handelstag* als der koordinierenden Vereinigung aller *IHK*s wie den Spitzenverbänden des Handels - Hauptgemeinschaft bzw. (seit 1991) *Hauptverband des Deutschen Einzelhandels* (*HDE*), *Bundesverband des Deutschen Groß- und Außenhandels* (*BGA*) und *Centralvereinigung der Deutschen Handelsvertreter- und Handelsmakler-Verbände* (*CDH*) - vor allem die Funktion, handelspolitische Interessen in das parlamentarische Geschehen einzubringen, so übernahmen die zahlreichen Fachverbände, die branchenübergreifenden und die regionalen Handelsverbände vor allem die Aufgabe der Unternehmensinformation und der Einflußnahme auf regionale und kommunale Behörden. Die in den achtziger Jahren zunehmenden Fusionen und strategischen Allianzen oder Partnerschaften im Unternehmensbereich wurden auch von einigen größeren Handelsverbänden praktiziert. So fusionierten am 22.8.1988 die *Arbeitsgemeinschaft der Lebensmittel-Filialbetriebe* (*ALF*) und der *Bundesverband der Selbstbedienungs-Warenhäuser* (*BdSW*) zum *Bundesverband der Filialbetriebe und Selbstbedienungswarenhäuser* (*BFS*). Am 12.11.1991 wurden die ehemalige *Bundesvereinigung deutscher Einkaufsverbundgruppen des Handels* (*BEV*) und der *Zentralverband der genossenschaftlichen Großhandlungen und Dienstleistungsunternehmen* (*ZENTGENO*) zum *Zentralverband Gewerblicher Verbundgruppen* (*ZGV*) zusammengelegt. Zuletzt gründeten am 3.2.1998 *HDE*, *BAG* und *BFS* den *Gemeinschaftsverband des Deutschen Einzelhandels* (*GVE*). Mit dieser gemeinsamen Plattform sollen nach den Worten seines Präsidenten *Hermann Franzen* unter Wahrung der verbandlichen Selbständigkeit „die Kräfte gebündelt", Synergieeffekte bewirkt und die Präsenz in Brüssel verstärkt werden.

In Anbetracht der „Kompetenzproblematik der Abgeordneten" (*Tietz* 1993, S. 904) kann die Bedeutung der Kompetenz und Professionalität der Verbände für das demokratisch-parlamentarische System nicht hoch genug eingeschätzt werden - auch wenn die sich in der Vielzahl der Verbände widerspiegelnde **Interessenvielfalt des Handels** für eine gemeinsame Willensbildung nicht immer förderlich war. Man denke nur an den fast 40 Jahre währenden Dissens über eine marktkonforme Liberalisierung des Ladenschlußgesetzes zwischen *HDE*, *BAG* und Gewerkschaften einerseits, dem *BdSW* und den Verbraucherverbänden andererseits.

3.1.4 Handel und Stadterneuerung

Händler und Handwerker haben seit je Stadtbilder und städtisches Leben geprägt. Die Spuren antiker Marktplätze - die griechische „Agora" oder das römische „Forum" -, die mittelalterlichen Arkaden, die stolzen Handelshäuser der italienischen Renaissance-Städte, die berühmten Mailänder, Brüsseler und Pariser Passagen oder die großen Warenhäuser der Gründerzeit - sie alle zeugen vom prägenden Einfluß des Handels auf städtisches Leben. In der Bundesrepublik Deutschland ist in einem durchaus ungewollten Großexperiment sogar der Nachweis gelungen, daß **ohne Handel kein städtisches Leben** existiert: Seit Bestehen des Gesetzes über den Ladenschluß aus dem Jahre 1956 wurde 40 Jahre lang allzu deutlich, daß nach 18.30 Uhr fast alles Leben in den Städten erstarb.

Nach dem Zweiten Weltkrieg wurden die bis zu 84% zerstörten Städte in der Aufbruchstimmung des „Wirtschaftswunders" zügig wieder aufgebaut, allenthalben namentlich durch tatkräftige Einzelhändler. Manches bauliche Provisorium des ersten Nachkriegsjahrzehnts wich in den fünfziger Jahren dauerhafteren Geschäftsgebäuden und -formen, nicht immer in so geglückten historisierend-harmonischen Formen wie etwa am Prinzipalmarkt in Münster oder in der Nürnberger Altstadt. Zunehmendes Unbehagen an ästhetisch unbefriedigender Architektur mit Einheitsfronten und eintönigen Rasterfassaden einerseits, stark zunehmender Pkw-Verkehr mit Parkplatzproblemen in den Cities andererseits erforderten **in den siebziger Jahren neue Lösungen**. Wieder war es vor allem der City-Einzelhandel, der im Zusammenwirken mit den Stadtverwaltungen mit äußerer und innerer Geschäftsumgestaltung, mit Fußgängerzonen sowie mit der Errichtung von Einkaufspassagen - beginnend mit der Calwer Passage in Stuttgart - und integrierten Einkaufszentren (West-Berliner *Europa-Center*) zur Modernisierung der Stadtbilder und zur Urbanität beitrug. Eine neue architektonische Feinfühligkeit bei der Einfügung von Neu- und Umbauten in das historische Stadtgefüge setzte sich durch; man denke nur an den *Hertie*-Neubau am Würzburger Mainufer, an das *Karstadt*-Haus in Nürnberg oder an „den *Oberpollinger*" in München.

Die stürmische Expansion der **Shopping Center** und der zunächst Verbrauchermärkte, später **SB-Warenhäuser** genannten Betriebe „auf der Grünen Wiese" in den sechziger und siebziger Jahren, die mehr und mehr Kaufkraft aus den Innenstädten abzogen, rief den Gesetzgeber auf den Plan (§ 11, III BaunutzungsVO, 1976!) und tat ein übriges zur Notwendigkeit, die Innenstädte zu revitalisieren. Namentlich den Klein- und Mittelbetrieben des **Facheinzelhandel**s - gleichermaßen von Großbetrieben an der Stadtperipherie wie von innerstädtischen Warenhäusern, Discountern und vom Versandhandel in die Zange genommen - gelang es, durch Maßnahmen wie Ladenumbauten, Eingangs- und Schaufenstervergrößerungen und -verschönerungen der „Store Erosion" entgegenzuwirken und das Stadtbild, selbst in Kleinstädten, anziehender zu gestalten. Besonders in den achtziger Jahren traten Bemühungen um „Erlebnishandel" in den Vordergrund, übrigens ein Stichwort, das *Peter Kaufmann* schon 1969 in seinem Buch „Der Schlüssel zum Verbraucher" geprägt (und als Generaldirektor des *Globus*-Konzerns in seiner Baseler Filiale längst erprobt) hatte. Wenn in den neunziger Jahren mehr und mehr Städte einen eigenen City-Manager mit der schwierigen Aufgabe des „Stadtmarketings" etablieren, so ist auch dieser primär auf die Mitwirkung und Motivation des City-Handels angewiesen.

Am Ende des 20. Jahrhunderts erstrahlen die deutschen Städte nicht zuletzt dank der eleganten, ästhetisch ansprechenden Handelsgeschäfte und einer theatrisch anmutenden Lichtregie in einem nie dagewesenen Glanz. (Daß der Glanz auf die alten und neuen Bundesländer noch unterschiedlich verteilt ist - in den neuen Bundesländern liegt inzwischen über die Hälfte der Einzelhandelsverkaufsfläche auf der „Grünen Wiese", in Leipzig mehr als 60% -, ist auf die hemmungslose und unkoordinierte Expansion der großflächigen Betriebe nach der Wiedervereinigung zurückzuführen.) Der bei so viel Licht nicht ausbleibende Schatten liegt freilich in **Austauschbarkeit und Individualitätsverlust** vieler Innenstädte. Er ist sowohl auf das Vordringen der

Großfilialisten und Systembetriebe (Franchising) an Ia-Standorte als auch auf ungezügelte Außenwerbung zurückzuführen. Gegen erstere ist wegen der Gewerbefreiheit und des fehlenden gewerblichen Mieterschutzes kein Kraut gewachsen; gegen das zweite haben Stadtväter hier und da einen Riegel vorgeschoben, von baulichen über außenwerbliche Auflagen bis hin zum Verbot der Lichtreklame.

3.2 Wandel der Betriebsprozesse im Handel

Fallen die Strukturveränderungen des modernen Handels unmittelbar ins Auge, so haben sich im Bereich der Unternehmensführung und der sog. rückwärtigen Dienste weniger sichtbare, nicht minder revolutionäre Wandlungen vollzogen. Planung, Organisation und Kontrolle der Betriebsprozesse wurden immer stärker systematisch betrieben. Das Leistungsspektrum wurde ebenso nachhaltig erweitert wie die Kostenanalyse verfeinert. Insbesondere wurde das Instrumentarium zur Märkteanalyse und -gestaltung permanent ausdifferenziert. Im Rückblick auf die letzten vier Jahrzehnte darf heute festgestellt werden, daß für immer mehr Handelsbetriebe aus dem Ideal des **„Scientific Management"** praktische Realität geworden ist.

3.2.1 Siegeszug von Selbstbedienung und Discounting

Die Einführung der **Selbstbedienung** in den deutschen Groß- und Einzelhandel ist oft als „Siegeszug" und als „stille Revolution" gefeiert worden (vgl. *Berekoven* 1987, S. 92). Auch wenn Warenhäuser und Kleinpreisgeschäfte seit langem mit ähnlichen Verkaufskonzepten (Teil-SB; Selbstvorwahl) arbeiteten und die ersten Versuche mit reiner Selbstbedienung in den dreißiger Jahren erfolglos verliefen, kann der Durchbruch für diese höchst rationelle, die Personalkosten minimierende Verkaufsform in Deutschland auf 1957 datiert werden (Eröffnung des 2 000 qm großen Supermarkts von *Herbert Ecklöh* in Köln). Entgegen allen pessimistischen Vorhersagen verbreitete sich das SB-Prinzip, auch dank der „SB-gerechten", „vorverkauften" Markenwaren, in Windeseile. Lag der SB-Umsatz des Lebensmittel-Einzelhandels 1956, erstmals statistisch erfaßt, bei 1 Mrd. DM, realisiert auf 1,6 Mio. qm Verkaufsfläche, so überschritt er 1980 bereits 100 Mrd. DM; zuletzt wird er für 1996 (inkl. neue Bundesländer) mit 217,3 Mrd. DM angegeben, realisiert auf 98 Mio. qm Verkaufsfläche. Heute werden 99% aller Umsätze des Lebensmittel-Einzelhandels über SB realisiert (vgl.

EHI 1997, S. 63). Aber auch in vielen anderen Branchen (Unterhaltungselektronik, Verlagserzeugnisse, Möbel, Schuhe, Tankstellen-Shops usw.) hat diese Verkaufstechnik ihren festen Platz. Sie reüssierte nicht nur im Einzelhandel. Die Idee wurde alsbald auf den Großhandel übertragen. Der 1957 in Bochum gegründete Ratio-Großmarkt der Firma *Terfloth & Snoek* und der erste 1964 in Mülheim/Ruhr gegründete *METRO*-Großmarkt des Initiators, Ideengebers und Motors *Otto Beisheim* legten mit ihrem kostenminimierenden Cash-and-Carry-Prinzip (Barzahlung sowie Selbstkommissionierung und -abholung) den Grundstock für eine erstaunliche Erfolgsgeschichte.

Eine andere „stille Revolution" erlebte der Lebensmittel-Einzelhandel mit dem Erfolg der **Discounthäuser**. 1960 meldete die Lebensmittel Zeitung, in Paderborn erprobe ein Kleinfilialbetrieb den „Lagerverkauf im Stile amerikanischer Discounthäuser". Zu den Wegbereitern des Discounting in Deutschland zählte *Willi Leibbrand* mit einem 170-qm-Discountladen in Frankfurt. 1962 eröffneten die Gebrüder *Karl* und *Theodor Albrecht* in Essen ihren ersten *Aldi*-Laden. Ihr Konzept - Verkaufspreisunterbietung aufgrund von Sortimentsbeschränkung auf nur knapp 500 Artikel und rigoroser Personal-, Standort- und Betriebskostenbeschränkung - war so erfolgreich, daß Ende der sechziger Jahre bereits von einer „Discountwelle" die Rede war und Mitbewerber mit immer neuen Firmengründungen auf den Discountmarkt drängten (*Tengelmann* mit Plus und Ledi, *Rewe* mit Penny, *Lidl & Schwarz*, *Norma*, *Spar*, *Edeka/AVA*, *Asko* mit TIP oder *Tegut* mit Okay).

In den achtziger Jahren entfielen vom Gesamtumsatz im Lebensmittel-Einzelhandel bereits fast 12% auf die Discountbetriebe. 1995 verfügten die beiden *Aldi*-Gruppen Nord und Süd schon über 3 050 Filialen deutschlandweit. Ihre unangefochtene und kaum einholbare Spitzenstellung beruht heute allerdings nicht mehr allein auf den ursprünglichen Geschäftsprinzipien, sondern auf Faktoren wie qualitativ hochrangigen Eigenmarken, Partienvermarktung und Finanzierungsvorteilen aus de-facto-Vorfinanzierung des Wareneinsatzes durch die Kunden, die sich aus rund 55maligem Lagerumschlag pro Jahr ergibt.

Ohne Zweifel hat sich der gesamte Discounthandel - Discountläden, Discount-Centers und SB-Warenhäuser als Großdiscounter - zum erfolgreichsten Teilbereich des deutschen Lebensmittel-Einzelhandels entwickelt. Aber auch andere Branchen griffen das Vertriebskonzept bald auf. Fachdiscounter aller Art, wie z.B. Discount-Drogerien, Foto-Discounter, Möbel-Discounter usw., etablierten sich allerorts als Triebkräfte des interformalen (Preis-) Wettbewerbs im Handel.

3.2.2 Rationalisierung

Versteht man unter Rationalisierung in der klugen, die enge Sicht der bloßen Personalkosteneinsparung vermeidenden Umschreibung von *H.-J. Zellekens* als das „der Ratio mehr Raum Geben", als einen permanenten, unternehmensindividuellen Prozeß, so haben Rationalisierungserfolge im Handel in der zweiten Hälfte des 20. Jahrhunderts einen ehedem unbekannten Höchststand erreicht. Dazu haben gleichermaßen innerbetriebliche wie zwischen- und überbetriebliche Maßnahmen beigetragen.

Innerbetrieblich haben sich eine Fülle von technologischen und kaufmännischen Rationalisierungsmaßnahmen im Handel durchgesetzt: Ordersatz, Selbstbedienung, Scanning, integrierte Warenwirtschaftssysteme, elektronische Waagen- und Kassensysteme, PoS-Banking, Hochregale, EDV-gesteuerte Systeme der chaotischen Lagerhaltung und neue Kommunikationsmedien, um nur einige zu nennen. Nach und nach wurden alle Input-Faktoren auf ihren möglichst wirtschaftlichen und rentablen Einsatz hin überprüft, sei es durch manuelle Verfahren in den sechziger und siebziger Jahren, sei es durch programmierte Optimierungsverfahren in den letzten beiden Jahrzehnten. Der moderne Handel orientiert sich nicht mehr an traditionellen Maximierungs-/Minimierungs-Verfahren, sondern an Optimierungsverfahren, sei es in bezug auf betriebliche und innerbetriebliche Standortwahl (Space Management), auf Personalqualifikation und Personaleinsatz, auf Sortimentssteuerung und -kontrolle oder auf Kapitalstruktur und Finanzierung.

Zwischen- und überbetrieblich trugen vor allem modernisierte Betriebsvergleiche des *Instituts für Handelsforschung an der Universität zu Köln* und der *Forschungsstelle für den Handel Berlin (FfH) e.V.* sowie die Unternehmensberatung durch die *BBE* (betriebswirtschaftliche Beratungen, Ladenbauberatungen und Verkaufsberatungen), durch die *BGA*-Verbandstruktur, durch freie Berater sowie durch spezielle Rationalisierungseinrichtungen dazu bei. Insbesondere haben theoretische und empirische Untersuchungen zu technischen und betriebswirtschaftlichen Problemen aller Art durch die *Rationalisierungsgemeinschaft des Handels (RGH) e.V.*, Köln, den Fortschritt im Handel maßgeblich gefördert. Der bei der RGH angesiedelten *Centrale für Coorganisation (CCG)* kommt als Koordinationsstelle für die Vergabe der Einheitlichen Artikel-Numerierung (EAN) das Verdienst der Ökonomisierung der gesamten Konsumgüterdistribution zu. Aber auch prozeßkostenrechnerische Konzepte, grundlegende Untersuchungen zur Kalkulation (DPR), zum Lagerwesen, zum Ladenbau, zur Warensicherung, zur Kältetechnik oder zur Logistik und unzählige Branchenanalysen sind dieser Einrichtung zu verdanken. Sämtliche Analysen waren der

Fachwelt stets zugänglich, sei es über selbständige Schriften, sei es über die Zeitschriften „Rationeller Handel" oder „Dynamik im Handel". Seit der Fusion der *RGH* mit dem *Institut für Selbstbedienung (ISB)* firmiert diese erste Adresse für Rationalisierung im Handel unter *Deutsches Handelsinstitut (DHI)*, seit 1995 unter *Europäisches Handelsinstitut (EHI)*.

3.2.3 EDV und elektronische Medien

Zu den hervorragenden Modernitätsindikatoren des deutschen Handels gehört die Implementierung der **elektronischen Datenverarbeitung**. Gewiß sind Planung und Organisation der Betriebsprozesse nicht nur im deutschen Handel durch EDV revolutioniert worden; EDV prägt heute den Handel aller hochentwickelten Volkswirtschaften. Auch wenn bereits in den 50er Jahren vereinzelt Großrechner installiert wurden, etwa beim Großversandhaus *Quelle*, so erfolgte das Vordringen der EDV in Deutschland doch relativ spät und zögerlich. Die Hauptgründe dafür lagen in den hohen Investitionskosten für Großrechner und papierlose Belegverwaltung, im Mangel an geschultem EDV-Personal, in der langsam fortschreitenden Warenmarkierung mit Scannerlesbaren Balkencodes (EAN), in der fehlenden Hardware und - vor allem - in der fehlenden Software zur tagesgenauen Erfassung, Bearbeitung und Auswertung von -zigtausend täglichen Artikeldaten.

In den sechziger und siebziger Jahren wurden kunden- und artikelbezogene Daten i.d.R. noch mit Lochkarten und Tabelliermaschinen verwaltet. Während in den USA bereits 1972 bis 1974 Scannerkassen auf breiter Front eingesetzt wurden, drangen die Scannerkassen in Deutschland erst ein halbes Jahrzehnt später im Handel vor. Der Durchbruch der EDV-Anlagen mit ihren Möglichkeiten der kurzfristigen Erfolgsrechnung, des Handelscontrollings und der computergestützten **integrierten Warenwirtschaftssysteme** erfolgte in den achtziger Jahren, zunächst in Großunternehmen. In den neunziger Jahren wurden entsprechende Computerprogramme zur Warenwirtschaft auch für einfachere PCs entwickelt und damit Klein- und Mittelbetrieben zugänglich.

Was von der Handelswissenschaft seit den 20er Jahren als theoretische Lösungsansätze entworfen und hier und da in der Zeit nach dem II. Weltkrieg mühsam „von Hand" erarbeitet werden mußte, steht seit zwei Jahrzehnten den Handelsbetrieben in Form von **elektronischen Informationssystemen** zur Verfügung: Optimierungsprogramme zur Steuerung und Kontrolle der Sortimente und der Warenplazierung (Space Management), der Personalkosten und des Personaleinsatzes, der zentralen Preisauszeichnung, der Erstellung von aktuellen Renner-und-Penner-Listen, des genaueren Kassierens, des zwischenbetrieblichen Datenaustauschs usw.

Auch wenn nicht alle Blütenträume zu Beginn der neunziger Jahre in Erfüllung gegangen sind, **elektronischen Datenaustausch** (**EDI**, Electronic Data Interchange) im Handel auf breiter Basis ebenso erfolgreich einzuführen wie bei Banken, im Transportwesen und in einigen Industriezweigen, so sind am Ende des Jahrzehnts doch die Weichen gestellt. Die Voraussetzungen für den elektronischen Austausch von Geschäftsdaten sind nun auch im Handel weitgehend erfüllt, z.B. Installation von geeigneten Rechnern, Aufbau von betriebseigenem EDI-Know How, Analyse und Bereinigung der betriebsinternen Prozesse, Artikelnumerierung und Nachrichtenstandards (EDIFACT oder Subset EANCOM) und EDI-Abreden mit Lieferanten und gewerblichen Kunden. Zudem hat das **Internet** selbst Klein- und Mittelbetrieben Chancen eröffnet, am elektronischen Datenaustausch mit geschlossenem Nutzerkreis auf der Beschaffungs- oder Absatzseite (Intranet, Extranet) teilzunehmen. Der Weg hierher war allerdings für Handelsbetriebe mit ihren hunderttausenden von artikelbezogenen Daten nicht einfach. Die *Karstadt AG* begann z.B. den Datenaustausch 1985 mit der seit Ende der siebziger Jahre von der *CCG* entwickelten Standardregelung einheitlicher Datenaustauschsysteme (SEDAS). Erst 1992 wurde der internationale EDIFACT-Standard forciert.

Damit nicht - wie Anfang der neunziger Jahre üblich - jede Branche einen eigenen Nachrichtenstandard entwickelte, hat sich der Handel für das einheitliche Subset EANCOM entschieden, das für fast alle Branchen genutzt werden kann. Heute hat *Karstadt* nicht nur rund 530 EDI-Lieferanten aus der Konsumgüterindustrie, sondern nutzt EDI auch beim Geschäftsverkehr mit Reedereien (Schiffsankunftsmeldungen), Transportdienstleistern (Abrechnungen), Marktforschungsinstituten (Abverkaufsdaten) und Banken (Zahlungsaufträge). Da EDI auf dem Prinzip des Gebens und Nehmens, also einer besonders vertrauensvollen Kooperation, beruht, müssen jeweils beide Beteiligte gleichermaßen intensiv an der Umsetzung von Nachrichtenarten arbeiten. Daher braucht es seine Zeit, bis in den beteiligten Systemen (Warenwirtschaftssysteme, Finanzbuchhaltung) die geeignete Schnittstelle für den Datenex- und -import realisiert ist (vgl. *Thielecke* 1998, S. 44).

Aufbauend auf den Erfahrungen mit integrierten Warenwirtschaftssystemen und EDI, beherrscht seit Mitte der neunziger Jahre ein neues Stichwort die Beziehungen zwischen Handel und Industrie: **Efficient Consumer Response (ECR)**. Diese neue Form der Kooperation zwischen Industrie und Handel mit ihren vier Bausteinen Efficient/Continuous Replenishment (ERP), Efficient Assortment (EA), Efficient Promotion (EP) und Efficient Product Introduction (EPI) verspricht erhebliche Kosteneinsparungen in Vertrieb und Logistik durch Beseitigung von „Ineffizienzen entlang der Wertschöpfungskette". Von den beiden Grundkomponenten des EA, nämlich Category Management (CM) und Space Management (SM), soll namentlich das letztere als EDV-gestütztes Informationsmanagement zur Verkaufsflächenoptimierung führen (vgl. *von der Heydt* 1997).

Ohne Zweifel ist das ECR-Konzept für Industrie und Handel eine Herausforderung an neue, systematische Prozeßanalysen. Angesichts der wenigen Pilotprojekte und des bilateralen (und keineswegs auf die gesamte Wertschöpfungskette bezogenen!) ECR-Konzepts sollten die Hoffnungen auf Überwindung der „natürlichen" Unterschiede zwischen Industrie und Handel - dort Optimierung der Produktion und des Vertriebs eines Produkts bzw. Produktionsprogramms, hier Optimierung des Sortiments und des Bezugs heterogener Artikel - jedoch nicht allzu hoch geschraubt werden. Und was das von Herstellern und Beratern lancierte Category Management betrifft, so erfordert es, sofern es als Kooperationsinstrument über die im Handel seit langem übliche Warengruppenbetreuung hinausgeht, ein hohes Maß an Altruismus der Hersteller; ohne weitergehende Anreize wird der Handel auch in Zukunft wenig Neigung zeigen, seine Sortimentsautonomie preiszugeben (vgl. *Möhlenbruch* 1997, S. 130).

Hält man sich an Fakten und weniger an Versprechungen über Kostensenkungspotentiale in einer Win/Win-Situation, dann ist festzuhalten, daß **EDV und elektronische Medien** die Betriebsprozesse des Handels in den letzten beiden Jahrzehnten sowohl intern als auch unternehmensübergreifend deutlich effizienter gestaltet und gründlich verändert haben. Manches steckt noch in den Anfängen, wie z.B. Self-Scanning oder Elektronische Warenauszeichnung. Anderes ist längst Standard geworden. Scanner-Systeme, mobile Datenerfassung, elektronische Waagen, elektronische Kassen (Stand-Alone-Kassen, Master-Slave-Kassen, Master-Back-up-Kassen, vernetzte Kassensysteme), elektronische Datenübertragungstechniken (Teletex, Telefax, Internet, Intranet, Extranet), elektronischer Zahlungsverkehr am Point of Sale, Kundenkarten mit und ohne Zahlungs-/Kreditfunktion usw. - alle diese technischen Errungenschaften haben zu einer völlig neuen technischen Infrastruktur im Handel geführt (vgl. *Tietz* 1993, S. 1024ff.) und seine Betriebsprozesse mit Absatz-, Beschaffungs-, Konkurrenz- und internen Märkten beschleunigt und transparent gemacht.

Die Außenbeziehungen der modernen Handelsbetriebe sind in den vergangenen 40 Jahren Schritt für Schritt durch **elektronische Medien** verändert worden. Zu den angestammten Medien der Fernseh- und der Hörfunkwerbung traten in den achtziger Jahren **Tele-Shopping** in den drei Formen des Direct-Response-TV, der Infomercials und der Video Malls (reine Einkaufssender, wie z.B. *H.O.T. Home Order Television*, Unterföhring), wenn auch mit mäßigem Erfolg, der **Ladenfunk** und das **Electronic Shopping** (Online Shopping). Einen frühen Einstieg in den Verkauf über das Internet vollzogen die Großunternehmen *METRO* (mit eigenem Online-Dienst Metronet), *Quelle*, *Otto-Versand* und *Karstadt*. Mit der Eröffnung ihres virtuellen Warenhauses „My World" tat die *Karstadt AG* im Oktober 1996 den ersten Schritt in eine neue Welt des virtuellen Handels. Auch wenn Vorhersagen derzeit völlig ungesichert sind, wird **Electronic Commerce** den gesamten Handel kaum revolutionieren. Allenfalls werden der Versandhandel und einzelne Branchen des Einzelhandels mit „problemlosen", zum Versand geeigneten und standardisierten Massenartikeln (Bücher, Fotobedarf, Unterhaltungselektronik u.ä.) vom Online-Shopping profitieren.

3.3 Wandel der Handelswissenschaft

Die Handelswissenschaft hat als ältester Zweig der Wirtschaftswissenschaften eine bewegte Geschichte hinter sich. Sie beginnt im Jahre 1675 mit *Jacques Savarys* berühmtem Lehrbuch „Le Parfait Négociant" (deutsche Übersetzung „Der perfekte Kauf- und Handelsmann" 1676), genau 100 Jahre vor *Adam Smiths* „Inquiries into the Nature and Causes of the Wealth of Nations". Blütezeiten und Niedergänge der Handelswissenschaft folgten einander drei Jahrhunderte lang. In den Blütezeiten entstanden in Deutschland Handelsakademien (18. Jh.), Handelshochschulen (Leipzig und Aachen 1898) und Universitätslehrstühle für Handelsbetriebslehre (der erste für *Friedrich Schär* an der *ETH Zürich* 1909).

Mit der Gründung von Instituten für theoretische und empirische **Handelsforschung** in den zwanziger Jahren - allen voran das von *Rudolf Seyffert* gegründete *Einzelhandelsinstitut* in Köln und die von *Julius Hirsch* gegründete *Forschungsstelle für den Handel (FfH) Berlin* - erlebte die Handelswissenschaft eine vorläufig letzte Blüte. Nach dem II. Weltkrieg wurden die Belange des Handels zwar bald wieder wissenschaftlich erforscht, sowohl an Universitätsinstituten, namentlich am *Tietz*schen *Handelsinstitut der Universität des Saarlandes*, als auch an Handelsabteilungen der großen Wirtschaftsforschungsinstitute (*ifo-Institut für Wirtschaftsforschung*, München; *DIW*, Berlin; *RWI*, Essen; *HWWA*, Hamburg). Die moderne Handelsforschung steht dabei seit den siebziger Jahren ganz im Zeichen eines Methodenpluralismus, jedoch resultieren aus Spezialisierung und zunehmender Unübersichtlichkeit auch desintegrative Tendenzen (vgl. *Schenk* 1974, Sp. 500f.).

Die wissenschaftliche **Handelslehre** wurde in den vergangenen 40 Jahren an einigen Universitäten und neuen Fachhochschulen institutionalisiert. Einer gewissen Konsolidierung des traditionsreichen Fachs Handelsbetriebslehre in den sechziger Jahren an namhaften Universitätslehrstühlen (Köln, München, Saarbrücken, Frankfurt/M., Erlangen-Nürnberg, Berlin) folgte jedoch ein schmerzlicher, bis in die Gegenwart reichender Abschmelzungsprozeß. Seit der Errichtung der ersten deutschen Lehrstühle für Marketing im Jahre 1968 (Münster und Erlangen-Nürnberg) wurde die Handelsbetriebslehre mehr und mehr von dieser neuen Disziplin verdrängt, die sich - obwohl im Kern konsumgüterindustrielle Absatzlehre - vielerorts auch für den Handel für zuständig erklärt hat. Von dem guten Dutzend Universitätslehrstühle für Handelsbetriebslehre der sechziger Jahre sind derzeit nur noch eine Handvoll echter Lehrstühle für Handelsbetriebslehre oder „Distribution" übrig geblieben. Auch wenn die Lehrsituation an den Fachhochschulen, z.B. in Bremen, Düsseldorf, Fulda, Nürtingen, Regensburg oder Worms, etwas günstiger aussieht, gibt der Wandel in der Handelswissenschaft doch zu größter Sorge Anlaß. Hochqualifizierter handelswissenschaftlicher Nachwuchs ist nicht in Sicht; Universitätspräsidenten scheuen sich - mit fiskalisch motivierter Rückendeckung durch Wissenschaftsministerien - nicht, Planstellen für Handelsbetriebslehre mit kw-Vermerk (künftig wegfallend) zu versehen; und aus den Handelsunternehmen, den Kammern und Verbänden erfolgt auch (noch?) kein Aufschrei über die katastrophale Entwicklung.

Nie war die Handelswissenschaft von der über 50 Jahre alten, begründeten Forderung *Rudolf Seyfferts* (1972, S. 742f.) weiter entfernt als heute, nämlich an jeder Hochschule, die die Wirtschaftswissenschaft pflegt, die Handelsfragen ausreichend zu vertreten: „Wünschenswert wäre, daß die besondere Sorge um die Handelsprobleme an zwei Lehrstühle angeschlossen würde, von denen der eine mehr betriebswirtschaftlich, der andere mehr volkswirtschaftlich-wirtschaftpolitisch zu besetzen wäre". Es scheint, als sei das Postulat des Experten „Die Händlergesellschaft braucht an jeder Universität und Fachhochschule möglichst gleicherweise makro- und mikroökonomisch ausgerichtete Handelslehrstühle" verpufft und stoße seine Warnung auf taube Ohren: „Eine Gesellschaft, die Fragezeichen hinter Wissenschaftsbereiche stellt, die die Zukunft kräftig mitprägen, verspielt ihre Chancen und muß sich damit abfinden, auf Sicht vom Ausland her passiv saniert zu werden" (vgl. *Tietz* 1994, S. 54).

Diese Entwicklung hat nicht nur für den Standard der deutschen Handelswissenschaft unmittelbar verheerende Folgen, sondern auch mittelbar negative Folgen für das bislang geradezu vorbildliche Ausbildungswesen in Deutschland. Das auch vom Ausland hochgeschätzte duale System der **beruflichen Ausbildung** im Handel und das wohlorganisierte, vernünftig abgestufte und differenzierte berufliche Schulwesen mit neun verschiedenen Schulformen (vgl. *Schenk* 1991, S. 122f.) bräuchte künftig nicht weniger, sondern mehr Lehrer. Die notwendige handelsspezifische Ausbildung zum/zur Diplom-Handelslehrer/in bzw. Diplom-Kaufmann/-Kauffrau wird jedoch immer nachhaltiger erschwert.

4 Fazit

An der Schwelle zum 21. Jahrhundert präsentiert sich der deutsche Handel - nimmt man alles in allem - als hochmodernes Märktebildungs- und Versorgungssystem. Dabei geht der deutsche Handel auf doppelte Weise **zunehmender Internationalisierung** entgegen: Ausländische Handelshäuser haben den deutschen Markt entdeckt (z.B. *Hennes & Mauritz, Marks & Spencer, Galeries Lafayette, Wal-Mart, The Gap, Guess, Episode, Cyrillus, Jacadi oder Land's End*), und deutsche Handelshäuser verlagern ihre Aktivitäten verstärkt ins Ausland (z.B. *METRO,* die *Rewe-Gruppe* oder die *Douglas Holding*).

Wer existentiell so sehr mit dem **„vierten Produktionsfaktor" Zeit** zu tun hat wie der Händler, der weiß um die Unwägbarkeiten und die sich beschleunigenden Wandlungsprozesse und wird den Propheten der Handelszukunft und ihrem Spiel mit Schlagwörtern mit Skepsis folgen: „Urban-Entertainment-Center (UEC)", „Netzgeführte Marken (NGM)", „Strategie-Tetraeder" oder „Hyperspezialisierung" als Merkmale des Handels im 21. Jahrhundert (vgl. *Eggert* 1998). Manches im Handel ist verbesserungsbedürftig („Service-Wüste"). Einiges ist noch ferne Zukunftsmusik (Bestell- und Kommissionierautomaten, High-Tech-Displays an Einkaufswagen u.ä.). In mancherlei Hinsicht hat die Handelszukunft aber auch schon begonnen (Diversifizierung, Erschließung neuer strategischer Geschäftsfelder, Globalisierung, Self-Scanning, EDV-gestützte Handelsinformationssysteme HIS, Data Mining, E-Commerce usw.).

Das **Know How für moderne Handelsbetriebsführung** in der Zukunft ist jedenfalls vorhanden. Freilich wird es immer komplexer und immer weniger Experten zugänglich. Modernes Handelsmanagement muß sich auf so unterschiedlichen Wissensgebieten wie Rechnungswesen, Controlling, Handels-, Steuer- und Wettbewerbsrecht, Handelsmarketing und Handelsmarktforschung, Informatik und Logistik, Personalführung und Technik auskennen. In einseitig betriebstechnologischer Sicht lauern allerdings auch Gefahren. Modernes Handelsmanagement hat es auf seinen Beschaffungs-, Absatz-, Konkurrenz- und internen Märkten schließlich nicht nur mit Waren und Technik, sondern immer auch mit Menschen, ihrem unterschiedlichen und sich ändernden Verhalten, Erleben und ihren Beweggründen zu tun. Daher wird die Handelspsychologie, d.h. die systematische psychologische Überprüfung aller Entscheidungen, zunehmend ins Zentrum der Handelsbetriebsführung rücken müssen (vgl. *Schenk* 1995, S. 18f.).

Am Ende des kursorischem Überblicks über 40 Jahre moderner Handel in der Bundesrepublik Deutschland bleibt ein **zwiespältiger Befund** zu konstatieren: Die Handelsunternehmen haben einen hohen, international gerühmten Standard erreicht, sei es aus eigener Kraft, sei es durch gemeinsame Anstrengungen in Kooperationen, durch Betriebsberatung oder durch fördernde Begleitung der Kammern und Verbände. Die Handelswissenschaft, die nicht nur zur systematischen empirischen Forschung, sondern auch zur systematischen Verbesserung des Wissens aller im und für den Handel Tätigen aufgerufen ist, sieht sich hingegen zunehmend hemmenden Kräften ausgesetzt. Der Schaden für die Gesellschaft insgesamt wäre unübersehbar, würde ein „Staat als Anti-Händler“ (*Gümbel* 1985, S. 65) aus der sich abzeichnenden Kluft zwischen Handelspraxis und Handelswissenschaft keine Konsequenzen für die wissenschaftliche Handelsforschung und -lehre sowie für die berufliche Aus- und Weiterbildung im Handel ziehen.

Handel zwischen Gestern und Morgen

Ein Spannungsfeld von Kunden, Konkurrenz und Gesetzgeber

Helmut Schmalen

1 Übersicht

Bis in die Mitte des vorigen Jahrhunderts war die **Gemischtwarenhandlung** die typische Betriebsform des Einzelhandels. Dann aber erwachte er aus seinem Dornröschenschlaf und gewann eine Dynamik, die bis heute unvermindert andauert, eher noch an Tempo zulegt.

Dieser **„Dynamik der Betriebsformen im Handel“** stehen viele Zeitgenossen - Händler wie Käufer - skeptisch gegenüber und fordern einen Stopp der Entwicklung oder gar eine Rückbesinnung auf „bewährte“ Betriebsformen. Die hierbei geäußerte Kritik wird auch von Politikern und Verbandsfunktionären geteilt, die gestaltende Eingriffe fordern: Der Handel sei zu wichtig, als daß man ihn dem „freien Spiel“ der Marktkräfte überlassen könne.

Diese Sichtweise steht freilich auf tönernen Füßen. Die Dynamik der Betriebsformen im Handel ist lediglich ein **Spiegelbild** der Verbraucherwünsche: Nur die Anbieter, die sich an den individuellen Bedürfnissen - also letztlich am Markt - orientieren, werden mit Erfolg belohnt und behaupten sich im Wettbewerb. Wenn sich folglich eine Einzelhandels-Betriebsform durchsetzt, dann immer nur deshalb, weil sie - gemessen an den Verbraucherwünschen - richtig lag. Daraus folgt aber auch, daß alle diejenigen, die staatliche Eingriffe in die ablaufenden Prozesse verlangen, letztlich gegen die Käufer agieren (anders z.B. *Eickhoff* 1988, S. 161, der meint, daß die Käufer „nach rationalen Kriterien“ den Strukturwandel „nicht in dem beobachtbaren Ausmaß hätten wollen können“).

2 Die Entwicklung der Handelsstruktur bis heute

2.1 Die Konsumgenossenschaft als Wende

Die bis dahin unerschütterliche Ruhe in der Gemischtwarenhandlung wurde durch eine dynamische Unternehmerpersönlichkeit beendet: *Hermann Schulze-Delitsch* (1808 bis 1883). Er war der Begründer der Konsumvereine als **Selbsthilfeeinrichtung** von Konsumenten in der Organisationsform der Genossenschaft. Die Käufer waren es leid, der Willkür der Gemischtwarenhändler ausgeliefert zu sein, die ihre Preise nicht auszeichneten, sondern jeweils nach Einschätzung der Kunden mehr oder weniger willkürlich festlegten. 1880 gab es bereits 645 Konsumgenossenschaften in Deutschland. Ihre vergleichsweise wirtschaftliche Warenversorgung war jedoch beschränkt auf den Kreis der Genossen, die zudem am Jahresende eine Rückvergütung der erzielten Überschüsse erhielten.

Den **Niedergang der Konsumgenossenschaften** läutete 1954 eine Änderung des Genossenschaftsgesetzes ein: Das Verbot, an Nichtmitglieder zu verkaufen, wurde aufgehoben und die Rückvergütung auf den üblichen Rabattsatz von 3% beschränkt.

Damit sank die Bereitschaft, sich in Konsumgenossenschaften zu engagieren. Ihre - überwiegende - Zusammenführung in der *COOP Zentrale AG* verzögerte lediglich das heute längst besiegelte Ende.

2.2 Der Aufstieg der Warenhäuser

Überhaupt war die zweite Hälfte des vorigen Jahrhunderts durch **Pioniere im Einzelhandel** gekennzeichnet: Neben den Konsumgenossenschaften entstanden in dieser Zeit als zweite Innovation die Warenhäuser. Nachdem die ersten in Paris eröffnet waren, ging es auch in Deutschland Schlag auf Schlag (vgl. *Schmalen* 1988):

1878 gründete *Wertheim* und 1879 *Leonhard Tietz* in Stralsund je ein Warenhandelsgeschäft. 1881 folgten *Karstadt* in Wismar und 1882 der Bruder *Oskar* von *Leonhard Tietz* mit seinem reichen Onkel *Hermann* in Gera. 1889 schloß dann *Althoff* in Dülmen/Westfalen die erste Gründungswelle ab. Als Nachzügler unter den Großen folgte nur noch *Horten*, der sein Unternehmen 1933 in Duisburg aus der Taufe hob.

Aus dem Unternehmen von *Leonhard Tietz* wurde 1953 die *Kaufhof AG*, *Karstadt* und *Althoff* schlossen sich schon 1920 zur *Karstadt AG* zusammen, und die Verwandtschaft von *Leonhard Tietz* legte den Grundstock von *Hertie* (HERmann TIEtz).

Rudolf Karstadt hat 1931 - zu seinem 75. Geburtstag - die „gute alte Zeit" scharf kritisiert: Neben den patriarchalischen Geschäftsinhabern nahm er die beträchtlichen Spannen - auch infolge der zahlreichen mitverdienenden Zwischenhändler - aufs Korn. Die Warenhausunternehmen konnten hingegen durch ihre Großeinkäufe hohe Rabatte bei den Fabrikanten durchsetzen und vergleichsweise niedrige - und feste - Preise bei Umtauschrecht, offener Warenpräsentation und Zutritt ohne Kaufzwang bieten.

Abgesehen von gewissen Einbrüchen in der Weltwirtschaftskrise und durch den Zweiten Weltkrieg erlebten die vier **Warenhausunternehmen** (in der Rangfolge ihres Umsatzes: *Karstadt, Kaufhof, Hertie* und *Horten*) einen **blendenden Aufstieg**. Ihr Einzelhandels-Umsatzanteil stieg auf etwa 10%. Offenbar hatten sie exakt die Verbraucherwünsche getroffen: Einkauf unter einem Dach („*Kaufhof* bietet tausendfach alles unter einem Dach") bei fachmännisch geführten Abteilungen in Fachgeschäftsgröße, günstigen Preisen und zentraler Lage an innerstädtischen Verkehrsknotenpunkten. Daran, daß es einmal anders würde kommen können, dachte niemand. Im Gegenteil: Der mittelständische Facheinzelhandel wurde zunehmend von Existenzängsten geplagt, weshalb sich, um politischen Weichenstellungen zuvorzukommen, die Warenhausunternehmen 1965 mit dem Bundeswirtschaftsminister darauf verständigten, die Geschäftstätigkeit für gut zwei Jahre nicht auf neue Plätze mit weniger als 200 000 Einwohnern auszudehnen. Dieser generöse **„Expansionsstop"** markiert gleichermaßen den Höhe- und Wendepunkt in der Stellung der deutschen Warenhausunternehmen.

2.3 Vom Verbrauchermarkt über die Baunutzungsverordnung zum Fachmarkt

Mittlerweile hatte sich - zunächst noch unmerklich - ein grundlegender Wandel in der Situation der Verbraucher eingestellt, mit dann weitreichenden Auswirkungen auf die Einzelhandelsstruktur: der **Autoboom**. Die massenhafte Verfügbarkeit des Autos löste eine Stadtflucht hin zu Vororten und Trabantenstädten im Grünen aus („Schlafstädte"). Die dadurch zunehmende Distanz zwischen Wohn- und Arbeitsplatz veränderte das Empfinden für Entfernungen. Zudem verstopften die Innenstädte immer mehr.

Die Entstehung einer neuen Vertriebsform im Einzelhandel war damit eigentlich programmiert: die **Verbrauchermärkte** auf der „Grünen Wiese". In leicht erreichbarer Lage, versehen mit einem ausreichenden Parkplatzangebot und „innerer Bewegungsfreiheit" durch riesige Verkaufsflächen mit Checkout-Kassen kamen sie den geänderten Wünschen der Verbraucher entgegen. Zunächst versuchten die Warenhausunternehmen noch, durch aufwendige Parkbauten - in den enger werdenden Innenstädten zum Teil auf den Dächern der Warenhäuser - gegenzusteuern; ihr „Niedergang" in ihrer klassischen Auslegung war aber nicht mehr aufzuhalten: Die völlig unerwartete Expansion der Verbrauchermärkte bescherte diesen bis 1985 einen Umsatzanteil von über 10%, während sich der der Warenhäuser auf 5% halbierte. Wieder einmal waren es die Käufer, die die neue Entwicklung mit Schubkraft versahen, die dann auch bereitwillig von innovativen Unternehmen, wie der *METRO AG* mit ihren *Primus* und *Meister* Verbrauchermärkten, aufgegriffen wurde.

Bernd Hebbering (*Horten*) hat diese Entwicklung damit erklärt, daß die Warenhäuser nicht auf die Auseinandersetzung vorbereitet gewesen seien, als die Discounter zu

Beginn der siebziger Jahre zum Großangriff auf angestammte Kaufhaus-Sortimente bliesen und ganze Käufersegmente dorthin abwanderten. Wie man sich hätte vorbereiten können, verriet er freilich nicht.

Die Warenhäuser versuchen bis heute, gleichwohl relativ erfolglos, den alten Glanz zurückzugewinnen: So verloren sie 1994 bis zu 7% Umsatz bei einem Branchenminus von gut 1%. Viele Strategien wurden gepriesen und verworfen mit dem Ergebnis, daß heute nur noch zwei Warenhausunternehmen existieren: *Karstadt/Hertie* und *Kaufhof/Horten*, wobei *Kaufhof* mittlerweile in die *METRO AG* eingegliedert wurde. An der Börse gibt es folglich nur noch die *Karstadt AG*.

Der gewaltige **Kundenstrom in die Verbrauchermärkte** - auch von zunehmend erwerbstätigen Frauen - rief bald zahlreiche Bedenkenträger auf den Plan: Der innerstädtische Facheinzelhandel, der zunächst noch den Expansionsstopp der Warenhäuser betrieben hatte, solidarisierte sich nun mit diesen unter dem Motto **„Verödung der Innenstädte"**. Jahre zuvor war übrigens die zunehmende Umwandlung von Wohnungen in Geschäfte und Büros als „Verödung" charakterisiert worden, nun sollten auf einmal die Geschäfte (im Rahmen ihrer Öffnungszeiten) Garanten des innerstädtischen Lebens sein. Die hohe Akzeptanz der Verbrauchermärkte spielte in der Diskussion keine Rolle, eher noch die Überlegung, daß man die Käufer in die Innenstädte „umlenken" müsse.

Das Ergebnis dieser Diskussion war die **Baunutzungsverordnung**: Einzelhandelsgroßprojekte auf der „Grünen Wiese" bedürfen seither eines eigens dafür ausgewiesenen Sondergebietes. Als Großprojekte wurden zunächst Märkte mit mehr als 1500 qm Geschoßfläche definiert, heute sind es 1200 qm. Der Ausweis eines Sondergebietes setzt ein spezielles - insbesondere von der jeweiligen Gemeinde getragenes - Genehmigungsverfahren voraus. Die Gemeinde hat damit die Möglichkeit, bereits kleinere Einzelhandelsgroßprojekte zu verbieten oder mit engmaschigen Regelungen - z.B. auch hinsichtlich des zulässigen Sortiments - zu überziehen (vgl. z.B. *Dichtl/ Schenke* 1988). Von dieser Möglichkeit wird rege Gebrauch gemacht, nicht zuletzt auf Initiative der alteingesessenen Einzelhändler, die häufig in den Entscheidungsgremien vertreten sind (vgl. *Koob* 1993, S. 132ff.). Sie sehen ihre - bis dahin störungsfreie - Existenz gefährdet, da durch sie bereits die **vorhandene Kaufkraft** gebunden sei.

Die Baunutzungsordnung hat die weitere Expansion der Verbrauchermärkte stark behindert (vgl. z.B. *Dichtl* 1988, S. 122 ff.). Aber dennoch ist die Rechnung ihrer Initiatoren nicht aufgegangen. Dank der unverminderten Hinwendung der Verbraucher zu Discountbetrieben hat man die Verbrauchermärkte gedanklich abteilungsweise aufgespalten und jeweils als **„Fachmärkte“** ins Rennen geschickt. Da sie i.d.R. das Größenkriterium der Baunutzungsverordnung nicht erfüllen, bedarf es keines Ausweises von Sondergebieten, sondern sie können sich in Mischgebieten (z.B. Gewerbe- oder Industriegebieten) niederlassen; die Eingriffsmöglichkeiten der Gemeinden sind hier relativ beschränkt.

Im Grunde stellen Fachmärkte eine Verbindung aus Fachgeschäft und Verbrauchermarkt dar: Vom Fachgeschäft haben sie das tiefe, aber enge Sortiment (z.B. Unterhaltungselektronik oder Spielwaren oder Heimwerker- und Gartenbedarf), vom Verbrauchermarkt die Autokundenorientierung, Selbstbedienung und günstigen Preise.

Letztlich konnten sich also auch hier die Kunden durchsetzen: Die Behinderung der Verbrauchermärkte hat sie nicht in die Innenstädte umgelenkt, sondern die Entwicklung der Fachmärkte provoziert.

2.4 Die Renaissance des Versandhandels

Daß die Verbraucher mit ihrem Geldschein als Stimmzettel „machen was sie wollen“, belegt eindrucksvoll auch der Versandhandel. Seine Entstehung geht ebenfalls auf die achtziger Jahre des vergangenen Jahrhunderts zurück, nachdem ein funktionierender Post-Paketdienst mit Einheitsporto (1874) und Nachnahmeverkehr (1878) sowie eine verbesserte Drucktechnik zur Katalogherstellung zur Verfügung standen. Zielgruppe war die **ländliche Bevölkerung**, die über die Post mit den Errungenschaften der modernen Zeit versorgt werden sollte. Eine erste Blütezeit erlebte der Versandhandel nach dem Ersten Weltkrieg: Er ermöglichte einen vergleichsweise günstigen Einkauf in wirtschaftlich schwieriger Zeit. Die Pioniere des Versandhandels waren *Friedrich Baur* (1925), *Robert Klingel* (1925), *Friedrich Wenz* (1926) und *Gustav Schickedanz* (*Quelle* 1927). In einer vergleichbaren Notlage nach dem Zeiten Weltkrieg kamen dann noch *Werner Otto* (1949) und *Josef Neckermann* (1950) hinzu. Der erste *Otto*-Katalog erschien 1950, hatte 16 Seiten und eine Auflage von 300 Stück; angeboten wurden 28 Paar Schuhe.

Nachdem in den sechziger Jahren die gröbsten Mängel der Nachkriegszeit beseitigt waren, wurde allgemein der **Untergang des Versandhandels erwartet**: Der bereits erwähnte Autoboom hatte es auch der Landbevölkerung ermöglicht, in der Stadt einzukaufen. Von der städtischen Bevölkerung erwartete man ohnehin keinen Bestellungen per Katalog: Sie wolle und könne die Ware sehen und prüfen. Überdies wurden die Produkte immer komplizierter und damit erklärungsbedürftig, also - angeblich - über einen Katalog nicht vermittelbar. Am konsequentesten zogen *Quelle* und *Neckermann* daraus ihre Schlüsse: Man errichtete in den sechziger Jahren in den größeren Städten **Warenhäuser** und **Verkaufsstellen**. 1967 erzielte *Neckermann* bereits zwei Drittel seines Umsatzes im stationären Bereich, *Quelle* etwa die Hälfte. Freilich gab man mit dieser Betriebstypendiversifikation den strategischen Wettbewerbsvorteil des Versandhandels auf: extreme Rationalisierung des Warengeschäfts und Weitergabe des Kostenvorteils im Preisniveau sowie den Verkauf ohne Rücksicht auf Ladenschlußzeiten, Parkplatzsorgen und Verkehrsstaus.

Der Aufbau eines Warenhaussektors zeigt im übrigen, daß auch die Versandhändler auf die fortbestehende Attraktivität der Warenhäuser bauten, obwohl, wie bereits erläutert, die „Machtübernahme" durch die Verbrauchermärkte unmittelbar bevorstand. Es kam deshalb, wie es kommen mußte: Hohe Verluste schon in den siebziger Jahren führten *Neckermann* an den Rand des Ruins und schließlich in die Arme von *Karstadt*, wo sich dann die Sanierung noch über zehn Jahre hinzog. Bei *Quelle* stellten sich die hohen Verluste im stationären Bereich in den achtziger Jahren ein. Mehrmalige strategische Neuausrichtung dieses Unternehmensbereichs führte nicht zum erhofften Erfolg, weshalb 1993 die meisten Warenhäuser - z.B. an *Hertie* - verkauft wurden.

Otto hatte den Irrweg in den stationären Einzelhandel nur halbherzig mitgemacht und schon 1973 alle Warenhäuser an *Horten* verkauft. Statt dessen konzentrierte man sich auf den Ausbau des Versandgeschäfts: Bereits in den fünfziger Jahren wurden das **Sammelbestell-System** und Anfang der Siebziger ergänzend hierzu der ***Hermes*-Versand** aufgebaut. Die sechziger Jahre waren gekennzeichnet von der Entwicklung zielgruppenspezifischer **Spezialkataloge** (z.B. *Otto* Garten, *Otto* Geschenke). Anfang der achtziger Jahre fiel dann noch eine klare Entscheidung zugunsten der **Internationalisierung** durch die Übernahme von *Spiegel*, Chicago, des - damals - viertgrößten Versenders der USA. Als erstes europäisches Versandhaus vollzog *Otto* damit den Schritt nach Amerika. Mittlerweile arbeitet das Unternehmen sehr erfolgreich auch z.B. in Japan, Frankreich sowie Indien und erwirtschaftet etwa die Hälfte seines Umsatzes im Ausland.

Die solide Stellung des deutschen Versandhandels belegen auch eindrucksvoll ein paar Zahlen: Im Versandhandelsumsatz je Kopf und Jahr sind die Deutschen mit etwa 500 DM Weltmeister. Insgesamt entfällt auf den Versandhandel mit knapp 6% mehr

Umsatz als auf die Warenhäuser. Es verwundert deshalb keineswegs, daß in der Weltrangliste der Versandunternehmen *Otto* den ersten, *Quelle* den zweiten und *Nekkermann* den sechsten Platz einnehmen.

Anders als prognostiziert haben sich folglich die Verbraucher **nicht vom Versandhandel abgewandt**, sondern jene Versandhändler schwer bestraft, die - den Unkenrufen folgend - eine strategische Neuorientierung suchten und ihr angestammtes Betätigungsfeld verließen. Die Käufer machen eben doch, was sie wollen. Man muß sich aber die Frage stellen, warum sie treu zum Versandhandel stehen, obwohl mittlerweile selbst in kleinen Innenstädten eine Warenwelt mit verlockendem Ambiente geboten wird, in der sie sich tummeln könnten.

3 Die mutmaßliche künftige Entwicklung

Bei Diskussionen über die weitere Entwicklung der Einzelhandelsstruktur erhitzen sich die Gemüter meist am „Konflikt" zwischen „Grüner Wiese" und Innenstadt: Letztere müsse vor ersterer noch besser „geschützt" werden. Jüngste „Errungenschaften" auf diesem Gebiet wie der Vorschlag, in Zukunft die Einkaufszentren auf der „Grünen Wiese" wieder um 18.30 Uhr zu schließen und die Definition eines **„innenstadt-relevanten Warensortiments"** sollten jedoch nicht umgesetzt werden: Eine Rücknahme des Ladenschlußgesetzes würde die Verläßlichkeit des Standorts Deutschland weiter beschädigen und innenstadtrelevante Warensortimente passen eher in eine Zentralverwaltungswirtschaft, und sie müßten dann auch im Versandhandel und Internet verboten werden. So hat jüngst in einem Interview Frau Ministerin *Brusis* (NRW) stolz darauf hingewiesen, daß es ihr gelungen sei, mit Bezug auf die Zentrenrelevanz des Sortiments einen Babymarkt „wegzuboxen", „sehr zur Freude des innerstädtischen Handels und des um ihn besorgten Bürgermeisters". Von den jungen Familien, die ohnehin knapp bei Kasse sind und sich sicherlich auf eine preisgünstige Versorgung gefreut hatten, war keine Rede. Aber sie wissen sicher, daß die Versandhauskataloge über viele Seiten auch Kinderwagen, Strampelhosen und Schnuller günstig und in großer Auswahl anbieten.

Wenn man sich Gedanken über die künftige Entwicklung der Einzelhandelsstruktur macht, dann muß zunächst gefragt werden, wie sich das **Käuferverhalten** entwickeln wird. Die Einzelhandelsstruktur wird sich dann - wie bisher schon - auch weiterhin daran orientieren.

3.1 Der hybride Käufer als Leitbild für morgen

Bei der Produkt- und Einkaufsstättenwahl eines Käufers spielt zunehmend das genaue **Abwägen** zweier Aspekte eine wichtige Rolle (vgl. Abb. 1); (vgl. *Schmalen* 1994, 1996, 1998):

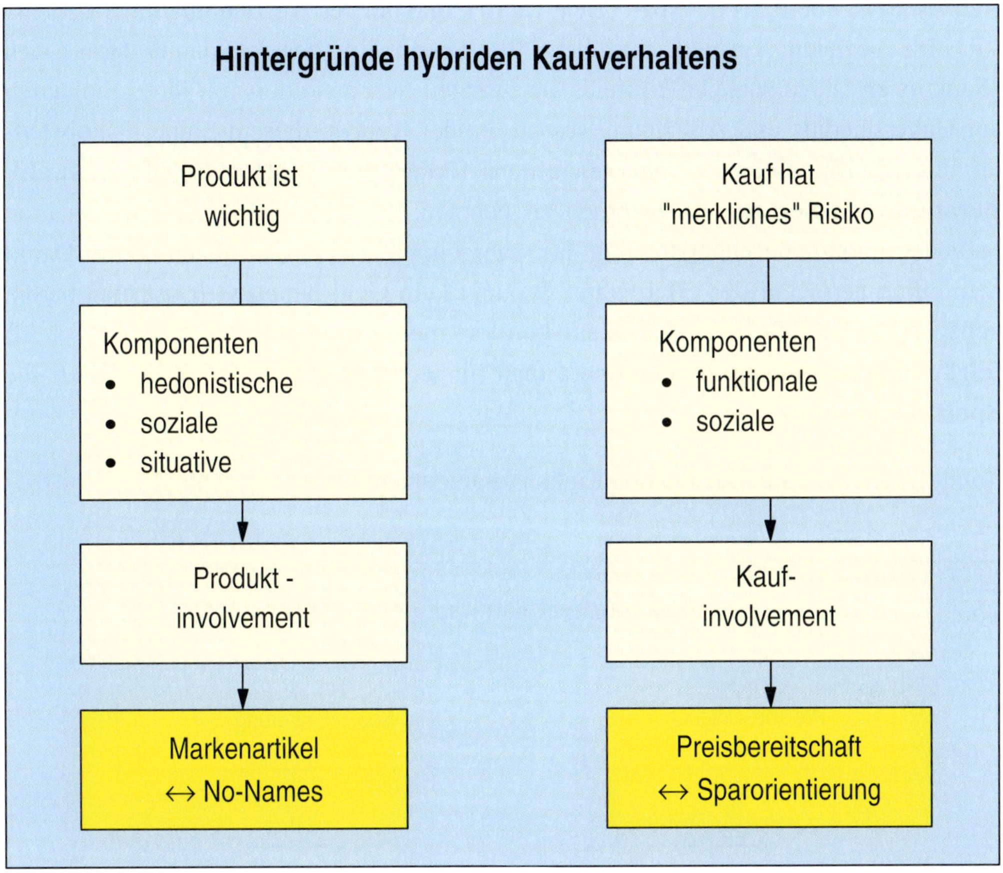

Abb. 1: Phänomen des hybriden Kaufverhaltens

Das in Aussicht genommene **Produkt** könnte für den Käufer wichtig sein, weil es einen hohen privaten Nutzen für ihn selbst hat (hedonistische Komponente), im Zusammenhang mit der Errichtung seiner Konsumfassade eine Rolle spielt (soziale Komponente) oder z.B. an eine ihm bedeutende Person verschenkt werden soll (situative Komponente). Ist ein Produkt in diesem Sinne wichtig, das „Produkt-

Involvement" also hoch, dann wird man **Markenartikel** bevorzugen, sich anderenfalls mit **No-Names** zufriedengeben.

Ferner könnte der **Kauf** selbst mit einem merklichen Risiko verbunden sein: Oft fehlen dem Käufer Übersicht und Erfahrung in dem ins Auge gefaßten Produktfeld; zusätzlich können ihm die Produkte in Konfiguration, Bedienung und/oder Wartung sehr kompliziert erscheinen (funktionale Komponente). Eine soziale Komponente im Kaufrisiko ist ebenfalls denkbar: Viele Käufer sind bei der Ausrichtung ihres Lebensstils im sozialen Umfeld unsicher. Ihr Kaufrisiko besteht dann darin, sich „Sanktionen" ihres sozialen Umfelds auszusetzen, wenn sie dort mit ihren Einkäufen auf Unverständnis und Ablehnung stoßen. Ist der Kauf in diesem Sinne risikobehaftet, das „Kaufinvolvement" also hoch, dann fördert dies die Bereitschaft, **Auswahl**, **Beratung** und **Service** in Anspruch zu nehmen, um über verbesserte Information und/oder emotionale Unterstützung das wahrgenommene Risiko abzumildern: Damit man durch den Kauf der „Hardware" Produkt kein Geld hinauswirft, ist man bereit, zunächst für die „Software" Einkaufskomfort mehr auszugeben. Kaufrisiko schafft folglich **Preisbereitschaft**; empfindet man hingegen kein Kaufrisiko, dominiert die **Sparorientierung**.

Somit lassen sich drei bedeutende Einkaufstrategien ableiten (vgl. Abb. 2):

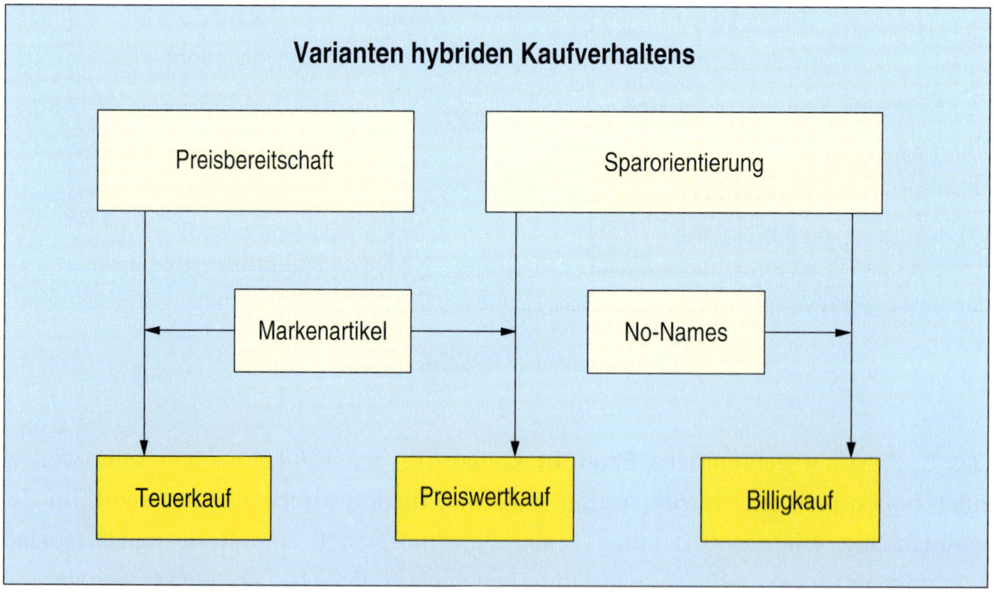

Abb. 2: Mögliche Einkaufstrategien

Ist ein Produkt für den Käufer wichtig und empfindet er außerdem ein merkliches Kaufrisiko, dann bevorzugt er bekannte Marken und sucht - preisbereit - nach Auswahl, Beratung und Service **(Teuer-Kauf)**. Erachtet er hingegen das Produkt zwar als wichtig, spürt aber kein Kaufrisiko, weil er genau weiß, was er will oder sein soziales Umfeld von ihm erwartet, dann wird er wiederum Markenprodukte bevorzugen, dabei aber auf einen günstigen Preis achten **(Preiswert-Kauf)**. Schließlich erscheinen dem Käufer manche Produkte zwar als notwendig, letztlich aber als unwichtig, weshalb er sich mit No-Names zufriedengibt. Empfindet er außerdem kein nennenswertes Kaufrisiko, dann wird er auch keinen Wert auf Einkaufskomfort legen und versuchen, möglichst billig einzukaufen **(Billig-Kauf)**.

Je nach Rahmenbedingungen kauft folglich ein und derselbe Kunde preisbereit (Teuer-Kauf) oder preisbewußt (Preiswert- bzw. Billigkauf), was man auch als **hybrides - zwitterhaftes -Verhalten** bezeichnen kann.

Allerdings kann oft das Kaufrisiko im **Vorfeld des Kaufs** - z.B. durch Testzeitschriften, Werbung und Freunde - gemindert werden. Denkbar ist auch, daß der Käufer im Zuge wiederholter Ersatzbeschaffungen bei einem Produkt (z.B. Brille) nach und nach eigene Erfahrungen sammelt und so das Absicherungsbedürfnis verliert. Sein Kaufverhalten könnte sich dann weg vom Teuerkauf und hin zur Sparorientierung entwickeln: Mit zunehmender „Produktsicherheit“ wächst die Sensibilität für den Preis und damit die Wahrscheinlichkeit für die Schnäppchenjagd.

Die Bezieher niedriger und hoher **Einkommen** unterscheiden sich „lediglich“ dadurch, daß derjenige, der mehr verdient, in einer prächtigeren Ausstattung lebt; diese teilt er aber ebenso in einen Teuer-, Preiswert- und Billig-Sektor. Bei zukünftig - hoffentlich - wieder steigenden Masseneinkommen werden deshalb auch die preisbewußt durchgeführten Käufe nicht aus der Mode kommen. Es wäre aber reizvoll zu beobachten, ob sich mit zunehmendem Einkommen einer Person die „Trennlinie“ zwischen den Sektoren verschiebt: Manche Produkte, die bisher unwichtig und/oder risikolos für sie waren, mag sie nun mit anderen Augen sehen (z.B. Schuhe).

3.2 Vertriebswege für den hybriden Käufer

Verbraucher- bzw. Fachmärkte und Versandhandel bedienen traditionell die **Billig-Käufe** (vgl. Abb. 3). Zunehmend finden sich dort aber auch hochwertige Markenartikel. So lesen sich die neuen Kataloge der Versender wie das Who is Who bekannter Marken und Stars: *Otto + Claudia Schiffer* werben z.B. für *Esprit*, *Calvin Klein*, *Passionata* und *Bruno Banani*. Kernzielgruppe sind Käufer, für die das Produkt wichtig ist, die aber kein Kaufrisiko empfinden: Sie wollen Luxuriöses möglichst **preiswert**. Der - äußerlich gesehen - verschwenderische Teil des hybriden Käufers kann folglich von einer starken Sparorientierung durchsetzt sein. Sicherlich bleiben der Versandhandel und die Verbraucher- bzw. Fachmärkte noch lange ein Eldorado für diese **„Schnäppchenjäger"**, die mittlerweile auch bei *Aldi* und *Lidl* fündig werden und die Hochleistungs-PCs hinausschleppen.

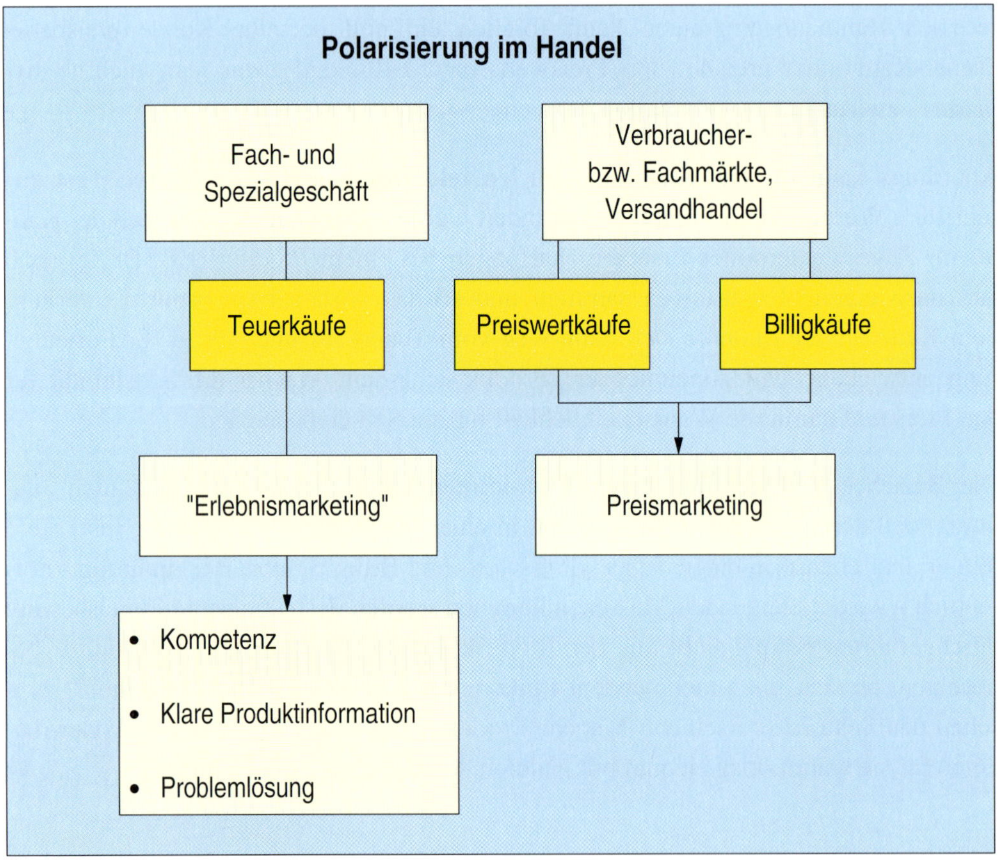

Abb. 3: Dem Kaufverhalten angepaßte Vertriebsstrukturen

Zielgruppe der Innenstadt-Fachgeschäfte sind die **Teuer-Käufe**: Man sucht Markenartikel, nun aber mit dem Wunsch nach Absicherung, dem man mit tiefer Auswahl und professioneller Beratung sowie einem umfangreichen und kompetenten Service entgegenkommen sollte.

Das Beispiel einer Frau, die in einem teuren Fachgeschäft das Kostüm und im Versandhandel die zugehörige Bluse kauft, soll die beschriebenen Zusammenhänge verdeutlichen: Das Kostüm ist für sie selbst oder als Baustein ihrer Konsumfassade wichtig, weshalb es eine bekannte Marke tragen sollte. Außerdem birgt der Kauf ein hohes - z.B. soziales - Risiko, da sie befürchtet, mit Schnitt, Stoff und/oder Farbe im Bekanntenkreis belächelt zu werden. Sie sucht deshalb ein Fachgeschäft auf, in dem sie sich Auswahl und Beratung erhofft und hierfür auch gerne bereit ist, zu zahlen. Die Ergänzung des Kostüms durch eine dazu passende Bluse ist hingegen kein Problem für sie, weshalb hier die Sparorientierung dominiert: Entweder wird die Bluse als No-Name möglichst billig erworben oder als Markenbluse möglichst preiswert, wobei ihr der Versandhandel beides bietet.

Der hybride Käufer ist somit hybrid, weil er **vernünftig** ist: Er kauft teuer, preiswert oder billig, je nachdem, wie sich ihm die **jeweilige Situation** darstellt. Niemand ist deshalb auch ausschließlich Schnäppchenjäger, wie uns manche plakativen Konsumententypologien („Smart Shopper") glauben machen wollen. Die Schnäppchenjagd ist nur eine - wenn auch wichtige - Facette des „individualisierten" Käufers.

3.3 Der hybride Käufer und das Factory-Outlet-Center

Fabrik-Verkaufszentren (Factory-Outlet-Center) - seit zwanzig Jahren ein Renner in den USA mit gegenwärtig 543 Markenartikelherstellern, wie z.B. *Levi's*, *Reebok*, *Samsonite* und *Swatch* - werden auch in Deutschland Fuß fassen. Den bislang bewilligten Standorten werden bald weitere folgen, sind sie doch geradezu ideal auf die **Preiswert-Käufe**, insbesondere von Oberbekleidung, Sport- und Kinderbekleidung sowie von Schuhen, Taschen und Lederwaren zugeschnitten: Unter Gewährung hoher Preisabschläge (30 bis 50%), jedoch - fast - ohne Personal, vermarkten hier die Markenartikelhersteller ihre Erzeugnisse selbst, was den - durch Produktinformation oder Produkterfahrung - gewitzten hybriden Käufern genau die Kombination aus Markenqualität und günstigem Preis bietet, die sie suchen. Als Indiz hierfür können die bereits existierenden 1 500 - fein säuberlich in „Schnäppchenführern" verzeichneten - Fabrikverkaufseinrichtungen allein in Deutschland herangezogen werden; so fährt z.B. *Hugo Boss* in Metzingen 50 bis 60 Mio. DM Umsatz ein; neuerdings kann man dort auch *Bally*-Schuhe und *Escada*-Kleider kaufen. Allerdings steht und fällt die Multiplizierung dieses Systems mit der Bereitschaft der Markenartikelhersteller, ihre Ware im großen Stil unter „Umgehung" des Facheinzelhandels (wie dieser beleidigt bemerkt) zu vermarkten. Das wirksamste Druckmittel, sich vom klassischen Einzelhandel zu emanzipieren, dürften die weiter wachsenden **Überkapazitäten in der Produktion** sein.

Ähnlich wie beim Aufkommen der Verbrauchermärkte wollen die Bedenkenträger aus Politik und Verbänden auch diese „Verkaufsmaschinen" mit dem Instrumentarium der **Landes- und Bauleitplanung** sowie dem Zwang zur **Rückzahlung von Städtebauförderungsmitteln** stoppen und begründen dies mit „übergeordneten Gründen": dem Vorrang der Innenstadt, dem Erhalt von Arbeits- und Ausbildungsplätzen sowie der Vermeidung einer weiteren Versiegelung der Böden und Zersiedelung der Landschaft. Die Vorteile für die Verbraucher werden zu „enormen Kaufkraftabflüssen" vertuscht und mit Untergangsvisionen schlecht geredet: Sie verlören ihre Nahversorgung, und wenn die Großen erst die Kleinen gefressen hätten, würden die Preise schon kräftig steigen; für *Hubertus Tessar* (*HDE*) stehen sogar „unsere zweitausend Jahre alten Handelsstrukturen" auf dem Spiel, und Bundesbauminister *Oswald* meint, diese Einkaufsform entspreche nicht „unserer deutschen Einkaufskultur".

Alle diese Argumente sind letztlich nicht haltbar: Der technische und wirtschaftliche Fortschritt sowie der „Wertewandel" lassen sich nicht mit dem Argument **sektoraler Arbeitsplatzverluste** ausbremsen (wie es derzeit im bewährten Ritual auch die Betreiber von Duty-Free und Butterfahrten versuchen). Außerdem **zersiedelt** die Ansiedlung auf ehemaligen Militärstandorten, Industriebrachen, Post- und Bahngeländen sowie - vielleicht - an Autobahnraststätten nicht, und die **Versiegelung** der allerorten angepriesenen Gewerbeflächen müßte doch wohl erwünscht sein. Die „unnötigen **Verkehrslawinen**" sollte man gegen die dann weniger verstopften Innenstädte gegenrechnen.

Überdies belegen zahlreiche Untersuchungen, daß die **Nahversorgung** - auch für nichtmotorisierte Bürger - keinen hohen Stellenwert hat, wenn sie diese gegen eine günstigere Versorgung eintauschen können; die Qualität einer Versorgung kann man eben nicht durch Ladenzählen ermitteln, sondern nur über die Versorgungszufriedenheit der Betroffenen. Diese steigt aber i.d.R., wenn im Dorf der letzte Tante-Emma-Laden schließt, dafür aber im Umland z.B. *Aldi* eröffnet (vgl. z.B. *Dichtl/Bauer/Fink*, 1978; *Dichtl*, 1979, S. 17 ff.; *Dichtl*, 1988, S. 133 ff.). Das Leitbild der Nahversorgung hat seine Attraktivität angesichts hoher Mobilität, zahlreicher Innovationen im Handel und des Wunsches nach günstiger Versorgung verloren. Dies bestätigt auch die Bundesregierung (1998): Ältere Verbraucher im ländlichen Raum beurteilen ihre Einkaufsmöglichkeiten sogar besser als der Durchschnitt, wobei auch zusätzliche Versorgungsmöglichkeiten wie moderne Vertriebsformen, Eigenerzeugung, Verkaufswagen, Tiefkühlheimdienste, landwirtschaftliche Direktvermarkter und ländliche Nachbarschaftshilfe berücksichtigt werden. Zudem ist fraglich, ob die Innenstadt - angesichts einer Sub-Urbanisierung der Wohnfunktion - überhaupt noch eine herausragende Nahversorgungsfunktion einnimmt: Man wohnt im „Speckgürtel" und kauft im Grünen, die neue Form der Nahversorgung. Insgesamt ist das Schlagwort von der „Gefährdung der Nahversorgung" lediglich ein K.o.-Argument zum Schutz bestehender Handelsstrukturen vor Innovationen.

Auch die Drohung mit einer **monopolisierten Zukunft** trifft nicht, da die Markteintrittsbarrieren im Handel niedrig sind, wie das Auftauchen z.B. von *Marks & Spencer*, *Hennes und Mauritz*, *Palmers* in Deutschland, *Rewe* in Österreich und *Meinl* in Ungarn eindrucksvoll belegen. Ein klares Indiz ist auch, daß *Tchibo/Eduscho*, *Tengelmann*, *Rewe*, *Schlecker*, *Aldi* usw. 1997 insgesamt 8,5 Mrd. DM Umsatz in Textilien machten und damit in Deutschland einen Marktanteil von knapp 8% erreichten, ohne überhaupt als Textil-Einzelhändler geführt zu werden. Und selbst im engen Oligopol könnte es einen heftigen Wettbewerb geben.

Gerne verwiesen wird auch auf die **Überkapazitäten im Handel** (z.B. bei Herrenbekleidungs-Verkaufsflächen 30 bis 40%): Jeder weitere Anbieter sei deshalb überflüssig, neue Verkaufsflächen schafften nicht mehr Kaufkraft, sondern schwächten nur das gesamte Versorgungsnetz. Dieses „Omnibusprinzip" („Nach mir die Tür zu") übersieht freilich, daß es nur bei Überkapazitäten (gemessen an der Kaufkraft) Wettbewerb geben kann. Es ist dann Aufgabe der Verbraucher zu entscheiden, welche Einzelhandelsformen untergehen und welche sich behaupten. **Kaufkraftanalysen**, die ohnehin einer äußerst zweifelhaften Datenbasis entspringen, sind folglich als Grundlage der Ansiedlungspolitik von vornherein der falsche Ansatz in einer Marktwirtschaft. Es wundert deshalb nicht, daß derartige „Bedarfsprüfungen" vor allem von den Einzelhandels-Verbänden propagiert werden: Zur Besitzstandswahrung der Etablierten, die - selbstverständlich - den Bedarf (wie auch immer) decken.

Schließlich ist der Vorrang der Innenstadt so auch nicht zu sichern: Den Fabrikverkauf kann man über das **Internet** organisieren, wo *Sony* in den USA sein gesamtes Sortiment bei hohem Preisnachlaß anbietet. Der größte Buchladen der Welt mit 2,5 Mio. Titeln, 148 Mio. US$ Umsatz und Kunden aus 160 Ländern, denen bis 40%

Rabatt gewährt wird, heißt *www.amazon.com*, und vor Weihnachten gab es den ersten elektronischen Weihnachtsmarkt - allerdings ohne Glühwein. Selbst PC-freien Zeitgenossen kann geholfen werden, wenn - wie von *Aral* und *BP* beabsichtigt - **Computerbildschirme in den Tankstellen** installiert werden. Und für eingefleischte Computer-Muffel erprobt gerade *Bally* den **Factory-Outlet-Zug** mit fünf Waggons, der - werblich angekündigt - tageweise am Bahnsteig wartet: Die Kundschaft kann sich dort mit den berühmten Markenschuhen zu Preisen von durchschnittlich 100 DM eindecken. Und nicht zu vergessen: Ein nach wie vor attraktiver **Versandhandel,** der ebenfalls zu neuen Ufern aufbricht, wie die Fusion von *Quelle* und *Karstadt* (und damit *Neckermann*) belegt. Der Internet-Auftritt von *Karstadt* (www.myworld.de) wird nun von einem äußerst leistungsfähigen Großversender flankiert.

Hinter dem politischen Gestaltungsanspruch steht der untaugliche Versuch, die Kunden auf absehbare Zeit in den Dienst des Handels zu stellen und ihnen bestimmte (Innenstadt-) Ladentypen vorzuschreiben. In nicht mehr zu überbietender Klarheit hat das ein LBE-Experte zum Ausdruck gebracht: „Es geht nicht darum, Mauern um eine Stadt zu ziehen. Es geht darum, das richtige Sortiment in der richtigen Größe am richtigen Standort anzusiedeln“. Was „richtig“ ist, weiß natürlich der Einzelhandelsverband am besten: „Der deutsche Markt braucht keine Factory-Outlet-Center“ (*Klaus J. Stange*, Präsident des Einzelhandelsverbands Baden-Württemberg). So machen sich dann die Spieler zu Schiedsrichtern und Politiker stützen bereitwillig diese Anmaßung, indem sie mit wohlklingenden Leerformeln beispringen, wie z.B. die Münchener Stadtbaurätin *Christiane Thalgott* („Es geht ... um eine Strategie der positiven Angebotsplanung und -steuerung.“) oder versuchen ein Abwehrkartell zwischen Bayern, Österreich und Norditalien zu schmieden zur „Schaffung einer politischen Balance“. Doch auch hier wird man feststellen, daß die Schar der Beharrer zwar denkt, der hybride Käufer aber lenkt, wie z.B. in Mühldorf/Bayern, wo ein Bürgerentscheid ein 15 000 qm Einzelhandelsgroßprojekt auf der „Grünen Wiese“ durchgesetzt hat.

3.4 Zielgruppenorientierung statt Dirigismus im innerstädtischen Einzelhandel

Die Position des Facheinzelhandels erscheint nicht zuletzt deshalb gefährdet, weil seine **Kernzielgruppe** nicht genügend Beachtung findet: Viele Käufer empfinden nämlich deshalb ein Kaufrisiko, weil sie als **Doppelverdiener** oder **Alleinlebende** in **an-**

spruchsvollen Berufen arbeiten. Ihnen fehlt die Zeit zu einer gründlichen Vorabinformation, und sie suchen deshalb beim Facheinzelhändler - preisbereit - nach kompetenter Beratung. Treffen sie dort aber nur auf eine **„Servicewüste“** mit knapp bemessenen Öffnungszeiten, dann wandern sie gleich in Verbrauchermärkte und Versandhandel ab. Zu klären wäre auch, was sie während ihres Urlaubs streßfrei im Ausland kaufen: Die vielen Milliarden gehen sicher nicht nur in Pizzaküche und Eisdiele.

So herrschte z.B. an Silvester 1997 nachmittags in den Geschäften der Münchener Innenstadt ein dichtes Gedränge, weshalb sich *C & A* entschloß, um 16 Uhr die Kundschaft („junge Familien“) nicht hinauszukomplimentieren, sondern bis 18 Uhr offenzuhalten. Allerdings hatte man die Rechnung ohne den Wirt gemacht: Um 17.30 Uhr veranlaßte die Polizei die Schließung und erstattete Anzeige.

Das Argument, die erweiterte Ladenöffnung habe nichts bewirkt, stimmt nicht: Das *Institut für Demoskopie Allensbach* berichtet, daß gut ein Viertel der Bevölkerung sein Verhalten umgestellt habe. „Es gibt kaum ein Feld, auf dem innerhalb eines Jahres so viele Menschen ihre Gewohnheiten ändern“. Und das, obwohl viele Einzelhändler die Abendöffnung nur vorübergehend und widerwillig mitgemacht oder von vornherein boykottiert haben („Wollen Sie mir meinen Fernsehabend vermiesen?“).

Unter dem Schutz der „Käseglocke“ aus Politik und Verbänden wollen die Einzelhändler an den Ladenschluß(!)-Zeiten ebensowenig ändern wie die Hausbesitzer an den satten Mieten, die ja nicht die Händler, sondern die Kunden aufbringen (sollen). Dieses „Arrangement“ wird freilich zunehmend unterlaufen durch neue Vertriebsformen, die auf „leisen Sohlen“ in die Städte vordringen: Tankstellen-, Bahnhof- und Flughafenshopping, Verkauf von Fanartikeln bei Sportvereinen und Beauty-Artikeln in Fitness-Centern. Als „innenstadtschädlich“ kritisiert werden auch die **Franchise-Systeme**: „Filialen und Fast Food“ führten zur Uniformität der Zentren. Das mag sein, aber: viele - insbesondere jüngere - Käufer suchen keine alteingesessenen Lokalmatadore, sondern *Benetton, Douglas* & Co. Deren Ausgrenzung wäre ein Ausschluß der Innovativsten (so ähnlich: *Tietz* 1993, S. 740) und eine Verarmung des Angebots.

Servicewüste heißt aber auch, daß manche Städte versuchen, durch Behinderung des Individualverkehrs die Käufer in den öffentlichen Personennahverkehr zu zwingen (was meist die Nachbargemeinden freut) oder die Kreativität der Händler durch Stellplatzablöse, Abstandsflächen, Denkmalpflege, Naturschutz und anderes lahmzulegen. Zu ehrgeizige Pläne unter dem Motto **„Autofreie Innenstadt“** wurden übrigens auch schon von den Käufern abgestraft, wie die Beispiele Aachen und Kassel zeigen. Und auch ein Hinweis auf die **Neuen Bundesländer** sei erlaubt: Der Erfolg der „Grünen Wiese" erklärt sich dort - neben einer fragwürdigen Subventionspolitik - zusätzlich aus den lange Zeit ungeklärten und deswegen lähmenden Denkmalschutz- und Eigentumsverhältnissen in den Innenstädten sowie ihrer maroden Bausubstanz und der schlechten Verkehrsanbindung. Wie sollte man hier mit völlig unterversorgten Menschen, die schnell West-Ware wollten, ins Geschäft kommen?

Hinzu kommt, daß der hybride Konsumprofi genau prüft, für welche seiner Einkäufe er Auswahl, Beratung und Service und damit den innerstädtischen Facheinzelhandel braucht. Die verbreitete Vorstellung, Konsumenten würden während ihres Einkaufs nach Erlebnissen suchen und die Einkaufsaktivität entwickle sich zunehmend zur Freizeitbeschäftigung, scheint vor dem Hintergrund der obigen Überlegungen nicht haltbar. Mancher Flâneur aus den Passagen und Galerien findet sich zum Einkauf am Stadtrand wieder, und die scharf kalkulierenden Asketen suchen zu den Schlußverkäufen die Innenstadt auf. Eine Wandlung des Facheinzelhandels zur **„Erlebnisbühne"** sollte nur insofern propagiert werden, als mit Erlebnissen fachkundige Beratung, tiefes Sortiment und hervorragender Service gemeint sind. Anstelle von „Glanz und Glamour" sollte der Facheinzelhandel für seine Ladengestaltung eine **klare Linie** präferieren, die dem Käufer eine rasche Orientierung bietet. Ein Münchener Warenhaus war zur Präsentation der Frühjahrsmode in ein Meer - echter - Orchideen getaucht worden; eine Befragung ergab dann aber, daß ein Großteil der Besucher davon nichts bemerkt hatte. Der Kunde sucht keine Extravaganz oder buntschillernde Erlebniswelten, sondern Kompetenz und eindeutige Produktinformation. Aus- und Weiterbildung der Mitarbeiter sind deshalb für den Facheinzelhandel wichtiger denn je, insbesondere dann, wenn er sich noch klarer gegen die Fabrik-Verkaufszentren wird profilieren müssen. Deutlich demonstrierte Kundennähe im Sinne einer Erleichterung der Entscheidungsfindung und Kaufabwicklung stellt insbesondere für Konsumenten mit knappem Zeitbudget ein wertvolles Kriterium für die Einkaufsstättenwahl dar. Allein über eine klare Profilierung als entscheidungsunterstützender **„Problemlöser"**, die mit höheren Preisen einhergehen kann, ist dem Facheinzelhandel ein langfristiger Markterfolg sicher. Dies gilt auch für die Warenhäuser: Sie sollten sich ebenfalls auf die absicherungsbedürftigen Teuer-Käufe konzentrieren - was *Kaufhof* mit dem Galeria-Konzept offenbar erfolgreich versucht (vgl. hierzu auch *Barth* 1996, S. 90ff.).

Der gelegentlich angeführte Einwand, man ließe sich zwar gerne in den Fachgeschäften beraten, kaufe dann aber woanders („Prüfe hier, prüfe da, kaufe dann bei *C &*

A"), ist berechtigt. Wer freilich unter Zeitdruck steht - wie die Kernzielgruppe des innerstädtischen Einzelhandels - ist hierfür weniger anfällig. Zudem sollte man nicht über **„Beratungsklau"** lamentieren, sondern **„Kundenbindung"** schaffen. In diesem Zusammenhang könnte sich ein Factory-Outlet-Center sogar als hilfreich für den innerstädtischen Facheinzelhandel erweisen: Nur letzterer hat die aktuelle Kollektion in allen Größen und Farben, die Ordergrößen könnten wieder steigen, eventuell ließen sich sogar mehrere Kollektionen pro Saison - immer hautnah an den aktuellen Trends - lancieren. Überhänge, Retouren, Auslaufmodelle könnten leicht in den Factory-Outlet-Centern aufgefangen und - ohne die heute üblichen, zeitlich befristeten **Saisonschlußverkäufe** - vermarktet werden. Diese sind letztlich auch imageschädigend: „Die starken Preisnachlässe sind vor allem bei Qualitätsware gut angekommen ... Die Preise werden bei Bedarf nochmals drastisch herabgesetzt" (Firmensprecher *KaDeWe* im Winterschlußverkauf 1998). Wen wundert es da, daß unter dem Christbaum immer häufiger Gutscheine liegen und einen „Konsumstau" erzeugen, der sich dann im WSV entlädt. An einer sauberen Trennung der Sortimente wären sicherlich auch die Hersteller interessiert, da sie ihr klassisches Vertriebsnetz nicht gefährden wollen. Im übrigen sind die Saison-Schlußverkäufe - wegen der vorgezogenen Sonderangebote - häufig eine Farce und - in dieser Form - gefährlich: Der Versuch, mit Discountern zu konkurrieren bringt nicht einmal die Miete (*Institut für Handelsforschung*, Köln).

4 Fazit: Perspektiven für das Stadtzentrum

Insgesamt zeigt sich, daß die Struktur im Handel und deren Veränderung wesentlich von den Käufern getragen wird: Nicht die Anbieter erziehen die Nachfrager, sondern die Nachfrager die Anbieter. Der durch den Wettbewerb um die Kunden gesteuerte - von der Politik aber oft behinderte - Wandel im Handel kann freilich zu einer Entwicklung führen, die den innerstädtischen Einzelhandel belastet. Wenn er aber seine Chancen beim hybriden Käufer erkennt und mit neuen Ideen nutzt, wird er auf Dauer einen wichtigen Beitrag zur (auch Nah-) Versorgung und zu einer erlebnisreichen Innenstadt leisten können.

Eine vitale Innenstadt benötigt **Multifunktionalität**: Wohnen, Arbeit, Kultur, Bildung, Freizeit, Gastronomie, Gewerbe und - natürlich - Handel. Sinkende Mieten - wie in Oberhausen nach der Centro-Eröffnung (1a-Lagen: bis zu 50% in drei Jahren) - schaffen hier auch Gestaltungsspielräume: Sie ermöglichten z.B. die Rückkehr eines individualisierten - meist weniger profitablen - Angebots und „erleichterten" den Geschäftshausbesitzern den „Übergang" zu Wohnhausbesitzern. Beispielhaft hierfür ist das Londoner *Shell*-Center, ein Bürogebäude mit Blick auf Themse und Parlament, das in „Eigentumswohnungen in Citylage" umgewandelt wurde.

Eine Stadt mit weniger Handel verliert nicht ihre Urbanität, eine Stadtkultur ist mehr als eine Boutiquenkultur, Geschäfte können auch wieder zu Wohnungen werden.

Anmerkung: Neben den im Literaturverzeichnis genannten Quellen stützt sich der Artikel auf Geschäftsberichte und Presseveröffentlichungen führender deutscher Zeitungen und Wirtschaftszeitschriften.

Teil 5
Zentrale Gestaltungsbereiche

5.1 Handelspolitik

Moderne Verbandspolitik für den Einzelhandel

Hermann Franzen

In allen demokratischen Staaten der Welt spielen Verbände für die jeweiligen Gemeinwesen eine wichtige Rolle. Verbände vertreten ihre Mitglieder, seien es natürliche oder juristische Personen, und versuchen, deren Interessen im Wettbewerb mit den übrigen Verbänden so weit wie möglich durchzusetzen. Durch dieses gleichgerichtete, vielfältige Streben vieler Verbände entsteht im politisch-gesellschaftlichen System des Pluralismus aus dem Wettbewerb der partikularen, von Gruppen und Verbänden getragenen Interessen das, was man letztendlich das **Gemeinwohl** nennt. Wobei, auf den Wettbewerb der Partikular- oder Verbandsinteressen abgestellt, der Staat eine wichtige Rolle spielt. Er, d.h. Regierung und Parlament, die politische Klasse also, schöpft aus der Vielfalt dieser zum Teil divergierenden oder sich sogar konträr gegenüberstehenden Interessen und definiert daraus das Gemeinwohl, das er gegebenenfalls mit seinem Gewaltmonopol durchsetzen kann.

1 Funktionen von Verbänden

Die Bedeutung der Verbände ist in einem parlamentarisch-demokratischen System mittlerweile kaum noch umstritten oder gar bestritten. Auch für den Staat und die politische Klasse sind sie zwischenzeitlich unverzichtbar geworden.

Verbände bündeln die Interessen der Mitglieder und sind ihr **Sprachrohr**. Der Interessenbündelung bzw. der Findung eines gemeinsamen Standpunktes geht ein - je nach Größe und Organisationsstruktur - zumeist komplexer und oft genug schwieriger innerverbandlicher Diskussionsprozeß voraus. Dort werden Extrempositionen herausgefiltert, weil sie in aller Regel nicht konsensfähig sind. Die in der Politik und der Öffentlichkeit artikulierte Verbandsmeinung ist daher ein ausgewogener und tragfähiger Kompromiß. Dadurch wird die Politik erst gar nicht mit Außenseiterforderungen konfrontiert, sondern kann sich im politischen Entscheidungsprozeß direkt mit einer machbaren und von den meisten Betroffenen akzeptierten Lösung auseinandersetzen.

Verbände stehen den politischen Entscheidungsträgern mit ihrer Sach- und Fachkompetenz zur Verfügung. Es ist heute für einen Parlamentarier oder auch einen Ministerialbeamten unmöglich, alle Details und alle Facetten der vielfältigen anstehenden Sachentscheidungen zu kennen oder zu beurteilen. Die Verbände leisten wertvolle Aufklärungs- und Beratungsarbeit und stehen als wichtige Informationsquelle zur Verfügung. Sie sind für die Politik ein bedeutendes Instrument der Rückkoppelung und Absicherung der Entscheidungen. Verbände sind die Moderatoren zwischen der Politik und ihren Mitgliedern. Da sie die Auffassungen und Einstellungen beider Seiten kennen, sind sie in der Lage, die notwendigen Diskussionsprozesse zu initiieren, zwischen divergierenden Auffassungen zu vermitteln, um Verständnis für die jeweils andere Seite zu werben und die Suche nach tragfähigen Kompromissen zu erleichtern. Sie verbessern auf diese Weise die Kommunikation und die Verständigung.

Verbände übernehmen darüber hinaus **ordnende Funktionen**, sei es als Selbsthilfeorganisation oder im Auftrage des Staates als Träger öffentlicher Belange. Sie entlasten den Staat und machen den Aufbau von weiteren Bürokratien überflüssig. Sie sind damit Garant für konsequente Deregulierung und einen relativ schlanken Staat.

Diese Darstellung der verbandlichen Funktionen erhebt keinen Anspruch auf Vollständigkeit. Sie verdeutlicht jedoch sehr anschaulich, daß eine lebendige Verbandslandschaft ein Indiz für gelebte Demokratie ist.

2 Vielfalt des Verbandswesens in Deutschland

Die grundsätzliche Funktion der Verbände für das Gemeinwesen, für Regierung und Parlament stand nie im Mittelpunkt kritischer Betrachtungen. Heftig diskutiert wurde und wird aber die befürchtete, nicht gemeinwohlgeprägte Beeinflussung der Politik und die dadurch ausgelöste partikularistische Zerreißprobe. Das Spektrum reicht von *Theodor Eschenburg*, der 1957 bereits das Gespenst der „Herrschaft der Verbände" an die Wand malte, über seine Epigonen, die die Politik und die politischen Entscheidungsprozesse eindeutig von Verbänden und Verbandsinteressen dominiert sahen, bis hin zu den Untergangspropheten, die den Verbänden angesichts eines nicht zu leugnenden Mitgliederschwundes und offener Konflikte zwischen Mitgliedern, die - wie bei einigen Unternehmerverbänden - durchaus größenbedingt waren, das Versinken in der Bedeutungslosigkeit oder das Auseinanderbrechen vorhersagten.

Die erste These ist durch die gelebte politische Realität der letzten 40 Jahre widerlegt worden, auf die zweite wird noch näher einzugehen sein.

Was bisher grundsätzlich für „die Verbände" dargestellt wurde, muß angesichts der deutschen Verbände-Landschaft im Einzelfall sehr differenziert betrachtet werden. Sie stellt sich dem Betrachter als außerordentlich vielschichtig und breit gefächert dar. Im vereinigten Deutschland beträgt die Zahl der eingetragenen Vereine rund 200 000. Addiert man die nicht rechtsfähigen Vereinigungen hinzu, kommt man auf die kaum vorstellbare Zahl von sogar 240 000 Vereinen. Darin sind 2 000 Bundesverbände und 6 000 berufsständische Organisationen auf den verschiedenen Ebenen enthalten. Seit dem Jahr 1973 existiert beim *Deutschen Bundestag* eine Liste, in der die Verbände und ihre Vertreter registriert sind, die offiziell zu bestimmten Sachfragen angehört werden. Die erste Liste umfaßte noch 635 Verbände und Vereinigungen, heute sind es über 1 600.

Die **Verbände-Landschaft** in Deutschland läßt sich wie folgt **strukturieren**:

(1) Vereinigungen innerhalb des Wirtschafts- und Arbeitssystems

- Wirtschaftsverbände/Unternehmerverbände
- Arbeitgeberverbände
- Kammern
- Arbeitnehmervereinigungen/Gewerkschaften

- Berufsverbände
- Verbraucherverbände

(2) Vereinigungen im sozialen Bereich:

- Wohlfahrtsverbände
- Kriegsopfer- und Zivilgeschädigtenverbände
- Vertriebenenverbände

(3) Vereinigungen im Freizeitbereich

- Sportverbände
- Freizeitverbände/-vereine

(4) Vereinigungen im Bereich Kultur, Religion, Politik und Wissenschaft

(5) Vereinigungen von Gebietskörperschaften und anderer Körperschaften des öffentlichen Rechts

3 Hauptverband des Deutschen Einzelhandels

Der *Hauptverband des Deutschen Einzelhandels (HDE)*, der im folgenden näher betrachtet werden soll, ist als Spitzenorganisation des deutschen Einzelhandels der erstgenannten Gruppe und dort den Wirtschaftsverbänden/Unternehmerverbänden zuzuordnen. Im Gegensatz zu den meisten Wirtschaftsverbänden gilt hier die Besonderheit, daß er auch gleichzeitig Arbeitgeberverband ist.

3.1 Historische Entwicklung

Der *HDE* kann auf eine bewegte und wechselvolle fast **achtzigjährige eigene Geschichte** zurückblicken. Erste Ansätze zur Interessenvertretung im deutschen Einzelhandel greifen noch weiter zurück:

Während vom Mittelalter bis zum Beginn des 19. Jahrhunderts die wirtschaftliche Betätigung der Einzelhandelskaufleute in festgefügten, durch Zünfte und Innungen, Gilden und Konventionen abgesteckten Märkten stattfand, die oft den Wettbewerb verhinderten und nur die eine Sorge, daß jeder Kaufmann „das Seine" erhielt und behielt, umtrieb, brachten die *Stein*'schen Reformen die ersten merklichen Änderungen.

Mit ihnen und der damit verbundenen Einführung der Gewerbefreiheit schuf der Staat auch die Voraussetzungen für wirtschaftliche Vereinigungen. Der Begriff der Koalitionsfreiheit, den unser heutiges Grundgesetz aufnahm, war eine entscheidende Neuerung. Sich freiwillig auch in wirtschaftlichen Vereinigungen zusammenschließen zu können entsprach zwar der durch die Einführung der Gewerbefreiheit entstandenen neuen Situation, war aber für die Kaufleute etwas Revolutionierendes.

Der Aufbau der Verbände des Einzelhandels ging Mitte des letzten Jahrhunderts von einzelnen Branchen und Orten aus. Ihre Zahl wuchs von Jahr zu Jahr ständig. Fast an jedem Ort gab es Verbände von Einzelhandelskaufleuten mit unterschiedlicher Zusammensetzung und Ausrichtung und mit verschiedenen Namen. Häufig ging es um Aufgaben und Ziele, die auch heute in unserer Organisation aktuell sind. Als Beispiel sei auf die damals in großer Zahl sich gründenden „Vereine gegen Unwesen in Handel und Gewerbe" verwiesen.

Schon bald entstand der Gedanke, diese Zersplitterung in zahllose kleine, meist örtliche, aber auch branchenorientierte Vereinigungen zu überwinden und alle Verbände in einem **Spitzenverband** zusammenzufassen. Nach vielen erfolglosen Versuchen wurde 1888 der *Zentralverband Kaufmännischer Verbände und Vereine Deutschlands* gegründet. Ihm traten sehr schnell die Hannoverschen, Sächsischen, Oberschlesischen und Thüringischen Detaillistenverbände bei. Dieser Zentralverband war trotz der Namensgebung nur auf diese einzelnen Regionen beschränkt. Nach wiederholten Namensänderungen entstand dann 1907 der *Deutsche Zentralverband für Handel und Gewerbe*, dem nunmehr auch Vereinigungen aus Bayern, Baden, Rheinland und Westfalen beitraten. Auch er stellte aber immer noch keinen Zusammenschluß aller Einzelhandelsverbände dar. Neben ihm bestand nämlich noch die *Zentralvereinigung Deutscher Vereine für Handel und Gewerbe*, die wiederum 313 Einzelhandelsverbände aus anderen Regionen umfaßte.

Wissen muß man, daß jede dieser Vereinigungen sich auch als **Kampforganisation gegen die Warenhäuser** und Konsumvereine verstand. Sie forderten eine „Erhöhung der Umsatzsteuer für Warenhäuser und Konsumvereine" und die Ausdehnung dieser Steuer auf die „großkapitalistischen Filialgeschäfte im Detailhandel" oder die „Abwehr der den selbständigen Mittelstand in Handel und Gewerbe gefährdenden, mißbräuchlichen Ausdehnung der großkapitalistischen Betriebsform ...".

Der Versuch, eine reichseinheitliche Interessenvertretung des Einzelhandels aufzubauen, schlug dann aber fehl. Landsmannschaftlicher Individualismus, wirtschaftspolitische Kurzsichtigkeit und die Beschäftigung mit eigenen Problemen führten zur Zersplitterung und zu Kämpfen der Verbände untereinander.

Bei dieser rein regional ausgerichteten und egoistisch-partikularistischen Zielsetzung war es folgerichtig, daß sich am 25. Februar 1903 in Berlin die Waren- und Kaufhäuser zu einem *Verband Deutscher Waren- und Kaufhäuser e.V.* zusammenschlossen. Erster Vorsitzender wurde *Oscar Tietz*. In erster Linie befaßte sich dieser Verband mit den Forderungen der mittelständischen Organisationen, zum Beispiel mit der Warenhaus- oder der Filialsteuer, aber man nahm sich auch schon frühzeitig sozialpolitischer Probleme an.

Die schwierige wirtschaftliche Lage während des 1. Weltkriegs und die Zeiten der geradezu dramatischen Warenknappheit führten dazu, daß die Verbände des Einzelhandels einen neuen Versuch des Aufbaus einer gemeinsamen Interessenvertretung unternahmen. Parallel zur Einführung einer demokratischen Staatsordnung und verbunden mit neuen politischen Gegebenheiten wurde am 13. März 1919 die *Hauptgemeinschaft des Deutschen Einzelhandels* gegründet. Ihr erster Vorsitzender war *Heinrich Grünfeld*. In der *HDE* waren damals 41 große Einzelhandelsverbände, darunter auch der Verband der Waren- und Kaufhäuser, vereinigt. Nach langer Vorbereitungszeit trat die *HDE* vom 3. bis 6. August 1926 in Düsseldorf in einer großen Kundgebung vor die Öffentlichkeit. Es ist interessant nachzulesen, wie *Heinrich Grünfeld* auf der damaligen Tagung die Aufgaben der *HDE* umschrieb: „Die Tätigkeit der Hauptgemeinschaft umfaßt ... die Wahrnehmung derjenigen gemeinsamen Interessen, die über das besondere Gebiet der angeschlossenen Verbände hinausgehen und bezüglich derer die gemeinsame Vertretung für zweckmäßig erachtet wird." Schon 1926 waren über die damaligen Gründungsmitglieder hinaus noch weit mehr als 30 Verbände als Reichsfachverbände oder Landesverbände der Hauptgemeinschaft beigetreten.

Bemerkenswert ist der andere Ansatz, der - im Gegensatz zu den Vorläuferverbänden der achtziger Jahre des vorigen Jahrhunderts - bei der Gründung der *HDE* verfolgt wurde:

Entscheidend war der Wille zu einer gemeinsamen Interessenvertretung und die Erkenntnis, daß es darauf ankam, dem Einzelhandel den Platz in der Öffentlichkeit zu sichern, der ihm von seiner wirtschaftlichen Bedeutung her zustand. Wie hoch dieser Stellenwert eingeschätzt wurde, zeigt die Bewertung zu dieser Zeit durch Wissenschaft und Kultur. So erklärte der Reichskunstrat *Dr. Redslop* in einer Rede vor Einzelhändlern in Berlin: „Nicht die Siegesallee, sondern die Tatsache, daß die Schaufenster Berlins eine dauernde Ausstellung bedeuten, die über den Zeitstil und die Frage des Geschmacks orientiert, hat Berlin zur tatsächlichen Hauptstadt gemacht ..."

Trotz des großen Interesses, dessen sich die damalige Hauptgemeinschaft in der Öffentlichkeit sicher sein konnte, **scheiterte** aber letztlich auch dieser **Versuch einer einheitlichen Interessenvertretung**. Waren es um die Jahrhundertwende regionale oder landsmannschaftliche Ursachen, die die Gründung einer einheitlichen Interessenvertretung verhinderten, war es diesmal „mittelständische Uneinsichtigkeit" - trotz aller Bemühungen der *HDE*, die Einheit zu erhalten. Auf massiven Druck der Einkaufsgenossenschaften und der Rabattsparvereine wurde im Zeichen einer schweren Wirtschaftskrise die *HDE* als Spitzenverband gesprengt. In einer am 15. November 1932 angenommenen Entschließung der damaligen Delegiertenversammlung wurde eine scharfe zusätzliche Besteuerung der Warenhäuser und Filialbetriebe gefordert. Darauf hin traten der Verband Deutscher Waren- und Kaufhäuser und der Reichsverband aus der *HDE* aus. Man forderte von der Hauptgemeinschaft „in breiter Front den Angriff des gesamten Mittelstandes gegen die Warenhäuser und die Einheitspreisgeschäfte ....". 1934 fand die *HDE* dann endgültig ihr vorläufiges Ende, als an Stelle eines freigewählten Spitzenverbandes mit begrenzter Selbstverwaltung die „Wirtschaftsgruppe Einzelhandel" als Pflichtorganisation aller Einzelhandelsbetriebe nach nationalsozialistischen Vorstellungen geschaffen wurde.

3.2 Neugründung nach dem Zweiten Weltkrieg

Nach dem Zusammenbruch bildeten sich sehr schnell wieder regionale und fachliche Zusammenschlüsse. Bedingt durch die damalige Zoneneinteilung war eine lange Vorbereitung notwendig, bis sich am 12. September 1947 in Bonn die neue *Hauptgemeinschaft des Deutschen Einzelhandels* bilden konnte. Man trat bewußt unter dem Namen der Hauptgemeinschaft - der Gründung von 1919 - an. Nicht allein aus Tradition, sondern auch, um damit die Tatsache zu belegen, daß es erstmals im Jahre 1919 gelungen war, eine einheitliche Interessenvertretung aufzubauen. Dieses Ziel stellte man sich ganz bewußt auch im Jahre 1947.

Als es im gleichen Jahr zur Gründung der *Bundesarbeitsgemeinschaft der Mittel- und Großbetriebe* im Einzelhandel kam, schloß die Gründungsversammlung mit der bemerkenswerten Feststellung ab, daß es auch Ziel der Bundesarbeitsgemeinschaft sein müsse, den Willen zur Einheit im Handel zu stärken.

Wenn man die Arbeit der Hauptgemeinschaft seit 1949 kurz bewerten will, so darf man sagen, daß zwei wichtige Aufgaben als gelungen angesehen werden können. Zum einen war es stets das Bestreben der Hauptgemeinschaft, bei allen Marktpartnern **Verständnis füreinander** zu gewinnen und für einen **fairen Wettbewerb** einzutreten. Zum anderen ist es ihr gelungen, den Anspruch einer **einheitlichen Interessenvertretung** nach allen Seiten soweit abzusichern, daß sie auch in der Öffentlichkeit als Sprecherin des gesamten Einzelhandels anerkannt ist. Dabei ist hervorzuheben, daß sie sich stets ohne Ausnahme den ordnungspolitischen Zielen der Sozialen Marktwirtschaft verpflichtet gefühlt hat und in dem hartem Strukturwandel der siebziger Jahre trotz vielfältiger „Einflüsterungen" keinen Poujadismus aufkommen ließ.

3.3 Der organisatorische Aufbau des *HDE*

Der organisatorische Aufbau des *HDE* ist bei der Neugründung nach dem Zweiten Weltkrieg von der damaligen Zonenaufteilung Deutschlands nachhaltig bestimmt worden. Durch die als erstes möglichen Zusammenschlüsse der Kaufleute auf regionaler und fachlicher Ebene ergab sich der **von unten nach oben** gegliederte Aufbau der deutschen Einzelhandelsorganisation. Auf der Basis eines breiten Netzes von Regionalverbänden - früher Bezirksverbänden -, die zum Teil sogar noch bis auf die Kreisebene gegliedert waren, bilden sich die Landesverbände, die in aller Regel ein Bundesland abdecken. Die Landesverbände wiederum tragen und bilden den *HDE*.

Neben der regionalen Organisation existiert noch eine **fachliche Schiene**, die nach demselben Prinzip aufgebaut ist, d.h. die regionalen Fachgemeinschaften, in denen die Unternehmen einer Branche zusammengeschlossen sind, schließen sich auf Landesebene zu Landesfachgemeinschaften zusammen, die dann wiederum den jeweiligen Bundesfachverband bilden. Auf diese Weise entwickelten sich innerhalb der Einzelhandelsorganisation 32 Bundesfachverbände, die das gesamte Branchenspektrum des Einzelhandels abdecken. Von diesem Regelaufbau gibt es auch Abweichungen, etwa in den Stadtstaaten, im Saarland und im württembergischen Teil von Baden-Württemberg, die sich ausschließlich in Landesfachverbänden und nicht in Regionalverbänden organisierten.

Die Regionalverbände, welche die Basis der deutschen Einzelhandelsorganisation bilden, sind in einigen Bundesländern selbständige eingetragene Vereine (e.V.) in anderen, wie z.B. Bayern und Schleswig-Holstein, unselbständige Teile des jeweiligen Landesverbandes. Nach diesem eingegliederten Organisationsschema wurden auch die Verbände in den neuen Bundesländern aufgebaut. Insgesamt arbeiten neben dem *HDE* 15 Landesverbände, 76 Regionalverbände und 32 Bundesfachverbände für die Betreuung der Mitgliedsunternehmen in allen sachlichen und fachlichen Fragen.

Aus dem geschilderten Organisationsaufbau ergibt sich, daß das Einzelhandelsunternehmen seine Mitgliedschaft beim Verband vor Ort begründet und auch dort seinen Beitrag zahlt. Mit diesem Beitrag hat es Anspruch auf die Betreuungsleistung der gesamten Organisation. Durch die örtliche Nähe und die unmittelbare Mitgliedschaft der Unternehmen sind die Regionalverbände die direkten Ansprechpartner vor Ort. Dies ist die große Stärke der deutschen Einzelhandelsorganisation.

Die Regionalverbände vertreten die Interessen des Einzelhandels auf Regionalebene gegenüber städtischen und kommunalen Spitzenvertretern, Stadtparlamenten, Kreistagen und Dezernaten sowie Behörden, Organisationen und Selbstverwaltungsorganen, die für den Einzelhandel von Bedeutung sind. Sie bilden die Nahtstelle der Gesamtorganisation zu den Mitgliedsunternehmen vor Ort und vertreten die Interessen des Einzelhandels auf Regionalebene in der Öffentlichkeit.

Die Landesverbände vertreten die Interessen des Einzelhandels auf Landesebene gegenüber Regierung, Parlament, Ministerien und Parteien sowie Behörden, Organisationen und Selbstverwaltungsorganen, die für den Einzelhandel von Bedeutung sind. Sie sind das Bindeglied zum *HDE* und den Bundesfachverbänden. Sie unterstützen über den Einfluß auf den Landesgesetzgeber die Arbeit des *HDE* im Bundesrat und vertreten die Interessen des Einzelhandels auf Landesebene in der Öffentlichkeit.

In der Einzelhandelsorganisation liegt die **Tarifhoheit auf der Landesebene**. Daher nehmen die Landesverbände die Aufgaben wahr, die sich aus der Tarifautonomie und Tarifträgerschaft ergeben und pflegen die dazu notwendigen Kontakte zu den Gewerkschaften und den übrigen Arbeitgeberverbänden im Land. Gemeinsam halten sie ein breit gefächertes Betreuungsangebot für die Mitgliedsunternehmen bereit.

Die Bundesfachverbände (BFV) im *HDE* vertreten die Gesamtorganisation des Einzelhandels auf fachlicher Ebene. Ihre wichtigste Aufgabe ist die optimale Betreuung der Mitgliedsunternehmen in fachlichen Fragen. Die BFV arbeiten mit den Landes- und Regionalverbänden sowie dem *HDE* zusammen und unterstützen sie bei der Erfüllung ihrer Aufgaben. Umgekehrt unterstützen die Landes- und Regionalverbände sowie der *HDE* die BFV bei ihrer Aufgabenerfüllung.

Die Bundesfachverbände vertreten die fachlichen Interessen des Einzelhandels der jeweiligen Branche/Branchengruppe innerhalb der Gesamtorganisation des Einzelhandels auf nationaler und internationaler Ebene. Sie vertreten die fachlichen Interessen des Einzelhandels gegenüber Gesetzgebern, Behörden und in der Öffentlichkeit sowie anderen Wirtschaftsstufen und Wirtschaftsorganisationen.

Der ***HDE*** schließlich vertritt als **Spitzenverband** der Gesamtorganisation des deutschen Einzelhandels die Interessen gegenüber Regierung, Parlament, Ministerien und Parteien in der Bundesrepublik Deutschland sowie in Zusammenarbeit mit dem europäischen Handelsverband *EuroCommerce* gegenüber Kommission, Parlament und Institutionen in der *Europäischen Union* und gegenüber Behörden, Organisationen und Selbstverwaltungskörperschaften auf nationaler und internationaler Ebene.

Er **artikuliert die Positionen des Einzelhandels** zu politischen Fragen sowie zu folgenden Sach- und Fachthemen in der Öffentlichkeit:

- Allgemeine Wirtschaftspolitik
- Volks- und Betriebswirtschaft
- Raumordnung und Städtebau
- Europa
- Steuern und Finanzierung
- Zahlungsverkehr
- Wettbewerbs- und Kartellrecht
- Wirtschaftsrecht
- Handelsrelevante Wissenschaft und Forschung, Verknüpfung zu anderen Politikbereichen
- Tarifpolitik
- Sozialpolitik
- Arbeitsrecht
- Umweltpolitik
- Verbraucherpolitik

- Bildungspolitik und Berufsbildung
- Multimedia und Neue Medien
- Presse- und Öffentlichkeitsarbeit

Mit Beschluß einer außerordentlichen Delegiertenversammlung vom 21. Mai 1990 wurde die *Hauptgemeinschaft des deutschen Einzelhandels* in *Hauptverband des Deutschen Einzelhandels* unter Beibehaltung der Kurzform „*HDE*" umbenannt.

4 Einfluß des Strukturwandels auf den *HDE*

Seit der Neugründung des *HDE* nach dem Zweiten Weltkrieg hat sich die **Einzelhandelswelt gravierend verändert**. In den siebziger Jahren revolutionierte das Vordringen der Verbrauchermärkte und SB-Warenhäuser das traditionelle Erscheinungsbild des Einzelhandels. Das rasante Wachstum dieser neuen, dynamischen und preisaggressiven Vertriebsform löste einen harten Verdrängungswettbewerb und eine enorme Verkaufsflächenexpansion aus, die erhebliche Strukturwandlungsprozesse hervorrief. Diese gingen zu Lasten des mittelständischen Einzelhandels, der deutliche Abschmelzungsraten im Unternehmensbestand hinnehmen mußte.

Diese **Umstrukturierung**, die zum Teil mit schmerzlichen Verlusten von Betriebseinheiten verbunden war, hat der Einzelhandel aus eigener Kraft bewältigt. Das Vordringen der Discounter und Fachmärkte in den achtziger Jahren und die ungebrochene Konzentration vor allem im Lebensmittel-Einzelhandel sorgten für weitere gravierende Veränderungen. Seit Beginn der neunziger Jahre ist die Phase der Europäisierung und **Internationalisierung** insbesondere der großen Unternehmen zu beobachten, die sich von national orientierten Einheiten zu „Global Players" entwickeln. Seit kurzem wird mit den Ansiedlungsbegehren zahlreicher Factory-Outlet-Centers der Versuch gestartet, eine neue Vertriebsform im Einzelhandelsmarkt zu etablieren. Darüber hinaus werden Multimedia-Techniken, Tele-Shopping und Instore-Systeme für weiteren Wandel sorgen.

Alle diese Vorgänge beeinflussen nicht nur die Marktsituation und das Erscheinungsbild des Einzelhandels, sondern haben auch spürbare Auswirkungen auf die Arbeit und das Betreuungsangebot der Verbände der Einzelhandelsorganisation. Sie müssen sich auf die Veränderungen einstellen, sie müssen ihr Leistungspaket **anpassen** und sie müssen den geänderten Anforderungen der Mitgliedsunternehmen gerecht werden. Kurz gesagt: Eine Einzelhandelsstruktur des Jahres 2000 läßt sich mit den verbandlichen Strukturen und Leistungspaketen des Jahres 1960 nicht mehr betreuen.

5 Reform der Einzelhandelsorganisation

Diesem Anpassungserfordernis hat sich die deutsche Einzelhandelsorganisation immer gestellt. Im Jahr 1981 hat die Delegiertenversammlung des *HDE* „Organisationspolitische Leitlinien" verabschiedet, die die **Reaktion auf den Strukturwandel** der siebziger Jahre darstellten. Der permanent fortgeführte Diskussionsprozeß mündete 1990 in der Verabschiedung des „Grünbuchs - Reform der Einzelhandelsorganisation", das eine neuerliche Anpassung der Verbandsstrukturen an die weiter gewandelten Marktverhältnisse vorschrieb.

Im Jahre 1997 hat die deutsche Einzelhandelsorganisation erneut eine sehr weitgehende Reform beschlossen, um die Verbände für die Herausforderungen der nächsten Jahre fit zu machen. Die Intention dieser Reform ist in der **Präambel des Reformkonzeptes** klar umrissen:

„Die deutsche Einzelhandelsorganisation ist die verbandliche Heimat für alle Einzelhandelsunternehmen aller Branchen, aller Größen und aller Vertriebsformen in Deutschland. Im Mittelpunkt ihrer Politik und ihrer Arbeit steht das Mitgliedsunternehmen. Es hat Anspruch auf eine optimale Betreuung in allen sachlichen und fachlichen Fragen. Die Verbände der deutschen Einzelhandelsorganisation müssen für alle Problemstellungen kompetente und praxisbezogene Antworten und Lösungen vorhalten, was auch konkrete Hilfestellung bei der Bewältigung der Herausforderungen der Zukunft bedeutet.

Daneben steht gleichgewichtig die Aufgabe der Verbände der deutschen Einzelhandelsorganisation, die Interessen des Wirtschaftszweiges Einzelhandel auf allen Ebenen der Politik zu vertreten. Durch intensive Öffentlichkeitsarbeit ist die Bedeutung des Einzelhandels in den gesamtwirtschaftlichen Abläufen und seine volkswirtschaftliche Funktion herauszuarbeiten und darzustellen sowie, um Verständnis für seine berechtigten Anliegen zu werben. Neben der täglichen politischen und berufspolitischen Arbeit müssen Trends der zukünftigen Entwicklungen sowohl der Einzelhandelslandschaft (Anbieterseite) als auch des zukünftigen Verbraucherverhaltens (Nachfragerseite) erarbeitet und entsprechende Szenarien und Zukunftsstrategien entwickelt werden. Das wird von den Mitgliedsunternehmen erwartet.

Um diesen Erwartungshorizont der Mitgliedsfirmen erfüllen zu können, haben alle Verbände auf allen Ebenen die entsprechenden Voraussetzungen zu schaffen. Dabei steht die Leistungsfähigkeit an erster Stelle. Deshalb werden in bestimmten Fällen **Fusionen**, mindestens aber **Kooperationen von** bestehenden **Verbänden** innerhalb der Organisation notwendig.

Der objektive Bemessungsmaßstab für die Verbandsgröße ist der Einzelhandelsumsatz, der auch gleichzeitig die Grundlage des Finanzierungssystems unserer Organisation darstellt. Gleichzeitig wird die Forderung nach Straffung und Verschlankung der oftmals unübersichtlichen Organisationsstrukturen erfüllt. Verbandsgröße allein ist kein Garant für Leistungsfähigkeit, jedoch unabdingbare Voraussetzung. Daher hat jeder Verband auf jeder Verbandsstufe ein klares Leistungsprofil zu erfüllen. Das fällt um so leichter, je schneller die strukturellen Grundlagen geschaffen sind. Die Erfüllung der Leistungsprofile muß permanent vor dem Hintergrund der wirtschaftlichen Gegebenheiten überprüft werden.

Die zwei Stufen Regionalverband/Bezirk und Landesverband bilden die 1. Verbandsebene. Sie teilen die anfallenden Aufgaben und Arbeiten untereinander auf und ordnen die Verteilung in eigener Verantwortung. Dies gilt auch für die Festlegung von Regionalverbands- und Bezirksgrenzen. Der *HDE* und die Bundesfachverbände bilden die 2. Verbandsebene.

In der Zusammensetzung der Gremien auf allen Verbandsebenen haben sich die Marktverhältnisse widerzuspiegeln. Die Mitgliedsunternehmen aller Branchen, Betriebsgrößen und Vertriebsformen müssen angemessen vertreten sein. Die demokratisch gefaßten Beschlüsse von Entscheidungsgremien der 2. Verbandsebene (*HDE* und Bundesfachverbände) sind in Grundsatzfragen der Berufs- und Verbandspolitik, auch fachspezifischer Art, für die Verbände der 1. Verbandsebene verbindlich. Sie haben diese Beschlüsse zu vertreten und umzusetzen. Eine entsprechende Satzungsformulierung ist in die Satzungen der Landes- und Bundesfachverbände aufzunehmen. Die gleiche Beschlußverbindlichkeit und Umsetzungsverpflichtung gilt auch für die Regionalverbände/Bezirke hinsichtlich demokratisch gefaßter Beschlüsse von Entscheidungsgremien der Landesverbände."

Der gesamte Reformprozeß steht unter dem Motto: Die deutsche Einzelhandelsorganisation muß in ihren Entscheidungen und in ihren Handlungen schneller, effizienter und schlagkräftiger werden, im Interesse der Mitgliedsunternehmen. Dieser Reformprozeß soll Ende 1998 abgeschlossen sein.

6 Koordinierte Interessenvertretung für den Einzelhandel

Trotz des weithin unbestrittenen Status des *HDE* als Spitzenverband haben sich im Laufe der Jahre neben der bereits erwähnten *Bundesarbeitsgemeinschaft der Mittel- und Großbetriebe des Einzelhandels (BAG)* noch weitere Verbände des Einzelhandels gebildet, die ebenfalls auf Bundesebene tätig sind und dort bestimmte Spezialinteressen vertreten. Die wichtigsten sind der *Bundesverband der Filialunternehmen und Selbstbedienungs-Warenhäuser (BFS)*, die *Außenhandelsvereinigung des Deutschen Einzelhandels (AVE)* und der *Zentralverband Gewerblicher Verbundgruppen (ZGV)*. Alle diese Verbände sind in die Organe des *HDE* mit eingebunden und bei vielen Mitgliedsunternehmen besteht Deckungsgleichheit. Dennoch verfügen sie über verbandliche Selbständigkeit und bei der Interessenvertretung gibt es in einigen Fällen divergierende Auffassungen.

Neben diesen wichtigen auf Bundesebene tätigen Organisationen gibt es eine Fülle ebenfalls selbständiger Verbände, die nicht in die Einzelhandelsorganisation eingebunden sind. Ihnen kommt aber allenfalls marginale Bedeutung zu. Alles in allem stellt sich die verbandliche Vertretung des deutschen Einzelhandels für einen Außenstehenden als sehr **heterogen**, unübersichtlich und nur schwer durchschaubar dar. Als Konsequenz wird unserem Wirtschaftszweig in Politik und Öffentlichkeit nur selten das Gewicht beigemessen, das ihm auf Grund seiner volkswirtschaftlichen Bedeutung eigentlich zusteht.

Der deutsche Einzelhandel ist mit seinen 475 000 Unternehmen, seinen rund drei Millionen Beschäftigten und seinem Umsatz von rund 920 Mrd. DM der drittstärkste Wirtschaftsbereich unserer Volkswirtschaft. Andere Wirtschaftsbereiche, die bei weitem nicht an das Potential des Einzelhandels heranreichen, werden aber von Politik und öffentlicher Meinung teilweise wesentlich stärker beachtet.

Dies liegt nicht zuletzt daran, daß es dem Einzelhandel viel zu selten gelungen ist, auf dem Bonner Parkett als geschlossene Einheit mit geballter Kraft aufzutreten. Dabei gibt es im weitaus überwiegenden Teil der Probleme, die der Einzelhandel hat, übereinstimmende bis deckungsgleiche Auffassungen. Wenn diese in eine einheitliche

Meinung und in einen einheitlichen Auftritt gebündelt und zusammengefaßt würden, dann wäre bereits ein großer Teil des erwähnten Defizits beseitigt.

Dazu kommt noch: Die politischen Entscheidungen werden in zunehmendem Maße in Europa, sei es bei der *EU*-Kommission oder im *Europäischen Parlament* getroffen. Hier ist die Vielfalt der Verbände aus den Mitgliedsländern noch weitaus größer. Um so drängender ist die Notwendigkeit, daß auch hier der deutsche Einzelhandel mit einer Stimme spricht, um seine Position und seine wirtschaftlichen Forderungen deutlich zu machen.

Zur Erhöhung der politischen Schlagkraft, zur Bündelung der vorhandenen Kräfte und zur Steigerung der Effizienz und Rationalisierung der Arbeitsprozesse haben *HDE*, *BAG* und *BFS* nach der Zustimmung ihrer Gremien beschlossen, den *Gemeinschaftsverband des Deutschen Einzelhandels (GVE)* zu gründen.

Dieser Gemeinschaftsverband wird gleichberechtigt getragen von *HDE*, *BAG* und *BFS* unter Beibehaltung ihrer verbandlichen Selbständigkeit und Eigenheit. Der *HDE* gibt damit nicht seinen Anspruch auf, Spitzenorganisation für den deutschen Einzelhandel zu sein. Wir sehen aber den Gemeinschaftsverband als eine Chance für eine organisatorische Plattform zur Erarbeitung einer einheitlichen Meinung und zu konzentrierter Kommunikation mit der Politik. Selbstverständlich steht es jedem Verband unverändert frei, seine eigene Meinung, wenn sie von der Meinung der beiden anderen *GVE*-Verbände abweichen sollte, zu äußern und zu vertreten.

Ein Schwerpunkt der Arbeit des *GVE* wird auf alle Fälle in Brüssel in enger Abstimmung mit *EuroCommerce*, dem europäischen Handelsverband, liegen.

Das Amt des Präsidenten des *GVE* hat für die erste zweijährige Amtsperiode der Präsident des *HDE* übernommen. Die Präsidenten der beiden anderen Verbände sind die Vizepräsidenten und bilden gemeinsam mit dem *GVE*-Präsidenten das Präsidium des *GVE*.

Zur Zeit gilt es, die in der Satzung des *GVE* verankerten Organisationsgrundsätze mit Leben zu erfüllen. Der *GVE* ist dabei, die gemeinsamen Aufgabenfelder zu definieren, praktikable Arbeitsstrukturen zu entwickeln und den dafür erforderlichen organisatorischen Unterbau bereitzustellen. Daneben werden die notwendigen Arbeitsprogramme und die Aufgabenteilung zwischen den drei Verbänden festgelegt sowie Konzepte für z.B. eine effiziente Öffentlichkeitsarbeit des *GVE* erarbeitet. Nach allen notwendigen Vorbereitungen, die in Ruhe und ohne Hast durchgeführt werden, wird der

GVE nach meiner Einschätzung sukzessive die Möglichkeit bekommen, seine ihm zugedachte Rolle als **Sprachrohr für den gesamten Einzelhandel** auszufüllen.

7 Ausblick

Es wird also in naher Zukunft darauf ankommen, Funktion und Wirkungskraft des *GVE* zu stärken. Dies geschieht nicht etwa, um auf diese Weise noch ein weiteres Verbandsgebilde in der - wie oben gezeigt - ohnehin schon so differenzierten Verbandslandschaft des Einzelhandels zu „hegen" und zu „pflegen". Antriebsfeder dafür ist vielmehr die Grunderkenntnis, daß die ungeheuere Dynamik der Veränderungen in der Einzelhandelslandschaft längst keinen Bogen mehr um die Verbandsorganisation im Einzelhandel macht. Hier wird ein permanenter verbandlicher Anpassungsprozeß erforderlich werden, der das Festhalten an hergebrachten Strukturen zur Vertretung einzelner Interessen ausschließt. Was heute noch für richtig gehalten wird, kann morgen schon hoffnungslos veraltet sein. Wenn auch derzeit noch wenig Bereitschaft zu spüren ist, Kompetenzen abzugeben und in diesen Gemeinschaftsverband einzubringen, kann dies schon in absehbarer Zeit als „Königsweg" angesehen werden. Wohl denen, die dann einen solchen Gemeinschaftsverband aufgestellt, mit Leben erfüllt und mit der Luft zum Überleben versehen haben.

Es wird also alles von der Entwicklung der Strukturen im deutschen Einzelhandel und von der Einschätzung der Verbandslandschaft durch die Unternehmen abhängen. Bereits heute mehren sich die Stimmen, nicht nur aus dem Großbetriebsbereich, sondern auch aus Kreisen des qualifizierten mittelständischen Facheinzelhandels, die sich für eine Straffung bei gleichzeitiger Repräsentation aller Vertriebsformen und Betriebsgrößen aussprechen. Arbeitsintegration kann Synergieeffekte schaffen, rationelleres und kostengünstigeres Arbeiten ermöglichen und auf diese Weise die Verbände und damit indirekt auch die beitragszahlenden Unternehmen entlasten. Und diese stehen schließlich im Mittelpunkt jeder verbandlichen Arbeit.

Die Verbandslandschaft im Einzelhandel ist in Bewegung geraten, und das ist gut so. Jetzt gilt es mit Mut und Augenmaß zu engeren Formen der Kooperation und zu einer schrittweisen einvernehmlichen Kompetenzverlagerung zu kommen. Wer die Zukunft gestalten will, braucht Visionen. Das gilt im sich dynamisch wandelnden Einzelhandel, dies wird auch für seine Verbände gelten.

Der Groß- und Außenhandel: ein Wirtschaftsbereich im Gestaltungs- und Anpassungsprozeß

Michael Fuchs

1 Wiederkehr der Händlergesellschaft

Das Weltsozialprodukt nimmt in rasanten Schritten zu. Noch schneller aber wächst der Welthandel. Das zeigt, daß ein funktionsfähiger Handel zwischen den Staaten Voraussetzung dafür ist, daß die weltweite Produktion floriert und der allgemeine Wohlstand wächst. Schon das Gesetz der komparativen Kostenvorteile von *David Ri-*

cardo und die damit verbundenen Wohlstandseffekte setzten einen **Handel ohne Beschränkungen** voraus. Seit Mitte der achtziger Jahre hat sich der Wachstumsvorsprung des Welthandels gegenüber der Weltproduktion noch deutlich vergrößert (vgl. Abb. 1).

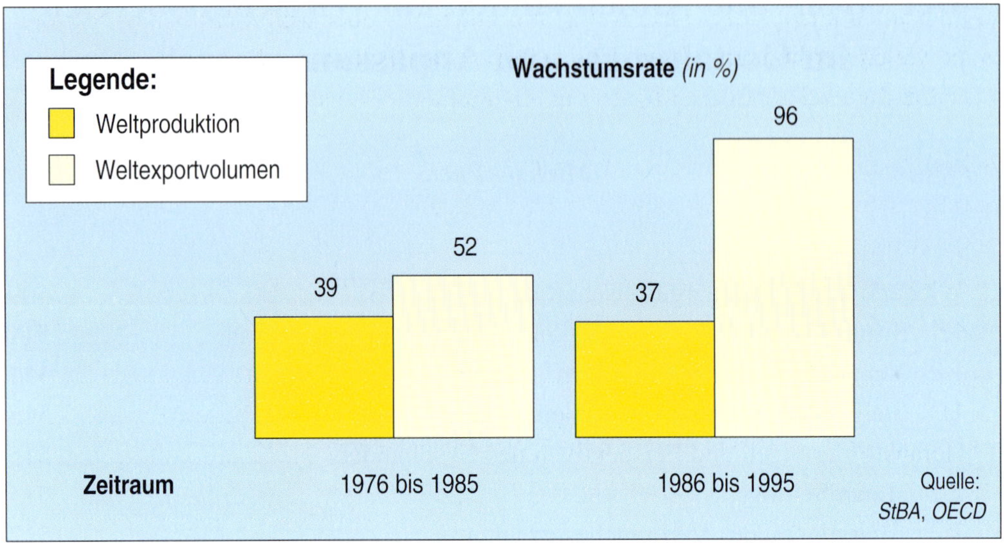

Abb. 1: Wachstumsvergleich zwischen Weltproduktion und Welthandel

Deutschland, Europa und die entwickelten Volkswirtschaften stehen vor einer „Wiederkehr der Händlergesellschaft“. So wertete *Tietz* (1994) die sich abzeichnende **Transaktionsorientierung** der Ökonomie. Den Übergang von der Agrar- in die Industriewirtschaft haben die marktwirtschaftlich ausgerichteten Länder erfolgreich gemeistert, und der Wandel von der Industrie- zur Dienstleistungsgesellschaft vollzieht sich derzeit. Dies wird vor allem in solchen Wirtschaftsordnungen gelingen, die dem Markt einen möglichst großen Spielraum einräumen. Natürlich ist eine solche Entwicklung mit großen Strukturveränderungen verbunden und birgt insoweit Risiken; sie verschafft aber, z.B. der deutschen Wirtschaft, vor allem gewaltige **Chancen**. Diese gilt es zu nutzen. Der deutsche Groß- und Außenhandel kann und muß dazu Entscheidendes beitragen. Was er darüber hinaus, dank seiner internationalen Vernetzungs- und Transferfunktion, auch für die Binnenversorgung von Wirtschaftsräumen leistet, wird dann besonders augenscheinlich, wenn es ihn nicht mehr gibt. Das begrenzte Leistungsvermögen der ehemaligen Planwirtschaften der DDR und der Sowjetunion spricht für sich.

1.1 Strukturwandel

Strukturell und in ihren Wertschöpfungsprofilen haben sich die Volkswirtschaften im auslaufenden Jahrhundert rapide verändert. Arbeiteten zu Beginn des Jahrhunderts noch über 40% der Beschäftigten in der Landwirtschaft, so sind es heute in Deutschland nur noch knapp 3%. Diese wenigen produzieren aber weit mehr Nahrungsmittel als die vielen vor hundert Jahren. Und selbstverständlich ist das Einkommen der heute in der Landwirtschaft Beschäftigten um ein Vielfaches höher als früher.

Parallel zum Rückgang der Landwirtschaft wuchs der Anteil der industriellen Produktion. Die neuen Industrien, wie der Bergbau, die Textil- und Bekleidungsindustrie, die elektrotechnische Industrie, die Chemieindustrie und der Maschinenbau, stellten Millionen von Arbeitsplätzen zur Verfügung. Zwar mußten sich die Beschäftigten zu Beginn der Industrialisierung mit geringen Löhnen und einer entsprechend begrenzten Kaufkraft begnügen. Mit zunehmendem Wettbewerb, hervorgerufen durch neue Technologien, neu in den Markt eintretende Unternehmen sowie den davon ausgehenden Rationalisierungsdruck, stiegen deren Einkommen aber stetig an. In den sechziger Jahren hatte dieses in vielen Industriezweigen dann ein Niveau erreicht, wie es bis dahin nicht bekannt war.

Seit den siebziger Jahren gewinnt die schon früher begonnene Internationalisierung der Investitionstätigkeit und des Welthandels an Dynamik. Im Zuge dieser Entwicklung konnten die führenden Industriestaaten ihren Wettbewerbsvorsprung nutzen und beträchtliche Wachstumsraten erreichen. In einer expandierenden Weltwirtschaft gelang es jedoch auch anderen Ländern, sich Produktionsmöglichkeiten zu erschließen und in wichtigen Teilbereichen mit den bestehenden Industrien zu konkurrieren.

1.2 Neuer langfristiger Kontradieff-Zyklus

Daß es im ausgehenden 20. Jahrhundert weniger abgeschottete Volkswirtschaften gibt als früher und die Welt noch kleiner geworden ist, liegt vor allem an den neuen Informationstechnologien. Diese Erfindungen und ihre beschleunigte Implementierung sind auch die Ursache dafür, daß sich die Weltwirtschaft am Beginn eines erneuten langfristigen **Konjunkturzyklus**, dem fünften in der Geschichte der Industriegesellschaften, befindet (vgl. z.B. *Volkmann* 1997).

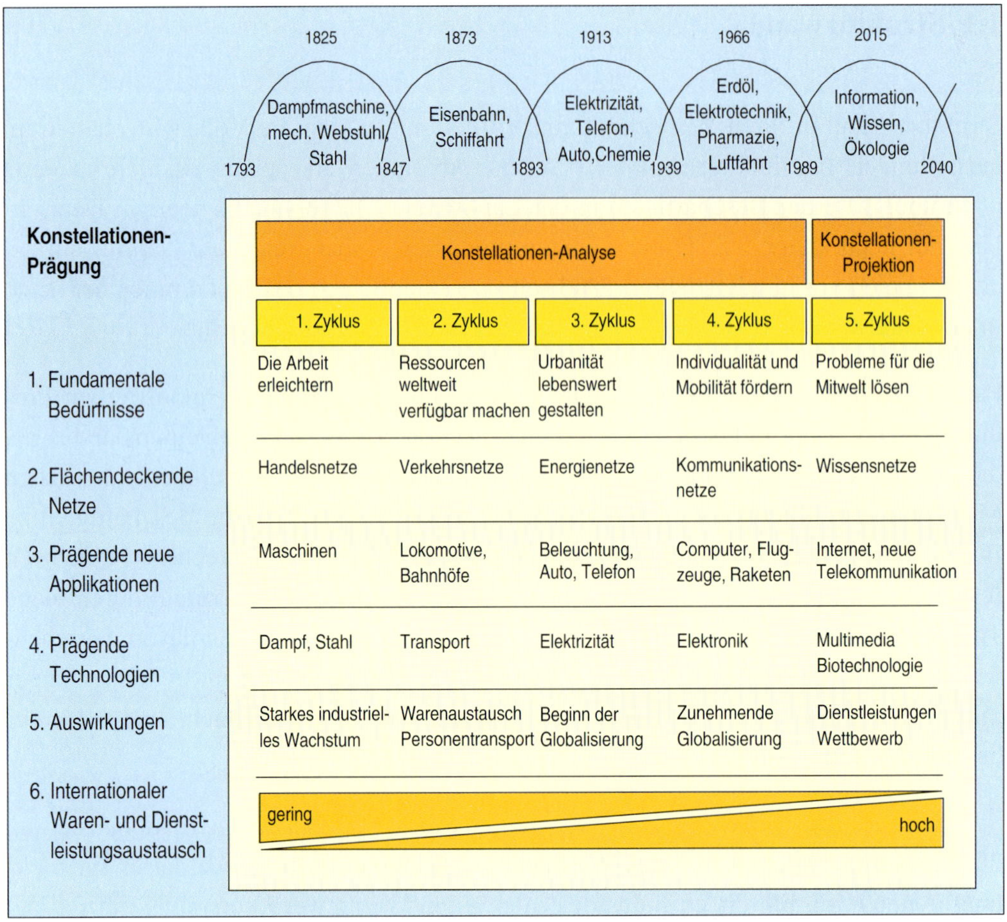

Abb. 2: Erscheinungsformen und Konsequenzen der Kontradieff-Zyklen

Hauptsächlich Mikroelektronik und Biotechnologie tragen diesmal den weltweiten langfristigen Aufschwung. Die Nachfrage nach diesen Technologien schafft nicht nur zusätzliche Produktion, sondern erleichtert auch den Informations- und Leistungsaustausch zwischen den und innerhalb der Unternehmen. Dieser Technologieschub wird weiteren Produktivitätsfortschritt ermöglichen und nicht nur das Handelsvolumen, sondern auch den allgemeinen Wohlstand erhöhen. Damit einhergehende Veränderungen sind z.B. im Ruhrgebiet deutlich sichtbar. Die Arbeitsplätze der Stahlkocher fallen nach und nach weg, dafür entstehen neue, häufig hochwertigere Arbeitsplätze in den Wissensindustrien der Softwarebranche, der Medienindustrie etc.

Der **vorhergehende vierte Zyklus** war durch teilweise revolutionierende Entwicklungen in der Elektronik, der Pharmazie, Luftfahrt und Mineralöl-Verarbeitung geprägt (vgl. Abb. 2) und im übertragenen Sinne das Startzeichen für den Beginn der modernen Globalisierung.

Den **dritten langfristigen Konjunkturzyklus** prägten die Neuerungen der Elektrizität, des Telefons, des Autos und der Chemie; sie sorgten insbesondere für die Urbanität moderner Industriegesellschaften. Die weltweite Verflechtung der Volkswirtschaften wurde immer stärker, wofür als Paradigma die Eisenbahn steht. In Gestalt flächendeckender Verkehrsnetze initiierte sie den **zweiten Wachstumszyklus** in den Industriegesellschaften, während der **erste Konjunkturzyklus** durch den mechanischen Webstuhl, die Dampfmaschine und die Stahlproduktion geprägt war. Jeder dieser Zyklen ging mit teilweise dramatischen Strukturveränderungen einher und hat damit Krisen aller Art ausgelöst (vgl. *Bühl* 1988), aber auch den nationalen und den internationalen Waren- und Dienstleistungsaustausch intensiviert. Neben anderen waren die Handelsunternehmen Nutznießer und Motor dieser Entwicklung zugleich.

1.3 Steigender Dienstleistungsanteil

Der im Laufe dieser Entwicklung erreichte Stand der Industrieproduktion in Deutschland und den westlichen Industrieländern sowie der zunehmende, durch das Auftreten ständig neuer Produzentenländer verstärkte Wettbewerbsdruck haben dazu geführt, daß neue Technologien entwickelt und vor allem im **Dienstleistungsbereich neue Beschäftigung** geschaffen wurden. Nach einer Studie des *Instituts der deutschen Wirtschaft* hat der Dienstleistungssektor im Zeitraum von 1976 bis 1994 den Aderlaß an Arbeitsplätzen im Produzierenden Gewerbe weit überkompensiert. Im Dienstleistungsbereich sind in diesem Zeitraum viermal so viele Arbeitsplätze geschaffen worden, wie im Produktionsbereich verlorengegangen sind (vgl. Abb. 3).

Die Dienstleistungsunternehmen haben seit Mitte der siebziger Jahre ihren **Anteil an der Bruttowertschöpfung** ständig ausgeweitet. Während sie bisher höchstens halb soviel wie das Produzierende Gewerbe erwirtschaftet hatten, trugen sie 1996 in realer Rechnung sogar erstmals am meisten zur Bruttowertschöpfung bei. Die Bedeutungszunahme und das Gewicht des Tertiären Bereichs und hierbei speziell des Intermediären Bereichs werden aber noch deutlicher, wenn man eine funktionssektorale Aggregierung vornimmt (vgl. *Tietz/Greipl* 1994). Allein der Intermediäre Bereich, mit dem Großhandel als Kernbereich und den sonstigen unternehmensbezogenen Dienstleistungen (noch ohne Verkehrsleistungen), hat mittlerweile bei der Bruttowertschöpfung (in jeweiligen Preisen) das Gewicht des produzierenden Gewerbes erreicht und wird es bis zum Jahr 2000 deutlich übertreffen. Nimmt man den Intermediären Bereich, die Konsumenten-bezogenen Dienstleistungen sowie den Einzelhandel und den Verkehrsbereich als die Gesamtheit der Tertiären Funktionsträger zusammen, so erbringen sie derzeit 52% der gesamten volkswirtschaftlichen Wertschöpfung. Bis zum Jahr 2000 dürfte dieser Anteil auf nahezu 55% ansteigen. (vgl. Abb. 4).

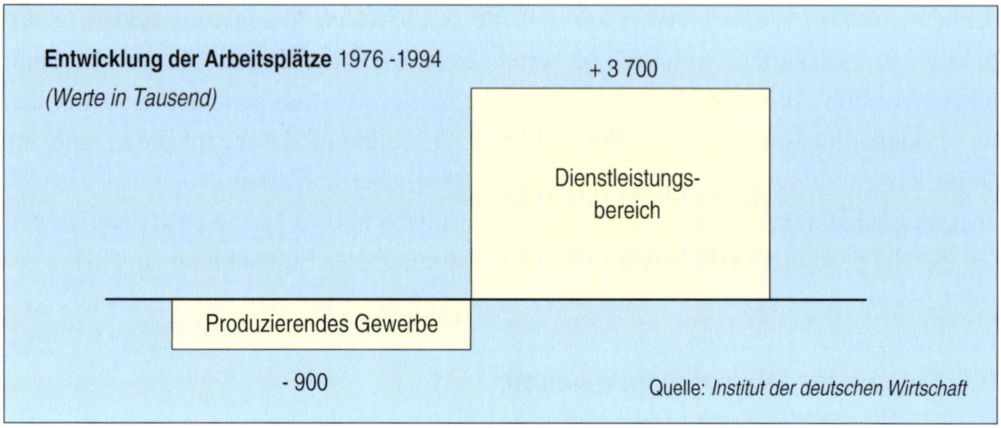

Abb. 3: Veränderungen am Arbeitsmarkt

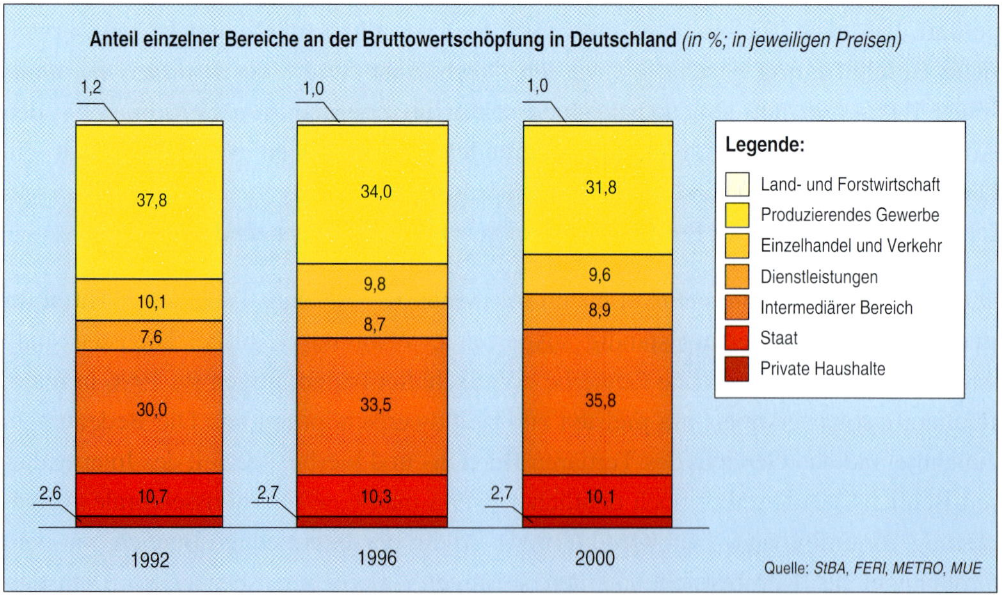

Abb. 4: Bruttowertschöpfung nach Wirtschaftsbereichen

2 Herausforderungen und Perspektiven des Großhandels

Angesichts dieser dynamischen Entwicklung muß sich der Großhandel, der 1997 mit einem Gesamtumsatz in Höhe von 1,1 Bill. DM der zweitgrößte Umsatzträger hinter der Industrie war, neu positionieren. Nur so können die rund 140 000 Unternehmen des Groß- und Außenhandels den **neuen Wettbewerbs**- und **Marktanforderungen** gerecht werden; denn die intermediäre Wirtschaft steht weltweit insgesamt im Umbruch. Der Groß- und Außenhandel, als ihr Kernbereich, wird angesichts der Veränderung der Funktionsprofile im Produktions-, Logistik-, Distributions- und Servicebereich zum Dreh- und Angelpunkt sowie zum Garant wirtschaftlicher Prosperität. Dies gilt um so mehr, als der internationale - und in Teilbereichen globale - Wettbewerb die industriellen Hersteller verstärkt zwingt, bestehende Rationalisierungsreserven in der gesamten Wertschöpfungskette auszuschöpfen (vgl. *Töpfer* 1996). Dabei kann die gesamte Wirtschaft erhebliche Effizienzeffekte beim Bezug von Rohstoffen, Halb- und Fertigprodukten und beim Absatz ihrer Waren erzielen, wenn der selbständige Groß- und Außenhandel noch intensiver eingeschaltet wird.

2.1 „Lean Selling"

Während die Jahre bis 1995 unter den Schlagworten „Lean Production" oder „Lean Management" standen (vgl. z.B. *Scherrm* 1994), werden in der Folgezeit Rationalisierungsmöglichkeiten auch auf der Absatzseite gesucht und genutzt. Das Schlagwort des nächsten Jahrzehnts lautet voraussichtlich „Lean Selling", sowohl national als auch global. Wie das *Institut für Mittelstandsforschung*, Bonn, nachweisen konnte, liegt in einer Vielzahl von Wirtschaftszweigen mittlerweile der Anteil der Distributionskosten über den Produktionskosten.

Da der Groß- und Außenhandel schon immer Experte für Distribution und Kommunikation war (vgl. z.B. *Meyerhöfer* 1980), kann er in einer verstärkt von Transnationalisierung, Ressourcenoptimierung und Serviceorientierung geprägten Weltwirtschaft neue Bedeutung erlangen, zusätzliche Funktionen übernehmen und insbesondere Synergieeffekte ermöglichen. Der Groß- und Außenhändler aber, der sich auf die reine Warenverteilung beschränkt, wird über kurz oder lang aussterben. Wer sich behaupten will, muß zusammen mit der Warentransaktion auch ein kundengerechtes

Leistungspaket anbieten. Bisweilen entpuppen sich im übrigen derartige **Added Value-Strategien** als Trojanisches Pferd: Die Zusatzleistung emanzipiert sich von der ursprünglichen „Business Mission“ (vgl. *Nieschlag/Dichtl/Hörschgen* 1994, S. 78) und wird, den sich wandelnden Marktverhältnissen und Bedürfnissen der Abnehmer entsprechend, zur Hauptleistung. Im einzelnen kann dieses Leistungspaket enthalten (vgl. Abb. 5):

Added Value-Strategien des Handels

⟹ Logistische Dienstleistungen

⟹ Beratungs- und Serviceprogramme für die Kundenbetreuung

⟹ Finanzdienstleistungen genauso wie Marktforschung und Marketing (für Kunden und Lieferanten)

⟹ Regalservice als Servicegroßhändler (Plazierung, Einordnung der Waren, Preisauszeichnung, Nachfüllen, Einsatz von Verkaufshilfen)

⟹ Reparatur- und Garantiedienste

⟹ Risikoübernahme (Service-Merchandiser, wie der Pressegroßhandel, nehmen nicht verkaufte Waren zurück)

⟹ Computerisierte Informationsleistungen

⟹ Zertifizierung (für Importe)

Abb. 5: Potentielle Zusatzleistungen von Groß- und Außenhandel

Die Möglichkeit und Notwendigkeit, sich durch Übernahme bzw. Schaffung von Beratungs-, Service- und Betreuungsfunktionen für die vorgelagerte und die nachgelagerte Stufe im Wettbewerb behaupten zu können, besteht um so mehr, je größer die relevanten Märkte europa- und weltweit werden. Wenn Hersteller Produktionsstätten an immer mehr Standorten auf der Welt unterhalten, so fordert dies zwangsläufig die Sourcing-Qualität des Handels heraus (vgl. *Arnold* 1993). Das gilt für die Beschaffung von Rohstoffen und Rohmaterialien für die gesamte Produktpalette der Zulieferer wie auch für die Beschaffung von Fertigwaren im Investitions- und Konsumgüterbereich (vgl. *Arnold* 1990). Auch die industriellen Großunternehmen in den Industrieländern lagern verstärkt Großhandelsfunktionen aus. Diese selbständigen Einheiten können unabhängiger und damit flexibler auf die Marktverhältnisse und -erfordernisse reagieren.

2.2 Änderungen des Verbraucherverhaltens

Wie andere Anbieter, so muß sich auch der **Produktionsverbindungshandel** auf die veränderten Anforderungen seiner industriellen und handwerklichen Kunden einstellen. Diese, selbst einem immer heftigeren Wettbewerb ausgesetzt, wollen aus Kostengründen eigene Lagerhaltung vermeiden, sehr spezifische Produkte oder ganze Produktpaletten kostengünstig beschaffen und zusätzliche Leistungen, wie z.B. Garantieübernahmen oder Werbung, erhalten.

Der **Konsumgüterhandel** hat sich gleichfalls mit tiefgreifenden Veränderungen in den Einzelhandels- und Abnehmerstrukturen, in den Kundenprofilen und den Kundenwünschen auseinanderzusetzen. Diese gehen so weit, daß er sowohl seine Leistungspolitik als auch seine Vermarktungspolitik neu ausrichten muß. Gehörten zu Beginn des 20. Jahrhunderts die klassisch selbständigen Nahversorgungsbetriebe zu den wesentlichen Kundengruppen des Konsumgütergroßhandels, so sind diese aus den bekannten Gründen mittlerweile weitgehend verschwunden bzw. in Kooperationsgruppen des Einzelhandels integriert. Die Convenience- und Nahversorgungsfunktion wird mehr und mehr von Tankstellenshops, Heim- und Agenturdiensten wahrgenommen, die dem Lebensstil bestimmter Zielgruppen offensichtlich mehr entsprechen.

3 Neuorientierung des Groß- und Außenhandels

Der deutsche Groß- und Außenhandel nimmt in Westeuropa eine Spitzenstellung ein, was Größe, Struktur und Leistungsfähigkeit betrifft. Er hat es auch in einer von erheblichem Auslesedruck geprägten Zeit verstanden, seine Strukturen und Leistungsprofile den wechselnden Anforderungen anzupassen und seine Position in der Leistungskette zu behaupten. Abb. 6 belegt die beachtliche Einschaltung des Großhandels in die verschiedenen Bezugs- und Absatzströme.

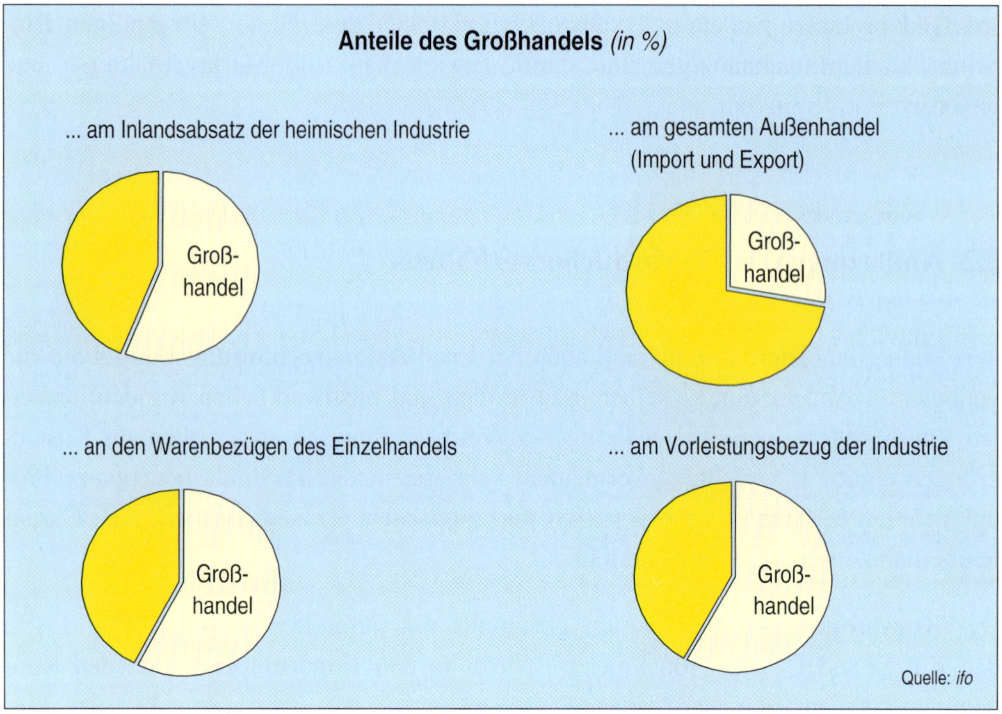

Abb. 6: Einschaltung des Groß- und Außenhandels in die Bezugs- und Absatzwege

Der deutsche Groß- und Außenhandel wird seine starke Position in Europa in den nächsten Jahren noch ausbauen können. Zur Zahl der im westeuropäischen Großhandel Beschäftigten trägt er ca. ein Viertel bei und zum gesamten Großhandelsumsatz rund 40%. Beide Maßzahlen aufeinander beziehend erkennt man die überdurchschnittliche **Personalproduktivität** des deutschen Groß- und Außenhandels. Obwohl für die nächsten Jahre weitere Marktbereinigungen abzusehen sind, wird dieser Wirtschaftsbereich - gerade aufgrund der Flexibilität seiner Firmen - diese Marktposition weiter ausbauen können.

3.1 Anforderungen und Strategien

Kaum eine Wirtschaftsstufe unterliegt so differenzierten **Funktionsanforderungen** wie der Groß- und Außenhandel. Die Spannweite reicht weit. Beim Pressegroßhandel handelt es sich um einen Markt, der nach wie vor der Preisbindung unterliegt, während der Stahlhandel einen durch *EU*-weite Subventionen verzerrten Markt verkörpert. Die Fruchtimporteure wiederum bewegen sich in einem durch Einfuhrbestimmungen, z.B. Bananenmarktordnung, administrierten Markt, und der Chemiehandel agiert in einem von Umweltvorschriften und -anforderungen besonders betroffenen Markt.

In der Wirtschaftsstufe des Groß- und Außenhandels vollziehen sich, infolge der verstärkten Internationalisierung der Warenströme und der revolutionären Entwicklungen im Kommunikations- und Informationsbereich, rasante strukturelle und funktionale Entwicklungen. Beide Marktpartnerseiten üben erheblichen **Anpassungsdruck** aus. Auf der einen Seite integrieren die großen Filial- und Hybridsysteme des Einzelhandels verstärkt Großhandelsfunktionen in ihre Gruppen. Industrieunternehmen auf der anderen Seite etablieren eigene Vertriebsgesellschaften und ergänzen das eigene Leistungsprogramm durch Zukauf von Sortimentsfeldern. Zusammengenommen sorgen diese Prozesse der **Vorwärts-** und der **Rückwärtsintegration** dafür, daß der Groß- und Außenhandel seine Position in der Wertschöpfungskette ständig neu bestimmen muß.

Der Großhandel bietet sowohl seinen Abnehmern (Einzelhandel, Handwerk, Industrie, Gastronomie, Großverbraucher, Dienstleister) als auch seinen Lieferanten (Hersteller, Agenten, Importeure) ein differenziertes Leistungsbündel, das weit über die reine Warenverteilung hinausreicht. Seine ausgeprägte Kommunikations- und Marktfühlungsqualität schafft die Voraussetzungen für die anforderungsgerechte Ausübung der **Mittlerposition**.

Gerade seine qualifizierte **„Informationsmacht"** befähigt ihn zum Intermediär und versetzt ihn in die Lage, die Sortimentsfunktion kompetent wahrzunehmen sowie die Warenlogistik anforderungsgerecht auszuführen. Die Leistungspräsentation ist eng mit der Kommunikationsfunktion verbunden; diese kann sich auf persönliche und/oder auf Sachmittel beziehen. Je nach Bedarf werden in unterschiedlicher Intensität der Außendienst eingeschaltet und spezielle Beratungsleistungen erbracht. Die Warenlogistik, ergänzende Dienstleistungen, Reparatur- und Garantiedienste, die Dienste im Finanzierungsbereich sowie Markterkundungs- und Marktanalysearbeiten komplettieren das Leistungsspektrum des Großhandels.

Auch im Groß- und Außenhandel lassen sich im Zuge der Neuorientierung und -positionierung vielfältige **Vertikalisierungstendenzen** beobachten, die über die eigentliche Großhandelsfunktion hinausführen. So findet im Stahl- oder Metallhandel eine Rückwärtsintegration statt, indem das Anarbeiten und Zuarbeiten der Produkte ausgebaut wird. Im Baustoffgroßhandel wiederum, der dem gewerblich orientierten Großhandelsgeschäft endverbraucherorientierte Baumärkte angliedert, kommt es zur Vorwärtsvertikalisierung.

Im Zuge der Neupositionierung wird der Groß- und Außenhandel seine herkömmlichen Funktionen Transport, Lagerhaltung (Logistik), Service, Finanzierung und Sortimentsgestaltung je nach den Branchenbedingungen weiter verfeinern und so sein **Wertschöpfungspotential** erweitern. Dabei erhalten neue Funktionen, wie Projektmanagement, Kommunikationsleistungen, Produktmanipulation, Produktgestaltung sowie Marktforschung (was insbesondere im Zusammenhang mit der Erschließung ausländischer Beschaffungs- und Absatzmärkte gilt) verstärktes Gewicht. Im internationalen Handel werden Devisengeschäfte, aber auch Tauschgeschäfte und Kompensationshandel, zunehmend zum Alltagsgeschäft gehören.

3.2 Erfolgsbeispiele

Der Großhandel konnte dort seine Funktionen und seine Marktposition behaupten, wo er eine **Kombination von Leistungen** erbringt. Es ist deshalb richtig und notwendig, daß er zum Beispiel nicht an die gesetzlichen Ladenöffnungszeiten gebunden ist. Nur deshalb können frühmorgens um 7.00 Uhr an fast allen Bahnhöfen und Kiosken in Deutschland nahezu alle Tageszeitungen erworben werden. Die Mitarbeiter im **Pressegroßhandel** haben schon einige Arbeitsstunden hinter sich, wenn der Einzelhandel seine Geschäfte öffnet; die flächendeckende und pünktliche Versorgung mit Zeitschriften und Tageszeitungen wäre ohne diesen Intermediär völlig undenkbar. Er erbringt eine enorme logistische Leistung, die minutiös geplant ist. Ähnliches gilt für den **Früchtegroßhandel**, der sich neben der Logistik durch eine qualitativ hochwertige Lagerhaltung auszeichnet. Auch der Früchtegroßhandel erbringt seine Leistung lange bevor die Einzelhandelsgeschäfte am frühen Morgen ihre Tore öffnen. Es ist uns selbstverständlich geworden, jeden Morgen frisches Obst und Gemüse aus aller Welt auf den Ladentischen des Einzelhandels vorzufinden - und zwar nicht nur in den Großstädten, sondern auch in abgelegenen ländlichen Bereichen. Vielleicht denken wir deshalb nicht mehr darüber nach, welche Rahmenbedingungen und Leistungen dafür erforderlich sind.

Daß in Deutschland in jeder Apotheke, selbst auf den Dörfern, innerhalb von wenigen Stunden nahezu jedes Arzneimittel erhältlich ist, setzt einen ungemein effizienten

Pharmagroßhandel voraus. Er verknüpft Lagerhaltung mit einer Logistik, die höchsten Anforderungen genügt. Ein Unternehmen in Süddeutschland beliefert etwa 22 000 Apotheken mit mehr als 100 000 verschiedenen Artikeln von annähernd 1 500 Herstellern. Dazu bedarf es eines Warenwirtschaftssystems, das höchsten Anforderungen genügt. Wenn schon wenige Stunden nach der Bestellung ausgeliefert werden soll, dann sind konventionelle Bestellverfahren völlig überfordert. Vielmehr bedarf es z.B. computergestützter Anrufsteuerungssysteme und anderer, ebenso komplizierter wie teurer Verfahren, um diese Aufgabe bewältigen zu können.

Die zahlreichen Hersteller von Süßwaren wären, jeder für sich genommen, natürlich nicht in der Lage, bundesweit rund 70 000 Kunden zu vernünftigen Kosten zu beliefern und diese zusätzlich mit weiteren Dienstleistungen zu pflegen. Dies vermag nur ein **Nahrungsmittelgroßhändler** mit einem breiten Süßwarensortiment, der über ein ausgefeiltes Logistik- und Beratersystem verfügt. Unter seinen Kunden befinden sich rund 10 000 Shops in Tankstellen sowie ebensoviele Lebensmittelhändler und Kioske. Diese heterogene Kundschaft zwingt den Großhändler zu großer Flexibilität, zumal die einzelnen Kunden oftmals in kurzen Abständen auch mit kleineren Mengen beliefert werden müssen.

3.3 Zeitwettbewerb

Am Ende des 20. Jahrhunderts läßt die Wettbewerbsdynamik Innovatoren keine Zeit mehr, technologische Entwicklungen in einem monopolartigen Besitzstandsdenken allein über längere Zeit zu nutzen. Bevor anfangs Schiffahrt und Eisenbahn, später Telegraf, Telefon etc. die Welt vernetzten, verbreiteten sich neue Entwicklungen weltweit langsam, bisweilen nur in Jahrhunderten. China erfand im 8. Jahrhundert den Buchdruck und im 11. Jahrhundert die bewegliche Letter, aber erst im 14. Jahrhundert erreichte diese Technologie Europa. Papier wurde erstmals im 2. Jahrhundert nach Christus hergestellt, gleichfalls in China; im 7. Jahrhundert waren dann die Japaner im Besitz dieser Erfindung, im 8. Jahrhundert Zentralasien und im 12. Jahrhundert Spanien, im 13. Jahrhundert schließlich Nordeuropa. Auch das Schießpulver erfanden Chinesen, und zwar im 9. Jahrhundert; erst fünfhundert Jahre später gelangten Europäer in seinen Besitz.

Im Zeitalter moderner Kommunikations- und Transportsysteme dagegen werden neue Erfindungen und neue Produkte innerhalb kürzester Zeit weltweit bekannt. Dies wiederum belebt an den „geeigneten Standorten" Produktion und Ressourcenallokation weltweit, was allerdings einen verstärkten Handelsaustausch voraussetzt. Der Groß- und Außenhandel ist Gestalter und Nutznießer einer neuen „Weltökonomie": Gestalter, da er die wesentlichen Verknüpfungs-, Vernetzungs- und Transferfunktionen zwischen Kontinenten und Ländern erbringen kann; Nutznießer, weil er durch die Globalisierung und die weltweit wachsende Dienstleistungsorientierung an Bedeutung gewinnt.

4 Internationales Umfeld

4.1 Konsequenzen der Asienkrise

Während die westlichen Industrieländer einschließlich Japan von 1990 bis 1997 ihr Bruttoinlandsprodukt jährlich nur um durchschnittlich 2% erhöhen konnten, legten die südostasiatischen Tiger-Staaten mit Jahreswerten von 7 bis 8% zu (vgl. Abb. 7).

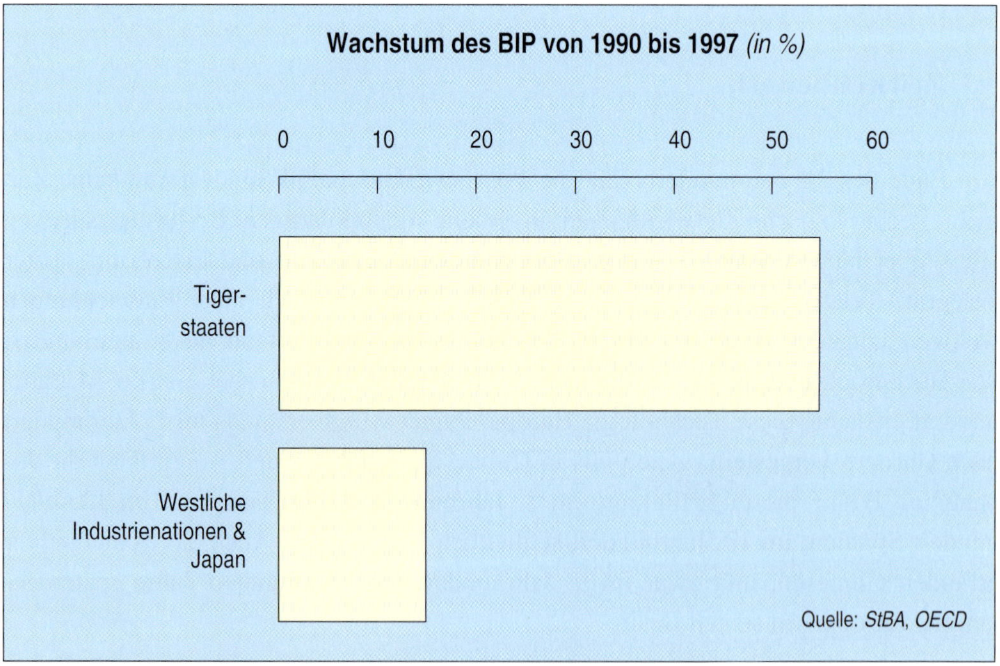

Abb. 7: Wirtschaftswachstum nach Ländergruppen

Mit der Krise von 1998, die in diesem Teil der Welt in erster Linie eine Finanz- und Bankenkrise ist, scheint dieser Höhenflug vorerst beendet zu sein. Allerdings werden diese Staaten dank der teilweise sehr starken Abwertung ihrer Währungen die weltweiten Handelsströme umlenken. Zugleich verteuern sich die Lieferungen insbesondere der amerikanischen und der europäischen Exporteure in dieser Region deutlich; Deutschland ist mit einem Exportanteil von ca. 5% nicht sehr stark von dieser Krise betroffen. Umgekehrt verbessern die mit den Abwertungen einhergehenden Preissenkungen die Exportfähigkeit der Krisenländer. Dies betrifft nicht allein die bilateralen Handelsbeziehungen, sondern vor allem auch die Konkurrenzsituation auf den umkämpften Drittmärkten. Der deutsche und der europäische Groß- und Außenhandel müssen verstärkte Anstrengungen unternehmen, um bei dieser Veränderung der Herkunfts- und Zielströme im Welthandel nicht an Gewicht zu verlieren.

4.2 Fortschreitende Liberalisierung des Welthandels

Als Verfechter des Freihandels wacht die 1995 gegründete *Welthandelsorganisation (WTO)* darüber, daß ihre Mitglieder Zollschranken und andere Handelshemmnisse abbauen. Dabei waren die *WTO* und ihr Vorgänger, das *GATT* (*General Agreement on Tariffs and Trade*), sehr erfolgreich. Am 1. Januar 1948 traten dessen Zollvereinbarungen in Kraft. Von diesem Zeitpunkt bis 1997 sank die **Zollbelastung** für industrielle Güter von durchschnittlich 35% auf unter 4%, was als großer Erfolg für den freien Welthandel verzeichnet werden kann. Im Telekommunikationsbereich und für pharmazeutische Vorprodukte wurde vollständige Zollfreiheit vereinbart; selbst in dem empfindlichen Agrarsektor ist ein Einstieg in den Abbau der Zölle und Subventionen gelungen. Im selben Zeitraum (von 1948 bis 1997) konnten wir eine Vervierzehnfachung des Welthandels registrieren, während die Weltproduktion in diesem Zeitraum um das Fünfeinhalbfache stieg.

Insgesamt trugen diese Institutionen fraglos dazu bei, den **Rechtsrahmen** für den globalen Welthandel zu stärken. Seit Einführung der *WTO* stieg die Zahl ihrer Mitglieder von 117 auf 132; derzeit stehen 31 Länder auf der Warteliste, darunter auch Rußland und die VR China.

Anstatt den Protektionismus weiter abzubauen und die Weltwirtschaft weiter zusammenwachsen zu lassen, werden in Gestalt der **Regionalisierung** (vgl. z.B. *Frankel* 1997), wie die wachsende Anzahl regionaler Abkommen über Zollunionen oder Freihandelsabkommen zeigt, **neue Barrieren** aufgebaut. Allein zwischen 1990 und 1994, also während der Uruguay-Runde, sind 33 neue Abkommen beim damaligen *GATT* angemeldet worden. Von den insgesamt 109 registrierten Abkommen verpflichten 51 die Partner zu gegenseitigen Zoll- und Handelsvorteilen. Daß dadurch Handelsströme umgelenkt werden, ist mehr als nur eine Befürchtung.

Eine weitere Liberalisierungsrunde würde die Vorteile von Freihandelsabkommen schmälern und somit dem Trend zur Bildung weiterer derartiger Abkommen entgegenwirken. Deshalb sollte zügig mit einer neuen, der 9. *GATT*-Runde, begonnen werden. Die noch bestehenden Handelshemmnisse gilt es, weiter abzubauen, die Entwicklungsländer stärker einzubinden und den Agrarhandel zu liberalisieren.

4.3 Einheitlicher Währungsraum in Europa

Am 1.1.1999 startet die europäische Währungsunion mit elf Teilnehmerländern. Dann werden zehn unterschiedliche Währungen durch eine einheitliche Währung, den Euro, ersetzt (Belgien und Luxemburg haben bereits eine Währungsunion). Dadurch ergeben sich für den Handel in seinen verschiedenen Ausprägungen **neue Marktchancen**. Die gemeinsame Währung ist der entscheidende Schritt zu einem wirklichen Binnenmarkt mit zunächst 290 Mio., später 380 Mio. Verbrauchern. Der Euro wird für eine völlige Transparenz der Märkte sorgen. Alle Preise und Kosten sind dann direkt miteinander vergleichbar. Die Währungsunion läßt aber auch schlagartig ca. 43% unserer bisherigen Gesamtexporte praktisch zu Inlandsumsätzen werden; denn diese Lieferungen unterliegen keinerlei **Währungsrisiken** mehr. Dies gilt entsprechend für den Anteil der bisherigen Importe, die aus der *EU* kommen (ebenfalls ca. 43%). Da die gemeinsame Währung aber den anderen Teilnehmerländern ähnliche Erleichterungen verschaffen wird, muß man von einer wachsenden Konkurrenzintensität auf allen europäischen Märkten ausgehen, was wiederum dem „Lean Selling" weiteren Auftrieb geben kann.

5 Ausblick

Die Wirtschafts-, Finanz- und Sozialpolitik steht auch in der XIV. Legislaturperiode des *Deutschen Bundestages* vor gewaltigen Aufgaben. Die deutschen Handelsunternehmen können nur dann weiter florieren und investieren, wenn die Politik die volkswirtschaftlichen Rahmenbedingungen weiter verbessert. Dringend erforderlich sind eine Senkung von Steuern und Abgaben, ein Abbau der vielfältigen bürokratischen Hemmnisse, die nicht zuletzt den Handel beeinträchtigen, Flexibilisierung im Sozial- und Arbeitsrecht sowie Abbau der Subvention veralteter Industrien.

Damit sich die wirtschaftspolitische Diskussion nicht erneut einseitig auf Industriepolitik oder, wie früher üblich, auf die Landwirtschaft konzentriert, dürfen die Spitzenverbände des Handels in den zentralen Fragen nicht länger jeder für sich sprechen. Um die dringend erforderliche **„eine Stimme"** zu ermöglichen, hat der *Bundesverband des Deutschen Groß- und Außenhandels* die Initiative ergriffen, eine Koordinations- und Kommunikationsplattform der großen Handelsverbände zu etablieren, so daß die politische Schlagkraft des gesamten Handels erhöht wird. Es ist dringend erforderlich, daß er in Bonn und künftig in Berlin stärkeres Gehör findet, wenn es um die Gestaltung der wirtschaftspolitischen Rahmenbedingungen geht. Dieser Anspruch gilt gleichermaßen für die europäische Wirtschafts- und Handelspolitik.

Verkaufsflächenexpansion als Herausforderung der Stadtplanung

Rainer P. Lademann

1 Einführung

In der europäischen und insbesondere der deutschen Stadtentwicklung spielen die Grundstrukturen der mittelalterlichen Stadt eine herausragende Rolle. Das **Stadtzentrum** repräsentiert dabei aus historischer Sicht den räumlichen und Identität stiftenden **urbanen Mittelpunkt** für die Siedlungs- und Verkehrsentwicklung. Im Vergleich zu anderen Lagen in der Stadt weisen Innenstädte die bei weitem höchste und differenzierteste (multifunktionale) Nutzungsdichte auf. Gleichwohl prägt vor allem der

Einzelhandel die Straßen und Gestaltung des Stadtbilds mehr als andere Nutzungen. Der innerstädtische Einzelhandel versinnbildlicht insofern die Stadt als Ort des (Aus-) Tausches und der Kommunikation und damit ihre sozialen, kulturellen und ökonomischen Grundlagen in besonderer Weise.

Daher verwundert es nicht, wenn der Strukturwandel im Einzelhandel stets auch als eine **Bedrohung der Innenstadtfunktion** gesehen wurde. Seitdem seit den sechziger Jahren vor allem an verkehrsgünstigen Standorten neue Betriebsformen, insbesondere Verbrauchermärkte und Einkaufszentren, expandieren, wurde die „Grüne Wiese" zum Synonym für die Verödungsgefahren in den Innenstädten. Solange gibt es kaum eine städtebauliche Diskussion, in der nicht eine Stärkung der Handelsfunktion der Innenstadt gefordert wird (vgl. *BAG* 1983, S. 47f.; 1995, S. 11f.). Die teils städtebauliche, teils aber auch mittelstandspolitische Debatte zeichnet sich vor allem dadurch aus, daß als Urheber der Innenstadtprobleme in erster Linie weitgehend der periphere, großflächige Handel ausgemacht wird (Außen gegen Innen bzw. Groß gegen Klein). Setzen die raumordnungs- und baurechtlichen Instrumente zur planerischen Steuerung der Flächen- und Standortentwicklung (vor allem § 11 Abs. 3 BauNVO) damit tatsächlich an den richtigen Ursachen an, oder liegen die Probleme der Innenstädte nicht doch tiefer?

Dieser Beitrag geht daher zunächst der Frage nach, welche Antriebskräfte hinter der Verkaufsflächenexpansion des stationären Einzelhandels (im folgenden kurz Einzelhandel oder Handel) stehen. Anschließend wird skizziert, wie sich die Innenstädte als Einzelhandelsstandort verändert haben und vor welchen Herausforderungen sie künftig stehen. Abschließend werden Konsequenzen und Ansatzpunkte für planerische Ansätze zur Sicherung der Innenstädte als Einzelhandelsstandort aufgezeigt. Dabei basiert die Analyse weitgehend auf westdeutschen Zahlen aus der amtlichen Statistik (volkswirtschaftliche Gesamtrechnung, Aufbereitung der Handels- und Gaststättenzählung) sowie auf Stadt- und Regionalanalysen, die der Verfasser in der Funktion als Geschäftsführer der *GWH Dr. Lademann & Partner* in Hamburg in den letzten zehn Jahren in Gesamtdeutschland durchgeführt hat.

2 Antriebskräfte der Verkaufsflächenexpansion

2.1 Vorüberlegungen

Unter wettbewerblichen Rahmenbedingungen wird sich der stationäre Einzelhandel in Abhängigkeit von seiner Wettbewerbsfähigkeit gegenüber substitutiven Distributionskanälen sowie des Nachfragevolumens entwickeln. Für das Nachkriegs-Deutschland kann von einer ausgeprägten **Dominanz des stationären Einzelhandels** gegenüber Direktvertriebssystemen oder dem Versandhandel gesprochen werden; ca. 95% aller Konsumgüter wurden und werden durch den Ladeneinzelhandel an den Verbraucher distribuiert (vgl. *Statistisches Bundesamt* 1993). Daher hing zumindest in der Vergangenheit die Verkaufsflächenentwicklung gesamtwirtschaftlich vereinfachend ausgedrückt fast ausschließlich von der Entwicklung der Endverbrauchernachfrage und den Wettbewerbsbedingungen im stationären Einzelhandel selbst ab. Bei der Expansion des Einzelhandels spielen drei **Einflußgrößen** eine herausragende Rolle:

(1) Konsumintensität (Pro-Kopf-Nachfrage)

Die Pro-Kopf-Nachfrage bringt die nachgefragte Warenmenge und -qualität zum Ausdruck. Sie ist in erster Linie vom verfügbaren Einkommen abhängig und wird daher vor allem durch das gesamtwirtschaftliche Wachstum, die Höhe der Steuern und Abgaben sowie die Konsumpräferenzen der Haushalte für alternative Einkommensverwendungen (u.a. Wohnen, Freizeit, Kfz, Reisen usw.) beeinflußt.

(2) Bevölkerungsentwicklung

In Verbindung mit der Bevölkerungsentwicklung errechnet sich die gesamtwirtschaftliche Einzelhandelsnachfrage, die auch ein Maß für das vom Distributionssystem physikalisch zu bewältigende Warenvolumen ist (Raumüberbrückungsleistung des Handels).

(3) Standort- und Betriebsformenwettbewerb

Die gesamtwirtschaftliche Verkaufsflächenentwicklung hängt bei gegebenem Warenvolumen wesentlich vom Wettbewerb der Betriebsformen sowie von der Verfügbarkeit von Standorten ab. So erhöht das Ausmaß der Produktdifferenzierung den Verkaufsflächenbestand ebenso, wie etwa die Verbreitung des Selbstbedienungsprinzips (SB), da vorverpackte und in Griffhöhe der Verbraucher präsentierte Ware einen höheren Flächenbedarf nach sich zieht als die Fremdbedienung. Entscheidend wird auch sein, ob geeignete Standorte verfügbar sind, was wiederum maßgebend von der Genehmigungspraxis, also von administrativen Marktzugangsbeschränkungen, abhängt.

Wird die Verkaufsflächenexpansion administrativ gebremst, werden bei wachsenden Märkten die bestehenden Läden durch steigende Flächenproduktivitäten besser ausgelastet. Das begrenzt zwar den Verkaufsflächenbestand, vermindert aber auch die Wettbewerbsintensität zu Lasten der Verbraucher. Bestehen keine administrativen

Beschränkungen auf dem Markt (von wirtschaftlichen einmal abgesehen), wird die Flächenexpansion tendenziell solange anhalten, wie der Grenzgewinn der Investition noch zunimmt.

Bei diesen mehr theoretischen Überlegungen ist darauf hinzuweisen, daß die Verkaufsflächenentwicklung nicht nur wertmäßig betrachtet werden darf. Sie dient zunächst einmal der physikalischen Abwicklung des Warenflusses (Warenmanipulation). Dabei hat preisgünstigere Ware meist den gleichen Flächenbedarf wie hochpreisige Artikel, weshalb es aussagefähiger ist, bei der folgenden Analyse der Flächenentwicklungen von realen, inflationsbereinigten Werten auszugehen.

2.2 Gesamtwirtschaftliche Eckdaten der Verkaufsflächenexpansion

2.2.1 Entwicklungslinien des Einzelhandels bis 1993

Zwischen 1960 und 1993 hat sich die **Verkaufsfläche** des Einzelhandels in Westdeutschland von rund 26 Mio. qm auf knapp 78 Mio. qm **fast verdreifacht** (+ 199%). In dieser Zeit wuchs der Einzelhandelsumsatz je Einwohner real um 135%, die Bevölkerung in Westdeutschland um 18,2% bzw. 10,1 Mio. Personen auf 65,5 Mio. Einwohner (vgl. Abb. 1). Verknüpft man das Pro-Kopf-Wachstum mit dem Bevölkerungszuwachs, errechnet sich für den oben angegebenen Zeitraum ein Marktwachstum von 177%.

Es wird deutlich, daß die Pro-Kopf-Nachfrage gut sieben- bis achtmal stärker zur Flächenexpansion im Einzelhandel beigetragen hat als das Bevölkerungswachstum. Die bislang vollzogene Flächenexpansion spiegelt daher reale Wohlstandssteigerungen wider. Das jährliche Wachstum der Einzelhandelsnachfrage lag somit zwischen 1960 und 1993 real bei durchschnittlich gut 3,1% und erreichte damit im Mittel etwa 93% des Verkaufsflächenzuwachses von ca. 3,4% pro Jahr. Der Strukturwandel im Handel durch den verstärkten Übergang zu Großbetriebsformen wie Verbraucher-, Bau- und große Möbelmärkte (Standort- und Betriebsformenwettbewerb) trug bislang mit rund 0,3% pro Jahr zur Verkaufsflächenexpansion bei. Daraus hat sich im Laufe des Betrachtungszeitraums ein **realer Produktivitätsverlust** von ungefähr 12% kumuliert. Der Zuwachs an Verkaufsfläche wurde in den vergangenen Jahren demnach überwiegend durch reales Marktwachstum getragen (vgl. Abb. 2).

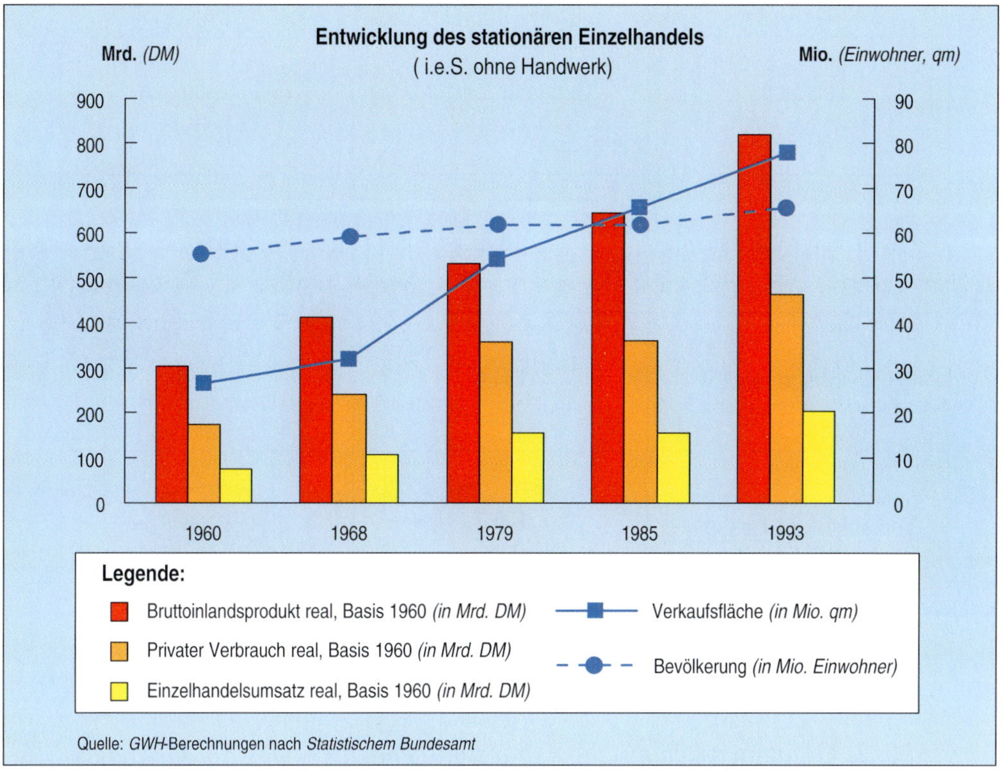

Abb. 1: Gesamtwirtschaftliche Entwicklung des westdeutschen Einzelhandels

Das befürchtete **„Overstoring"** ist folglich bislang **ausgeblieben**. Bedenkt man ferner, daß es in dieser Zeit vor allem im Lebensmittelhandel, seit Mitte der achtziger Jahre durch Fachmärkte auch im Non-Food-Bereich, zu einer starken Ausbreitung des SB-Prinzips mit teils gravierenden Sortimentserweiterungen (vgl. *Lademann* 1996) gekommen ist, dann bringt die entstandene Produktivitätslücke vorrangig diesen Strukturwandel zum Ausdruck und nicht Überkapazitäten. Nach eigenen Recherchen entspricht der Nettozuwachs weitestgehend auch den neu entwickelten Flächen; quantitativ bemerkenswerte gesamtwirtschaftliche Abgänge sind bislang kaum zu verzeichnen gewesen, zumal z.B. viele im Lebensmitteleinzelhandel aufgegebene Klein- und Kleinstflächen häufig durch andere Einzelhandelsbranchen umgenutzt wurden.

Trotz restriktiven Bauplanungsrechts konnte somit die Expansionsgeschwindigkeit der Verkaufsflächen mit dem Marktwachstum im Einzelhandel Schritt halten. Der Strukturwandel war bislang somit nicht Ausdruck einer über das Marktwachstum hinausgehenden Flächenexpansion, sondern eines wachstumsinduzierten Betriebsformen- und Standortwettbewerbs.

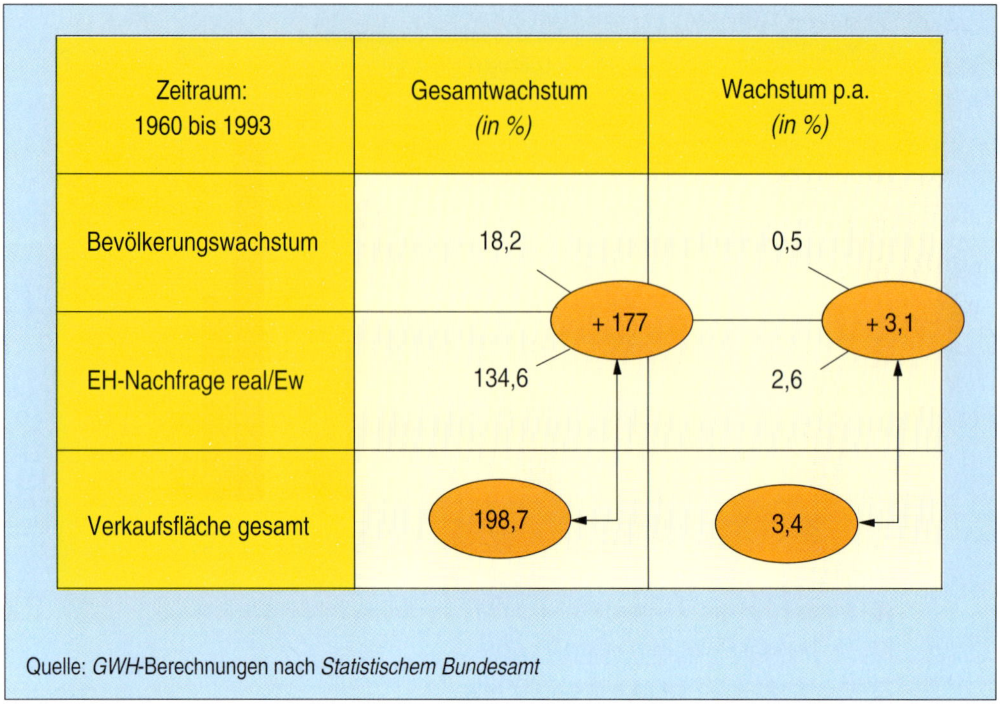

Abb. 2: Gesamtwirtschaftliche Expansionskennziffern des Einzelhandels

2.2.2 Flächenexpansion seit 1993

Für die Zeit seit 1993 liegen keine amtlichen Daten zur Flächenentwicklung des Einzelhandels vor. Der Verfasser nimmt daher auf der Grundlage des Standortforschungsprogramms der *GWH Dr. Lademann & Partner* in Hamburg eine grobe Abschätzung der sich seitdem abzeichnenden Einzelhandelsentwicklung vor.

Seit 1993 ist es danach bislang zu einer Abkopplung der Flächenexpansion von der Nachfrageentwicklung gekommen:

- Einem westdeutschen **Flächenzuwachs** von ca. 1,5 bis 2% pro Jahr steht
- ein real um knapp 8% **rückläufiger Einzelhandelsumsatz** gegenüber.

Damit setzt sich die Flächenexpansion, wenn auch auf vermindertem Niveau fort. So dürfte die Einzelhandelsverkaufsfläche in Westdeutschland heute **etwa 85 Mio. qm** umfassen. Während zwischen 1960 und 1993 die Flächenproduktivitäten real nur um rund 12% sanken, dürften die Umsätze je Quadratmeter von 1993 bis 1997 unter Einbeziehung des Flächenzuwachses über alle Branchen hinweg real bereits um 14 bis 16% nachgegeben haben. Diese dramatischen Eckdaten erklären auch die derzeit im Handel anhaltend negativen Zukunftserwartungen. Diese sind insoweit berechtigt, als sich nach der bundesweiten Expansionsbeobachtung der *GWH Dr. Lademann & Partner* im Einzelhandel derzeit Vorhaben mit **weiteren rund 10,5 Mio. qm Verkaufsfläche** in den unterschiedlichsten Entwicklungsstadien befinden. Wenngleich ein Teil dieser Planungen keine Realisierungschancen haben wird, werden mittelfristig über 90 Mio. qm Verkaufsfläche im Wettbewerb stehen (vgl. Abb. 3).

Etwa 30% der aktuellen Vorhaben entfällt dabei auf Fachmarkt- und Shopping Center, die allesamt eine hohe Realisierungswahrscheinlichkeit besitzen, weitere 65% auf Agglomerationen. Der größte Teil dieser Vorhaben liegt nicht in Innenstädten (ca. 90%), sondern an verkehrsgünstigen Standorten. Damit wird der Verkaufsflächenanteil der Innenstadt voraussichtlich weiter abnehmen (vgl. Abb. 3).

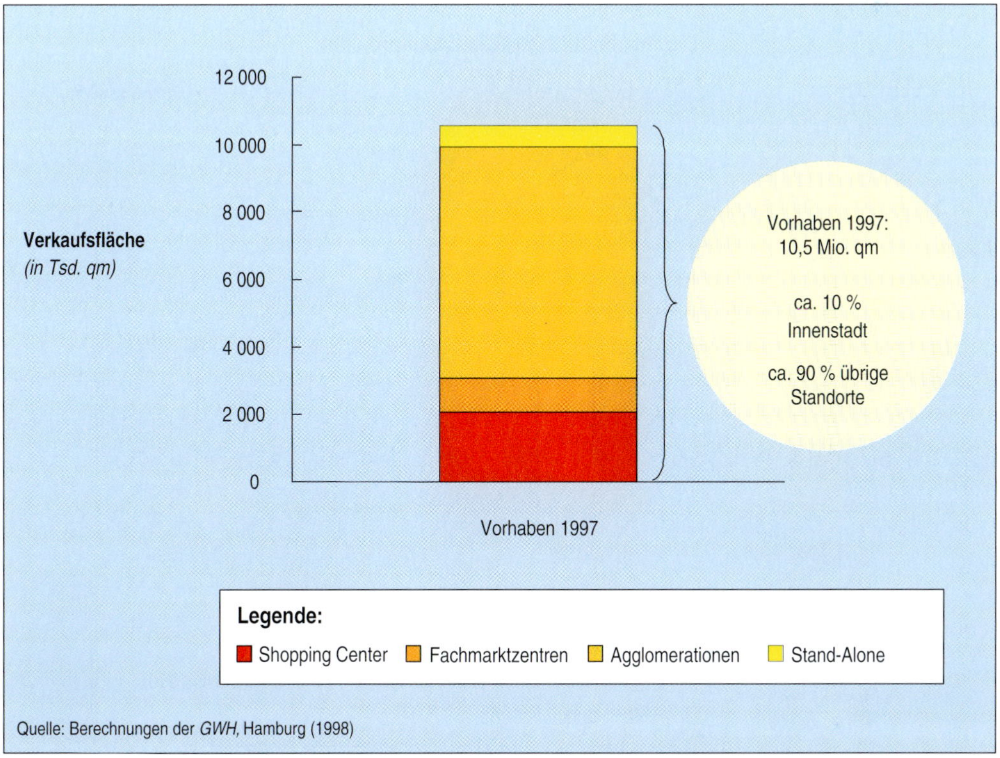

Abb. 3: Ansiedlungsvorhaben im Einzelhandel 1997

2.3 Zusammenhang von Verkaufsflächenexpansion und Marktwachstum

Diese Vorhabendaten zeigen, daß die Flächenexpansion ungebrochen ist und sich vom Marktwachstum im Einzelhandel derzeit abkoppelt. Allerdings hat es bereits Anfang bis Mitte der achtziger Jahre ähnliche Entwicklungen gegeben. Abb. 4 zeigt, daß das **Flächen-** und das **Nachfragewachstum temporär** teils erheblich von einander **abweichen**. So lag das reale Marktwachstum in den sechziger Jahren und in der zweiten Hälfte der achtziger bis 1993 weit über der Flächenexpansion, während in den siebziger Jahren bis Mitte der achtziger der Verkaufsflächenzuwachs der Nachfrage davoneilte. Faktisch ist es in diesen Jahren zum Ausgleich von „Flächendefiziten" gekommen, indem die Verkaufsflächenentwicklung dem Marktwachstum gefolgt ist. Hierin spiegelt sich ein offenbar antizyklisches Expansionsverhalten des Einzelhandels wider (was hier nicht weiter untersucht werden kann).

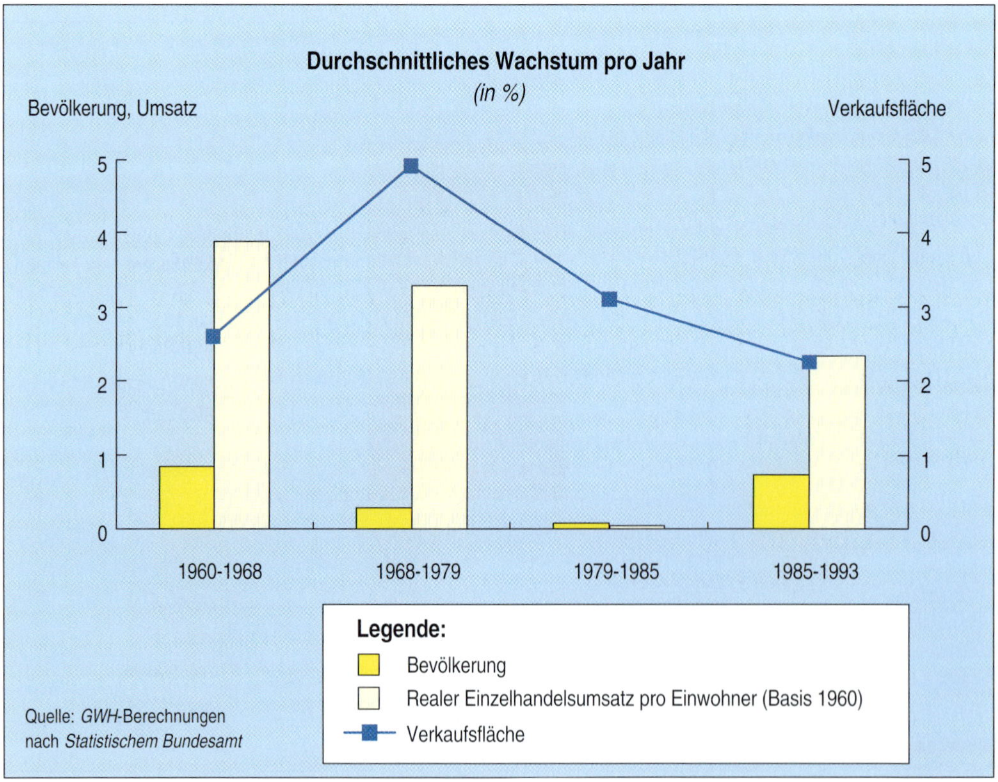

Abb. 4: Expansionsentwicklung des westdeutschen Einzelhandels nach Zeiträumen

Der o.g. Zusammenhang von Flächenexpansion und Wirtschaftswachstum wird bei langfristiger Betrachtung folglich weitestgehend bestätigt, was der wirtschaftlichen Logik entspricht. Insofern bewirkt der Marktmechanismus auch bei Handelsimmobilien einen Ausgleich zwischen angebotswirksamer und von der Nachfrage getragener Verkaufsfläche. Eine langfristige Abkopplung der Flächenexpansion vom Marktwachstum wäre praktisch dagegen c.p. nur denkbar, wenn andere Einzelhandelsflächen etwa durch Aufgabe aus dem Markt gedrängt würden.

Es ist zu vermuten, daß Zeiten der Abkopplung von Flächenzuwachs und Marktwachstum Zeiten verschärften Strukturwandels sind, wie seit den achtziger Jahren die Probleme der Warenhäuser in den Innenstädten oder die jüngsten Unternehmenszusammenschlüsse zeigen (u.a. *Intermarché/Spar*, *Wal-Mart/Wertkauf*, *METRO/Allkauf*, *Quelle/Karstadt*), ohne daß das Muster eines langfristigen Wachstumspfades seine Gültigkeit verliert. Es ist daher mit Blick auf planerische Fragen und die Auswirkungen der Flächenexpansion auf die Innenstadt erforderlich, zwischen den **langfristigen Zusammenhängen** und den **mittelfristigen Risiken** der Entwicklung zu unterscheiden.

2.4 Gesamtwirtschaftliche Bedeutung des Einzelhandels

Vielfach werden die Gefahren der Flächenexpansion in einem Atemzug mit der rückläufigen gesamtwirtschaftlichen Bedeutung des Einzelhandels genannt. Diese Betrachtung stimmt nur nominell, wobei der Anteil des Einzelhandels am privaten Verbrauch oder dem BIP erheblich abgenommen hat. Bei **inflationsbereinigter Betrachtung** zeigt sich jedoch, daß die gesamtwirtschaftliche Funktion des Einzelhandels unverändert hoch ist. Rechnet man nämlich die Preissteigerungen heraus, dann ergibt sich, daß die gesamtwirtschaftliche Distribution des Einzelhandels 1993 (43,7% vom privaten Verbrauch) sogar geringfügig höher lag als 1960 (42,7% vom privaten Verbrauch). Zwischenzeitlich war der Anteil bei realer Betrachtung sogar auf 44,1% vom privaten Verbrauch oder fast 30% vom BIP gestiegen (vgl. Abb. 5).

Die reale Berechnung der Einzelhandelsumsätze erlaubt allerdings immer noch keinen Rückschluß auf das **effektive physikalische Warenvolumen**. So haben sich gerade in den vergangenen Jahren in bedeutenden Teilen des Einzelhandels (vor allem im Bekleidungs-, Elektro-, Möbel- und Baumarktbereich) weitreichende Sortimentsverschiebungen zugunsten preisgünstigerer Importware oder ein teils dramatischer Preisverfall ergeben, ohne daß die Warenmenge dadurch abgenommen hätte. In Verbindung mit einem nominell rückläufigen gesamtwirtschaftlichen Anteil des Einzelhandels folgt daraus, daß das Ladennetz des Einzelhandels voraussichtlich bis heute zumindest nicht schrumpfende, sondern eher zunehmende Warenmengen mit einer niedrigeren Wertschöpfung abwickeln mußte. Der reale Umsatzrückgang sagt daher über den Bedarf an gesamtwirtschaftlicher Distribution nichts aus.

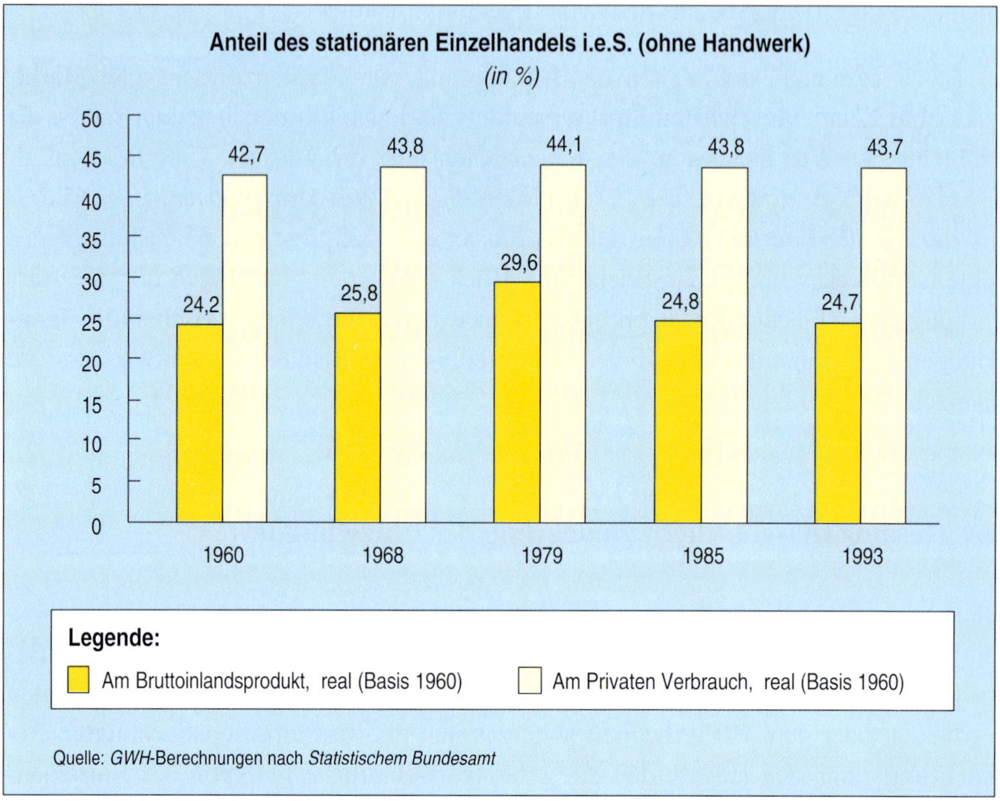

Abb. 5: Gesamtwirtschaftliche Bedeutung des westdeutschen Einzelhandels

Bereits die wenigen gesamtwirtschaftlichen Eckdaten spiegeln den Übergang zu zunehmenden **Discountstrukturen** wider („*Aldi*sierung“). Der nominelle Bedeutungsverlust täuscht folglich darüber hinweg, daß die Anforderungen an die distributiven Leistungen des Einzelhandels im gesamtwirtschaftlichen Maßstab auch unter Berücksichtigung der Rezession seit 1993 kaum gesunken sind. Dies erklärt auch, warum die Nachfrage des Einzelhandels nach Verkaufsflächen trotz realer Marktschrumpfung unverändert hoch ist, der Rationalisierungsdruck bei derzeit real rückläufigen Umsätzen allerdings ebenfalls.

3 Ausgewählte handelsexogene Entwicklungskräfte

3.1 Zur Nachfrageverteilung und -entwicklung

Der nominelle Bedeutungsverlust hat seine Ursache nicht zuletzt in der Entwicklung der **Einkommensverteilung**. Seit 1980 bis heute haben sich die Nettoeinkommen der sozialversicherungspflichtig Beschäftigten per Saldo real nicht erhöht; sie liegen inzwischen sogar unter den Werten von 1980 (vgl. *Lademann* 1996, S. 15ff.). Selbst wenn weitere Einkommenbestandteile (z.B. durch Anstieg der Erwerbsquote, Zweitjobs, Schwarzarbeit) in Rechnung gestellt werden, wird in Verbindung mit der starken Zuwanderung von weitgehend von Transfereinkommen abhängigen Bevölkerungsschichten deutlich, daß es seit den achtziger Jahren zu einer zunehmenden Polarisierung der Einkommen und des Konsums gekommen ist; an weiten Teilen der Bevölkerung ist in den vergangenen Jahren das Nachfragewachstum im Einzelhandel eher vorbeigelaufen.

Die bereits seit langem anhaltende Polarisierung der Einkommen und infolge davon der Nachfrage im Einzelhandel hat ebenfalls die Abkopplung der Flächenexpansion von der Nachfrageentwicklung forciert. Die Unternehmen fragen verstärkt kosten- und kundenoptimierte neue Discountstandorte nach.

3.2 Anhaltender Sub-Urbanisierungsdruck

Die Nachfrage nach neuen Verkaufsflächen wird auch durch die anhaltende Sub-Urbanisierung und damit einhergehende **Segregationstendenzen** ausgelöst. Solange vor allem Haushalte mit mittlerem bis gehobenem Einkommen in das Umland der Städte ziehen (Speckgürteleffekt), verlagert sich ein beträchtlicher Teil der Nachfrage räumlich. Dadurch sinkt in den Städten die relative Kaufkraft, da der Anteil niedrigerer Einkommensbezieher zunimmt. Dieser Trend wurde in den letzten Jahren durch die Zuwanderung von meist von Transfereinkommen abhängigen Aus- und Übersiedlern sowie Asylsuchenden noch verschärft.

Für den Einzelhandel bedeutet Sub-Urbanisierung eine Umwertung des Betriebsformen- und Standortgefüges. Einerseits werden Standorte in der Peripherie der Städte aufgewertet und verstärkt nachgefragt, ohne daß städtische Verkaufsflächen aufgegeben werden. Andererseits werden die auf kleinere Einzugsgebiete zielenden Betriebsformen (Nahversorger, kleinere Fachmärkte mit geringer Sogkraft auf das Umland) durch die relativen Kaufkraftverluste tendenziell in die Discountierung gedrängt.

Ähnliche Auswirkungen hat die gerade in Großstädten beobachtbare Verlagerung von Büroarbeitsplätzen in Büro- oder Gewerbeparks. Auch dadurch gehen gerade den Innenstädten bislang dort arbeitende und regelmäßig einkaufende Kunden verloren. Wenn auch der Wirkung nach geringer, schwächen auch periphere Gewerbegebietsentwicklungen die Nachfragebasis von zentralen Standorten des Einzelhandels, weil i.d.R. die Erreichbarkeit der Innenstädte oder Nebenzentren für einen Einkauf nach Feierabend schlechter wird.

Auch an dieser Stelle wird deutlich, daß ein beträchtlicher Teil der Flächenexpansion exogen induziert wurde. Um diese Form der Flächenausweitung und -verlagerung zu bremsen, sind folglich Konzepte gegen die Sub-Urbanisierung erforderlich; hier kann jedenfalls die Baunutzungsverordnung oder das Raumordnungsrecht kaum zielführend sein.

4 Raumökonomische Entwicklung des Einzelhandels

4.1 Bisherige Entwicklungen

Abb. 6 unterstreicht, daß es in Verbindung mit der Flächenexpansion zu gravierenden Verschiebungen im Einzelhandelsgefüge gekommen ist (vgl. *Tietz/Rotkaar* 1991, S. 158ff.). Die Expansion von **Großbetriebsformen an peripheren Standorten** schlägt sich in erster Linie an Standorten außerhalb von Ortschaften oder in übrigen Lagen im Stadtgebiet (Wohngebiet, Ausfallstraßen, Gewerbegebiete) nieder. Der Anteil der Innenstadtflächen ist danach stark rückläufig und beträgt heute noch rund 44%. Bemerkenswert ist der starke Umbruch seit 1985, zumal zuvor relativ konstante Strukturen vorherrschten. In diesen Jahren kam es zu den ersten Warenhausschließungen und Abgängen im mittelständischen Facheinzelhandel (Filialisierung). Vor allem die Massenversorgung in den Innenstädten steht spätestens seitdem unter verschärftem Wettbewerbsdruck.

Allerdings sind auch hier die absoluten Zahlen aufschlußreich. Die innerstädtische Verkaufsfläche hat sich gegenüber 1979 ebenfalls deutlich erhöht, was auch bereits für die sechziger Jahre galt (vgl. *Treis* 1991, S. 33). Unklar ist, ob der leichte Rückgang seit 1985 tatsächlich eingetreten ist, da zwischenzeitlich die Statistik umgestellt wurde. So zeigt sich, daß auch die Nebenzentren nach einer Phase der Schrumpfung bis 1985 die Fläche mehr als verdoppelt haben; hier können durch Zuordnungsunterschiede Verzerrungen hineinspielen. Als gesichert kann jedenfalls gelten, daß die Innenstädte mit den Nebenzentren gesamtwirtschaftlich ebenfalls am Flächenwachstum partizipiert haben. Von einem anhaltenden Erosionsprozeß „der Innenstadt" als Einzelhandelsstandort kann demnach bis 1993 nicht die Rede sein. Statt vom Funktionsverlust ist wertneutraler von einer **Funktionsverschiebung** zu sprechen, zumal die Schwierigkeiten von Großbetrieben, wie Waren- und Kaufhäusern als Betriebsform in einem späten Stadium ihres Lebenszyklus, nicht verallgemeinerbar sind. Die Verkaufsflächen an den peripheren Standorten sind daher gesamtwirtschaftlich in erster Linie nur stärker gewachsen als in den zentralen Versorgungsbereichen der Städte.

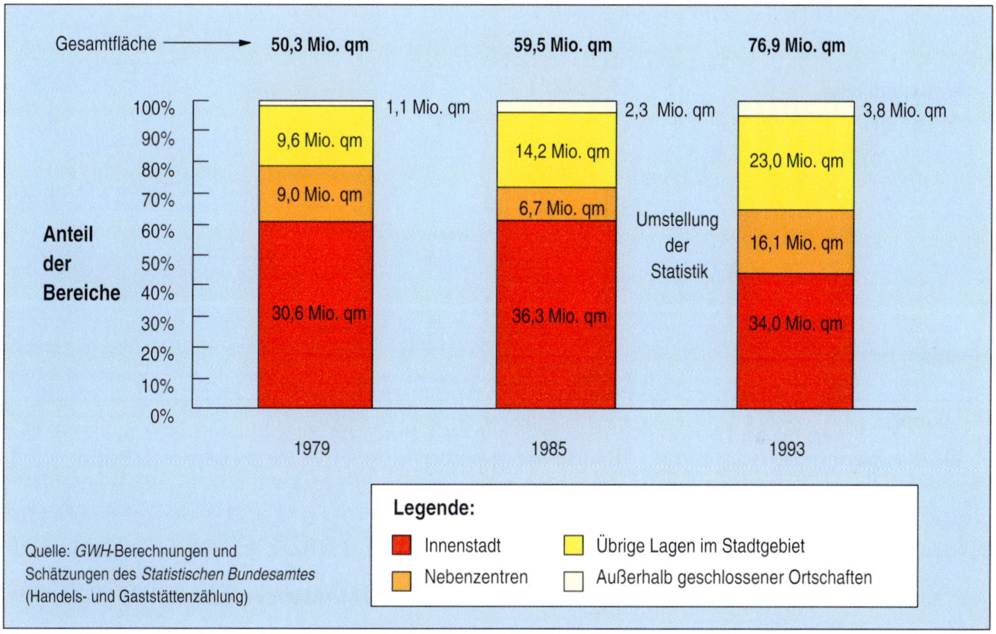

Abb. 6: Entwicklung der Raumstrukturen im westdeutschen Ladeneinzelhandel

4.2 Raumökonomische Aspekte der Sortimentsentwicklung

Der Prozeß der Verkaufsflächenexpansion stellt sich in Westdeutschland nach **Branchen** höchst unterschiedlich dar. Während die Flächenentwicklung im Lebensmittel-

Einzelhandel nach der weitgehend abgeschlossenen Umstellung des Verkaufsstellennetzes auf Selbstbedienung praktisch nur noch bevölkerungsproportional wächst, haben bis Anfang der neunziger Jahre die Verkaufsflächen in den Warenbereichen Do-it-Yourself und der Gruppe der überwiegend shoppingrelevanten und innenstadttypischen Sortimente (d.h. Linie persönlicher Bedarf, Freizeitbedarf) stark expandiert. So entfiel der Verkaufsflächenzuwachs zwischen 1985 und 1993 zu rund 51% (6,1 Mio. qm) auf überwiegend innenstadttypische Sortimente, zu 49% (5,9 Mio. qm) auf übrige Warengruppen (nahversorgungs- und peripherietypische Sortimente, vgl. Abb. 7).

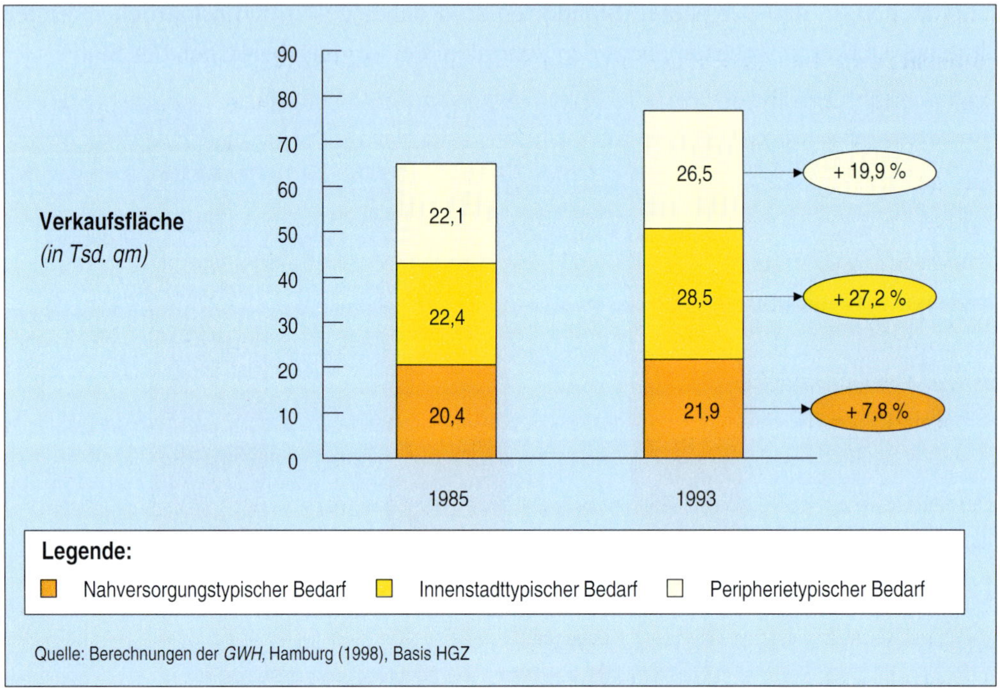

Abb. 7: Flächenentwicklung nach Sortimentsbereichen

Da, wie gezeigt, die Innenstadt seitdem flächenmäßig eher stagnierte, müssen zunehmend Verkaufsflächen mit typischen **Shoppingsortimenten außerhalb der Innenstädte** entwickelt worden sein. Diese Entwicklung wurde wesentlich durch den Anstieg der Einkommen begünstigt, die sich zwischen 1985 und 1992 real stark erhöht hatten. Da die in dieser Zeit entstandenen Shopping- und Fachmarktcenter in Westdeutschland nur um knapp 0,5 Mio. qm Verkaufsfläche expandierten (eigene Berechnungen nach *EHI* 1993), müssen diese Sortimente vor allem in Fachmärkten und Kleinflächen (siehe unten) außerhalb der Innenstädte angesiedelt worden sein.

Außerdem nutzten u.a. Bau- und Möbelmärkte gerade diesen Zeitraum zum Aufbau teils umfangreicher oft shoppingrelevanter Randsortimente (Accessoires, Lampen, Leuch-ten, Bilderrahmen, Innendeko/Heimtextilien usw.).

Die seit 1993 anhaltende Rezession im Einzelhandel verdeutlicht daher ein gravierendes Problem der Innenstädte: Ihr historisch-kulturelles Potential gleicht offenbar Attraktivitäts-, Preis- (und Erreichbarkeits-) Nachteile (siehe unten) gegenüber den expandierenden Fachmärkten und Fachmarkt- und Shopping-Centern nicht aus.

Allerdings wirkt hierbei eine Reihe weiterer Faktoren mit. Angesichts einer weitgehenden Marktsättigung in Verbindung mit der o.g. Einkommensverteilung hat die **Polarisierung der Nachfrage** dazu geführt, daß das mittlere Genre einer weitgehend banalisierten und discountierten Warenwelt gewichen ist. Massenanbieter mit mittlerem Genre, vor allem Waren- und Kaufhäuser, haben es daher zunehmend schwerer, sich an ihren tradierten Standorten im Wettbewerb zu profilieren. Dabei rührt der Marktdruck nur auf den ersten Blick von den Fachmarkt- und Shopping-Centern her. In vielen Großstädten resultieren aus den meist ungesteuert wachsenden Standorten an Ausfallstraßen und in Streulagen (Misch- und Wohngebiete) insgesamt oft größere Restriktionen für die Innenstädte als durch Großbetriebsformen an der Peripherie. Dieses Verkaufsflächenwachstum erfolgt zwar wenig spektakulär, aber als stille Expansion unterhalb der Eingriffsschwellen der Baunutzungsverordnung (ca. 700 qm Verkaufsfläche) ist es um so nachhaltiger. In den meisten der vom Verfasser untersuchten Städte sind die Anteile innenstadttypischer Sortimente an solchen Standorten oft höher als in peripher gelegenen Großbetriebsformen des Handels.

Auch die **Höhe und Entwicklung der Mieten** hat einzelnen Branchen (d.h. Linie Möbel, Do-it-Yourself) in den Innenstädten die Tragfähigkeitsgrundlagen entzogen. Der mieteninduzierte Strukturwandel wurde nicht zuletzt durch die Umgestaltung großer Teile der Innenstädte zu Fußgängerzonen beschleunigt. Dadurch wurden die Tragfähigkeitsvoraussetzungen in den Innenstädten immer stärker auf shoppingrelevante Branchen sowie auf einen Mix aus Betriebsformen mit kleineren Betriebsgrößen gelenkt. Dieser Druck verstärkte sich ferner durch die zunehmende **Mobilität der Verbraucher** und den wachsenden Mobilitätsbedarf, etwa infolge der Sub-Urbanisierung.

Wird auch noch die seit den achtziger Jahren oft zu beobachtende restriktive Verkehrspolitik der Kommunen weiter verschärft, dann darf man sich nicht wundern, wenn die Innenstädte am Flächenwachstum nicht bzw. kaum mehr teilgenommen haben. Bedenkt man ferner, daß je Quadratmeter Verkaufsfläche in modernen Shopping-Centern rund 2 bis 2,5 qm Stellplatzfläche vorgehalten wird, wird deutlich, daß die Innenstädte weder in der Vergangenheit noch in der Zukunft am Marktwachstum proportional partizipieren konnten bzw. können. Im Verkaufsflächen- und Stellplatzwettlauf kann die Innenstadt aus Platz- und Kostengründen nicht parallel zum allgemeinen Marktwachstum expandieren. Eine Spezialisierung der Innenstädte und verstärkte Arbeitsteilung in einem zunehmend dezentralen Einzelhandelsnetz ist daher unausweichlich, will man nicht interventionistisch und systemfremd die Marktkräfte im Handel außer Kraft setzen. Im Ergebnis zeigt sich auch hier, daß die meisten der Entwicklungshemmnisse in den Innenstädten exogener Natur sind und die Flächenexpansion hieran nur sehr bedingt beteiligt war.

Die künftigen **Herausforderungen** liegen nicht nur in der noch fortdauernden Rezession bei anhaltender Flächenexpansion **außerhalb der Innenstädte**. Gerade der Ansiedlungsdruck von Urban-Entertainment-Centern und Factory-Outlet-Centern verdeutlicht, daß neue Betriebsformen mit starken Shopping- und Freizeitakzenten aufgrund ihrer peripheren Standortpräferenzen die Dezentralisierung der Handelstrukturen vorantreiben werden (vgl. *Lademann/Treis* 1998). Sie bedeuten neue Herausforderungen für die Wettbewerbsposition der Innenstädte.

Ungewiß ist derzeit zwar noch die Zukunft des **Internet-** oder **Electronic-Shopping** als einer speziellen Form des Direktvertriebs oder des Versandhandels. Bedenkt man aber, daß der Versandhandel, der in Deutschland weltweit am weitesten entwickelt ist, derzeit stagniert und nur mit seinen stationären Vertriebslinien noch wächst (Aussage diverser Geschäftsberichte), dann ist es noch zu früh, apokalyptische Prognosen für den stationären Einzelhandel aufzustellen.

Der Handel im Internet betrifft jedoch in erster Linie innenstadttypische Sortimente. Je mehr daher dem stationären Einzelhandel die Expansionsmöglichkeiten und Tragfähigkeitsvoraussetzungen in den Innenstädten beschnitten werden, desto stärker wird der Ansiedlungsdruck an anderen Standorten im oder außerhalb des Stadtgebiets bzw. der Verlagerungsdruck zugunsten des Internet-Shopping. Der stadtplanerischen Instrumentalisierung des Handels sind angesichts dieser Risiken enge Grenzen gesetzt.

Positive Impulse können die Innenstädte zum gegenwärtigen Zeitpunkt jedoch durch die **Revitalisierung brachgefallener Nutzungen** erfahren: Bahn- und *Telekom*grundstücke sowie Bahnhöfe, die in vielen Städten derzeit zu Einkaufszentren oder Passagen weiterentwickelt werden, lassen sich zur Flächenexpansion und zur Attraktivitätssteigerung nutzen.

5 Schlußfolgerungen und Ansatzpunkte für die Stadtplanung

Der großflächige periphere Einzelhandel ist nur in begrenztem Umfang für die Entwicklungshemmnisse und die schwierige Marktposition des innerstädtischen Einzelhandels verantwortlich. Die Flächenexpansion ging zwar in den Innenstädten mit einem deutlichen **Funktionswandel**, nicht dagegen mit einem Funktionsverlust einher. Solange Marktwachstum vorherrschte und die verkehrlichen Rahmenbedingungen stimmten, konnten die Innenstädte auch in der Fläche wachsen. Es kann aber kaum überraschen, daß allein aufgrund mangelnder Flächenverfügbarkeit und der Standortkosten das Wachstum außerhalb der Innenstädte stärker war und der Innenstadtanteil an der Verkaufsfläche insgesamt gesunken ist. Solange Flächenexpansion ein Ausdruck von Marktwachstum ist oder dadurch sektorale bzw. räumliche Angebotslükken ausgeglichen werden, entwickelt sich das Einzelhandelsnetz verdrängungsneutral. Die sich in diesem Rahmen vollziehende Dezentralisierung des Handelsnetzes ist insoweit auch Spiegelbild der Markterweiterung und bedeutet keineswegs per se eine Schwächung des innerstädtischen Einzelhandels.

Insofern kommt es darauf an, die Dynamik im Handel und damit verbundenen Wirtschaftlichkeitsvoraussetzungen in die Stadtentwicklung zu integrieren. Der Verfasser plädiert daher grundsätzlich für eine Orientierung der **Zentrenplanung** und Flächenausweisung am langfristigen Wachstumspfad des Einzelhandels. Ein Verzicht auf Flächenwachstum und damit städtebaulicher und handelsstruktureller Stillstand hilft niemandem weiter: Der Schutz vor Wettbewerb würde verhindern, daß die Innenstädte eine optimale Allokation der Ressourcen und Anpassung der Strukturen an die Verbraucherpräferenzen aus eigener Kraft erreichen. Die Stadtentwicklung droht, sich von den Verbraucherbedürfnissen immer weiter zu entfernen, wenn man die Nachteile und Schwächen des Standorts Innenstadt konserviert, indem neue Entwicklungen planerisch verhindert werden (vgl. *Pfuhl* 1993, S. 199).

Die Stadtplanung muß daher - je nach Entwicklungsgrenzen in den jeweiligen Innenstädten - eine stärkere **Dezentralisierung des Einzelhandelsnetzes in Kauf nehmen**, indem zunehmend Flächenreserven insbesondere in Bezirks- und Stadtteilzentren der größeren Städten genutzt werden. So kann der Ansiedlungsdruck zumindest teilweise auf bestehende zentrale Versorgungsbereiche gelenkt werden. Eine damit verbundene flachere Zentrenhierarchie führt nicht zwingend zur funktionalen Gleichwertigkeit mit der Innenstadt, auch wenn Nebenzentren auf diese Weise durchaus Versorgungsbedeutung über ihren Stadtteil oder Bezirk hinaus übernehmen. Dies beeinträchtigt die

Innenstadtentwicklung solange nicht, wie die Nebenzentren nur eine Ergänzungs- und Entlastungsfunktion der Innenstädte auch im Bereich der Massenversorgung („Kofferraumsortimente") übernehmen. Auf diese Weise werden die Innenstädte gestärkt, da sich dort ökonomisch und verkehrlich besser tragfähige Nutzungen entwikkeln.

Für die darüber hinaus verbleibenden Ansiedlungsvorhaben ist zu prüfen, ob sie auch ohne Beeinträchtigung des städtebaulichen Gefüges außerhalb der Innenstädt oder der Nebenzentren entwickelbar sind. Je nach Ergebnis einer stadtindividuellen Abwägung können in vielen Fällen solche Entwicklungsmöglichkeiten, etwa an Arbeitsplatzschwerpunkten bzw. Pendlerachsen bejaht werden. Auch hier kommt es darauf an, planerisch die Voraussetzungen zu schaffen, daß **arbeitsteilige Strukturen** mit gewachsenen Standorten ermöglicht werden. Insofern kann durch die Bebauungsplanung wiederum der Fachmarktcharakter solcher Standorte festgesetzt werden (z.B. Art und Verkaufsfläche der großflächigen Nutzungen, begrenzte Shopanzahl), um eher zentrengefährdende Entwicklungen von Shopping-Centern auszuschließen. Dabei ist der Ausschluß „zentrenrelevanter" Sortimente entbehrlich, solange die neuen Standorte die bestehenden Strukturen nicht mehr als unwesentlich beeinträchtigen.

Darüber hinaus muß die Stadtplanung aber auch die **ökonomischen Rahmenbedingungen** der gewachsenen Standorte sichern oder gar verbessern, insbesondere eine angemessene Erreichbarkeit und Vernetzung mittels Pkw und ÖPNV. Mit Augenmaß lassen sich sowohl bestehende Strukturen weiterentwickeln als auch neue Entwicklungen im Einzelhandel aufgreifen. Ein Entweder-Oder ist nicht weiterführend, aber glücklicherweise auch nicht erforderlich.

Auswirkungen von Raumordnung und Raumordnungspolitik auf den Handel

Jörg Maier

1 Zentrensysteme als wesentlicher Bestandteil der Siedlungs- und Raumstruktur entwickelter Gesellschaften

1.1 Erfassung und Kennzeichnung: Übertragung der Christallerschen Theorie der Zentralen Orte auf die Raumordnungsvorstellungen

Zentrensysteme stellen einen wesentlichen Teil der Gliederungsprinzipien und gleichzeitig Strategien der Siedlungs- und Raumstruktur dar. Deren Ziel ist, so in den meisten Landesentwicklungsprogrammen definiert (vgl. z.B. *Bayerische Staatsregierung München* 1994, S. 193ff.), gleichwertige und gesunde Lebens- und Arbeitsbedingungen in allen Teilräumen eines Landes zu verwirklichen. Als klassische Instrumente zum Erreichen dieses Ziels dienen vor allem

- die Zentralen Orte,
- die Entwicklungsachsen und die Gebietskategorien sowie
- - in den letzten Jahren verstärkt - neue Instrumente wie Teilraum-Gutachten, regionales Marketing und regionale Entwicklungskonzepte, Regionalmanagement und Städtenetze.

Dabei wird auch die enge Beziehung zwischen **Handel** und **Raumordnung** deutlich, bildete doch zu Beginn der rechtlichen Verankerung der Raumordnung (ROG 1965) das räumliche Gliederungsprinzip der Zentralen Orte eine der Grundlagen. Auch der Bezug zur Wirtschaftsgeographie im Verhältnis „Handelsstrukturen bzw. -entwicklungen - Einfluß auf Raumstrukturen et vice versa - Regelungsversuche durch die Raumordnungspolitik" bezieht sich auf den Ausbau der angewandten Geographie und Raumplanung in den sechziger Jahren.

Wenn auch seitdem die recht pragmatische Übertragung der Christallerschen Theorie der Zentralen Orte (aufgrund ihrer Homogentitäts-Kriterien sowieso nur eingeschränkt anwendbar) im Sinne eines Produktlebenszyklus (vgl. *Blotevogel* 1995, S. 1120), ihre Reifephase 1965 bis 1975 mit der Einbeziehung in entsprechende Programme und Pläne der damaligen (westlichen) Bundesländer erfahren hat, sich seitdem in der Abschwungphase befindet (nur unterbrochen durch die Wiedervereinigung und der Übertragung auf die Neuen Bundesländer), so sind diese Vorstellungen zwar heute noch als Orientierungsvorstellung der Regional- und Landesplanung vorhanden. Aber das diffuse konsumorientierte Verhalten der Menschen unserer Zeit macht zusätzliche neue Instrumente erforderlich.

1.2 Entwicklung und Funktion der rechtlichen Grundlagen - das Beispiel der Einzelhandelsgroßprojekte

Während der Bezug der Raumordnung zum Facheinzelhandel eigentlich erst mit der Diskussion um die Aufwertung der Innenstädte zum Ausdruck kam, also jüngeren Datums ist, hat die Diskussion um den hier im Mittelpunkt stehenden Zusammenhang lange Zeit die Frage der Bewertung des großflächigen Einzelhandels geprägt. Verstärkt seit 1975 versuchen die (alten) Bundesländer, den nachgeordneten Baubehörden und Kommunen die Verantwortung für ihr räumliches Umfeld, speziell bei der Ansiedlung **großflächiger Projekte**, bewußt zu machen, insbesondere auch angesichts der verbindlichen Ziele der Raumordnung und Landesplanung. Dabei geht es in erster Linie um Versorgungsaspkete vor allem immobiler Bevölkerungsgruppen, um Verkehrszugänglichkeit, Stadtentwicklungsvorhaben und - abgeschwächt - auch um architektonische Fragestellungen. Jedoch ist die planerische Einflußnahme dann nicht zulässig, wenn sie zu Wettbewerbsverzerrungen führt. Für das planerische Eingreifen spricht allerdings das ordnungspolitische Gebot, demzufolge die Ziele der Raumordnung und Landesplanung nicht einfach mit einem solch gravierenden Einschnitt in die Siedlungsstruktur übergangen werden dürfen. So sind in allen LEPs, aufbauend auf BauGB, BauNVO und entsprechende Ländererlasse bzw. Verlautbarungen einzelner Ministerien, Anforderungen an die Kommunen hinsichtlich der Bauleitplanung, der Behandlung von Bauanträgen solcher Vorhaben und deren Genehmigung besonders hervorgehoben (vgl. *Berg* 1990, S. 209ff.).

Einen Beleg für die Einflußnahme des Staates auf die nach den Zielen der Raumordnung nicht verträgliche Entwicklung der Einzelhandelsgroßprojekte über die Durchführung von Raumordnungsverfahren führt *Färber* (1984, S. 32ff.) an: „Die entscheidenden Strukturveränderungen vollzogen sich bereits vor 1975, als es noch keine landesplanerischen Einwirkungsmöglichkeiten gab. Dies ist besonders an unseren möglichen Oberzentren nachzuweisen, in denen sich in Gewerbebetrieben an den Stadträndern Verbrauchermärkte niederließen“ (vgl. auch Karte 1 und Karte 2). Danach zeigte sich die Wirkung des Raumordnungsverfahrens (ROV), gingen doch etwa im Zeitraum 1976 bis 1984 von 15 abgeschlossenen Verfahren 60% negativ aus (vgl. *Färber* 1984, S. 46).

Dieses rechtliche Steuerungselement funktioniert bis heute, nur durch die Zeit 1990 bis 1992 in den neuen Bundesländern bzw. von einzelnen Sonderfällen in den alten Bundesländern unterbrochen.

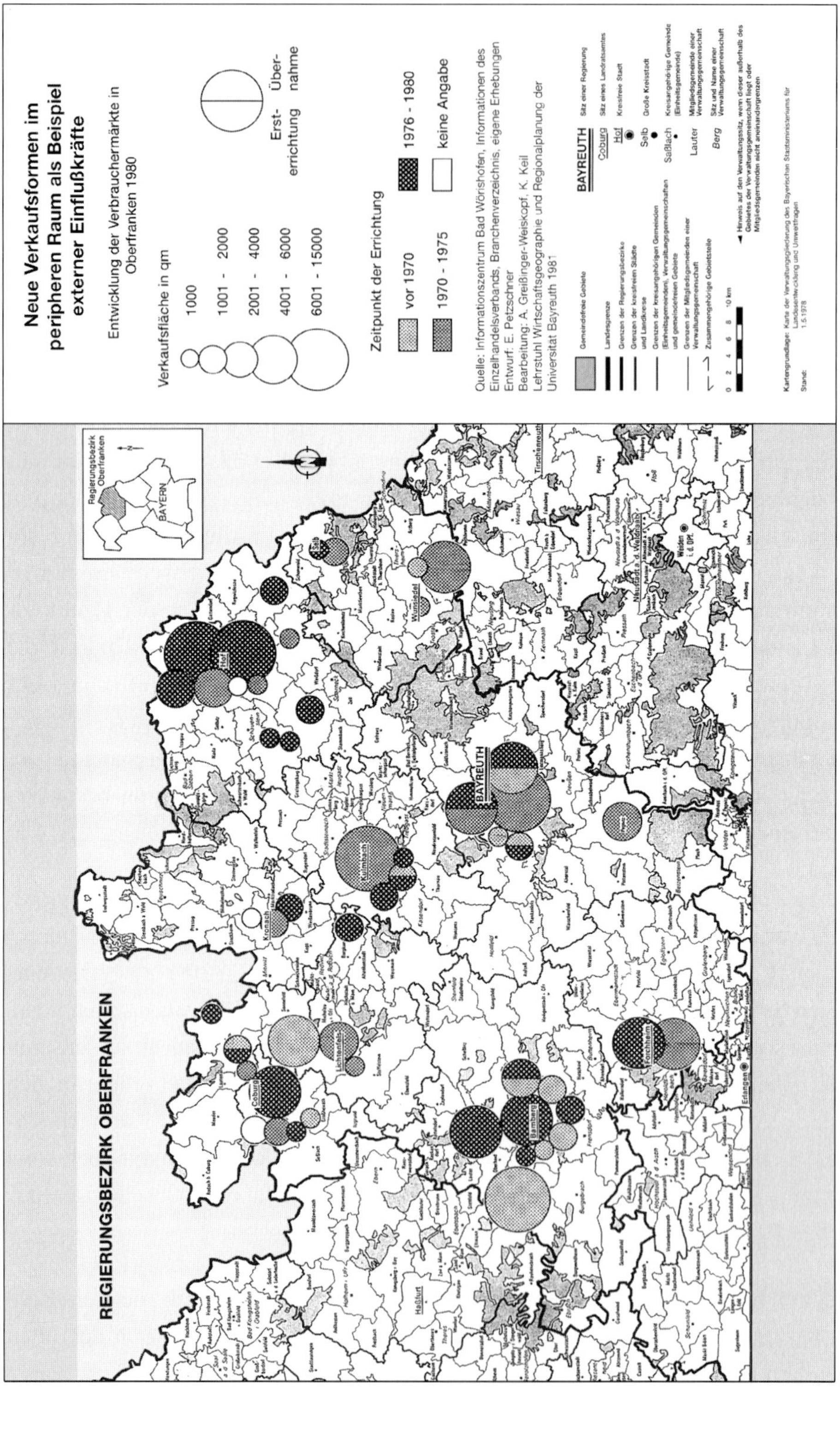

Karte 1: Entwicklung von Verbrauchermärkten in Oberfranken

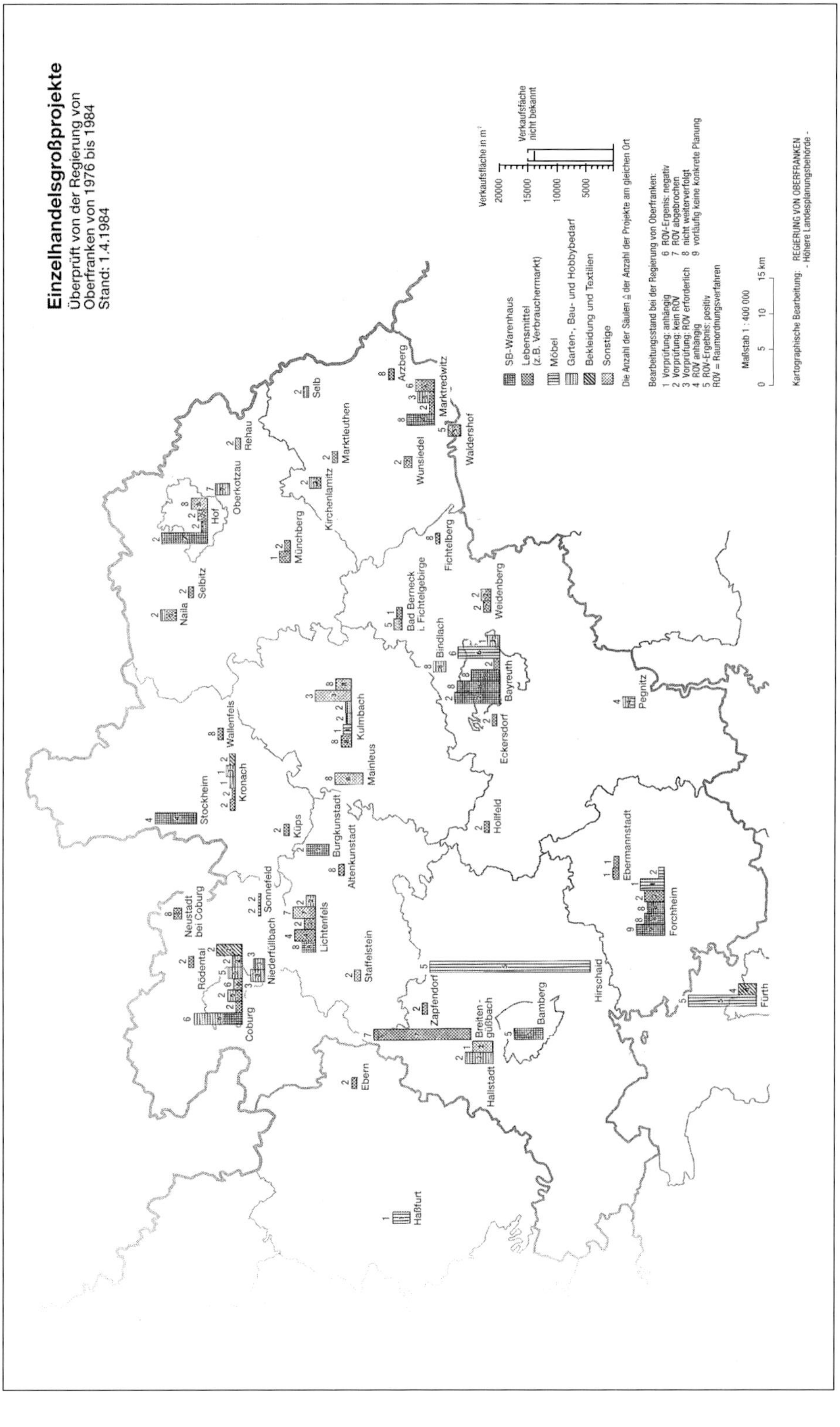

Karte 2: Einzelhandelsgroßprojekte in Oberfranken

2 Aktuelle Fragestellungen im Zusammenhang von Handelsentwicklung und Regelungsansätzen der Raumordnung

2.1 Dilemma der Stadtplanung: Den Handel in der Innenstadt stärken und trotzdem neue Entwicklungen am Stadtrand aufgreifen

Ausgangspunkt ist die Betrachtung der Betriebsformen und der räumlichen Prozesse: So waren Gewinner der Entwicklung in letzter Zeit die **SB-Warenhäuser** und **Verbrauchermärkte** sowie neuerdings die Fachmärkte. Ebenfalls höhere Marktanteile erreichten die Discount-Märkte, während die Verlierer häufig die innerstädtischen Kauf- und Warenhäuser, sofern sie nicht kräftig modernisiert haben, waren. Innerhalb der Städte zeigten sich jedoch schon lange Zeit Tendenzen und Entwicklungen zugunsten der Standorte am Stadtrand. Das Dilemma der Stadtplaner schien unlösbar, die Entwicklung „auf der Grünen Wiese" unaufhaltsam, oder gibt es Möglichkeiten der Stadtplanung und kommunalen Wirtschaftspolitik, dies zu beeinflußen? Um dies zu prüfen, wird das empirische Beispiel der Stadt Bamberg ausgewählt.

Grundlage zur Beantwortung dieses Fragenkompexes ist eine Untersuchung im Auftrag der **Stadt Bamberg**, die wir zusammen mit dem Kollegen *Wimmer* (von der *Universität Bamberg* bzw. seinen Mitarbeitern und der *GfK Nürnberg* 1996 durchgeführt haben (vgl. *Wimmer* 1996).

Danach bestätigte sich auch in Bamberg die Tendenz zur räumlichen **Unternehmens- und Umsatzkonzentration**, bei einem Anstieg der Einzelhandelsbetriebe zwischen 1981 und 1995 von 776 auf 836. Kaufhäuser, SB-Warenhäuser und Verbrauchermärkte wiesen dabei ein Verkaufsflächenwachstum in diesem Zeitraum um 85% auf heute 34 300 qm aus. Diese Entwicklung erfolgte in erster Linie zu Lasten der Innenstadt und zugunsten des Standortes am Stadtrand, vor allem bei Betrieben mit Gütern des kurzfristigen Bedarfs. Dies hatte zur Folge, daß 1995 rund 50% der gesamten Einzelhandelsverkaufsfläche bzw. rund 46% des Umsatzes in Bamberg auf Bereiche außerhalb der Innenstadt, bei Nahrungs- und Genußmitteln sogar rund 65% entfielen.

Bezogen auf die Innenstadt zeigt sich, daß dort die Einzelhandelssituation einerseits ganz eindeutig durch Geschäfte des Bekleidungssektors dominiert wird. Mit Blick auf Lage und Zentralität der Stadt Bamberg muß hierfür ein Umsatzanteil von etwa 31% allerdings sogar noch als ausbaufähig angesehen werden. Faßt man andererseits die Anteile der Sortimente zur täglichen Bedarfsdeckung zusammen (Nahrungs- und Genußmittel plus Gesundheits- und Körperpflege, Haushaltsreinigung), so erreicht dieser Bereich einen zum Bekleidungssektor vergleichbaren Umsatzanteil von etwa 32% - auf erheblich geringerer Fläche (vgl. Abb. 1).

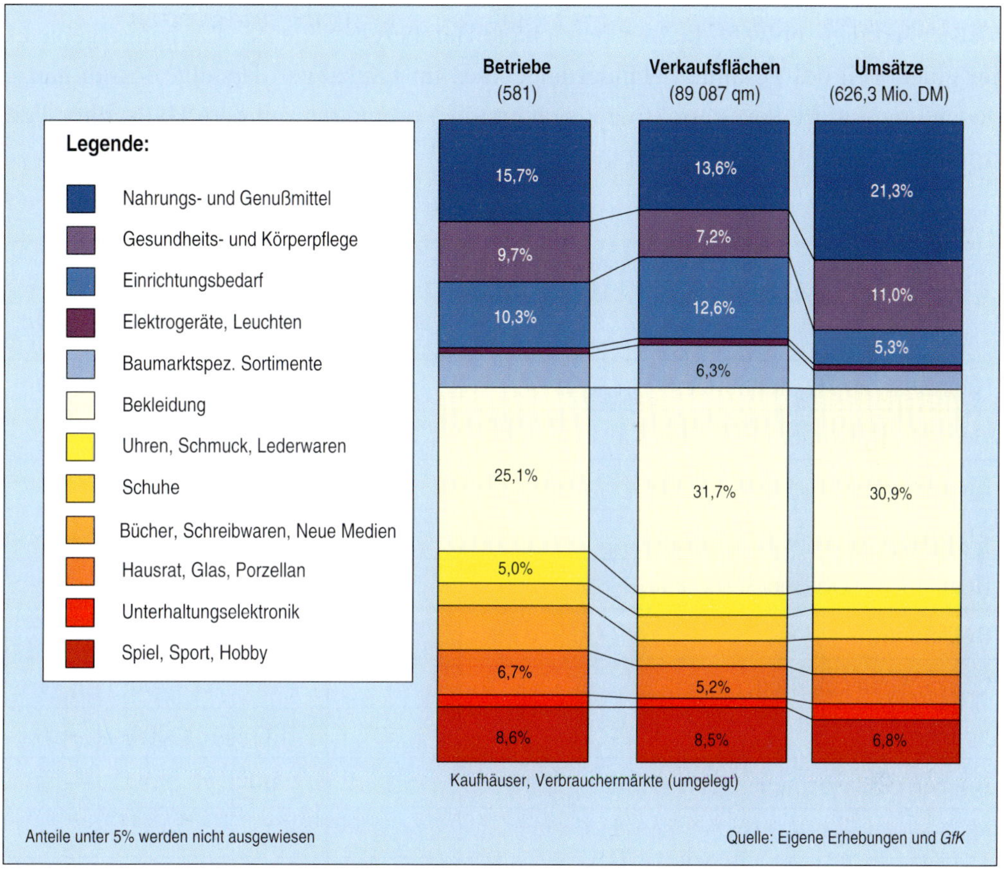

Abb. 1: Branchen- und Umsatzstruktur des Einzelhandels in der Bamberger Innenstadt 1995

Offensichtlich ist die Innenstadt von Bamberg also noch durch einen relativ hohen Anteil an Einzelhandelsgeschäften mit Versorgungsfunktion **für den täglichen Bedarf** - und damit auch Nahversorgungsfunktion - gekennzeichnet. Großbetriebe mit Magnetfunktion befinden sich in den zentralen Bereichen der Fußgängerzone, nur ein Bekleidungskaufhaus (*C & A*) liegt etwas abgesetzt dazu. Ansonsten nehmen die Betriebsgrößen, z.T. auch Sortimentsqualität und Ladengestaltung, in den Seitenstraßen zur Hauptachse (Hauptwachstraße, Maximiliansplatz, Grüner Markt) meist rasch ab.

Um nun die andere Seite der Entwicklung aufzuzeigen, sei der Bereich des Laubangers ausgewählt. Im Unterschied zu den beiden Standortbereichen großflächigen Einzelhandels nördlich der Memmelsdorfer Straße bis Berliner Ring sowie Nürnberger Straße/Berliner Ring/Gutenbergstraße stellt sich für die Agglomeration im Laubanger die Frage der Innenstadtrelevanz der dort angebotenen Sortimente in besonderem Maße. Und dies, obwohl die hier betrachtete Bamberger Seite des Laubangergebietes nur einen Teil des gesamten Handelsangebotes im Laubanger darstellt, dessen ganze Bedeutung und Einkaufsattraktivität sich erst in Verbindung mit dem Hallstadter Teil ergibt (vgl. Tab. 1).

Warengruppe	Betriebe		Verkaufsfläche	
	(Anzahl)	*(in %)*	*(in qm)*	*(in %)*
Nahrungs- und Genußmittel	5	27	4 150	20
Gesundheit, Körperpflege, Haushaltsreinigung	1	6	450	2
Einrichtungsbedarf	2	11	1 700	8
Elektrogeräte, Leuchten	1	6	1 300	6
Baumarktspezifische Sortimente	4	22	10 860	51
Bekleidung	-	-	100*	1
Uhren, Schmuck, Lederwaren	-	-	100*	1
Schuhe	2	11	1 200	6
Bücher, Schreibwaren, Neue Medien	1	6	700	3
Hausrat, Glas, Porzellan	-	-	170*	1
Unterhaltungselektronik	-	-	150*	1
Spiel, Sport, Hobby	1	6	300	1
Kaufhaus, SB-Warenhaus	1	6	(4 930)*	-*
Gesamt	**18**	**100**	**21 180**	**100**

* Verkaufsflächen der großflächigen Betriebe mit gemischtem Sortiment sind anteilig auf die einzelnen Branchen umgelegt

Quelle: Eigene Erhebungen (1995)

Tab. 1: Betriebe und Verkaufsflächen im Bereich des Bamberger Laubangers

Der Laubanger innerhalb der Bamberger Stadtgrenzen weist (neben dem Marktkauf-SB-Warenhaus und einem Verbrauchermarkt) eine typische Fachmarktagglomeration auf. Insgesamt kommen im Laubanger 18 Betriebe zusammen auf eine Verkaufsfläche von etwa 21 000 qm, was etwa einem Viertel der innerstädtischen Verkaufsfläche und weniger als der Hälfte der Verkaufsflächen in der Kernstadt entspricht. Die Bündelung von Fachmärkten verschiedener Branchen an einem Standort ist stadtentwicklungspolitisch durchaus sinnvoll (z.B. Verkehrsvermeidung, Infrastrukturbündelung). Allerdings können Konzentrationen solcher Fachmärkte und weiterer (Groß-) Betriebe eine Zentrumsfunktion annehmen, deren Anziehungskraft u.U. zu Lasten des Innenstadtbereichs geht. Entscheidend für den Grad der Gefährdung des Innenstadtzentrums ist dabei die **Branchenzusammensetzung der Agglomeration**. Je mehr innenstadttypische Sortimente angeboten werden, desto größer ist auch das Gefährdungspotential für die Innenstadt.

Wie sich zeigt, ist auf dem Bamberger Stadtgebiet von den verschiedenen Handelsbetrieben/Märkten im Laubanger nur ein Elektrofachmarkt mit teilweise innenstadttypischem Sortiment, ein Schuhfachmarkt und ein - kleineres - Schuhgeschäft sowie ein Fachgeschäft für Sportartikel den innenstadttypischen Branchen zuzurechnen. Im Bereich Elektrogeräte/Leuchten weist der Laubanger sogar mehr Verkaufsfläche auf als die gesamte Innenstadt. Bei Schuhen hingegen bleibt das Flächenangebot im Laubanger noch deutlich unter dem der Innenstadt bzw. Kernstadt. Die restlichen großflächigen Sortimente bzw. Betriebe sind aufgrund ihres Flächenbedarfs, der günstigen Verkehrslage und ihres überwiegend nicht zentrenrelevanten Sortiments aus gesamtstädtischer Perspektive im Laubanger **nahezu optimal angesiedelt**. Es dominieren ganz eindeutig baumarktspezifische Sortimente. Wirklich bedeutsame Konkurrenzbeziehungen zur Innenstadt bestehen nur in einzelnen Warengruppen (insbesondere Elektrogeräte/Leuchten, auch Schuhe).

Ausgehend von der generellen Maxime „Stärkung des Einzelhandelsstandortes Bamberg“ waren für die verschiedenen Standortbereiche innerhalb der Stadt jeweils Ziele zu formulieren. Ein völliger Ausschluß von Zielkonflikten zwischen Kernstadt- bzw. Innenstadtgebiet einerseits und Stadtrandgebieten (innerhalb und außerhalb der Stadtgrenzen) andererseits wird sich dabei kaum verwirklichen lassen. Allerdings müssen zumindest innerhalb des Stadtgebietes die standortspezifischen Ziele so weit wie möglich aufeinander **abgestimmt werden**.

Grundgedanken dieses Zielsystems ist eine Arbeitsteilung zwischen

- den zentralen Einkaufslagen in der Kernstadt,

- den Handelsstandorten in der übrigen Innenstadt,
- den weiteren Stadtteil- bzw. Nahversorgungszentren und
- den Standorten des großflächigen Einzelhandels am Stadtrand (insbesondere Laubanger).

Die Gliederung in Kern- und Innenstadt, die als zentraler Einzelhandelsstandort das Angebot von Gütern des mittel- und langfristigen Bedarfs bündeln, und in Stadtteil- bzw. Nahversorgungszentren, die die Versorgung mit Gütern des kurzfristigen und Teilen des mittelfristigen Bedarfs gewährleisten, garantiert die Versorgung der gesamten Bevölkerung unter Minimierung der zurückzulegenden Wege. Ergänzt wird diese Zentrenstruktur durch gut erschlossene Standorte des großflächigen Einzelhandels, der aufgrund des Flächenbedarfs aus betriebswirtschaftlichen und städtebaulichen Gründen für die Innenstadt oder für wirklich integrierte Lagen in Stadtteil- oder Nahversorgungszentren nicht geeignet ist.

Was die Maßnahmen zur Attraktivitätssteigerung der Innenstadt angeht, so sind diese von zwei wesentlichen strategischen Ansatzpunkten abhängig:

In der Innenstadt sind Anbieter und Absatzformen so zu etablieren, daß sich insgesamt ein attraktives Sortimentsmix mit dem Ziel einer Profilierung gegenüber den Konkurrenzzentren ergibt. Es sollte ein **ausgewogenes Verhältnis** von Anbietern **hochwertiger** Waren einerseits und Anbietern mit **preisbewußtem** Publikum und hohem Warenumschlag andererseits erreicht werden.

Generell gilt dabei für den Einzelhandel in der Innenstadt, daß er Wettbewerbsvorteile gegenüber der Peripherie zunächst schon durch die zentrale Lage und Einbindung in den gewachsenen Stadtkern sowie sein vielfältiges Handelsmix aufweist - jedenfalls aus Sicht derjenigen Verbraucher, die diese Vorteile schätzen und/oder ohnehin die Innenstadt frequentieren. Durch eigenes Betriebsstättenmarketing kann er sich darüber hinaus gegenüber den großflächigen und preisorientierten Märkten abheben, indem er konsequente Qualitätsführerschaft und ausgeprägte Servicepolitik betreibt. Für eine Auseinandersetzung mit „den gleichen Waffen“ stünden ihm in der Innenstadt schon die notwendigen Flächen nicht zur Verfügung. Im Rahmen der Analysen waren auch in den zentralen Lagen der Innenstadt bei mehreren Betrieben deutliche Defizite in Sortimentsdarbietung und Ladengestaltung festzustellen. In diesen Fällen liegt der Ansatz für eine Attraktivitätssteigerung also in der Eigeninitiative des innerstädtischen Einzelhandels selbst.

Freilich kann darin kein Patentrezept für alle Betriebe der Innenstadt gesehen werden. Nicht jedes Innenstadtgeschäft kann ausschließlich auf hohes Qualitäts- bzw. Service- und damit auch Preisniveau setzen, und auch nicht jedes in dieser Weise profilierte Geschäft kann auf preisgünstige Angebote verzichten. Notwendig ist ein individuelles, den jeweiligen Standortlagen und Wettbewerbsbedigungen gerecht werdendes Handelsmarketing, auf das die Stadt keinen direkten Einfluß mehr ausüben kann.

Eine Chance für die Innenstadt wird durch die **Umgestaltung** eines Teils derzeit untergenutzter bzw. teilweise **brachliegender Flächen** gesehen, wobei die für eine Stärkung der Innenstadt als Einzelhandelsstandort wichtige Ansiedlung entsprechender Magnetbetriebe eine Anbindung an die bestehenden Einkaufslagen erfordert.

Um andererseits einer Verschärfung des Konkurrenzverhältnisses zwischen der Stadtrandlage und der Innenstadt vorzubeugen, wurde empfohlen, eine Strategie der moderaten Entwicklung des Bamberger Laubangers zu verfolgen: Flächen am Laubanger für noch offene Nutzung sollten dazu im Sinne einer Reservepolitik soweit wie möglich vorgehalten werden. Was die Angebotspalette am Bamberger Laubanger angeht, ist eine Arrondierung des bestehenden Angebotes zu empfehlen. Die Ansiedlung innenstadtrelevanter Sortimente auf großen Flächen mit entsprechender Anziehungskraft könnte damit vermieden werden.

Um jedoch nicht eine einseitige, auf die Stadt Bamberg bezogene Strategie zu empfehlen, wurde inzwischen eine Arbeitsgruppe aus Fachleuten beider Kommunen gebildet, die ein gemeinsames Vorgehen bewirken soll und auch inzwischen bewirkt. Nach vielen Jahren kommunaler Egoismuspolitik ist damit ein wichtiger Erfolgsfaktor für eine Kooperation geschaffen worden.

2.2 Herausforderung für die Landesentwicklungspolitik: Entwicklung und mögliche Ausbreitung der Factory Outlet Center?

Während sich also im Zuge des strukturellen Wandels im Einzelhandel die Situation für kleine Betriebseinheiten in zunehmendem Maße verschlechterte, aus Sicht der Landes- und Kommunalplanung diese Entwicklung zur Beeinträchtigung der Funktionsfähigkeit gewachsener Zentren und zu einer Gefährdung der Nahversorgung der Bevölkerung führt, tritt nun eine neue Herausforderung mit dem verstärkten Ansiedlungsdruck von Factory Outlet Centern in Deutschland auf, sowohl für den Einzelhandel als auch für Hersteller und Planungsbehörden. Die geringe Kenntnis über Factory Outlet Center einerseits und die drohende Konkurrenz der Hersteller von Konsumgütern im Bereich des Einzelhandels andererseits, führten in jüngster Zeit zu heftigen, überwiegend emotional geführten Diskussionen.

Im Gegensatz zu den Vereinigten Staaten und den europäischen Ländern Frankreich und insbesondere Großbritannien existieren in Deutschland noch keine Fabrikverkaufszentren in größerem Umfang, die Rückschlüssse auf deren Auswirkungen im landesplanerischen Sinne zulassen würden (vgl. *Jones* 1995, S. 278ff.). Einerseits sind es **fehlende Erfahrungswerte** hinsichtlich der Beurteilung von Auswirkungen des Verkaufs von Zweiter-Wahl-Ware, Überschußbeständen oder Musterkollektionen auf insbesondere innerstädtische Versorgungsfunktionen, die die Landesplanungsbehörden vor Probleme stellen. Andererseits wird die Planung mit einer Vertriebsform konfrontiert, deren Standortverhalten und Einzugsbereiche bislang in Deutschland noch **keiner umfangreichen Analyse** unterzogen wurden und somit die Überprüfung der Raumbedeutsamkeit von Factory Outlet Centern erschweren (vgl. *Beckers* 1996, S. 29f.).

Nach der wörtlichen Übersetzung ist unter dem englischen Begriff „Outlet" das deutschsprachige Wort „Abfluß, Ventil" zu verstehen. Ein Factory Outlet stellt demnach für die Hersteller von Gütern eine Möglichkeit dar, um überschüssige Ware im **Direktvertrieb** veräußern zu können, ein Factory Outlet Center bündelt diese Aktivitäten mehrerer Hersteller an einem Standort, die Factory Outlets bilden dann die Verkaufsstellen bzw. die Ladeneinheiten der einzelnen Hersteller.

Neben seiner Klassifizierung als Einzelhandelsgroßprojekt ist ein Factory Outlet Center eine Form des Direktvertriebs, die im wesentlichen durch folgende **Merkmale** gekennzeichnet ist (vgl. *Rieger* 1998):

- Die Hersteller treten als Mieter bzw. Anbieter auf, wobei es auch möglich ist, daß ein oder mehrere Hersteller als Betreiber des gesamten Centers fungieren.
- Es werden weder reguläre noch vollständige Sortimente verkauft, sondern Zweite Wahl-Ware, Produktionsüberhänge, Musterkollektionen, Alt- und Retourwaren, Waren der vergangenen Saison.
- Es handelt sich um Markenartikelhersteller aus der Konsumgüterindustrie, überwiegend aus den Branchen Bekleidung, Schuhe, Hausrat und Porzellan sowie Spielwaren.

- Die Herstellerverkaufspreise liegen deutlich unter den Preisen des konventionellen Einzelhandels.

Die Entwicklung von Factory Outlet Centern in Europa setzte zu Beginn der neunziger Jahre in Großbritannien und Frankreich ein. Wie aus Karte 3 ersichtlich, bestehen derzeit in Großbritannien etwa zwölf Factory Outlet Center mit Verkaufsflächengrößen zwischen etwa 5 000 und 25 000 qm, 18 weitere Standorte sind angefragt bzw. befinden sich bereits in der Planung oder im Bau. Auch in Frankreich bestehen bereits ca. zwölf Factory Outlet Center, drei weitere befinden sich in Planung; allein vier der bestehenden französischen Factory Outlet Center sind dabei im Großraum Paris lokalisiert. Exemplarisch sollen nun am Beispiel von Großbritannien wesentliche Strukturen des Standortverhaltens bzw. die Standortanforderungen und Konzeptionen dargestellt werden:

Die Standorte der bestehenden und geplanten Outlet Center befinden sich vor allem im Mittel- und Südwesten Englands. Die Einzugsbereiche der Einrichtungen, die mit Entfernungen bis zu 90 Pkw-Minuten angegeben werden, orientierten sich überwiegend auf die Verdichtungsräume Liverpool-Manchester sowie Birmingham. Auffällig ist, daß Standorte um den Großraum London bisher unterrepräsentiert sind (vgl. Karte 3). Nach Auskunft verschiedener Betreiber stellen jedoch die Einzugsbereiche der Center insbesondere auf das Einwohner- und **Kaufkraftpotential der Verdichtungsräume** ab, die „kritische Masse“ der Einwohner im Einzugsgebiet liegt bei zwei bis drei Millionen. Die bestehenden Standorte orientierten sich dabei häufig entlang touristischer Achsen bzw. liegen in der Nähe touristischer Zielgebiete. Als weitere Standortanforderungen werden eine sehr gute lokale und überregionale Verkehrserschließung sowie günstige Mietpreise angegeben. Die Zielgruppe britischer Factory Outlet Center ist nach Auskunft der Betreiber überwiegend auf Pkw-Kunden sowie mittlere bis höhere Einkommensschichten ausgerichtet. Im übrigen werden pro Einkauf sehr hohe Einkaufsbeträge getätigt, wohingegen die Besuchshäufigkeit als gering erachtet wird. Der Besuch der Center findet überwiegend zum Wochenende, verbunden mit verschiedenen Freizeitaktivitäten statt.

Die geplanten Größen der Projekte in **Deutschland** reichen von etwa 6 000 qm bis etwa 25 000 qm Verkaufsfläche. Das geplante Factory Outlet Center in Zweibrücken stellt dabei mit einer Verkaufsfläche von über 38 000 qm eine Ausnahme auch im Vergleich zu bestehenden Centern im europäischen Ausland dar. Ansonsten entsprechen die geplanten Größen im Durchschnitt von ca. 15 000 qm den bestehenden und insbesondere neueren Beispielen in Europa.

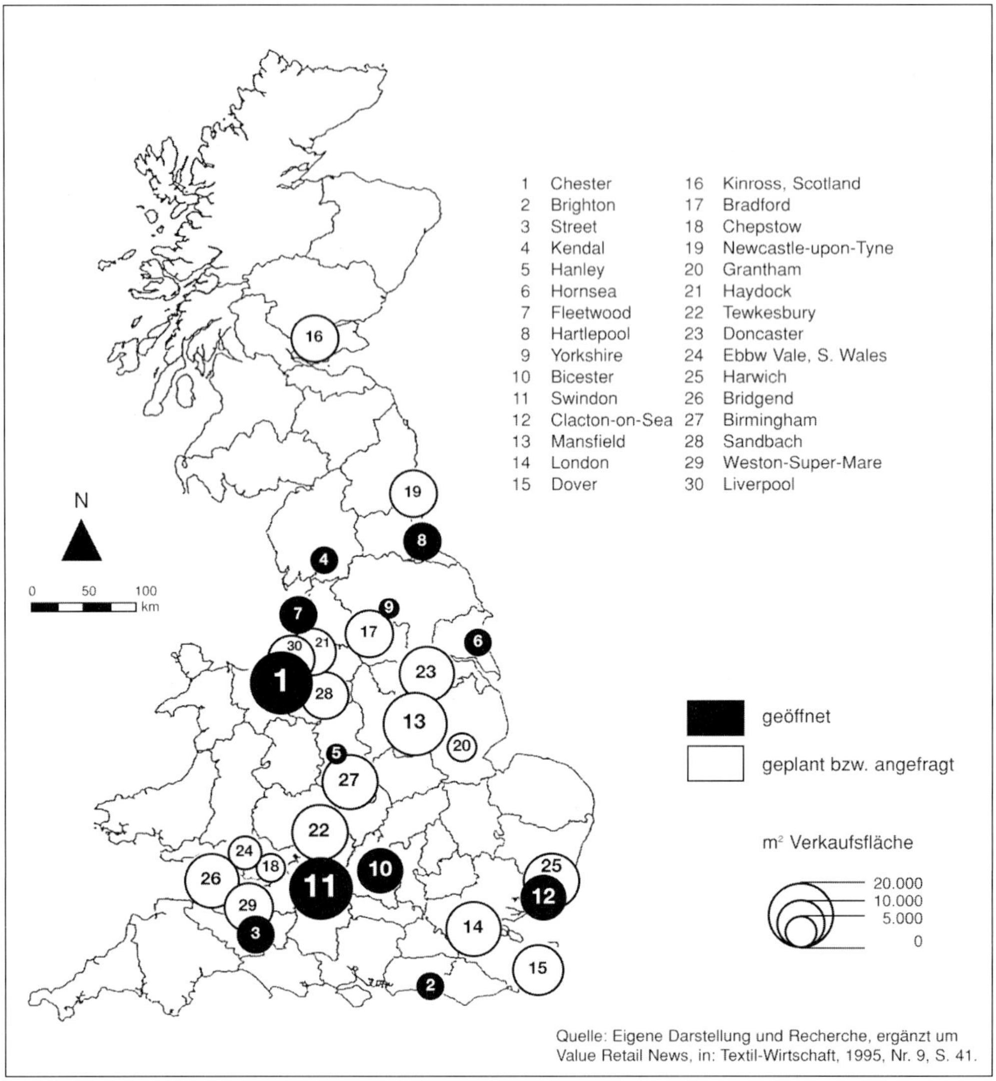

Karte 3: Standorte und Größe bestehender und geplanter Factory Outlet Center in Großbritannien

Die Vorhaben in Deutschland werden dabei insbesondere durch Aktivitäten britischer bzw. amerikanischer Betreiber- und Projektentwicklungsgesellschaften vorangetrieben. Dies zeigt sich nicht zuletzt auch an den geplanten Konzeptionen, wobei bspw. *Value Retail PLC* bevorzugt Konzeptionen im Village-Stil verfolgt, so zum Beispiel in Fallingbostel (Niedersachsen), Wertheim (Baden-Württemberg), Geiselwind (Bayern) oder Ingolstadt (Bayern). Die Sortimentsstrukturen der Vorhaben orientieren sich überwiegend an den bestehenden Centern im europäischen Ausland. Zu den **Kernsortimenten** zählen auch bei den Planungen in Deutschland Bekleidung, Textilien und Lederwaren. Nach Auskunft der Projektentwickler und Betreiber sollen dabei überwiegend **bekannte Markenartikelhersteller** unter Vertrag kommen.

Die geplanten Standorte in Deutschland verteilen sich auf das gesamte Bundesgebiet, wobei zum Zeitpunkt der Erhebung Anfragen bzw. Planungen für Factory Outlet Center mit Ausnahme von Thüringen, Sachsen-Anhalt, Mecklenburg-Vorpommern sowie Hamburg und Bremen in allen Bundesländern bestanden (vgl. Karte 4).

Wie aus Karte 4 ersichtlich, orientieren sich die Standorte der einzelnen Vorhaben sowie deren projektierte Verkaufsflächengröße nicht immer an der Größe der zentralen Orte. Lediglich die geplanten Standorte in Darmstadt, Leipzig, Nürnberg-Feucht und Ingolstadt beziehen sich auf Städte mit oberzentraler Funktion. Die Planungen in Ludwigsfelde, Grevenbroich und Glauchau befinden sich in Mittelzentren im oder am Rande der jeweiligen Verdichtungsräume, wohingegen ein nicht zu übersehender Anteil der geplanten Standorte außerhalb der Verdichtungsräume in Mittelzentren oder gar zentralen Orten geringerer Stufe angesiedelt ist. Darunter fallen die Planungen in Niedersachsen (Soltau und Fallingbostel) ebenso wie das Projekt in Zweibrücken sowie Wertheim und insbesondere mehrere Projektvorhaben in Bayern, wie dies die Beispiele Geiselwind, Himmelkron, Greding und Selbitz belegen. Bis auf den geplanten Standort in Hahn liegen jedoch alle in nächster Nähe zu Bundesautobahnen.

Grundsätzlich werden die **Auswirkungen** gerade auf den bestehenden innerstädtischen Einzelhandel **negativ beurteilt**, zumal auch die Planungen von Factory Outlet Centern in Deutschland überwiegend das Angebot innenstadtrelevanter Sortimente, insbesondere Bekleidung, Textilwaren und Lederwaren vorsehen. Demgegenüber werden die Auswirkungen im Bereich der nicht-innenstadtrelevanten Sortimente, vor allem bei Nahrungs- und Genußmitteln sowie bei Möbeln und baumarktspezifischen Sortimentsgruppen als gering erachtet.

Wie auch die Beispiele aus Großbritannien belegen, erstreckt sich der Einzugsbereich eines Factory Outlet Centers je nach Größe auf bis zu 90 Autominuten, d.h. ein Besuch in einem Factory Outlet Center induziert durchschnittlich längere Anfahrtszeiten und vor allem weitere Anfahrtsstrecken als Shopping-Center mit vergleichbaren Verkaufsflächengrößen. Infolge ihrer Standortorientierung auf sehr verkehrsgünstige Standorte an Autobahnen bzw. im Außenbereich der Städte zielen Factory Outlet Center vor allem auf **Pkw-Kunden**, die Distanzen bis zu 200 Kilometer zurücklegen. Demgegenüber wird jedoch die Besuchshäufigkeit wesentlich geringer eingeschätzt.

Durch die geplanten Gesamtkonzeptionen mit ergänzenden, zumeist großflächigen Freizeiteinrichtungen ist nach Auskunft der Befragten vor allem an Wochenenden und in Ferienzeiten mit höheren Verkehrsbelastungen und damit stärkeren Lärm- und Schadstoffemissionen zu rechnen.

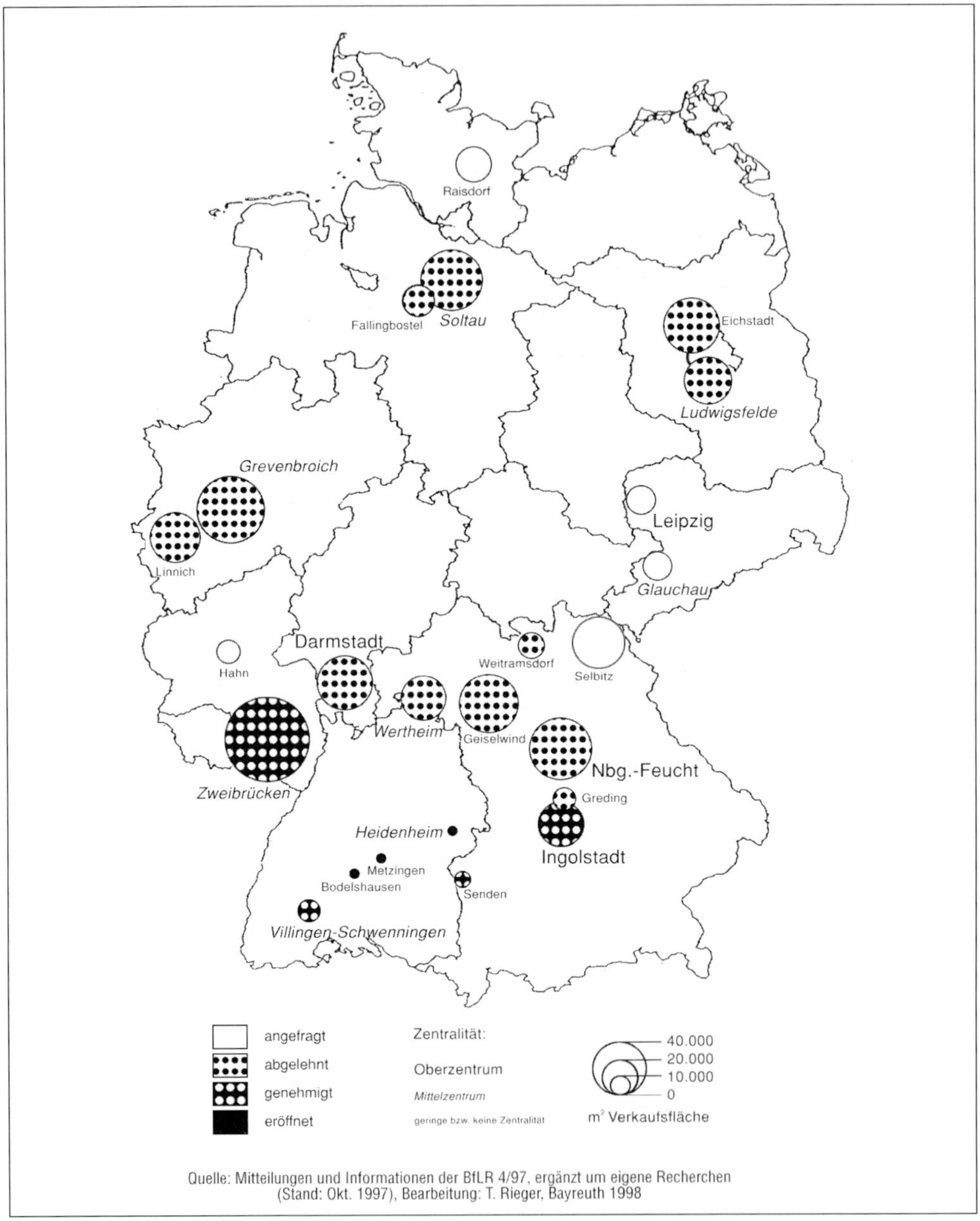

Karte 4: Factory-Outlet-Standorte in Deutschland

3 Fazit oder die Artistik der Raumordnungspolitik: Kein wettbewerbspolitischer Einfluß bei Erhalt einer ausgewogenen Wirtschaftsstruktur!

Faßt man nun die Einflußmöglichkeiten der Raumordnungspolitik, gerade am Beispiel der Factory Outlet Center, zusammen (vgl. *Akademie für Raumforschung und Landesplanung Hannover* 1998, S. 35ff.), so unterliegen solche großflächigen Einzelhandelsbetriebe Regelungen eingeschränkter Zulässigkeit, da von ihnen nicht nur unwesentliche städtebauliche und raumordnerische Auswirkungen ausgehen können. Planungsrechtlich fallen die FOC unter die städtebauliche Sondervorschrift des § 11 Abs. 3 BauNVO. Danach sind sie außer in Kerngebieten nur in für sie festgesetzten Sondergebieten zulässig. Entsteht ein FOC außerhalb von Kerngebieten, muß also ein Bebauungsplan aufgestellt werden, der für den Standort ein Sondergebiet „großflächiger Einzelhandel" festsetzt. Diese Festsetzung muß gesetzliche Bestimmungen einhalten, wie die Anpassung an die Ziele der Raumordnung und Landesplanung nach § 1 Abs. 4 BauGB. Damit müssen auch die Leitvorstellungen des Zentrale-Orte-Systems berücksichtigt werden.

Die Ministerkonferenz für Raumordnung hat vor diesem Hintergrund in ihrem Entschluß vom 3. 6. 1997 festgehalten, daß FOC „entsprechend der Leitvorstellung einer nachhaltigen Raumentwicklung nur in Oberzentren/Großstädten an integrierten Standorten und in stadtverträglicher Größenordnung zulässig sind". Allerdings sollte nach Ansicht der Bayern eine Einzelfallprüfung entscheidend für die Zulässigkeit des Vorhabens sein. Dabei ist festzustellen, ob ein Projekt **raumverträglich** ist. Die wesentlichen Grundlagen für die Beurteilung von FOC liefert die durch die Bayerischen Staatsministerien des Innern, für Wirtschaft, Verkehr und Technologie sowie für Landesentwicklung und Umweltfragen gemeinsam herausgegebene Handlungsanweisung zur „Beurteilung von Einzelhandelsgroßprojekten in der Landesplanung und Bauleitplanung" vom 6.7.1992 sowie ergänzend die Bekanntmachung „zur Durchführung von Raumordnungsverfahren und landesplanerische Abstimmung auf andere Weise" vom 27.3.1984. Nach Art. 4 der Raumordnungsverordnung ist die Errichtung von Einkaufszentren, großflächigen Einzelhandelsbetrieben und sonstigen Handelsbetrieben einem Raumordnungsverfahren unterworfen. Großflächige Handelsbetriebe im Sinne des § 11 Abs. 3 BauNVO sind zusätzlich einer Umweltverträglichkeitsprüfung zu unterziehen, wenn sie mit mehr als 5 000 qm Geschoßfläche errichtet und dafür Bebauungspläne aufgestellt werden. Das geltende Recht bietet damit ausreichend Möglichkeiten, die Ansiedlung von FOC stadt- und raumverträglich zu steuern.

Standortpolitik und Strukturwandel im Einzelhandel

Rolf Spannagel und *Helmut Bunge*

1 Veränderungen der Standortstruktur in den letzten Jahrzehnten - Spiegelbild des Wandels im Einzelhandel

1.1 Standortstruktur in der Nachkriegszeit

Die Einzelhandelslandschaft ist ständigen Veränderungen unterworfen. Dies wird besonders deutlich, wenn man sich den Wandel in den Standortstrukturen im westdeutschen Einzelhandel, der in den vergangenen Jahrzehnten stattgefunden hat, vor Augen führt (die Betrachtung der Entwicklung des Einzelhandels in den Jahren bis 1990 bezieht sich ausschließlich auf Westdeutschland. Die Besonderheiten des Einzelhandels in der DDR werden an mehreren Stellen des Beitrags erwähnt).

Die Einzelhandelslandschaft **nach dem Zweiten Weltkrieg** wies noch bis weit in die fünfziger Jahre hinein viele Elemente der **Mangelwirtschaft** und damit eines Verkäufermarktes auf: Dominanz der Industrie - knappe und, gemessen am Einkommensniveau, teure Güter - dichtes Netz kleiner Lebensmittelgeschäfte in der Nähe der Verbraucher - niedrige Verkaufsfläche je Betrieb - wenige Betriebsformen - niedriger Filialisierungsgrad - klare Trennung der angebotenen Waren nach Branchen - Verkauf in Bedienung - Arbeitsteilung zwischen dem Einzelhandel an wohnortnahen Standorten (kurzfristiger Bedarf) und dem Innenstadthandel (Waren des längerfristigen Bedarfs) - vergleichsweise geringer Wettbewerb - Dominanz des stationären Einzelhandels - ambulanter Handel als Ergänzung der Nahversorgung - Distanzhandel (Ver-sandhandel) noch in den Kinderschuhen.

Diese Strukturen trugen folgenden Rahmenbedingungen Rechnung: geringe Pkw-Dichte, eingeschränkte Mobilität der Verbraucher - wenig Kühl- und Lagermöglichkeiten in den Haushalten - kurze Einkaufsrhythmen bei Lebensmitteln.

Diese Stichwortsammlung charakterisiert einen **Verkäufermarkt**, in dem Einzelhandelsgeschäfte wegen der eingeschränkten Mobilität der Verbraucher sogar über ein „Monopol der Nähe" verfügen konnten und in dem die Beschaffung für den Handel teilweise schwieriger zu bewältigen war als der Absatz. Dementsprechend war die Bindung der Kunden an das einzelne Geschäft hoch, und die für viele Markenartikel bestehende „Preisbindung der zweiten Hand" sorgte darüber hinaus dafür, daß die Verbraucher keinen Anreiz hatten, ihre Einkaufsstätte zu wechseln.

Diese für die Nachkriegszeit prägenden Elemente der Standortstruktur des Einzelhandels - flächendeckendes Netz kleiner und kleinster Geschäfte, knappe Güter, klare

Orientierung der Angebote nach Branchen, Preisbindung -, die in der DDR als Folge der staatlichen Planwirtschaft bis 1989 erhalten blieben, verloren in Westdeutschland dagegen schon bald an Bedeutung.

1.2 Flächenzuwachs - Prägendes Element der Standortveränderungen seit den sechziger Jahren

Den ersten zaghaften Versuchen mit der Selbstbedienung in Deutschland folgten ab Mitte der sechziger Jahre die Phase der **Flächenexpansion im Einzelhandel**, der wachsenden Mobilität der Bevölkerung und der Ausdünnung des Einzelhandelsnetzes.

Das Bild veränderte sich im Lauf der Jahrzehnte deutlich in folgende Richtung: Warenfülle - gemessen am Einkommensniveau günstige Preise - sehr großes Angebot an Einzelhandelsflächen - Vielfalt der Betriebsformen - neben dem stationären Einzelhandel entwickelt sich der Versandhandel zu einer festen Größe - bedarfsorientierte Sortimente - Selbstbedienung - keine Preisbindung (seit 1974) - zunehmende Filialisierung - starker Wettbewerb - hohe Standortkosten in zentralen Lagen, niedrigere Standortkosten in peripheren Lagen - weitmaschiges Netz wohnortferner Einkaufsmöglichkeiten - Tiefkühl- und Lagermöglichkeiten in den Haushalten - hohe Mobilität der Bevölkerung - größere Abstände zwischen den Einkäufen auch bei Waren des kurzfristigen Bedarfs.

Die letztgenannten Entwicklungen verstärkten die Tendenzen zur „Randwanderung" der Einzelhandelsunternehmen und damit zur Flächenexpansion auf der **„Grünen Wiese"** (vgl. Abb. 1). Damit entfernten sich die Anbieter zwar räumlich von dem Großteil ihrer Kunden, kamen mit dieser Veränderung der Standorte aber den Wünschen der Verbraucher entgegen; denn entsprechend dem steigenden Motorisierungsgrad der Bevölkerung boten die Zentren in peripheren Lagen großzügig Parkplätze an, und die Verbraucher lernten die **Vorzüge des Großeinkaufs** mit dem „Kofferraum als Einkaufstasche" kennen.

Zwischen den Polen Innenstadt und „Grüne Wiese" waren anfangs Ansätze zu einer durchaus **sinnvollen Arbeitsteilung** zu erkennen: Der City-Einzelhandel mit höherwertigen Angeboten in erlebnisreicher Atmosphäre wurde ergänzt durch Großanbieter außerhalb der Städte, die ihre Käuferschaft mit breiten Sortimenten zu günstigen Preisen anzogen (vgl. Abb. 2).

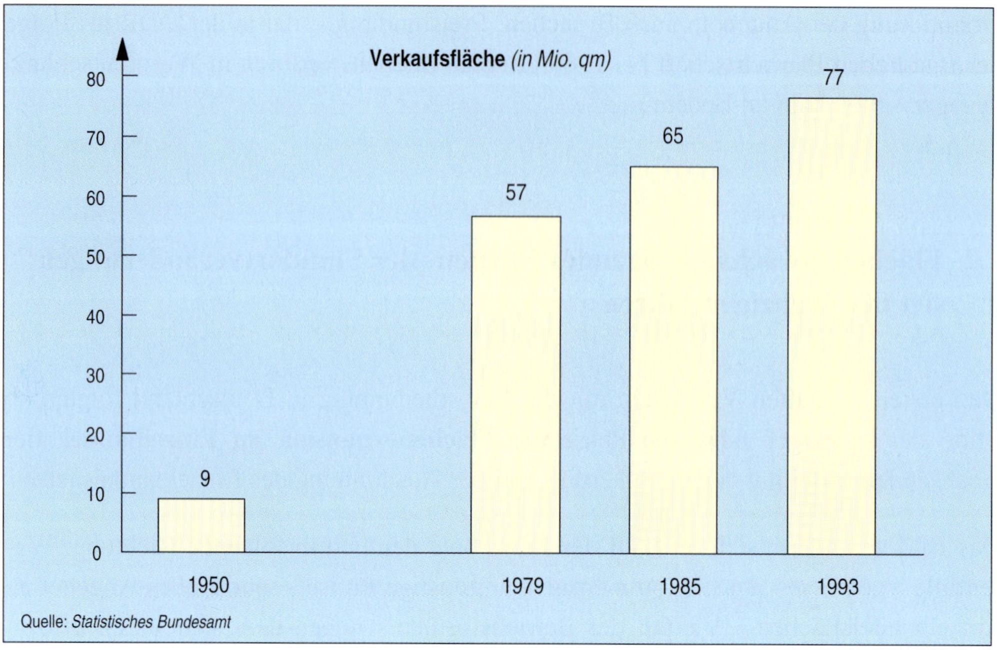

Abb. 1: Entwicklung der Verkaufsfläche im Einzelhandel (Alte Bundesländer)

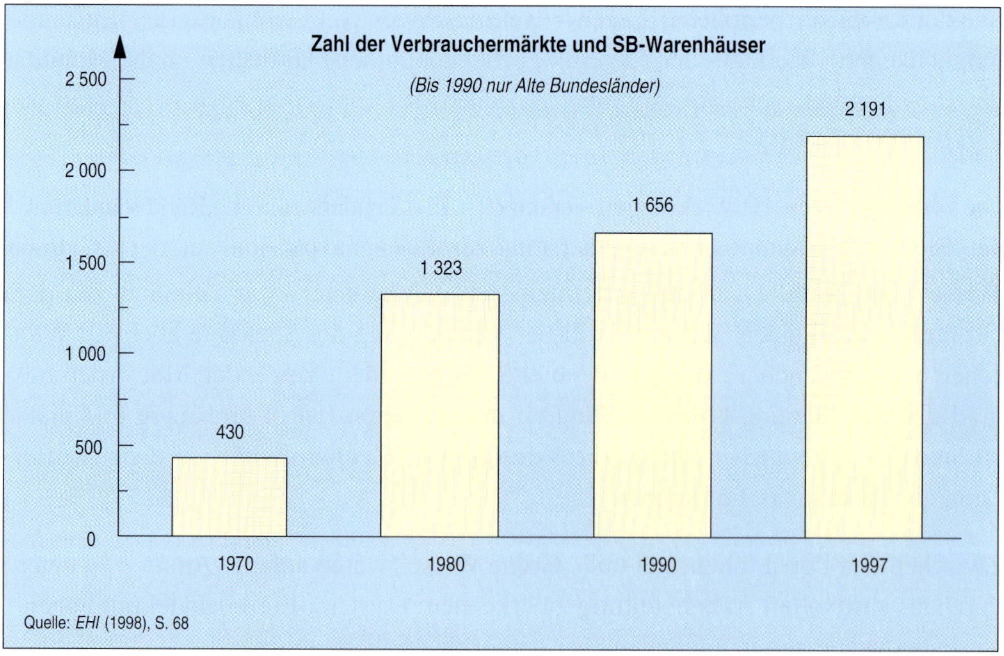

Abb. 2: Entwicklung der Zahl der Verbrauchermärkte und SB-Warenhäuser

Schon bald verstärkten sich jedoch die **Konkurrenzbeziehungen zwischen diesen Standorten**, die auch zur Konfrontation zwischen den traditionellen Innenstadtanbietern - z.B. Warenhäuser, Textilkaufhäuser - und den „neuen" Anbietern auf der „Grünen Wiese" - in erster Linie Selbstbedienungs-Warenhäuser, später in starkem Maße auch Fachmärkte - führten, die auch auf der Ebene der jeweiligen Fachverbände (*BAG* und *BdSW*) ausgetragen wurden.

Im „Wettbewerb der Standorte" bemühten sich die **Innenstädte** seit Ende der siebziger Jahre um eine **Attraktivitätssteigerung** - z.B. durch die Anlage verkehrsberuhigter Bereiche (vgl. *Spannagel* 1978) -, auf der anderen Seite gab es erste Versuche, die Flächenzuwächse an nicht integrierten Standorten durch rechtliche Reglementierungen einzudämmen.

1.3 Wandel durch Annäherung - Vergleichbare Einzelhandelsstrukturen in Ost und West

In den neunziger Jahren haben sich die **Trends zu größeren Einzelhandelsflächen** und Standorten in peripheren Lagen weiter fortgesetzt:

Am deutlichsten zeigt sich dies bei der Betrachtung des Einzelhandels in der **ehemaligen DDR**. Dort fanden die Standortveränderungen, die sich in Westdeutschland über drei Jahrzehnte vollzogen hatten, im Zeitraffer statt. Das in der DDR vorhandene flächendeckende Netz von i.d.R. sehr kleinen Verkaufsstellen erwies sich nach der Wende für die Bedürfnisse der Verbraucher als völlig ungeeignet. „Darüber hinaus waren die Standortentscheidungen für Handelsbetriebe i.d.R. nicht nach ökonomischen Gesichtspunkten getroffen worden, so daß sich viele Geschäfte an Standorten befanden, die keine guten Aussichten für ein Bestehen im Wettbewerb boten. Für Neugründungen standen Geschäftsräume nur in eingeschränktem Umfang zur Verfügung" (*Lachner/Nassua/Spannagel* 1997, S. 15).

Dementsprechend kam der Flächenzuwachs in der ehemaligen DDR im wesentlichen über die Errichtung neuer Einzelhandelsflächen in peripheren Lagen zustande. Während 1989 Einzelhandelsflächen auf der „Grünen Wiese" überhaupt nicht existierten, erreichten Verkaufsflächen an Standorten außerhalb geschlossener Besiedlungen in den Neuen Bundesländern bereits im Frühjahr 1993 einen Anteil an der gesamten Verkaufsfläche von 28,3% (vgl. *Statistisches Bundesamt* 1996).

Der Trend zu Großflächen auf der „Grünen Wiese" war **auch in Westdeutschland** bis zu Beginn der neunziger Jahre ungebrochen. Dies zeigen die Ergebnisse der Handels- und Gaststättenzählungen deutlich: In den alten Bundesländern befanden sich 1985 lediglich 4,1% der Einzelhandelsverkaufsflächen außerhalb geschlossener Ortschaften; bis 1993 war dieser Anteil auf 25,0% gestiegen (vgl. Abb. 3).

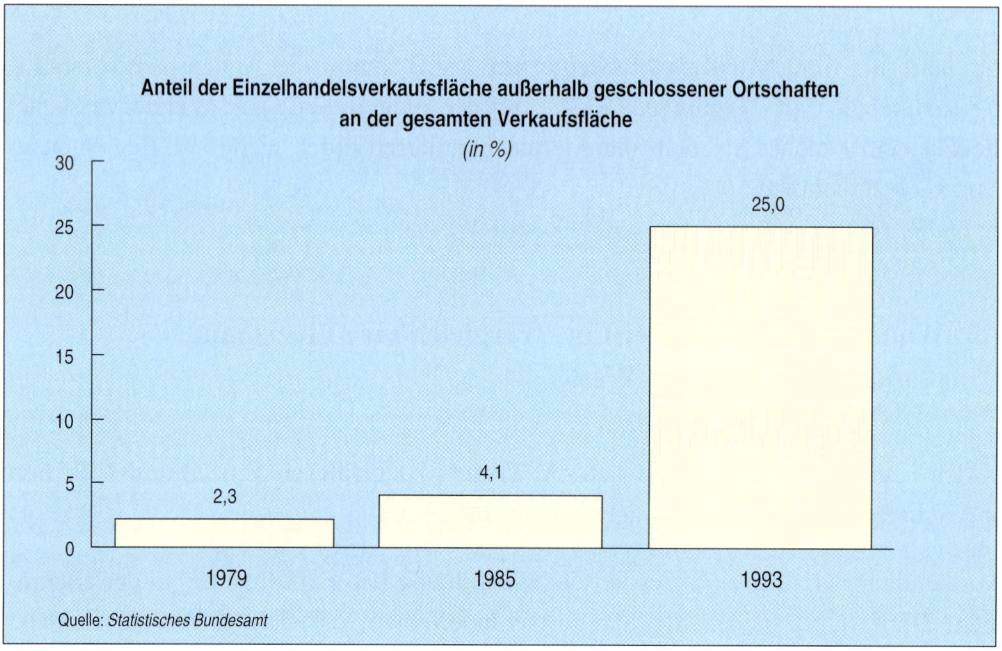

Abb. 3: Steigender Anteil der Verkaufsflächen auf der „Grünen Wiese" in den Alten Bundesländern

Im Spiegel der Statistik wird auch deutlich, daß Shopping-Center als Standorte für Einzelhandelsbetriebe nach wie vor im Aufwind sind: 1980 gab es in Westdeutschland lediglich 67 Shopping-Center mit einer Gesamtfläche von rund 2 Mio. qm, 1990 hatte sich ihre Zahl auf 93 mit einer Fläche von 3 Mio. qm erhöht, und 1996 wurden in Gesamtdeutschland 223 Shopping-Center mit rund 7,5 Mio. qm gezählt (vgl. *EHI* 1997, S. 129; Abb. 4).

Diese Entwicklungen sind auf grundsätzliche Standortentscheidungen der Einzelhandelsunternehmen zurückzuführen: Die **Trennung** in Unternehmen, die entweder in Innenstädten oder auf der „Grünen Wiese" anzutreffen sind, trifft **nur noch in Einzelfällen** zu. Die Mehrzahl der bedeutenden Einzelhandelsunternehmen - auch Warenhaus- und Textilkaufhausunternehmen - verfügt heutzutage über Filialen sowohl an City-Standorten als auch in Einkaufszentren am Rande und außerhalb der Städte. Auf der anderen Seite haben die meisten Lebensmittel-Filialunternehmen ihr Filialnetz bereinigt, die kleineren unrentablen Verkaufsstellen geschlossen oder an selbständige Kaufleute abgegeben und sich aus der Fläche zurückgezogen.

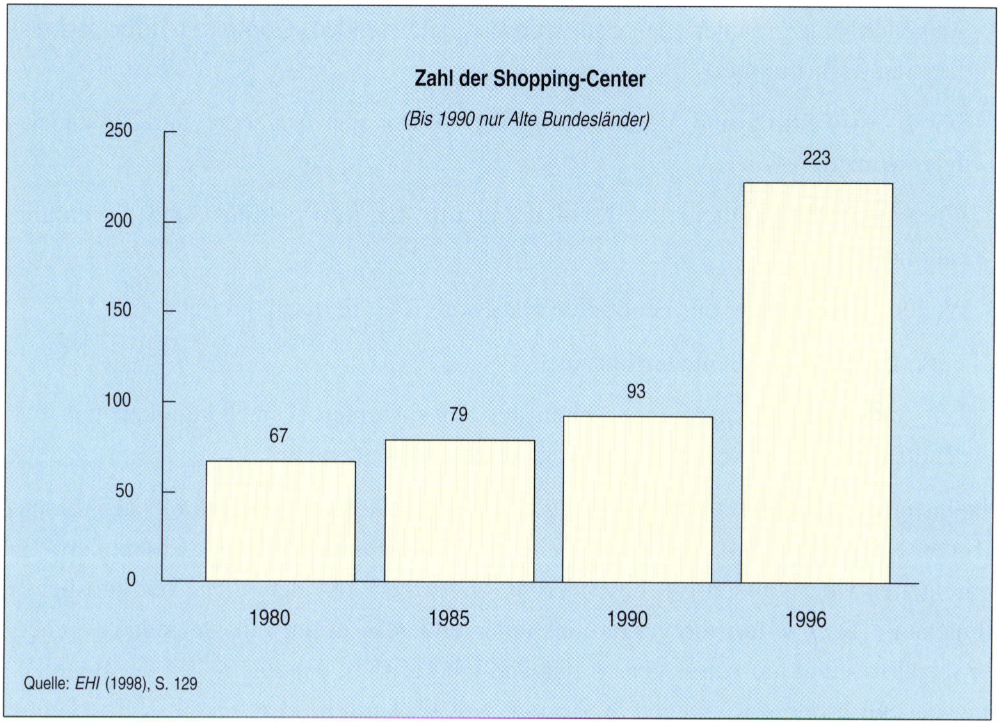

Abb. 4: Entwicklung der Zahl der Shopping-Center in Deutschland

2 Standorttendenzen - Der Strukturwandel wird sich fortsetzen

2.1 Electronic Retailing - Hat sich der stationäre Einzelhandel überlebt?

Die Auswirkungen der künftigen Entwicklungen im Electronic Retailing und der Multimedia Nutzungen allgemein auf den Einzelhandel werden sehr **uneinheitlich beurteilt**. Die Einschätzungen reichen von einem sich abzeichnenden „Kaufrausch auf dem Kanapee“ bis zu Prognosen wie „Das Multimedia-Zeitalter findet erst nach dem Jahr 2050 statt“.

Als **Argumente für** einen relativ kurzfristig zu erwartenden **Boom bei Multimedia-Nutzungen** werden unter anderem angeführt:

- Verbesserte Kommunikationsinfrastruktur („Datenautobahnen“)
- Steigende Nutzerzahlen bei den weltweit anbietenden Computer-Informationsdiensten (z.B. Internet)
- Starke Ausweitung und Verbesserung der Multimedia-Angebote durch Handelsunternehmen
- Wachsende Vertrautheit der Bevölkerung mit der Informations- und Kommunikationstechnik
- Weitere Verbilligung der benötigten Hardware (PC, Fernsehapparat etc.)
- Vereinfachung der Benutzerführung
- Zeit- und Kostenersparnis auf seiten der Konsumenten (Unabhängigkeit von Ladenöffnungszeiten, kein Einkaufsweg, keine Parkplatzsuche)

Begünstigt werden könnte ein Vordringen des Tele-Shopping auch durch den zunehmenden Hang eines Teils der Verbraucher zum **„Cocooning“**, zum „Einbunkern“ in den eigenen vier Wänden mit besonderem Augenmerk auf der Pflege der häuslichen Umgebung. Dies würde hervorgerufen unter anderem durch ein steigendes Sicherheitsbedürfnis und die Angst vor kriminellen Übergriffen, die einem Teil der Bevölkerung das Verlassen der eigenen Wohnung zum Einkaufen oder für die Befriedigung anderer Konsumbedürfnisse - zumindest bei Dunkelheit - nicht geraten erscheinen lassen.

Als **Argumente**, die noch auf lange Sicht **gegen** wesentliche Auswirkungen der Entwicklungen im **Multimedia-Bereich** auf den Handel sprechen, werden in erster Linie genannt:

- Angst eines Teils der Bevölkerung vor der Medienflut
- Sorge um die Wahrung des Datenschutzes
- Noch relativ geringe Ausstattung der Haushalte mit für Multimedia-Nutzungen geeigneten Endgeräten
- Große Wissensdefizite und mangelndes technisches Verständnis zumindest bei der älteren Generation

- Tradierte Verhaltensmuster mit dem Wunsch nach Kontakt zur Ware und zum Verkaufspersonal im Geschäft

Je nachdem, wie die vorstehend skizzierten Argumente gewertet werden, reichen die Prognosen, welche Bedeutung Electronic Retailing in den nächsten Jahren in Deutschland erreichen kann, von einem Anteil am gesamten Einzelhandelsumsatz von knapp 5% im Jahr 2010 bis zu einem Vielfachen dieser Größenordnung - z.B. 30% im Jahr 2006 (vgl. o.V. 1998a, S. 67). Angesichts der Tatsache, daß die Mehrzahl der Verbraucher beim Einkauf auch in Zukunft großen Wert auf Hören, Sehen, Fühlen, Riechen und Schmecken legen wird, ist der **untere Rand der Prognosen** wohl **realistisch**. Dementsprechend ist nicht zu erwarten, daß Electronic Retailing in absehbarer Zeit zu einer teilweisen Substitution stationärer Geschäfte und zu grundlegenden Veränderungen der gewachsenen Einzelhandelsstruktur führen wird.

2.2 Bahnhöfe - Einzelhandelsstandorte der Zukunft?

Bahnhöfe weisen eine **natürliche Besucherfrequenz** auf und sind daher prinzipiell für Zwecke, die weit über die Dienstleistung „Beförderung" hinausgehen, sehr gut geeignet. Die Bahnhöfe der Zukunft sollen daher verschiedene Funktionen erfüllen: Sie sollen Teil einer modernen Infrastruktur sein, sie sollen Einkaufsmöglichkeiten, Dienstleistungen, Hotels, Restaurants und Büroflächen beherbergen.

Schon Ende der achtziger Jahre hatte die Bundesbahn einige Bahnhöfe unter den genannten Aspekten umgestaltet, z.B. die Bahnhöfe von München, Stuttgart und Frankfurt. Neben umfangreichen Dienstleistungsangeboten wurden auch Einzelhandelsflächen in die Bahnhöfe integriert. Es wurden „Schlemmerparadiese" eingerichtet, die sowohl auf den sofortigen Verzehr als auch auf die Mitnahme von Lebensmitteln ausgerichtet sind. Ergänzt wurden die Lebensmittelangebote durch einige **Non-Food-Anbieter** und **Dienstleister**.

In den neunziger Jahren wurde der Rahmen für die Ansiedlung von Einzelhandels- und Dienstleistungseinrichtungen noch wesentlich erweitert. Im Leipziger Hauptbahnhof sind Einzelhandelsflächen entstanden, die die **Größenordnung eines mittleren Einkaufszentrums** erreicht haben. Weitere Bahnhöfe werden folgen.

Diese Entwicklungen zeigen, daß Bahnhöfe von den Einzelhandelsunternehmen in die Überlegungen zu ihren Standortentscheidungen einbezogen werden müssen. Ob und inwieweit sich Angebote an Bahnhöfen in die vorhandene Einzelhandelslandschaft einfügen oder ob sie sich zu einer deutlichen Konkurrenz für die bestehenden Strukturen entwickeln, kann nicht generell beantwortet werden, sondern hängt von den Gegebenheiten in der jeweiligen Stadt ab.

2.3 Flächenzuwachs durch Flächenumwidmungen?

Seit einigen Jahren kommen in großem Umfang „neue" Flächen auf den Markt, die auch und gerade für Einzelhandelsunternehmen von Interesse sein können. Dies betrifft nicht nur Konversionsflächen in peripheren Lagen - z.B. ehemalige Militärflughäfen, Kasernengelände etc. -, sondern unter anderem auch **Industriebrachen**, aufgelassene Straßenbahnhöfe, ehemalige Schlachthöfe, aber auch Gaswerke, die durch den Anschluß an die Fernversorgung ihre ursprüngliche Funktion verloren haben.

Diese Flächen weisen i.d.R. **erhebliche Dimensionen** auf, und sie verfügen üblicherweise über eine gute Verkehrsanbindung. Damit bieten sie sehr gute Voraussetzungen für die Ansiedlung großflächiger Einzelhandelsbetriebe. Zahlreiche Einzelhandelsunternehmen bemühen sich daher im Rahmen ihrer Standortpolitik um derartige Flächen innerhalb und außerhalb von Städten. Die Genehmigungspraxis der zuständigen Verwaltungen fällt allerdings unterschiedlich aus; vor allem die Beurteilung, ob z.B. SB-Warenhäuser und Fachmärkte an diesen Standorten für verträglich mit den bestehenden Einzelhandelsstrukturen angesehen werden, erfolgt nicht immer nach einheitlichen Kriterien.

2.4 FOC - Ergänzung oder Alternative zum Einzelhandel?

Ansiedlungsvorhaben für großflächige Einzelhandelsbetriebe auf der „Grünen Wiese" sind **immer schwerer zu realisieren**. Diese Aussage trifft nicht nur auf Deutschland, sondern auch auf die anderen westeuropäischen Länder zu; „governments ... are imposing a nearly impossible cost on large retailers interested in green field development" (*Price Waterhouse* 1998, S. 6).

In dem Bemühen um „neue" Nutzungen für die außerhalb der Städte zur Verfügung stehenden Flächen sind sowohl in England als auch in Frankreich an verschiedenen Standorten Factory Outlet Center nach amerikanischem Muster entstanden, und auch in Deutschland gibt es Planungen für zahlreiche Factory Outlet Center, z.B. in Zweibrücken, in Ingolstadt und an mehreren Standorten rund um Berlin. Erfahrungen mit bestehenden Factory Outlet Centern gibt es jedoch bisher in Deutschland noch nicht. Allerdings sehen Immobilienwirtschaft, Investoren und Projektentwickler Factory Outlet Center als verlockende Möglichkeit an, auch in Deutschland in eine Marktlücke zu stoßen.

In Deutschland ist allerdings wegen der im Vergleich zu den USA wesentlich anderen Vertriebsstrukturen mit **massivem Widerstand des Einzelhandels** zu rechnen, falls Hersteller von Markenwaren versuchen sollten, „zweigleisig" zu fahren und Erzeugnisse erster Wahl nicht nur über den Handel, sondern auch über eigene Geschäfte in Factory Outlet Centern abzusetzen.

Alle Projekte für Factory Outlet Center werden bereits heute von den Planungsbehörden sehr **kritisch geprüft** und denselben Maßstäben unterworfen wie sonstige großflächige Einzelhandelsansiedlungen. Dennoch ist damit zu rechnen, daß in absehbarer Zeit auch in Deutschland mehrere Factory Outlet Center entstehen werden und daß diese Geschäfte auf hohe Akzeptanz bei den Verbrauchern treffen werden. Factory Outlet Center stellen sich stets als eine **Ergänzung** zu den Angeboten des Einzelhandels dar, während der Einzelhandel in ihnen eine direkte Konkurrenz sieht. Ob Factory Outlet Center in Deutschland erfolgreich sein werden, wird ganz entscheidend davon abhängen, ob sich Hersteller attraktiver Markenwaren für ein Engagement in eigenen Geschäften im Rahmen von Factory Outlet Centern auch gegen den erklärten Widerstand des straff organisierten Einzelhandels bereit finden. Aller Voraussicht nach werden Factory Outlet Center in Deutschland keine nennenswerten Marktanteile erringen können und dementsprechend auch nur schwache Impulse zur Veränderung der gewachsenen Einzelhandelsstrukturen auslösen.

2.5 Rückzug aus der Fläche - Dörfer ohne Läden?

Die großen Unternehmen des Lebensmittel-Einzelhandels sind - wie bereits in Kap. 1.3 erwähnt - seit Jahren dabei, ihr **Filialnetz zu optimieren** und sich von vielen ihrer kleinen und wenig rentablen Verkaufsstellen im ländlichen Raum zu trennen.

Dieser „Rückzug aus der Fläche" und die damit verbundenen Geschäftsschließungen waren in den vergangenen Jahren häufig Gegenstand der Berichterstattung in den Medien. Im Mittelpunkt standen dabei das Auftreten von Versorgungsschwierigkeiten vor allem für ältere Menschen und eine **Verringerung der Lebensqualität** für die Bevölkerung im ländlichen Raum als Folge der Schließung des Dorfladens, der bis dahin als Kommunikationszentrum für die Einwohner fungierte.

Nur in Ausnahmefällen wurde in derartigen Berichten auf die betriebswirtschaftlichen Zwänge, die zur Schließung führen mußten, hingewiesen, und es wurde auch nur selten erwähnt, daß ein großer Teil der Ortsansässigen diese kleinen Geschäfte mit ihrer geringen Auswahl kaum noch besucht hatte und ihr Einkaufsverhalten in Richtung auf größere und preisgünstigere Anbieter, die allerdings i.d.R. einen längeren Einkaufsweg mit dem Pkw erfordern, verändert hatte.

Die **Reaktionen auf die Geschäftsschließungen** waren vielfach geprägt von Sorgen und Befürchtungen um die Lebensmittel-Distribution und die Einkaufsmöglichkeiten im ländlichen Raum, konkrete Klagen über Versorgungsschwierigkeiten waren jedoch kaum zu vernehmen. Dem Ministerium für Wirtschaft, Mittelstand und Technologie des Landes Brandenburg lagen bereits sehr bald nach Beginn des Abschmelzungsprozesses in den Neuen Bundesländern zwar zahlreiche Presseberichte und Unterschriftensammlungen für den Erhalt der „Dorfläden", aber keine konkreten Beschwerden vor.

Eine Befragung der Arbeitsgemeinschaft der Verbraucherverbände bei ihren Mitgliedsverbänden, ob ernsthafte Fälle von Unterversorgung mit Lebensmitteln in ländlichen Regionen bekannt seien, ließ keine Versorgungsdefizite erkennen (vgl. *Monopolkommission* 1994, S. 74).

Die Tatsache, daß es trotz vieler Geschäftsaufgaben im ländlichen Raum kaum negative Reaktionen der Bevölkerung gegeben hat, ist darauf zurückzuführen, daß die Verbraucher **Kompensationsmöglichkeiten** für den Einkauf in „ihrem" kleinen ortsansässigen Geschäft gefunden haben (vgl. *Spannagel/Wölk* 1997, S. 5ff.):

- Der größte Teil der Bevölkerung bevorzugt die nicht wohnortnahen preisgünstigen Anbieter - z.B. Discounter, SB-Warenhäuser und Verbrauchermärkte.
- Die mobilen Verbraucher nehmen im Wege der Nachbarschaftshilfe die weniger mobilen auf ihre Einkaufsfahrten mit bzw. erledigen für sie Einkäufe nach Bestellung.
- Zur Versorgung tragen Verkaufswagen von Lebensmittelanbietern sowie von Bäckern und Fleischern aus der jeweiligen Region, zum Teil aber auch von überregional tätigen Betreibern von Verkaufswagen bei.

- Bäcker und Fleischer weiten ihre Sortimente aus.
- Tiefkühl-Heimdienste haben als Absatzgebiet auch die ländlichen Räume erschlossen.

Moderne Tankstellen, die in ihren Shops meist ein umfangreiches Lebensmittelsortiment anbieten, verstehen sich zwar selbst als Ersatz für die kleinen Läden, leisten aber i.d.R. keinen wesentlichen Beitrag zur Versorgung der Bevölkerung im ländlichen Raum, da sie von ihren Standorten her eher auf Ballungs- und Verdichtungsräume ausgerichtet sind, aus denen heraus sie von Verbrauchern auch zu Fuß zu erreichen sind.

Tendenziell wird sich auch in den nächsten Jahren die **Ausdünnung** des Ladennetzes im ländlichen Raum **fortsetzen**, und die Versuche, die Attraktivität der kleinen Geschäfte durch die Aufnahme ergänzender Dienstleistungsangebote zu steigern, werden nur begrenzten Erfolg haben. Im Rahmen der Geschäftspolitik des Einzelhandels ist die Versorgung des ländlichen Raumes eher ein Aktionsfeld für regionale als für nationale Anbieter.

Eine Rückbesinnung der Bevölkerung auf die kleinen stationären Geschäfte im ländlichen Raum nach dem Motto „Wir lassen nicht nur die Kirche, sondern auch die Kaufkraft im Dorf“ ist angesichts der Mobilität der Verbraucher und ihres Preisbewußtseins auf keinen Fall zu erwarten.

2.6 Revitalisierung - Subventionen für die Innenstadt?

Zu den Anbietern in dem im Oktober 1996 mit ca. 70 000 qm Verkaufsfläche am Berliner Autobahnring eröffneten Einkaufszentrum A 10 gehören unter anderem *Peek & Cloppenburg*, *C & A*, *Parfümerie Douglas* und die Buchhandlung *montanus*. Die Tatsache, daß diese und andere früher ausschließlich innenstadtorientierte Handelsunternehmen seit einigen Jahren auch an Standorten auf der „Grünen Wiese“ anzutreffen sind, macht die Entwicklung deutlich: Die **Anziehungskraft der Einkaufszentren außerhalb der Städte** auf Anbieter und Nachfrager ist groß, die Innenstädte - vor allem in Ostdeutschland - haben massive Probleme.

Eine ausgewogene Mischung von kleinen, mittleren und großen Einzelhandels- und Dienstleistungsbetrieben ist in den Innenstädten der Neuen Bundesländer bisher nur in Ausnahmefällen vorhanden. Die meisten, vormals vernachlässigten Innenstädte sind in erster Linie **aus folgenden Gründen wenig attraktiv** und nicht in der Lage, den Verbrauchern Einkaufsatmosphäre und Einkaufserlebnis zu bieten:

- Kein vollständiges Angebot
- Zu wenig Publikumsmagneten wie Warenhäuser und Textilkaufhäuser
- Schlechte Erreichbarkeit mit dem Pkw
- Zu wenig Parkplätze

Das **unvollständige Angebot** mit **zu wenig Publikumsmagneten** ist teilweise das Ergebnis geringer Attraktivität der jeweiligen Innenstadt und damit mangelnden Interesses der Filialunternehmen; dies kommt sogar vereinzelt im Exodus von Warenhäusern zum Ausdruck. In einigen Städten sind Lücken im Angebot aber auch darauf zurückzuführen, daß sich Unternehmen zwar ansiedeln wollten, daß ihnen aber keine adäquaten Flächen zur Verfügung gestellt werden konnten.

Das Bestreben einiger Stadtverwaltungen in den Neuen Bundesländern, die Ansiedlung von Filialunternehmen in ihren Innenstädten möglichst abzuwehren und dort eine ausschließlich mittelständisch geprägte Struktur der Anbieter zu bewahren, muß als Irrweg angesehen werden: Eine derartige Strategie entspricht nicht den Wünschen der Konsumenten, die in den Innenstädten auch und gerade die Verkaufsstellen der bundesweit bekannten Filialunternehmen erwarten.

Die **Erreichbarkeit mit dem Pkw** ist für die Innenstädte und den dort ansässigen Handel lebenswichtig, weil gerade in den Neuen Bundesländern mit Vorrang die Einkaufsstätten aufgesucht werden, die gut erreichbare und kostengünstige Parkmöglichkeiten bieten und damit die Nutzung des Kofferraums als Einkaufswagen gestatten. Eine Trendumkehr von diesem Verhalten hin zu stärkerer Nutzung des öffentlichen Personennahverkehrs zeichnet sich bisher nicht ab. Die Notwendigkeit von Verbesserungsmöglichkeiten für die Erreichbarkeit der Innenstädte wird zwischen Stadtverwaltungen und Vertretern der Wirtschaft i.d.R. äußerst kontrovers diskutiert.

Kaum eine Innenstadt in Ostdeutschland ist für die Kunden so attraktiv, daß sie bei einem Vergleich mit westdeutschen Einkaufsstraßen bestehen könnte. Dies macht auch ein Blick auf die Passantenfrequenz in verschiedenen deutschen Städten deutlich; die bekannten „Konsummeilen" in den Cities westdeutscher Städte werden nach wie vor von den Verbrauchern vergleichsweise gut angenommen, während die Zahl der Besucher in vielen ostdeutschen Innenstädten deutlich zu wünschen übrig läßt. (vgl. Tab. 1).

Ort, Straße	Zahl der Passanten sonnabends 11 - 12 Uhr	dienstags 16 - 17 Uhr
München, Neuhauser Straße	16 659	8 829
Frankfurt/Main, Zeil	15 864	7 338
Berlin, Tauentzienstraße	12 829	7 195
Köln, Schildergasse	11 840	8 940
Hannover, Bahnhofstraße	11 724	7 389
Stuttgart, Königstraße	11 657	7 569
Hamburg, Spitalerstraße	10 868	5 867
Heidelberg, Hauptstraße	9 653	3 786
Mannheim, Planken O 4,4	9 276	3 426
Nürnberg, Breite Gasse	8 561	2 833
Leipzig, Peterstraße	7 430	3 062
Düsseldorf, Schadow-Arkaden	7 133	4 193
Wiesbaden, Kirchgasse	6 306	3 278
Dresden, Prager Straße	6 192	3 561
Chemnitz-Center	5 926	2 025
Bad Homburg, Louisenstraße	5 877	2 753
Cottbus, Spremberger Straße	4 546	1 576
Magdeburg, Breiter Weg	4 331	3 715
Schwerin, Mecklenburger Straße	3 972	2 404
Erfurt, Anger-Eck	2 640	2 200
Halle, Leipziger Straße	2 100	1 980
Dessau, Rathaus-Center	1 818	1 121
Zwickau, Innere Plauensche Straße	1 389	1 871
Quelle: o.V. (1996, S. 78)		

Tab. 1: Passantenfrequenz in ausgewählten Einkaufsstraßen

Das **Dilemma der Innenstädte** ist jedoch nicht durch Mietzuschüsse oder andere Subventionen, wie vereinzelt vorgeschlagen (vgl. o.V. 1998b, S. 68), **zu überwinden**. Von besonderer Bedeutung sind vielmehr folgende Punkte:

- Die Städte selbst müssen die Innenstadtentwicklung zu einem deutlichen Schwerpunkt ihrer Planungsprozesse machen. Dabei muß besonders darauf geachtet werden, daß die Kommunikation zwischen den öffentlichen Stellen und den anderen Akteuren, die sich für die Innenstadt engagieren, gewährleistet ist, daß Planungs- und Genehmigungsverfahren bei Bauvorhaben in einem vertretbaren Zeitrahmen ablaufen und daß sich die Anforderungen des Denkmalschutzes nicht hindernd auf wichtige Projekte auswirken.
- Verkehrslösungen für die Innenstädte müssen die Erreichbarkeit für den Individualverkehr mit dem Pkw angemessen berücksichtigen.
- Die Rahmenbedingungen für die Ansiedlung mittelständischer Einzelhandelsunternehmen in innerstädtischen Lagen müssen verbessert werden. Gleichzeitig muß jedoch auch die Bindung der großen Einzelhandelsanbieter mit Magnetfunktion - wie Warenhäuser und Textilkaufhäuser - an den Standort Innenstadt gestärkt werden, da von ihnen eine große Anziehungskraft auf die Verbraucher ausgeht.
- Die Nutzungsvielfalt der Innenstädte - mit Verwaltungen, Handel und Dienstleistungen, Freien Berufen, Kulturangeboten, Wohnen etc. - muß erhalten bleiben und gestärkt werden.
- Die Gesamtattraktivität und die Aufenthaltsqualität in den Innenstädten müssen dringend verbessert werden.
- Stadt-Marketing und City-Management müssen forciert und zur Selbstverständlichkeit werden.

Langfristig wird die Umsetzung der genannten Punkte dazu führen, daß die Bedeutungsverluste der Innenstädte kompensiert werden und daß eine **Revitalisierung** stattfindet.

2.7 Standortpolitik des Einzelhandels - Strategische Allianzen auf dem Vormarsch

„Konkurrenz belebt das Geschäft" - aus dieser alten Erkenntnis heraus suchen Einzelhandelsunternehmen verschiedener Branchen seit Jahrzehnten im Rahmen ihrer Standortpolitik die **Nähe zu Wettbewerbern** - z.B. bei Möbeln oder bei Kraftfahrzeugen. Derartige „horizontale Agglomerationen", also mehrere Geschäfte derselben Branche an einem Standort, üben bei Waren des langfristigen Bedarfs eine wesentlich größere Anziehungskraft auf die Verbraucher aus als ein Anbieter allein.

Aus ähnlichen Gründen findet man an Standorten in peripheren Lagen häufig eine Kombination von Fachmarkt - z.B. Baumarkt - und SB-Warenhaus, und an innerstädtischen Standorten haben sich bei Waren des kurzfristigen Bedarfs Kombinationen aus traditionellem Supermarkt und Lebensmittel-Discounter in unmittelbarer Nachbarschaft gut bewährt.

Derartige Kombinationen erhöhen die **Kundenfrequenz** und führen zu umsatzsteigernden **Verbundeffekten**. Unter dem gleichen Aspekt gehört es schon seit langem zur Standortpolitik großflächiger Handelsunternehmen, ihre standardisierten Sortimente durch regionale Angebote, z.B. durch Ansiedlung eines lokalen Bäckers oder Fleischers, zu ergänzen. Über diese Abrundung des eigenen Sortiments durch Frischeprodukte hinaus finden sich mittlerweile als Ergänzung zu der Angebotspalette von Großbetriebsformen des Einzelhandels - z.B. bei Warenhäusern, SB-Warenhäusern und Verbrauchermärkten - an ihren Standorten auch zahlreiche Dienstleistungen, z.B. Bank, Reisebüro, Friseur, Gastronomie.

Für die Zukunft zeichnen sich **„neue“ Allianzen** ab: Erste Versuche der *Deutschen Post AG*, mit dem Einzelhandel zu kooperieren, führten 1993 zu „Postagenturen“ in kleinen Lebensmittelgeschäften im ländlichen Raum bzw. an der Peripherie der Städte. Diese Kombination hat ihre Bewährungsprobe bestanden und sich für beide Seiten günstig ausgewirkt.

Das, was auf kleiner Ebene begonnen hat, wird jetzt in größerem Maßstab fortgesetzt: Im Dezember 1997 eröffnete der erste Post **Shop-in-Shop** in einem Frankfurter Warenhaus; mittlerweile gibt es bereits drei Postfilialen in deutschen Warenhäusern. Es ist absehbar, daß weitere Filialen in Warenhäusern, Verbrauchermärkten und SB-Warenhäusern folgen werden. Darüber hinaus arbeitet die *Deutsche Post AG*, die den Schreibwarenanbieter *McPaper* übernommen hat, am Ausbau ihres Filialnetzes als eine Kombination von Postfiliale mit Schreib- und Papierwaren (vgl. *Boßhammer* 1998, S. 38, 40). Allianzen zeichnen sich auch auf anderen Gebieten ab: Partievermarkter, die bisher eigene Filialnetze aufgebaut haben, suchen seit einiger Zeit verstärkt die Nähe zu Einzelhandelsunternehmen mit großflächigen Verkaufsstellen.

3 Standortmanagement gewinnt an Bedeutung

Es entstehen immer wieder „neue“ Standorte für Einzelhandelsunternehmen. Dies betrifft nicht nur die aus Umwidmungen gewonnenen Flächen (vgl. Kap. 2.3), sondern auch die Entwickler für innerstädtische Einkaufszentren beweisen immer wieder aufs Neue, daß noch Lücken im Netz der Standorte zu finden sind.

Das anhaltende Flächenwachstum und die Konkurrenzsituation verstärken den Druck auf die Einzelhandelsunternehmen, die Überprüfung ihrer Standorte zu intensivieren bzw. ein wirksames **Standortcontrolling** einzuführen.

Dabei darf sich das Standortmanagement nicht nur auf bereits lange Jahre bestehende Filialen beschränken, deren Standortqualität sich möglicherweise wegen Änderungen in der Verkehrsführung, wegen Änderung der Bevölkerungsstruktur im Einzugsgebiet, wegen des Hinzukommens von Wettbewerbern oder aus anderen Gründen verändert hat, sondern es müssen alle Verkaufsstellen in die Überprüfungen einbezogen werden. So gibt es gerade in den Neuen Bundesländern viele Beispiele dafür, daß Handelsunternehmen in dem Bemühen, schnell am Markt zu sein, zu Beginn der neunziger Jahre Verkaufsstellen an Standorten eröffnet haben, die unter heutigen Gesichtspunkten als suboptimal anzusehen sind und einer Überprüfung mit den üblichen Kriterien nicht standhalten; dies betrifft bspw. in mehreren Fällen die innerstädtischen Standorte von Textilkaufhäusern.

Die Ergebnisse des Standortcontrollings können sich einerseits in Geschäftsschliessungen - so plant *Hertie* die Schließung eines jahrzehntelang bestehenden Warenhauses in Berlin-Kreuzberg für das Frühjahr 1999 - niederschlagen, andererseits aber auch Anlaß zu Erweiterungen oder Verlagerungen sein.

Standortcontrolling sollte sich jedoch nicht nur auf die Prüfung der Größe, des Einzugsgebiets, der Erreichbarkeit, der Parkflächen etc. erstrecken, sondern auch die **Frage nach der „richtigen" Betriebsform** einbeziehen. Die sich gegenwärtig abzeichnende „Umwidmung" verschiedener klassischer Warenhäuser zu auf die Jugend ausgerichteten sog. Lifestyle-Häusern zeigt, daß Überlegungen in diese Richtung bereits Platz gegriffen haben.

Die Spielräume der Einzelhandelsunternehmen bei Standortentscheidungen werden in vielen Fällen durch gesetzliche Rahmenbedingungen, Verwaltungen etc. deutlich eingeengt. Dies betrifft nicht nur die Größe von Verkaufsstellen, sondern auch Fragen der Verträglichkeit neuer Projekte mit der bestehenden Einzelhandelsstruktur bis hin zur Überprüfung von Sortimenten auf ihre „Innenstadtrelevanz". Dennoch oder gerade deshalb ist eine aktive Standortpolitik der Unternehmen als Motor für den Strukturwandel im Einzelhandel weiterhin möglich und nötig.

Systemdynamik und Konzentration im Handel

Bruno Tietz

Der Beitrag basiert auf dem gleichnamigen Vortrag
anläßlich der wissenschaftlichen Jahrestagung 1994
des *Verbandes der Hochschullehrer für Betriebswirtschaft e. V.*
am 27. Mai 1994 an der *Universität Passau.*

1 Zur Systembildung im Handel

Seit Jahrzehnten ist das Systemdenken im Handel kräftiger ausgeprägt als in weiten Bereichen der Industrie. Beginnend mit den Filial- und Stützpunktkonzepten der Hanse und der großen mittelalterlichen Handelshäuser haben diese Überlegungen im Handel eine lange **Tradition**, die sich bis hin zu den konsum-, einkaufs- und agrargenossenschaftlichen Kooperationssystemen des 19. Jahrhunderts verfolgen läßt. Da Unternehmen ihre Arbeitsteilung nach den Grundsätzen der Vertragsfreiheit gestalten und dabei oft langfristige und dauerhafte Bindungen eingehen, gemeinsam neue Firmen gründen oder Gemeinsamkeit durch Ausgründung zu erreichen und zu sichern versuchen, entsteht eine subtil differenzierte Vernetzung. In den letzten Jahren schließlich haben sich durch Mega-Kooperationen bei Einkaufskontoren und durch Mega-Konzernbildung im Handel völlig neue Systemdimensionen entwickelt.

Aus einer Reihe von Gründen gewannen in der jüngeren Vergangenheit vertikale und horizontale, handels- oder herstellerdominierte Systeme enorm an Bedeutung. Zu nennen sind: die Marktunion im Rahmen der *EU*, die Zunahme von transatlantischen, transpazifischen bis hin zu globalen Warenströmen, die damit einhergehende Dynamik der Umstrukturierung der früheren Entwicklungsländer zu industrialisierten Staaten und nicht zuletzt die Transformation des ehemaligen „Ostblocks" (vgl. *Sell/ Gehle* 1998). Durch kooperative Systembildung geben Unternehmen individuelle Freiheitsgrade auf und bündeln Interessen, um sich im Wettbewerb besser durchsetzen zu können. Konzentrative Systeme wiederum tragen dazu bei, daß im Handel Marktpositionen stabilisiert und verbessert werden.

In der wettbewerbspolitischen Diskussion wird immer wieder die Befürchtung laut, Verträge und die Bündelung von Eigentumsrechten könnten den Wettbewerb beschränken und eine Machtfülle entstehen lassen, welche die gesamtwirtschaftlichen Ziele beeinträchtigt. Die Wirtschaftspolitik unterstellt, daß Betriebe im Markt mit Hilfe von weitgehend voneinander unabhängigen Einzelaustauschprozessen mit Einzelverträgen agieren (vgl. *Tietz* 1993a). Tatsächlich aber sind die Transaktionen zwischen Unternehmen einerseits sowie zwischen Unternehmen und Konsumenten andererseits zunehmend durch vertraglich geregelte komplexe Transaktionsprozesse, z.B. Rahmenverträge oder Abonnements, gekennzeichnet.

Die Funktionsfähigkeit einer Gesellschaft basiert auf einigen Glaubenssätzen, die ernsthaft nicht in Frage gestellt werden. Solche Paradigmen, z.B. bestimmte Formen von Markt und Wettbewerb, gelten als umfassend, intelligent, allgemein und ewig gültig (vgl. *Kuhn* 1967). Viele glauben an diese Paradigmen, und selbst die, die nicht oder nur teilweise darauf vertrauen, handeln danach. Verändern sich jedoch die relevanten Rahmenbedingungen, so müssen auch die - letztlich ja von Menschen geschaffenen und damit nicht unerschütterlichen - Paradigmen in Frage gestellt werden. Dies gilt in besonderem Maße für das dominante Paradigma der Wettbewerbs- und Wirtschaftspolitik.

In Anbetracht von Systembildung, Internationalisierung und Globalisierung versagen die theoretischen Instrumente für eine Beurteilung der Konzentration wie auch des Wettbewerbs, weshalb das theoretische Gerüst zur Beurteilung des Wettbewerbs insgesamt an Tragfähigkeit verloren hat. Wir verfügen über kein sinnvolles Konzept mehr zur Beurteilung von Unternehmensgrößen, höchstens für Sparten- und Betriebsgrößen. Zur Abgrenzung relevanter Märkte werden zunehmend Kriterien wie die horizontale Netzgröße oder die vertikale Bindungsgröße bei konzentrativen und kooperativen Systemen herangezogen.

Auch die Wettbewerbsleitbilder bedürfen somit einer Überprüfung und einer Neuorientierung. Vermutlich benötigen die westlichen Demokratien mit marktwirtschaftlicher Ordnung insgesamt tragfähigere Entscheidungs- und Steuerungskriterien.

2 Typologie der Systemstrategien

Der Begriff **System** bezeichnet gleicherweise kooperative Gruppen, voll integrierte oder über Beteiligungen verbundene Unternehmen und hybride Kombinationen aus kooperierenden und konzentrierten Unternehmen. Als **Systemkopf** bezeichnen wir das innerhalb von horizontalen oder vertikalen Unternehmensgruppen und Verbundgruppen letztlich dominierende Entscheidungszentrum. Bei großen konzentrierten wie kooperativen Systemen gibt es zusätzlich ein Netz von institutionalisierten **Systemschnittstellen**. Unter bestimmten Bedingungen (kräftige Dezentralisierung und sich auflösende Bindung an den ursprünglichen Systemkopf, z.B. bei ausgebauter Spartengliederung mit Börsenfähigkeit der Sparten) entwickeln sich diese zu neuen Systemköpfen.

Systeme im Handel lassen sich nach zahlreichen betriebswirtschaftlich relevanten Merkmalen differenzieren (vgl. *Tietz* 1993b, S. 1500ff., auch S. 1466ff.). Obwohl bislang keine wirtschaftswissenschaftlichen Untersuchungen über deren Struktur und

Dynamik vorliegen, bietet es sich an, die **Systemköpfe** nach Maßgabe der dominanten **Zielorientierung** zu klassifizieren:

- Herstellerdominierter Systemkopf (z.B. das Entscheidungszentrum der Vertriebs- und Franchise-Organisation eines Automobilherstellers)
- Einzelhandelsdominierter Systemkopf (z.B. die Zentrale von Warenhaus-, SB-Warenhaus- oder Fachgeschäfts-Filialunternehmen)
- Großhandelsdominierter Systemkopf (z.B. die Zentrale außendienstgesteuerter oder filial- und niederlassungsorientierter Produktionsgüter-Großhandlungen)

Die **Systemstrategien** können nach den Marktrichtungen (vgl. *Tietz* 1992; *Tietz* 1993b und c) gegliedert werden in:

(1) Horizontalstrategien, auch horizontale Netz- und Marktbesetzungsstrategien

(2) Vertikalstrategien, auch Rückwärts- und Vorwärtsintegration

Diese Bindungen lassen sich als **Intra-Sektoralisierung** und **Inter-Sektoralisierung** gestalten. Im ersten Fall werden Bindungen im gleichen Wirtschaftssektor geschaffen, z.B. in der Automobilindustrie, im zweiten Fall zwischen Wirtschaftssektoren, z.B. zwischen Automobilindustrie und Bankgeschäft oder dem Dienstleistungsgeschäft bei der Flottenvermietung.

Aufgrund der Beziehungen, die zwischen den horizontal oder vertikal in einem System zusammengefügten Gruppen bestehen, sind weitere Entscheidungen zu treffen, die **Filialisierungsstrategien** und die **Kooperationsstrategien** betreffend, wobei zwischen beiden zunehmend eine Symbiose entsteht. Auf diesen Dimensionen beruht die in Tab. 1 gegebene Übersicht.

Hybride Systeme entstehen durch eine Verbindung von Eigentum und kontraktueller Bindung und damit von Konzentration und Kooperation in einem System. Folglich lassen sich beide Konzepte nicht mehr eindeutig voneinander unterscheiden.

Bei der **Kombination von Kooperation** und **Filialisierung** sind in Abhängigkeit von Betriebsgröße und Betriebstypen zwei Konstellationen zu unterscheiden:

(1) Bei uneingeschränkter Parallelität der Betriebstypen werden alle Betriebstypen und Größenklassen als Filialen ebenso wie als Franchise-Betriebe betreut.

(2) Bei begrenzter Parallelität der Betriebstypen beschränkt sich die Franchisierung auf bestimmte Betriebsgrößen.

Tendenziell wird bei großen Betriebseinheiten die **Filialisierung** bevorzugt, bei kleinen Einheiten das **Franchising**. Als typisches Beispiel für diese Doppelstrategie sei das Konzept von *Ihr Platz* angeführt, dessen Sortiment Drogeriewaren und kurz- bis mittelfristigen Haushaltsbedarf umfaßt. Die kleineren Betriebe werden hier vornehmlich als Franchise-Partner, die größeren dagegen als Filialen geführt. *Woolworth* hingegen nutzt das Franchise-Konzept unabhängig von der Ladengröße in erster Linie zur Finanzierung der Expansion (bei Verpflichtung zu vollständiger Einkaufskonzentration). Alle leistungsfähigen Franchise-Systeme in den Vereinigten Staaten, in Großbritannien oder in Frankreich betreiben in erheblichem Umfange auch Filialen.

Leistungstiefe und Marktbesetzung		**Eigentum und Entscheidungsrecht**		
		Filialen	Hybride Systeme: Filialen und Kooperation	Kooperation
Horizontal		• *Douglas*	• *Edeka* • *McDonald´s*	• *Interpares/ Mobau*
Horizontal/ vertikal	Aufwärts	• *Ikea* • *C & A*	• *KMT* (Kleidung) • *FIRST* (Reisebüros)	• *Nord-West* (Schuhe) • *Katag* (Kleidung)
	Abwärts	• *Nordsee* • *Würth* (Montageprofi) • *Vobis* • *Escom* • *Interdiscount*	• *Salamander* • *Tchibo* • *Eduscho* • *V & B* • *Escada*	• *Benetton* • *Stefanel* • Automobilhandel • *Tupperware* • *EMD, AMS* (Einkaufskontore)
(Primär) vertikal	Aufwärts	• Eigenproduktion • Beschaffungsfilialen	• Automobilteilezulieferer	• Lizenzproduktion
	Abwärts	• Vertriebsgesellschaften • Vertriebsfilialen	• *Bang & Olufsen* • *KPM (Königliche Porzellan Manufaktur)* • Automobilhandel	• Hersteller-Franchising • Hersteller-Depotsysteme

Tab. 1: Ausgewählte Schwerpunkttypen der Handelssysteme

3 Ausgewählte Systemstrategien

3.1 Konzentrationsstrategien versus Kooperationsstrategien

(1) Konzentrationsorientierte Strategien

Bei der Konzentration handelt es sich einerseits um einen erreichten Zustand der Struktur von großen gegenüber mittleren und kleinen Unternehmen (= **Zeitpunktbetrachtung**). Andererseits verstehen wir darunter einen dynamischen Prozeß der Zunahme der Marktbedeutung der großen Unternehmen (= **Zeitraumbetrachtung**). Folglich bedeuten Dekonzentration oder Entflechtung die Abnahme der Marktbedeutung großer Unternehmen. Aus betriebswirtschaftlicher Sicht mündet die Frage der Konzentration in die Ableitung optimaler Betriebsgrößenbereiche, so von optimalen Mindest- bis Höchstbetriebsgrößenzonen.

Im Handel entstehen große Betriebsstätten nicht nur in **Großstädten**, wo man sie vermutet. Man denke in diesem Zusammenhang nur an die drei Spitzenwarenhäuser *Harrods* (London), *Printemps* (Paris) und *KadeWe* (Berlin), die 1994 einen europäischen Umsatz von einer Milliarde DM fast erreicht oder schon überschritten haben. Teilweise finden sich auch in **kleinen Orten** mit riesigen Einzugsgebieten große Betriebsstätten. Hierzu zählen *Möbel-Kraft* (1994 = 1,3 Mrd. DM Umsatz am Standort Bad Segeberg) oder *Dodenhof* in Posthausen im Süden von Bremen (500 Mio. DM).

Kleine Betriebsgrößen werden im Handel zu großen Systemen gebündelt. Dabei sind Grenzen weit gezogen, gleichgültig, ob ein kontinentaler Ansatz, so *Wal-Mart* in den USA, oder ein globaler Ansatz verfolgt wird, wie z.B. von *McDonald´s.* Man kann davon ausgehen, daß etwa um das Jahr 2010 mehrere europäische Handelsunternehmen eine Umsatzgrößenordnung von 200 Mrd. DM (zu heutigen Preisen) überschreiten werden. In den USA könnte dies bereits zum Jahrtausendende der Fall sein. Von den *Sogo Shosha,* den japanischen Großhandelshäusern (vgl. *Eli* 1977), haben bereits Anfang der neunziger Jahre mindestens fünf diese Größenordnung erreicht.

(2) Kooperationsstrategien

Durch Kooperation stimmen selbständige Unternehmen einen Teil ihrer Politik mit dem Ziel aufeinander ab, die Wettbewerbsbedingungen der daran Beteiligten zu verbessern. Eine Kooperation kann auf Dauer nur dann Bestand haben und effizient sein, wenn jeder Partner davon überzeugt ist, dadurch seine Ziele - auch bei Interessenkonflikten - besser zu erreichen als ohne Kooperation. Diese i.d.R. auf Dauer angelegte

Harmonisierung oft wichtiger Bereiche der Unternehmenspolitik führt zum **Gruppenwettbewerb** und begründet eine gegenüber dem Individualwettbewerb, d.h. dem Wettbewerb ohne Kooperation, unterschiedliche Entscheidungssituation.

Verbundsystemstrategien zwischen Industrie und Handel oder zwischen Handelsstufen versprechen in allen Branchen nur dann Erfolg, wenn den Partnern **Ausschließlichkeitsrechte** eingeräumt werden, bis hin zum Bezug von Waren. Die Lieferpartner ihrerseits verpflichten sich zur besonderen Förderung der Systemwaren. Im einzelnen werden folgende **Ziele** verfolgt:

- Stabilisierung der Kontrakte auf mehrere Jahre
- Beseitigung des vertikalen „Gewinnstresses"
- Harmonisierung der Strategien im vertikalen Absatzkanal (Marketing, physische Distribution und Informationspolitik)
- Vereinfachung und stromlinienförmige Gestaltung aller Abläufe über die Grenzen bisheriger Institutionen und Entscheidungsträger hinweg

Teilweise ergibt sich daraus die Notwendigkeit, daß Hersteller und Handel gemeinsam budgetieren. Damit bedeutet Kooperation - und wenn auch nur implizit - eine langfristig orientierte **Vorklärung der Verteilung** der von den gemeinsamen Aktivitäten erwarteten Gewinne. Insbesondere sind Festlegungen über Gewinnhöhe, Gewinnverwendung sowie Art der Steuerung der Marketinginstrumente erforderlich, jeweils für jeden Marktpartner.

(3) Konzentrativ-kooperative Strategien

Porter (1986) hat die Notwendigkeit der Verbesserung der relativen Wettbewerbsposition und damit die **Wettbewerbsorientierung** als eigenständiges Element der unternehmerischen Zielkonzepte stärker als bisher ins Bewußtsein der Entscheidungsträger gehoben. Auf dieser Sichtweise beruhen neue Varianten der Unternehmenspolitik (u.a. mit den Elementen Konkurrenten-, Lieferanten- und Kundenpolitik): Reverse Marketing oder Reziprokes Trade Marketing bzw. Kontraktmarketing und Trade Marketing (vgl. *Tietz* 1988).

In Verbindung mit der Absicht einer **zieladäquaten Arbeitsteilung** von Institutionen werden daraus, z.B. nach Maßgabe des *Schär*'schen Gesetzes oder anderer Normen, horizontale und vertikale Integrations- und Kooperationsstrategien abgeleitet. So hat *Gümbel* (1985) vor dem Hintergrund des Transaktionskostenansatzes den Handel als „Transaktionskosten-Spezialisten" bezeichnet.

In diesem Zusammenhang ist auch der Begriff der **Strategischen Allianz** entstanden. Sie hat Bedeutung als dauerhafte Kooperation, auch mit einseitigen oder gegenseitigen partiellen Kapitalverflechtungen, und als komplexes Instrument der Unternehmensführung: Mindestens zwei rechtlich selbständige Unternehmen bilden eine Koalition, um ihre Ziele, besser als auf sich alleine gestellt, zu erreichen (vgl. *Backhaus* 1987, S. 122; *Zäpfel/Pölz* 1987, S. 257). Grundlage aller Strategischen Allianzen ist die Komplementarität der Ressourcen (vgl. *Welge/Al-Laham* 1997, S. 565) von zwei oder mehr Unternehmen, die durch gemeinsames Handeln gleichgerichtete Ziele verfolgen. Diese neue Sicht der Marktbeziehungen wird auch als Teil einer kooperativen harmonisierten Gewinnstrategie angesehen.

Eine Strategische Allianzen bietet im Vergleich zur Fusion oder zum Kauf mehr **Flexibilität**. Man kann sich leichter wieder trennen, wenn sich die Ziele ändern oder Erfolge ausbleiben. Formen vertraglicher Regelung sind vor allem Kooperations-Verträge (z.B. Lizenz-, Management-, Einkaufskontor-, Kontraktmarketing-Verträge) oder auch Franchise-Verträge (vgl. *Tietz* 1991a).

Filialen einer regionalen oder nationalen Systemzentrale können mit **Verbundgruppenmitgliedern** entweder gewollt kombiniert oder als Hilfslösung eingesetzt werden, z.B. um Betriebe mit Nachfolgeproblemen vorübergehend aufzufangen bzw. bei schwach wachsenden Betrieben Standortsicherung zu betreiben. Eine **bewußte Filialisierungs- oder Regiebetriebsstrategie** hat gewöhnlich zwei Ausgangspunkte:

- Verbundgruppen schaffen zur besseren nationalen Abdeckung, auf Zeit oder auf Dauer, eigene Filialen. Diese können sich u.U. auch auf Betriebstypen beziehen, welche die Partner nicht betreiben wollen oder können (z.B. Verbrauchermärkte bei Verbundgruppen im Lebensmittelbereich).
- Filialunternehmen schaffen Verbundpartner, indem z.B. kleine Filialen zur Lösung von Rendite- und Führungsproblemen verselbständigt werden, meist im Franchise-Konzept (z.B. *Ihr Platz*).

Straffe Verbundgruppen vom Typ des Franchising unterhalten oft aus Gründen des Experimentierens, der Schulung oder der Standortsicherung eigene Filialen. Es kann auch eine Refilialisierung von Franchise-Partnern geben, wenn diese an bestimmten Standorten nicht erfolgreich agieren, wie das Beispiel *Obi* zeigt.

Regieunternehmen waren bisher teils Übergangslösungen zur Marktsicherung, teils Dauerlösungen. Zu ihren Aufgaben zählen die Standortsicherung, die Know How-Sicherung, die Umsatz- und Marktanteilssicherung und Substanzerhaltung. Zunehmend sind die Regiebetriebe ein lebenswichtiger Bereich hybrider Gruppen, so im

Lebensmittelhandel. Langfristig werden nur solche Verbundgruppen überleben, die erfolgreich Unternehmen in eigener Regie führen.

3.2 Interne und externe Wachstumsstrategien

(1) Grundlagen

Konzentration und Systembildung sind grundsätzlich durch internes oder externes Wachstum (Unternehmenskäufe und Fusionen) oder eine Kombination beider Strategien zu erreichen. Einige bedeutende Handelsunternehmen verfolgen ausschließlich die Strategie, intern zu wachsen, so *Aldi* im Inland, als Franchise-Systeme auch *Obi* oder *McDonald´s*. Andere Unternehmen betreiben primär externes Wachstum, so *Vendex,* Niederlande, oder *METRO,* Deutschland, was allerdings nicht ausschließt, daß damit auch ein erhebliches internes Wachstum verbunden ist.

Diese **Strategiekomplexe** werden aufgrund der angestrebten Kapital- und Entscheidungsmachtsteuerung mit optional verschiedenen Managementstrategien, vor allem hinsichtlich der Zentralisierungs- und Dezentralisierungsmuster, gestaltet. Die dabei verfolgten **Wachstumsziele** bedingen unterschiedliche Instrumente (vgl. Tab. 2):

Ziele von Handelsunternehmen	Geeignete Instrumente
Schaffung neuer Betriebstypen	Beteiligung, Akquisition
Erschließung neuer Marktgebiete	Eigene Beteiligung, Joint Ventures, Franchising, Managementverträge
Erweiterung der Marktintensität	Franchising, Beteiligung
Beschleunigung des Wachstums	Franchising, Beteiligung
Überwindung der Sättigung, Relaunching	Beteiligung Dritter, Managementverträge
Ökonomisierung, Kostensenkung	Managementverträge, Ausgliederung zentraler Bereiche in Joint Ventures
Betriebstypen-Umstrukturierung	Managementvertrag oder Controllingvertrag auf Zeit
Betriebstypen-Aufgabe	Verkauf, Weggabe an andere (z.B. Franchise-Systeme)

Tab. 2: Beziehungen zwischen Zielen und Instrumenten des Wachstums

Bei Handelsunternehmen steht oft das Wachstum im Vordergrund. In bestimmten Phasen des Unternehmens haben jedoch auch Umstrukturierungs- und Schrumpfungsstrategien Gewicht, was zu einer Aufgabe der bisherigen Systemzugehörigkeit oder zu deren Neuordnung, so durch Wechsel der Zugehörigkeit zu Verbundgruppen, führen kann.

Wichtige **Gründe** für den **Verkauf** von Unternehmen sind:

- Managementprobleme, insbesondere Unfähigkeit des Managements
- Uneinigkeit von Erben
- Nachwuchsmangel
- Wertewandel der Gründerunternehmer
- Mängel der Leistungsprogrammpolitik (z.B. fehlende Betriebstypen-Profilierung oder Vertriebskompetenz, vernachlässigte Logistik)
- Leistungsschwache Informationssysteme

Unternehmen haben ein unterschiedliches Akquisitionspotential, das im Handel auf verschiedenartigen Fähigkeiten beruht, z.B. Know How in den Bereichen Management, Finanzierungs-, Informationsmanagement, vor allem Warenwirtschaftssysteme und informative Filialsteuerung, sowie Integration und Synergie. Fehlen diese Fähigkeiten, werden Zielerwartung und Zielerreichung sehr weit auseinanderklaffen bzw. die externe Wachstumsstrategie wird insgesamt scheitern.

(2) Evaluation von Fusionen und Aufkäufen

Eine betriebswirtschaftliche Bewertung von Fusionen und Aufkäufen im Handel zeigt folgende **Gesetzmäßigkeiten** auf:

- Rein finanzwirtschaftliche und auf Aushöhlung der Aktivseite ausgerichtete Konzepte (Leveraged Buyouts) scheitern im Handel i.d.R. Spektakuläre Beispiele hierfür sind die teilweise durch Junky Junk Bonds finanzierten Übernahmeversuche von *Allied Stores* (1986) und *Federated Department Stores* mit *Bloomingdale's* (1988) durch *Robert Campeau,* der sich 1990 unter Chapter 11 des amerikanischen Konkursrechts stellen mußte. Auch *Hooker Corporation,* die *Bonwit Teller, B. Altman* und mehrheitlich *Sakowitz, Merksamer* sowie *Parisian* übernommen hatte und bereits 1988 unter Chapter 11 kam (vgl. *Tietz* 1993b, S. 868), ist hier zu nennen.

- Der Erfolg primär betriebswirtschaftlicher Akquisitionen hängt u.a. ab von:
  - der Stabilität der Akzeptanz des jeweiligen Betriebstyps,
  - der Möglichkeit, die übernommenen Betriebstypen auf einen vorhandenen Betriebstyp umzustellen (z.B. *ProMarkt* von *Rewe*) und
  - der Möglichkeit, einen übernommenen Betriebstyp auf bestehende Betriebe zu übertragen (z.B. *Massa* auf *Praktiker*-Baumärkte).
- Unterschiedliche Systeme können nur schwer harmonisiert werden (z.B. Klein- und Großflächenbetreiber), wie die mittlerweile beendete Beteiligung des Großflächenanbieters *ASKO* am Kleinflächendiscounter *Interdiscount Europe* zeigt.
- Die Synergieerwartungen von Ein- und Mehrbranchenanbietern bzw. umgekehrt erfüllen sich nicht immer. So hatte *Allkauf* im Fotobereich Erfolg, mußte sich aber von seinem Möbelnetz wieder trennen.
- Die Integration weiterer Betriebstypen bereitet oft Schwierigkeiten (wie der Versuch von *Hertie* mit Fachmärkten oder das Engagement von *Horten* im Versandhandel zeigen).
- Lebensmittelanbietern fällt es tendenziell leichter, in anderen Branchen Fuß zu fassen, als Nicht-Lebensmittelanbietern.
- Bei akzeptierten und dynamischen Betriebstypen verlaufen Übernahmen zumeist weitaus erfolgreicher als bei Durchschnittsunternehmen.

Gewöhnlich signalisiert die Größenposition eines Unternehmens in einem Branchenmarkt Stärke (im Sinne von Akzeptanz und Verdrängungskraft). Im Handel jedoch werden die **Synergieeffekte** von **Größe** und **Multibranchen-Aktivitäten** erheblich überschätzt: Größe allein garantiert nicht Leistung. So schneiden große amerikanische Unternehmen in den USA, wie *Sears* oder *Montgomery Ward*, gemessen am ROI oder ihrer Gewinn-Wachstumsrelation, weit ungünstiger ab als ihre kleineren Konkurrenten. In Europa ist die Situation vergleichbar, wenn auch nach Ländern und Branchen unterschiedlich.

3.3 Vertikalisierungs- und Horizontalisierungsstrategien

(1) Vertikalisierungsstrategien

Rückwärtsvertikalisierung bedeutet die Integration von Lieferanten, Vorwärtsvertikalisierung die von Kunden. Es gibt in vielen Branchen Vertikalkonzepte; so hat sich jeder bedeutende Reifenhersteller durch **Vorwärtsvertikalisierung** Handelsunternehmen angegliedert: *Michelin-Sarona, Continental-Vergölst, SP Dunlop-Holert Kunz, Good Year-Kempen, Pirelli-Pneumobil.* In anderen Warenbereichen sind *Rodier* (Bekleidung), *Roche Bobois* (Möbel), *Flötotto* (Möbel) und, mit langer Tradition, *Nordsee* (Fisch) sowie *Salamander* (Schuhe) zu nennen.

Ebenso entwickelt sich eine **Rückwärtsvertikalisierung** des Handels mit Eigen- (z.B. bei *C & A*) oder Auftragsproduktion (z.B. bei Foto durch *Quelle* oder *Interdiscount*). Diese Strategie beruht letztlich auf Beschaffungsproblemen. Große Einzelhandelsunternehmen erhalten z.B. nur dann die gewünschte Fleischqualität, wenn sie sich, wie das SB-Warenhausunternehmen *Globus*, St. Wendel, integriert oder kooperativ in die Zucht von *Charolais*-Rindern einschalten oder Bio-Produkte anbauen.

Von weitreichender Bedeutung ist die vertikale Systembildung einmal zwischen Zulieferern und Fertigprodukte-Herstellern sowie zwischen Konsumgüterindustrie und Handel, aber insbesondere auch im Handel zwischen mehreren Handelsstufen und durch Reverse Marketing mit Herstellern. Dabei hat die Komplexität der Systeme, bedingt durch Leistungsprogrammerweiterung und Divisionalisierung sowie durch Internationalisierung, stark zugenommen.

Unter **integrierter Vertikalisierung** wird die Tätigkeit der Hersteller im Handel mit eigenen Handelsbetrieben oder die Angliederung von Produktionsbetrieben an den Handel verstanden. Der Hersteller kauft sich in den Handel ein, wenn dieser nicht fähig ist, die Produkte so zu vermarkten, wie der Hersteller es für richtig oder notwendig hält. Umgekehrt gliedert sich der Handel den Hersteller an, wenn jener glaubt, die Produktion kontrollieren zu müssen.

Die **kooperative Vertikalisierung** führt tendenziell zu langfristigen Bindungen, z.B. mit Mehrjahresverträgen in Form des kontraktorientierten bis zum planorientierten Marketing, wobei es zu einer Harmonisierung der Ziele und Strategien beider Partner kommt: Anstelle von zufallsabhängigem „Gewinnstreß im Distributionskanal" tritt Gewinnharmonisierung durch bewußte Gewinnverteilung und gemeinsames Streben nach geplantem Gewinn. Straffe vertikale Kooperationssysteme mit kräftigen gegenseitigen Vertragsverpflichtungen sind die Franchise-Systeme. Neue Informationstechniken in Verbindung mit flexiblen Produktionsverfahren, so Quick Response (vgl. *Perich* 1993, S. 431ff.) oder Just in Time (vgl. *Wildemann* 1992), verstärken die kooperative Vertikalisierung.

Vollvertikalisierung heißt: Das Machtzentrum Industrie und das Machtzentrum Handel verschmelzen zu einem einheitlichen Macht- und Marktzentrum. Dadurch wird die Arbeitsteilung zwischen Unternehmen unterschiedlicher Wirtschaftsstufen neu geordnet, mit der Folge einer harmonisierten Marktbearbeitung des Herstellers oder des Handels - je nachdem, welche Stufe vertikalisiert. Mehrere Gewinnträger werden zu einem Gewinnträger verdichtet. Probleme des selektiven Vertriebs entfallen, Preisbildung und Preisstellung liegen im Sinne der Preisbindung der Zweiten Hand bei einem Marktpartner. So gibt es Hersteller-Händler (wie B*enetton*, *Stefanel*) und Händler-Hersteller (wie *Ikea*, *The Gap*, *The Limited*).

Gleichgültig ob durch Konzentration oder durch Kooperation, die Vertikalisierung verändert die Machtverteilung im Absatzkanal im Sinne von Systemdominanz. Die Systemvertikalisierung stellt auch so manches der bis heute verfolgten Paradigmen in Frage: Z.B. „Der Handel soll nicht produzieren“ oder „Die Industrie soll nicht Handel betreiben“. Hierfür sprechen neue Marktbearbeitungskonzepte, wie Produktentwicklung und verstärkter Einsatz von Eigenmarken durch den Handel oder der Absatz von Designer-Marken über Factory Outlets.

(2) Horizontalisierungsstrategien

Horizontalisierung bedeutet im Handel stets die Fixierung der Absatzreichweite durch Filialen oder Kooperationspartner und der Beschaffungsreichweite durch Beschaffungsstützpunkte. Dazu gehört auch die Festlegung der lokalen und regionalen bis internationalen bzw. globalen Tätigkeit. Betriebe der gleichen Wertschöpfungsstufen bearbeiten die Märkte mit verschiedenen Zielen:

- Bessere Ausschöpfung bestehender Standorte
- Erschließung neuer Verkaufspunkte (Multiplizierung)
- Aufgabe von Standorten
- Umwidmung von Standorten in andere Betriebstypen

Zur Horizontalisierung gehört auch die Zusammenarbeit mit auf gleicher Ebene tätigen Spezialisten, z.B. die Shop-in-the-Shop-Konzepte oder Konzessionssysteme für Gastronomie- und Dienstleistungsabteilungen.

Insgesamt geht es immer um Markteintritt, Marktpenetration und Markterhaltung sowie die Gewinnung von **Marktdominanz**. Starke Horizontalisierung mit einer grossen Anzahl von Verkaufseinheiten kann helfen, eine vollständige Marktabdeckung zu erreichen, teilweise unter Verzicht auf Kostendeckung in wenigen Ladeneinheiten. Man spricht in diesem Zusammenhang auch von einer Verdrängungsstrategie (Cash-out-Strategie), wenn Konkurrenten wegen fehlender Ausgleichsmöglichkeiten ihre vollen Kosten in solchen Gebieten decken müssen, in denen der Filialist darauf verzichten kann, weil er den Deckungsbeitragsausgleich in anderen Filialen findet.

4 Zur künftigen Systemdynamik

Die Wirtschaft der Zukunft wird durch weniger herstellerdominante und mehr **handelsdominante Systemköpfe** gekennzeichnet sein. Der Übergang der wirtschaftlichen Dominanz von der Industrie auf den Handel bzw. eine weitaus stärkere Handelsorientierung der Industrie sind in vollem Gange. In diesem Zusammenhang unterliegen die Leistungsprogramme der Handelssysteme folgenden Wandlungen:

(1) Integration aller Sektoren und Branchen in Systeme

(2) Zunahme der Anzahl der Systeme

(3) Größen- und Komplexitätswachstum der Systeme

(4) Spezialisierung der Systeme bei starker Hersteller- und Markenorientierung

(5) Polarisierung zwischen Mono- und Polysystemen

(6) Durchsetzung von Spezialsystemen (z.B. Logistik- und Dienstleistungssysteme) als flächendeckende hocholigopolisierte bis monopolisierte Schlüsselelemente zwischen ansonsten konkurrierenden Systemen (z.B. Frischelogistik für alle Filial- und Kooperationssysteme einer Region)

(7) Kombinationen kräftiger und straffer Bindungen mit loser Vernetzung (d.h. unterschiedliche Bindungsintensität zwischen Systempartnerbetrieben)

(8) Differenzierung der Systempartner nach Bindungsintensität

(9) Verstärkte Kombination von Konzentration und Kooperation

(10) Vernetzte Internationalisierung

Für das Management bedeutet dies u.a., daß die Divisionalisierung voranschreiten wird und es zur Erleichterung der Systemsteuerung einer **internen Verselbständigung** bedarf. Weiterhin gilt es, den noch häufig anzutreffenden Synergie-Fetischismus zugunsten einer differenzierten und realistischeren Bewertung von Synergie-Potentialen aufzugeben. Intensive Bemühungen sind erforderlich, um Systembürokratie zu verhindern bzw. zu überwinden und das Mitarbeiter-Controlling zu intensivieren.

Zusammenfassend kann festgehalten werden, daß die zukünftigen Unternehmenssysteme hybride Systeme sein werden. In allen Branchen werden die meisten Unternehmen aufgrund unterschiedlicher Ausgangs- bzw. Umfeldbedingungen und Qualifikation der Mitarbeiter lockere Kooperationen, straffes Franchising und Filialisierung kombiniert betreiben, jeweils mit getrennten Betreuungsinstitutionen. Es spricht vieles dafür, daß im Zuge **der Wiederkehr der Händlergesellschaft** handelsdominierte Systemkopfunternehmen entstehen, in die auch beachtliche Bereiche der Industrie eingebunden sind. Die neuen Handelssysteme werden teilweise weltweit produzieren lassen und dabei die weltweite Beschaffung sowie den nationalen und supranationalen bis hin zum globalen Absatz organisieren. Folglich wird der Handel über national und international tätige Handelshäuser wieder die Bedeutung erlangen, die er in der vorindustriellen Zeit hatte.

5 Wirtschaftspolitische Konsequenzen

5.1 Ausgangsbedingungen

Da jede Form von Systembildung als Kartell aufgefaßt werden kann, haben Systeme im GWB durch die bisherigen Novellierungen eine **ständig verfeinerte Regelung** erfahren, angefangen von der Grundnorm des Kartellverbots bis hin zur subtilen Begrenzung von Fusion und Kooperation (vgl. *Wolf/Fink* 1994). Vorherrschend ist dabei die **Furcht** vor einer Zunahme von Macht durch Größe - was als volkswirtschaftlich unerwünscht gilt. Das darauf beruhende Regelungswerk mit Schwellenwerten und einer Kammerrechtsprechung hat freilich eher mit Roulette als nachvollziehbar begründeten Normen zu tun.

Im Hinblick auf Handelssysteme hat die Theorie der Wirtschaftspolitik, genauer **Binnen- und Außenhandelspolitik**, Urteile über deren Vorteilhaftigkeit im Rahmen gesamtwirtschaftlicher Ziele abzugeben (vgl. z.B. *Dichtl* 1979; *Nieschlag/Kuhn* 1980; *Schenk* 1991; *Tietz* 1993d; *Kantzenbach* 1994; *Greipl* 1995). Dabei ist zu beachten, daß in Anbetracht der Systembildung bisherige Leitvorgaben an Relevanz verlieren.

(1) Betriebsgrößenmischung und Macht

Die Norm einer „gesunden" Mischung von Klein-, Mittel- und Großunternehmen wird irrelevant. Sie findet keine Entsprechung in den Proportionen von Klein-, Mittel- und Großsystemen oder den zwischen Konzentration, Kooperation und hybriden Systemen bestehenden Proportionen.

Die Befürchtungen, konzentrierte Unternehmen besäßen zu viel Macht, sind im übrigen weitgehend unbegründet. Dies zeigt die Entwicklung von Unternehmen wie *Sears*

Roebuck oder *IBM* und *Daimler Benz*, denen es trotz ihrer Kapitalmacht nur mühsam gelingt, das Know How zu kaufen, das sie selbst nicht entwickeln können. Weiter läßt sich der europäischen Handelsgeschichte entnehmen, daß das Eigentum innerhalb von 20 bis 30 Jahren zu 50 bis 70% umgeschichtet wird; in den USA sind die Umschichtungsfristen noch kürzer.

Von den „Big Five" des Lebensmittel-Filialhandels der fünfziger und frühen sechziger Jahre (*Stüssgen*, *Lichdi*, *Schürmann*, *Latscha*, *Pfannkuch*) besteht keiner mehr. Vermutlich wirkt der Wettbewerb noch darwinistischer, als man es in einer sozialen Marktwirtschaft gerne wahrhaben möchte.

(2) Leistungsorientierung statt Macht

Wer Leistung statt Machtausübung fordert, verkennt die Vielfalt der Leistungs- und Machtfacetten. Ungeklärt ist, bei welcher Größe oder Struktur Machtgrade, die zur Systemsteuerung und Behauptung im Wettbewerb erforderlich sind, in Machtmißbrauch umschlagen.

Von besonderer Bedeutung ist in diesem Zusammenhang die Norm der Vermutung einer Beeinträchtigung des Wettbewerbs durch Konzentration und Kooperation. Bisherige bei der Kartellierung gewonnene Erfahrungen mit Verbotsprinzipien (in Deutschland) und Mißbrauchsprinzipien (in Österreich) bieten nur wenige Anhaltspunkte für allgemeingültige Aussagen über Vor- oder Nachteile des einen oder des anderen Prinzips. Dies sollte vor allem zu einer weitaus großzügigeren Handhabung aller Formen der Kooperation führen.

(3) Sicherung des Marktzutritts

Auf Jahrzehnte hin wird der Marktzutritt durch die Internationalisierung gefördert, an der sich jedoch primär große und sehr große Handelssysteme beteiligen, z.B. *Toy's 'R' Us, Marks & Spencer* oder *K-Mart.*

Von besonderer Brisanz dürfte das Dogma des Marktzutritts und der Marktteilnahme als Selbständiger sein. Dabei ist zu beachten, daß das **Konzept der wirtschaftlichen Selbständigkeit** in Zukunft differenzierter betrachtet werden muß. Selbständigkeit ohne intensive, mindestens wachsende Einbindung in ein Kooperationssystem dürfte bereits heute der Vergangenheit angehören.

Dazu kommt der schwierige Komplex der Eigentümer- und Managerselbständigkeit. Hier sei zumindest darauf aufmerksam gemacht, daß nicht nur Personengesellschaften oder eigentümerdominierte Kapitalgesellschaften, sondern auch große Kapitalgesellschaften existenzbedrohende Generations- und Nachwuchsprobleme haben.

5.2 Veränderte Wettbewerbsbedingungen

(1) Individual- und Gruppenwettbewerb

Der Konzentrationsprozeß verändert den Wettbewerb zwischen den Unternehmen und den internen Wettbewerb von Divisionen bzw. von Betriebstypen-Netzen innerhalb eines Handelskonzerns. Im einzelnen handelt es sich um:

- **Kooperationswettbewerb**: Hier verbinden sich Elemente des Individualwettbewerbs der kooperierenden Partner mit solchen des Gruppenwettbewerbs des Verbundssystems.
- **Individualwettbewerb**: Hier wird bei jedem Leistungsübergang zwischen Marktpartnern neu entschieden.
- **Gruppenwettbewerb**: Hier werden zahlreiche Elemente der Zusammenarbeit für die gesamte Vertragsdauer fixiert. Der einzelne Leistungsübergang unterliegt jeweils einer freiwilligen Regelung. Beide Vertragspartner verpflichten sich zur Förderung der gegenseitigen Interessen und schließen Außenstehende von den spezifischen gruppenbezogenen Programmen und Leistungen aus.

Die Kooperationssysteme reduzieren den Individualwettbewerb zwischen Marktpartnern innerhalb der Gruppe. Der **Innenwettbewerb** innerhalb einer Gruppe stützt sich auf eine Harmonisierung des Einsatzes von Instrumenten. Vorrangiges Ziel der Gruppenbildung ist die Stärkung der Positionen im **Außenwettbewerb** mit anderen Marktpartnern, die teilweise ebenfalls Gruppen angehören.

Der zwischen vertikal verbundenen Partnern entstehende Preis kann sich zeitweise oder auf Dauer von einem Preis im Falle des Individualwettbewerbs unterscheiden. Man verzichtet auf gruppeninternen Wettbewerb zwischen Hersteller bzw. Systemträger und Partner, um gemeinsam die langfristig als zweckmäßig erachteten Ziele zu erreichen. Dabei wird die **Motivationsfunktion des Preises** im Sinne der pretialen Lenkung am übergeordneten Gesamtinteresse aller Partner orientiert. Die spezifische Steuerungsfunktion des für gleiche Leistungen gruppeneinheitlichen Preises und der Konditionen ist äußerst bedeutsam. Im Individualwettbewerb wird dagegen der Preis individuell, oft von Kauf zu Kauf aufgrund der speziellen Ziele des Lieferanten sowie in Anbetracht der jeweiligen Wettbewerbssituation gegenüber den jeweiligen Kunden unterschiedlich gestaltet.

Beim Individualwettbewerb gestaltet sich aus den erwähnten Gründen die Arbeitsteilung zwischen Hersteller und Handel bzw. Hersteller und Servicepartner oft auch abweichend vom Üblichen. Dies liegt an der isolierten Verfolgung von Zielen, die nicht durch ein übergeordnetes gemeinsames Interesse abgestimmt sind. Die Individualfähigkeiten und die Individualmachtgrade werden so zu Steuerungskriterien.

Dem klassischen **Einzelkämpferwettbewerb**, der bis heute im wissenschaftlichen Denken, in der praktischen Wirtschaftspolitik und in der Judikatur vorherrscht, ist die Idee des **Gruppenwettbewerbs** gefolgt (vgl. *Tietz/Mathieu* 1979; *Tietz* 1981). Bereits seit Jahren ist erkannt, daß der Gruppen- oder Systemwettbewerb zwischen wenigen konzentrierten, kooperierenden oder Hybrid-Systemen den Einzelkämpferwettbewerb abgelöst hat. Die Organisationszentralen der Gruppen gestalten nunmehr wesentliche Elemente der wettbewerblichen Konstitution und Strategie der Gruppe in ihrer Gesamtheit. Über die Einbindung der Systemmitglieder in die Gruppenkonzepte stehen somit - sowohl im Absatzmarkt als auch im Beschaffungsmarkt - nicht mehr nur die einzelnen Wettbewerber im Konkurrenzkampf, sondern jeweils die Gruppen mit ihren strukturellen und operativen Stärken (vgl. *Tietz* 1991b).

(2) Vom nationalen zum globalen Wettbewerb

Die Deregulierung der Kapitalmärkte, Intensivierung der internationalen Direktinvestitionen und Zunahme des Außenhandels erzwingen eine **Harmonisierung** der **Wettbewerbsleitbilder** und der Wettbewerbspolitik. Der weltweite Freihandel, durch den Abschluß der Uruguay-Runde intensiviert, erfordert aber nicht nur die Angleichung, sondern vor allem auch eine **Veränderung** der **Wettbewerbskonzepte.** So ist als Nachfolgeorganisation des *GATT* die *World Trade Organization (WTO)* vorgesehen, die der Globalisierung der Märkte besser Rechnung tragen soll.

Dabei ist bereits abzusehen, daß sich die nächsten Verhandlungsrunden von *GATT/ WTO* mit der Wettbewerbspolitik befassen werden, da deren fehlende nationale Kompatibilität Handelsverzerrungen zur Folge hat.

(3) Differenzierte Kategorien des Wettbewerbs

Internes Wachstum sowie Unternehmenskäufe und Fusionen wie auch Kooperationen und strategische Allianzen sollen die Wettbewerbsfähigkeit aller beteiligten Unternehmen stärken. Der Wettbewerb bezieht sich dabei auf eine Vielzahl unterschiedlicher von Bereiche:

- Marktbearbeitung
  (im einzelnen: Produktionsprogramm- und Sortimentswettbewerb, Kommunikations-, Service-, Absatzwege-, Preis- und Standortnetzwettbewerb)
- Ressourcen
  (im einzelnen: Rohstoff-, Zulieferer-, Beschaffungs- und F&E-Wettbewerb)
- Kostenwettbewerb
  (im einzelnen: Produktions-, Logistik-, Personal- und Standortwettbewerb)

Diese und weitere Wettbewerbsdimensionen (z.B. Management-, Motivations-, Informationssysteme-, Kapital- und Know How-Wettbewerb) prägen die Strategien der Unternehmen im Individual- und im Gruppenwettbewerb (vgl. *Tietz* 1990; *Tietz* 1993e).

5.3 Konsequenzen für die Ordnungs- und Prozeßpolitik

Aussagen über wünschenswerte oder unerwünschte Dimensionen von Unternehmen lassen sich nur auf der Basis eines gesellschaftlich oder zumindest wirtschaftlich konsensfähigen Paradigmas entwickeln. Unvereinbare Paradigmen und damit unterschiedliche **gesellschaftliche** und **gesamtwirtschaftliche Zielvorstellungen** führen zu inkompatiblen Aussagen über Konzentrations- wie Kooperationsgrade.

Um eine **realistische Wettbewerbspolitik** betreiben zu können, müssen Antworten auf folgende noch offene Fragen gefunden werden:

(1) Wie fördern oder behindern große Unternehmen und Verbundgruppen großer Dimensionen den technischen Fortschritt oder das Wachstum?

(2) Welche Strukturen - vor allem welche Systemtypen - beflügeln den kommerziellen Fortschritt oder die Ökonomisierung der Distribution?

(3) Wie lassen sich geeignete Beurteilungskriterien formulieren?

(4) Wie sind neue Paradigmen einer vernetzten Wirtschaft oder der Informations- und Ökologiegesellschaft in die Wettbewerbspolitik zu integrieren?

Wegen des unbefriedigenden Standes der Wettbewerbstheorie können weder Wettbewerbsrecht noch Wettbewerbspolitik tragfähig sein. Somit steht das jetzige Wettbewerbsrecht, insbesondere das GWB, trotz zunehmender Novellierungshektik weitgehend auf tönernen Füßen (vgl. *Schmidt/Rittaler* 1986). Eine wettbewerbliche Steuerung wird sich in Zukunft an folgenden **Grundanforderungen** ausrichten müssen:

(1) Tragfähige Konzepte zur Messung und Evaluation von Systemen und damit von Konzentration und Kooperation

(2) Einbeziehung der Globalisierung der Wirtschaft und insbesondere des Handels mit darauf abgestimmten Marktabgrenzungen

(3) Sicherung von Leistungsprinzipien

(4) Sicherung von technischem und kommerziellem Fortschritt

(5) Priorität für die Markterhaltung und den Marktzugang kleiner und mittlerer Unternehmen

(6) Flexible Steuerung nach Prioritäten - damit im Zeitablauf unterschiedliche Steuerung

(7) Abbau und Verhinderung von Fremdsteuerungskriterien (z.B. Bauplanungsrecht als Zulassungskriterium für Handelsbetriebe, vgl. z.B. *Koob* 1993)

6 Neue Konzepte zur Messung und Beurteilung der Konzentration und Kooperation

Zentrale Fragen der wettbewerbstheoretischen und wettbewerbspolitischen Diskussion beziehen sich auf die wünschenswerten oder gerade noch zuträglichen Konzentrations- und Kooperationsgrade in einer Wirtschaft. Die bisherige Praxis, die erreichte Konzentrationsstruktur oder, weit seltener, die Kooperationsstruktur zu messen, liefert eher vordergründige Informationen und läßt keine Schlüsse zu, die eine wirtschaftspolitische Beurteilung des Sachverhaltes ermöglichen.

(1) Beurteilungskriterien

Ohne weitere theoretische Begründung enthält das GWB zahlreiche **Schwellenwerte** und **Grenzwerte** der Konzentration. Sie liegen der Entscheidungspraxis des Kartellamtes und der Gerichte zugrunde, ohne daß auch nur annähernd etwas über die gesamtwirtschaftlichen Vor- und Nachteile ausgesagt werden könnte, da es sich weitgehend um ungeprüfte Hypothesen, wie etwa die Fiktion des fehlenden Wettbewerbs im

Oligopol, handelt. Statt derartige **willkürliche Maßstäbe** anzulegen, müßte die ex ante angenommene und ex post eingetretene Wirkung von Entscheidungen pro oder kontra einer Fusion gemessen werden.

Aus den Strukturdaten lassen sich jedenfalls im Zusammenhang mit der Bewertung von Konzentration und Kooperation keine Aussagen über Marktverhalten und Marktergebnis ableiten. Mit Blick auf komplexe und hybride Systeme fällt dies noch schwerer, da wir hierfür noch weniger Anhaltspunkte haben.

(2) Konzentrationsmaße

Die bisher gebräuchlichen Konzentrationsmaße, z.B. der *Hirschmann/Herfindahl*-Index, zeigen in zeitpunkt- und zeitraumbezogener Betrachtung nur spezifische Marktanteilsveränderungen der Großunternehmen auf. Außerdem werden Branchenbetrachtung und Gesamteinzelhandels- bzw. Handelsbetrachtung vermischt. So hatte *METRO* im Jahre 1989 nur 40% Lebensmittelanteil, bei *Aldi* waren es 90%, bei *Tengelmann* 86% und bei *Rewe* 85% (vgl. *Marfels* 1992, S. 236).

(3) Anregungen für eine neue Wirtschaftsstatistik

Vielfach erfassen die amtliche und die nichtamtliche Statistik nur einigermaßen definierbare, aber ökonomisch irrelevante Größen. Im Rahmen dieser Ausführungen kann sicherlich kein umfassendes Konzept einer Wirtschaftsstatistik für das neue Jahrtausend vorgeschlagen werden. Bedenkenswert erscheinen jedoch mindestens folgende Anforderungen:

- Verflechtungsmaße
  (im einzelnen Meßgrößen für kapitalmäßige, personelle, kontraktuelle und informationsbezogene Verflechtungen nach unterschiedlichen Vertragskategorien)
- Aktivitätsmaße
  (im einzelnen Maßstäbe für die reinen Produktions-, Forschungs- und Entwicklungs-, Handels-, Service- und Koordinationsaktivitäten)
- Lokaliserungsmaße
  (im einzelnen lokale, regionale, nationale, internationale, ggf. kontinentale und globale Marktanteile sowie Offshore-Handelsanteile)

Neue institutionelle und funktionale Meßvorschriften sollten auch eine **veränderte Handelsstatistik** umfassen, die mindestens die ausgegliederten Vertriebsgesellschaften der Hersteller, die Großhandelsaktivitäten des Einzelhandels und der Dienstleistungsbetriebe sowie die Handelsleistungen der Speditionen und Logistikdienstleister erfaßt. Daran sind Messungen der Systembindungsgrade anzuschließen.

7 Künftige Forschungsanliegen

Die betriebswirtschaftliche Forschung hat die **konzentrative Systembildung** bisher primär unter den Stichworten Fusion, Kauf (Mergers & Acquisitions) und Diversifikation behandelt. Ein zweiter Schwerpunkt ist die Analyse von Mißerfolgen der Wachstumspolitik von Handelsunternehmen wie auch von Systemzusammenbrüchen. Dabei herrscht Kritik an der Systembildung vor.

Kooperative Systembildung war Gegenstand zahlreicher Arbeiten über Kontraktmarketing, Franchising oder Verbundgruppen des Handels (vgl. z.B. *Tietz/Mathieu* 1979; *Tietz* 1991a; 1993c). Sowohl bezüglich der Konzentration als auch der Kooperation fehlen indessen zuverlässige empirische Befunde über deren Verbreitung wie auch über Entwicklung und Ergebnisse (z.B. Gewinne und Kapitalrenditen).

(1) Betriebswirtschaftliche Forschungsvorhaben

Wünschenswert wären deshalb intensive betriebs- und systemwirtschaftliche Forschungsarbeiten über:

- Merkmale und Tragfähigkeit kultureller und transkultureller, konzentrativer wie kooperativer Systeme
- Dynamik der regionalen, nationalen bis globalen konzentrativen und kooperativen Systeme
- Vitalisierung und Revitalisierung der Systeme (System-Relaunching)
- Größen- und Strukturoptimierung von Systemen
- Erfolgsfaktoren von Systemen (Chancen und Risiken)
- Entscheidungsprozeßoptimierung in Systemen

(2) Volkswirtschaftliche Forschungsvorhaben

Als relevante gesamtwirtschaftliche Forschungsarbeiten lassen sich nennen:

- Rationalisierung und Ökonomisierung der Distribution durch Systeme
- Umfang der Innovationsförderung durch Systeme
- Ordnungs- und prozeßpolitische Wertung von Systemen (auch neue Verfahren zur Messung von Konzentration und Kooperation)
- Konsequenzen des zunehmenden Unternehmensgruppen- und Verbundgruppenwettbewerbs für Intensität und Ergebnis des Wettbewerbs insgesamt

Die Einbeziehung der Systeme in die verschiedenen Analysen wird viele klassische Paradigmen der Volkswirtschafts-, Gruppenwirtschafts- und Betriebswirtschaftslehre vermutlich bereits in absehbarer Zeit in Frage stellen.

5.2 Personalpolitik

Betriebliche Personalarbeit im Marketing und Vertrieb von Handelsbetrieben

Fred G. Becker

1 Grundlagen und Begriff

Betriebliche Personalarbeit befaßt sich mit dem personellen Aspekt der Systemgestaltung eines Betriebes und der Verhaltenssteuerung (vgl. *Berthel* 1997; *Wunderer* 1997): Systemgestaltung betrifft die Schaffung organisatorischer Regeln und Bedingungen zur Umsetzung personeller Teilsysteme, z.B. Personalbedarfsdeckung, Anreizsystem, sowie zur bewußten Setzung von Stimuli durch andere betriebliche Funktionsbereiche, mit denen Mitarbeiterverhalten direkt und indirekt gesteuert werden soll. Sie ist gleichbedeutend mit struktureller Führung für das Personal. Verhaltenssteuerung meint die direkte Führung des Personals mit Hilfe der im Rahmen der Systemgestaltung erarbeiteten Teilsysteme durch direkte Vorgesetzte. Zu den Aufgabenbereichen zählen die in Abb. 1 genannten Subsysteme.

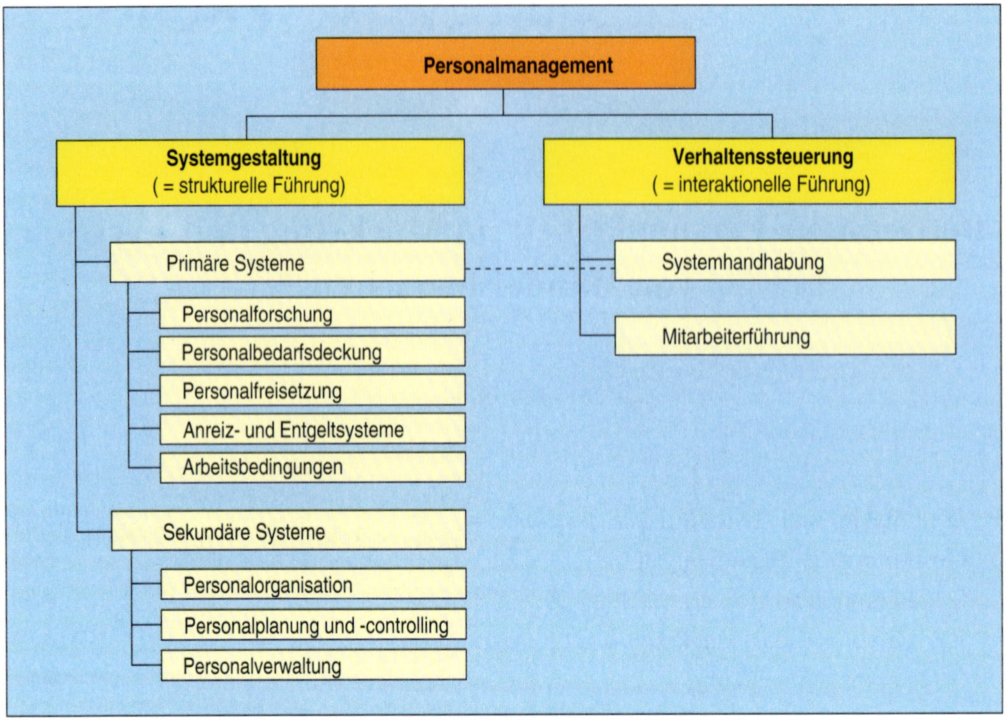

Abb. 1: Übersicht über die Bereiche des Personalmanagements

Personalarbeit ist nicht als eine Funktion zu betrachten, die nur durch die Personalabteilung zu erfüllen ist. Die Personalfunktion im Sinne der Managementlehre ist von allen **Personalverantwortlichen** auszuführen. Als Personalverantwortliche gelten neben der Personalabteilung die gesamte Geschäftsleitung sowie alle unmittelbaren Vorgesetzten. Die Personalabteilung hat mehr eine Servicefunktion zur Unterstützung der Personalverantwortlichen.

Im allgemeinen kommt der betrieblichen Personalarbeit **funktionsübergreifender Charakter** zu, d.h. sie beschäftigt sich in ihren Grundfunktionen mit allen betrieblichen Funktionsbereichen und den dort beschäftigten Mitarbeitern. Im Rahmen des situativen Paradigmas der Organisationsforschung kann es sinnvoll sein, für spezifische Aufgabenstellungen - und dazu zählen Handelsbetriebe mit ihren situativ geprägten Umwelten - zu analysieren, ob gesondert zu berücksichtigende Bedingungen vorliegen, die eine funktionsspezifische Ausgestaltung sinnvoll erscheinen lassen.

Ein personalwirtschaftliches Problem besteht für Handelsbetriebe insofern, als daß ein heterogenes Entscheidungsfeld vorliegt: Es sind unterschiedliche Aufgaben mit variierenden Qualifikationsanforderungen bei heterogenen Aufgabenfeldern zu erfüllen. In einem Bereich soll möglichst Freiraum für kreative Entfaltung (z.B. Werbebereich) mit weitgehend dezentraler Aufgaben- und Kompetenzen gelten, in einem anderen sind gegenteilige Bedingungen förderlicher (z.B. Absatzlogistik). Innovative und Routineaufgaben, Außen- und Innendienstaufgaben, strategische und operative Aufgaben sind zu erfüllen. Die breite Vielfalt des Mitarbeiterspektrums, verschiedenartige Mitarbeiterkategorien, unterschiedliche Berufsbilder (z.B. Verkäufer, Einzel-, Großhandelskaufleute, Dekorateure, Werbekaufleute) als auch Größenunterschiede der Betriebe stellen unterschiedliche Anforderungen an Mitarbeiter wie Personalverantwortliche. Die Vielfalt nimmt in solchen Betrieben zu, die in verschiedenen Marktsegmenten tätig sind (unterschiedliche, sozialisierte Mitarbeiter, bspw. Ingenieure im Werkzeugmaschinenvertrieb bzw. kaufmännisch geschulte Personen im Handel) und unterschiedliche Marketingstrategien (Kostenführerschaft, Qualitätsführerschaft) verfolgen. Eine differenzierte betriebliche Personalarbeit ist notwendig (vgl. *Gaugler* 1974).

2 Gestaltung des Personalsystems

2.1 Personalforschung

Personalforschung ist eine wissenschaftlich gestützte Informationsgewinnung und -verarbeitung durch betriebliche Stellen (bzw. in deren Auftrag durch beauftragte Externe) vor allem über Personen (Mitarbeiter und Bewerber), Arbeitsplätze, Arbeitsmärkte, Personalbedarf, Arbeitsbeziehungen sowie über die Personalarbeit selbst zur zielbezogenen Fundierung personalwirtschaftlicher Entscheidungen. Zielbezug ist ein konstitutives Merkmal, auch der Personalforschung: Nicht das Sammeln und Verarbeiten bzw. Aufbereiten beliebiger Informationen über Menschen in Organisationen ist Gegenstand der Personalforschung. Als Ziele gelten:

(1) Ermittlung personalwirtschaftlicher Problemstellungen (Chancen und Risiken)

(2) Gewinnung und Analyse von Informationen zur Durchführung von Personalaufgaben

(3) Prognose der voraussichtlichen Folgen personalwirtschaftlicher Instrumente

(4) Bewertung personalwirtschaftlicher Handlungen und Systeme

Handelnde sind Mitarbeiter des Betriebes (z.B. aus der Personal- oder Personalentwicklungsabteilung) oder Externe (z.B. Berater, wissenschaftliche Institute) im betrieblichen Auftrag.

Abb. 2 veranschaulicht verschiedene Teilbereiche der betrieblichen Personalforschung, ihre Objekte und einige Instrumente. Auf sie wird an dieser Stelle nicht näher eingegangen.

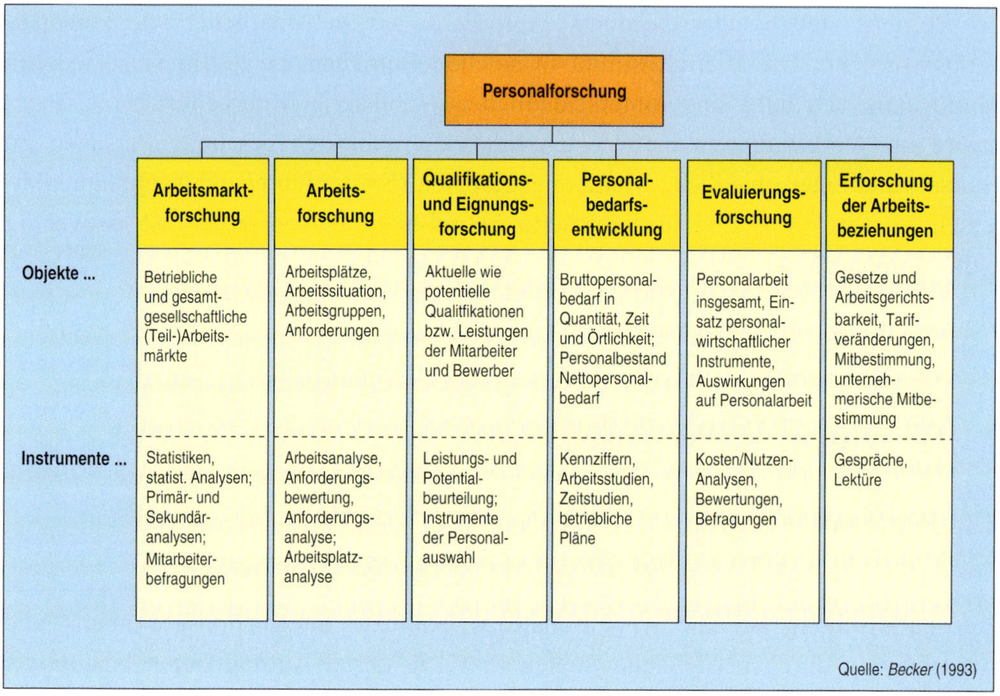

Abb. 2: Inhalte der Personalforschung

2.2 Personalbedarfsdeckung

Die Personalbedarfsdeckung besteht i.w.S. aus Beschaffung, Auswahl, Einführung, Einsatz und Personalentwicklung von Mitarbeitern (vgl. *Berthel* 1997).

Die **Personalbeschaffung** hat zum Ziel, möglichst qualifizierte Personen zu einer Bewerbung auf eine vakante Stelle zu bewegen. Zwei prinzipielle Beschaffungswege stehen zur Wahl:

- Bei der internen Beschaffungsstrategie (Versetzungen) werden vakante Stellen im Betrieb beschäftigten Mitarbeitern allgemein oder individuell angeboten. Dieses Angebot (nicht die letztendliche Besetzung) kann durch einen Betriebsrat erzwungen werden (innerbetriebliche Stellenausschreibung). Zumindest bei hierarchisch mittleren und höheren Stellen ergeben sich Aufstiegschancen, und die damit verbundenen Anreize sind gerade für Handelsbetriebe von nicht zu unterschätzendem Wert.

- Die externe Beschaffungsstrategie betrifft die Neueinstellung mittels Stellenanzeige, Arbeitsamtnachfrage, Auftrag an Personalberater, Personalleasing u.a. Sie ist sinnvoll, wenn in Bereichen eine hohe Fluktuation vorliegt (z.B. Verkauf), wenn Stellen intern nicht besetzt werden können, wenn verstärkt neue Ideen gesucht werden (z.B. Verhinderung von Betriebsblindheit in der Werbung) und wenn es sich um Einstiegspositionen (Marketingtrainee) bzw. Positionen auf unteren hierarchischen Rängen handelt. Auch kann man so gezielt bestimmte Mitarbeiter (-qualifikationen) suchen, die bspw. aufgrund von geänderten Marketingstrategien (z.B. Veränderung zu aggressivem Marketing) zur Umsetzung benötigt werden.

Die **Personalauswahl** gestaltet sich inhaltlich, nicht jedoch prozessual im Handelsbetrieb sehr unterschiedlich, da die Berufsbilder der Mitarbeiter zum Teil heterogen (bspw. Verkäufer vs. Produktmanager u.a.) sind. Nachdem die Bewerbungsunterlagen vorliegen, wird auf Basis einer Analyse eine Auswahl über diejenigen Bewerber getroffen, die zu einem Vorstellungsgespräch eingeladen werden. Zur Bildung eines Urteils eignen sich vor allem Mehrfach- und serielle Gespräche mit unterschiedlichen Verantwortlichen (Personalsachbearbeiter, Fachvorgesetzter). Für den Managementnachwuchs werden oft verhaltensorientierte Assessment-Center eingesetzt, mit denen versucht wird, die Auswahlproblematik durch stellen- und verhaltensbezogene sowie den Einsatz höherrangiger Marketingmanager als Entscheider zu erleichtern. Von psychologischen Tests, graphologischen Gutachten und biographischen Verfahren ist abzuraten, da sie wenig Bezug zu den (aktuellen) Anforderungen einer Stelle haben.

Die **Personaleinführung** ist für manche Mitarbeitergruppen im Vertriebs- und Marketingbereich (z.B. für Kundenmanager) von besonderer Bedeutung. Sie stellt die beste Möglichkeit dar, um die Kontaktanbahnung mit Kunden und Kollegen sowie die Gewöhnung an betriebsspezifische Usancen zu erleichtern. Zur Vermeidung von Frühfluktuation wie zur schnelleren Nutzung des Mitarbeiterpotentials sind Einführungsprogramme für die jeweiligen Mitarbeitergruppen (z.B. kurzzeitige Tätigkeit als Brand Assistant Manager, Patenkonzept) anzubieten.

Im Rahmen der **Personaleinsatzplanung** wird zum einen die i.d.R. kurzfristige Zuweisung von Mitarbeitern zu Stellen (z.B. Einsatz von Springern als Ersatz für kranke Verkäufer, Einsatz von Stellvertretern, Anforderung von KAPOVAZ-Arbeitskräften) sowie zum anderen die stellenspezifische Vorgabe von konkreten Arbeitstätigkeiten im Vertrieb (z.B. die Festlegung von Verkaufsgebieten, die Vorgabe von Besuchshäufigkeiten, -zeiten sowie -normen für bestimmte Marktsegmente, die kostenminimale Tourenplanung o.ä.) vorgenommen. Eine Vielzahl an Modellen ist zur Handhabung dieser Probleme vorgeschlagen worden, ohne allerdings die Praxisprobleme zu lösen.

Unter **Personalentwicklung** sind betriebliche Qualifizierungsmaßnahmen zu verstehen, mit denen deren Leistungsfähigkeit für aktuelle wie zukünftige Aufgaben erhalten und erweitert werden sollen. Der Prozeß der Personalentwicklung besteht dabei aus: der Analysephase (Ermittlung) des Personalentwicklungsbedarfs, der Planungsphase der Personalentwicklungsmaßnahmen, der Durchführungsphase der einzelnen Maßnahmen und der Evaluierungsphase zur Bewertung und zum Controlling von Input, Prozeß und Output der Personalentwicklung. Die Personalentwicklung läßt sich, wie in Abb. 3 schaubildlich dargestellt, differenzieren:

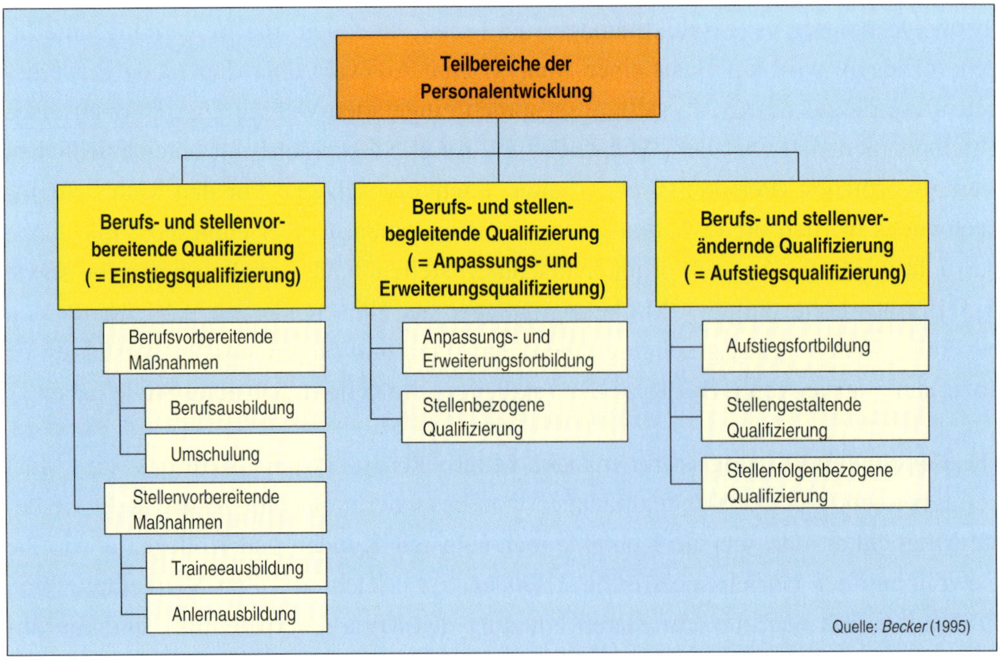

Abb. 3: Teilbereiche der Personalentwicklung

(1) Berufs- und stellenvorbereitende Qualifizierung: Darunter sind Maßnahmen zu verstehen, die den Mitarbeitern die Qualifikationen für die von ihnen zu erfüllenden Aufgaben erstmalig vermitteln. Die **Berufsausbildung** dient der Erstvermittlung von Qualifikationen (2 - 3½ Jahre) für die im Marketing und Vertrieb angesiedelten Berufe, z.B. Verkäufer, Einzel-/Großhandelskaufleute, Werbekaufleute u.a. Die **Anlernausbildung** soll für schwieriger zu bearbeitende Aufgaben, die keine Berufsausbildung benötigen, in relativ kurzer Zeit (ca. 1 - 6 Monate) fähigen und willigen Mitarbeitern die notwendigen Qualifikationen, ohne staatlichen Abschluß und i.d.R. innerbetrieblich, vermitteln (für spezifische, relativ komplexe Einzeltätigkeiten, bspw. Merchandiser, Interviewer, Testkäufer). Mit einer **Traineeausbildung** (i.d.R. für Hochschulabsolventen) werden für qualifizierte Tätigkeiten (z.B. Account Manager) oder allgemeine Marketingaufgaben (z.B. Produktmanager) markt-, kunden- und betriebsspezifische Qualifikationen vermittelt.

(2) Berufs- und stellenbegleitende Qualifizierung: Diese Art der Personalentwicklung baut auf bereits vorhandenen Qualifikationen auf und konzentriert sich auf die Vermittlung spezifischer Qualifikationen (bspw. Verhandlungs- und Verkaufstraining), damit die Mitarbeiter für aktuelle wie zukünftige Anforderungen ihrer aktuellen Arbeitsplätze - im Sinne einer Anpassungs- und Erweiterungsqualifizierung - qualifiziert werden. Zunächst stellt die Fortbildung als die Fortsetzung oder Wiederaufnahme des organisierten Lernens einen Teilbereich dar. Fortbildung baut auf der Ausbildung auf und konzentriert sich im Marketing auf die Vermittlung spezifischer Qualifikationen, wie bspw. Verhandlungs-, Verkaufstraining, Strategieentwicklung. Eine Vielzahl an Methoden steht zur Verfügung: Vortrag, Lehrgespräch, Rollenspiele, Fallstudien, Planspiele, Verkaufstraining u.a. Aber auch mittels stellenbezogener Qualifizierung sollen durch veränderte Aufgabenmerkmale Qualifizierungseffekte ausgelöst werden: Arbeitsstrukturierung ist als Training-on-the-Job-Maßnahme insofern Personalentwicklung, als daß durch eine Veränderung der Aufgaben Qualifizierung ausgelöst werden kann, entweder durch die quantitative Erweiterung mittels Job Enlargement (z.B. Zuständigkeit für einen größeren Kundenbereich) oder die qualitative Bereicherung mittels Job Enrichment (z.B. zusätzliche Entscheidungs- und Planungskompetenzen eines Key Account Managers).

(3) Berufs- und stellenverändernde Qualifizierung: Hier steht die Vermittlung von Kompetenzen, die zu einer Veränderung des Berufs oder der Stelle führen, mit dem Ziel eines hierarchischen Aufstiegs im Mittelpunkt. Spezielle Fortbildungsmaßnahmen (bspw. Führungskräfteseminare), stellenfolgenbezogene Qualifizie-

rung (Job Rotation und vor allem Karriereplanung) aber auch die bereits o.g. stellenbezogenen Maßnahmen können in diesem Sinne eingesetzt werden. Karriereplanung (als stellenfolgebezogene Qualifizierung) hat die Antizipation möglicher Karrierewege zum Inhalt, mit gezielter Qualifizierung durch die Auswahl von Stellen in Verbindung mit anderen Personalentwicklungsmaßnahmen. Im Marketing und Vertrieb empfehlen sich bspw. für die Entwicklung genereller Management- und/oder Marketingqualifikationen sowie für spezielle Aufgaben idealtypische Karrieremuster, die Qualifikationen on-the-Job vermitteln können, z.B. im Handel von der Ausbildung zum Verkäufer, nachfolgend zum Abteilungs- und Filialleiter bis hin zum Betriebstypmanager. Vielseitigere Aufgabenstellungen mittels Job Rotation (systematische Positionswechsel auf auch unterschiedlichen hierarchischen Ebenen: Produktmanagement, Marketingkontrolle, Vertrieb, Marktforschung), Projektgruppeneinsatz (bspw. Mitwirkung an Strategieprojekten) und Fachlaufbahnen sind weiterhin zu nennen (vgl. *Dahlems* 1989).

2.3 Personalfreisetzung

Personalfreisetzung bedeutet den Abbau von betrieblichen Überkapazitäten. Sie ist nicht gleichzusetzen mit einem Personalabbau im Sinne der Reduzierung der Belegschaft durch Kündigungen, Outplacement und vorzeitige Pensionierungen (quantitative Freisetzung). Auch andere Anpassungsmaßnahmen zeitlicher Art (individuelle, gruppenbezogene, kollektive Arbeitszeitverkürzungen), örtlicher Art (Versetzungen infolge von Betriebsstillegungen, Aufgabe eines Absatzgebietes) und qualitativer Art (Qualifizierung - und Versetzung - von Mitarbeitern) zählen dazu. Das Spektrum ist breit und enthält eine Vielzahl verschiedener Möglichkeiten. Eine antizipative Planung kann helfen, individuelle Härten und betriebliche Nachteile bspw. durch einen gezielten Aufbau einer Randbelegschaft zu mildern.

2.4 Anreizsystem

Um qualifizierte Mitarbeiter gewinnen und halten zu können, bedarf es der Entwicklung eines attraktiven Anreizsystems im Sinne der Anreiz/Beitrags-Theorie. Es gibt ein materielles und ein immaterielles Anreizsystem (vgl. Abb. 4).

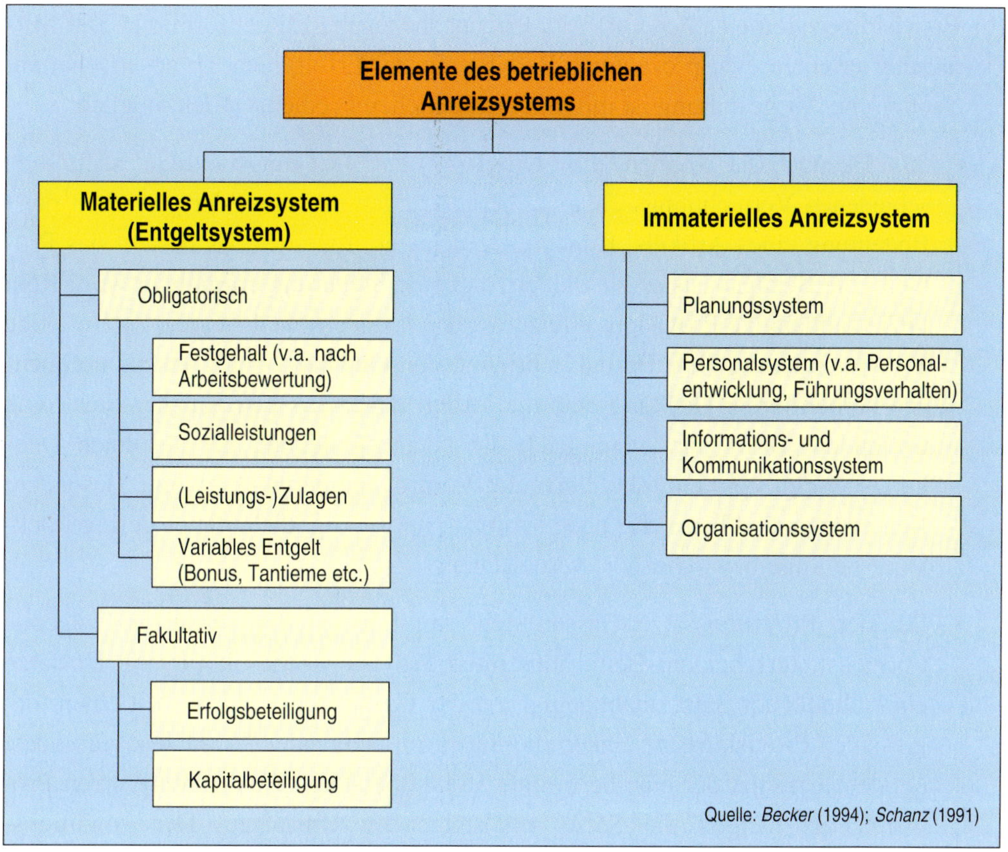

Abb. 4: Elemente eines betrieblichen Anreizsystems

(1) Materielles Anreizsystem (Entgeltsystem)

Unter dem materiellen Anreizsystem wird die Summe aller vom Betrieb angebotenen finanziellen Belohnungen und deren Administration für die von Mitarbeitern erbrachten Arbeitsleistungen verstanden. Drei Entgeltgrundformen stehen zur Wahl:

(a) **Festgehaltssysteme** stellen eine zeitorientierte Entgeltform dar, indem sie eine pauschale Vergütung (Fixum) für die in einem bestimmten Zeitraum (i.d.R. monatlich) ausgeführten Aktivitäten, unabhängig von deren Ergebnis, darstellen. Daneben sind übertarifliche Zulagen notwendig, um qualifizierte Mitarbeiter im Wettbewerb am Arbeitsmarkt an sich zu binden. Ein Festgehalt ist dort sinnvoll, wo nicht direkt ergebniswirksame Tätigkeiten (z.B. Service, Marketingplanung, -controlling) zu erfüllen sind, wo die Verkaufsaufgabe technisch komplex und Teamarbeit hilfreich sind.

(b) **Provisionssysteme** stellen eine rein leistungsbezogene Entgeltform dar. Die Mitarbeiter erhalten eine prozentuale Beteiligung am Erfolg, den sie erwirtschaften. Technische Ausgestaltung ist mit unterschiedlichen Freiheitsgraden möglich:

- Als Bezugsbasis können u.a. Umsätze oder Deckungsbeiträge nach verschiedenen Verrechnungsschemata herangezogen (absolut oder gewichtet nach Bedeutung eines Artikels, Kunden, Gebietes etc.) werden. Es besteht das Problem, die Bezugsbasis so zu wählen, daß eine Steuerung ermöglicht wird. Rein umsatzabhängige Provisionsanreize werden kritisiert, weil sie eine zu einseitige Erlösorientierung ohne Berücksichtigung von Gewinn- oder Verlustkonsequenzen herbeiführen. Deckungsbeiträge stellen daher aus betrieblicher Sicht eine treffendere Basis dar, wenngleich die Nichtoffenlegung der absoluten Deckungsbeiträge eine indirekte Form der Verprovisionierung erzwingt. Besondere Regelungen sind bspw. für neue Produkte notwendig, die anfangs geringe Deckungsbeiträge bzw. Umsätze verursachen.

- Bei den Provisionssätzen lassen sich - am Beispiel des Umsatzes - folgende Formen unterscheiden: Beim konstanten Provisionssatz gilt für alle Umsätze ein einheitlicher Satz, unabhängig von der Gesamtumsatzhöhe. Mit einem degressiven Provisionssatz sinken die Sätze mit steigenden Umsätzen, zumindest bei dem Umsatz, der eine bestimmte Höhe übersteigt. Beim progressiven Provisionssatz steigen die Sätze mit steigenden Umsätzen. Der konditionsgebundene Provisionssatz sieht vor, daß er ausgehend von einem Basispreis sinkt, je mehr Rabatt die Verkäufer den Kunden einräumen und umgekehrt. Die prozentuale Beteiligung kann bei allen Systemen über alle Produkte fix sein, aber auch nach Produkten, Auftragsgrößen und Kunden variieren; sie kann mit dem ersten Verkauf oder erst nach Erreichen einer Minimalvorgabe einsetzen.

Die Bestimmung optimaler Provisionssysteme stand lange Zeit im Mittelpunkt wissenschaftlicher und praktischer Überlegungen. Eine praktikable Lösung bezüglich des zweckmäßigsten Steuerungsinstruments liegt nicht vor. Dies hängt auch damit zusammen, daß die Leistung bspw. eines Vertriebsmitarbeiter sehr von Entscheidungen im Marketing, wie auch anderen betrieblichen Funktionsbereichen abhängig ist. Die Zweckmäßigkeit der Produkte bzw. Dienstleistungen, die Wirkung der Werbung, die Konditionen, die Gestaltung der Verkaufsgebiete, Konkurrenzintensität, Marktpotential etc. bestimmen als Leistungsvoraussetzungen entscheidend die Mitarbeiterleistung mit.

(c) Bei einem **Kombinationssystem** wird neben der leistungsorientierten Provision als zweiter Entgeltbestandteil ein Fixum gezahlt. Das optimale Verhältnis zwischen diesen beiden Elementen ist ein nicht lösbares Problem. Außerhalb des Vertriebsbereichs ist das System kaum sinnvoll anwendbar.

(d) Mit einem **Prämiensystem** können zusätzlich flexible Anreize eingeführt werden. Prämien sind i.d.R. für ganz spezifische, zeitabhängige Ziele und Aufgaben (z.B. relative Umsatzsteigerung, Neukundenzahl, Kosteneinsparung) geboten. Dieses Instrument zeichnet sich durch hohe Flexibilität und Gestaltungsmöglichkeit bezüglich gezielter Steuerungseffekte aus und ist Provisionssystemen i.d.R. vorzuziehen. Differenzieren läßt sich wie folgt: zeitlich begrenzte versus zeitlich unbegrenzte Prämiensysteme, Geld- versus Sachprämiensysteme, Monats-, Quartals-, Halbjahres- oder Jahresprämien, Individual- versus Gruppenprämie.

Gerade im Vertriebsbereich führt die Betonung von Entgeltsystemen dazu, daß nicht die Aufgabenerfüllung, sondern der einkommensoptimale Umgang mit dem technokratischen System im Mittelpunkt steht (vgl. *Sprenger* 1991). Die intrinsische Motivation zur Aufgabenerfüllung wird so zerstört und nur extrinsische Motivation mit einer Entgeltorientierung zugelassen. Dies ist in psychologischen Experimenten vor geraumer Zeit festgestellt worden, ohne die einschlägige (Marketing- und Entgelt-) Literatur maßgeblich zu beeinflussen. Ganz besonders kritisch sind Verkaufs-Leistungs-Wettbewerbe (Incentive-Preise; firmeninterne Auszeichnungen) zu sehen, mit den Jahr für Jahr mehr und mehr auffallenden Incentives und demzufolge dem dramatisch abnehmenden Grenznutzen dieser Belohnungen (Decay-Effekt).

(2) Immaterielles Anreizsystem

Das immaterielle Anreizsystem umfaßt verschiedene Kategorien immaterieller Anreize: vor allem soziale Anreize (durch Kontakte mit Kollegen, Vorgesetzten und Mitarbeitern, soziales Klima); Anreize der Arbeit selbst (Arbeitsinhalte, Autonomie, mitarbeiterorientiertes Vorgesetztenverhalten, Varietät der Qualifikationsanforderungen); Karriereanreize (Möglichkeiten zur Qualifizierung, zum betrieblichen Aufstieg, zu interessanten Positionen) sowie Anreize des Umfeldes (bspw. durch Image und Kultur des Betriebes).

Die Anreize werden durch Führungssubsysteme gesetzt. Vor allem mit folgenden sind immaterielle Wirkungen verbunden:

- Die Partizipation im Planungs- und Entscheidungssystem bezieht sich vor allem auf die individuelle Mitwirkung am gruppenspezifischen oder betrieblichen Entscheidungsprozeß (z.B. Kriteriensetzung und -bewertung im Rahmen des Marketing Audits). Für entsprechend motivierte Mitarbeiter ist dies von nicht zu unterschätzendem Wert.

- Innerhalb des Personalsystems werden Anreize durch die Teilsysteme gesetzt: Viele Mitarbeiter wissen, daß sie im Berufsleben nur bestehen können, wenn sie ihre Qualifikationen anpassen und erweitern. Von daher schätzen sie die Förderung durch eine Fortbildung. Im Rahmen des Karrieresystems bietet die Übernahme höherwertiger Positionen verschiedene der o.g. Anreize. Darüber hinaus kann das System gezielt zur Steuerung der Mitarbeiter eingesetzt werden, wenn bei Beförderungsentscheidungen bestimmtes Verhalten (z.B. bezüglich Kundenfreundlichkeit) merklich beachtet wird. Mitarbeiterbezogenes Führungsverhalten, d.h. ein individuelles Vorgehen, wird zudem als Anreiz wahrgenommen.
- Regelmäßige, rechtzeitige, umfassende Information(-ssysteme) über aufgaben- und betriebsrelevante Entwicklungen (z.B. Feedback, Produktentwicklung) können dazu beitragen, die Wertschätzung des Betriebes auszudrücken.
- Im Rahmen des Organisationssystems werden manche der immateriellen Anreize strukturell verankert. Bspw. sind Kompetenzregelungen, Aufgabeninhalte, Karriereräume festzulegen, die unmittelbar Anreizwirkungen zur Folge haben.

Letztendlich läßt sich die Wirkung der Anreizsysteme trotz einer Anzahl empirischer Studien nur schwer aufgrund der Vielfalt und Vielzahl möglicher Einflußfaktoren isolieren. Materielle Anreize sind weiterhin unverzichtbar, wenngleich ihre Bedeutung stark nachgelassen hat. Die genannten immateriellen Anreize, Interessen in Familie und Freizeit, aber auch Ansprüche an leistungs-, betriebs- bzw. marktgerechte Entgelte haben an Gewicht gewonnen. Motivationstheoretische Ansätze sprechen für eine individuelle Verhaltensbeeinflussung.

3 Verhaltenssteuerung

3.1 Motive und Motivation

Die im Rahmen der Personallehre interessierende **Arbeitsmotivation** entsteht dann, wenn ein Arbeitnehmer Anreize in der ihn umgebenden Arbeitssituation wahrnimmt, die dazu geeignet sind, individuelle Motive so zu aktivieren, daß dadurch ein effektives und effizientes Leistungsverhalten ausgelöst bzw. beeinflußt wird.

Es gilt, die gesamte Arbeitssituation bewußt und zweckmäßig so zu gestalten, daß diese eine für die Mitarbeiter geeignete Anreizstruktur aufweist und so zur Motivation führt. Dies ist möglich, wenn neben den Kenntnissen über die Umwelt die motivationalen Grundlagen des Verhaltens von Mitarbeitern in Betrieben näher untersucht werden und bekannt sind. Eine einzige, allgemein akzeptierte **Motivationstheorie**, mit der erklärt wird, wie menschliches Verhalten in Betrieben in Antrieb und Richtung bestimmt („motiviert") wird, gibt es allerdings nicht. Verschiedene motivationstheoretische Erklärungsansätze basieren auf unterschiedlichen Annahmen. Manche dieser Ansätze sind trotz ihrer Popularität als zeitlich überholt zu bezeichnen (z.B. Bedürfnishierarchie von *Maslow*, *Herzbergs* Zwei-Faktoren-Theorie), andere haben einen höheren Aussagewert (z.B. Erwartungs/Valenz-Modelle von *Porter/Lawler*; Theorien der Leistungsmotivation). Ein relativ umfassendes Modell der Arbeitsmotivation, das eine Vielzahl relevanter, das Leistungsverhalten bestimmender Faktoren einbezieht, ist das Leistungsdeterminantenkonzept in Abb. 5. Es basiert auf den sog. Erwartungs/Valenz-Modellen und beschreibt den Prozeß der Leistungsmotivation bzw. des -verhaltens.

Die Einsatz- und **Leistungsbereitschaft** von Mitarbeitern und damit deren Motivation wird vor allem von zwei Konstrukten beeinflußt: Beim ersten Konstrukt handelt es sich um die **Motivstruktur**, die die individuellen Motive und Einstellungen eines Mitarbeiters zu bestimmten Zeitpunkten beinhaltet. Motive sind Verhaltensbereitschaften, unter denen zeitlich relativ überdauernde, psychische Dispositionen von Personen verstanden werden. Sie legen fest, was Personen wollen oder wünschen und wie auf einem inhaltlich bestimmten Gebiet der Person/Umwelt-Bezug aussehen muß, um befriedigend für eine Person zu sein. Ein einzelnes Motiv ist Teil einer individuell und zeitspezifisch durchaus variablen Motivstruktur. Es gilt als aktiviertes Motiv, wenn es durch Anreize (wahrgenommene attraktive Umweltbedingungen bzw. Stimuli) angesprochen wird. Sind zudem die Erwartungen positiv ausgeprägt, entsteht **Motivation**.

Im Rahmen des zweiten Konstrukts sind drei Determinanten im Zusammenhang zu berücksichtigen: Valenzen/Normen, Anstrengungserwartung und Konsequenzerwartung. Als **Valenz** wird der von der betroffenen Person angenommene Nutzen der Zielerreichung oder des Verhaltens (z.B. eine Prämie) bezeichnet; **Normen** hingegen spiegeln die Vorstellungen des Umfeldes (privates wie betriebliches) wieder. Die **An-**

strengungserwartung bezeichnet das Ausmaß, in dem Mitarbeiter ihre Leistung als Ergebnis ihres Einsatzes (z.B. erwartete Umsatzsteigerung) und nicht als fremdbestimmt ansehen. **Konsequenzerwartungen** drücken den Grad aus, in dem geleistete Arbeit zu den angestrebten Zielen (bspw. Beförderung) führt. Erst wenn die drei Determinanten positiv ausgeprägt und die Motive durch Anreize angesprochen sind, kann eine individuelle Bereitschaft zum Leistungseinsatz erwartet werden.

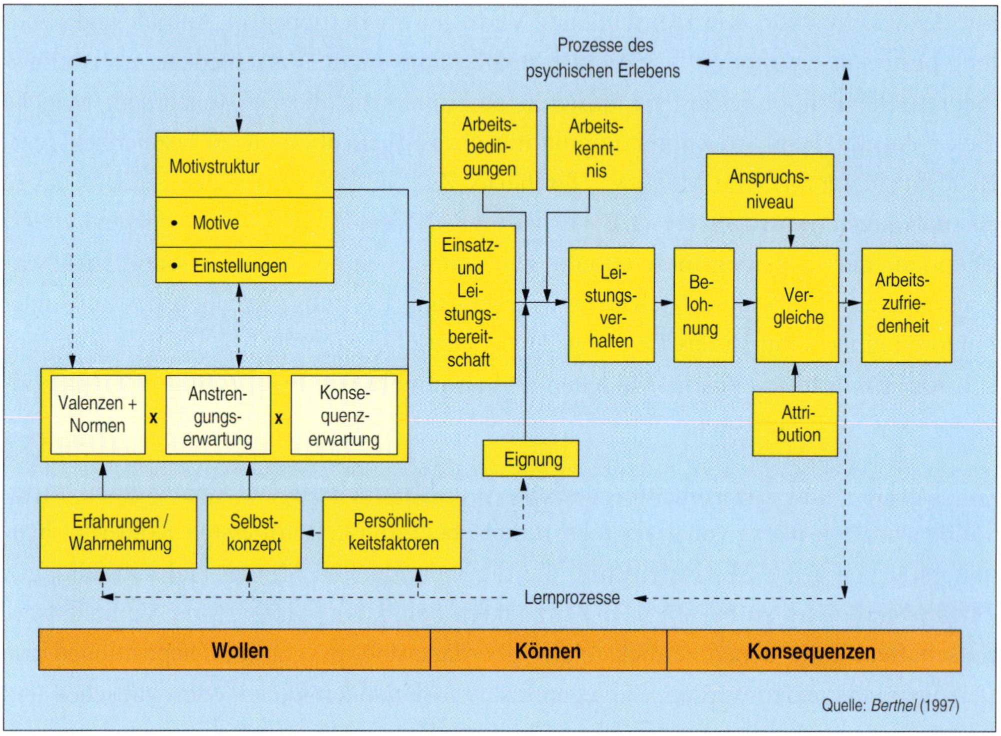

Abb. 5: Leistungsdeterminantenkonzept nach Berthel

Das **Leistungsverhalten** in Art, Intensität und Güte wird zudem von der Eignung der Mitarbeiter für eine bestimmte Tätigkeit, den geltenden Arbeitsbedingungen sowie der Arbeitskenntnis von bestimmten Aufgaben determiniert. Die Komponenten wirken zudem über die individuelle Wahrnehmung auf die Erwartungen ein, indem sie im Rahmen von Lernprozessen deren Ausprägung beeinflussen (z.B. erhöht eine empfundene Eignung die Anstrengungserwartung). Individuelles Ergebnis eines Leistungsverhaltens ist die **Belohnung** immaterieller oder materieller Art. Je nachdem, wie diese Belohnung im Vergleich zum eigenen **Anspruchsniveau** oder zu den Belohnungen anderer Personen wahrgenommen wird, entsteht **Arbeitszufriedenheit**. Vielfältige tatsächliche und/oder antizipative Rückkopplungen nehmen weiteren Einfluß auf Erfahrungen, Selbstkonzept sowie letztlich auf die Leistungsbereitschaft und auf das Verhalten. In Kenntnis dieser Motivationsfaktoren kann nun eine entsprechende Mitarbeiterführung darauf hinwirken, das erwünschte Leistungsverhalten zu fördern.

3.2 Mitarbeiterführung

Mitarbeiterführung (oft synonym: Führung) hat die Tätigkeiten von Personalverantwortlichen zum Inhalt, die das Verhalten der Mitarbeiter am Arbeitsplatz steuern sollen. Ihr Verständnis wie ihre ethische Berechtigung ist in der Literatur kontrovers diskutiert.

Ein weitgehend gemeinsamer Nenner der Begriffsbestimmungen läßt sich wie folgt formulieren: Mitarbeiterführung ist ein irgendwie gearteter Versuch der Einflußnahme oder Einwirkung auf das Verhalten anderer Personen in Betrieben. Die Funktion der Mitarbeiterführung in diesem Sinne kann dabei zum einen durch unmittelbaren Kontakt zwischen Vorgesetzten und untergebenen Mitarbeiter und zum anderen durch eine nur mittelbar wirkende Gestaltung der Bedingungen erfüllt werden. Die direkte bzw. interaktionelle Mitarbeiterführung steht als Vorgesetztenfunktion bei der situativen Gestaltung der zwischenmenschlichen Arbeitsbeziehungen zur personen- und aufgabengerechten Kooperation im Mittelpunkt.

Es sind zwei Seiten einer Medaille (s.o.): Die strukturelle Dimension (als Führungssubstitute; vgl. *Kerr* 1987) beeinflußt und substituiert dabei teilweise die interaktionelle Führung et vice versa. Letztere hat zudem Spielraum zur Modifikation der strukturellen Führung. Eine Einschränkung auf die direkte Vorgesetztenfunktion wird vielfach in der Literatur wie in der Praxis vorgenommen, ist aber zum Verständnis wie zur Gestaltung der Führungsbeziehungen zu einengend.

Die Vorgesetzten sind zur individuellen Motivation, Steuerung, Kooperation aufgerufen, was vor allem durch direkte Vorgesetzten/Mitarbeiter-Beziehungen zu erreichen ist. Die individuelle Anwendung, ggf. auch situative Modifikation der strukturellen Führung ist gefragt. Beiden liegt im allgemeinen ein individueller Führungsstil zugrunde. Als **Führungsstil** wird i.d.R. die Art und Weise verstanden, in der Führungskräfte sich ihren Mitarbeiter gegenüber verhalten, d.h. ihre Führungsfunktion ausüben. Es handelt sich hierbei um ein zeitlich relativ überdauerndes und in bezug auf verschiedene Situationen konstantes Führungsverhalten der Vorgesetzen zur Aktivierung und Steuerung des Leistungsverhaltens der Mitarbeiter.

Hinsichtlich der Mitarbeiterführung läuft die Führungsforschung im Kern auf eine Dichotomisierung des Führungsstils hinaus. Teilweise wird dieses Führungsstilkontinuum abgestuft differenziert: partriarchalisch informierend, beratend, kooperativ, partizipativ. Die auf diesen Unterscheidungen beruhenden, eindimensionalen Ansätze untersuchen i.d.R. nur den Grad der Entscheidungspartizipation. Der Vorteil des eindimensionalen Ansatzes ist zweifellos seine Verständlichkeit. Da lediglich eine Dimension des Führungsprozesses, die Entscheidungsfindung, betrachtet wird und damit andere wesentliche Parameter der entsprechenden Führungssituation vernachlässigt werden, ist er jedoch zur Beschreibung und Erklärung unzulänglich. Von daher ist eine Erweiterung zum einen zur Diagnose von Führungssituationen und zum anderen zur Wahl eines geeigneten Führungsstils sinnvoll. Tab. 1 versucht dies beispielhaft wiederzugeben, indem auf wesentliche Komponenten der strukturellen wie der interaktionellen Führung zurückgegriffen wird. Bei den Komponenten handelt es sich im Rahmen der strukturellen Aufgabe vor allem um den Formalisierungsgrad (bei der Auftragsannahme u.ä.), Fremd- versus Selbstkontrolle (bei der Budgeteinhaltung u.ä.), die Entscheidungskompetenz usw. sowie im Rahmen der direkten Führung vor allem um das geltende Menschenbild, die Vorgesetzten/Mitarbeiter-Beziehung, Fähigkeiten und Motive der Mitarbeiter (vgl. *Bleicher/Meyer* 1976).

Die in Tab. 1 ausgedrückten Ergebnisse der Führungsforschung lassen folgende Interpretation zu: Je mehr Freiraum dabei die organisatorischen Regeln gewähren, je leichter der Entscheidungsdruck, je besser die Beziehungen und Qualifikationen, desto eher erscheint ein kooperativer Führungsstil sinnvoll et vice versa. Je näher und je häufiger die Einstufung der Führungssituation zur 1 erfolgt, desto eher erscheint ein autoritärer Führungsstil angebracht et vice versa. Diese grobe Analyse verhilft Marketingvorgesetzten unterschiedlicher Bereiche zu einer Orientierung hinsichtlich situationsspezifisch notwendiger Mitarbeiterführung.

Die Mitarbeiterführung im Handel ist durch die Verschiedenartigkeit der Mitarbeitergruppen und der Aufgabensituation situationsspezifisch effizient und insofern differenziert umzusetzen. Bspw. verbringt das Außendienstpersonal einen erheblichen Teil seiner Arbeitszeit außerhalb des Betriebes. Unterschiedliche Steuerungsformen ebenso wie alternative Steuerungsinstrumente für Außendienstmitarbeiter sind anzuwenden. Andere Mitarbeitergruppen, wie bspw. aus dem Werbebereich, benötigen ein überdurchschnittliches Maß an Kreativität, um ihre Aufgaben zu bewältigen.

Strukturelle Führung	1 2 3 4 5 6 7 ← →	
Formalisierungsgrad	stark	schwach
Organisationsgrad	stark	schwach
Informationsbeziehungen	bilateral	multilateral
Häufigkeit der Vorgesetzten/Mitarbeiter-Kontakte	selten	oft
Art der Willensbildung	individuell	kollegial
Verteilung der Entscheidungsaufgaben	zentral	dezentral
Art der Willensdurchsetzung	bilateral	multilateral
Verteilung der Implementierungsaufgaben	zentral	dezentral
Aufgabencharakter	generell	speziell
Art der Kontrolle	Fremdkontrolle	Selbstkontrolle
Verteilung der Kontrollaufgaben	zentral	dezentral
Interaktionelle Führung	1 2 3 4 5 6 7 ← →	
Handlungsmotive des/r Vorgesetzten	Pflichtbewußtsein; Leistung	Integration
Einstellung des/r Vorgesetzten zu Mitarbeitern (Menschenbild)	Mißtrauen	Offenheit
Handlungsmotive des/r Mitarbeiters/in	Sicherheit; Zwang	Selbständigkeit; Einsicht
Einstellung des/r Mitarbeiters/in zu Vorgesetzten	Respekt/Abwehr	Achtung/ Vertrautheit
Bindung der Mitarbeiter an das Führungssystem	schwach	stark
Mitarbeiterqualifikation	niedrig	hoch
Soziales Klima der Gruppe	gespannt	stark
Grundlage des Kontraktes zwischen orgesetzten und Mitarbeitern	Abstand	Gleichstellung

Tab. 1: Schema zur Analyse der Führungssituation und des Führungsstils

Fast sämtliche führungstheoretischen Ansätze gehen von der impliziten Annahme einer **hierarchischen Führung** (Mitarbeiterführung) aus, wenn es darum geht, Mitarbeiter zu überzeugen oder zu bestimmten Verhaltensweisen zu bewegen. Des weiteren ist aber auch Führung **von unten** durch die Mitarbeiter, **laterale** Führung durch

Gleichgestellte sowie Führung durch **nächsthöhere Vorgesetzte** (vgl. *Weibler* 1994) in beschränktem Ausmaß möglich. Nicht zu vernachlässigen ist zudem der mit der Führung von Mitarbeitern vielfach verbundene psychische Streß der Vorgesetzten. **Rollendilemmata** (vgl. *Neuberger* 1995) führen zu nicht zu unterschätzenden individuellen Problemen.

4 Resümee

Im Handelsbetrieb ist ein differenziertes Personalmanagement entsprechend des situativen Paradigmas notwendig. Der Differenzierungsbedarf ist unterschiedlich: Bei der direkten Verhaltenssteuerung (durch Mitarbeiterführung und Systemhandhabung) und beim Anreizsystem ist aufgrund der Arbeitssituationen (unterschiedliche Kontrollspannen und Beobachtungsmöglichkeiten; unterschiedliche Erfolgskriterien) und der Aufgaben (vom Reisenden über den Mitarbeiter der Werbeabteilung und des Produktmanagers bis hin zum Marketingleiter) der Differenzierungsbedarf größer als bei den Teilsystemen der Personalbedarfsdeckung und Personalfreisetzung. Zuständig sind vor allem die direkten Vorgesetzten, die in fast alle Teilfunktionen betrieblicher Personalarbeit einzubeziehen sind, sowie auch die Personalverantwortlichen, die strukturelle Entscheidungen in allen handelsrelevanten Bereichen mit verhaltensstimulierenden Impulsen treffen.

Zur Selbststeuerung von Universitäten: die Universität als lernende Organisation

Ekkehard Kappler, Stephan Laske und
Claudia Meister-Scheytt

Beginnen wir mit dem Wesentlichen: Die Idee und der Begriff der Universität als **notwendige, kritische freie Institution** der Gesellschaft bedarf keiner Rechtfertigung (vgl. u.a. *Jaspers* 1946 und *Habermas* 1988). Deshalb ist darüber auch in den nächsten Zeilen nichts ausdrücklich zu lesen. Zugleich muß aber klar sein, daß manche Verhältnisse und Zustände, die gegenwärtig zum Teil an Universitäten anzutreffen sind, durch nichts gerechtfertigt werden können.

In diesem Zusammenhang wollen wir nur daran erinnern, daß die der Universität zum Teil eingeräumte, von ihr aber auch erkämpfte und immer wieder gefährdete Freiheit nicht nur von außen bedroht wird, sondern auch von Verhaltensweisen in der Universität selbst. Beispiele dafür liegen vor, wenn der Freiheitsraum individualistisch privatisiert wird. Letzteres ist um so eher möglich, je weniger die Universität als lernende Organisation und je mehr sie als Interessendurchsetzungsmöglichkeit gesehen wird. Zur Betrachtung beider Möglichkeiten kommt man, wenn man die Universität als Organisation unter dem Gesichtspunkt der **Selbststeuerungsmöglichkeit** thematisiert. Das ist unser Thema.

1 Die Universität vor neuen Herausforderungen

In den vergangenen Jahrzehnten haben sich - nahezu weltweit - im Wissenschaftssystem **gravierende Veränderungen** abgespielt. Während im angelsächsischen Bereich die wissenschaftliche Auseinandersetzung mit den organisationalen Eigenheiten von Universitäten bereits auf eine lange Tradition zurückblicken kann, findet eine entsprechende Diskussion im deutschsprachigen Raum aber erst in jüngster Zeit statt. Diese spiegelt sich nicht nur in Publikationen der Tagespresse wieder, sondern auch in zahlreichen Fachveröffentlichungen und in der Gründung der Zeitschrift *Wissenschaftsmanagement* (vgl. u.a. *Pellert/Welan* 1995; *Volmerg* u.a. 1995; *Altrichter/ Schratz/Pechar* 1997; *Grossmann* 1997; *Müller-Böling* 1997; *Pellert* 1997). Solange die Alimentierung der Universitäten durch den Staat gesichert war, gab es offenbar keine Veranlassung, über sich selbst nachzudenken. Inzwischen, d.h. im Sommer 1998, wurde im *Verband der Hochschullehrer für Betriebswirtschaft* sogar eine eigene Schwerpunktkommission „Hochschulmanagement" eingerichtet.

Eine Tendenz ist innerhalb der angesprochenen Diskussion - zumindest vom Anspruch her - nicht zu übersehen: Der angestrebte Wandel der Universitäten von abhängigen Anstalten, nachgeordneten Dienststellen oder „Systemen ökonomischer Unreife" (vgl. *Laske/Hammer* 1997) hin zu **autonomen**, **selbstverantwortlichen**, **fachlich**, **sozial** und **wirtschaftlich** (?) **produktiven Systemen**. Dies ist letztlich ein Reflex auf drastische Veränderungen in den Rahmenbedingungen universitärer Entwicklung und einen unvermeidlichen Funktionswandel der Universitäten selbst. Wenige Schlagworte mögen genügen, um dies zu illustrieren: Budgetvolumina, Beschäftigtenzahl, Differenziertheit der Aufgaben und Abläufe, Globalisierung und Zahl der externen Kontakte, Investitionen usw. entsprechen inzwischen jenen von mittleren bis größeren Unternehmen. Die Entwicklung der Massenuniversitäten zu „akademischen Legebatterien", die „Industrialisierung der Forschung" (*Pellert/Welan* 1995, S. 47; vgl. auch *Gibbons* u.a. 1994, S. 70ff.; *Kappler* 1995, S. 19; *Smyth* 1995; *Willmott* 1995, S. 993ff.), die Heterogenität und Widersprüchlichkeit der Anforderungen und Erwartungen unterschiedlichster Interessengruppen, die interne Konkurrenz um knapper werdende Ressourcen, eine ausgeprägte Binnendifferenzierung mit beschränkter Kommunikations- und Konfliktkultur und bequemen Fluchträumen für individuelles Rückzugsverhalten verbeamteter Universitätsangehöriger, nationale und internationale Konkurrenz in Lehre und Forschung, Zweifel an der Institution und ihrer gesellschaftlichen Rolle („Entzauberung der Wissenschaft"), öffentliche Kritik an der Effizienz der Universitäten und zunehmender Legitimationsbedarf ihrer finanziellen Versorgung sind nur einige Aspekte, die in den letzten Jahren dem Veränderungs- und Handlungsdruck entsprechende Nahrung gegeben haben. Bewegung kam - von wenigen Ausnahmen abgesehen - in das Universitäts-Spiel aber eigentlich erst zu dem Zeitpunkt, als die zuständigen Ministerien einerseits nicht mehr bereit waren, die Universitäten in der gewohnten Weise **weiterzufinanzieren** bzw. andererseits durch die forcierte Gründung von Privatuniversitäten, Fachhochschulen und außeruniversitären Forschungseinrichtungen die bisherige Monopolsituation mehr und mehr gebrochen wurde.

Der von den Universitäten selbst angestrebte bzw. der von den Ministerien verordnete Veränderungsprozeß der Universitäten findet nicht zuletzt in den entsprechenden offiziellen und offiziösen **hochschulpolitischen Sprachspielen** seinen Ausdruck - Begriffe greifen: Die betriebswirtschaftlichen Kürzel Input, Output, Corporate Identity, „Lean Management", Universitätskultur, Wissensproduktion, Dienstleistung, Kundenorientierung, Budget(kürzung), Planung, Controlling, Public Relation, Wirtschaftlichkeit, lernende Organisation, Investition, Marketing usw. gehen inzwischen (notwendigerweise) auch jenen universitären Funktionsträgern und Gremienmitgliedern relativ leicht über die Lippen, denen die „McDonaldisierung der Universitäten" noch kürzlich ein Graus war (vgl. z.B. *Parker/Jary* 1995; *Willmott* 1995; *Prichard/ Willmott* 1997). Vermutlich hat sich an der Bewertung dieser **Ökonomisierungstendenz** durch zahlreiche Universitätslehrer im Prinzip nichts verändert. Die normative Kraft des Faktischen, d.h. der herrschenden Sprachspiele, zwingt dieses Grausen inzwischen aber wohl eher in den Untergrund des Informellen.

Das Postulat der verstärkten Effizienz der Universitäten wurde gar zur zentralen Begründung und die **„Managementorientierung"** zu einem deklarierten Leitmotiv der jüngsten organisationsrechtlichen Veränderungen der österreichischen Universitäten (Universitätsorganisationsgesetz UOG '93), ohne daß hinreichend geklärt wäre, was bspw. „Effizienz der Universität" bedeuten könnte. Es ist allerdings nicht zu übersehen, daß dieser Transfer von Managementprinzipien oft unkritisch und ohne Rücksichtnahme auf die Unterschiedlichkeit der jeweiligen Systeme erfolgt. Von daher erscheint die gängige Rede von einer „Reform" der Universitäten aus organisationstheoretischer und organisationspraktischer Sicht gleichermaßen euphemistisch, zumindest dann, wenn man nicht bloß jede Strukturveränderung als Reform etikettiert. Das inhaltsleere Schlagwort der „Effizienz der Universität" geht so flott von den Lippen selbsternannter Bildungspolitiker, daß man eher den Eindruck gewinnt, sie wissen nicht wovon sie reden, und/oder sie sind an einer Klärung gar nicht interessiert, weil es dann wieder **komplizierter** würde. „Effizienz der Universität" ist -

näher betrachtet - nämlich ein außerordentlich **vielschichtiger, mehrdimensionaler Begriff**, der sich nicht in Durchlaufzeiten, Durchsatz, veröffentlichten Seiten oder ähnlichen simplen Maßgrößen erfassen läßt.

Selbst wenn man einen Teil dieser Ökonomisierungsrhetorik dem Konto „Populismus" gutschreibt, ist das dahinterstehende Ziel nicht zu übersehen: Die Übertragung privatwirtschaftlicher Handlungsmuster und Strukturen zur Verfassung von Großunternehmen sollen helfen, die **Verfassung der Universitäten zu verbessern**. Niemand kann allerdings derzeit sagen, warum diese Übertragung helfen sollte. Auch die erfolgreiche Gründung privater Hochschulen und Universitäten ist dafür noch kein Beweis, allerdings alle Aufmerksamkeit wert. Um die Zweckmäßigkeit eines derartigen Analogieschlusses zu prüfen und zu bedenken, inwieweit die Universitäten den hier nur knapp skizzierten Herausforderungen gewachsen sind, erscheint es sinnvoll, sich zunächst mit ihren **spezifischen Charakteristika** auseinanderzusetzen.

2 Universitäten als „Fuzzy Organizations"

Entgegen scheinbaren Selbstverständlichkeiten, langen Traditionen, üblichem Sprachgebrauch, dem inzwischen schon recht verblaßten Mythos von der „Gemeinschaft der Lehrenden und Lernenden" und verbreiteten linearen Managementvorstellungen sind **Universitäten** und deren Untergliederungen (Fakultäten, Institute usw.) als Organisation für unkritische Zeitgenossen, d.h. auch für nicht wenige ihrer opportunistischen Mitglieder, nur schwer identifizierbar: Sie **haben keine klare Identität** für diejenigen, die ihren eigenen individuellen Zweckbegriff für Studium und Lehre und ihren unkritischen positivistisch-eindimensionalen Wissenschaftsbegriff („We are the champions") durchsetzen wollen (vgl. u.a. *Kappler* 1996). Zunächst ist daher festzuhalten, daß sich Universitäten in aller Regel innerhalb eines vorgegebenen, notwendigerweise und zweckmäßigerweise **unscharfen politisch-administrativen Rahmens** bewegen (z.B. Studienpläne, Zulassungs-, Prüfungs- und Organisationsbedingungen).

Nur aus sehr beschränkter Sicht wird unterstellbar, daß Handeln in sozialen Organisationen prinzipiell über **Ziele** gesteuert wird, die als Richtschnur, Bewertungsmaßstäbe und Prioritätsregeln zugleich fungieren. Rationalistisch-naiv läßt sich annehmen, daß sich diese Ziele in eine eindeutige, logisch widerspruchsfreie, gar unumstrittene Rangordnung bringen ließen. Aber vor der Unterschiedlichkeit der Interessen gibt es auch in Universitäten kein Entkommen: **Zielpluralität** und **Zielkonflikte** sind ihnen - wie allen realen Organisationen - immanent und das Handeln, das erst ex post seine Ziele rationalisiert, ebenfalls. Schließlich stünde eine in jedem Fall eindeutige Zielvorgabe zumindest in der Gefahr naturalistischer Fehlschlüsse, ganz abgesehen von der Frage, ob eindeutige Zielvorgaben überhaupt existieren können (die jüngere Organisationsforschung und die internationale Controllingforschung bezweifeln dies).

Das gegenwärtig Denkbare - immer stark von einer häufig unkritischen Übernahme gegenwärtig sichtbarer Möglichkeiten, Attitüden, Sympathien, Antipathien oder Wünschen bestimmt (vgl. z.B. *Senges* Auseinandersetzung mit mentalen Modellen im Rahmen lernender Organisationen; *Senge* 1996) - würde vielfach unterschwellig zur Norm. Die für die Begründung der Universität und der Wissenschaft zentrale Aufgabe einer verantworteten, gleichwohl handlungsentlasteten **kritischen Reflektion** der Gesellschaft und ihrer Entwicklung mit der Chance zur Öffnung für neue, emanzipierte gesellschaftliche Praxis (*Foucault* nennt diesen Kritikbegriff: „nicht derart regiert zu werden“) würde aufs Höchste bedroht (vgl. u.a. *Jaspers* 1946; *Habermas* 1988; *Vinnai* 1993; vgl. ferner *Kappler* 1992, der darauf hinweist, daß die gegenwärtige Massenuniversität ohnehin der zu spät kommende, unkritische und unreflektierte Versuch einer Übertragung und Rechtfertigung überholter industrieller Massenfertigung auf die Universität ist. Ähnliches droht übrigens auch bei der überzogenen Ökonomisierung der Krankenhäuser.). Erst so entstünden Gleichschaltung in bezug auf durchgesetzte Interessen und wirklicher Identitätsverlust.

Dies wird besser nachvollziehbar, wenn man sich einige typische (auch widersprüchliche) Zielsetzungen von Universitäten vergegenwärtigt. So sollen diese u.a. die **Produktion** und die **Weitergabe** von **Wissen** in problem- und adressatengerechter Aufbereitung an unterschiedliche Zielgruppen sichern, durch **Forschung** zur **Analyse** und Weiterentwicklung, aber gleichzeitig auch zur **Reproduktion** und **Bewahrung gesellschaftlicher Strukturen** beitragen oder Beiträge zur kulturellen Entwicklung leisten. Universitäten sollen damit die Aufrechterhaltung von Traditionen gewährleisten helfen und zugleich auf zukünftige Entwicklungen vorbereiten, von denen im Prinzip niemand weiß, wie diese im einzelnen aussehen können. Hierzu bedarf es auch der Vermittlung der Fähigkeit, sich „in unbekanntem Terrain“ vorwärts zu bewegen bzw. lernen zu lernen. *Geißler/Orthey* (1998) sprechen in diesem Zusammenhang von „Übergangsqualifikationen“, die zunehmend an Bedeutung gewinnen. Neben diesen eher „hehren“ systemimmanenten Zielkonflikten dürfen auch jene, meist unausgesprochenen Erwartungen nicht vergessen werden, wonach Universitäten auch als **Transportunternehmen für** sehr unmittelbare **persönliche** oder **Gruppeninteressen** fungieren: Dies gilt etwa für jene kurzschlüssigen Forderungen nach „Praxisbezug", bei denen jeweils eine ganz spezifisch präformierte Praxis als die relevante unterstellt wird; es gilt aber auch für den Rückzug in eher „esoterische" Arbeitsgebiete oder - noch lebensnäher - für die Hintanstellung eigentlicher (Ausbildungs- oder Forschungs-)Aufgaben zugunsten ertragreicher Nebentätigkeiten.

Universitäten können als „Knowledge Intensive" oder **Know How-Organisationen** bezeichnet werden. Der Kern ihres Handelns zielt auf die Öffnung zu neuen Möglichkeiten, das *Galtung*sche Suchen und Brechen von vermeintlichen oder behaupteten Invarianzen und sog. Sachzwängen, nicht auf die Erstellung von materiellen Produkten. Letzteres kann die außeruniversitäre Praxis immer schon schneller und besser. Außerdem gilt, „... that they have only the expertise of their staff as assets with which to trade" (*Winch/Schneider* 1993, S. 923) und, daß es erst diese Expertise ist, der besonders gute Ergebnisse zu verdanken sind. Diese Ausrichtung der Universität als Wissensorganisation führt zu einigen charakteristischen Besonderheiten, die hier allerdings nur kursorisch aufgeführt werden können (vgl. u.a. *Alvesson* 1993, S. 1000; *Gibbons* u.a. 1994; *Grossmann* u.a. 1997; *Laske* 1997).

Ein zentrales Merkmal von Universitäten als Wissensorganisationen ist die ausgeprägte **Personenabhängigkeit der Leistungserstellung**: Wissenskapital ist - vor allem in stark wertbezogenen politischen, ökonomischen und sozialen Problemzusammenhängen - in hohem Maße mit den individuellen Kompetenzen und Grundhaltungen der Produzenten verknüpft (technisches/kulturelles Wissen, rhetorische Fähigkeiten, soziale Kompetenzen und Einstellungen der sog. „Knowledge Worker"; kritisch äussern sich zu diesem Ansatz z.B. *Knights* u.a. 1993). Zwar bewirkt der zunehmende Einsatz technischer Produktions- und Vermittlungshilfen (z.B. der Einsatz von Multimedia und anderer Lerninformationssysteme) eine gewisse Entpersönlichung der Leistungserstellung. Dennoch scheinen - zumindest gegenwärtig - einer technikgestützten Standardisierung von Lehr-/Lernprozessen neben ökonomischen vor allem pädagogische und soziale Grenzen gesetzt (z.B. Entwicklungskosten elektronisch gestützter Lernprogramme, Akzeptanz einer „glasfasergesteuerten Interaktion").

Vermutlich sind diese Grenzen auch auf den relativ hohen **Professionalisierungsgrad** zurückzuführen. Dabei liegt es - verständlicherweise - im Interesse der Angehörigen der Universität, dieses Professionalitätsimage zu pflegen und aufrechtzuerhalten, dient es ihnen doch als eine mögliche Machtressource in ihrer Beziehung zum Wissenschaftssystem und als ein Schutzschild gegenüber denkbaren An- oder Eingriffen von außen und Ab- oder Entwertungen ihres Arbeitsvermögens und ihrer beruflichen Identität: Je besser es einzelnen Organisationsmitgliedern nämlich erstens gelingt, häufig weniger wissenschaftlich als marketingmäßig deklarierte monopolähnliche Wissensbestände und/oder Problemlösungskompetenzen aufzubauen und zu erhalten, je wichtiger und spezifischer diese Qualifikationen zweitens für eine Organisation erscheinen, und je weniger leicht drittens die Mitarbeiter dementsprechend zu ersetzen sind, desto ausgeglichener werden sich die **wechselseitigen Abhängigkeitsverhältnisse** entwickeln (vgl. *Alvesson* 1993, S. 999; *Auer* u.a. 1993, S. 158). Wahrscheinlich drückt es aber eher eine hoffnungsfrohe Erwartung als eine nüchterne Analyse gesellschaftlicher Wirklichkeit aus, wenn festgestellt wird, daß dies auch für die Organisation als Ganzes gelten müßte. Schon allein die alltäglichen bürokratischen Eingriffe übergeordneter Instanzen in Universitäten decouvrieren diese Erwartung als einen schönen Traum. Und je mehr das Vertrauen in die gesellschaftliche Problemlösungskompetenz fachspezifischen Wissens schwindet, weil nicht mehr erwartet wird, daß die Universität das (in)-Frage-Stellen und das Wissenschaft-Suchen (vgl. z.B. *W. v. Humboldt* 1809 bzw. 1964) lehrt und zu studieren gestattet, sondern sog. **praktische Problemlösungen**, die so abstrakt sind wie die gewünschten, unvermeidlich abstrakten Zielformulierungen und/oder sich von vorhandenen kreativen oder platten Lösungen der Praxis allenfalls graduell unterscheiden, desto mehr müssen Universitäten propagandamäßig und nicht inhaltlich um ihre öffentliche Akzeptanz bemüht sein. Oder schlagwortartig: Wenn die Universität das Denken nicht mehr in Bewegung bringt, wird sie zur Praxis nichts Wesentliches beitragen können. Der statusmotivierte Besuch der Universität macht nicht schlau: „A fed bear is a dead bear."

In wissensbasierten Organisationen mit hohen Professionalisierungsgraden entwickeln sich relativ leicht **Loyalitätskonflikte zwischen** einem ausgeprägten **beruflichen Selbstverständnis**, das sich auf der Ebene der untersten organisationalen Einheit (der Abteilung, dem Institut) möglicherweise sogar als eine Art emotioneller Klebstoff zeigt, und **organisationalen Anforderungen** im Hinblick auf Engagement für das übergeordnete Ganze. Der daraus resultierende Konflikt scheint nach *Grossmann* u.a. (1997, S. 30) gerade in Österreich ein Charakteristikum für Expertenorganisationen zu sein: Sie seien durch eine „... Mischung aus sehr hoher individueller Autonomie der Experten und relativ großer Autorität des Staates bei einer gleichzeitig geringen Autonomie der Expertenorganisation" gekennzeichnet.

Universitäten kann man weiter als **„lose gekoppelte Systeme"** bezeichnen (*Weick* 1976; *Orton/Weick* 1990), d.h. als Einheiten, die durch eine gleichzeitige interne Vielfalt und eine relative, wechselseitige Unabhängigkeit ihrer Untereinheiten gekennzeichnet sind. Zwar sind diese Untereinheiten (Abteilungen, Departments, Institute u.a.) alle in eine formale Struktur eingegliedert. Dies bedeutet aber keinesfalls, daß sich die tatsächlichen Entscheidungsabläufe, Macht- und Kooperationsbeziehungen regelmäßig entlang jener Linien und Einheiten bewegen, die das formale Strukturbild der Organisation prägen. Mit dem Bild der „losen Koppelung" soll auch zum Ausdruck gebracht werden, daß diese Systeme einerseits Bestandteile einer rationalen Ordnung umfassen; daß aber andererseits die Systemelemente und die Beziehungen zwischen diesen zugleich Gegenstand spontaner, ungeplanter und konfliktärer Veränderungen und Entwicklungen sein können.

Mehrdeutigkeiten und Widersprüchlichkeiten erscheinen von daher als unumgängliche Kennzeichen derartiger Systeme (*Orton/Weick* 1990, S. 204f.): „The resulting image is a system that is simultaneously open and closed, indeterminate and rational, spontaneous and deliberate". Diese dialektische Bestimmtheit entsteht nicht, sie ist. Im Gegensatz dazu wollen technokratische Rationalitätsmythen zuweilen glauben machen, sie wäre eine „Unsauberkeit" des Systems - aufgrund unzureichender Zielvorgaben, zu geringer oder ineffizienter Planung, zu schwacher Führung, unzulänglicher Steuerung und Kontrolle oder einer zu „schwachen" Organisationskultur der Universität. Die Bedingung der Möglichkeit der Organisation Universität ist statt dessen vielmehr „Ergebnis" notwendiger struktureller Widersprüche, die nicht zuletzt von den oben bereits erwähnten heterogenen Interessen, der Werthaltigkeit von Bildungsprozessen und den vermeintlichen oder vermeidbaren Professionalisierungstendenzen der internen Akteure genährt werden.

Um diese Überlegungen greifbar zu machen, seien einige der **Widersprüchlichkeiten** exemplarisch aufgezeigt: Anspruch auf Autonomie bei gleichzeitiger Anrufung der „Oberbehörde"; Freiheit und Selbstbestimmtheit von Lernprozessen versus tradierte Vorstellungen von kanonisierten Fachinhalten; tauschwertorientierte Aus- und Weiterbildung (Bildungsabschlüsse als Berufsführerscheine) versus gebrauchswertorientierte Gestaltung von Lernprozessen (Bildung als Beitrag zur Persönlichkeitsentwicklung); Forderung nach dem „zwanglosen Zwang des besseren Arguments" (*J. Habermas*) versus Hierarchie; Förderung kritischen und reflektierten Denkens versus Pflege von kulturellen Traditionen; Prozeß- versus Ergebnisorientierung; Standardisierung versus Differenzierung; zunehmende Stoffülle und Zeitknappheit versus steigende aber unspezifische Qualitäts- und Effizienzforderungen; freier Zugang versus Forderung nach Spitzenleistungen; Beachtung des Subsidiaritätsprinzips (Dezentralisierung von Entscheidungen und Schaffung multipler Entscheidungsarenen) versus zentrale Programmkoordination usw. (vgl. u.a. *Kappler* 1995; *Laske*

1997). Ergänzt werden diese Widersprüche durch ausgeprägte Freiheitsgrade wichtiger Mitglieder(gruppen), eine wachsende Mobilität, die Schwierigkeit der genauen Trennung von Arbeit und Freizeit oder durch geradezu dramatische informationstechnologische Entwicklungen (das Schlagwort von der „virtuellen Universität" scheint eine durchaus treffende Situationsbeschreibung zu werden). Darüber hinaus spielt die behauptete starke **„Umschlagshäufigkeit der Mitgliedschaft"** eine gewisse Rolle. Diese „Umschlagshäufigkeit" bezieht sich in erster Linie auf Angehörige der „Randbelegschaft"; insgesamt dürfte sie aber - derzeit noch (?) - aufgrund nicht zu übersehender Versteinerungstendenzen in den Personalstrukturen deutlich abnehmen.

Auch die im folgenden zitierte steigende Mobilität ist im Prinzip nur „temporärer" Natur, d.h. sie bezieht sich auf befristete Forschungsaufenthalte von Universitätsangehörigen und nicht auf einen dauerhaften Wechsel der Arbeitsplätze. Gerade der sog. Mittelbau hat es z.B. in Österreich erreicht, daß die persönlichen Arbeitsplätze, mehr als einem Wettbewerb der Qualifizierungen zuträglich, gesichert und zu Quasi-Laufbahnen werden. Wer einmal eine Assistentenstelle erobert hat, kann auch ohne besonders herausragende Qualifikationen oder Berufungen i.d.R. im Wissenschaftsbetrieb bleiben. Das ist insofern mißlich, als einerseits offiziell am Berufungsprinzip festgehalten, andererseits aber das traditionelle verwaltungsmäßige Laufbahnprinzip praktiziert wird, was bei den Fakultäten die Gefahr zu geringer innerer bzw. zu geringer von außen hereingetragener Innovation und Erneuerung entstehen läßt.

Betrachtet man schließlich die von *Jarmai/Zauner* (1996) genannten gesellschaftlichen Steuerungsmedien, so ist auch nicht mehr eindeutig bestimmbar, welches der von ihnen genannten Steuerungsmedien **Macht, Geld oder Wissen** de facto (und nicht in plakativen Selbstdarstellungen) die Realität von Universitäten dominiert - wahrscheinlich endet das Spiel unentschieden.

Zusammenfassend können Universitäten also als **„Loosely Coupled Fuzzy Organizations"** angesehen werden, d.h. als in sich widerspruchsvolle Gebilde, die zumindest stark „ausgefranste" Ränder aufweisen und deren Grenzen sich immer weniger eindeutig bestimmen lassen. Sie müssen sich im Prozeß ihrer Identitäts-Entwicklung immer wieder neu selbst als Organisation im eigentlichen - nicht juristischen - Sinne konstituieren (vgl. hierzu u.a. *Neuberger* 1990; *Czarniawska-Joerges* 1993).

Andererseits wird die Universität (*Pellert/Welan* 1995 bezeichnen sie in Anlehnung an *John Davies* als „organisierte Anarchie") durch **externe Veränderungen** mit zunehmenden Legitimationserfordernissen und Reformerwartungen seitens verschiedener Interessengruppen und mit Handlungsbeschränkungen seitens ihres Trägers zugleich konfrontiert. Will sie nicht Gefahr laufen, in gesellschaftliche Bedeutungslosigkeit abzustürzen, muß sie **organisationale** Antworten auf diese Herausforderungen finden, muß sie nach außen deutlich erkennbar werden - sich profilieren. Im folgenden wollen wir aufzeigen, wie diese Aufgabe anhand eines Entwicklungskonzepts für eine Fakultät - vermutlich aber auch für größere Einheiten - konkret angegangen werden könnte. D.h. es geht um die Ausdifferenzierung eines Verfahrens, das versucht, die Partialinteressen der universitätsinternen Akteure und den Koordinationsbedarf der zentralen Einheiten zu thematisieren und somit einen Teil der oben skizzierten Widersprüche bearbeitbar zu machen - die Widersprüche werden auf diese Weise nicht dauerhaft beseitigt, sie sind nämlich konstitutiv in einer evolutionären Gesellschaft; mit dem vorgeschlagenen Verfahren könnten sie aber immer wieder gehandhabt werden.

3 Ein alternativer Ansatzpunkt universitärer Steuerung: die „Organisation öffentlicher Räume"

Vor dem Hintergrund der bisherigen Analyse wollen wir nun einen Ansatz skizzieren, der geeignet sein könnte, die gegenwärtigen Lenkungsdefizite von Universitäten auszugleichen: Es handelt sich dabei um ein Konzept, welches das Prinzip der „Schaffung öffentlicher Räume" und die Vereinbarung von Leistungsverträgen - also die Medien **„Öffentlichkeit"**, **„Kommunikation"** und **„Recht"** - miteinander verbindet. Dies sind grundsätzlich eher „softe" Instrumente, die der Idee der Selbststeuerung und der Subsidiarität näher stehen als jenen Vorstellungen von „Great Men", die in Krisenphasen regelmäßig in die Diskussion um die Leitungsstrukturen von Universitäten eingebracht werden. Von einer wirklichen Bereicherung der Diskussion wird man dabei aber kaum sprechen können, da ein derartiges Leitungsmodell eher klassischen hierarchischen Führungsvorstellungen entspricht und nicht zu den oben skizzierten spezifischen Bedingungen des Organisationstypus „Universität" paßt. Der Idee der Universität dürfte viel eher ein Konzept entsprechen, das diese als im ureigensten Sinne „lernende Organisation" versteht. Oder - schärfer ausgedrückt - wenn die Universität dem nicht entspricht, wer dann?

Zu den **wesentlichsten Merkmalen** deutschsprachiger Universitäten zählte noch bis vor kurzem eine ausgeprägte **Unabhängigkeit** der kleinsten organisatorischen Einheiten, der Abteilungen bzw. Institute. Diese Unabhängigkeit ist teils auf die rechtliche Verfassung, teils aber auch auf die mentale Verfaßtheit zurückzuführen. D.h. daß selbst dort, wo es grundsätzlich (z.B. budgetäre) Eingriffsmöglichkeiten von Leitungsorganen gäbe, werden diese eher zögernd eingesetzt. Erst in jüngerer Zeit scheinen die praktizierten Nichtangriffspakte - nicht zuletzt unter dem Druck verschlechterter wirtschaftlicher Verhältnisse - an Stabilität zu verlieren.

Insbesondere in jenen Fachgebieten, in denen die Leistungen der betreffenden Einheiten eine hohe „Marktgängigkeit" besitzen (z.B. durch beratungs- oder produktorientierte Forschung u.a. in den Sozial- und Wirtschaftswissenschaften, Medizin, Bauingenieurwesen, Architektur, aber auch in Teilen der Naturwissenschaften usw.), konnten diese ein **Eigenleben** entfalten, demgegenüber sich selbst finanzielle Sanktionen als weitgehend unwirksam erweisen. In einer derartigen Situation eines „kollektiven Privatismus" wird Koordination zunehmend schwieriger bzw. auf ein Mindestmaß reduziert - nicht zuletzt personale Eitelkeiten, Institutsegoismen, ökonomische Unabhängigkeit oder fehlende Entwicklungsperspektiven des Gesamtsystems erweisen sich hier als Barrieren (vgl. z.B. *Laske/Hammer* 1997).

Während etwa Wirtschaftsunternehmen i.d.R. wenigstens auf der operativen Ebene relativ **klare Zielvorstellungen** besitzen, kann dies für Universitäten bzw. Fakultäten nicht unterstellt werden. „Geld" mag zwar für einzelne Institute bzw. Einzelpersonen ein geeignetes Steuerungsmedium darstellen (obwohl selbst dies - zumindest mittel- und längerfristig - in der Personalwissenschaft zunehmend als fragwürdig angesehen wird). Insgesamt ist es in Universitäten aber nur sehr bedingt geeignet, die verschiedenen Untereinheiten zu koordinieren. Hinzu kommt, daß vor allem in größeren Fakultäten der Informationsfluß über das wechselseitige Tun eher spärlich ausgeprägt ist: Die Kollegen von nebenan kennen die Interessen und Leistungen oft sehr viel weniger gut als die Kooperationspartner auf anderen Kontinenten. Folgerichtig gibt es auch kaum eine längerfristige Entwicklungsplanung - weder der Universität als Ganzes noch der einzelnen Fakultäten. Und ob es derartige Pläne auf Institutsebene gibt, bleibt eher im Dunkeln - Zweifel mögen erlaubt sein in einer „**Kultur des relativen Überflusses**", als die die Universitäten in Österreich vermutlich immer noch charakterisiert werden können.

Auch die Leitungsstruktur der Fakultäten setzt bisher kaum Gegengewichte: Der Dekan ist i.d.R. Einzelkämpfer, die Macht zwischen **Zentrale** (Dekanat) und **Peripherie** (Institute) unter dem Regime des UOG '75 - von marginalen Eingriffsmöglichkeiten abgesehen - eindeutig zu Gunsten der Peripherie verteilt. Gezielte Entwicklungsprozesse sind realistischerweise nur zu erwarten, wenn die dezentralen Einheiten sich davon einen Nutzen versprechen. Das vielbeschworene Subsidiaritätsprinzip wird nur zu oft zum normativen Feigenblatt, hinter dem sich teilweise blanker Bereichsegoismus verbirgt. Unsere Skizze mag holzschnittartig sein, langjährige Erfahrungen in und mit unterschiedlichen Universitätssystemen lassen uns aber annehmen, daß auch der Holzschnitt eine brauchbare Form ist, Realität zur Sprache zu bringen.

Mit dem UOG '93 wurde den Universitäten eine Verfassung angeboten, in deren Rahmen die Managementfunktion der jeweiligen „Zentrale" (Rektor bzw. Dekan) wesentlich gestärkt wird - sofern der Senat seine Richtlinienkompetenz nicht allzu restriktiv aus- und den „Monokraten" enge Fesseln anlegt. Diese Anleihe beim gesellschaftsrechtlichen Modell von Vorstand und Aufsichtsrat hat im Vorfeld des Gesetzgebungsprozesses zu erheblichen Widerständen seitens der Universitäten geführt: Gefürchtet wurde u.a., daß mit einer Stärkung der **„Monokraten"** - insbesondere über die Auflösung wichtiger Kommissionen (Personal und Budget) und über die Übertragung der jeweiligen Kompetenzen auf den Dekan bzw. Rektor - ein **Verlust an demokratischer Qualität** einhergehen könne - eine Sorge, die prinzipiell durchaus berechtigt sein mag. Wir haben oben bereits darauf hingewiesen, daß wir „Great Man"-Modelle der Führung der inneren Logik von Universitäten für unangemessen halten. Andererseits sehen wir aber auch eine Notwendigkeit, die Beziehung von Zentrale und Peripherie in ein ausgewogeneres Verhältnis zu bringen. Der klare Autonomiegewinn der Universitäten (und die damit verbundene „Allokationskompetenz" von Rektor und/oder Dekanen) kann von daher auch eine Chance beinhalten. In diesem Sinne ist der folgende Vorschlag zu sehen. Er umfaßt mehrere Schritte:

(1) Alle Institute (genauer: alle organisatorischen Einheiten) einer Fakultät werden aufgefordert, eine **Entwicklungsplanung** für die nächste (zwei- oder vierjährige) Planungsperiode zu erarbeiten. Institute, die in Abteilungen untergliedert sind, legen ihre Entwicklungsvorhaben abteilungsweise differenziert vor, um ein „Over-Ruling" durch einen monokratischen Institutsvorstand zu vermeiden. Die Inhalte haben jedenfalls zwingend auf die Bereiche

- **Forschung** (geplante bzw. laufende Projekte incl. Finanzierungsquellen, nationale und/oder internationale Forschungs-Kooperationen, Publikationen, Forschungsaufenthalte usw.),
- **Studium** (Lehrprogramme, Einladung externer Lehrender, Gastprofessoren usw.),
- **Personalentwicklung** (Karrierepläne der Mitarbeiter, Tagungsteilnahmen, Weiterbildungsaktivitäten) sowie

- **Selbstverwaltung** (universitätsinterne und -externe Funktionen, Herausgeberschaften, aktive Mitgliedschaften usw.)

Bezug zu nehmen.

(2) Die Institutsplanung wird im Rahmen einer **fakultätsöffentlichen Veranstaltung** vorgestellt. Zweckmäßigerweise findet eine derartige Veranstaltung am Rand eines Semesters statt, um eine hinreichend intensive Auseinandersetzung zu erlauben. Dies kann z.B. in Form eines „öffentlichen Marktes" oder eines Diskussionsforums erfolgen. Wichtig ist, daß die Art der Darstellung so anschlußfähig ist, daß sie einerseits Interessenten dazu anregen kann, mit dem betreffenden Institut in einen Dialog einzutreten, andererseits dem Fakultätskollegium ein Urteil über die **Seriosität der Planung** ermöglicht. Es ist nicht auszuschließen, daß einer der ersten Einwände gegen die Offenlegung von Forschungsvorhaben auf das Problem der Vertraulichkeit abzielt. Dem können zwei Argumente entgegengehalten werden: Erstens ist anzunehmen, daß dies de facto nur in wenigen Ausnahmefällen im Bereich der Forschung wirklich relevant sein dürfte; zweitens kann für solche Ausnahmen evtl. ein kleines Gremium von Experten eingerichtet werden, welches an die Stelle der Öffentlichkeit tritt.

Mit dieser Präsentation wird eine mehrfache Zielsetzung verknüpft: Zum einen sollen der gemeinsame **Informationsstand** über das Fakultätsgeschehen verbessert und Ansatzpunkte für eine mögliche Kooperation über Institutsgrenzen hinweg aufgezeigt werden. Darüber hinaus geht es auch darum, zu verdeutlichen, daß das Handeln in bzw. von Instituten trotz der personalen Koppelung der Leistungserbringung keine Privatangelegenheit ist, sondern gewissermaßen in einer Art **„öffentlicher Treuhandschaft"** erfolgt. Um zu vermeiden, daß die Präsentation vorwiegend rituellen Charakter erhält, ist schon bei der Implementierung des Verfahrens darauf hinzuweisen, daß der jeweilige Planungsprozeß in eine verbindliche Zielvereinbarung mit der Fakultätsleitung münden soll (Die unzureichende Planungskultur der heutigen Universitäten in Österreich ist nämlich nicht zuletzt darauf zurückzuführen, daß das Wissensschaftssystem selbst - und hier in erster Linie das zuständige Ministerium - die Planungsaktivitäten seiner Mitglieder i.d.R. ignoriert hat.). Man betrachte in diesem Zusammenhang z.B. die bisherige „Sorgfalt", mit der unter dem Regime des UOG '75 universitäre Budgetpläne von nahezu allen Beteiligten behandelt wurden. Hier gilt das Verdikt: „Die Folgenlosigkeit ist der Tod jeder Planung!" (*Laske/Hammer* 1997, S. 32).

(3) Im Anschluß an die öffentliche Darstellung und Diskussion der Vorhaben ist eine **„Reflexionsschleife"** vorgesehen, d.h. die Instituts- bzw. Abteilungsleitung erhält

die Möglichkeit einer Planrevision eingeräumt - sei es aufgrund kritischer Rückmeldungen, sei es aufgrund von zu Tage getretenen Angeboten einer Zusammenarbeit, sei es aufgrund anderer positiver Impulse.

(4) Es folgt nun ein **Zielvereinbarungsprozeß** zwischen Institutsvorstand und „Fakultätsleitung". Der Terminus „Fakultätsleitung" faßt sowohl den Dekan als auch dessen Stellvertreter und den Leiter des Fakultätskollegiums zusammen. Das Fakultätskollegium ist über seinen Vorsitzenden deshalb in die Vereinbarung einzubeziehen, weil ihm vom Gesetzgeber die Funktion der Strategievorgabe zugeschrieben wurde, der Dekan und sein Stellvertreter, der Studiendekan, sind nicht nur für die Umsetzung der Strategien zuständig, sie haben aufgrund der Verantwortlichkeit für die Ressourcenzuweisung auch die Möglichkeit, entsprechende Handlungsspielräume zu eröffnen bzw. zu verweigern. Der vorgesehene Aushandlungsprozeß wird sicher nicht ohne Meinungsverschiedenheiten ablaufen. Solange die Vorhaben der Institute die Ressourcen der Fakultät nicht in Anspruch nehmen (z.B. bei voll ausfinanzierten Forschungsprojekten), sollte nach dem Verfassungsprinzip der „Freiheit von Forschung und Lehre" jedenfalls das Interesse des Instituts Vorrang haben. Sofern aber bei einzelnen Vorhaben öffentliche Mittel angefordert oder genutzt werden bzw. es um die Erfüllung (oder Nicht-Erfüllung) fakultärer Aufgaben geht, muß dem von der Fakultätsleitung formulierten Gesamtinteresse Priorität eingeräumt werden. Bei unüberwindbaren Konflikten ist der Rektor als Schlichter beizuziehen.

(5) Ergebnis dieses Prozesses ist eine Reihe **verbindlicher Leistungsverträge** zwischen Instituts- und Fakultätsleitungen, die nicht nur die Pflichten der Institute (aufgrund der von ihnen selbst erarbeiteten Entwicklungspläne) enthalten, sondern auch jene Leistungen festschreiben, die den Instituten/den Abteilungen als Arbeitsmittel im weitesten Sinne zur Verfügung gestellt werden. Zugleich stellt das so avisierte System von Leistungsvereinbarungen ein Mindestmaß an Koordination sicher (z.B. beim Lehrangebot).

(6) Am Ende der betreffenden Planungsperiode (und als Beginn der nächsten Zielvereinbarungsrunde) wird - wiederum öffentlich - Bilanz gezogen, d.h. die Institute müssen **Rechenschaft** darüber ablegen, welche der ursprünglich vereinbarten Vorhaben in welchem Umfang erreicht worden sind, wie (unvermeidbare!) Abweichungen erklärt werden, welche Konsequenzen daraus zu ziehen sind und wie schließlich die Entwicklung der nächsten zwei bzw. vier Jahre geplant wird. Der „Kreis" setzt anschließend bei Ziff. 3 fort. Information, Diskussion und Evaluation sind Maßnahmen, die mittelfristig vertrauensbildend wirken könnten.

An dieser Stelle muß selbstverständlich gefragt werden, welche Konsequenzen eine fehlende Zielerreichung haben kann/soll. Wir gehen davon aus, daß Planabweichungen die Regel und nicht die Ausnahme sind - Zukunft läßt sich nicht treffsicher prognostizieren (vgl. *Kappler* 1983). Aus diesem Grund halten wir ein generelles Sanktionsmodell bei fehlender Zielerreichung, d.h. irgendwelche Formen der „Bestrafung", gar deren öffentliche Inszenierung für unsinnig - es sei denn, von Seiten des Instituts wurde offenkundig mißbräuchlich mit den zugewiesenen Mitteln gewirtschaftet. In diesem Fall wird die Dienstaufsicht zuständig bzw. sind Konsequenzen für die Mittelzuweisung in der nächsten Planungsperiode zu ziehen. Im Normalfall halten wir es allerdings, und dies wollen wir unter Verweis auf die o.g. „öffentliche Treuhandschaft" betonen, auch für selbstverständlich, daß zu erklären ist, wo die Ursachen für einen nicht zielführenden Einsatz öffentlicher Mittel liegen (könnten) - diese öffentliche Begründungspflicht ist minimale und maximale Sanktion zugleich. Hierin liegt auch der - allerdings: fundamentale - Unterschied gegenüber dem Status quo. Auf diese Weise wird nicht nur verantwortliche Autonomie unter gleichzeitiger angemessener Beachtung des Subsidiaritätsprinzips praktiziert; eine derartige Praxis scheint vielmehr auch einen Beitrag zur Qualitätssicherung und -entwicklung der Universität leisten zu können.

4 Abschlußreflexion

Welcher Voraussetzungen bedarf es, um ein derartiges Modell in universitäre Praxis umsetzen zu können? Zunächst ist festzuhalten, daß die rechtlichen Rahmenbedingungen des UOG '93 völlig hinreichen, um - etwa durch Beschluß des Fakultätskollegiums und entsprechendes Handeln des Dekans - die geschilderte Vorgehensweise sofort einzuführen. Im Prinzip sehen wir vier Bedingungen, die zweckmäßigerweise erfüllt sein sollten: Erstens ein möglichst ausdifferenziertes **Budgetierungssystem**; optimal wäre eine hohe Flexibilität des Haushaltswesens (Austauschbarkeit der wesentlichsten Budgetpositionen, Mehrjährigkeit, hinreichende Budgetsicherheit, um mindestens Zweijahres-Commitments eingehen zu können). Zweitens wäre es hilfreich (allerdings nicht zwingend notwendig), zuvor eine **Basisevaluation** der Institute vorliegen zu haben, um eine gewisse Sensibilität gegenüber den anzuwendenden Leistungskriterien zu entwickeln. Drittens ist es insbesondere in der Anfangsphase erforderlich, daß die Fakultätsleitung einen gewissen **Nachdruck hinter das Verfahren** setzt. Viertens schließlich wäre eine möglichst breite **Akzeptanz der Verfahrenslo-**

gik und der **Vorgehensweise** wünschenswert. Letzteres allerdings ist wohl weniger eine Voraussetzung - dann wäre eigentlich schon fast alles erreicht - als vielmehr die Konsequenz eines in der beschriebenen Weise entwickelten und konsequent implementierten Verfahrens. Alle Voraussetzungen gemeinsam könnten der Professionalität von Universitäten einen erheblichen Schub verleihen - vermutlich zum eigenen Nutzen der Institution, zu jenem ihrer Mitglieder und zum Nutzen der Gesellschaft, deren kritischer Spiegel die Universität gegen viele staatliche Zugriffe geworden war und weiterhin sein müßte.

Personalarbeit im Handel: eine europäische Perspektive

Wolfgang Mayrhofer

1 Einleitung

Die Humanressourcen stellen einen zentralen Erfolgsfaktor zur Erreichung der Unternehmensziele dar - so oder ähnlich lautet das Diktum sowohl seitens der praxisorientierten als auch der wissenschaftlich ausgerichteten Literatur (vgl. *Edström/Lorange* 1984; *Peters/Waterman* 1984; *Mayrhofer* 1996). Entsprechende Aufmerksamkeit gilt auch der Personalwirtschaft als der **unternehmensbezogenen Querschnittsfunktion**, welche die Betreuung der im Unternehmen beschäftigten Personen als Kernkompetenz ausweist.

Betriebliche Personalarbeit wurde im Lauf der Geschichte in den deutschsprachigen Ländern durchaus unterschiedlich organisiert. In Abhängigkeit von der Unternehmensstruktur und den Kernproblem der Unternehmen stehen unterschiedliche Aufgaben und Lösungsangebote im Vordergrund. Nach einer frühen Phase, in denen die betriebliche Personalarbeit sich im wesentlichen auf die adminstrative Abwicklung von Entgeltfragen und Personalaufnahmen und -abgängen beschränkt, rückt die Bildung einer **Personalabteilung** mit spezialisiertem Know How für die unterschiedlichen personalwirtschatlichen Teilaufgaben - vor allem Auswahl, Beurteilung, Anreizgestaltung und Entwicklung - in den Vordergrund (vgl. *Scholz* 1994). Damit stellt sich aber auch die Frage, welche Aufgaben der Personalabteilung in welcher Weise zugeordnet werden und wie die Personalabteilung in die strategischen Prozesse der Unternehmensführung eingebunden wird.

Der vorliegende Beitrag setzt an diesem Punkt an und diskutiert die Frage, wie die **Personalarbeit im Handel** im Unterschied zu anderen Branchen organisiert ist, im Hinblick auf:

(1) Die Integration der Personalabteilung in die strategischen Prozesse der Unternehmensführung

(2) Die Verteilung der Aufgaben zwischen der zentralen Personalabteilung und dem Linienmanagement

Basis der Aussagen ist eine empirische Untersuchung zu zentralen Aspekten der Personalarbeit in verschiedenen europäischen Ländern, die durch das *Cranfield Network on European Human Resource Management (Cranet-E)* durchgeführt wurden. Nach einer Vorstellung des konzeptionellen Rahmens (Kap. 2) und der methodischen Vorgehensweise (Kap. 3) werden die Ergebnisse der Untersuchung präsentiert (Kap. 4) und Schlußfolgerungen für die Personalarbeit im Handel gezogen (Kap. 5).

2 Typologie der Personalarbeit

Verschiedene Entwicklungen der letzten beiden Jahrzehnte haben zentrale Aspekte der Personalarbeit verändert. Durch neue Konzepte der Unternehmensgestaltung - zu nennen sind hier vor allem Ansätze wie Lean Management, Total Quality Management oder Business Process Reengineering - erhöhte sich der Druck für die sog. nicht direkt produktiven Bereiche, ihren Leistungsbeitrag deutlicher herauszustellen. Gleichzeitig steigt die Notwendigkeit, sich eng(er) an den strategischen Entscheidungsprozessen des Unternehmens zu orientieren

Auch die Personalabteilung als institutionell vorgesehener Träger der betrieblichen Personalarbeit bleibt von diesen Entwicklungen nicht ausgespart. Damit ergeben sich für die Organisation der Personalarbeit hinsichtlich der Eingliederung in das Unternehmen und der Aufgabenwahrnehmung **zwei Basisfragen**:

(1) Auf welche Weise wird die Personalabteilung in die strategischen Prozesse auf Gesamtunternehmensebene einbezogen?

(2) Wie verteilen sich die personalwirtschaftlichen Aufgaben zwischen den in der Personalabteilung angesiedelten Spezialisten und dem Linienmanagement?

Die Integration der Personalarbeit in die **strategischen Prozesse** der Unternehmensführung erfährt zunehmende Aufmerksamkeit. Mit Integration ist hier die regelmäßige und frühzeitige Einbeziehung personalwirtschaftlicher Aspekte in den Prozeß der Strategieformulierung gemeint. Sie unterscheidet sich damit von einer rein nachgelagerten Funktion als Instrument zur Erfüllung strategischer Vorgaben. Es wird deutlich, daß hier eine gegenseitige Abhängigkeit dieser Bereiche gegeben ist (vgl. *Schreyögg* 1987; *Blyton/Turnbull* 1992).

Ähnlich wird in jüngerer Zeit auch die Aufgabenverteilung zwischen zentraler Personalabteilung und **Linienmanagement** thematisiert (vgl. *Brewster/Söderström* 1994; *Mayrhofer* 1998). Durch die engere Abstimmung zwischen den einzelnen Unternehmensfunktionen, den möglichst weitgehenden Verzicht auf unterstützende Funktionen und die Verlagerung des Fällens von Entscheidungen an den Ort ihrer Entstehung erhält das Linienmanagement auch beim Management der Humanressourcen eine erhöhte Bedeutung. Zentrale personalwirtschaftliche Kernaufgaben wie etwa Motivation, Beurteilung oder Entlohnung können auf die Linienvorgesetzten als diejenigen Personen, die in ständigem Kontakt mit den Mitarbeitern stehen, nicht verzichten. Damit entsteht eine Tendenz zur Dezentralisierung wichtiger Teile der Personalarbeit.

Werden die beiden Dimension miteinander kombiniert, so lassen sich bei einer vereinfachend dichotomisierten Betrachtung **vier idealtypische Zugänge** zur Personalarbeit unterscheiden. Diese kombinieren die beiden Kerndimensionen auf unterschiedliche Art miteinander (vgl. Abb. 1; ausführlicher dazu *Brewster/Larsen/Mayrhofer* 1997).

Der Quadrant **oben links** bezeichnet eine Konstellation, bei der die Personalabteilung in hohem Maß in die strategischen Unternehmensprozesse einbezogen ist und gleichzeitig kaum personalwirtschaftliche Aufgaben an die Linieinvorgesetzten abgegeben werden. Diese Position kann als **„Guarded Strategist"** bezeichnet werden. Die Mitglieder der Personalabteilung haben in dieser Konstellation eine unternehmensintern bedeutsame Position inne. Sie sind in die strategischen Prozesse der Unternehmensführung mit einbezogen und arbeiten eng mit hochrangigen Managern aus anderen Funktionsbereichen zusammen. Gleichzeitig kontrollieren sie die wesentlichen Aspekte der Personalarbeit im Unternehmen, also etwa die Fragen der Rekrutieren, Beförderung und Entgeltgestaltung. Für die Mitarbeiter der Personalabteilung führt dies regelmäßig zu einer hohen Arbeitsbelastung und zu Konflikten mit dem Linienmanagement, das die Vorgaben der zentralen Personalabteilung nicht umsetzen kann oder will. Umgekehrt kann sich das Linienmanagement bei einer solchen Konstellation gegängelt fühlen. Gleichzeitig nimmt jedoch die Personalabteilung dem Linienmangement Arbeit ab und fungiert als Zurechnungsinstanz für Schuldzuweisungen.

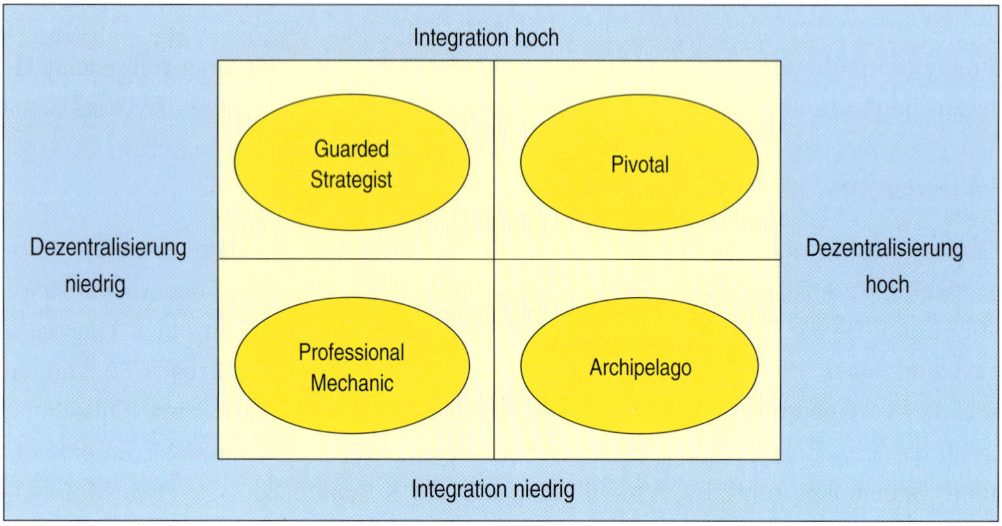

Abb. 1: Typologie der Personalarbeit

Der Quadrant **unten links** beinhaltet eine Konstellation, bei der die Integration der Personalabteilung in die strategischen Prozesse gering ist. Ebenso werden nur wenige Aufgaben an das Linienmanagement übertragen. Diese Konstellation läßt sich als **„Professional Mechanic"** bezeichnen. Damit wird die hoch spezialisierte, aber sehr enge Ausrichtung der in der Personalabteilung verfügbaren Kompetenzen und Interessen bezeichnet. Dies Konstellation bezeichnet in etwa die „klassische" Ausformung spezialisierter Abteilungen innerhalb der Unternehmung. Es herrscht die Auffassung vor, daß die wichtigen personalwirtschaftlichen Aufgaben nur von den Personalspezialisten mit entsprechender Qualität erledigt werden können. Gleichzeitig bleibt der Kontakt zu übergeordneten Fragen der Unternehmensführung lose, diese dienen lediglich als grobe Orientierungspunkte. Die Arbeitsbelastung und der Grad der Beschäftigung mit den Details ist hoch. Gleichzeitig kommt es zu einer Tendenz der Isolierung von anderen Mitgliedern des Managements.

Der **rechte untere** Quadrant bezeichnet eine Konstellation, bei der die strategische Einbindung der Personalabteilung relativ gering ist, gleichzeitig jedoch ein hohes Maß an Übertragung von personalwirtschaftlichen Aufgaben an das Linienmanagement existiert. Diese Konstellation wird als **„Archipelago“** bezeichnet. Damit ist eine Situation benannt, in der das Linienmanagement viel Gestaltungsfreiheit beim Umgang mit personalwirtschaftlichen Aufgabenstellungen hat, ohne in hohem Maß durch zentrale Vorgaben der Personalabteilung geleitet zu sein. Jede Abteilung fungiert quasi als eine „Insel“ ohne enge Verbindungen zu anderen Einheiten. Es liegt auf der Hand, daß eine solche Konstellation anfällig für Inkonsistenzen und egoistisches Ressortdenken ist. Allerdings erlaubt sie auch ein hohes Potential an flexiblen und maßgeschneiderten Lösungen für die einzelnen Einheiten.

Der **rechte obere** Quadrant repräsentiert eine Konstellation, bei der die Personalabteilung eng in die strategischen Unternehmensprozesse integriert ist und gleichzeitig das Linienmanagement vielfältige personalwirtschaftliche Aufgaben übernimmt. Diese Konstellation läßt sich als **„Pivotal“** bezeichnen. Die Leitung der Personalabteilung gestaltet die strategischen Entscheidungsprozesse auf Unternehmensebene mit. Die Personalabteilung ist zahlenmäßig zwar klein, wirkt aber über die strategische Einbettung in Gesamtunternehmensprozesse und die Vorgabe und Kontrolle von Leitlinien und Rahmenbedingungen gleichsam „überproportional“ auf die personalwirtschaftlichen Prozesse ein. Die Personalabteilung ist in dieser Konstellation mit hochkarätigen Spezialisten besetzt. Diese orientieren sich an der Gesamtentwicklung des Unternehmens. Gleichzeitig sind sie in der Lage, die personalwirtschaftlich relevanten Qualifikationen des Linienmanagements durch entsprechende Maßnahmen zu fördern und für spezielle Probleme vor dem Hintergrund gemeinsamer Richtlinien maßgeschneiderte Lösungen bereitzustellen.

3 Empirische Untersuchung

Die in diesem Beitrag verwendeten Daten wurden im Rahmen des *Cranfield Network on European Human Resource Management (Cranet-E)* erhoben. *Cranet-E* führt seit 1989 regelmäßig europaweit eine Untersuchung zur Erfassung des Status quo und der Entwicklungen des **Personalmanagements in Europa** durch (zu den Ergebnissen und der Vorgehensweise vgl. die Beiträge in *Brewster/Hegewisch* 1994; *Brewster/Mayrhofer/Morley* 1998). Mittlerweile liegen die Ergebnisse aus fünf Erhebungsrunden vor, 1995 nahmen 15 europäische Länder an der Untersuchung teil. Träger der Untersuchung sind universitäre, in einigen Ländern auch private Forschungseinrichtungen, die von der *Cranfield School of Management*, England, koordiniert werden.

Gegenstand der Untersuchung sind verschiedene Aspekte praktischer Personalarbeit. Untersucht werden die Felder Struktur und Politik (z.B. Eingliederung der Personalabteilung in die Organisationsstruktur; Ziele des Personalmanagements), Personalbeschaffung (z.B. Einsatz bestimmter Personalauswahlverfahren), Personalentwicklung (z.B. Einsatz bestimmter Personalentwicklungsmaßnahmen), Vergütung und Zusatzleistungen (z.B. Einsatz leistungsabhängiger Entgeltsysteme) und Arbeitsbeziehungen (z.B. Zusammenarbeit mit dem Betriebsrat).

Das **Untersuchungssample** besteht aus privatwirtschaftlichen und öffentlichen Organisationen mit mehr als 200 Mitarbeitern. Für die einzelnen Länder wird durch die jeweilige Forschungseinrichtung ein der nationalen Branchen- und Größenstruktur möglichst entsprechendes Sample ausgewählt.

Methodisch werden verschiedene Instrumente eingesetzt. Kernelement ist ein an die Organisationen nach einem Pretest versandter schriftlicher Fragebogen. Er wird, so notwendig, in einzelnen Items an die jeweilige Landessituation angepaßt. So machen z.B. die deutlichen Unterschiede im System der Arbeitsbeziehungen zwischen den einzelnen Ländern regelmäßig Anpassungen notwendig. In den Kernbereichen ist der Fragebogen jedoch deckungsgleich. Zur Sicherung der Vergleichbarkeit wird für jedes Land die Übersetzungs-Rückübersetzungstechnik angewendet. Ergänzend zum Fragebogen werden Personalleiter zu einer Gruppendiskussion im Sinne eines Expertentreffens eingeladen. Dazu kommen in einzelnen Ländern noch Fallstudien in einzelnen Organisationen.

Für die **vorliegende Auswertung** wurde die letzte Erhebungswelle von 1995 herangezogen. Dabei wurden die seit Beginn der Untersuchung beteiligten „großen" europäischen Länder, d.h. Deutschland (West), Frankreich, Spanien, Schweden und Großbritannien, ausgewählt. In diesen Ländern wurden die privatwirtschaftlichen Unternehmen aus den Branchen Landwirtschaft, Energie & Wasser, Chemische Industrie, Metall, restliche verarbeitende Industrie, Bau, Handel & Vertrieb, Transport & Kommunikation und Banken & Finanzierung (n = 2 065) analysiert.

4 Ergebnisse

Bei der **Operationalisierung** des Grades von Dezentralisierung und Integration des Personalbereichs wurde wie folgt vorgegangen.

- Die **Dezentralisierung der Personalarbeit** wurde über einen entsprechenden Index abgebildet. Zur Erfassung der interessierenden Verteilung der Aufgaben zwischen zentraler Personalabteilung und Linienmanagement wurde erfragt, wo die Hauptverantwortung für folgende sechs Bereiche angesiedelt ist: Entgelt, Personalbeschaffung, Personalentwicklung, Arbeitsbeziehungen, Arbeitssicherheit, Personalbestandsveränderungen. Als Antwortmöglichkeiten wurden vier Alternativen vorgegeben: Die primäre Verantwortlichkeit hat die Personalabteilung, die Personalabteilung unter Heranziehung des Linienmanagements, das Linienmanagement unter Heranziehung der Personalabteilung oder das Linienmanagement. Bezugsgröße ist ein Dezentralisationsindex, der sich aus der Summe der jeweiligen Ausprägungen in den sechs Teilbereichen errechnet. Als Minimalwert (vollkommen zentral) ergibt sich -12, als Maximalwert (vollkommen dezentral) 12.
- Danach wurden die Unternehmen in drei Gruppen mit geringer (-12 bis -5), mittlerer (-4 bis 4) und hoher (5 bis 12) Dezentralisierung eingeteilt. Danach wurde nach Branchen getrennt bestimmt, wieviele Unternehmen in den einzelnen Branchen jeweils prozentual zur hoch dezentralisierten Gruppe gehören. Auf dieser Basis wurden die relativen Positionen zwischen den einzelnen Branchen festgelegt. Der niedrigste Wert (Bau mit 19,6% Unternehmen in der hoch dezentralisierten Gruppe) erhielt den Wert 0, der höchste Wert (Banken und Finanzierung mit 38,5%) 100. Die übrigen Branchen erhielten entsprechende Werte.
- Bei der Operationalisierung des **Integrationsgrades** wurde ähnlich vorgegangen. Als Indikatoren für den Grad der Integration der Personalarbeit in das Unternehmen wurde die Vertretung des obersten Personalmanagers im Leitungsgremium des Unternehmens (ja/nein) und die Art der Einbeziehung der Personalabteilung in den unternehmerischen Strategieprozeß (vollständig/teilweise oder gar nicht) herangezogen. Aus diesen beiden Variablen wurde mittels einfacher Addition eine Kennzahl ermittelt und die Unternehmen damit in drei Gruppen (hoch, mittel, niedrig integriert) eingeteilt. Das weitere Vorgehen entspricht dem bei der Dezentralisierung. Nach Branchen differenziert wurde der prozentuale Anteil der Unternehmen in der Kategorie „hoch integriert“ bestimmt und anschließend unter Bezugnahme auf den Minimal- und Maximalwert die relative Position der einzelnen Branchen im Hinblick auf den Integrationsgrad bestimmt. Tab. 1 zeigt die entsprechenden Zahlen.

Werden diese Werte entsprechend der Überlegungen zur **Typologie** unterschiedlicher Konstellationen im personalwirtschaftlichen Bereich miteinander verbunden, so ergibt sich das in Abb. 2 dargestellte Bild.

Branche	Integration		Dezentralisation	
	% der Unternehmen	Relative Position	% der Unternehmen	Relative Position
Landwirtschaft	33,3	10,92	26,1	34,39
Energie & Wasser	38,1	27,30	32,3	67,20
Chemische Industrie	50,8	70,65	21,2	8,47
Metall	42,9	43,69	27,1	39,68
Restl. verarbeitende Industrie	47,0	57,68	29,2	50,79
Bau	30,1	0,00	19,6	0,00
Handel & Vertrieb	46,0	54,27	30,2	56,08
Transport & Kommunikation	59,4	100,00	19,8	1,06
Banken & Finanzierung	38,0	26,96	38,5	100,00

Tab. 1: Integration und Dezentralisation

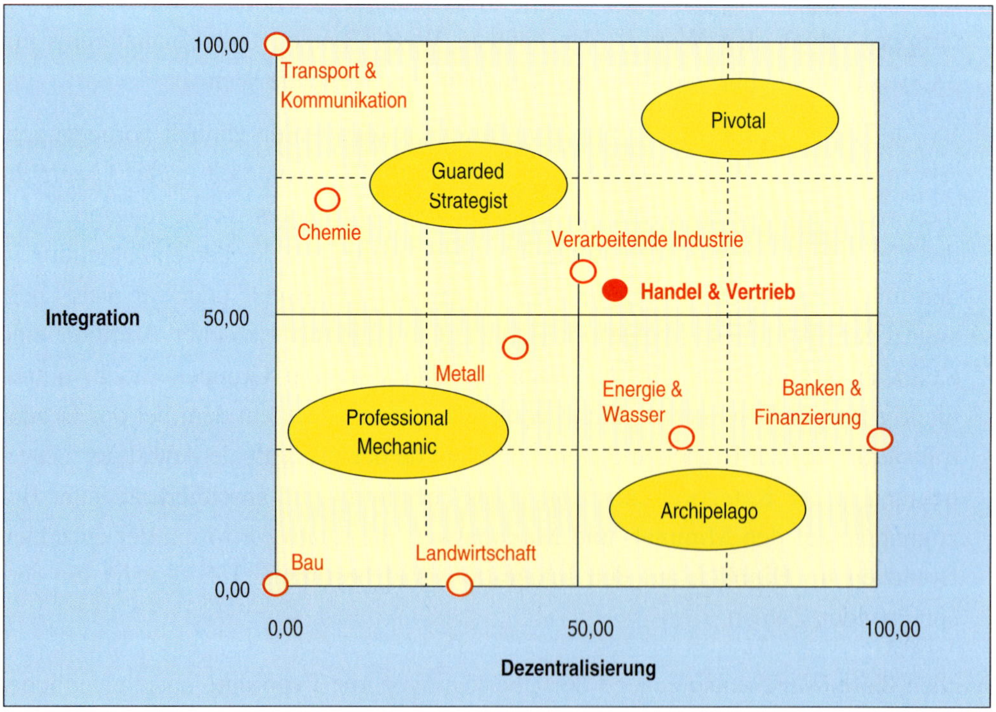

Abb. 2: Personalwirtschaftliche Konstellationen in unterschiedlichen Branchen

Es zeigt sich, daß die betriebliche Personalarbeit in den einzelnen Branchen im Hinblick auf die hier interessierenden Dimensionen Integration und Zentralisierung durchaus **unterschiedlich konzipiert** ist:

- Dem Konzept des „Guarded Strategist“, in dem ein hohes Ausmaß an strategischer Integration mit einem niedrigen Grad an Dezentralisierung einhergeht, entspricht die Personalarbeit in der chemischen Industrie und im Bereich Transport & Kommunikation.
- In den Bereichen Metall, Landwirtschaft und Bau orientiert sich die Personalarbeit am Konzept des „Professional Mechanic“, das wenig strategische Einbeziehung kombiniert mit einem niedrigen Grad an Dezentralisierung.
- Das Modell des „Archipelago“ mit seiner Betonung der dezentralen Komponente bei gleichzeitiger niedriger Integration in strategische Prozesse ist in den Branchen Energie & Wasser sowie Banken & Finanzierung zu finden.
- Die sonstige verarbeitende Industrie sowie - im gegebenen Kontext besonders bedeutsam - Handel und Vertrieb haben ein Modell der betrieblichen Personalarbeit gewählt, das sich am ehesten an den Vorstellungen des „Pivotal“-Konzepts orientiert, indem sie - relativ gesehen - eine hohe Dezentralisierung mit einer hohen strategischen Integration kombinieren.

Bezogen auf die einzelnen Unternehmen findet sich ein statistisch zwar signifikanter ($p < 0{,}01$), größenmäßig aber schwacher Zusammenhang zwischen den Rangpositionen auf den beiden Dimensionen Integration und Dezentralisierung (Spearman-Koeffizient = 0,10). Die unterschiedlichen Ausprägungen in den Branchen ist kein Effekt verschiedener Unternehmensgrößen, da kein statistisch signifikanter Zusammenhang zwischen den Ausprägungen in den einzelnen Dimensionen und der Unternehmensgröße festgestellt werden konnte.

5 Diskussion

Zunächst bleibt festzuhalten, daß die vorliegende Untersuchung **zwei zentrale Begrenzungen** aufweist. Erstens beschränkt sich das Sample auf Unternehmen mit mehr als 200 Beschäftigten. Damit sind alternative Modelle der Personalarbeit, wie sie in kleineren Unternehmen vorkommen, von der Betrachtung ausgeschlossen. Zweitens sind die hier vorgenommenen Unterscheidungen als relative und nicht als absolute

Positionierungen zu sehen. Die relative Rangordnung der betrachteten Branchen in den beiden Dimensionen spiegelt die Unterschiede zwischen den Branchen und nicht eine Einteilung in feststehende Kategorien wider. Trotz dieses Caveat lassen sich einige Aussagen treffen.

Die empirischen Ergebnisse zeigen deutliche **Unterschiede** zwischen der Organisation der Personalarbeit in den einzelnen Branchen. Angesichts der durchaus unterschiedlichen internen und externen Rahmenbedingungen für die Unternehmen in diesen beiden Bereichen ist es wenig verwunderlich, daß die jeweiligen Lösungen für die gleichen Probleme - die im Hinblick auf Zahl, Qualifikation, Ort und Zeit ausreichende Bereitstellung von Personal zur Erfüllung der betrieblichen Leistungserstellung - auch verschieden ausfallen.

Angesichts der vorliegenden Ergebnisse liegt die Versuchung nahe, Personalarbeit entlang des „Pivotal“-Konzepts als für Unternehmen optimal zu bezeichnen und die Unternehmen des **Handels** hier als vorbildhaft bzw. in einer **Vorreiterrolle** befindlich zu bezeichnen. Hier gilt es allerdings, vor kurzschlüssigen und voreiligen Schlußfolgerungen zu warnen. Wie bei der Erläuterung der einzelnen Konzepte bereits angedeutet, hat jede der Konstellationen spezifische Stärken und Gefahren. Das im Handel im Vergleich zu anderen Branchen häufige Konzept der Personalarbeit entlang des Bildes von „Pivotal“ bildet hier keine Ausnahme.

Die **Vorteile** einer stark integrierten und dezentralisierten Personalarbeit liegen klar auf der Hand. Ein hohes Maß an Integration der Personalarbeit in die strategischen Prozesse der Unternehmen erlaubt es dem Management, frühzeitig auch personalwirtschaftliche Aspekte unternehmerischer Entscheidungen eingebracht und kompetent vertreten zu sehen. Eine solche Lösung bildet auch die Voraussetzung dafür, daß der wichtige Bereich der Humanressourcen im Hinblick auf Aspekte wie Qualifikationsinventar, Zahl der Mitarbeiter oder Weiterbildungserfordernisse rechtzeitig auf die Konsequenzen aus den strategischen Entscheidungen reagiert. Damit sinkt die Gefahr einer kurzfristigen, ausschließlich an den aktuell erkannten Bedürfnissen orientierten Handlungsweise. Die hohe Ausprägung im Bereich der Dezentralisierung im Personalbereich bietet für Handelsunternehmen ebenfalls klare Vorteile. Eine solche Konstellation erlaubt es den Unternehmen, die für die unterschiedlichen unternehmensbezogenen Teilbereiche jeweils spezifischen Probleme in einer individuellen Form zu lösen. Damit ist - siehe das hohe Maß an Integration - nicht gemeint, daß die verschiedenen Unternehmenseinheiten weitgehend autonom die Lösung der personalwirtschaftlichen Probleme anstreben sollen oder können. Allerdings erlaubt es eine solche hohe Dezentralisierung, innerhalb der zentral vorgegebenen Rahmenbedingungen Anpassungen vorzunehmen. Dazu kommt, daß auch umgekehrt das Linienmanagement durch die starke Einbindung in die Personalarbeit für die im eigenen Bereich relevanten Probleme sensibilisiert wird. Damit entsteht nachfolgend die Möglichkeit, daß die Probleme vor Ort über das Linienmanagement an die Personalabteilung herangetragen wird.

Allerdings hat ein solches Modell nicht nur die aufgezeigten Vorteile, sondern birgt auch **Risiken** für die Unternehmen des Handels. Eine starke Einbeziehung des Personalmanagement in strategische Überlegungen kann möglicherweise zu einer Rollenunsicherheit im Personalbereich bezüglich der Schwerpunktfunktion der Personalarbeit - einerseits strategische Entscheidungen, andererseits operatives Abarbeiten von Vorgaben entlang der strategischen Richtlinien - führen.

Noch stärker ausgeprägt sind die Risiken bei der starken Verlagerung von personalwirtschaftlichen Aufgaben auf das Linienmanagement. Zunächst ist hier die mangelnde Bereitschaft zur Übernahme dieser Aufgaben seitens des Linienmanagement hervorzuheben. Dies hat seine Hauptgründe in der oft selbst als mangelhaft eingeschätzten Qualifikation zur Erfüllung dieser Aufgaben und der ohnehin bereits hohen Arbeitsbelastung. Damit aber ist die betriebliche Personalarbeit in einer Dimension neu bzw. deutlich mehr als bisher gefordert: dem Training des Linienmanagements. Dazu kommt, daß trotz aller zentraler Rahmenbedingungen eine weitgehende Dezentralisierung personalwirtschaftlicher Aufgaben die Gefahr von langfristig sich unterschiedlich entwickelnden Lösungen in verschiedenen Teilen des Unternehmens mit sich bringt. Besonders gut zu sehen ist diese Gefahr etwa im Bereich des Auslandseinsatzes, wo bei dezentraler Aushandlung der Entsendungsbedingungen trotz zentral vorgegebener Richtlinien - die ja stets eine gewisse Bandbreite beinhalten müssen - in kurzer Zeit regelmäßig sehr unterschiedliche Bedingungen für die Entsandten entstehen.

Diese knappe Gegenüberstellung verschiedener Aspekte des im Handel besonders prominenten personalwirtschaftlichen Modells des „Pivotal" zeigt damit auch die Ansatzpunkte, um dieses Modell **zum Erfolg zu führen**. Hervorgehoben kann hier werden die Entwicklung der erforderlichen Qualifikationen für das Linienmanagement. Ohne ein entsprechendes Qualifikationsinventar wird es nicht möglich sein, die personalwirtschaftlichen Aufgaben vor Ort mit entsprechender Qualität zu erfüllen. Damit ist der gesamte Bereich der Weiterbildung und Personalentwicklung für Führungskräfte angesprochen. Ebenso wichtig ist die Wahrung der Bedeutung der Personalabteilung trotz schrumpfender Größe. Die häufig gültige Gleichsetzung von Größe und Bedeutung einer Abteilung ist in diesem Fall obsolet. Durch die Ausstattung der Personalabteilung mit hochqualifizierten Spezialisten für die vom Linienmanagement nicht mehr zu lösenden Probleme kann hierzu ein Beitrag geleistet werden.

Insgesamt bleibt jedoch festzuhalten, daß im Branchenvergleich die Unternehmen des **Handels** häufig eine relativ **„moderne" Konzeption der Personalarbeit** im Hinblick auf die Integration in die strategischen Entscheidungsprozesse auf Gesamtunternehmensebene und die Verlagerung von Personalaktivitäten auf das Linienmanagement vertreten.

Bedeutung der Fachhochschulen für die Personalbeschaffung im Handel

Erhard Mielenhausen

1 Ausgangslage

Der Groß- und Einzelhandel bietet heute rund 4 Mio. Menschen eine berufliche Beschäftigung. Er bildet somit neben dem Handwerk mit knapp 6,5 Mio., der Industrie mit 6,3 Mio. und dem öffentlichen Dienst mit über 5 Mio. Beschäftigten einen der **großen Teilarbeitsmärkte** der deutschen Volkswirtschaft.

Traditionell rekrutiert der Handel seinen Führungsnachwuchs überwiegend durch **interne** Personalbeschaffung und -entwicklung. Er setzt dabei vor allem auf die motivatorische Wirkung der damit einhergehenden Karriereplanung für die Mitarbeiter (vgl. *Hermeier/Weibler* 1995). Der akademische Arbeitsmarkt spielte für den Handel lange Zeit so gut wie keine Rolle und ist auch heute von eher geringer Bedeutung.

Solange nur ein relativ geringer Anteil eines Altersjahrganges den Start der beruflichen Karriere über ein Hochschulstudium wählten, war es für den Handel i.d.R. kein Problem, ausreichend qualifizierte, motivierte und dynamische Schulabgänger für eine berufliche Tätigkeit im Groß- oder Einzelhandel zu begeistern, auszubilden und durch interne Schulungsmaßnahmen als Führungsnachwuchs im Rahmen der internen Personalentwicklung aufzubauen. Mit der ungebremsten Zunahme der Studierquote erweist sich diese Personalpolitik jedoch zunehmend als problematisch. Die Schere zwischen den qualitativen Anforderungen einerseits und den tatsächlichen Potentialen der Schulabgänger, die kein Studium anstreben, andererseits, öffnete sich mehr und mehr. Klagen der Ausbildungsbetriebe über mangelnde Grundkenntnisse und **fehlende Leistungsmotivation der Berufsanfänger** wurden immer lauter (vgl. *HDE* 1989-1997). In diesem Punkt befindet sich der Handel mit dem Handwerk in einem Boot.

Als denkbarer Ausweg aus diesem Dilemma bietet sich grundsätzlich die vermehrte Einstellung von Hochschulabsolventen als Führungsnachwuchs im Handel an. Zwar wurden schon immer - insbesondere natürlich von den Großbetrieben - auch Akademiker beschäftigt, jedoch beschränkte sich deren Einsatz überwiegend auf Tätigkeiten in den Stäben; der Verkauf - als Kernfunktion des Handels - blieb weiter eine Domäne der sog. **Praktiker**.

Für die zögerliche Bereitschaft des Handels, mehr akademisch gebildete Personen zu beschäftigen, gibt es eine Reihe nachvollziehbarer Gründe. Insbesondere wird mit Recht darauf hingewiesen, daß die deutschen Hochschulen zwar vereinzelt den Handel als Erkenntnisobjekt in ihre Betrachtungen einbezögen, in den bestehenden Curricula der einschlägigen Studiengänge **Tätigkeitsfelder des Handels** jedoch nur ein **Schattendasein** führen würden.

Ein Blick in die Vorlesungsverzeichnisse deutscher Hochschulen bestätigt dieses Bild. Gab es noch zu Beginn der siebziger Jahre zumindest an den alten Wirtschaftshochschulen wie Köln, Mannheim oder Nürnberg Lehrstühle für den Handel, so verschwanden diese mehr oder weniger unbemerkt und wurden im Regelfall in Institute für Marketing umgewandelt. Diese Entwicklung erklärt sich vor dem Hintergrund der allgemeinen ökonomischen Theorie, wonach der Handel lediglich funktional als Absatz- und gelegentlich auch Beschaffungsweg für industrielle Produktion zu sehen sei, einer Auffassung, die in Deutschland vor allem von der sog. *Gutenberg*-Schule vertreten wurde. Die vorhandenen Ansätze einer **eigenständigen Betriebswirtschaftslehre** für den Handel im Sinne einer Wirtschaftszweiglehre gerieten ins Abseits. Übrig blieben lediglich einige Institute, die sich zumindest partiell mit Fragen des Handelsbetriebes auseinandersetzten; Beispiele hierfür finden sich an der *Universität des Saarlandes* und der *Universität zu Köln*. Die 1971 aus den *Höheren Wirtschaftsfachschulen (HWF)* gegründeten Fachbereiche Wirtschaft der Fachhochschulen übernahmen diese Sichtweise nahtlos, so daß auch hier der Handel als eigenständiger Betrieb nicht vorkam.

Unabhängig von diesem weitgehenden Desinteresse gegenüber Fragen des Handels in der herrschenden Lehre der Betriebswirtschaft (rühmliche Ausnahmen z.B. *Barth* 1996 und *Falk/Wolf* 1992), ganz zu schweigen von der in dieser Zeit überwiegend durch mathematische Modelle geprägten Volkswirtschaftslehre, bestand auch seitens der Handelspraxis kaum ein spürbares Verlangen, die Nähe zur Wissenschaft zu suchen. Von Praktikern wurde sogar nachdrücklich bezweifelt, ob Hochschulen in ihrer überwiegend **theoriegeleiteten Forschung und Lehre** überhaupt in der Lage seien, den Bedürfnissen des Handels gemäß auszubilden.

Als der qualifizierte Nachwuchs für die Lehrberufe im Handel immer schwerer zu beschaffen war, versuchten einige große Handelsbetriebe als Ausweg aus diesem Dilemma, besondere Ausbildungsangebote an **Abiturienten** zu richten, um auf diese Weise ihren Führungsnachwuchs zu sichern. Allerdings wurde auch hier schnell deutlich, daß dieser von Banken und Versicherungen erfolgreich beschrittene Weg eigener Akademien nicht so einfach auf die Berufsbilder des Handels zu übertragen waren. Nachhaltiger erwies sich schon die Zusammenarbeit mit den Anfang der siebziger Jahre in Baden-Württemberg und in Schleswig-Holstein gegründeten Berufsakademien.

Ziel dieser außerhalb des Hochschulsektors im tertiären Bildungsbereich gegründeten Gemeinschaftseinrichtungen von Staat und Wirtschaft ist es, die **duale Berufsausbildung** in Form einer Verzahnung der Lernorte Betrieb und Akademie in Lehrgangsform auf die gezielte Ausbildung von Abiturienten zu übertragen, um diesen so eine attraktive Alternative zum Hochschulstudium zu bieten (vgl. *Wissenschaftsrat* 1994 und 1995). Trotz guter Erfolge im Einzelfall erwies sich jedoch auch dieser Weg nur als Teillösung des Nachwuchsproblems, zumal sich der organisatorische Rahmen der Berufsakademien recht schnell als Engpaßfaktor erwies.

Vor diesem Hintergrund stellt sich nun die Frage, inwieweit die vor 25 Jahren als Hochschulen mit besonderem Praxisbezug gegründeten Fachhochschulen trotz ihrer oben erwähnten „Industrie-Lastigkeit" zukünftig eine größere Bedeutung für die Ausbildung des Führungsnachwuchses im Handel gewinnen können.

2 Die Fachhochschulen im Hochschulsystem der Bundesrepublik Deutschland

Die Fachhochschulen sind ein Kind der bildungspolitischen Reformen der späten sechziger und frühen siebziger Jahre (vgl. *Wissenschaftsrat* 1981). Durch Überführung der Ingenieurschulen und höheren Fachschulen in den Hochschulbereich sollte ein an **beruflichen Tätigkeiten** orientierter Hochschultyp neben die klassische, an der wissenschaftlichen Disziplin ausgerichtete Universität treten. Überlagert wurde diese Gründung von der weitgehend ideologisch geführten Debatte über die Bildung der sog. Gesamthochschulen.

Trotz dieses beschwerlichen Starts gelang es den Fachhochschulen recht bald, ihr eigenständiges Profil zu entwickeln und sich einen qualitativ wie quantitativ bedeutenden Platz in der deutschen Bildungslandschaft zu sichern (vgl. *Wissenschaftsrat* 1991). Rund 450 000 junge Menschen studieren derzeit an Fachhochschulen. Knapp dreiviertel des Ingenieurnachwuchses, fast jeder zweite diplomierte Betriebswirt und der weitaus größte Teil der Designer haben ihre akademische Grundqualifikation an einer der knapp 100 Fachhochschulen erworben.

Der für viele Skeptiker überraschende **Erfolg der Fachhochschulen** beruht in erster Linie darauf, daß sie unbeirrt von bildungspolitischen Debatten der siebziger Jahre konsequent ihr berufsfeldorientiertes Konzept entwickelt haben und durch partnerschaftliche Zusammenarbeit mit der Praxis nicht der Gefahr erlegen sind, sich in rein akademisch geprägte Nischen zurückzuziehen. Dieser Erfolg veranlaßte den damaligen Vorsitzenden des *Wissenschaftsrates*, *Hugo Simon*, Anfang der neunziger Jahre zu der Feststellung, die Fachhochschule verkörpere den Idealtyp einer Hochschule der modernen Industrie- und Dienstleistungsgesellschaft und sei die einzige wirklich bedeutende bildungspolitische Innovation des 20. Jahrhunderts.

Es ist hier nicht der Ort, näher auf die wissenschaftspolitische Debatte einzugehen, soviel kann jedoch festgehalten werden: Allen Unkenrufen und Geburtsfehlern zum Trotz haben sich die Fachhochschulen einen festen Platz in der Hochschullandschaft erkämpft (vgl. *Metzner* 1998). Ihr erfolgreiches Konzept wird inzwischen auch von vielen Universitäten versucht zu kopieren, indem zunehmend berufspraktische Teile in das Studienangebot integriert werden. Doch auch hier gilt die alte Weisheit, daß die Kopie nur selten besser wird als das Original.

Zurückkommend auf die Ausgangsfrage, welche Bedeutung die Fachhochschulen für die Gewinnung des Führungsnachwuchses im Handel haben, muß man zunächst konstatieren, daß die Berufsfelder des Handels bisher nur eine untergeordnete Rolle in den Studienangeboten der Fachhochschulen spielen. Nach wie vor orientiert sich das Leitbild der Ausbildung von Betriebswirten und Ingenieuren überwiegend an den Anforderungen der Industrie. Die Gründe hierfür sind vielschichtig, bieten jedoch keinerlei Anlaß zu der Vermutung, dies sei unveränderbar.

Nachfolgend soll deshalb weniger der Frage nachgegangen werden, welche Bedeutung die Fachhochschulen heute schon für die Ausbildung des Führungsnachwuchses haben als vielmehr nach den Potentialen und Möglichkeiten zur Beseitigung der Hemmnisse geforscht werden.

3 Ansatzpunkte einer Kooperation zwischen den Betrieben des Handels und den Fachhochschulen

Zunächst einmal erscheint es naheliegend, die potentielle Bedeutung der Fachhochschulen für den Handel in erster Linie im Studienbereich der **Betriebswirtschaftslehre** zu suchen. Eine solche Denkweise folgt dem klassischen Muster, wonach der Handel als eine besondere Spielart eines Unternehmens angesehen wird und es deshalb nur darauf ankomme, im Studienangebot der Betriebswirtschaftslehre zukünftig stärker die Besonderheiten von Handelsbetrieben im Sinne einer speziellen Wirtschaftszweiglehre zu betonen (zur Dogmengeschichte des Handels vgl. *Hansen/Algermissen* 1979 und *Schenk* 1974).

Eine solche Denkweise greift allerdings erheblich zu kurz. Sie berücksichtigt weder die im Handel vollzogene technologische Entwicklung, noch sieht sie die diesbezüglichen Potentiale des in den Fachhochschulen vorhandenen Fächerspektrums. Der moderne Handel erfordert in der Vielschichtigkeit seiner Größenverhältnisse, der logistischen Strukturen, technologischen Wareneigenschaften und technischen Standards von den Führungskräften Qualifikationen und Fähigkeiten, die schwerlich mit einem Ausbildungsprofil zu erfassen sind, das sich nur an der klassischen Betriebswirtschaftslehre orientiert. Existenzgründungen bzw. Geschäftsübernahmen im mittelständischen Facheinzelhandel stellen z.B. völlig andere Anforderungen als die Projektierung und der Betrieb integrierter logistischer Systeme der Warenwirtschaft; der Vertrieb technisch komplexer Produkte verlangt viel grundlegendere **technische und naturwissenschaftliche Kenntnisse** als der Handel mit wenig erklärungsbedürftigen

Waren oder solchen, deren Nutzen überwiegend im Design und in der Anmutung liegen. Finanz- und Immobilienmanagement, Personalführung und -entwicklung in großen Verbünden und Konzernen sind heute weitgehend spezialisiert und setzen i.d.R. entsprechende Fachkenntnisse voraus, die üblicherweise nur durch ein Studium zu gewinnen sind; ganz zu schweigen vom Einsatz moderner Informations- und Kommunikationstechnologien beim „Electronic Commerce“ und bei „virtuellen Kaufhäusern“.

Kurzum, die grundlegenden Umstrukturierungen im Handel haben die beruflichen Anforderungen an das Personal und insbesondere die Führungskräfte im Handel derart einschneidend verändert und werden sie zukünftig weiter verändern, daß dies mit den herkömmlichen Ausbildungsprofilen und Qualifikationen kaum zu bewältigen sein wird.

Fachhochschulen bieten mit ihrem Fächerspektrum in den Ingenieur- und Wirtschaftswissenschaften, sowie neuerdings auch im Wirtschaftsrecht, fachlich hervorragende Ansatzpunkte für die Qualifizierung in vielen auch für den Handel relevanten Tätigkeitsfeldern. Sie verfügen überdies über langjährige Erfahrungen hinsichtlich der Einbeziehung berufspraktischer Elemente in das Studium.

Als nachteilig anzusehen ist, daß die gegenwärtig an den Fachhochschulen angebotenen Studiengänge die Besonderheiten des Handels - von Ausnahmen abgesehen - nur unzureichend berücksichtigen. Die Antwort auf die Frage, welche Rolle die Fachhochschulen zukünftig für die Ausbildung des Führungsnachwuchses im Handel spielen werden hängt deshalb weniger vom Fächerspektrum und dem Können als vielmehr davon ab, ob sich die Fachhochschulen zukünftig stärker für die Belange und **Problemstellungen des Handels** öffnen werden und ob diese Öffnung beim Handel die erforderliche Resonanz findet.

Zwar bieten einige Fachhochschulen schon seit längerer Zeit (z.B. die *FH Worms*) oder erst kürzlich (z.B. die *FH Hannover*) Studienschwerpunkte oder **ganze Studiengänge** im Bereich des Handels an, insgesamt gesehen spielen die beruflichen Tätigkeitsfelder im Handel aber (noch) eine untergeordnete Rolle. Diese Angebote ließen sich - eine entsprechende Nachfrage vorausgesetzt - mit relativ geringem Aufwand leicht erweitern und regional flächendeckend anbieten. In Verbindung mit einer Vorpraxis im Handel und den zwei in das Studium integrierten Praxissemestern ergäbe sich so ein Ausbildungsprofil das zudem eine relativ problemlose Integration in die Praxis zuließe und den viel beklagten Praxisschock junger Akademiker weitgehend reduzierte.

4 Hemmnisse für eine engere Kooperation zwischen Handel und Fachhochschulen

Trotz der objektiv gesehen guten Rahmenbedingungen für eine enge Zusammenarbeit zwischen Fachhochschulen und dem Handel bei der Qualifizierung des Führungsnachwuchses bleibt festzustellen, daß die diesbezüglichen Chancen bisher weitgehend **ungenutzt** bleiben.

Das hat seinen Grund einerseits in der Tatsache, daß der Handel generell daran festzuhalten scheint, seinen Führungsnachwuchs überwiegend durch interne Personalentwicklungsmaßnahmen zu rekrutieren, andererseits aber darin, daß die wirtschaftsnahen Studiengänge der Fachhochschulen - wie oben dargestellt - in der Hauptsache auf Berufs- und Tätigkeitsfelder in der Industrie ausgerichtet waren und sind. Handel und Fachhochschulen werden deshalb zunächst einmal stärker aufeinander zugehen und sich aneinander gewöhnen müssen, bevor es zu einer vom wechselseitigen Vertrauen getragenen längerfristigen intensiven Zusammenarbeit kommt.

Aus der Sicht des Handels wird es dabei ganz wesentlich darauf ankommen, Nachwuchskräfte zu erhalten, die über die erforderliche berufliche Sozialisation im Kerngeschäft des Handels - dem **Verkauf** - verfügen. Die Fachhochschulen sind deshalb gut beraten, ihre Studienangebote in enger Rückkopplung mit der Berufspraxis zu entwickeln und ein noch stärkeres Gewicht auf die Einbeziehung des Lernortes Betrieb zu legen, als dies in ihren bisherigen Studienangeboten der Fall ist. Nur so läßt sich das notwendige Vertrauen schaffen, das die Voraussetzung für die Akzeptanz in der Praxis schafft. Umgekehrt wird der Handel seine Vorbehalte gegen eine akademische Ausbildung überprüfen und Karrierechancen für **„Quereinsteiger"** eröffnen müssen.

Ein wesentliches Hemmnis für eine engere Zusammenarbeit stellt aus der Sicht der Fachhochschulen die derzeitige **Überlastung der Ausbildungskapazität** dar. Die meisten der für den Handel relevanten Studienfächer sind so stark nachgefragt, daß es kurzfristig nur schwer gelingen wird, die erforderlichen insbesondere personellen Voraussetzungen für zusätzliche Studienangebote zu schaffen. Zwar fordert der Wissenschaftsrat seit Jahren mit Nachdruck einen bevorzugten Ausbau der Fachhochschulen (vgl. *Wissenschaftsrat* 1993), die öffentlichen Haushalte lassen auf absehbare Zeit jedoch kaum eine schnelle Realisierung erwarten. Deshalb ist über kooperative Finanzierungsmodelle - u.a. durch Stiftungsprofessuren - nachzudenken, um zumindest erste Schritte unternehmen zu können.

5 Konkrete Ansatzpunkte für Studienangebote mit Bezug auf Tätigkeitsfelder im Handel in den Fachhochschulen

Fachhochschulen bieten aufgrund ihres Fächerspektrums, ihrer flexiblen Organisationsstrukturen und ihres Praxisbezuges vielfältige Ansatzpunkte für eine gezielte Vorbereitung auf berufliche Tätigkeitsfelder im Handel. Bspw. seien genannt:

Bereich Betriebswirtschaftslehre

- Schwerpunkt Handelsbetriebslehre
- Schwerpunkt Handelsmarketing (Beschaffung/Absatz)
- Schwerpunkt Logistik und Warenwirtschaft (einschließlich Transportwesen)
- Schwerpunkt Rechnungswesen und Controlling im Handel
- Schwerpunkt Immobilienmanagement
- Schwerpunkt Personalwesen

Bereich Wirtschaftsingenieurwesen, Maschinenbau, Elektrotechnik

- Schwerpunkt Technischer Vertrieb
- Schwerpunkt Lagerlogistik und Transport
- Schwerpunkt Service und Instandhaltung
- Schwerpunkt technische Produktentwicklung und Konstruktion

Bereich Gestaltung und Design:

- Schwerpunkt Produktgestaltung
- Schwerpunkt Beratung und Verkauf (z.B. im Einrichtungsbereich)

Bereich Architektur und Städtebau:

- Schwerpunkt Standort und Ladengestaltung

Bereich Wirtschaftsrecht und Verwaltung

- Schwerpunkt Arbeitsrecht
- Schwerpunkt Wettbewerbsrecht
- Schwerpunkt Genehmigungsverfahren

Durch eine konsequente Ausrichtung der Lehre an **Fallbeispielen des Handels** und einen modularen Aufbau des Studienangebotes ist einerseits ein Höchstmaß an Praxisbezug sicherzustellen und kann andererseits erreicht werden, daß die Schwerpunkte nicht nur kombinierbar, sondern auch berufsbegleitend studierbar sind.

Angesichts der zunehmenden Globalisierung bzw. Internationalisierung der Märkte erweist sich weiterhin von Vorteil, daß die Fachhochschulen nicht nur einschlägige Erfahrungen bei der Integration von Fremdsprachen in das Studium besitzen, sondern, im Rahmen ihrer Austauschbeziehungen mit ausländischen Partnerhochschulen, vielfältige Möglichkeiten zu **Studienaufenthalten im** europäischen und außereuropäischen **Ausland** eröffnen. Über das Creditsystem ist die problemlose Anerkennung dieser Studiengangsmodule als integraler Bestandteil sichergestellt.

Fachhochschulen verfügen im Vergleich zu den Universitäten darüber hinaus über eine lange Erfahrung bei der Einbeziehung erfahrener Praktiker in die Lehre. Dies ermöglicht den Handelsbetrieben eine unmittelbare Beteiligung an der Lehre und bietet damit die Gewähr für die erforderliche Praxisnähe. Dies gilt insbesondere für die beiden in das Studium integrierten Praxissemester, aber auch für Projekte im Rahmen von Semester- und Diplomarbeiten.

Entsprechend der Empfehlung des Wissenschaftsrates sollen an Fachhochschulen zusätzlich vermehrt auch Studiengänge nach dem Organisationsmuster der **Berufsakademien** angeboten werden (vgl. *Wissenschaftsrat* 1995). In Sachsen-Anhalt und Niedersachsen sind auf Basis dieser Empfehlungen kombinierte Ausbildungsgänge durch eine teilweise organisatorische Eingliederung von Berufsakademien in die Fachhochschulen entstanden, die die Vorzüge beider Institutionen miteinander verbinden. Dem Handel bietet sich hierdurch die Möglichkeit, auf das für seine Interessenlage häufig sinnvolle duale Ausbildungsmuster zurückgreifen zu können, ohne auf das breitere und vielfältigere Fächerangebot sowie Forschungs- und Entwicklungspotential der Fachhochschulen verzichten zu müssen.

Von besonderer Bedeutung könnten für den Handel auch die Angebote der Fachhochschulen auf dem Gebiet der Schulung und Beratung von **Existenzgründern** sein. Nach den vor allem im Ausland (z.B. den Niederlanden und den USA) bewährten Modellen von Studienangeboten „Small Business" werden neuerdings auch an den Fachhochschulen entsprechende Programme angeboten, in denen studentische Arbeitsgemeinschaften unter der Leitung (im Sinne von Coaching) erfahrener Praktiker und Professoren, Kleinunternehmen unter Realbedingungen gründen und betreiben.

Nicht unerwähnt bleiben darf die mit der Neufassung des Hochschulrahmengesetzes im Jahre 1998 den deutschen Hochschulen eröffnete Möglichkeit, gestufte Studiengänge nach dem **angelsächsischen Muster** zu entwickeln und anzubieten. Dies gestattet, flexibler hinsichtlich der Länge des Studiums (z.B. BA in weniger als vier Jahren) auf die Erfordernisse des Marktes zu reagieren und mittels vertiefender Module, paßgenauer für die Bedürfnisse des jeweiligen Arbeitsmarktsegments zum MA bzw. MBA zu qualifizieren. Das besondere Profil der Fachhochschulen stellt dabei sicher, daß derartige Aufbau- und Weiterbildungsstudiengänge der berufspraktischen Spezialisierung und nicht etwa - wie an den Universitäten - ausschließlich der wissenschaftlichen Vertiefung Rechnung tragen.

6 Aktuelle Übersicht der Studiengänge mit Handelsbezug an Fachhochschulen

Während an den Berufsakademien in Baden-Württemberg, Schleswig-Holstein, Sachsen und Berlin durchgängig die Fachrichtung Handel als eigenständiger Studienbereich existiert, sind Studienangebote der Fachhochschulen auf diesem Gebiet **eher die Ausnahme**. Von den rund 40 Fachhochschulen mit einem Ausbildungsbereich Wirtschaft bieten lediglich die *Fachhochschulen Worms* und die *Hochschule Bremen* einen eigenen Studiengang für den Handel an. Während Worms mehr dem Muster der traditionellen Wirtschaftszweiglehre folgt, legt Bremen das Schwergewicht auf das Management im Handel. Die *Fachhochschule Hannover* hat mit Gründung ihres neuen Fachbereichs Wirtschaft im Jahre 1995 den Schwerpunkt Handelsbetriebslehre im Hauptstudium neben der Bank- und Versicherungslehre und der Industriebetriebslehre gebildet, knüpft also an die recht alte Idee eine Wirtschaftszweiglehre an.

An der *Fachhochschule Braunschweig-Wolfenbüttel* wird seit kurzem ein Aufbaustudium Handel in Verbindung mit der *Berufsakademie des Handels* in Springe in Form eines Fernstudiums angeboten. An der *Fachhochschule Osnabrück* existiert in Verbindung mit niederländischen Partnerhochschulen ein Institut für den deutsch-niederländischen Handel und ist - ebenfalls mit niederländischen Partnern - ein Studiengang „Small Business" im Aufbau.

Darüber hinaus bietet eine größere Zahl von Fachhochschulen Studienschwerpunkte im Bereich der Warenlogistik und allgemeinen **Logistik** an, die ebenfalls für berufliche Tätigkeitsfelder im Handel von Bedeutung sind.

7 Zusammenfassung

Die dynamische Entwicklung im Handel stellt zunehmend höhere Anforderungen an die Qualifikation des Führungspersonals auf allen Ebenen. Dies gilt nicht nur für den klassischen betriebswirtschaftlichen und juristischen Bereich, sondern bezieht sich zunehmend auch auf **ingenieurwissenschaftliche Aspekte** und Problemstellungen aus den Informations- und Kommunikationstechniken. Die Komplexität der Aufgabenstellung, wachsende Vielfalt der Produkte und ihrer warentechnologischen Eigenschaften stellen Anforderungen, die mit der klassischen Ausbildung eines Lehrberufes mit betriebsinterner Weiterbildung allein nicht mehr zu bewältigen sind.

Die Konzentrationsprozesse im Handel und Dynamik der Betriebsformen stellen Betriebe aller Größenordnungen heute vor Fragestellungen, die ein hohes Maß an **Fachwissen** auf den Gebieten des Wirtschaftsrechts, der Finanzierung, des Immobilienmanagements, der Warenlogistik, etc. erfordern, um qualifiziert mit den verschiedenen Experten auf diesen Gebieten korrespondieren und verhandeln zu können.

Der verschärfte Wettbewerb hat frühere monopolistische Nischen für kleine und mittlere Unternehmen nahezu vollständig verschwinden lassen und stellt an die Betriebsführung dieser Betriebe verstärkte Anforderungen, um sich im **Wettbewerb behaupten** zu können.

Individuelles Verbraucherverhalten, abnehmende Kundentreue, ökologisch begründete gesellschaftliche Anforderungen, städtebauliche und verkehrstechnische Engpässe sowie behördliche Auflagen stellen gerade an den stationären Handel zunehmende Anforderungen und **Anpassungsfähigkeiten**.

Angesichts dieses Szenarios erscheint eine höhere Qualifizierung der Beschäftigten im Handel unabdingbar. Der Handel wird sich - entgegen seiner bisherigen Tradition - auch vermehrt auf dem **akademischen Arbeitsmarkt** bedienen müssen.

Fachhochschulen erscheinen als Hochschulen der modernen Industrie- und Dienstleistungsgesellschaft in besonderer Weise geeignet, diese Qualifikationslücke zu schliessen. Sie verfügen einerseits über eine bewährte wissenschaftliche Basis in allen relevanten Fächern, andererseits über einen berufserfahrenen Lehrkörper und Studienorganisationen, die ein Höchstmaß an **Praxisbezug** durch Projektstudien, berufspraktische Semester sowie dual organisierte Module gewährleisten. Ihre national und international anerkannten akademischen Abschlüsse sind in Verbindung mit integrierten Auslandsstudien attraktiv für leistungsstarke Studienbewerber und erschließen damit ein Potential junger Nachwuchskräfte, das für die klassische Berufsausbildung im Handel nur schwer zu gewinnen wäre.

Fachhochschulen bieten überdies aufgrund ihrer besonderen **Konzentration auf die Lehre** die Gewähr, zielstrebige junge Menschen auf schnellsten Weg für qualifizierte Berufe in der Praxis vorzubereiten. Durch die konsequente Ausrichtung der Studiengänge auf berufliche Tätigkeitsfelder anstelle wissenschaftlicher Disziplinen, ist das Studium an der Fachhochschule grundsätzlich interdisziplinär angelegt und damit besonders geeignet, die in der Praxis erforderlichen Schlüsselqualifikationen zu vermitteln.

Aus der Tatsache, daß die Studiengänge der Fachhochschule aufgrund ihrer Tradition und Entstehungsgeschichte schwerpunktmäßig auf Tätigkeiten außerhalb des Handels ausgerichtet sind, sollte nicht der verkehrte Schluß gezogen werden, sie seien auch in der Zukunft für die Personalbeschaffung des Handels unbedeutet. Vielmehr bietet sich an, daß Handel und Fachhochschulen in gemeinsam entwickelten Programmen schrittweise aufeinander zugehen und die günstigen Rahmenbedingungen für eine fruchtbare Kooperation konstruktiv zum Vorteil beider Seiten nutzen.

Wissensmanagement und betriebliche Weiterbildung

Ralf Witt und *André Schimmel*

1 Wissen als „axiales Prinzip“ der modernen Gesellschaft

In seinem Buch über das Kommen der post-industriellen Gesellschaft hatte *Bell* (1973) das Wissen als deren „axiales Prinzip“ hervorgehoben, und zwar in dem doppelten Sinne, daß die wesentlichen technischen und gesellschaftlichen Innovationen auf theoretischem Wissen beruhen und daß ein wachsender Anteil der ökonomischen Wertschöpfung in wissensintensiven Bereichen entsteht. Die postindustrielle Gesellschaft wird deshalb von *Bell* und anderen Autoren als „Wissensgesellschaft“ bezeichnet (vgl. *Stehr* 1994).

Die Zentralität des wissenschaftlich-technologischen Wissens für die moderne Gesellschaft wird auch daran deutlich, daß es immer enger in ökonomische und rechtliche Zusammenhänge einbezogen wird. *Spinner* (1994) postuliert in Ergänzung zur Rechtsordnung und Wirtschaftsordnung die Herausbildung einer „Wissensordnung“ als „dritte Grundordnung des Informationszeitalters“. Den zentralen Punkt sieht er darin, daß zu der Technisierung der Welt **durch Wissen** eine Technisierung **des Wissens selber** („Informatisierung“) hinzukomme (vgl. *Spinner* 1994, S. 13).

Anders formuliert: Wissen ist nicht mehr nur (obzwar auch das in immer noch zunehmendem Maße!) die **Voraussetzung** erfolgreichen Handelns, es tritt zusätzlich (und auch dies in zunehmendem Maße) als **Gegenstand** des Handelns auf den Plan, als Objekt, das es in technisch, rechtlich und ökonomisch optimaler Weise herzustellen, zu beschaffen, neu zu ordnen, zu bewerten, zu korrigieren, zu verteilen und einzusetzen gilt. Die weltweite Relevanz der fortschreitenden Technisierung, Ökonomisierung und Verrechtlichung wissensbezogener Prozesse kann schlaglichtartig an den aktuellen Auseinandersetzungen der US-Kartellbehörden mit dem Software-Unternehmen Microsoft oder an der sich zu einem ebenfalls gigantischen Markt ausweitenden industriellen Erforschung (und Patentierung) des menschlichen Genoms verdeutlicht werden. Wenn der *Spiegel* vom 7.9.1998 als Cover-Thema fragt: „Wem gehört der Bauplan des Menschen" und dabei „Industrie und Wissenschaft im Wettlauf um den Gen-Code" sieht, so wird auch an diesem existentiellen Thema deutlich, wie stark sich Rechts-, Wirtschafts- und Wissensordnung wechselseitig durchdringen.

Was die Dominanz des Wissens für den betriebswirtschaftlichen Alltag bedeutet, zeigen zwei Studien, die als exemplarisch für viele ähnliche Studien stehen. Im Rahmen einer 1996 im deutschsprachigen Raum durchgeführten Befragung von 90 Unternehmen schätzten rund drei Viertel der Befragten den Anteil an der **Wertschöpfung**, der auf die Ressource Wissen zurückgeht, auf mehr als **60%**, wobei die Befragten mit einer weiteren Zunahme dieses Anteils rechneten. Allerdings gab knapp die Hälfte der Befragten auch an, daß sie lediglich 20 - 40% des in ihrem Unternehmen verfügbaren Wissens tatsächlich nutzen (vgl. *ILOI* 1997, S. 10ff.). Die Bedeutung des Wissens für die Beschäftigung unterstreicht auch *Stewart* (1998, S. 71f.), der für die USA prognostiziert, daß im Jahr 2000 nur noch 41% der Beschäftigten konventionelle („wissensarme") Tätigkeiten ausüben, während bei den anderen 59% informationsbezogene („wissensintensive") Aufgaben im Mittelpunkt der Tätigkeit stehen werden.

Zu den Eigentümlichkeiten der **Entwicklung** zur Wissensgesellschaft gehört es, daß sie trotz ihrer Tragweite und Dynamik immer noch bemerkenswert **unauffällig** verläuft. Wo soll das dramatisch Neue sein, wird mancher fragen, da es doch um einen Gegenstand geht, der längst allen bekannt ist. Man hat immer schon Wissen gebraucht, um erfolgreich zu sein; und das berühmte Diktum „Wissen ist Macht" („For knowledge itself is power.") wurde von *Bacon* bereits vor 400 Jahren formuliert.

Dennoch: Das alltägliche Verständnis von Wissen betont seine Funktion, die Dinge der Welt zu beschreiben und zu erklären. Um bei *Bacon* zu bleiben: „Scientia et potentia humana in idem coincidunt, quia ignoratio causae destituit effectum" (*Novum*

Organum 1, 3). Das Aufklären der Ursachen ist aber trotz seiner unbestrittenen Bedeutsamkeit nur die **eine** Seite der Wissenschaften, die *Leinfellner* (1974) als die **„kognitive“** bezeichnet. Die andere, jedoch vielfach unterschätzte Seite bezieht sich auf die **„erzeugende Funktion“**, auf das Hervorbringen neuer Dinge, Verfahrensweisen und Ordnungen. Die Zentralität des Wissens, die Soziologen wie *Bell* oder *Stehr* als das Kriterium der Wissensgesellschaft definieren, betrifft eher die erzeugende als die kognitive Funktion des Wissens. Das emergente Phänomen hinter Begriffen wie „Wissensgesellschaft“, „Wissensordnung“ oder eben auch „Wissensmanagement“ ist die Dominanz des Wissens als primäre Ressource und als Produktionsfaktor, der ebenso neue Geräte, Verfahrensweisen und dergleichen hervorbringt, wie er die Lebensverhältnisse in ihrer Gesamtheit von Grund auf transformiert.

2 Wissen als Objekt ökonomischen Handelns

In den Unternehmen wird die Bedeutung der Ressource „Wissen“ allerdings oft erst dann offenkundig, wenn Mitarbeiter mit relevanten Wissensbeständen ausscheiden, wenn Nutzungsrechte auslaufen, Dokumentationen mangelhaft sind oder wenn Machtkämpfe in der Organisation den Wissenstransfer beeinträchtigen. Es kommt deshalb nicht nur darauf an, sich über die strategische Relevanz von Wissen dem Grundsatz nach im klaren zu sein. Man muß auch **spezifizierte Instrumente** zur Absicherung gegen Wissensverluste und zum Ausbau der eigenen Wissensbasis entwikkeln und anwenden.

In der betriebswirtschaftlichen Literatur werden die Beschaffung und Nutzung von Wissen unter einer Vielzahl verschiedener Aspekte diskutiert. Aber dies geschieht vielfach so, daß der Begriff des Wissens dabei immer noch eher implizit bleibt, als daß er auch terminologisch explizit detailliert würde.

Benchmarking zielt darauf ab, Wissenslücken zu identifizieren und zu überwinden, etwa durch Kundenbefragungen, Kommunikationsforen, Auswertung von Berichten des Außendienstes, Betriebsvergleiche und Übernahme von Best-Practices. Für den deutschen Handel wird freilich kritisiert, daß von den Möglichkeiten, Benchmarking als wissensorientiertes Steuerungsinstrument einzusetzen und dadurch Wettbewerbspositionen zu verbessern, immer noch zuwenig Gebrauch gemacht werde (vgl. *Schröder* 1998, S. 17f.).

Um die Aktivierung kognitiver Ressourcen geht es ebenso beim **betrieblichen Vorschlagswesen,** das die Mitglieder von Organisationen durch geeignete Anreizsysteme dazu bewegen soll, individuelles Erfahrungswissen (implizites Wissen) und eigene Ideen zur Verfügung stellen, mit denen Wertschöpfungsprozesse effizienter gestaltet werden können.

Ähnliches gilt für Protokolle von **Call Centern** und Hotlines, die als Äußerungen von Kunden über Gebrauchseigenschaften von Produkten ausgewertet werden können (vgl. *Tödtmann* 1998, S. 78f.).

Aus der Sicht des Handels stellen die am Point of Sale erhobenen **Scannerdaten** ein besonders wichtiges Potential dar, aus dem latent vorhandenes Wissen extrahiert und sowohl intra- als auch interorganisational für Entscheidungen aufbereitet werden kann, etwa bei der Optimierung der Sortimentsgestaltung, der Regalplatzbelegung oder bei der Kooperation mit Herstellern zur Evaluation von Verkaufsförderungsmaßnahmen und zur Einführung neuer Produkte (vgl. *Hallier* 1995, S. 105f.).

Generell lassen sich derartige Kooperationsmuster zu einem **Stakeholder-Management** ausbauen, das darauf abzielt, im Unternehmensumfeld vorhandenes Wissen möglichst umfassend in die eigene Wissensbasis zu integrieren. Auch **Efficient Consumer Response** und **Category-Management** können aus dieser Sicht als wissensbezogene Aktivitäten zur Überwindung des „Lack of communication and coordination" und zur Herbeiführung qualitativ und quantitativ operationalisierter Win/Win-Situationen betrachtet werden. Voraussetzung für die Stabilität derartiger Kooperationen ist allerdings die vertragliche Gewährleistung eines anreizkompatiblen Wertausgleichs bei der Einbringung der komparativen Kompetenzvorsprünge, was seinerseits voraussetzt, daß es dafür valide Bewertungsmethoden gibt.

Weitere Beispiele für wissensbezogene ökonomische Aktivitäten sind vertragliche Regelungen zur Überlassung von Nutzungsrechten an spezifischem Wissen wie etwa beim **Franchising** oder bei der **Vergabe von Lizenzen**.

Um die Gewinnung eigenen und die Nutzung externen Wissens geht es ferner bei der Forschung und Entwicklung in der Industrie, bei den Bilanzanalysen in Kreditinstituten, bei der Risikoforschung in Versicherungsgesellschaften, in der Marktforschung oder bei der Inanspruchnahme von Steuerberatung, Rechtsberatung und anderen Formen des Consulting.

3 Ganzheitliches Wissensmanagement

Die kurz angerissenen Hinweise auf unterschiedliche wissensbezogene Aktivitäten stehen stellvertretend für eine Vielzahl weiterer, hier nicht genannter Aspekte. Daß es diese Vielzahl gibt, bedeutet aber noch nicht ohne weiteres, daß ihnen ein übergreifendes Managementkonzept unterliegt. Bekanntlich wird oft vor lauter Bäumen der Wald nicht gesehen. Gerade dem soll mit den Konzepten des **Wissensmanagements** entgegengewirkt werden. Es geht darum, den „Sinn für den Wald" zu entwickeln und zu schärfen, indem entlang der gesamten Wertschöpfungskette alle wissensbezogenen Einzelfunktionen in einer dafür geeigneten Terminologie ausdrücklich als solche erfaßt und in ein wohlorganisiertes Netzwerk einbezogen werden.

Nicht bereits um die Tatsache als solche, daß wirtschaftliches Handeln den Umgang mit Wissen einschließt, geht es beim Wissensmanagement, sondern eher darum, daß die Durchgängigkeit und systemische Vernetztheit der Vielzahl von Wissensbezügen fokussiert und die Zentralität von Wissen als ökonomischer Ressource systematisch hervorgehoben wird. Wissensmanagement wird insofern zur Führungsaufgabe, die einen Gesamtzusammenhang der wissensbezogenen Prozesse auf allen Ebenen der Organisation überhaupt erst einmal herzustellen und dafür ausdrücklich im Unternehmensleitbild zu verankernde Konzeptionen zu entwickeln hat. Ziel eines in diesem Sinne „ganzheitlich" gedachten Wissensmanagements ist es, die langfristige Wettbewerbsfähigkeit durch Ausbau der **organisationalen Wissensbasis** als **zentraler Ressource** zu sichern (vgl. *Quinn* 1992; *Drucker* 1995).

Aus dieser Sicht bemüht sich der schwedische Finanzdienstleistungskonzern *Skandia AFS* seit 1993 um die Erstellung von **„Wissensbilanzen"**. Auch andere Pioniere des Wissensmanagements, so etwa *Arthur Andersen, Booz Allen & Hamilton, Hewlett Packard* oder *Dow Chemical*, entwickeln und verfeinern Verfahren zur systematischen Analyse, Sicherung und Verbesserung der im Unternehmen vorhandenen Wissenspotentiale. Dabei stellen **„Wissenskarten"** wichtige Instrumente dar (vgl. *Probst* u.a. 1997, S. 107), die in graphischer Form Träger, Quellen, Bestände und Strukturen des im Unternehmen vorhandenen Wissens (Ausbildungsstand der Mitarbeiter, Projekterfahrungen „Lessons Learned", Spezialkenntnisse usw.) dokumentieren.

Besonderen Einfluß auf die Konzeptionen des Wissensmanagements hat die Organisationstheorie, wobei die Bezüge zur Entwicklung von „wissensbasierten Systemen" bzw. **„Organizational Memory Information Systems"** (vgl. *Abecker* u.a. 1998) einerseits und die Bezüge zum **„organisationalen Lernen"** (vgl. *Pawlowsky* 1994;

Schüppel 1996) andererseits im Vordergrund stehen. Beide Bereiche gehen über individuelle Lernprozesse hinaus und betrachten auch technische sowie soziale Systeme in funktionaler Verallgemeinerung als abstrakte Subjekte kognitiver Prozesse und als nicht-individuale Träger von Wissen. Bereits *Argyris/Schön* (1978) und *Duncan/ Weiss* (1979) arbeiteten die Betrachtungsweise heraus, daß auch Organisationen als solche 'lernen' können, wenn sie eine eigene Wissensbasis aufbauen, von der ihre Handlungsfähigkeit als Institution abhängt. Diese **„organisatorische Wissensbasis"** (vgl. *Pautzke* 1989) erwächst zwar aus der wechselseitigen Abstimmung individueller Lernprozesse, geht aber über diese hinaus und kann sich durch geeignete Objektivierung (z.B. schriftliche Dokumentation, Datenbank) gegenüber den in der Organisation interagierenden Individuen verselbständigen.

Wesentlich für den Erfolg von Konzeptionen des Wissensmanagements ist die Ausdrücklichkeit, mit der die kategoriale Eigenständigkeit dieses Feldes von Führungsaufgaben unterstrichen wird. *Probst* u.a. (1997, S. 57) stellen deshalb explizit die Forderung, daß bestehende **Managementprobleme** konsequent und durchgängig in **Wissensprobleme** zu „übersetzen" seien, weil die „Basisvariable Wissen" nur auf die Weise wirklich tiefgreifend verankert werden könne. Aus dieser Sicht konzipieren sie ein Modell, das acht aktive **„Bausteine" des Wissensmanagements** unterscheidet, die explizit über den Begriff des Wissens definiert werden und „keiner anderen externen Logik" folgen. Im einzelnen sind dies: Setzen von Wissenszielen, Wissensidentifikation, Wissenserwerb, Wissensentwicklung, Wissens(ver)teilung, Wissensnutzung, Wissensbewahrung, Wissensbewertung.

Um die Beziehungen zwischen Wissensmanagement und den vielfältigen betrieblichen Einzelfunktionen, die Wissensverarbeitungsprozesse implizieren, formal zu verdeutlichen, wäre eine (umfangreiche) Matrix geeignet, deren Zeilen durch Funktionen wie Benchmarking, Franchising, Personalentwicklung usw. spezifiziert werden, während als Merkmale der Spalten die von *Probst* u.a. (1997) genannten Bausteine (oder ein vergleichbarer Kategoriensatz) fungieren. Jede spezifische Aktivität ließe sich dann gewissermaßen als „Linearkombination" von Formen des Umgangs mit Wissen rekonstruieren. Als Orientierungshilfe für die Idee der Rekonstruktion betrieblicher Funktionen als Kombination von Wissensprozessen könnten die Modelle der Kostenrechnung dienen, die es gestatten, alle betrieblichen Aktivitäten in den tief differenzierbaren und strikt operationalisierbaren Kategorien von Kostenart, Kostenstelle und Kostenträger zu klassifizieren, zu erfassen, zu planen und zu kontrollieren. Auch wenn die Konzepte des Wissensmanagements vorerst noch weit von der Detailliertheit und Leistungsfähigkeit der Kostenrechnung entfernt sind, so legt es dieser Vergleich dennoch nahe, an der Entwicklung von Klassifikationen zu arbeiten, nach denen insbesondere

- **Arten** des Wissens,
- Prozesse bzw. **Formen des Umgangs** mit Wissen und
- **„Träger"** des Wissens

präziser und zielorientierter als bisher unterschieden und zueinander in Beziehung gesetzt werden können.

Für die Klassifizierung der Prozesse des Umgangs mit Wissen haben *Probst* u.a. (1997) einen Ansatz geliefert, dessen Tragfähigkeit mit vielen Beispielen belegt wird. Für die Klassifizierung von Wissensarten und Wissensträgern treffen *Nonaka/Takeuchi* (1997) zwei Unterscheidungen, denen zwei erklärtermaßen philosophische Kategorien zugrunde liegen. Unter **epistemologischem** Aspekt unterscheiden sie explizites und implizites Wissen. Unter **ontologischem** Aspekt klassifizieren sie vier Ebenen von Wissensträgern: Individuen, Gruppen, Unternehmen als Ganzes und Interaktionsgefüge zwischen Unternehmen. Ihre Konzeption verstehen sie als eine „Theorie der Wissensschaffung" (vgl. *Nonaka/Takeuchi* 1997, S. 68ff., 87, 266ff.), und zwar in dem Sinne, daß neues Wissen durch fortlaufende „Umwandlung" von bereits vorhandenem Wissen erzeugt wird. Die Umwandlungen werden bildlich als **„Wissensspiralen"** beschrieben, die der Meta-Unterscheidung von epistemologischem und ontologischem Aspekt des Wissens folgen.

In epistemologischer Hinsicht (erste Spirale) werden vier Formen von **„Wissensumwandlungen"** identifiziert und aufeinander bezogen: „Sozialisation" als Umwandlung impliziten Wissens in implizites Wissen, „Externalisierung" als Umwandlung impliziten Wissens in explizites, „Kombination" als Umwandlung expliziten Wissens in explizites und schließlich „Internalisierung" als Umwandlung expliziten Wissens in implizites. Die theoretische Bedeutung dieser Spirale kann darin gesehen werden, daß die fortschreitende Dissoziierung von einerseits subjektivem, aus eigener Erfahrung gewonnenem (und deshalb vielfach implizitem) Wissen und andererseits objektivem Wissen, wie es in den abstrakten Systemen der Technik, der Wirtschaft und des Rechts expliziert wird, zum zentralen Thema gemacht und Wege vorgezeichnet werden, wie den sich weiterentwickelnden Dissoziierungen dennoch Re-Integrationen im Sinne einer ganzheitlich-dynamischen Wissensbasis entgegenstellen lassen.

Technische Systeme lassen sich immer nur in der Weise benutzen, daß subjektive Verhaltenspläne als Kombination der vorprogrammierten systemischen Potentiale rekonstruiert werden. Sie sind Artefakte, in denen ursprünglich subjektiv konstruiertes menschliches Wissens externalisiert, d.h. vom Subjekt losgelöst und als externes System wiederverkörpert wird. Die Zentralität des in artifiziellen Systemen objektivierten technischen, ökonomischen oder rechtlichen Wissens äußert sich auch darin, daß diese Systeme immer flächendeckender zu unumgänglichen Medien der täglichen Interaktion und Kooperation werden. Die nachträgliche Wiederherstellung von Verbindungen zwischen abstrakt entäußertem und aus subjektiver Erfahrung gewonnenem Wissen wird insofern zu einer zentralen Aufgabe des Wissensmanagements.

Auch mit der zweiten Spirale werden Interaktionszyklen bei der Erzeugung und Verwendung von Wissen angesprochen und auf einen Integrationsprozeß bezogen. Da Wissen ontologisch stets an individuelle und soziale **Wissensträger** gebunden ist [auch an technische Träger, was *Nonaka/Takeuchi* (1997, S. 188ff.) in dem Konzept der „Hypertextorganisation" modellieren], sind auch die epistemologischen Transformationen stets in ein Netzwerk ontologischer Übergänge eingeflochten. Die oben angesprochenen Scannerdaten bieten dafür ein Beispiel: In epistemologischer Hinsicht stellt die Auswertung dieser Daten eine „Kombination" dar, eine Erzeugung von Wissen durch Umwandlung von Informationen. Die explizit gegebenen Informationen enthalten latentes Wissen, das nach geeigneten Regeln extrahiert und zur Nutzung bereitgestellt werden kann. Hinter dem Begriff des **„Data Mining"** steht eine Verallgemeinerung dieses Ansatzes der kombinatorischen Freilegung latenten Wissens. Die „ontologische" Frage besteht darin, welche Wissensträger an diesen Umwandlungsprozessen beteiligt werden sollen. Insbesondere ist zu fragen, ob die Auswertung innerhalb der eigenen Unternehmung bleibt oder ob sie auf die Ebene der interorganisationalen Kooperation gehoben wird, so daß, um wieder direkter zum Beispiel der Scannerdaten zurückzukommen, Synergieeffekte aus der Verbindung des Wissens des Handels über die Feindistribution von Produkten und Warengruppen mit dem Wissen des Herstellers über Marken oder übergreifende Marktbewegungen geschöpft werden können, die sich in bezug auf Ziele der Steigerung von Umsatz, Rentabilität, Marktanteil oder auch Kundenzufriedenheit und Image fruchtbar machen lassen.

4 Aus- und Weiterbildung als Perspektive des Wissensmanagements

Als wesentliche Merkmale der Wissensgesellschaft wurden die „Zentralität" des theoretischen Wissens und die fortschreitende Technisierung, Ökonomisierung und Verrechtlichung der Lebensverhältnisse sowie die damit verbundenen Tendenzen, die Prozesse der Wissenserzeugung und Wissensverwendung selbst wieder zu technisieren, zu ökonomisieren und zu verrechtlichen, hervorgehoben. Für die betriebliche Aus- und Weiterbildung lassen sich vor diesem Hintergrund verschiedene Arten von Beziehungen zwischen beruflicher Tätigkeit und Wissen hervorheben. Wissen erscheint zunächst als Produktionsfaktor zur Herstellung von Gütern oder Erbringung von Dienstleistungen; entsprechendes Wissen wird als **„Herstellungswissen“** bezeichnet.

Darüber hinaus spielt Wissen aber auch eine entscheidende Rolle als Voraussetzung und Qualifikationsanforderung beim Umgang mit technischen, rechtlichen und ökonomischen Konstruktionen (z.B. Geräten, Verträgen, Kalkulationsverfahren); dieses Wissen wird als **„Verwendungswissen“** bezeichnet. Schließlich stellt sich Wissen in immer stärkerem Ausmaß selbst als Objekt beruflicher Tätigkeit dar, was etwa dann der Fall ist, wenn man es mit dem Ausfüllen von Formularen, Prüfen von Verträgen oder Auswerten von Statistiken zu tun hat; man könnte in diesem Sinne von **„wissensförmigen“ Arbeitsobjekten** sprechen.

Obwohl in den konkreten beruflichen Situationen typischerweise Kombinationen aller drei Beziehungen vorkommen, sollte nicht übersehen werden, daß es dabei auch um geradezu entgegengesetzte Spezifizierungen der Wissensprobleme gehen kann. Während im vorherrschenden Verständnis von Wissensmanagement die **Ressource Wissen** als Voraussetzung der Wettbewerbsfähigkeit betont wird, spielen in der Aus- und Weiterbildung (die aber auch eine integrale Komponente des Wissensmanagements darstellen) eher die Probleme der „Informationsflut“ oder **„Wissensexplosion“** beim Verwendungswissen die zentrale Rolle. Wissensmanagement hat es insofern je nach Art des Wissensbezuges nicht nur mit Produktions-, sondern auch mit Reduktionsproblemen zu tun.

Als *Mertens* (1974) aus der Sicht der Arbeitsmarkt- und Berufsforschung die wachsende Relevanz von **„Schlüsselqualifikationen“** postulierte, ging es um eine Verbindung beider Aspekte: um ein Bewältigen der Wissensflut durch gezielte Reduktion und um die Sicherung einer immer wieder aktualisierten Wissensbasis. Aus dieser Sicht betonte er zwei didaktische Strategien: einerseits das Hervorheben des „gemeinsamen Dritten“ und damit die strukturellen Grundlagen von Wissen, das in unterschiedlichen Varianten auftritt; andererseits die gezielte Einübung in basale Methoden der Wissensverwendung. Auf beide Aspekte soll im folgenden näher eingegangen werden.

4.1 Wissensreduktion durch standardisierte Wissensschnittstellen

Bei der Handhabung von Rückgabewünschen der Kunden beziehen sich einige Fachgeschäfte auf rechtlich komplizierte Allgemeine Geschäftsbedingungen, während andere bewußt einfach gehaltene Rücknahmegarantien anbieten. Es werden an den Kunden also unterschiedlich hohe **Wissensanforderungen** für den Fall gestellt, daß er gekaufte Artikel zurückgeben möchte. Weitere Beispiele für Unterschiede im Ausmaß der abverlangten Wissensanforderungen liefern die Bedienungsvorschriften bei technischem Gerät oder Computersoftware, wo es oft vorkommt, daß funktional äquivalente Systeme in dem einen Fall relativ leicht und in dem anderen unnötig schwer zu bedienen sind. Wieder auf der gleichen Linie liegen Unterschiede in der Plausibilität betrieblicher Bearbeitungsvorschriften, in der Homogenität und Konsistenz von Terminologien und Klassifikationen sowie in vielen weiteren Bereichen.

Ursache dieser Unterschiede im Ausmaß der implizierten Wissensanforderungen ist nicht selten ein „End-of-the-Pipe"-Denken in dem Sinne, daß bei der Konstruktion von Geräten oder der Gestaltung von Bearbeitungsvorschriften an die dem Benutzer zugemuteten Lernanforderungen erst am Ende des Entwicklungsprozesses gedacht und dabei zu prüfen versäumt wird, ob sich nicht bestimmte Wissensanforderungen durch Modifikation der Konstruktion von Anfang an vermeiden ließen. Unter den Aspekten von Wissensmanagement läuft ein solches Denken auf Vernachlässigung von Transaktionskosten für die Inanspruchnahme von Systemen hinaus. Sind diese Kosten zu hoch, so stellt sich Wissen gerade nicht als Ressource dar, sondern, in ähnlicher Weise wie bei Fahrzeugen mit zu hohem Kraftstoffverbrauch, als Vergeudung von Ressourcen. Damit wird es zu einer wichtigen Aufgabe des Wissensmanagements, bei allen betrieblichen Aktivitäten zu fragen, ob es Alternativen mit geringeren **„Wissenskosten"** gibt.

Reduktionen der implizierten Wissensanforderungen lassen sich direkt, aber auch indirekt erreichen: direkt durch entsprechende Gestaltung des individuellen Produktes; indirekt durch hierarchisch geordnete Objektklassen bzw. „virtuelle Produkte", die durch einen Satz von Merkmalen definiert werden, der für viele funktionsähnliche Objekte charakteristisch ist und insofern als Referenzobjekt dienen kann. Die Hersteller haben dann die Möglichkeit, ihr Produkt unmittelbar an dem Referenzobjekt auszurichten oder aber deutlich zu machen, worin die Abweichungen bestehen und warum sie erforderlich sind. Für das Wissensmanagement lassen sich derartige Referenzobjekte als **standardisierte Wissensschnittstellen** betrachten, die eine vertikale

Kooperation zwischen Herstellern und Verwendern gestatten. Für die Aus- und Weiterbildung unterstützen solche Schnittstellen sowohl die Reduktion des Lernaufwandes als auch die spätere Transferierbarkeit des Erlernten auf neue Kontexte. Wo immer von „Wissensexplosion“ und rasch „sinkenden Halbwertzeiten des Wissens“ die Rede ist, dürfte das Konzept der Standardisierung von Wissensschnittstellen durch Definition virtueller Objekte eine tragfähige Strategie liefern. Dies gilt auch dann, wenn auf die mit dem Ansatz verbundenen organisatorischen Anstrengungen verwiesen wird; es wäre dann nämlich zu prüfen, ob sich die Investitionen in Wissensschnittstellen nicht doch durch reduzierten Lernaufwand auszahlen.

4.2 Standardisierte Wissensbausteine und Meta-Wissen für den Umgang mit Wissen

Für die Konstruktion von standardisierten Wissensschnittstellen dürfte es zweckmäßig sein, auf Bausteine zurückzugreifen, die selbst wieder auf breiter Basis standardisiert worden sind. Sie sollten deshalb in solchen Kategorien definiert werden, die sich nicht in erster Linie an den besonderen Beschaffenheiten bestimmter Gegenstandsbereiche, sondern an verallgemeinerten **Strukturen von Wissen als Wissen** und an verallgemeinerten Prozeduren des Umgangs mit Wissen orientieren. Da diese Strukturen und Prozeduren zu den zentralen Fragen von Logik, Wissenschaftstheorie, Informatik oder kognitiver Psychologie gehören, kann für die Gestaltung von Wissensschnittstellen auf ein breites Spektrum bereits bekannter Strukturierungsmöglichkeiten zurückgegriffen werden.

Insbesondere zeigen diese Disziplinen, daß sich Wissen auch für den Gebrauch in alltäglichen Problemfällen effizient modellieren läßt, wenn man zunächst eine **basale Unterscheidung** zwischen

- **Daten** (Deskription von Fakten),
- **Regeln** (mit Leerstellen zum Einsetzen von Daten) und
- **Meta-Regeln** (zum Anwenden von Regeln auf Daten)

trifft und dann als weitere Wisseneinheiten Definitionen und Klassifikationen einbezieht und verschiedene Arten von Regeln unterscheidet (Kausalhypothesen, geltendes Recht, ethische Normen, technische Verfahrensregeln usw.). Ebenso lassen sich die Meta-Regeln weiter ausdifferenzieren, etwa im Sinne der wissenschaftstheoretischen

Schemata des hypothesengeleiteten Erklärens, der juristischen Subsumtions- und Entscheidungsregeln oder der Heuristiken der kognitiven Psychologie. Parallel dazu werden die Fragen nach den **Gründen der Geltung** dieser Wissensbausteine gestellt: Wie sicher sind wir, daß unsere Daten stimmen? Sind die Hypothesen, an denen wir uns orientieren, gründlich überprüft worden? Können wir Ziele, die wir verfolgen, argumentativ rechtfertigen? Haben wir bei der Gestaltung von Verträgen die aktuelle Rechtsprechung berücksichtigt?

Über die Bausteine des Wissens, die Formen ihrer Verwendung und die Gründe ihrer Geltung (zu ihrer ausführlicheren Darstellung vgl. *Witt* 1998a, 1998b) wird beim gewöhnlichen Gebrauch von Wissen nicht explizit nachgedacht; sie bleiben in diesen Fällen implizit. Aber wenn es zu Konflikten und Störfällen kommt, müssen die subjektiv-impliziten Muster des Umgangs mit Wissen im Sinne produktiver Wissensumwandlung nach *Nonaka/Takeuchi* (1997) auf die expliziten, öffentlich geltenden Meta-Regeln der Wissensverwendung bezogen werden. Hierzu die Voraussetzungen zu schaffen ist eine zentrale Aufgabe der Aus- und Weiterbildung in der Wissensgesellschaft und eine noch weiter auszubauende Dimension betrieblichen Wissensmanagements.

5.3 Handelsforschung und Informationsverarbeitung

Handelsforschung mittels multivariater Methoden

Das Beispiel einer Conjoint Analyse zur Bestimmung der Anforderungsprofile von Betriebsformen des Textileinzelhandels

Hans H. Bauer und *Sabine Jung*

1 Aktuelle Entwicklungen in der Textilwirtschaft

In der deutschen Textilwirtschaft finden gegenwärtig tiefgreifende **Strukturveränderungen** statt. Nach langjährigem Wachstum stagniert die Nachfrage in Westeuropa, wo immerhin 60% der deutschen Textil- und Bekleidungsexporte (16,9 Mrd. DM) einen Abnehmer finden (vgl. *Viereck* 1996). Ebenso verminderten sich die Ausfuhren nach Amerika von 1994 bis 1995 um 11%. Auch die Produktion ist in dieser Branche, so die Zahlen der deutschen Textilindustrie, seit fünf Jahren rückläufig.

Zudem lassen sich für die Textilwirtschaft wichtige Absatzmärkte, darunter fallen die Niederlande (3,2 Mrd. DM), Österreich (2,7 Mrd. DM) und Frankreich (2,5 Mrd. DM), dadurch charakterisieren, daß Marktvolumina einerseits durch **Ersatzbedarf** bestimmt und andererseits von einer **steigenden Zahl** von **Wettbewerbern** umkämpft werden. Der Hoffnung auf ein durch wirtschaftliche Veränderungsprozesse hervorgerufenes, neues hohes Absatzpotential in Osteuropa, Asien und besonders in China steht jedoch eine momentan zu geringe Kaufkraft gegenüber.

Darüber hinaus führt der Trend zum **Hedonismus** und **Individualismus** zu einer sinkenden Akzeptanz homogener Waren. Die abnehmende Bedeutung materieller Werte gefährdet den durch das Prestige einer Marke erzielbaren immateriellen Zusatznutzen und reduziert damit insbesondere in höherpreisigen Marktsegmenten die Preiselastizität. Bei noch vorhandenem Prestigewert der Marke führt der Wertewandel meist zu einer gesteigerten Erlebnisorientierung beim Einkauf (vgl. *Bauer/Huber* 1997).

Bislang gelang es den meisten Textilhändlern noch nicht, sich den geänderten Anforderungen entsprechend neu zu positionieren. Neben einer strategischen Vision fehlen ihnen vor allem die Investitionsmittel, so daß die Händler den Wettbewerb überwiegend über Preiskämpfe austragen und somit ihren Erfolg immer weiter schmälern. Um dieser negativen Spirale zu entkommen, setzen immer mehr Textilhändler und auch die Hersteller auf eine stärkere Orientierung am Kunden und der Erhöhung der **Kundenzufriedenheit** (vgl. *Dichtl/Schneider* 1994; *Dichtl* 1996; *Dichtl* u.a. 1997).

Bei der Ermittlung der Kundenzufriedenheit kommt der Differenz von Anspruchsniveau und tatsächlicher Leistung die zentrale Bedeutung zu. Beim Einkauf von Textilien wählen die Kunden bestimmte Ladengeschäfte aus, da sie mit diesen Geschäften auch bestimmte Erwartungen verbinden. Welche Anforderungen die Kunden nun an eine Betriebsform stellen, d.h. welche Faktoren die Zufriedenheit der Kunden determinieren, soll in dieser Studie untersucht werden. Dazu erfolgen zunächst eine kurze Charakterisierung der untersuchten Betriebsformen und eine knappe Erläuterung des zugrundeliegenden Verfahrens, der **Conjoint Analyse**. Nach der anschließenden Präsentation der Untersuchungsergebnisse schließt der Beitrag mit einer Skizzierung von Handlungsempfehlungen.

2 Charakterisierung der untersuchten Betriebsformen

Der oben beschriebene Anstieg des Wettbewerbsdrucks und die zunehmende Marktsättigung führen zur Konzentration des Textilhandels, und nach dem Gesetz der **„Dynamik der Betriebsformen“** kommt es zur Herausbildung neuer und der Veränderung bereits bestehender Betriebsformen. Die in dieser Untersuchung interessierenden Betriebsformen, Kaufhäuser, Boutiquen und Textil-Discounter, lassen sich wie folgt charakterisieren:

Kaufhäuser bieten i.d.R. Waren einer oder nur weniger Branchen an, wobei der Textilbranche zentrale Bedeutung zukommt. Sie liegen üblicherweise in der Stadtmitte und verfügen über mehrere Verkaufsetagen. Die Ausstattung und die Intensität der angebotenen Dienstleistungen weisen ein mittleres bis hohes Niveau auf, während die Preise als eher durchschnittlich bzw. von Kaufhaus zu Kaufhaus als sehr unterschiedlich einzustufen sind. Da in Kaufhäusern die Teilbedienung oder die Bedienung mit Selbstsuche dominieren, fällt die Beratungsintensität eher gering aus.

Bei **Boutiquen** handelt es sich um kleinere Ladengeschäfte, die durch ihre auffällige Aufmachung vorbeigehende Passanten ansprechen wollen. Deshalb befinden sie sich meist in den stark frequentierten Zonen der Innenstädte oder als „Shop-in-the-Shop" in großen Waren- und Kaufhäusern. Die Ausstattung und das Angebot an Dienstleistungen und die Beratungsintensität lassen sich im Vergleich zu den anderen Betriebsformen als hochwertig einstufen. Auch das Preisniveau fällt bei den Boutiquen mittel bis hoch aus.

Discounter lassen sich allgemein und auch in der Textilbranche durch eine aggressive Preispolitik und den fast gänzlichen Verzicht auf Dienstleistungen charakterisieren. Discounter finden sich in Wohngegenden und Randlagen, aber auch in Citylagen. Die vorherrschende Verkaufsmethode bei diesem Betriebstyp ist die Selbstbedienung (vgl. *Nieschlag/Dichtl/Hörschgen* 1997).

Bei der Beschreibung der verschiedenen Betriebsformen treten deren konstituierende Merkmale deutlich zu tage. Aber erst wenn die Anforderungen der Kunden an die verschiedenen Formen ermittelt sind, lassen sich entsprechende Implikationen und ein evtl. Wandel der Betriebsform ableiten. Zur Bestimmung dieser Anforderungen kam die Conjoint Analyse zum Einsatz, deren Ablauf im folgenden dargestellt wird.

3 Charakterisierung der Conjoint Analyse

Die Conjoint Analyse umfaßt eine Reihe von Verfahren, die es ermöglichen, aus empirischen **Präferenzurteilen** einer Testperson über multiattributive Alternativen, wie Produkte oder Konzepte, dekompositionell die **partiellen Beiträge** einzelner Konzeptelemente und deren Ausprägungen für das Zustandekommen des Gesamtpräferenzurteils auf Intervallskalenniveau zu bestimmen (vgl. *Green/Srinivasan* 1990). Bei der **Durchführung** einer Conjoint Analyse legt der Interviewer den Probanden ganzheitliche Leistungsangebote zur Bewertung vor, auf deren Grundlage eine Schätzung der Teilnutzenwerte der einzelnen Merkmalsausprägungen zu einem Gesamturteil erfolgt. Die Konstruktion der Stimuli erfolgt durch eine systematische Variation der Ausprägungen der als bedeutsam erkannten Merkmale (vgl. *Wind* 1982; *Bauer/Herrmann* 1993, *Bauer/Herrmann/Mengen* 1994). Allgemein sind im Rahmen einer Conjoint Analyse folgende Schritte zu vollziehen:

(1) Bestimmung der relevanten Eigenschaften und deren Ausprägungen

In die engere Auswahl kommen solche Merkmale, die für die Kaufentscheidung des Befragten eine gewisse Relevanz besitzen. Dabei gilt es zu beachten, daß die Merkmale vom Unternehmen beeinflußbar, technisch realisierbar und von einander unabhängig sein müssen (vgl. *Wittink* u.a. 1990; *Gutsche* 1994).

(2) Wahl der Erhebungsform

Allgemein lassen sich bei der Datenerhebung traditionelle und neuere Ansätze differenzieren. In dieser Untersuchung kommt der Adaptiv-Ansatz zum Einsatz, der ebenso wie der Hybridansatz zu den neueren Ansätzen zählen. Die Besonderheit der Adaptiven Conjoint Analyse (ACA), die auf der Grundlage der Zwei-Faktoren-Methode entwickelt wurde, besteht darin, daß die gegebenen Antworten der befragten Probanden in der nächsten Fragerunde Berücksichtigung finden. Dadurch gewinnt der Forscher einen Anhaltspunkt über die individuell wichtigsten Merkmale der Nachfrager und für die interviewte Person minimiert sich dadurch der Beurteilungsaufwand (vgl. *Jüngst/Mengen* 1995; *Perrey* 1996).

(3) Beurteilung der Merkmale und Schätzung der Teilnutzenwerte

Im Rahmen der Conjoint Analyse ist die Ermittlung einer Rangfolge der Merkmale, die die Nutzenvorstellungen der Auskunftspersonen widerspiegelt, erforderlich. Die Erfassung der benötigten Daten erfolgt bei der ACA mit dem Computer. Die Schätzung der Teilnutzenwerte für die einzelnen Merkmalsausprägungen erfolgt auf der Basis der empirisch ermittelten Rangfolge. Die Grundlage für die Parzellierung der vom Interviewten abgegebenen Gesamturteile hinsichtlich der Vorziehenswürdigkeit der Leistungsprofile bildet eine Verknüpfungsregel, die die Art der Aggregation der einzelnen Teilpräferenzen zu Schätzwerten für die empirisch ermittelten Präferenzurteile bestimmt. Zur Ermittlung der Teilnutzenwerte einzelner Merkmalsausprägungen und der Wichtigkeit der Merkmale müssen die Probanden Fragen der folgenden Art beantworten (vgl. Abb. 1).

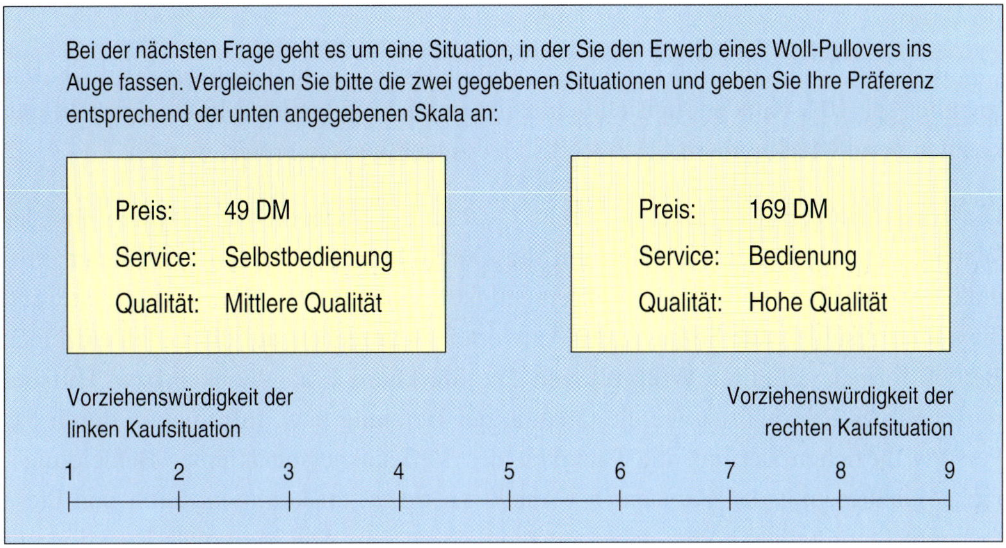

Abb. 1: Beispielhafte Frage zur Ermittlung der Teilnutzenwerte

Nach der Durchführung solcher Paarvergleiche geben die Befragten schließlich noch an, mit welcher Wahrscheinlichkeit sie einen Wollpullover unter gegebenen Merkmalsausprägungen kaufen würden.

(4) Weitere Auswertung und Interpretation der Ergebnisse

Bei der Auswertung der gewonnenen Daten aus der Conjoint Analyse kann zwischen einer **individuellen** und einer **aggregierten** Form unterschieden werden. Individuelle Auswertungen interessieren zum einen aufgrund der Möglichkeit, inkonsistente Antworten zu eliminieren und zum anderen deshalb, weil sich gerade in Verbindung mit soziodemographischen Daten weitere Ergebnisse, z.B. Segmentanalysen, durchführen lassen. Auf aggregierter Ebene kommt vor allem den Teilnutzenwerten einzelner Ausprägungen und der Wichtigkeit der untersuchten Merkmale große Aufmerksamkeit zu. Zusätzlich können im Rahmen einer A-priori-Segmentierung, bei der mehrere in sich relativ homogene Gruppen nach bestimmten festgelegten Charakteristika festgelegt werden, zusätzliche Informationen gewonnen werden (vgl. *Bauer/Huber/Jung* 1997). Bei der Benefit-Segmentierung erfolgt eine Gruppierung der Befragten aufgrund der Ähnlichkeit der individuellen Nutzenwerte.

4 Ergebnisse der empirischen Studie

4.1 Vorstudie und Datenerhebung

Auf Basis der Daten der durchgeführten Voruntersuchung, in der eine schriftliche Befragung bei 104 Kunden hinsichtlich zufriedenheitsstiftender Merkmale stattfand, konnten **neun Merkmale** mit je zwei bis vier Ausprägungen eruiert werden.

Die Ausprägungen der Merkmale Preis, Qualität der angebotenen Textilien und das Warenangebot beziehen sich hier, um die Durchführung an einem bestimmten Produkt festzumachen und so die Vielschichtigkeit einer breiten Sortimentspalette und die daraus resultierende Streuung der Antworten zu umgehen, auf die in den einzelnen Betriebsformen geführten **Wollpullover**. Die Merkmale Freundlichkeit bzw. Hilfsbereitschaft des Personals sowie die Qualität der Beratung bzw. Information durch das Personal beziehen sich auf die Fähigkeit des Verkaufspersonals eines Bekleidungsfachgeschäftes, mit den Kunden in Kontakt zu treten, zu kommunizieren und diese fachgerecht zu beraten, ohne dabei aufdringlich zu sein. Die Merkmale Reaktion auf Reklamationen und Möglichkeit zum Umtausch repräsentieren die von den Einzelhändlern angebotenen Serviceleistungen. Die Gestaltungsaspekte eines Bekleidungsfachgeschäftes können über die Merkmale Warenpräsentation und Ausstattung bzw. Atmosphäre des Verkaufsraumes berücksichtigt werden.

Die Datenerhebung im Rahmen der Hauptstudie fand Ende 1996 in der Mannheimer Innenstadt statt. Dabei wurden pro Betriebsform vierzig computergestützte Befragungen durchgeführt. Zusätzlich erfolgte eine Erhebung personenspezifischer Daten, um die Daten der ACA auch segmentspezifisch auswerten zu können.

4.2 Anforderungsprofile von Kaufhaus, Boutique und Discounter

Auf Basis der erhobenen Daten errechnet die ACA die individuellen Teilnutzenwerte für die einzelnen Merkmalsausprägungen. Die Ergebnisse zeigen, daß dem **Preis** die wichtigste Bedeutung zukommt und die **Qualität der Textilien** ebenfalls bei allen Betriebsformen an zweiter Stelle steht. Dennoch lassen sich beim Vergleich der Teilnutzenwerte für die einzelnen Ausprägungen dieser Merkmale bei den drei Betriebsformen schon wesentliche Unterschiede festhalten. Während nämlich bei der Boutique eine hohe Qualität der Waren (TNW: 1,26) den Kunden ungefähr den gleichen Nutzen stiftet wie ein geringer Preis (TNW: 1,30), ist der Nutzen eines geringen Preises (TNW: 1,62) für die Kunden des Discounter fast doppelt so hoch wie der Nutzen, den sie aus einer hohen Qualität (TNW: 0,85) ziehen. Das Kaufhaus liegt mit seinen Teilnutzenwerten bei diesen Merkmalsausprägungen zwischen denen der beiden anderen Betriebsformen (TNW: 1,40 für geringen Preis, TNW: 1,05 für hohe Qualität). Verdeutlicht wird dies zudem durch den Vergleich der Bedeutungsgewichte, da das Merkmal Preis beim Discounter eine um 6,3 Prozentpunkte (bzw. 2,3 Prozentpunkte) höhere Erklärung zur Gesamtpräferenz leistet als bei der Boutique (bzw. dem Kaufhaus).

Auch beim Vergleich der Teilnutzenwerte der Ausprägungen beim Merkmal **Ausstattung** und **Atmosphäre** des Verkaufsraumes präferieren alle drei Gruppen die erlebnisorientierte Ausstattung vor einer großzügigen und diese wieder gegenüber einer schlichten funktionalen Ausstattung. Allerdings zeigt sich, daß die Präferenz für die Erlebnisorientierung bei den Discount-Kunden (TNW: 0,58) deutlich höher ausfällt als bei den beiden anderen Kundengruppen (TNW: 0,40 für Kaufhaus bzw. TNW: 0,45 für Boutique).

Ein interessantes Ergebnis spiegelt auch der Vergleich der Nutzenwerte der Ausprägungen des Merkmals **Umtauschmöglichkeiten** wider, da bei allen drei Betriebsformen die Teilnutzenwerte für die Ausprägungen ungefähr gleich hoch ausfallen (TNW von 0,59 bis 0,61). Ähnlich verhält es sich beim Merkmal **Reaktion auf Reklamationen** bei den Betriebsformen Kaufhaus und Boutique (TNW: 0,58 bzw. 0,61), die Teilnutzenwerte des Discounters liegen etwas darunter (TNW: 0,51).

Bei den bislang untersuchten Merkmalen sticht die identische Rangfolge der Merkmalsausprägungen je Merkmal bei den drei Betriebsformen deutlich ins Auge. Bei den übrigen vier Merkmalen ist dies jedoch nicht mehr der Fall, und es kommen daher die erwarteten unterschiedlichen Präferenzen bei den verschiedenen Betriebsformen deutlich zum Vorschein.

Während die Kunden des Discounters und des Kaufhauses eine umfassende Auswahl von Bekleidung präferieren (TNW: 0,82 bzw. 0,50) ziehen die Kunden der Boutique eine geringe **Auswahlmöglichkeit** vor (TNW: 0,18). Bei den Auswahlmöglichkeiten fällt zudem auf, daß die Discount-Kunden diesem Merkmal ein viel höheres Bedeutungsgewicht beimessen, es kommt auf Rang 3 direkt nach Preis und Qualität, als die Kunden des Kaufhauses. Für die Kunden der Boutique ist dieses Merkmal das unwichtigste und landete auf Rang 9. Dieses Bild zeichnete sich bereits während der Befragung ab, da mehrere Boutique-Kunden geäußert hatten, bei einem zu großen Warenangebot überfordert zu sein.

Auch hinsichtlich der **Qualität der Beratung und der Information des Personals** unterscheiden sich die Anforderungen der Kunden in den Betriebsformen erheblich. Die Kunden der Boutique präferieren eindeutig die intensive fachliche Beratung (TNW: 0,79), die Kunden des Kaufhauses ziehen aus der knappen fachlichen Beratung (TNW: 0,49) nur einen geringfügig höheren Nutzen als bei intensiver fachlicher Beratung (TNW: 0,45). Die Kunden des Discounters bevorzugen hingegen deutlich eine knappe fachliche Beratung (TNW: 0,35) gegenüber einer intensiven und gegenüber keiner Beratung. Für den Discounter und das Kaufhaus ergibt sich im Gegensatz zu den Boutique-Kunden ein positiver Teilnutzenwert für die Ausprägung „keine Beratung“.

Bezüglich des Merkmals **Freundlichkeit und Hilfsbereitschaft des Personals** treten ebenfalls deutliche Unterschiede bei der Nutzenstiftung der Ausprägungen auf, auch wenn die Teilnutzenwerte bei allen Betriebsformen relativ niedrig ausfallen. Bei der Boutique und dem Kaufhaus zeigt sich eine deutliche Präferenz für ein aktives Verhalten (TNW: 0,41 bzw. 0,27) gegenüber einem passiven Verhalten (TNW: 0,13 bzw. 0,17). Beim Discounter verhalten sich die Teilnutzenwerte gerade entgegengesetzt. Discount-Kunden bevorzugen also eher passives Personal (TNW: 0,39 für passiv im Vergleich zu TNW: 0,04 für aktiv).

Beim Merkmal **Warenpräsentation** zeigt sich, daß sowohl die Kaufhaus- als auch die Discount-Kunden eine übersichtlich sortierte Präsentation der Ware den beiden anderen Ausprägungen vorziehen (TNW: 0,53 bzw. 0,41). Während jedoch die Discount-Kunden die unsystematische Präsentation der kontextbezogenen knapp vorziehen (TNW: 0,21 im Vgl. zu TNW: 0,18), zeigt sich bei den Kaufhauskunden eine gewisse Vorziehenswürdigkeit der kontextbezogenen Präsentation (TNW: 0,32). Für Boutique-Kunden stiftet diese auch einen größeren Nutzen als die Reihenpräsentation (TNW: 0,44 im Vgl. zu TNW: 0,35). Die geringe relative Wichtigkeit dieses Merkmals für die Discount-Kunden (WI: 4,1%) im Vergleich zu den beiden anderen Gruppen (WI: 6,0%, 8,1%) kann evtl. mit einer niedrigeren Erwartungshaltung aufgrund des niedrigen Preisniveaus beim Textil-Discounter erklärt werden.

Insgesamt zeigt sich, daß bei fünf Merkmalen sich die Rangfolgen der Merkmalsausprägungen bei den unterschiedlichen Betriebsformen nicht unterscheiden. Zu diesem

Merkmalen zählen der Preis, die Qualität der Produkte, die Ausstattung des Verkaufsraumes sowie die Reaktion auf Reklamationen und die Umtauschmöglichkeiten. Wie oben beim Vergleich des Nutzens eines geringen Preises und des Nutzens einer guten Qualität bereits angedeutet, können dennoch unterschiedliche Anforderungen abgeleitet werden. Dazu gilt es, die Teilnutzenwerte der Merkmale miteinander zu vergleichen.

Bei der **Boutique** haben sowohl der günstige Preis als auch die hohe Qualität die höchsten Teilnutzenwerte. Verknüpft man zudem die des Merkmals Qualität und Beratung mit denen des Merkmals Freundlichkeit und Hilfsbereitschaft, dann zeigt sich, daß den Boutique-Kunden die intensive fachliche Beratung fast doppelt soviel Nutzen stiftet wie das von ihnen gewünschte aktive Verhalten des Personals, die bevorzugte kontextbezogene Präsentation und die erlebnisorientierte Gestaltung des Verkaufsraumes. Das Anforderungsprofil der Kunden zeigt also, daß eine **hohe Qualität zu entsprechenden Preisen** sehr wichtig ist, und daß ein USP vor allem über eine **intensive fachliche Beratung** und ergänzend über eine **kontextbezogene Präsentation** der Waren erreicht werden kann.

Untersucht man die Teilnutzenwerte der einzelnen Merkmalsausprägungen beim **Discounter** genauer, so sieht man, daß der geringe Preis doppelt so viel Nutzen stiftet wie eine hohe Qualität der Waren und eine große Auswahlmöglichkeit. Beim Einbezug der Wichtigkeit kann zudem festgehalten werden, daß diese Merkmale viel höhere Bedeutungsgewichte besitzen als bspw. die Warenpräsentation, die Atmosphäre des Verkaufsraumes oder die Qualität der Beratung. Der Discounter kann sich also insbesondere über eine **sehr breite relativ hochwertige Angebotspalette zu besonders günstigen Preisen** profilieren.

Die **Kaufhaus**-Kunden nehmen, wie oben erkennbar, eine Mittelstellung zwischen den anderen Gruppen ein. So achten diese Kunden stärker auf den Preis, aber weniger auf die Qualität der Waren als die Discount-Kunden. Hinsichtlich der fachlichen Beratung interessiert sie der Umfang wenig, auch die Nutzenwerte bei aktiven und passivem Verhalten der Verkäufer interessiert sie nicht besonders. Wichtig ist für diese Kunden allerdings ein relativ breites Sortiment. Das **Sortiment sollte also qualitativ hochwertig und relativ breit** sein sowie zu **moderaten Preisen** angeboten werden.

Insgesamt zeigen die Ergebnisse der Conjoint Analyse, daß die Anforderungsprofile der Kunden bezüglich der zufriedenheitsstiftenden Komponenten in den drei Betriebsformen stark divergieren.

4.3 Relevante Käufersegmente

Um nun noch genauere Aussagen über die Anforderungen an die Einzelhandelsunternehmen zu ermitteln, erfolgte im Anschluß an diese Untersuchung eine Benefit-Segmentierung auf Basis der Merkmalsgewichte und der Teilnutzenwerte. Unter Zuhilfenahme einer **hierarchischen Clusteranalyse** erfolgt eine Aufteilung der 120 Probanden nach der Ähnlichkeit der Teilnutzenwerte in drei Gruppen, die der qualitätsbewußten, anspruchsvollen Kunden, die Gruppe der kritischen, preis/leistungsbewußten Verbraucher und die Gruppe der erlebnis- und angebotsorientierten Preiskäufer.

Cluster 1: Der qualitätsbewußte, anspruchsvolle Kunde

Im größten Segment, das etwa 40% der Befragten bzw. 48 Personen umfaßt, befinden sich überwiegend Personen, die sich durch ein hohes Qualitätsbewußtsein auszeichnen. In dieser Gruppe stellt die Qualität der Textilien das wichtigste Merkmal dar (WI: 22,2%), gefolgt vom Preis (WI: 21,0%). Aber auch die Beratung besitzt ein bedeutsames Gewicht (WI: 15,3%). Das Verkaufspersonal sollte über entsprechende Fähigkeiten verfügen und den Kunden kompetent und fachgerecht beraten. Dieses Cluster präferiert im Gegensatz zu den anderen Clustern eine intensive fachliche Beratung (TNW: 0,88).

Das Cluster setzt sich dabei zu 60% aus Boutique-Kunden, zu 35% aus Kaufhaus-Kunden und zu 5% aus Kunden des Discounters zusammen. Nach ihrer soziodemographischen Struktur befinden sich in diesem Cluster überwiegend etwas ältere Frauen und Männer, d.h. der Anteil der über 40-Jährigen liegt bei 44%, bei Cluster 2 sind 32,5% und in Cluster 3 sind alle Probanden jünger als 40. Das Nettoeinkommen liegt in diesem Segment bei 85% über 2 500 DM im Monat.

Cluster 2: Der kritische und preis/leistungsbewußte Kunde

Mit 40 Personen (33,3% der Befragten) ist dieses Segment das zweitgrößte. Ihnen ist das Merkmal Preis am wichtigsten (WI: 26,6%). An zweiter Stelle folgt eine hochwertige Qualität (WI: 20,6%), die mit einem Teilnutzenwert von 1,15 fast doppelt so viel Nutzen stiftet wie eine knappe fachlich Beratung (TNW: 0,65). Die jeweils präferierten Merkmalsausprägungen wie passives Verhalten (TNW: 0,34), eine übersichtliche Präsentation des Sortiments oder eine große Auswahlmöglichkeit erhalten bis zur Hälfte kleinere Teilnutzenwerte. Die Art der Ausgestaltung des Verkaufsraumes interessiert dieses Cluster nur begrenzt (WI: 1,4%).

Das Segment der kritischen und preis/leistungsbewußten Kunden stammt zu 35% aus Kaufhaus-Kunden, zu 37,5% aus dem Discounter und zu 27,5% aus Boutique-Kunden. An den Zahlen erkennt man, daß hier die Kunden aller Betriebsformen zu fast gleichen Anteilen diesem Cluster angehören. Diese Kunden schauen sich verstärkt in den Geschäften um, sie sind auf der Suche nach qualitativ hochwertigen Schnäppchen. Dazu brauchen sie nur eine kurze Beratung und gewisse Auswahl, weil sonst einerseits die Suche zu lange dauert oder aber andererseits die Wahrscheinlichkeit, günstige Angebote zu finden, sinkt. Dies verdeutlicht auch der hohe Nutzenwert der übersichtlichen Präsentation.

In Cluster 2 sind alle Alters- und Einkommensgruppen vertreten. Die meisten Mitglieder (62,5%) haben zudem das Abitur oder ein abgeschlossenes Studium.

Cluster 3: Der erlebnis- und angebotsorientierte Preiskäufer

Das Segment der erlebnis- und angebotsorientierten Preiskäufer ist mit 26,7% aller Befragten das kleinste. Auch bei diesem Cluster dominiert der Preis (WI: 25,7%) deutlich vor dem Merkmal Warenangebot (WI: 16,6%) in der Prioritätenrangfolge der Probanden. Das Merkmal Qualität der Textilien (WI: 9,6%) rangiert erst auf Platz vier hinter dem Merkmal Ladengestaltung (WI: 13,9%). Dabei schätzen die Kunden in diesem Segment den Nutzen einer großen Auswahl (TNW: 1,0) deutlich höher als eine hohe Qualität ein (TNW: 0,58), auch eine erlebnisorientierte Ausstattung bringt noch mehr Nutzenpunkte (TNW: 0,88). Zudem bevorzugen sie ein übersichtlich präsentiertes Sortiment (TNW: 0,41), ein passives Verhalten des Personals (TNW: 0,40) sowie keine Beratung (TNW: 0,29).

Die Angehörige von Cluster 3 sind ihrer soziodemographischen Struktur nach zum größten Teil Jugendliche unter 20 Jahren (59,4%) bzw. unter 30 Jahren (87,5%) mit einem Hauptschulabschluß oder der Mittleren Reife (34,4% bzw. 43,8%), deren monatliches Nettoeinkommen bei 46,9% höchstens 1000 DM beträgt und bei 37,5% zwischen 1 001 und 2 500 DM liegt.

5 Ableitung allgemeiner Handlungsempfehlungen

Bei der Auswertung der erhobenen Daten zeigte sich, daß die Kunden unabhängig von der Betriebsform eine problemlose großzügige Abwicklung beim Umtausch und einen kulanten **Umgang bei Reklamationen** wünschen. Ferner zeigte sich, daß dem

Preis mit Ausnahme von Cluster 1 die **größte Bedeutung** beigemessen wird. Eindeutig für alle Betriebsformen und Cluster unwichtige Merkmale gibt es keine. Die Ergebnisse der Conjoint Analyse zeigen, daß bei lediglich vier von neun Merkmalen bei den verschiedenen Betriebsformen die unterschiedlichen Merkmalsausprägungen eine unterschiedliche Rangfolge einnehmen. Bei der Benefit-Segmentierung verhält es sich entsprechend. Die Ableitung der Handlungsempehlungen ergibt sich daher aus dem Vergleich der Cluster- mit der Betriebsformenlösung.

Vergleicht man die Teilnutzenwerte der Clusterlösung mit denen für die einzelnen Betriebsformen, so erkennt man, daß sich vor allem die Werte von den Kaufhaus-Kunden und die von Cluster 2 ähneln und daß auch bei Cluster 1 und den Boutique-Kunden sowie bei Cluster 3 und den Discount-Kunden eine gewisse Verbindung besteht.

Da bei der Benefit-Segmentierung zwischen den Gruppen eine hohe Heterogenität und innerhalb der Segmente eine gewisse Homogenität besteht, die bei der Untersuchung der Betriebsformen nicht so deutlich zum Ausdruck kommt, soll nun überlegt werden, wie sich Textilhändler in Anlehnung an die Segmente von der Konkurrenz abheben können.

Kunden, die vorwiegend bei der **Boutique** kaufen, schätzen also eine hohe Qualität zu entsprechenden Preisen, eine intensive fachliche Beratung und eine kontextbezogene Präsentation als nutzenstifend ein. Vergleicht man diese Anforderungen mit denen von Cluster 1, so erkennt man, daß diese einem geringen Preis und der erlebnisorientierten Ladengestaltung einen etwas geringeren Nutzenbeitrag zumessen als die Boutique-Kunden. Andererseits bringt ihnen ein aktives Verhalten des Personals, eine intensive Beratung sowie die kontextbezogenen Warenpräsentation mehr Nutzen. Die beiden Gruppen unterscheiden sich allerdings im Merkmal Warenangebot, während Cluster 1 eine große Auswahl leicht präferiert, legen die Boutique-Kunden mehr Wert auf eine geringe Auswahl. In beiden Fällen ist dieses Merkmal allerdings das unwichtigste, so daß sich insgesamt folgende Resultate festhalten lassen:

Die Boutique sollte also auf jeden Fall qualitativ hochwertige Waren anbieten, auch wenn die Preise etwas höher sind. Wichtig ist vor allen Dingen, daß das Personal gleich offen und freundlich auf die Kunden zugeht und sie intensiv und fachgerecht berät. Zudem sollten die Waren in Kombinationen präsentiert werden.

Beim **Discounter** zeigte sich eine deutliche Präferenz eines günstigen Preises gegenüber der hohen Qualität und einer großen Auswahlmöglichkeit. Die Werte für Cluster

3 zeigen eine noch stärkere Differenz der Teilnutzenwerte zwischen einem günstigen Preis und einer hohen Qualität. Dafür bringen eine große Auswahlmöglichkeit und eine erlebnisorientierte Ladengestaltung deutlich mehr Nutzen als bei den Discount-Kunden. Auch kann bei Cluster 3 im Gegensatz zu den Discount-Kunden auf eine Beratung verzichtet werden.

Für den Discounter liegt die Chance vor allem in der Preisgünstigkeit des Angebots. Wenn dafür die Qualität etwas geringer ausfällt, so kann dies durch eine extrem breite Angebotspalette und eine erlebnisorientierte Ladengestaltung wieder ausgeglichen werden. Ferner sollte das Verkaufspersonal situativ über eine kurze Beratung des Kunden entscheiden.

Die **Kaufhaus-Kunden** präferieren, wie oben abgeleitet, einen geringen Preis, eine hohe Qualität und ein relativ breites Sortiment. Bei den Merkmalen Freundlichkeit und Hilfsbereitschaft des Personals und Qualität der Beratung treten relativ geringe Unterschiede hinsichtlich der Teilnutzenwerte der Merkmalsausprägungen auf. Unter Berücksichtigung der durchschnittlichen Teilnutzenwerte bei Cluster 2 bleibt eine höhere Präferenz des geringen Preises und eine höhere Präferenz der guten Qualität zu konstatieren, eine große Auswahl, eine übersichtliche Präsentation und die erlebnisorientierte Ausstattung des Verkaufsraumes bringen weniger Nutzen als bei den Kaufhaus-Kunden.

Das bedeutet also, daß auf moderate Preise und eine relativ hohe Qualität zu achten ist. Auf eine sehr breite Auswahl kann hier eher verzichtet werden als auf eine knappe fachliche Beratung. Ob das Verkaufspersonal aktiv auf die Kunden zugeht oder sich besser passiv verhält, muß hier situativ entschieden werden.

Die vorliegende Untersuchung zeigt, welche Möglichkeiten die Einzelhändler haben, sich gegenüber dem Wettbewerb zu profilieren und ihre Marktanteile zu halten bzw. auszubauen. Bei der Übertragung dieser Ergebnisse auf andere Handelsunternehmen muß beachtet werden, daß sich diese Studie auf ein begrenztes Gebiet bezieht, die Stichprobe von 120 Personen nicht allzu groß ausfällt und sich die Antworten der Kunden stark auf das Haupteinkaufsgeschäft beziehen. Aber dennoch können anhand dieser Vorgehensweise auch für andere Betriebsformen, Kundengruppen und geographische Gebiete Anforderungsprofile für die Unternehmen erstellt werden.

Total System Efficiency

Schnittstellenübergreifende Prozeßkostenrechnung als Wettbewerbsvorteil

Thomas Günther

1 Situation und Entwicklungstendenzen im Handel

Die Situation des Handels, dem die Funktion der Distribution der von der Industrie produzierten Güter in der Volkswirtschaft zukommt, hat sich im letzten Jahrzehnt **gravierend verändert**:

- Zunehmende Konzentration der Handelsunternehmen insbesondere im Lebensmittel-Einzelhandel
- Gesättigte Nachfrage in vielen Kunden- und Warensegmenten,
- Abkehr vom kleinen, lokalen Handelsgeschäft hin zu großen SB-Märkten als Filialen national und zunehmend international operierender Unternehmen,
- Zunehmende Zahl von Produktneueinführungen seitens der Konsumgüterindustrie,
- Veränderungen im Warenhandling durch die zunehmende datentechnische Durchdringung der Wertschöpfung des Handels (Warenwirtschaftssysteme, Scannerkassen, Datenbanken mit Produkt- und Herstellermerkmalen wie z.B. Volumensmassen oder *EAN*, Artikelstammdatenbanken wie *SINFOS* oder unternehmensübergreifende Scanner-Panel wie *MADAKOM*).

Generell ist die Wettbewerbssituation durch **steigenden Kostendruck**, hervorgerufen durch Nachfrager und Industrie auf der einen und intensiveren Wettbewerb unter den Handelsunternehmen auf der anderen Seite, gekennzeichnet. Wie Abb. 1 verdeutlicht, hat sich die Handelsspanne im Einzelhandel in den letzten 30 Jahren sogar leicht erhöht, während sich jedoch das steuerliche Betriebsergebnis, vor Steuern betrachtet, durch den nicht zuletzt aus oben genannten Veränderungen resultierenden Anstieg der Handlungskosten nahezu halbierte. Das betriebswirtschaftliche Betriebsergebnis, d.h. nach Abzug des Unternehmerlohns und der kalkulatorischen Eigenkapitalkosten vom steuerlichen Betriebsergebnis, war in den letzten Jahren sogar negativ. Der steigende Kostendruck erfordert die Ausnutzung aller Kostenreduktionspotentiale. Ende der achtziger und Anfang der neunziger Jahre wandte man sich im Rahmen des Ansatzes der „Direkten Produktrentabilität (DPR)“ verstärkt den Handlungskosten zu. Entsprechende DPR-Analysen zeigten, daß eine Realisierung der Kostenreduktionspotentiale nur durch eine intensivere Zusammenarbeit aller an der Erstellung der Wertschöpfung Beteiligten möglich schien. Eine Optimierung des Gesamtdistributionssystems über die Systemgrenzen der einzelnen Unternehmen hinaus eröffnet zusätzliche Kostensenkungs- und Ertragssteigerungspotentiale **(Total System Efficiency)**; (vgl. *Behrends* 1987, S. 78; *Hambuch* 1989, S. J4).

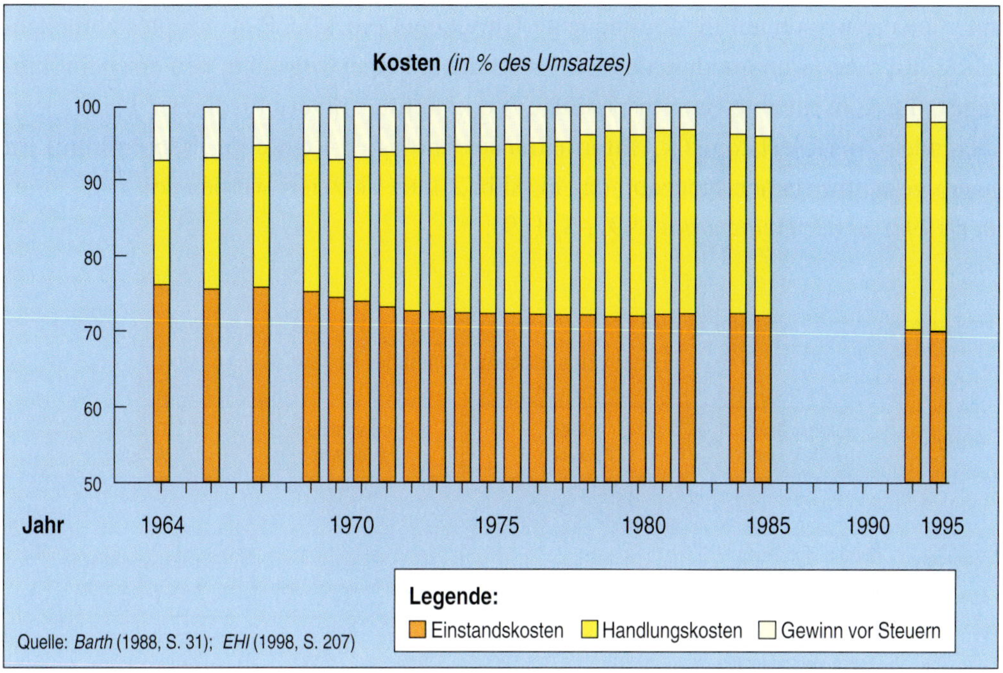

Abb. 1: Entwicklung der Kostenstruktur im Einzelhandel

2 Total System Efficiency - Optimierung des Gesamtdistributionssystems durch Efficient Consumer Response (ECR)

Die in anderen Industriezweigen bereits früher praktizierten Wertschöpfungspartnerschaften werden nun im Rahmen des Konzeptes der **„Efficient Consumer Response (ECR)"** auch für die Wertschöpfungskette „Zulieferindustrie - Konsumgüterindustrie - Handel - Nachfrager" gefordert. Zielsetzung ist es, das gesamte Distributionssystem bezüglich der Faktoren Zeit, Kosten und Qualität zu verbessern, um damit letztendlich Kundennutzen zu schaffen. Zusätzlich geht es jedoch auch um eine Verteilung der Wertschöpfungsaktivitäten (wie z.B. die Übernahme von Logisitikleistungen durch den Handel oder von Regalplazierungen durch die Industrie) und damit letztendlich auch die Aufteilung der Gewinne zwischen Industrie und Handel.

Die zunehmende Verbreitung des ECR-Konzeptes wird durch den Mythos des überragenden Erfolgs des amerikanischen Handelsunternehmens *Wal-Mart* geprägt, der unter anderem auch auf die konsequente Umsetzung eines ECR-Konzeptes zurückgeführt wird. Die Grundmodule des ECR sind dabei keineswegs neu; neu erscheint hingegen die konsequente, interdisziplinäre Verknüpfung unterschiedlicher bereits existierender Ansätze (Logistik, Informationstechnologie, Marketing, Controlling) zu einem gesamtheitlichen Konzept, das in Abb. 2 kurz skizziert werden soll (vgl. *Günther* 1997, S. 62; *Heinemann* 1997, S. 189):

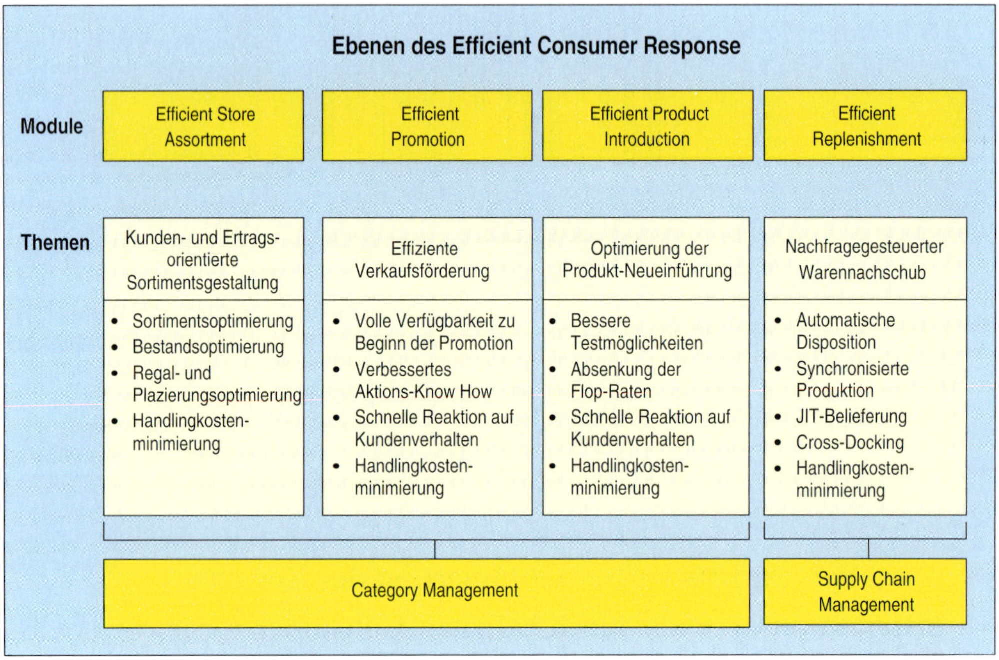

Abb. 2: Module und Themen des Konzeptes „Efficient Consumer Response"

ECR wird bereits seit 1994 auf europäischer Ebene vom *ECR Europe Executive Board* und in Deutschland vom *ECR-Lenkungsausschuß Deutschland*, letztere in organisatorischer Anbindung an die *Centrale für Coorganisation GmbH (CCG)*, inhaltlich vorangetrieben. Schwerpunkt der Arbeit war jedoch in bewußter Entscheidung zunächst nur das Efficient Replenishment (ER), d.h. die „Supply Side", und erst nachfolgend die „Demand Side" des Category Management. In einer von *Coopers & Lybrand* erstellten „Value Chain"-Analyse wird das **Einsparpotential** für das Gesamtdistributionssystem auf **5,7 bis 7,5%** der Endverbraucherpreise geschätzt. Des weiteren wird sowohl in der Konsumgüterindustrie als auch im Handel nach anderen Studien mit Umsatzsteigerungen von 5%, Erhöhungen der Betriebsergebnisse um

5 bis 6%, Bestandsreduktionen um 7,4 bis 8,5% und Reduktionen des Verwaltungsaufwandes um 3,3% (Industrie) bis 6,4% (Handel) gerechnet (vgl. *Höper/Schmidt* 1997, S. 68). Trotz der geforderten ganzheitlichen Betrachtungsweise der ECR stehen bisher vorwiegend die Kosten und insbesondere die Schnittstelle zwischen der Konsumgüterindustrie und dem Handel im Vordergrund (vgl. *Hallier* 1997, S. 4ff.).

Angesichts der skizzierten Situation und der Entwicklungstendenzen im Handel ist die Industrie nicht ganz uneigennützig bestrebt, den „Total System Efficiency"-Gedanken mit Hilfe des ECR-Konzeptes voranzutreiben, um dem zunehmenden Wettbewerb um Listing und Konditionen alternative Wettbewerbsvorteile gegenüber stellen zu können. Die Kostenentstehung im Handel wird weitgehend durch die Produkt- und Prozeßgestaltung bei den Herstellern determiniert. Die Beeinflussung der Handlungskosten und die Umsetzung des ECR wird folglich auch zum **Instrument des vertikalen Marketing** der Konsumgüterindustrie (vgl. *Tomczak/Lindner* 1992, S. 37).

3 Effizienzbewertung mit Hilfe des Ansatzes der Direkten Produktrentabilität (DPR)

Aufgrund der im ECR-Konzept geforderten Effizienz ist es sowohl für den Handel als auch für die Konsumgüterindustrie geboten, sich intensiv mit der Kostenentstehung und dem Kostenmanagement im Handel auseinander zu setzen, um z.B. Ansatzpunkte für (kosten)optimale Warenträger, Produktgestaltungen oder Logistik-Konzeptionen ausfindig zu machen. Für die Konsumgüterindustrie wird die schnittstellenübergreifende Betrachtung von Prozeßkosten zum Wettbewerbsvorteil. Die traditionelle Handelspannen-Betrachtung ist hierfür nicht mehr ausreichend.

Ein neuer Ansatz zu einer detaillierten und verursachungsgerechten, artikelspezifischen Ermittlung der Handlungskosten ist die Methode der **„Direkten Produkt-Rentabilität" (DPR)**, die an die Stelle der traditionellen Handelspannenkalkulation tritt. In Theorie und Praxis sind häufig auch die Begriffe „Direkter Produkt-Profit" (DPP) oder „Direkte Produkt-Kosten" (DPK) zu finden. Während die DPK begrifflich nur die artikelspezifischen Handlungskosten umfassen und die DPR eigentlich eine fehlerhafte Übersetzung der anglo-amerikanischen Bezeichnung „Direct Product Profitability" darstellen, sind die DPP die sachlogisch richtige betriebswirtschaftliche Steuergröße. Dennoch hat sich in der Praxis der Begriff „DPR" durchgesetzt.

Die DPR-Methodik ist „aus der Praxis und für die Praxis" gemeinsam von führenden Konsumgüterherstellern und Handelsunternehmen entwickelt worden. Nachdem erste theoretische Ansätze bereits in den dreißiger Jahren **in den USA** an der mangelnden Praktikabilität gescheitert waren, entwickelte der Konsumgüterhersteller *Procter & Gamble (P & G)* 1983 in Zusammenarbeit mit *McKinsey* das „Produktivitätsprofil im US-Handel" und konzipierte ein PC-gestütztes DPR-Modell für das Trockensortiment im Supermarktbereich. Um nachvollziehbare Ergebnisse, eine branchenübergreifende Vergleichbarkeit und eine gemeinsame semantische Diskussionsbasis zu gewährleisten, wurden die unterschiedlichen individuellen Bestrebungen in Industrie und Handel im Jahre 1985 in einem gemeinsamen, standardisierten DPP-Modell unter der Führung des *Food Marketing Institute (FMI)* zusammengefaßt.

In Deutschland wurde im Jahre 1985 auf Initiative von *P & G* am *Institut für Selbstbedienung und Warenwirtschaft e.V. (ISB)*, später das *Deutsche Handelsinstitut (DHI)* und mittlerweile das *Europäische Handelsinstitut (EHI)*, mit der Übertragbarkeit des US-DPP-Modells auf deutsche Verhältnisse begonnen und eine im Vergleich zum FMI-Modell differenziertere Zuordnung der Handlungskosten entwickelt. Mittlerweile wurden die Modelle weiterentwickelt, um einerseits neue Vertriebsschienen aufnehmen zu können und um andererseits die Wertschöpfungskette des Handels zunehmend in das DPR-Modell zu integrieren (vgl. *ISB* 1988; *DHI* 1992). Die Notwendigkeit zur europaweiten Vereinheitlichung führte zu einem Euro-DPR-Modell, das Grundlage der Weiterentwicklungen des DPP-Gedankens sein soll (vgl. *DHI* 1989).

4 Die DPR-Methodik

Dem DPR-Konzept liegt folgende **artikelbezogene Ergebnisrechnung** zugrunde (vgl. *ISB* 1988, S. 6f.; *DHI* 1992, S. 7f.), die der traditionell betrachteten Handelsspanne die direkt einem Artikel zurechenbaren Kosten, die **Direkten Produkt-Kosten (DPK)** gegenüberstellt, um im Ergebnis den Direkten Produkt-Profit (DPP) zu ermitteln (vgl. Tab. 1).

Der sich ergebende **„Direkte Produkt-Profit"** ist nicht mit einem Deckungsbeitrag, verstanden als Differenz zwischen Verkaufspreis und variablen Kosten, identisch, da in den „Direkten Produkt-Kosten" auch fixe Kostenbestandteile (z.B. Abschreibungen, Einrichtungskosten, Bestandszinsen etc.) enthalten sind. Ebenso stellt er keinen artikelspezifischen Gewinn dar, da nicht alle Kosten, sondern nur die „direkt" zurechenbaren Kosten, den Kostenträgern zugerechnet werden. Der „Direkte Produkt-Profit" dient folglich einerseits zur Abdeckung der nicht direkt zugeordneten und als sog. **Restkostenblock** artikelübergreifend zusammengefaßten Handlungskosten (z.B. Kosten für Marketing, Personalwesen oder Controlling) und andererseits nach Abdekkung dieser „Restkosten" der Erzielung eines Gewinnes.

Strukturbeispiel für Lebensmittel-Einzelhandel			
	Netto-Verkaufspreis	Um MWSt sowie um alle Nachlässe und Erlösschmälerungen reduzierter Endverbraucher-Abgabepreis	100%
–	Netto-Netto-Einkaufspreis	Um VSt, alle Rabatte, Werbekostenzuschüsse und sonstige Vergünstigungen bereinigter Einkaufspreis	83%
=	Handelsspanne in DM		17%
–	Direkte Produkt-Kosten (DPK)	Direkt dem einzelnen Artikel zurechenbare Handlungskosten	9%
=	Direkter Produkt-Profit (DPP)	Verbleibender Betrag zur Abdeckung der nicht direkt zurechenbaren Kosten **(Restkosten)** und zur Erzielung des Gewinns	8% Restkosten: 7% ↵ Gewinn: 1% ↵

Tab. 1: Ermittlung des „Direkten Produkt-Profits"

5 Ermittlung der „Direkten Produkt-Kosten"

Die Ermittlung der „Direkten Produkt-Kosten", dem Kernstück des DPR-Ansatzes, erfolgt in **fünf Stufen** (vgl. Abb. 3), wobei durch die PC-gestützte Implementierung des Modells für einen potentiellen Anwender die Stufen eins bis drei entfallen, sofern das vom *Europäischen Handelsinstitut* geschaffene Modell und dessen auf Durchschnittszahlen basierendes Service-Angebot benutzt wird.

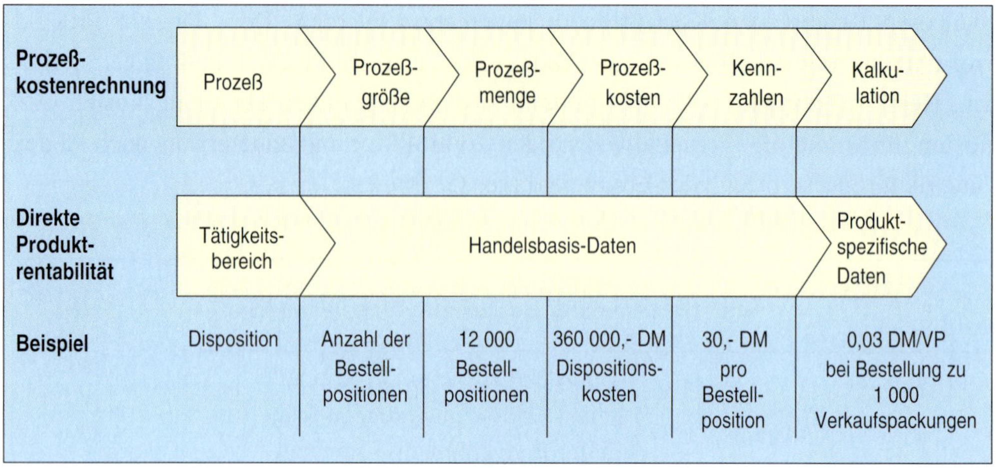

Abb. 3: Vorgehensweise der DPR-Methodik im Vergleich zur Prozeßkostenrechnung

Stufe 1: Bestimmung von Tätigkeitsbereichen (Prozesse)

Das *EHI*-Modell differenziert zwischen sieben auf der Zentrallager-Stufe und elf auf der Einzelhandels-Stufe durchgeführten, warenbezogenen Prozessen, vom *EHI* als **„Tätigkeitsbereiche"** bezeichnet, um die komplexen Abläufe und deren Kosten differenziert und wirklichkeitsgetreu erfassen zu können (vgl. Tab. 2):

Prozeß	Zentrallager-Stufe	Einzelhandels-Stufe
(1)	Disposition	Disposition
(2)	Warenannahme	Warenannahme
(3)	Ein-/Auslagern	Ein-/Auslagern
(4)	Kommissionieren	
(5)	Transport zum Einzelhandel	Transport zum Regal
(6)		Öffnen/Auspreisen
(7)		Plazieren
(8)		Wegräumen Packmaterial
(9)		Kassieren
(10)	Leerguthandling	Leerguthandling/Pfandabwicklung
(11)	Zentrale Entsorgung	Dezentrale Entsorgung
Quelle: *DHI* (1992, S. 9)		

Tab. 2: Warenbezogene Prozesse auf Zentrallager- und Einzelhandels-Stufe

Ein Produkt kann sowohl beide, als auch nur die Einzelhandelsstufe durchlaufen, je nachdem ob vom Hersteller über das Zentrallager bzw. direkt auf Strecke bezogen wird. Beispielhaft für die Berechnung der „Direkten Produkt-Kosten" soll fortan der Tätigkeitsbereich „Disposition" betrachtet werden, um angesichts der Komplexität des Verfahrens die Vorgehensweise dennoch so einfach wie möglich darzustellen.

Stufe 2: Ermittlung der Kosten einzelner Tätigkeitsbereiche (Prozeßkosten)

Nach der Identifizierung der wichtigsten warenbezogenen Tätigkeitsbereiche werden den einzelnen Bereichen möglichst verursachungsgerecht die resultierenden Kosten zugeordnet. Das *EHI*-Modell berücksichtigt die sechs Kostenarten Personalkosten, Raumkosten, Geräte- und Arbeitsplatzkosten, Einrichtungskosten, Entsorgungskosten und Kapitalkosten (vgl. *Kempcke* 1992a, S. 19).

Für den Tätigkeitsbereich „Disposition" auf der Zentrallager-Stufe werden z.B. die Personalkosten der mit der Bestellung der Waren beim Hersteller betrauten Mitarbeiter, die Raumkosten für die von den Disponenten beanspruchte Fläche, Gerätekosten wie z.B. PCs oder Terminalanschlüsse und Einrichtungskosten für die Büroausstattung angesetzt.

Stufe 3: Ermittlung von Produktivitäts- und Kostenfaktoren (Handelsbasisdaten)

Neben den Kosteninformationen zu den einzelnen Tätigkeitsbereichen erhob das *EHI* mittels Einzelerhebung nach Vertriebsschienen differenziert in repräsentativen Handelsunternehmen Daten **(Handelsbasisdaten)** über die die Handlungskosten bestimmenden Kosteneinflußgrößen („Cost Driver"; vgl. *Kempcke* 1992b, S. 21ff.).

Ziel der Erfassung der Kosten- und Produktivitätsfaktoren ist es, sachlogisch treffende „Cost Driver" für die einzelnen Tätigkeitsbereiche zu finden, die es erlauben, die Handlungskosten exakt, differenziert und verursachungsgerecht einzelnen Artikeln zuzuordnen und bezüglich Kostenreduktionsmöglichkeiten zu analysieren. Für das oben bereits angesprochene Beispiel der „Disposition" wurden für die Großverteiler-Stufe in einem Pilotprojekt bspw. die in Tab. 3 dargestellten Kosten- und Produktivitätsfaktoren sowie deren Streuung um den Durchschnittswert ermittelt (vgl. *Hallier* 1988, S. 88).

Eine Verteilung nach dem Wert der bestellten Waren, die eine Handelsspannenkalkulation mit einem pauschalierten Zuschlag auf die Einstandskosten vornehmen würde, wäre nicht verursachungsgerecht, da die Bestellung von Positionen mit kleinem wertmäßigen Lieferumfang zu einer annähernd identischen Beanspruchung der betrieblichen Ressourcen Personal, Raum und Ausstattung und damit der Kosten führt wie eine Bestellung mit großem Wertvolumen. Der primäre Kostentreiber ist die benötigte Zeit, die wiederum von der Zahl der Bestellungen bzw. der Bestellpositionen bestimmt wird. So wurden z.B. auch für die Prozesse „Plazieren“ und „Auspreisen“ zeitbezogene Produktivitäten ermittelt: Regalplazierung 4,44 Sec./Verbrauchereinheit oder 600 Sec./Palette; Auspreisen: 2,2 Sec./Verbrauchereinheit.

Faktor	Durchschnitt	Standardabweichung
Anzahl der Bestellungen bei Lieferanten pro Woche	1,16	0,28
Anzahl der Versandeinheiten pro Bestellung	891	202
Dispositionskosten pro Bestellung	35,92 DM	21,84 DM

Tab. 3: Beispiel für die Erfassung von Kosten- und Produktivitätsfaktoren

Da der Bestellwert der Waren, wie er in der Handelspannenkalkulation verwandt wird, nicht den verursachungsgerechten Kostentreiber für unseren Beispielprozeß „Disposition“ darstellt, werden im *EHI*-Modell die Kosten pro Bestellposition als Kostenfaktor geführt (vgl. *Kempcke* 1992b, S. 21ff.). Dieser Kostenfaktor kann mit Hilfe der jährlichen Personalkosten und Arbeitsplatzkosten und den ermittelten Grössen „Anzahl Bestellungen pro Jahr“ und „Anzahl Positionen pro Bestellung“ errechnet werden (vgl. Tab. 4):

Dispositions-kosten pro Bestell-position	=	Jährliche Dispositions-kosten	/	Anzahl der Bestellungen bei Lieferanten pro Jahr	/	Durchschnittliche Anzahl der Bestell-positionen pro Bestellung
	=	360 000 DM	/	4 000	/	3
	=	30,-- DM pro Bestellposition				

Tab. 4: Beispiel für die Ermittlung der Kosten pro Bestellposition

Stufe 4: Ermittlung des Mengengerüsts für ein Produkt (Produktspezifische Daten)

Um die Prozeßkosten dem einzelnen Artikel zuordnen zu können, werden nach den *EHI*-Richtlinien sog. **produktspezifischen Daten** erhoben, die die Artikelstammdaten, Angaben zur Art der Belieferung und des Handling, den Verkaufs- und Einkaufspreis sowie die zugehörigen Konditionen, die Liefer- und Abverkaufsmengen sowie die Plazierungsbedingungen umfassen (vgl. *Kempcke* 1992b, S. 24ff.).

Stufe 5: Bestimmung der „Direkten Produkt-Kosten" und des „Direkten Produkt-Profits"

Durch Verknüpfung der Handelsbasisdaten und der produktspezifischen Daten mit Hilfe des vom *EHI* entwickelten PC-gestützten Programmes und der darin enthaltenen Berechnungslogik können nun artikelspezifische Handlungskosten, die „Direkten Produkt-Kosten" und durch deren Subtraktion von der Handelsspanne der DPP-Wert eines Artikels ermittelt werden. Für das betrachtete Beispiel gilt (vgl. Tab. 5):

Kosten pro Stück	=	Kostenfaktor	*	Menge Kosteneinflußfaktor	Generell
Direkte Produkt-Kosten für „Disposition auf der Großverteiler-Stufe" pro Stück Verkaufspackung		Kosten pro Bestellposition		Anzahl der Verkaufspackungen pro Bestellposition	Im Beispiel
0,03 DM/Stück	=	30,-- DM pro Position	/	1 000 Stück pro Position	

Tab. 5: Beispiel für die Berechnung des DPP-Wertes

Dabei läßt sich die Anzahl der Verkaufspackungen pro Bestellposition wiederum aus zwei Produktivitätsfaktoren der Handelsbasisdaten zusammensetzen (vgl. Tab. 6):

Anzahl d. Verkaufspackungen (VP) pro Bestellposition	=	Anzahl der Versandeinheiten (VSE) pro Bestellposition	*	Anzahl der Verkaufspackungen pro Versandeinheit
1 000 Stück VP pro Pos.	=	100 Stück VSE pro Pos.	*	10 Stück VP pro VSE

Tab. 6: Anzahl der Verkaufspackungen pro Bestellposition

Auf ähnliche Weise ergeben sich die DPK für alle Tätigkeitsbereiche auf den beiden Stufen Zentrallager und Einzelhandel, die sich letztendlich zur Summe der DPK pro Stück addieren.

6 Charakterisierung der DPR-Methodik

Bedeutsam für die Interpretation der sich ergebenden Werte und für das Verständnis der Vorgehensweise sind folgende Eigenschaften der DPR-Methodik (vgl. *Günther* 1993a, S. 473ff.):

- Vollkostenrechnung ohne Trennung von fixen und variablen Kostenteilen
- Teilkostenrechnung, da nur warenbezogene Prozesse und nur die im *EHI*-Modell spezifizierten Prozesse erfaßt werden
- Nutzkostenrechnung, da keine Leerkosten verrechnet werden
- Plankostenrechnung mit starken Einflüssen der Normalkostenrechnung, da Produktivitäts- und Kostenfaktoren als Durchschnittswerte erfaßt sind
- Prozeßorientierte Kostenrechung durch Kostenerfassung nach Tätigkeitsbereichen

7 Unterstützung des ECR durch DPR-Analysen

Nachfolgend sollen anhand von Beispielen einige Anwendungsgebiete von schnittstellenübergreifenden Prozeßanalysen nach dem DPR-Modell aufgezeigt werden, die die Umsetzung der Efficient Customer Response unterstützen können.

7.1 Generelle Steuerungsansätze des Handels auf der Basis von DPR-Informationen

(1) Kostentransparenz und Rationalisierungspotentiale

Das *EHI*-DPR-Modell ermöglicht eine differenzierte Darstellung der Kosten durch die Auflösung des Handlungskostenblocks nach Tätigkeitsbereichen für einzelne warenbezogene Funktionen. Hierdurch ergeben sich Ansatzpunkte für Rationalisierungen sowohl im Handelsunternehmen selbst als auch in Zusammenarbeit mit der Konsumgüterindustrie im Rahmen des ECR durch kostenreduzierende Produktgestaltung, Verpackung oder Logistik. **Fehlinformationen** der klassischen Handelsspannenkalkulation werden vermieden, indem Kosten nicht nach den zugrunde liegenden Einstandskosten, sondern möglichst verursachungsgerecht verteilt werden **(Allokationseffekt)**. Ebenso kann die DPR-Methodik den Kostenanfall von Artikeln mit hohem Handlingaufwand (z.B. Einführung von Rücknahmeautomaten für Mehrweggetränkeverpackungen) **(Komplexitätseffekt)** sowie Kostenreduktionspotentiale durch z.B. eine Erhöhung des Warenumschlags oder durch große Bestellvolumina **(Degressionseffekt)** darstellen und damit aufdecken. In den USA meldeten Lebensmittel-Einzelhändler nach Anwendung der DPR-Methodik um bis zu 2% höhere Umsatzrenditen, d.h. mindestens eine Verdoppelung des bisherigen Renditeniveaus (vgl. *Günther* 1993b, S. 64ff.).

(2) Betriebsvergleiche und Performance Measurement

Schon seit 1957 werden vom *Institut für Selbstbedienung und Warenwirtschaft (ISB)*, dem Vorgänger des *EHI*, Betriebsvergleiche für Handelsunternehmen angeboten. Die DPR-Methodik eröffnet durch die nach einheitlichen Richtlinien erfaßten Handelsbasisdaten die Möglichkeit des Vergleichs von Kosten- und Produktivitätsfaktoren sowohl zwischen einzelnen Filialen als auch mit Durchschnittswerten der Branche. Neben dem Mittelwert wird interessanterweise auch die Standardabweichung als Maß für die Streuung des Benchmarks angegeben.

Benchmark	Durchschnitt	Standardabweichung
Anzahl der Bestellungen bei Lieferanten pro Woche	1,16	0,28
Anzahl der Versandeinheiten pro Bestellung	891	202
Annahmenproduktivität (Paletten pro Mann und Stunde)	41	14,7
Lieferfrequenz pro Woche für Vertriebsschiene Supermarkt	2,3	0,6

Tab. 7: Kosten- und Produktivitätsfaktoren als Basis für Betriebsvergleiche

Da die vom Unternehmen realisierten Kosten- und Produktivitätsfaktoren die Höhe der Handlungskosten des Unternehmens weitgehend bestimmen, erlauben diese **inputbezogenen Benchmarks** indirekt die Messung und Kontrolle der Effizienz der Filialen und des Gesamtunternehmens. Ebenso lassen sich **Kennzahlen für den Output** wie z.B. DPP pro Woche oder pro Regalmeter etc. bilden. Tab. 7 veranschaulicht einige Benchmarks für die Zentrallager-Stufe aus einer Pilotstudie im Lebensmittel-Einzelhandel (vgl. *Hallier* 1988, S. 88).

(3) Kennzahlensysteme

Ähnlich wie bei klassischen Kennzahlensystemen wie dem *DuPont*-System können ausgehend vom DPP-Wert der Filiale oder des Handelsunternehmens Kennzahlensysteme aufgebaut werden, die einerseits eine Schwächenanalyse durch Zerlegung der Spitzenkennzahlen in Teilkomponenten (analytisches Vorgehen) ermöglichen und andererseits die Auswirkung von dispositiven Entscheidungen auf den DPP-Wert (synthetisches Vorgehen) darstellen können (vgl. *Schneider* 1989, S. 37).

7.2 Unterstützung des Efficient Replenishment

(1) Überprüfung logistischer Entscheidungen

Die Möglichkeit zur Simulation des Warenhandlingprozesses im DPR-Modell erlaubt sowohl dem Handel als auch der Konsumgüterindustrie, wie verschiedene Studien zeigen, die Auswirkungen verschiedenster logistischer Entscheidungen bzgl. ihrer Kostenwirkungen zu untersuchen. **Mögliche Fragestellungen** sind z.B. die Auswahl der Belieferungsart (z.B. Belieferung direkt oder über Strecke), die Einführung von Cross-Docking für Schnelldreher, die Übernahme oder die Fremdvergabe bestimmter logistischer Prozesse oder die Änderung des Liefer-Rhythmus. Ebenso gibt es DPR-Studien, ob die Vertriebsschiene SB-Warenhaus oder Fachhandel im Süßwarenbereich kostengünstiger ist oder wie sich Mehrwegsysteme auf die DPK auswirken.

Eine Simulation der Handlingkosten einer **Einweg- im Vergleich mit einer Mehrwegflasche** zeigte z.B., daß die Mehrwegflasche ceteris paribus im Handling um + 54%, d.h. 12,65 Pf. teurer als die Einwegflasche war, da die Raum- und Transportkosten durch das größere Gebinde höher waren sowie zusätzliche Kosten für das Leerguthandling anfielen (vgl. *Kempcke* 1992c, S. 106ff.). Die erreichte Transparenz ermöglicht jedoch im Beispielsfall auch, daß z.B. durch Einführen von Kunsstoffmehrwegflaschen (z.B. die PET-Flasche) oder durch Installation von Rücknahmeautomaten die Kosten im Sinne eines Kostenmanagements gestaltbar werden. Es ist jedoch zu berücksichtigen, daß die Güte der durchgeführten Simulation durch die Güte der Schätzung bezüglich der einfließenden Parameter, insbesondere des erwarteten Absatzes bestimmt wird, da die „Direkten Produkt-Kosten“ wegen ihres Vollkostencharakters mit zunehmenden Absatz entsprechend der Fixkostendegression sinken.

Die Bedeutung von logistischen Entscheidungen und ihrer in der ECR-Praxis beobachtbaren Priorisierung ist darauf zurückzuführen, daß die Logistikkosten i.d.R. einen sehr hohen Kostenanteil ausmachen (z.B. im Nahrungs- und Genußmittelbereich im Jahre 1995 29% der Gesamtkosten von 71,6 Mrd. DM).

(2) Bestimmung des optimalen Warenträgers

Für die Hersteller stellt sich auch die Frage, welche Art des Warenträgers unter welchen Bedingungen zu den geringsten Handlungskosten im Handel führt. Zu dieser Problematik wurden bereits mit Hilfe von **Simulationen am DPR-Modell** eine Reihe von Studien durchgeführt. *Procter & Gamble* stellte z.B. die bereits erwähnten E2-Größen von *Dash* und *Sanso* vom CCG-Maß II (Ladungshöhe 145 bis 180 cm) auf das CCG-Maß I (Ladungshöhe 90 cm) um, da diese DPR-günstiger ist. Ebenso errechnet ein Handelshaus für die *Ariel* 3kg-Packung einen Kostenvorteil von 3,18 DM pro Woche und Filiale bei Verwendung einer Düsseldorfer Palette (80 x 60 cm Grundfläche) gegenüber einer klassischen Euro-Palette (80 x 120 cm) bei einem identischen Abverkauf von 72 Stück. Ähnliche DPR-Analysen wurden auch für den Vergleich der weitverbreiteten Euro-Palette mit dem Rollcontainer durchgeführt. Aufgrund der Brisanz der Thematik beschäftigt sich ECR Europe unter dem Arbeitsthema „Efficient Unit Load (EUL)“ intensiv mit der Harmonisierung von Transportverpackungen, der Nutzung der Modularität von Sekundärverpackungen, der Optimierung der Lager- und Transportkapazitäten und dem Management von Mehrwegtransportverpackungen (MTV).

Es wird jedoch zurecht darauf verwiesen, daß im DPR-Modell das Gewicht der zu transportierenden Ware, die Instandhaltungs- und Ersatzbeschaffungskosten der jeweiligen Warenträger, die Platzbeanspruchung für leere Rollcontainer im Vergleich zu stapelbaren Leerpaletten und die räumlichen Verhältnisse im Lager bzw. in der Filiale nicht berücksichtigt werden, für die Auswahl der Warenträger jedoch von Bedeutung sind.

7.3 Unterstützung des Efficient Store Assortment

(1) Regal- bzw. Flächenoptimierung

Die Entwicklung im Handel ist durch eine steigende Typenvielfalt und Artikelzahl gekennzeichnet. Während im Jahre 1958 im Durchschnitt 68 Molkereiartikel in einem Supermarkt angeboten wurden, waren 1994 durchschnittlich 747 Artikel im Regal anzutreffen. Da die Verkaufsfläche nur begrenzt zur Verfügung steht bzw. entsprechende Kosten verursacht (ca. 41% der Handlungskosten im Lebensmittel-Einzelhandel), wird versucht, die zur Verfügung stehende Fläche mit Hilfe von Regaloptimierungsprogrammen wie *Spaceman*, *Apollo*, *Intercept* oder *Capital 2000* zu optimieren. Neben organisatorischen Fragen der Regal- und Ladengestaltung sowie Sortimentsüberlegungen stellt sich auch die Frage, welche betriebswirtschaftliche Steuerungsgröße als Zielfunktion gewählt werden soll. Der „Direkte Produkt-Profit" erlaubt diesbezüglich eine bessere Orientierung als die Bruttonutzenziffer oder die Handelsspanne, da bei ersterem auch die Handlungskosten der Artikel berücksichtigt werden (vgl. *Günther/Mattmüller* 1993).

(2) Sortimentssteuerung

- **DPP-Merchandising-Matrix**

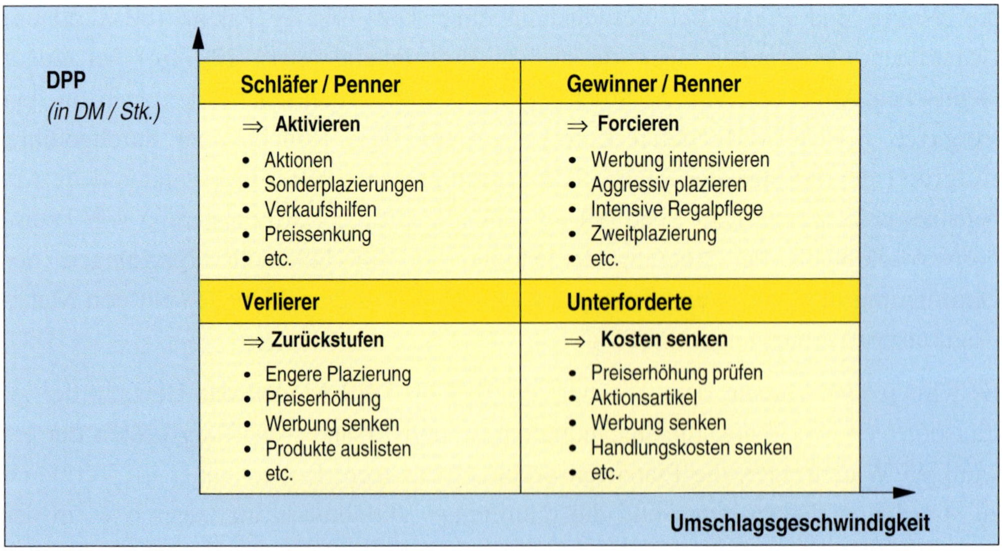

Abb. 4: DPP-Merchandising-Matrix

Die sog. Merchandising-Matrix erlaubt die Positionierung einzelner Warengruppen oder Artikel eines Sortiments in einem Vier-Felder-Analyseraster anhand der beiden Kriterien Absatz und Profitabilität. Auf der Achse Profitabilität kann nun der DPP-Wert anstelle der traditionell verwendeten Handelsspanne angegeben werden. Aus der Vier-Felder-Rasterung ergeben sich die in Abb. 4 bezeichneten Handlungsempfehlungen, die mit der konkreten Situation im Handelsunternehmen abzustimmen sind. Neben der Analyse der eigenen bereits gelisteten Artikel kann der Zentraleinkauf - nach einem Vorschlag von *Rewe Leibrand* - auch die Warengruppen hinsichtlich der **Angebote einzelner Hersteller** analysieren, um zu erkennen, wer ein unausgewogenes Sortiment anbietet oder wessen Konditionen der Überprüfung bedürfen. Ebenso ist es auch möglich die Schwächen einzelner Warengruppen über Unterwarengruppen bis hinunter zur Artikelebene zu analysieren **(Top-down/Bottom-up-Analyse)**.

- **ABC-Analyse der Artikel**

DPP-Informationen können zu einer ABC-Analyse bezüglich der Ertragskraft der Artikel des Sortiments verwendet werden. Ein Vergleich einer ABC-Analyse auf Basis des Deckungsbeitrags mit der auf Basis des DPR-Modells zeigt, daß im Beispiel bei Einbezug der DPK 26,8% der Produkte 90,2% des „Direkten Produkt-Profits" erzielen und gleichzeitig rund 66% der Produkte keinen bzw. einen negativen DPP-Beitrag liefern, d.h. daß trotz positiver Deckungsbeiträge die Handlungskosten nicht abgedeckt sind (vgl. Abb. 5). Die ABC-Analyse kann folglich wertvolle Anhaltspunkte für Schwachpunkte im Sortiment liefern (vgl. *Schneider* 1989, S. 35).

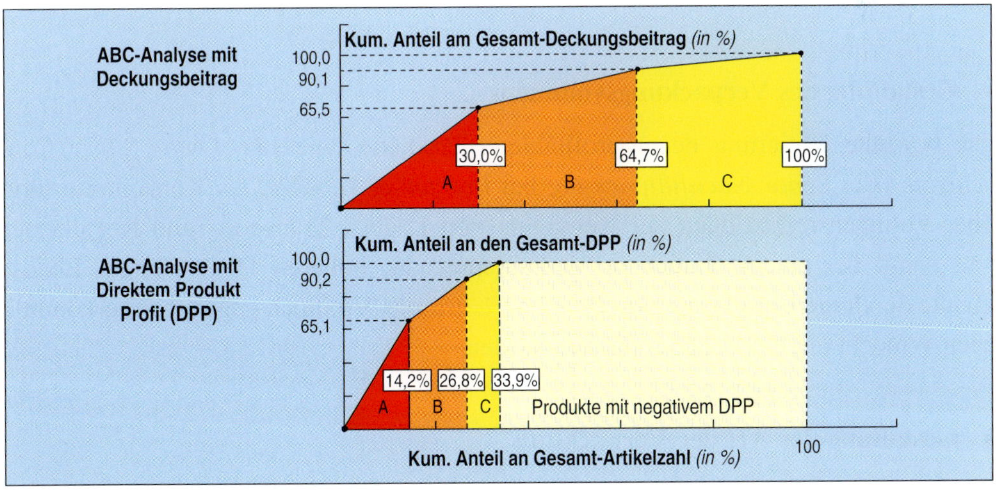

Abb. 5: ABC-Analyse (nach Deckungsbeitrag und „Direktem Produkt-Profit")

- **Artikelergebnisrechnung**

Die DPR-Methodik erlaubt eine tiefere Artikelergebnisrechnung als die klassische Spannen-/Margen-Betrachtung, da die direkt einem Artikel zurechenbaren Handlungskosten ebenfalls berücksichtigt werden. *Betschart* (1990, S. 20ff.) verweist auf Warengruppenanalysen für alkoholfreie Getränke bei der *Coop* Schweiz, bei der z.B. Artikel gefunden wurden, die trotz 30% (vom Umsatz) Nettomarge einen DPP-Wert von minus 16% aufwiesen. Bei diesen Produkten ist eine Eliminierung aus dem Sortiment zu überdenken.

Bei den Sortimentsanalysen darf neben der Problematik der kurzfristig nicht abbaubaren Fixkosten auch die Beziehung zwischen einzelnen Artikeln auf der Beschaffungs- (z.B. Orientierung am Gesamtabnahmevolumen) und der Absatzseite (Kundenwünsche bezüglich Sortimenttiefe und -breite) nicht vernachlässigt werden.

7.4 Unterstützung der Efficient Product Introduction

(1) Produkt- und Verpackungsgestaltung

Bei neuen Produkten, bei Produktvariationen und bei neuen Verpackungsgestaltungen wird in der Konsumgüterindustrie mittels Simulation unterschiedlicher Alternativen versucht, die DPK des Handels zu senken. Die Gestaltung der Versandeinheiten und Verkaufspackungen steht hierbei wegen des großen Einflusses des Faktors Volumen auf die DPK - 65% der Handlungskosten sind volumenabhängig - im Vordergrund.

- **Gestaltung des Verpackungsvolumens**

Die bewußte Kreierung neuer profitablerer Produkte, wie z.B. *Lenor Super Concentrate* oder *Lenor Nachfüllpackung* bei *Procter & Gamble*, als Konzentrate führt über Volumensreduktionen zur Reduktion von Lager-, Transport- und Regalkosten und somit bei einem ähnlichem Verkaufspreis zu höheren DPR-Werten. Ebenso konnte durch die Einführung von *Pampers Ultra* das Volumen gegenüber herkömmlichen Windeln um ein Drittel reduziert werden.

- **Gestaltung der Art der Verpackung**

Die Verteilung des Volumens auf Höhe, Breite und Tiefe der Verkaufsverpackung sowie die Gestaltung der Art der Transportverpackung kann den DPP-Wert ebenfalls erhöhen. Der Austausch der klassischen Waschmitteltrommel durch das Paket oder die Rechtecktrommel, die Einführung von Reißverschluß-Versandeinheiten oder sog. Tangapacs statt klassischer, per Messer zu öffnender Schachteln und die Verkleinerung der Frontseiten konnten bei zahlreichen Produkten die artikelspezifischen Handlungskosten vermindern. So sind die „Direkten Produkt-Kosten" beim 5l-Kanister *Ariel Flüssig* von *Procter & Gamble* um 24% günstiger als bei der 5l-Flasche. Bei *Valensina Fruchtsaft* wurden auf der Basis von DPR-Analysen sechs runde Glasflaschen mit normalen Umkartons durch ein verkaufsfertiges Tragpack mit zwölf sog. Hypa-Packs bei nahezu gleichem Volumen ersetzt und die direkten Logistikkosten nahezu halbiert.

- **Optimale Zahl der Verkaufsverpackungen pro Versandeinheit**

Neben der Gestaltung des Volumens und der Art der Verkaufsverpackung ist auch die Gestaltung der Versandeinheit, die wiederum aus mehreren Verkaufsverpackungen besteht, kostenbestimmend. Die DPK sinken zunächst mit zunehmender Zahl der Verkaufspackungen (VP) pro Versandeinheit (VSE) aufgrund der abnehmenden Handlungskosten pro VP auf Großverteiler-Stufe. Durchzuführende Tätigkeiten wie z.B. das Kommissionieren der Ware, beziehen sich auf die VSE, unabhängig davon, wieviele VP enthalten sind. Wird die Anzahl VP pro VSE weiter erhöht, steigen die DPK bedingt durch die zunehmende Beanspruchung teueren Regalplatzes im Einzelhandel wieder, obwohl die DPK auf der Großhandelsstufe weiterhin niedrig sind (vgl. *Jediss* 1991, S. 243ff.; *Hambuch* 1992, S. 61). In einer *A.C. Nielsen*-Studie in Österreich konnten bspw. durch Kombination einer Änderung der Anzahl der VP pro VSE und einer Volumenreduktion die DPK für einen Markenartikel von 14,20 Schilling auf 12,80 Schilling gesenkt werden (vgl. *List* 1989, S. 36f.).

Bei allen Produkt- und Verpackungsgestaltungen ist jedoch auch zu berücksichtigen, daß langjährige Image- und Erkennungsmerkmale der Produkte zu bewahren sind. Ferner bestehen im Handel noch sehr unterschiedliche Regalmaße, die eine Standardisierung des Produktdesign verhindern.

(2) Berücksichtigung ökologischer Aspekte

Hersteller und Handel sind durch §§ 4 und 5 VerpackVO seit 1.12.1991 verpflichtet, Transportverpackungen und seit 1.4.1992 Umverpackungen zurückzunehmen; seit 1.1.1993 wurde die **Rücknahmepflicht** auch um Verkaufsverpackungen (§ 6 VerpackVO) erweitert, wobei bei Anschluß an ein Entsorgungssystem die letzten beiden Rücknahmepflichten bei Erfüllung bestimmter Erfassungsquoten entfallen können. Sowohl die Rücknahme als auch die Teilnahme am *Dualen System* haben Konsequenzen für die Kostenposition. Daher ist es im Interesse des Handels wie auch der Konsumgüterindustrie, ökologische Aspekte in DPR-Überlegungen einfließen zu lassen.

Durch die Einbindung von Teilen der Entsorgungskosten in das *EHI*-DPR-Modell können Auswirkungen **ökologischer Entscheidungen** auf die DPK **quantifiziert** werden. Ferner werden durch die verbesserte Kostentransparenz Kostentreiber, wie das Volumen oder die Verpackungsart, aufgedeckt, die wiederum ökologische Verbesserungen nach sich ziehen. Wie die nachfolgende „Umwelt/DPR-Bilanz" ausgewählter Aktivitäten von *Procter & Gamble* veranschaulicht, können sich die DPR-Methodik und das Umweltmarketing gegenseitig positiv befruchten (vgl. Tab. 8). Die Auswirkung auf die DPK stellt jedoch nur einen Faktor aus einem Bündel komplex verbundener Argumente dar (vgl. *Jediss* 1991, S. 243ff.).

	Abfallreduzierung	Senkung der DPK
Lenor Nachfüllpack 1 Ltr. versus Lenor 4 Ltr.	19 700 kg	48 000 DM
Ultra Pampers versus Pampers	17 800 kg	17 500 DM
Valensina Hypa-Pack versus Valensina Einweg-Glasflasche	203 275 kg	30 800 DM
Anmerkung: Die Angaben gelten für 1 Mio. DM Umsatz pro Produkt		

Tab. 8: Umwelt/DPR-Bilanz ausgewählter Aktivitäten bei Procter & Gamble

7.5 Unterstützung der Efficient Promotion

Für kurzfristige dispositive Entscheidungen, wie z.B. die Absatzförderung, ist der DPR-Ansatz aufgrund seiner impliziten Vollkosten-Betrachtung leider nicht geeignet. Er ist jedoch dann zutreffend, wenn entsprechende Absatzerfolge langfristig manifestiert werden könnten.

8 Grenzen und Möglichkeiten des Total System Efficiency

Abschließend sollen jedoch auch die Grenzen des Total System Efficiency-Ansatzes, basierend auf einer schnittstellenübergreifenden Prozeßkostenrechnung, aufgezeigt werden (vgl. *Günther* 1993a, S. 474ff.; *Hallier* 1997, S. 4ff.; *Heinemann* 1997, S. 188ff.):

- Aufgrund der mangelnden Trennung in fixe und variable Kosten ist das *EHI*-DPR-Modell zur Unterstützung **kurzfristiger Dispositionen** wie z.B. im Rahmen der Efficient Promotion **nicht geeignet**.
- Die erhöhte Kostentransparenz des DPR-Ansatzes erfordert einen **erheblichen Aufwand**, der jedoch durch Rückgriff auf einfachere Modelle reduziert werden kann.
- Das DPR-Modell betrachtet **nur einen Teil der Handlungskosten** und kann sicherlich nicht alle Facetten der Realität abbilden.
- Die DPR-Rechnung bezieht sich auf **einzelne Artikel**, d.h. die Perspektive der Industrie, und nicht auf Warengruppen oder Sortimente, die traditionell Gegenstand der Disposition im Handel sind.
- Das *EHI*-DPR-Modell ging zunächst vom Lebensmittel-Einzelhandel aus und ist auf andere Sektoren des Handels **nur eingeschränkt übertragbar**.
- Der Einstieg in ECR ist i.d.R. mit **erheblichen Investitionen in die DV-Infrastruktur** verbunden (Datenbanken, EDI, Scanner- und Warenwirtschaftssysteme, DFÜ etc.).
- Die **Aufteilung realisierter Kostenreduktionen** auf Industrie und Handel ist durch die bestehenden Machtverhältnisse geprägt, so daß sich die angestrebte Win/Win-Situation nicht zwangsläufig ergeben muß.
- Nach Umfrageergebnissen profitiert vom ECR-Ansatz vor allem die **Konsumgüterindustrie** (36% aller Antworten), gefolgt vom filialisierten Einzelhandel (24%), dem Großhandel (14%) und - erst am Ende der Skala - den Verbrauchern (8%); (vgl. *Hallier* 1997, S. 4ff.).
- Einsparungspotentiale werden nach der gleichen Studie vor allem im **Efficient Replenishment** (20%), gefolgt vom Efficient Store Assortment (14%), von der Efficient Product Introduction (10%) und von der Efficient Promotion (3% der Nennungen) gesehen.

- Die auch in der Praxis festzustellende einseitige Fokussierung auf die Kostenseite vernachläßigt die Schaffung von **„Customer Value“** im Ansatz des „Efficient **Customer** Response“.
- Die intendierte verstärkte Zusammenarbeit von Industrie und Handel verlangt eine vertrauensbasierte **Kooperationskultur** und führt zu gegenseitigen Abhängigkeiten.
- Sowohl für DPR als auch für ECR sind **nur bestimmte Sortimente, Betriebstypen und Handelssegmente geeignet**. Der Grad der Zusammenarbeit wird durch die Marktstellung der beiden Partner bestimmt.
- Die Auswahl weniger, gezielt ausgewählter Wertschöpfungspartner als **Systemlieferanten**, ähnlich wie z.B. in der Automobilindustrie, ist zu erwarten.

Der Ansatz des Total System Efficiency, Kostensenkungs- oder Kundennutzenpotentiale über die Grenzen des eigenen Unternehmens hinaus zu realisieren, bietet trotz der skizzierten durchaus zu würdigenden Grenzen dennoch ausreichend Ansatzpunkte, die Ertragssituation zu verbessern. Das mag begründen, wieso sowohl der Kostenansatz der „Direkten Produktrentabilität“ als auch der noch umfassendere Ansatz des „Efficient Consumer Response“ in der Praxis in Deutschland, in Europa und in den USA auf große Ressonanz gestoßen ist.

Umweltkennzahlen im Handel

Ursula Hansen

1 Umweltkennzahlen zur Lösung ökologischer Informationsprobleme im Handel?

Ökologische Folgen des Wirtschaftens werden in unserer Gesellschaft in vielfältigster Form diskutiert und im Handeln der Wirtschaftssubjekte berücksichtigt. Dabei geht es um die Verwendung von natürlichen Ressourcen sowie um schädliche Emissionen und Abfallverursachung bei der Gestaltung von Produktions-, Distributions- und Konsumprozessen. Aufgrund vornehmlich stofforientierter ökologischer Betrachtungen wurde dem Handel in dieser Diskussion lange Zeit weniger starke Bedeutung zugemessen. Während Hersteller im Rahmen von Produktionsprozessen nämlich direkt als Hauptverursacher für Umweltschäden verantwortlich gemacht wurden und auch der Beitrag der Konsumenten durch den Gebrauch von Produkten und anschließend anfallendem Müll offensichtlich war, erschien der Handel als „nur" Mittler innerhalb marktlicher Austauschprozesse zunächst weniger ökologisch verdächtig. Demgegenüber wurde am Lehrstuhl Markt und Konsum der *Universität Hannover* bereits seit den achtziger Jahren der Forschungsschwerpunkt **„Ökologischer Handel"** verfolgt, bei dem davon ausgegangen wurde, daß die entscheidende ökologische Bedeutung des Handels in seinem Einfluß auf die Diffusion von ökologischen Produkten liegt, und zwar sowohl in stofflicher wie in kommunikativer Hinsicht. Diese Perspektive wurde hier mit dem Konzept des „ökologischen Gate Keepers" (vgl. *Hansen* 1988, 1992) und seiner späteren Erweiterung zum **ökologischen Diffusionsagenten** (vgl. *Hansen/Kull* 1996; *Kull* 1998) vollzogen. Eine in dieser Hinsicht wichtige theoretische Entwicklung war auf die Ausweitung des produktbezogenen Umweltschutzes von einer „End-of-Pipe" zu einer „Von-der-Wiege-bis-zur-Bahre"-Betrachtung, die dem Handel innerhalb von Wertschöpfungsketten eine gebührende ökologische Beachtung zukommen ließ (vgl. *Meffert/Kirchgeorg* 1998, S. 20ff.).

Gemäß verschiedener Äußerungen von Verbandsvertretern und Managern einzelner Handelsunternehmen scheint der Handel seine ökologische Verantwortung inzwischen zunehmend wahrzunehmen und umzusetzen (vgl. *Kull* 1998, S. 22), und auch empirische Untersuchungen zeigen eine Vielzahl diesbezüglicher Aktivitäten, zum Teil auch in Kooperationen mit Umweltverbänden (z.B. *Hertie* und der *BUND*) oder mit Herstellern im Rahmen des Wertkettenflusses (z.B. *Tengelmann* mit *Schöller*).

Die ökologischen Einflußmöglichkeiten des Handels auf Wirtschaftsprozesse können nur realisiert werden, wenn er sie selbst wahrnimmt und seine einzelwirtschaftlichen Chancen im Rahmen einer Profilierung im Wettbewerb erkennt und umsetzt. Zur Deckung des hier entstehenden Informationsbedarfs stellen **Umweltkennzahlen** in zweifacher Hinsicht ein geeignetes und sogar notwendiges Instrumentarium dar. Als **interne** Informationen bilden sie zum einen ökologische Handlungszusammenhänge ab und entfalten dadurch handlungssteuernde Wirkungen. Zum anderen können sie in die **externe** Umweltberichterstattung aufgenommen werden, um die umweltrelevanten Leistungen der Unternehmungen nach außen zu demonstrieren. Sie stellen damit eine notwendige Grundlage für eine Wettbewerbspositionierung des ökologieorientierten Handels dar - nach dem Motto „Tue Gutes und rede darüber".

Bisher wurden bei der Entwicklung von Umweltkennzahlensystemen vorrangig produzierende Unternehmen berücksichtigt, was der oben genannten Einschätzung ökologischer Problemverursachung entspricht. Erste Ansätze liegen jedoch auch für den Handel vor (vgl. *imug* 1994; *Feller/Göllinger/Weber* 1998; *Seidel/Scharnhorst/Liebehenschel* 1998; *Strebel* u.a. 1998). Ein wesentliches Anliegen dieses Beitrages richtet sich auf die Fragestellung, ob und in welcher Form Umweltkennzahlen ein **geeignetes Instrument** darstellen, um die spezifischen umweltrelevanten Leistungen des

Handels abzubilden. Diese Frage erfordert zunächst eine Beschäftigung mit den Spezifika der Handelsleistungen. Da der Handel im wesentlichen eine Vermittlungsaufgabe zwischen Beschaffungs- und Absatzmärkten wahrnimmt, bietet das ökologieorientierte Beschaffungs- und Absatzmarketing des Handels den geeigneten theoretischen Bezugsrahmen.

2 Ökologiebezug im Handel

2.1 Stellung des Handels als ökologischer Gate Keeper und daraus resultierende Aufgabenfelder

Der Handel vermittelt Austauschprozesse zwischen Herstellern und Abnehmern und beeinflußt dabei deren Werthaltungen und Handlungen. In dieser Rolle wird er als Gate Keeper bezeichnet, der über die Qualität und Quantität der Leistungs-, Kommunikations- und Wertströme zwischen den Marktparteien entscheidet (vgl. Abb. 1):

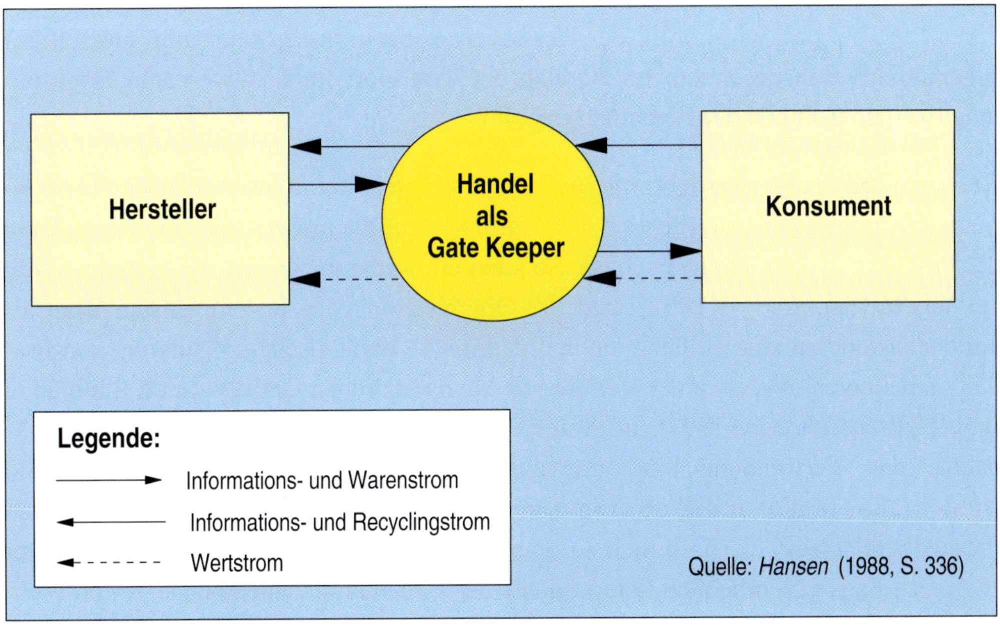

Abb. 1: Der Handel als Gate Keeper im Waren-, Informations- und Wertstrom des Marktweges

In ökologischer Hinsicht wird - wie oben angesprochen - die Bedeutung des Handels vorrangig im Zusammenhang mit dem **Stoffstrommanagement** gesehen (vgl. *Enquete-Kommission* 1994): Insbesondere mit der **Sortimentspolitik** ist er ein Stoffstrommanager (vgl. *Kull* 1998, S. 83), der beschaffungs- und absatzseitig die Diffusionschancen ökologischer Produkte wesentlich beeinflußt. Eine ökologische Orientierung kann in unterschiedlichen Intensitäten realisiert werden und reicht von der Auslistung einzelner ökologisch bedenklicher Produkte und Produktgruppen (z.B. die legendäre Schildkrötenentscheidung von *Tengelmann*) bis hin zur prinzipiellen Ausrichtung des Sortiments an ökologischen Kriterien. Grundlage einer ökologischen Sortimentspolitik bietet eine ökologieorientierte **Beschaffungspolitik**, die sich primär auf die Lieferanten richtet und die Aufnahme ökologischer Kriterien in die Lieferantenselektion und die Aufstellung ökologischer Anforderungen an die Lieferanten betrifft, was entsprechende sortimentspolitische Folgen hat. Die Sortimentspolitik wird unterstützt durch die **Warenpräsentation**. Die Anordnung der Produkte auf Regalflächen beeinflußt die Kaufentscheidung der Konsumenten, daher drückt sich eine ökologische Orientierung in der quantitativen und qualitativen Flächenzuweisung der Produkte aus. Der Handel betätigt sich weiterhin im Rahmen seiner Verpackungspolitik als Stoffstrommanager, wobei Transport-, Um- und Verkaufsverpackungen unterschieden werden müssen. Seine Ökologieorientierung bezieht sich hier zum einen darauf, die Verpackungspolitik der Hersteller zu beeinflussen und zum anderen auf Eigeninitiative, insbesondere im Bereich der Transport- und Umverpackungsgestaltung bzw. im Rahmen der Eigenmarkenpolitik.

Bei Gebrauchsgütern besteht mit einigen Varianten der **Service- bzw. Kundendienstleistungen** eine Möglichkeit des Einflusses auf die umweltverträgliche Nutzung der Produkte in der Gebrauchsphase. So kann ein Reparaturservice die Gebrauchszeit verlängern (vgl. *Schwill* 1995), und die Organisation von Ausleihdiensten kann als Serviceleistung zu einer kollektiven und damit u.U. ökologischeren Nutzung von Produkten beitragen, wie etwa der Verleih von handwerklichen Geräten durch Baumärkte (vgl. *Hansen/Schrader* 1997). Im Sinne einer Kreislaufwirtschaft gewinnt die Rücknahme und Verwendung bzw. umweltgerechte Entsorgung von Altgeräten und -stoffen als Aufgabe des Stoffstrommanagements zunehmende Bedeutung. Je nach Produktbereich sind diesbezüglich Aufgaben der **Redistribution** in den Handelsbranchen allerdings von erheblich unterschiedlicher Bedeutung. Zunehmende Anforderungen werden an die Wirtschaftssubjekte, und hier auch an den Handel, mit der Schaffung einer Gesetzesgrundlage herangetragen, die sich am Kreislaufprinzip des Wirtschaftens orientiert, wie insbesondere das Kreislaufwirtschafts- und Abfallgesetz.

Die bisher genannten Handlungsfelder betreffen die qualitative und quantitative Gestaltung der Stoffströme zwischen Herstellern und Konsumenten. Unterstützend dazu ist die logistische Gestaltung des Stoffstroms durch **Transport und Verkehr** zu berücksichtigen. Die Gestaltung der Warentransporte betrifft einerseits umweltrelevante Entscheidungen über die Wahl der verschiedenen Verkehrsmittel und andererseits warenwirtschaftliche Dispositionen über Häufigkeit und Zeit der Belieferungen. Auch hier sind Beeinflussungen der Lieferanten- oder Abnehmerdispositionen und eigeninitiierte Gestaltungsformen zu unterscheiden.

Diese bisher genannten stoffstrombezogenen Marktaktivitäten bilden einen wichtigen Bereich ökologieorientierter Gestaltungsmöglichkeiten des Handels ab. Ein weiteres Leistungsbündel bezieht sich auf den **Kommunikationsstrom**. Durch seine Stellung zwischen Herstellern und Konsumenten entstehen dem Handel kommunikative Möglichkeiten der Nachfrageermittlung und -lenkung. Im ökologischen Zusammenhang sind folglich zum einen die Durchsetzungschancen eines ökologieorientierten Angebotes gegenüber der Nachfrage betroffen. Bei der Beurteilung sowohl der ökologischen Qualität als auch der traditionellen Leistungskriterien von umweltschonenden Produkten zeigen die Konsumenten große Unsicherheiten, woraus ein höheres wahrgenommenes Kaufrisiko und damit verbunden ein höherer Informationsbedarf resultiert. Es ist zu diskutieren, inwieweit der Handel unter konkurrierenden Informationsquellen des Konsumenten die Aufgabe übernehmen kann, eine **kompetente Umweltberatung und -information** anzubieten. Zum anderen kann der Handel über seine Mittlerstellung Einfluß auf die Durchsetzung ökologischer Bedarfe gegenüber den Herstellern ausüben, indem er die Bedürfnisse der Konsumenten nach umweltverträglichen Problemlösungen aufnimmt und weiterleitet.

Die Marktaktivitäten des Handels beziehen sich zum dritten auf den **Wertstrom** zwischen Herstellern und Konsumenten, der durch **Preisstellung und Finanzierung** gesteuert wird. Ökologieorientierte Aktivitäten bieten finanzielle Anreize für den Erwerb umweltverträglicher Produkte.

Den Absatz- und Beschaffungsaktivitäten übergeordnet ist die **ökologieorientierte Unternehmensführung**, die sich auf innerbetriebliche Strukturen und Prozesse der Gestaltung des Ressourceninputs und -outputs und den damit verbundenen Stoff- und Energieströmen bezieht und sowohl die Zentrale wie ggf. die standortlich gebundenen Filialen betrifft. Eine besondere Bedeutung kommt im Handel als personalintensivem Dienstleister den Mitarbeitern zu. Die Ausrichtung auf Umwelterfordernisse ist ohne die aktive Mitarbeit möglichst aller Beschäftigten nicht möglich (vgl. *Hopfenbeck*

1991, S. 398). Es muß daher als Aufgabe der **Personalbeschaffung, -entwicklung und -erhaltung** angesehen werden, die Motivation und qualitative Kompetenz des Personals in Hinblick auf eine aktive Mitarbeit bei der Umsetzung einer ökologischen Unternehmensführung sicherzustellen (vgl. *Meffert/Kirchgeorg* 1998, S. 433ff.). Indirekte Wirkungen entfalten Managementmaßnahmen der **strategischen Implementierung und Institutionalisierung**, wie z.B. interne Richtlinien für ökologisches Verhalten oder der Einsatz von Umweltabteilungen.

2.2 Spezifika des Handels als Rahmenbedingung für die Entwicklung von Umweltkennzahlen

Die kurze Darstellung des Handels als ökologischer Gate Keeper und seiner daraus resultierenden Aufgabenfelder ermöglicht als Resümee eine Analyse seiner Spezifika, soweit sie für die Entwicklung von Umweltkennzahlen relevant sind:

- Der Handel vermittelt zwischen Hersteller- und Konsumbereich, ohne wesentliche stoffliche Umwandlungsprozesse durchzuführen und hat somit seinen Tätigkeitsschwerpunkt im absatz- und beschaffungswirtschaftlichen Marketing.
- Er verbindet als Marktmittler und Gate Keeper von Waren- bzw. Stoffströmen seine Sachleistungen mit immateriellen Dienstleistungen, die ganz wesentlich im kommunikativen Bereich der Diffusion von Informationen liegen.
- Während sein eigener Wertschöpfungsanteil also gering ist, trägt er gleichzeitig eine hohe Dispositionsverantwortung.
- Der Handel hat einen äußerst vielfältigen Warenstrom zu steuern, so daß seine Aufgaben als Stoffstrommanager sehr komplex sind.
- Die Vielfalt und Fremdbestimmtheit des zu disponierenden Warenstroms verursacht immense Informationsprobleme (vgl. *Kull* 1998, S. 167ff.).
- Das Wachstum eines Handelskonzerns erfolgt im Bereich des stationären Handels dezentral über zusätzliche Betriebsstätten und multipliziert somit die Relevanz standortpolitischer Aspekte.
- Die Filialen sind je nach Firmenorganisation und -philosophie unterschiedlich selbständig, so daß bei der Bewertung eines Handelskonzerns teilweise auf der Zentralebene, teilweise auf der Filialebene angesetzt werden muß.

3 Wirkungsmechanismen und Anforderungen an Umweltkennzahlen

Die Bildung von Umweltkennzahlen ist eine quantitative Erfassung ökologischer Wirkungen des Wirtschaftens. Umweltkennzahlen verknüpfen **unmittelbar** betriebliche Sachverhalte mit solchen der natürlichen Umwelt (vgl. *Seidel/Goldmann/Weber* 1994). Sie können sich auch auf **mittelbare** Zusammenhänge zwischen den unternehmerischen Aktivitäten und der Umwelt beziehen. Durch die Verdichtung umfangreicher Umweltdaten auf eine überschaubare Anzahl an aussagekräftigen Schlüsselinformationen ermöglichen Umweltkennzahlen eine schnelle Einschätzung der unternehmerischen Leistungen für den Umweltschutz und die Aufdeckung umweltbezogenen Handlungsbedarfs (vgl. *Bundesumweltministerium/Umweltbundesamt* 1997). Mit Zeitvergleichen, Soll/Ist- oder Betriebsvergleichen erleichtern Umweltkennzahlen die Planung, Steuerung und Kontrolle umweltbezogener Aktivitäten des Unternehmens.

Vorschläge, Empfehlungen und Beispiele zur Umweltleistungsbewertung allgemein liegen mit der ISO CD 14031 vor (NAGUS-AA 5 Nr. 09-98: ISO/Dis 14031), die als Entwurf einer internationalen Norm Richtlinien zur Gestaltung und Durchführung der Umweltleistungsbewertung innerhalb eines Unternehmens enthält. Allerdings besteht hier eine starke Orientierung an produzierenden Unternehmen und insofern Stofflastigkeit in der Kriterienentwicklung.

Wie für alle betrieblichen Kennzahlen sind auch für den Typus der Umweltkennzahlen viele verschiedene Anforderungen formuliert worden, wobei sich in diesem Sachzusammenhang die Spezifika ökologischer Informationen und darüber hinaus auch die Spezifika der Ökologieorientierung von Handelsleistungen erschwerend auswirken. Ökologische Sachverhalte sind durch hohe Komplexität, indirekte Wirkungen, Langfristigkeit und Dynamik gekennzeichnet (vgl. *Hansen/Kull* 1994), und es ist insofern schwierig, sie in Kennzahlen auszudrücken, und dies gilt in bezug auf die komplexen Stoffstromdispositionen des Handels in verstärktem Maße. Bei realistischer Einschätzung der Realisierbarkeit müssen folgende Anforderungen formuliert werden:

- Umweltkennzahlen sollten für den Adressaten **handlungsrelevant** sein. Nur so bewirken sie Fortschritte im Sinne einer ökologierorientierten Qualitätsverbesserung in Unternehmen. Je nach Zielrichtung der Umweltkennzahlen sind externe oder interne Adressaten als Entscheidungsträger zu definieren, deren Handlungsfeld in einem angemessenen Zeitraum betroffen sein muß. Sei es, daß Konsumenten oder Lieferanten als externe Adressaten ihre Beschaffungs- und Absatzentscheidungen an ihnen ausrichten sollen oder daß dem internen Management spezielle Steuerungsvorgaben gemacht werden, müssen Umweltkennzahlen in ihrer Konkretisierung und Struktur dem Handlungshorizont der Adressaten angepaßt werden.

- Unternehmenskennzahlen sollten **ökologisch relevant** sein. Diese Anforderung klingt zunächst banal, gewinnt jedoch an Aussagekraft, wenn berücksichtigt wird, daß einerseits die Informationskapazität der Adressaten begrenzt und andererseits die Materie äußerst komplex ist. Dies macht eine Selektion von Kriterien und eine Konzentration auf die ökologisch relevantesten notwendig.

- Umweltkennzahlen sollen **handelsspezifische ökologische Relevanz** haben. Wie oben dargelegt, sind Handels- und Herstellerleistungen in ökologischer Hinsicht sehr unterschiedlich. Daher ist es wichtig, die besondere ökologische Problematik des Handels zu erfassen. Dabei stellt sich dann die Frage, ob Kennzahlen als standardisiertes, den gesamten Handel umfassendes Programm entwickelt werden sollten oder ob eine Differenzierung innerhalb des Handels erforderlich ist. Unterschiede bestehen insbesondere in bezug auf die Betriebsgröße, Branche und Betriebsform.

- Umweltkennzahlen sollten mit **ökonomisch vertretbarem Aufwand** zu ermitteln sein, indem der ökologische Erkenntnis- und Handlungsnutzen in ein angemessenes Verhältnis zu den Informationskosten gebracht wird. Diese für Ökonomen so zentrale Anforderung ist ebenso wichtig wie schwierig; wichtig deshalb, weil angesichts der erschwerten Erhältlichkeit ökologischer Informationen die Ermittlungskosten teilweise sehr hoch sind. Dies gilt im Handel wiederum in erhöhtem Maße angesichts seiner vielfältigen Waren- und Dienstleistungsdispositionen, wobei er sogar weitgehend auf die Auskunftsbereitschaft und -fähigkeit seiner Lieferanten angewiesen ist.

  Insofern ist eine kostenbezogene Selektion relevanter Umweltkennzahlen besonders notwendig. Auf der anderen Seite ist auch die Bewertung des ökologischen Nutzens von Umweltkennzahlen ein schwieriges Unterfangen, so z.B. die Einschätzung einer Reduktion bestimmter Abfallstoffe oder die Durchführung ökologieorientierter Mitarbeiterschulungen, deren Wirkung allenfalls indirekt erfolgt und insofern gar keine Quantifizierung zuläßt.

4 Umweltkennzahlen im Handel - Einschätzung des bisherigen Standes

Vor dem Hintergrund der vorangegangenen Ausführungen soll an dieser Stelle der Frage nachgegangen werden, inwieweit sich das Instrument der Umweltkennzahlen auch für den spezifischen Informationsbedarf des Handels nutzen läßt. Dabei kann auf Ergebnisse eines Forschungsprojekts, das sich mit handelsbetrieblichen Umweltkennzahlen beschäftigt hat (vgl. *Seidel/Scharnhorst/Liebehenschel* 1998; *Strebel* u.a. 1998), zurückgegriffen werden.

Dieses Projekt hat mit seiner Datenbasis und seiner qualitativen Untersuchungsmethodik explorativen Charakter. Es präsentiert erste Ansätze zur Entwicklung von Umweltkennzahlen für den Handel und ist insofern für diesen Wirtschaftssektor sehr verdienstvoll. Es orientiert sich an der Umweltleistungsbewertung der geplanten ISO 14031. Diese Anlehnung erscheint sinnvoll, da es sich hierbei um eine geplante Norm von internationaler Gültigkeit handelt. Das Umweltkennzahlensystem wurde in enger Abstimmung mit der Handelspraxis entworfen, wobei nur solche Handelsunternehmen einbezogen wurden, die Erfahrungen mit einem ökologieorientierten Informationssystem haben. In die Untersuchung sind weiterhin Erfahrungen verschiedenartiger Pilotkooperationen mit Unternehmungen eingeflossen, so daß die Autorin davon ausgeht, einen guten Überblick über praxisrelevante Umweltkennzahlen geben zu können. Abb. 2 gibt zunächst eine Übersicht des erarbeiteten Umweltkennzahlensystems für den Handel.

Vor dem Hintergrund der Erhältlichkeit und Wirtschaftlichkeit von Kennzahlen werden in diesem System Basis- und Ergänzungszahlen unterschieden, wobei der Bedeutung der Sortimentspolitik entsprechend eine doppelte und damit gespaltene Einordnung in beide Bereiche erfolgt. Den Eigenschaften des Handels entsprechend bilden die **standortgebundenen Stoff- und Energieströme aus der Umwelttätigkeit** in Zentralen und Betriebsstätten einen wichtigen Bereich ab, der aus Stoff- und Energiebilanzen zu ermitteln ist. Dazu gehören z.B. der Energieverbrauch für Beleuchtung, Kühlung u.a., der auf Umsatz oder Verkaufsflächen bezogen werden kann oder als Kostenquoten zu bewerten ist; weiterhin der Wasser- und Materialverbrauch der Verwaltung, Kennzahlen der Vermeidung und Sortierung von Abfall oder umweltverträglicher Flächennutzung im Rahmen der Unternehmensinfrastruktur. Hier werden von den Autoren auch Kennzahlen der Redistribution, d.h. der zurückgenommenen Altstoffe und Altgeräte aufgenommen. Weiterhin als handelstypisch wird der

Bereich **Transport und Verkehr** berücksichtigt, mit dem logistische Aktivitäten abgedeckt werden. Verkehrsträgeranteile an der Warenanlieferung und -auslieferung dienen der Transparenz über umweltverträgliche Transportgestaltung. **Verpackungskennzahlen** beziehen sich auf den Anteil von Recyclingmaterialien und recycelbaren Materialien an Transport- und Produktverpackungen sowie auf das Verhältnis von Mehrweg- oder Einwegverpackungen. Zentrale Bedeutung wird der **Sortimentspolitik** beigemessen. Ihre Umweltverträglichkeit wird durch den Anteil umweltverträglicher Produkte abgebildet. Dabei wird im Bereich der Basiskennzahlen einfach der Anteil der mit Ökolabels ausgezeichneten Produkte als Indikator der Umweltorientierung gemessen, während im Bereich ergänzender Kennzahlen ökologische Analysen, wie z.B. Produktlinienanalysen, zugrunde gelegt werden. Hier werden allerdings deutliche informationsökonomische Grenzen in der Erhältlichkeit und in dem Aufwand der Informationsermittlung gesehen.

Basis-Kennzahlen	Ergänzende Kennzahlen
• **Standort** - Energiekennzahlen - Wasserkennzahlen - Materialkennzahlen - Abfallkennzahlen - Kennzahlen Unternehmensinfrastruktur • **Transport und Verkehr** - Transport- und Verkehrskennzahlen - Emmissionskennzahlen - Kennzahlen Fuhrparkausstattung • **Verpackung** • **Sortiment**	• **Sortiment** • **Beschaffung** • **Personalwirtschaft** - Schulungskennzahlen - Kennzahlen Vorschlagswesen • **Systemumsetzung**

Quelle: *Strebel* u.a. (1998, S. 94)

Abb. 2: Übersicht über das Umweltkennzahlensystem für den Handel

Die bisher genannten Kennzahlenbereiche sind unmittelbar und direkt ökologisch wirksam und daher relativ leicht operationalisierbar. Daneben werden mittelbar und indirekt wirksame Umweltkennzahlen vorgeschlagen, die als Indikatoren ökologischer Wirkungsmechanismen schwer quantifizierbar sind. Dazu gehören im Rahmen der **Beschaffungspolitik** Kennzahlen der Lieferantenselektion, wie z.B. der Lieferantenanteil mit Umweltmanagementsystemen oder das Einkaufsvolumen mit zertifizierten Lieferanten. **Personalwirtschaftliche Kennzahlen** sollten Aufschluß über die betrieblichen Anstrengungen geben, den Mitarbeitern Wissen und Interessen an ökologieorientierten Fragestellungen zu vermitteln. Sie erfassen den Anteil umweltgeschulter Mitarbeiter oder als Indikator der Mitarbeiteridentifikation mit Umweltfragen die Anzahl umweltorientierter Verbesserungsvorschläge von Mitarbeitern. Mit den Kennzahlen zur **Systemumsetzung** werden ökologieorientierte Investitionsanstrengungen und der Einsatz von Managementpools, wie z.B. die Einrichtung von Umweltbeauftragten, ausgedrückt.

Das Umweltkennzahlensystem zeigt in der beschriebenen Form, in welcher Weise derzeitig wichtige Handelsvertreter die Umsetzungsmöglichkeiten der ISO CD 14031 für den Handel sehen. Daher ist es wichtig und lohnend, die Vorschläge auf der Grundlage der oben angegebenen Anforderungen an Umweltkennzahlensysteme zu überprüfen und zu kommentieren:

Das Kennzahlensystem ist geprägt von dem Gedanken der **Verhältnismäßigkeit und der ökonomischen Vertretbarkeit** des Informationsaufwandes. Die hier deutliche Pragmatik ist gerade angesichts der erst in den Anfängen befindlichen Umweltinformationssysteme im Handel angemessen. Sie entspricht zudem der bereits angesprochenen schwierigen Informationslage des Handels. Diese stellt allerdings ein grundlegendes und kein situatives Problem dar und resultiert aus den umfangreichen Dispositionen des Handels über die Zusammensetzung des Warenstroms, der in ökologischer Hinsicht weitgehend fremd gestaltet und daher informationspolitisch schwer zugänglich ist. Insofern sind pragmatische Vorschläge einer Selektion von Kennzahlen unter dem Gesichtspunkt neuralgischer Problembereiche des Warenstroms durchaus gerechtfertigt.

Die Anforderung der **Handlungsrelevanz** erfordert eine Abstimmung der Kennzahlen auf die Handlungsfelder und Ziele der Entscheidungsträger. In diesem Zusammenhang wird zunächst davon ausgegangen, daß die Umweltkennzahlen weniger zu externen Zwecken der Öffentlichkeitsarbeit, sondern weit mehr als interne Steuerungs- und Kontrollgrößen angesehen werden. Insofern trifft das Modell interne Entscheidungsträger. Die große Bedeutung standortbezogener Kennzahlen der Verwaltung entspricht dem hohen Stellenwert dezentralisierter Betriebsführung des Handels an den Standorten der Filialen und Betriebsstätten, die eine Multiplizierung standortgebundener Aspekte bewirkt. Die Kennzahlen sind so strukturiert, daß sie auf die Aufgabenbereiche der Entscheidungsträger zugeschnitten sind und damit Steuerungs- und Kontrollfunktionen übernehmen können.

Weitere Anforderungen betreffen die **ökologische und handelsspezifische Relevanz** der Kennzahlen. Ein Vergleich der anfangs dargelegten ökologischen Handlungsfelder des Handels mit dem vorgeschlagenen Umweltkennzahlensystem zeigt gerade in diesem Bereich größere Abweichungen. Es fällt auf, daß die Spezifika der Absatz- und Beschaffungspolitik des Handels insgesamt vernachlässigt werden. Es fehlen in dem Kennzahlensystem Aktivitäten des Handels, die sich wesentlich auf den Kommunikationsstrom beziehen, wie z.B. in erster Linie Beratung und Information, weiterhin die kommunikativen Aspekte der Warenpräsentation und des Services. Die Autoren des Modells setzen sich mit dieser Lücke auseinander und begründen sie mit pragmatischen informationspolitischen Gesichtspunkten mangelnder Erfaßbarkeit und Operationalisierbarkeit. Unseres Erachtens geht an dieser Stelle allerdings ein wichtiger Bereich handelsspezifischer ökologischer Leistungspotentiale verloren. Es ist ja gerade die ganz wesentliche kommunikationsbezogene Diffusionsleistung des Handels, die seine Bedeutung in ökologischen Zusammenhängen des Wirtschaftens ausmacht. Daher sollte alles daran gesetzt werden, diese Seite seiner Mittlerposition in einem Umweltkennzahlensystem festzuhalten. Hier dürfen Aspekte der Erhebungspragmatik unseres Erachtens nicht durchschlagen. Das Verständnis der Handelsleistung darf nicht in primär stofforientierten Kategorien verharren. Gerade die kommunikativen Vermittlungsleistungen unterscheiden ihn von Herstellerbetrieben. Das von Ingenieuren beherrschte Denken im Bereich der ökologieorientierten Informationswirtschaft scheint auch hier unglücklicherweise zu sehr im Vordergrund zu stehen.

Ein weiterer, nicht behandelter Handelsbereich bezieht sich auf die Gestaltung des Wertstroms mit der Preis- und Finanzierungspolitik. So wäre hier insbesondere eine Preisstellung zu berücksichtigen, die von ökologischen Gesichtspunkten geprägt ist. Allerdings gibt es zu dieser Thematik größte Schwierigkeiten, da sowohl zentrale Definitions- wie Informationsprobleme entstehen.

Die Erfassung von Handelsspezifika betrifft auch die Frage nach Differenzierungen innerhalb des Handels. Im Sinne einer möglichst weitgehenden zwischenbetrieblichen Vergleichbarkeit war es zunächst Anliegen für das Umweltkennzahlensystem, einen standardisierten Vorschlag für den gesamten Handel zu machen. Allerdings wurde im Verlaufe des Projektes die generelle zwischenbetriebliche Vergleichbarkeit in Frage gestellt und die Notwendigkeit einer Differenzierung nach Betriebsformengrößen und Branchen deutlich. Nur im Rahmen dieser Differenzierungsaspekte können Umweltkennzahlen sachgemäß verglichen und interpretiert werden.

Angesichts der vorgetragenen Überlegungen schlägt die Autorin abschließend unter Berücksichtigung ökologischer Prozesse und Strukturen des Handels folgende Veränderungen des diskutierten Systems vor (vgl. Abb. 3).

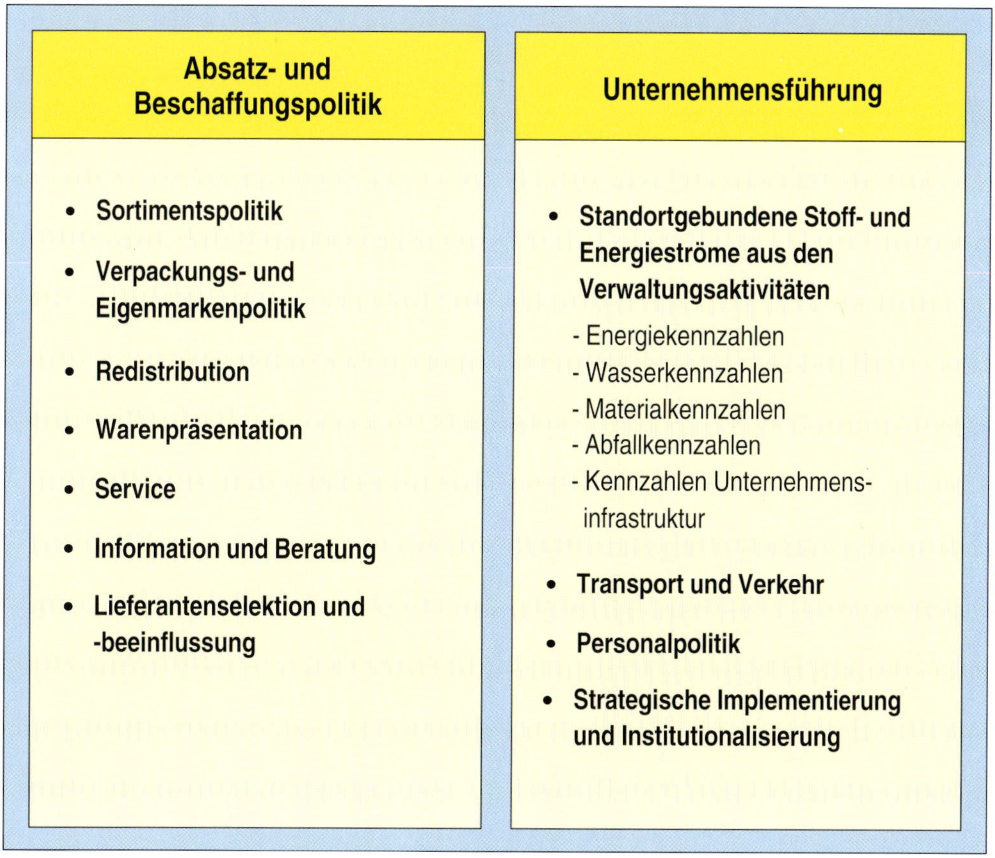

Abb. 3: Umweltkennzahlensystem für ökologische Prozesse und Strukturen im Handel

Hier wird der Absatz- und Beschaffungspolitik und insbesondere den kommunikationsrelevanten Aktivitäten neben der Unternehmensführung besondere Bedeutung beigemessen. Die Zahlen müssen sowohl auf Zentral-, als auch auf Filialebene erhoben werden. Eine Variation nach Betriebsgrößen, Betriebsformen und Branchen ist unseres Erachtens dringend erforderlich, um die differenzierten Handlungspotentiale erfassen zu können.

Anmerkung: Die Autorin dankt Frau Dipl.-Ök. Sonja Scharnhorst, Mitarbeiterin am *Institut für Markt-Umwelt-Gesellschaft (imug. e.V.)*, für ihre wertvolle Hilfestellung.

Bausteine eines Management-Informationssystems: Balanced Scorecard - Benchmarking - Betriebsvergleich

Lothar Müller-Hagedorn

Handelsmanager verrichten eine **abstrakte Arbeit**: Sie nehmen im Lager keine Ware an, sie kommissionieren nicht und führen häufig auch keine Verkaufsgespräche mit Kunden; vielmehr lenken sie die Aktivitäten, indem sie Informationen über das Unternehmen und seine Umwelt verarbeiten. Dies führt zu der Frage, welche Informationen in einem Unternehmen für das Management systematisch bereitgestellt und aufbereitet werden sollten. Die zentralen Komponenten eines Informationssystems für Manager können gleichzeitig die Basis bilden für die Unterrichtung der Aufsichtsgremien und die Finanzanalysten. Während früher Umsatz, Betriebsergebnis, Cash Flow, Handelsspanne und Lagerumschlag als Steuerungsgrößen hinreichend erschienen, sind die heutigen Ansprüche an ein Controllingsystem (= Informationssystem) anspruchsvoller. Die **Gründe** hierfür sind mehrfacher Art:

- Ein **stärkerer Wettbewerb** erfordert es, die Verhältnisse genauer zu betrachten. Jede einzelne Vertriebsschiene, jedes Haus oder jede Warengruppe müssen auf

Profitabilität geprüft werden, aber auch einzelne Prozesse, wie z.B. die Disposition, werden der Analyse unterzogen. Auch die Anpassung an dynamischer werdende Umfeldbedingungen erfordert entsprechend ausgebaute Informationssysteme. Gleichzeitig werden Informationssysteme angestrebt, die den Blick auf das Wesentliche richten und den Empfänger nicht mit einer Last von Einzelinformationen erdrücken.

- Zum anderen müssen größer gewordene Organisationen immer mehr Aufmerksamkeit darauf verwenden, alle Entscheidungsträger auf ein gemeinsames Ziel auszurichten. Auf diese Koordinationsnotwendigkeit ist wohl zurückzuführen, daß der Satz von *Kaplan* und *Norton*: **„What you measure is what you get"** so populär geworden ist. Er ist vor dem Hintergrund zu verstehen, daß Entscheidungsträger ihre Maßnahmen auf jene Größen ausrichten, die in das Berichtswesen der Unternehmung eingehen. Mit den gemessenen Größen steuert das Unternehmen - ob es das nun beabsichtigt oder nicht - das Verhalten seiner Mitarbeiter.
- Schließlich ist es wichtig, daß die laufenden Operationen mit dem strategischen Konzept **abgestimmt werden**. Wie groß ist doch die Gefahr, daß laufende Maßnahmen als gut beurteilt werden, obwohl sie sich von dem strategischen Konzept, dem die Unternehmung folgen will, lösen. Es handelt sich um den klassischen Konflikt zwischen kurz- und langfristiger Betrachtung.

Der Aufbau von **Informationssystemen**,

- die das Verhalten lenken und eben nicht nur interessant („Nice to see"), aber letztendlich wirkungslos sind und
- die die Koordination zwischen einzelnen Bereichen der Unternehmung und zwischen strategischer und operativer Planung gewährleisten,

sind zu einem wichtigen Bereich der Diskussion sowohl in der Praxis als auch in der Theorie geworden.

Inzwischen gibt es mehrere Diskussionsstränge, so insbesondere zur Balanced Scorecard von *Kaplan* und *Norton*, zum Benchmarking und zu Weiterentwicklungen des traditionellen Betriebsvergleichs. Dabei hat sich gezeigt, daß die Ausrichtung auf klassische finanzwirtschaftliche Größen zu eng geworden ist. Das Augenmerk richtete sich darauf, wie **strategische und operative Planung** verklammert werden können und wie mit Zahlen Ziele gesteckt und Wettbewerbsverhalten angeregt werden können. Außerdem wurde explizit gefragt, welche konkreten Funktionen der Unternehmensführung unterstützt werden sollten, um so die Aufbereitung der Daten auf diese Zwecke ausrichten zu können. Im folgenden wird auf ausgewählte Sachverhalte dieser Diskussion eingegangen, wobei drei Verfahren thematisiert werden, die Balanced (Business) Scorecard (BSC; vgl. Kap. 1), Benchmarking (vgl. Kap. 2) und Fortentwicklungen des Betriebsvergleichs (vgl. Kap. 3).

1 Die Balanced Scorecard

Inzwischen gibt es zwar mehrere Publikationen zur Balanced Scorecard (vgl. *Horváth/ Kaufmann* 1998), und es wird berichtet, daß sich einige Unternehmen ihrer bedienen, aber das Verfahren erscheint doch nicht so bekannt, als daß es nicht zunächst kurz vorgestellt werden sollte.

1.1 Anliegen und Aufbau der Balanced Scorecard

Insbesondere Kaplan und Norton haben die traditionelle, auf finanzwirtschaftliche Zahlen ausgerichtete Berichterstattung über die Leistung eines Unternehmens kritisiert (vgl. *Kaplan/Norton* 1992; *Kaplan/Norton* 1996). So kamen sie zu ihrer „Balanced Scorecard", einem Satz von Kennzahlen, der Top-Managern einen schnellen, aber sinnvollen **Überblick über den Geschäftsablauf** vermitteln soll. Die Balanced Scorecard schließt zwar einerseits Kennzahlen zum finanziellen Ergebnis ein, die spiegeln, welche Ergebnisse mit den bereits realisierten Aktionen erreicht worden sind. Sie enthält aber andererseits auch Leistungskennzahlen zur Kundenzufriedenheit, zu internen Prozessen und zur Fähigkeit der Unternehmung, ihre Innovationsrate und ihre internen Abläufe zu verbessern - also Kennzahlen, die als zentrale **Bestimmungsfaktoren der künftigen finanziellen Leistung** angesehen werden können. Die Autoren möchten das Top-Management mit Steuerungsgrößen versorgen, wie sie einem Piloten im Cockpit zur Verfügung stehen, wo dieser mit allen relevanten Informationen, wie z.B. zur Geschwindigkeit, zum Benzinvorrat, der Höhe usw., versorgt wird.

Die Balanced Scorecard will das Unternehmen aus **verschiedenen Perspektiven** betrachten, wobei auf Größen abgestellt wird, die auf den ersten Blick scheinbar nichts miteinander zu tun haben, aber doch alle auf die zentralen Ziele des Unternehmens ausgerichtet sind, wie z.B. kundengerechter zu werden, die Qualität zu verbessern, schneller zu agieren und zu reagieren, Teamarbeit zu betonen, langfristig zu denken und zu handeln. Durch die Gleichzeitigkeit der Berichterstattung soll auch gewährleistet werden, daß Abhängigkeiten zwischen einzelnen Größen bewußt werden. Einzelne Ziele können ja auf völlig verschiedene Art erreicht werden. Der Umsatz kann ausgeweitet werden, indem entweder die Sortimente kundengerechter ausgewählt und präsentiert werden oder indem mit entsprechender Werbeunterstützung die Abschriften erhöht werden. Die Logistikkosten können gesenkt werden, indem die Zahl der Lieferanten zusammengestrichen wird oder indem die Beschaffungsmengen optimiert werden. Die Perspektivenvielfalt kommt in den folgenden vier Fragen zum Ausdruck (vgl. Abb. 1):

(1) Wie sehen die Kunden das Unternehmen (Kundenperspektive)?

(2) Worin muß sich das Unternehmen auszeichnen (nach innen gerichtete Perspektive)?

(3) Ist das Unternehmen auf dem Weg zu weiteren Verbesserungen und zur Schaffung weiterer Werte für die Kunden?

(4) Wie beurteilen die Gesellschafter das Unternehmen?

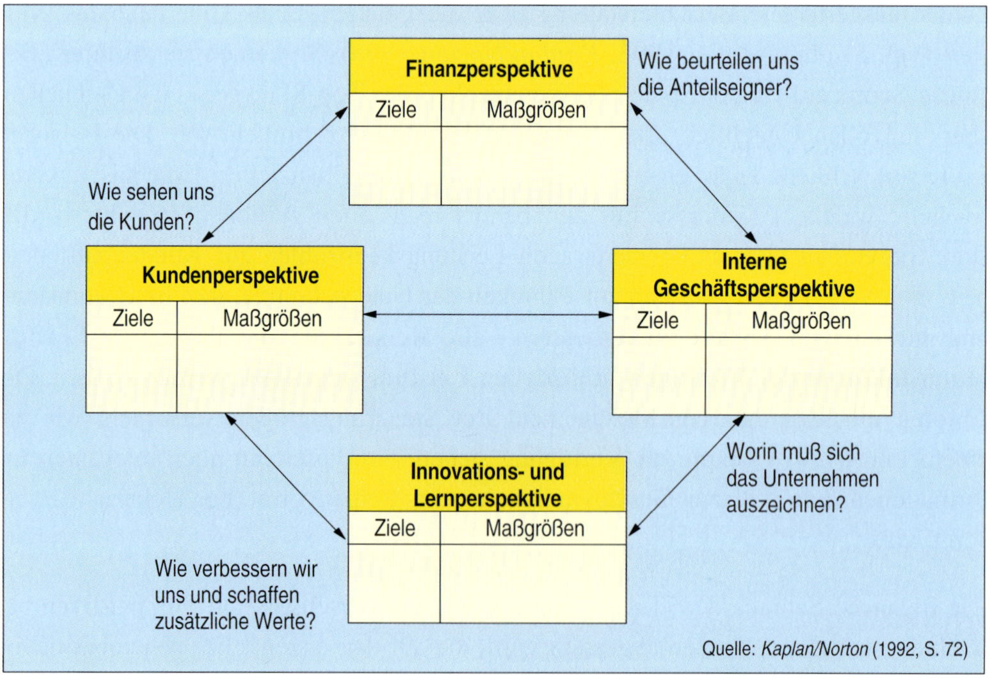

Abb. 1: Die Balanced Scorecard nach Kaplan und Norton

(1) Die Kundenperspektive

Die Kundenperspektive wird häufig in sehr allgemein gehaltenen Formulierungen zur Mission des Unternehmens verankert, z.B. „Wir sind der Frischemarkt in ihrer Nähe" oder „Mode zu vernünftigen Preisen". Zum einen kommt die Gefahr auf, daß solche Formulierungen sehr unterschiedlich interpretiert werden und somit nicht gewährleisten, daß die Aktivitäten der einzelnen Entscheidungsträger auf ein einheitliches Ziel ausgerichtet werden, zum andern stellt sich die Frage, inwieweit die Kunden das zentrale Leistungsversprechen eines Unternehmens erkannt haben und es akzeptieren, inwieweit die Unternehmung also nach **Meinung der Kunden ihre Kernaufgabe** erfüllt. Durch die Scorecard wird die Unternehmung veranlaßt, nach geeigneten Maßgrößen Ausschau zu halten. Diese Maßgrößen beziehen sich auf die Basisdimensionen:

- Zeit: „Wie schnell hat sich die Unternehmung auf die Bedürfnisse der Kunden eingestellt?"
- Qualitätsmängel: „In welchem Ausmaß sind Fehler im Umgang mit Kunden vorgekommen?"
- Leistung: „In welchem Ausmaß schafft die Unternehmung mit ihren Produkten und ihren Dienstleistungen Nutzen für ihre Kunden?"
- Kosten, die dem Kunden entstehen, wenn er mit dem Anbieter zusammenarbeitet.

Dabei ist auch daran zu denken, daß einzelne Kundengruppen ihre eigenen Vorstellungen haben und bspw. den Begriff „umgehende Belieferung" unterschiedlich auslegen. Sicherzustellen ist auf jeden Fall, daß die Maßkriterien für die Erfüllung der Kundenbedürfnisse aus dem **Blickwinkel der Kunden** festgelegt werden. So ist auch bei den Kosten, die dem Kunden aufgrund der Geschäftsbeziehung mit dem Anbieter entstehen, nicht nur an den Preis für die bezogene Ware zu denken, sondern auch an andere Kostenbestandteile, wie z.B. die Anfahrt, die Entsorgung von Verpackungsmaterial usw. Insgesamt kann man sagen, daß das Controlling lernt, das Unternehmen aus einer Marketingperspektive und damit kundenbezogen zu sehen.

(2) Die interne Perspektive: Worin muß sich die Unternehmung auszeichnen?

Wenn eine Unternehmung den Ansprüchen ihrer Kunden gerecht werden will, müssen hierfür intern die entsprechenden Voraussetzungen geschaffen werden. So hat sich eine Unternehmung zu fragen, ob ihre **Kernkompetenzen** darauf ausgerichtet sind, jene Leistungen zu erstellen, die den Kunden am wichtigsten sind. Bei einem Handelsbetrieb, bei dem modische Textilien einen zentralen Bestandteil des Sortimentes ausmachen, kann dies die Fähigkeit sein, frühzeitig zu erkennen, welche Trends sich durchsetzen, oder die Fähigkeit, die Zusammenarbeit mit den Herstellern so zu gestalten, daß kurzfristig reagiert werden kann. Bei einem Großhandelsbetrieb kann es die Fähigkeit sein, den Kunden auch in technischen Angelegenheiten zu beraten oder ihm Komplettlösungen anzubieten. Auf der Basis des strategischen Konzepts und der Definition von Kernkompetenzen sind für die Balanced Scorecard geeignete Meßgrößen zu definieren, z.B. zur Sortimentskompetenz.

Bei einem Einzelhandelsunternehmen, das sich dem Erlebniskonzept verschrieben hat, könnte bspw. die Fähigkeit, Frequenz zu schaffen, zu diesen Größen gehören, was auch zeigt, daß eine Meßgröße sich nicht nur auf das Unternehmen insgesamt, sondern auch auf einzelne Bereiche, wie z.B. einzelne Filialen, beziehen kann. Durch die Vorgabe der Frequenz als Meßgröße wird der jeweils Verantwortliche angehalten, jene Maßnahmen zu planen und durchzuführen, die die Frequenz stützen - What you measure is what you get. Sollten die Werte den „grünen Bereich“ verlassen, geben sie Anlaß, den Gründen hierfür nachzugehen.

(3) Die Innovations- und Lernperspektive

Für Unternehmungen, die sich in dynamischen Feldern bewegen, ist es besonders wichtig, daß sie sich die Fähigkeit erhalten, sich mit Produkten, ihren Leistungen und ihren Prozessen an **geänderte Anforderungen anpassen** zu können. Dies geht mit der Fähigkeit einher, den Kunden neue Leistungen, die von diesen als Bereicherung empfunden werden, anzubieten. Bei einem Handelsbetrieb kann sich dies auf die Entwicklung von neuen Betriebsformen beziehen, im Großhandel auf neue Dienstleistungen, auf neue Lieferanten oder auch nur auf neue Sortimente. Aber auch die bestehenden Prozesse können daraufhin überprüft werden, ob sie effizienter durchgeführt werden, z.B. die Unterrichtung der Kunden über neue Produkte oder einzelne Eigenschaften dieser Produkte.

(4) Die finanzielle Perspektive

Die traditionellen finanziellen Maßgrößen, wie Profitabilität, Wachstum, Shareholder Value, haben natürlich neben den bislang genannten Größen auch in der Zukunft ihre Berechtigung. Es kann nämlich sein, daß Kundenzufriedenheit, Innovationsrate und Lernfähigkeit gute Werte erreichen, aber dennoch das finanzielle Ergebnis nicht befriedigt. Das rührt daher, daß die übrigen Maße das Bild erfassen, das sich das Management von der Umwelt und den notwendigen Maßnahmen gemacht hat, wobei sich dieses Bild aber als falsch erweisen kann. Selbst ausgezeichnete Maße in den drei zuerst genannten Bereichen garantieren noch keine **gewinnreiche Strategie**.

Kaplan und *Norton* betonen, daß die Balanced Scorecard nicht der Verbesserung der Kontrolle dienen soll. Es soll nicht überprüft werden, ob die Mitarbeiter bestimmte Maßnahmen durchgeführt haben, sondern ob die Strategie des Unternehmens nachhaltig verfolgt wird. Ziele werden formuliert, und es bleibt den Mitarbeitern überlassen, mit welchen Maßnahmen sie diese Ziele erreichen. Das Beispiel in Tab. 1 soll die **Struktur der Balanced Scorecard** erläutern.

Unternehmen aus der Finanzperspektive		Unternehmen aus der Kundenperspektive	
Ziele	Maßgrößen	Ziele	Maßgrößen
• Überleben	• Cash Flow	• Kunden-erwartungen	• Anteil der pünktlichen Lieferungen
• Erfolg	• Betriebsergebnis	• Kundentreue	• Umsatzanteil von Key Accounts
• Wachstum	• Marktanteil	• Partnerschaft	• Zahl gemeinsamer Projekte
Interne Perspektive		**Unternehmen als lernende Organisation**	
Ziele	Maßgrößen	Ziele	Maßgrößen
• Logistische Effizienz	• Logistikkosten in % vom Umsatz	• Interne Kommunikation	• Einsatzgrad von IKT, WWS
• Sortiments-aktualität	• Altersstruktur der Warenbestände, Restbestände	• Zeitgemäße Infrastruktur	• Renovierungs-, Umbauzeiten
		• Mitarbeiter-Partizipation	• Zahl der Verbesserungsvorschläge von Mitarbeitern

Tab. 1: Beispiel für die Anwendung der Balanced Scorecard

1.2 Anmerkungen zur Scorecard

Die Scorecard entspringt dem Wunsch, das Unternehmensgeschehen über die Quantifizierung zentraler Größen transparent werden zu lassen und es zu steuern. Inwieweit dies sinnvoll erscheint bzw. gelingen kann, sollen folgende Anmerkungen erhellen.

(1) Wann braucht eine Unternehmung eine Scorecard?

Die Scorecard erweitert die Perspektive von den traditionellen Finanzgrößen (Betriebsergebnis, Cash Flow, Bilanzgewinn) auf Sachverhalte, die im Hinblick auf die strategische Ausrichtung des Unternehmens und damit auf den **zukünftigen Erfolg** als wichtig angesehen werden. Solches werden jene begrüßen, die der strategischen Planung einen hohen Stellenwert einräumen und die befürchten, daß die in der strategischen Planung vorgesehene langfristige Ausrichtung eines Unternehmens bei ausschließlich finanzwirtschaftlicher Betrachtung vernachlässigt werden kann. Damit liegen gleichzeitig Kriterien vor, nach denen im individuellen Fall beurteilt werden kann, ob die Beschäftigung mit dem Anliegen der Scorecard wichtig ist:

- Die erste Frage lautet: Liegt in der Unternehmung ein strategisches Konzept vor, dessen nachhaltige Verfolgung gesichert werden muß bzw. soll? Zwar wird auch dem Handel seit einiger Zeit empfohlen, die operative Planung um eine strategische zu erweitern, aber weiterhin kann wohl nicht davon ausgegangen werden, daß diesen Empfehlungen überall gefolgt wird (vgl. *Krulis-Randa/Ergenzinger* 1990; *Russi* 1993; *Rudolp* 1997; *Müller-Hagedorn* 1998). Ohne eine **strategische Planung** ist auch eine Scorecard weitgehend entbehrlich.
- Die zweite Frage: Enthält das strategische Konzept Begriffe, die es unbedingt zu **interpretieren** gilt (z.B. Kundennähe, Marktführer, Fähigkeit zur schnellen Reaktion), so daß eine Übersetzung in konkrete Maßgrößen sinnvoll erscheint?
- Die dritte Frage: Besteht die Gefahr, daß die Annäherung an das strategische Ziel in den Hintergrund tritt, weil hierzu keine Maßgrößen vorliegen oder die Ausrichtung auf **finanzwirtschaftliche Größen** möglicherweise zu der Annäherung an das strategische Konzept im Widerspruch steht? Das Konzept der Scorecard enthält auch eine verhaltenswissenschaftliche Komponente, indem es behauptet, daß nur jene Ziele nachhaltig verfolgt werden, für die Maßgrößen festgelegt worden sind und über die regelmäßig berichtet wird. Diese Vermutung erscheint plausibel, auch wenn es im Einzelfall vorkommen kann, daß Reflexionen zum strategischen Konzept regelmäßig durchgeführt werden, ohne daß ein solches Meßsystem vorliegt.

Zusammenfassend wird man sagen können, daß die Gefahr, daß strategische Gesichtspunkte im operativen Geschäft vernachlässigt werden, grundsätzlich nicht auszuschließen ist. Ein System von Maßgrößen, das die Position des Unternehmens im Hinblick auf die Verfolgung seiner strategischen Ziele deutlich macht, kann insofern hilfreich sein. Es verankert langfristiges Denken in der Unternehmung.

(2) Welche Daten sollten in die Scorecard eingehen?

Wird es als sinnvoll erachtet, über die Finanzdaten hinaus die Geschäftsentwicklung über weitere Daten abzubilden, stellt sich im nächsten Schritt die Frage, welche Daten hierfür ausgewählt werden sollten. Nach der Scorecard sind dies:

- Daten aus der Perspektive des Kunden
- Daten zu internen Prozessen
- Daten zur Lernfähigkeit und zur Fortentwicklung des Leistungsangebotes

Auf den ersten Blick mag diese Ansammlung willkürlich und unsystematisch erscheinen, aber dann wird doch deutlich, daß es sich um **zentrale Elemente** der strategischen Planung handelt. Natürlich ist es sinnvoll zu überprüfen, ob die Kunden das Unternehmen dort sehen, wo es nach Meinung der Unternehmensführung im Wettbewerbsumfeld positioniert sein sollte. Folgt man dem Schema von *Abell* (vgl. *Abell/Hammond* 1979), ist ein Unternehmenskonzept in drei Dimensionen zu verankern, und zwar über die Definition von Zielgruppen, über die Definition von zu erfüllenden Bedürfnissen bei den ausgewählten Zielgruppen und über die Technologie, mit der diese Bedürfniserfüllung realisiert werden soll. Faßt man die Zielgruppenorientierung und die Art der zu befriedigenden Bedürfnisse zum Kundenaspekt zusammen, erkennt man die Parallelität zum strategischen Denken, zumal die Prozeßorientierung erschließt, inwieweit das Unternehmen in der Lage ist, die Bedürfnisse der Kunden zu befriedigen. Allerdings muß dies zu einem günstigeren Preis/Leistungs-Verhältnis möglich sein, als dies bei der Konkurrenz zu beobachten ist. Die **mangelnde Konkurrenzorientierung** kann als Mangel der Scorecard angesehen werden. Ansonsten bringt sie tatsächlich wichtige Aspekte der strategischen Planung in die Diskussion ein.

Als Appendix erscheinen die Hinweise auf die Lernfähigkeit und die Anstrengungen zu einer zusätzlichen Wertschöpfung für den Kunden. Allerdings können sie damit gerechtfertigt werden, daß viele Unternehmungen sich in einem dynamischen Umfeld bewegen und es erforderlich ist, diese Dynamik zu erkennen und sich an sie anzupassen. Erste Anwendungen zeigen allerdings, daß der Wunsch stark ist, die Inhalte der Scorecard an die spezifische Situation einer Unternehmung anzupassen (vgl. *Butle/Letza/Neale* 1997).

So einleuchtend das Grundkonzept der Scorecard im Hinblick auf die Erfassung der Realisierung der angestrebten Wettbewerbsposition auch sein mag, so offen ist die Ausgestaltung im einzelnen. Allerdings ist es wahrscheinlich gar **nicht möglich**, eine

grundsätzliche Vorgehensweise zu empfehlen oder einen generell gültigen Kennzahlensatz vorzuschlagen, weil die jeweiligen Kennzahlen aus dem individuellen strategischen Konzept abgeleitet werden sollen. Allerdings ist zu beobachten, daß der Aufbau von Kennzahlensystemen keine triviale Angelegenheit ist und zur interdisziplinären Aufgabe wird. Marketingfachleute beschäftigen sich mit den Möglichkeiten zur Messung der Kundenzufriedenheit, Personalfachleute steuern Beiträge zu, wie die Flexibilität von Organisationsstrukturen und Mitarbeitern erfaßt werden kann, Fachleute für strategische Konzepte machen darauf aufmerksam, welche Sachverhalte für ein strategisches Konzept von besonderer Relevanz sind. Auch die einzelnen Module erfordern sachverständigen Umgang, was am Beispiel der Messung der Kundenzufriedenheit erläutert werden soll. Zunächst ist man geneigt zu denken, daß ein Verfahren zur Messung der Kundenzufriedenheit schnell erstellt sei. Aber die **Schwierigkeiten** liegen im Detail:

- Eine Unternehmung ließ ein Marktforschungsinstitut die Kundenzufriedenheit ermitteln und freute sich über die positiven Ergebnisse. Eine nähere Analyse deckte auf, daß das Institut den Kreis der Befragten so abgesteckt hatte, daß 50% der Befragten zu den eigenen Kunden zählen und 50% andere Anbieter bevorzugen sollten. Jetzt wurde deutlich, daß der hohe Anteil eigener Kunden unter den Befragten für die Ergebnisse ursächlich war, denn die Ergebnisse wären noch positiver ausgefallen, hätte man den Anteil eigener Kunden noch höher festgelegt. Aufgrund einer **nicht sinnvoll angelegten Stichprobe** verfügte man nicht über Angaben, wie die Gesamtheit der Nachfrager in dieser Branche das ausgewählte Unternehmen beurteilte.

- Kundenzufriedenheitsanalysen gehen oft von sehr **interpretationsfähigen Begriffen** aus. Dazu gehören z.B. Kundenzufriedenheit, wahrgenommenes Preis/Leistungs-Verhältnis, Preiswürdigkeit, Preisgünstigkeit usw. In der Wissenschaft hat man versucht, begriffliche Klarheit zu schaffen und ist sogar der Frage nachgegangen, ob es sich bei Unzufriedenheit um das Gegenteil (die negative Ausprägung) von Zufriedenheit oder um ein eigenständiges Konstrukt handelt. Zufriedenheit selbst kann als Differenz zu einem erwarteten Zustand, zu einem als Ideal empfundenen Zustand oder als Verhältnis von erwarteter und erhaltener Leistung definiert werden. Unklarheiten in den Definitionen der zugrundegelegten Begriffe führen dann im Regelfall auch dazu, daß unklar bleibt, was gemessen worden ist bzw. was gemessen werden sollte.

- Schlechte Kunden- bzw. Zufriedenheitsanalysen lassen offen, welche Sachverhalte im einzelnen gemessen werden. Bei Messungen im Einzelhandel werden oft Batterien von Items zusammengestellt, in denen z.B. Urteile zur Auswahl, zur Übersichtlichkeit des Ladenaufbaus und zu den Sonderangeboten abgefragt werden, ohne der Frage nachzugehen, in welchem Ausmaß diese Sachverhalte für das beobachtbare **Verhalten** (z.B. das Aussuchen der Einkaufsstätte oder den Kauf einzelner Waren) maßgebend sind.

Überlegungen dieser Art haben dazu geführt, daß eine **Vielzahl von Modellen** und Erhebungstechniken zur Messung der Kundenzufriedenheit und verwandter Konstrukte entwickelt worden sind (vgl. zum Überblick: *Müller-Hagedorn* 1998; *Kaapke/Hudetz* 1998; *Schuckel/Dobbelstein* 1998). Bezeichnenderweise begnügen sich einige Unternehmungen auch nicht mehr nur mit den Daten, die durch die *Deutsche Marketing-Vereinigung* erhoben werden, sondern richten eigene Programme zur Erhebung von Zufriedenheitsurteilen ein (vgl. *Creusen/Hommerich* 1997; *Brill* 1998).

Zusammenfassend ist die Scorecard als ein Verfahren zu kennzeichnen, das zwingt, die Schritte auf dem Weg zur Realisierung eines gewünschten strategischen Konzeptes schärfer zu definieren und zu verfolgen. Die Hauptschwierigkeit besteht darin, ein geeignetes Kennzahlensystem aus der spezifischen Situation einer einzelnen Unternehmung abzuleiten. Ein (allerdings zu behebender) Mangel ist in der Vernachlässigung der Position der Wettbewerber zu sehen. Um die Kundenperspektive wirklich in Kennzahlen zu erfassen, sollte man nicht darauf verzichten, Fachleute aus dem Bereich Marketing und Käuferverhalten hinzuzuziehen.

2 Benchmarking

Die Begeisterung, die sich im letzten Jahrzehnt für Benchmarkprojekte geäußert hat (eine Recherche in der Universitätsbibliothek Köln nennt für die letzten Jahre 108 Titel!), ist leicht zu verstehen. Benchmarking ist eine **Umschreibung für Wettbewerb**. Wer Weltmeister im Hochsprung werden will, muß wissen, wie hoch die anderen springen. In diesem Konkurrenzbezug liegt die Stärke von Benchmarking. Alle Unternehmungen sind bei Wettbewerb ständig gehalten zu überprüfen, ob sie einzelne Prozesse nicht ungünstiger als andere Anbieter erbringen. Ungünstiger werden Prozesse vor allem dann ausgeführt, wenn sie mit vergleichsweise hohen Kosten verbunden sind. Höhere Kosten beschneiden den Spielraum für Preissenkungen und können ein Unternehmen bei intensivem Preiswettbewerb in die Verlustzone drängen. Insofern bietet es sich an, einzelne Prozesse im Unternehmen auf ihre Produktivität

(Verhältnis von Leistungsergebnis und Ressourceneinsatz) zu analysieren, wobei besonders an solche Prozesse zu denken ist, die nicht dem Wettbewerb ausgesetzt sind (also der rückwärtige Bereich von Unternehmungen) und die nicht mit dem Angebot eines Dienstleisters konkurrieren. Theoretisch muß sich die Prozeßanalyse nicht auf Produktivität, Kosten und benötigte Zeit beschränken, sondern es kann auch analysiert werden, ob mit einzelnen Prozessen der **Kundennutzen gesteigert** werden kann, jedoch wird dadurch die Aufgabenstellung sehr viel komplexer.

(1) Das Basiskonzept

Leistungsvergleiche können vorgenommen werden, indem Unternehmen insgesamt oder einzelne Warengruppen verglichen werden (auf dieser Basis arbeiten im Regelfall Betriebsvergleiche) oder indem einzelne Teilprozesse gegenübergestellt werden. Auf letztere richtet sich häufig das besondere Interesse. Die Einteilung eines Unternehmens in Prozesse hat sich nach den Gegebenheiten im Unternehmen und nach den spezifischen Untersuchungszielen zu richten, aber häufig sind die folgenden **Prozesse von Interesse**:

- Der Einkauf
- Die Disposition
- Die Warenannahme und die Lagerung
- Die Versorgung der Filialen mit Ware
- Die Verkaufsprozesse
- Die administrativen Prozesse

Sollte sich herausstellen, daß einzelne Prozesse bei gleichem Leistungsergebnis im Vergleich zu anderen Anbietern einen höheren Ressourceneinsatz erfordern, ist die Wettbewerbsposition einer Unternehmung gefährdet. Dieser Grundgedanke ist naheliegend; die Regel „von anderen lernen“, heute gern Best Practice genannt, ist seit langem bekannt. Insofern mag der Grundansatz für manche Branchen neu gewesen sein, für den Handel ist es im Prinzip **alter Wein in neuen Schläuchen**. Schließlich geht jedes Planen mit einem Vergleichen einher, und schließlich haben sich auch in der Vergangenheit schon Unternehmer von Beobachtungen außerhalb ihres Unternehmens anregen lassen, die Prozesse im eigenen Unternehmen zu verbessern. Die Aufforderung, von anderen zu lernen und dies an zahlreichen Beispielen zu veranschaulichen, erscheint deswegen zu kurz gegriffen.

Wie die zahlreichen Monographien zeigen, erfordert Benchmarking ein systematisches Vorgehen. Es werden **Schrittfolgen** empfohlen, die andeuten, wie aufwendig das Verfahren werden kann. Dies sind z.B. (vgl. *Karlöf/Östblom* 1994; *Sabisch* 1997):

- Identifikation des zu untersuchenden Bereiches (Prozesses)
- Suche nach Benchmarking-Partnern
- Beschaffung der benötigten Informationen
- Analyse der Informationen

Es bleibt die Frage, inwieweit eine Unternehmung Anstrengungen unternehmen sollte, nicht nur hin und wieder den Vergleich mit anderen Unternehmungen zu suchen, sondern regelmäßig und systematisch die eigenen Daten mit denen anderer Unternehmungen zu vergleichen. Dabei gilt es, die grundsätzlichen Probleme eines solchen Vergleichs zu bedenken; sie beziehen sich auf den Aufwand, der hierfür zu betreiben ist, und auf die Frage, inwieweit die für die eigene Planung als notwendig angesehenen Daten überhaupt beschaffbar sind.

(2) Drei Vorsichtsmaßregeln

Benchmarking hat vor allem mit dem Problem zu kämpfen, zuverlässige und geeignete Daten gewinnen zu können. Die unmittelbaren Konkurrenten werden im Regelfall ihre Daten nicht preisgeben, die Übertragbarkeit von Daten aus anderen Bereichen bedarf der näheren Analyse. **Bei einem Vergleich** müssen drei Sachverhalte besonders beachtet werden:

- Sind die **Kosten** in vergleichbarer Weise **definiert**? Die Problematik sei beispielhaft mit folgenden Fragen beleuchtet: Welche Wertansätze werden z.B. zugrundegelegt, wenn eigene Räume (Grundstücke) genutzt werden und keine Fremdmiete gezahlt wird? Welche Kosten werden der Werbung zugerechnet? Werden für eingesetztes Eigenkapital Kapitalkosten verrechnet und welche Kapitalkostensätze werden dabei angesetzt? Es drängt sich der Verdacht auf, daß häufig Kostenvergleichsdaten genannt werden, ohne daß der Hintergrund der Kostenermittlung hinreichend aufgeklärt ist.
- Werden die **Auswirkungen eines Prozesses** auf benachbarte Prozesse berücksichtigt? Wenn z.B. ein Unternehmen aufgrund des Einsatzes von Teilzeitkräften besonders niedrige Personalkosten im Verkaufsbereich hat, so ist zu fragen, ob

dieser Vorteil nicht durch Mehrkosten in der Personalverwaltung oder in der Raumzuweisung wieder kompensiert wird.

- Schließlich ist zu fragen, ob sich die **Ergebnisse** der in den Vergleich einbezogenen Prozesse wirklich in hinreichendem Maße entsprechen. In der Praxis wird oft vom AGA-Problem gesprochen („Alles ganz anders"). So ist z.B. zu fragen, ob es angeht, Umsatz und Personalkosten im Verkaufsbereich zueinander in Beziehung zu setzen und zu vergleichen, wenn das eine Unternehmen ein Kunden-Beratungskonzept gewählt hat, das andere Unternehmen dagegen seinen Wettbewerbsvorteil über die Sortimentstiefe sucht. Heißt das Prozeßergebnis „Erzielter Umsatz" oder muß es als „Umfang, in dem Kunden beraten worden sind" definiert werden? Resultiert aus betrieblichen Prozessen ein unterschiedlicher Kundennutzen, liegt nicht mehr nur ein Produktivitätsproblem vor, sondern es ist zusätzlich auch die Frage zu beantworten, inwieweit die Kunden eine zusätzliche Leistung als Nutzen empfinden.

Insgesamt führt dies zu dem Eindruck, daß der Aufbau einer Benchmark-Datei eventuell für die Datensammlung einer Unternehmensberatung ein sinnvolles Anliegen sein kann, nicht jedoch als Bestandteil eines regelmäßigen Berichtssystems für eine Handelsunternehmung. Davon unbenommen ist, daß ohne systematisches Erhebungsprogramm Daten, die dem Management über den Ressourceneinsatz wichtiger Anbieter zu Ohren kommen, bedacht werden müssen. Es kommt hinzu, daß Benchmarkprojekte auf den Widerstand der Mitarbeiter stoßen können, die sich beobachtet und permanent bewertet fühlen, weswegen solche Projekte in begleitende personalpolitische Maßnahmen eingebettet sein sollten. Wahrscheinlich steht die Auseinandersetzung mit Benchmarking in der Literatur in einem umgekehrt proportionalen Verhältnis zur Relevanz dieses Verfahrens.

3 Der Betriebsvergleich

Betriebsvergleiche und die dabei verwendeten Kennzahlen stellen seit langem ein im Handel genutztes und in der Theorie immer wieder behandeltes Instrument zur **Planung, Steuerung und Kontrolle** betrieblicher Prozesse dar. Seit einiger Zeit werden Betriebsvergleiche als Element des Controlling-Systems einer Unternehmung gesehen (vgl. *Küpper* 1990; *Reichmann* 1985). Insbesondere durch die Aktivitäten am *Institut für Handelsforschung*, Köln, ist dem Betriebsvergleich ein neues Gesicht gegeben worden, was auch in dem Begriff „Unternehmenskompaß", mit dem die neue Generation von Betriebsvergleichen bezeichnet wird, zum Ausdruck kommt. Auf diese Neuerungen soll im folgenden eingegangen werden.

3.1 Kennzeichen und Varianten

Betriebsvergleiche können in zahlreichen Varianten durchgeführt werden. Dies deutet die folgende **Definition** an: Bei einem Betriebsvergleich werden

- Daten aus dem betrieblichen Rechnungswesen oder weitere Informationen über Zielsysteme, Situationen und Maßnahmen,
- die als in der Vergangenheit realisierte Werte (Ist-Werte), als prognostizierte Werte oder als Soll-Werte vorliegen und
- die sich auf unterschiedliche Merkmalsträger (z.B. Produktgruppen, Verkaufsstellen, Filialen, Verkaufsgebiete) oder Prozesse beziehen,
- systematisch vom Träger des Betriebsvergleichs
- den entsprechenden Werten anderer Betriebe gegenübergestellt.

Oft wird allerdings nur der Vergleich der Daten eines Merkmalträgers mit den Daten eines oder mehrerer anderer Merkmalsträger als Betriebsvergleich bezeichnet, um diesen so von dem Zeitvergleich und dem Soll/Ist-Vergleich abzugrenzen. Der Träger des Betriebsvergleiches kann die Vergleichsarbeiten selbst durchführen oder eine andere Stelle mit der Durchführung beauftragen. Von letzterer Möglichkeit wird insbesondere dann Gebrauch gemacht, wenn der Träger die Entwicklung oder die Durchführung von Betriebsvergleichen nicht zu seinen wesentlichen Aufgaben zählt, nicht über die erforderliche personelle oder sachliche Ausstattung und/oder nicht über die erforderliche Kompetenz zur Durchführung der Vergleichsarbeiten verfügt. Es kommt hinzu, daß durch die Einschaltung einer neutralen Auswertungsstelle die Anonymität der Teilnehmer gegenüber dem Träger gewahrt bleibt und die Objektivität der Auswertung sichergestellt werden kann. Beispielhaft sei hier das *Institut für Handelsforschung* an der *Universität zu Köln* angeführt, das Betriebsvergleiche für den Groß- und Einzelhandel, die Handelsvermittlung und einige Branchen des Dienstleistungssektors durchführt.

Die Ansätze zur **Modernisierung des Betriebsvergleichs** beziehen sich

- zum einen auf die Art der in den Vergleich einbezogenen Daten und
- zum anderen auf die Art der Aufbereitung der Daten.

Die Erweiterung der Daten über traditionelle Daten aus dem Rechnungswesen hat der Betriebsvergleich mit der Balanced Scorecard gemein. Während dort jedoch vor allem an Daten zur Erreichung strategischer Positionen gedacht ist, bietet der Betriebsvergleich die Möglichkeit, die Informationen zu Kosten und Umsatz um Angaben zu **konkreten Maßnahmen** anzureichern (z.B. Ausmaß, in dem Handzettelwerbung durchgeführt wurde). Zukunftsweisend erscheint es auch, Angaben zum Umfeld einzelner Verkaufsstellen in den Vergleich einzubeziehen, wozu sich Daten aus der mikrogeographischen Segmentierung anbieten.

Die **Güte eines Betriebsvergleichs** wird vor allem auch dadurch bestimmt, inwieweit die Form, in der die Ergebnisse eines Betriebsvergleichs dargestellt werden, den Informationsbedürfnissen der Nutzer und ihren Informationsverarbeitungsfähigkeiten entspricht. Dabei werden sich im Regelfall sowohl die reine Auflistung von Einzelwerten wie auch der ausschließliche Ausweis von Durchschnittswerten als wenig zweckdienlich erweisen. Auch auf diesem Gebiet hat es Neuerungen gegeben. Sie sollen die Nutzung der Daten aus dem Betriebsvergleich erleichtern, indem sie den Teilnehmer systematisch durch die Zahlen führen, ihm die Situation tabellarisch und vor allem auch graphisch aufbereiten und ihn anhalten, Verbesserungspotentiale zu erkennen. Betriebsvergleiche leben also nicht mehr nur von den Daten, die sie präsentieren, sondern zunehmend auch von der Art und Weise, wie sie dies tun. Sowohl die Auswahl der Daten als auch die Art ihrer Darstellung sollte durch die Ziele, die mit diesem Controlling-Instrument erreicht werden sollen, gesteuert werden.

3.2 Ziele

Die Ziele für Betriebsvergleiche sind häufig zu allgemein mit dem Hinweis auf die Leistungssteigerung des teilnehmenden Betriebes umschrieben worden, ohne daß dies jedoch näher spezifiziert worden wäre. Bei der Gestaltung eines Betriebsvergleichssystems sollten die Ziele, die mit diesem Instrument erreicht werden sollen, konkretisiert werden. Durch die Teilnahme soll der Betrieb Informationen über seinen eigenen Leistungsstand im Vergleich zu anderen Betrieben erhalten, um so Stärken und Schwächen im eigenen Betrieb identifizieren zu können. Zudem soll der Betriebsvergleich Ansatzstellen für den Ausbau der identifizierten Stärken und die Behebung der Schwächen aufzeigen. Diese allgemeine Aufgabenstellung kann weiter konkretisiert werden, indem Planung und Kontrolle als zentrale Führungsaufgaben in ihre Bestandteile aufgelöst werden. So können Betriebsvergleiche in folgenden Bereichen **nützlich sein**:

(1) In der Analysephase helfen sie, **Probleme rechtzeitig zu erkennen**, indem sie Hinweise auf vergleichsweise schlechte Zielerreichungsgrade in einzelnen Bereichen geben und so einen Handlungsbedarf signalisieren. Für jedes Unternehmen läßt sich eine Liste von zentralen Größen zusammenstellen, die fortlaufend beobachtet werden sollten und die entweder auf den Umsatz oder auf einzelne Kosten Bezug nehmen, z.B. Personalkosten in Prozent vom Umsatz, der Umsatz in einzelnen Warenbereichen, der durchschnittliche Umsatz pro Kunde in DM. Da es keine natürlichen Schwellenwerte gibt, dienen Abweichungen von der allgemeinen Entwicklung als Anlaß, die Situation näher zu analysieren. Dies sei als die Anstoßfunktion des Betiebsvergleichs bezeichnet.

(2) Im Rahmen der Problemanalyse können insbesondere mit Hilfe von definitionslogischen Kennzahlensystemen **Ursachen für eine nicht zufriedenstellende Zielerreichung** erkannt werden. So kann z.B. das Betriebsergebnis in seine verschiedenen Ertrags- und Aufwandsarten aufgespaltet werden, um so die Ursachen für einen besonders guten oder besonders schlechten Gesamterfolg zu lokalisieren (vgl. *Müller-Hagedorn/Bekker* 1994). Aber auch andere Größen, wie z.B. hohe prozentuale Personalkosten, können in eine Mengen- und eine Preiskomponente zerlegt werden. Aufgabe des Betriebsvergleichs ist hier, bereits durch die Aufbereitung des Datenmaterials, Hinweisen auf denkbare Gründe für bestimmte Entwicklungen nachgehen zu können.

(3) Einen besonders wichtigen Beitrag können Betriebsvergleiche im Rahmen von **Wirkungsprognosen** leisten, indem sie Hinweise liefern, welchen Beitrag einzelne Maßnahmen voraussichtlich zur Zielerreichung leisten. Wirkungsprognosen liefern Hinweise, wie sich betriebliche Maßnahmen voraussichtlich auf interessierende Zielgrößen auswirken, z.B. Variationen des Werbebudgets, einzelne Bedienungssysteme, die Größe der Verkaufsfläche eines Ladenlokals. Wirkungsprognosen sind zentraler und unverzichtbarer Bestandteil jedes Planungsprozesses. Manchmal werden sie auch als „What-If-Prognosen" bezeichnet. Diese Formulierung macht deutlich, daß das Management gehalten ist, jeweils alternative Vorgehensweisen durchzuspielen. So ist bspw. vor der Entscheidung über die Höhe des Werbebudgets zu fragen, wie Absatz und Umsatz auf ein Werbebudget von bspw. 4%, 4,5% oder 5% vom Umsatz reagieren. Solche Prognosen sind schwierig. Betriebsvergleiche können helfen, indem sie die Situation von Betrieben mit unterschiedlichen Werbebudgets vergleichend gegenüberstellen und so Hinweise über die Wirksamkeit einzelner Maßnahmen liefern. Aber auch **Entwicklungsprognosen** können unterstützt werden. Entwicklungsprognosen stellen dar, wie

sich Einflußgrößen, die eine Unternehmung nicht selbst festlegen kann, auswirken. So kann es z.B. aufschlußreich sein zu erfahren, wie sich die Umsätze von Verkaufsstellen in Vorortlagen im Vergleich zu Verkaufsstellen in City-Lagen entwickeln.

(4) Die Informationen über das Ausmaß, in dem andere Anbieter einzelne Ziele erreicht haben, können genutzt werden, um für die eigene Unternehmung realistische **Zielvorgaben** zu formulieren. Es wird zwar häufig von Zielvereinbarungen gesprochen, aber häufig kann die Festlegung von Planwerten für Umsatz und Kosten zu Konflikten zwischen unterschiedlichen organisatorischen Ebenen führen. Betriebsvergleiche können hier helfen, indem die von anderen Betrieben bereits realisierten Werte als Beleg für realistische Zielvorstellungen genommen werden.

(5) Betriebsvergleiche unterstützen nicht nur die Planung, sondern dienen vor allem auch der **Kontrolle**. Kontrolle sei definiert als „ein systematischer Prozeß, in dem eine zu prüfende Größe durch Vergleich mit einer Maßstabs- oder Normgröße beurteilt wird" (*Küpper* 1990, S. 865). Die hierfür benötigten Normgrößen können aus Betriebsvergleichen abgeleitet werden. Die Kontrolle dient nicht nur der Dokumentation der Abweichungen zu den jeweiligen Vergleichswerten, sondern die aus dem Vergleich gewonnenen Erfahrungen unterstützen auch den Planungsprozeß.

3.3 Darstellung der Daten

Natürlich ist es wichtig, für einen Betriebsvergleich die richtigen Daten auszuwählen. Der Handel verfügt aber über ein breites Spektrum bewährter Kennzahlen. Wichtiger erscheint heute, die **Daten** so **aufzubereiten**, daß sie von den Adressaten leicht erschlossen werden können und zu den richtigen Maßnahmen hinführen. Die traditionellen Formen des Betriebsvergleichs bestehen oft aus unübersichtlichen EDV-Listen, die dem Adressaten keine Hilfen an die Hand geben, das Zahlenmaterial auszuwerten. Im folgenden soll deshalb berichtet werden, wie im Rahmen des Unternehmenskompasses des *Instituts für Handelsforschung Köln* die Betriebsvergleiche so gestaltet wurden, daß die Nutzer schneller, einfacher und zielgerichteter zu einer Analyse hingeführt werden.

Ausgangspunkt ist das in den sog. **synoptischen Tabellen** niedergelegte Zahlenmaterial. In synoptischen Tabellen werden die Betriebsvergleichsergebnisse aller Teilnehmerbetriebe einer Branche ausgewiesen. Meistens entspricht in synoptischen Tabellen jede Zeile einem Teilnehmerbetrieb. In den Spalten werden die verschiedenen Auswertungspositionen (Merkmale) dargestellt. Die Betriebe werden nach bestimmten Kriterien sortiert und/oder in Klassen eingeteilt (z.B. Betriebsgrößenklassen). Die Interpretation der Betriebsvergleichsergebnisse anhand der synoptischen Tabellen wird jedoch von Betriebsvergleichsteilnehmern oft als mühsam empfunden, da die Tabellen bei einer größeren Teilnehmerzahl schnell unübersichtlich werden und ihre Auswertung spezieller Techniken bedarf.

Der **Unternehmenskompaß** ist nach **mehreren Prinzipien** gestaltet, von denen einige im folgenden vorgestellt werden sollen. Bei dem Unternehmenskompaß handelt sich um eine etwa zwanzigseitige Broschüre, in der in einer Top-down-Betrachtung, d.h. ausgehend vom Betriebsergebnis, die Situation eines Betriebes vor dem Hintergrund der Daten anderer Betriebe gespiegelt wird. Die linke Seite dieses Unternehmenskompasses enthält Fragen, die der Manager sich beim Studium der jeweils rechts dargestellten Informationen selbst vorlegen soll. Die Idee dahinter ist die, daß die Daten so präsentiert werden, daß eine „Betriebsberatung aus eigener Kraft“ erleichtert wird. Zahlen, textliche und graphische Elemente werden so kombiniert, daß Informationsaufnahme und -verarbeitung erleichtert werden.

(1) Systematische Top-down-Orientierung und Steuerung durch Fragen

Die Gefahr ist groß, daß Daten nur selektiv und dann noch unsystematisch ausgewertet werden. Der Unternehmenskompaß will dem entgegenwirken, indem er die Daten in einer bestimmten Reihenfolge präsentiert und die Eigen-Analyse durch Fragen anregt. So stellen die ersten Abbildungen des Unternehmenskompasses zunächst nur das Betriebsergebnis, die Betriebshandelsspanne und die gesamten Handlungskosten in Gegenüberstellung der eigenen Werte und der Werte anderer Betriebe dar. Die Analyse der Daten wird durch folgende Fragen gesteuert (Auswahl):

- „Wie hoch ist das Betriebsergebnis, sind die gesamten Handlungskosten und der Gewinn bzw. der Verlust im Vergleich zu Ihrer Personengrößenklasse bzw. Branche?“
- „Ist Ihr in Relation zur Größenklasse bzw. Branche hoher/niedriger Gewinn auf eine verhältnismäßig hohe/niedrige Betriebshandelsspanne oder auf niedrige/hohe Handlungskosten zurückzuführen?“

Das Betriebsergebnis bzw. der Gewinn werden zum Ausgangspunkt genommen; diese Größe wird analysiert, indem sie in ihre wichtigsten Bestimmungsfaktoren aufgespaltet wird. Entsprechend wird auch auf den folgenden Stufen verfahren. So gelangt man bspw. bei der Verfolgung der Personalkosten zu den Lohnsätzen und zur Zahl der im Verkaufsbereich eingesetzten Personen.

(2) Häufigkeitsverteilungen statt Beschränkung auf Durchschnittswerte

Im Handel ist es üblich, häufig mit Durchschnittswerten zu argumentieren. Dabei werden Ergebnisse aus einer Vielzahl von Verkaufsstellen oder Warengruppen zu einem Wert gemittelt. Da hinter einem Durchschnittswert die unterschiedlichsten Häufigkeitsverteilungen stehen können, ist der Informationsverlust groß. Abb. 2 verdeutlicht die Aussagekraft einer Häufigkeitsverteilung am Beispiel des Betriebsergebnisses von Apotheken.

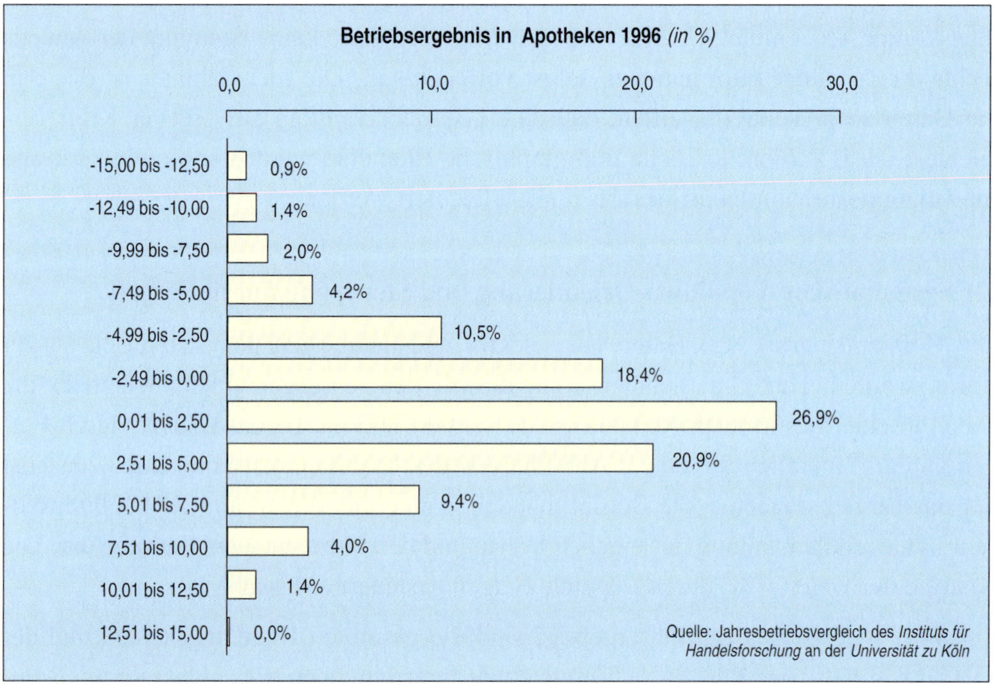

Abb. 2: Häufigkeitsverteilung der Betriebsergebnisse in Apotheken: weite Streuung

Sehr viele Betriebe erzielen ein Betriebsergebnis, das weit ab von dem durchschnittlichen Wert liegt (hier knapp über Null). Bei einigen Betrieben liegt es sogar unter 10% vom Umsatz, dafür gibt es aber auch Betriebe, bei denen das Betriebsergebnis 5% des Umsatzes übersteigt. Eine solche Information kann bspw. für eine realistische

Zielvereinbarung wichtig sein. Die Praxis hat auch gezeigt, daß die Nutzer von Betriebsvergleichen ein großes Interesse daran haben zu erfahren, wieviel andere Betriebe jeweils in den einzelnen Größenklassen ober- oder unterhalb eines Durchschnittswertes liegen (z.B. bei der Umsatzveränderung gegenüber einer Vorperiode). Häufigkeitsverteilungen anstelle von einfachen Mittelwerten tragen der Erfahrung Rechnung, daß handelsbetriebliche Daten oft erheblich streuen.

(3) Analyse von Zusammenhängen

Bivariate Darstellungen (vgl. Abb. 3) öffnen den Blick auf Zusammenhänge. Manager sind zwar einerseits an Zahlen interessiert, andererseits suchen sie aber auch nach Zusammenhängen. Worauf ist es zurückzuführen, daß einzelne Werte nicht zufriedenstellen? In welchem Zusammenhang stehen einzelne Größen, wie z.B. die Größe der Verkaufsfläche und der erzielte Umsatz? Gibt es hierbei Schwellen, die mindestens erreicht sein müssen, gibt es Schwellen, ab denen eine weitere Vergrößerung nur noch unterproportionale Zuwächse erbringt?

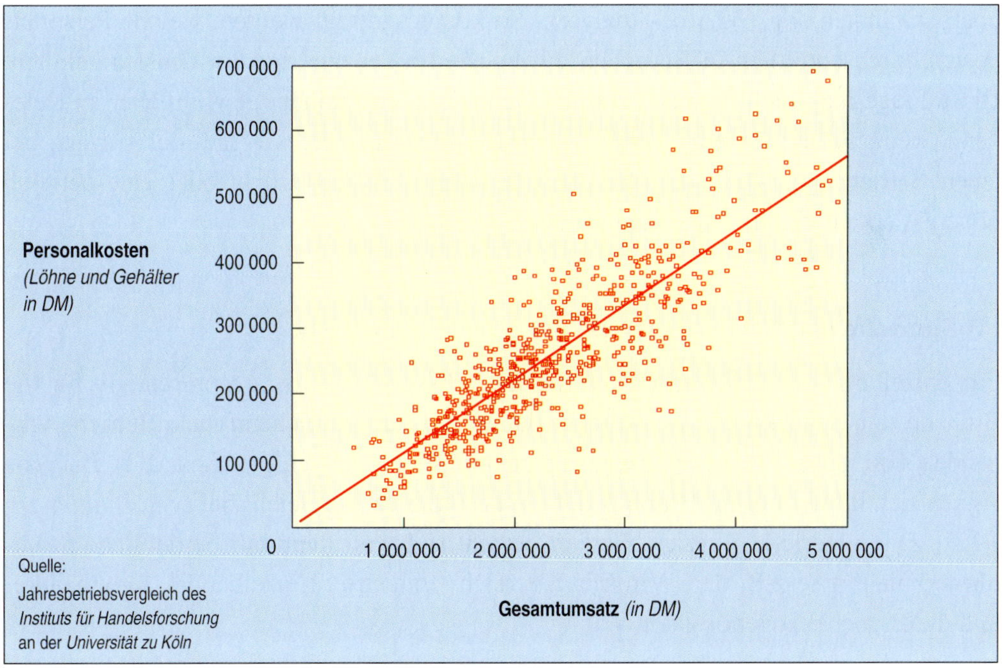

Abb. 3: Zusammenhänge zwischen einzelbetrieblichen Daten auf bivariater Basis

In Abb. 3 ist beispielhaft der Zusammenhang zwischen der Höhe der Personalkosten und der Höhe des Umsatzes dargestellt. Jeder Betrieb wird in diesem Diagramm durch einen Punkt dargestellt. Zwar steigen im Durchschnitt die Personalkosten mit dem Umsatz, aber die Werte streuen um die eingezeichnete Regressionsgerade. Die Abbildung läßt sich vertikal und horizontal lesen. Bei **vertikalem Studium** zeigt sie, daß es einzelne Betriebe gibt, die sehr viel höhere Personalkosten aufweisen als Betriebe mit einem ähnlich hohen Umsatz. So fällt bspw. ein Betrieb mit 500 000 DM Personalkosten und einem Umsatz von rund 2,75 Mio. DM auf. Dieser Betrieb bedarf der näheren Analyse; aber auch alle übrigen Betriebe oberhalb der Regressionsgerade haben Anlaß, ihre Personalkosten einer näheren Prüfung zu unterziehen. Eine solche Analyse, die sich an dem tatsächlichen Umsatz ausrichtet, ist sinnvoller als eine, die von einem festen Personalkostensatz in Prozent vom Umsatz ausgeht. Die Verfahrensweise läßt sich sinngemäß auch auf andere Zusammenhänge übertragen, z.B. den Warenbestand und den Umsatz oder die Werbekosten und den Umsatz. Dabei muß allerdings beachtet werden, daß neben der betrachteten Einflußgröße auch andere Größen das jeweilige Ergebnis bewirkt haben können.

Die Angaben in Abb. 3 lassen sich auch **horizontal lesen**. Sie entsprechen dann den oben erwähnten sog. What-If-Analysen. So könnte gefragt werden, welche Personalkosten durchschnittlich in Betrieben mit höherem oder niedrigerem Umsatz anfallen. Diese Frage mag nicht von so zentraler Bedeutung erscheinen, gewinnt aber an Relevanz, wenn sie auf andere Variablen übertragen wird, z.B. wie sich der Umsatz bei jenen Betrieben darstellt, die ein um 50% höheres Werbebudget oder eine deutlich höhere Verkaufsfläche aufweisen als der betrachtete Betrieb.

(4) Sinnvolle und flexible Auswahl der Vergleichsbetriebe

Für einzelbetriebliche Zwecke muß der Betriebsvergleich nicht repräsentativ für die Branche sein. Hier kommt es vielmehr darauf an, daß hinreichend viele Betriebe vorhanden sind, die als Bezugspunkt geeignet sind (materielle Vergleichbarkeit). Betriebe eignen sich immer nur im Hinblick auf ein bestimmtes Vergleichsziel (vgl. *Buddeberg* 1955). Die materielle Vergleichbarkeit bezieht sich vor allem auf betriebliche Strukturmerkmale, wie z.B. den Wirtschaftsbereich (Industrie, Einzelhandel, Großhandel) und die Branchenzugehörigkeit.

Vergleichbarkeit bedeutet indes **nie gänzliche Gleichheit** der Teilnehmerbetriebe. Möchte ein Betriebsvergleichsteilnehmer bspw. wissen, ob es Betriebe seiner Branche gibt, die mit einer anderen Kundenstruktur bessere Ergebnisse erzielen als er, so ist

Gleichheit hinsichtlich des Merkmals „Branche" und Verschiedenheit hinsichtlich des Merkmals „Kundenstruktur" erforderlich. Es wäre aber auch denkbar, daß der Betriebsvergleichsteilnehmer eine Unternehmung mit einer dem eigenen Betrieb ähnlichen Kundenstruktur aber besseren Ergebnissen sucht, um festzustellen, ob in seinem Betrieb bei gegebener Kundenstruktur ein Verbesserungspotential besteht. Einige Fragestellungen setzen also geradezu voraus, daß sich die Daten der Betriebsvergleichsteilnehmer unterscheiden. Statistiker sprechen davon, daß Erklärungen voraussetzen, daß Varianz gegeben ist.

In bestimmten Fällen eignen sich als **Bezugspunkte** Betriebe, die in einem oder mehreren Merkmalen mit dem Betrieb, der sich vergleichen will, übereinstimmen. Aus diesem Grund werden innerhalb eines Betriebsvergleichs Gruppen von Betrieben z.B. nach der Größe ihrer Verkaufsfläche, nach ihrer Standortlage oder nach der Zahl der beschäftigten Personen gebildet. In anderen Fällen kommt es darauf an, die Daten von Betrieben mit einer andersartigen Geschäftspolitik für den Vergleich verfügbar zu haben (z.B. mit einer anderen Standortlage, mit einer größeren oder kleineren Verkaufsfläche). Insofern ist es nicht richtig, für einen Betriebsvergleich generell Homogenität der teilnehmenden Betriebe zu fordern. Insgesamt ist eine auch theoretisch nicht leicht zu fassende Angelegenheit, welche Betriebe bei einer bestimmten Fragestellung zum Vergleich herangezogen werden sollten (vgl. *Müller-Hagedorn* 1994 und 1995).

(5) Hinweise auf Maßnahmen

Mit der **Dispositionseignung der Betriebsvergleichsergebnisse** wird erfaßt, inwieweit aus festgestellten Abweichungen zwischen den Werten eines auswertenden Betriebes und denen anderer Betriebe Hinweise auf betriebliche Maßnahmen abgeleitet werden können. Die Probleme rühren daher, daß aus einem höheren (niedrigeren) Betriebsergebnis nicht vorschnell geschlossen werden darf, daß während des Berichtszeitraums bessere (schlechtere) Entscheidungen als in dem oder den Vergleichsbetrieben getroffen wurden (vgl. *Dürr* 1967).

Trotz der Übereinstimmung in einigen Strukturvariablen, können hierfür Unterschiede in anderen Gegebenheiten ursächlich gewesen sein. Werden einzelne Partialkennzahlen als Maßstab herangezogen (z.B. Umsatz pro beschäftigte Person oder Umsatz pro Quadratmeter Verkaufsfläche), so ist zu beachten, daß zwischen einzelnen Einsatzfaktoren substitutive Beziehungen vorliegen können, die eine isolierte Betrachtung verbieten. In diesen Fällen sind die Daten verschiedener Betriebe als Vektoren zu vergleichen. Da durch Durchschnittswerte wesentliche Unterschiede verdeckt werden, empfiehlt sich bei Betriebsvergleichen der einzelbetriebliche Vergleich.

Fast selbstverständlich mutet der Hinweis auf die **formelle Vergleichbarkeit** an, wiewohl gerade im Rahmen von Benchmarking Zweifel daran bestehen, daß die formelle Vergleichbarkeit immer gegeben ist. Formelle Vergleichbarkeit bedeutet, daß die notwendigen rechnungsmäßigen, statistischen und sonstigen technischen Voraussetzungen gegeben sind, um einen Vergleich von Betrieben vornehmen zu können. Formelle Vergleichbarkeit setzt eine Ermittlung der Betriebsdaten bei allen Teilnehmerbetrieben nach einheitlichen Kriterien und die einheitliche Auswertung des Datenmaterials voraus.

Die Ausführungen sollten deutlich werden lassen, daß der Betriebsvergleich wertvolle Hinweise für die **Steuerung der Betriebe** geben kann, wenn die Daten entsprechend aufbereitet sind. Insofern sind die Aussagen von *Tietz* (1974, Sp. 403) weiterhin aktuell: „Messen und Vergleichen wird auch in Zukunft die Basis für die Abstützung ökonomischer Urteile bleiben. Der Betriebsvergleich ist dabei ein vielseitig einsetzbares Hilfsmittel". Die Fortentwicklung des Betriebsvergleich zu einem Controlling-Tool äußert sich sowohl im Umfang der einbezogenen Daten als auch in der Art der Darstellung.

4 Zusammenfassung

Das Management benötigt Informationen. In dem vorliegenden Beitrag sind drei Tools vorgestellt worden, die Balanced Scorecard, Benchmarking und moderne Versionen des Betriebsvergleichs. Es wurde deutlich, daß mit diesen Berichtsinstrumenten **unterschiedliche Ziele verfolgt** werden. Die **Balanced Scorecard** zielt auf die Information des Top-Managements, indem sie betont, daß Top-Manager sich nicht nur mit dem Studium finanzieller Daten zufrieden geben sollten. Vielmehr müßten sie, um die zukünftige Ertragskraft der Unternehmung sichern zu können, fortlaufend die Kundenperspektive, die interne Perspektive und die Lernperspektive einnehmen und entsprechende Maßgrößen ermitteln lassen. Dies ist im Prinzip ein sinnvolles Anliegen. Ob es erreicht werden kann, hängt vor allem davon ab, inwieweit es gelingt, einen sinnvollen Satz an Kennzahlen zusammenzustellen, und inwieweit diese Kennzahlen tatsächlich das Verhalten bestimmen.

Benchmarking betont (zu Recht) den Konkurrenzbezug, scheint aber, wenn es auf einzelne Prozesse bezogen wird, weniger als ein Mittel zur laufenden Berichterstattung als vielmehr für projektbezogenes Handeln wichtig.

Der traditionelle **Betriebsvergleich** ist für den Handel, sei es nun der filialisierte oder der mittelständische Handel, unverzichtbar, weil er Elemente des Benchmarking enthält und darüber hinaus einer Vielzahl von Zwecken dient. In dem vorliegenden Beitrag sind mehrere Elemente erläutert worden, mit denen der traditionell auf Kennzahlen gestützte Betriebsvergleich verbessert werden kann. Er dient den Entscheidungsträgern dann nicht nur als Analyseinstrument, sondern als motivierendes Instrument zur Verbesserung der Geschäftspolitik.

Dokumentation in der Distribution

Gestaltungsaufgabe für ein integriertes Informationsmanagement

Eric Schoop

1 Informationsmanagement im Handel

Die herausragende Bedeutung des Handels für die Wirtschaftswissenschaften im Allgemeinen und der Bedarf an einer besonderen Handelswissenschaft im Sinne der heutigen Betriebswirtschaftslehre wurde bereits zu Beginn des 20. Jahrhunderts von *Schär* (1921, S. 42) formuliert: „Die Erforschung der Einzelwirtschaft, der Zelle der volkswirtschaftlichen Gesamtorganisation, ist daher ein integrierender Bestandteil der Nationalökonomie, und die Handelswissenschaft, als Privatwirtschaftslehre des Handels, ein notwendiges Glied der Nationalökonomik des Handels“. Die sich hieraus ableitende **Handelsbetriebslehre** betrachtet den Prozeß der Leistungserstellung und -verwertung aus funktioneller Sicht - Handel als Tätigkeit des Austausches beweglicher materieller Güter im faktischen oder auch im ausschließlich rechtlichen Sinne - und aus institutioneller Sicht - Handel als alle Wirtschaftseinheiten, deren Haupttätigkeit Handel im funktionellen Sinne ist (vgl. *Lerchenmüller* 1995, S. 15ff.).

In den letzten Jahrzehnten konnten auf den Märkten eine zunehmende **Ausdifferenzierung der Handelsfunktion** mit Übertragung ihrer Teilaufgaben auf unterschiedliche Vertragspartner und damit die Bildung aufgabenspezifischer Handelsinstitutionen beobachtet werden. Die Begründung für diese Entwicklung liefert die Transaktionstheorie. Danach vollzieht sich der Leistungsübergang zwischen verschiedenen Akteuren in den Phasen Anbahnung, Vereinbarung, Durchführung und Anpassung, die jeweils mit spezifischen Transaktionskosten verbunden sind (vgl. *Williamson* 1990, S. 21ff.).

Aus volkswirtschaftlicher Sicht legitimiert sich die Existenz von Handelsunternehmen dann, wenn die Gesamtkosten in der Distributionskette von der Gütererstellung bis zum Güterverzehr - Produktions- und Transaktionskosten der Anbieter und Transaktionskosten der Nachfrager - unter Einbezug von Handelsunternehmen als Intermediäre mit teilaufgabenspezifischen Wettbewerbsvorteilen geringer sind als bei direktem Güterabsatz durch die Produzenten. Die Entscheidung, in welchen Phasen welche Akteure welche Transaktionen übernehmen sollten, hängt also von der **Höhe der Transaktionskosten** ab. Als die wesentlichen Einflußfaktoren hierauf sind in erster Linie die Aufgabenspezifität, die Umweltunsicherheit, die Aufgabenhäufigkeit, die Transaktionsatmosphäre, die Artikelspezifität sowie die Rahmenbedingungen für das Informationsmanagement und für die Logistik zu nennen (vgl. *Becker/Schütte* 1996, S. 5ff. unter Bezug auf *Picot* 1986, S. 5ff.).

Die konkrete Ausgestaltung der Distributionswege eines Produzenten obliegt seiner Distributionspolitik, als deren wesentliche Elemente

- die **akquisitorische Dimension** als Management der Distributionswege mit Gestaltung der rechtlichen, ökonomischen, informatorischen und sozialen Beziehungen zwischen den beteiligten Akteuren und

- die **logistische Dimension** mit allen raum- und zeitüberbrückenden Funktionen (Transport und Lagerung)

differenziert werden. Die Distributionswege als Objekte der akquisitorischen Dimension bestehen aus den Alternativen Direktvertrieb - über Reisende, Mitglieder der Geschäftsführung, Verkaufsniederlassungen oder eine werksverbundene Verkaufsgesellschaft - und indirekter Vertrieb - über selbständige Handelsvertreter oder über einen produktorientierten, herstellerorientierten oder abnehmerorientierten Produktionsverbindungshandel. In den letzten Jahren gewinnt zusätzlich der Einsatz neuer Medien in beiden Vertriebsvarianten an Bedeutung (vgl. *Backhaus* 1997, S. 344ff.).

Die weiteren Ausführungen konzentrieren sich auf die **Unterstützungsmöglichkeit der informatorischen Beziehungen** im Handel durch ein integriertes Informationsmanagement unter besonderer Berücksichtigung der sich für die Gestaltung der Distributionspolitik aus dem Einsatz neuer Medien und Informationstechnologien ergebenden Konsequenzen.

1.1 Informationssystem und -funktion

Das Informationsmanagement ist als Teilgebiet der Wirtschaftsinformatik eine wirtschaftswissenschaftliche Disziplin mit Erklärungs- und Gestaltungscharakter. Die in der Diskurswelt existierenden Prozesse, Funktionen und Daten sowie die dazwischen bestehenden Beziehungen werden analysiert und auf induktivem oder deduktivem Wege **in Modellen** abgebildet. Diese sind anschließend Ausgangspunkt für die methodische Aufgabenautomatisierung im Rahmen der Systementwicklung. Betrachtungsobjekt des Informationsmanagements ist das betriebliche Informationssystem, welches in die Umwelt (Beschaffungs- und Absatzmarkt) der Unternehmung eingebettet ist und die eigentlichen Leistungsprozesse, die im Basissystem stattfinden, plant, steuert und kontrolliert. Dieses Informationssystem, z.B. ein Warenwirtschaftssystem, besteht aus anwendungsspezifischen Aufgaben sowie aus maschinellen und personellen Aufgabenträgern, die im Rahmen ihrer Funktionsausübung über das Kommunikationssystem koordiniert werden. Der automatisierbare Teil eines Informationssystems wird dabei als **Anwendungssystem** bezeichnet (vgl. *Ferstl/Sinz* 1993, S. 3, S. 28ff.).

Die Hauptaufgabe des Informationsmanagements als betriebswirtschaftliche Leitungsfunktion im Informationssystem ist die Schaffung und Aufrechterhaltung einer geeigneten Informationsinfrastruktur für die Umsetzung des Leistungspotentials der Informationsfunktion in den angestrebten Unternehmenserfolg. Sie wird in enger Abstimmung mit den übergeordneten strategischen Unternehmenszielen wahrgenommen.

Unter **Informationsinfrastruktur** werden neben Rechnern und Kommunikationssystem-Komponenten das Betriebssystem, Kommunikationssoftware, Datenbanksysteme, Anwendungssysteme, das Personal für die Umsetzung der nichtautomatisierbaren Aufgaben des Informationsmanagements, zu erstellende Normen und Regeln hinsichtlich der Informations- und Kommunikationsprozesse der Unternehmung (z.B. Belegentwurf und -fluß im betrieblichen Berichtswesen) sowie ausgewählte Methoden und deren Implementierung in Form spezieller Werkzeuge verstanden. Das Leistungspotential der Informationsfunktion beschreibt den möglichen Beitrag aller betrieblichen Informations- und Kommunikationsprozesse am gesamten Unternehmenserfolg.

Innerbetriebliches Ziel des Informationsmanagements ist die **Ausnutzung von Rationalisierungsspielräumen**. Dies kann sowohl durch Prozeßautomatisierung mittels Einsatz geeigneter Anwendungssysteme, als auch durch organisatorische Maßnahmen, bspw. im Rahmen einer geschäftsprozeßorientierten Ablaufgestaltung der betrieblichen Organisation, erreicht werden. Externe Bestimmungsgröße des Informationsmanagements ist die **Verbesserung als wettbewerbskritisch erkannter Erfolgsfaktoren der Unternehmung**, indem durch geeignete Infrastrukturmaßnahmen die Kommunikation zu den Beschaffungs- und Absatzmärkten verbessert wird (vgl. *Heinrich* 1996, S. 21ff.).

1.2 Informationstechnische Unterstützung

Somit ist auch die Gestaltung der Informations- und Kommunikationsprozesse in Handelsunternehmen Aufgabe des Informationsmanagements. Sie vollzieht sich im distributionsbezogenen betrieblichen Informationssystem. Die hier ablaufenden Informations- und Kommunikationsprozesse lassen sich je nach der damit verfolgten Zielstellung **informationsorientierten** oder **aktionsorientierten Handelsfunktionen** zuordnen. Erstere dienen der Schaffung einer Informationsbasis zur Vorbereitung von Distributionsentscheidungen, indem im Rahmen der Beschaffungsmarkt- und der Absatzmarktforschung benötigte Informationen im Sinne zweckorientierten Wissens gesammelt, ausgewertet und gespeichert werden. Informationsbeziehungen in aktionsorientierten Handelsfunktionen begleiten alle im Rahmen der Handelsfunktion beschaffungs- und absatzseitig wahrzunehmenden Geschäftsprozesse (vgl. *Lerchenmüller* 1995, S. 49ff.).

Die Wirtschaftsinformatik verdeutlicht die Bestandteile betrieblicher Informationssysteme hinsichtlich Art, funktionaler Eigenschaften und Zusammenwirken in Analogie zum Architekturbegriff des Bauwesens, indem Modelle von Informationssystem-Architekturen definiert werden. Bekannt sind die **Erklärungsansätze industrieller Geschäftsprozesse** nach dem X-Modell (vgl. *Mertens* 1993, S. 126) bzw. nach dem Y-Modell (vgl. *Scheer* 1994, S. 86). *Becker/Schütte* (1996, S. 11) entwickelten in

Anlehnung daran eine Informationssystem-Architektur für ein Handels-Informationssystem in Form eines H-Modells, in dem die operativen Teilsysteme des Beschaffungsbereiches den Teilsystemen des Vertriebsbereiches strukturanalog gegenübergestellt und über die Lagerfunktion gekoppelt werden. Die hier erklärten Sichten auf das Handels-Informationssystem - Funktionen, Daten und Prozesse, für die jeweils eigene Teil-Architekturen abgeleitet werden können - repräsentieren das Warenwirtschaftssystem mit seinen aktionsorientierten Handelsfunktionen. Es ist auf den betriebswirtschaftlich-dispositiven Aufgabenblöcken aufgebaut und stellt seine Informationen für die strategischen Planungs- und Entscheidungssysteme (informationsorientierte Handelsfunktionen) in verdichteter Form zur Verfügung (vgl. Abb. 1).

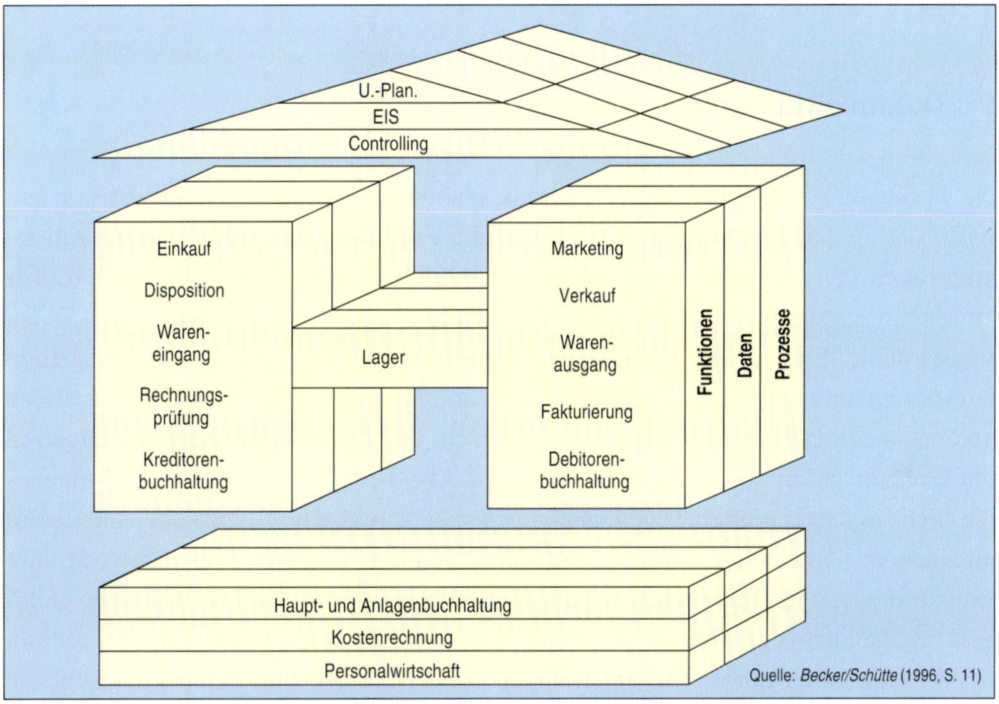

Abb. 1: Architekturmodell für Handels-Informationssysteme

Es ist nun die Gestaltungsaufgabe des Informationsmanagements, für die informationstechnische Unterstützung realer Handels-Informationssysteme die im abstrakten Architekturmodell - Referenzmodell - erklärten Komponenten durch geeignete Informationsinfrastruktur, insbesondere durch den Einsatz von Datenverwaltungs-, Anwendungs- und Kommunikationssystemen, zu konkretisieren, inhaltlich/funktional mit den zu analysierenden Objekten der Realwelt abzustimmen und bereits existierende Anwendungssysteme **in das Gesamtkonzept zu integrieren**. Mit diesem Integrationsziel auf

- Datenebene (durch Bildung eines unternehmensweiten Datenmodells),
- Systemebene (durch Verwendung standardbasierter, offener Softwaresysteme in verteilten Hardware-Architekturen) und
- Prozeßebene (durch Abstimmung standardbasierter Kommunikationsprozesse für horizontale und vertikale Kooperationen)

werden Unterziele wie Redundanzarmut, Konsistenzsicherung und Aktualität der Information verfolgt (vgl. *Becker/Schütte* 1996, S. 17f.).

2 Dokumentation in Unternehmen

Die Diskussion betrieblicher Informationssysteme und ihrer Architekturen konzentrierte sich in den letzten Jahren primär auf die **Funktions- und Prozeßautomatisierung** durch den Einsatz datenbankbasierter betriebswirtschaftlicher und technischer Anwendungssysteme (Warenwirtschaftssysteme, Produktionsplanungs- und Steuerungssysteme, Engineering Data Management Systeme). Der Fokus auf deren Standardisierung und auf die Bildung von Daten- und Prozeß-Referenzmodellen für diesen Automatisierungsbereich vernachlässigt jedoch die betriebliche Realität. Diversen Untersuchungen zufolge wird der weitaus größere Teil der betrieblichen Informationen nicht in strukturierten Datenbanken organisiert und damit nicht über die darauf aufbauenden Anwendungssysteme verwaltet, sondern in Form von nicht oder nur semi-strukturierten Dokumenten - häufig auf Papier - produziert, distribuiert, archiviert und genutzt (vgl. *Mertens/Morschheuser* 1994, S. 445; *Schoop/Strobel* 1998b, S. 7). Daher ist es notwendig, im Rahmen der Diskussion von Perspektiven für die Distribution aus Sicht des betrieblichen Informationsmanagements gerade auch die Leistungspotentiale eines integrierten Dokumentenmanagements zu analysieren.

2.1 Funktion

Es ist Aufgabe des Informationsmanagements in und zwischen Unternehmen, die entlang der Wertschöpfungsketten auftretenden **Informationsbedarfe zu identifizie-**

ren, zu analysieren und durch Bereitstellung inhaltlich (Kontext, Problemadäquanz) und verarbeitungsmäßig (Schnittstellen, Medien, Standards) anforderungsgerechter Angebote zu befriedigen. Diese Aufgabe wird durch die Dokumentationsfunktion ermöglicht, welche die relevanten Informationen archiviert, ordnet und für kontextabhängige Recherchezugriffe bereithält.

Objekte der betrieblichen Dokumentation sind einerseits die Resultate der Leistungsprozesse des Basissystems (Erzeugnisse eines Produktionsunternehmens, marktfähige Dienstleistungen, Ergebnisse von Handelsfunktionen), andererseits die Leistungs- und Informationsprozesse selbst (Produktions- oder Distributionsverfahren, Aufbau- und Ablauforganisation, Projektmanagement). Hinsichtlich der Ausprägung der Dokumentationsfunktion im betriebswirtschaftlichen Bereich (kundenorientierte Geschäftsprozesse) und im technischen Bereich (produkt- und produktionsprozeßorientierte Geschäftsprozesse) lassen sich **drei Komplexitätsebenen** unterscheiden (vgl. *Schoop* 1998, S. 139; *Schoop/Strobel* 1998a):

- Für klar strukturierte, repetitive Aufgaben eignet sich die Dokumentation in Form von Daten, die in Datenbanksystemen verwaltet und unmittelbar durch aufgabenspezifische Anwendungssysteme bereitgestellt werden (z.B. Angaben über Artikel und Kunden oder Auswertungen über Bestandsänderungen oder Marktreaktionen und ihre Darstellung in Bildschirmmasken, Tabellen, Formularen). Der Problembezug (Zuordnung von Semantik) wird durch das Datenverarbeitungsprogramm vorgenommen.
- Für wenig oder nur schwach strukturierte Problemfelder übernehmen - multimediale - Dokumente die Rolle der Informationsträger. In ihnen können unterschiedliche Datentypen (Text, Bild, zeitabhängige Daten, z.B. Video) flexibel und problemorientiert kombiniert und in geeigneter optischer Struktur (Layout) und logischer Struktur (Inhalt) auf unterschiedlichen Medien (Papier, offline als CD ROM oder online über das Internet) präsentiert werden (z.B. kunden- oder leistungsspezifische Angebote, Verträge, Zollerklärungen, Qualitätszertifikate, Prüfzeugnisse, Produktnormen).
- Sammlungen größerer Mengen gleichartig strukturierter und inhaltlich kohärenter Dokumentationseinheiten (Dokumente) über geschlossene Themen werden als Dokumentationen bezeichnet. Im betriebswirtschaftlichen Bereich sind hier z.B. Organisationsanweisungen, Verfahrensanweisungen, Dienstanweisungen, Geschäftsanweisungen, Budgetierungsanweisungen, Schulungsunterlagen, Sicherheitsdokumentationen oder ein Projektmanagementhandbuch zu nennen. Inhalt der

technischen Dokumentation sind Produktbeschreibungen (Bedienungshandbuch, Wartungsmanual, Entwicklungsdokumentation) und Prozeßbeschreibungen (Anlagendokumentation, Betriebshandbuch, Qualitätssicherungshandbuch, Umweltmanagementhandbuch).

In den Produkt- und Prozeßbeschreibungen ist das eigentliche Know How der Unternehmung, die **Hauptwissensressource**, dokumentiert. Sie stellen die entscheidungsrelevanten Informationen für die zunehmend zusammenwachsenden betrieblichen Managementsysteme (z.B. Projekt-, Qualitäts- und Umweltschutzmanagement) bereit (vgl. *Panek/Wolf* 1997, S. 566ff.) und sind im Rahmen des immer relevanter werdenden betrieblichen Wissensmanagements wichtige Bestandteile der durch das Informationsmanagement aufzubauenden organisatorischen Wissensbasis (vgl. *Schoop* 1998, S. 141ff.). Wie Abb. 2 demonstriert, bestehen dabei zahlreiche Querbezüge zwischen den einzelnen Dokumentationen.

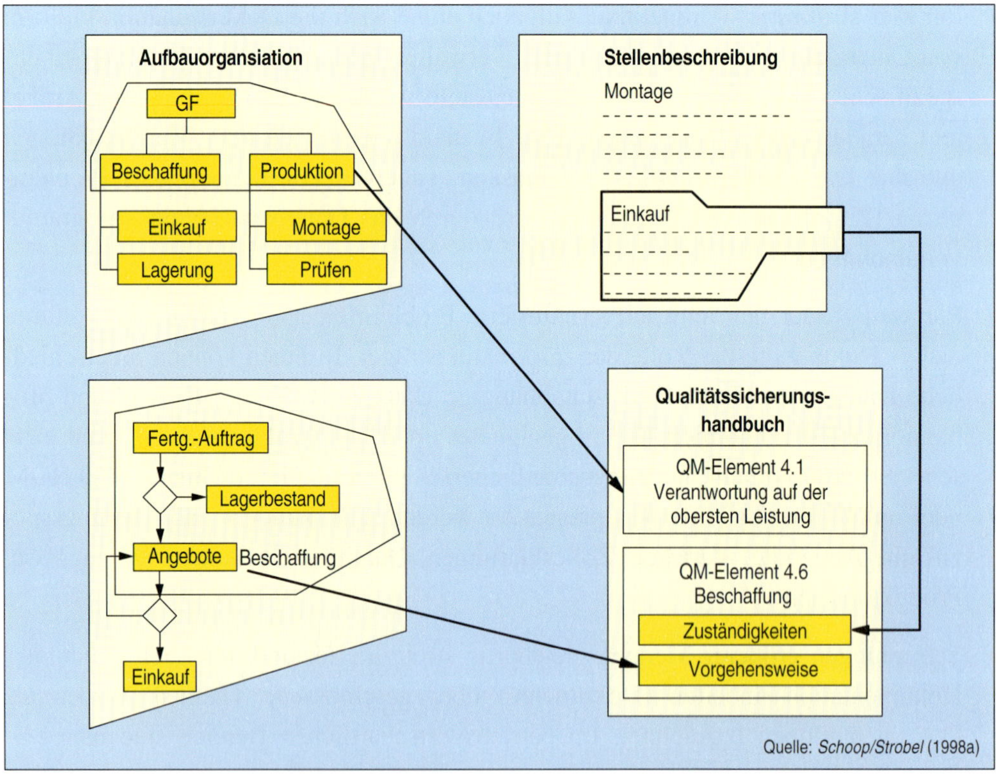

Abb. 2: Informationsnetz zwischen assoziierten Dokumentationen am Beispiel eines Qualitätssicherungshandbuches

2.2 Gestaltung

Die informationstechnische Umsetzung der betrieblichen Dokumentationsfunktion ist Aufgabe des **Daten- und Dokumentenmanagements**. Hier können inner- und zwischenbetriebliche Integrations- und Automatisierungspotentiale ausgeschöpft werden (vgl. *Mertens/Morschheuser* 1994, S. 449ff.; *Schoop/Strobel* 1998a):

- Integration der **innerbetrieblichen Datenstrukturen und Geschäftsprozesse** (z.B. Modellierung von Datenschnittstellen zwischen auftragsorientierter betriebswirtschaftlicher und produktorientierter technischer Datenverarbeitung im Produktionsunternehmen oder zwischen dem Warenwirtschaftssystem und den betriebswirtschaftlichen Basisinformationssystemen oder die Verknüpfung funktionsorientierter Anwendungssysteme durch ein übergeordnetes Workflow-Managementsystem),
- Integration der **innerbetrieblichen Daten- und Dokumentenverwaltung** (Führen einer elektronischen Kundenakte mit Kunden- und Auftragsdaten aus dem Datenbanksystem, ergänzt um dokumentenbasierte Angebote, Reklamationsschriftwechsel, Verträge, Garantien etc., oder die elektronische Übernahme von Konstruktionszeichnungen aus dem CAD-System sowie von Teiledaten aus der Artikel- und Stücklistenverwaltung in Normenblätter oder Produktkataloge),
- Integration der **innerbetrieblichen Dokumentationen** (Abbildung der einzelnen Bausteine technischer und betrieblicher Dokumentationen und der zwischen ihnen existierenden hierarchischen und referentiellen Beziehungen, z.B. in Form eines Hypertextsystems im Intranet der Unternehmung auf Basis des Dokumentenstandards SGML oder XML als Element der organisatorischen Wissensbasis; vgl. Abb. 2),
- Integration der **zwischenbetrieblichen Kommunikation** zur Auftragsabwicklung in der Kunden/Lieferantenkette (Austausch von auftrags- und produktbezogenen Daten auf Basis entsprechender Standards für den elektronischen Datenaustausch, z.B. EDIFACT für betriebswirtschaftliche oder STEP für technische Daten),
- Integration der **zwischenbetrieblichen Dokumentationen** für die Bereitstellung des Produkt- und Prozeßwissens einzelner Unternehmen zum Aufbau einer organisatorischen Wissensbasis eines Unternehmensnetzwerkes (strategische Allianz, virtuelle Organisation), indem Ausschnitte aus den elektronisch verwalteten und strukturierten Dokumentationen über das Internet den Partnern zugänglich gemacht werden (Bildung eines Extranet),

- Integration der **betrieblichen Daten und Dokumentationen** in einen für verschiedene Zielgruppen aufbereiteten elektronischen Produktkatalog, der im Rahmen von Electronic Commerce-Anwendungen Geschäftspartnern (Business-to-Business) oder Endkunden (Business-to-Consumer) bereitgestellt wird.

Für ein **integratives Dokumentenmanagement** muß dabei gemäß Abb. 3 zwischen

- prozeßorientierten Dokumentenmanagementsystemen mit Archiv-, Retrieval- und Vorgangsunterstützungsfunktion,
- Groupware-basierten Anwendungssystemen zur flexiblen Unterstützung kooperativer Projektarbeit und
- strukturorientierten Dokumentenmanagementsystemen zur inhaltlich/logischen Auszeichnung von Dokumenten gemäß vorgegebenen Dokumentfamilienstrukturen (DTDs) auf Basis von Dokumentenstandards (z.B. SGML oder XML)

unterschieden werden. Es ist Gestaltungsaufgabe des Dokumentenmanagements, ausgehend von der Analyse der zugrundeliegenden - arbeitsteiligen - Geschäftsprozesse, die Informationsbedarfe, Zielgruppen und Anwendungskontexte zu analysieren, die entsprechenden Dokumentationsprozesse und Dokumentenstrukturen abzuleiten, die geeigneten Werkzeuge zur Umsetzung auszuwählen und aufgabenbezogen zu integrieren (vgl. *Schoop/Strobel* 1998b).

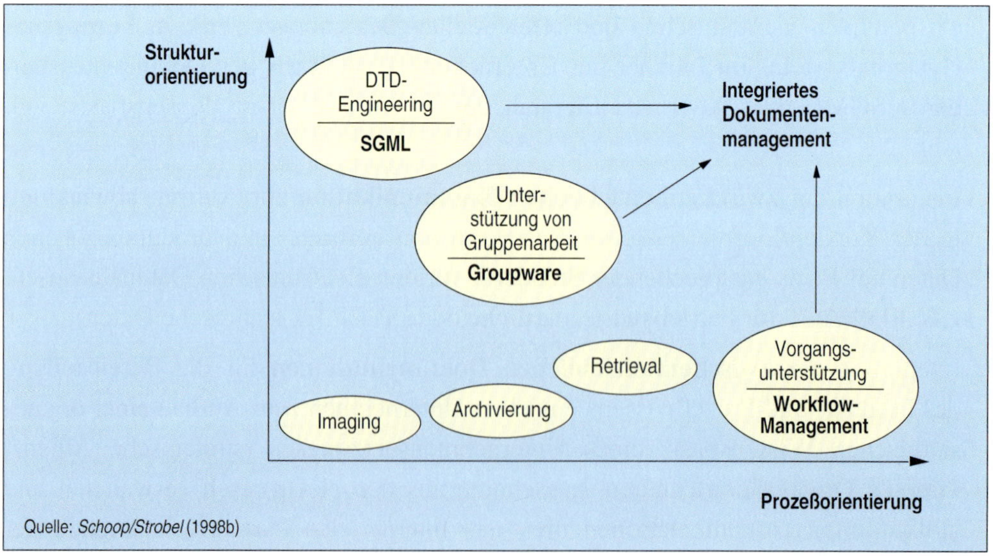

Abb. 3: Prozeß- und strukturorientiertes Dokumentenmanagement

3 Schlußfolgerungen für die Distribution

Die Gestaltung der betrieblichen Dokumentationsfunktion durch ein integriertes Dokumentenmanagement führt auf Basis eines **Cross Media** und **Database Publishing** zur Reorganisation der Dokumentationsprozesse und -strukturen, zum Aufbau durchgängiger elektronischer Publikationsketten in und zwischen Unternehmen und zur Bereitstellung aufgabenspezifischer und kundenindividueller Dokumentationen auf beliebigen Medien. Mit der informationstechnischen Unterstützung der Dokumentationsfunktion ergeben sich neben betriebswirtschaftlichen Rationalisierungseffekten - Durchlaufzeitverkürzung, Informationstransparenz, Kostensenkung, Standardisierung - auch Nutzenpotentiale für den Einsatz neuer Medien in der Distribution.

Durch die **digitale Archivierung** und Organisation von Daten, Dokumenten und Dokumentationen stehen die benötigten betrieblichen Informationen für automatisierte Recherche-, Distributions- und Weiterverarbeitungsprozesse in und zwischen Unternehmen unmittelbar zur Verfügung. Der Einsatz neuer Medien hat weitreichenden Einfluß auf die Höhe der Transaktionskosten, welche, wie einleitend dargestellt, die Entscheidungsgrundlage für die Aufgabenteilung in der Distribution bilden. Insbesondere in **drei Bereichen** eröffnen sich somit neue Perspektiven für die Distribution:

(1) Die resultierenden Electronic Commerce-Anwendungen bieten den Produzenten neue Chancen, indem sie durch das unmittelbare elektronische Produkt- und Leistungsangebot die direkten Absatzkanäle wieder stärken und damit Einfluß auf die Distribution zurückgewinnen können (vgl. *Backhaus* 1997, S. 344ff.).

(2) Durch die neuen Medien entstehen auch Chancen für den Auftritt neuer, spezialisierter Intermediäre in den indirekten Absatzkanälen mit medien- und anwendungsspezifischem Know How (z.B. Werbeagenturen, Verlage, Medienunternehmen).

(3) Eine Daten-, Dokumenten- und Prozeßintegration bildet durch moderne Informationstechnologie in Verbindung mit den elektronischen Märkten eine ideale Voraussetzung für die Entstehung horizontaler und vertikaler Kooperationsstrukturen.

Ein integriertes, die betriebliche Dokumentationsfunktion berücksichtigendes Informationsmanagement ist somit eine wichtige Voraussetzung zur Bildung der Erfolgsfaktoren für die Reorganisation der Handelsfunktion und für die Realisierung neuer Perspektiven der Distribution.

5.4 Beschaffungs- und Absatzmarketing

Beschaffungsmarketing des Handels

Ulli Arnold

1 Voraussetzungen für ein strategisches Beschaffungsmarketing im Handel

1.1 Ökonomische Funktionen des Handels

Marktlicher Tausch ist zentrales Wesensmerkmal moderner Volkswirtschaften. Im Markt bilden sich Vertragsbeziehungen zwischen potentiellen Anbietern und Nachfragern, die über den Preis gesteuert werden (vgl. *Richter/Furubotn* 1996, S. 297). Markt und Handel sind eng miteinander verknüpft (vgl. *Müller-Hagedorn* 1984, S. 16):

- **Handel im funktionellen Sinn** beschreibt den Austausch von wirtschaftlichen Gütern zwischen Wirtschaftssubjekten. Insofern ist „der Handel“ bzw. „handeln“ zentrales Tätigkeitsmerkmal in arbeitsteilig organisierten Wirtschaftssystemen.

- **Handel im institutionellen Sinn** bezeichnet die Vermittlung und Durchführung von Tauschakten durch darauf spezialisierte Organisationen. Handelsunternehmen zeichnen sich dadurch aus, daß sie keine „gewerbliche Sachgüterproduktion im Fabriksystem“ (*Schweitzer* 1990, S. 19) wahrnehmen, sondern sich auf die Weiterveräußerung beschränken.

Gliedert man die Betriebswirtschaftslehre nach Wirtschaftszweigen, so stellt die Handelsbetriebslehre heute eine „spezielle“ Betriebswirtschaftslehre und damit ein Teilgebiet neben anderen Branchenwirtschaften wie bspw. Industriebetriebslehre, Bankbetriebslehre etc. dar (vgl. *Sundhoff* 1991, S. 242f.). Die Institutionlehre des Handels steht auch im Mittelpunkt dieses Beitrags - ohne daß deshalb aber die funktionale Spezialisierung („Beschaffung“) vernachlässigt werden soll.

Eben weil **alle** Wirtschaftssubjekte im funktionalen Sinne „handeln“ müssen, hat der institutionelle Handel ein besonderes Legitimationsproblem: Ist der Handel produktiv? Der sogenannte Ausbeutungsverdacht (vgl. *Schenk* 1991, S. 41) ist jedoch nur gerechtfertigt, wenn Handelsaktivitäten unproduktiv wären - dies ist jedoch nicht per se der Fall. Tatsächlich kann und muß der Handel existierende Disparitäten zwischen industriellem Angebot und konsumtiver Nachfrage beseitigen (vgl. Abb. 1; *Krulis-Randa* 1990, S. 27f.):

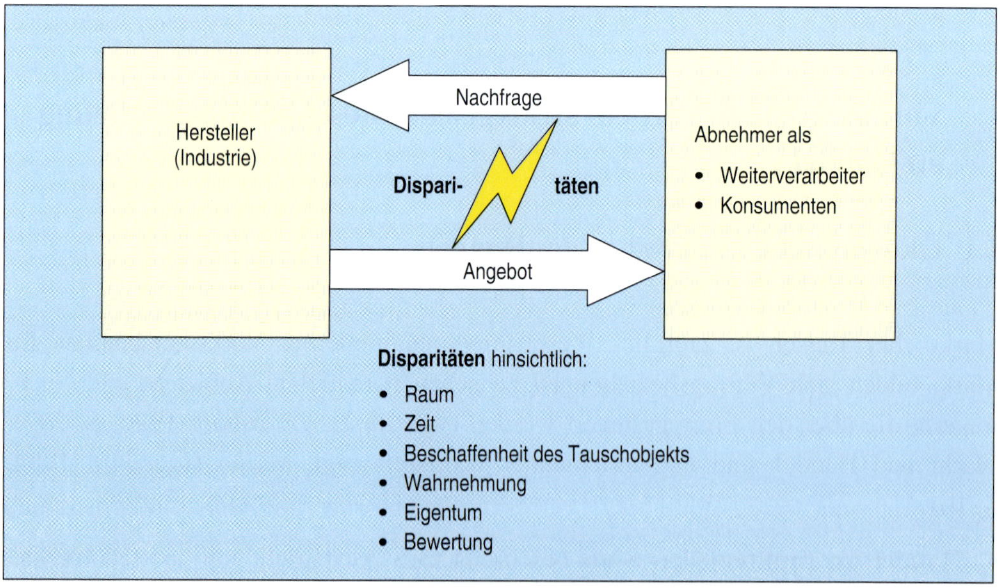

Abb. 1: Disparitäten zwischen Angebot und Nachfrage

- Herstellungs- und Verbrauchsort sind in modernen Volkswirtschaften fast immer **räumlich getrennt**. Bei Gütern genügt eben nicht eine abstrakte Marktorganisation allein. Leistungen müssen dem Käufer auch physisch verfügbar gemacht werden.
- Durch rationelle industrielle Massenfertigung ist eine **zeitliche** Entkoppelung von Fertigung und Absatz/Verbrauch unumgänglich.
- Der Trennung hinsichtlich der **Auffassung über die Beschaffenheit des Produktes** kann insbesondere durch eine mengenmäßige und qualitative Umgruppierung der Waren entgegengewirkt werden. Dadurch wird die Diskrepanz zwischen differenziertem Bedarf und spezialisierter Produktion verringert bzw. aufgehoben.
- Die **Wahrnehmungstrennung** resultiert aus der Unvollkommenheit von Märkten. Konsumentenkriterien und Produzentenkriterien fallen bei der Beurteilung von Produkteigenschaften häufig auseinander. Eine zentrale Handelsfunktion besteht in der Überwindung dieses Informationsdefizits für beide Marktparteien.
- Mit dem Tauschakt ist primär die Übertragung von Eigentumstiteln verbunden. Neue Modalitäten des Verfügungsrechtetauschs wie Leasing, Finanzierung oder Miete ermöglichen es dem Handel, **Eigentum und Verfügungsgewalt** zu trennen und so innovative Tauschbeziehungen zu gestalten.
- Disparitäten hinsichtlich der **Bewertung** einer Leistung zwischen Hersteller und Käufer müssen überwunden werden. Der Handel ist dazu durch Sonderpreisaktionen, Einkaufsbündelung etc. in der Lage.

Marktlicher Tausch ist ohne Überwindung all dieser Disparitäten praktisch nicht möglich. Die genannten Trennungsdimensionen können durch eine Institution **Handel** aufgehoben werden, wenn er entsprechende Funktionen ausübt (vgl. *Berekoven* 1990; S. 3; *Schenk* 1991, S. 62f.; *Oehme* 1992, S. 31): Die Warenbewegung und -haltung dient der Überbrückung von Raum- und Zeitdisparitäten. Warenaufbereitung und Kommunikationsgestaltung sorgen für einen Ausgleich der tatsächlichen Beschaffenheit und der Wahrnehmungsunterschiede im Hinblick auf die auszutauschenden Güter. Dazu unterhalten Handelsbetriebe bspw. stationäre Geschäfte in räumlicher Nähe zum Kunden. Für Bewertung und Tausch von Eigentumstiteln stehen dem Handel insbesondere seine preispolitischen Instrumente zur Verfügung. „Der Handel agiert nicht nur auf Absatz- und Beschaffungsmärkten - das tun alle Subjekte des Wirtschaftslebens -, sondern er **organisiert** Absatz- und Beschaffungsmärkte“ (*Schenk* 1991, S. 41; vgl. Abb. 2).

Die Existenz des institutionellen Handels läßt sich aber nicht nur über seine ökonomischen Funktionen rechtfertigen. Er reduziert auch die Zahl der notwendigen Kontakte zwischen (End-)Verbraucher und Industrie sowie die damit verbundenen Transaktionskosten (vgl. *Coase* 1937, S. 390f.; *Gümbel* 1985). Transaktionskosten entstehen bei Anbahnung, Vereinbarung, Abschluß und Anpassung einer ökonomischen Transaktion (vgl. *Picot* 1985, S. 224f.) - unabhängig davon, ob der Kontakt durch räumliches Zusammentreffen, fernmündlich, in Form eines Transportes oder wie auch immer zustandekommt. Bei nur zehn Transaktionspartnern liegt die Gesamtzahl der Transaktionen bereits bei 45, wenn nur jeweils ein Kontakt geknüpft werden soll. Durch die Einschaltung eines Händlers reduziert sich die Transaktionszahl auf zehn und liegt damit deutlich niedriger.

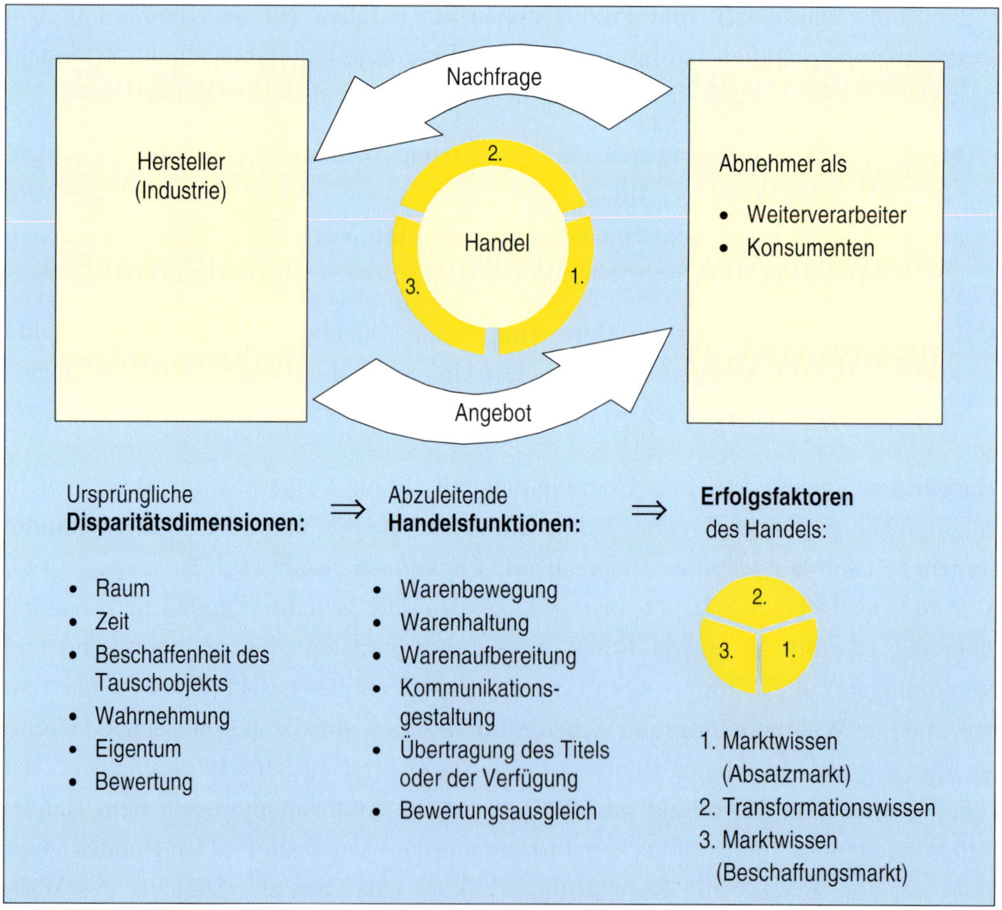

Abb. 2: Handel als Marktorganisator

Dieser Effekt wird mit steigender Zahl von Konsumenten und Produzenten noch offensichtlicher. Geht man davon aus, daß jede Transaktion nur Kosten in Höhe einer Geldeinheit verursacht, beträgt die Transaktionskostenersparnis bei Einschaltung des Handels (H) gegenüber Direktkontakten (D) im Falle von 100 Produzenten und 1 000 Konsumenten fast 100 000 Geldeinheiten (vgl. Tab. 1).

Produzenten m	Konsumenten n	TRKosten D m * n	TRKosten H m + n	TRErsparnis (m * n) - (m + n)
3	3	9	6	3
5	5	25	10	15
10	10	100	20	80
100	100	10 000	200	9 800
100	1 000	100 000	1 100	98 900
:	:	:	:	:
Quelle: *Schenk* (1991, S. 70)				

Tab. 1: Transaktionskostenersparnis durch einen Handelsbetrieb

1.2 Erfolgsfaktoren im Handel

Sowohl die Theorie der Handelsfunktionen als auch die Transaktionskostentheorie machen deutlich, daß die Erfolgsfaktoren des Handels in drei Bereichen zu suchen sind (vgl. Abb. 2):

(1) Das **Marktwissen über den Absatzmarkt** stellt ein unverzichtbares Erfolgspotential von Handelsbetrieben dar. Handelsbetriebe agieren markt- bzw. kundennah, haben eben „das Ohr am Kunden" und reduzieren damit die oben angesprochenen Wahrnehmungsdisparitäten zwischen Käufern und Herstellern (vgl. *Menke* 1994, S. 89f.). Die Sicherung der absatzseitigen Umsatzpotentiale ist häufig über die richtige Wahl des Standorts möglich. Im Zeitalter elektronischer Märkte kann der richtige Standort auch „virtuell", d.h. in einem elektronischen Netz sein.

(2) Das **Transformationswissen** von Handelsbetrieben besteht in erster Linie in der optimalen Gestaltung des unternehmensinternen **Warenprozeßsystems** (vgl. *Ahlert* 1994, S. 25-27). Da die Transformationsaufgabe des Handels eben nicht in

der Be- und/oder Verarbeitung von Waren besteht, stehen die Distributionsvorgänge im Mittelpunkt. Dazu gehört die Gestaltung von Warenein- und -ausgang ebenso wie Lagerung, Flächenoptimierung und der Einsatz personeller Ressourcen. All diese Teilbereiche müssen optimal mit den Absatz- und den Beschaffungsmärkten verknüpft werden.

(3) Da die Warenbezugskosten den dominierenden Kostenanteil im Handel darstellen, ist das **Marktwissen über den Beschaffungsmarkt** zentraler Erfolgsfaktor. Im *HandelsMonitor* 97 gaben 75,5% der befragten Handelsunternehmen an, daß die Bedeutung des Einkaufs im Handel zugenommen habe (vgl. *Liebmann/Zentes* 1997, S. 51). Industrielle Lieferanten sind darüber hinaus auch zentrale Innovationsquelle für viele Handelsunternehmen. Die Beschaffung trägt so direkt zur Erschließung neuer Umsatzpotentiale und damit zum absatzseitigen Erfolg bei.

2 Konzeption des Beschaffungsmarketing im Handel

2.1 Analyse handelsspezifischer Marketingkonzepte

Historisch gesehen ist die Betriebswirtschaftslehre als wissenschaftliche Disziplin aus der Handelswissenschaft hervorgegangen und an den Handelshochschulen begründet worden (vgl. *Sundhoff* 1991, S. 240f.). Die institutionelle Handelsbetriebslehre nahm ihren Anfang mit der wissenschaftlichen Distributionsforschung. Absatzwirtschaft und Handelswirtschaft wurden als weitgehend deckungsgleich angesehen - Handel war die Lehre vom Marketing (vgl. *Leitherer* 1961, S. 102f.).

Vielleicht ist dies auch der Grund dafür, daß die Erfolgsfaktoren des Handels bislang häufig einseitig im Marktwissen über den Absatzmarkt gesehen werden und ein **strategisches Beschaffungsmarketing** nur wenig Beachtung in der Handelsliteratur findet. Definiert man Marketing jedoch tatsächlich als „bewußt marktorientierte Führung des gesamten Unternehmens" (*Meffert* 1998, S. 7), so muß im Handelsbetrieb - verstanden als **Organisator von Märkten** - die Orientierung zu beiden Marktseiten im Mittelpunkt stehen.

Eine Analyse handelsspezifischer Marketingliteratur weist jedoch deutliche beschaffungsseitige Defizite der einzelnen Marketingkonzeptionen auf:

- *Berekoven* (1990, S. 57) betont ausdrücklich, daß Handelsmarketing für ihn nur eine „konsequent auf den **Absatzmarkt** ausgerichtete Unternehmenspolitik" darstellt. Er konzentriert sich primär auf operativ-instrumentelle Bereiche des Marketing-Mix. Dazu gehören Sortimentspolitik, Handelsmarkenpolitik, Qualitäts- und Qualitätssicherungspolitik, Servicepolitik, Preispolitik, Werbepolitik, Verkaufsförderungspolitik, Verkaufsraumgestaltung und Warenpräsentation, Verkaufspersonalpolitik sowie Standortpolitik. Strategische Aspekte des Marketing spielen für ihn nur eine untergeordnete Rolle: „Im Vergleich etwa zur industriellen ist die Handelstätigkeit ein kurzfristigeres Geschäft" (S. 409).

- Ähnlich präsentiert sich die Handelsmarketingkonzeption von *Müller-Hagedorn* (1984, S. 33). Im Mittelpunkt stehen die „absatzpolitischen Instrumente" von Handelsunternehmen. Diese umfassen Ware/Sortiment, Standort und Verkaufsraum, Preise und Konditionen, Werbemittel und Personal.

- *Oehme* (1992, S. 27) macht ebenfalls sehr deutlich, daß Marketing „von Anfang an als Absatzwirtschaft und Absatzpolitik definiert" wurde. „Beschaffung kann deshalb kein Marketing sein." Sein Marketingverständnis ist - wie oben - durch ein Instrumentarium aus Standort-, Sortiments-, Preis- und Profil-Marketing geprägt. Erste Ansätze zu einer umfassenderen Marktorientierung zeigt *Oehme* (1993, S. 3), wenn er von einem „Marketingbereich" spricht, der „den Warenstrom zu gestalten hat" und so Absatz und Beschaffung integriert.

- *Schenk* (1991) stellt Absatz- und Beschaffungsmarktpolitik explizit auf eine Stufe (S. 282ff.). Zusammen mit der Konkurrenzmarktpolitik bilden sie die „externe Martpolitik", die wiederum als Marketing bezeichnet werden könnte. Die interne Marktpolitik umfaßt demgegenüber primär die Gestaltung der Transformationsaufgaben des Handels.

- *Hansen* (1990, S. 2) erkennt in ihrer Handelsmarketingkonzeption die Funktion des Handels als Marktorganisator und das damit zwangsweise verbundene Konzept einer marktorientierten Unternehmensführung. Sie nennt „eine beidseitige beschaffungs- und absatzseitige Marktausrichtung, die hier zu der Entwicklung eines **integrierten Konzeptes** des **Absatz- und Beschaffungsmarketing** geführt hat". (Der Schwerpunkt des Konzeptes liegt auf absatz- und beschaffungspolitischen Instrumenten. Zwar werden Aspekte des strategischen Handelsmarketing angesprochen - S. 547ff. -, diese beziehen sich jedoch primär auf die Absatzseite - S. 555f. - oder auf die taktisch-operative Kombination von Instrumentalbereichen - S. 570ff.).

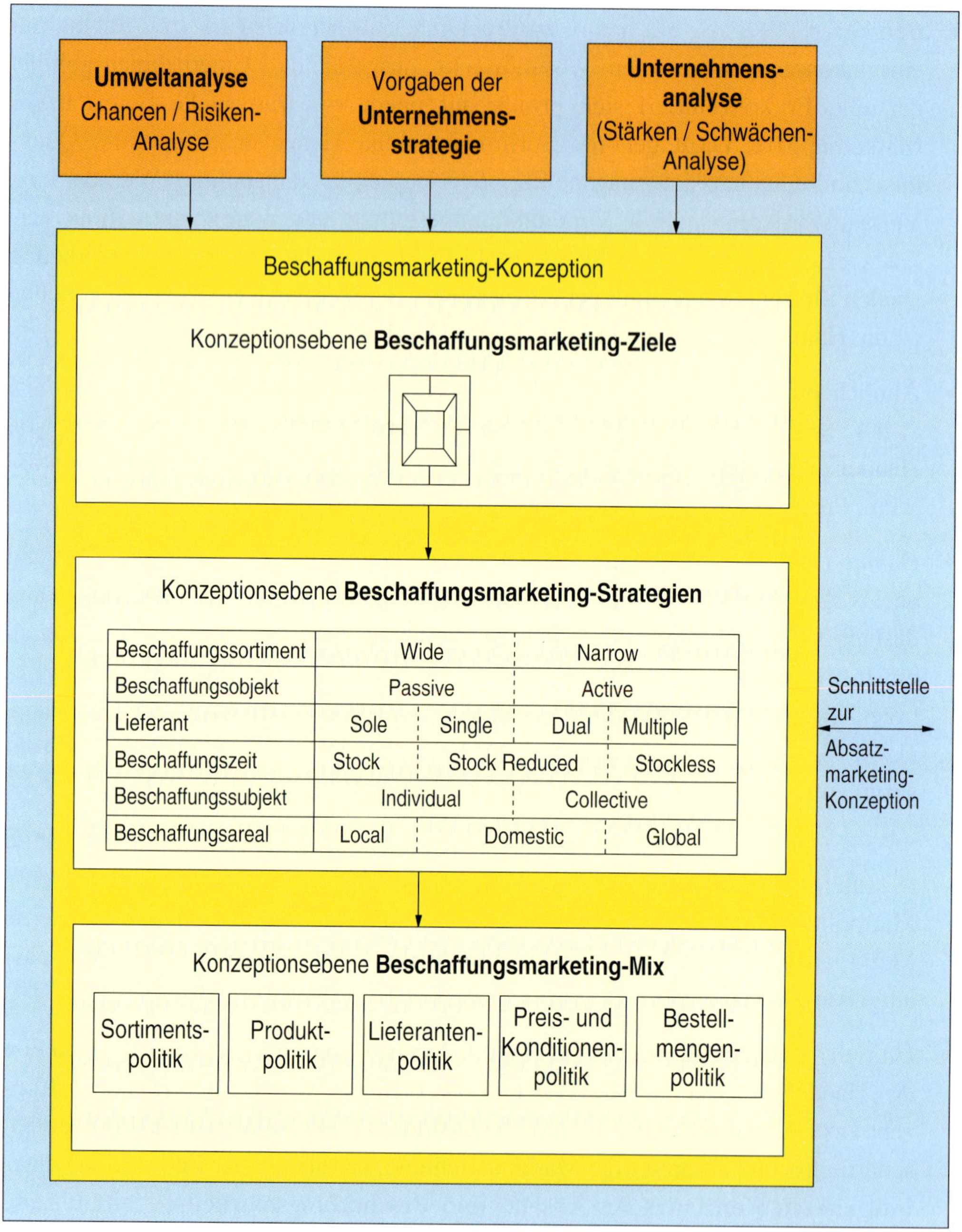

Abb. 3: Konzeption des Beschaffungsmarketing für den Handel

Für unsere Konzeption des Beschaffungsmarketing im Handel ergeben sich daraus drei Aspekte:

(1) Der Erfolgsfaktor „Marktwissen über den Beschaffungsmarkt“ wird im Handel noch unterschätzt. Eine Beschaffungsmarketingkonzeption muß den Blick der Unternehmensleitung auf die integrative Bearbeitung von Absatz- **und** Beschaffungsmärkten lenken.

(2) Strategische Elemente einer Marketingkonzeption sind gegenüber dem taktisch-operativen Bereich noch deutlich unterrepräsentiert. Eine Beschaffungsmarketing**konzeption** des Handels muß Strategie und Taktik jedoch integrieren: „Eine Marketing-Konzeption kann aufgefaßt werden als ein schlüssiger, ganzheitlicher Handlungsplan (‚Fahrplan'), der sich an angestrebten Zielen (‚Wunschorten') orientiert, für ihre Realisierung geeignete Strategien (‚Route') wählt und auf ihrer Grundlage die adäquaten Marketinginstrumente (‚Beförderungsmittel') festlegt“ (*Becker* 1998, S. 5).

(3) Trotz der Universalität des Marketing-Begriffs genügt es keineswegs, Konzeptionen des industriellen Marketing unverändert auf das Handelsmarketing zu übertragen, „da beide Marketing-Bereiche deutliche Unterschiede aufweisen“ (*Oehme* 1992, S. 452). Gerade aus beschaffungswirtschaftlicher Sicht sind diese Unterschiede offensichtlich (vgl. *Arnold* 1998, S. 236f.).

In Anlehnung an die oben genannte Definition der Marketing-Konzeption von *Becker* (1998) umfaßt die Beschaffungsmarketing-Konzeption für den Handel die Konzeptionsebenen Beschaffungsmarketing-Ziele (Kap. 2.2), Beschaffungsmarketing-Strategien (Kap. 2.3) und Beschaffungsmarketing-Mix (Kap. 2.4); (vgl. Abb. 3). Grundlage für die Entwicklung einer unternehmensindividuellen Konzeption des Beschaffungsmarketing bilden neben Umwelt- und Unternehmensanalyse immer auch die Vorgaben der Unternehmensstrategie.

2.2 Konzeptionsebene der Beschaffungsmarketing-Ziele

Oberziel des Beschaffungsmarketing ist in jedem Unternehmen die **Sicherstellung der Versorgung**. Ohne Versorgung mit Inputfaktoren, die weiterveräußert werden, ist ein Handelsbetrieb nicht denkbar. Dieses Oberziel wird häufig in einem Zusammenhang mit einem Optimierungsproblem gesehen, das die Bereitstellung der benötigten Handelsware am richtigen Ort, zur richtigen Zeit, in der richtigen Qualität und in der richtigen Menge („4R“ des Beschaffungsmarketing) zum Ziel hat.

Diese Aufgaben müssen jedoch um die **strategische Zielvorgabe** des Beschaffungsmarketing erweitert werden (vgl. Abb. 4): Beschaffung und Einkauf sind - wie bereits angesprochen - ein zentraler Erfolgsfaktor des Handelsmanagement und tragen zur Realisierung strategischer Wettbewerbsvorteile im Handel über vier Zieldimensionen bei (vgl. *Arnold* 1982, S. 229ff.):

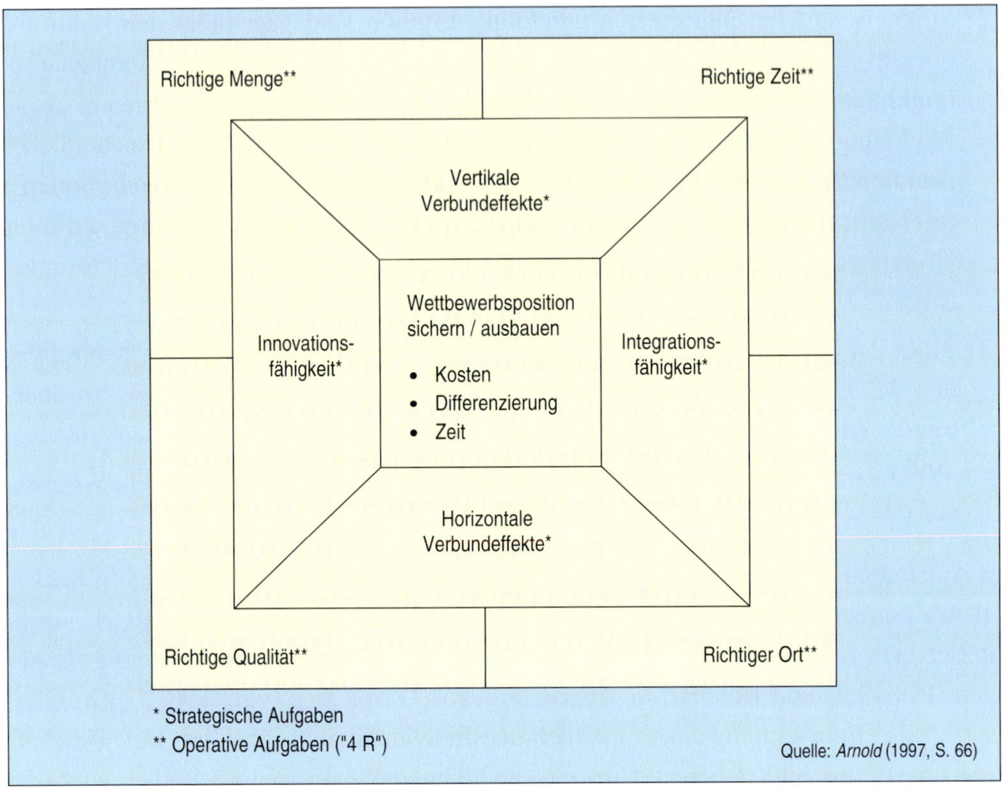

Abb. 4: Beschaffungsmarketing-Ziele

- **Vertikale Verbundeffekte** beziehen sich in erster Linie auf Ergebnisbeiträge, die aus einer engen Zusammenarbeit mit Herstellern (industrielle Lieferanten) resultieren. Dazu gehören auch Informations- und Logistikeffekte. Informationseffekte zielen darauf ab, (1) die Kundennähe des Handels zu nutzen, um den Herstellern bei der Vermittlung von absatzseitigem Marktwissen u.a. für die Neuproduktentwicklung zu helfen und (2) die Informationsgrundlage für einen effizienten Güterfluß zu sichern. Positive Effekte im inner- und zwischenbetrieblichen Warenstrom sind das Ergebnis leistungsfähiger logistischer Prozesse.
- Damit ist gleichzeitig eine Erhöhung der **Integrationsfähigkeit** verbunden. Im Handel muß Integrationsfähigkeit unter akquisitorischen und physischen Aspekten

betrachtet werden. Die akquisitorische Integrationsfähigkeit betrifft die Sortimentspolitik. Nur wenn Güter vom Handel zu einem aus Kundensicht attraktiven Gesamtsortiment verbunden werden, entsteht ein eigenes akquisitorisches Potential für das einzelne Handelsunternehmen. Physische Integrationsaspekte zielen auf Kosteneinsparungen ab. Präsentations-, Regal- und Lagersysteme und Waren müssen in einer Weise kompatibel sein, daß ein warenorientiertes Management im Handelsgeschäft direkt möglich ist.

- **Horizontale Verbundeffekte** haben eine verbesserte Abstimmung von Handelsunternehmen auf der gleichen Wertschöpfungs- bzw. Marktstufe zum Ziel. Einkaufskooperationen sind eine herausragende institutionale Erscheinungsform zur Realisierung horizontaler Verbundeffekte (vgl. *Arnold/Eßig* 1997, S. 55; *Eßig* 1998). Kooperative Beschaffung hat gerade im Handel eine lange Tradition und trug wesentlich zur Entstehung großer Verbundgruppen bei (vgl. *Olesch* 1998, S. 59ff.).
- Aus betriebswirtschaftlicher Sicht kann die Beschaffung zur Erhöhung der **Innovationsfähigkeit** des Handels in zweifacher Hinsicht beitragen: Neue Bezugsquellen ermöglichen die Einführung neuer, bislang noch nicht bekannter Produkte oder neuer, bislang noch nicht bekannter Präsentationsformen am Point of Sale. Gleichzeitig kann so auch die Entstehung und Durchsetzung neuer Betriebsformen des Handels vorangetrieben werden. Zeitvorteile sind in diesem Zusammenhang eine wesentliche Ergebnisdimension.

2.3 Konzeptionsebene der Beschaffungsmarketing-Strategien

Das mehrfach angesprochene strategische Defizit existierender Vorschläge zur Marketing-Konzeption des Handels soll vermieden werden. Wir schlagen dazu das Konzept der **Sourcing Toolbox** vor (vgl. *Arnold* 1996, Sp. 1862ff.; *Arnold* 1997, S. 93ff.; *Arnold* 1998, S. 246-248). Eine Beschaffungsmarketingstrategie entsteht als Kombination unterschiedlicher Sourcing-Konzepte. Dieser Ansatz unterscheidet sich deutlich von den bislang vorgelegten Konzepten für ein handelsspezifisches beschaffungspolitisches Instrumentarium und zwar wegen seiner ausdrücklich strategischen Ausrichtung (vgl. die Ansätze bei *Mertens* 1986; *Hansen* 1990, S. 464ff.; *Lerchenmüller* 1992, S. 154ff.).

Grundgedanke der Sourcing Toolbox ist die Zerlegung der Beschaffungsstrategie in sechs Teilstrategien (vgl. Tab. 2). Für den Handel sind dies die Beschaffungssortimentstrategie, die Beschaffungsobjektstrategie, die Lieferantenstrategie, die Beschaffungsarealstrategie, die Beschaffungszeitstrategie und die Beschaffungssubjektstrategie. Jede dieser Teilstrategien hat mindestens zwei Ausprägungen, die als Sourcing-Konzepte bezeichnet werden. Es ist Aufgabe des Beschaffungsmanagements, für jede Teilstrategie das konzeptionsspezifisch leistungsfähigste Sourcing-Konzept auszuwählen und so die optimale Beschaffungsstrategie zu formulieren.

<table>
<tr><td>Beschaffungssortiment</td><td colspan="3">Wide</td><td colspan="3">Narrow</td></tr>
<tr><td>Beschaffungsobjekt</td><td colspan="3">Passive</td><td colspan="3">Active</td></tr>
<tr><td>Lieferant</td><td>Sole</td><td colspan="2">Single</td><td colspan="2">Dual</td><td>Multiple</td></tr>
<tr><td>Beschaffungszeit</td><td colspan="2">Stock</td><td colspan="2">Stock Reduced</td><td colspan="2">Stockless</td></tr>
<tr><td>Beschaffungssubjekt</td><td colspan="3">Individual</td><td colspan="3">Cooperative</td></tr>
<tr><td>Beschaffungsareal</td><td colspan="2">Local</td><td colspan="2">Domestic</td><td colspan="2">Global</td></tr>
<tr><td colspan="7">Quelle: Arnold (1998, S. 247)</td></tr>
</table>

Tab. 2: Die Sourcing Toolbox für den Handel

Innerhalb der Beschaffungssortimentstrategie wird die Produktauswahl festgelegt, die das Handelsunternehmen aus dem Lieferantenmarkt bezieht (vgl. *Hansen* 1990, S. 470). Dabei geht es in erster Linie um den Sortiments**umfang** in qualitativer Hinsicht, (noch) nicht um die zeitliche Sortimentsdisposition. Folgerichtig unterscheiden wir als alternative Ausprägungen der Sortimentsstrategie „Wide Sourcing“ und „Narrow Sourcing“. **Narrow Sourcing** steht für die Beschaffung eines relativ engen Warensortiments; **Wide Sourcing** bezeichnet den Bezug umfangreicher, unterschiedlichster Warengruppen. Dabei ist der direkte Zusammenhang zwischen Absatz- und Beschaffungssortiment zu beachten (vgl. *Lerchenmüller* 1992, S. 158), der aus einer „in der Regel unveränderten Weitergabe von Transaktionsgegenständen“ (*Tietz* 1995, Sp. 875) resultiert. Unterschiede zwischen Absatz- und Beschaffungssortiment können nur dann entstehen, wenn Veredelungs- oder Pflegeleistungen des Handels notwendig sind (vgl. *Hansen* 1990, S. 470).

Unter der Beschaffungsobjektstrategie verstehen wir die strategische Beschaffungsmarktbildung und -beeinflussung „durch die Gestaltung der physischen Eigenschaften eines Produktes einschließlich seiner Verpackung und Markierung“ (*Hansen* 1990, S. 479). Man unterscheidet „Active Sourcing“ und „Passive Sourcing“. Bei **Active Sourcing** versucht der Handel, von sich aus die Produktgestaltung beim Hersteller zu beeinflussen. Dazu gehören sowohl markierungspolitische Überlegungen (Eigen- bzw. Handelsmarken), als auch die logistisch optimale Gestaltung von Verpackungen, die eine Reduzierung des warenwirtschaftlichen Aufwandes in der gesamten logistischen Kette zum Ziel hat. Der Handel kann seine „Nähe zum Kunden" dazu nutzen, auf Herstellerseite Produktinnovationen anzuregen und voranzutreiben (vgl. *Lerchenmüller* 1992, S. 158). Im Falle von **Passive Sourcing** nimmt der Handel lediglich vorhandene Beschaffungsobjekte aus dem Markt auf, ohne deren Gestaltung zu beeinflussen.

Die Lieferantenstrategie bestimmt die Anzahl der Lieferanten, von denen das Gesamtsortiment oder einzelne Warengruppen bezogen werden. Als Ausprägungen existieren „Sole Sourcing", „Single Sourcing", „Dual Sourcing" und „Multiple Sourcing". Im Falle von **Sole Sourcing** existiert nur ein Hersteller, von dem der betreffende Gütertyp bezogen werden kann. Ein solcher Monopolfall liegt bspw. vor, wenn Produktinnovationen nur von einem Unternehmen angeboten werden. Im Gegensatz dazu entscheidet sich ein Handelsunternehmen bei **Single Sourcing** freiwillig für einen Lieferanten. Dies hat den Vorteil, daß die Zahl der Transaktionsbeziehungen und damit die Transaktionskosten reduziert werden können. So ist denkbar, daß ein Einzelhändler alle Waren bei nur einem Großhändler bezieht. Bei **Dual Sourcing** wird versucht, durch die Nutzung zweier Lieferquellen die Abhängigkeit von einem Lieferanten zu verringern. **Multiple Sourcing** sieht den Bezug einer Warenart von mehreren Lieferanten gleichzeitig vor. Dabei existiert wiederum ein enger Zusammenhang zum Sortiment, wie das Beispiel Bekleidungseinzelhandel zeigt: *Benetton*-Franchisehändler beziehen und führen nur Ware von einem Anbieter (eben *Benetton*), während der klassische Bekleidungshändler gerade auf die Vielfalt unterschiedlicher Marken und damit auf ein breites Sortiment setzt.

Im Mittelpunkt der Beschaffungszeitkonzepte steht die Frage, wie stark Beschaffung und Absatz im Handelsbetrieb zeitlich auseinanderfallen. Wir unterscheiden dabei nach der Größe dieser zeitlichen Distanz „Stock Sourcing", „Stock Reduced Sourcing" und „Stockless Sourcing". Traditionell gehört die Zeitüberbrückung zu den klassischen Handelsfunktionen (vgl. *Lerchenmüller* 1992, S. 50). Bei **Stock Sourcing** wird genau auf diese Zeitüberbrückung abgehoben; das Handelsunternehmen selbst hält die Warenvorräte. Die Reduzierung (im Extremfall: Vermeidung) dieser Lager kann zum einen aufgrund hoher Kapitalbindungskosten und zum anderen wegen modischer bzw. tatsächlicher Verderblichkeit von Waren (Lebensmittel) erforderlich werden. Wenn das Supply Chain Management die Verfügbarkeit von Waren derart steuert, daß die einzelnen Sortimentsteile in engen zeitlichen Spielräumen gerade noch vorhanden sind, sprechen wir von **Stock Reduced Sourcing**. Dieses Konzept findet im Lebensmittel-Einzelhandel, Ersatzteilgeschäft von Kfz-Reparaturbetrieben, im pharmazeutischen Handel (Apotheken) usw. häufig Anwendung. Im Gegensatz dazu wird beim Bestellsortiment auf ein Lager bewußt verzichtet (zur Unterscheidung von Präsenz- und Bestellsortiment vgl. *Mertens* 1986, S. 73). Das Beschaffungskonzept wird dementsprechend **Stockless Sourcing** genannt.

Die Beschaffungssubjektstrategie stellt die Frage nach der optimalen Struktur des beschaffenden Subjekts. Dabei kann zwischen unternehmensindividuellem Beschaffungsmarketing **(Individual Sourcing)** und der Einrichtung einer Einkaufskooperation mit anderen Handelsunternehmen **(Cooperative Sourcing)** unterschieden werden (vgl. *Eßig* 1999). Cooperative Sourcing ist - nicht zuletzt bedingt durch die Genossenschaftsidee - im (Einzel-)Handel weit verbreitet und hat den Grundstein für die Entstehung großer Handelsgruppen (*Edeka*, *Rewe*, *Spar*) gelegt (vgl. *Olesch* 1998, S. 59f.).

Die Beschaffungsarealstrategie bestimmt die räumliche Ausdehnung des Beschaffungsmarktes. Bei **Local Sourcing** erfolgt der Bezug von einer räumlich nahe zum Abnehmer gelegenen Beschaffungsquelle, bei **Domestic Sourcing** ausschließlich von inländischen Lieferanten und bei **Global Sourcing** von Lieferanten aus der ganzen Welt (vgl. *Arnold* 1998, S. 241ff.).

Die Beschaffungsmarketingstrategie legt den „Rahmen" für die konkrete Ausgestaltung des operativen Einkaufs im Handel fest. Dazu machen die gewählten Sourcing-Konzepte entsprechende Vorgaben.

2.4 Konzeptionsebene des Beschaffungsmarketing-Mix

Der Begriff „Mix" betont die Integrationseffekte, die durch Kombination der beschaffungspolitischen Instrumente entstehen können. Die Interdependenzen der Instrumentalbereiche untereinander werden dabei durch die Abhängigkeiten von den strategischen Sourcing-Entscheidungen überlagert. Im einzelnen stellt sich dies für die Instrumentalbereiche wie folgt dar:

- Die **Sortimentspolitik** ist stark von der Entscheidung zwischen Wide Sourcing und Narrow Sourcing abhängig. Auf taktisch-operativer Ebene obliegt ihr die konkrete Auswahl der einzelnen Sortimentsbestandteile und insbesondere die zeitliche Optimierung. Dabei ist der enge Zusammenhang zu den Absatzmärkten zu beachten, um unnötige Lagerhaltung zu vermeiden.

- Auf der Instrumentalebene hat die **Produktpolitik** in erster Linie verpackungspolitische Aspekte zu berücksichtigen. Dabei stehen logistisch-warenwirtschaftliche Aspekte im Vordergrund. Die Optimierung des Warenflusses **im** Unternehmen als handelsspezifische Transformationsaufgabe ist nur möglich, wenn entweder (1) die Entscheidung zugunsten Active Sourcing eine entsprechende Beeinflussung der Hersteller ermöglicht oder (2) bei einer Entscheidung zugunsten Passive Sourcing auf der taktisch-operativen Ebene nur logistisch optimierte Produkte gelistet werden.

- Die **Lieferantenpolitik** hebt auf das Prinzip der Kontaktanbahnung zwischen Lieferant und Einzelhandelsunternehmen ab. Auf der strategischen Ebene wurde bereits entschieden, welcher Beschaffungsweg gewählt wird: Eine Single Sourcing-Lieferantenstrategie bedeutet bspw. häufig den Bezug bei einem Großhändler (indirekte Beschaffung). Ebenso ist bereits die Entscheidung über Zusammenarbeit mit anderen Handelsunternehmen (Beschaffungssubjektstrategie) und über die geographische Beschaffungsmarktbearbeitung (Beschaffungsarelastrategie) gefallen. Folgende Prinzipien der Kontaktanbahnung stehen auf der Instrumentalebene zur Verfügung (vgl. *Hansen* 1990, S. 492f.):

  - Das **Residenzprinzip** bedeutet eine aktive Bearbeitung des Handels durch die Industrie. Die Verkaufs- und Absatzbemühungen werden beim Händler vor Ort durchgeführt. Dies ist typisch für den Food- und Non-Food-Bereich großer Markenartikler. Umfangreiche Verkaufsorganisationen wie bspw. von *Procter & Gamble*, *Nestlé* oder *Kraft Jacobs Suchard* besuchen Einzelhändler, nehmen Bestellungen auf und führen Verkaufsaktionen durch.

  - Beim **Domizilprinzip** wird der Handel aktiv und führt die Kontaktierung durch. Die Transaktion wird dann auch am Standort des Lieferanten durchgeführt. Typisches Beispiel sind die Cash & Carry-Großmärkte der *METRO*-Gruppe.

  - Mit dem **Treffprinzip** ist die Kontaktanbahnung an einem dritten Ort gemeint. Solch ein Ort können Messen, Ausstellungen, Börsen, Großmärkte oder Auktionen sein.

  - Das **Distanzprinzip** sieht eine unpersönliche Kontaktaufnahme bspw. durch Kataloge vor. Klassischerweise ist das Distanzprinzip bei Ausschreibungen realisiert - eine Form der Kontaktierung, die im Handel allerdings sehr selten anzutreffen ist. Trotzdem wird dieses Prinzip zukünftig wohl häufiger eingesetzt werden, da moderne Informations- und Kommunikationstechniken den Informationsaustausch wesentlich erleichtern (Electronic Commerce).

Nicht zuletzt ist es Aufgabe der Lieferantenpolitik, vertragliche Regelungen für die Zusammenarbeit mit Lieferanten festzulegen und im Einzelfall auszuarbeiten.

- Zentraler Bestandteil dieser vertraglichen Regelungen sind die vom Handel zu erbringenden Entgelte für die erhaltenen Leistungen bzw. Güter. Die **Preis- und Konditionenpolitik** ist in den letzten Jahren zunehmend sensibler geworden, nicht zuletzt durch die aufgebaute Nachfragemacht des Handels in Form großer Handelsunternehmen. Produkte, bei denen sich der Händler nicht über ergänzende Dienstleistungen einen individuellen monopolistischen Spielraum erarbeiten kann, stehen unter besonderem Preisdruck.
- Die **Bestellmengenpolitik** hat zum Ziel, diejenige Bestellmenge zu beschaffen, die die geringsten Gesamtkosten verursacht („optimale Bestellmenge"). Dabei besteht ein prinzipieller Zielkonflikt zwischen den Kostensenkungseffekten einer möglichst großen Bestellmenge (Mengenrabatte, Transaktionskostensenkung) und den negativen Auswirkungen großer Lagerhaltung. Vereinfacht läßt sich die optimale Bestellmenge über folgende Gleichung erfassen (vgl. *Hansen* 1990, S. 524f.; *Arnold* 1997, S. 166ff. und die dort angegebene Literatur)

Unmittelbare Beschaffungs-kosten/Jahr	+	Mittelbare Beschaffungs-kosten/Jahr	+	Lagerkosten/ Jahr	=	Gesamt-kosten/Jahr
$B * p$	+	$\frac{K_f}{m} * B$	+	$\frac{m * p}{2} * q$	=	K

B = Jahresbedarf
p = Preis pro Stück
K_f = Fixe Kosten pro Bestellung
q = Kalkulatorischer Zins- und Lagerhaltungskostensatz
K = Gesamtkosten pro Jahr
m = Gesuchte optimale Bestellmenge

$$m_{opt} = \sqrt{\frac{2 * B * K_f}{p * q}}$$

$$\text{Optimale Bestellmenge} = \sqrt{\frac{2 * \text{Jahresbedarf} * \text{Bestellfixe Kosten}}{\text{Einstandspreis} * (\text{Zinssatz} + \text{Lagerkostensatz})}}$$

$$\text{Bestellhäufigkeit} = \frac{\text{Jahresbedarf}}{\text{Optimale Bestellmenge}}$$

3 Fazit und Ausblick: Supply Chain Management im Handel

Der Entwicklungspfad zu einer strategisch verstandenen Beschaffungsmarketingkonzeption im Handel ist eng mit dem Begriff des **Supply Chain Management** verbunden (vgl. *Zentes* 1998, S. 139ff.). Grundgedanke des Supply Chain-Ansatzes ist eine unternehmensübergreifende Verknüpfung von Wertketten, die weit über logistisch-warenwirtschaftliche Abstimmungen hinausgeht (vgl. *Bechtel/Mulumudi* 1996, S. 4ff.). Auf jeder Stufe der Versorgungskette ist die Frage zu stellen: „How much value is being added to the product as it moves down the channel from supplier to customer?" (*Gattorna/Walters* 1996, S. 17). Für den Handel als letztes Glied der gesamten Kette hat dies weitreichende Konsequenzen:

- Die Wertschöpfung der Handelsfunktionen ist nur durch eine Ausrichtung an allen **drei** Erfolgsfaktoren Absatzmarkt, Transformationsprozeß und Beschaffungsmarkt zu optimieren (vgl. Abb. 2).
- Die absatzwirtschaftliche Ausrichtung des Handelsunternehmens als „letztes Fenster zum Kunden" ist zwar letztlich für die Generierung erforderlicher Umsatzpotentiale verantwortlich - dies kann aber nur geschehen, wenn zuvor die Supply Chain durch eine integrierte **Beschaffungsmarketing-Konzeption** gezielt erschlossen wurde. Marktorientierte Unternehmensführung im Handel ist also durch eine ausgewogene Kombination von Absatz- und Beschaffungsmarketing gekennzeichnet.

Handelsmarken als strategische Option im Wettbewerb

Manfred Bruhn

1 Begriffliche Einordnung und Erscheinungsformen von Handelsmarken

Das Verständnis von Handelsmarken sowie Markenartikeln als spezifische Ausprägungen von Marken hat sich in der Vergangenheit erheblich gewandelt. In den Anfängen des Markenwesens wurden diejenigen Waren als Marken angesehen, die bestimmten konstitutiven Merkmalen, wie bspw. gleichbleibende oder verbesserte Qualität sowie Anerkennung im Markt, entsprachen (vgl. *Mellerowicz* 1963, S. 39). Dieser statische Ansatz wurde im Laufe der Zeit durch andere **Markendefinitionen** ergänzt, die eine erweiterte Sichtweise anstreben.

Im Rahmen des absatzsystemorientierten Ansatzes werden Marken nicht länger als Bündel objektiver Gütereigenschaften betrachtet. Als prägend wird vielmehr die Summe der Eigenschaften des in sich geschlossenen Absatzkonzeptes angesehen, das auf die Erreichung marketingpolitischer Ziele ausgerichtet ist (vgl. *Alewell* 1974, Sp. 1218ff.). Andere Autoren rücken zur Charakterisierung von Marken die subjektiven Wahrnehmungen der Konsumenten in den Vordergrund (vgl. *Meffert* 1979, S. 23f.).

Stellt man die bei den Konsumenten ausgelösten Wirkungen in das Zentrum der Betrachtung, so läßt sich eine **Marke** als ein in der Psyche der Konsumenten verankertes, unverwechselbares Vorstellungsbild eines Sachgutes oder einer Dienstleistung charakterisieren, das durch ein auf den Kundennutzen ausgerichtetes Eigenschaftsprofil ausgelöst wird und ein Vertrauensverhältnis bewirkt (vgl. *Bruhn* 1994, S. 7; *Meffert* 1998, S. 785).

Somit könnten Produkte und Absatzmarktkonzepte von Industrie und Handel gleichermaßen als Marken bezeichnet werden. Eine klassische Auseinandersetzung erfolgt immer bei der Abgrenzung von Handelsmarken und Markenartikeln, die in unterschiedlicher Form erfolgen kann. Einige Autoren sehen im Markenartikel den Oberbegriff und ordnen diesem die Handelsmarke unter, während andere die Handelsmarke dem Markenartikel auf einer Stufe gegenüberstellen. Wieder andere unterscheiden zwischen Markenartikeln der Industrie und Markenartikeln des Handels (vgl. *Alewell* 1974, Sp. 1224; *Schenk* 1997, S. 75). Zieht man das **Eigentum an der Marke**, also die Trägerschaft eines gewerblichen Schutzrechtes, als abgrenzendes Kriterium heran, können sowohl Handels- als auch Herstellerunternehmen Inhaber eines Markenrechtes sein (vgl. *Hansen/Algermissen* 1979, S. 131).

Handelsmarken lassen sich darauf aufbauend als Warenzeichen (Firmen-, Wort- oder Bildzeichen) charakterisieren, deren Eigentümer Handelsunternehmen sind, die über die Gestaltung der strategischen und operativen Handelsmarkenpolitik entscheiden. Ist demgegenüber ein Hersteller Träger eines Schutzrechtes, handelt es sich bei den mit einer Marke versehenen Waren um Herstellermarken, die mehrheitlich als Markenartikel bezeichnet werden (vgl. *Hansen/Algermissen* 1979, S. 131).

Dabei werden verschiedene **Erscheinungsformen von Handelsmarken** unterschieden, die sich hinsichtlich ihrer Positionierung sowie des eingesetzten Vertriebskanals voneinander abgrenzen lassen. **Klassische Handelsmarken** zeichnen sich dadurch aus, daß sie eine den B- und C-Herstellermarken vergleichbare Produktqualität aufweisen, aber deutlich günstiger angeboten werden. Bei der Konzeption klassischer Handelsmarken werden oft die kaufrelevanten Merkmale umsatzstarker Markenartikel kopiert, um an deren Erfolg zu partizipieren (vgl. *Bruhn* 1997a, S. 12). Hauptvertriebskanal klassischer Handelsmarken sind Super- und Verbrauchermärkte sowie SB-Warenhäuser.

Kennzeichnendes Merkmal der **Discount-Handelsmarken** ist deren ausschließliches Angebot über den Vertriebskanal Discounter. Durch ihre **Positionierung im Preiseinstiegsbereich** sowie die Sicherstellung einer Standardproduktqualität erreichen die

Discount-Handelsmarken oft hohe Umschlagszahlen (vgl. *Bruhn* 1997a, S. 13). Insbesondere dem Discounter *Aldi* ist es in verschiedenen Produktbereichen gelungen, mit Markenartikeln vergleichbare Qualitätsimages aufzubauen.

Eine weitere Variante der Handelsmarken stellen **Gattungsmarken** dar, die auch als No Names, Namenlose, Weiße Ware, Generika oder generics bezeichnet werden. In ihrer Entstehungsphase waren die namenlosen Produkte so konzipiert, daß sie reine Gattungsbezeichnungen - wie z.B. Kaffee, Vollwaschmittel - trugen, ohne die Handelsorganisation als Markenträger zu identifizieren. Erst mit der wachsenden Verbreitung von Gattungsmarken ergab sich für Handelsunternehmen die Notwendigkeit einer Differenzierung über unternehmensspezifische Namen und Signets. Aufgrund ihrer charakteristischen Merkmale, der einfachen Packungsgestaltung sowie des sehr günstigen Preises stehen Gattungsmarken vor allem untereinander sowie mit Discount-Handelsmarken im Wettbewerb.

Abb. 1 veranschaulicht die **Positionierung** der verschiedenen Erscheinungsformen von Handelsmarken in Deutschland gegenüber den unterschiedlichen Markenartikelkategorien auf Basis der Wahrnehmungsdimensionen Preis sowie Qualität.

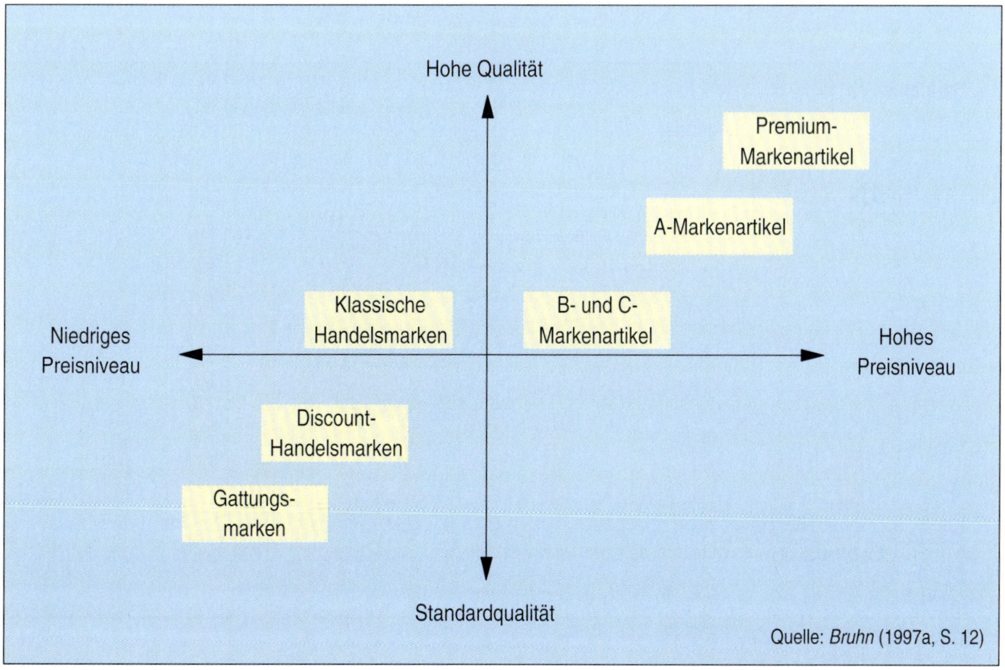

Abb. 1: Positionierung der verschiedenen Erscheinungsformen von Handelsmarken

2 Marktentwicklungen von Handelsmarken

Handelsmarken gewinnen seit Anfang der neunziger Jahre kontinuierlich an Bedeutung. Im Food-Bereich erhöhte sich der Handelsmarkenanteil im Jahr 1997 auf 11,1% (ohne *Aldi*), während er 1994 noch bei 8,1% lag. Eine ähnliche Entwicklung wird auch im Non-Food-Bereich deutlich, in dem die Handelsmarken ihre Marktanteile von 7,7% im Jahr 1994 bis 1997 auf 10,4% (Lebensmittel-Einzelhandel und Drogeriemärkte, ohne *Aldi*) ausbauen konnten (vgl. *Nielsen* 1998). Ursache dieser Marktentwicklungen ist der verstärkte Einsatz überarbeiteter oder neu entwickelter Handelsmarken durch die verschiedenen integrierten bzw. kooperierenden Handelssysteme.

Betrachtet man die Marktentwicklungen absatzkanalspezifisch, so wird deutlich, daß Handelsmarken mit weiter steigender Tendenz hauptsächlich über den Vertriebskanal der Discounter angeboten werden. 1997 entfielen bspw. 33,7% der in Discountern bei Non-Food-Artikeln erzielten Umsätze auf Handelsmarken, während ihr Anteil 1995 noch bei 29,2% lag. In SB-Warenhäusern ist der Marktanteil der Non-Food-Handelsmarken demgegenüber vergleichsweise gering und stieg im Vergleichszeitraum von 4,8 auf 6,0%. Im Food-Bereich sind die Entwicklungen ähnlich. Über 70% der Food-Handelsmarken werden in Discountern geführt.

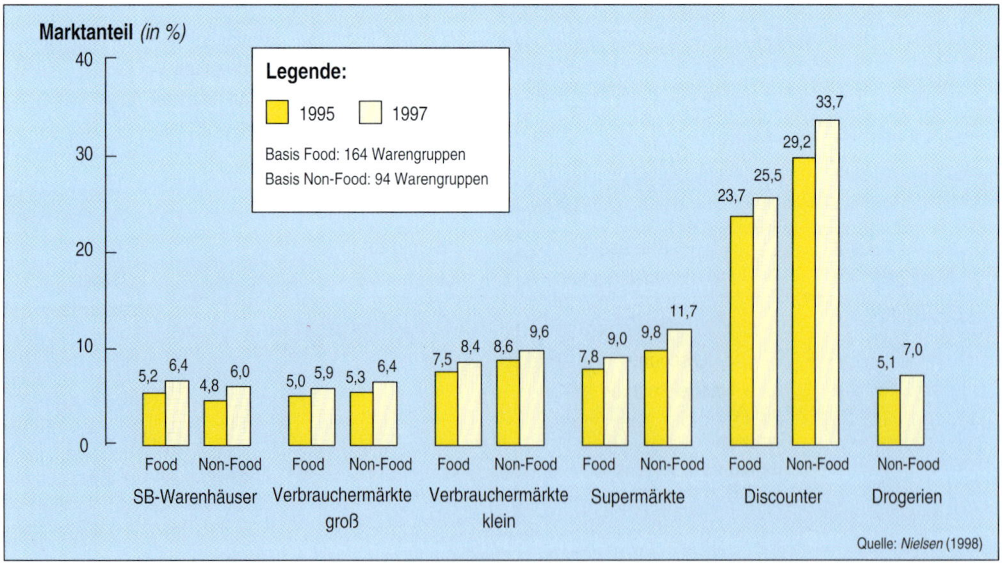

Abb. 2: Entwicklung der Handelsmarkenanteile nach Vertriebskanälen 1995 und 1997 (ohne Aldi)

Abb. 2 zeigt die Entwicklung der Bedeutung von Handelsmarken in den verschiedenen **Vertriebskanälen** anhand eines Vergleiches der Jahre 1995 und 1997 (vgl. *Nielsen* 1998).

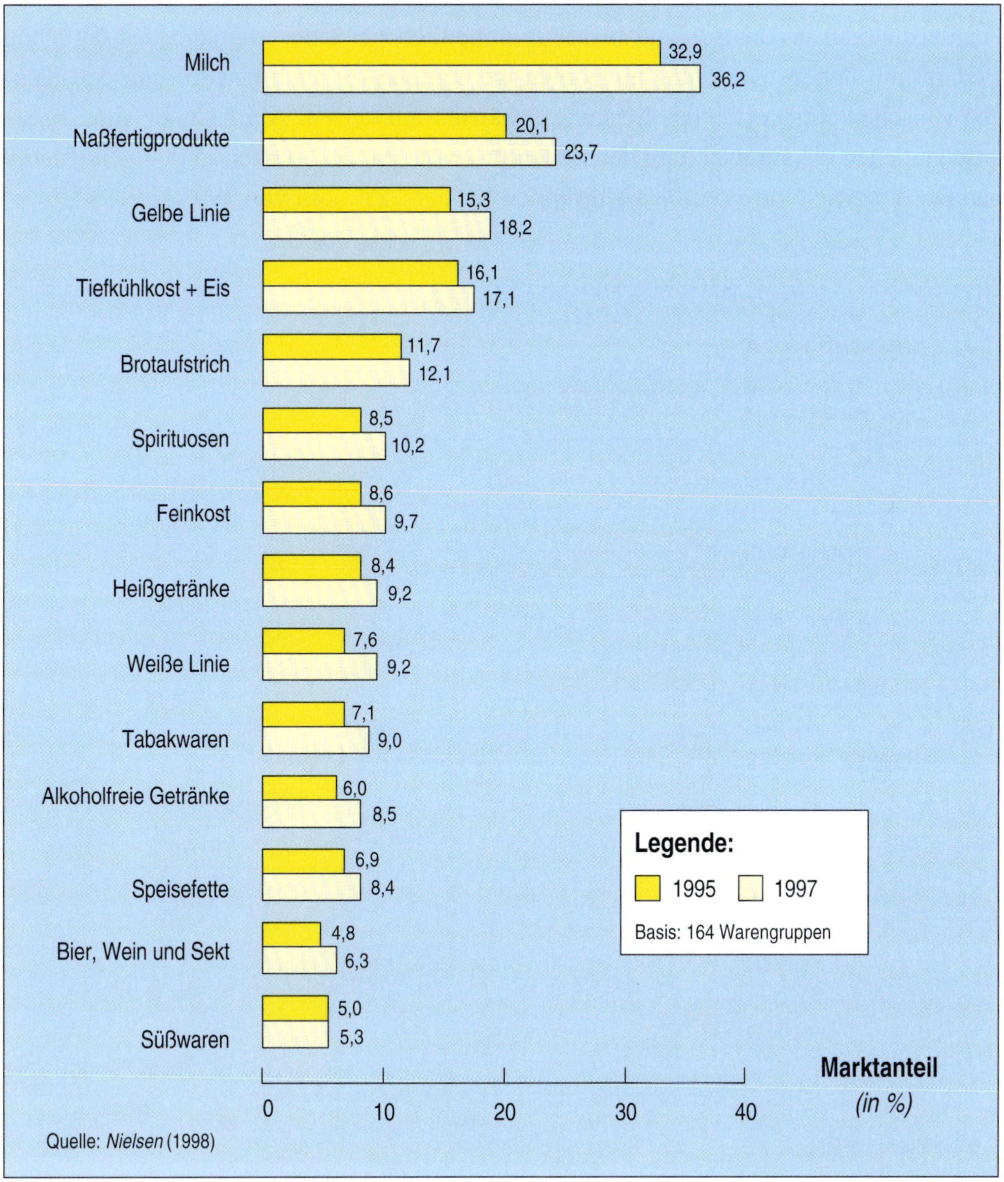

Abb. 3: Entwicklung der Handelsmarkenanteile im Food-Bereich nach Warengruppen 1995 und 1997 (ohne Aldi)

Analysen hinsichtlich der sortimentsspezifischen Bedeutung von Handelsmarken zeigen, daß diese vorwiegend in technisch unproblematischen **Waren- und Artikelgruppen**, in denen auch das Markenbewußtsein geringer ist, hohe Marktanteile aufweisen. In von Konsumenten kritisch bewerteten Bereichen dominieren dagegen Markenartikel (vgl. *Nielsen* 1998). Dies ist vor allem darauf zurückzuführen, daß Handelsmarken in Deutschland bisher mehrheitlich bei Konsumgütern des täglichen Bedarfs mit hohem Umschlag angeboten werden und oft auch nur dort ein den Kundenwünschen entsprechendes Leistungsspektrum aufweisen. Abb. 3 und Abb. 4 veranschaulichen die Entwicklung der Bedeutung von Handelsmarken in den verschiedenen Food- sowie Non-Food-Warengruppen für den Zeitraum von 1995 bis 1997.

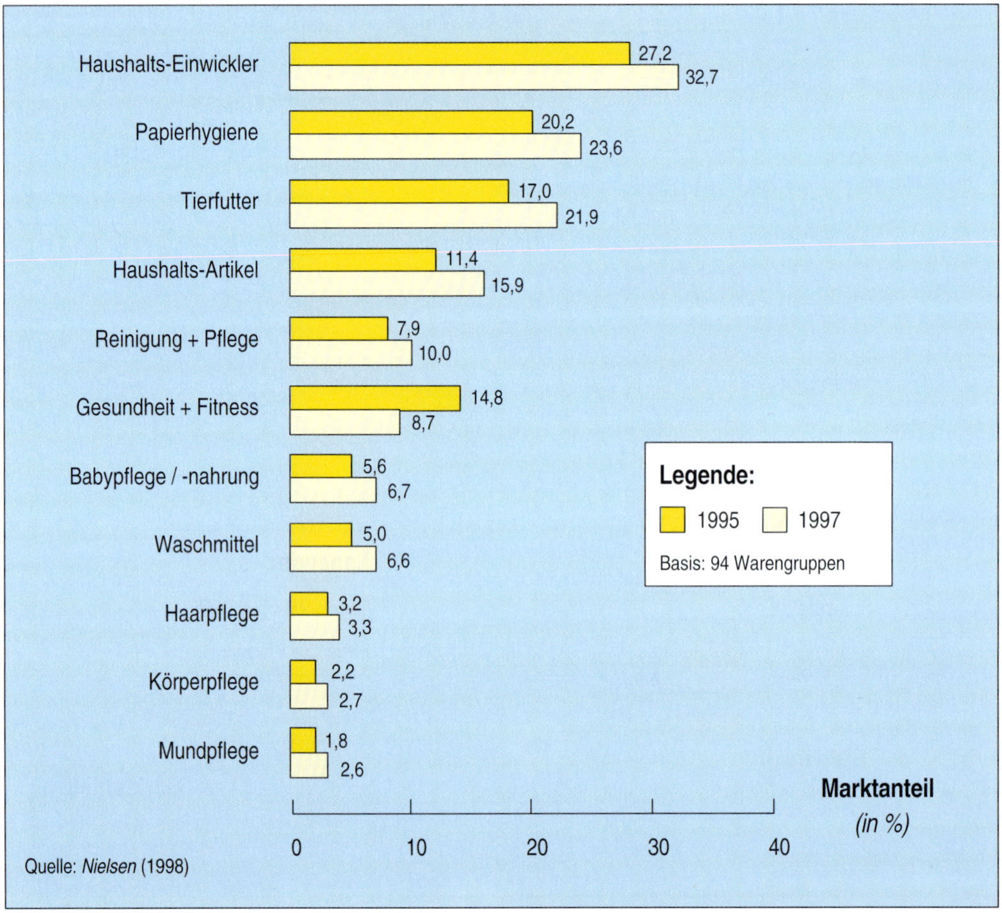

Abb. 4: Entwicklung der Handelsmarkenanteile im Non-Food-Bereich nach Warengruppen 1995 und 1997 (ohne Aldi)

3 Ziele der Handelsmarkenpolitik

Handelsunternehmen verfolgen mit dem Einsatz eigener Marken spezifische handelspolitische Ziele. Es lassen sich vor allem drei zentrale **Zieldimensionen der Handelsmarkenpolitik** unterscheiden:

(1) Aufbau von Geschäftsstättentreue

(2) Verbesserung von Spannen und Erträgen

(3) Integration der Mitgliedsbetriebe

Eine der wesentlichen Zielsetzungen der Handelsmarkenpolitik ist der **Aufbau von Geschäftsstättentreue**. Durch die Entwicklung von Handelsmarken sowie deren adäquate Integration in die Sortimente soll eine positive Differenzierung gegenüber den Wettbewerbern sowie Erhöhung der Kundenzufriedenheit erreicht werden, die in einer Intensivierung der Beziehungen zwischen Kunden und Geschäftsstätten mündet.

Deutsche Handelssysteme streben durch den Einsatz von Handelsmarken - anders als ausländische Händler - insbesondere eine **Preisprofilierung** an. Während bspw. in der Schweiz oder Großbritannien Handelssysteme eigene Marken auf einem hohen Qualitäts- sowie Preisniveau anbieten, um insbesondere ihre qualitative Leistungsfähigkeit unter Beweis zu stellen, steht in Deutschland die Dokumentation der Preiskompetenz der eigenen Geschäftsstätten insbesondere gegenüber dem Discounter *Aldi* im Mittelpunkt (vgl. *Lingenfelder/Dann* 1997, S. 92).

Dies wird auch bei einer vergleichenden Analyse der Preispositionierung von Handelsmarken deutlich. In Deutschland werden 76% der Handelsmarken im Niedrigpreissegment angeboten, wohingegen es z.B. in Großbritannien und Frankreich 21 bzw. 42% sind (vgl. *Nielsen* 1997). Nicht nur die Discount-Konkurrenz - wie bspw. *Lidl*, *Penny* und *Plus* - versuchen verstärkt, mit eigenen Marken im **Preiswettbewerb gegen *Aldi*** zu bestehen. Auch in den Vertriebsformen Supermärkte, Verbrauchermärkte und SB-Warenhäuser werden zunehmend Handelsmarken als Alternativprodukte zu *Aldi* in der Preiseinstiegsklasse angeboten, um den Kunden eine Alternative zu den Discountern zu bieten und sie an die eigenen Geschäftsstätten zu binden.

Darüber hinaus beabsichtigen Handelsunternehmen durch das Angebot eigener Marken eine **Verbesserung ihrer Spannen und Erträge**. Da sich Handelsmarken zwar in einem gewissen Wettbewerbsumfeld bewegen, aber ein direkter Preisvergleich nicht möglich ist, erhoffen sich Handelsunternehmen eine teilweise Umgehung des bei

Markenartikeln bestehenden Preiswettbewerbs sowie die Erzielung höherer Umsatzrenditen. Voraussetzung einer positiven Beeinflussung der Ertragssituation ist jedoch die Erzielung entsprechender Handelsmarkenanteile. Betrachtet man die aktuelle Marktsituation, so wird jedoch deutlich, daß die Mehrzahl der Handelsunternehmen die gesetzten Ziele bisher nicht erreicht hat. Wie Abb. 5 zeigt, hat bisher nur das Handelsunternehmen *Rewe* die angestrebten Marktanteilsziele erreicht, während von den anderen Händlern bisher nur Teilerfolge erzielt wurden (vgl. *Nielsen* 1998).

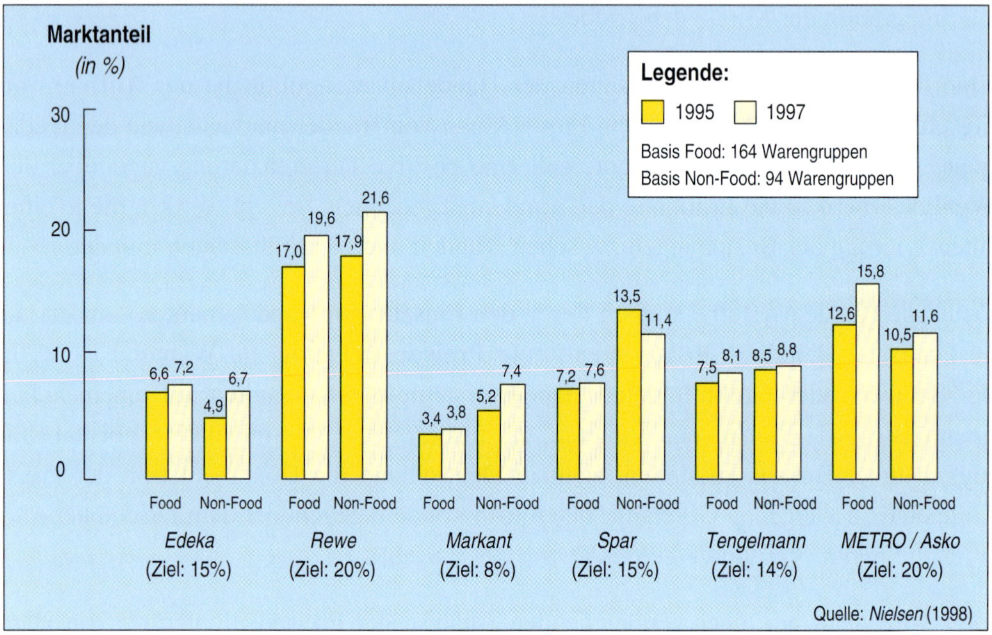

Abb. 5: Entwicklung der Handelsmarkenanteile im Food- und Non-Food-Bereich nach Handelssystemen 1995 und 1997

Ein weiteres Ziel der Handelsmarkenpolitik ist die **Integration der Mitgliedsbetriebe** einer Verbundgruppe. Vor allem bei internationalen Verbundgruppen besteht durch den gruppenweiten Einsatz von Handelsmarken die Möglichkeit einer verbesserten Organisationsanbindung (vgl. *Lingenfelder/Dann* 1997, S. 94). Um diese sicherzustellen, sind die Voraussetzungen einer internationalen Austauschbarkeit bestehender Handelsmarken zwischen den einzelnen Verbundmitgliedern zu schaffen. Bei neu zu entwickelnden Handelsmarken ist darauf zu achten, daß sie auf die Anforderungen aller Verbundpartner zugeschnitten konzipiert werden (vgl. *Reischl* 1992, S. 264).

4 Voraussetzungen erfolgreicher Handelsmarkenpolitik

Grundlage der erfolgreichen Einführung und Diffusion von Handelsmarken ist die Schaffung adäquater unternehmensinterner Voraussetzungen der Markenführung. Zentrales Fundament ist die Implementierung einer nachfragerorientierten Perspektive in allen Bereichen des Handelssystems. Darüber hinaus sind ausreichende finanzielle Ressourcen sowie den veränderten Anforderungen entsprechende Organisationsstrukturen und Informationssysteme zu schaffen (vgl. *Bruhn* 1997a, S. 39).

Erhöhte **finanzielle Ressourcen** gilt es vor allem in der Markenentwicklungs- und Einführungsphase, aber auch für die laufende Markenführung aufzuwenden. Zusätzliche Kosten entstehen bspw. im Rahmen der Markengestaltung sowie durch den Aufbau eines Qualitätsmanagementsystems und die Vermarktung der eigenen Produkte.

Eine weitere Grundlage effizienter und effektiver Markenführung ist die **Anpassung der Organisationsstrukturen**. Anstelle einer funktional gegliederten Organisation erscheint die Implementierung eines nachfragerorientierten Warengruppen- bzw. Produktmanagements zweckmäßig, das für eine Produktgruppe alle sortiments- sowie markenpolitischen Entscheidungen trifft. Die Führung von Warengruppen als selbständige, gewinnverantwortliche Geschäftseinheiten ermöglicht eine leichtere Anpassung des Sortimentes an die Markterfordernisse, wodurch auch die Markenpolitik besser auf die spezifischen Kundenwünsche ausgerichtet werden kann (vgl. *Bruhn* 1997b). Grundlage eines funktionsfähigen Warengruppen- bzw. Produktmanagements ist dabei die hausinterne Weiterbildung entsprechender Mitarbeiter sowie Neuanstellung erfahrener Marketingmanager aus dem Markenartikelbereich (vgl. *Barrenstein* 1998, S. 13).

Für die Etablierung einer eigenständigen Markenpolitik ist ferner eine **Anpassung der Informationssysteme** von hoher Bedeutung. Diese sind dahingehend zu optimieren, daß alle zur Markenführung notwendigen Informationen erfaßt, aufbereitet und zeitnah den relevanten Mitarbeitern zur Verfügung gestellt werden. Über den Einsatz computergesteuerter, geschlossener Warenwirtschaftssysteme lassen sich sowohl auf Geschäftsstätten- als auch Artikelebene laufend die zentralen Kennzahlen erfassen (vgl. *Bruhn* 1997a, S. 39). Darauf aufbauend sollten Kosten- und Ergebnisrechnungen durchgeführt werden, um Profitabilitätsvergleiche zwischen Markenartikeln und Handelsmarken zu ermöglichen (vgl. *Barrenstein* 1998, S. 13).

Ferner ist es zweckmäßig, Daten hinsichtlich der erzielten Kundenzufriedenheit und Kundenbindung sowie der Entwicklung der **Kundenerwartungen** zu erfassen. Sinnvoll erscheint darüber hinaus eine laufende Beobachtung der von den Wettbewerbern geplanten bzw. realisierten Markenstrategien, um neue strategische Stoßrichtungen frühzeitig erkennen und darauf entsprechend reagieren zu können.

5 Strategien der Handelsmarkenpolitik

Im Zentrum der markenstrategischen Überlegungen des Handels steht die Entwicklung der Handelsmarkenkonzeption sowie die Ausgestaltung des markenpolitischen Marketing-Mix. Grundsätzlich ist davon auszugehen, daß Handelsmarken ebenso sorgfältig konzipiert, eingeführt und betreut werden müssen wie Markenartikel. Die Anforderungen hinsichtlich einer erfolgreichen **Führung von Handelsmarken** sind möglicherweise sogar noch höher als bei Markenartikeln, da es die heterogenen Bedürfnisse unterschiedlicher Zielgruppen über verschiedene Warengruppen hinweg zu beachten gilt (vgl. *Bruhn* 1997a, S. 38).

5.1 Alternative Handelsmarkenkonzeptionen

Eine bedeutende Aufgabe der Handelsmarkenpolitik ist die Festlegung der Handelsmarkenkonzeption. Wesentliche Bestimmungsfaktoren dieser Entscheidung sind die Gewichtung der handelsmarkenpolitischen Ziele sowie die angestrebte Positionierung. Darüber hinaus ist die beabsichtigte Breite des Handelsmarkensortimentes sowie die Differenzierbarkeit der Produkte zu beachten. Ausgehend von der Zahl der unter einer Marke zusammengefaßten Produkte lassen sich die in Abb. 6 dargestellten Handelsmarkenkonzeptionen unterscheiden.

Bei den **Mono- bzw. Einzelmarken** wird jedes Produkt unter einem eigenen Namen angeboten. Im Konsumgüterbereich verfolgt z.B. das Handelsunternehmen *Aldi* diese Strategie. Offeriert werden Individualmarken wie bspw. „Tandil" oder „Albrecht Kaffee". In Großbritannien bietet das Handelsunternehmen *Sainsbury* neben der Hausmarke „Sainsbury" qualitativ hochwertige und im Verpackungsauftritt den Herstellermarken ähnliche Individualmarken wie das Wachmittel „Novon" und den Kaffee „Gold Cup" an.

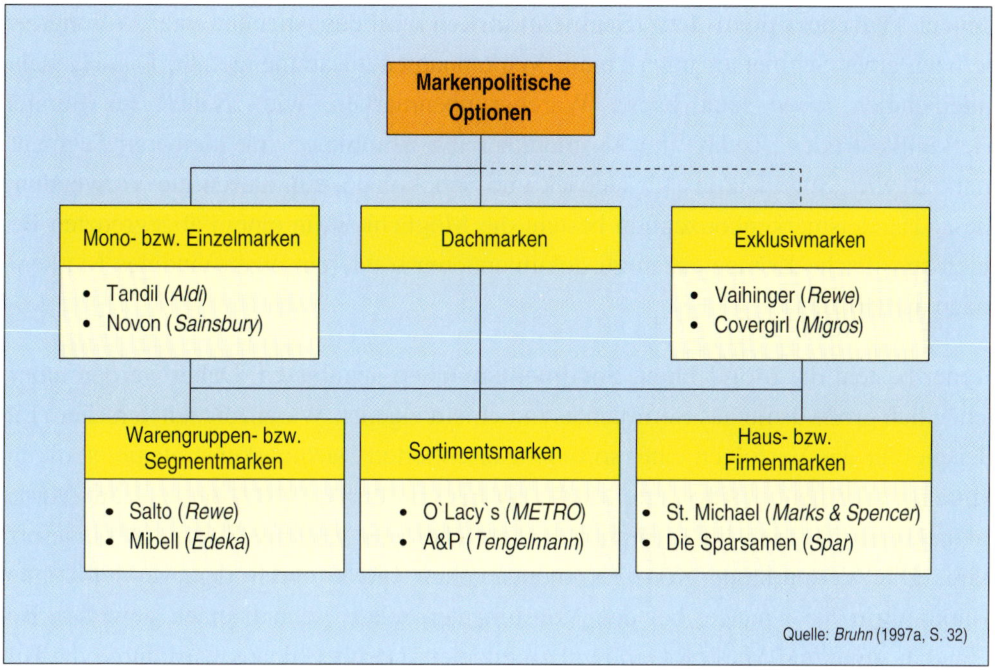

Abb. 6: Markenpolitische Optionen der Handelsmarkenpolitik

Diese Handelsmarkenkonzeption ermöglicht es, jedes Produkt entsprechend seinen spezifischen Eigenschaften und Besonderheiten individuell am Markt zu positionieren, ohne mögliche Ausstrahlungseffekte auf andere Produkte beachten zu müssen. Es besteht die Chance, sich mit genau auf das Bedürfnisprofil der spezifischen Kundengruppe abgestimmten Produktkonzepten gegenüber den Wettbewerbern zu profilieren und eine eigene **Markenkompetenz** aufzubauen. Nachteilig an dieser Vorgehensweise sind die hohen Kosten, da für jedes Produkt eine eigenständige Marke konzipiert und am Markt durchgesetzt werden muß. Folge der Monomarkenstrategie ist eine **Verselbständigung der Handelsmarke**, wodurch das Vertrauen der Konsumenten primär der einzelnen Marke und weniger dem markierenden Handelsunternehmen gilt. Vermieden werden kann dieser Effekt nur dann, wenn es dem Handelsunternehmen - wie es bei *Aldi* der Fall ist - gelingt, selbst zum Hauptimagefaktor zu werden.

Eine **Dachhandelsmarke** bildet eine Konzeption, bei der mehrere Produkte unter einem Markennamen (Markendach) angeboten werden. Unterschieden werden können Warengruppen- bzw. Segmentmarken sowie Sortimentsmarken und Haus- bzw. Firmenmarken.

Bei den **Warengruppen- bzw. Segmentmarken** wird das Angebot einer Warengruppe bzw. eines Segmentes unter einem Markennamen zusammengefaßt. Das Handelsunternehmen *Rewe* setzt bspw. Warengruppenmarken, wie „Salto“ im Bereich Tiefkühlkost oder „Today“ im Kosmetikbereich, kombiniert mit kleineren Segmentmarken, wie „Süße Garde“ für Gebäck und Schokolade, ein. Durch die Verwendung dieser Handelsmarkenkonzeption besteht die Möglichkeit, in einem abgegrenzten Bereich spezifische Kompetenzen zu dokumentieren sowie ein eigenständiges Markenimage aufzubauen.

Ferner besteht die Möglichkeit, **Sortimentsmarken** anzubieten. Dabei werden unterschiedlich große Teile des Sortimentes mit einem eigenen Warenzeichen versehen. Ein Beispiel für das Verfolgen einer sortimentsorientierten Dachmarkenstrategie ist die im Mittelpreissegment positionierte Marke „O'Lacy's“ der *METRO*, die als Euro-Marke in mehreren Vertriebslinien breit gefächert über das gesamte Sortiment eingesetzt wird. Die Vermarktung von Sortimentsmarken bietet durch den vervielfältigten Marktauftritt die Chance, bei den Konsumenten relativ schnell einen gewissen Bekanntheitsgrad und Marken-Goodwill zu erzielen. Darüber hinaus wird durch die Bildung eines breiten Markendaches die Einführung neuer Produkte erleichtert, und es ergeben sich Synergien hinsichtlich der Produktvermarktung.

Zu beachten ist jedoch der Umstand, daß mit der zunehmenden Heterogenität der unter einem Markendach zusammengefaßten Produktgruppen die Gefahr wächst, daß es der Sortimentsmarke nicht gelingt, eine spezifische **Markenkompetenz** zu dokumentieren. Dies ist darauf zurückzuführen, daß Konsumenten einer Marke eher zutrauen, in einem bestimmten Segment kompetent zu sein, als quer über alle Warengruppen hinweg. Die Grenze einer einheitlichen Markierung des Sortimentes wird folglich durch die Bereitschaft der Konsumenten bestimmt, das Vertrauen gegenüber einem bestimmten Produkt der Sortimentsmarke automatisch auf ein anderes Produkt einer anderen Warengruppe zu übertragen.

Eine weitere markenpolitische Option der Handelsmarkenpolitik ist das Angebot von **Haus- bzw. Firmenmarken**. Diese zeichnen sich dadurch aus, daß der Markenname oftmals mit dem des Handelsunternehmens identisch ist und als gemeinsame Klammer für unterschiedlich große Teile der Angebotspalette fungiert. In Deutschland faßt bspw. das Handelsunternehmen *Spar* alle Handelsmarken des Preiseinstiegssegmentes unter der Hausmarke „Die Sparsamen“ zusammen. Diese Konzeption wird auch durch das britische Handelsunternehmen *Sainsbury* umgesetzt, das einen großen Teil seiner Handelsmarken unter der Hausmarke „Sainsbury“ anbietet. Noch konsequenter setzt diese Konzeption das britische Handelsunternehmen *Marks & Spencer* ein, indem das gesamte Sortiment unter der Marke „St. Michael" angeboten wird.

Durch das Angebot von Hausmarken bietet sich die Möglichkeit eines gegenseitigen **Imagetransfers** zwischen der Marke und dem Handelsunternehmen an. Ferner wird die Markenbildung vereinfacht und es läßt sich wirkungsvoll dokumentieren, welchem Handelsunternehmen die Handelsmarke zuzuordnen ist. Risiken einer Hausmarkenkonzeption bestehen dahingehend, daß mit einem zunehmenden Diversifikationsgrad der Produkte die Markenpositionierung diffus werden kann und unterschiedliche Produktqualitäten negative Ausstrahlungseffekte auf andere Produkte haben können.

Handelsunternehmen können ihre Sortimente ferner durch **Exklusivmarken** ergänzen. Der Hauptunterschied zu den bisher aufgezeigten Handelsmarkenkonzeptionen besteht bei Exklusivmarken darin, daß die Produkte zwar von nur einem Handelsunternehmen angeboten werden, die Markenrechte jedoch beim Herstellerunternehmen verbleiben. Angewandt wird die Strategie des exklusiven Einsatzes bekannter Marken bspw. vom Handelsunternehmen *Rewe*, die Marken wie „Faihinger" exklusiv im Segment der alkoholfreien Getränke anbieten. In der Schweiz verfolgt insbesondere der *Migros-Genossenschafts-Bund* eine Exklusivmarkenstrategie, indem bspw. Marken wie „Covergirl" und „Del Monte" in einer Alleinstellung angeboten werden.

Durch den exklusiven Einsatz bekannter Marken besteht die Chance, innerhalb der verschiedenen Warengruppen **Fachkompetenz** zu dokumentieren. Ferner reduzieren sich die Vermarktungskosten sowie das Einführungsrisiko, da die Produkte bereits am Markt bekannt sind. Da der Erfolg des Einsatzes von Exklusivmarken vor allem durch die Bekanntheit sowie das Image der Marke determiniert wird, sollte dem Angebot von Exklusivmarken eine Markenwertanalyse vorausgehen. Darüber hinaus besteht die Möglichkeit zu prüfen, inwieweit sich der alternative Einsatz von Lizenzmarken anbietet.

5.2 Marketinginstrumente-Strategien

Neben der Bewertung der alternativen markenstrategischen Optionen ist die Ausgestaltung des **markenpolitischen Marketing-Mix** festzulegen. Erfolgsentscheidend ist dabei, die einzelnen Marketinginstrumente so aufeinander abzustimmen, daß sie in geeigneter Weise bestehende Wettbewerbsvorteile unterstützen sowie eigenständig zu deren Schaffung beitragen (vgl. *Bruhn* 1997a, S. 34ff.).

Im Zentrum des markenpolitischen Marketing-Mix stehen Entscheidungen hinsichtlich der **Produkt- und Sortimentspolitik**. Innerhalb der Sortimentspolitik wird festgelegt, in welchen Warengruppen Handelsmarken angeboten werden. Auswahlkriterien sind vor allem die zu erwartenden Umsatzvolumina und Gewinnspannen sowie die Breite und Beschaffenheit des Markenangebotes. Auf Basis der geplanten Sortimente ergeben sich die Anforderungen der Handelsmarken hinsichtlich Produktqualität, Verpackung, Form und Design, die im Rahmen der Produktpolitik zu erfüllen sind.

Die **Distributionspolitik** umfaßt die Wahl der Absatzwege sowie die physische Distribution der Handelsmarken im Rahmen der Marketinglogistik. Bei der Wahl der Absatzwege ist vor allem zu bestimmen, in welchen Vertriebslinien eines Handelssystems eigene Marken angeboten werden sollen. Darüber hinaus ist zu untersuchen, ob es zweckmäßig ist, in verschiedenen Vertriebslinien unterschiedliche Handelsmarken anzubieten. Abzuwägen ist dabei zwischen den Vorteilen einer breiten Distribution oder spezifischen Positionierung und Profilierung. Ferner ist der physischen Distribution der Handelsmarken Aufmerksamkeit zu schenken, da ein hoher Anteil der Betriebskosten eines Handelssystems aus den Prozessen der Warenwirtschaft resultiert. Anzustreben sind kurze Bestell- und Lieferrythmen, um die Logistikkosten zu senken und insbesondere bei Frischeprodukten eine optimale Qualität sicherzustellen.

Eine wesentliche Frage der **Preispolitik** ist die Festlegung des Preisabstandes zwischen Handelsmarken und Markenartikeln. Schätzen die Konsumenten den Preisabstand als zu gering ein, werden sie ihre Kaufentscheidungen mehrheitlich weiter zugunsten der Markenartikel fällen. Ähnliches gilt für die Gattungsmarken. Diese können nur dann die Preiskompetenz einer Vertriebslinie dokumentieren, wenn mindestens die Abgabepreise der führenden Discounter erreicht werden.

Zentrale Aufgabe **kommunikationspolitischer Maßnahmen** im Rahmen der Handelsmarkenpolitik ist die Bindung der Kunden an die eigenen Marken. Für den Handel bieten sich über die Geschäftsstätte umfangreiche Möglichkeiten hinsichtlich der Gestaltung eines direkten Kundendialoges. Interaktionsmöglichkeiten bestehen bspw. durch die Implementierung eines Beschwerdemanagements oder den Einsatz von Kundenkarten. Für die Kundenzufriedenheit und Kundenbindung ist ferner die Qualität des direkten Kundendialoges zwischen Verkäufer und Kunden von hoher Bedeutung. Hier muß sich der Handel in seiner Rolle als Dialogpartner der Konsumenten immer wieder neu bewähren.

6 Entwicklungsperspektiven der Handelsmarkenpolitik

Durch die erfolgreiche Positionierung und Vermarktung eigener Marken eröffnen sich für Handelsunternehmen große Chancen. Mittelfristig können auf die Bedürfnisse der Konsumenten abgestimmte Handelsmarken zu einer Verbesserung von Marktanteilen sowie einer erhöhten Geschäftsstättentreue führen. Gelingt den Handelsunternehmen über ihre Marken eine für die Konsumenten erkennbar **differenzierte Positionierung** gegenüber dem Wettbewerb, können Handelsmarken langfristig auch zu einer dauerhaften Erfolgsabsicherung beitragen.

Aufgrund der sich bietenden Chancen werden Handelsunternehmen zukünftig weiter bestrebt sein, ihr Markenangebot auszubauen. Begünstigt werden sie dabei durch die zunehmende Konzentration auf der Handelsstufe sowie ihre Nähe zum Kunden. Die gleichzeitig bei Markenartikelherstellern zu beobachtende wachsende Bereitschaft hinsichtlich einer Entwicklung und Produktion von Handelsmarken wird die sich abzeichnenden **Polarisierungstendenzen** weiter beschleunigen. In vielen Produktbereichen werden nur noch die Marke des Marktführers angeboten und - in Abhängigkeit von den Absatzzahlen - eine Zweitmarke, ergänzt durch Handelsmarken sowie eventuell regionale Produkte.

Erfolgreich werden in der Zukunft vor allem diejenigen Handelsunternehmen sein, die in der Lage sind, **kundenorientierte Sortimentsstrukturen** aufzubauen. Inwieweit Handelsmarken in der Zukunft zu einer leistungsbezogenen Geschäftsstättenprofilierung sowie Sicherung der Ertragsspannen beitragen, wird davon abhängen, ob es den Handelsunternehmen gelingt, adäquate unternehmensinterne Voraussetzungen der Markenführung zu schaffen sowie das markenpolitische Marketing-Mix zielgerichtet auszugestalten.

Strategien und Techniken zur Gestaltung der Handelswerbung

Franz-Rudolf Esch

1 Rahmenbedingungen der Werbung

Handelsunternehmen stehen mit rund 1,762 Mrd. DM Brutto-Medieninvestitionen im Jahr 1997 auf Rang drei der werbetreibenden Unternehmen (vgl. *ZAW* 1998, S. 12). Im Vergleich zum Jahr 1996 wurde 6,8% mehr in Medien investiert (vgl. *ZAW* 1998, S. 12). Dies unterstreicht die Bedeutung, die Handelsunternehmen der Werbung beimessen. Dennoch läßt der **professionelle Umgang** mit Werbegeldern im Handel zu wünschen übrig. Hier besteht noch erhebliches Optimierungspotential, insbesondere was die strategische und sozialtechnische Gestaltung der Werbung betrifft. Eine solche Professionalisierung der Werbung ist jedoch nur bei Kenntnis der für die Handelswerbung geltenden Rahmenbedingungen möglich, auf die im folgenden kurz eingegangen wird, bevor wichtige strategische und sozialtechnische Gestaltungsmaßnahmen besprochen werden.

In den letzen Jahren haben sich die Rahmenbedingungen für erfolgreiche Handelswerbung dramatisch geändert. Trennt man grob zwischen Markt- und Kommunikationsbedingungen mit Blick auf die Angebots- und die Nachfrageseite, so lassen sich folgende wichtigen Entwicklungen erkennen.

(1) Marktbedingungen

Viele Handelsunternehmen kämpfen zunehmend auf gesättigten Märkten um Kunden und Marktanteile. Das *Darwin*'sche Prinzip des „Survival of the Fittest" wird im Handel in Reinkultur praktiziert. Dies drückt sich nicht zuletzt in den starken Konzentrationstendenzen im Handel aus. Gerade unter solchen Rahmenbedingungen müssen sich Handelsunternehmen zunehmend mit ihrem **Marketingprofil** auseinandersetzen, eine Forderung, die *Tietz* schon 1980 stellte (vgl. *Tietz* 1980). Dies ist jedoch nur selten durch die angebotenen Produkte und Sortimente realisierbar, da Handelsunternehmen oft identische Angebote wie Konkurrenzunternehmen in ihren Sortimenten präsentieren. Ein Markenprodukt kann man heute in jeder Stadt in mehreren Geschäften kaufen, die oft nur wenige Meter voneinander entfernt ihren Standort haben. Je weniger man sich jedoch über die Einzigartigkeit des Sortiments gegenüber Konkurrenzunternehmen differenzieren kann, desto wichtiger wird der Aufbau eines eigenständigen Images für ein Handelsunternehmen. Ein zentraler Faktor für eine solche Profilierung ist die Werbung.

Handelsunternehmen sind deshalb zu führen **wie eine Marke**. Auch im Handel geht es um den Aufbau starker Handelsmarken, sog. Storebrands (vgl. *Roeb* 1997). *IKEA* und *Toys 'R' Us* sind bereits heute starke Handelsmarken. Um einen hohen Markenwert für ein Handelsunternehmen zu schaffen, ist der Aufbau von Bekanntheit und eines klaren Images erforderlich (vgl. *Aaker* 1991; *Esch/Andresen* 1997; *Sattler* 1997; *Bekmeier* 1998; *Esch* 1999).

Selbst dort, wo Profilierungsmöglichkeiten bestünden, folgt man weit verbreiteten Branchenklischees. In der Ladengestaltung gleichen sich die Ausstattungen konkurrierender Handelsunternehmen oft bis ins kleinste Detail, so daß man auch hier die Chance zur Differenzierung von Mitwettbewerbern verpaßt. Die meisten **Einkaufsstätten** werden von den Konsumenten als **austauschbar** wahrgenommen, weil sie sich weder in bezug auf die Ladengestaltung noch auf den Service oder auf andere Marketinginstrumente unterscheiden (vgl. *Weinberg* 1986; *Gröppel* 1990). In der Konsequenz resultiert daraus ein zunehmend vagabundierendes Kaufverhalten sowie eine erhöhte Preissensibilität der Konsumenten (vgl. *Meyer/Mattmüller* 1992). Bei vergleichbaren Sortimenten und Ladengestaltungen spielt es keine Rolle, wo man ein bestimmtes Produkt kauft. Es entscheiden der Preis, die gute Lage oder der Zufall darüber, in welchem Geschäft man ein bestimmtes Produkt kauft. Für den Handel scheint primär die Preisprofilierung im Vordergrund der Überlegungen zu stehen und weniger eine Präferenzbildung über andere imageprägende Merkmale, z.B. den Service, die Einkaufsbequemlichkeit oder bestimmte Erlebnisse, die für Kunden relevant sind und zur Differenzierung von der Konkurrenz beitragen (vgl. *Gröppel-Klein* 1998). Dabei gelten nach einer in der *Lebensmittelzeitung* im Dezember 1995 veröffentlichten „Regionalpresse-Studie (*E & i* '95)" zwar 35% der 2 500 Befragten als Schnäppchenjäger, 23% hingegen als Erlebniskäufer und 26% als qualitätsorientiert (vgl. o.V. 1995).

Die nach Lust und Stimulation suchende Bevölkerung flaniert gerne durch Geschäfte und erwartet Anregungen in Geschäften (vgl. *Opaschowski* 1998). Zwar bieten Einkaufszentren, Warenhäuser und Fachgeschäfte zum Teil solche Möglichkeiten, allerdings achtet man auch hier selten auf eigenständige Marktauftritte. Statt dessen wird verzweifelt versucht, durch die Aktualität der Gestaltungen die Kunden anzuziehen. Convenience- und Serviceprofilierungsmöglichkeiten werden im Handel ebenfalls kaum hinreichend genutzt. Hier überläßt man zum Teil lukrative Felder Konkurrenten, z.B. den Tankstellen, die als Nahversorger dem Convenience-Gedanken im besonderen Maße gerecht werden und entsprechendes preisunelastisches Verhalten der Kunden ausschöpfen (vgl. *Zentes* 1996).

(2) Kommunikationsbedingungen

Bezüglich der Kommunikationsbedingungen kann man von einer **dramatisch wachsenden Zahl** von Kommunikationsappellen sprechen. Heute werden rund 56 000 Marken beworben, man könnte täglich 25 Stunden Werbefernsehen schauen, würde man alle Werbespots hintereinanderschalten, die Zahl der Anzeigenseiten in Publikumszeitschriften haben sich innerhalb von zehn Jahren nahezu verdoppelt, einem durchschnittlichen Haushalt liegen innerhalb einer Woche rund 20 Beilagen vor (vgl. *Israel* 1991; *Esch* 1998). Konsumenten werden mit Werbung bombardiert.

Auf der anderen Seite ist bei den Konsumenten ein **nachlassendes Informationsinteresse** erkennbar, weil gerade auf gesättigten Märkten Informationen über austauschbare Produkte trivial werden. Konsumenten bevorzugen in einer kommunikationsüberfluteten Welt Bild- gegenüber Sprachinformationen, weil jene einfacher aufgenommen, verarbeitet und gespeichert werden können.

Bei wachsender Kommunikationsflut und nachlassendem Informationsinteresse resultiert zwangsläufig eine **Informationsüberlastung** im Sinne eines Informationsüberschusses. Diese Informationsüberlastung kennzeichnet das Verhältnis von angebotenen und tatsächlich nachgefragten Informationen. Für Deutschland liegt die Informationsüberlastung bei 98% (vgl. *Brünne/Esch/Ruge* 1987), für die Werbung bei rund 95% (vgl. *Kroeber-Riel* 1993). Die meisten der angebotenen Werbemittel landen demnach ungenutzt auf dem Müll. Dies kann man sich plakativ am Beispiel der Beilagenwerbung vor Augen führen: Ein kurzer Blick auf den Absender einer Beilage genügt i.d.R., um zu entscheiden, ob man sich der Beilage widmet oder diese sofort in den Mülleimer wandert. Selbst wenn man sich eine Beilage anschaut, wird man bei weitem nicht alles daraus lesen und aufnehmen.

Es liegt auf der Hand, daß die **Werbeeffizienz**, operationalisiert als Relation zwischen Werbeausgaben und den durch Werbung bei den Konsumenten erzielten Wirkungen, unter diesen Bedingungen dramatisch **nachläßt**. So verringerte sich die Erinnerung an Werbung nach einer Re-Analyse von 150 Werbekampagnen durch die *GfK*, Nürnberg, von 18% im Jahr 1975 auf 12% im Jahr 1993 (vgl. Abb. 1).

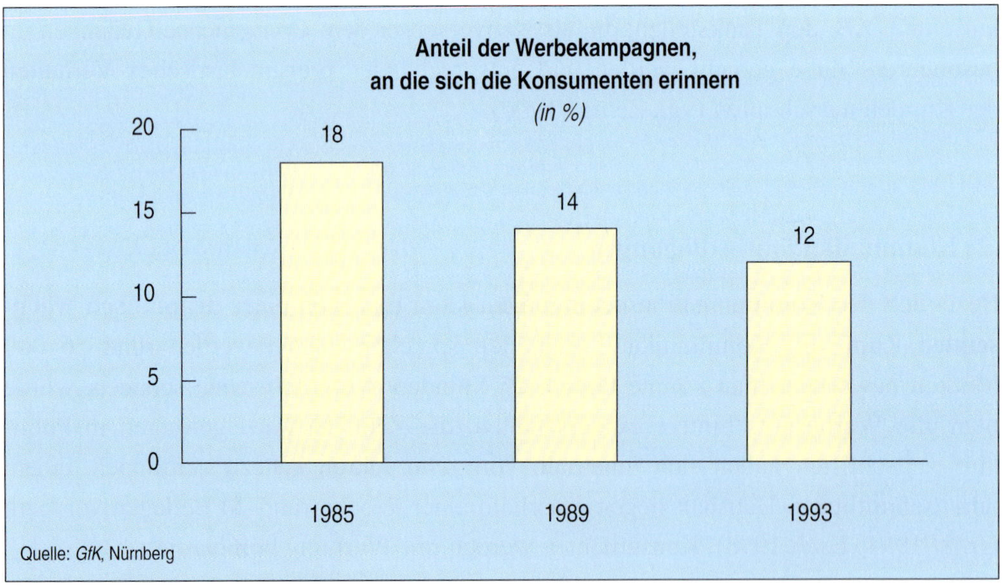

Abb. 1: Rückgang der Erinnerung an Werbung im Zeitablauf

Für Handelsunternehmen stellt es demnach unter den herrschenden Markt- und Kommunikationsbedingungen eine große Herausforderung dar, Werbung wirksam zu gestalten. Dabei soll die Werbung einen Beitrag zum Aufbau eines eigenständigen und für die Kunden relevanten Images leisten, ohne den Aspekt des kurzfristigen Verkaufens zu vernachlässigen, nach dem **Motto: Das eine tun, aber das andere nicht lassen.** Der Stand der Praxis sieht hier leider anders aus, die langfristige Perspektive hat meist keinen Platz in den Köpfen der Handelsmanager.

2 Ziele der Handelswerbung

Grundsätzlich kann man zwischen ökonomischen und außerökonomischen Werbezielen differenzieren, mit denen man eine kurz- oder langfristige Zielausrichtung verfolgt. Ökonomische Ziele, wie Umsatzzuwachs, Gewinnung von Marktanteilen oder Erhöhung der Renditen, werden durch außerökonomische Zielvorstellungen der Entscheider wie die Gewinnung von Macht oder durch ein Sicherheitsstreben geprägt. Ökonomische Ziele müssen wiederum zwingend durch außerökonomische Ziele operationalisiert werden, damit mögliche Veränderungen tatsächlich auf die Werbung und nicht auf andere Marketingmaßnahmen oder Umfeldeinflüsse zurückgeführt werden können. Solche außerökonomischen Ziele sind die Bekanntheit eines Handelsunternehmens, die Sympathie, das Image usw.

Im Handel dominieren in der Werbung meist kurzfristige Ziele, speziell die **Aktualisierung von Angeboten** in den Wochenblättern und Beilagen von Handelskonzernen. Durch die Fokussierung auf solch kurzfristige Ziele kann zwar eine gewisse Aktualität für ein Handelsunternehmen geschaffen werden, der Aufbau und die Stärkung des Images leiden jedoch i.d.R. unter dieser einseitig kurzfristigen Ausrichtung der Zielvorstellungen. Dies gilt vor allem dann, wenn der Fokus, wie dies häufig zu beobachten ist, ausschließlich auf den Angeboten liegt und keine Maßnahmen zur langfristigen Profilierung des Handelsunternehmens berücksichtigt werden.

Handelswerbung ist zudem durch Angebotswerbung dominiert, bei der die Preise für Angebote in den Vordergrund gerückt werden. Die einseitige Preisschau in der Werbung spiegelt die Verarmung in den Werbezielen des Handels wider. Da sich nur ganz wenige Handelsunternehmen über Preise profilieren können, ist die einseitige Fokussierung auf Preiswerbung für alle anderen Handelsunternehmen kontraproduktiv. Man spielt damit letztendlich den als preiswert bekannten Anbietern in die Hände und sensibilisiert die Kunden noch zusätzlich für Preise, statt dominant andere präferenzbildende Aspekte mit Relevanz für den Kunden zu betonen (vgl. *Diller/Kusterer/*

1986; *Schweiger/Mayerhofer* 1990; *Esch* 1992). Diese sog. **Schweinebauchwerbung** erfüllt bekanntermaßen aber nur bei preisaggressiven Anbietern ihren Zweck, alle anderen Handelsunternehmen werden hingegen bei Verwendung von Schweinebauchanzeigen keineswegs von Konsumenten als preisgünstig eingestuft.

Durch die einseitige Verwendung von Schweinebauchanzeigen stellt sich der Handel ein Armutszeugnis aus. Kurzfristige Überlegungen dominieren langfristiges Denken. Deshalb gelingt nur wenigen Handelsunternehmen der Aufbau eines eigenständigen Images. Den Kunden werden austauschbare Angebote in austauschbarer Art und Weise präsentiert. Zudem spielt man preisorientierten Betriebsformen in die Hände.

Als **langfristige Zielsetzung** kommt die Positionierung von Handelsunternehmen in Frage. Unter **Positionierung** versteht man die Abgrenzung des eigenen Handelsunternehmens von Konkurrenzunternehmen. Die gewählten Positionierungseigenschaften müssen dabei den Wünschen und Bedürfnissen der Konsumenten entsprechen und für diese relevant sein. Dies gilt als notwendige Bedingung. Abgrenzung von der Konkurrenz heißt, daß ein Unternehmen in der subjektiven Wahrnehmung der Konsumenten ein eigenständiges und unverwechselbares Profil gewinnt. Sie kann als hinreichende Bedingung für eine erfolgreiche Positionierung bezeichnet werden.

Zur Positionierung eines Handelsunternehmens gilt es demnach,

- die Besonderheiten des Handelsunternehmens herauszustellen,
- für die Konsumenten attraktiv zu sein,
- sich gegenüber anderen Handelsunternehmen abzugrenzen und
- eine langfristige Position aufzubauen (vgl. *Kroeber-Riel* 1993).

Eine Positionierung impliziert auch immer die Konzentration auf einige wenige zu vermittelnde Eigenschaften, die zur Abgrenzung von Konkurrenten dienen sollen (vgl. *Trommsdorff* 1992). Gradmesser für den Erfolg einer Positionierung ist hierbei immer die subjektive Wahrnehmung der Konsumenten (vgl. *Albers* 1989; *Kroeber-Riel* 1993). Diesbezüglich spezifiziert *Anita Roddick*, die mit ihren *Body Shops* zweifelsfrei eine hervorragende Positionierung im Bereich der Parfümeriegeschäfte innehat, folgende zentrale Kriterien: Ökologiebewußtsein, Schutz der dritten Welt sowie Körperkultur und Ästhetik. Durch die Ladengestaltung, bei der viel Holz und die mit „natürlich“ assoziierten Farben Grün und Weiß stark zum Einsatz kommen, werden den Kunden bereits Natürlichkeit und Umweltbewußtsein vermittelt. Das gleiche gilt für die einzelnen Produkte, die aus natürlichen Substanzen hergestellt werden. Broschüren informieren über Environmental Statements, Animal Protection Statements und über fairen Handel mit der Dritten Welt, um so den sozialen Belangen unterentwickelter Regionen Rechnung zu tragen und gleichzeitig über das Umweltengagement von *Body Shop* zu informieren. Dieses Konzept ermöglicht eine klare Abgrenzung von der Konkurrenz, es läßt sich langfristig realisieren, und die angesprochenen Positionierungsinhalte sind offensichtlich auch für die Kunden wichtig und relevant. Mit weit über 6 000 Läden (davon mehr als 4 000 im Franchise-System) ist *Body Shop* heute ein großer Konzern.

Im folgenden wird näher auf Konzeptionierung und Umsetzung einer Positionierung im Rahmen der Werbung eingegangen

3 Strategische Gestaltung der Werbung

3.1 Strategische Ebenen

Bei der Entwicklung und Umsetzung einer Positionierungsstrategie empfiehlt sich die Erweiterung des strategischen Dreiecks von *Ohmae* (1982) um ein weiteres Dreieck: Man kann zwischen dem strategischen Dreieck der Konzeptebene und dem der Realisationsebene unterscheiden. Beide stehen in Interaktion zueinander (vgl. Abb. 2).

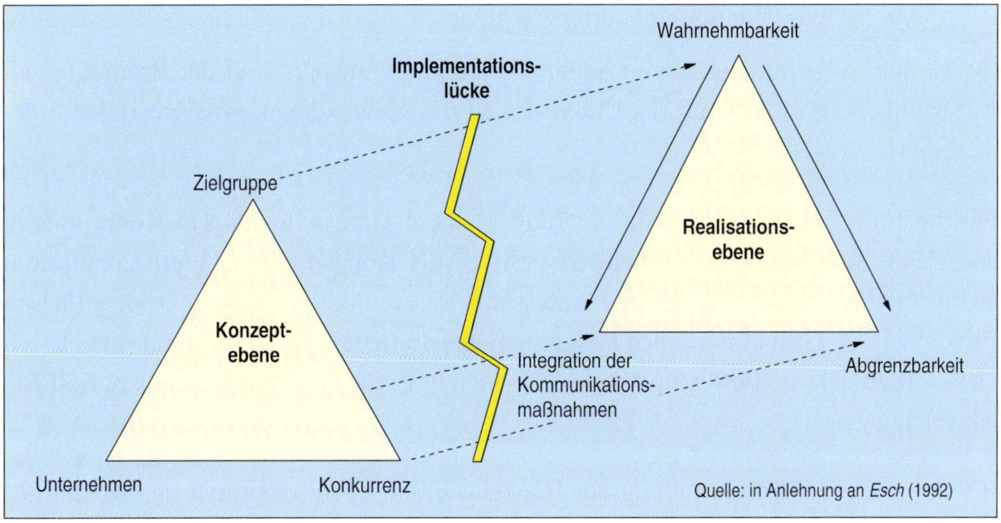

Abb. 2: Die strategischen Dreiecke der Positionierung

Die Endpunkte des Dreiecks der Konzeptebene bilden das Handelsunternehmen selbst, die Zielgruppe und die konkurrierenden Handelsunternehmen. Auf dieser konzeptionellen Ebene gilt es, für diese Endpunkte folgende **wesentlichen Punkte zu prüfen** (vgl. *Esch* 1992):

(1) Die Wünsche und Bedürfnisse der jeweiligen Zielgruppe in der Gegenwart und in der Zukunft

(2) Die Positionierung der Konkurrenzunternehmen und deren mögliche Verhaltensänderungen aufgrund eventueller Veränderungen der Angebots- und Nachfragestruktur in der Zukunft

(3) Die Vorstellungen und Wünsche des eigenen Unternehmens für die Zukunft und die Frage, welche möglichen Positionierungen zur Corporate Identity des Unternehmens passen

Die differenzierte Aufbereitung dieser Problembereiche bildet den Schlüssel für die Entwicklung eines verbalen Positionierungskonzepts. Das verbale Positionierungskonzept des Konzeptdreiecks muß anschließend adäquat in die entsprechenden Endpunkte des Realisationsdreieckes transformiert werden. Auf der **Realisationsebene** sind folgende Aspekte zu klären:

(1) Nimmt die Zielgruppe die in der Werbung umgesetzte Positionierungsidee zieladäquat wahr?

(2) Ist die Umsetzung der Positionierungsidee in der Werbung für eine klar erkennbare Abgrenzung von der Konkurrenz geeignet?

(3) Ist eine Abstimmung der einzelnen Werbemittel entsprechend der Positionierung erfolgt, so daß sich für das Unternehmen die notwendigen Synergieeffekte ergeben?

Für die Entwicklung einer Positionierung ist diese Unterscheidung in Konzeptphase und Realisationsphase wesentlich, da sich verbale Konzepte nicht immer realisieren lassen (Transformationsproblem). Außerdem ist es möglich, daß in beiden Phasen Fehler bei der Gestaltung einer Positionierungsstrategie auftreten. Somit eignet sich diese differenzierte Betrachtung ex-post auch gut für Fehleranalysen bei Soll/Ist-Abweichungen.

Bei der strategischen Gestaltung der Handelswerbung geht es primär darum, die Positionierung des Handelsunternehmens auf der Umsetzungsebene durch die Werbung zu vermitteln.

3.2 Umsetzungsprobleme einer Positionierung in der Werbung

(1) Einseitige Top-down-Betrachtungsweise bei der Planung

Positionierungsstrategien werden häufig Top-down geplant. Dies birgt die Gefahr der Entwicklung von Konzepten, die sich kaum so umsetzen lassen, daß sie auch entsprechend von den Konsumenten wahrgenommen werden. Solche Positionierungsstrategien leisten keinen Beitrag zur Positionierung des Handelsunternehmens und entpuppen sich schnell als inhaltsleere Worthülsen und Leerformeln.

Wenn einige Warenhäuser Anfang der neunziger Jahre dazu übergingen, sich als „Erlebnishaus“ zu positionieren, so handelte es sich dabei ganz offensichtlich um ein Top-down-Vorgehen. Daraus ergeben sich folgende Probleme:

- Die **Positionierung** ist **zu unspezifisch**: Es ist unklar, welches Erlebnis vermittelt werden soll.
- Durch diese unspezifische Positionierung entstehen zwangsläufig Probleme bei der Umsetzung. Dies wird hier stellvertretend am Beispiel einer Beilagen- und Zeitungswerbung verdeutlicht (vgl. Abb. 3a, 3b). Die Positionierung wird hier den Konsumenten lediglich verbal dargeboten. Sie wird nicht durch die Bilder, die weit verbreiteten **Klischees der Handelswerbung** folgen, visualisiert.

Abb. 3a: Beilagenwerbung: Erlebnis-Postulat ohne Erlebnisumsetzung - Beispiel I

Abb. 3b: Beilagenwerbung: Erlebnis-Postulat ohne Erlebnisumsetzung - Beispiel II

Deswegen emfiehlt sich die **Verknüpfung der Top-down-Strategie mit einer Bottom-up-Kontrollstrategie**. Letztere dient als Check für die Möglichkeit einer für die Konsumenten klar wahrnehmbaren Umsetzung der gewünschten Positionierung. Die bei der Top-down-Strategie entwickelten sprachlichen Positionierungskonzepte können und müssen so auf ihre Umsetzbarkeit hin überprüft werden.

Ein Positivbeispiel für eine klar wahrnehmbare Umsetzung der Positionierung ist das *Globus SB-Warenhausunternehmen*. Die Preis- sowie Kunden- und Mitarbeiterorientierung wird in der Beilagenwerbung unmißverständlich kommuniziert: In jeder Beilage sprechen Kunden über die Vorzüge des *Globus*, Mitarbeiter stellen neue Artikel vor, Garantien werden kommuniziert, die grün gekennzeichneten Fair-Preise kennzeichnen die günstigsten Artikel im Sortiment, die mit *Aldi*-Preisen vergleichbar sind, usw. (vgl. Abb. 4).

Abb. 4: Auszug aus der Globus-Beilagenwerbung

(2) Austauschbarkeit mit anderen Handelsunternehmen

Die Vermeidung der Austauschbarkeit des eigenen Handelsunternehmens mit der Konkurrenz ist eine der größten Herausforderungen bei der Entwicklung und Umsetzung der Positionierung. Sie stellt gleichzeitig eines der größten Probleme in der Handelspraxis dar (vgl. Abb. 5).

Für eine aus der Sicht der Konsumenten eindeutig wahrnehmbare Unterscheidbarkeit des Handelsunternehmens von der Konkurrenz ist die eigenständige Umsetzung eines Positionierungskonzeptes von herausragender Bedeutung, unabhängig davon, ob das Positionierungskonzept selbst austauschbar oder eigenständig ist (vgl. Abb. 6). Mit anderen Worten: Selbst wenn zwei konkurrierende Supermärkte zur Positionierung ein Frischekonzept verfolgen, können die jeweiligen Frischekonzepte ganz unterschiedlich ausgestaltet sein und umgesetzt werden, bspw. als „kühle Frische", „Gebirgsfrische", „nordische Frische" usw. Auch dies betont die Bedeutung der subjektiven Wahrnehmung. Der klar erkennbare Auftritt des Handelsunternehmens prägt dessen Image. Ob das dahinterstehende sprachliche Positionierungskonzept anderen ähnelt, wird kaum hinterfragt.

Abb. 5: Austauschbare Werbung im Möbeleinzelhandel

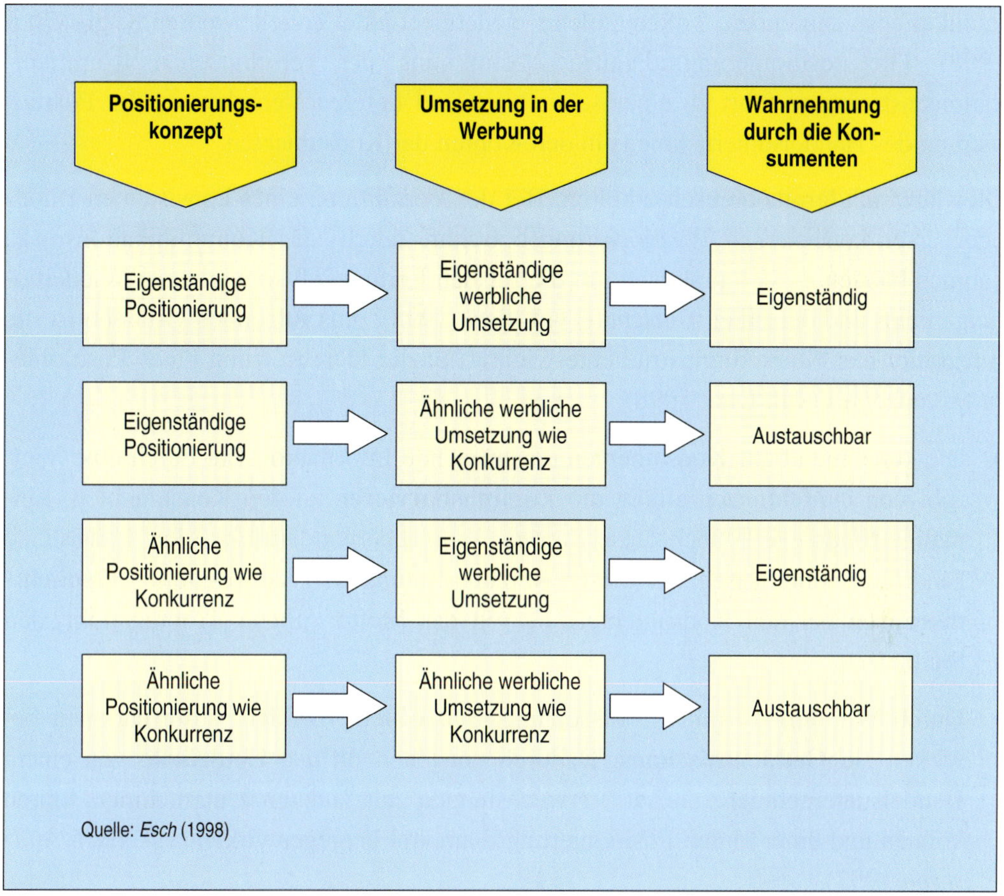

Abb. 6: Klassifikation austauschbarer und eigenständiger Werbung

Zur Prüfung der Austauschbarkeit bzw. Eigenständigkeit der Werbung empfehlen sich Anonymisierungsstrategien, bei denen alle Hinweise auf den Absender der Werbung entfernt werden (vgl. *Nommensen* 1990). Ist selbst dann noch ein Zuordnung zu dem jeweiligen Handelsunternehmen möglich, ist die Werbung eigenständig gestaltet.

(3) Mangelnde Integration der Kommunikation unter dem Positionierungsdach

Der adäquate Einsatz einzelner Erfolgsfaktoren alleine ist noch nicht erfolgversprechend. Vielmehr macht erst das Zusammenwirken dieser Faktoren den Unternehmenserfolg aus (vgl. *Esch* 1992; *Wölk* 1992). Gerade für Positionierungskonzepte gilt das Motto **„Das Ganze ist mehr als die Summe seiner Teile“**. Durch eine integrierte Kommunikation, d.h. die inhaltliche und formale Abstimmung aller Kommunikationsmaßnahmen, sollen solche Synergieeffekte erzielt werden (vgl. *Esch* 1998). Die positionierungsadäquate Abstimmung der verschiedenen Kommunikationsinstrumente führt zu einer schnelleren und tieferen Verankerung der Positionierung des Handelsunternehmens in den Köpfen der Konsumenten.

Dies läßt sich lerntheoretisch erklären: Bei der Vermittlung eines konsistenten Bildes oder einer konsistenten Positionierungsbotschaft durch alle Kommunikationsmaßnahmen handelt es sich praktisch um die für den Lernprozeß so wichtigen Wiederholungen ein- und derselben Botschaft (vgl. *Esch* 1998). Aus folgenden Gründen ist die Integration der Marketinginstrumente wichtig für die Durchsetzung eines Positionierungskonzeptes (vgl. *Esch* 1998):

- Die zunehmend auf Konsumenten einströmende Informationsflut durch eine Vielzahl von Umfeldreizen erhöht die **Zugangsbarrieren** zu den Konsumenten. Einmalige Eindrücke können diese Barriere kaum überwinden. Erst viele konsistente Eindrücke hinterlassen bei dieser Reizüberflutung klar **zuordenbare Gedächtnisspuren** bei den Konsumenten. Es gilt das Motto: „Steter Tropfen höhlt den Stein".

- Durch Werbung vermittelte dissonante, d.h. widersprüchliche Informationen bewirken ein **Gedächtnischaos**. Dadurch entstehen **diffuse Eindrücke** von einem Handelsunternehmen, die zu Verwechslungen mit anderen Unternehmen führen können und einer klaren Positionierung diametral entgegenwirken (vgl. *Esch/Andresen* 1997).

- Durch den **synergetischen Einsatz der Werbemittel** kann ein **gegebenes Ziel mit einem geringeren Kosteneinsatz erreicht werden** als bei einer mangelnden oder nicht vorhandenen Abstimmung der Werbemittel. Somit können finanzielle Mittel für andere Maßnahmen frei werden.

Zur Integration der Kommunikation stehen formale und inhaltliche Mittel zur Verfügung (vgl. Tab. 1). Während inhaltliche Mittel, z.B. durchgängig verwendete Slogans („Ich bin doch nicht blöd: *Media Markt*") oder Schlüsselbilder wie das des *Marlboro*-Cowboys oder der freie Weg der *Volksbanken und Raiffeisenbanken* die Positionierungsbotschaft transportieren, dienen formale Mittel primär der Aktualisierung des Handelsunternehmens. So steht die Farbe gelb für den *Pro Markt* und der Biber als visueller Gedächtnisanker für *Obi*. Dadurch wird ein schnelleres Wiedererkennen des Handelsunternehmens und dessen Werbemaßnahmen möglich. Formale Mittel leisten jedoch kaum einen Beitrag zur Vermittlung der Positionierung des Handelsunternehmens.

Mittel zur Integration / Dimensionen der Integration	Formale Integration		Inhaltliche Integration			
			durch Sprache		durch Bilder	
	„Klassische formale Mittel (Corporate Design-Maßnahmen)	Präsenzsignale, Wort-Bild-Zeichen	Identische Aussagen	Semantisch gleiche Aussagen	Gleicher Bildinhalt	Schlüsselbild
Zeitlich						
Zwischen den eingesetzten Kommunikationsmitteln						
Quelle: *Esch* (1998)						

Tab. 1: Integrationsmatrix

4 Sozialtechnische Gestaltung der Handelswerbung

Unter einer Sozialtechnik versteht man den Einsatz verhaltenswissenschaftlicher Gesetzmäßigkeiten zur zielgerichteten Beeinflussung der Konsumenten (vgl. *Kroeber-Riel* 1994). Ähnlich wie man beim Brückenbau über statische Kenntnisse verfügen und technische Regeln beachten muß, sind bei der Gestaltung wirksamer Handelswerbung sozialtechnische Regeln zu berücksichtigen.

Auf einige **wichtige Gesetzmäßigkeiten** wird im folgenden kurz eingegangen.

4.1 Kontakt schaffen und nutzen

Eine Vielzahl von Werbung und Werbebeilagen landet unbeachtet auf dem Müll. Deshalb ist es zwingend erforderlich, durch geeignete Gestaltungsmaßnahmen einen Kontakt mit den Konsumenten zu schaffen und diesen wirksam zu nutzen, damit eine Informationsvermittlung möglich wird.

Zur Kontaktschaffung ist der Einsatz aktivierender Reize erforderlich, um die Aufmerksamkeit der Konsumenten im Konkurrenzumfeld anderer Informationen, z.B. Zeitungsbeilagen, dem redaktionellen Umfeld einer Zeitung, anderer Werbung usw., zu erlangen. Dazu stehen grundsätzlich **drei Aktivierungstechniken** zur Verfügung (vgl. *Kroeber-Riel* 1993):

(1) Aktivierung durch **physisch** intensive Reize, z.B. durch auffällige und großflächig eingesetzte Farben, die Größe eines Inserates, die Lautstärke von Fernsehwerbung.

(2) Aktivierung durch **emotionale** Reize, z.B. durch Verwendung emotionaler Schlüsselreize wie Augen, Gesichter oder schöne Landschaftsmotive.

(3) Aktivierung durch **kognitiv** überraschende Reize, z.B. durch Auslösung gedanklicher Widersprüche (z.B. ein Kaninchen, das mit Messer und Gabel von einem Teller ißt).

Handelswerbung ist i.d.R. reizarm. Man verläßt sich auf die Kraft der Angebote. Wenn überhaupt Aktivierungstechniken eingesetzt werden, so handelt es sich überwiegend um Farben, insbesondere die Signalfarbe rot, die i.d.R. als Rahmen für die Werbung dient, oder um groß gestaltete Werbeanzeigen. Hier wird ein riesiges Potential verschenkt, um Aufmerksamkeit zu erregen. Aktivierende Anzeigen werden jedoch besser erinnert als schwach aktivierende Werbeanzeigen, so daß bei gleichem finanziellen Einsatz durch Verwendung aktivierender Reize eine bessere Erinnerung an die Handelswerbung bewirkt werden kann. Damit dieser positive Effekt eintritt, muß allerdings der Absender so in die aktiverenden Reize integriert sein, daß er gut erkennbar ist und es nicht zu einem Vampireffekt kommen kann (vgl. *Kroeber-Riel/Weinberg* 1996).

4.2 Informationen wirksam vermitteln und Verständnis erreichen

Aufgrund der Vielzahl der zu beachtenden Gestaltungsregeln können hier nur einige wesentliche Aspekte zur Informationsvermittlung angeschnitten werden.

Zur wirksamen Informationsvermittlung ist die **hierarchische Informationsdarbietung** besonders wichtig. Danach sollten die wichtigsten Informationen zuerst, danach die zweitwichtigsten Informationen usw. vermittelt werden (vgl. *Kroeber-Riel* 1993). Dadurch soll gewährleistet werden, daß die wichtigsten Informationen noch vor einem

Kontaktabbruch mit der Werbung aufgenommen werden können. Da Bilder und Headlines in einer Werbung bevorzugt betrachtet werden, sind die wichtigsten Informationen auch durch Bild und Headline zu vermitteln. Idealerweise sollte dabei ein Bezug zwischen Bild und Headline bestehen, da dadurch das Verständnis erleichtert wird. Rätsel in Bild und Headline sind hingegen zu vermeiden. I.d.R. erhält Rätselwerbung nicht mehr Aufmerksamkeit als herkömmliche Werbung. Die Rätsel werden selten gelöst, der Betrachter verläßt die Werbung meist ohne zu wissen, worum es geht.

Eine **zu hohe Komplexität** der Werbung und unübersichtliche Darstellungen erschweren die Informationsaufnahme und führen häufig zu einem Kontaktabbruch. Bei zu hoher Komplexität kommt es zu einer „Tunnel Vision", einer Gesichtsfeldverengung zur Komplexitätsreduktion, die dazu führt, daß oft selbst wichtige Informationen nicht wahrgenommen werden (vgl. Abb. 7). Zu geringer Figur/Grund-Kontrast führt ebenfalls zu einer erheblichen Erschwernis der Informationsaufnahme.

Abb. 7: Beispiel für zu hohe Komplexität der Handelswerbung

Positiv wirken sich hingegen **thematische Gruppierungen** von Angeboten in der Werbung aus. Wird hier ein themenbezogener Zugang über das Bild oder über eine dominante Headline angeboten, dient dies zweifelsfrei der Orientierung in einer Werbung (vgl. Abb. 8).

Abb. 8: Beispiel einer themenbezogenen Angebotsdarbietung

Da neben der Schlüsselbotschaft das Handelsunternehmen die wichtigste Information darstellt, ist sicherzustellen, daß dieses insbesondere bei Beilagen auf allen Seiten gut erkennbar dargestellt wird. Das Handelsunternehmen sollte groß und oft gezeigt und in aktivierende Reize integriert werden.

4.3 Emotionen vermitteln

Eine rein sachliche Informationsvermittlung entspricht heute oft nicht mehr den Anforderungen sensualistischer und nach Lust und Erlebnis strebender Konsumenten. Deshalb gewinnt die Vermittlung von Emotionen an Bedeutung. Zwei grundlegende Einsatzmöglichkeiten von Emotionen sind zu differenzieren (vgl. *Kroeber-Riel* 1993):

(1) Die Vermittlung emotionaler Klimawirkungen

(2) Die Vermittlung emotionaler Erlebnisse

Im erstgenannten Fall werden emotionale Reize peripher in der Werbung eingesetzt. Sie dienen primär dazu, ein positives Wahrnehmungsklima zu schaffen, so daß die dargebotenen Informationen stärker beachtet und positiver verarbeitet werden. Durch positive emotionale Umfeldreize werden die gleichen Sachinformationen grundsätzlich besser bewertet als ohne solche Umfeldreize (vgl. Abb. 9). Dies wirkt sich unmittelbar positiv auf die Einstellungsbildung zur Werbung und zum Handelsunternehmen aus (vgl. *Kroeber-Riel* 1993, 1994).

Abb. 9: Beispiele für Werbung mit und ohne Klimawirkung

Im zweiten Fall geht es um die dominante Vermittlung spezifischer Erlebnisinhalte zur Positionierung des Handelsunternehmens. Bei *Marlboro* sind dies bspw. die Erlebnisse Abenteuer und Freiheit, bei *Beck's* hingegen die Frische und die maritime Welt. Durch die Vermittlung spezifischer Erlebnisse wird ein Handelsunternehmen in der Erlebnis- und Erfahrungswelt der Konsumenten verankert und erhält so eine einzigartige und für die Konsumenten wichtige Stellung in den Köpfen der Kunden. Ein Positivbeispiel aus dem Handel ist hier der *Body-Shop*, der für soziale Belange, Natürlichkeit und Umweltfreundlichkeit eintritt und dies in der Kommunikation (Prospekten, Ladengestaltung usw.) deutlich zum Ausdruck bringt.

5 Künftige Herausforderungen an die Handelswerbung

In der Zukunft müssen Optimierungspotentiale in der Handelswerbung ausgeschöpft werden. Handelswerbung darf sich nicht in Schweinebauchwerbung erschöpfen; vielmehr sollte jede Werbung einen Beitrag zur Aktualisierung und **Profilierung** des Handelsunternehmens leisten. Dazu stehen strategisches und sozialtechnisches Know How zur effektiven und effizienten Handelswerbegestaltung zur Verfügung. Erst durch Berücksichtigung dieser Erkenntnisse kann der Zersplitterung der Kommunikationswirkung entgegengewirkt und eine Anpassung an die herrschenden Markt- und Kommunikationsbedingungen erfolgen.

Je mehr die Imagekomponente in der Werbung in den Vordergrund rückt, desto wichtiger wird zweifelsfrei auch die Nutzung anderer Kommunikationskanäle neben Zeitungs- und Beilagenwerbung. So kann Fernsehwerbung besonders stark imagebildend wirken. *Media Markt* demonstriert hier bereits eindrucksvoll die Aktualisierungs- und Profilierungskraft dieses Mediums. Darüber hinaus bricht auch für den Handel durch neue **elektronische Medien** ein neues Zeitalter an. Diese Medien können sowohl zur Kommunikation als auch als neue Vertriebskanäle genutzt werden. Hier besteht großes Potential für die Unternehmen, die als erste diese neuen Kanäle erschließen. Dies zeigt auch die Tatsache, daß kleine Anbieter innerhalb kürzester Zeit beachtliche Umsätze in ihren Bereichen erzielen können und zunehmend Quereinsteiger Märkte besetzen. Der elektronische Buchversender *Amazon.com* ist nur ein Beispiel dafür.

Preisgarantien als Marketinginstrument des Handels

Heribert Gierl und *Roland Helm*

1 Problemstellung

Das Ziel der langfristigen Kundenbindung erfährt auch bei Einzelhandelsunternehmen eine zunehmende Bedeutung. Kundenbindung läßt sich jedoch kaum mit aktionistischen Marketingaktionen erreichen, sondern es muß vielmehr durch den langfristigen Aufbau von Vertrauen versucht werden, eine andauernde Präferenz für die eigene Einkaufsstätte zu erzeugen.

Die übergeordnete Bedeutung des Preises und der Qualität im Kaufentscheidungsprozeß des Konsumenten bei Convenience Goods führt damit auch zu einer zunehmenden Gewichtung der Konditionenpolitik im Rahmen des Marketing-Mix bei Handelsunternehmen. Die Vergabe von „monetären Qualitätsgarantien“ durch die Gewährleistung von Preisgarantien ist ein wichtiges Instrument einer derart ausgerichteten Unternehmenspolitik (vgl. *Diller* 1994, S. 906). Dabei wird dem Konsumenten meist zugesichert, daß er berechtigt ist, eine gekaufte Ware zurückzugeben, falls er dasselbe Produkt in einer anderen Einkaufsstätte günstiger erwerben kann. Dieses Rückgaberecht bei voller Kaufpreiserstattung wird teilweise auch dahingehend ausgeweitet, daß auch sonstige Gründe (z.B. Nichtgefallen) zur Inanspruchnahme der Garantie führen können. Dadurch kann im Prinzip beim Konsumenten ein Teil der beim Kaufprozeß empfundenen Unsicherheit reduziert werden.

Teilweise genießen Preisgarantien im Marketing-Mix von Handelsunternehmen bereits einen größeren Stellenwert, um das Image eines preisgünstigen Anbieters zu gewinnen und somit die Präferenz der Konsumenten zu ihren Gunsten zu beeinflussen. Es kann jedoch nicht davon ausgegangen werden, daß bei verschiedenen Güterkategorien oder bei verschiedenen Kundensegmenten die Gewährleistung von Preisgarantien den identischen - positiven - Effekt auf die Einkaufsstättenpräferenz aufweist. So kann sich bei gegebener Güterkategorie und gegebener Preis-Qualitätslage des Sortiments der Einsatz von Preisgarantien zur Steigerung bzw. zur Erhaltung der Kundenpräferenz gegenüber der Einkaufsstätte rechnen, wenn diese als präferenzdeterminierendes Merkmal wahrgenommen wird.

Für Forschung und Praxis stellt sich damit zum einen die Frage nach der Wichtigkeit verschiedener Formen von Preisgarantien im Vergleich zu anderen Merkmalen einer Einkaufsstätte und zum anderen die Frage nach der Wirkung von Preisgarantien in unterschiedlichen Einkaufssituationen, wie etwa High- oder Low-Involvement-Käufen.

2 Formen von Preisgarantien

Innerhalb der weiteren Ausführungen werden zwei verschiedene Formen von Preisgarantien unterschieden.

Die **Preiserlassungsgarantie** wird im folgenden in Anlehnung an *Simon* (1992, S. 538) derart definiert, daß bei dieser Variante vom Unternehmen garantiert wird, daß dem Kunden der Kaufpreis zurückerstattet wird, falls das identische Produkt bei einem anderen Handelsunternehmen in einem bestimmten Umkreis günstiger angeboten wird. Zuweilen wird auch nur die Erstattung des Differenzbetrages zugesichert. Diese Art des Garantieversprechens bezieht sich auf einen Preisnachlaß für den Fall nachweislich geringerer Konkurrenzpreise. Dies soll dem Kunden das Vertrauen geben, im betreffenden Geschäft äußerst preisgünstig einzukaufen und sich so zeitraubende Preisvergleiche zu ersparen.

Eine **Geld-zurück-Garantie** ist dadurch charakterisiert, daß auch bei Nichtgefallen der gekauften Ware der Kaufpreis bei Rückgabe erstattet wird (vgl. *Witt* 1987, S. 545). Im Gegensatz zur erstgenannten Variante ist hier eine Begründung des Rückgabewunsches nicht notwendig. Damit ist deutlich, daß das Eintreten eines möglichen Rückgabewunsches beim Konsumenten wesentlich rascher geschehen kann als bei der Preiserlassungsgarantie. Diese Form deckt damit neben dem Preisrisiko des Konsumenten auch sein Qualitätsrisiko ab.

3 Mögliche Wirkungen von Preisgarantien

Neuere mikroökonomische und verhaltenswissenschaftliche Theorieansätze, insbesondere die Informationsökonomie und die Theorie des wahrgenommenen Risikos, stellen die Unsicherheit des Konsumenten beim oder im Vorfeld des Kaufprozesses in den Mittelpunkt ihrer Betrachtungen. Für den Konsumenten besteht hauptsächlich Unsicherheit über die Qualität eines Produkts, die vor dem Kauf oft nicht exakt beurteilt werden kann, und bezüglich der Preisgünstigkeit eines bestimmten Produkts. Bei ersterem spricht man von Qualitätsunsicherheit oder funktionellem Risiko, bei letzterem von Preisunsicherheit oder finanziellem Risiko, wobei diese im Zentrum der weiteren Betrachtungen stehen soll.

3.1 Informationsökonomie und Theorie des wahrgenommenen Risikos als Erklärungsansätze

Für Handelsunternehmen ergeben sich aus der Unsicherheit der Konsumenten verschiedene Ansatzpunkte, um Wettbewerbsvorteile gegenüber Konkurrenzunternehmen zu erlangen.

Die Konsumenten trachten danach, die durch asymmetrische Informationsverteilung empfundene Marktunsicherheit durch aktive Informationssuche zu verringern. Da der Preis bzw. die Preislage in vielen Fällen das kaufentscheidende Merkmal ist und im Rahmen der Informationsökonomie eine Sucheigenschaft darstellt, die vor einem Kauf ohne größeren Aufwand durch Preisvergleiche bei unterschiedlichen Anbietern festgestellt werden kann (vgl. *Nelson* 1970, S. 318f.), erscheint es naheliegend, der Preisunsicherheit mit kundenorientierten preispolitischen Maßnahmen zu begegnen. Dies kann bspw. durch Vergabe von Preisgarantien auf einzelne Produkte oder Teile des Sortiments geschehen. Preisgarantien fungieren damit als Anbietersignal zur Reduktion der nachfragespezifischen Unsicherheit. Vertraut der Konsument diesem Signal, kann er damit seine Suchkosten im günstigsten Fall auf Null reduzieren.

Die Theorie des wahrgenommenen Risikos impliziert, daß sich die Verhaltensweise von Konsumenten aus dem Ausmaß des individuell und subjektiv wahrgenommenen Risikos in einer Entscheidungssituation ergibt. Das Risiko entsteht zum einen aufgrund der Wahrscheinlichkeit des Eintretens negativer Konsequenzen und zum anderen wegen der Tragweite dieser Konsequenzen (vgl. *Gerhard* 1995, S. 20). Unter diesem Konstrukt werden üblicherweise mehrere Teilrisiken subsumiert, wobei im vorliegenden Fall das finanzielle Risiko im Vordergrund steht. Konsumenten werden erst kaufen, wenn sie das wahrgenommene (finanzielle) Risiko als unproblematisch erkannten, d.h. das Risiko auf eine noch tolerierbare Schwelle gesenkt werden konnte (vgl. *Kroeber-Riel/Weinberg* 1996, S. 249). Zur Risikoreduktion sind zwei mögliche Strategien denkbar:

- Die Informationsstrategie impliziert, daß durch gezielte Erhöhung des Informationsstandes versucht wird, das wahrgenommene Risiko zu reduzieren (vgl. *Kupsch/Hufschmied* 1979, S. 237f.).
- Die Kaufstrategie wird demgegenüber bei Käufen eingesetzt, bei denen eine Informationssuche nicht möglich oder als zu aufwendig erachtet wird. Konsumenten greifen dann auf sog. Cues zurück, d.h. auf Indikatoren, die als Ersatz der direk-

ten Informationsbeschaffung dienen und leicht zugänglich sind (vgl. *Kupsch/Hufschmied* 1979, S. 239). Als Cues können bestimmte Marken, Einkaufsstätten, Preise oder auch Garantieversprechungen dienen. Die Entscheidung für diese Strategie hängt natürlich in erheblichem Ausmaß von der Höhe des wahrgenommenen Risikos, d.h. in der Regel vom Preis des Produkts, ab.

Aus den Ausführungen wurde deutlich, daß beide theoretische Ansätze dieselbe Unsicherheit des Konsumenten analysieren und lediglich unterschiedliche inhaltliche Akzente setzen (vgl. *Kaas* 1990, S. 542). Beide Ansätze zeigen damit Möglichkeiten auf, wie Konsumenten ihre Unsicherheit reduzieren, und vor allem, welche Strategien Anbieter einsetzen können, um durch die gezielte Unsicherheitsreduktion die Präferenz für das eigene Leistungsangebot zu steigern. Preisgarantien sollten dabei ein probates Mittel darstellen. Zusammenfassend läßt sich damit festhalten, daß Preisgarantien von Handelsunternehmen dazu dienen können, zur „Förderung von Markttransaktionen durch Überwindung von Informations- und Unsicherheitsproblemen" (*Kaas* 1995, S. 5) beizutragen.

3.2 Preisimage und Einkaufsstättenwahl

Die Gewährung von Preisgarantien führt neben einer individuellen Unsicherheitsreduktion im Entscheidungsprozeß zu einem übergreifenden positiven Preisimage einer Einkaufsstätte im Sinne einer preisgünstigen Einkaufsgelegenheit (vgl. *Simon* 1992, S. 534). Diesem Teilaspekt des Geschäftsimage wird von einem Großteil der Konsumenten eine große Bedeutung beigemessen, da er in vielen Fällen handlungssteuernd wirkt (vgl. *Diller* 1991, S. 4). Da ein bestimmtes Image nur sehr langsam aufgebaut und auch wieder verschlechtert werden kann, können durch die Bemühungen von Unternehmen, sich ein positives Preisimage zu verschaffen, Mobilitätsbarrieren zwischen Wettbewerbern aufgebaut werden (vgl. *Diller* 1995, S. 446).

Preisimages von Einkaufsstätten dienen dem Konsumenten weiterhin dazu, seine Kaufentscheidung zu vereinfachen. Denn große Sortimentsumfänge gestatten es dem Konsumenten regelmäßig nicht, Preise einzelner oder aller relevanten Produkte im Gedächtnis zu speichern. Beim konkreten Kauf eines Produkts, dessen Preis nicht hinreichend bekannt ist, kann die Wahl der Einkaufsstätte von Preisimages verschiedener anderer bekannter Unternehmen abhängig gemacht werden (vgl. *Simon* 1992, S. 534).

Das Preisimage entsteht durch Lernprozesse im Wege eigener oder fremder Einkaufserfahrungen sowie durch kommunikationspolitische Maßnahmen des Anbieters. Bei häufig gekauften Gütern dürfte die eigene Erfahrung den wichtigsten Einfluß auf die Einstellungsbildung haben, wohingegen bei selten gekauften Produkten vor allem indirekte, d.h. an bestimmte Indikatoren geknüpfte Wahrnehmungen das Preisimage determinieren (vgl. *Diller* 1991, S. 4). Üblicherweise werden verschiedene Dimensionen des Preisimage unterschieden (vgl. *Diller* 1991, S. 8ff.):

Das **Leistungsniveau** einer Einkaufsstätte bestimmt zu einem Großteil die Preiswürdigkeit und setzt sich aus äußeren Merkmalen wie Betriebstyp, Standort, Sortiment und Serviceniveau zusammen. Weiterhin definiert die **Preispotenz** durch die spezifische preisliche Leistungsfähigkeit als Abgrenzungskriterium zu anderen Einkaufsstätten ähnlichem Leistungsniveaus eine Dimension des Preisimage. Die **Preisaktivität** bezeichnet das Ausmaß an spezifischen Preisaktivitäten, was vor allem bei Produkten mit sich regelmäßig wiederholendem Bedarf Bedeutung hat. Schließlich rundet die **Preisfairneß** einer Einkaufsstätte ihr Preisimage ab. Darunter wird die Ehrlichkeit und Offenheit im Preisauftritt verstanden. Preisgarantien können vor allem bei dieser Dimension und der Preispotenz dem Konsumenten Sicherheit vermitteln. Sie stellen zwar in erster Linie Gewährleistungen dar, fungieren jedoch auch als Werbeinformation und enthalten damit implizit eine zumindest komparative Preisinformation.

Das Preisimage kann damit als zentrale Größe im Zusammenhang mit der Einkaufsstättenwahl gesehen werden, da Preiskenntnisse von Konsumenten mit zunehmendem Sortimentsumfang abnehmen und die Bedeutung des Preisimage dementsprechend zunehmen wird (vgl. *Simon* 1992, S. 537).

3.3 Zusammenfassende Darstellung der Wirkungsweise

Zusammenfassend läßt sich die Wirkung von Preisgarantien auf das Einkaufsstättenwahlverhalten von Konsumenten gemäß Abb. 1 in einen größeren Rahmen einbinden (vgl. auch *Diller* 1997).

Von Interesse ist nun, welche tatsächliche Bedeutung Preisgarantien für die Präferenzbildung gegenüber einer Einkaufsstätte im Vergleich zu anderen präferenzbildenden Merkmalen haben. Sollten sie einen erheblichen Einfluß haben, müssen im nächsten Schritt die Kosten einer Implementierung gegen den potentiellen Nutzen abgewogen werden.

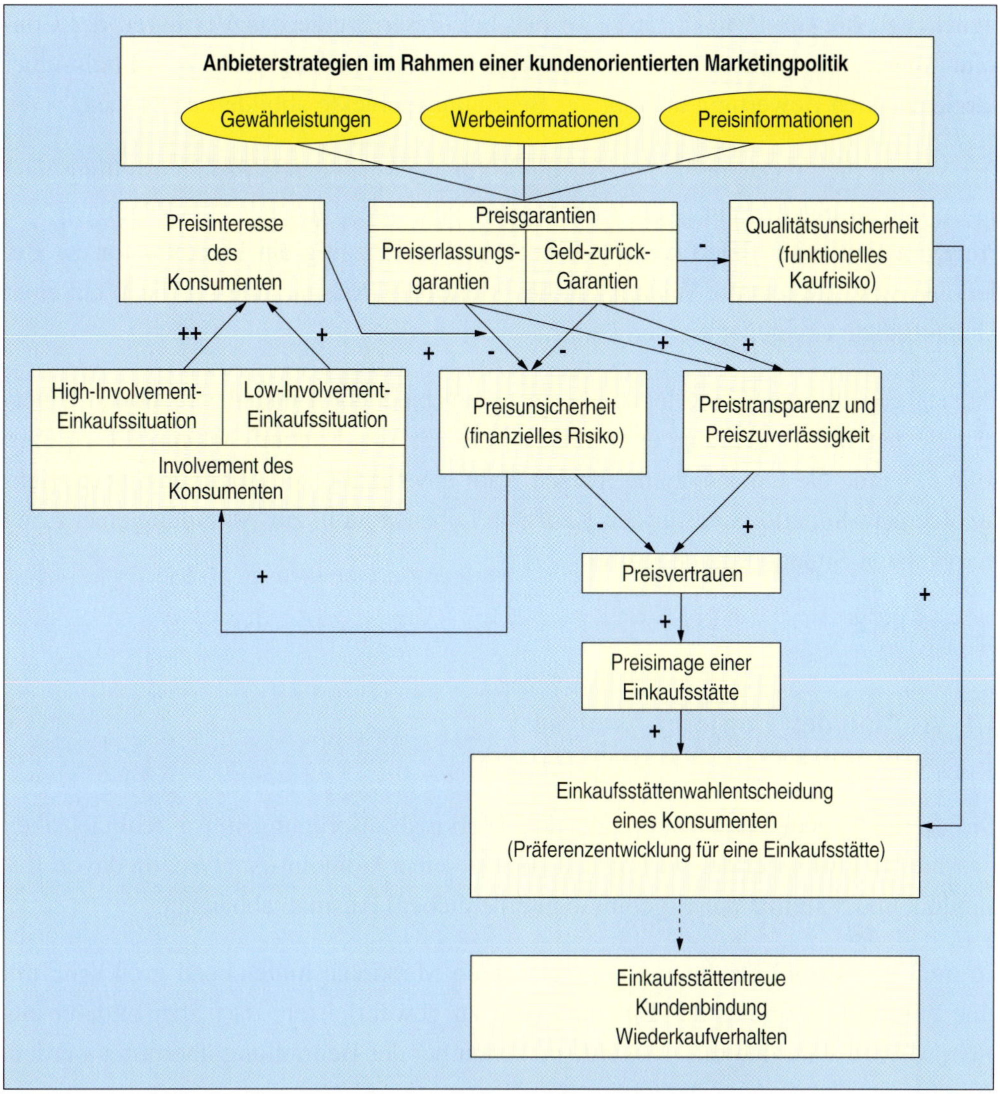

Abb. 1: Die Wirkungsweise von Preisgarantien

4 Bedeutung von Preisgarantien - eine empirische Studie

Als Bedeutung eines Merkmals ist der Stellenwert zu sehen, der dieser Eigenschaft im Vergleich zu anderen Eigenschaften bei der Präferenzbildung zukommt. Zur Messung der Bedeutung von Eigenschaften sind am ehesten dekompositionelle Verfahren geeignet (vgl. *Böcker* 1986, S. 561), so daß bei dieser Studie das Verfahren der Conjoint-Analyse gewählt wurde, um tatsächliche Entscheidungsprozesse mittels einer vergleichenden Bewertung alternativer Beurteilungsobjekte abbilden zu können.

Der Vorteil dieser Datenerhebungsmethode für die vorliegende Problemstellung liegt darin, daß in einem Schritt die Präferenzbeiträge verschiedener Ausprägungen von Preisgarantien quantifiziert werden können und gleichzeitig ein Indikator für die Bedeutung bzw. die relative Wichtigkeit des Merkmals Preisgarantie für die Wahl einer Einkaufsstätte abgeleitet werden kann.

Da sich gemäß obiger Überlegungen für unterschiedliche Einkaufssituationen Unterschiede bei der Bedeutung der Preisgarantie für die Einkaufsstättenwahl ergeben sollten, wurde die Untersuchung für den Kauf einer Brille zur Abbildung einer High-Involvement-Situation und für den Kauf von Lebensmitteln zur Abbildung einer Low-Involvement-Situation durchgeführt.

4.1 Aufbau der Conjoint-Analyse

Die Auswahl geeigneter Merkmale und Merkmalsausprägungen zur realitätsnahen Beschreibung ist einer der wichtigsten Aspekte einer Conjoint-Analyse, da davon Reliabilität und Validität der Ergebnisse in erheblichem Ausmaß abhängen.

So muß die Anzahl der beurteilungsrelevanten Merkmale hinreichend groß sein, um eine gute Beschreibung der Einkaufsstätte zu gewährleisten, darf aber andererseits nicht so groß sein, daß die Auskunftspersonen bei der Beurteilung überlastet werden. Weiterhin sollte die Unabhängigkeit des Nutzens der Merkmale gewährleistet sein, so daß der Nutzen einer Eigenschaftsausprägung sich nicht aus dem Nutzen anderer Merkmale ergibt (vgl. *Backhaus* u.a. 1994, S. 503f.), und die Merkmale sollten auch einer gewissen Objektivität genügen, um die identische Wahrnehmung bei allen Auskunftspersonen sicherzustellen.

Um diese Anforderungen zu erfüllen, wurde auf die Ergebnisse der Studie von *Müller/Beeskow* (1982) zurückgegriffen, in der elf Hauptdeterminanten identifiziert werden konnten. Da diese Anzahl für eine Conjoint-Analyse immer noch zu hoch war, wurde vor der eigentlichen Erhebung eine Vorstudie durchgeführt, in der letztendlich die vier wichtigsten, in Tab. 1 angeführten Kriterien ermittelt werden konnten.

Einkaufs-situation	Kauf einer Brille in einem Fachgeschäft	Größerer Einkauf von Lebensmitteln u.a. Verbrauchsgütern	Ausprägungen
Merkmale der Vorstudie	• Bedienung und Fachberatung	• Parkmöglichkeiten	sehr gut/ durchschnittlich
	• Angebotsvielfalt	• Angebotsvielfalt	sehr groß/ durchschnittlich
	• Qualität der angebotenen Ware	• Qualität der angebotenen Ware	sehr gut/ durchschnittlich
	• Erreichbarkeit der Einkaufsstätte	• Erreichbarkeit der • Einkaufsstätte	sehr gut/ durchschnittlich
	• Preisgarantie		• Geld-zurück-Garantie • Preiserlassungsgarantie • Keine Preisgarantie

Tab. 1: Relevante Merkmale für die Einkaufsstättenwahl und deren Ausprägungen

Kritisch ist an dieser Stelle anzumerken, daß das Merkmal „Preis/Leistungs-Verhältnis“ in beiden Einkaufssituationen einen sicherlich bedeutenden Einfluß hat, aber nicht in die Untersuchung aufgenommen werden konnte, da bspw. bei einem positiven Preis/Leistungs-Verhältnis die Wichtigkeit des Merkmals Preisgarantie unterbewertet werden würde. Die Gewährung von Preisgarantien soll die Preisgünstigkeit einer Einkaufsstätte betonen, denn damit verpflichtet sich der Anbieter zu günstigeren Preisen als seine unmittelbare Konkurrenz.

Die Leistungsfähigkeit eines Handelsunternehmens wird andererseits bereits durch die Qualität der angebotenen Ware erfaßt. Einer Einkaufsstätte, die Preisgarantien anbietet und gleichzeitig über eine hohe Qualität der angebotenen Waren verfügt, kann somit implizit ein gutes Preis/Leistungs-Verhältnis zugeschrieben werden, wodurch die problematische Einbeziehung eines Merkmals „Preis/Leistungs-Verhältnis“ vermieden werden kann. Zu hinterfragen bleibt allerdings, ob die Auskunftspersonen die implizite Berücksichtigung des Preis/Leistungs-Verhältnisses erkennen oder ob es aufgrund der Nichtberücksichtigung eines tatsächlich präferenzbestimmenden Merkmals zu Ergebnisverzerrungen kommt. Weiterhin ist zu bemerken, daß mit fest vorgegebenen Merkmalen gearbeitet wurde, d.h. die Auskunftspersonen konnten nicht ihre individuell wichtigen Merkmale wählen und anschließend die Conjoint-Aufgabe bearbeiten. Die erzielte Prognosegüte fällt damit höchstwahrscheinlich geringer aus.

Schließlich wurde in dieser Untersuchung der Vollprofil-Ansatz verwendet, bei dem den Auskunftspersonen Ausprägungen aller Merkmale gleichzeitig zur Beurteilung mittels Paarvergleichen vorgelegt werden. Dadurch wird im Vergleich zu einer Gegenüberstellung einzelner Merkmale eine realitätsnähere Situation simuliert. Die Präferenzdaten wurden mittels einer Ratingskala erhoben.

Problematisch ist letztendlich an der verwendeten Methodik auch, daß die Reihenfolge der Merkmalsnennung und die unterschiedliche Zahl der Ausprägungsstufen einen etwas verzerrenden Einfluß auf die Bedeutung der Merkmale haben kann, da die Preisgarantie drei Ausprägungen und alle anderen Merkmale zwei Ausprägungen aufweisen (vgl. dazu *Perrey* 1996). Dies sollte bei der Interpretation der Ergebnisse berücksichtigt werden.

Ein typischer Paarvergleich, den eine Auskunftsperson vorzunehmen hatte, hatte die in Abb. 2 dargestellte Form. Dabei wurden zu Beginn der Untersuchung jeder Auskunftsperson die Einkaufssituation sowie die Merkmale der Einkaufsstätte und die inhaltliche Bedeutung der jeweiligen Ausprägungen ausführlich erläutert.

	Einkaufsstätte A	**Einkaufsstätte B**
Preisgarantie	Geld-zurück-Garantie	Preiserlassungsgarantie
Parkmöglichkeiten	sehr gut	sehr gut
Angebotsvielfalt	durchschnittlich	durchschnittlich
Qualität der angebotenen Ware	sehr gut	durchschnittlich
Erreichbarkeit der Einkaufsstätte	durchschnittlich	sehr gut

bevorzuge stark Einkaufsstätte A	-3	-2	-1	0	+1	+2	+3	bevorzuge stark Einkaufsstätte B

Abb. 2: Paarvergleich in der Studie

Um die daraus resultierende Anzahl notwendiger Paarvergleiche in einem für die Auskunftspersonen erträglichem Maß zu halten, wurde das vollständige Design auf ein orthogonales, fraktioniertes 3 x 2^4- Haupteffektedesign mit acht verschiedenen Stimuli reduziert. Einkaufsstätte A in Abb. 2 stellt Stimulus 6 dar, während Stimulus 8 die Einkaufsstätte B abbildet. Die ersten beiden Spalten in Tab. 2 bilden das Merkmal Preisgarantie mit den Ausprägungen 00: keine Preisgarantie, 01: Preiserlassungsgarantie und 10: Geld-zurück-Garantie ab, die nächsten vier Spalten die verbleibenden dichotomen Merkmale mit den Kodierungen 0 für die durchschnittliche und 1 für die sehr gute Ausprägung.

Das 3 x 2^4-Ausgangsdesign						
Stimulus 1	0	0	0	0	0	0
Stimulus 2	0	0	1	1	1	1
Stimulus 3	0	1	0	0	1	1
Stimulus 4	0	1	1	1	0	0
Stimulus 5	1	0	0	1	0	1
Stimulus 6	1	0	1	0	1	0
Stimulus 7	0	1	0	1	1	0
Stimulus 8	0	1	1	0	0	1

Tab. 2: Orthogonales, fraktioniertes Design mit acht Stimuli

Da Paarvergleiche vorgenommen werden sollten, mußte für die Erhebung ein geeignetes Differenzendesign gebildet werden, um daraus direkt Präferenzwerte zu schätzen. In Anlehnung an *Green* (1974, S. 61ff.) wurde aus dem Ausgangsdesign das der Untersuchung zugrundeliegende Differenzendesign gebildet (vgl. Tab. 3). Die letzten vier Paarvergleiche dienten als Holdout-Set zur Bestimmung der Prognosegüte.

Aus obigen Ausführungen sollte ersichtlich sein, daß die Auskunftspersonen pro Paarvergleich jeweils zwei fiktive Einkaufsstätten vergleichen, die durch unterschiedliche Ausprägungen der fünf in die Untersuchung einfließenden Merkmale charakterisiert sind. Im Differenzendesign wird durch die Kodierung mit -1, 0 und 1 lediglich der Unterschied, d.h. die Differenz, zwischen je zwei Einkaufsstätten dargestellt.

Das Differenzendesign zum 3 x 2^4-Ausgangsdesign							
Paarvergleich	Stimuli	X_1	X_2	X_3	X_4	X_5	X_6
1	5 - 6	0	0	-1	1	-1	1
2	1 - 2	0	0	-1	-1	-1	-1
3	3 - 7	0	0	0	-1	0	-1
4	2 - 4	0	-1	0	0	1	1
5	6 - 8	1	-1	0	0	1	-1
6	5 - 7	1	-1	0	0	-1	1
7	1 - 4	0	-1	-1	-1	0	0
8	7 - 8	0	0	-1	1	1	-1
9	2 - 6	-1	0	0	1	0	1
10	5 - 8	1	-1	-1	1	0	0
11	1 - 5	-1	0	0	-1	0	-1
12	3 - 4	0	0	-1	-1	1	1
13	6 - 7	1	-1	1	-1	0	0
14	2 - 3	0	-1	1	1	0	0
15	4 - 8	0	0	0	1	0	1
16	1 - 3	0	-1	0	0	-1	-1
17	1 - 6	-1	0	-1	0	-1	0
18	2 - 7	0	-1	1	0	0	1
19	3 - 8	0	0	-1	0	1	0
20	4 - 5	-1	1	1	0	0	-1

Tab. 3: Differenzendesign für Paarvergleiche

Die Variablen X_1 und X_2 stellen auch im Differenzendesign das multichotome Merkmal Preisgarantie dar. X_1 steht dabei für die Ausprägung Geld-zurück-Garantie und X_2 für die Ausprägung Preiserlassungsgarantie. Für beide Variablen gilt die gleiche Interpretation der Kodierung. Eine Null bedeutet, daß beide zu vergleichenden Einkaufsstätten die identische Ausprägung der Preisgarantie aufweisen, hinsichtlich dieses Merkmals somit kein Unterschied zwischen beiden Einkaufsstätten besteht. Eine 1 bedeutet, daß Einkaufsstätte A die jeweilige Ausprägung nicht besitzt, Einkaufsstätte B hingegen schon. Die Variablen X_3 bis X_6 stehen für die weiteren dichotomen

Merkmale. Die Kodierungen im Differenzendesign lassen sich analog interpretieren. Eine -1 bedeutet, daß Einkaufsstätte A bezüglich des betrachteten Merkmals lediglich eine durchschnittliche Ausprägung aufweist, wogegen Einkaufsstätte B eine sehr gute Ausprägung besitzt. Für eine 1 gilt entsprechend der umgekehrte Fall, im Fall von 0 weisen beide Einkaufsstätten im Paarvergleich dieselbe Ausprägung beim jeweiligen Merkmal auf.

4.2 Ergebnisse der Conjoint-Analyse

Im Rahmen der Untersuchung wurden 167 Studenten befragt, wobei durch die Ergebnisse verschiedener Vorabtests die Stichprobe weiter reduziert werden mußte.

Die Eignung des zugrundeliegenden additiven Modells zur Erklärung des Gesamtnutzens wurde durch den Overall-F-Test der multiplen Regressionsanalyse analysiert (vgl. *Backhaus* u.a. 1994, S. 25ff.). In den weiteren Analysen wurden nur diejenigen Auskunftspersonen berücksichtigt, bei denen das Modell mit einer Irrtumswahrscheinlichkeit von 5% nicht abgelehnt werden konnte. Führte die Prüfung der Regressionsfunktion nicht zur Eliminierung der Auskunftsperson aus der Stichprobe, wurde in einem weiteren Schritt die Prüfung der Regressionskoeffizienten vorgenommen. Es wurden wieder nur diejenigen Auskunftspersonen in den weiteren Auswertungen berücksichtigt, für die das Merkmal Preisgarantie in seinen Ausprägungen Preiserlassungsgarantie oder Geld-zurück-Garantie einen mit $p < 0{,}05$ signifikanten Einfluß auf die abhängige Variable „Präferenz für eine bestimmte Einkaufsstätte“ ausübt. Tab. 4 gibt die Ergebnisse der Tests wieder.

	High-Involvement-Situation Einkaufsszenario „Brille“	Low-Involvement-Situation Einkaufsszenario „Lebensmittel“
Stichprobenumfang	82	85
Overall-F-Test bestanden	78 (95,1%)	77 (90,6%)
Preisgarantie signifikant	65 (79,3%)	60 (70,6%)
Verbleibende Stichprobe	65	60

Tab. 4: Ergebnisse der Vorabtests

In Tab. 5 sind die Mittelwerte der Präferenzbeiträge der einzelnen Merkmalsausprägungen aus den 16 individuellen Paarvergleichen angeführt, die sich aus der Aggregation der individuellen Ergebnisse der Regressionsanalyse ergeben. Die Präferenzbeiträge geben an, wie die Präferenz einer Auskunftsperson durch die jeweilige Merkmalsausprägung im Vergleich zur Referenzausprägung beeinflußt wird. Die Referenzausprägung ist jeweils eine Einkaufsstätte ohne Preisgarantie und mit durchschnittlichen Ausprägungen aller anderen Merkmale.

	Einkaufsszenario	
	Lebensmittel	Brille
Geld-zurück-Garantie	0,89	0,97
Preiserlassungsgarantie	0,55	0,56
Qualität der Ware	1,17	1,10
Angebotsvielfalt	1,14	1,00
Erreichbarkeit der Einkaufsstätte	0,34	0,22
Bedienung und Beratung	nicht untersucht	0,57
Parkmöglichkeiten	0,27	nicht untersucht

Tab. 5: Mittelwerte der Präferenzbeiträge

Die Ergebnisse zeigen, daß in beiden Einkaufssituationen der Ausprägung Geld-zurück-Garantie von den Auskunftspersonen ein deutlich höherer Beitrag zum Gesamtnutzen einer Einkaufsstätte beigemessen wurde, als der Ausprägung Preiserlassungsgarantie. Der Unterschied tritt bei der High-Involvement-Situation noch deutlicher in den Vordergrund als bei der Low-Involvement-Situation. Geld-zurück-Garantien haben demnach bei Personen, für die das Vorhandensein einer Preisgarantie überhaupt einen Einfluß auf die Einkaufsstättenwahl hat, einen höheren Nutzen als Preiserlassungsgarantien.

Aus der absoluten Höhe der Präferenzbeiträge läßt sich auf die Bedeutsamkeit einer Merkmalsausprägung für den Gesamtnutzen eines Beurteilungsobjekts schließen, nicht aber auf die relative Wichtigkeit eines Merkmals zur Präferenzveränderung (vgl. *Backhaus* u.a. 1994, S. 521). Im allgemeinen wird hierfür die Spannweite, d.h. die Differenz zwischen dem höchsten und dem niedrigsten Präferenzwert der verschiedenen Ausprägungen eines Merkmals, herangezogen.

Falls die Spannweite groß ist, kann durch die Variation des betreffenden Merkmals eine bedeutende Veränderung des Gesamtnutzens des Beurteilungsobjekts erfolgen. Zur Ermittlung der Bedeutung, d.h. der relativen Wichtigkeit, wird die Spannweite einzelner Merkmalsausprägungen mit der Summe der Spannweiten gewichtet (vgl. dazu *Backhaus* u.a. 1994, S. 522). Um durch die beiden Ausprägungen des Merkmals Preisgarantie keine Überbewertung der Preisgarantie im Vergleich zu den anderen vier Merkmalen zu erhalten, wurde zur Bestimmung der relativen Wichtigkeit der Preisgarantie der Mittelwert der errechneten relativen Wichtigkeiten der Merkmalsausprägungen Geld-zurück-Garantie und Preiserlassungsgarantie für jede Auskunftsperson verwendet. Abb. 3 enthält die Ergebnisse für beide Einkaufssituationen.

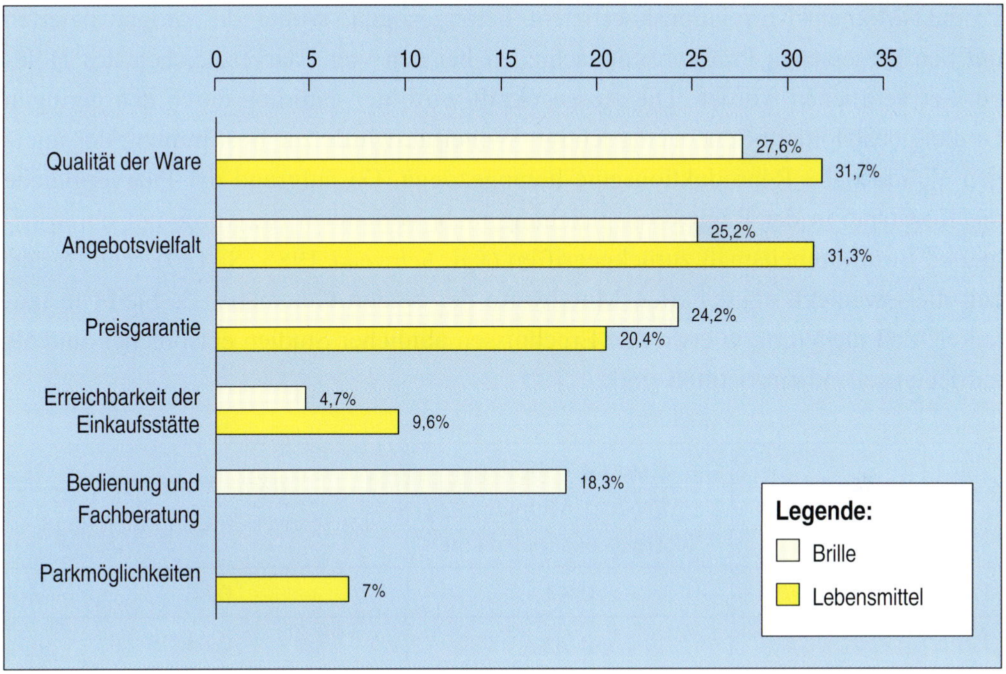

Abb. 3: Relative Wichtigkeiten der einzelnen Merkmale in den Einkaufsszenarien

Sowohl für die High-Involvement-Situation „Brille" als auch für die Low-Involvement-Situation „Lebensmittel" zeigt sich, daß die Qualität der Ware und die Vielfältigkeit des Angebots für die Konsumenten die wichtigsten Kriterien bei der Wahl ihrer Einkaufsstätte sind. Bei beiden Einkaufssituationen steht die Preisgarantie an dritter Stelle, wobei der Abstand zu den beiden wichtigsten Merkmalen beim Brillenkauf sehr gering und beim Lebensmittelkauf relativ groß ist.

Bei dieser Interpretation ist jedoch kritisch anzumerken, daß die relativ große Bedeutung der Preisgarantie zum Teil auch auf die bereits angesprochenen Positions- und Ausprägungsstufeneffekte zurückzuführen sein könnte, in diesem Fall also eine Überbewertung der Wichtigkeit des Merkmals Preisgarantie vorläge. Unabhängig davon kann jedoch festgehalten werden, daß die Bedeutung bei High-Involvement-Käufen größer ist als in Low-Involvement-Situationen.

4.3 Beurteilung der Güte der Conjoint-Analyse

Als Maß für die externe Validität (Prognosegüte) des Conjoint-Ansatzes wurde der Produkt-Moment-Korrelationskoeffizient herangezogen, wobei die prognostizierten mit den gemessenen Präferenzunterschieden bei den vier Paarvergleichen des Holdout-Set verglichen wurden. Die Aussagekraft wird hier natürlich durch den geringen Umfang des Holdout-Sets beeinträchtigt. Weiterhin wurde zur Bestimmung der internen Validität die Reproduktionsgüte herangezogen. Da aufgrund der Paarvergleiche die Konstante in der Regressionsgleichung nicht vorhanden ist, wurde auf ein korrigiertes Bestimmtheitsmaß zurückgegriffen (vgl. *Schweikl* 1985, S. 130). Tab. 6 enthält die jeweiligen aggregierten Mittelwerte der beiden Gütemaße. Es bleibt festzuhalten, daß die Werte in etwa den Ergebnissen ähnlicher Studien entsprechen und als zufriedenstellend einzustufen sind.

Einkaufsszenario	Externe Validität: Produkt-Moment-Korrelationskoeffizient	Interne Validität: korrigiertes Bestimmtheitsmaß
Lebensmittel	0,87	0,86
Brille	0,90	0,83

Tab. 6: Externe und interne Validitätsmaße

4.4 Konsumentenvariablen als Einflußgrößen auf die Bedeutung von Preisgarantien

Aus der zusammenfassenden Darstellung der Wirkungsweise von Preisgarantien in Abschnitt 3.3 wurde auch deutlich, daß verschiedene konsumentenindividuelle Einstellungen in Abhängigkeit der Einkaufssituation ebenso einen Einfluß auf die Bedeutung von Preisgarantien haben können. Vor diesem Hintergrund wurden im Anschluß an die Conjoint-Analyse bei jeder Auskunftsperson verschiedene Statements zu den Konstrukten Preistransparenz, Preissicherheit und Preisinteresse abgefragt. Die jeweiligen Statements wurden auf einer sechsstufigen, bipolaren Zustimmungsskala gemessen (vgl. Tab. 7).

Konstrukt	Statement
Preiswahrnehmung und Preisinteresse	• Bevor ich in einem Geschäft bezahle, weiß ich schon ziemlich genau, wie hoch mein gesamter Rechnungsbetrag sein wird. • Ich vergleiche oft die Produktpreise in mehreren Einkaufsstätten und kaufe dann dort, wo die Preislage am ehesten meinen Vorstellungen entspricht.
Preisunsicherheit	• Ich zögere manchmal beim Kauf eines Produkts, da ich mir nicht sicher bin, ob dasselbe Produkt in einer anderen Einkaufsstätte nicht billiger zu bekommen ist. • Wenn ich mich in einem Produktbereich nicht gut auskenne, bin ich mir in meinem Urteil über die Preisgünstigkeit eines Produkts oft unsicher.
Preistransparenz und Preiszuverlässigkeit	• Ich nehme schon mal einen Umweg in Kauf, um in einem Geschäft einzukaufen, von dem ich aus Erfahrung weiß, daß die Preise dort angemessen sind. • Bei der Wahl einer Einkaufsstätte, die ich häufiger aufsuche, achte ich auf ein transparentes Preissystem (z.B. übersichtliche Preisauszeichnungen) und faire Preisangebote.

Tab. 7: Statements zur Messung von Preistransparenz, Preissicherheit und Preisinteresse

Aufgrund der Beanspruchung der Auskunftspersonen durch die Conjoint-Analyse wurde jedes Konstrukt nur durch zwei Statements abgefragt, als endogene Variable gingen die jeweiligen Wichtigkeiten des Merkmals Preisgarantie in die Analyse ein. Wichtige Gütemaße der LISREL-Analyse wiesen jedoch zufriedenstellende Werte auf. Die Ergebnisse der kausalanalytischen Untersuchung für beide Einkaufssituationen sind in Abb. 4 wiedergegeben.

In High-Involvement-Situationen haben alle drei Größen einen signifikanten Einfluß auf die Bedeutung von Preisgarantien, während in Low-Involvement-Situationen lediglich bei gegebener Preisunsicherheit des Konsumenten die Preisgarantie einen höheren Stellenwert einnimt. In Einkaufssituationen, die beim Konsumenten ein hohes Involvement vermuten lassen, wünschen sich diese das Vorhandensein dieser Variablen, und Handelsunternehmen können adäquat darauf reagieren, indem sie Preisgarantien gewähren.

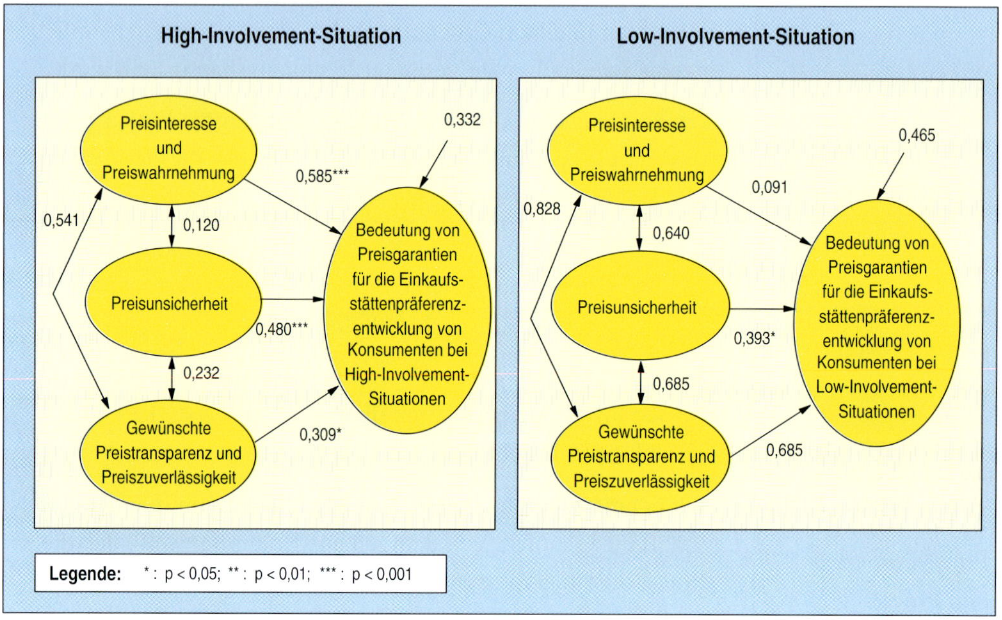

Abb. 4: Einfluß psychographischer Konsumentenmerkmale auf die Bedeutung von Preisgarantien

5 Interpretation der Ergebnisse und abzuleitende Empfehlungen für das Marketing

Unter Berücksichtigung der genannten Einschränkungen der Untersuchung an sich zeigen die Ergebnisse doch eine relativ hohe Wertschätzung von Preisgarantien bei Konsumenten. Bei beiden Einkaufssituationen sind außer der Qualität der Ware und der Angebotsvielfalt die anderen Merkmale deutlich weniger wichtig für die Präferenzbildung. Insbesondere in High-Involvement-Einkaufssituationen haben Preisgarantien hinsichtlich ihrer Wichtigkeit nahezu eine identische Bedeutung, da hier der Abstand zur relativen Wichtigkeit der beiden erstplazierten Merkmale sehr gering ist. Dieses Ergebnis wurde aufgrund der angestellten theoretischen Überlegungen auch erwartet.

Daraus läßt sich ableiten, daß vor allem Handelsunternehmen, die in erster Linie höherpreisige Produkte oder Artikel, die für den Käufer in einer bestimmten Einkaufsstätte eine hohe Bedeutung besitzen, wie zum Beispiel Sportartikel in einem Sportfachgeschäft, über den Einsatz von Preisgarantien als preispolitisches Mittel nachdenken sollten. Bei Produktbereichen, die im allgemeinen ein hohes Involvement des Konsumenten bedingen, scheint es damit für die Konsumenten von Bedeutung zu sein, ihre Unsicherheit mit geringem Aufwand zu reduzieren. Für Handelsunternehmen kann dies ein erster Schritt zum Aufbau einer langfristigen Kundenbindung werden. Einen wichtigen Aspekt stellt hierbei die Einbindung der Preisgarantien in ein effizientes Beschwerdemanagement dar, in dem bei Inanspruchnahme durch den Kunden dafür gesorgt wird, daß dieser die Preisgarantie nicht nur als Werbeinstrument kennenlernt, sondern vielmehr durch die unbürokratische und schnelle Abwicklung des Anspruchs seine Zufriedenheit erhöht.

Auch hinsichtlich der kommunikationspolitischen Verwertung der Gewährung von Preisgarantien stehen hier mehrere Möglichkeiten zur Verfügung, da in diesem Fall verschiedene Einflußgrößen auf die Bedeutung dieser Garantien wirken. Alle drei untersuchten Größen können im Rahmen der werblichen Kundenansprache genutzt werden, um somit auf vielfältige Art und Weise die Vorteilhaftigkeit des Einkaufs in einer Preisgarantien gewährenden Einkaufsstätte zu kommunizieren.

Bei Low-Involvement-Produkten kann die Verwendung von Preisgarantien ebenfalls positive Auswirkungen auf die Präferenzentwicklung haben. Hier sollte jedoch im Hinblick auf die Gestaltung der Marktkommunikation die klar untergeordnete Bedeutung von Preisgarantien gegenüber der Angebotsqualität und -vielfalt berücksichtigt werden und in diesem Zusammenhang die Werbebotschaft eindeutig auf die Reduktion der Preisunsicherheit ausgerichtet werden, da dies in dieser Einkaufssituation als einzig signifikanter Einflußfaktor identifiziert werden konnte. Dennoch scheint gerade im Lebensmittel-Einzelhandel der Aufbau eines positiven Preisimages einen langfristigen, auf Kundenbindung beruhenden Wettbewerbsvorteil zu ermöglichen. Dies sollte jedoch nicht auf Kosten der Qualität und Vielfalt geschehen, wie die Ergebnisse der Studie gezeigt haben.

Auch hinsichtlich der Wertigkeit verschiedener Ausprägungen von Preisgarantien konnten klare, theoriekonforme Aussagen getroffen werden. Unabhängig von der jeweiligen Einkaufssituation wies die Geld-zurück-Garantie einen höheren Teilnutzenwert als die Preiserlassungsgarantie auf, und sie leistet damit einen höheren Beitrag zum Gesamtnutzen einer Einkaufsstätte. In einer konkreten Entscheidungssituation ist in diesem Fall abzuwägen, inwiefern der Nutzen der erweiterten Garantiegewährung die Kosten übersteigen könnte. Wichtig sind hier jedoch nicht nur kurzfristige Dekkungsbeitragsaspekte, sondern auch die langfristigen Auswirkungen auf das Gesamtimage der Einkaufsstätte.

Einschränkend ist letztendlich anzumerken, daß die vorliegenden Ergebnisse aufgrund der geringen und in sich sehr homogenen Stichproben lediglich tendenziell die Wirkung von Preisgarantien auf das Einkaufsstättenwahlverhalten von Konsumenten aufzeigen konnten.

Ökologieorientiertes Beschaffungsmarketing im Handel

Edeltraud Günther

1 Notwendigkeit eines ökologieorientierten Beschaffungsmarketing im Handel

(1) Bedeutung der Beschaffung im Handel

Der Beschaffungsprozeß nimmt in der Unternehmenspraxis und so auch im Handel zunehmend eine Schlüsselposition ein und wird nicht mehr nur als Erfüllungsorgan betrachtet. Gründe hierfür liegen u.a. in der informationellen Vernetzung, dem Erfordernis einer flexibleren Reaktion auf Kundenwünsche und in immer kürzeren Produktlebenszyklen (vgl. *Arnold* 1997, S. 17). Da der Beschaffungsprozeß im Handel unmittelbar mit dem Absatzprozeß verknüpft ist, in der Industrie hingegen der Produktionsprozeß dazwischen geschaltet ist, ist das Beschaffungsmarketing im Handel gesondert zu betrachten. Für den im Handel oft gebrauchten Satz „Im Einkauf liegt der Segen“ spricht dabei die Tatsache, daß die Kosten für die Beschaffung der Handelsware im Durchschnitt 51,2% der Gesamtkosten betragen (vgl. *Europäisches Handelsinstitut* 1998, S. 201).

(2) Von der Beschaffung zum Beschaffungsmarketing

Aufgrund seiner Aufgabe des Güteraustausches ist der Handel eng in die Beschaffungs- und Absatzmärkte eingebunden. Ausgehend vom Ziel einer diese Einbindung berücksichtigenden marktorientierten Unternehmensführung im Handel, ergibt sich die Notwendigkeit, den Prozeß der Ressourcenbeschaffung als Teil der Unternehmensführung ebenfalls marktorientiert zu gestalten. Eine gute Verkaufsstrategie bleibt erfolglos, wenn nicht die richtige Ware zum richtigen Zeitpunkt am richtigen Ort ist. Dabei kommen der Beschaffung neben ihren typischen Aufgabengebieten, wie z.B. der Auswahl von zuverlässigen Lieferanten und der Erzielung günstiger Einkaufspreise, zunehmend die Steuerung und Koordination von Sachgütern und Informationen zu. Dadurch kann dem Ziel einer hohen Lieferbereitschaft und Flexibilität im Rahmen der Aufgabe des Beschaffungsmarketing, den Markt zu bilden und zu beeinflussen, Rechnung getragen werden (vgl. *Hansen* 1990, S. 2; *Koppelmann* 1995, S. 12).

(3) Bedeutung der Ökologieorientierung

Das ökologische Umfeld ist, bedingt durch seine drei Funktionen, in die Unternehmensführung eingebunden:

- Im Rahmen der **Versorgungsfunktion** stellt das ökologische Umfeld den Unternehmen Ressourcen in Form von Material und Energie zur Verfügung.
- Die **Trägerfunktion** sorgt für die Aufnahme der durch den Produktions- und Konsumprozeß entstandenen Kondukte, d.h. den unerwünschten Output.
- Die **Regelungsfunktion** schließlich dient der notwendigen Aufrechterhaltung des ökologischen Gleichgewichts.

(3) Ökologische Knappheit

Die Entnahme von Stoffen aus der Natur und die Aufnahme der Kondukte durch die Natur sind dabei unabhängig von ihrer derzeitigen ökonomischen Bewertung für das gesamte Ökosystem als ökologisch knapp zu betrachten. Dabei können zwei Arten von ökologischer Knappheit unterschieden werden (vgl. *Müller-Wenk* 1978, S. 37ff.):

- Ratenknappheit
- Kumulativknappheit

Ratenknappheit bedeutet, daß eine Schädigung des Gesamtsystems eintritt, wenn eine kritische Rate der Entnahme (z.B. des Ressourcenverbrauchs) bzw. der Aufnahme (z.B. der Luftbelastung) überschritten wird. Dies bedeutet, daß bestimmte Mengen keine Schädigung des Ökosystems verursachen, eine Überschreitung - vor allem längerfristig - allerdings zu Störungen des ökologischen Gleichgewichts führen kann. **Kumulativknappheit** bedeutet, daß die Ressource bzw. das Aufnahmemedium nach einer endlichen Zahl von Nutzungen erschöpft ist, wie z.B. die Erdölvorkommen oder die Aufnahmekapazität einer Deponie. Ökologische Knappheit ist also gekennzeichnet durch eine bestimmte, als kritisch anzusehende Nutzungsgrenze einer Ressource bzw. eines Pollutionsmediums (Tragfähigkeit, Leistungsgrenze) sowie durch das Ausmaß der Gesamtheit aller Nutzungen. Im allgemeinen kann dann von einer ökologischen Knappheit gesprochen werden, wenn das Ausmaß der Nutzung sich der Grenze - wenn auch noch in einem tolerierbaren Ausmaß - bereits genähert hat.

(4) Betroffenheit als Auslöser für die Ökologieorientierung

Die Ursachen für die Integration ökologischer Aspekte auf Unternehmensebene sind in den meisten Fällen nicht direkt auf die Wahrnehmung der ökologischen Knappheit durch das Unternehmen selbst zurückzuführen, vielmehr sind Auslöser und Verstärker der Sensibilisierung dazwischen geschaltet (vgl. *Günther* 1994, S. 17). Diese bestimmen die **objektivierte Betroffenheit** des Unternehmens, d.h. das Ausmaß ökologischer Ansprüche und die daraus zu erwartenden Anreize und Sanktionspotentiale. Gemessen wird sie indirekt über die Stärke des Einflusses, der von den verschiedenen Anspruchsgruppen ausgeht. Davon abzuleiten ist die **subjektive Betroffenheit**, die durch das Management selbst festgestellt wird und die Wahrnehmung der objektivierten Betroffenheit ausdrückt. Empirisch zeigt sich, daß die objektivierte Betroffenheit sowohl für den Groß- als auch für den Einzelhandel von den befragten Unternehmen mit gering bis mittel, die subjektive Betroffenheit, d.h. also die Wahrnehmung, mit stark angegeben wird (vgl. *Günther* 1994, S. 67).

Bei beiden Betroffenheitsausprägungen ist die Betroffenheit im Einzelhandel größer als im Großhandel. Dies ist sicherlich auf die direkte Kundennähe des Einzelhandels zurückzuführen. Eine empirische Untersuchung zur Einführung eines Managementsystems nach *EG*-Öko-Audit-Verordnung zeigt, daß 85% der sich beteiligenden Unternehmen Konsumkunden bedienen (vgl. *Baum/Sturm/Wittmann* 1996, S. 72ff.). Der hohe Anteil dieser Unternehmen kann dadurch erklärt werden, daß in diesem Markt ökologiebezogene Aspekte im Rahmen einer Differenzierungsstrategie genutzt werden können, soweit die Zahlungsbereitschaft der Kunden dies zuläßt. In sog. Business-to-Business-Märkten hingegen (lediglich 15% der Unternehmen) zielt eine Differenzierungsstrategie auf die Schaffung eines zusätzlichen Nutzens ohne Mehrpreis, da Industriekunden diesen nur akzeptieren, wenn sich der Preis nicht erhöht.

Unter **Ökologieorientierung** kann schließlich die Ausrichtung unternehmerischer Entscheidungen auf die ökologische Knappheit verstanden werden, wobei diese aufgrund rechtlicher Normen, marktwirtschaftlicher Überlegungen oder moralisch-ethischer Überzeugung vorgenommen worden sein kann. Das Ziel der Ökologieorientierung läßt sich durch die Vermeidung, Verminderung oder Beseitigung von Belastungen der ökologischen Umwelt auf allen Stufen der Wertschöpfung operationalisieren, um so langfristige Schäden nicht entstehen zu lassen.

(5) Ökologieorientiertes Beschaffungsmarketing des Handels

Ein ökologieorientiertes Beschaffungsmarketing des Handels zielt folglich auf eine marktorientierte Ausrichtung des Beschaffungsprozesses der Handelsunternehmen an der ökologischen Knappheit. Die Notwendigkeit hierfür ergibt sich aus veränderten Anforderungen von Seiten des Marktes und hier insbesondere der Kunden sowie von Staates, wie z.B. durch das 1996 in Kraft getretene Kreislaufwirtschafts-/Abfallgesetz.

2 Beschaffungsmarketingprozeß des Handels

Nachfolgend soll entlang des in Abb. 1 dargestellten Beschaffungsmarketingprozesses des Handels (vgl. *Koppelmann* 1995, S. 47 und 60ff.) für jede Prozeßstufe aufgezeigt werden, wie dieses Ziel realisiert werden kann.

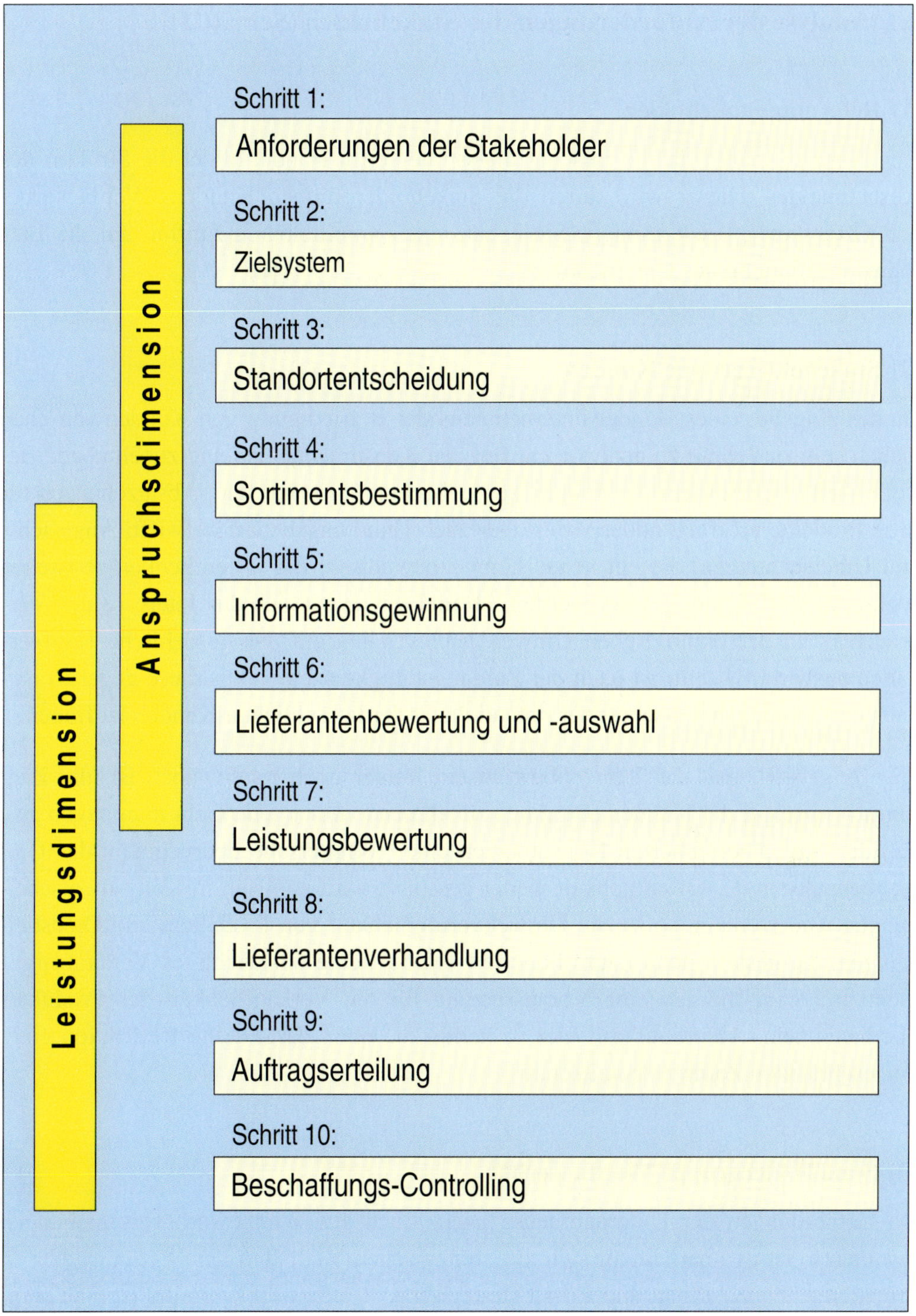

Abb. 1: Beschaffungsmarketingprozeß des Handels

2.1 Analyse der Anforderungen der Stakeholder (Schritt 1)

(1) Relevante Stakeholder

Den Ausgangspunkt für die Beschaffungsstrategie im Handel bildet die Struktur des Absatzmarktes. Dieser wird durch die Stakeholdergruppen Kunden, Wettbewerber und Öffentlichkeit determiniert. Sie haben einen unmittelbaren Einfluß auf die Entscheidungsfindung des Unternehmens.

(2) Stakeholdergruppe Kunden

Da das Angebot eines Handelsunternehmens der Befriedigung von Kundenwünschen dienen soll, sind diese zu analysieren. Bei den Konsumenten ist eine zunehmende Betroffenheit von ökologischen Fragen zu beobachten, die einerseits Absatzchancen für neue Produkte eröffnet, andererseits aber auch Handlungsbedarf aufwirft. Angesichts von Untersuchungen, die ein hohes Umweltbewußtsein der Öffentlichkeit feststellen (vgl. o.V. 1996), muß gefragt werden, ob und inwieweit sich das Interesse des Verbrauchers an der ökologischen Umwelt nachweislich auf das tatsächliche Kaufverhalten auswirkt. Hierfür ist nach der Zahlungsfähigkeit und - falls diese gegeben ist - nach der Zahlungsbereitschaft der potentiellen oder tatsächlichen Kunden zu fragen.

Hier zeigt sich, daß das Umweltbewußtsein immer noch relativ hoch ist, die Zahlungsbereitschaft der Kunden allerdings zunehmend zurückgeht. Geht man davon aus, daß die ökologieorientierten Konsumenten eine Vorreiterrolle übernehmen, das Umweltbewußtsein der Öffentlichkeit weiter geschärft wird und sich in Konsumentscheidungen niederschlägt, so ist die Umweltverträglichkeit von Produkten und Dienstleistungen, die gestern noch kaum honoriert wurde, heute ein wichtiges Verkaufsargument und wird morgen eine Voraussetzung für die Verkäuflichkeit des Produktes überhaupt sein. Allerdings gilt hier weiterhin die oben dargestellte Restriktion einer eingeschränkten Zahlungsbereitschaft.

(3) Stakeholdergruppe Wettbewerber

Da Gefährdungen der Unternehmensexistenz auch aus Wettbewerbsverschiebungen resultieren, ist es unerläßlich, sich am strategischen Verhalten der Wettbewerber zu orientieren. Zum Aufbau und Erhalt strategischer Wettbewerbsvorteile, ist eine sorgfältige Analyse der Strategien der aktuellen und potentiellen Wettbewerber von entscheidender Bedeutung.

Eine ökologieorientierte Konkurrenzanalyse erweitert die klassische Konkurrenzanalyse wie folgt (vgl. *Günther* 1994, S. 57):

- Identifikation der relevanten und potentiellen Wettbewerber
- Bestimmung der Stärken und Schwächen der Konkurrenten, d.h. deren objektivierte Betroffenheit
- Analyse der gegenwärtigen und evtl. zukünftigen Strategien der Wettbewerber
- Ableitung eines Reaktionsprofils der Wettbewerber

Hinsichtlich der Ökologieorientierung ist zu fragen, ob ein Unternehmen seine Wettbewerbsposition verbessert oder verschlechtert, wenn ökologische Belange berücksichtigt werden.

(4) Stakeholdergruppe Öffentlichkeit

Durch die Erweiterung des Umweltauditgesetzes vom 3. Februar 1998 besteht für Handelsunternehmen die Möglichkeit, ihre Umweltmanagementsysteme nach *EG*-Öko-Audit-Verordnung validieren zu lassen. Neben Kunden und Wettbewerber tritt als dritte Stakeholdergruppe, die an ökologischen Belangen interessiert ist, die Öffentlichkeit, für die gemäß Art. 1, Abs. 2 (c) *EG*-Öko-Audit-VO Informationen über den betrieblichen Umweltschutz bereitzustellen sind. *Dyllick* (1989, S. 15) spricht in diesem Zusammenhang von der „öffentlichen Exponiertheit" eines Unternehmens.

(5) Stakeholder-Gruppen Lieferanten, Anteilseigner und Kreditgeber

Neben diesen drei für den Handel bedeutenden Anspruchsgruppen sind für die Entscheidung über eine Ökologieorientierung des Unternehmen die Stakeholder Lieferanten, Anteilseigner und Kreditgeber relevant. Die Ökologieorientierung kann nur insoweit umgesetzt werden, als auch tatsächlich entsprechende Produkte von Seiten des produzierenden Gewerbes zur Verfügung stehen. Aber auch die Eigen- und Fremdkapitalgeber beeinflussen mit ihren Entscheidungen über die Mittelvergabe die Ökologieorientierung der Handelsunternehmen.

2.2 Ableitung eines Zielsystems (Schritt 2)

Die Unternehmens- und davon abgeleitet die Beschaffungsziele sind Ergebnisse eines Zielbildungsprozesses, in den unternehmensinterne Gegebenheiten und unternehmensexterne Einflüsse eingehen. Sind Erfolgspotential, Erfolg und Liquidität Formalziele, so sind **Beschaffungsziele Sachziele**, d.h. Mittel zur Erreichung dieses Zwecks. In der Literatur werden Beschaffungsziele in vier Gruppen untergliedert (vgl. *Meyer* 1986, S. 85ff.):

- Kostensenkungsziele für Einkaufs-, Lagerhaltungs- und Verwaltungskosten
- Sicherheitsziele, d.h. Lieferzuverlässigkeit und Versorgungssicherheit
- Unabhängigkeits- und Flexibilitätsziele zur Erhaltung und Stärkung der Wettbewerbsfähigkeit
- Qualitätsziele

Flankierend zu diesen Zielen sind gute Lieferantenbeziehungen und eine gute Personalstruktur anzustreben. Die Beschaffungsziele konkretisieren sich in einem bestimmten Leistungsprogramm, mit dessen Hilfe die Anforderungen der Stakeholder erfüllt und die Formalziele Erfolgspotential, Erfolg und Liquidität erreicht werden können.

2.3 Standortentscheidungsprozeß (Schritt 3)

(1) Einzelfragen der Standortentscheidung

Sofern das Handelsunternehmen vor der Wahl eines neuen Standorts oder der Verlagerung des bisherigen Standorts steht, schließt sich nun der Standortentscheidungsprozeß an. Für ein Handelsunternehmen stellen sich die Fragen nach:

- Geschäftstyp (Warenhaus oder Spezialgeschäft)
- Geschäftslage (Innenstadt oder „Grüne Wiese")
- Präsentation (Erlebniseinkauf oder Discounterpräsentation)
- Verkaufspersonal (Fachausbildung, Beratungsqualität)

Die Bedeutung der Standortentscheidung liegt darin, daß sie die Grundlage für weitere Entscheidungen des Unternehmens darstellt, den Betriebszweck für längere Zeit trägt und nur schwer oder unter hohen Kosten zu revidieren ist (vgl. *Eckhardt* 1997, S. 463). Für die Beschaffung liegt die Bedeutung der Standortwahl darin, daß durch die Festlegung des Standorts auch die Anforderungen, die an das Beschaffungsmanagement gestellt werden, langfristig festgeschrieben werden.

(2) Umweltschutz als Pull- oder Push-Faktor

Umweltschutzaspekte können die Attraktivität eines Standorts sowohl senken als auch erhöhen. Der Umweltschutz kann bei der betrieblichen Standortentscheidung als limitierender Faktor auftreten (Wirkungskategorie Push), d.h. er grenzt Umfang und Qualität des Standortes ein. Umweltschutz wird zum Attraktivitätsfaktor (Wirkungskategorie Pull), wenn er die Attraktivität eines Standorts erhöht (vgl. *Katona/Morgan* 1952, S. 67ff.). Umweltschutz konkretisiert sich im Handel bspw. als Pull-Faktor durch die Konzentration ökologieorientierter Kunden an einem Standort, bei mangelnder Erreichbarkeit mit öffentlichen Verkehrsmitteln wirkt Umweltschutz als Push-Faktor.

2.4 Sortimentsbestimmung (Schritt 4)

(1) Festlegung des Sortiments

Das Beschaffungssortiment stellt die Produktauswahl dar, die ein Handelsunternehmen im Beschaffungsmarkt bezieht. Dieses wird durch das Sortimentsniveau (Preisniveau und Leistungsumfang), die Sortimentsbreite und -tiefe des Absatzsortiments bestimmt, d.h. eine bestmögliche Erfüllung der Anforderungen des Absatzmarktes wird angestrebt.

(2) Kundenanforderungen

Die Nachfrage der Kunden äußert sich in einem Bedarf an konkreten Produkten. Hinter diesem Bedarf steht allerdings der Wunsch nach der Erfüllung bestimmter Bedürfnisse, die in Abhängigkeit vom Informationsstand der Kunden zu Bedarf werden (vgl. Abb. 2).

Die zentrale Aufgabe eines ökologieorientierten Beschaffungsmarketing im Handel besteht nun darin, die **Funktionen** zu analysieren, für die die Produkte von den Kunden nachgefragt werden. So kann das Sortiment bei gleichzeitiger Erfüllung der absatzseitigen Anforderungen ökologieorientiert gestaltet werden. Bspw. können langlebige, reparaturfreundliche Produkte kurzlebige ersetzen. Das Leistungsprogramm des Handelsunternehmens wird hierfür um das Angebot der Dienstleistung „Reparaturservice" ergänzt.

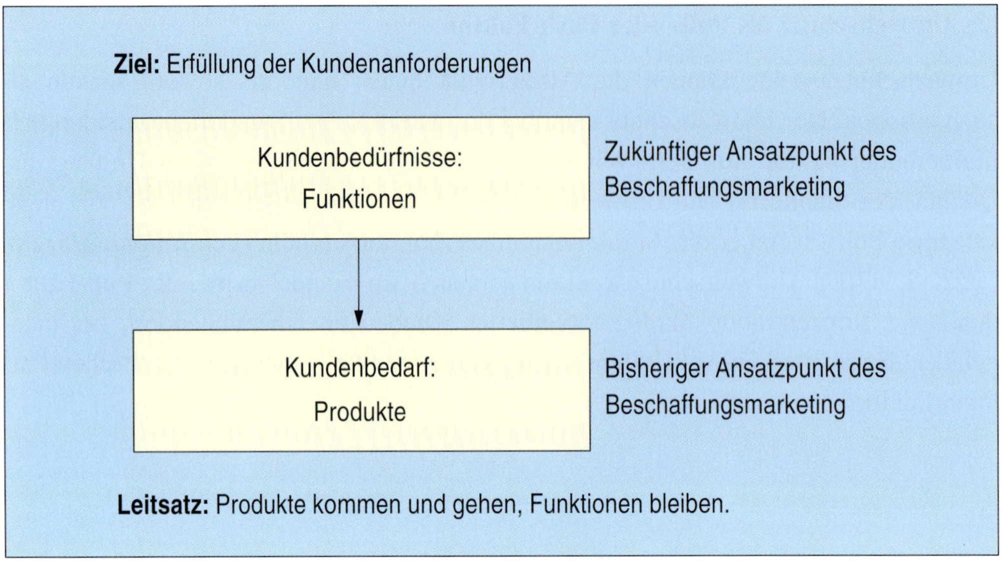

Abb. 2: Von der Produkt- zur Funktionsorientierung

(3) Funktionsorientierung des Sortiments

Das Sortiment kann dabei an verschiedenen Funktionen ausgerichtet sein. So kann ein Sortiment **herkunftsorientiert** auf ökologisch angebaute Lebensmittel setzen, d.h. beim Verbraucher wird die Funktion einer umfassenden Information über die Herkunft und weniger die Funktion eines umfassenden Angebots erfüllt. **Zielorientiert** ist bspw. das Sortiment eines Sportartikelherstellers ausgelegt, der den Bedarf für eine bestimmte Sportart vollständig abdeckt oder das Dienstleistungsangebot eines Mobilitätsanbieters, wie z.B. ein Reisebüro, das alternative Erfüllungsmöglichkeiten für das Zurücklegen einer Distanz anbietet. Das Ziel einer Ökologieorientierung ist beim Angebot eines Vollsortiments allerdings schwerer zu erreichen, so daß eher eine Differenzierungsstrategie zielführend ist.

2.5 Informationsgewinnung (Schritt 5)

(1) Marktüberblick

Parallel zur Festlegung des Sortiments muß sich die Beschaffungsabteilung einen Überblick über die Marktsituation verschaffen (vgl. *Koppelmann* 1997, S. 130ff.). Dies beinhaltet die Informationsgewinnung über die Lieferanten, Kontrahierungsbedingungen (Preise, Zahlungs- und Liefermodalitäten) sowie über Eigenschaften und die Zusammensetzung der angebotenen Produkte.

(2) Ansatzpunkte für eine Ökologieorientierung

Für die Ökologieorientierung in der Beschaffung ergeben sich zwei Ansatzpunkte: Zum einen können im Sinne einer Differenzierung des Sortiments umweltbezogene Veränderungen innerhalb der bestehenden Produktpalette vorgenommen werden, d.h. die bisherigen Produkte sind umweltfreundlicher (direkte Umweltverträglichkeit) oder die Distribution wird umweltfreundlicher (indirekte Umweltverträglichkeit). Zum anderen können - im Sinne oben beschriebener Funktionsorientierung - grundlegende Neuentwicklungen als Erweiterung in das Sortiment aufgenommen werden, die nicht nur von vorn herein eine größere Umweltverträglichkeit als die bisherigen Produkte garantieren, sondern auch gravierende Veränderungen bzgl. des Sortiments mit sich bringen.

Für die Informationsgewinnung stellen sich dabei zwei Fragen:

- Welche Stoffe aus welchen Produkten erzeugen auf der gesamten Produktlinie besondere Umweltprobleme?
- Welche Produkte stehen zur Befriedigung der Kundenbedürfnisse zur Verfügung und erfüllen gleichzeitig ökologische Anforderungen?

Ad 1: Für die Identifikation der ökologischen Schwachstellen bietet sich ein ABC-Klassifizierungsschema zur Bewertung und Verdichtung der Informationen an. Eine A-Einstufung bedeutet, daß ein besonders relevantes ökologisches Problem mit einem dringlichen Handlungsbedarf vorliegt. Die B-Einstufung besagt, daß ein ökologisches Problem mit mittelfristigem Handlungsbedarf besteht und eine C-Klassifizierung deutet - nach bisherigem Kenntnisstand - auf umweltverträgliche Produkte ohne Handlungsbedarf hin. Dabei empfiehlt sich vor allem für die A-Teile alternative Beschaffungslösungen zu eruieren.

Ad 2: Die Informationsgewinnung über den Beschaffungsmarkt (Beschaffungsmarktforschung) kann entweder mittels Anfrageaktionen bei Lieferanten, Messebesuchen und Marktanalysen (Primärforschung) oder durch Auswertung von Lieferantenveröffentlichungen und Branchenhandbücher (Sekundärforschung) sowie durch spezielle Angebote aus dem Umweltbereich (z.B. Informationsbörsen der *IHK*) durchgeführt werden.

2.6 Lieferantenbewertung und -auswahl (Schritt 6)

(1) Methoden der Lieferantenbewertung

Eng verknüpft mit der Informationsgewinnung ist die Frage der Lieferantenbewertung- und auswahl (vgl. *Glantschnig* 1994, S. 15; *Koppelmann* 1995, S. 219ff.; *Koppelmann* 1997, S. 69ff.). Hierfür bietet sich das Instrument der **Lieferantenselbstauskunft** (vgl. *Glantschnig* 1994, S. 127ff.) an, bei der der Lieferant den potentiellen Kunden selbst über sein Angebot und im speziellen über sein ökologieorientiertes Angebot informiert.

Eine bessere Vergleichbarkeit der von den Lieferanten erhaltenen Informationen ist gegeben, wenn die Lieferantenbewertung mit Hilfe von **Lieferantenbewertungsverfahren** durch das Handelsunternehmen selbst durchgeführt wird. Beurteilungskriterien können dabei die Beschaffungszeit, die Termintreue, die Qualität, der Service, die Verkäuferqualität sowie die Umweltfreundlichkeit der Produktionsverfahren und der Produkte, die Verpackung, der Transport und die Recyclingmöglichkeit sein (Lieferantenmerkmalskatalog bei *Glantschnig* 1994, S. 97ff.). Als Verfahren eignen sich dabei sowohl quantitative Verfahren, wie Bilanzanalysen, Preis- oder Kostenanalysen sowie Kennzahlenanalysen, als auch qualitative Verfahren wie Checklisten, Portfolios oder Nutzwertanalysen.

(2) Beeinflussung der Lieferanten

Besteht nur eine geringe Abhängigkeit des Unternehmens von seinen Lieferanten (geringe Lieferantenmacht), so bieten sich dem Unternehmen im Hinblick auf eine ökologieorientierte Beschaffung zwei Möglichkeiten, auf seine Lieferanten Einfluß zu nehmen:

- Zum einen können im Rahmen der Kontrahierungspolitik Verträge zwischen Unternehmen und Lieferanten fixiert werden, die eine Umwelthaftung der Lieferanten vorsehen. Dies bedeutet, daß diese sich zu Garantien über die Umweltverträglichkeit der angebotenen Materialien verpflichten.
- Zum anderen kann im Rahmen der Angebotseinholung ein Unternehmen bei einer bestimmten Größe Einfluß auf die Lieferanten nehmen, umweltschonende Materialien und Fertigungsverfahren zu verwenden sowie umweltverträgliche Produkte herzustellen.

(3) Handel als Gate-Keeper

Dies deckt sich auch mit dem Ergebnis einer Befragung des Umweltbundesamtes von 1990 (vgl. o.V. 1996): Eine weltweit führende Versandhandelsgruppe gab hierbei an, daß sie ihre Marktmacht bewußt einsetze, um bei den Lieferanten die Entwicklung und Herstellung umweltfreundlicher Produkte durchzusetzen. Der Handel kann hier die Rolle eines sog. „Gate-Keepers" einnehmen und somit den Verzicht auf umweltschädigende Artikel bzw. das Angebot von umweltverträglichen Produkten fördern.

(4) Sachkenntnis der Einkäufer

Oftmals stellt aber nicht das fehlende umweltverträgliche Angebot der Lieferanten den Haupthinderungsgrund für die Durchsetzung einer umweltfreundlichen Beschaffungsstrategie dar, sondern die mangelnde Sachkenntnis der Einkäufer bei der Bestimmung umweltschonender Produkte. Deshalb besteht die primäre, in Schritt 5 dargestellte Aufgabe für ein ökologieorientiertes Beschaffungsmarketing in der gezielten Sammlung und Aufbereitung stoffbezogener Umweltinformationen sowie in der umweltorientierten Schulung der Einkäufer (durch interne und externe Beschaffungsseminare).

2.7 Leistungsbewertung (Schritt 7)

Nach der Bewertung der Lieferanten an sich ist nun die eigentliche Leistung der Lieferanten zu analysieren. Hierfür stehen **drei Informationsquellen** zur Verfügung:

(1) Kriterienkatalog des Handelsunternehmens

Ausgehend von der Sortimentsgestaltung legt das Handelsunternehmen in einem Kriterienkatalog erwartete Anforderungen an die Leistung fest. Das Leistungsangebot der potentiellen Lieferanten wird dann im Hinblick auf die Erfüllung dieser Anforderungen überprüft. So kann bspw. ein Nachfrager ökologieorientierter Büroausstattung für die Auswahl von Notebooks mit Hilfe eines Fragebogens (vgl. Abb. 3) die Umweltverträglichkeit des Angebots anhand von ihm selbst festgelegter Kriterien bewerten.

Fragebogen zur ökologieorientierten Beschaffung von Notebooks

1 Langlebigkeit des Notebooks

1.1 Erweiterung der Leistungsfähigkeit

Ist das Notebook **modular** aufgebaut?

...

1.2 Garantieleistung

...

1.3 Reparatursicherheit

Verpflichten Sie sich, dafür zu sorgen, daß für die Reparatur der Geräte die **Ersatzteilversorgung** für mindestens 5 Jahre ab Produktionseinstellung sichergestellt ist?

...

2 Rücknahme der Geräte

...

- **Wenn „Ja":**
- Führen Sie die Notebooks einer Wieder- oder Weiterverwendung bzw. -verwertung zu?
- Ja (bitte **Dokumentation** beifügen) .... ☐
- Nein .... ☐
- Werden die nicht verwertbaren Geräteteile sachgemäß entsorgt?
- Ja
  (bitte **Dokumentation** und **Entsorgungsnachweise** beifügen) .... ☐
- Nein .... ☐

3 Recyclinggerechte Konstruktion

Wenden Sie bei der Konstruktion der Notebooks die VDI-Richtlinie 2243 an?

- Ja .... ☐
- Nein .... ☐
- **Wenn „Ja":**
- Bitte erläutern Sie **kurz** auf der folgenden Seite die von Ihnen für die Umsetzung der Richtlinie vorgesehenen **Verfahren zur Wieder- oder Weiterverwendung bzw. -verwertung**.
- Nehmen Sie bitte darüber hinaus **kurz** Stellung zu den eingesetzten **Werkstoffen** und **Verbundmaterialien**, den angewandten **Beschichtungen** sowie der Umsetzung der **Demontierbarkeit** des Notebooks.

...

4 Kunststoffsorten für Gehäuseteile

...

5 Geräuschemission

...

6 Energieverbrauch

...

7 Batterien/Akkumulatoren

...

8 Verpackung

...

9 Bedienungsanleitung

...

10 Teststellung

...

11 Listenpreis

...

12 Umweltmanagementsystem

...

- Wieviele Ihrer Standorte **weltweit** sind 1997 nach DIN ISO 14 000 ff. zertifiziert?
- Wieviele Ihrer Standorte in **Europa** sind 1997 nach EG-Öko-Audit-Verordnung zertifiziert?

...

13 Ansprechpartner in Ihrem Hause

Abb. 3: Fragebogen für die umweltverträgliche Beschaffung von Notebooks im Rahmen eines Beschaffungsvorgangs an der TU Dresden (Auszug)

(2) Zusammensetzungszertifikate des Herstellerunternehmens

Wird eine umfassende Information über die Inhalte der Produkte gewünscht, so bietet sich das Instrument der Zusammensetzungszertifikate an. Zusammensetzungszertifikate informieren über die Komponenten, aus denen bestimmte Produkte bestehen. Insbesondere, wenn die Schädlichkeit von Stoffen durch neue Tests nachgewiesen werden konnte, können sich die Einkäufer sehr schnell einen Überblick über das Gefahrenpotential der gelisteten Produkte beschaffen.

(3) Umweltkennzeichnung durch einen unabhängigen Dritten

Neben den Instrumenten des vom Handelsunternehmen erstellten Kriterienkatalogs und des vom Herstellerunternehmen erstellten Zusammensetzungszertifikats kann auch eine dritte Institution die Bewertung der Leistung vornehmen. Das bekannteste Beispiel dürfte hier der *Blaue Umweltengel* sein, der 1984 eingeführt wurde (www.blauer-engel.de). Mit ihm zeichnet das Umweltbundesamt Produkte aus, die innerhalb einer definierten Konsumgut-Kategorie besonders umweltfreundlich sind, ohne das deren Gebrauchsfähigkeit und Sicherheit dadurch eingeschränkt wird. Durch den zusätzlichen immateriellen Vorteil für den Verbraucher entsteht für die Unternehmen ein Wettbewerbsvorteil oder ein Anreiz, die eigenen Erzeugnisse den Anforderungen des Umweltbundesamtes anzupassen.

2.8 Lieferantenverhandlungen (Schritt 8)

Im Rahmen der Verhandlungen mit den Lieferanten gilt es nun, die Ergebnisse der vorgelagerten Schritte umzusetzen. Die **Bedarfsanforderungen** sollen dabei entsprechend dem ökonomischen Prinzip umgesetzt werden. Im Rahmen der Verhandlungen mit den Lieferanten stehen dem Einkäufer die Instrumente der Produkt-, der Service-, der Bezugs-, der Entgelt- und der Kommunikationspolitik (vgl. *Mertens* 1986, S. 67ff.; *Koppelmann* 1995, S. 249ff.) zur Verfügung (vgl. Abb. 4).

So kann ein Handelsunternehmen bspw. im Rahmen der Produktpolitik bei vorhandener Marktmacht auf die Entwicklung umweltverträglicher Produkte hinwirken, vom Kundendienst bestimmte Reparaturleistungen einfordern, bei den Bezugsmodalitäten eine Rücknahmeverpflichtung voraussetzen oder im Rahmen des Know How-Transfers eine Beratung zur Anwendung des Produkts als zusätzliche Dienstleistung erwarten.

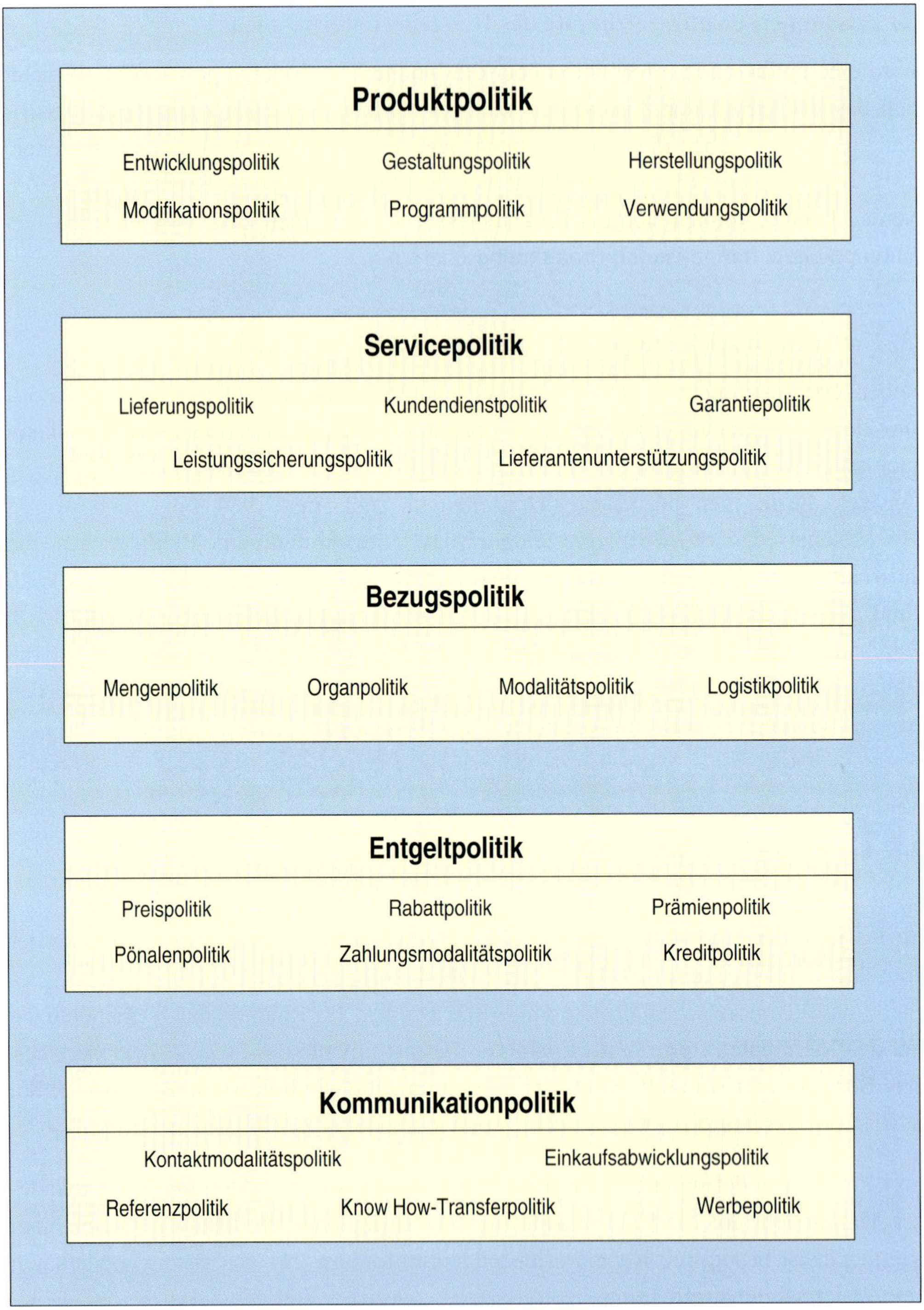

Abb. 4: Ansatzpunkte der Lieferantenverhandlung

2.9 Auftragserteilung (Schritt 9)

Die Auftragserteilung bildet den Abschluß der in den Schritten 1 bis 8 getroffenen Entscheidungen und spiegelt das **Verhandlungsergebnis** wider. Die Bindung des beschaffenden Unternehmens kann dabei kurzfristig im Rahmen eines Einzelvertrags oder längerfristig durch einen Rahmenvertrag erfolgen.

2.10 Beschaffungs-Controlling (Schritt 10)

Die einzelnen Schritte des Beschaffungsmarketing müssen schließlich in einem Controllingprozeß eingebunden sein. Dieses betriebliche Instrumentarium soll durch eine beschaffungsorientierte Informationsgewinnung sowie durch eine quantitative/qualitative Informationsauswertung eine Grundlage für operative und strategische Entscheidungen schaffen. Dies impliziert das Erfordernis einer Beschaffungskontrolle, deren Ergebnisse im Sinne eines **Feed-Forward-Prozesses** wiederum in die vorgelagerten Prozesse eingelagert werden können. Neben die Leistungsstandardkennzahlen aus den Bereichen Kosten, Zeit und Qualität treten umweltorientierte Kennzahlen über die Umweltverträglichkeit der Einsatzstoffe oder Gefahrstoffe. Darüber hinaus sind die Leistungsschlüsselkennzahlen in den Bereichen Lieferanten- und Mitarbeiterstruktur und -einsatz um ökologische Kennzahlen zu erweitern.

3 Fazit

Die Differenzierung und Erweiterung des Beschaffungsprozesses im Handel um ökologische Aspekte gibt den Handelsunternehmen kurzfristig die Möglichkeit, auf die von externer Seite an sie herangetragenen Anforderungen zu reagieren. Langfristig erwachsen den Handelsunternehmen darüber hinaus neue Perspektiven für eine Generierung von Wettbewerbsvorteilen.

Nutzenorientierte Gestaltung der Distributionslogistik

Andreas Herrmann und *Frank Huber*

1 Relevanz einer nutzenorientierten Gestaltung der Distributionslogistik

Das Anliegen der Distributionslogistik besteht darin, die mengen- und artmäßige, räumlich und zeitlich abgestimmte **Bereitstellung von Gütern** sicherzustellen, so daß vorgegebene Lieferzusagen eingehalten werden. Da immer mehr Handelsunternehmen auf unrentable Lagerflächen verzichten und statt dessen ihre Verkaufsflächen ausdehnen, steigen die Anforderungen an die Distributionslogistik der Lieferanten. Verschärft wird dieser Umstand durch die Tatsache, daß in vielen Branchen die Produktvielfalt zunimmt. Der Distributionslogistik obliegt es, die unterschiedlichen Produktvarianten zu **lagern**, zu **verwalten**, **umzuschlagen** und zu **transportieren**. Gelingt es nicht, die Nachfrage in der ausreichenden Quantität und Qualität zum richtigen Zeitpunkt und am richtigen Ort zu befriedigen, so geht die Nachfrage zunächst verloren. Sie kann auch auf Dauer verlorengehen, nämlich dann, wenn der Kunde nach dem Wechsel zu einer anderen Marke dieser treu bleibt. Hieraus resultieren Fehlmengenkosten, die von den Kosten einer zusätzlichen Lieferung (Nachlieferung) bis zum Umsatzausfall über mehrere Perioden reichen können (vgl. *Ihde* 1991, S. 22ff.; *Weber/ Kummer* 1994, S. 52ff.).

Ein weiterer Grund für die Zunahme der Bedeutung der Distributionslogistik ist aus marketingtheoretischer Sicht darin zu sehen, daß die **Güter** vieler Branchen **homogen** und **substituierbar** sind, so daß die von der Logistik erbrachten Serviceleistungen als Wettbewerbsfaktoren in den Vordergrund treten. Wettbewerbsvorteile lassen sich bei homogenen Produkten durch ein differenziertes Angebot von Distributionsleistungen erzielen. So wird in der Distributionslogistik und speziell in dem von ihr erbrachten Leistungsservice ein akquisitorisches Potential gesehen.

Unterteilt man den Lieferservice in einzelne Merkmale, so lassen sich diese als Elemente eines Dienstleistungskranzes um die eigentliche Lieferleistung auffassen. Von der Ausgestaltung dieses Dienstleistungskranzes, der aus Liefer**zeit**, Liefer**flexibilität**, Liefer**zuverlässigkeit**, Liefer**bereitschaft** und zusätzlichen Liefer**servicekomponenten** besteht, hängt es ab, ob Wettbewerbsvorteile realisiert werden können. Hierzu ist es notwendig, daß Informationen über die Nachfrager und deren Präferenzen bezüglich der Lieferleistung erhoben werden. Eine Gestaltung dieser Leistung rein nach unternehmensstrategischen oder kostenoptimalen Gesichtspunkten würde zu einem sub-optimalen Distributionsangebot führen. Es ist z.B. leicht vorstellbar, daß eine angebotene Lieferzeit von 24 Stunden, die einen extrem hohen logistischen, personellen und damit finanziellen Aufwand erfordert, eine Ressourcenverschwendung darstellt, wenn einem Nachfrager eine Lieferzeit von z.B. 48 Stunden oder 72 Stunden den gleichen Nutzen stiftet.

Insofern ist der Lieferservice in der Art zu gestalten, daß die **Nutzenvorstellungen** der Nachfrager bestmöglich befriedigt werden. Hierzu ist eine genaue Analyse der Nutzenkomponenten des logistischen Dienstleistungskranzes notwendig. Durch die Kenntnis dieser Komponenten und deren Bedeutung für die Nachfrager lassen sich für ein vorzuhaltendes Distributionssystem und dessen Prozesse Empfehlungen ableiten, die es ermöglichen, aus Nachfragersicht nutzenoptimale Distributionssysteme aufzubauen.

2 Nutzenorientierte Gestaltung der Distributionslogistik mit dem Conjoint Measurement

Ein Verfahren, das die Nutzenvorstellungen der Abnehmer hinsichtlich der Distributionsleistung offenlegen kann, ist das Conjoint Measurement (vgl. *Backhaus* u.a. 1994, S. 498ff.). Die Grundidee dieses Verfahrens besteht darin, daß man aus empirisch erhobenen **globalen Urteilen** über Distributionsleistungen die **partiellen Beiträge einzelner Merkmale** (z.B. Lieferzeit) zum Zustandekommen des Globalurteils ermitteln kann.

Bei Conjoint-Analysen für reale Produkte werden entweder verbale, graphische oder physische Darstellungsformen von Produktalternativen sowie deren Kombinationen zur Beschreibung von Merkmalen eingesetzt. Da es sich bei den hier zu untersuchenden Merkmalen um Dienstleistungen handelt, eignet sich zur Darstellung von Leistungsmerkmalen die verbale Form. Merkmale wie Lieferzeit, Lieferort und Zustellzeit stellen **kaufentscheidungsrelevante Kriterien** dar, die auch ohne graphische oder physische Darstellungsformen einer Auskunftsperson vermittelt werden können. Insofern eignet sich die Conjoint-Analyse auch für Dienstleistungen.

Häufig wird argumentiert, daß Konsumenten in einer Kaufentscheidung die Bewertungsobjekte nicht nur anhand der eigentlichen **konkreten** Produktmerkmale evaluieren, sondern ihr Urteil in einem ersten Schritt auf **abstrakte** Dimensionen gründen. Die Nachfrager wägen demnach abstrakte Merkmale niemals gegen konkrete Variablen ab (vgl. *Corfmann* 1991, S. 368ff.). Vielmehr vereinfachen die Kaufentscheider komplexe Bewertungen dadurch, daß sie die Merkmale in einer Vielzahl von Konstrukten zusammenfassen. Die Konstrukte spiegeln dann die in den einzelnen Attributen zum Ausdruck kommenden Informationen wider. Um die aus mehreren verschiedenen Merkmalen stammenden Informationen in ein Konstrukt zu integrieren, verwenden die Nachfrager **Heuristiken**. Wenn Probanden solche Kategorisierungsregeln entwickeln, können sie diese Regeln routiniert auf neue Situationen übertragen. Statt bspw. Informationen über die vielen verschiedenen Merkmale zu verarbeiten, die die Leistung eines Anbieters definieren, könnten sie vereinfachende Regeln entwickeln, um die vielen möglichen Merkmale in bspw. zwei Konstrukte zu integrieren. Wenn Probanden nach diesem Modell kategorisieren, müssen sie nur **Konstrukte** anstelle der sie definierenden Merkmale verarbeiten.

Louviere nannte diesen Prozeß **hierarchische Informationsintegration**, die eine Erweiterung der Theorie der Informationsintegration darstellt. Diese kognitive Regel impliziert, daß Konsumenten zunächst Merkmalsinformationen über Alternativen in übergeordnete Konstrukte einbringen und nachfolgend eine Bewertung und einen Vergleich von Alternativen anhand der Konstrukte vornehmen. Basierend auf einer persönlichen Nutzenfunktion käme dann die Aggregation der separaten Konstruktbewertungen zu den Gesamtmeinungen über Alternativen zustande (vgl. *Louviere/ Timmermans* 1990, S. 291ff.).

Methodisch gesehen bietet sich hierzu die **hierarchische Conjoint-Analyse** an. Hierbei nimmt der Interviewer den Probanden bei der Befragung zweimal in die Pflicht. Im ersten Teil der Erhebung äußert der Befragte seine Präferenz im Rahmen einer konventionellen Conjoint-Befragung gegenüber den **betrachteten Leistungsmerkmalen**. Im zweiten Teil der Erhebung muß er hingegen seine Präferenz gegenüber ausgewählten **abstrakten Merkmalen** offenlegen. Die Ergebnisse der beiden Modelle werden dann verknüpft. Im vorliegenden Fall ersetzt dann das Bündel der konkreten Produktmerkmale in der ersten Conjoint-Analyse ein einzelnes abstraktes Merkmal in der zweiten Conjoint-Befragung. Bspw. könnte die erste Befragung die Merkmale Lieferzeit, Lieferort und Zustellzeit umfassen. Dagegen tauchen in der zweiten Conjoint-Analyse die Merkmale Distributionslogistik, Kernprodukt und Werbung auf. Die Ergebnisse beider Untersuchungen kommen letztlich in einem Datensatz zum Ausdruck, jedoch ohne die Verzerrung, die sich ergeben hätte, wenn die Merkmale nicht in das stufenweise Untersuchungsdesign aufgenommen worden wären.

Im vorliegenden Fall soll aus Platzgründen lediglich die Conjoint-Analyse mit konkreten Merkmalen erläutert werden. Die zur Auswahl stehenden vollständig beschriebenen Distributionsleistungen werden durch die **systematische Kombination von Merkmalsausprägungen** derselben konstruiert. Man faßt also nicht die merkmalsspezifischen Einzelurteile zu einem Gesamturteil zusammen (kompositionelle Methode, z.B. Einstellungsmodelle), sondern geht gerade umgekehrt vor. Die abgegebenen **Gesamturteile** dienen als Datenbasis, um den Beitrag der einzelnen Merkmale bzw. deren Ausprägungen dekompositionell zu identifizieren. Als Ergebnis erhält man Nutzenfunktionen je Merkmal mit **Teilnutzenwerten** je Merkmalsausprägung. Daraus läßt sich die Bedeutung, die den Merkmalen der Distributionsleistung als Ganzes zukommt, errechnen. Dieses relative Bedeutungsgewicht der einzelnen Merkmale für die Präferenzbildung ermittelt sich aus der Differenz zwischen dem größten und dem kleinsten Teilnutzenwert der Ausprägungen eines Merkmals.

Nach dieser Konzeptskizze läßt sich nun die Bedeutung des Conjoint Measurement im Rahmen der Gestaltung der Distributionsleistung an einem realen **Beispiel** verdeutlichen. In einer empirischen Voruntersuchung wurde festgestellt, daß sechs Merkmale des Lieferservices mit insgesamt 14 Ausprägungen beim Kauf einer Waschmaschine relevant sind (vgl. Tab. 1). Der Preis wurde, obwohl dieses Merkmal zunächst keinen direkten Bezug zum Lieferservice aufweist, als siebtes Merkmal in die Untersuchung aufgenommen, um die ermittelten Teilnutzenwerte in Geldeinheiten bewerten zu können. Außerdem sollten mit unterschiedlichen Gerätepreisen bei Annahme eines immer gleichen Gerätes differente Lieferservicepreise „simuliert" werden. Bekanntlich werden dem Endverbraucher vom Handel selten Preise für einzelne Komponenten der Lieferleistung abverlangt. Häufig werden von Händlern mit unterschiedlichen Preisen für ein und das gleiche Gerät ein unterschiedlicher Grad an Lieferleistung „in Rechnung gestellt" (vgl. *Bauer/Herrmann/Graf* 1995, S. 4ff.).

Merkmal	Merkmalsausprägungen
Preis	998, 1 098, 1 198, 1 298 DM
Lieferzeit	1, 2, 3, 4, 6 Tage
Lieferort	Händler, Kunde
Rücknahme des Altgerätes	Ja, Nein
Zustellzeit	Innerhalb / Außerhalb der Ladenöffnungszeiten
Einweisung	Ja, Nein
Installation	Ja, Nein

Tab. 1: Relevante Merkmale des Lieferservices und deren Ausprägungen

Aus diesen Merkmalsausprägungen lassen sich 512 (= 4 x 4 x 2 x 2 x 2 x 2 x 2) unterschiedliche Lieferleistungen konstruieren. Um die Auskunftspersonen nicht zu überfordern und den Aufwand der Datenerhebung zu beschränken, wurde ein **experimentelles Design** verwendet, das es erlaubt, die Anzahl der theoretisch möglichen Kombinationen ohne wesentlichen Informationsverlust auf 16 unterschiedliche Lieferleistungen zu reduzieren (vgl. Tab. 2).

Den Versuchspersonen wird die Aufgabe gestellt, die 16 ihnen auf **Karten** vorliegenden Lieferleistungen **hinsichtlich** ihrer **Präferenzen anzuordnen**. Die sich hieraus ergebende Rangordnung dient als Dateninput für ein Verfahren des Conjoint Measurement. Die Auswertung dieser Daten liefert die in Abb. 1 dargebotenen Teilpräferenzfunktionen für die sieben Merkmale. Da sich die (ordinal skalierten) Nutzenwerte aufgrund einer Normierung über alle Merkmale direkt untereinander vergleichen lassen, zeigen die in Tab. 3 abgebildeten Nutzenbereiche der Merkmale deren relative Bedeutung an.

Aus den Ergebnissen geht hervor, daß der **Preis** (34,24%) erwartungsgemäß neben dem **Lieferort** (19,01%) sowie der **Installation** (16,06%) das wichtigste Merkmal darstellt (vgl. Tab. 3). auffällig ist, daß die Teilnutzenfunktionen des Preises einen annäherungsweise linearen Verlauf besitzen, wodurch die Zahlungsbereitschaft der Nachfrager für die einzelnen Merkmale durch einfache Proportionalisierung der Teilnutzenwerte zwischen 0 und 1 ermittelt werden kann (Übrigens findet die klassische Preis/Absatz-Funktion hier ihre Bestätigung, die Nutzenwerte sinken mit steigenden Preisen.). Die Teilnutzenwerte der Preisfunktion können direkt dazu verwendet werden, den Wert einzelner Lieferleistunskomponenten in **Preiseinheiten** auszudrücken.

Karte Nr.	Liefer-zeit	Liefer-ort	Zustell-zeit	Installa-tion	Preis	Rück-nahme	Ein-weisung
1	6	Händler	Außerhalb	Nein	998	Nein	Ja
2	6	Kunde	Innerhalb	Nein	1 198	Ja	Nein
3	2	Kunde	Außerhalb	Ja	1 198	Nein	Ja
4	6	Kunde	Innerhalb	Ja	1 298	Nein	Nein
5	2	Händler	Innerhalb	Ja	998	Ja	Nein
6	4	Kunde	Außerhalb	Nein	998	Nein	Nein
7	4	Händler	Innerhalb	Nein	1 198	Ja	Ja
8	1	Händler	Außerhalb	Nein	1 298	Ja	Nein
9	6	Händler	Außerhalb	Ja	1 098	Ja	Ja
10	1	Kunde	Innerhalb	Ja	998	Ja	Ja
11	2	Kunde	Außerhalb	Nein	1 298	Ja	Ja
12	4	Kunde	Außerhalb	Ja	1 098	Ja	Nein
13	4	Händler	Innerhalb	Ja	1 298	Nein	Ja
14	1	Händler	Außerhalb	Ja	1 198	Nein	Nein
15	1	Kunde	Innerhalb	Nein	1 098	Nein	Ja
16	2	Händler	Innerhalb	Nein	1 098	Nein	Nein

Tab. 2: Die in der Untersuchung verwendeten 16 Lieferservicekarten

Merkmale	Nutzenbereich	Nutzenanteil *(in %)*
Preis	1,000 - 0,000 = 1,000	34,24
Lieferzeit	0,667 - 0,344 = 0,323	11,11
Lieferort	0,776 - 0,222 = 0,554	19,01
Rücknahme	0,676 - 0,321 = 0,355	12,20
Zustellzeit	0,530 - 0,468 = 0,062	2,13
Einweisung	0,575 - 0,423 = 0,152	5,25
Installation	0,733 - 0,265 = 0,468	16,06
	Summe = 2,914	100,00

Tab. 3: Relative Wichtigkeit der Lieferservicemerkmale

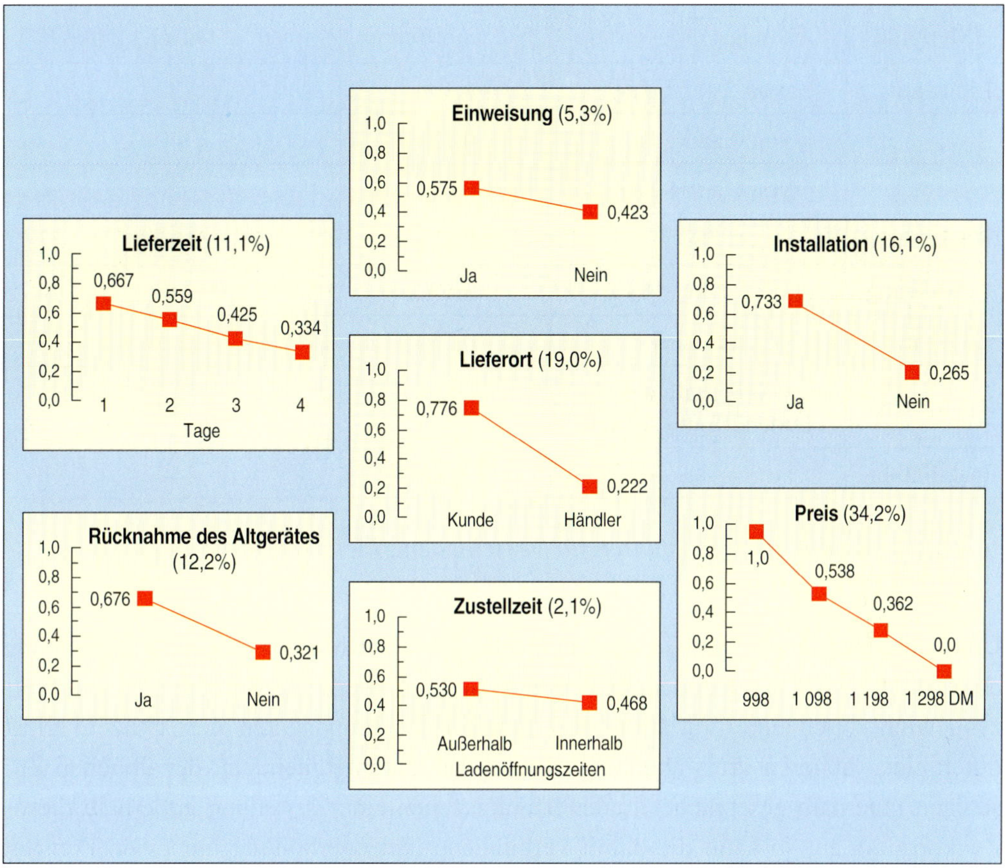

Abb. 1: Teilnutzenfunktionen für sieben Lieferservicekomponenten

Betrachten wir zunächst das Merkmal **„Lieferort"**, das eine Nutzendifferenz zwischen den Merkmalsausprägungen „Anlieferung beim Kunden" (0,776) und „Anlieferung beim Händler" (0,222) von 0,554 aufweist. Diese Differenz entspricht 166 DM, da bei annähernd gegebener Linearität der Preis/Nutzenfunktion eine Preiseinheit von 100 DM für 0,333 Nutzenpunkte ermittelt werden konnte. Der Nachfrager ist also bei gleicher Gesamtzufriedenheit bereit, für eine Anlieferung der Waschmaschine 166 DM aufzuwenden. Die so ermittelten monetären Differenzen aller Merkmalsausprägungen können Tab. 4 entnommen werden.

Überraschend ist, daß die **Lieferzeit**, die häufig als besonders wirksamer Wettbewerbsfaktor herausgestellt wird, für die Nachfrager eine **geringe Bedeutung** besitzt (11%) und eine Lieferzeitverbesserung von z.B. 6 auf 4 Tage von ihnen mit einer Zahlungsbereitschaft von nur 27 DM honoriert wird.

Merkmal	Leistungsverbesserung	Nutzendifferenz	Monetäre Differenz *(in DM)*
Lieferzeit	von 2 auf 1 Tag	0,108	32
	von 4 auf 2 Tage	0,134	40
	von 6 auf 4 Tage	0,091	27
Rücknahme	Ja	0,355	106
Einweisung	Ja	0,152	45
Lieferort	Kunde	0,554	166
Zustellzeit	Außerhalb der Ladenöffnungszeiten	0,062	19
Installation	Ja	0,468	140

Tab. 4: Zahlungsbereitschaften für verschiedene Lieferserviceverbesserungen

Unterzieht man die Ergebnisse einer **isolierten Betrachtung**, so ist eine Verbesserung des Lieferservices aus Kundensicht dann vorteilhaft, wenn die Summe aus dem Nutzengewinn durch eine Variation der Lieferservicekomponenten den Nutzenverlust durch einen höheren Preis übersteigt. Bietet das Unternehmen statt der üblichen Zustellzeit innerhalb gesetzlicher Ladenöffnungszeiten eine Zustellung außerhalb dieses Zeitkorridors an, so kann die damit verbundene Nutzenerhöhung nur einen Preisanstieg von bis zu 19 DM ausgleichen. Folglich kommt diesem Merkmal aus Kundensicht nur eine untergeordnete Bedeutung zu. Weitaus wichtiger sind jene Merkmale, deren Teilnutzenfunktionen eine große Steigung aufweisen (vgl. Abb. 1) und folglich einen großen Beitrag für den Gesamtnutzen liefern. In dieser Untersuchung sind dies die Merkmale Lieferort, Installation und Rücknahme des Altgerätes. In Letzterem wird die zunehmende Bedeutung der Entsorgungslogistik als Wettbewerbsfaktor deutlich. Eine Zahlungsbereitschaft von 106 DM für eine (umweltschonende) Rücknahme des Gerätes kann als wichtiger Anhaltspunkt für die Preisgestaltung von „Umwelt-Leistungen" dienen.

Inwieweit durch unterschiedliche Kombination von Merkmalen des Lieferservices **Wettbewerbsvorteile** erreicht werden können, läßt sich an einem fiktiven Beispiel verdeutlichen: Vergleicht man den existierenden Lieferservice des Unternehmens „A" mit dem Lieferservice des größten Wettbewerbers „B" (vgl. Tab. 5), so ist leicht zu erkennen, daß „B" einen höheren Gesamtnutzen (3,516 gegenüber 3,276) besitzt. Dieser Unterschied zwischen „A" und „B" ergibt sich daraus, daß die mit der Installation verknüpfte Nutzensteigerung den durch den Preis verursachten Nutzenverlust mehr als wettmachen kann. Will das Unternehmen „A" diesen Wettbewerbsnachteil beseitigen oder gar in einen Wettbewerbsvorteil umwandeln, so könnte es zunächst eine Rücknahme des Altgerätes anbieten. Sofern der Preis konstant bleibt, steigt der Gesamtnutzen von „A" auf 3,631 Nutzeneinheiten. Weiterhin wäre es möglich, dem Kunden ins Haus zu liefern. Wird diese Verbesserung des Lieferservices auch preisneutral vollzogen, erhöht sich der Gesamtnutzen von „A" sogar auf 4,185 Nutzeneinheiten.

Merkmal	Typ „A"		Typ „B"		Typ „A*"	
	Merkmalsausprägung	Nutzenwert	Merkmalsausprägung	Nutzenwert	Merkmalsausprägung	Nutzenwert
Lieferzeit	4 Tage	0,425	2 Tage	0,559	4 Tage	0,425
Rücknahme	Nein	0,321	Nein	0,321	Ja	0,676
Einweisung	Ja	0,575	Ja	0,575	Ja	0,575
Lieferort	Händler	0,222	Händler	0,222	Kunde	0,776
Zustellzeit	Innerhalb	0,468	Innerhalb	0,468	Innerhalb	0,468
Installation	Nein	0,265	Ja	0,733	Ja	0,733
Preis	998 DM	1	1 098 DM	0,638	1 198 DM	0,362
Summe		**3,276**		**3,516**		**4,015**

Tab. 5: Vergleich der Nutzenwerte von drei Lieferservicepaketen

Zur Realisierung eines Wettbewerbsvorteils ist es **nicht** zwingend erforderlich, einen verbesserten Lieferservice **zu konstanten Preisen** anzubieten. Sieht das Unternehmen „A" hinsichtlich der Installation und Rücknahme eine Verbesserung des Lieferservices vor, steigt der Gesamtnutzen auf 4,015, selbst wenn mit dieser Maßnahme eine Preiserhöhung von 998 DM auf 1 198 DM (vgl. „A" in Tab. 5) einhergeht. Offenbar ist für den Kunden der Nutzenzuwachs der Lieferleistung größer als die mit der Preiserhöhung um 200 DM verbunden Nutzensenkung. Aufgrund des höheren Gesamtnutzens, den die Variante „A*" gegenüber „A" und „B" erzielt, verbessert das Unternehmen mit der Variante „A*" seine Absatzchancen. Sofern die Preiserhöhung von 200 DM die variablen Kosten der Lieferserviceverbesserungen übersteigt, ergeben sich zusätzliche positive Effekte für den Deckungsbeitrag von „A".

3 Implikationen für die Gestaltung der Distributionslogistik

Nicht nur für die wettbewerbsorientierte Gestaltung des Lieferservices lassen sich aus der Conjoint-Analyse Handlungsempfehlungen ableiten sondern auch für die Gestaltung weiterer Distributionsleistungen. So deutet die relativ hohe Wichtigkeit des Merkmals **Lieferort** auf die Notwendigkeit hin, die Kunden zu Hause zu beliefern.

Die Logistikkette der Distribution erstreckt sich von den Fertigwarenlagern der Hersteller bis zu den Verkaufspunkten beim Handel bzw. Auslieferungspunkten beim Endverbraucher. In der Praxis sind hierbei im wesentlichen zwei unterschiedliche Formen der Belieferung anzutreffen. Zum einen erfolgt die Belieferung **direkt** vom Produzenten zum Verkaufspunkt, zum anderen werden Zentrallager beliefert, von denen die **Feinverteilung** an die Händler durchgeführt wird. Soll eine Direktbelieferung der Endkunden angestrebt werden, so wird diese ökonomisch nur dann zu realisieren sein, wenn das Transportaufkommen für eine regionale Belieferung mehrerer Endverbraucher ausreicht. Dies bedeutet eventuell eine Lieferzeitausdehnung für den Kunden. Da die Wichtigkeit der Lieferzeit nur 11,1% entspricht und eine längere Lieferzeit nutzentheoretisch z.B. über einen geringeren Preis kompensiert werden kann, liegt es nahe, einer solchen Direktbelieferung gegenüber der traditionellen Lagerhaltung beim Händler den Vorzug einzuräumen. Die Ersparnisse, die aus dieser Transportart resultieren, können dem Kunden über den Preis weitergegeben werden.

Diese Überlegungen lassen sich auch auf die **organisatorische Gestaltung** der Auslieferung übertragen. Oben wurde festgestellt, daß die relative Wichtigkeit für die Rücknahme des Altgerätes (12,2%) und die Anlieferung (19%) sich auf eine gesamte Entscheidungsbedeutung von 31,2% addiert. Wird zusätzlich neben der Anlieferung und Rücknahme eine Installation (16%) angeboten, erhöht sich die Entscheidungsrelevanz auf 47,2%. Aufgrund dieses hohen Wertes erscheint es vorteilhaft, diese Distributionsleistung als Lieferservicebündel den Nachfragern anzubieten. Gelingt es, durch eine organisatorische Ausgestaltung der Auftragsabwicklung diese Servicekomponenten aus einer Hand und zeitlich relativ synchron durchzuführen, lassen sich nicht nur Wettbewerbsvorteile realisieren, sondern durch die hohe Zahlungsbereitschaft (313 DM) der Nachfrager zusätzliche Deckungsbeiträge erwirtschaften, wenn die Gegenüberstellung der mit Geldeinheiten bewerteten Leistungskomponenten mit den anfallenden Kosten zu einem positiven Saldo führt.

Auch interessiert man sich häufig für die Lieferzeit deshalb, weil von dem zeitlichen Muster der Belieferung wesentlich die **Gestaltung** des gesamten **Lagerwesens** abhängt. Besitzt nun die Lieferzeit, wie in der vorliegenden Untersuchung, eine geringe Bedeutung (11%), so ist dies ein Anzeichen dafür, daß das Lagerwesen nicht vorwiegend von der Lieferzeit determiniert werden muß. Wird bewußt eine längere Lieferzeit (z.B. vier statt zwei Tage) angeboten und der dadurch entstehende Nutzenverlust durch eine Variation der anderen Servicekomponenten (z.B. Einweisung) ausgeglichen, eröffnen sich im Lagerwesen Rationalisierungsmöglichkeiten. Daraus kann eine Verringerung der Sicherheitsbestände resultieren, eventuell sogar die Aufgabe kostenintensiver Regionallager. Durch die Verlängerung der Lieferzeit wird schließlich noch eine Bündelung der Transporte möglich, so das sich zusätzlich Skaleneffekte realisieren lassen.

Kundenbindung im Handel: Ziele und Instrumente

Christian Homburg

1 Motivation

Begriffe, die das Wort Kunde beinhalten, genießen derzeit - nicht nur im Handel - eine sehr hohe Popularität. Insbesondere der Terminus Kundenbindung ist hervorzuheben. Viele Unternehmen haben erkannt, daß Kunden mit zunehmender Dauer der Geschäftsbeziehung immer rentabler werden können. Legt man die diesbezüglichen Ergebnisse von *Reichheld/Sasser* (1991) zugrunde, so basieren die Profitabilitätspotentiale langfristiger Geschäftsbeziehungen vor allem auf erhöhter Kauffrequenz, gestiegenen Rechnungsbeträgen sowie geringeren Kosten. Für die in dieser Studie untersuchten Dienstleistungs- bzw. Handelsbranchen bewirkt eine Senkung der Kundenabwanderungsrate um fünf Prozentpunkte eine Gewinnsteigerung um 25 bis 85%. Diese Zahlen belegen eindrucksvoll, daß die Auseinandersetzung mit der Kundenbindung kein Selbstzweck ist, sondern ein Mittel zum Erreichen von Profitabilität.

Vor diesem Hintergrund werden im nächsten Abschnitt die zentralen Begriffe Kundenzufriedenheit und Kundenbindung erläutert. Im dritten Abschnitt werden Strategien und Instrumente der Kundenbindung erörtert. Anschließend wird auf die Benefit-Segmentierung als Schlüssel einer Kundenbindungsstrategie eingegangen. Dem schließt sich im fünften Abschnitt eine Diskussion über Aspekte der internen Umsetzung der Kundenbindung an. Ein Resümee rundet diesen Artikel ab. Die wesentlichen Aussagen des Artikels sind in Thesenform aus dem Text herausgehoben.

2 Kundenzufriedenheit und Kundenbindung

2.1 Die Begriffe Kundenzufriedenheit und Kundenbindung

Unter Kundenzufriedenheit wird das Resultat eines komplexen psychischen Vergleichsprozesses verstanden (vgl. *Homburg/Rudolph* 1998). Der Kunde führt hier einen Vergleich seiner Erfahrungen nach dem Gebrauch eines Sachgutes oder einer Dienstleistung (Ist-Leistung) mit einem vor der Nutzung bereits vorhandenen Vergleichsstandard (Soll-Leistung) durch. Man spricht hier auch von dem sog. **Konfirmations/Diskonfirmations-Paradigma** der Kundenzufriedenheit. Im Falle der Bestätigung oder des Übertreffens der zugrunde gelegten Soll-Leistung entsteht beim Kunden Zufriedenheit. In Abb. 1 ist das Konfirmations/Diskonfirmations-Paradigma dargestellt. Hervorzuheben ist hier, daß der Begriff Kundenzufriedenheit sehr umfassend verstanden wird. Kundenzufriedenheit bezieht sich auf die Gesamtheit der Erfahrungen eines Kunden mit einem bestimmten Anbieter und dessen Produkten/Dienstleistungen.

Vielfach wird der Begriff Kundenbindung mit dem regelmäßigen **Wiederkaufverhalten** des Kunden gleichgesetzt. Eine solche enge Begriffsauffassung läßt jedoch die Tatsache außer acht, daß Wiederkaufverhalten aus den verschiedensten Gründen auftreten kann. Bspw. kann Wiederkaufverhalten auf Gewohnheit oder Bequemlichkeit basieren. Ein derart motiviertes Wiederkaufverhalten als Kundenbindung zu interpretieren, erscheint einigermaßen fragwürdig. Von Kundenbindung im positiven Sinne des Wortes kann nur dann ausgegangen werden, wenn das Wiederkaufverhalten auf einer positiven Einstellung des Kunden basiert. Daher geht man im Rahmen eines modernen Verständnisses davon aus, daß Kundenbindung neben dem Wiederkaufverhalten zwei weitere Dimensionen beinhaltet. Dies sind die Weiterempfehlung durch den Kunden und das Cross-Buying-Potential beim Kunden. Die Weiterempfehlung von Bestandskunden an Nichtkunden stellt gewissermaßen ein „Geschenk" an das Unternehmen in Form kostenloser Werbung dar. Mit Cross-Buying-Potential ist die Bereitschaft des Kunden gemeint, auch zusätzliche Produkte und/oder Dienstleistungen des Unternehmens in Anspruch zu nehmen. Beide Dimensionen reflektieren eine positive Einstellung des Kunden. Diese dreidimensionale Konzeptualisierung des Begriffs Kundenbindung schließt somit Wiederkaufverhalten, welches auf Bequemlichkeit oder Gewohnheit basiert, aus. Somit ergibt sich unsere erste These:

These 1: Kundenbindung ist mehr als Wiederkaufverhalten. Kundenbindung umfaßt zusätzlich noch die Weiterempfehlung und das Cross-Buying-Potential.

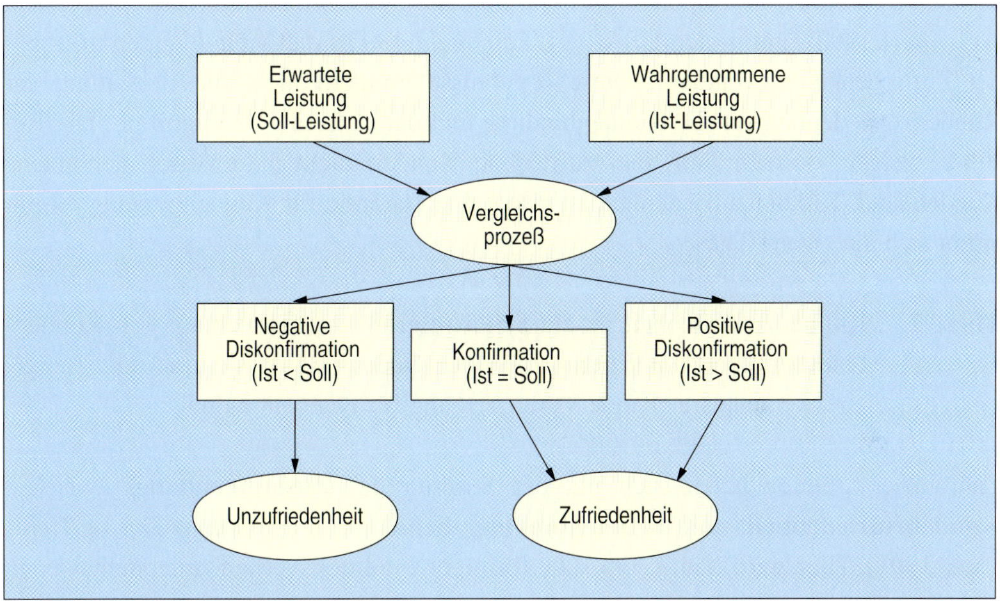

Abb. 1: Das Konfirmations/Diskonfirmations-Paradigma der Kundenzufriedenheit

2.2 Der Zusammenhang zwischen Kundenzufriedenheit und Kundenbindung

In der Literatur werden verschiedene **Gründe der Kundenbindung** angeführt. So unterscheiden *Meyer/Oevermann* (1995) zwischen psychologischen, situativen, rechtlichen, ökonomischen und technologischen Determinanten. Diese Unterscheidung verdeutlicht, daß Kundenbindung nicht zwangsläufig auf Kundenzufriedenheit basiert. Bspw. kann Wiederkaufverhalten des Kunden durch eine langfristige vertragliche Bindung verursacht werden. Allerdings hat die Kundenzufriedenheit - eine psychologische Determinante der Kundenbindung - unter den zahlreichen Determinanten eine Sonderstellung: Sie ist die einzige Größe, die sich auf alle drei Komponenten der Kundenbindung positiv auswirkt. Es ist offensichtlich, daß eine vertragliche Bindung zwar das Wiederkaufverhalten, aber sicherlich nicht das Weiterempfehlungsverhalten des Kunden beeinflussen wird. Vor diesem Hintergrund ist es gerechtfertigt, die Kundenzufriedenheit als Schlüsselfaktor der Kundenbindung zu bezeichnen.

In jüngster Zeit wird die Bedeutung der Kundenzufriedenheit von manchen Autoren **kritisch diskutiert**. So zeigen empirische Studien in der Bundesrepublik Deutschland (vgl. *Gierl* 1993) und in den USA (vgl. *Reichheld* 1993), daß viele Kunden trotz hoher Zufriedenheit abwandern. Diese Ergebnisse mindern nicht die Bedeutung der Kundenzufriedenheit für die Kundenbindung und damit für die Profitabilität. Die Resultate zeigen vielmehr auf, daß zufriedene Kunden nicht automatisch gebundene Kunden sind. Kundenzufriedenheit ist also keine Garantie für Kundenbindung. Somit ergibt sich die zweite These:

These 2: Kundenzufriedenheit ist die Schlüsselgröße zur Erreichung von Kundenbindung. Trotz ihrer herausragenden Bedeutung ist sie eine notwendige, aber keine ausreichende Voraussetzung für Kundenbindung.

Zahlreiche Arbeiten haben sich mit der Struktur des **Zusammenhangs** zwischen **Kundenzufriedenheit und Kundenbindung** befaßt (vgl. *Homburg/Giering/Hentschel* 1998). Hier wird häufig ein sattelförmiger Funktionsverlauf unterstellt, der in Abb. 2 veranschaulicht ist. Im Bereich mittlerer Kundenzufriedenheit existiert demnach ein Indifferenzbereich, in dem Veränderungen der Kundenzufriedenheit keine nennenswerten Effekte auf die Kundenbindung haben. Dagegen geht man von signifikanten Reaktionen sehr unzufriedener Kunden unterhalb (Bereich der Kundenabwanderung) und sehr zufriedener Kunden oberhalb (Bereich der echten Kundenbindung) des Indifferenzbereichs aus. Hieraus folgt unsere dritte These:

These 3: Kundenzufriedenheitsmanagement lohnt sich nur mit perfektionistischer Einstellung, da sich mittelmäßige Kundenzufriedenheit nicht bezahlt macht.

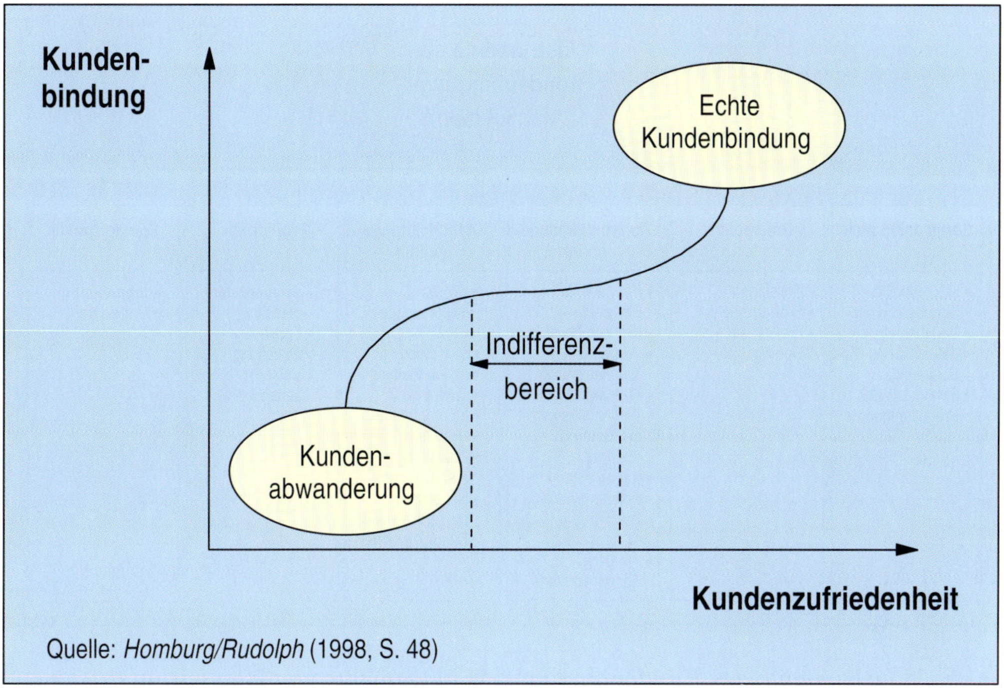

Abb. 2: Der Zusammenhang zwischen Kundenzufriedenheit und Kundenbindung

3 Strategien und Instrumente der Kundenbindung

3.1 Marketing-Mix-Instrumente

Spricht man mit Handelsmanagern über Kundenbindung, so erfolgt häufig die unmittelbare Assoziation mit **Kundenkarten** und **Kundenclubs**. Sicherlich ist richtig, daß es sich hierbei um interessante Instrumente zum Management der Kundenbindung handelt. Allerdings sollte man nicht übersehen, daß grundsätzlich alle Komponenten des Marketing-Mix zur Steigerung der Kundenbindung eingesetzt werden können. Abb. 3 zeigt ausgewählte Ansatzpunkte für Handelsunternehmen auf. Unsere These in diesem Zusammenhang lautet:

These 4: Alle Komponenten des Marketing-Mix können zur Steigerung der Kundenbindung eingesetzt werden.

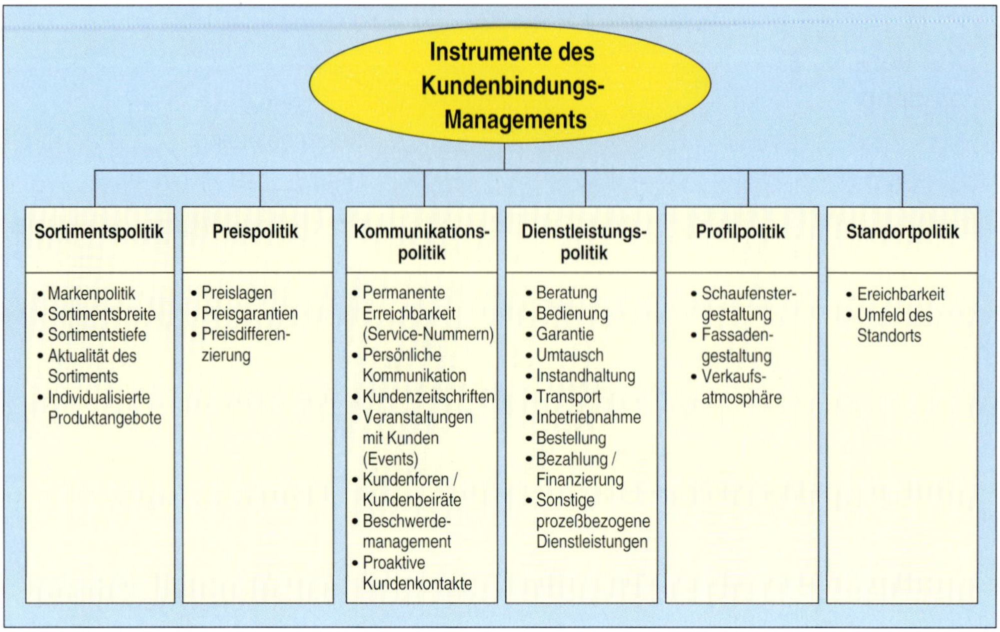

Abb. 3: Instrumente des Kundenbindungs-Managements von Handelsunternehmen

Bei der **Sortimentspolitik** kann ein Handelsunternehmen eine hohe Kundenbindung durch eine intelligente Markenpolitik - sei es durch das Anbieten von Hersteller- oder Handelsmarken bzw. No Names - erreichen. Selbstverständlich können auch die klassischen Instrumente Sortimentsbreite und Sortimentstiefe sowie die Aktualität des Sortiments zur Kundenbindung beitragen. Sehr interessant sind individualisierte Produktangebote. Dabei ist das Wort individualisiert nicht zu eng auszulegen. Einige Unternehmen des Bekleidungseinzelhandels bieten bspw. „maßgeschneiderte" Jeans an, die nicht im strengen Sinne individuell auf den Kunden zugeschnitten sind.

Im Rahmen der **Preispolitik** kann die Ausgewogenheit von Preislagen sowie das Anbieten von Preisgarantien das Binden von Kunden fördern. Vielversprechende Potentiale eröffnen sich auch durch die Preisdifferenzierung (vgl. *Faßnacht* 1996). Man spricht von Preisdifferenzierung, wenn ein Anbieter für ein annähernd gleiches Produkt (Dienstleistung oder Sachgut) von unterschiedlichen Kundensegmenten verschiedene Preise verlangt. Insbesondere die mengenbezogene Preisdifferenzierung, bei der der vom Kunden zu entrichtende Durchschnittspreis (Stückpreis) eines Produktes mit der Abnahmemenge oder dem Umsatz sinkt, ist hier vielversprechend. Die von einigen Einzelhandelsunternehmen eingesetzten Rabattmarken, bei der der Kunde für seine Treue belohnt wird, fallen in diesen Kontext.

Auch in der **Kommunikationspolitik** liegt ein erhebliches Kundenbindungspotential. Die Instrumente im Rahmen der Kommunikationspolitik weisen zwei Besonderheiten auf. Zum einen werden mit ihrer Hilfe Kunden über Kundenbindungsaktivitäten des Unternehmens informiert. Zum anderen können Unternehmen durch sie Informationen über Kunden gewinnen, anhand derer sie gezielt Kundenbindungsaktivitäten durchführen können. Es ist mittlerweile relativ weit verbreitet, daß Handelsunternehmen rund um die Uhr über sog. Service-Nummern (0130- oder 0180-Nummern) zu erreichen sind.

Auch die persönliche Kommunikation ist aufgrund der direkten Interaktion zwischen Kunden und Mitarbeitern des Handelsunternehmens von großer Bedeutung. Kundenzeitschriften stellen ein adäquates Medium dar, um mit Kunden auf kontinuierlicher Basis zu kommunizieren. In Kundenforen treffen sich Kunden regelmäßig mit Mitarbeitern des Handelsunternehmens und sprechen über Probleme und Wünsche. Ein ähnliches Ziel wird auch mit den Kundenbeiräten verfolgt, die sich jedoch nicht wie Kundenforen in regelmäßigen Abständen treffen. Beim Beschwerdemanagement sollte man immer vor Augen haben, daß Beschwerden Chancen für Unternehmen darstellen. Sehr interessant ist auch das proaktive Kundenkontaktmanagement. Hier wird aktiv auf den Kunden zugegangen, wenn erkannt wird, daß ein Bedarf vorliegt bzw. vorliegen könnte. Immer wieder hört man von Kunden die Beschwerde, daß sie die gesuchte Ware nicht finden können, obwohl sie sich im Regal befindet. Diese (potentiellen) Umsatzverluste kann man dadurch verhindern, daß Mitarbeiter Kunden ansprechen, ob sie alle gewünschten Waren gefunden haben.

Sehr große Chancen für eine hohe Kundenbindung werden in der **Dienstleistungspolitik** gesehen. Handelsbezogene Dienstleistungen können in einem mehr oder weniger engen Zusammenhang mit der Vermarktung der eigenen Waren stehen. Abb. 4 veranschaulicht, anhand welcher Dienstleistungen sich der Einzelhandel differenzieren kann. Die durch diese zehn Dienstleistungsarten, vor allem die Beratung und die Bedienung, zustande kommenden persönlichen Kontakte zwischen Mitarbeitern und Kunden erschweren letzteren den Wechsel zu Konkurrenten. Die Existenz von persönlichen Beziehungen ist ein Hauptgrund dafür, daß Kunden Stammkunden sind und bleiben und nicht zur Konkurrenz abwandern. Man kommt damit zur folgenden These:

These 5: Dienstleistungen sind in vielen Handelsbereichen der Schlüssel zur Kundenbindung. Dienstleistungen sind schwerer zu kopieren als Waren.

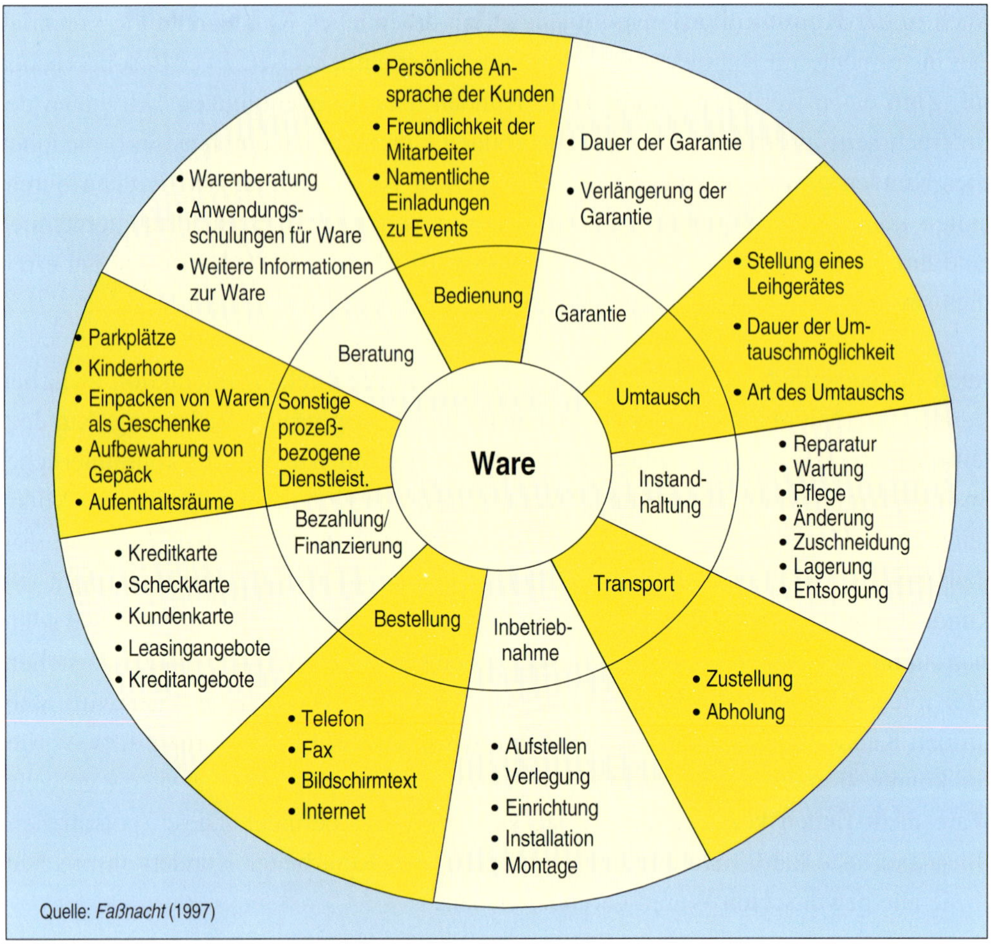

Quelle: *Faßnacht* (1997)

Abb. 4: Einzelhandelsbezogener Dienstleistungskranz

Bei der **Profil-** und **Standortpolitik** spielt die atmosphärische Komponente - zum Beispiel die Verkaufsatmosphäre, das Umfeld des Standorts - eine wesentliche Rolle. Nicht zuletzt kann der praktische Aspekt der Erreichbarkeit des Standorts des Handelsunternehmens für die Kundenbindung - insbesondere im Lebensmittel-Einzelhandel - von Bedeutung sein.

Die bisherige separate Diskussion einzelner Instrumente des Kundenbindungs-Managements soll nicht suggerieren, daß der Schritt zu mehr Kundenbindung durch ein einzelnes Instrument erzielt werden kann. Vielmehr ist eine sinnvolle Kombination einer Reihe von Instrumenten zu empfehlen. Dabei sind die **fünf folgenden Prinzipien** zu beachten (vgl. *Diller* 1995; *Homburg/Werner* 1998):

(1) Information: Kunden sind über die Maßnahmen im Rahmen des Kundenbindungsmanagements zu informieren. Nicht informierte Kunden können schwierig gebunden werden.

(2) Investition: Kundenbindung erfordert abgewogene Investitionen in die Geschäftsbeziehung mit Kunden. Man muß sich genau überlegen, in welche Kundengruppe investiert werden soll.

(3) Individualität: Maßnahmen der Kundenbindung sind auf Kundengruppen auszurichten, da Kunden in ihren Bedürfnissen unterschiedlich sind.

(4) Interaktion: Kundenbindung geht von einer regen Interaktion zwischen Kunden und Handelsunternehmen aus.

(5) Integration: Kunden sollten in die Unternehmensstrukturen und -prozesse eingebunden werden.

Von diesen fünf Prinzipien sind insbesondere das zweite und dritte hervorzuheben. Diese beiden Prinzipien zusammenfassend, kommt man zur nächsten These:

These 6: Kundenbindungsstrategien und -instrumente können nicht nach dem Gießkannenprinzip funktionieren. Eine Kundenfokussierung ist erforderlich.

3.2 Kundenkarten und Kundenclubs

Eine besondere Popularität im Handel genießen Kundenkarten und Kundenclubs. **Kundenkarten** können folgende Leistungen beinhalten:

- Bargeldlosen Einkauf
- Eine Rückvergütung ab einer bestimmten Kaufsumme im Jahr
- Versicherungsschutz
- Günstige Angebote von Dienstleistern (Reiseveranstalter, Autovermietung)
- Gegebenenfalls zusätzlich individuelle Dienstleistungen (Mitnahme von Waren zur Ansicht, Geschenkverpackungsservice)

Die von Kundenkarten manchmal schwer zu trennenden Kundenclubs bieten gegenüber ersteren das regelmäßige Erbringen von zusätzlichen Dienstleistungen an. Zudem stehen bei Kundenkarten vor allem ökonomische Vorteile im Vordergrund, während Kundenclubs sowohl ökonomische als auch emotionale Vorteile bieten. Kundenclubs sind „... von einem oder von mehreren Unternehmen initiierte, organisierte oder zumindest geförderte Vereinigungen von tatsächlichen oder potentiellen Kunden mit einem bestimmten Organisationsgrad" (*Diller* 1997, S. 33). Kundenclubs können hinsichtlich Zielgruppe und Leistung unterschiedlich sein. Folgende wichtige **Arten von Kundenclubs** sind zu unterscheiden (vgl. *Butscher* 1995):

- **VIP-Club:** Dieser richtet sich vor allem an umsatzstarke Stammkunden und VIPs aus Politik, Wirtschaft und Gesellschaft. Die Clubleistungen beinhalten neben dem Prestigeeffekt der Mitgliedschaft häufig auch finanzielle Vorteile.

- **On-Top-Club:** Obwohl der Kundenclub allen Kunden zugänglich ist, wird hier speziell auf besonders attraktive Mitglieder abgestellt, die die Clubleistungen oft in Anspruch nehmen und/oder eine hohe Kauffrequenz aufweisen. Leistungscharakteristika der Clubs sind exklusive Zusatzleistungen (Entertainment- sowie Travel-Angebote).

- **Lifestyle-Club:** Kundengruppen mit einem extravaganten, gehobenen Lebensstil sollen gebunden werden. Dies versucht man durch speziell auf diese Gruppen zugeschnittene (prestigebringende) Leistungen zu erzielen.

- **Fan-Cub:** Dieser richtet sich an alle Kunden, bei denen man hofft, die Bindung insbesondere durch ein hohes Markenimage herzustellen. Den Mitgliedern werden Leistungen wie Einladungen zu gemeinsamen Veranstaltungen, Geschenke, Fan-Club-Post und günstige Sonderprodukte angeboten.

- **Kunden-Vorteils-Club:** Dieser steht allen Kunden offen und i.d.R. umfassen die Leistungen Prämien sowie exklusive Angebote für Clubmitglieder.

- **Empfehler-Club:** Alle Kunden können diesem Club beitreten. Die Gewinnung und Bindung neuer bzw. bestehender Mitglieder sowie die Steigerung der Freundschaftswerberquote haben hier erste Priorität. Hierfür bietet der Club hochwertige Prämien und attraktive Zusatzleistungen an.

- **Product-Interest-Club:** Die Mitgliedschaft ist sowohl für Kunden als auch für Nichtkunden möglich. Neben der Bindung von Kunden wird zusätzlich der Abbau von Akzeptanzschwellen bei stark erklärungsbedürftigen Waren/Dienstleistungen angestrebt. Zu den typischen Leistungen zählen die Einrichtung einer Hotline, der Versand einer Club-Zeitschrift sowie exklusive Vorabinformation über Produktneuheiten.

Die Mitglieder von Kundenclubs genießen sowohl ökonomische als auch emotionale **Vorteile**. Das Ausmaß dieser Vorteile in Abhängigkeit von der Art des Kundenclubs wird in Abb. 5 veranschaulicht.

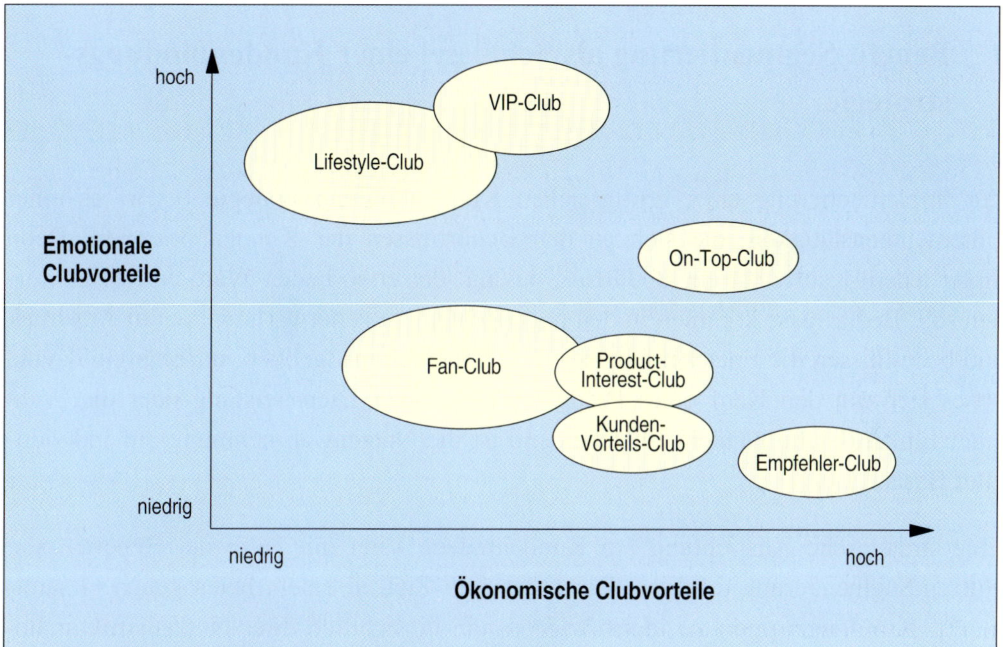

Quelle: in Anlehnung an *Diller* (1996, S. 9); *Homburg/Faßnacht* (1998, S. 424)

Abb. 5: Arten und Vorteile von Kundenclubs

Die **Chancen von Kundenclubs** konnten von *Diller* (1997) in einer empirischen Studie im Motorradfachhandel angedeutet werden. Die Studie kam zu dem Resultat, daß durch den betrachteten Kundenclub ein Kundenpublikum besser erreicht wird, das langfristig besonders attraktive Umsatzpotentiale bietet.

Die Ausführungen zu Kundenkarten und Kundenclubs haben verdeutlicht, daß deren sinnvolle Gestaltung eine anspruchsvolle und herausfordernde Aufgabe darstellt, die entsprechende Investitionen nach sich zieht. Beide Möglichkeiten der Kundenbindung erschließen allerdings nur dann Profitabilitätspotentiale für Handelsunternehmen, wenn sie Kunden einen echten Nutzen erbringen. Kunden müssen also die ökonomischen und emotionalen Clubvorteile als Nutzen wahrnehmen. Dabei kann der Nutzen für verschiedene Kundengruppen unterschiedlich aussehen. Somit gelangt man zur folgenden These:

These 7: Kundenkarten und Kundenclubs machen langfristig nur Sinn, wenn sie für den Kunden echten Nutzen bringen. Dabei ist der Nutzen für Kundengruppen unterschiedlich.

4 Benefit-Segmentierung als Schlüssel einer Kundenbindungsstrategie

Zur Implementierung einer erfolgreichen Kundenbindungsstrategie bedarf es einer Unternehmenstätigkeit, die sich an den Bedürfnissen der Kunden orientiert. Denn hinter jedem Kauf steht ein Bedürfnis, das mit der erworbenen Ware befriedigt werden soll. Bedürfnisse kommen in den angestrebten Nutzenerwartungen zum Ausdruck und beeinflussen die Entscheidung des Konsumenten maßgeblich, unabhängig davon, ob es sich um den Kauf eines Produktes bzw. einer Dienstleistung oder die Wahl einer Einkaufsstätte handelt. Entscheidend ist die Nutzenwahrnehmung auf individueller Basis.

Eine strategische Ausrichtung am Kundennutzen kann mit Hilfe der Benefit- oder Nutzen-Segmentierung erfolgen. Diese hat zum Ziel, in einem heterogenen Gesamtmarkt, **Kundengruppen zu identifizieren**, die hinsichtlich ihrer Nutzenstruktur homogen sind und den Marketing-Mix auf diese oder einzelne dieser Kundengruppen auszurichten. Methodisch kommt i.d.R. die **Conjoint-Analyse** zur Ermittlung von Nutzenstrukturen zur Anwendung. Dieses multivariate Verfahren ist in der Lage, auf Basis einer Präferenzrangfolge von Produkten bzw. Dienstleistungen oder Einkaufsstätten die individuelle Nutzenstruktur von Befragten zu schätzen. Diese gibt Aufschluß über die Wichtigkeiten, die ein Kunde den einzelnen Eigenschaften eines Produktes oder einer Einkaufsstätte beimißt. Des weiteren kann der Nutzenbeitrag jeder Eigenschaftsausprägung zum Gesamtnutzen ermittelt werden. Auf Basis dieser Werte können Kunden mit gleichartiger Nutzenstruktur zu Benefit-Segmenten gruppiert werden. Typischerweise kommt hier das Verfahren der Clusteranalyse zur Anwendung. Insbesondere werden **fünf Schritte** der Benefit-Segmentierung unterschieden (vgl. *Perrey* 1998):

(1) Festlegung der relevanten Eigenschaften (des Produkts, der Dienstleistung oder der Einkaufsstätte) und deren Ausprägungen

(2) Entwicklung eines Erhebungsdesigns in Form unterschiedlicher Leistungskombinationen, das dazu dient, die Nutzenerwartungen der Befragten zu erfassen

(3) Schätzung der Teilnutzenwerte für sämtliche Eigenschaftsausprägungen

(4) Ermittlung der Nutzensegmente durch Aggregation von Nachfragern mit gleicher oder ähnlicher Nutzenstruktur

(5) Auswahl von Kundengruppen und Ausrichtung des Marketing-Mix auf diese

Die Durchführung einer Benefit-Segmentierung soll an einem **Beispiel aus dem Lebensmittel-Einzelhandel** verdeutlicht werden. Als relevante Eigenschaften einer Einkaufsstätte aus Kundensicht wurden identifiziert (**Schritt 1**):

- Sortiment: Ausprägungen sind hier unterschiedliche Sortimentsbreiten
- Zusatzsortiment (z.B. Obst-, Gemüsetheke, Produkte aus ökologischem Anbau): Ausprägungen: vorhanden - nicht vorhanden
- Dienstleistungen (z.B. Beratung, Einpackservice): Ausprägungen: vorhanden - nicht vorhanden
- Erreichbarkeit: Ausprägungen sind hier Zentrums- oder Randlage
- Preis (hoch-, mittel- oder niedrigpreisig)

Das Erhebungsdesign enthält nun verschiedene Profile von Einkaufsstätten (**Schritt 2**), die von den Befragten in eine Präferenzreihenfolge gebracht werden. Diese Präferenzurteile liegen der Schätzung von Teilnutzenwerten und der Bedeutung der Eigenschaften zugrunde (**Schritt 3**). Im vorliegenden Beispiel werden die Nutzensegmente auf Basis der Teilnutzenwerte ermittelt (**Schritt 4**). Dadurch erhält man vier Kundensegmente:

(1) Die Preisbewußten

(2) Die Value-Shopper (Preis/Leistungs-Shopper)

(3) Die Convenience-Shopper

(4) Die Ernährungsbewußten

Abb. 6 veranschaulicht die Präferenzstruktur in den einzelnen Kundensegmenten und die relative Größe der vier Kundensegmente. Es wird deutlich, daß für jede dieser Kundengruppen verschiedene Eigenschaften von unterschiedlicher Wichtigkeit sind. Naturgemäß spielt der Preis für die Kundengruppe „die Preisbewußten" die größte Rolle. Dagegen ist der Preis für die Convenience-Shopper von nachrangiger Relevanz.

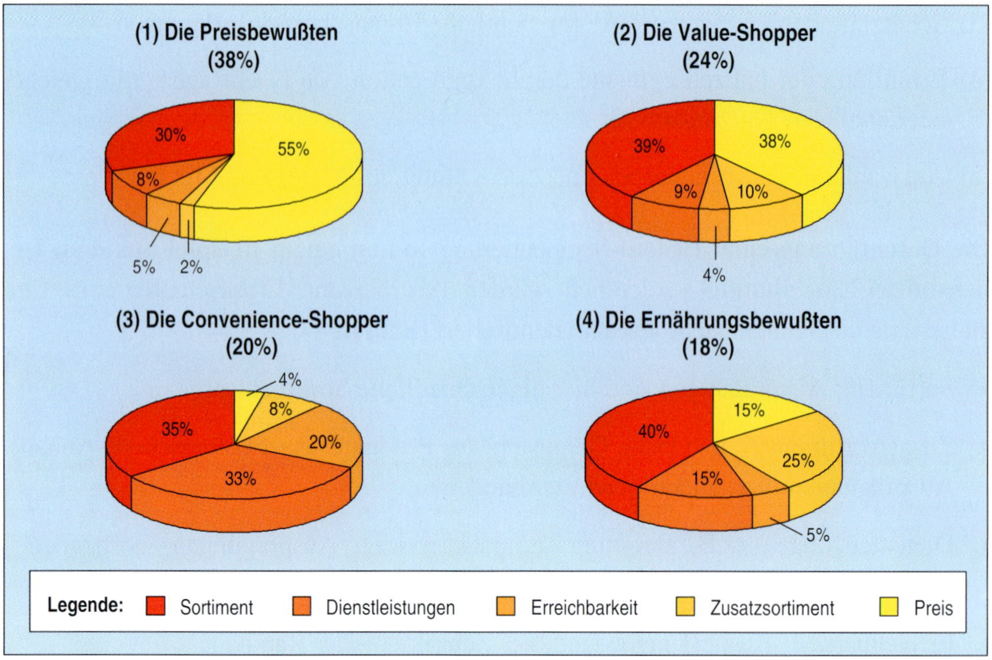

Abb. 6: Resultat einer Benefit-Segmentierung im Lebensmittel-Einzelhandel

Gelingt es, die Leistungen und den Marketing-Mix des eigenen Unternehmens an den Nutzenvorstellungen der Kundengruppen auszurichten, so wird eine dauerhafte Geschäftsbeziehung gesichert (**Schritt 5**). Ein Kunde wird im Regelfall zu jener Einkaufsstätte zurückkehren, die seine Nutzenerwartungen am besten erfüllt. Folglich ist eine Orientierung am Kundennutzen traditionellen Segmentierungsstrategien deutlich überlegen, da letztere i.d.R. wenig Bezug zur eigentlichen Einkaufsstättenwahl oder Produktwahl aufweisen. Dies gilt insbesondere für den hybriden Konsumenten. Als hybrides (zwitterhaftes) Kaufverhalten bezeichnet man „den Sachverhalt, daß ein und derselbe Käufer für bestimmte Produkte bereitwillig viel Geld ausgibt, bei anderen aber genau auf den Preis achtet ..." (*Schmalen* 1994, S. 1222). Somit wird eine Marktsegmentierung auf Basis von Einkommen oder sozialer Schicht, aus der man generelle „Billig-" oder „Teuer-Käufer" ableiten könnte, wenig erfolgversprechend sein.

Mit Hilfe der Benefit-Segmentierung läßt sich jedoch erkennen, in welchen Bereichen für welchen Konsumenten der Preis entscheidend ist und in welchen Bereichen ein der Nutzenstruktur optimal entsprechendes Leistungsangebot zu hoher Preisbereitschaft führt. Folglich lauten in diesem Kontext unsere Thesen:

These 8: Die Messung von Kundennutzen ist die aussagefähigste Basis der Segmentierung. Eine solche Benefit-Segmentierung ist der Schlüssel zur Entwicklung einer Kundenbindungsstrategie.

These 9: Mit Hilfe einer solchen Benefit-Segmentierung sind aussagestarke und praktikable Segmentierungen auch im Zeitalter des „hybriden“ Konsumenten möglich.

5 Interne Umsetzung der Kundenbindung

Nach der Diskussion extern orientierter Aspekte der Kundenbindung wird nun die interne Umsetzung der Kundenbindung erörtert. Hierbei sind die folgenden Aspekte von Relevanz:

(1) Information

(2) Personalführung

(3) Unternehmenskultur

(4) Organisation

(1) Information

Es ist für Handelsunternehmen unverzichtbar, über eine aktuelle und umfassende Informationsbasis zu verfügen. Hervorzuheben ist, daß systematische Kundenbefragungen nicht nur sporadisch, sondern kontinuierlich durchgeführt werden. Kundenerwartungen bleiben über einen gewissen Zeitraum nicht stabil, sondern unterliegen einem Veränderungsprozeß. Die kontinuierliche und systematische Befragung von Kunden symbolisiert auch unternehmensintern die Bedeutung von Kunden. Diese Gedanken zusammenfassend, erhält man die folgende These:

These 10: Nur regelmäßige und systematische Messung von Kundenzufriedenheit und Kundenbindung verschafft diesen beiden Erfolgsfaktoren unternehmensintern das notwendige Gewicht.

(2) Personalführung

Aufgrund der direkten Interaktion zwischen Kunde und Mitarbeiter des Handelsunternehmens spielt der Aspekt der Personalführung eine wesentliche Rolle. Wie der letzte Abschnitt verdeutlicht hat, werden viele Strategien und Instrumente der Kundenbindung - z.B. Dienstleistungen und Kundenclubs - maßgeblich von den Mitarbeitern beeinflußt. Die Mitarbeiter „vor Ort" sind oft mit Situationen konfrontiert, in denen Kunden Kompetenz, Flexibilität und Entscheidungsfähigkeit verlangen. Folglich müssen dem Mitarbeiter alle wichtigen Informationen und Ressourcen zur Verfügung gestellt werden, damit sie verbindliche Zusagen formulieren und einhalten können. Mitarbeiter sind darüber hinaus entsprechend zu qualifizieren. In diesem Zusammenhang stimmt die Zahl einer Langzeitanalyse im Einzelhandel nachdenklich, nach der ein Verkäufer 1994 pro Kunde im Vergleich mit 1984 nur noch 77% der Zeit aufbringt (vgl. *Kirchner* 1996). Insgesamt erhält man die beiden Thesen:

These 11: Mitarbeiter im Kundenkontakt müssen einen angemessenen Entscheidungsspielraum zur Reaktion auf Kunden haben.

These 12: Kundenbindung setzt Investitionen in die Kompetenz der Mitarbeiter voraus. Mitarbeiter müssen als Potential und nicht nur als Kostenblock im Unternehmen gesehen werden.

Die hohe Bedeutung der Kundenzufriedenheit als Schlüssel zur Kundenbindung und damit auch zur Profitabilität wurde schon mehrfach betont. Die Verhaltensweisen von Mitarbeitern sind entscheidend für eine hohe bzw. niedrige Kundenzufriedenheit. Mitarbeiter müssen also motiviert werden, den Kunden zufriedenzustellen. Bspw. kann ein bestimmter Anteil des variablen Gehalts von Mitarbeitern von dem Ergebnis der Messung der Kundenzufriedenheit/Kundenbindung abhängen. Damit kommt man zur nächsten These:

These 13: Kundenzufriedenheit muß sich für die Mitarbeiter lohnen.

Vielfach wird bezweifelt, daß sich Mitarbeiter im Laufe der Zeit wesentlich verändern können. Insbesondere die für den Kunden so bedeutende Freundlichkeit ist im wesentlichen ein Persönlichkeitsmerkmal. Sie ist in einer Persönlichkeit angelegt - oder ist es nicht. Freundlichkeit kann nur in sehr begrenztem Umfang erlernt werden. Also muß man schon bei der Auswahl von Mitarbeitern die richtigen identifizieren und an sich binden. Deshalb ist als These festzuhalten:

These 14: Entscheidende Bedeutung für hohe bzw. niedrige Kundenbindung hat bereits die Personalauswahl.

(3) Unternehmenskultur

Die Unternehmenskultur umfaßt Werte, Normen sowie Artefakte (Objekte, Geschichten, Rituale), die im Unternehmen verankert sind. Im Hinblick auf die Kundenorientierung bedeutet dies, daß gewisse, sehr einfache „Wahrheiten" flächendeckend präsent sein müssen. Es ergeben sich die beiden folgenden Thesen:

These 15: Die Tatsache, daß letztlich der Kunde das Gehalt bezahlt, muß jedem Mitarbeiter präsent sein.

These 16: Die Unternehmenskultur muß von der Überzeugung getragen sein, daß letztlich jeder für den Kunden zuständig ist.

Wie schon mehrfach angeführt, sind Mitarbeiter für eine hohe Kundenbindung entscheidend. Diese können ihre Rolle nur dann erfüllen, wenn man ihnen Vertrauen entgegenbringt. Mitarbeiter sind äußerst sensitiv in ihrer Wahrnehmung, wie ihnen Vorgesetzte gegenüberstehen. Führungskräfte können durch einen vertrauenswürdigen Umgang ihre Mitarbeiter positiv motivieren. Beim Aspekt Personalführung wurde herausgehoben, daß Mitarbeiter im Kundenkontakt verbindliche Zusagen formulieren sollen. Allerdings sollte ihnen nicht nur das Treffen eigener Entscheidungen eingeräumt werden, sondern ihnen gleichzeitig vermittelt werden, daß fair mit ihren Fehlern umgegangen wird. Wenn dies nicht gegeben ist, neigen Mitarbeiter zu risikoaversem Verhalten und zu Absicherungsmechanismen. Folglich lauten die Thesen:

These 17: Kundenbindungsstrategien müssen in eine unternehmensinterne Vertrauenskultur eingebettet sein.

These 18: Kundenbindungsstrategien setzen eine Kultur mit einer gewissen Fehlertoleranz voraus.

Als ein wesentlicher Schlüssel zur Kundenbindung werden Dienstleistungen gesehen. Auch immer mehr Handelsunternehmen erkennen die Relevanz von Dienstleistungen. Dennoch hat man manchmal den Eindruck, daß sich einige Handelsunternehmen erheblich stärker mit Aspekten der Sortimentspolitik als mit Facetten der Dienstleistungspolitik auseinandersetzen. Dabei wird ein sehr starker Fokus auf die Ware gerichtet und vergessen, daß Kunden zur Befriedigung ihrer Bedürfnisse Leistungsbündel erwerben. Diese Leistungsbündel bestehen nicht nur aus Waren, sondern auch aus Dienstleistungen. Die Relevanz von Dienstleistungen führt zur nachfolgenden These:

These 19: Dienstleistungen müssen fest in der Unternehmenskultur verankert sein.

(4) Organisation

Die Frage, welche Organisationsformen Kundenorientierung unterstützen, läßt sich allgemeingültig nicht beantworten. Bei der Analyse von Unternehmensstrukturen, die Probleme mit der Kundenorientierung hatten, stellten wir allerdings immer wieder das Phänomen einer zu hohen Komplexität fest. Dies führt dazu, sich zu sehr mit sich selbst zu beschäftigen und sich vom Kunden abzuwenden. Zudem stellt sich im Bereich der Organisation die Frage, was man selbst bzw. mit externen Partnern zusammen macht. Man sollte hier bedenken, daß die Umsetzung der Maßnahmen von Kundenbindungskonzepten ein spezialisiertes Know How erfordert. Es kann hier die richtige Entscheidung sein, sich der Unterstützung externer Firmen zu bedienen. Somit erhält man die beiden Thesen:

These 20: Kundenbindung muß sich auf eine einfache Organisationsstruktur stützen.

These 21: Die Problematik der Umsetzung von Kundenbindungskonzepten sollte ernstgenommen werden. Selbstüberschätzung im Hinblick auf die eigene Leistungsfähigkeit ist gefährlich. Kompetente externe Partner können hier einen wesentlichen Beitrag leisten.

6 Resümee

Die Profitabilitätspotentiale, die sich aus einer hohen Kundenbindung ergeben, machen es erforderlich, sich mit diesem Phänomen umfassend auseinanderzusetzen. Als wesentliche Determinante der Kundenbindung und damit der Profitabilität ist die **Kundenzufriedenheit** hervorzuheben.

Bei den Strategien und Instrumenten der Kundenbindung sind die **Dienstleistungen** hervorzuheben. Diese können sowohl isoliert als auch kombiniert mit anderen Marketing-Mix-Instrumenten sowie in Zusammenhang mit Kundenkarten und Kundenclubs offeriert werden.

Eine Kundenbindungsstrategie muß berücksichtigen, daß Kunden unterschiedlich in ihren **Nutzenerwartungen** sind. Die Benefit-Segmentierung ist damit als Schlüssel einer Kundenbindungsstrategie anzusehen.

Bei der **internen Umsetzung** der Kundenbindung sind die regelmäßige und systematische Messung von Kundenzufriedenheit/Kundenbindung, der adäquate Umgang mit Mitarbeitern in der Personalführung sowie die Unternehmenskultur hervorzuheben. Kundenbindung ist eine komplexe aber auch eine faszinierende Herausforderung.

Business-to-Business-Handel

Michael Kleinaltenkamp und *Marco Schmäh*

1 Die praktische Bedeutung des Business-to-Business-Handels

Der Business-to-Business-Handel umfaßt alle Handelsaktivitäten, die zwischen Industrie- und/oder Dienstleistungsunternehmen vollzogen werden. Die betreffenden Handelsunternehmen beschaffen somit Güter, um sie unverändert oder nach „handelsüblichen Manipulationen" an Organisationen weiterzuveräußern, die damit ihrerseits Güter für die Fremdbedarfsdeckung herstellen oder die sie selbst wiederum unverändert bzw. nach „handelsüblichen Manipulationen" an solche Organisationen verkaufen (vgl. *Engelhardt/Kleinaltenkamp* 1988, S. 4). Sofern sich die Handelsaktivitäten zwischen Produktionsunternehmen vollziehen, wird auch vom **„Produktionsverbindungshandel"** (PVH) gesprochen. Das in diesem Sektor getätigte Umsatzvolumen wird oft unterschätzt. Betrachtet man etwa den Gesamtumsatz des Großhandels in der Bundesrepublik Deutschland im Jahre 1995, so betrug dieser 2 395 Mrd. DM. Hiervon entfielen 1 060 Mrd. DM auf den Binnen-Großhandel und 1 336 Mrd. DM auf den Außenhandel. Summiert man nun die anteiligen Umsätze des Business-to-Business-Handels („B-to-B-Handel"), so ergibt sich ein **Gesamtumsatz** von fast **2 000 Mrd. DM** (vgl. Abb. 1; zur Bedeutung im Europäischen Wirtschaftsraum *Linkert* 1998).

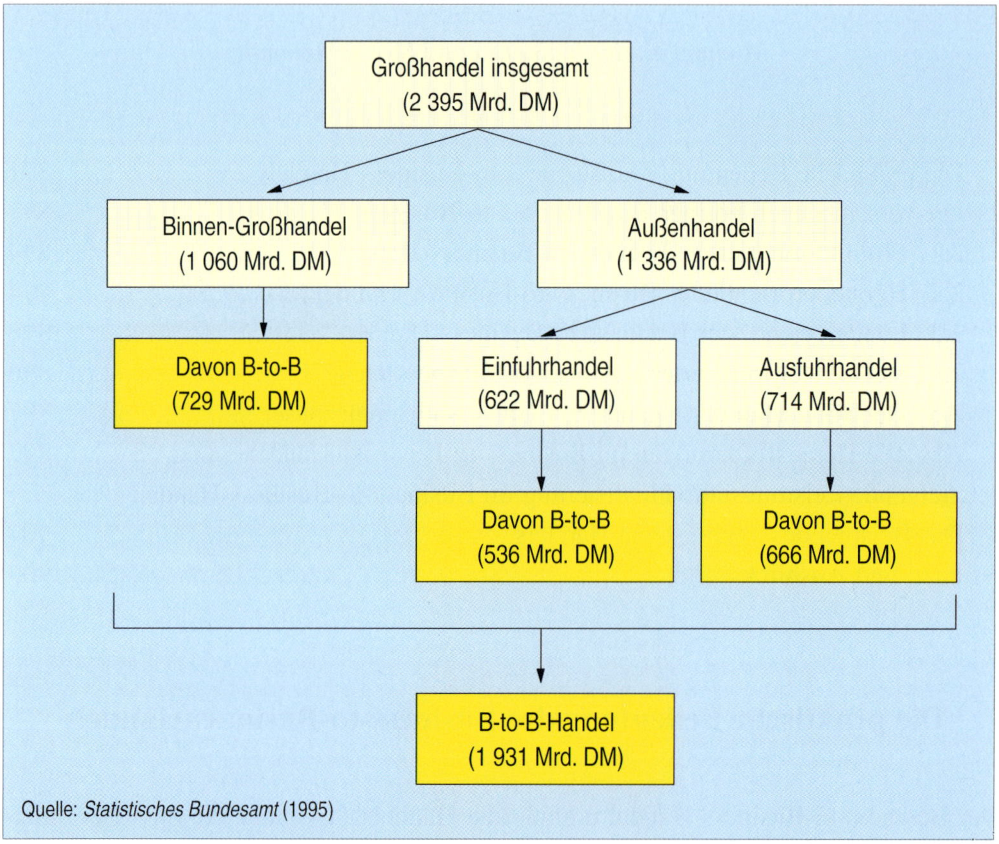

Abb. 1: Umsatzvolumina der verschiedenen Großhandelsbereiche in der Bundesrepublik Deutschland im Jahre 1995

Um das gesamte Volumen des Business-to-Business-Handels zu erfassen, müssen zu den bereits genannten Zahlen auch die Umsätze der Handelsvertreter in diesem Bereich hinzugezählt werden. Der Wert der von den rund **60 000 Handelsvermittlungen** gegen Provision vermittelten Warenumsätze in den Wirtschaftsbereichen Grundstoffe, Produktionsgüter, Investitionsgüter, Gebrauchsgüter und Verbrauchsgüter beläuft sich dabei auf etwa **350 Mrd. DM pro Jahr** (vgl. *Centralvereinigung Deutscher Wirtschaftsverbände für Handelsvermittlung und Vertrieb* 1989, S. 1). Insgesamt ergibt sich somit ein Volumen des Business-to-Business-Handels allein in der Bundesrepublik Deutschland von ca. **2 350 Mrd. DM**.

2 Die verschiedenen Formen des Business-to-Business-Handels

Der Business-to-Business-Handel ist durch eine große Vielfalt an Typen und Tätigkeiten gekennzeichnet (vgl. Abb. 2).

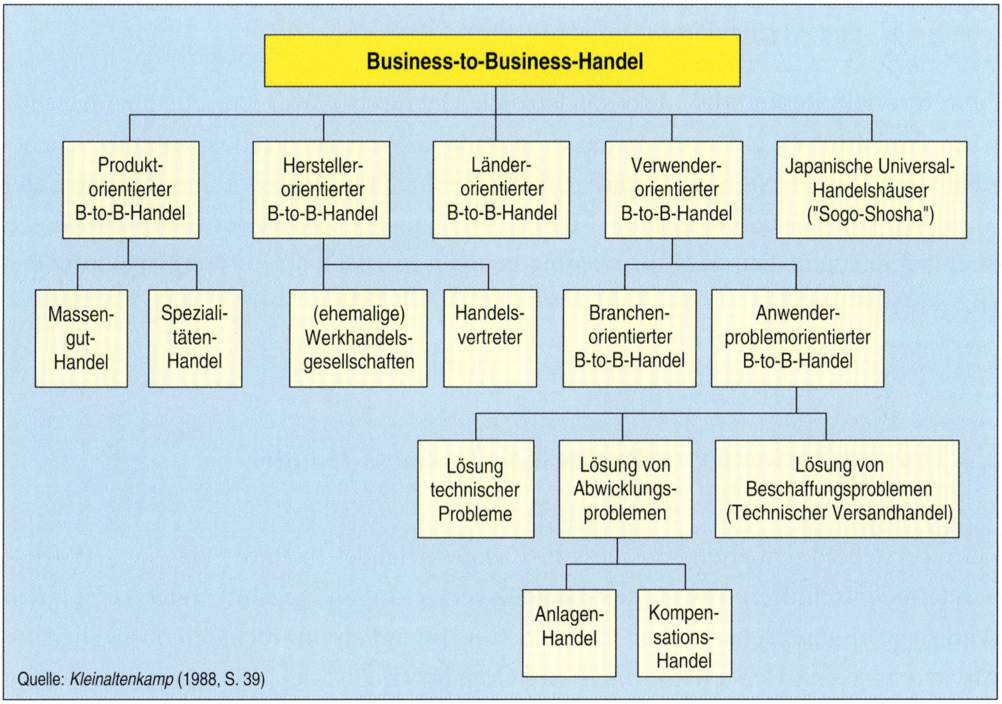

Abb. 2: Die verschiedenen Typen des Business-to-Business-Handels

Prinzipiell können durch ihn alle Funktionen übernommen werden, die sich mit der Distribution im Business-to-Business-Bereich befassen. Jedoch haben sich in der Realität einzelne **Spezialisierungen** der Händler auf bestimmte Bereiche bzw. spezielle Funktionskombinationen herausgebildet (vgl. *Kleinaltenkamp* 1988). Hierbei können zunächst vier Typen des Business-to-Business-Handels unterschieden werden, neben dem Sonderfall der japanischen Universal-Handelshäuser.

2.1 Produktorientierter Business-to-Business-Handel

Die Produktorientierung des Business-to-Business-Handels liegt sowohl beim Massenguthandel als auch beim Spezialitätenhandel vor. Der **Massenguthandel** mit homogenen Gütern macht dabei allerdings den wert- und mengenmäßig größten Anteil des Business-to-Business-Handels aus. Beim Massenguthandel auf internationalen und standardisierten Märkten ist der Preis der alleinige Entscheidungsparameter. Ein besonderes Produkt-Know How ist hierbei weniger wichtig als die Kenntnis der Beschaffungs- und Absatzmärkte.

Beim **Spezialitätenhandel**, insbesondere mit chemischen Reagenzien, pharmazeutischen Grundstoffen u.ä. wird dagegen besonderer Wert auf Produktkenntnis, Lagerhaltung und die Herstellung bedarfsgerechter Zubereitungen sowie das Abfüllen und Abpacken mit sehr umfangreichen Manipulationen gelegt. Auch der Lieferservice, die Beratung und zum Teil die Finanzierung gehören hierbei zum Leistungsspektrum des Spezialitätenhandels.

2.2 Herstellerorientierter Business-to-Business-Handel

Zum herstellerorientierten Business-to-Business-Handel können die sog. **Werkshandelsgesellschaften** sowie die **Handelsvertretungen** gezählt werden. Bei den Werkshandelsgesellschaften handelt es sich ursprünglich um rechtlich ausgegliederte Absatzorgane von Herstellern - meist der Grundstoffindustrie -, die ausschließlich deren Produkte vertrieben haben. Inzwischen haben diese Unternehmen ihre Aktivitäten allerdings auf viele andere Bereiche, die auch völlig unabhängig von der Muttergesellschaft betrieben werden, ausgedehnt.

Die *Thyssen Handelsunion* ist ein Beispiel für eine ehemalige Werkshandelsgesellschaft, die bei Geschäftsaufnahme lediglich ein verlängertes Absatzinstrument der Hüttenwerke bildete. Sie hatte folglich nur einen eingeschränkten unternehmerischen

Spielraum. Inzwischen haben sich allerdings im Stahlhandel die Wettbewerbsbedingungen völlig geändert. Die Handelsfirmen müssen heutzutage über den Vertrieb hinaus **komplette Sortimente** von unterschiedlichen Herstellern anbieten sowie viele **zusätzliche Leistungen** erbringen. In Stahl-Service-Centern werden etwa Stahlprofile auf Länge zugeschnitten und chemische, metallurgische und physikalisch-technische Prüfungen vorgenommen. Auch der Anteil an Stahl, der von anderen Herstellern zugekauft wurde, stieg stark an. Zusätzlich wurden bei der *Thyssen Handelsunion* auch u.a. Kunststoffe und NE-Metalle fremdbezogen sowie diverse neue Geschäftsfelder aufgebaut. Zukünftig besteht die *Thyssen Handelsunion* aus den Kerngeschäftsfeldern Werkstoffe, dem Projektmanagement und dem Industrie- und Gebäudeservice, nachdem man sich von den Sparten Brennstoffe und Logistik inzwischen wieder getrennt hat.

Das Spektrum der Handelsvertretungen ist ebenfalls sehr heterogen und reicht vom Einfirmenvertreter über den lose mit seinen Auftraggebern verbundenen Provisionsvertreter bis hin zur großen Vertreterfirma mit umfangreichem Eigenvertrieb. Die Hauptaufgabengebiete der Handelsvertretungen bestehen im **Vertrieb** des Kernsortiments eines Anbieters auf angestammten Märkten, in der Erschließung neuer Abnehmerkreise, in der Einführung neuer Produkte sowie in der Erschließung geographisch neuer Märkte (vgl. *Blettner/Knopp/Schmidt* 1998, S. 17). Neben der reinen Auftragsvermittlung übernehmen die Vertretungen allerdings auch eine ganze Reihe von zusätzlichen Dienstleistungen für ihre vertretenen Unternehmen wie Wettbewerbsbeobachtung, technische Beratung der Abnehmer, Teilnahme an Messen und schließlich auch Marktforschung und Produktschulung (vgl. *Blettner/Knopp/Schmidt* 1998, S. 17).

Betrachtet man die Praxis, so stellt man fest, daß die beliebteste Kombination im Vertrieb der Einsatz von Handelsvertretern mit Verkäufern im Innendienst ist, wohingegen der ausschließliche Einsatz von Handelsvertretern relativ selten vorkommt (*Blettner/Knopp/Schmidt* 1998, S. 14). Bezeichnend für die besondere Situation der Handelsvertretungen im Business-to-Business-Bereich ist der harte Konkurrenzkampf und die zusätzliche Insourcing-Gefahr aufgrund möglicher Direktvertriebsaktivitäten der Hersteller. Erzielt die Handelsvertretung viel Umsatz - und damit auch hohe Provisionen -, so ruft das häufig die Kostenrechner des Herstellers auf den Plan, die dann die Alternative Reisender-Handelsvertreter erneut durchkalkulieren mit dem möglichen Ergebnis des Übergangs zum Direktvertrieb. Wird dahingegen vom Handelsvertreter ein zu geringer Umsatz erzielt, so werden im Herstellerunternehmen oftmals Überlegungen hinsichtlich des Wechsels der Vertretung angestellt.

2.3 Länderorientierter Business-to-Business-Handel

Der länderorientierte Business-to-Business-Handel ist durch eine **Nachfragerausrichtung** charakterisiert. Typischerweise konzentrieren diese Unternehmen ihre Aktivitäten auf Länder oder Regionen, aus denen Güter bezogen und in die Waren geliefert werden. Ein notwendiges, spezielles Know How bezüglich der regionalen Beschaffungs- und Absatzmärkte verdeutlicht eine gleichzeitige Ausrichtung an Lieferanten und Kunden. Demgegenüber tritt die spezielle Orientierung an bestimmten Produkten in den Hintergrund. Voraussetzung des länderorientierten Business-to-Business-Handels sind vielmehr die Kenntnis des Landes bzw. der Region, gute Kontakte zu Lieferanten und Kunden sowie eine Vertrautheit mit landesüblichen Beschaffungs- und Absatzmodalitäten.

2.4 Verwenderorientierter Business-to-Business-Handel

Den verwenderorientierten Business-to-Business-Handel kennzeichnet eine starke **Kundenausrichtung**. Der branchenorientierte Business-to-Business-Handel konzentriert sich dabei mit seiner Sortimentsgestaltung auf die Befriedigung von Bedürfnissen spezieller Anwenderbranchen, z.B. im Agrar- oder Baustoffhandel. Eine hohe Fachkompetenz und ein professionelles Problemlöseverhalten des Händlers können hohe und dauerhafte Präferenzen des Kunden in bezug auf das jeweilige Unternehmen entstehen lassen. Ein Gefahrenpotential liegt hierbei in der Bindung an eine einzige Abnehmerbranche, die eine Abhängigkeit von deren saisonalen und konjunkturellen Schwankungen zur Folge hat.

Die Lösung spezieller Anwenderprobleme ist unabhängig von der jeweiligen Branche. Auch die Lösung technischer Probleme mit Hilfe eines umfassenden Sortiments, welches alle notwendigen Leistungen umfassen muß, stellt einen wichtigen Bereich dar. Meist wird ein qualifizierter Außendienst unterhalten, der mit Fachkompetenz als Problemlöser auftritt. Häufig werden die Waren unter einer eigenen Handelsmarke vertrieben, wobei die hierzu nötigen Neu- und Weiterentwicklungen von Produkten zum Teil in eigenen Forschungs- und Entwicklungsabteilungen konzipiert werden.

Ein Zweig des anwenderproblemorientierten Business-to-Business-Handels ist auf die Vermittlung und Abwicklung bestimmter Geschäfte ausgerichtet. Darunter fallen der **Kompensationshandel**, der auf das Tätigen von Gegengeschäften spezialisiert ist, oder der Anlagenhandel, der allein auf die Lieferung und Abwicklung von Großprojekten konzentriert ist. Der dritte Bereich des anwenderproblemorientierten Handels ist der **Technische Versandhandel**. Er bietet seine Waren per Katalog dar und löst so spezielle Beschaffungsprobleme, wie sie sich etwa beim Kauf von Investitionsgütern mit aperiodischem Bedarf stellen.

Bei allen Formen der verwenderorientierten Business-to-Business-Händler besteht durch die starke Ausrichtung auf den Kunden die Möglichkeit zur langfristigen **Profilierung am Markt**. Voraussetzung dafür ist allerdings das tatsächliche Gelingen der Problemlösung. Gefahren können sich hingegen daraus ergeben, daß ausufernde Sortimente entstehen und Dienstleistungen in einem übertriebenen Maße angeboten werden, denen kein entsprechender Erlös gegenübersteht.

2.5 Der Sonderfall der japanischen Universalhandelshäuser

Die japanischen Universalhandelshäuser („*Sogo Shosa*") stellen einen **speziellen Typ von Unternehmen** des Business-to-Business-Handels dar (vgl. hierzu und im folgenden komprimiert bei *Engelhardt/Kleinaltenkamp* 1988, S. 26f. sowie umfassend bei *Eli* 1979). Neben typischen Handelsleistungen, wie Abwicklung von Transaktionen, Distribution, Lagerung und Finanzierung, betätigen sich die Unternehmen auch im Bereitstellen von Informationen für ihre Kunden, teilweise über eigene Kommunikationsnetzwerke. Darüber hinaus bieten sie aber auch organisatorische Hilfen bei Unternehmensgründungen und Großprojekten an. Weitere Funktionen bestehen in Hilfen zur Ressourcenerschließung und insbesondere im Technologietransfer. Bei den japanischen Universalhandelshäusern handelt es sich somit „ ... um einen Unternehmenstyp, dem in der Welt nichts Vergleichbares an der Seite steht und dessen strategische Vorgehensweisen schwer mit den üblichen Kategorisierungen zu erfassen sind" (*Engelhardt/Kleinaltenkamp* 1988, S. 27). Handelstätigkeiten zwischen Unternehmen machen nach wie vor den Kern der *Sogo Shosa* aus, obwohl dieser inzwischen um ein breites Produktions- und Dienstleistungsangebot erweitert wurde.

3 Aktuelle Herausforderungen im Business-to-Business-Handel

Der sich zur Zeit an vielen Stellen der Wirtschaft vollziehende tiefgreifende strukturelle Wandlungsprozeß hat auch und nicht zuletzt erhebliche Auswirkungen auf den

Business to Business Handel. Daraus ergeben sich neue Herausforderungen, denen sich die Unternehmen stellen müssen, die ihnen andererseits aber auch neue Chancen eröffnen.

Im Kern resultieren die Veränderungen aus der Tatsache, daß in vielen Branchen aufgrund des sich verschärfenden Wettbewerbs die **Wertschöpfungsprozesse** und damit zusammenhängend die Formen der Arbeitsteilung einem immer schnelleren **Wandel** unterzogen sind. Die Unternehmen konzentrieren sich zunehmend auf ihre Kernkompetenzen und -prozesse, was ein vermehrtes Outsourcing von Aktivitäten in vor- und nachgelagerte Branchen zur Folge hat. Dadurch werden „traditionelle" Wertschöpfungsketten aufgelöst und Branchengrenzen verschoben.

Dies hat auf den Business-to-Business-Handel, der ja aufgrund seiner Funktion ein Verbindungsglied zwischen verschiedenen Wertschöpfungsprozessen ist, naturgemäß weitreichende Auswirkungen. Die skizzierten Entwicklungen führen nämlich u.a. nicht nur dazu, daß immer mehr Herstellerbetriebe selbst im Business-to-Business-Handel tätig werden, sondern daß gleichzeitig auch immer mehr Händler ihre Aktivitäten im Bereich der Eigenfertigung ausweiten müssen bzw. können (vgl. *Kleinaltenkamp/Schmäh* 1996, S. 218f.). Im letzten Fall stehen die Händler im Business-to-Business-Bereich dann vor der strategischen Entscheidung, ob sie ihr angestammtes Handelsgeschäft beibehalten oder es - zumindest teilweise - verlassen und um diverse Produktionsaktivitäten erweitern sollen.

Mit dem Bild einer für Handelsbetriebe im Business-to-Business-Bereich **modifizierten Wertkette** (vgl. *Porter* 1989, S. 59ff.) können die Konsequenzen dieser Entwicklung veranschaulicht werden. Hierbei existieren die wesentlichsten betriebstypenspezifischen Unterschiede zwischen den Händlern im Bereich der Operationen. Die verschiedenen Handelsbetriebe haben nämlich in jeweils unterschiedlichem Maße eigene Produktionskapazitäten aufgebaut und nehmen in jeweils unterschiedlichem Umfang Be- und Verarbeitungsfunktionen wahr (vgl. Abb. 3).

Wenn nun sowohl auf den Beschaffungs- als auch auf den Absatzmärkten des Business-to-Business-Handels viele Leistungen, die früher noch selbst erstellt wurden, in zunehmendem Umfang fremdbezogen werden, ergaben und ergeben sich daraus **Wachstumsmöglichkeiten** für die Händler (vgl. *Arthur Andersen & Co.* 1983, S. 8, 10 und 17; *Michman* 1990, S. 11; *Kleinaltenkamp/Schmäh* 1996, S. 212). Diese liegen in der Übernahme von Produktions- sowie von Be- und Verarbeitungstätigkeiten von der Zuliefer- und Abnehmerseite (vgl. Abb. 4).

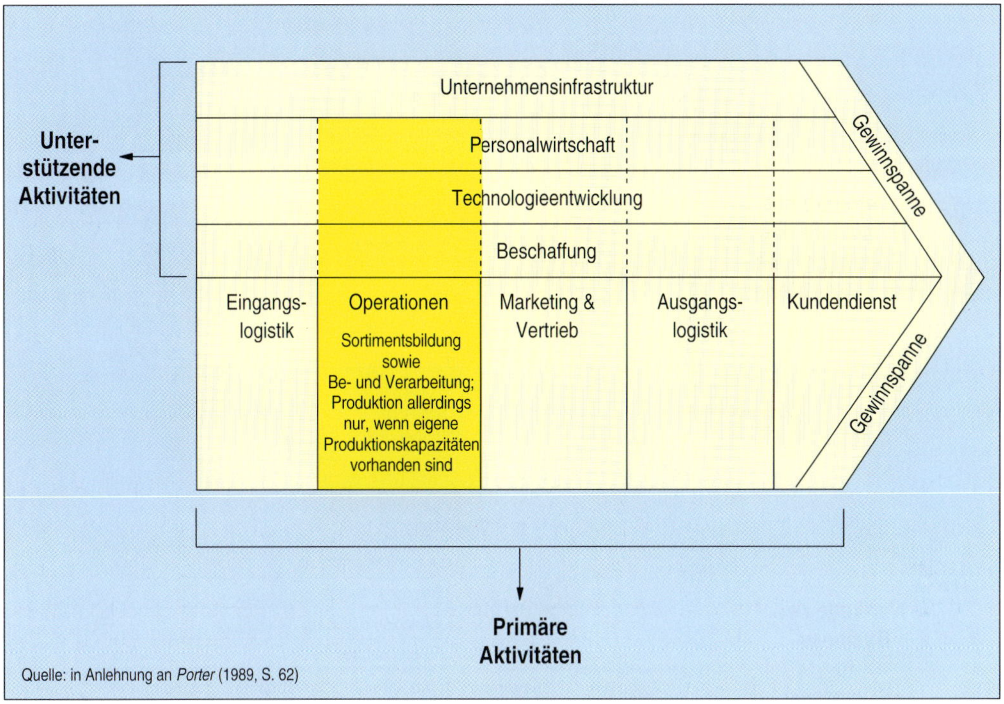

Abb. 3: Wertkette für Handelsbetriebe im Business-to-Business-Bereich

Auf der einen Seite wird der Händler so zum **Konkurrenten** der Produktionsbetriebe. Auf der anderen Seite kann er dadurch, daß er für die Produkte seiner Zulieferer Be- und Verarbeitungsleistungen offeriert, mit diesen aber quasi auch eine **Wertschöpfungspartnerschaft** bilden, so daß sich für beide Seiten Vorteile ergeben. Dem Zulieferer des Handelsbetriebes erwachsen durch die Ausgliederung der Be- und Verarbeitungsleistungen an die Händler nämlich Kostenvorteile. „Manufacturers try to spin off functions in order to decrease costs and concentrate on innovating their marketing strategies. Since large distributors seem better equipped to supply precise information, and to decrease inventory, transportation, and warehousing by shifting functions to distributors" (*Michman* 1990, S. 9).

Die Handelsbetriebe dürften durch ihre größere Nähe zu den Abnehmern und aufgrund von Spezialisierungsvorteilen demgegenüber die **Anarbeitungsleistungen** in aller Regel effizienter als die Produktionsbetriebe erbringen. „Wholesalers that meet the needs of the manufacturers are large and can perform, more efficiently than some manufacturers, such functions as minor fabrication, final assembly and packaging" (vgl. *Michman* 1990, S. 11).

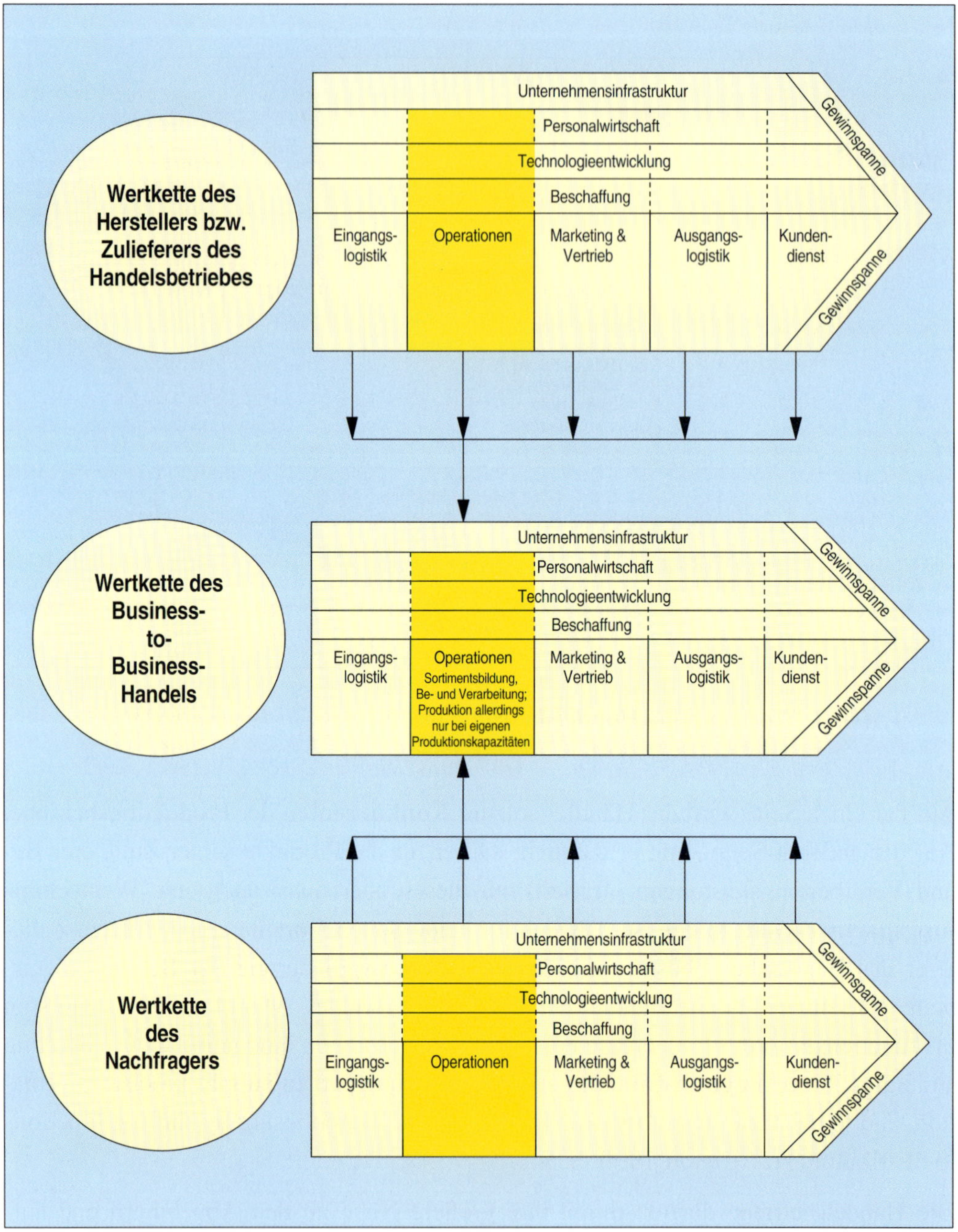

Abb. 4: Unternehmensübergreifende Veränderungen von Wertschöpfungsketten

Aber auch die Abnehmer des Business-to-Business-Handels haben Vorteile von der Übernahme der Anpassung der Waren durch den Händler an ihre speziellen Gegebenheiten, die sie ansonsten selbst vornehmen müßten (vgl. *Arthur Andersen & Co* 1983, S. 8, 17). Die Durchführung der Be- und Verarbeitung durch die Händler - bzw. der Zukauf der vollständigen Leistung durch die Abnehmer - verbessert die **Kostensituation** der Nachfrager durch die Umwandlung von fixen Kosten in variable und erleichtert somit eine flexiblere Anpassung an die jeweilige Nachfragesituation.

Diesen potentiellen Chancen für die Händler stehen aber auch **Risiken** gegenüber. Sie resultieren daraus, daß die Abnehmer nun immer häufiger keine Standardlösungen mehr verlangen, sondern maßgeschneiderte, individualisierte Leistungen. Diesen gewandelten Anforderungen muß der Handel mit seinem Leistungsangebot gerecht werden. War er ursprünglich noch damit befaßt, Artikel meist als Standard- oder Stapelware auf Lager zu nehmen und in Teilmengen evtl. nach Umpacken an industrielle Abnehmer zu liefern, so nimmt er inzwischen vielfältige Dienstleistungsaufgaben wahr (vgl. *Strobel/Heinsch* 1988; *Tietz* 1995, S. 79). Die Konsequenzen dieser Tendenzen für das Handelsgeschäft sollen abschließend am Beispiel des Technischen Handels veranschaulicht werden.

4 Steigende Leistungsindividualisierung im Business-to-Business-Handel: Das Beispiel des Technischen Handels

Der sich intensivierende Wettbewerb stellt vor allem Anforderungen an die qualitative Handelsfunktion der Business-to-Business-Händler. Hierbei besteht die besondere Herausforderung für ein Handelsunternehmen darin, ein **optimales Management der Wertkette** „Hersteller - Business-to-Business-Handel - Nachfrager“ zu gewährleisten.

So wird beim Bezug von Herstellerleistungen die Übermittlung der vom Kunden gewonnenen Informationen über die für einen Handelskunden spezifische zu erstellende Leistung an den Hersteller zwingend erforderlich. Dies gilt im besonderen Maße für die Kunden, welche die von einem Technischen Händler gelieferten Artikel in die von ihnen gefertigten Produkte einbauen. Um die fachliche Beratung z.B. für die Konstruktionsprobleme dieser Abnehmer sicherzustellen, ist eine enge Zusammenarbeit zwischen dem Technischem Händler und dem Konstrukteur erforderlich. Wenn etwa die optimale Gestalt eines Dichtprofils festgelegt werden soll, muß der Technische Händler sowohl die anwendungstechnischen Möglichkeiten seines Lieferanten als auch die anwendungsbezogenen Bedürfnisse seines Kunden berücksichtigen. „The key point on technology, ... is that distributors have access to the in-depth know-how of their manufacturing suppliers“ (*Dowst* 1983, S. 71). Hierin zeigt sich besonders treffend die Funktion des Technischen Händlers als „Zwischennachfrager“ und „Zwischenanbieter“.

Am **Beispiel** der Produktion einer Wellendichtung sollen nun im folgenden die Abstimmungsprobleme zwischen Technischem Händler und Nachfrager veranschaulicht werden. Der Technische Händler muß dabei über eine gründliche Kenntnis der chemischen, thermischen und mechanischen Eigenschaften der produzierten bzw. gehandelten Artikel verfügen. Die Abnehmer erwarten nämlich nicht nur eine fundierte technische Beratung, sondern auch konstruktive Ideen, da sie oftmals mit den spezifischen Eigenschaften und Fertigungsmöglichkeiten der angebotenen Produkte nicht hinreichend vertraut sind. Um dies sicherzustellen, muß der Händler das Anforderungsprofil der Wellendichtung in Zusammenarbeit mit dem Nachfrager ermitteln und damit die Problemdefinition präzisieren. Der Nachfrager erwartet dabei einen kompetenten Gesprächspartner, zumindest jemanden, der die Terminologie beherrscht, damit die Probleme besprochen werden können, auch wenn sie nicht unmittelbar einer Lösung zugeführt werden können. Grundfragen bei der Ermittlung des kundenspezifischen Anforderungsprofils sind hierbei etwa:

- Welche Medien sind gegeneinander abzudichten? (Bestimmte Medien bedingen den Einsatz spezifischer Werkstoffe.)
- Welcher Druck tritt dabei auf? (Über die Form des Wellendichtringes wird der Andruck auf die Welle eingestellt. Hierbei interessiert sowohl der Betriebsdruck als auch der Spitzendruck.)
- Welcher Temperaturbereich kann an der Welle auftreten? (Wird die Temperatur an der Welle bei einem bestimmten Andruck dabei zu hoch, muß die Rauhigkeit der Wellenoberfläche und/oder der Werkstoff der Dichtung geändert bzw. verändert werden.)
- Welche Abmessungen hat die Welle?
- Welchen Drehzahlbereich hat die Welle? (Eine Senkung der Wellengeschwindigkeit ist bei Dichtproblemen niemals eine Lösung, da bei einer Pumpe die Förderleistung erheblich reduziert würde. Die Wellengeschwindigkeit ist ebenso wie das Fördergut ein feststehender Parameter.)

Das **technische Kernproblem** besteht dabei darin, simultan ein hohes Maß an Dichtheit bei gleichzeitiger Wirtschaftlichkeit der Wellendichtung zu erreichen. Da es keine jederzeit absolut sichere Dichtung gibt, wird in der Praxis deshalb auch von der Ermittlung der „akzeptablen Leckrate“ gesprochen. Die optimale Problemlösung wäre dann erreicht, wenn eine lange Lebensdauer bei geringer Reibung, eine hohe Dichtwirkung bei Hochdruck und Vakuum sowie eine maximale Umfangsgeschwindigkeit realisiert werden können. Wenn bei einer Pumpe etwa mit einem bestimmten Fördergut eine gewisse Leistung gefahren werden muß, dann entsteht ein Druck, der eine Temperaturveränderung mit sich bringt. Verlangt der Nachfrager beispielsweise eine bestimmte Viskosität des Pumpgutes bei der Förderung, so kann hieraus auch eine Temperaturveränderung herrühren. Der Technische Händler muß nun versuchen, die Temperatur abzuleiten oder die Reibung zu verringern. Zur Lösung dieses Problems könnte er etwa in Zusammenarbeit mit dem Hersteller probieren, die Wellenoberfläche durch eine Beschichtung, die dann andere - bessere - Rauhigkeitswerte oder Leitwerte aufweist, zu verändern. Er könnte auch damit experimentieren, die Rauhigkeit zu erhöhen, wodurch sich der Werkstoff der Dichtung bis zum Ausgleich in die Poren der Welle setzt, um dadurch möglicherweise die gewünschte Situation entstehen zu lassen.

Das dargestellte Beispiel der Spezifizierung und Fertigung eines Wellendichtringes sollte exemplarisch aufzeigen, welche **vielfältigen Abstimmungsprobleme** durch einen Technischen Händler in der Zusammenarbeit mit dem Zulieferer auf der einen und dem Nachfrager auf der anderen Seite zu lösen sind.

5 Fazit und Ausblick

Zusammenfassend kann festgehalten werden, daß veränderte Marktbedingungen auf den Zuliefer- und Abnehmerseiten des Business-to-Business-Handels häufig zu einer **Neugestaltung der Arbeitsteilung** zwischen Hersteller- und Handelsunternehmen führen. An die damit einhergehende Differenzierung bzw. Individualisierung der Nachfrage muß sich der Handel oftmals durch einer Ausweitung seiner Leistungspalette anpassen.

In einer dynamischen Umwelt wird auch der Business-to-Business-Handel zukünftig einem **permanenten Wandel** ausgesetzt sein. Neue Technologien und seine besondere Kundennähe stellen nicht nur große Anforderungen, sondern eröffnen auch Chancen, die flexiblen Handelsbetrieben die Durchsetzung von **Innovationen** ermöglicht und somit das Überleben sichert. So existieren inzwischen im verwenderorientierten

Business-to-Business-Handel Technische Handelsbetriebe, die ihren Vertrieb ausschließlich über das Internet abwickeln, wobei das angebotene Produktspektrum stark standardisiert ist. Demgegenüber ist das **Internet** für den Bezug individualisierter Problemlösungen allerdings weniger oder gar nicht geeignet, wie das obige Beispiel der Wellendichtung aufgezeigt hat. Gleichwohl können sich für die Händler durch den elektronischen Vertrieb erhebliche Wettbewerbsvorteile u.a. in den Dimensionen Lieferschnelligkeit, Kosten und Flexibilität ergeben. Die Produktauswahl, Bestellung und Abwicklung können dann über elektronische Kataloge vorgenommen werden, die der Händler im Netz bereitstellt und bei denen er mit ausgewählten Lieferanten zusammenarbeitet. So bietet ein Unternehmen der *Freudenberg-Gruppe* z.B. Kooperationsangebote für Technische Händler an, mit denen es die Händler zur Optimierung der Zusammenarbeit gewinnen will. Auch die Anbindung an Abrechnungssysteme wird in nicht mehr ferner Zukunft problemlos möglich sein, wenn die Arbeitsgruppe „Open Buying on the Internet“ die Standardisierung in diesem Bereich weiter vorantreibt. Der Handel mit standardisierten Waren über den Vertriebsweg Internet dürfte in Zukunft wohl auch deshalb noch stark zunehmen, da bei diesen Produkten für den Abnehmer die Möglichkeit zum Preisvergleich von großer Bedeutung ist.

Eine besondere zukünftige Herausforderung für den Business-to-Business-Handel dürfte auch der Aufbau einer **partnerschaftlichen Zusammenarbeit** mit der Zulieferindustrie sein, denn der Absatzerfolg des Handelsbetriebes ist letztlich auch der Absatzerfolg des Zulieferers. Am Ende der miteinander verknüpften Wertschöpfungsketten von Zulieferer und Business-to-Business-Handel stehen schließlich dieselben Kunden. Ebenso wie die Entwicklung eines „Efficient Consumer Response“-Systems zwischen Konsumgüterindustrie, Groß- und Einzelhandel den Weg ebnet, neue, „friedlichere“ Kooperationsformen einzugehen, könnte auch eine Intensivierung der Zusammenarbeit zwischen der Zulieferindustrie und dem Business-to-Business-Handel zu Wettbewerbsvorteilen für beide Seiten führen. Im Rahmen des vertikalen bzw. mehrstufigen Marketing bestünde somit für die Hersteller eine Möglichkeit, auf die Leistungen des Handels Einfluß zu nehmen und eine Marketingkonzeption zu verfolgen, welche die Interessenlage der Handelsstufe mit einbezöge.

Ein zielorientiertes und erfolgreiches mehrstufiges Marketing der Lieferanten wird hier immer notwendiger, zumal die veränderten technologischen Möglichkeiten, neuen Marktgegebenheiten und die Anspruchssteigerungen seitens der Kunden, den Unterschied zwischen Hersteller- und Handelsbetrieb mehr und mehr verschwimmen lassen. Geht man davon aus, daß zunehmend weniger einzelne Unternehmen, sondern immer mehr Wertschöpfungsketten gegeneinander konkurrieren, so wird die Fähigkeit, ein unternehmens- bzw. marktstufenübergreifendes Marketing betreiben zu können, immer mehr zu einem ausschlaggebenden Faktor. Die Übertragung von Aufgaben auf den Business-to-Business-Handel ist für die Industrie dabei dann sinnvoll, wenn der Handel langfristig in der Lage ist, diese Leistungen besonders effektiv und effizient zu übernehmen. Schließlich haben wir als industrieorientiertes Land nur dann „ ... eine Chance, wenn wir sinnvolle und hochwertige Industrieproduktionen mit hochwertigen Dienstleistungen verbinden.“ (o.V. 1997, S. 17).

Veränderung von Sortimentsstrukturen und Konsequenzen für das Handelsmarketing

Hendrik Schröder

1 Sortimentsverwilderung oder „auf zu neuen Ufern“?

Wer am Ende des 20. Jahrhunderts die **Sortimente im deutschen Einzelhandel** mit denen vor fünf, zehn oder mehr Jahren vergleicht, stellt schnell fest, daß nichts mehr so ist, wie es einmal war. Discounter bieten Produkte zur Selbstmedikation an, Apotheken offerieren Lebensmittel, Kaffeeröster erzielen mehr als 50% ihres Umsatzes mit anderen Produkten als mit Kaffee, Tankstellen dehnen ihr Food- und Non-Food-

Sortiment weiter aus, und ein Textilkaufhaus des unteren bis mittleren Genres mit knapp 200 Filialen führt seit kurzem Artikel aus der Warengruppe „Glas, Porzellan, Keramik". Ferner haben sich Betriebstypen auf die Vermarktung von Restposten, Überschußprodukten, Zweite-Wahl-Ware und Havarieprodukten spezialisiert.

Die **Sortimentsstrategien zeigen Wirkung**: Inmitten von Vollsortimentern des deutschen Textil-Einzelhandels nehmen im Jahr 1996 *Aldi* Platz 8 und *Tchibo* Platz 12 (ohne *Eduscho*) der Umsatzrangliste ein, dabei ist *Tchibo* über die Plätze 27 (1993), 19 (1994) und 15 (1995) kontinuierlich aufgestiegen. *Aldi* hat zudem 1996, 1997 und 1998 jeweils innerhalb weniger Tage mehrere Zehntausend Personalcomputer verkauft.

Die eine Gruppe von Betrachtern spricht bei dieser Entwicklung von Sortimentsverwilderung, die andere sieht hierin einen natürlichen Prozeß, um den Kundenwünschen ein Stück näher zu kommen. Wenn ein etablierter Anbieter nicht in der Lage oder willens ist, die Bedürfnisse der Verbraucher zu befriedigen, ist es nur selbstverständlich, daß andere Handelsunternehmen ihre Chance erkennen und sich auf den „Weg zu neuen Ufern" machen.

Das Aufbrechen herkömmlicher Sortimentsstrukturen berührt **alle Glieder in der Versorgungskette**, Handelskonkurrenten ebenso wie Hersteller und Verbraucher: Einzelhändler nehmen neue Warengruppen auf, überwinden damit ihre „angestammten" Sortimentsgrenzen und treten in Konkurrenz zu Betrieben, mit denen sie bislang geringe oder keine Berührungspunkte hatten. Ein Teil der Verbraucher wechselt die Anbieter; so entstehen neue Wettbewerbsbeziehungen, oder schwach ausgeprägte Wettbewerbsbeziehungen gewinnen an Intensität. Für einen anderen Teil der Verbraucher eröffnet sich der Bezug von Waren, der ihnen bislang überwiegend aus finanziellen und zeitlichen Gründen verschlossen war.

Vor diesem Hintergrund stellen sich **folgende Fragen**:

- Aus welchen Gründen lösen sich traditionelle Sortimentsgrenzen auf?
- Sind die Verbraucher Initiatoren oder Reflektoren dieser Entwicklung?
- Zwischen welchen Betriebstypen des Einzelhandels entstehen neue Wettbewerbsbeziehungen?
- Wo liegen Ansatzpunkte, um sich mit einem diversifizierten Sortiment zu profilieren?
- Welche Antworten haben die „etablierten" Anbieter hierauf?

2 Die Entwicklung von Sortimentsstrukturen im deutschen Einzelhandel - ein Rückblick

Die neunziger Jahre können das Phänomen der Durchbrechung von Sortimentsstrukturen keineswegs für sich allein reklamieren. Vielmehr ist die gesamte Entwicklung des deutschen Einzelhandels stets mit - teilweise radikalen - Veränderungen der Sortimente einhergegangen. *Berekoven* (1986) zeichnet diesen Weg systematisch und anschaulich nach: Ein erster Meilenstein ist das Aufkommen von **Fachgeschäften**, die sich von der herkunftsorientierten Sortimentierung lösten und Produkte nach Bedarfskreisen zusammenstellten. So entstanden unter anderem Kurzwarengeschäfte, Musikalienhandlungen und Spielwarengeschäfte (Mitte bis Ende des 19. Jahrhunderts). In der Folge waren es zunächst die traditionellen **Warenhäuser**, die ihre Sortimente auf alle Konsumgüter ausweiteten, später die **Verbrauchermärkte** und **SB-Warenhäuser** mit mehreren zehntausend Artikeln. Nachhaltige Zeichen setzten in den siebziger Jahren dann die **Kaffee-Filialisten** *Tchibo* und *Eduscho*, **Möbeleinzelhändler**, die Geschirr, Textilien, Lampen, Pflanzen - und wie *Ikea* - Lebensmittel in ihr Sortiment aufnahmen, **Tankstellen**, die wie die Mini-Märkte von *Aral* mit ca. 2 500 Artikeln in den Lebensmittelbereich vordrangen, **Schuhgeschäfte**, die ihre Warengruppen um Textilien erweiterten, und **Textilgeschäfte**, die ihr Angebot mit Lederwaren ergänzten.

Aus dem Kreis der Spezial- und Fachanbieter entwickelten sich zahlreiche Händler in der Weise, daß die Verbraucher bei ihnen nun eine größere Nachfrage als bisher dekken konnten. Für die Konsumenten stellte sich die Aufgabe, ihre Einkaufsentscheidungen neu zu gestalten: Zeitpunkt, Menge und Ort des Einkaufs waren zu reorganisieren. Veränderungen in den Sortimentsstrukturen sind also mit Veränderungen im Käuferverhalten gekoppelt.

Einen erheblichen Beitrag zur Sortimentsveränderung leistete die Industrie, soweit sie **Markenlizenzen** vergab. Paradebeispiel ist die Zigarettenindustrie, die den Verbrauchern signalisierte, unter derselben Marke nicht nur Zigaretten, sondern ebenso Brillen, Herrendüfte, Textilien, Schuhe u.v.a.m. kaufen zu können. Wesentliches Motiv für diese weit greifende Diversifikation ist, das 1974 in Kraft getretene Verbot der Werbung für Tabakwaren in Radio und Fernsehen zu umgehen. Das Ergebnis dieser Entwicklung sind z.B. *Camel*-Shops.

Eine weitere Verschiebung der Sortimentsgrenzen rührt von den Möglichkeiten her, die **moderne Informations- und Kommunikationstechniken** im Rahmen des

Electronic Commerce bieten. Dabei spielen folgende Überlegungen eine Rolle: Einsparungen von Kosten für die Ausstattung und den Unterhalt stationärer Einzelhandelsgeschäfte können für Investitionen in betriebliche Logistik- und Informationssysteme des elektronischen Handels verwendet werden. Dem Wegfall von Kosten der physischen Warenpräsenz (Kosten für Vorfinanzierung, Fehlmengenkosten, Abschriften bei Überbeständen etc.) stehen Kosten der Retouren von Artikeln gegenüber, die den Kunden nicht gefallen. Die insgesamt geringeren Warenkosten versetzen den Electronic Commerce in die Lage, das Sortiment mit einem im Vergleich zum stationären Einzelhandel geringeren Risiko der Kapitalbindung auszuweiten.

Schließlich zeichnen auch **neuere Management-Konzeptionen** verantwortlich für veränderte Sortimentsprinzipien. So dominiert etwa beim Category Management die kundenorientierte Sortimentspolitik. Categories sind Warengruppen, die ein Händler nach kaufverhaltensrelevanten Kriterien gliedert und als strategische Geschäftseinheiten, d.h. mit eigenem Beitrag zur Zielerreichung, führt. Werden Warengruppen nach diesen Überlegungen neu gebildet, verändern sich i.d.R. die einzelnen Dimensionen der Sortimentsstruktur: „Me-too"-Produkte und andere Herstellermarken mit nachrangigem Kundennutzen erwartet die Auslistung oder der Austausch gegen Handelsmarken, innovative Problemlösungen, die auch aus artfremden Bereichen stammen können, werden in Categories aufgenommen, um die Einkaufsstätte zu profilieren.

3 Sortimentsgestaltung, Käuferverhalten und Wettbewerb

3.1 Ansatzpunkte für die Veränderung der Sortimentsgrenzen

Die Grenzen eines Sortimentes lassen sich über die Dimensionen Qualität, Quantität, Verweildauer und Raum definieren (vgl. Abb. 1). Das Sortimentsniveau als Ausdruck der **Qualität** wird z.B. bei Textilien durch die Einordnung in unteres, mittleres oder gehobenes Genre beschrieben (vgl. *Rusche* 1990, S. 21). Der Sortimentsinhalt bestimmt sich nach den Gestaltungsprinzipen, die beim Aufbau eines Sortimentes angewandt werden; hierzu zählen vor allem die Herkunfts-, die Konkurrenz- und die Bedarfsorientierung (vgl. *Möhlenbruch* 1994, S. 195ff.).

Für die **Quantität** stehen die Sortimentsbreite mit additiven und die Sortimentstiefe mit alternativen Kaufmöglichkeiten sowie die Sortimentshöhe, teilweise auch als Sortimentsmächtigkeit bezeichnet, mit dem Vorrat an einem Artikel. Die **zeitliche Dimension** erfaßt die Verweildauer von Artikeln und Warengruppen, üblicherweise in Dauer-, Saison- und Aktionssortiment unterteilt (vgl. *Berekoven* 1995, S. 76). Aus der Art der Warenpräsentation ergibt sich die **räumliche Dimension**. Einfache, auf hohe Stückzahlen ausgerichtete Präsentationsformen, die mit Paletten, Rollcontainern oder Wühltischen arbeiten und auf unterstützende Gestaltungselemente verzichten, benötigen weniger Raum als die auf visuelle und emotionale Anmutung abzielende Präsentation, bei der z.B. einzelne Artikel in ihren Verwendungsmöglichkeiten dargestellt werden.

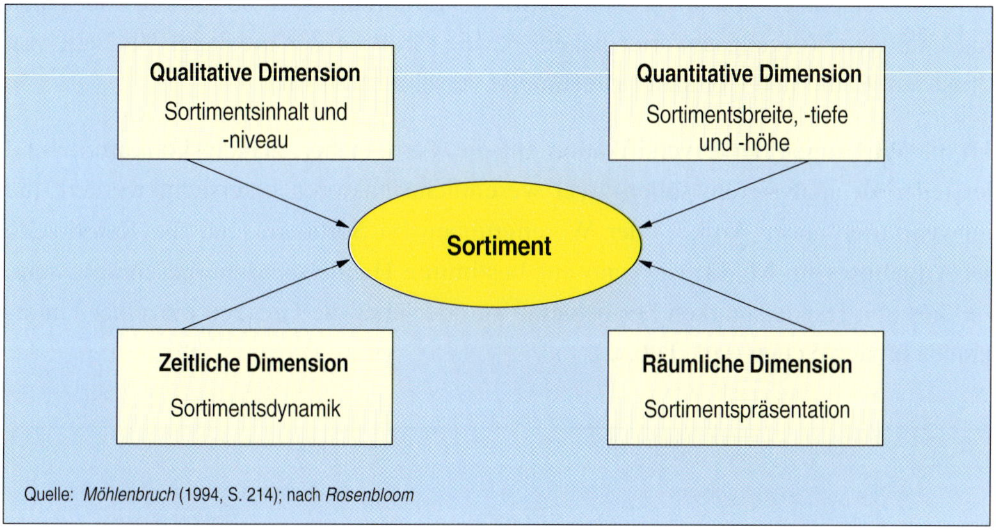

Abb. 1: Dimensionen von Sortimentsstrategien im Einzelhandel

Für die Wahrnehmung der **Leistungsfähigkeit** eines Handelsbetriebes sind die Merkmale aller Dimensionen relevant, entsprechend auch für die Wahrnehmung von **Änderungen des Leistungsprogramms**. Die folgenden Betrachtungen rücken die quantitative Dimension und hier wiederum die Sortimentsbreite in den Mittelpunkt.

3.2 Wandel des Sortimentes: Entfernung vom angestammten Geschäft

Wer von „Sortimentsverwilderung" spricht, meint eine bestimmte Form der Diversifikation. Bezeichnet man mit **horizontaler Diversifikation** die Aufnahme neuer Artikel oder Warengruppen, die in einem sachlichen Zusammenhang mit dem bisherigen Angebot stehen, etwa Frischeprodukte in einem Lebensmittel-Discounter oder PCs in Fachgeschäften der Unterhaltungselektronik, so ist dies zwar eine Veränderung, aber kein wesentlicher Einschnitt in die Sortimentsstrategie. Dieser zeigt sich erst bei einer **lateralen Diversifikation**, wenn nämlich Artikel oder Warengruppen aufgenommen werden, die aus einer artfremden Branche stammen: Der Lebensmitteldiscounter bietet nun auch Personalcomputer an. Ausschlaggebend für die Beantwortung der Frage, in welchem Verhältnis neue Warengruppen zum angestammten Geschäft stehen, ist aber nicht die Sicht der Anbieter, sondern die der Verbraucher. Es macht einen Unterschied, ob sie davon überrascht sind, wenn ein Fachgeschäft der Unterhaltungselektronik Personalcomputer in sein Sortiment aufnimmt, oder ob sie dies als einen längst fälligen Vorgang erwartet haben, da die Grenzen der medialen Nutzung von Fernsehen, Radio und Computer zunehmend verschmolzen sind.

Um die Wirkungen der Diversifikation auf die Verbraucher, Handelskonkurrenz und Hersteller zu analysieren, sollen zwei wesentliche Faktoren untersucht werden: die **Verweildauer** neuer Artikel oder Warengruppen im Sortiment und die **Reichweite des Angebotes** im Markt; sie kann auf bestimmte Handelsbetriebe beschränkt sein, wie dies von Handelsmarken her bekannt ist, oder über die Grenzen einzelner Unternehmen hinausreichen (vgl. Tab. 1).

Verweildauer des Angebots / Reichweite des Angebots im Markt	Begrenzt	Längerfristig
Auf einzelne Handelsunternehmen beschränkt	**1** Sonderfertigungen, Restposten, Havarieware, 2. Wahl-Ware etc.	**3** neue Warengruppen mit Handelsmarken oder Exklusivmarken
Nicht auf einzelne Handelsunternehmen beschränkt	**2** Saisonartikel, modische Ware etc. (Herstellermarken)	**4** neue Warengruppen mit Herstellermarken

Tab. 1: Verweildauer und Reichweite neuer Warengruppen im Rahmen der Diversifikation

Welche Ziele verfolgt ein Handelsunternehmen mit der Diversifikation?

- **Feld 1**

In Feld 1 wird ein **schneller Absatz** angestrebt, da die Ware i.d.R. nicht nachgeliefert werden kann - insbesondere nicht bei Restposten und Havarie-Ware - oder nicht nachgeliefert werden soll - insbesondere bei Sonderfertigungen - und die Verkaufsfläche somit für die nächsten Partien frei gemacht werden muß. Niedrige Preise sollen für einen **hohen Absatz** sorgen. Aufgrund ihres niedrigen Preises und ihrer Einmaligkeit des Angebotes bezeichnet man diese Produkte auch als „Self-Liquidating Offers" (vgl. *Panzer* 1988, S. 26). Einmaligkeit und zeitliche Begrenzung des Angebotes sind Ausdruck einer Verknappungsstrategie. Allein diese Merkmale lassen das Angebot als **preiswürdig** erscheinen.

Mit Blick auf die Kundenstruktur lassen sich des weiteren die Ziele verfolgen, die Kundenanzahl, die Kundenfrequenz, den durchschnittlichen Kaufbetrag eines Kunden pro Einkauf und den gesamten Kaufbetrag eines Kunden innerhalb eines Zeitraums zu erhöhen. Die **Kundenanzahl** steigern neue Kunden, die entweder als „Rosinenpicker" oder als Verbundkäufer auftreten: Soweit die Preise sowohl die Kosten dekken als auch einen Beitrag zur Gewinnerzielung leisten, tragen auch „Rosinenpicker", die nur einen Artikel kaufen, dazu bei, den Deckungsbeitrag des Handelsbetriebes zu vergrößern. Verbundkäufer werden durch die Preiswürdigkeit eines Produktes angezogen und kaufen gleichzeitig weitere Artikel, entweder aus dem dauerhaft angebotenen Kernsortiment oder aus dem Aktionssortiment.

Bisherige Nicht-Käufer erhöhen ferner die **Kundenfrequenz** eines Geschäftes. Gleiches gilt für Verbraucher, die bereits Kunden sind und nun das Geschäft häufiger aufsuchen. Kundenanzahl und Kundenfrequenz stehen aber keineswegs immer in einer komplementären Zielbeziehung. Zwar kann die Kundenzahl steigen, doch leidet hierunter die Kundenfrequenz, wenn bisherige Käufer aufgrund der veränderten Kundenstruktur ausbleiben oder nicht mehr so häufig einkaufen. In der Verschiebung der Kundenstruktur liegt nicht nur die Chance, sondern ebenso das Hauptrisiko einer jeden Diversifikation.

Den **durchschnittlichen Kaufbetrag eines Kunden pro Einkauf** steigern alle jene Kunden, die im Zuge eines rationell organisierten Beschaffungsvorganges Artikel in ihren Warenkorb aufnehmen, die sie bislang überhaupt nicht nachgefragt oder für die sie bislang andere Geschäfte aufgesucht haben. Gelingt es, den **gesamten Kaufbetrag pro Kunde innerhalb eines Zeitraums** zu steigern, dann bedeutet dies, daß

Kaufkraft von der Konkurrenz absorbiert und eine intensive Kundenbindung hergestellt werden konnten.

- **Feld 2**

Feld 2 zeichnet sich grundsätzlich durch dieselben Ziele und Zielgruppen aus wie Feld 1. Während die Produkte in Feld 1 schwierig mit Produkten anderer Anbieter zu vergleichen sind, entweder wegen fehlender Verfügbarkeit oder wegen abweichender Ausstattungsmerkmale, treten nun Handelsunternehmen mit identischen, zumindest aber ähnlichen Produkten in Konkurrenz. Vor der Übernahme traf dies bspw. auf *Tchibo* und *Eduscho* zu. Mit den Vergleichsmöglichkeiten schwindet der Eindruck der Einmaligkeit. Daher muß als Ziel hinzukommen, ein **preiswürdigeres Angebot** als die Konkurrenz zu offerieren.

- **Felder 3 und 4**

In den Feldern 3 und 4 verfolgen die Handelsunternehmen weniger preisorientierte, sondern leistungsorientierte Ziele: Die Konsumenten sollen von der **Sortimentskompetenz** neuer Warengruppen im besonderen und des Handelsunternehmens im allgemeinen überzeugt werden. Werden neue Warengruppen mit Handelsmarken oder Exklusivmarken ausgestattet, wie in Feld 3, dann ist die Markttransparenz allerdings geringer als bei Herstellermarken, die in verschiedenen Handelsunternehmen erhältlich sind. Als Beispiele für Feld 4 lassen sich Brillen in Verbrauchermärkten, Körperpflegemittel in Apotheken sowie Lebensmittel in Tankstellen nennen. Die Ausweitung der Sortimente von Tankstellen verfolgt das Ziel, **Kompetenz des einfachen, bequemen Einkaufens** zu vermitteln. Angesprochen werden vorzugsweise Zielgruppen, die das Tanken mit dem Einkauf von Lebensmitteln verbinden oder die außerhalb der gesetzlichen Ladenöffnungszeiten ihre Nachfrage nach Lebensmitteln befriedigen wollen. Die Verbraucher honorieren diese Leistung mit einer gegenüber Supermärkten deutlich höheren Preisbereitschaft: Stammkäufer mit bis zu 77%, Seltenkäufer immerhin bis 56% (vgl. *Zentes/Swoboda* 1998, S. 21).

Ein weiteres Ziel der mit Feld 4 verfolgten Diversifikation ist die **Problemlösungskompetenz**: Ein Händler bietet neben der Ware eine Beratungsleistung, die auf die individuellen Wünsche des Kunden zugeschnitten ist, wie z.B. ein Händler für Küchen der Marken *Bulthaup* und *Miele*, der seit geraumer Zeit auch Produkte der Unterhaltungselektronik von *Bang & Olufsen* führt. Der Hintergrund ist, daß bei der Planung von Neubauten oder Renovierungen frühzeitig nicht nur die Maße für Küchen, sondern auch die Anschlüsse und Kabel für TV, Hifi und Telefone berücksichtigt werden müssen.

3.3 Wandel des Verbraucherverhaltens: neue Käufertypen

Als Anlässe für die Sortimentsdiversifikation im Einzelhandel lassen sich zahlreiche Gründe nennen, von denen die Erschließung neuer Kundengruppen und die damit verbundene Risikostreuung im Zentrum stehen (vgl. *Möhlenbruch* 1994, S. 176). Originärer Antrieb müssen jedoch die **Kundenwünsche** sein, die von anderen Anbietern bislang nur unzureichend befriedigt worden sind. Entweder haben die Einzelhändler nicht den Mut gehabt oder es als nicht vereinbar mit ihrer Unternehmensphilosophie angesehen, ihr angestammtes Geschäft zu verlassen; oder sie haben nicht erkannt, daß ihre einmal zufriedenen Kunden mit der Zeit unzufrieden wurden und nur deshalb nicht abgewandert sind, weil sie keine Ausweichmöglichkeiten hatten. Kundenwünsche sind nicht stabil, sondern können sich - bedingt durch zahlreiche Faktoren - beträchtlich ändern. Drei für den Wandel des Käuferverhaltens relevante Faktoren sollen hier aufgegriffen werden: bessere Information, gestiegene Souveränität und veränderte Kaufmotive.

Qualität und Quantität an **Information** hängen zunächst vom Bildungsangebot und von der Bildungsnachfrage ab. Mag man auf der einen Seite im internationalen Vergleich zu lange Studienzeiten und ein gesunkenes Bildungsniveau von Hauptschülern beklagen, so ist auf der anderen Seite unverkennbar, daß das Bildungsangebot noch nie so umfangreich war wie heute. Wer es nutzt, verschafft sich Zugang zu vielfältigen Wissensgebieten. Unterstützt wird dies durch moderne Informations- und Kommunikationstechnologien, die in der Anschaffung erschwinglich und in der Bedienung einfach geworden sind.

Die Bereitschaft und die Fähigkeit, für den Kauf entscheidungsrelevante Informationsquellen zu entdecken und zu nutzen, tragen dazu bei, daß die Märkte für diese Konsumenten deutlich transparenter sind als für jene Konsumenten, die sich diese Quellen nicht erschließen können oder wollen. Informationshungrige Verbraucher nutzen z.B. „Schnäppchenführer" (als Printmedium) und „Bargainfinder" (via Internet), um niedrige Preise ausfindig zu machen, und sie nehmen die Leistungen von Verbraucherberatungen in Anspruch, um ihr Wissen um technisch-funktionale Produkteigenschaften zu erweitern.

Ein zweiter Punkt ist die **Konsumentensouveränität**. Die Position der Verbraucher ist in den letzten Jahren von der Rechtsordnung deutlich gestärkt worden. Sowohl die Gesetzgebung als auch die Rechtsprechung erlauben es den Verbrauchern, ihre Interessen nach Aufklärung über die Qualität der Leistungen und die Kaufbedingungen mit Nachdruck zu vertreten.

Der dritte hier angesprochene Punkt sind die **Kaufmotive**. So tritt bei manchen Verbrauchern an die Stelle der Demonstration teurer Gegenstände - man soll sehen, daß es viel gekostet hat -, die Demonstration der Fähigkeit, teure Gegenstände durch Beziehungen günstig erworben zu haben (Motiv der sozialen Anerkennung). Andere Verbraucher wollen mit ihren Einkäufen so wenig Zeit wie möglich verbringen, weil sie für das Gut „Zeit" bessere Verwendungen haben (Motiv des ökonomischen Einkaufs). Ein weiteres Kaufmotiv hängt mit dem Problem der Verbraucher zusammen, sich in einer Einkaufsstätte zu orientieren: Sie finden nicht die Abteilungen oder Waren, die sie suchen, und das Warenangebot erscheint ihnen unübersichtlich. Dies gilt für großflächige Handelsbetriebe des Lebensmittel-Einzelhandels wie Verbrauchermärkte und SB-Warenhäuser (vgl. *Esch/Billen* 1996, S. 327f.), aber auch für den Textil-Einzelhandel, wo nach einer Befragung von mehreren Tausend Personen über 60% angaben, nicht das zu finden, wonach sie suchen (vgl. *Glasmeier* 1995, S. 162). Fehlende Hinweisschilder, unübersichtliche Präsentation der Ware und die zu große Auswahl an Produkten überfordern offensichtlich bestimmte Verbraucher. Sie suchen nach Entlastung, um der Informationsüberflutung und Desorientierung zu entgehen (Motiv der Komplexitätsreduktion).

Wie sich die genannten Faktoren im Konsumentenverhalten niederschlagen, darüber geben **Verbrauchertypologien** Auskunft. Die Ergebnisse sind hilfreich bei der Marktsegmentierung und liefern Ansatzpunkte für die Entdeckung unbesetzter oder unterbesetzter Marktsegmente, also solcher Marktfelder, in denen Kundenwünsche bislang gar nicht oder unzureichend erfüllt werden. Um zu verdeutlichen, wie sich das Käuferverhalten ändern kann, reicht hier eine einfache branchenunabhängige Typologie aus, die zwischen Qualitätskäufern, Schnäppchenjägern, Smart Shoppern und Convenience-Shoppern unterscheidet. Qualitätskäufer und Schnäppchenjäger sind keine unbekannten Käufertypen. Der **Qualitätskäufer** ist markentreu, strebt eher eine hohe Qualität der Leistungen an und neigt bei Ermangelung anderer Beurteilungsmaßstäbe zu einer preisabhängigen Qualitätsbeurteilung. Der **Schnäppchenjäger** dürfte eine gerade in Deutschland weit verbreitete Erscheinung sein, der vom Handel gelernt hat, systematisch Woche für Woche nach Sonderangeboten sowie in Schluß-, Jubiläums- und Räumungsverkäufen nach Niedrigpreisangeboten zu suchen und mit erheblichen Preisvorteilen belohnt zu werden. Die Jagd nach Schnäppchen kann auf verschiedenen Motiven beruhen und somit den Grundtyp differenzieren: bei dem einen steht ausschließlich der Versorgungsaspekt im Vordergrund, der nächste will nicht mehr bezahlen als unbedingt nötig, für einen weiteren ist die Entdeckung niedriger Preise ein Sport und wieder andere wollen soziale Anerkennung dafür, daß es ihnen gelungen ist, den niedrigsten Preis bezahlt zu haben.

Weitere Bewegung in die Systematik bekannter Käufertypen haben der Smart Shopper und der Convenience-Shopper gebracht. Der **Smart Shopper** repräsentiert eine Verbrauchergeneration, die sich von Marken und Markenstrategien emanzipiert hat, schnell, präzise sowie einfach informiert werden will und Qualität zum niedrigen Preis erwerben möchte (vgl. *Thomas* 1995, S. 20). Der **Convenience-Shopper** meidet allzu großen Aufwand beim Einkaufen. Er ist bestrebt, Zeitaufwand und Mühen der Beschaffung zu reduzieren und honoriert die Entlastung mit einer höheren Preisbereitschaft. Betriebstypen, die der Convenience-Orientierung folgen, sind z.B. Heimdienste (Tiefkühlkost, Pizza, Brötchen, Getränke etc.), Versandhändler und Tankstellen (vgl. *Zentes* 1996, S. 230f.).

Zwischenergebnis: Neben den weiterhin bestehenden Käufersegmenten, die unter Informationsdefiziten, Desorientierung und fehlender Durchsetzungskraft leiden oder bei denen der Versorgungsgedanke mit Grundbedarfsgütern im Vordergrund stehen muß, haben sich neue Käufertypen entwickelt. Sie sind damit Ausgangspunkt und insoweit Initiatoren für neue Angebotsformen, die den Wettbewerb mit traditionellen Betriebstypen im Handel verschärfen.

3.4 Wandel der Wettbewerbsbeziehungen: neue Konkurrenten

Der Ausdruck der „Sortimentsverwilderung“ könnte als Sorge um steigenden Wettbewerb interpretiert werden. Die Zunahme von Wettbewerb kann aber unter dem Gesichtspunkt der verbesserten Verbraucherversorgung nur erwünscht sein. Ein Artenschutz besteht - sieht man von rechtlichen Restriktionen einmal ab - für Sortimentsstrukturen im Einzelhandel nicht. Wettbewerb entsteht dann, wenn die Verbraucher zwischen verschiedenen Angeboten (Preise und Leistungen) wählen können; der Wettbewerb nimmt zu, wenn die Zahl verschiedener Angebote steigt. Als Beleg für Wettbewerb im Lebensmittel-Einzelhandel darf gelten, daß die Verbraucher im Durchschnitt in 14 verschiedenen Betriebstypen ihren Bedarf decken. Tab. 2 zeigt darüber hinaus, wie sich die Nachfrage auf die einzelnen Betriebstypen verteilt.

Verbrauchermärkte	2,1
Discounter	2,0
Supermärkte	1,9
Drogeriemärkte	1,5
Kauf- und Warenhäuser	1,2
Getränkeabholmärkte	1,0
Restliche (z.B. Bäcker, Metzger, Apotheker)	4,5
Summe	**14,2**
Quelle: *Milde* (1998, S. 292)	

Tab. 2: Durchschnittlich pro Quartal von einem Haushalt aufgesuchte Zahl von Betriebstypen des Lebensmittel-Einzelhandels

Mit dem Vordringen von Handelsunternehmen in neue Warengruppen ist die Frage zu prüfen, wo neuer Wettbewerb entsteht und wo der Wettbewerb intensiviert wird. Die Antwort hierauf liefert das Nachfrageverhalten der Konsumenten. Für die Analyse reicht es nicht aus, allein diversifizierte Handelsunternehmen zu betrachten. Vielmehr sind die für eine Branche relevanten Angebotsformen einzubeziehen. Als Beispiel soll der Textil-Einzelhandel dienen. Abb. 2 zeigt, zwischen welchen Betriebstypen die Verbraucher wählen können. Hier sind nicht nur **Diversifikationsstrategien des Einzelhandels** anzutreffen, wie sie etwa für die Partievermarktung von Lebensmittel-Discountern und Kaffeeröstern typisch sind, sondern ebenso **Industrieunternehmen**, die mit Factory Outlets und Factory Outlet Centern in den institutionellen Einzelhandel vorstoßen. Darüber hinaus bedienen sich sowohl Industrie- als auch Handelsunternehmen des **Electronic Commerce**.

Im folgenden wird untersucht, aus welchen Gründen bestimmte Verbrauchergruppen die Angebote neuerer Betriebstypen annehmen und welche klassischen Betriebstypen hiervon betroffen sein könnten. Ausgangspunkt für diese Überlegungen sind die zuvor dargestellten Verbrauchertypen (Kap. 3.3).

Bei den **Qualitätskäufern** ist zu vermuten, daß ihnen von den neueren Betriebstypen lediglich das Angebot **herstellereigener Markengeschäfte** zusagt. Die Treue zu bestimmten Marken, der Wunsch nach fachgerechter Beratung sowie die Bereitschaft, gute Leistungen mit entsprechenden Preisen zu honorieren, sind Gründe, diese Geschäfte aufzusuchen. Soweit Bindungen zu **traditionellen Fachgeschäften** oder **Bou-**

tiquen bestehen, werden die Umsatzverluste dort gering ausfallen. Eher ist zu erwarten, daß **Kauf- und Warenhäuser** Umsatzverluste zu verzeichnen haben.

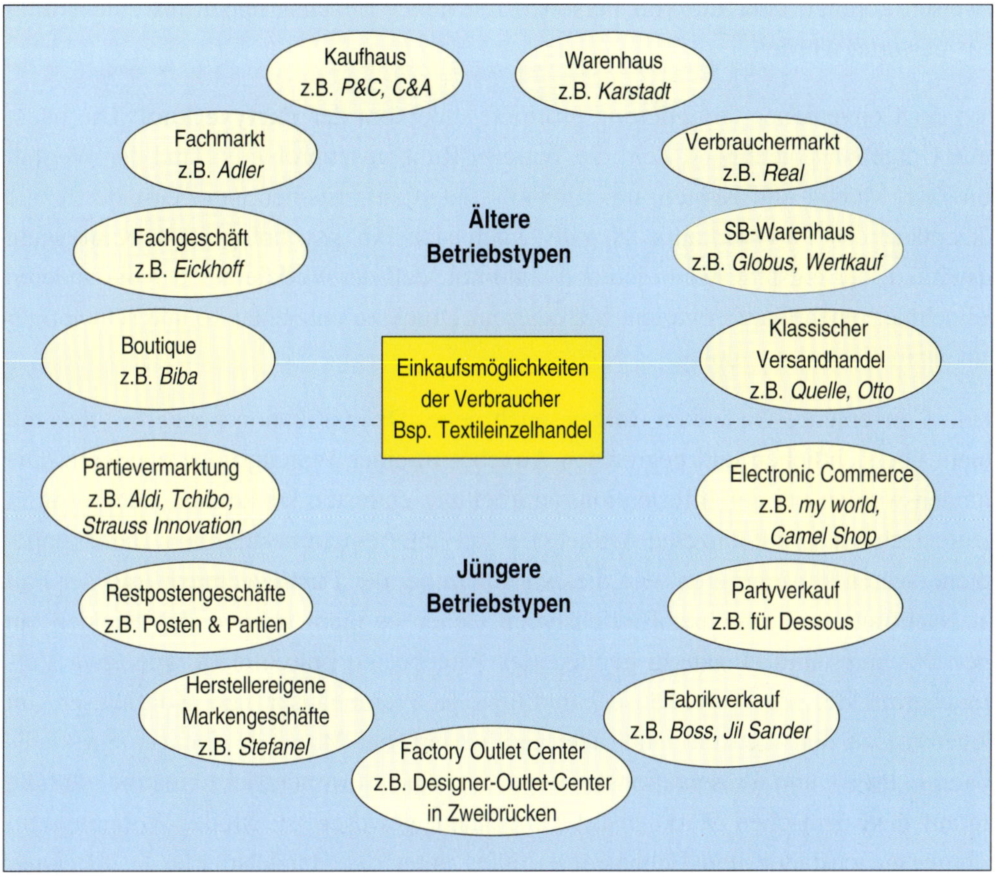

Abb. 2: Klassische und neue Betriebstypen im Einzelhandel
(dargestellt am Beispiel des Textil-Einzelhandels)

Convenience-Shopper streben nach Entlastung beim Einkauf. Diesen Anforderungen entsprechen in der Textilbranche der **klassische Versandhandel** ebenso wie der **Electronic Commerce**, vorausgesetzt, die Konsumenten sind fähig und bereit, sich mit den elektronischen Bestellvorgängen auseinanderzusetzen. Akzeptanzbarrieren des Versandbezuges lassen sich mit verschiedenen Maßnahmen überwinden, wie etwa mit der lebenslangen Rückgabegarantie von *Lands' End*: Der Kunde kann die Ware jederzeit zurückgeben, wenn er mit ihr unzufrieden ist, unabhängig davon, wann er sie gekauft hat und in welchem Zustand sie sich befindet, und er erhält eine Gutschrift oder den vollen Kaufpreis. Die Rückgabegarantie ist geeignet, funktionale, finanzielle und soziale Kaufrisiken beim Versandbezug zu reduzieren, nämlich der Kauf von Bekleidungsstücken, die nicht passen oder sich im nachhinein als zu teuer erweisen könnten oder die von Personen relevanter Bezugsgruppen als „nicht tragbar" bewertet würden.

Von der Convenience-Orientierung profitiert außerdem der **Partyverkauf**: Die häusliche Umgebung, genügend Zeit, die Ware in Ruhe auszuprobieren, und der Wegfall von Zeit, Mühen und Kosten, um Einkaufsstätten aufzusuchen, sind Gründe für die Akzeptanz des Partyverkaufs. Negativ kann sich ein psychologischer Kaufzwang auswirken, der entsteht, wenn jemand annimmt, daß der Verkäufer oder die anderen Teilnehmer einen Kauf erwarten. Sich diesem Druck zu entziehen könnte schwieriger sein als in einem Ladenlokal.

Dem Convenience-Gedanken folgen auch jene Diversifikationskonzepte, die mit einem übersichtlichen und begrenzten Angebot in einer Warengruppe operieren. Die Kunden werden bei der Informationsverarbeitung entlastet, sie können sich bei ihrer Kaufentscheidung auf einzelne Artikel oder auf unter einem bestimmten Thema angebotene Waren konzentrieren, wie dies vor allem bei der **Partievermarktung** der Fall ist. Nachfrage verlieren hier Betriebstypen, denen es nicht gelingt, den Kunden ein überschaubares und eingängig gegliedertes Angebot zu präsentieren, wie etwa Verbrauchermärkte, SB-Warenhäuser, traditionelle Warenhäuser und Kaufhäuser. Im Gegensatz zu den meisten deutschen Kaufhäusern hat *Marks & Spencer* ein klares Waren-, Preis- und Präsentationskonzept, das eine Sortimentskombination umfaßt, die auf dem deutschen Markt bislang unbekannt gewesen ist: Mode, Wohnungseinrichtungsgegenstände und Lebensmittel, alles unter der Handelsmarke *St. Michael*. Von der Klarheit und Eindeutigkeit des Konzeptes könnten vor allem Convenience-Shopper angezogen werden.

Das Einkaufsverhalten der **Smart Shopper** ist durch Preisorientierung, Markenunabhängigkeit und Entlastungsstreben gekennzeichnet. Gute Qualität zu niedrigen Preisen werden sie in Factory Outlet Centern und in Fabrikverkaufsstellen finden; darüber hinaus kommen ihnen Konzepte wie von *Marks & Spencer* entgegen, die sich von Herstellermarken lösen, eine hohe Qualität ihrer Produkte versprechen und zu Informationsentlastung beitragen, z.B. eine klare Preisoptik durch Warenträger mit Artikeln zu Einheitspreisen und Verzicht auf gebrochene Preise.

Die stärkste Bewegung in den Wettbewerb der Betriebstypen dürften die **Schnäppchenjäger** bringen. Steht der Versorgungsaspekt im Vordergrund, wird der Wettbewerb zwischen jenen Betriebstypen intensiviert, die preisaggressiv am Markt auftreten: Fachmärkte, Verbrauchermärkte und SB-Warenhäuser auf der einen Seite, Partievermarkter, Restpostengeschäfte - und je nach der Fähigkeit und der Bereitschaft, Informationen zu suchen und längere Wege auf sich zu nehmen, - auch Electronic Commerce, Fabrikverkauf und Factory Outlet Center auf der anderen Seite.

Dominiert dagegen das Kaufmotiv, hochwertige Ware zu möglichst niedrigen Preisen zu kaufen, dann werden Electronic Commerce, Fabrikverkauf und Factory Outlet Center die favorisierten Einkaufsstätten sein. Beschaffungsradius und Informationsbeschaffung nehmen bei den Käufern zu, die allein auf den Kaufpreis achten und die die Informationsbeschaffung und die Raumüberbrückung eher als Einkaufserlebnis und weniger als Mühe werten. Nachfrageverluste verzeichnen dann vor allem Boutiquen, Fachgeschäfte sowie Kauf- und Warenhäuser.

4 Konsequenzen für das Handelsmarketing

4.1 Diversifikation gegen Diversifikation

Die Diversifikationsstrategien im Einzelhandel zeigen bei manchen Firmen offenbar nachhaltige Wirkung. So hat *C & A* seine Spitzenposition im deutschen Textil-Einzelhandel aus dem Jahr 1993 verloren und ist auf Rang 4 (1997) abgerutscht. Während der Filialist einen kontinuierlichen Umsatzrückgang hinnehmen mußte (1993: 8,367 Mrd. DM, 1994: 7,859 Mrd. DM, 1995: 7,467 Mrd. DM, 1996: 6,921 Mrd. DM), verzeichneten die Partievermarkter beachtliche Umsatzzuwächse. Als Antwort auf den Marktanteilsverlust im Textilhandel wurde eine Diversifikationsstrategie entwickelt: Seit kurzer Zeit bietet *C&A* unter der Handelsmarke *Expressivo* z.B. Geschirr, Küchenhandtücher sowie Dekorationsgegenstände an. Der Marktauftritt wird mit der Aussage „Mode & Mehr“ verknüpft.

Zusätzlich testete *C & A* Anfang des Jahres 1998 verschiedene Shop-Konzepte für Lebensmittel, die entweder mitgenommen oder vor Ort verzehrt werden können. Ein Konzept wird in Kooperation mit *McDonald's*, ein anderes in Eigenregie unter dem Namen *Pain Surprise* erprobt (vgl. o.V. 1998). Es bleibt abzuwarten, inwieweit die Konsumenten einem Einzelhändler, der seit der Firmengründung Textilien angeboten hat, nun die Sortimentskompetenz in artfremden Warengruppen zutrauen.

4.2 Sortimentskontraktion branchenerfahrener Einzelhändler

Zu den Prinzipien der Partievermarktung gehört es, eine geringe Anzahl von Artikeln aus einer Warengruppe für eine begrenzte Zeit anzubieten, teilweise unter einem bestimmten Thema (vgl. *Panzer* 1988, S. 30). Der Vorteil für die Konsumenten ist ein klar gegliedertes Angebot, das sie wegen geringer Auswahlmöglichkeiten - teilweise ohne jegliche Alternative innerhalb einer Einkaufsstätte - von Entscheidungskonflikten entlastet und den Entscheidungsprozeß einfacher handhaben läßt. Gleichzeitig werden die insbesondere für großflächige Einzelhandelsbetriebe typischen Probleme der Informationsüberlastung und der Desorientierung vermieden, zumindest aber abgefedert.

Sofern die Sortimentsdiversifikation mit den für die Konsumenten genannten Vorteilen einhergeht - Drogerien und Tankstellen bieten sie ebenso wie Kaffeeröster und Lebensmittel-Discounter -, kann eine Antwort großflächiger Betriebsformen des Handels lauten, die **Sortimentstiefe zu reduzieren**, um Informationsüberlastung und Entscheidungskonflikte am Point of Sale zu verhindern. Die Verkaufsfläche wird auf eine größere Menge der verbliebenen Artikel verteilt, d.h. die Zahl der Facings erhöht sich, die Kontaktstrecke wird länger und die Wahrscheinlichkeit einer Marke, gekauft zu werden, steigt. Mit der Reduzierung von Warengruppen oder einzelner Artikel innerhalb einer Warengruppe sinken die Koordinationskosten eines Handelsbetriebes, da weniger verschiedene Artikel zu bewirtschaften sind. Diese aus der Partievermarktung bekannte Erfolgsursache stellt auf nichts anderes ab, als auf die mit dem Konzept des Efficient Consumer Response verfolgten Ziele: Lagerumschlagsgeschwindigkeiten erhöhen, Preisabschriften verringern und Fehlmengenkosten senken.

4.3 Angriffe auf die Sortimentskompetenz von Branchenneulingen

Der Vorstoß in eine neue Warengruppe bedeutet, den Verbrauchern Sortimentskompetenz zu beweisen. Hierin liegt zugleich eine (vermeintliche) Schwachstelle, die von „etablierten" Einzelhändlern einer Branche aufgegriffen wird. Sie wollen die Verbraucher davon überzeugen, daß die diversifizierten Einzelhändler keine Sortimentskompetenz in der neuen Warengruppe besitzen. Hierzu zwei Beispiele: Die *Gehe Pharma Handel GmbH* reagierte auf die Aufnahme von Arzneimitteln durch *Aldi* mit folgendem Wortlaut in einer ganzseitigen Anzeige einer Tageszeitung (vgl. Abb. 3):

Arzneimittel kauft man in der Apotheke!

Zu Risiken und Nebenwirkungen fragen Sie die Kassiererin?

Kaufen Sie Ihre Gemüsekonserven in der Apotheke? Absurd, nicht wahr? Aber ist nicht die Absicht, Arzneimittel im Discounter zu kaufen, ebenso absurd? So ganz ohne Beratung zu Risiken und Nebenwirkungen? Wir meinen: Der Verkauf von Arzneimitteln ist Vertrauenssache und verlangt fachliche Kompetenz. Die Kompetenz des Apothekers.

Abb. 3: Anzeige der Gehe Pharma Handel GmbH

Bei dieser Darstellung sollte nicht vergessen werden, daß gerade die Apotheken seit Jahren bemüht sind, ihr Sortiment auszuweiten und das Werbeverbot aufzuweichen. Die Sortimentsausdehnung erfaßt auch Lebensmittel.

Ebenfalls mit einer Anzeige wandte sich der Computerhändler *Schadt* an die Verbraucher, nachdem *Aldi* Personalcomputer angeboten hatte. Dabei wird die in jeder Anzeige von *Aldi* verwendete Überschrift entsprechend abgewandelt (vgl. Abb. 4).

SCHADT informiert ...

Computer kauft man beim Fachhandel und nicht beim Gemüsehändler ...

Würden Sie bei Herrn A . . . einen Computer kaufen?

Wir auch nicht!

1. Keine Beratung
2. Kein Service
3. Keine Erweiterungen
4. Keine Anschlußkabel
5. Teilweise veraltete Ware! Bsp. 2 MB VGA Grafik on board oder 16-fach CD-ROM
6. Kein EC-Card-Service
7. Keine eigene Helpline
8. Er weiß nicht, was er verkauft

Abb. 4: Anzeige von Schadt

Mit Blick auf verschiedene Käufertypen kann die Anzeige von *Schadt* nur bedingt erfolgreich sein. Zum einen gibt es Kunden, die hinreichend über die Eigenschaften eines Computers informiert sind, die in der Lage sind, ihre Kaufentscheidung ohne Beratung zu treffen, und für die der Preis das wichtigste Kaufkriterium ist. Zum anderen könnte die Anzeige das Gegenteil dessen erreichen, was sie beabsichtigt, nämlich gerade Schnäppchenjägern bestätigen, daß ein Lebensmittel-Discounter bei Personalcomputern preiswürdiger ist als ein Fachmarkt der PC-Branche.

4.4 Dauerniedrigpreise statt Sonderpreisaktionen

Eine von vielen Herstellern und Händlern unerwünschte Begleiterscheinung preisaggressiver Betriebsformen des Handels ist, daß die Preisbereitschaft der Verbraucher nachhaltig sinkt (vgl. *Ahlert* 1983). Als ein Ausweg aus diesem Dilemma wird im Lebensmitteleinzelhandel erwogen, wie etwa bei *Tengelmann*, die Politik der Sonderpreisaktionen durch eine Politik von Dauerniedrigpreisen zu ersetzen. Diese Vorgehensweise richtet sich nicht zuletzt gegen diejenigen Schnäppchenjäger, die wöchentliche oder saisonbedingte Sonderangebote suchen. Sollten sich Dauerniedrigpreise im Lebensmitteleinzelhandel durchsetzen, würde das Kaufmotiv der Schnäppchenjäger nicht mehr befriedigt. Dies ist zugleich der Anreiz für einzelne Händler, aus einem abgestimmten Verhalten auszubrechen und Sonderpreisaktionen durchzuführen.

4.5 Korrektur von Preiswürdigkeitsurteilen

Neben der klaren Sortimentsstruktur muß als Hauptursache für den Erfolg der Partievermarktung die **Preiswürdigkeit** gesehen werden, die die Verbraucher dieser Angebotsform zuschreiben. Denn nach einer *BBE*-Studie sind 50% der Nichtkäufer von Spontanangeboten nur dann zu einem Kauf bereit, wenn der Preisvorteil im Vergleich zu ähnlichen Konkurrenzangeboten über 25% betrage (vgl. *Panzer* 1988, S. 26). Die hohe Nachfrage nach Angeboten von Partievermarktern beruht folglich auch auf der Einschätzung der Verbraucher, daß die Angebote preiswürdiger im Vergleich zu den Preisen und Leistungen anderer Einzelhändler sind. Unabhängige Testinstitute kommen jedoch zu dem Ergebnis, daß die Bewertungen „Die Produkte sind preiswerter als in anderen Geschäften“ und „Die Produkte haben eine sehr gute Qualität“ nicht haltbar sind (vgl. o.V. 1997). Vielmehr sind die **Übersichtlichkeit** und die **künstliche**

Verknappung des Angebotes offenbar Stimuli, die ein im Vergleich zu anderen Anbietern schlechteres Preis/Leistungs-Verhältnis besser erscheinen lassen. So stellten die Tester z.B. bei *Tchibo* und *Eduscho* fest, daß Polohemden nicht trocknergeeignet waren, daß die Farben eines Strandhandtuchs bei der ersten Wäsche ausliefen, daß ein Reisewecker kein präzises Uhrwerk hatte und daß bei einem Preisvergleich identischer oder ähnlicher Produkte andere Anbieter in vielen Fällen günstiger waren. Von der in Sortimentsdiversifikation betroffene Händler könnten daher versuchen, in Verkaufsgesprächen und in der Werbung auf die Fehlwahrnehmung der Konsumenten hinzuweisen. Dieser Weg ist nur dann erfolgversprechend, wenn nicht der Eindruck entsteht, daß man den Konkurrenten den Erfolg neidet.

5 Fazit

Die Diversifikation von Sortimenten ist eine Antwort des Handels auf modifizierte und unbefriedigte Verbraucherbedürfnisse. Neue Betriebstypen entstehen und tragen dazu bei, daß der Wettbewerb mit den bisherigen Angebotsformen zunimmt. Vor allem Smart Shopper, Convenience-Shopper und verschiedene Typen der Schnäppchenjäger prägen die veränderte Nachfragestruktur. **Gewinner** dieser Entwicklung sind Partievermarkter, Betriebstypen mit eingängigen Sortimentskonzepten, wie z.B. Tankstellen und Drogerien, sowie Hersteller, die mit eigenen Verkaufsstellen hohe Qualität zu niedrigen Preisen anbieten. Potentielle **Verlierer** sind jene Anbieter, die kein klares Sortimentsprofil haben und ihre Kunden mit zu tiefen Sortimenten überlasten. Hierzu zählen insbesondere großflächige Einzelhandelsbetriebe wie Kauf- und Warenhäuser sowie Verbrauchermärkte und SB-Warenhäuser. Die Versorgungslükke, die deutsche Anbieter in einigen Branchen „verschuldet“ haben, wie z.B. im Textilhandel, ist offenbar ein Anreiz für ausländische Handelsunternehmen, in den deutschen Markt einzutreten. Es hilft allerdings wenig, diese Entwicklung öffentlich zu beklagen. Vielmehr sind Sortiments-, Preis-, Präsentations- und Dienstleistungsstrategien zu entwickeln, die auf die Wünsche der Verbraucher eingehen.

Der Euro: Neuausrichtung der Preispolitik im Spannungsfeld „Hersteller-Handel"

Hermann Simon, Regine Kalka und *Dieter Lauszus*

1 Einleitung

Die Europäische Währungsunion wird Realität. Nennenswerter Widerstand ist nicht mehr zu erwarten. Um so erstaunlicher ist es, daß die **Folgen der Währungsunion** nach wie vor von vielen Unternehmen unterschätzt werden. Hier stehen vor allem, wie in einer 1998 von *Simon, Kucher & Partners* durchgeführten Befragung von 60 Marketing Managern erkennbar (vgl. Abb. 1), die preisstrategischen Aspekte bei der Euro-Einführung im Vordergrund.

Neu ist diese Erkenntnis nicht. So erfordert der Europäische Binnenmarkt bereits seit Jahren eine grundlegende **Neuorientierung der Preispolitik** sowohl für die Hersteller als auch für international agierende Händler. Solange die Ländermärkte Europas sich voneinander trennen ließen, konnte in jedem Land der isoliert-optimale Preis durchgesetzt werden. Dieser war allein abhängig von spezifischen Einflußfaktoren wie Kaufkraft, Konsumentenverhalten und Wettbewerbssituation im betreffenden Land. Endgültig vorbei sind die Zeiten, in denen international tätige Hersteller oder Handelsunternehmen auf voneinander abgeschotteten Märkten ein Preisdifferenzierungsparadies vorfanden.

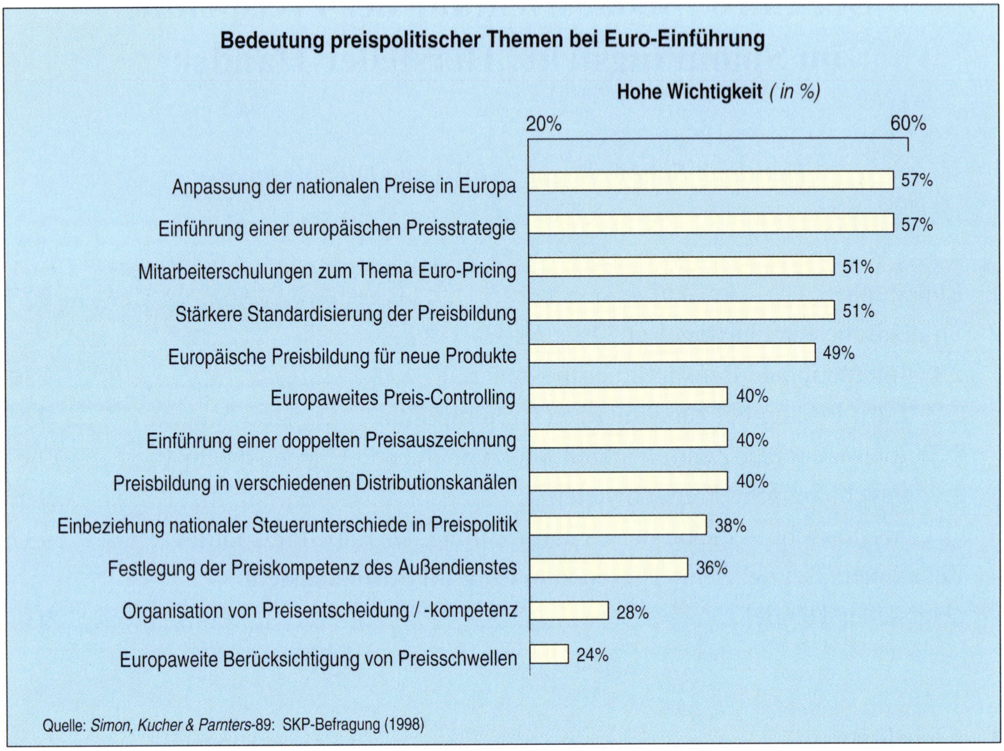

Abb. 1: Handlungsbedarf durch den Euro

Die **Konzentration im Einzelhandel** führte dazu, daß immer mehr Handelsunternehmen ihre Waren international beschaffen oder verstärkt Druck auf das internationale Preisgefüge ihrer Lieferanten machen. So geriet bspw. der Filmhersteller *Kodak* unter Druck, als die internationale Handelskette *METRO* Mitte der neunziger Jahre einheitliche Konditionen für alle europaweit bedienten Märkte forderte. Diese lagen auf dem Niedrigniveau, das lediglich auf einem kleinen südeuropäischen Markt gegeben war. Da *Kodak* der Handelsmacht seines größten Kunden wenig entgegenzusetzen hatte, mußten die Preise europaweit um durchschnittlich 20% gesenkt werden, was einen drastischen Gewinneinbruch zur Folge hatte (vgl. *Reischauer* 1997). Aber auch Grauimporte verursachten in den letzten Jahren auf vielen Märkten eine drastische Preiserosion. Das gesamte europäische Preisgefüge bewegte sich dabei in der Tendenz auf das Niveau der Niedrigpreisländer zu.

Trotz der zu erkennenden zunehmenden Preisharmonisierung schafften es bisher viele Hersteller, auf den europäischen Märkten **länderspezifische Preisunterschiede** bei den Handelsunternehmen durchzusetzen. *Perrier* verkauft sein Mineralwasser in Österreich zum dreifachen Preis wie in Frankreich, *Nivea* kostet in Frankreich nur halb so viel wie in Deutschland (vgl. *Eirund/Münzberg* 1997). Die Ursache der immer noch existierenden Preisdifferenzen liegt primär in einer **unzureichenden Preistransparenz**, die unter anderem durch die bisherige Währungsvielfalt gestützt wird. Dieses Preisdifferenzierungspotential wird durch die Einführung des Euro gefährdet. Dieser wird vor allen einen Effekt auf die europäische Preispolitik haben: Er erhöht schlagartig die Transparenz und erspart den Beschaffungsabteilungen international agierender Handelsunternehmen lästige Umrechnungen, ein direkter Preisvergleich ist möglich.

Die Einführung des Euro wird das Spannungsfeld zwischen Hersteller und Händler verschärfen. Die Händler werden versuchen, mit Hilfe einer entsprechenden Preis- und Beschaffungspolitik den Druck auf ihre Lieferanten, die Hersteller zu verstärken. Doch dies wird ihnen nicht bei allen Herstellern gelingen; so können die Hersteller etwa die **Macht ihrer Marken** ausspielen. Sie werden im Zuge der Euro-Einführung ihre Preispolitik strategisch neu ausrichten, um ihre Position zu stärken und dem Druck der internationalen Einkaufspolitik der Händler entgegenzuwirken.

Vor diesem Hintergrund stellt sich die Frage, wer wie dieses „Machtspiel" gewinnen wird. Wird es zu einem Abrutschen der Preise auf das im Ländergefüge niedrigste Niveau kommen? Leider existiert weder für den Händler noch für den Hersteller ein allgemeingültiges „Rezept", für das zukünftige Euro-Pricing. Zu unterschiedlich sind die Rahmenbedingungen im Einzelfall. Im folgenden werden wir verschiedene, mit dem Euro-Pricing in Zusammenhang stehende Problembereiche diskutieren und Lösungsalternativen sowohl für Händler als auch für Hersteller aufzeigen.

2 Strategische Aspekte des Euro-Pricing

Die größte Achtung verdient die höhere Preistransparenz aufgrund der Einführung des Euro. Je nach betroffener Branche, Wettbewerbsumfeld oder sonstigen Rahmenbedingungen entstehen für die Handelsunternehmen als auch für die Hersteller andere

Pricing-Probleme, die individuelle preisstrategische Gegenmaßnahmen erfordern. Das Spannungsfeld zwischen Händlern und Herstellern wird im wesentlichen durch die **zwei Hauptproblembereiche** beeinflußt:

- Druck auf die bisherige europäische Preisstruktur durch zunehmende Parallelimporte
- Druck auf die bisherige europäische Preisstruktur durch Intensivierung der internationalen Aktivitäten im Handel und somit durch internationalen Zentraleinkauf

Zuvor sind einige generelle Bemerkungen zur internationalen Preisoptimierung angebracht.

2.1 Internationale Preisoptimierung generell

Obwohl die hohe Bedeutung des Preises bekannt ist, setzen nach wie vor viele Hersteller, aber auch Handelsunternehmen, das Instrument Preis **amateurhaft ein**. Kosten-Plus- oder konkurrenzorientierte Preisbildung sind an der Tagesordnung. Kundennutzen und Zahlungsbereitschaft bleiben bei der Preisfindung (insbesondere im Handel) häufig Fremdworte. Grundvoraussetzung für jede Preisoptimierung, egal ob auf nationalem oder auf internationalem Niveau, ist die Ermittlung der jeweiligen **Preis/Absatz-Funktion**. Nur wenn die Wechselwirkung zwischen der eigenen Preissetzung und den daraus resultierenden Absatzmengen bekannt ist, läßt sich bei Einbeziehung der Kosten die gewinnmaximale Preisposition für ein Produkt ermitteln (vgl. *Simon* 1992). Zur Ermittlung der Preis/Absatzfunktion gibt es prinzipiell drei Ansätze. Alternativ bieten sich u.U. auch nicht-preisliche Strategien an:

(1) Preis/Absatz-Funktion auf Basis historischer Marktdaten

Liegen historische Marktdaten aus jedem relevanten Land vor, so können die Preis/Absatzfunktionen mittels ökonometrischer Schätzungen berechnet werden. Der damit verbundene Aufwand ist mittelgroß. Die Qualität der auf diese Weise erzielbaren Preisresultate ist aufgrund der oft unzureichenden Datenqualität fragwürdig.

(2) Preis/Absatz-Funktion auf Basis von Expertenschätzungen

Die Schätzung einer Preis/Absatzfunktion durch Experten stellt unter bestimmten Rahmenbedingungen eine sinnvolle Alternative dar. Produktinnovationen können aufgrund ihres Neuheitscharakters von den Kunden häufig nicht beurteilt werden, so daß hier besser auf Expertenbasis gearbeitet wird. Generell ist die Expertenschätzung eine einfache und kostengünstig anzuwendende Form zur Schätzung der Preis/Absatz-Funktion. Der Kostenaspekt gewinnt bei Untersuchung der vom Euro betroffenen Region an Gewicht, da Kundenbefragungen in mehreren Ländern ein hohes Budget erfordern können. Die resultierende Qualität der Expertenschätzung ist als mittel bis gut einzuschätzen.

(3) Preis/Absatz-Funktion auf Basis von Kundenbefragungen

Da die Kunden am ehesten wissen, wie sie auf Preisänderungen reagieren werden, liefert eine Befragung, sofern anwendbar, tendenziell die besten Ergebnisse. Es existieren zwei Möglichkeiten zur Datenerhebung. Zum einen kann man direkt danach fragen, ob ein Produkt zu einem bestimmten Preis gekauft würde. Diese Abfragetechnik besitzt gravierende Nachteile. Dadurch, daß man das Produkt nicht als ganzes betrachtet, sondern isoliert nach dem Stellenwert des Preises fragt, wird dessen Bedeutung leicht überschätzt. Zudem werden bei direkten Preisabfragen tendenziell zu niedrige Zahlungsbereitschaften genannt, die Befragten antworten zielgerichtet. Der zur Zeit wohl beste Ansatz zur Messung von Preis/Absatz-Funktionen ist das „Value Based-Pricing" (vgl. *Lauszus/Sebastian* 1997). „Value Based-Pricing" basiert auf modernen Methoden zur Messung des Kundennutzens, wie etwa der Conjoint Measurement-Methode. Die Kernfrage lautet hierbei stets: „Welchen Nutzen verbindet der Kunde mit der Leistung eines bestimmten Produktes und wie hoch ist seine resultierende Zahlungsbereitschaft?" (*Simon* 1994). Grundsätzlich bieten Kundenbefragungen die qualitativ besten Ergebnisse. Da die Untersuchungen in mehreren Ländern durchgeführt werden müssen, sind diese mit erheblichem Aufwand und entsprechenden finanziellen Budgets verbunden. Einen sinnvollen Kompromiß zwischen Aufwand und Ergebnisqualität stellt die Beschränkung der empirischen Untersuchung auf die wichtigsten Länder Europas dar, während die übrigen Regionen mit Hilfe von Expertenworkshops untersucht werden (vgl. *Kucher/Simon* 1987).

(4) Alternative, nicht-preisliche Ansatzpunkte

Bevor ein Preismanager - egal ob in Produktions- oder Handelsunternehmen - vor dem Hintergrund der gesamten Euro-Diskussion in Panik gerät, sollte er sich folgende Frage stellen: „Habe ich überhaupt bzw. droht mir ein Euro-Preisproblem?" Sind Preissenkungen erst einmal durchgeführt, so lassen sich diese nur sehr langfristig wieder korrigieren. Preissenkungen sollten somit die letzte Maßnahme darstellen. Vorher sind Fragen zu beantworten wie:

- „Gibt es Möglichkeiten zur **Produktdifferenzierung**?“ Ansatzpunkte bieten hier technologische Unterschiede, etwa aufgrund verschiedener Spannungsverhältnisse, Sprachen bei Bedienungsanleitungen, Verpackungsbeschriftungen etc., länderspezifische Konsumgewohnheiten wie etwa unterschiedliche Packungsgrößen oder idealerweise eine Abschottung über differenzierende rechtliche Rahmenbedingungen.
- „Gibt es Möglichkeiten, eine Leistungsdifferenzierung über unterschiedliche **Serviceniveaus** zu realisieren?“ Ansatzpunkte bieten landesspezifische Unterschiede bei Gewährleistung oder After-Sales-Service, enge landesspezifische Zusammenarbeit zwischen eigener Niederlassung und Händler etc.
- „Welche Möglichkeiten gibt es zur **Preisanhebung im Niedrigpreisland** bzw. muß ich das Niedrigpreisland überhaupt beliefern?“ Hier kommt die Bedeutung des Niedrigpreislandes im europäischen Länderportfolio zum Tragen. Handelt es sich bei dem Niedrigpreisland um einen kleinen Markt, so ist im Extremfall sogar zu prüfen, ob dieses Land zukünftig noch beliefert werden soll.

Trotz ähnlicher Effekte auf die europäischen Preisstrukturen ist den beiden obigen Problembereichen nicht mit den gleichen Maßnahmen beizukommen. So greift etwa das häufig bemühte „Allheilmittel“ europäischer Preiskorridor zwar beim Problembereich Parallelimporte; als Antwort auf die zunehmende Handelsmacht erweist sich diese „Waffe“ jedoch oft als stumpf.

2.2 Euro-Pricing bei zunehmenden Grauimporten

Die durch die Einführung des Euro zunehmende Preistransparenz sowie das auch für Grauimporteure entfallende Wechselkursrisiko vergrößern die Wahrscheinlichkeit von Grauimporten. Auf vielen Märkten besteht die Notwendigkeit, existierende Preisstrukturen vor dem Hintergrund der Euro-Einführung zu überdenken und gegebenenfalls anzupassen. Durch die Einführung des Euro müssen die Länder innerhalb des europäischen Währungsraumes bei der Preisfindung als immer weniger unabhängig voneinander betrachtet werden. Wird der relative Preisunterschied zwischen zwei Ländern zu groß, so wächst die Wahrscheinlichkeit von Grauimporten und damit die Gefahr, die **Preisstruktur** im gewinnträchtigen Hochpreisland **zu zerstören**.

Grauimporte stellen aber nicht immer eine Gefahr dar. Durch eine geschickt gestaltete internationale Preisdifferenzierung bieten sie unter bestimmten Voraussetzungen sogar eine **Chance zur Deckungsbeitragserhöhung** (vgl. *Simon* 1994). Die Ursache hierfür liegt in unterschiedlichen möglichen Auswirkungen der Grauimporte im Hochpreisland. Hier existieren zwei mögliche Fälle, die sich graphisch mit Hilfe der Abb. 2 veranschaulichen lassen (vgl. *Lauszus/Kneller* 1998):

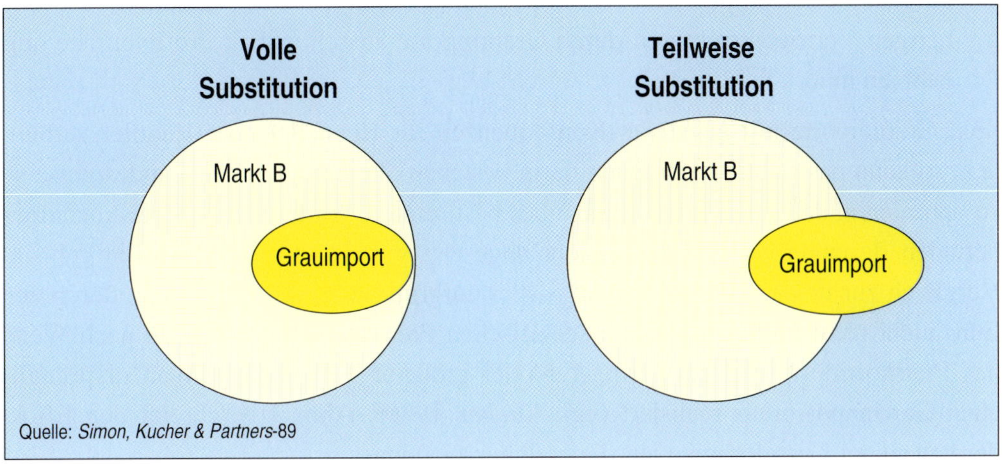

Abb. 2: Zwei mögliche Wirkungen von Grauimporten im Hochpreisland

(1) **Voll substitutiver Grauimport**: Der linke Fall beschreibt die Wirkung von voll substitutiven Grauimporten ins Hochpreisland. Das höherpreisige Produkt wird komplett kannibalisiert. Bei dieser Variante werden die niedrigpreisigen Grauimporte ausschließlich von Kunden gekauft, die das Produkt ansonsten zum höheren Preis gekauft hätten. Durch den Grauimport wird die zum bisherigen Hochpreis absetzbare Menge sowohl auf Hersteller- als auch auf Händlerseite um das komplette Grauimportvolumen verringert. Dieses wirkt somit voll substituierend, was hohe Deckungsbeitragsverluste für beiden Seiten bedeutet.

(2) **Teilweise komplementärer Grauimport**: Läßt sich hingegen, wie im rechten Fall dargestellt, das Hochpreisprodukt vom Grauimportprodukt differenzieren, so wird dieser nur von einem Teil der bisherigen Hochpreiskäufer akzeptiert. Der andere Teil kauft nach wie vor zum höheren Preis beim bisherigen Händler ein. Es kommt lediglich zu einer teilweisen Kannibalisierung. Interessant ist in diesem Zusammenhang der folgende häufig übersehene Effekt: Der Hersteller kann sich durch den Grauimport ein neues, bisher nicht bedientes Niedrigpreis-

Segment erschliessen, d.h. Volumen vom Wettbewerb erobern. Dadurch erhöht sich das Gesamtabsatzvolumen im Hochpreisland. Der konkrete Effekt auf die Gesamtdeckungsbeiträge kann für den Hersteller positiv oder negativ sein und ist im Einzelfall abzuschätzen. Der Grauimport wird jedoch i.d.R. durch andere Vertriebskanäle und nicht durch den bisherigen Vertriebsweg des Hochpreisproduktes an die Käufer kommen. Teilweise komplementäre Grauimporte können für den Hersteller durch das Erschließen eines neuen Niedrigpreis-Segments also durchaus Umsatz- und Profit-Vorteile haben, wohingegen der Händler in den bisherigen Vertriebsstrukturen durch Grauimporte ausschließlich Profitverluste hinnehmen muß.

Sind Grauimporte mit negativen Konsequenzen für Hersteller oder Händler verbunden, so kann das richtige Vorgehen darin bestehen, die europäischen Landespreise so zu optimieren, daß sie sich innerhalb eines bestimmten, vordefinierten **Preiskorridors** befinden. Je enger dieser Preiskorridor angesetzt wird, desto mehr Gewinn geht im Vergleich zur ursprünglich „idealen“ - aber aufgrund der Preistransparenz durch den Euro nicht mehr haltbaren - landesspezifischen Preissetzung verloren. Je nach Weite des Preiskorridors wird ein geringerer oder größerer Teil des gesamten ursprünglichen Gewinnpotentials realisiert (vgl. *Kucher* 1989). Abb. 3 beschreibt den Effekt der gewählten Korridorbreite auf die erzielten Gewinne.

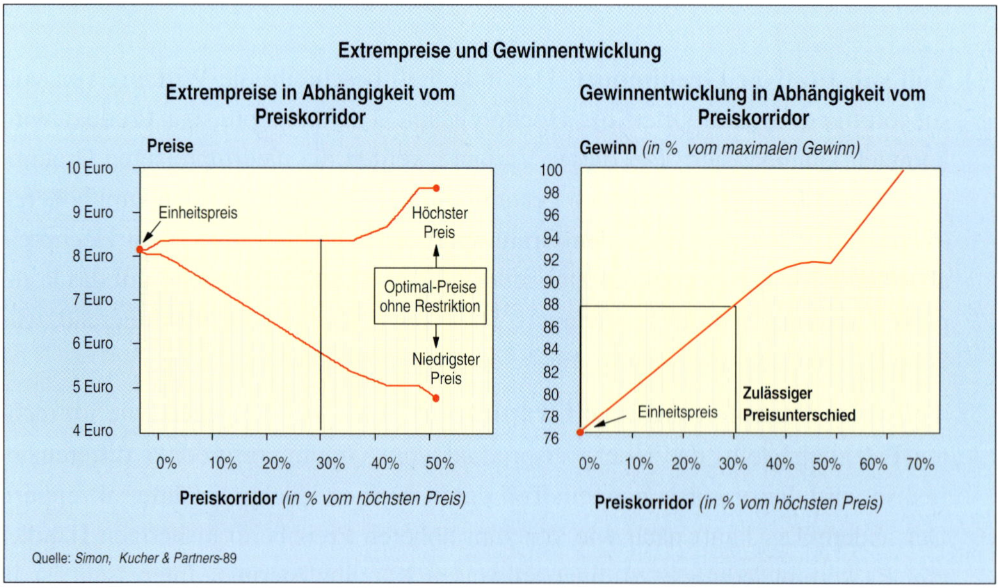

Abb. 3: Auswirkung der Korridorbreite auf das Gewinn-Niveau

Ohne Preisdifferenzierung, d.h. zum europäischen Einheitspreis, waren in dem Beispiel lediglich 76% der Deckungsbeträge erzielbar, die bei völliger Abschottung der Länder erreichbar gewesen wären. Implementiert man eine Korridorbreite von 30% des höchsten Landespreises, so steigen die erzielbaren Deckungsbeiträge auf 88%. Die optimale Ermittlung eines europäischen Preiskorridors ist ein komplexes Problem. In einem ersten Schritt werden für jedes untersuchte Land die jeweils optimalen Preisniveaus ermittelt. Hierbei werden i.d.R. deutliche Gewinnsteigerungspotentiale identifiziert. Auf Basis der hierbei gewonnenen Erkenntnisse wird in einem zweiten Schritt mit Hilfe des von *Simon, Kucher & Partners* entwickelten **„Interprice“-System** (vgl. *Simon/Dolan* 1997) der **optimale Preiskorridor** abgeleitet. Dabei wird ein bestmöglicher Kompromiß zwischen erwünschter Preisdifferenzierung und notwendiger Einheitlichkeit angestrebt. Das „Interprice“-System erfaßt landesspezifische Preisabsatz-Zusammenhänge, die Grauimport-Sensitivität, Produktions- und Arbitragekosten sowie weitere relevanten Einflußfaktoren.

Da im Falle der substitutiven Grauimporte sowohl der Händler als auch der Hersteller ein Interesse an der optimalen Festlegung des Preiskorridors haben sollte, ist hier eine intensive Zusammenarbeit zu empfehlen. Jeder Preismanager sowohl auf Hersteller- als auch auf Händlerseite sollte bewußt und wohlinformiert entscheiden, in welchem Bereich des Preiskorridors er seine Produkte plaziert, d.h. wieviel Deckungsbeitrag er „opfern“ möchte.

2.3 Internationaler Zentraleinkauf und zunehmende Handelsmacht

Auf der Beschaffungsseite der Handelsunternehmen bringt die mit der Einführung des Euro zunehmende Preistransparenz klare Vorteile. Unternehmen können im Rahmen des **Global-Sourcing** einfacher das international günstigste Angebot identifizieren, um Kosten zu reduzieren. Den Vorteilen auf der Einkaufsseite der Händler stehen steigende Risiken auf der Vertriebsseite der Hersteller gegenüber. So wird die erhöhte Preistransparenz den Druck auf die Preise durch internationalen Zentraleinkauf steigern. Die heute noch existierenden internationalen Preisdifferenzen werden von Handelsseite zunehmend weniger akzeptiert, Produkte werden international zu den jeweils niedrigsten Landespreisen verlangt werden.

Zukünftig werden neue bzw. verbesserte EDV-Lösungen die Preistransparenz des Handels deutlicher erhöhen. Die *METRO*-Gruppe arbeitet z.B. mit Hochdruck an

Programmen, die den Einkäufer in die Lage versetzen, einen Preisvergleich für jeden beliebigen Artikel in Europa durchführen zu können. Das heutige Problem bei der *METRO*-Gruppe ist, daß gleiche Produkte bei den internationalen *METRO*-Töchtern unterschiedliche Artikelnummern haben. Hier sollen die neuen Programme Hilfe leisten.

Vor diesem Hintergrund bietet ein Preiskorridor einem Hersteller häufig keine sinnvolle, d.h. durchsetzbare Alternative. Warum sollte ein starker Handelspartner eine internationale Preisdifferenzierung akzeptieren? Viel wahrscheinlicher ist es, daß auch nach Festsetzung des Korridors weiterhin die Forderung nach dem Einkauf zum international günstigsten Preis bestehen bleibt.

Die beste Alternative stellt in diesen Situationen die Einführung eines **optimalen internationalen Einheitspreises** dar. Zu diesem Preis wird der Gesamtdeckungsbeitrag über alle betrachteten Regionen gemeinsam maximiert. Länderspezifische Präferenzunterscheide werden dabei bewußt ignoriert, der europäische Binnenmarkt als eine homogene Region betrachtet.

In dieser Situation werden also sowohl der Hersteller als auch der Händler versuchen, ihre Machtposition auszuspielen. Sieht sich der Hersteller in der weniger günstigen Situation, so empfiehlt es sich, den optimalen europäischen Einheitspreis zu realisieren, da der Handel immer auf dem niedrigsten europäischen Preis bestehen wird. Der europäische Einheitspreis stellt in diesem Fall einen guten Kompromiß dar, um das Spannungsfeld zwischen Hersteller und Händler zu entspannen. Ist der Händler bzw. sein Umsatz hingegen auf eine starke Marke der Herstellers in seinem Sortiment angewiesen, so wird er den europäischen Preiskorridor des Herstellers akzeptieren.

2.4 Psychologische Preisschwellen

Vor allem Handelsunternehmen werden durch die Euro-Einführung mit dem Problem der **gebrochenen Preise** und psychologischen Preisschwellen konfrontiert. Hersteller sind hier nur mittelbar betroffen. In der Praxis haben Preise unterhalb runder Zahlen eine enorme Bedeutung. Dahinter steckt die Vermutung, daß gebrochene Preise knapp unterhalb runder Preise von den Konsumenten als besonders günstig bewertet werden (vgl. *Müller-Hagedorn/Zielke* 1997). Stimmt diese Vermutung, so ließe sich durch eine nur geringe Preisreduktion von knapp über auf knapp unter dem runden Preis ein vergleichsweise hoher Absatzeffekt erzielen.

Durch Einführung des Euro werden die bisherigen **Preisschwellen neu definiert**. Die dem Verbraucher vertraute Einordnung von Preisziffern geht verloren. Diese Problematik erhält durch die Tatsache zusätzliche Brisanz, daß die generelle Preisaufmerksamkeit durch die neue Währung steigen dürfte. Generell ist davon auszugehen, daß der Handel auch nach Einführung des Euro nicht auf die in der Vergangenheit praktizierte Preisoptik verzichten will. Je nach bestehenden Machtverhältnissen zwischen Handel und Hersteller kann das Thema „psychologische Preisschwellen" das Spannungsfeld zwischen Hersteller und Handel belasten. So sind durchaus Situationen denkbar, in denen ein mächtiger Handel versucht, etwaige euro-bedingte Einbußen bei bisher realisierten Spannen an den schwächeren Hersteller weiterzugeben.

Für den Kunden dürfte sich unter dem Strich nicht viel ändern. Die Flasche Rotwein, die eigentlich 5,20 Euro kosten müßte, stünde dann für 4,90 Euro im Regal. Das halbe Pfund Butter würde mit 0,99 Euro angeboten, obwohl es bei 0,93 Euro liegen müßte. In Relation zu den Gewinnpotentialen, die bei der Optimierung des internationalen Preisniveaus genutzt oder bei unzureichender Optimierung auch verschenkt werden, reduziert sich die Preisschwellenproblematik eher zu einem **Randproblem** und sollte als Fine-Tuning verstanden werden.

3 Organisatorische Aspekte der Neuausrichtung der Euro-Preispolitik

Nach der Ermittlung einer optimalen zukünftigen Preisstrategie - egal ob für Hersteller oder Händler - gibt es häufig erhebliche Umsetzungsprobleme. Diese kann mit dem bisherigen **Anreizsystem** eines Unternehmens in erheblichem Widerspruch stehen (vgl. *Simon/Dolan* 1997). In den meisten Unternehmen sind Ländermanager für die regionale Preissetzung verantwortlich und werden nach dem Gewinn ihrer Landesgesellschaft bezahlt und beurteilt. Jede Koordination auf Europa-Ebene engt ihren Bewegungsspielraum und damit die Möglichkeit, ihre länderspezifischen Gewinne zu maximieren, ein. Dieser grundsätzliche Konflikt zwischen den Interessen der Zentrale und den dezentralen Einheiten kann in der Praxis nicht vollständig gelöst werden. Nehmen die Wechselbeziehungen zwischen den europäischen Märkten zu, ist es notwendig, die Preispolitik stärker zu zentralisieren. Je homogener die Märkte sind, desto zentraler muß die Preispolitik gesteuert werden. Die hieraus resultierenden Konflikte zwischen europäischen Niederlassungen und der Zentrale sind unvermeidbar (vgl. *Lauszus/Kalka* 1998). Besondere Schwierigkeiten bereitet die häufig emotionsgeladene und nicht vorteilsfreie Abstimmung **zwischen größeren und kleineren Ländern**. Auf keinen Fall darf es passieren, daß der niedrige Preis in einem kleinen Land das Hochpreisniveau in dem großen Land zerstört. Hier muß die Zentrale auch gegen individuelle Länderinteressen einschreiten. Im Extremfall kann es sogar klüger sein, einen kleinen Markt ganz aufzugeben, als Preisrückgänge in den Volumenmärkten zu akzeptieren.

4 Zusammenfassung: Zehn Thesen zum Euro im Spannungsfeld „Hersteller-Handel"

These 1: Der Euro bringt vor allem eines: höhere Transparenz. Auf vielen Märkten droht das europäische „Horror-Szenario" eines Abrutschens der Preise auf das im Ländergefüge niedrigste Preisniveau.

These 2: Bevor die Euro-Einführung zu vorschnellen Preismaßnahmen führt, ist die eigene Position im Verhältnis zum Kunden und zum Wettbewerb genauestens zu analysieren. Einmal gemachte Fehler in der Preissetzung sind nur schwer zu korrigieren. Preissenkungen sollten sowohl für den Hersteller als auch für den Händler stets die letzte Maßnahme darstellen.

These 3: Grundvoraussetzung für eine optimale europäische Preispolitik ist die Kenntnis der zugrunde liegenden Preisabsatzbeziehung in den einzelnen Märkten. Dies gilt für Hersteller und für Händler. Die besten Ergebnisse bietet die Ermittlung durch Expertenworkshops oder Kundenbefragungen. Die in diesem Zusammenhang durchgeführte Überprüfung der Preispositionierung in jedem betrachteten Land identifiziert häufig deutliche Gewinnsteigerungspotentiale.

These 4: Der Euro verstärkt zwei Ursachen für europäische Pricing-Probleme: Grauimporte als Problembereich für Händler und Hersteller sowie die Forderung des internationalen Zentraleinkaufs, in allen europäischen Regionen zum günstigsten Landespreis einzukaufen, als Problembereich für Hersteller.

These 5: Es gibt kein allgemeingültiges „Rezept" für das optimale Euro-Pricing. Je nach identifiziertem Problembereich ist differenziert vorzugehen.

These 6: Führt die Kannibalisierung bisheriger Hochpreisprodukte durch billige Grauimporte zu Gewinneinbußen, bietet die Etablierung eines europäischen Preiskorridors die größte Aussicht auf Erfolg. Dies bedarf einer engen Zusammenarbeit zwischen Hersteller und Händler. Mit einem Spannungsfeld ist nicht zu rechnen, da beide Seiten die gleichen Interessen verfolgen.

These 7: Erschließen die Grauimporte im Hochpreisland ein zusätzliches, bisher nicht bedientes Niedrigpreissegment, muß der Hersteller Gewinnpotentiale und Gewinneinbußen gegeneinander abwägen. Ergibt sich ein positiver Ertragseffekt für den Hersteller, sind u.U. zusätzliche Grauimporte zu stimulieren. Der Händler muß auch in dieser Situation ausschließlich mit Gewinneinbußen rechnen und sollte daran interessiert sein, einen europäischen Preiskorridor zur Grauimportreduktion zu etablieren. Das Spannungsfeld wird sich verschärfen.

These 8: Euro-Preisproblemen durch internationalen Zentraleinkauf des Händlers ist mit einem internationalen Preiskorridor selten beizukommen. Die Forderung des Handels, zum jeweils günstigsten Landespreis einzukaufen, wird nicht aus der Welt geschafft. Einen preisstrategischen Ausweg bietet die Einführung eines Einheitspreises.

These 9: Die Markenpolitik wird im Zuge des Spannungsfeldes zwischen Hersteller und Händler aufgrund der Euro-Einführung und der damit verbundenen Maßnahmen der Preispolitik eine wichtige Rolle spielen. Eine starke Marke bedeutet eine starke Machtposition, welches sich wiederum in der Durchsetzung der eigenen Preisvorstellung widerspiegelt.

These 10: Die Einführung des Euro wird für viele Hersteller und Händler organisatorische Konsequenzen haben. Besitzt jede europäische Tochtergesellschaft ihre eigene Preishoheit, so läßt sich ein Preiskorridor häufig nicht durchsetzen. Ländereegoismen können ein internationales Preisgefüge ruinieren und schaden dem Gesamtunternehmen. Die logische Konsequenz ist die Verlagerung der Preishoheit hin zur Zentrale.

Mehr Kundenzufriedenheit durch Kundenorientierung im Einzelhandel

Volker Trommsdorff

1 Kundenzufriedenheit und Kundenorientierung in der Handelspraxis

So unterschiedlich der deutsche Einzelhandel auch ist, insgesamt wird ihm unterentwickelte Kundenorientierung und daher ungenügende Kundenzufriedenheit vorgeworfen - sicher oft zu Unrecht. Das jährliche deutsche *Kundenbarometer* weist seit Jahren verbesserungsfähige Werte auf, und repräsentative Untersuchungen im zeitlichen Längsschnitt (vgl. *Bliemel/Eggert* 1998) zeigen, daß die Kundenbindung kontinuierlich abnimmt, was allerdings noch andere Ursachen hat. Jedenfalls lassen Vergleiche zu anderen hoch entwickelten Wirtschaftsregionen wie Japan und Nordamerika sowie zu anderen Branchen (besonders der Markenartikelindustrie) **Verbesserungsmöglichkeiten** an Kundenorientierung und Kundenzufriedenheit vermuten, denn vielfach dominiert der Preiswettbewerb den Leistungswettbewerb, und häufig geht Abverkauf vor Kundenbindung.

Die **Formen mangelnder Kundenorientierung**, die zu Unzufriedenheit und Mißerfolg führen, sind vielfältig und alltäglich: nicht bedarfsgerechte Sortimente, schlechte bzw. fehlende Dienstleistungen um das Produkt herum, schwer zu entfernende klebrige Preisschildchen, informationsüberlastende Werbung, fehlende, überforderte, unfreundliche, scheinbar nur auf sich bedachte Verkäufer usw. Neben Marktsättigung und Wettbewerbsintensivierung setzen vor allem anspruchsvollere, wechselbereite und zugleich preisbewußtere Kunden den Handel unter Druck. Welches Unternehmen wollte da nicht kundennah sein, den Service verbessern, die Kundenzufriedenheit steigern?

Ausgehend von Marketingstrategien der Industrie hat sich in den neunziger Jahren auch im Handel das Bewußtsein durchgesetzt, daß dauerhafter Erfolg besser durch **Kundenbindung** erreicht werden kann als durch kurzfristige Umsatzstimulierung, daß Geschäftstreue Zufriedenheit voraussetzt und Zufriedenheit Kundenorientierung. Diese Zusammenhänge gelten teilweise sogar für ausgesprochen preisbewußte Segmente und entsprechende Wettbewerbsstrategien, wie Beispiele erfolgreicher innovativer Einzelhandelskonzepte im Niedrigpreissgement zeigen. In dem inzwischen allgegenwärtigen **Bekenntnis** des Einzelhandels zur Kundenorientierung (vgl. *Spannagel/ Trommsdorff* 1998) kommt die Einsicht zum Ausdruck, daß der Wettbewerb in Zukunft mehr über die Qualität als über den Preis ausgetragen werden sollte und daß dazu die Distanz zum Kunden verringert werden muß.

Kundenorientierung im Handel fängt mit der strategischen Ausrichtung auf Marktsegmente an (Marketing ist auch die Kunst, sich die richtigen Kunden auszusuchen), setzt sich in kundenspezifisch strategischen Optionen fort, z.B. der Standortpolitik, der Positionierungsstrategie, der Sortimentspolitik, dem Logistiksystem und besonders dem Informations- und Kommunikationsmanagement. Hoch entwickelte Kundenorientierung umfaßt auch das Nachkaufmarketing und das Beziehungsmanagement. Der augenfälligste und in der Wirkung auf das Käuferverhalten kritischste Punkt ist allerdings der Point of Sale, wo Serviceorientierung und das persönliche **Verhalten der Verkäufer** durchschlagen.

Die künftigen Antworten zur Kundenorientierung im Handel werden durch den Differenzierungsdruck im Wettbewerb unternehmens- und branchenspezifisch unterschiedlich ausfallen. Bestimmte Grundelemente der Kundenorientierung - vor allem beim Service und dem Umgang mit Kunden - sind jedoch branchenübergreifend von Bedeutung.

2 Kundenorientierung als strategischer Erfolgsfaktor

2.1 Normative Ansätze

Kundenorientierung wurde schon in den fünfziger Jahren thematisiert (vgl. *Kühn* 1991, S. 97). Seit *Peters/Waterman* (1982) **Kundennähe** (a seemingly unjustifiable overcommitment to some form of quality, reliability, or service) als Erfolgsfaktor populär gemacht haben, ist das Thema in Forschung und Praxis eminent. Betriebswirtschaftliche Forschungsergebnisse bestätigen die Relevanz der Kundenorientierung als nachhaltigen **Schlüsselfaktor** des Unternehmenserfolges (vgl. *Fritz* 1994, S. 1047f.). Die bisherige Literatur behandelt Kundenorientierung vor allem betriebswirtschaftlich, heute besonders unter dem Begriff Kundenbindung, siehe dazu den Überblick und das integrative Konzept von *Diller* (1996). Diverse Managementkonzepte haben den Gedanken **vereinnahmt**. So zielt Total Quality Management letztlich auf Kundenorientierung, nämlich durch ein ganzheitliches Kundensubjektives Qualitätsverständnis (vgl. *Stauss* 1994). Business Reengineering ist radikales Umformen von Geschäftsprozessen zu ihrer Anpassung an Kundenbedürfnisse.

Ziel dieser Anstrengungen ist die **Kundenzufriedenheit**, denn zufriedene Kunden bleiben dem Unternehmen treu (vgl. *Hansen/Jeschke* 1992), sind sein Kapital: Kundenzufriedenheit führt zu Kundenbindung, damit zu Wiederkauf, Cross-Buying und Weiterempfehlungen, und bildet Markteintrittsbarrieren gegenüber Wettbewerbern (vgl. *Peter/Schneider* 1994). Da es teurer ist, neue Kunden zu gewinnen, als bestehende zu halten, sind Kundenzufriedenheit und Kundenbindung auch unmittelbar betriebswirtschaftlich erfolgswirksam.

Der vorliegende Beitrag faßt nicht noch einmal die hinreichend bekannten Erkenntnisse der **Handelsforschung** über Wirkungen, Messmethoden und Beeinflussungsmöglichkeiten von Kundenzufriedenheit und Kundenorientierung zusammen (vgl. dazu z.B. *Trommsdorff* 1997a; *Barth/Stoffl* 1997; *Schenk* 1997; *Spannagel/Trommsdorff* 1998).

2.2 Erkenntnisnutzung aus der Konsumentenforschung

Die Konsumentenforschung (vgl. *Kroeber-Riel* 1997; *Trommsdorff* 1998) gilt der Beschreibung und Erklärung des Verhaltens von Zielkunden. Sie nutzt Erkenntnisse und Methoden der **Psychologie und Sozialpsychologie**, um das Kundenverhalten zu verstehen und das Bewußtsein für seine Abhängigkeit von beeinflussenden (Marketing-)Faktoren zu schärfen. So ermöglicht die Konsumentenforschung Kundenorientierung im Sinne eines Hineinversetzens in das Denken, Fühlen und Handeln der Zielkunden, und sie erleichtert kundenorientiertes Verhalten der Mitarbeiter - falls sie die Erkenntnisse kennen. Vor allem Einstellungen, Werte und Persönlichkeitstypen sind wegen ihrer Beständigkeit kundenorientierungs-geeignete Konstrukte, zumindest in Form einer zielgenaueren Segmentierung nach Kundenverhalten. Zur Bedeutung der Konstrukte der Theorie des Konsumentenverhaltens für die Kundenorientierung siehe *Trommsdorff* (1997b).

Den Prozeß des sich Hineinversetzens in den Kunden erklärt die Konsumentenforschung jedoch nicht, denn ihr **Erkenntnisobjekt** ist der Zielkunde, nicht der Mitarbeiter. Die Marketingwissenschaft kann hier bisher auch sonst nur begrenzt helfen, da sich noch keine valide Operationalisierung von Kundenorientierung durchgesetzt hat (vgl. *Kühn* 1991; *Homburg* 1995). Die meisten Beiträge liefern nur Praxisbeispiele oder befassen sich mit Teilgebieten. Jüngst veröffentlichte Operationalisierungen von Kundenorientierung sind jedoch wichtige Beiträge auf dem Wege zu einer Kundenorientierungstheorie. Sie werden nachfolgend skizziert.

2.3 Beschreibende und erklärende Ansätze

Um die Kundenorientierung eines Handelsunternehmens zu erfassen und in ihren entscheidenden Aspekten zu erklären, braucht man gültige Dimensionen und Indikatoren. Zwei jüngere Ansätze (vgl. *Eggert* 1993; *Homburg* 1995) leisten das aus unterschiedlicher Sicht.

Ausgehend von der Definitionsvielfalt und der mangelnden Operationalisierung von Kundennähe sieht *Karin Eggert* (1993) die Notwendigkeit einer empirischen Re-Definition. Mittels zweier Studien in der Großindustrie und im Mittelstand operationalisiert sie Kundennähe **aus Anbietersicht** über drei Dimensionen: Differenzierung, Reagibilität und Flexibilität:

- **Differenzierung** ist die Ergänzung der Produktleistung (Handelsleistung) durch zusätzliche Leistungen zwecks Abdeckung heterogener Kundenwünsche. Außendifferenzierung wird gemessen als Anzahl der Marktsegmente, Angebotsbreite/-tiefe, Zusatzleistungen wie Kundendienst und Dienstleistungen, individuelle Kundenbetreuung nach Anzahl und Qualifikation der Verkäufer. Innendifferenzierung wird gemessen an der Organisation nach Kundengruppen und der Kompetenz der Kundengruppenmanager.
- **Reagibilität** beschreibt die Fähigkeit des Unternehmens, das Leistungsangebot kontinuierlich an die sich langfristig ändernden Kundenwünsche anzupassen. Sie wird gemessen u.a. am Vorhandensein einer Beschwerde- bzw. Verbraucherabteilung, am systematischen Informationsaustausch zwischen Abteilungen mit und ohne Kundenkontakt und an der Durchführung systematischer Kunden-Marktforschung.
- **Flexibilität** ist die entsprechende Fähigkeit zur kurzfristigen Anpassung. Innen-Flexibilität wird gemessen am Vorhandensein einer Beschwerdeabteilung, an kurzfristigen Änderungsmöglichkeiten des Produktangebotes nach Kundenwünschen und am flexiblen Einsatz von Personalkapazität je nach Absatzerfordernis. Aussen-Flexibilität besteht aus Verkäufer-Kompetenz und der Berücksichtigung von Kunden-Sonderwünschen.

Das dreidimensionale Konstrukt wird durch Koordination im Unternehmen und zum Kunden ergänzt, um die Implementierung zu ermöglichen (vgl. *Eggert* 1993, S. 26ff.). Zwar hat die Autorin das Konzept nicht spezifisch für eine Branche entwikkelt, es kann aber weitgehend auf den Einzelhandel angewendet werden.

Ein zweiter Ansatz der Operationalisierung von Kundenorientierung, und zwar **aus der Sicht des Kunden** (vgl. *Homburg* 1995), beschränkt sich zwar auf das Investitionsgüter-Marketing, kann aber ebenfalls tendenziell übertragen werden. Danach kommt es auf vier Dimensionen an:

- **Qualität und Flexibilität** (Produkte, Dienstleistungen und Logistik)
- **Interaktionsverhalten** (Kundenbeteiligung, offenes Informationsangebot, Umgang mit Kundenvorschlägen, eigene Vorschläge an die Kunden)
- **Beziehungs-Commitment** (Entwicklung einer stabilen Beziehung, Bereitschaft zu kurzfristigem Entgegenkommen, Vertrauen in die Beziehungs-Stabilität)
- **Atmosphäre** (affektive Kundenäußerungen, Vertrauen des Kunden in die Geschäftsbeziehung)

Die differenzierte Beschreibung von Kundenorientierung nach den skizzierten Ansätzen erfolgt auf der **Unternehmensebene**. Das Verhalten der beteiligten **Mitarbeiter** wird dabei nur aggregiert und in Wechselwirkung mit anderen Faktoren erfaßt. Um beim einzelnen Mitarbeiter anzusetzen, bedarf es einer individual- und sozialpsychologischen Herangehensweise.

3 Kundenorientierung als Mitarbeiterverhalten: Perspektivenübernahme

Ein sehr beeindruckender populärwissenschaftlicher Bestseller der letzten Jahre ist *Goleman* (1995). „Emotionale Intelligenz" im Sinne *Golemans* beinhaltet eigentlich alles, was der Verkäufer im Einzelhandel über „Kundenorientierung" wissen und beherzigen muß, insbesondere auch die Fähigkeit zu Perspektivenübernahme und Empathie. Darüber hinaus ist emotionale Intelligenz ein **Schlüsselfaktor für Erfolg** in allen Lebensbereichen. Es sei also anheimgestellt, statt des folgenden Abschnitts *Goleman* zu lesen, um zugleich den eigenen Erfolg als Manager, Team-Mitglied oder Ehepartner zu fördern.

Kundenorientierung ist eine Haltung, die letztlich im kundengerichteten Verhalten des Mitarbeiters, insb. des **Verkäufers** im Einzelhandel, zum Ausdruck kommt. Die oben skizzierten Ansätze gehen den verhaltenswissenschaftlichen Grundlagen der Kundenorientierung nicht auf den Grund. Eine verhaltenswissenschaftliche **Erklärung** von Kundenorientierung als Voraussetzung zu seiner gezielten **Steuerung** steht aus.

Der Kern dieses Beitrags gilt diesem zur Umsetzung von Kundenorientierung entscheidenden Faktor. Wir befassen uns mit dem „sich in den Kunden Hineinversetzen", um ein Fundament zur Messung und Steuerung von Kundenorientierung zu schaffen: **Wie** können Mitarbeiter es schaffen, mit dem Kopf des Kunden zu denken, ihr Geschäft mit den Augen des Kunden zu sehen, die Kundensicht zur eigenen zu machen? Bisher fehlte ein theoretisches Konstrukt, das die Fähigkeit zur Einstellung auf andere zum Inhalt hat. Dazu greifen wir den im Marketing bislang nicht beachteten sozialpsychologischen Ansatz der Perspektivenübernahme (PÜ) auf. (Diese Leistung hat unter Anleitung des Autors der Diplomand *G. Rose* erbracht. Wesentliche Teile des nachfolgenden Textes sind überarbeitete Auszüge aus seiner Diplomarbeit an der *TU Berlin*.) Seine Anwendbarkeit auf Kundenorientierung im persönlichen Verkauf wird geprüft und entsprechende Meß- und Beeinflussungsmethoden erörtert.

3.1 Das Konstrukt

Der Appell, den Markt vom Kunden her zu sehen, ist in der Praxisliteratur weit verbreitet. Beispiele von namhaften, hier aus Platzgründen nicht zitierten Autoren: „In den Gehirnwindungen ihrer Kunden.... denken", „knowing the customers viewpoint", „taking an objective look at the market from the end user perspective", „das jeweilige Geschäft mit den Augen des Kunden sehen", „define the customers needs from the customers point of view", „walk in your customer's shoes".

Nur scheinbar genügen solche Appelle, um Kundenorientierung herbeizuführen. Die eigentlichen Schwierigkeiten liegen in der Umsetzung in tatsächliches Verhalten. Der Kundenorientierung liegt ein **nicht selbstverständlicher mentaler Prozeß** zugrunde, der bei verschiedenen Menschen unterschiedlich gut funktioniert. Um diesen Prozeß zu verstehen, bedarf es einer Verhaltenstheorie. Bei unserer Suche danach sind wir auf ein Forschungsgebiet der Sozialpsychologie gestoßen, daß als „Role Taking" (*Flavell* u.a. 1975) oder „Perspective Taking" (*Hass* 1984), deutsch als „Perspektivenübernahme (PÜ)" (*Geulen* 1982) bezeichnet wird.

3.2 Entwicklungspsychologische Grundlagen

Geulen (1982, S. 11) umschreibt PÜ wie folgt: „Hier geht es darum, daß wir auf der Grundlage unserer Kenntnis von der Position, vom Verhältnis eines anderen zu der Sache, in begründeter Unterstellung imaginieren können, wie ihm die Sache erscheint, welches seine Perspektive ist, und daraus wiederum Schlüsse ziehen können, wie er voraussichtlich handeln wird. Dies hat dann wiederum Konsequenzen für die Planung unseres eigenen Verhaltens. So etwa läßt sich vorläufig umschreiben, was in der neueren Forschung als Role-Taking oder Perspective-Taking bezeichnet und hier Perspektivenübernahme genannt wird". *Flavell* u.a. (1975, S. 63, 261) beschreiben **fünf Teilfähigkeiten** der Rollenübernahme:

- **Vorhandensein** (Existence): Bewußtsein von „Perspektive" (das, was du in einer bestimmten Situation wahrnimmst, denkst oder fühlst, muß nicht mit dem identisch sein, was ich wahrnehme, denke oder fühle).
- **Bedarf** (Need): Bewußtsein, daß in bestimmten Situationen eine Analyse der Perspektive anderer gefordert wird und daß eine solche Analyse nützlich zur Erreichung des eigenen Ziels ist.

- **Vorhersage** (Prediction): Fähigkeit, diese Analyse durchzuführen. Dazu muß man Rollenmerkmale des anderen diskriminieren können.
- **Bereithalten** (Maintenance): Fähigkeit, die Ergebnisse der Analyse im Gedächtnis zu behalten.
- **Anwendung** (Application): Fähigkeit, die Kognitionen auf das eigene Ziel anzuwenden, z.B. wie die Kenntnis der Rollenmerkmale des Zuhörers in eine sprachliche Mitteilung umzusetzen ist.

PÜ ist demnach ein mehrdimensionales Konstrukt aus sozial-kognitiven Fähigkeiten wie Perspektivendifferenzierung, Perspektivenwechsel, rekursives Denken, zeitliches Ordnen, Kausalitätsdenken und Vorstellungsvermögen. Die für Kundenorientierung notwendige PÜ-Fähigkeit entwickelt sich im Kindesalter, wird durch die Sozialisation mehr oder weniger verstärkt und reift bis zum Erwachsenenalter. **PÜ-Defizite** werden auf Entwicklungsprobleme (z.B. Deprivation) oder fehlende Motivation zurückgeführt (vgl. *Roseman/Kerres* 1986, S. 152).

3.3 Perspektivenübernahme als Interaktion

PÜ ist mit anderen Konstrukten zu einem umfassenden Persönlichkeitszug und Handlungsmuster zu verbinden. *Geulen* (1982) möchte die PÜ-Fähigkeit, sich virtuell in die Position des anderen hineinzuversetzen, mit der übergeordneten sozialen Kompetenz zu einer **Theorie des Handelns** entwickeln.

Da Handeln oft auf andere Personen bezogen ist, muß die Theorie von vornherein als **soziale** Handlungstheorie konzipiert sein. Man orientiert sich nicht nur am offenen Verhalten des anderen, sondern schon an seinem - vermutlich - geplanten Verhalten. Handlungsorientierung ist zu differenzieren in **allgemeine Handlungsorientierung** (Handeln als beabsichtigte und tatsächliche Realisierung von Zielen durch Mitteleinsatz in einer Situation) und **Orientierung an anderen Subjekten** (der andere wird als Handlungssubjekt angesehen). Unser Handeln hängt vom Verhältnis beider Handlungsorientierungen ab. Es ist daher wichtig, die Handlungsorientierung anderer zu kennen.

Die Theorie geht davon aus, daß man sich in einer gemeinsamen Situation virtuell in die Position des anderen versetzt und die dieser Situation entsprechende Perspektive konstruiert (vgl. *Geulen* 1982, S. 53). Sowohl die Bedingungen für Interaktion, namentlich Kommunikation und konsensuelle Situationsdefinition, als auch die Interaktion selbst setzen das **Erkennen der Handlungsorientierung des anderen** voraus.

3.4 Operationalisierung: Perspektivenübernahme und Empathie

PÜ hängt mit Empathie zusammen (vgl. *Hogan* 1969; *Davis* 1983). Die Meßmethodik für PÜ und für Empathie offenbaren noch Forschungsbedarf. Da sie aus der Entwicklungspsychologie stammen, gibt es fast nur Skalen für Kinder. Für die Umsetzung von Kundenorientierung ist die PÜ-Messung nach Entwicklungsphasen aber wenig bedeutsam. Interessant für das Marketing ist die Messung entsprechender Fähigkeiten von Erwachsenen, insbesondere von Verkäufern.

Die wenigen PÜ-Studien mit **Erwachsenen** messen selbst-berichtete Empathie durch Befragung (vgl. *Steins/Wicklund* 1993). Anregend für die weitere Forschung sind Empathie-Skalen von *Hogan* (1969) und von *Mehrabian/Epstein* (1972), aus denen hier typische Fragebogen-Items zitiert werden (vgl. Tab. 1).

Für Kundenorientierung sollten **PÜ und Empathie getrennt** erfaßt werden. Dem Denken mit dem Kopf des Kunden kommen PÜ-Skalen am nächsten. Stellvertretendes Mitfühlen (Empathie) ist eine unterstützende Eigenschaft. Jedenfalls müssen die vorliegenden Operationalisierungen noch für Kundenorientierung im Handel angepaßt und validiert werden.

Empathy Scale (*Hogan* 1969)	Measure of Emotional Empathy (*Mehrabian/Epstein* 1972)
• I always try to consider the other fellow's feelings before I do something (+) • As a rule I have little difficulty in putting myself into other people's shoes (+) • What others think does not bother me (-) • I like poetry (+)	• It makes me sad to see a lonely stranger in a group (+) • People make too much of the feelings and sensitivity to animals (-) • I often find public displays of affection annoying (-) • I tend to get emotionally involved with a friend's problem (+)

Tab. 1: Typische Fragebogen-Items für Empathie-Skalen

3.5 Beeinflussung und Training

Letztlich soll Kundenorientierung nicht nur gemessen, sondern auch verbessert werden, nämlich durch Training. Wegen der erst entstehenden theoretischen Konzeption verwundert es nicht, daß für das PÜ-Training noch kein geschlossener Ansatz existiert.

Für **Trainingsmöglichkeiten** bei **Erwachsenen** kann auf die Empathieforschung zurückgegriffen werden. *Goldstein/Michaels* (1985) geben einen Überblick über entsprechende Ansätze, die - teilweise - die PÜ betreffen. Sie bezweifeln allerdings zu Recht, daß Menschen, die während ihrer Kindheit keine normalen empathischen Fähigkeiten erworben haben, diese später erlernen. Das Training Erwachsener müsse auf Fähigkeiten aufbauen, die während der Kindheit entwickelt wurden.

Ein entsprechendes **kognitives Training** für Mitarbeiter sollte ausdruckspsychologisches Basiswissen, insbesondere über nonverbale Kommunikation umfassen, gestaltpsychologische und persönlichkeitspsychologische Erkenntnisse, sowie Wissen über soziale Schemata, Halo-Effekte, den „Person Positivity Bias“ und den „Assumed Similarity Bias“. Anwendungen der Attributionstheorie sollten den kognitiven Teil des Trainings abrunden.

Für ein **Verhaltenstraining** können Videos, Filme oder Audiokassetten eingesetzt werden, welche PÜ ausübende Personen zeigen (modeling). Darüber hinaus empfiehlt sich das Nachspielen und Einüben der gezeigten Fähigkeiten im Rollenspiel, Feedback-Gespräche mit Trainern sowie ein „Transfer Training“, das es den Trainees erleichtert, erlernte Fähigkeiten auch in realen Arbeitssituationen einzusetzen.

3.6 Konsequenzen für die Forschung und die Handelspraxis

Dem Überblick über das facettenreiche und teilweise noch widersprüchliche Forschungsgebiet zufolge liegt noch keine geschlossene Theorie vor, die einfach übernommen werden könnte. Dennoch birgt die PÜ-Forschung interessante Beschreibungs- und Erklärungsansätze für die hinter der Kundenorientierung stehenden mentalen Fähigkeiten und Prozesse.

Kundenorientierung ist eine spezielle Ausprägung der PÜ, nämlich das virtuelle Hineinversetzen in den Kunden, um

- seine Perspektive und das daraus resultierende Handeln zu antizipieren (wie sieht der Kunde seine Situation, was sind seine Probleme und Wünsche?) und
- Konsequenzen für das eigene Handeln abzuleiten (wie muß ich als Mitarbeiter auf diese Wünsche reagieren?).

PÜ als multidimensionales Konstrukt ist ein alltäglicher Prozeß, der sich im sozialen Kontext weiterentwickelt, also auch im Unternehmen. Es bietet beträchtliche Chancen bei der **Auswahl** geeigneter Bewerber und und bei der **Personalentwicklung** von Mitarbeitern.

4 Fazit

Die Forderung, sich in den Kunden hineinzuversetzen, wird meist wie selbstverständlich erhoben. Kundenorientierung soll zum Paradigma des gesamten Unternehmens werden. Dazu reicht es nicht, den Begriff in die Unternehmensleitlinien aufzunehmen. Notwendig ist ein **internes Marketing** für Kundenorientierung, und das bedarf einer Theoriegrundlage.

„Perspektivenübernahme" (PÜ) könnte **die** theoretische Grundlage für die Kundenorientierungsforschung sein. Insbesondere eröffnet der Ansatz neue Möglichkeiten für die Bewertung und Entwicklung eines systematischen Kundenorientierungs-Trainings, für kundenorientierte Zielvereinbarungen und ein Kundenorientierungs-Controlling mit Hilfe einer noch zu entwickelnden Skala.

Teil 6

Electronic Commerce

Virtuelle Communities als Mittel des Absatzes

Sönke Albers, *Claudius Paul* und *Matthias Runte*

1 Problemstellung

Die meisten Produkte, die der Endnutzer kauft, erwirbt dieser über den Handel. Um die Fahrzeiten bei Einkäufen möglichst in Grenzen zu halten, sind für ihn vor allem die Geschäfte in seiner Nähe interessant. In der virtuellen Welt spielen räumliche Gesichtspunkte dagegen keine Rolle. Der nächste Laden ist immer nur einen Mausklick weit entfernt. Hier müssen also andere Faktoren gefunden werden, mit denen der Handel loyale Kunden an sich binden kann.

Ein Weg zu mehr Kundenbindung in der realen Welt besteht in der Sortimentsbildung und der Beratung der Kunden bei der Auswahl geeigneter Produkte. In der virtuellen Welt sind diese Strategien ebenfalls zum Aufbau von Wettbewerbsvorteilen geeignet, allerdings unter neuen Vorzeichen. Die Zusammenstellung virtueller Sortimente ist nämlich nicht mehr durch physische Lagerprobleme beschränkt. Vielmehr braucht ein virtueller Händler nur ein Produkt in seinen Katalog aufzunehmen, wenn es ihm gelingt, die Auslieferung für den Kunden zufriedenstellend zu lösen, z.B. durch Versand von den jeweiligen Herstellern (gebündelt oder isoliert). Die eigentliche Herausforderung besteht dann in der Einrichtung **software-basierter Beratungs-Systeme**, die eine kundengenaue Zuordnung aus dem großen Angebotsraum vornehmen. Hierfür werden neuartige, teuer zu erwerbende Kompetenzen im Bereich der Informationsverarbeitung benötigt. Als Startbonus verbleibt den traditionellen Händlern im Electronic Commerce die Reputation, mit der sie für bestimmte Qualitäten und Preisniveaus bestimmter Sortimente bekannt geworden sind und nun auch einstehen (vgl. *Albers/Peters* 1997).

Zusammen mit bestehenden Kompetenzen im Bereich der Organisation von Märkten könnten Handelsunternehmen eine führende Rolle im Bereich des Electronic Commerce einnehmen. Hierzu müssen jedoch die veränderten Wege zu Kundenloyalität und Beratungs- und Sortimentsvorteilen genau verstanden werden. Einen solchen Weg stellt die Organisation von Virtuellen Communities dar.

2 Virtuelle Communities

Virtuelle Communities (vgl. *Hagel III/Armstrong* 1997) stellen eine neue Form der Organisation von Distributionsbeziehungen dar, die auf folgenden speziellen Eigenschaften von Computer Mediated Environments in virtuellen Welten basiert (vgl. Abb. 1):

(1) Hypermedialität

(2) Maschinelle Interaktion

(3) Personelle Kommunikation

Dies wird anhand Tab. 1 illustriert, in der auch einzelne Besuchsmotive potentieller Community-Besucher angeführt werden. Ein wichtiges Ziel einer absatzorientierten Community besteht in der Vermittlung von Gütern und Dienstleistungen (**Transaktionsmotiv**). *Hagel III/Armstrong* (1997, S. 17ff.) empfehlen jedoch, eine bunte Palette an Community-Angeboten zu schaffen, die auch anderen Besuchsmotiven gerecht wird: der umfassenden Information (**Interessenmotiv**), der Entdeckung neuer Freunde und Ansprechpartner (**Beziehungsaufbau**) sowie dem Erleben von Entspannung und Abenteuer (**Unterhaltungsmotiv**).

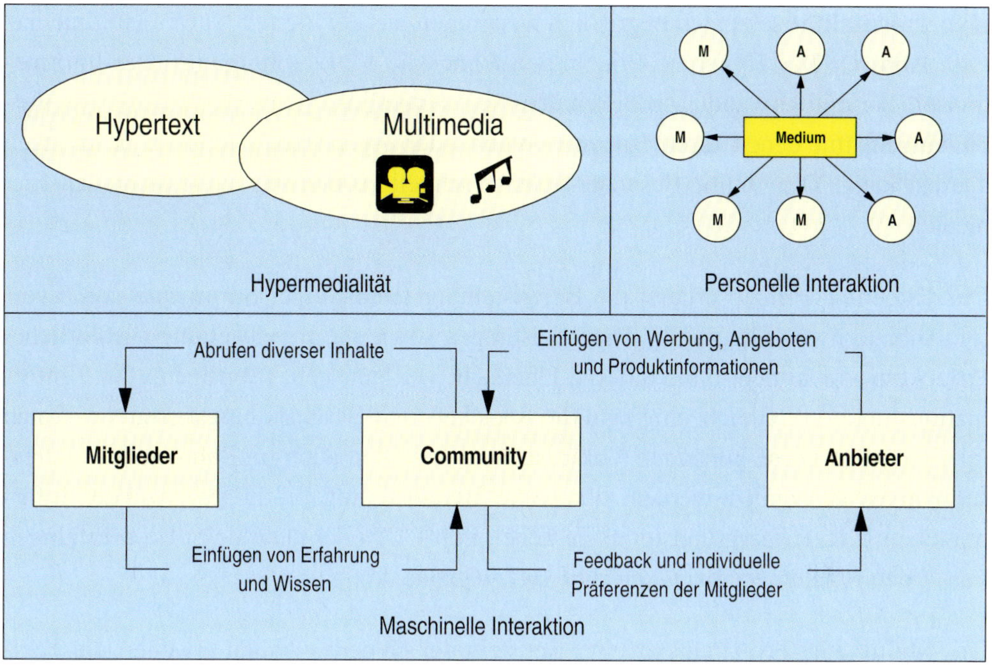

Abb. 1: Eigenschaften von Online-Medien

	Komponenten der Community-Attraktivität			
	Transaktionen	Interessen	Beziehungen	Unterhaltung
Hyper-medialität	Umfangreiche virtuelle Shopping-Angebote	Umfassende multimediale Informationen	Schaffung einer multimedialen Realität	Multimediales Entertainment, Aufbau virtueller Welten
Maschinelle Interaktion	Individuelle Empfehlungen durch Transaktions-profile, Produkt-erfahrungs-Pools	Maßgeschneiderte Informationen durch Interessenprofile der Mitglieder, Wissens-Pools	Kontakt-herstellung über Pesönlichkeits-profile, Home-pages	Maßgeschneiderte Unterhaltungsangebote, Story-Pools
Personelle Interaktion	Schaffung von produktbezogener Mund-zu-Mund-Propaganda	Anregung eines direkten Gedankenaustausches mit anderen Mitgliedern zu Sachthemen	Anregung von Gedankenaustausch auf persönlicher Ebene	Verbindung von Entertainment mit Kommunikation

Tab. 1: Nutzung spezieller Charakteristika von Computer Mediated Environments beim Community Building

Hypermedialität setzt sich begrifflich zusammen aus „Hypertext" und „Multimedia" (vgl. Abb. 1). Das Hypertext-Prinzip bezeichnet die Verknüpfung einzelner Informationsblöcke mit verwandten Blöcken über sog. Hyperlinks. Dies sind assoziative Verbindungen, mit denen direkt zu verwandten oder ergänzenden Inhalten gesprungen werden kann. Der Online-Besucher gelangt schnell zu den ihn interessierenden Elementen.

Das Hypertext-Prinzip erlaubt die Bereitstellung reichhaltiger Sortimente von diversen Anbietern von Gütern und Dienstleistungen sowie die Bereitstellung ausführlicher Produktinformationen, ohne daß die Übersicht verloren geht (Sortiments- und Informationsfunktion). Gleichzeitig sind die Speicher- und Bereitstellungskosten der Daten relativ gering. Diese günstigen Voraussetzungen sollten auch im Rahmen des Interessenmotives ausgenutzt werden, durch die Bereitstellung produktergänzender Informationen: z.B. Hintergrundstories zu neuen Pop-CDs oder detaillierte Besprechungen von Video-Spielen wie bei *Gamezone* (www.gzone.de).

Das Multimedia-Prinzip als zweiter Baustein der Hypermedialität erweitert die Textdarstellung um Graphiken, Animationen, Audio-Sequenzen, Video-Material etc. (vgl. *Hoffman/Novak* 1996). Damit kann ein Internet-Versand immer realistischere Produktdarstellungen bieten (vgl. *Palupski* 1995). Doch auch das Einkaufserlebnis läßt sich steigern: Eintönige Menüleisten mit Produktbezeichnungen werden durch dreidimensionale virtuelle Einkaufspaläste mit Sound-Untermalung ersetzt. Das „Teleshoppe-Projekt" von *ACTS* macht den Kunden einige Beispiele zugänglich (http://feathers.ccir.ed.ac.uk). Wer während des Einkaufes ein wenig Abwechslung sucht, kann in Comic-Figuren und 3-D-Körper (vgl. *Alpar* 1996, S. 92) schlüpfen (vgl. Abb. 2), um ein Schwätzchen zu halten (Beziehungsmotiv). Oder er besucht die Spielhalle der Community, um je nach Neigung in ansprechender Darstellung zu flippern oder mit anderen Benutzern Mühle wie in der „*Funcity*" (www.funcity.de) einiger deutscher Radiosender zu spielen (Unterhaltungsmotiv).

Das Konzept der **maschinellen Interaktion** bezeichnet die Einwirkungsmöglichkeiten des Community-Besuchers auf die Online-Realität, also das Hinzufügen von Inhalten und die Abfrage bzw. Auswahl von Inhalten (vgl. *Hoffman/Novak* 1996). Interaktive Medien ermöglichen eine größtmögliche Nutzerbestimmtheit von Art, Zeitpunkt, Dauer, Abfolge und Häufigkeit des Abrufes von Inhalten (vgl. *Riedl/Busch* 1997). Die Nutzung der Community-Angebote erlaubt daher auch Rückschlüsse auf die Charakteristika und Präferenzen der Online-Besucher. Zusammen mit der direkten Abfrage von Benutzerinformationen eröffnen sich vielfältige Möglichkeiten, Benutzerprofile anzulegen. Diese steuern die Angebotsvielfalt bzw. sind für eine intelligente Ansprache der einzelnen Besuchsmotive zu nutzen. Im Rahmen der Produkt-Beratungsfunktion wird insbesondere automatisch eine individuelle Produktauswahl zusammengestellt, statt Hunderte von Angeboten anzuzeigen. Kaufentscheidungen können gespeichert und für Folgeempfehlungen verwendet werden. Doch auch das Rahmenprogramm (Begleitinformationen, Unterhaltungsangebote, Chaträume, etc.) kann maßgeschneidert einzelnen Community-Besuchern zugeordnet werden. Hierdurch werden die Mitglieder enger an die Community gebunden und das Einkaufserlebnis steigt.

Abb. 2: *Online-Kommunikation mit Comic-Chat*

Das Einfügen von Inhalten erlaubt zudem einen auch für Dritte spürbaren Einfluß auf die Community. Dies wird in Tab. 1 schematisch dargestellt: Nicht nur Anbieter von Gütern und Dienstleistungen, sondern auch Community-Mitglieder gestalten durch das Hinzufügen von Inhalten das allgemeine Community-Umfeld. Den Produktinformationen der Hersteller stehen somit Erfahrungsberichte und Empfehlungen der Community-Mitglieder gegenüber. Das Risiko eines Fehlkaufes sinkt, wie z.B. durch die Buchrezensionen des Internet-Buchhändler *Amazon* (www.amazon.com). Die Attraktivität des Rahmenprogramms steigt durch Workshops, Veranstaltungsankündigungen, Tips und Tricks der Mitglieder (Interessenmotiv). Zur Aktivierung des Informationsflusses müssen lediglich schwarze Bretter geschaffen werden, an denen für die Allgemeinheit erstellte Beiträge veröffentlicht werden können. Schwarze Bretter machen bei reger Beteiligung eine Wissensbasis zugänglich, welche die Beiträge ausgewählter Experten in vielen Bereichen an Detailreichtum und Qualität übertrifft (vgl. *Hagel III/Armstrong* 1997, S. 29ff.). Auch persönliche „Homepages" (Beziehungsmotiv) können, nach für das Marketing aussagekräftigen Interessen oder Kenntnissen geordnet, wie bei *Xoom* (www.xoom.com) oder *GeoCities* (www.geocities.com) eingebracht werden.

Das Konzept der **personellen Interaktion** beschreibt die direkte Kommunikation zwischen zwei oder mehr Personen über die Community, beispielsweise per E-Mail oder Chat (weitere Optionen vgl. *Alpar* 1996, S. 88ff.). In Abb. 1 wird dies durch direkte Pfeile zur und von der Community dargestellt. Die direkte Kommunikation kann u.a. durch die Bereitstellung themenbezogener Chat-Räume, durch moderierte Diskussionen, durch Vermittlung zwischen Mitgliedern oder durch Schwarze Bretter mit E-Mail-Links zu den Autoren gefördert werden. Vor einer Einkaufsentscheidung kann eine E-Mail an Benutzer eines Produktes gesendet werden, um letzte Entscheidungshilfen zu erhalten. Auch das Rahmenprogramm gewinnt durch die spontane Kommunikation: Experten können einzelne Probleme privat vertiefen (Interessenmotiv), Bekanntschaften werden durch die persönliche Kommunikation gepflegt (Beziehungsmotiv) und Unterhaltungsangebote erfahren eine kommunikative Erweiterung (Unterhaltungsmotiv).

Die ersten Virtuellen Communities sind bereits in den achtziger Jahren durch die Kommunikation von Wissenschaftlern im Internet an elektronischen schwarzen Brettern, auch als Usenet oder Newsgroups bezeichnet, entstanden. Im Usenet wird ein weltweiter Gedankenaustausch über Forschung und Lehre, Computer, Freizeitgestaltung, Musik, Kunst und vieles mehr durchgeführt (vgl. *Alpar* 1996). Über die Kommunikation hinaus entwickelte sich ein dauerhaftes Netzwerk persönlicher Bekanntschaften und Freundschaften. Es bietet sich nun an, solche Netzwerke als organisierte Communities zu errichten, die ihren Mitgliedern auch kommerziell Nutzen stiften.

3 Organisation einer Virtuellen Community für Absatzzwecke

3.1 Thema

Hierzu ist bewußt vom Veranstalter ein Thema zu bestimmen, um das sich das Community-Leben entwickeln soll. Die Themenwahl erfolgt passend zu den Absatzbestrebungen. Beispiele für Community-Themen sind Sport, Gesundheit und Reisen.

3.2 Schaffung von Loyalität

In der frühen Phase des Community-Buildings steht der Verkauf bzw. die Vermittlung von Produkten und Dienstleistungen noch im Hintergrund. Zunächst gilt es, attraktive Inhalte aufzubauen, die sich an den Wünschen und Bedürfnissen der Zielgruppe orientieren. Erstes Ziel ist die Steigerung des Bekanntheitsgrades und der Anzahl regelmäßiger Besucher der Community. Derartige Inhalte können im Bereich Interessen, Shopping, Unterhaltung oder Beziehungsaufbau mit Bezug zum Community-Thema geschaffen werden. Es müssen Informationen, Produkte, Dienstleistungen und Entertainment in einer Weise bereitgestellt werden, die Kommunikationsmöglichkeiten zwischen den Teilnehmern in der Community ermöglicht.

Die Loyalität gegenüber der Community wächst zusätzlich durch das Prinzip des intensiven Einbezugs der Mitglieder beim Community-Ausbau. Mitglieder steuern eigene Beiträge, Erfahrungen und Wissen über Kommunikationsforen bei, entwickeln eigene Ideen für Unterhaltungsangebote, moderieren Diskussionsgruppen etc. Gleichzeitig beginnt sich ein Netzwerk persönlicher Beziehungen zu entwickeln, das die Mitglieder an die Community bindet. Über dieses Netzwerk findet Mund-zu-Mund-Propaganda statt, die für einen regen Informations- und Erfahrungsaustausch sorgt. Alle in der Community angebotenen Produkte, Dienstleistungen und Informationen werden somit durch einen begleitenden dynamischen Kommunikationsfluß ergänzt. Dies führt zu einer ausgeprägten Markttransparenz innerhalb der Community (vgl. *Hagel III/Armstrong* 1997, S. 17ff.).

3.3 Individualsierung von Angeboten

In Virtuellen Communities lassen sich viele Online-Teilnehmer mit relativ homogenen Präferenzprofilen bündeln. Das entscheidende Instrument zur Differenzierung von traditionellen Online-Auftritten liegt in der möglichst genauen Erfassung der individuellen Interessen und Präferenzen der Besucher. Die aufgezeichneten Daten werden verwendet, um den Nachfragern individualisierte Angebote zu unterbreiten.

Unter Individual-Marketing versteht man die differenzierte Ausrichtung der Marketing-Instrumente über die im Marketing traditionell durchgeführte Segmentierung hinaus bis auf das einzelne Individuum (vgl. *Fink* 1998). Wird Individual-Marketing auf breiter Basis durchgeführt, spricht man von **Mass Customization**. Die Bestrebungen zur Individualisierung werden im Community-Umfeld wesentlich vereinfacht, da sich mit relativ wenig Aufwand Präferenzprofile ableiten und speichern lassen. Auf der anderen Seite wird es durch Individual-Marketing erst möglich, die Besuchsmotive der Community-Mitglieder treffsicher und optimal zu befriedigen. Individual-Marketing ist somit der Schlüssel zur wirtschaftlichen Ausnutzung von Virtuellen Communities (vgl. *Hruschka* 1998).

Basis des Individual-Marketings in Communities ist die Erfassung der individuellen Benutzerdaten und Präferenzen, auch **Profiling** genannt. Prinzipiell eignen sich dafür zwei Verfahren:

- Zu einen bietet sich die Möglichkeit einer expliziten Erfassung (Befragung) von Benutzerdaten und Präferenzen. Der Benutzer wird dabei aufgefordert, die entsprechenden Daten aktiv anzugeben (z.B. Alter, Familienstand, Beruf, Neigungen und Präferenzen). So könnte es für den Betreiber einer Community von hohem Wert sein zu erfahren, daß das Mitglied sich für Golf-Sport interessiert. Wichtig ist dabei, daß dies auf freiwilliger Basis geschieht, da sonst der Eindruck einer Ausspionierung entsteht und der Nutzer eine ablehnende Haltung oder sogar einen Vertrauensverlust gegenüber dem Betreiber der Community entwickelt. Meistens bietet es sich an, für die Abfragen eine konkrete Gegenleistung anzubieten, wie z.B. die Auslobung von Gewinnen oder das Versprechen, das Online-Angebot der Community auf die persönlichen Präferenzen auszurichten.
- Die zweite Möglichkeit besteht in der impliziten Erfassung (Beobachtung) von Benutzer- und Präferenzdaten. Dabei werden vom Benutzer keine ausdrücklichen Eingaben erwartet. Vielmehr bekundet er sein Präferenzprofil mit seinem Online- und Kaufverhalten, welches elektronisch gespeichert und ausgewertet wird. Je stärker die Online-Aktivität der Mitglieder ist, desto genauere Angaben über die individuellen Präferenzen lassen sich ermitteln. Auch hier gilt es - neben der Beachtung der gesetzlichen Datenschutzbestimmungen - dem Kunden mitzuteilen, welche Daten über ihn aufgezeichnet werden und warum dies geschieht.

Die individuellen Präferenz- und Transaktionsprofile lassen sich dazu verwenden, das persönliche Nachfragepotential des Benutzers optimal auszuschöpfen. Dazu ist eine Reihe von Verfahren entwickelt worden:

- Beim **Rules Based Filtering** erfolgt die Angebotsunterbreitung anhand bestimmter „Wenn-dann"-Regeln, die auf das Benutzer- und Präferenzprofil angewendet werden. Der Vorteil dieser Vorgehensweise liegt insbesondere in ihrer leichten und nachvollziehbaren Anwendbarkeit. Beispielsweise könnte eine Regel lauten: „Wenn der Besucher die Golf-Seiten der Sport-Community besucht hat, männlich ist und sein Alter zwischen 25 und 40 Jahren liegt, dann zeige ihm ein Angebot für eine bestimmte Golf-Ausrüstung". Beim **Content Based Filtering** wird das Transaktionsprofil des Nachfragers auf ähnliche Produkte hin ausgewertet. Hat ein Nachfrager z.B. in einer Software-Community ein Programm bestellt, so wird ihm nachfolgend auch ein passendes Lehrbuch dazu angeboten.
- Beim **Collaborative Filtering** wird das Profil des Benutzers mit den Profilen anderer Community-Mitglieder verglichen (vgl. *Paul/Runte* 1998). Anhand der Daten ähnlicher Nutzer läßt sich prognostizieren, für welche Produkte die Kaufwahrscheinlichkeit des Benutzers am höchsten ist. Diese Produkte werden anschließend angeboten. Eindrucksvolle Beispiele für die Anwendung des Verfahrens liefert z.B. Firefly (www.firefly.net).

Die Leistungsfähigkeit der Verfahren gegenüber einer fixen Ausrichtung der Marketing-Instrumente zeigt, wo der wahre Wert von Virtuellen Communities liegt: In den Community-Mitgliedern und ihren detaillierten Benutzer-, Präferenz- und Transaktionsprofilen. Das Erfassen und Speichern von Kundendaten bringt deutliche Vorteile auch für die Mitglieder der Community. Zwar wird es noch einige Zeit dauern, bis die Mehrheit der Online-Nutzer die existierenden Vorbehalte gegen die Verletzung der Privatsphäre abgebaut haben; Community-Mitglieder und Online-Nutzer werden jedoch den Wert ihrer Präferenzprofile erkennen, sobald die Daten erkennbar zu ihrem Vorteil eingesetzt werden. Virtuelle Communities bieten somit eine ausgezeichnete Ausgangsbasis für ein für Anbieter und Nachfrager nützliches Individual-Marketing.

4 Selbstverstärkende Prozesse

Nur ein geringer Anteil von Unternehmen hat in den Online-Medien bislang Gewinne verbuchen können. Hierfür gibt es unter anderem **zwei Gründe**. Erstens führt die weitgehende Auflösung von örtlichen und investitionsbedingten Markteintrittsbarrieren zu einer hohen Konkurrenz von Anbietern auf dem Online-Markt. Zweitens entstehen die wesentlichen Investitionskosten durch die Programmierung der Systeme. Die nachfolgenden Betriebskosten sind vergleichsweise gering und ändern sich nicht, egal ob das System von nur einem oder von tausenden von Besuchern benutzt wird. Diese Gründe haben auf dem Online-Markt zu vielen Verlierern und bislang wenigen - dafür großen - Gewinnern geführt.

Der erfolgreiche Einsatz von Virtuellen Communities als Absatzkanal hängt entscheidend von der Geschwindigkeit ab, mit der kritische Massen an Mitgliedern und Benutzerprofilen sowie Angeboten von Inhalten, Produkten und Dienstleistungen aufgebaut werden. Mit Erreichen der kritischen Masse können sich innerhalb der Community gemäß dem „Law of Increasing Returns“ Kräfte mit hoher Eigendynamik entfalten (vgl. *Arthur* 1996; *Clement/Litfin/Peters* 1998). Dabei lassen sich vier selbstverstärkende Mechanismen identifizieren, die zu progressivem Mitgliederwachstum und überproportionaler Umsatzsteigerung führen: Inhalte, Loyalität, Transaktionen und Profiling (vgl. *Paul/Runte* 1998 und Abb. 3).

Betrachten wir ein fiktives Beispiel einer Musik-Community. Die Community möge als Website eines kleineren Musikladens gestartet sein, auf dem aktuelle „Fan-Infos“ zu Musikinterpreten abgerufen werden konnten. Mit der Einrichtung von elektronischen Diskussionsforen zu bestimmten Musikgruppen wurde die Kommunikation zwischen den Besuchern der Community etabliert. Anschließend wurde in Kooperation mit einem großen CD-Versandhaus die Möglichkeit geschaffen, CDs direkt über die Community zu bestellen.

Die Community-Mitglieder können persönliche Bewertungen für CDs abgeben. Mit Hilfe des Collaborative Filtering lassen sich Benutzer mit ähnlichem Musikgeschmack identifizieren, was den Community-Gedanken fördert und die soziale Bindung an die Community erhöht. Mitglieder empfehlen ihren „Geschmacks-Nachbarn“ CDs, die über das Internet ausschnittsweise angehört und direkt über die Community bestellt werden können. Die Community ist dadurch zu einem der beliebtesten Treffpunkte für Musik-Begeisterte im Internet geworden. Sie ist durch ihr einzigartiges Netzwerk persönlicher Beziehungen und von Mitgliedern eingebrachten Inhalten unkopierbar geworden und hat sich weit von der Konkurrenz abgesetzt.

Der CD-Umsatz ist mittlerweile so groß geworden, daß sich eine Vielzahl von Anbietern für die Community interessiert. Es werden T-Shirts, Konzert-Reisen und Fan-Artikel über die Community verkauft. Die mit ausgereiften Präferenzerfassungsmethoden aufgezeichneten Benutzerprofile werden mit Hilfe der Verfahren des Individual-Marketing treffsicher in individuelle Angebote mit hoher Erfolgsquote umgewandelt.

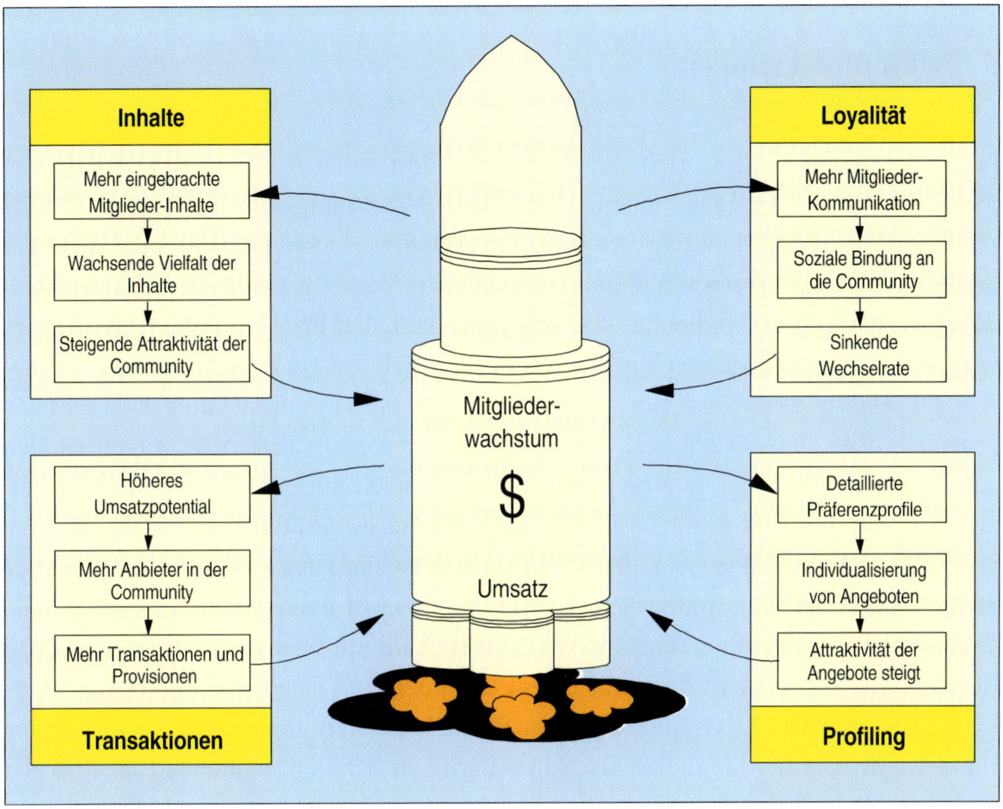

Abb. 3: Community-Dynamik und selbstverstärkende Kreisläufe

Das Beispiel illustriert den ökonomischen Sog, den eine erfolgreiche Community auslösen kann. Gegenüber herkömmlichen Absatzkanälen bietet eine erfolgreiche Virtuelle Communtiy eine Reihe von Vorteilen:

- Durch das gemeinsame Community-Thema verfügen die Nachfrager über ein vergleichsweise homogenes Präferenzprofil. Marketing-Instrumente lassen sich gezielt ausrichten.
- Weitere Differenzierbarkeit der Angebote bis auf „Segments-of-One“ anhand von individuellen Präferenz- und Transaktionsprofilen

- Ausdehnung des Absatzpotentials ohne Beschränkung durch geographische Grenzen
- Marginale Transaktionskosten durch Nutzung von Interaktiven Medien

5 Schlußfolgerungen

In der virtuellen Welt verliert der Faktor Standort seine Bedeutung. Die Faktoren „Sortiment“ und „Beratung“ unterliegen neuen Gesetzmäßigkeiten. Unter diesen Umständen können Wettbewerbsvorteile nur geschaffen werden, wenn man sich der Eigenschaften des Internet bedient. Man sollte n-Wege-Komunikation zulassen und ein individualisiertes Marketing betreiben. Dies läßt sich über Virtuelle Communities erreichen. Dabei kreiert man ein Thema, zu dem sich Personen untereinander austauschen. Dadurch erzielt man eine homogene Zielgruppe. Für diese ist es dann einfach, genaue Profile zu erstellen und dann individual passende Angebote von Produkten und Dienstleistungen zu unterbreiten, die anfangs noch mit dem Thema der Community etwas zu tun haben, später aber einfach nur auf die Präferenzen passen müssen. Unter diesen Umständen steigt die Attraktivität der Community für jeden einzelnen, je mehr weitere Personen mitmachen. Es werden also selbstverstärkende Prozesse ausgelöst, die letztendlich zu zunehmenden Erträgen führen werden (Law of Increasing Returns) und damit meist auch nur einem Organizer pro Themenkomplex das Überleben ermöglichen. Die Organisation von Virtuellen Communities ist deshalb von den Handelsunternehmen möglichst rasch in Angriff zu nehmen, wollen sie nicht in der virtuellen Welt verdrängt werden.

Entwicklungspfade und Leistungsperspektiven des Electronic Commerce

Hans-Dieter Cleven

1 Wesen und Erscheinungsformen von Electronic Commerce

Unter Electronic Commerce (E-Commerce) wird allgemein der Kauf und Verkauf von Informationen, Gütern und Dienstleistungen über **elektronische Netzwerke** verstanden. Ohne auf Art und Spezifikation der Gestaltung näher einzugehen, läßt sich die Kommunikation als Teil von Multimedia verstehen; denn die neuen Informationstechnologien (IT) ermöglichen den Kauf und Verkauf von Informationen, Gütern und Dienstleistungen auch in anderer (nicht-multimedialer) Weise interaktiv. Nicht zu den Erscheinungsformen von E-Commerce zählen somit „Off-Line Systeme", wie z.B. CD-ROM-Kataloge von Versandunternehmen.

2 Einflußfaktoren und Trends

2.1 Technologische Entwicklung

2.1.1 Informationstechnologische Trends

(1) Ein neuer Internet-Standard für ein globales Kommunikationsnetz

Die heutige Informationsgesellschaft entwickelt sich rasant in Richtung „Global Village". Mit dem Tempo, mit welchem das weltumspannende Kommunikationsnetz wächst, muß natürlich auch die zugrundeliegende Technologie mithalten können. Da die Anzahl der heutigen 32bit-Adressen (basierend auf dem veralteten Internet Protokoll Ipv4) nur noch bis ins Jahr 2000 ausreichen wird, hat die *IETF* (*Internet Engineering Task Force*) bereits Ende 1994 das „Internet Protocol Next Generation" (Ipng bzw. Ipv6) als zukünftigen Standard empfohlen. Neben der erheblich erweiterten Anzahl an Adreßmöglichkeiten gewährleistet der neue Standard auch den reibungslosen Einsatz neuer Technologien.

Berücksichtigt man die immensen Wachstumsraten und Chancen im Bereich E-Commerce, so wäre es fatal, wenn dessen Entwicklung durch die zugrundeliegende Technologie gehemmt würde. Aber nicht nur betreffend E-Commerce schafft der neue Standard IpnG erweiterte Möglichkeiten. Die allgemeine Datensicherheit im Internet wird erheblich verbessert, da der „IpnG Identification Header" beim Datenaustausch die Gegenseite besser identifizieren und Datenpakete vor unerlaubten Eingriffen besser schützen kann. Auch die Diffusion neuer Technologien wie die mobile Kommunikation über das Internet (Radio, TV, Videokonferenzen, Video-on-Demand) wird durch den neuen Standard erheblich verbessert.

(2) Neue Programmiersprache für multimediale Inhalte

Die multimedialen und dynamischen Inhalte des Internet erfordern neue und verbesserte Programmiersprachen. Die statische Programmiersprache HTML (Hypertext Markup Language), die mehr auf den Inhalt und weniger auf das Layout der Webpages zielt, wird durch DHTML („D" steht für „Dynamic") ersetzt werden. Diese dynamische Erweiterung ermöglicht es, bspw. die Position jedes einzelnen Objektes auf dem Bildschirm genau festzulegen oder auf jedem Browser jede gewünschte Schrift darzustellen. DTHML ist eine plattform-unabhängige Sprache, welche in Zusammenarbeit mit anderen Programmiersprachen (z.B. Javascript) arbeitet.

Will man heute mit seiner Homepage möglichst viele Besucher anziehen, dann werden Interaktivität und professionelle Gestaltung grundlegende Voraussetzungen. DHTML hilft, dieses Ziel zu erreichen. Noch einen Schritt weiter geht die Internet-Programmiersprache Virtual Modeling Language (VRML), welche im WWW 3D-Welten dergestalt erschafft, daß man darin fast wie durch eine wirkliche Welt navigieren kann. In Zukunft soll es dem User möglich sein, das Internet genauso einfach zu „durchwandern" wie bspw. einen realen Supermarkt: Weiterhin können interaktive Simulationen für die medizinische Forschung erstellt werden, wie bspw. eine Reise durch den menschlichen Körper.

(3) Handy und Internet

Dank der neuen Technologien entwickelt sich das Handy zu einem universellen Instrument, mit dem weltweit Daten verschickt und abgerufen werden können (z.B. E-Mails (Datenbank) abfragen oder per SMS (Short Message Service) von Datenbanken oder Internet-Seiten Informationen beziehen). So kann ein entsprechend konfigurierter Server per Handy veranlaßt werden, Börsenwerte vom *Yahoo*-Börsendienst abzurufen, alle unnötigen Informationen wie Werbung und Standardtexte zu unterdrücken und den reinen Wert per SMS zurück an das Handy zu schicken (bzw. an Pager oder E-Mail-Postfächer weiterzuleiten).

(4) *Real-Networks*

Ende Mai 1998 kündigte *Real-Networks*, mit 85% Marktanteil erfolgreichster Anbieter von Streaming Technologie, die neue Generation ihres Realtime Audio- und Videoempfängers an. Das dank seiner offenen Standardarchitektur auf den verschiedensten Computerplattformen einsetzbare G2 hat den Echtzeit-Empfang von Bild- und Tondaten über WWW erheblich verbessert. Neben anderen unterstützt G2 die

SMIL (Synchronized Multimedia Integration Language)-Spezifikation, wodurch eine universelle Sprache zur Einbindung von High-Quality Video-, Audio-, Bild- und Textdaten in Webseiten zur Verfügung steht.

(5) Music-on-Demand

Auch die großen Musik-Verlage betrachten das Internet als den Vertriebskanal der Zukunft. Anstatt wie bislang die CD „mühsam“ im Laden kaufen zu müssen, wird man den gewünschten Musiktitel oder aber die ganze CD per WWW auf den PC laden, die Titel dann entweder von dort abspielen oder sie auf eine CD brennen können. Mit Music-on-Demand ist dies schon heute möglich. Derzeit sind **zwei unterschiedliche Ansätze** in der Erprobung:

- Das Angebot der *Deutschen Telekom* innerhalb ihres properietären T-Online-Netzes erleichtert das Überwachen der Datenverbreitung. Derzeit können die Titel jedoch nur per ISDN geladen und auf dem eigenen Rechner über einen speziellen Software-Player abgespielt werden. Daß man zuvor einen Code eingeben muß, ist nicht sehr kundenfreundlich, aber aufgrund des besseren Kopierschutzes ein von den Musikfirmen gern gesehenes Konzept. Weitere Vorteile liegen in der Art der Bezahlung (inkl. aller Gebühren (*GEMA* etc.) über die Telefonrechnung), während ein Schwachpunkt die Beschränkung auf das T-Online-Netzwerk ist.
- Von *Liquid Audiop Serven* können die Musiktitel selbst bei niedrigen Transferraten, wie andere Daten auch, über das Internet geladen, bei Bedarf auf CD gebrannt und mit jedem handelsüblichen CD-Player abgespielt werden. Bezahlt wird per Kreditkarte oder Cyber-Cash. Als Kopierschutz kann der Name des Käufers verschlüsselt in den Musikdaten versteckt werden. Sollten Schwarzkopien auftauchen, läßt sich dieser so identifizieren und zur Rechenschaft ziehen. Des weiteren kann ein Zeitschlüssel eingebaut werden.

Welcher Ansatz sich auch durchsetzen wird: Music-on-Demand soll und wird mit seiner Convenience zu einer **Belebung des Musikgeschäfts** beitragen. Stimulans erwartet man sich auch vom Konzept des Prosumerismus. So hat *K-Tel* einen Vertrag mit *Real Networks Inc.* geschlossen, deren Technologie es den Kunden ermöglichen soll, individuelle CDs zu kreieren.

(6) Spielekonsolen und Internet

Sega ersetzt seine wenig erfolgreiche Saturn-Spielekonsole durch eine sehr viel leistungsfähigere, in Zusammenarbeit mit *Microsoft* und *Yamaha* entwickelte 128-bit

Videospielekonsole: „Dreamcast" wird erstmals auch eine Anschlußmöglichkeit ans Internet bieten und es den *Sega*-Fans ermöglichen, sich rund um den Globus zu virtuellen Spielgemeinschaften zusammenzuschließen. Die größten Konkurrenten von *Sega* (das bei Videospielen kurzfristig einen Marktanteil von 20 bis 30% erreichen kann), sind *Sony* mit PlayStation und *Nintendo* mit der N64-Konsole.

2.1.2 E-Commerce Trends

Manche Branchen bzw. Produkte, wie Bücher, Computer, CDs, Finanzdienstleistungen und Reisen, eignen sich bekannterweise besonders für den Vertrieb durch E-Commerce. Wie aber bewegt man Millionen von Internet-Surfern dazu, auch andere als diese Produkte zu kaufen? Gemäß einer *Forrester*-Studie kaufen durchschnittlich nur 3% der Besucher von Webseiten tatsächlich effektiv etwas online ein. Will man diesen Anteil nennenswert erhöhen, genügt es nicht, möglichst viele Internet-Nutzer durch beste Positionierung in den Suchergebnissen (möglichst weit oben) sowie Links und Banners auf Portalen und anderen vielbesuchten Homepages auf die eigene Webseite zu lenken.

- **Die Airline-Branche**

Sie bietet ein sehr gutes und frühes Beispiel für die Herausbildung virtueller Agenten und für den Internet-Direktverkauf (sog. **Disintermediation**) sowie für das schnelle Wachstum des elektronischen Handels. Marktführer im Online Travel Business ist *Travelocity* (Tochtergesellschaft von *SABRE/American Airline*), über deren Homepage im Februar 1998 erstmals Tickets im Wert von über 4 Mio. US $ (pro Woche) verkauft wurden. 1996 setzte der gesamte Online-Reisemarkt 276 Mio. US $ um, ein Jahr später bereits 827 Mio. US $, und um die Jahrtausendwende sollen es über 5 Mrd. US $ sein. Der große Vorteil des Verkaufs von Tickets über das Internet besteht in den geringen Transaktionskosten (vgl. Abb. 1).

Neben den bekannten virtuellen Reisebüros (*Travelocity*, *Expedia*, *Internet*, *Travel Network ITN* und *Preview Travel*) verkaufen vor allem die Airlines selbst mit Hilfe ihrer Homepages Tickets direkt. So hat *Lufthansa* mit ihrer neuen *InfoFlyway* Internet-Seite im Jahre 1997 einen Umsatz von 5,7 Mio. US $ erzielt. Im Gegensatz zu den Airlines bieten die Online Travel Agents auch Dienstleistungen rund ums Fliegen an: Buchungen für (weltweit 36 000) Hotels und Autovermietungen, detaillierte Reise-Informationen und Verkauf von Merchandise-Produkten.

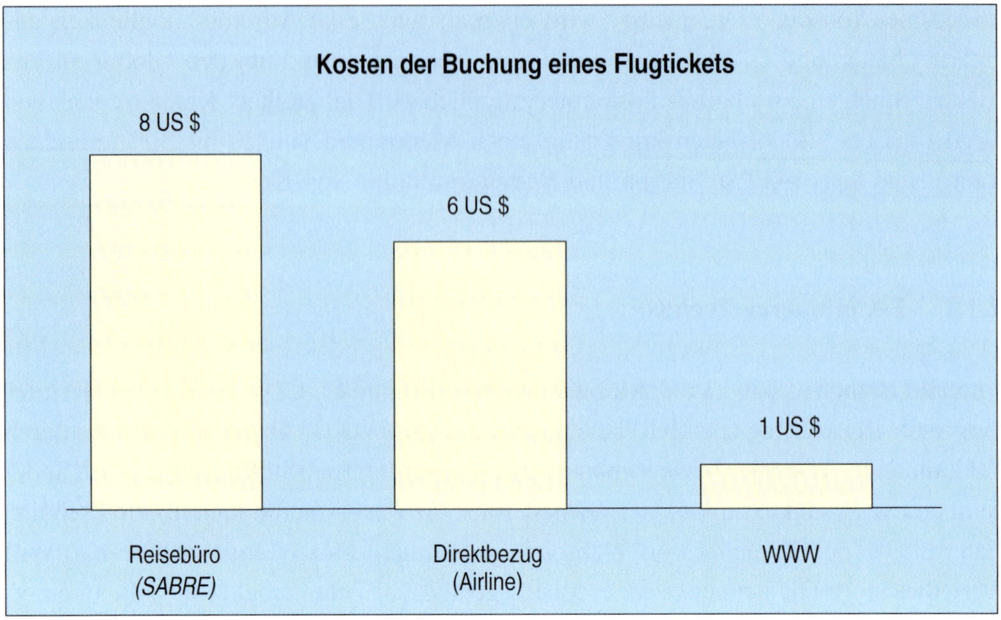

Abb. 1: Internet mindert Transaktionskosten

Den Airlines eröffnet das Internet beträchtliche **neue Möglichkeiten** (z.B. Restplatzversteigerung via Internet). Auch können dem Kunden mit Push-Technologie, sofern er dies wünscht, Verkaufsförderungs- und Spezialaktionen automatisch zugespielt werden. Innerhalb der elektronischen Vertriebskanäle läßt sich 1:1-Marketing besonders gut verwirklichen, u.a. deshalb, weil man, innerhalb der bestehenden rechtlichen Beschränkungen, auf Daten zurückgreifen kann, die mit den Vielfliegerprogrammen bereits gesammelt wurden. Dies verschafft dem Kunden echte Convenience und Zusatznutzen.

- **„Portale" und der Kampf um die Surfer**

Eine immer wichtigere Rolle spielen Internet-Suchmaschinen, die ihr Angebot kontinuierlich erweitert haben und nun zu verschiedenen Themenbereichen (Communities of Interest, Free E-Mail, Chat Rooms, Directories, Content Channels, Personalized Homepages) Inhalte anbieten. Als umfassende Einstiegsseiten (= „Portale") entwickeln sie sich zu den am häufigsten besuchten Webseiten. Finanziert wird dieser für den Nutzer kostenlose Service durch Werbeeinnahmen und allenfalls die Garantie, bei Aufruf von bestimmten Stichworten durch Suchmaschinen-Benutzer gut positioniert zu werden.

War früher der sog. Browser-Krieg zwischen Internet Explorer (*Microsoft*) und Navigator (*Netscape*) ein Thema, das in der Internet-Branche heiß diskutiert wurde, so sind es heute **Internet Branding** und Portale. Dennoch darf die Frage der Zugangssoftware (Browser) nicht unterschätzt werden, zumal sowohl *Microsoft* als auch *Netscape* versuchen, sich mit einem neuen Browser-Auftritt als Portal zu positionieren.

- **Zahlungsverkehr**

Weil viele Konsumenten noch immer erheblich an der Sicherheit der Übertragung von Kreditkarten-Informationen zweifeln, bieten immer mehr E-Commerce Firmen an, diese sensitiven Daten separat per Telefon oder Fax zu transferieren. Der Set-Standard für die sichere Zahlungsabwicklung via Internet etabliert sich überaus langsam, weil zu kompliziert und zu teuer. Auch Cyber-Cash hat sich bisher nicht durchsetzen können. Deshalb arbeiten Banken, Finanzdienstleister und die PC-Branche bereits an der Kombination von Online-Zahlungsmethoden mit der Smart Card-Technologie. Sie bietet dem Kunden nicht nur subjektiv mehr Sicherheit, sondern auch zusätzliche Einsatzmöglichkeiten.

- **Fallstricke des weltweiten E-Commerce**

Wer „einen WWW-Laden eröffnen" und sich dadurch Zugang zum weltweiten Markt verschaffen möchte, muß weit mehr als „nur" technische Probleme lösen. Beim Handel mit dem Ausland etwa sind Import- und Exportbeschränkungen, Zölle und Gebühren, aber auch die verschiedenen Fremdsprachen und Währungen zu beachten. Deshalb suchen sich viele E-Commerce-Firmen Partner im jeweiligen Land.

Was bleibt, ist das Risiko des Zahlungsbetrugs. Innerhalb der USA benutzen die Händler „Adress Verification Services", welche die Adresse des Kartenhalters mit der gewünschten Lieferadresse vergleichen; außerhalb müssen die Firmen andere, oft teure Strategien erarbeiten (z.B. Zwischenschritte bei der Bestellung etc.).

Schließlich ist es wichtig, einen passenden Auslieferservice für die Waren zu finden. Nicht zuletzt können Gesellschaften wie *DHL*, *Fedex* oder *UPS* dem Händler durch ihre Erfahrung mit internationalen Zollprozeduren und Gebühren viel Arbeit und Ärger ersparen.

Abschließend eine positive Nachricht: Mitte Mai 1998 beschloß die *WTO*, zumindest bis Ende 1999 keine Zölle auf Waren zu erheben, die ausschließlich digital, d.h. als Datei (z.B. Programme, Bücher und CDs als Datei) übermittelt werden. Für Waren, die zwar per Internet bestellt, aber auf klassischem Wege (physisch) ausgeliefert werden, gilt diese Zollfreiheit jedoch nicht.

2.2 Gesellschaftlicher Rahmen und Konsumtrends

Viele Entwicklungen im gesellschaftlichen Umfeld haben unmittelbar Konsequenzen für den E-Commerce und begünstigen diesen zumeist:

- Zunehmende Verkehrsprobleme mindern bzw. verteuern die physische Mobilität, was bestimmte stationäre Handelsformen beeinträchtigt.
- Steigende Anonymität, Kriminalität und Individualisierung gefährden die stationäre Massendistribution.
- Problembewußtsein der Konsumenten und Preistransparenz nehmen zu. Dies steigert die Konkurrenzintensität und den Stellenwert des Preis/Leistungs-Verhältnisses in einem „gläsernen" Markt.
- In einer multidimensionalen Gesellschaft zerfallen die homogenen Massenmärkte, worauf der Handel mit einer feineren Zielgruppenansprache reagieren muß.
- Die Kombination von Warenwirtschaftssystemen und Neuen Medien ermöglichen einen Quantensprung der zielgruppengerechten Kommunikation.
- Ausgeprägte Wechselwirkungen zwischen Arbeitssituation, Einkommensstruktur und Freizeitverhalten erfordern zielgruppenspezifische Angebote.

2.3 Rechtliche Rahmenbedingungen

Datensicherheit und Datenschutz sind dank staatlicher Regulierung und technischer Möglichkeiten gewährleistet. Zukünftig ist jedoch die Welt der Marktplatz für E-Commerce. Es bedarf daher **international abgestimmter** Rahmenbedingungen, weshalb sich zwischenzeitlich auch *OECD* und *WTO* mit diesem Thema befassen. Die bisher diskutierten Grundsätze müßten jedoch konkretisiert und in international verbindliche Abkommen mit handhabbaren Durchführungsbestimmungen überführt werden. Hierbei ist eine sinnvolle Abgrenzung zwischen Markt und Staat nach dem **Subsidiaritätsprinzip** gefordert.

Dem stehen noch die in Teilbereichen erkennbaren unterschiedlichen Auffassungen von **Amerikanern** und **Europäern** entgegen. Während bei Daten- und Verbraucherschutz die Europäer, anders als die Amerikaner, für gesetzliche Regelungen plädieren, verhält es sich im Bereich der Verschlüsselung gerade umgekehrt: In Europa möchte man das Inverkehrbringen oder die Nutzung von Krypto-Produkten gesetzlich nicht regulieren, während in den USA faktisch die Schlüsselhinterlegung gefordert ist.

2.4 Infrastruktur

Ausgehend von der zunehmenden Verbreitung der PCs am Arbeitsplatz wird dieser auch die Privatsphäre verstärkt penetrieren. Prognosen besagen, daß bis zum Jahr 2000 ca. 40% aller Haushalte in Deutschland mit einem PC und ca. 25% mit einem PC-Modem ausgestattet sein werden. 85% der Haushalte sollen bis zum Jahr 2000 gar über Kabel und Satellit erreichbar sein. Auch wird die interaktive Breitbandkommunikation ab der Jahrtausendwende an Bedeutung gewinnen, bis dahin ist Home-Shopping nur über einen schmalbandigen Rückkanal möglich.

2.5 Innovative Handels- und Geschäftskonzepte

Es entstehen neue virtuelle Unternehmen, die unverzüglich global tätig werden können. Folglich sinkt die kritische Größe für den Neuaufbau von Geschäftstätigkeiten. Aber nicht nur deshalb droht dem traditionellen Handel der Verlust von Marktanteilen. Da Hersteller und Produzenten dank der neuen Medien einen effizienten Direktvertrieb gestalten können, werden klassische Handelsstufen womöglich völlig obsolet.

Deshalb erlangt das Unternehmensziel „Kundenbindung“ eine immer größere Bedeutung (vgl. z.B. *Diller* 1995). Zugleich wird es zusehends schwerer erreichbar, weil die Netze dem Kunden Produkt- und Preisvergleiche ohne großen Zeitaufwand und ohne Distanzüberwindung ermöglichen und vielfältige Einkaufsalternativen bieten. Nicht zuletzt sorgen so Variety Seeking (vgl. *Bänsch* 1995) und hybrides Konsumentenverhalten für eine Erosion der Kundenbindung.

Schließlich verändern sich die Wertschöpfungskette und deren Elemente (Beschaffung, Sortiment, Lagerhaltung, Logistik, Zahlungsfunktion) grundlegend. Im

Verlauf der transaktionsoptimalen Restrukturierung und Neuaufteilung des gesamten Leistungsprozesses können Logistik und Zahlungsabwicklung zu kritischen Erfolgsfaktoren werden.

2.6 Veränderung der Kommunikation

Die technologische Entwicklung erlaubt es, die Kommunikation zwischen Unternehmen und Kunden zu optimieren; u.a. durch:

- Integration verschiedener Medien („Multimedia“)
- Verstärkte Individualität („One-to-One“)
- Interaktivität

In der Vergangenheit war der Widerspruch zwischen Reichweite und Qualität der Kommunikation systemimmanent. Breitstreuende Medien wie TV oder Print konnten ihre Botschaften nicht maßschneidern und erlaubten nur begrenzte Interaktion. Interaktive und individuelle Anspracheformen, wie z.B. der Außendienstbesuch, waren hingegen von vornherein nicht geeignet, gleichzeitig Millionen von Menschen zu erreichen. Die neuen Technologien lösen diesen Widerspruch nun auf: Eine prinzipiell unbegrenzte Anzahl von Nachfragern kann gleichzeitig mit einem E-Commerce-Anbieter multimedial kommunizieren und interaktiv ein hohes Maß an Individualität erzielen. Insgesamt erhöhen sich dadurch

- der Wirkungsgrad der Kommunikation (der Kunde kann maßgeschneiderte, multimediale Informationen leichter verarbeiten und erinnern; vgl. *Meyer* 1994) und
- die Transparenz und Selbstbestimmung der Informations-Nutzung (der Kunde erhält nur noch solche Botschaften, die ihm einen echten informatorischen Mehrwert bieten).

Die neuen Kommunikationsmöglichkeiten werden dazu beitragen, daß im volkswirtschaftlichen Sinne mehr **„vollkommene Märkte“** entstehen. Dies provoziert erhebliche Veränderungen ganzer Branchen und läßt völlig neuartige Unternehmen entstehen:

- Der Interessent kann in Zukunft vor wichtigen Kaufentscheidungen routinemäßig **„Shopping Agents“** aktivieren, die ihm im weltweiten Markt die günstigsten Einkaufsmöglichkeiten aufzeigen.

- **„Market Maker"** werden bewußt Transparenz in ganzen Branchen schaffen und damit die derzeitige Asymmetrie der Information, also den Informationsvorsprung der Anbieterseite, verringern - zugunsten des immer besser informierten Kunden.

Der traditionelle Handel muß nicht nur dem u.a. dadurch zunehmenden Wettbewerbsdruck standhalten, sondern auch seine Mittlerposition grundsätzlich überdenken. Waren für ihn bislang Information und Ware eng (PoS-Kommunikation) oder sogar physisch verbunden (On-Pack-Kommunikation), so können im E-Commerce Information und Ware völlig getrennte Wege gehen und u.U. sogar von unterschiedlichen Unternehmen vom Anbieter zum Nachfrager transportiert werden (vgl. Abb. 2).

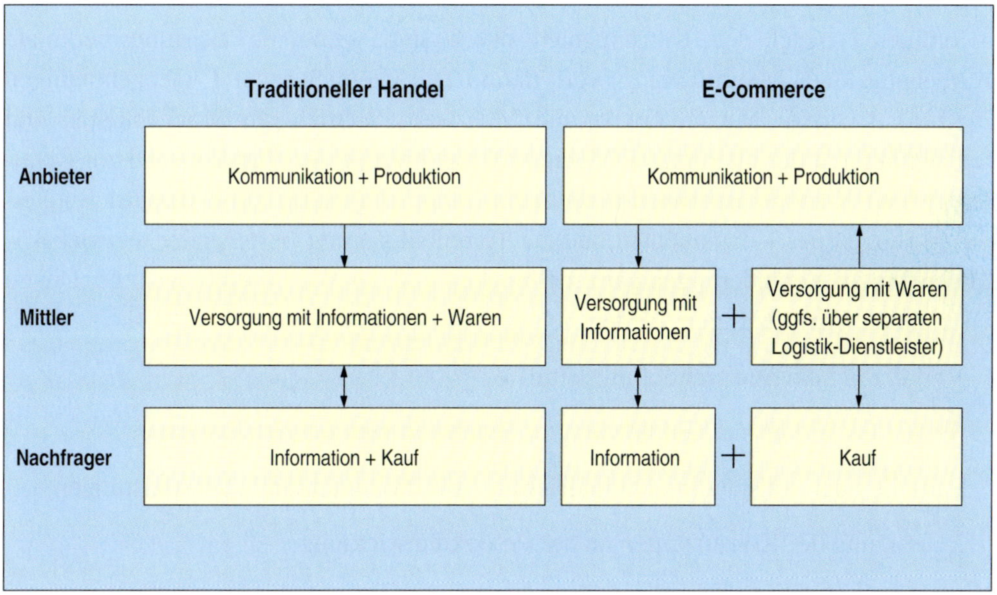

Abb. 2: Informationsfluß und Warenfluß gehen getrennte Wege

Insbesondere das Internet ist als Medium geradezu prädestiniert, für das **„Matching"** von Angebot und Nachfrage zu sorgen. Traditionelles „Selling", das durch die Erhöhung von Werbe- und Vertriebsdruck versucht, den Absatz zu steigern, stößt auch im E-Commerce schnell an ökonomische Grenzen (vgl. *Frey* 1997). Beim „Matching" hingegen werden rund um konkrete Kundenbedürfnisse „Marktplätze", „Börsen" oder „Arenen" kreiert, die dem Nachfrager das individuell optimale, ggf. weltweite und eventuell atomistische Angebot passend, d.h. seinen konkreten Bedürfnissen entsprechend, präsentieren.

Maßgeschneiderte Börseninformationen bereitstellen, die individuelle Tageszeitung kreieren (mit Nachrichten zu den persönlich interessierenden Themen, Wetterbericht speziell für den eigenen Wohnort oder das geplante Wochenend-Reiseziel, Sportergebnisse der bevorzugten Teams usw.): All dies ist technologisch bereits machbar. Den Kunden, der in der Lage ist, mit den neuen Kommunikationsmedien intelligent zu interagieren, erwartet eine faszinierende Welt des **„maßgeschneiderten"**, preiswerten und effizienten **Informierens** und **Einkaufens**.

2.7 Restruktuierung der Wertschöpfungskette

E-Commerce bietet den Konsumenten durch seine zentralen Leistungsmerkmale (Aufhebung und Überbrückung von räumlichen, zeitlichen und mengenmäßigen Grenzen) neuartige Nutzenvorteile und Mehrwert. Werden die Möglichkeiten und Rahmenfaktoren der interaktiven Medien für die Zwecke des Vertriebs und zur Realisierung von Kosteneinsparungs-Potentialen „richtig" genutzt, führt dies zu Budget-Verlagerungen des Konsumenten und zur Kannibalisierung bestehender Vertriebskanäle bis hin zu Veränderungen ganzer Branchen und der Wertschöpfungskette. Die zu erwartenden **Umwälzungen** werden sich in **fünf Bereichen** vollziehen:

- Verkürzung der Wertschöpfungskette
- Abbildung bisher manuell bewältigter Handelsprozesse durch Software
- Partielle oder vollständige Digitalisierung von Produkten und Dienstleistungen
- Beteiligung der Konsumenten an der Produktentwicklung
- Stärkung der Nachfrage-Souveränität durch „Umkehrung" des Marktes

Der erfolgreiche elektronische Händler muß, neben den in den traditionellen Vertriebskanälen bewährten Techniken und Strategien, **neue Kompetenzen** erlernen und beherrschen: angefangen beim Software-Know How, über die Gestaltung kundenfreundlicher Interfaces und Navigationsabläufe, bis hin zum innovativen Prozeß-Design des Daten-, Waren- und Zahlungsflusses.

(1) Verkürzung der Wertschöpfungskette

Der elektronische Händler präsentiert sein Angebot in Form von **digitalen Daten**, was einerseits die Kosten erheblich reduziert, da **keine teure (reale) Multiplikation** wie beim Printkatalog erforderlich ist. Andererseits werden dadurch die klassischen Volumengrenzen, wie beschränkte Regalflächen oder Höchstgewichte beim Katalog, aufgehoben; allein dadurch entstehen ungeahnte Handlungs- und Profilierungsmöglichkeiten.

Eine Bevorratung bzw. das Bereithalten eines Kontingents von Waren sind bei direkter Anbindung an die Bestandsführung des Herstellers bzw. Lieferanten obsolet. Out-of-Stock-Produkte lassen sich ohne Zeitverlust aus dem Angebot entfernen, weshalb dieses ständig aktuell ist. Somit läßt sich die **Logistik-Kette verkürzen** (vgl. z.B. *Ahlert/Olbrich* 1997). Wenn der Lieferant die Ware direkt an den Endkonsumenten verschickt, trägt der Online-Händler kein Lagerrisiko mehr, vermeidet erhebliche Kapitalbindung durch das Warenlager und kann flexibel auf Kundenwünsche reagieren.

Auch Marketing und Kommunikation sind im Internet völlig neu zu gestalten. Dank der systemimmanenten Interaktivität erhält der Anbieter unmittelbares Feedback auf sämtliche Maßnahmen. Die üblichen **Streuverluste** lassen sich erheblich mindern. Werbeerfolg wird endlich meßbar, und Win/Win-Konstellationen mit frequenzstarken Vermarktungspartnern, die ihre Vermarktungsleistung eindeutig dem erzielten Umsatz zuordnen können, sind möglich.

(2) Partielle oder vollständige Digitalisierung von Produkten und Dienstleistungen

Die konsequente Digitalisierung bisher manuell zu bewältigender Handelsprozesse eröffnet eine weitere Dimension in der durch E-Commerce veränderten Wertschöpfung. Intelligente Datenbanken verknüpfen Produkte mit relevanten Informationen und ersetzen das Beratungsgespräch. Die Auftragsannahme ist reduziert auf ein Interface, Software-Frequent-Asked-Questions bewerkstelligen die Zahlungsabwicklung bis hin zur Übernahme der Daten in die Unternehmensrechnung, Online-Order-Tracking-Informationssysteme und interaktive Expertensysteme substituieren das klassische Call Center (vgl. z.B. *Neibecker* 1994, S. 329ff.).

(3) Trend zum Prosumer

E-Commerce ermöglicht einen Paradigmenwechsel (vgl. *Kuhn* 1967): Vom Massenmarketing (standardisierte Produkte an eine fest definierte Zielgruppe vermarkten) zum sog. **One-to-One-Marketing**, bei dem die Präferenzen jedes einzelnen Konsumenten Richtschnur allen unternehmerischen Handelns sind. Die nunmehr technisch mögliche und finanzierbare Verknüpfung von Produkten mit Kundenprofilen individualisiert das Angebot und kehrt den Produktionsprozeß um. Der Konsument wird zum Prosumer: Erst seine individuelle Nachfrage löst den Produktionsprozeß aus, auf seine ganz persönlichen Präferenzen hin ausgerichtet. Längst sind maßgeschneiderte Computer-Hardware Realität, aber auch individualisierte Massenartikel wie z.B. Jeans. Viele weitere Warensortimente werden folgen.

(4) „Umkehrung des Marktes" stärkt Souveränität der Nachfrager

Interaktive Medien ermöglichen nicht zuletzt den direkten Kontakt und Informationsaustausch zwischen den Konsumenten. Werden deren Interessen organisiert und in **Communities-of-Interest** effizient gebündelt, entstehen gewaltige Nachfragepotentiale, wie sie in den traditionellen Vertriebswegen des stationären Handels und des Versandhandels nicht zu organisieren waren. Da überdies Preisagenten Markttransparenz schaffen, müssen die Anbieter ihre durch die interaktiven Medien gewonnenen Rationalisierungspotentiale als Preisvorteile an die Nachfrager weitergeben (Win/Win-Situation).

3 Erfolg mit E-Commerce: Einige Beispiele aus der Praxis

3.1 Net-Market von Cendant Corp.

Mit seinen Internet-basierten Netzwerken entspricht der **Online-Vorteilsclub** Net-Market den wissenschaftlich aktuellen Relationship Marketing- und wissensbasierten Management-Konzepten (vgl. *Diller/Kusterer* 1988; *Backhaus* 1997). Net-Market unterstellt ein primär preisbewußtes Verhalten der Kunden und beabsichtigt, diesen vollständige Information über Produkte sowie Dienstleistungen zur Verfügung zu stellen und ihnen die meisten Produkte zum besten Preis zu offerieren.

Das Geschäftsmodell beruht auf einem reinen **Agentenansatz**, wobei die Erträge mehr aus den Mitgliederbeiträgen (zur Zeit 70 US $ pro Jahr) als durch die einzelnen Transaktionen generiert werden. Deshalb kann Net-Market nahezu alle Leistungen zu Einstandspreisen weiterverkaufen und im Gegensatz zu anderen Händlern trotzdem noch daran verdienen. Zuwachsraten von 100 000 neuen Mitgliedern pro Monat sprechen für sich.

3.2 GAP Inc.

Mit 11 Mrd. DM Umsatz (1997) gehört diese amerikanische Bekleidungsfirma zu den führenden Anbietern im Bekleidungsgeschäft. Nachdem in den letzten Jahren Filialen auf drei Kontinenten eröffnet wurden, hat *GAP* auch den Schritt ins Internet „gewagt". Online-Shopping ist derzeit zwar nur innerhalb der USA möglich. Bis spätestens Anfang 1999 aber sollen alle Hindernisse, die sich aus den internationalen Zoll- und Importvorschriften ergeben, überwunden sein.

Anstatt die Kleidungsstücke, wie viele andere Online-Shops, nicht anders als im Versandhandelskatalog, nur eben auf der Homepage darzustellen, hat *GAP* ein kleines Programm entworfen. Mit dessen Hilfe kann der Kunde **virtuelle Anziehpuppen** am Bildschirm fast nach Belieben ausstaffieren. Das Ganze ist noch sehr rudimentär - und unterstreicht dennoch den Trend, daß Web-Seiten interaktiv gestaltet werden, weshalb das Seitendesign eine immer wichtigere Rolle spielt.

3.3 Land's End

Land's End verkaufte im letzten Jahr Kleidung, Bettwäsche und Badetücher für mehr als 1,3 Mrd. US $, hauptsächlich durch herkömmliche Kataloge. Seine Webseite gehört zu den 500 meistbesuchten, und bei den Top-Shopping Sites rangiert man auf Rang 34. Wenn *Land's End* bei Online-Kleidungsverkäufen ganz eindeutig die Nummer 1 ist, so dürfte dies auch damit zusammenhängen, daß man nicht primär auf große Besuchermengen Wert legt, sondern darauf, daß der **Besucher** auch zum **Käufer** wird, insbesondere zum Stammkunden.

Deshalb bietet *Land's End* auf der Einstiegsseite **preiswerte Kleinigkeiten** an, die dem Kunden die Kaufentscheidung erleichtern sollen. Wenn er damit zufrieden ist, so das Kalkül, wird er wahrscheinlich die Homepage auch für größere Aufträge aufrufen. Des weiteren ändert bzw. aktualisiert man die Webseite alle zwei Wochen, und der Kunde erhält auf Wunsch **Online-Kaufberatung**.

3.4 Land Rover

Die Webseite von *Land Rover*, USA, bietet dem Besucher einen echten **Zusatznutzen**. „Outfit Your Own Landrover" bedeutet, daß man interaktiv sein Lieblingsfahrzeug zusammenstellen kann (mit selbst auswählbarer Farbe, Zusatzausrüstung etc.).

3.5 Financial Services

Das Internet ist ein geeignetes Medium für Finanzdienstleistungen und Börsentransaktionen, u.a. deshalb, weil die in diesem Markt benötigten Informationen zeitkritisch sind. Im Internet können die in diesem Geschäft erheblichen **Transaktionskosten stark reduziert** werden, ohne daß die Qualität der gebotenen Leistung darunter leidet. Da die Banken verstärkt damit beginnen, mit „Activity-Based Costing" Quersubventionierungen der einzelnen Dienstleistungen zu unterdrücken und ein **verursachungsgerechtes „Pricing"** durchzusetzen, werden die Kunden vermehrt E-Banking nachfragen. Davon profitieren dann voraussichtlich sowohl die traditionellen Banken mit E-Banking-Auftritten (z.B. *Credit Suisse*) und die etablierten Online-Discount Broker (z.B. *E-Trade*), aber auch neue Online-Banking-Konzepte (z.B. *European Private Bank*).

3.6 Ticketmaster

Im ersten Quartal 1998 hat der amerikanische Tickethändler mehr als eine halbe Million Tickets für 19,5 Mio. US $ über das Internet verkauft. Der Mehrwert, den der *Ticketmaster* dem Kunden gegenüber dem herkömmlichen Telefonverkauf bietet, besteht darin, daß der Internetkunde **bei der Bestellung** genau sehen kann, **welchen Sitz** und **welche Aussicht** er von seinem Platz aus haben wird.

3.7 Paperball

Die *Gruner + Jahr Electronic Media Service GmbH* bietet eine **Suchmaschine** an, mit der aktuelle Nachrichten und Hintergrundinformationen aus über 50 deutschsprachigen Online-Zeitungen abgefragt und durchsucht werden können. *Paperball* läßt sich individuell konfigurieren, um so letztlich eine **persönliche Zeitung** zu erstellen. Weiterhin kann man die Recherche entweder auf bestimmte Zeitungen oder Rubriken bzw. auf bestimmte Überschriften oder Autoren konzentrieren. Die Suchergebnisse werden als Links zusammen mit einer Kurzbeschreibung ihres Inhalts und der Quellenangabe angezeigt.

4 Ausblick

Der stationäre Einzelhandel muß in Deutschland seit fünf Jahren einen realen **Umsatzrückgang** hinnehmen. Trotzdem ist das **Flächenwachstum** ungebrochen. Zugleich positionieren sich **ausländische Wettbewerber** zusehends durch eigenen Aufbau oder Unternehmenskäufe im deutschen Markt, was i.d.R. mit einem **„Preiskrieg"** verbunden ist. Alles in allem bedeutet dies, daß sich hierzulande die Rahmenbedingungen verschlechtern und somit neue unternehmerische Herausforderungen zu bestehen sind.

Wie in vielen anderen Bereichen, so sind die USA auch beim E-Commerce Europa weit voraus. Während im Jahr 2005 dort dieser Sektor einen Umsatz von 260 Mrd. US $ erzielen soll, prognostiziert man E-Commerce in Deutschland lediglich ca. 16 Mrd. DM, was dann einem Marktanteil von ca. 6% entsprechen soll. Es wäre jedoch falsch, daraus abzuleiten, daß dieser Markt für die **Unternehmensentwicklung** unbedeutend ist; denn es geht keineswegs nur um E-Commerce, sondern um Multimedia, mit allen damit verbundenen Wertschöpfungsmöglichkeiten, von denen Handel nur ein Teilaspekt ist.

Manche mögen in den neuen Instrumenten Spielzeuge erblicken, primär dazu angetan, versunkene Kosten zu produzieren (vgl. *Schaub* 1997). Andere erinnert die Situation eher an eine Zeitbombe, die es zu entschärfen oder so zu steuern gilt, daß eine neue Dimension der Unternehmensentwicklung erreicht wird. Wenn man weder der einen noch der anderen Extremposition zuneigt, sondern die neue Entwicklung eher als eine Chance erblickt, die es ermöglicht, strategische Positionen frühzeitig zu besetzen und langfristig zu sichern, so kann man zunächst feststellen, daß der Handel den neuen Technologien eine Vielzahl von **Anwendungsgebieten** eröffnet (vgl. Abb. 3).

Wenn man die Wertschöpfungskette von Online-Diensten betrachtet (vgl. Abb. 4), so liegt es auf der Hand, nicht nur in der letzten Stufe (Verkauf von Hard- und Software) von dem sich hier entwickelnden **Wertschöpfungspotential** partizipieren zu wollen, sondern auch in den vorgelagerten Stufen: Bspw. die für den elektronischen Handel entwickelten Plattformen und Zahlungssysteme auch Dritten bieten und deren individuellen Bedürfnissen anpassen.

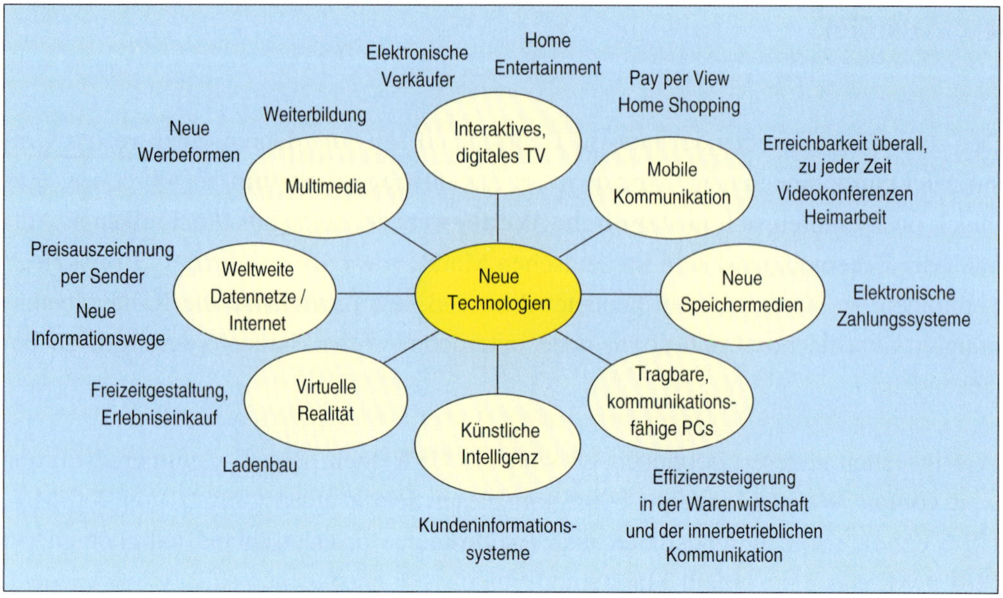

Abb. 3: Anwendungsgebiete der neuen Technologien im Handel

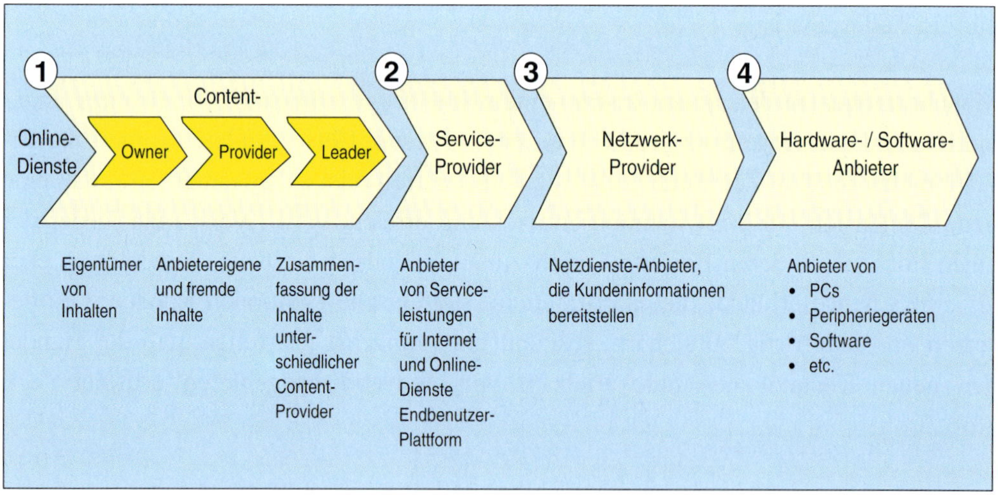

Abb. 4: Wertschöpfungskette von Online-Diensten

An dem erheblichen Wachstumspotential (vgl. Abb. 5) kann nur partizipieren, wer bereit ist, auch nennenswerte **Ressourcen** einzusetzen. Sowohl die personellen als auch die finanziellen Anforderungen eines solchen Engagements erfordern Kooperationen, wenn der zeitliche Vorsprung der US-Unternehmen aufgeholt werden soll.

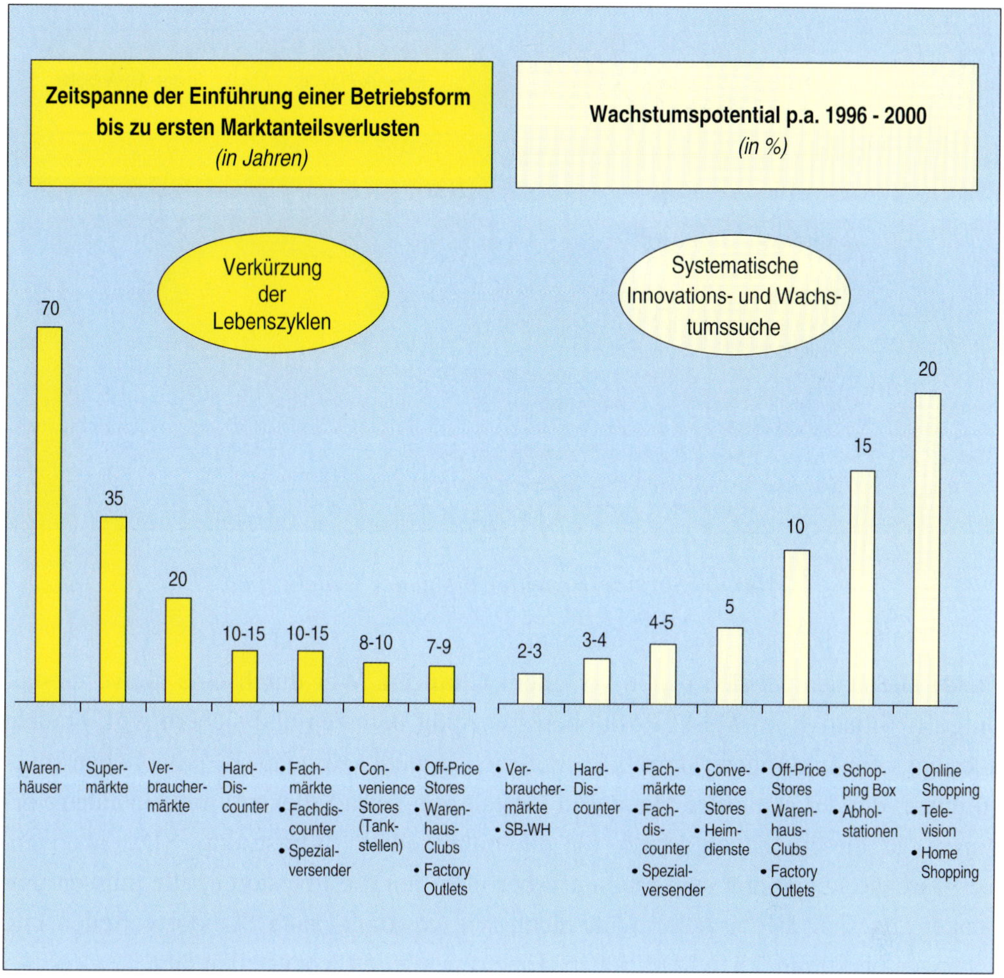

Abb. 5: Lebenszyklen und Wachstumspotential wichtiger Betriebsformen

Hierfür ist die Position des **Service-Providers** besonders bedeutsam, da er die **Schnittstelle zum Konsumenten** verkörpert (vgl. Abb. 6). Nur wer sie beherrscht, kann letztendlich wirkliches Individual-Marketing betreiben, d.h. die Flut möglicher Informationen im Sinne des Kunden steuern. Dieser soll immer nur solche Informationen erhalten, die seinem augenblicklichen individuellen Bedürfnis entsprechen. Hieraus ergibt sich für den Kunden eine **neue Kommunikationsqualität**. Kritiker mögen dafür den negativ belegten Begriff „gläserner Kunde“ verwenden; bei nüchterner Betrachtung aber gerät es diesem zum Vorteil, wenn Informationen über ihn vorliegen. Je mehr, desto besser; denn um so individueller und zielorientierter können für ihn Informationen aus der Datenbank ausgewählt werden.

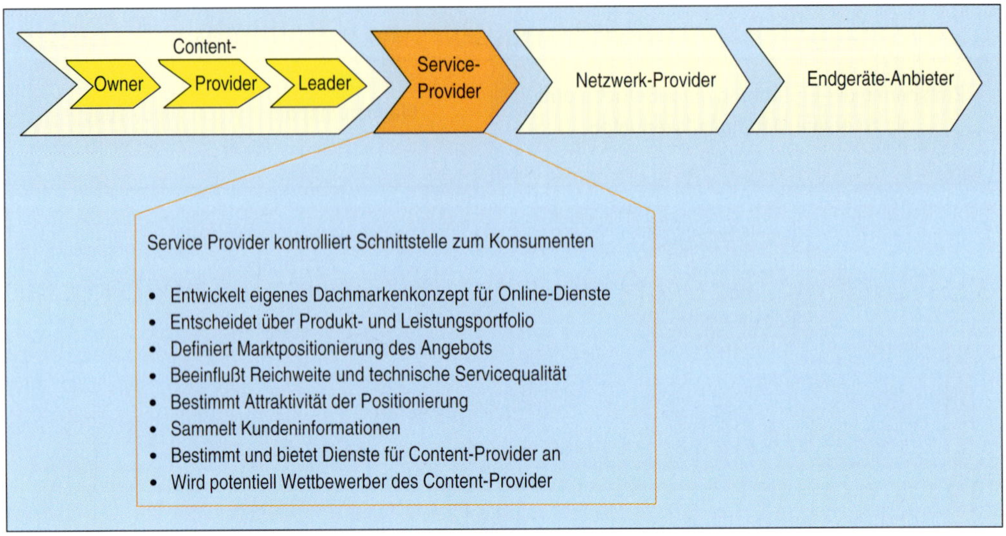

Abb. 6: Service-Provider als neuer Gatekeeper

Fazit: Die neuen Medien bieten vor allem **Chancen**. Wer durch eine aktive Gestaltung der Situation im Markt Positionen frühzeitig besetzen und sichern will, braucht allerdings einen **„langen Atem"**. Er muß sich bewußt sein, daß die erheblichen Investitionen, die der stationäre Handel in Gestalt von Grundstücken und Gebäuden vornimmt, in diesem neuen Markt für die multimediale Infrastruktur (Datenbanken, Software etc.) bestimmt sein müssen. Aber nicht nur die Investoren, alle müssen umdenken, da sich die virtuelle Welt nicht, wie gewohnt, nach Standortvorteilen und sonstigen herkömmlichen Meßgrößen (Einzugsgebiet etc.) beurteilen läßt.

Erfolgsfaktor ist die aufzubauende **neue Kundenbeziehung**, welche individuelle Bedürfnisse nicht nur durch Produkte und Dienstleistungen bestmöglich abdeckt, sondern auch und gerade durch Information, Kommunikation, Schnelligkeit und Qualität. Hierzu werden die **Mitarbeiter** eine neue Dienstleistungsmentalität entwickeln müssen, wozu es wiederum umfassender Ausbildungsprogramme bedarf. Vision und Aufgabe zugleich ist die „Knowledge Based Company".

Electronic Shopping: Meilensteine der Entwicklung oder kostspieliger Irrtum?

Erwin Dichtl

Im Handel hat sich in den letzten 50 Jahren viel verändert. Stets steckte mindestens eine der folgenden **Ursachen** dahinter:

- Der Gesetzgeber sah sich veranlaßt, einer vermeintlichen Fehlentwicklung entgegenzusteuern, und erließ z.B. die Verpackungsverordnung oder verschärfte das Bauplanungsrecht.
- Es herrschte Rationalisierungsdruck oder es lockte die Aussicht auf Produktivitätssteigerung. Freiwillige Kette, Selbstbedienung, Scanning, Warenwirtschaftssystem und Wertschöpfungspartnerschaft bilden Beispiele dafür.
- Man wollte den Kunden größeren Nutzen bieten und dadurch Punkte im Wettbewerb sammeln. Schaffung von Atmosphäre, Discountprinzip, Handelsmarke und Zustelldienst fallen in diese Kategorie.

Dafür, daß Electronic Shopping, die modernste Form des Einkaufens zu Hause, nicht nur Computer Freaks vorbehalten bleibt, sprechen zwei der drei Gründe. Auch wenn es beachtlicher Investitionen bedarf, die der Handel für Hard- und Software tätigen muß, sollte sich ein Engagement in diesem Bereich für ihn dennoch lohnen; denn es bleibt nicht bei einem Nullsummenspiel. Beide Seiten, **Anbieter und Nachfrager**, vermögen aus der Entwicklung Nutzen zu ziehen.

1 „Added Value" für Verbraucher

Die **Wahlmöglichkeiten der Konsumenten** steigen dank Internet und Online-Diensten ins Unermeßliche. Sie können sich die (Waren-)Welt ins Haus holen. Die Grenzen von Raum und Zeit lösen sich auf. Keiner kann z.B. einen Kaufwilligen daran hindern, zu mitternächtlicher Stunde in Paris oder Rom Kleidung, aber auch beim Kaufmann nebenan Backwaren und Bananen zu bestellen, ohne daß er seinen Schreibtisch verlassen, geschweige denn sich vor Ort umsehen und die dort üblichen Ladenöffnungszeiten ausfindig machen müßte. Beides bleibt auch den Kunden eines Versandhauses erspart, doch sind dessen Angebot und Service nicht mit dem von Zehntausenden von Unternehmen vergleichbar, die allesamt ihr Leistungsvermögen auf jeden einzelnen Bildschirm oder Fernsehapparat fokussieren.

Dies ist nicht alles. Die Verbraucher können sich zu jedem Artikel auch **Informationen erschließen**, über die kein Verkäufer verfügen würde, können jene mit Testergebnissen neutraler Institutionen anreichern, können mühelos herausfinden, wo das gesuchte Produkt in ihrer Nähe, an welcher Stelle dieses in dem fraglichen Laden zu finden ist und wieviel Stück davon noch vorrätig sind. Electronic Shopping ist zudem, ob als „In Home"- oder als „In Store"-Variante genutzt, interaktiv, integrativ und zu all' dem hinzu noch unterhaltsam; denn es berücksichtigt **individuelle Informationsbedürfnisse** und das Aufnahmevermögen jedes einzelnen, bündelt starre und bewegte Bilder, Texte, gesprochene Worte und Musik, fördert den Spieltrieb und vermittelt einen Vorgeschmack auf den von dem gewünschten Produkt gestifteten Nutzen. Dies geschieht etwa dadurch, daß man in eine CD vor deren Erwerb hineinhören kann. Jeder genießt ein Einkaufserlebnis, wenn er, ohne einem psychischen Kaufzwang ausgesetzt gewesen zu sein, genau das bekommt, was ihm nach Art, Qualität, Preis und Bezugsbedingungen am meisten behagt.

Eine zentrale Rolle spielen dabei Einrichtungen wie die *Cyberbar* von *Karstadt*, die dem Unternehmen zusätzliche Frequenz in seinen Konsumtempeln verschafft. High tech im Warenhaus lockt eine jugendliche Klientel an, die dieser Art Betriebsform sonst eher fernsteht.

2 Pluspunkte für den Handel

Wenn der Handel nicht länger von Kunden abhängt, die sich per Pedes, PKW oder ÖPNV zu ihm bemühen müssen, werden verbrauchernahe und damit oft sündhaft teure Standorte, aufwendige Bauten, Parkflächen so groß wie Fußballfelder und exquisite Ausstattung entbehrlich. Mehr noch: Gängige Vorstellungen von Absatzradius und Einzugsgebiet eines Geschäftes verlieren insofern an Sinn, als Ware von spezialisierten Dienstleistern zu Verteilerzentren, zu „Drop Boxes“ an Tankstellen, Supermärkten oder Postämtern, wenn nicht gar **direkt zu den Kunden** gebracht wird. Ob 500 m, 20 km oder - bei langlebigen Gebrauchsgütern - eine noch größere Distanz macht dabei keinen gravierenden Unterschied aus.

Umsatzschwankungen, wie sie im traditionellen Einzelhandel über den Tag und die Woche hinweg auftreten, lassen sich, wenn man selbst den Leistungsprozeß steuern kann, leicht dämpfen, u.U. sogar **abbauen**. Die gleichmäßige Auslastung von Anlagen und Personal wirkt der Neigung zur Vorhaltung überhöhter Kapazität entgegen und hält dadurch die Leerkosten in Schach, ein Vorteil, von dem der Versandhandel schon immer gegenüber anderen Betriebsformen profitiert hat.

Positiv registriert wurde bereits, daß das **Verkaufspersonal von Aufgaben entlastet** wird, für deren Bewältigung Informationssysteme besser geeignet erscheinen. Welcher Mitarbeiter weiß schon, welche von 200 000 CDs lieferbar sind und wo sie gegebenenfalls im Laden liegen? Dies schafft Freiraum für wichtigere Aufgaben, bspw. Beratung, die Urteilsvermögen voraussetzt. Man kann sich um Kunden nunmehr in einer Weise kümmern, für die früher die Zeit fehlte.

Der Umstand, daß sich zwischen Verkäufer und Abnehmer die Elektronik und ein Distributionssystem schieben, bringt es mit sich, daß man Adressen erfährt, Anfragen, Kauf- und Zahlungsvorgänge ebenso wie Reklamationen speichern kann. Es lassen sich so eine Vielzahl von Informationen gratis erlangen, deren Beschaffung sonst schwer fiele oder das Marktforschungsbudget strapazieren würde. All dies erlaubt eine zielgruppenorientierte Marketingpolitik, die sowohl auf der Umsatz- als auch auf der Kostenseite ihre Spuren hinterläßt. Beim *Kaufhof* bspw. liegt der Durchschnittsbetrag, der bei Nutzung von In Store-Terminals zustande kommt, deutlich über dem, der bei Abschlüssen erzielt wird, die auf konventionelle Weise getätigt werden. Und bei der Werbung wird Fehlstreuung zum Fremdwort.

3 Zu früh für Euphorie

Trotz allem scheint es, als hätten einige die Rechnung ohne den Wirt gemacht. Wer beträchtliche Summen für Prognosen darüber ausgibt, wie viele Haushalte in fünf oder zehn Jahren über einen Computer verfügen werden, und nicht weiter denkt, löst vielleicht ein intellektuell reizvolles, aber das falsche Problem. Manch einen Konsumenten kümmert es wenig, was technisch möglich ist. Er will die wirkliche Welt statt deren Abglanz auf dem Bildschirm erleben. Er möchte Menschen, nicht Zeichen begegnen, sich von Atmosphäre und Ambiente, nicht von Animation einfangen lassen. Es steht ihm der Sinn danach, ab und zu den eigenen vier Wänden zu entfliehen, selbst wenn dies Zeit beansprucht, Kraft kostet, Streß verursacht und die Umwelt belastet.

Etliche Unternehmen halten es deshalb nicht für ausgeschlossen, daß sich ihr Engagement als **Fehlschlag** erweist. Doch wäre dies kein Grund, gesenkten Hauptes herumzulaufen oder die Geschäftsführung zu feuern. Der Handel muß sich daran gewöhnen, daß das, was in der Industrie gang und gäbe ist, nämlich Forschung und Entwicklung zu betreiben und dabei hin und wieder Geld zu verlieren, auch für ihn zu einem Stück Normalität wird. Nicht jede Innovation führt zu dem erhofften Erfolg.

Und auch der, dem das Glück hold ist, leistet dafür einen Einsatz. *J. Odewald*, früherer Vorsitzender des Vorstandes des *Kaufhof*-Konzerns, rechnete Mannheimer Studierenden einmal vor, daß es, statt Geld mit Handel zu verdienen, viel einträglicher wäre, die gesamten Immobilien des Unternehmens zu veräußern und den Erlös am **Kapitalmarkt** anzulegen. Auch wenn die Zinsen inzwischen gesunken sind, sollten seine Nachfolger in der Alternative mehr als einen Gag erblicken. Sie könnten sich sonst dem Vorwurf ausgesetzt sehen, sie hätten die Zeichen der Zeit nicht erkannt und nichts gegen den Verfall des Shareholder Value unternommen, sprich: sich rechtzeitig von einzelnen Objekten getrennt. Wozu brauchen wir in 15 oder 20 Jahren noch all die Einkaufspaläste, die zahlreichen Parkplätze davor und die luxuriöse Ausstattung drinnen, wenn viele Verbraucher per Mausklick zu Hause dem Gedränge in den Geschäften entgehen?

B. Tietz prognostizierte in einem postum veröffentlichten Aufsatz, daß zwischen 2010 und 2015 über das klassische Home Shopping (Bücher, Getränke, Tiefkühlkost etc.) 20 - 25% und über Multimedia weitere 7 - 8% des gesamten Einzelhandelsumsatzes abgewickelt würden. Stimmte diese wie viele seiner anderen Vorhersagen, hieße dies, daß **bis zu einem Drittel der Erlöse**, ob nun auf Elektronik gestützt oder nicht, am institutionellen Handel heutiger Prägung vorbeiflösse. Unbeschadet bescheidener Zuwachsraten, deren sich dieser in den nächsten Jahrzehnten real noch erfreuen wird, würde dadurch der Bedarf an Läden, Lagern, Verkaufspersonal etc. beträchtlich vermindert. Dieser Einsicht muß sich jedermann beugen.

4 Verluste unabdingbar

Hat der Handel bei Electronic Shopping aufs falsche Pferd gesetzt, ist er um eine Erfahrung - nach *Graham Greene* die Summen der begangenen Fehler - reicher. Bei *Karstadt* beläuft sich der Betrag, mit dem man die Chancen auslotet, allerdings in drei Jahren lediglich auf 10% dessen, was in zwölf Monaten in die vorhandenen Häuser investiert wird. Der für Forschung und Entwicklung getriebene Aufwand hält sich somit in bescheidenen Grenzen.

Ist den Bemühungen der Branche hingegen Erfolg beschieden, kommt sie ebensowenig ungeschoren davon; denn dann verlieren Aktiva in der Bilanz an Wert. Die Betroffenen werden einige Sonderabschreibungen hinnehmen und sich auf sinkende Grundstückspreise einstellen müssen.

Nur **vorübergehender Art** sind vermutlich zwei Störfälle im Multimedia-Alltag: Die Unternehmen, die Electronic Shopping ermöglichen, mußten erfahren, daß sich die Begleichung von Rechnungen schwieriger als erwartet gestaltet. Wer über eine Kreditkarte verfügt, hat Angst vor Mißbrauch und setzt diese nur zögerlich ein.

Als wesentlich gravierender stellte sich heraus, daß bis zu 70% der Aufträge, die den Handel über elektronische Medien erreichen, **nicht ernst gemeint** sind oder einen Verstoß gegen Bestimmungen des Strafgesetzbuches begründen. Man läßt z.B. Ware an andere liefern, um diese dadurch zu irritieren oder zu ärgern, kann oder will nicht, was man bestellt, bezahlen oder verweigert die Annahme von Sendungen. Daß der minderjährige Sohn ohne Wissen und Zustimmung seiner Eltern zu deren Lasten allerhand Firlefanz anfordert, ist dabei ein eher noch harmloser Fall. Doch existieren bereits Computerprogramme, mit deren Hilfe sich die **Identität und Bonität** eines jeden, der an ein Als-ob-Kaufhaus herantritt, überprüfen läßt. Wer bei der Beschaffung der Daten, mit denen diese gefüttert werden, hilft ist die Post. Welcher Bundesbürger könnte sich schon auf Dauer dem Kontakt mit seinem Briefträger entziehen? Bezeichnenderweise hat diesen die Electronic Mail noch nicht verdrängt.

Das Internet als Herausforderung für das Handelsmarketing

Wolfgang Fritz

1 Problemstellung

Das Internet scheint auf dem Wege, eines der wichtigsten Kommunikationsmedien aller Zeiten zu werden. Optimistischen Schätzungen zufolge soll die Anzahl der Internet-Nutzer spätestens in 10 bis 15 Jahren eine Milliarde erreichen (vgl. *Brandtweiner/Greimel* 1998, S. 40). Mit der Verbreitung des Internet nimmt auch dessen kommerzielle Verwendung zu. Das über das Internet abgewickelte Volumen des Warenumsatzes soll im Jahre 2001 bereits mehr als 400 Mrd. DM betragen (vgl. *Albers/Peters* 1997, S. 69).

Treten diese Entwicklungen tatsächlich ein, so werden sich daraus tiefgreifende Konsequenzen für die Unternehmen und die Gestaltung der Marktbeziehungen zwischen Anbietern und Nachfragern ergeben. Entsprechende Prognosen sagen die Ablösung hierarchischer Organisations- und Informationsstrukturen durch eine „Hyperarchie“, die Entfaltung des „virtuellen“ oder „grenzenlosen“ Unternehmens sowie die Umgestaltung der Wertschöpfungsketten in vielen Branchen voraus (vgl. *Evans/Wurster* 1998; *Picot* u.a. 1998).

Im folgenden wird der Frage nachgegangen, ob solche Strukturveränderungen aufgrund der Verbreitung des Internet auch im Handel zu erwarten sind und welche Konsequenzen dies für das Handelsmarketing haben kann. Darüber hinaus werden die Resultate einer Befragung von Handelsunternehmen präsentiert, die Auskunft darüber geben, welche Bedeutung dem Internet als Element des Handelsmarketing in der Praxis zugesprochen wird.

2 Der Einfluß des Internet auf die Rahmenbedingungen des Handelsmarketing

Das Internet kann prinzipiell in dreifacher Hinsicht die Spielregeln für das Handelsmarketing verändern: durch die Intensivierung des Wettbewerbs, die Entbündelung von Handelsfunktionen und die Initiierung von Disintermediationsvorgängen (vgl. *Wigand/Benjamin* 1996; *Albers/Peters* 1997; *Fritz* 1998a).

Eine **Wettbewerbsintensivierung** erzeugt das Internet vermutlich dadurch, daß es neuen Konkurrenten einen kostengünstigen Markteintritt ermöglicht. Davon können insbesondere jene Unternehmen profitieren, die bisher nur regional oder national tätig waren, jedoch aufgrund der globalen Reichweite des Internet sofort international präsent sind, ohne dort physisch Verkaufsstätten errichten zu müssen. Ein spektakuläres Beispiel dafür bietet der virtuelle Buchhändler *Amazon.com*, der erst vor wenigen Jahren gegründet wurde und inzwischen 2,5 Mio. Bücher mit Rabatten von bis 30% weltweit im WWW anbietet und damit in vielen Ländern einen erheblichen Druck auf den traditionellen Buchhandel ausübt.

Unter den neuen Wettbewerbern befinden sich auch branchenfremde Unternehmen, etwa solche aus dem Computer-, Telekommunikations-, Medien- und Consultingbereich, die bestimmte Funktionen des herkömmlichen Handels auf elektronischer Basis besser und kostengünstiger erfüllen. Sie können damit eine Umgestaltung der traditionellen Wertschöpfungskette im Handel durch eine **Entbündelung von Handelsfunktionen** bewirken (vgl. *Albers/Peters* 1997). So kann die Aufgabe der Sortimentsgestaltung z.B. von Softwareunternehmen oder Anbietern von Online-Diensten übernommen werden, die im Internet sog. Cybermalls errichten (z.B. *Microsoft`s Sidewalk*; *America Online's Shopping Channel*). Die Informations- und Beratungsfunktion des Handels kann durch intelligente Makler oder Software-Agenten branchenfremder Unternehmen ausgeübt werden, die dem Kunden eine extrem schnelle Marktübersicht verschaffen (z.B. *BargainFinder* von *Andersen Consulting*; *E-Commerce Assistant* von *IBM*). Auch für die Abwicklung der finanziellen Transaktionen bieten sich branchenfremde Akteure an, die diese Handelsfunktionen internetgestützt besser und einfacher erbringen (z.B. *SecureBuy* von *AT&T*).

Aber nicht nur die Erfüllung „klassischer" Handelsfunktionen wird durch elektronische Konkurrenten bedroht, sondern sogar auch die gesamte Existenz herkömmlicher Handelsunternehmen. Das Internet kann nämlich Vorgänge der **Disintermediation** oder Ausschaltung etablierter Absatzmittler begünstigen. Sowohl auf dem Beschaffungs- als auch auf dem Absatzmarkt eines Unternehmens können Zwischenhändler überflüssig werden. Der Kunde vermag über das Internet einen Hersteller direkt zu kontaktieren und das gewünschte Produkt von ihm unmittelbar zu beziehen, ohne einen Handelsbetrieb einzuschalten, vorausgesetzt, der Hersteller oder der Kunde organisiert die Distribution des Produkts. Diese durch das Internet verbesserte Möglichkeit des Direktvertriebs eines Herstellers wird ebenfalls durch spektakuläre Beispiele dokumentiert. So beruht der Erfolg des Computerherstellers *Dell* in hohem Maße auf einem internetgestützten System des Direktabsatzes.

Dieses für den etablierten Handel bedrohliche Szenario geht jedoch von einer Reihe von Annahmen aus, deren Erfüllung vorerst noch fraglich ist. Die genannten Entwicklungen werden in vollem Umfang erst dann eintreten, wenn das Internet tatsächlich eine weite Verbreitung gefunden hat und zugleich auch vom Konsumenten in hohem Maße zum **Online-Shopping** genutzt wird. Doch dies ist bisher nicht der Fall und zumindest auf mittlere Sicht auch kaum zu erwarten. Untersuchungen des Online-Nutzungsverhaltens in den USA und in Deutschland zeigen übereinstimmend, daß das Electronic Shopping nicht zu den bevorzugten Kategorien der WWW-Nutzung zählt. Allerdings weichen die Angaben über die Größe des Segments der Online-Shopper erheblich voneinander ab: Sie reichen von 38% bis 20% der WWW-Nutzer in den USA, und von 17% bis 2% in Deutschland, wobei je nach Untersuchung dieser Anteil stagniert oder wächst. Da die hohen Prozentwerte aus methodischen Gründen wahrscheinlich überhöht sind, dürfte der wahre Anteil der Online-Shopper im Bereich der unteren Werte liegen (vgl. *Fritz* 1998a, S. 16ff.). Speziell in Deutschland ist das wahre Ausmaß des elektronischen Einkaufs mittels Internet vermutlich noch gering.

Dies entspricht auch der Erfahrung und der Einschätzung jener Handelsunternehmen, die ihre Waren bereits im WWW anbieten. Derzeit wird selbst in den USA nur ein Umsatzvolumen von weniger als 0,05% des gesamten Güterumsatzes über das Internet abgewickelt (vgl. *Burke* 1997, S. 353).

Das Ausmaß des Electronic Shopping fällt je nach Güterkategorie unterschiedlich aus. Die bisher vorliegenden Untersuchungen stimmen international darin weitgehend überein, daß Konsumenten im Rahmen des Online-Shopping vor allem Computer-Produkte (Hard-, Share- und Software), Bücher, Magazine, Musik (CDs) sowie in zunehmendem Maße auch Touristikleistungen einkaufen. Weitaus seltener werden dagegen Lebensmittel, Elektroartikel, Möbel, Einrichtungs- und Kunstgegenstände sowie Bilder elektronisch erworben (vgl. *Fritz* 1998a, S. 19ff.). Daraus ergibt sich, daß eine Bedrohung des traditionellen Handels am ehesten in den erstgenannten Produktbereichen angenommen werden kann, weniger dagegen in den letztgenannten.

3 Das Internet als Element des Handelsmarketing

Obwohl die Gefährdung des konventionellen Handels durch das Internet oft überschätzt wird, ist sie, wie erwähnt, bei einigen Güterkategorien (Computer-Produkte, Bücher, CDs, Touristik) nicht von der Hand zu weisen. Um angemessen auf die Herausforderung des Internet zu reagieren, sollte der traditionelle Handel eine **Doppelstrategie** verfolgen, die zugleich den Ausbau seiner traditionellen Kompetenz zur Verteidigung seiner Stärken und den Aufbau neuer elektronischer Kompetenz zur Verminderung seiner Schwächen umfassen muß. Ansatzpunkte für den **Ausbau seiner traditionellen Kompetenz** bieten z.B. dem Großhandel seine Stärken bei der Erfüllung logistischer Aufgaben (Lagerhaltung, Auslieferung), während der Einzelhandel z.B. auf der Erzeugung lokaler Kundennähe, der Beratung durch geschultes Verkaufspersonal sowie auf der Schaffung von Einkaufserlebnissen und sozialem Kontakt aufbauen kann. Allerdings bedarf es dazu zum Teil noch erheblicher Anstrengungen, um etwa die vielfach kritisierte, unzureichende Kundenfreundlichkeit und Qualifikation des Verkaufspersonals zu verbessern, und um ferner die Bequemlichkeit des Einkaufs für den Konsumenten zu erhöhen, die dessen wichtigstes Motiv dafür ist, im WWW einzukaufen.

Der Ausbau der traditionellen Stärken allein genügt nicht; er muß ergänzt werden um den systematischen **Aufbau neuer elektronischer Kompetenz**, über die bisher erst wenige Handelsunternehmen verfügen, etwa jene Großversender, die bereits in den achtziger Jahren damit begonnen haben, sich im Btx-System zu engagieren. So sollten sich die Handelsunternehmen verstärkt um die Entwicklung eigener elektronischer Angebotsformen bis hin zur Errichtung von Cybermalls in Zusammenarbeit z.B. mit Software-Unternehmen und Anbietern von Telekommunikations- und Online-Diensten bemühen sowie durch die Einrichtung virtueller Communities „elektronische Kundenclubs" aufbauen. Einzelne Handelsunternehmen nutzen einige dieser Möglichkeiten bereits heute (z.B. *Karstadt / My-World*; *Primus Online / Metronet*).

Darüber hinaus bedarf es der konsequenten **Einbeziehung des Internet in das Marketing-Mix im Handel** (vgl. *Fritz* 1998b). In welcher Weise dies bereits heute geschieht, verdeutlicht eine **eigene Befragung von 241 Unternehmen** der deutschen Wirtschaft, unter denen sich auch 16 Unternehmen des Einzelhandels befinden, etwa bedeutende Kaufhauskonzerne (z.B. *Karstadt AG*; *METRO AG*) und Großversender (z.B. *Quelle AG*; *Neckermann AG*). Da diese Unternehmen nicht nur eine außerordentlich große wirtschaftliche Bedeutung haben, sondern auch zu den Pionieren der WWW-Nutzung im Handel zählen, dürfte die Aussagekraft der erzielten Ergebnisse trotz der zahlenmäßig nur kleinen Handelsstichprobe erheblich sein (vgl. *Fritz* 1998a, S. 27). Im folgenden werden, der modernen Marketing-Philosophie entsprechend, die Ziele, Strategien, Maßnahmen sowie der Erfolg des Internet-Marketing der befragten Unternehmen untersucht.

3.1 Marketing-Ziele

Aus Abb. 1 sind die mit dem WWW-Engagement verfolgten **Marketing-Ziele** der Unternehmen ersichtlich. Es dominieren **image- und kundenorientierte Ziele** (Imagesteigerung, Kundennähe und -bindung). Darin unterscheiden sich die Handelsunternehmen nicht von der übrigen Wirtschaft. Unterschiede ergeben sich aber bei den weniger wichtigen Marketing-Zielen; denn die meisten dieser Ziele werden von den Handelsunternehmen weniger intensiv verfolgt. Hinsichtlich **ökonomischer Ziele**, wie z.B. Ausbau des Marktanteils, Umsatzsteigerung und Gewinnerzielung, ist dies angesichts der großen Umsatzchancen, die das Internet bieten soll, ein überraschendes Ergebnis. Es bestätigt Äußerungen von Vertretern der Wirtschaftspraxis, wonach im Handel der Umsatzerzielung in den traditionellen Verkaufsstätten überragende Priorität eingeräumt und die WWW-Engagements häufig noch keiner Wirtschaftslichkeitsrechnung unterworfen werden (vgl. *Eierhoff* 1997, S. 56; *Thaler* 1997, S. 73).

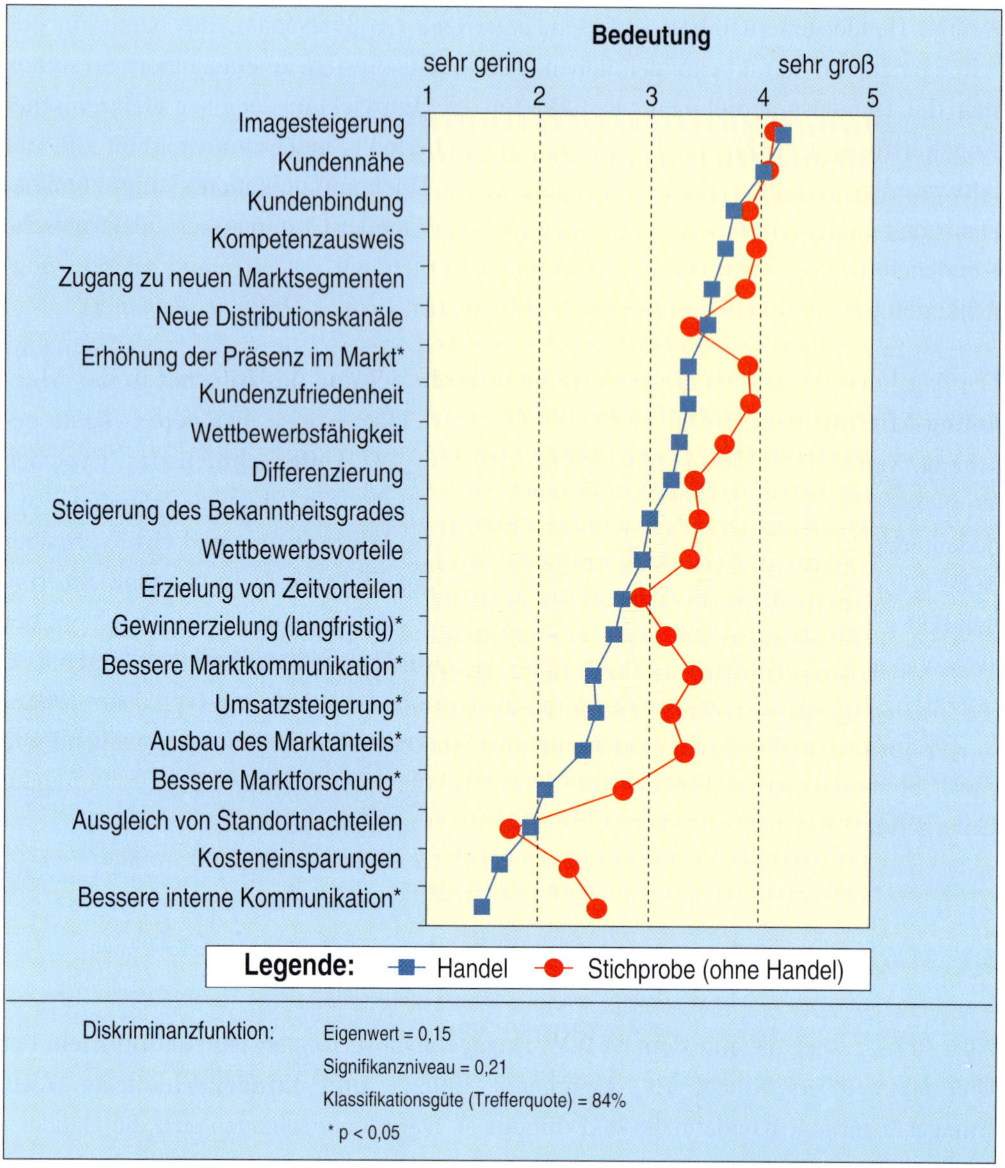

Abb. 1: Mit der WWW-Präsenz verfolgte Marketing-Ziele

3.2 Marketing-Strategien

Die strategische Ausrichtung des Online-Engagements ist, wie Abb. 2 verdeutlicht, sowohl im Handel als auch in der übrigen Wirtschaft nicht sehr stark ausgeprägt. Die mit Hilfe des WWW verfolgten **Marketing-Strategien** des Handels stellen stärker darauf ab, durch die Online-Präsenz alte und neue Zielgruppen und Märkte mit herkömmlichen Leistungen zu bedienen (Marktdurchdringung; Marktentwicklung), als neue Leistungen alten und neuen Märkten anzubieten (Leistungsinnovation; Diversifikation). Diese strategische Orientierung von bestenfalls mittlerer Intensität ist tendenziell auch auf der Ebene der Marketing-Maßnahmen zu erkennen.

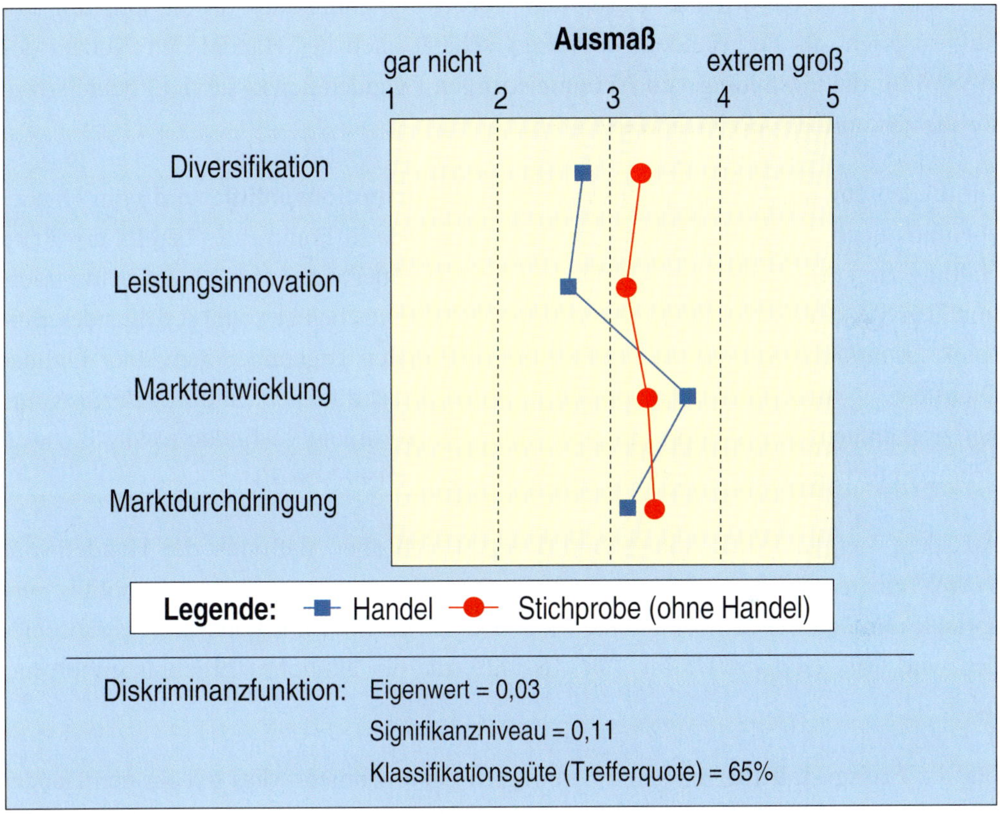

Abb. 2: Mit dem WWW-Engagement verfolgte Marketing-Strategien

3.3 Marketing-Maßnahmen

Unter dem Aspekt der Marketing-Maßnahmen - jenes Aktionsbereichs, der in der Literatur zum Online-Marketing im Mittelpunkt steht (vgl. *Hünerberg* u.a. 1996) - wurden die befragten Unternehmen gebeten, die gegenwärtige und die zukünftige Bedeutung des WWW im Marketing-Mix differenziert zu beurteilen. Das Resultat ist in den Abb. 3 und Abb. 4 wiedergegeben. Wie es sich bereits in den Resultaten zur Marketing-Strategie angedeutet hat, zeigt sich auch hinsichtlich der Marketing-Maßnahmen eine eher geringe Bedeutung des WWW für die **Leistungsgestaltung und Leistungsinnovation** im Bereich der **Hauptleistung**. Diese zurückhaltende Einstufung bleibt im Handel bei der Einschätzung der zukünftigen Situation erhalten, während die übrige Wirtschaft die Zukunft in dieser Hinsicht optimistischer sieht, d.h. dem WWW ein offenbar wesentlich größeres Potential auch für die Leistungspolitik zuspricht als der Handel. Allerdings schätzt auch der Handel den Nutzen des WWW für die Gestaltung von **Nebenleistungen** (Kundendienst/-service) heute sowie für die Zukunft als vergleichsweise größer ein.

Die Bedeutung des WWW als Instrument der **Distributionspolitik** wird vom Handel ebenfalls noch mit Zurückhaltung beurteilt. Auch darin kommt die bereits erwähnte Haltung zum Ausdruck, wonach der Handel ganz überwiegend noch auf seine traditionellen Verkaufs- und Distributionsformen setzt. Dies belegt konkret folgendes Beispiel: „*Kaufhof* favorisiert den Vertrieb über Filialen gegenüber dem über Online-Dienste bzw. Internet. *Kaufhof* rät seinen Kunden ausdrücklich, in die *Galeria Kaufhof* zu kommen, weil sie dort das ansprechendste Sortiment vorfinden sowie die beste Produktinformation und Beratung erhalten" (*Thaler* 1997, S. 73).

Aus dem Vergleich der Abb. 3 und 4 ergibt sich aber, daß sich der Handel vom WWW einen steigenden Nutzen auch für die Zwecke der Distributionspolitik verspricht, ohne daß er sich von seinen klassischen Distributionskonzepten verabschieden wird (vgl. *Geppert/Müller* 1997, S. 429, die ein ähnliches Ergebnis erzielt haben).

Für die **Preisgestaltung** messen die befragten Unternehmen - dies gilt für den Handel ebenso wie für die übrige Wirtschaft - dem WWW eine eher geringe Bedeutung bei, die sich auch in Zukunft nur wenig erhöhen wird. Dies liegt zum einen an den relativ hohen Investitionen, die ein professionelles Engagement im WWW erfordert. So investiert z.B. *Karstadt* rund 60 Mio. DM bis 1999 in multimediale Systeme (vgl. *Eierhoff* 1997, S. 58). 60% aller von uns befragten Unternehmen haben 1997 bis zu 100 000 DM für die Aktualisierung und Pflege ihrer Web-Sites ausgegeben. Diese Kosten stehen Preissenkungen entgegen (und dokumentieren nebenbei, daß auch die Teilnahme an einem elektronischen Markt keineswegs so kostengünstig sein muß, wie es die Theorie behauptet (s.o.). Preiserhöhungen werden durch die vom Internet erzeugte höhere Preistransparenz der Kunden begrenzt.

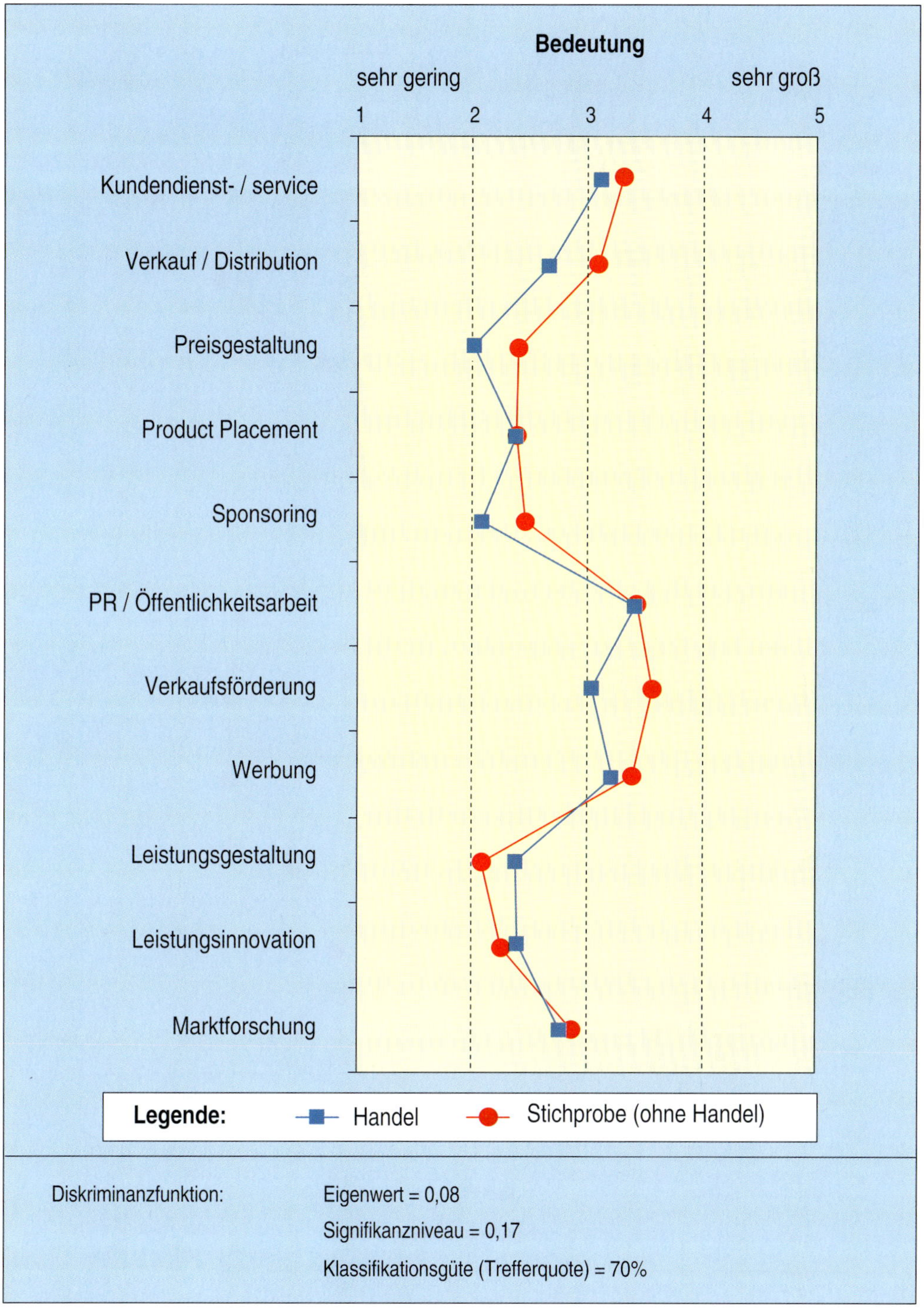

Abb. 3: Gegenwärtige Bedeutung des WWW für einzelne Marketing-Maßnahmen

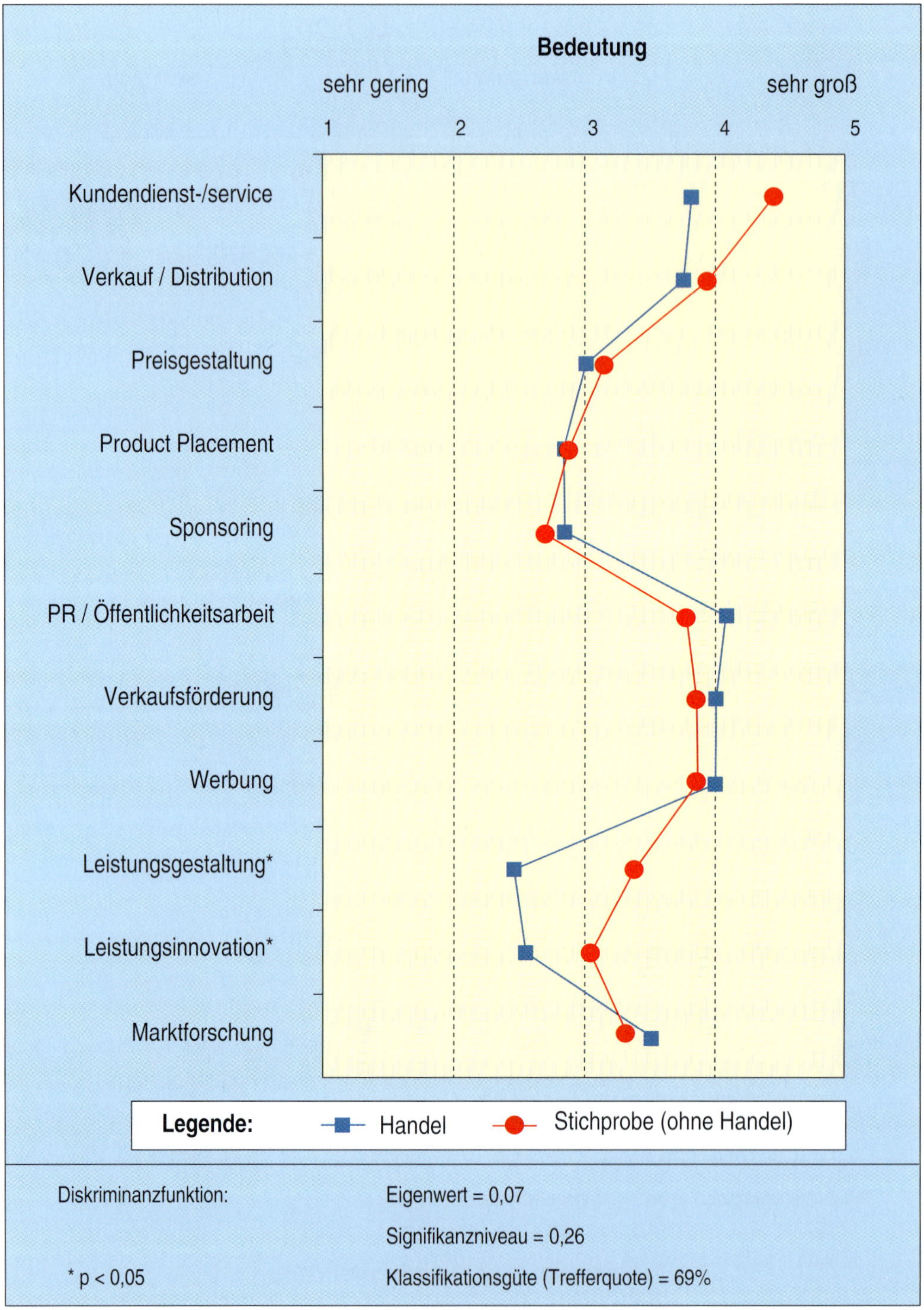

Abb. 4: Zukünftige Bedeutung des WWW für einzelne Marketing-Maßnahmen

Einen Schwerpunkt des WWW-Einsatzes im Marketing bildet aber die **Kommunikationspolitik**. Dies gilt jedoch nicht für jedes kommunikationspolitische Instrument in gleichem Maße. So wird das WWW für die Realisation neuer Formen der Kommunikationspolitik, wie z.B. **Sponsoring** und **Product Placement**, als weniger geeignet eingestuft, ganz im Gegensatz zu den klassischen Instrumenten der Kommunikationspolitik, der **Öffentlichkeitsarbeit (PR)**, der **Verkaufsförderung** und der **Werbung**. Auch in Zukunft werden nach Einschätzung der befragten Handelsunternehmen dies die Teilbereiche des Marketing-Mix sein, für deren Gestaltung das WWW eine vergleichsweise große Rolle spielen soll. Dies wird aber die noch größere Bedeutung der herkömmlichen Medien nicht entscheidend schmälern (vgl. *Geppert/ Müller* 1997, S. 427).

Zusammenfassend läßt sich feststellen, daß die befragten Handelsunternehmen das WWW vor allem als ein Kommunikations- und Servicemedium auffassen, in geringerem Maße auch als Verkaufs- bzw. Vertriebsmedium. Bei der Preisgestaltung und der Gestaltung der Leistungspolitik spielt das WWW für die Handelsunternehmen dagegen kaum eine Rolle.

Diese Einschätzung des WWW im Handel erscheint in zweierlei Hinsicht als problematisch. Dies betrifft zum einen die sehr optimistische Einstufung der **Werbung** mittels WWW. Die befragten Handelsunternehmen könnten die Bedeutung der WWW-Werbung möglicherweise überschätzen, angesichts der noch nicht sehr großen und auch noch nicht repräsentativen Nutzergruppe des WWW sowie der die Online-Werbung ablehnenden Haltung fast der Hälfte der deutschen WWW-Nutzer. In dieser Hinsicht erscheint die zurückhaltende Beurteilung der WWW-Werbung z.B. durch Unternehmen der Computerbranche als realistischer (vgl. *Fritz* u.a. 1998, Abb. 1).

Bedenklich ist zum anderen die im Handel wesentlich pessimistischer ausgeprägte Einstufung des künftigen WWW-Nutzens für die (Haupt-) **Leistungspolitik** im Vergleich zur übrigen Wirtschaft (vgl. Abb. 4). Dies mag zwar mit Blick auf die klassischen Warensortimente zunächst verständlich erscheinen, da deren Gestaltung - eine der Hauptleistungen des Handels - sich weniger nach neuen technischen Möglichkeiten, sondern primär nach den Kundenbedürfnissen richten muß.

Dabei wird aber übersehen, daß das Internet die Sortimentsfunktion des Handels unterstützen kann. Der Kunde hinterläßt bei jeder WWW-Nutzung elektronische Spuren, die in Protokollsystemen erfaßt werden können. Daraus lassen sich Rückschlüsse auf die Kaufgewohnheiten und Präferenzen der Kunden ziehen. Außerdem bietet das

Internet auch einen „Rückkanal", über den der Kunde direkt mit dem Anbieter kommunizieren kann. Daraus ergeben sich grundsätzlich verbesserte Möglichkeiten für die **Zusammenstellung kundenindividueller Sortimente**, die einen wesentlichen Baustein für ein elektronisches One-to-One-Marketing im Handel bilden kann (vgl. *Fantapié Altobelli/Fittkau* 1997, S. 412; *Wamser/Fink* 1997, S. 37).

3.4 Marketing-Erfolg

Mit dem Marketing-Erfolg ihres bisherigen WWW-Engagements sind die befragten Unternehmen insgesamt noch nicht sehr zufrieden, da bislang bei weitem nicht alle Marketing-Ziele erreicht werden konnten. Dies gilt für die Handelsunternehmen in noch stärkerem Maße als für die Unternehmen der übrigen Wirtschaft, was sich aus Tab. 1 ergibt. Beide dort dargestellten Erfolgsmaße belegen, daß der Handel offenbar etwas schlechtere Erfahrungen mit dem WWW-Engagement gemacht hat als die Unternehmen der anderen Branchen.

Dennoch gibt es auch im Handel kaum ein Unternehmen, das darauf verzichten will, seine WWW-Aktivitäten weiter auszubauen; denn die allermeisten Unternehmen sprechen dem WWW eine steigende Bedeutung zumindest als ein ihr klassisches Marketing-Mix ergänzendes Marketing-Instrument zu (*vgl. Fritz* 1998b).

Erfolgsmaß	Handel *(Mittelwert)*	Stichprobe (ohne Handel) *(Mittelwert)*	t-Test p
Selbsteinschätzung des Gesamterfolgs *(1 = sehr gering; 5 = sehr hoch)*	3,1	3,5	0,07
Gesamterfolgsindex *(21 gewichtete Zielerreichungsgrade, max. 387)*	144,9	198,0	0,01
r = 0,54; p = 0,00			

Tab. 1: Marketing-Erfolg des WWW-Engagements

4 Resümee

Wie die Analysen im einzelnen gezeigt haben, ist die „Bedrohung" des traditionellen Handels durch das Internet insbesondere aufgrund des Nutzerverhaltens in hohem Maße produkt- und branchenabhängig. Die Gefährdung des herkömmlichen Handels durch Vorgänge der Disintermediation und Funktionsentbündelung wird daher, aufs Ganze gesehen, in der öffentlichen Diskussion oft überschätzt.

In bestimmten Güterbereichen (z.B. Computerprodukte, CDs, Bücher) ist die vom Internet ausgehende Herausforderung jedoch größer als in anderen (z.B. Kleidung, Lebensmittel, Möbel), und auch bisher relativ sicher erscheinende Aktionsfelder des traditionellen Handels mögen längerfristig Angriffen durch elektronische Konkurrenten ausgesetzt sein. Aus diesen Gründen sollte der konventionelle Handel rechtzeitig auf die aktuellen und potentiellen Herausforderungen des Internet reagieren, und zwar sowohl durch den Ausbau seiner traditionellen Kompetenz (nicht nur) in den weniger gefährdet erscheinenden Bereichen als auch durch den Aufbau neuer elektronischer Kompetenz, um in den bereits stärker bedrohten Bereichen erfolgreich konkurrieren zu können.

Neben dieser strategischen Grundentscheidung bedarf es einer konsequenten Berücksichtigung des WWW im Rahmen des Handelsmarketing. Wie die präsentierte eigene empirische Untersuchung belegt, sehen Handelsunternehmen das WWW auch für die Zukunft vor allem als Kommunikations- und Servicemedium, dagegen weniger als Vertriebs- bzw. Verkaufsmedium und als Instrument der Leistungspolitik. Unter dem letztgenannten Aspekt deutet sich möglicherweise eine strategische Fehleinschätzung im Handel an: Die Chancen, die das Internet-Engagement für die Schaffung kundenindividueller Sortimente und damit für ein One-to-One-Marketing im Handel aufweist, werden entweder übersehen oder unterschätzt. Beides bedarf der Korrektur.

Obwohl die meisten Handelsunternehmen mit dem Marketing-Erfolg ihrer WWW-Präsenz bisher unzufrieden sind, wollen sie ihr Engagement weiter ausbauen. Dies soll allerdings nicht zu Lasten ihres traditionellen Marketing geschehen, sondern vielmehr als sinnvolle und notwendige Ergänzung dazu. Die meisten Handelsunternehmen messen dem WWW eine zunehmende Bedeutung für ihr Marketing bei, ohne der Gefahr einer blinden Internet-Euphorie zu erliegen. Diese Haltung ist realistisch angesichts des oft überschätzen Ausmaßes der vom Internet ausgehenden Chancen und Risiken.

Wirtschaftsrechtliche Probleme im Netz: Cyberlaw und Electronic Commerce

Michael Lehmann

1 Das Netz als wirtschaftsrechtliche Herausforderung

Unser Jubilar, Professor Dr. *Otto Beisheim*, war immer ein Protagonist der modernen Handelsentwicklung und die Gründung und Existenz von *Metronet* unterstreicht erneut, daß auch er das Internet schon sehr früh als modernen Marktplatz entdeckt hat. Alles was in Bits transformiert werden kann, läßt sich nämlich auch über das Netz besonders transaktionskostengünstig vertreiben, Texte, Töne, Bilder. Die wirtschaftliche Entwicklung schreitet hier entsprechend dem technologischen Fortschritt besonders dynamisch voran, so daß das nationale und internationale Wirtschaftsrecht häufig kaum mehr noch schrittzuhalten vermag. Die dadurch bedingten neuen wirtschaftsrechtlichen Forschungsbereiche lauten: **Computerrecht, Multimediarecht, Cyberlaw** und, ganz besonders aktuell, **Electronic Commerce** (aus wirtschaftsrechtlicher Sicht vgl. *Jaburek/Wölfl* 1997; *Lehmann* 1997, 1998a; *Schwarz* 1997; *Vahrenwald* 1997; *Widmer/Bähler* 1997; aus wirtschaftswissenschaftlicher Sicht vgl. *Thome/Schinzer* 1997). Internationalität und Globalität sind die neuen kategorischen Imperative des aktuellen Handels- und Wirtschaftsrechts und deren neueste Entwicklung soll im folgenden unsere Aufmerksamkeit und Kritik gelten.

2 Global Law und europäisches Recht

Die *Vereinten Nationen* haben bereits im Jahr 1996 ein UNCITRAL Model Law on Electronic Commerce vorgestellt (vgl. *UNO* 1996), das u.a. eine weitgehende Gleichstellung von elektronischen „Data Messages" mit klassischen Willenserklärungen, etwa via Telefon oder Fax, postuliert. Ansonsten ist aber auf internationaler Ebene ein ganz erhebliches Regelungsdefizit, geradezu ein wirtschaftsrechtliches Vakuum zu verzeichnen.

Die *Europäische Union* hat einen ersten Vorschlag einer Richtlinie zur „Harmonisierung bestimmter Aspekte des Urheberrechts und der verwandten Schutzrechte in der Informationsgesellschaft" (vgl. *KOM* 1997; *Lehmann* 1998a, S. 105ff.) vorgelegt, der insbesondere geistiges Eigentum im Netz schützen aber auch besser handelbar machen will; geschaffen werden wird ein neues Nutzungsrecht für Bits, das Recht des „Making Available", das Recht der Zugänglichmachung von urheberrechtlich geschützten Werken. In diesem Zusammenhang müssen auch die Datenbankrichtlinie 96/6/EWG (vom 11. März 1996, ABl. EG L 77/20) und deren nationale Transformation im Informations- und Kommunikationsdienstegesetz (*BGBl.* 1997 I S. 1870ff., vom 28. Juli 1997) erwähnt werden, die nicht nur Sammelwerke als Datenbankwerke sondern auch **unkreative Datensammlungen** als Datenbanken durch ein neu geschaffenes Sui Generis-Recht schützen (vgl. *Lehmann* 1998b).

Weitere Richtlinien werden gegenwärtig in Brüssel vorbereitet, welche insbesondere die schwierige Frage der Haftung im Netz und das Problem der digitalen Signatur, der Schaffung der Voraussetzungen für eine rechtsgültige „Unterschrift" im Netz, lösen sollen. Auch die am 20. Mai 1997 erlassene Fernabsatzrichtlinie 97/7/EG (ABl. EG L 144/19; vgl. *Hoffmann* 1998; *Drexl* 1998) ist hier von Relevanz, denn sie will den europäischen Verbraucherschutz bei **Distanzgeschäften** vereinheitlichen und verbessern; insbesondere die schriftliche Übermittlung und Bestätigung von bestimmten Minimalinformationen über den Geschäftspartner und den Geschäftsgegenstand und ein Widerrufsrecht von sieben Werktagen sollen für die nötige Klarheit, Transparenz und Seriosität der Geschäfte (auch im Netz) sorgen.

3 Neue nationale Ansätze im AGBG

Ausgehend von der *EG*-Richtlinie 93/13/EWG (vom 5. April 1993, ABl. EG L 95/29) über mißbräuchliche Klauseln in Verbraucherverträgen bestimmt nunmehr

§ 12 des deutschen AGB-Gesetzes, daß **Verbraucherverträge**, die einem ausländischen Recht unterliegen, gleichwohl inhaltlich am AGBG zu kontrollieren sind, wenn sie einen „engen Zusammenhang mit dem Gebiet der Bundesrepublik Deutschland“ aufweisen; dies ist insbesondere dann der Fall, wie § 12 Abs. 2 AGBG ausdrücklich formuliert, wenn der Vertrag aufgrund einer „öffentlichen Werbung oder einer ähnlichen im Geltungsbereich dieses Gesetzes entfalteten geschäftlichen Tätigkeit“ des AGBG-Verwenders zustande kommt und der Verbraucher seinen Wohnsitz in Deutschland hat sowie auch dort seine Willenserklärung, also z.B. die Vertragsantrags- oder Annahmeerklärung, abgegeben hat.

Dies trifft regelmäßig für alle gegenüber Letztverbrauchern in Deutschland im Netz, z.B. im Internet, angebahnten, beworbenen und schließlich auch abgeschlossenen Verträge zu, so daß deren „Allgemeine Geschäftsbedingungen“ durch den Kontrollfilter des deutschen AGBG laufen müssen, und zwar auch dann, wenn wirksam von den Parteien die Geltung eines ausländischen Kaufrechts, also z.B. Schweizer oder US-amerikanisches Kaufrecht, vereinbart worden ist.

Der deutsche Richter muß somit etwa eine Einbeziehungskontrolle gemäß § 2 AGBG und eine Inhaltskontrolle gemäß §§ 11, 10, 9 ABGB von Allgemeinen Geschäftsbedingungen eines Vertrages vornehmen, auch wenn dieser Vertrag dem Kaufrecht eines fremden Staates unterliegt. Das deutsche AGBG hat folglich eine Art **europäische Ordre Public-Funktion** (vgl. dazu auch Art. 6 und 29 EGBGB) für alle im Netz in Deutschland angebahnten und abgeschlossenen Verträge bekommen. Eine Flucht in ausländisches Recht wird dadurch, wie vom *EG*-Gesetzgeber beabsichtigt (vgl. Art. 6 Abs. 2 der AGB-Richtlinie), wirksam ausgeschlossen.

Ähnlich bestimmt jetzt § 24a Nr. 3 AGBG, daß nunmehr bei der Inhaltskontrolle von Allgemeinen Geschäftsbedingungen „auch die den Vertragsabschluß begleitenden Umstände zu berücksichtigen“ sind; dies ist eine Formulierung, die auch die Bedeutung von Werbeaussagen für einen Vertragsabschluß mit einbezieht, vor allem wenn man im Zuge einer europäisch-autonomen Auslegung dieses § 24a AGBG den Erwägungsgrund 16 der Richtlinie 93/13/EWG über mißbräuchliche Klauseln in Verbraucherverträgen berücksichtigt, nämlich „ob auf den Verbraucher in irgendeiner Weise eingewirkt wurde, seine Zustimmung zu der Klausel zu geben“. Genau dies bezweckt aber jede erfolgreiche Werbung, denn der Verbraucher soll informiert und zu bestimmten Geschäftsabschlüssen angereizt werden.

4 Das Informations- und Kommunikationsdienstegesetz

Noch spezifischer als diese Reform des AGB-Gesetzes will das neue Informations- und Kommunikationsdienstegesetz (häufig auch Multimedia-Gesetz genannt) vom 22. Juli 1997 (*BGBl.* 1997 I 1870; vgl. *Engel-Flechsig* 1998; *Maennel* 1998) einen wirtschaftsfördernden Rahmen für die Geschäfte im Netz in Deutschland anbieten, welches am 1. August 1997 bzw. hinsichtlich des Schutzes der Datenbanken am 1.1.1998 in Kraft getreten ist. Neben Zuständigkeits- und **Datenschutzvorschriften** (vgl. in diesem Zusammenhang auch die neue Telekommunikations-Datenschutzrichtlinie 97 (66/EG vom 15. Dezember 1997, Beilage zu CR 4/1998) sind es insbesondere das **Signaturgesetz** (samt der dazugehörigen Signaturverordnung, vgl. Beilage zu CR 12/1997; vgl. *Geis* 1997, S. 3000ff.) und neu geschaffene **Haftungsregelungen**, die die Geschäfte im Netz wirtschaftsrechtlich ermöglichen und erleichtern sollen.

5 Das Teledienstegesetz und die zivilrechtliche Haftung

Hinsichtlich der Haftungsregelungen in § 5 Teledienstegesetz ist der deutsche Gesetzgeber freilich über das Ziel hinausgeschossen (vgl. *Lehmann* 1998c, S. 232 ff.). Denn durch das Gesetz zu dem Übereinkommen vom 15. April 1994 zur Errichtung der *Welthandelsorganisation (World Trade Organization)* wurden die TRIPs, das völkerrechtliche Übereinkommen über handelsbezogene Aspekte der Rechte des geistigen Eigentums ratifiziert und somit in das deutsche Recht überführt; damit ist am 1.1.1995 für Deutschland die neue Weltwirtschaftsordnung als Nachfolgeorganisation des GATT in Kraft getreten. Auch die *EU* hat die TRIPs unterzeichnet, so daß sie zum Acquis Communautaire gehören (vgl. *Drexl* 1994, S. 777ff.).

Im Teil III der TRIPs zum Schutze des geistigen Eigentums geht es um die „Durchsetzung der Rechte des geistigen Eigentums". So wird z.B. durch Art. 41 TRIPs die Bundesrepublik verpflichtet, „daß die in diesem Teil aufgeführten Durchsetzungsverfahren in ihrem Recht vorgesehen werden, um ein wirksames Vorgehen gegen jede Verletzung von unter dieses Übereinkommen fallenden Rechten des geistigen Eigentums einschließlich Eilverfahren zur Verhinderung von Verletzungshandlungen und Rechtsbehelfe zur Abschreckung von weiteren Verletzungshandlungen zu ermöglichen. Zusammenfassend kann somit festgehalten werden, daß die Bundesrepublik Deutschland durch die TRIPs völkerrechtlich verpflichtet ist, bei allen vorsätzlichen oder fahrlässigen („hätte wissen müssen") Verletzungen insbesondere des **Urheberrechts** und des **Markenrechts** einen Schadensersatzanspruch sowie einen Unterlassungsanspruch (vgl. Art. 44 TRIPs) als Sanktionen zu eröffnen.

§ 5 TDG sieht demgegenüber umfangreiche Haftungsbeschränkungen vor, die die Attraktivität des Industriestandortes Deutschland auf dem Gebiet der neuen Medien unterstreichen sollen; weitgehend parallele Haftungsvorschriften finden sich gleichfalls im Staatsvertrag der Länder über **Mediendienste** (Mediendienste-Staatsvertrag). Dabei wird insbesondere in § 5 Abs. 2 TDG vorgesehen, daß ein Diensteanbieter („Service Provider" im Netz, also z.B. ein Bulletin Board Service-Betreiber) für fremde Inhalte, die er z.B. auf seinem Server in Deutschland zur Nutzung bereit hält, nur dann verantwortlich ist, wenn er von diesen Inhalten Kenntnis hat und es ihm „technisch möglich und zumutbar ist, deren Nutzung zu verhindern". § 5 TDG ist dabei kraft einer Interpretation der geistigen Väter dieser Vorschrift als ein vor die Klammer des gesamten Haftungsrechts gezogener allgemeiner „Filter" zu verstehen, der erst passiert werden muß, „bevor dann die Prüfung nach den Maßstäben des jeweiligen Rechtsgebietes, also etwa des Zivil-, des Straf- oder des Polizei- und Ordnungsrechts erfolgen kann" (vgl. *Engel-Flechsig/Maennel/Tettenborn*, NJW 1997, S. 2984).

Insbesondere gemäß § 5 Abs. 2 TDG gilt somit, daß auch ein Diensteanbieter trotz positiver Kenntnis vom Vorliegen eines Verstoßes der auf seinen Servern abgelegten fremden Inhalte, z.B. gegen das Patent-, Marken- oder Urheberrecht nicht zivilrechtlich belangt werden kann, wenn es ihm nicht technisch möglich und zumutbar ist, den Zugang zu verhindern. Anders formuliert, trotz positiver Kenntnis, etwa aufgrund einer Abmahnung, des Vorliegens z.B. einer grundsätzlich umfangreich zivilrechtlich sanktionierten und sogar auch noch strafbewehrten Urheberrechtsverletzung gemäß §§ 97, 106 ff. UrhG, etwa der Verbreitung von **Piraterieerzeugnissen** (z.B. von Raubkopien von Musikstücken oder Videomaterial), kann ein Diensteanbieter im Netz weder zivil- noch strafrechtlich vom Verletzten verfolgt werden, wenn diesem Diensteanbieter diese Haftung „nicht zumutbar" ist.

Dies stellt zunächst, rein formal betrachtet, einen eklatanten europarecht- und völkerrechtlichen Verstoß gegen die Verpflichtungen der Bundesrepublik Deutschland aus Art. 45 Abs. 1 TRIPs dar, in **jedem Fall der Verletzung** von geistigem Eigentum im Sinne der erwähnten Artikel des TRIPs-Abkommens, dem Verletzten einen Schadensersatz- und Unterlassungsanspruch zu eröffnen. Weiterhin entspricht, auch rein materiellrechtlich betrachtet, diese Haftungsbefreiungen des § 5 TDG nicht der allgemeinen nationalen deutschen Haftungsentwicklung und Tradition, die deliktsrechtlich seit dem RHG, also schon seit dem 19. Jahrhundert, genauer seit Savigny, für neue industriell-technische Gefahren eine Gefährdungshaftung geschaffen und jeweils ständig fortentwickelt hat, wie z.B. das relativ neue deutsche Umwelthaftungsrecht zeigt. Gleiches legt auch die ökonomische Analyse des Rechts nahe, die eine Gefährdungshaftung unter Berücksichtigung des Mitverschuldens des Geschädigten als das effizienteste zivilrechtliche Haftungsmodell ermittelt hat. Vergleicht man schließlich das hohe Gefahrenpotential der Rechtsverletzungen im Netz, insbesondere durch Raubkopien und Plagiate geistigen Eigentums, mit dem modernen System der europäischen und nationalen Produkthaftung, insbesondere dem Produkthaftungsgesetz vom 15. Dezember 1989, zeigt sich deutlich, daß die Haftungsbefreiungsregeln des neuen § 5 TDG rechtspolitisch als völlig verfehlt zu qualifizieren sind. Die Rechtsgeschäfte im Netz, z.B. Electronic Commerce, benötigen Rechtssicherheit, aber nicht eine wirtschaftspolitisch falsch verstandene Standortsubvention durch Haftungsprivilegierung.

Als Ergebnis ist mithin festzuhalten, daß § 5 TDG europarechts- und völkerrechtskonform ausgelegt, d.h. in seiner Haftungsausschlußwirkung reduziert werden muß: Für Verletzungen des geistigen Eigentums im Sinne der TRIPs kann aus § 5 TDG keinerlei Haftungsbefreiung abgeleitet werden. Alle Verstöße z.B. gegen das deutsche Marken- oder Urheberrechtsgesetz müssen „ungefiltert" zumindest mit einem Schadensersatz- sowie einem Unterlassungs- und Beseitigungsanspruch vom Verletzten verfolgt werden können: Das neue **Cyberlaw** darf keinen Freibrief für Produktpiraterie gewähren.

6 Desiderata

Abgesehen von diesen völker- und europarechtlichen Quisquilien scheint das Europäische und Deutsche Wirtschaftsrecht im großen und ganzen schon recht gut ausgebildet zu sein, um die aktuellen Herausforderungen des **Electronic Commerce** bewältigen zu können. Als Desiderata des Handels im Netz bleiben dennoch einige wichtige Punkte, die noch wirtschaftsrechtlich nachgebessert werden müssen. Zum einen ist dies die Möglichkeit der **Bezahlung** über das Netz, etwa mit Cybermoney bzw. durch ein Electronic Cash-System (vgl. *Escher* 1998). Die damit verbundenen Sicherheitsprobleme und Schwierigkeiten der Verschlüsselung (Kryptologie) können noch nicht als wirklich adäquat gelöst betrachtet werden.

Zum zweiten sind dies die eng damit zusammenhängenden Probleme der **Authentizitätsprüfung** und der Signatur im Netz. Das deutsche Signaturgesetz hat dies bislang der freien Beweiswürdigung jedes einzelnen Zivilrichters überantwortet und die bekannte „Forschrittsfreundlichkeit der Justiz" wird hier erfahrungsgemäß sicherlich nicht einen den Electronic Commerce beflügelnden Einfluß auszuüben gewillt sein. In Italien ist z.B. der Gesetzgeber schon einen Schritt weiter gegangen (vgl. Art. 4 der Verordnung „Atti, documenti e contratti in forma elettronica": „Il documento informatico munito dei requisiti previsti dal presente regolamento soddisfa il requisito legale della forma scritta"). Auch das deutsche Wirtschaftsrecht muß ein elektronisches Äquivalent für die Schriftform im Sinne der §§ 126, 127 BGB schaffen; schließlich wurde seinerzeit bei Entstehung des BGB auch schon die „telegrafische Übermittlung" grundsätzlich gesetzlich anerkannt, wie der Wortlaut von § 127 Satz 2 BGB zeigt, und man sollte dabei nicht vergessen, daß unser BGB geistesgeschichtlich weit über 100 Jahre alt ist, aber in kommunikations-technischer Hinsicht schon voll auf der Höhe seiner Zeit war (vgl. dazu den Richtlinienentwurf *KOM* 1998, 297/2 zu den elektronischen Signaturen).

Viele weitere Einzelheiten müssen erst noch durch den ökonomischen Evolutionsprozeß rund um den neuen **Marktplatz Electronic Commerce** geklärt und eine angemessenen wirtschaftsrechtlichen Lösung näher gebracht werden. Ähnlich wie bei einigen aktuellen Handelsbetriebsformen und deren Vorläufern wird dabei auch das Entdeckungsverfahren von trial and error eine wichtige Rolle spielen. Und gerade dazu könnte sicherlich unser Jubilar besonders gut noch einige wertvolle Erkenntnisse aus seinem reichen Erfahrungsschatz als Kaufmann beisteuern.

Marktverschiebung durch Virtualisierung

Ein Entscheidungsunterstützungsmodell für die Bestimmung des Diffusionsprozesses des Internet

Friedrich Roithmayr und *Kerstin Fink*

1 Einführung

Die Verfügbarkeit und der Nutzen des Internet werden in den nächsten Jahren erhebliche Veränderungen in Wirtschaft und Gesellschaft auslösen. Elektronische Märkte eröffnen für Händler, für Produzenten, aber auch für Konsumenten neue Möglichkeiten. Wenn es gelingt die Transaktionskosten am elektronischen Markt ausreichend zu senken, kann es durchaus sein, daß Konsumenten erhebliche Vorteile dadurch erlangen, daß sie direkt beim Produzenten bestellen. Im Mittelpunkt steht die Frage nach der Bestimmung des Diffusionsprozesses des Internet.

Das besondere Merkmal des Internet sind die **Interaktionsmöglichkeiten** der Benutzer über Regionen aber auch über ganze Kontinente hinweg. Diese „virtuellen Gemeinschaften" werden soziale Beziehungen - unabhängig von der geographischen Situation - ersetzen bzw. ergänzen. Bis zu Beginn der neunziger Jahre war die globale Informations- und Kommunikationsinfrastruktur vor allem dadurch gekennzeichnet, daß Großunternehmen ihre privaten Netzwerke im Sinne eines strategischen Wettbewerbs betrieben. Seit Mitte der neunziger Jahre hat die Internet-Technologie ein Preis/Leistungs-Verhältnis erreicht, das es auch kleinen Unternehmen ermöglicht, diese Technologie für die Abwicklung der Geschäftsprozesse einzusetzen.

Das wesentliche innovative Merkmal des Internet besteht darin, daß in dem selben Medium einerseits Funktionen von **Massenmedien** (die Fähigkeit eine große Anzahl von Menschen zu erreichen) und andererseits die Funktion des **persönlichen Mediums** integriert sind. Das Internet hat die Barrieren für Publizisten, private Radiostationen bzw. private Fernsehstationen dramatisch gesenkt. Im Prinzip kann sich jeder Internet-Anwender als private Sendestation sehen, mit der er ein großes Potential von Menschen erreichen kann. Diese eben beschriebene Situation eröffnet für den virtuellen Marktplatz („Virtual Marketplace") völlig **neue ökonomische Beziehungen**:

- Business-to-Business (Handel zur Industrie, Industrie zur Industrie)
- Business-to-Consumer (Einzelhandel zum Konsumenten, Industrie zum Konsumenten)
- Consumer-to-Consumer (Kleinanzeigen, Diskussionsforen)

Die veränderten ökonomischen Beziehungen machen es für Unternehmen notwendig, sich verstärkt mit dieser Marktverschiebung zu beschäftigen. Interessant ist dabei die Business-to-Consumer-Beziehung.

- Im ersten Teil dieses Beitrages wird der Ansatz der **Virtualisierung** diskutiert,
- während im zweiten Teil ein **Entscheidungsunterstützungsmodell** für die Diffusion des Internet vorgestellt wird.

Dieses Diffusionsprozeß-Modell kann für die Erklärung, Vorschau und/oder Planung der Marktverschiebung verwendet werden. Jedoch besteht die Möglichkeit, dieses Modell für beliebige neue Informations- und Kommunikationstechnologien zu verwenden. Das Modell selbst ist als Bezugsrahmen zu verstehen und muß für den jeweiligen Anwendungsfall entsprechend adaptiert werden.

2 Ansatz der Virtualisierung

2.1 Übersicht

Theorie und Praxis zeigen, daß „Virtual Reality“ ein mächtiges Paradigma darstellt, das zu erheblichen Veränderungen im privaten und geschäftlichen Bereich führen wird. Der Begriff der Virtualisierung ist nicht neu. In den frühen sechziger Jahren wird der Begriff erstmals im Zusammenhang mit dem virtuellen Speicher in Computersystemen verwendet. Das Konzept des virtuellen Speichers (ein gedachter Speicher und kein realer) macht es möglich, Programme mit einem größeren Speicherbedarf - als dem real verfügbaren - durchzuführen. Dies führte zu völlig neuen Konzepten in der Computerarchitektur (vgl. *Heinrich/Roithmayr* 1998, S. 559). Die virtuelle Welt kann als **Ergänzung von realen Organisationen** gesehen werden. Beispiele dafür sind: Gruppenkommunikation, Reduzierung der Reiseaktivitäten sowie die Geschwindigkeitserhöhung bei Entscheidungsprozessen. Mit dem Begriff der Virtualisierung sind drei Typen virtueller Konzepte verbunden: Cyberspace, Virtual Reality und Telepresence. Die Abgrenzung dieser drei Begriffe ist insofern schwierig, als es sich teilweise um überlappende Konstrukte handelt. Eine spannende Diskussion findet sich bei *Lynne D. Robert*, *Leigh M. Smith* und *Clare Pollock* (1998), welche wie folgt beschrieben werden kann:

„**Cyberspace** was a term coined by science fiction author William, and adopted into common usage. *Bauwens* (1994) suggests a commonality among definitions of cyberspace is that ‚cyberspace is the space we are ‚in’ during computer mediated communications’. Similarly, *Gozzi* describes cyberspace as a ‚metaphor used to conceptualize the zone of networked communications as a place or space’ (*Gozzi* 1994).

Virtual reality refers to the hardware (e.g.: head mounted displays, data-gloves), the mediated environment, and/or the communication system, with the focus traditionally on the technology, rather than the user's experience. The term virtual reality is an oxymoron, suggesting that something can be at once both virtual and real.

Minsky (1980) used the term **telepresence** to refer to robotic equipment that could be remotely operated. *Minsky* claimed that ‚the biggest challenge to developing telepresence is achieving that sense of being there’. More recently, *Steuer* (1992) has redefined telepresence as ‚the experience of presence in an environment by means of a communication medium’. He uses the notion of telepresence to redefine virtual reality as ‚a real or simulated environment in which a perceiver experiences telepresence’. Telepresence refers to the perceptual experience of the individual, rather than the technology itself. *Prothero/Parker/Furness/Wells* (1998) describe telepresence as occurring when the individual transfers their attention from situational cues in the physical environment to cues in the virtual reality. Individuals within the same virtual environment may experience varying degrees of telepresence. The degree of telepresence experienced by an individual can be measured in terms of ‚the extent to which one feels present in the mediated environment, rather than in the immediate physical environment'. *Heeter* (1995) notes that across different virtual environments, approximately 25% of users are fully engaged in the virtual reality, 25% remain strongly situated in their physical reality, and the remaining 50% retain a balance between the physical and virtual reality. Dimensions of the virtual reality that affect the level of telepresence experienced are vividness (sensory richness), degree of interactivity, and the number of people present within the virtual environment (*Steuer* 1992). Vividness is determined by the number of sensory dimensions (breadth) and their degree of resolution (depth). Interactivity is affected by speed of interaction, range of opportunities for interaction, and the degree of realistic mapping of actions to outcomes (*Piantanida* 1998)."

2.2 Entscheidungsunterstützungsansatz für die Planung der Internetdiffusion

Die zentrale These dieses Beitrags lautet: „Marktverschiebung durch Virtualisierung kann mit der demokratisch-politisch-sozialen Dimension, der emotional-kognitiven Dimension, der Infrastruktur-Dimension, der Anwendungs-Dimension und der Organisations-Dimension geplant werden". Unter dem Begriff der Diffusion wird die Akzeptanz und die Verwendung des Internet für Aktivitäten des täglichen Lebens verstanden. Der Diffusionsgrad hängt primär von der **Akzeptanz des „virtuellen Paradigmas"** ab.

Die **demokratisch-politisch-soziale** Dimension, die **kognitive-emotionale** Dimension und die Dimension der **„Infrastruktur"** machen das virtuelle Paradigma aus (vgl. Abb. 1) und sind vom Unternehmen kaum oder nicht beeinflußbar. Diese drei Dimensionen werden um zwei durch das Unternehmen beeinflußbare Dimensionen ergänzt. Diese sind die eigentlichen **Anwendungen** und die **Organisation**. Virtualisierung wird sehr stark durch die öffentliche Akzeptanz beeinflußt. Demnach ist die demokratisch-politisch-soziale Struktur einer Gesellschaft ein maßgeblicher Faktor für den Prozeß der Virtualisierung. Die zweite Dimension, die den Prozeß der Virtualisierung beeinflußt, ist die kognitiv-emotionale Struktur von Einzelpersonen oder auch von Personengruppen. Der treibende Faktor der Virtualisierung ist die Informations- und Kommunikationstechnologie, die ihren Ausdruck in der Infrastruktur eines Kontinents, eines Landes, einer Stadt, einer Region oder eines Dorfes findet.

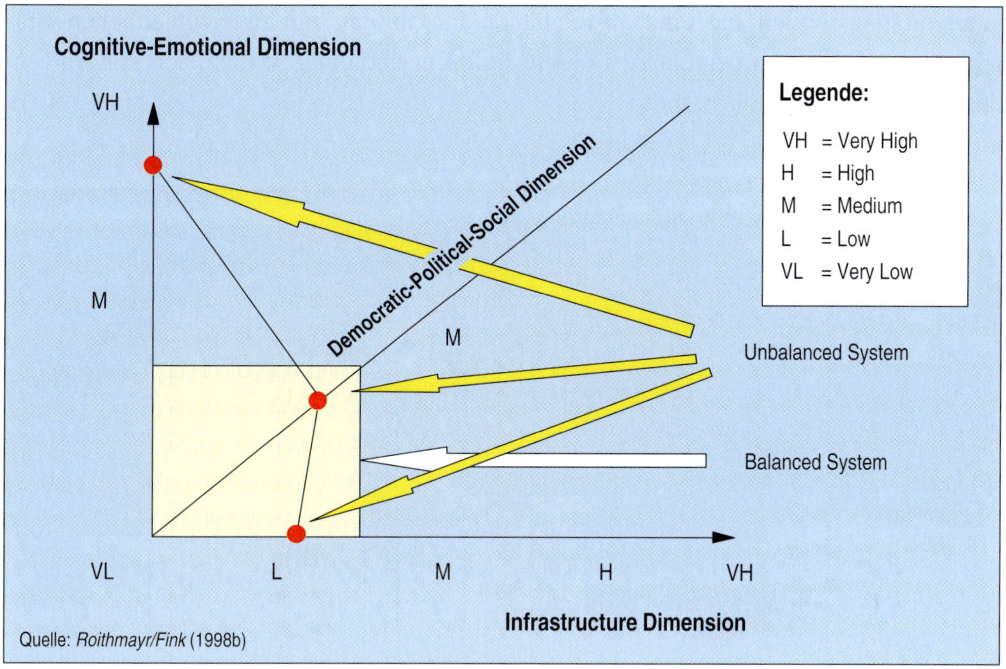

Abb. 1: Dimensionen des virtuellen Paradigmas

Jede dieser drei Dimensionen kann in Abhängigkeit von Experteneinschätzungen in einer fünfstufigen ordinalen Skala von sehr niedrig (Very Low), niedrig (Low), mittel (Medium), hoch (High) bis sehr hoch (Very High) eingeordnet werden. In Abhängigkeit des Skalierungswertes der einzelnen Dimensionen wird - durch die entsprechende Positionierung im dreidimensionalen Raum - eine bestimmte Entscheidungssituation beschrieben. Die Planung einer Diffusion erfordert zwei zusätzliche Dimensionen, nämlich die **Anwendung** (bezeichnet als die **logische Anwendungsgruppe;** Abk. **LAG**) und die **organisationale Dimension**. Diese beiden sind durch das Unternehmen voll beeinflußbar. Der Prozeß der Marktverschiebung ist das Ergebnis einer Entscheidung für jede einzelne dieser fünf Dimensionen. Abb. 2 visualisiert das Prinzip des Entscheidungsunterstützungsmodells.

Der Vorteil des Entscheidungsunterstützungsmodells kann darin gesehen werden, daß durch die Einführung des Begriffs der „logischen Entscheidungseinheit" (Logical Decision Unit; Abk. LDU) eine beliebige Entscheidungssituation unterstützt werden kann, wobei eine LDU das kleinste Entscheidungsobjekt darstellt. Eine LDU kann eine vollständige Internet-Intranet-Extranet-Entscheidung betreffen oder sich auf eine kleine Anwendung - z.B. auf eine Kontoverwaltung - beziehen. Das Entscheidungsunterstützungsmodell hat eine ausreichende Flexibilität, um unterschiedlichen Entscheidungssituationen gerecht zu werden. Jede Entscheidung bezieht sich auf Anwendungen und auf Organisationen.

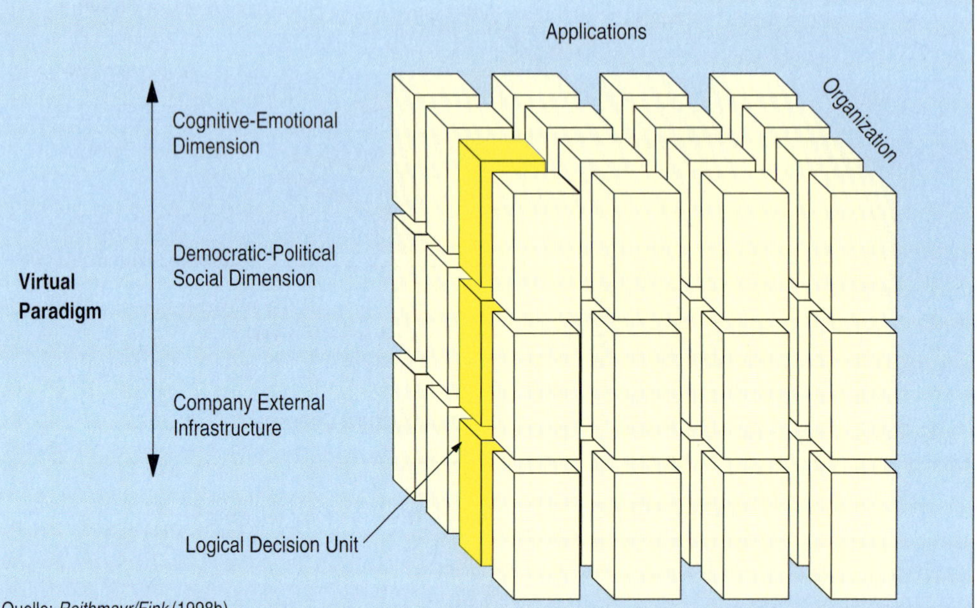

Quelle: *Roithmayr/Fink* (1998b)

Abb. 2: Entscheidungswürfel

Die wichtigste Methode im Entscheidungsunterstützungsmodell ist die **Faktorentabelle**. Jeder der vorhin beschriebenen Dimensionen ist einer Faktorentabelle zugeordnet, in der mit Hilfe einzelner Faktoren die Dimension beschrieben wird. Die Faktoren für die jeweilige Dimension wurden aus der Literatur abgeleitet. Jeder dieser Faktoren unterstützt in unterschiedlichem Ausmaß den Diffusionsprozeß. Die Diffusionsintensität wird in einer Ordinalskalierung ausgedrückt. Für jeden Faktor der Faktorentabelle erfolgt eine Einschätzung seines Beitrags für den Diffusionsprozeß.

2.2.1 Demokratisch-politisch-soziale Dimension

Aus der aktuellen Literatur lassen sich für die demokratisch-politisch-soziale Dimension nachfolgende Faktoren anführen. Das globale Konzept des Internet hat zu neuen

Formen der Massenkommunikation geführt. Die Frage lautet, welches die demokratisch-politisch-sozialen Faktoren sind, die den Diffusionsprozeß des Internet beeinflussen? Bislang wurde der Kommunikationsprozeß vornehmlich durch politische Parteien und Medien gesteuert. Innerhalb der Rahmenbedingungen von zu **zensurierenden Tatbeständen** („Censorship") und mit der Übereinstimmung mit Rechtsnormen kann im Grundsatz jeder Internet-Benutzer frei seine Meinung kundmachen. Trotz der zunehmenden Diskussion über das Internet und Demokratie, Internet und Rechtsextremismus, Internet und Pornographie bildet die Zensur eine derart niedrige Barriere, daß dieser Faktor den Diffusionsprozeß mit dem Wert „hoch" unterstützt.

Sind in einer Gesellschaft eine Vielzahl von Computern vorhanden, so muß diese noch über keine **Informationskultur** („Information Culture") verfügen (vgl. *Moore* 1997). In einer Computerkultur existieren primär abstrakte Daten, die weitgehend nicht zusammenhängen. In einer Informationskultur beginnen die Daten durch den Prozeß der Veredelung zu leben. Dies heißt, daß Daten transformiert, verbunden, verglichen usw. werden. Während die USA durchaus eine Informationskultur besitzt, ist dieser Faktor zur Unterstützung des Diffusionsprozesses in Europa eher mit „niedrig" zu bewerten.

Mitte der neunziger Jahre initiierte die Regierung der USA eine breite Diskussion über das Thema **Freiheit der Information** („Freedom of Information"). Kurz danach begannen weltweit, eine Vielzahl demokratischer Staaten sich mit diesem Thema zu beschäftigen. Empirische Studien bestätigen, daß der Diffusionsgrad dann sehr hoch ist, wenn der Freiheitsgrad, der durch ein politisches und soziales System unterstützt wird, ebenfalls sehr hoch ist (vgl. *Butler* 1997, S. 113). Ein Internet-Benutzer kann nicht nur als ein Individuum handeln, sondern auch als ein Teil der „virtuellen Gemeinschaft". Dem Einzelnen wird durch die Gruppenbildung die Möglichkeit geboten, im Rahmen der „virtuellen Gemeinschaft" seinen Einfluß zu verstärken. In Analogie dazu versuchen Medienkonzerne, Unternehmen der Telekommunikationsindustrie und der Computerindustrie über das Medium Internet eine Marktdominanz zu erzielen (vgl. *http://www.wr.com.au/democracy/thesi6_2.htm*).

Eine Analyse des Begriffes **Teledemokratie** („Teledemocracy") zeigt, daß dieser weniger durch technologische Möglichkeiten als viel mehr durch die Unzufriedenheit mit dem gegenwärtigen politischen Status in den USA und Europa geprägt wird. Neue und verbesserte Kommunikationswege scheinen zwischen Bürgern und Regierung dringend notwendig zu sein. Neue Technologien bieten den Bürgern die Möglichkeit des interaktiven Dialogs.

Die **Deregulierung** („Deregulation") führt zu einer Senkung der Telekommunikationstarife, einer Erweiterung der Informationsinfrastruktur und erhöht damit den Diffusionsprozeß. Während sich der private Sektor auf das Home-Shopping und auf möglichst viele private Fernsehkanäle konzentriert, besteht im öffentlichen Bereich ein erheblicher Nachholbedarf. Unabhängig davon unterstützt die Deregulierung den Diffusionsprozeß. Der Diffusionsprozeß muß aber auch den Grundsätzen der **Transparenz** („Transparency") und der **Nichtdiskriminierung** („Non-Discrimination") folgen. Hier besteht ein erheblicher staatlicher Handlungsbedarf. Die **Cyber-Kultur** („Cyber Culture") weist dem Individuum den Weg in die Welt: Netztransaktionen helfen bei der Lösung praktischer Probleme, wie z.B. bei der Durchführung von Einkäufen, bei Reservierungen sowie Realtime-Anwendungen, bei dem Senden und Empfangen von Nachrichten usw. Eine fortgeschrittene Cyber-Kultur unterstützt den Diffusionsprozeß.

Die **sprachliche Fragmentierung** („Fragmentation") des Marktes galt lange als Nachteil für die europäische Unterhaltungs- und Multimediaindustrie. In einem globalen Markt hat die englische Sprache eine erdrückende Dominanz (vgl. *Report of European Council* 1993). Diese beginnt bei Kinofilmproduktionen und setzt sich im Fernsehen sowie im ganzen multimedialen Bereich fort. Wenn für den Konsumenten Produkte in einem virtuellen Raum leicht beherrschbar werden, verliert das Sprachthema an Bedeutung (vgl. *http://www.ispo.cec.be/infosoc/backg/bangeman.html*).

Democratic-Political-Social Dimension Factors	Diffusion (VH=5,H=4, M=3,L=2,VL=1)	Numeric Expression
Censorship	M	3
Information Culture	VL	1
Freedom of Information	H	4
Teledemocracy	L	2
Deregulation	M	3
Transparency of Information	L	2
Cyber Culture	VL	1
Fragmentation of the Society	M	3
Arithmetical Mean		**2,38**
Quelle: *Roithmayr/Fink* (1998b)		

Tab. 1: Demokratisch-politisch-soziale Faktorentabelle

Tab. 1 gibt einen Überblick über die Intensität des Diffusionsprozesses durch die demokratisch-politisch-soziale Dimension. Jeder Faktor wird von sehr niedrig (VL) bis sehr hoch (VH) skaliert. Jede dieser Skalierungen hat ein numerisches Äquivalent (VL = 1, L = 2, M = 3, H = 4, VH = 5). Eine Interpretation der Faktoren der demokratisch-politisch-sozialen Faktorentabelle zeigt, daß diese Dimension den Diffusionsprozeß lediglich in einem Ausmaß von niedrig bis mittel unterstützt (Arithmetisches Mittel = 2,38). Abhängig von der Diffusionsfrage können die vorgestellten Faktoren eingeschränkt bzw. erweitert werden. Eine weitere Modellflexibilität ist durch die Einführung einer Faktorengewichtung erzielbar.

2.2.2 Kognitiv-emotionale Dimension

Wer *Karl May*, *Tom Sawyer* und/oder *Huckleberry Finn* gelesen hat, weiß was Emotionen sind. In einer virtuellen Welt nähert sich das Ego sehr schnell dem Original. In einer virtuellen Welt besteht eine vielfältige Gestaltungsmöglichkeit der Emotionen. Menschliches Denken ist kein linearer Prozeß wie das Lesen eines Buches. Wesentlich für die virtuelle Welt ist, daß Menschen sich mit den Medien identifizieren und sie Teil des Netzwerkes werden. Dies hat aber für Unternehmen die Konsequenz, daß es nicht ausreicht, den Kunden nur Informationen anzubieten.

Beim Internet-Zugang bestehen für den Benutzer keinerlei Barrieren („No Barriers for Entrance"). Die globale Informationsinfrastruktur wird durch internationale Protokolle unterstützt, die von der Nationalsprache sowie nationalen Regelungen unabhängig sind. Die Internet-Technologie hat es ermöglicht, daß eine große Anzahl von Menschen Zugriff zu diesem Netz haben. Die Internet-Barrieren sind inzwischen so niedrig geworden, daß es auch für kleine Unternehmen möglich ist, ihre Produkte und Serviceleistung im Netz anzubieten (vgl. *Institut für Wirtschaftsinformatik* 1998, S. 97).

Die **Kosten/Nutzen-Analyse** („Cost-Benefit Analysis") ist für den Interneteinsatz des Einzelnen ein entscheidender Faktor.

Mein Netz ist Teil des globalen Netzes (die persönliche Cyber-Kultur); der Benutzer integriert seine Ideen im Netz („My Net is Part of the Global Net"). Unter Verwendung des Internet kann der Benutzer seine Ideen, Bilder und Vorstellungen wie in einem Rundfunk- bzw. Fernsehsystem verteilen. Jeder Käufer oder Konsument kann seine eigenen Ideen im Netz integrieren.

Technologisch orientierte Personen („Technological Minded") mit einem guten technologischen Verständnis haben einen besseren Zugang zum Internet als Menschen mit einem niedrigen technologischen Verständnis.

Die Kommunikation ist **zu jeder Zeit an jedem Ort** („Communication at Any Time at Every Place") möglich. Die europäische aber insbesondere die österreichische Erfolgsgeschichte von Mobiltelefonen kann dem Streben des Menschen auf zeitliche und räumliche Unabhängigkeit zugeschrieben werden. Die Integration des mobilen Telefons in das Internet kann ein wesentlicher Faktor für den Diffusionsprozeß darstellen.

Das sorgsame Umgehen und die umfassende Betrachtung von Informationen als Argumentationsbasis beeinflußt ebenfalls die Diffusion („Deliberative, Fully Consideration of Information, Looking for Arguments"); (*London* 1995). Ein Großteil der Menschen sucht für seine Problemlösung nicht nach ausreichenden Argumenten. Dementsprechend unterstützt dieser Faktor den Diffusionsprozeß lediglich in einem mittleren Ausmaß. Tab. 2 gibt einen Überblick über jene Faktoren, die Individuen bzw. Gruppen von Personen im Diffusionsprozeß beeinflussen.

Cognitive-Emotional Dimension Factors	Diffusion (VH=5,H=4, M=3,L=2,VL=1)	Numeric Expression
No Barriers for Entrance	H	4
Cost-Benefit Analysis	H	4
My Net is Part of the Global Net (Cyber Culture)	VH	5
Technological Minded	H	4
Communication at Any Time at Every Place	H	4
Deliberative, Fully Consideration of Information, Looking for Arguments	M	3
Arithmetical Mean		**4,0**
Quelle: *Roithmayr/Fink* (1998b)		

Tab. 2: Kognitiv-emotionale Faktorentabelle

2.2.3 Infrastrukturdimension

Der Begriff der Infrastruktur wird umfassend verstanden und umfaßt Hardware, Software, Kommunikationsverbindungen aber auch Menschen, die derartige Systeme entwickeln bzw. betreiben (vgl. *Heinrich/Roithmyr* 1998, S. 16). Die Informations- und Kommunikationstechnologie ist der treibende Faktor der Marktverschiebung (vgl. *Vacca* 1996, S. 1). Tab. 3 gibt einen Überblick über die wesentlichen Faktoren dieser Dimension. Empirische Studien bestätigen, daß die Informations- und Kommunikationstechnologie hauptsächlich von jungen Menschen genutzt wird. Eine Vielzahl von Menschen ist beruflich ständig mit dem Computer konfrontiert, will aber im Privatleben Computerumgebungen nicht nutzen. Insbesondere ältere Menschen sind mit der Informations- und Kommunikationstechnologie nicht vertraut. Eine wesentliche Aufgabe der Infrastruktur besteht darin, **diese Menschen zu diesen neuen Technologien hinzuführen** („To Lead People to the New Paradigm"). Wenn es nicht gelingt eine kritische Masse von Menschen in kurzer Zeit zur Internettechnologie zu bringen, besteht die Gefahr der Entwicklung einer Zweiklassengesellschaft.

Infrastructure Dimension Factors	Diffusion (VH=5,H=4, M=3,L=2,VL=1)	Numeric Expression
To Lead People to the New Paradigm	M	3
Availability of Varying Telecommunication Companies	H	4
Keep down the Prices Using Telecommunication	H	4
The Infrastructure Reaches into the Apartments	M	3
Potential for More Effective Communication	M	3
Arithmetical Mean		**3,4**
Quelle: *Roithmayr/Fink* (1998b)		

Tab. 3: Infrastruktur-Faktorentabelle

Der Internetbenutzer hat bezüglich Information und Kommunikation einen Wettbewerbsvorteil demjenigen gegenüber, der diese Technologie nicht nutzt. Das Hinführen der Europäer zur Nutzung dieser Technologie ist eine wichtige staatliche Aufgabe. Erziehung, Bildung, Ausbildung, Weiterbildung und Training müssen diese neuen Formen der Technologienutzung frühzeitig reflektieren.

Die Verfügbarkeit einer globalen Informationsinfrastruktur ist Voraussetzung für die Überwindung der Schwellenangst für die Nutzung dieser Technologie. Das **Angebot**

unterschiedlicher Telekommunikationsgesellschaften („Availability of Varying Telecommunication Companies“) ist eine wichtige Voraussetzung zur Unterstützung der infrastrukturellen Diffusion.

In Verbindung mit den eben genannten Faktoren, ist es für eine hohe Diffusion entscheidend, daß die **Preise für die Nutzung der Telekommunikation** („Keep down the Prices Using Telecommunication“) weiter nach unten gehen. In den meisten europäischen Ländern ist die Preispolitik der Telekommunikationsgesellschaften derzeit nicht geeignet, die Diffusion stärker zu unterstützen. Die Entwicklung deutet aber darauf hin, daß in den nächsten Jahren mit einem massiven Sinken der Preise zu rechnen ist.

So wie einst der Telegraph die Brieftaube ersetzte, das Telefon den Telegraphen, wird das Internet die unterschiedlichsten Informationsarten integrieren (Daten, Text, Bewegtbild, Standbild, Sprache). Die Verfügbarkeit einer entsprechenden **Internetinfrastruktur bis in die Privathaushalte** („The Infrastructure Reaches into the Appartements“) gilt als wichtiger Diffusionsbeitrag.

Jede neue Infrastruktur muß das **Potential für effektive Kommunikation** („Potential for More Effectice Communication“) beinhalten. In der nahen Zukunft muß es die Infrastruktur dem Benutzer ermöglichen, Informationen zu verarbeiten, zu speichern, wieder aufzufinden und zu kommunizieren und zwar von welchem Ort, zu welcher Zeit und in welchem Volumen auch immer.

2.2.4 Dimension der logischen Anwendungsgruppen

Jeder Diffusionsprozeß basiert auf speziellen Anwendungen. Im Entscheidungsunterstützungsmodell hat der Begriff „Anwendung“ eine vielfältige Bedeutung; daher auch die Bezeichnung: „logische Anwendungsgruppe“; Abk. LAG = Logical Application Group. Derartige Anwendungen können vom Allgemeinen über das Spezifische bis hin zum Detail reichen. Allgemeine Anwendungen sind bspw. Teleworking, Distance Learning, Management des Straßenverkehrs, Luftfahrtkontrolle, Gesundheitsnetzwerke, Regierungsnetzwerke, Cityinformationssysteme usw. Beispiele für spezifische Anwendungen wären Electronic Banking, EDI, Tele-Shopping. Detaillierte Applikationen beinhalten E-mail, interaktive Abfragen, Kreditverwaltung, Kontenverwaltung usw.

Die „LAG Kontoverwaltung" besteht aus nachfolgenden Faktoren. Das **Eröffnen des Kontos** („Open an Account") bedeutet, daß in dieser Phase des Geschäftsprozesses die Konditionen definiert werden. Der Diffusionsprozeß, wird durch diesen Faktor kaum unterstützt. Hingegen ist der Faktor **Transaktionen** („Transactions") für das elektronische Bearbeiten besonders geeignet und unterstützt den Diffusionsprozeß in erheblichem Ausmaß.

Expertenwissen („Expert Knowledge is Required") ist in diesem Geschäftsprozeß nicht notwendig. Des weiteren sind für diesen Geschäftsprozeß keine Nachdenk- bzw. keine großen Überlegungsphasen („Deliberation is Not Required") notwendig, was ebenfalls zu einer Unterstützung des Diffusionsprozesses führt. Der Faktor **Kommunikation und Information** unterstützt **zu jeder Zeit und an jedem Ort** („Communication at Any Time at Every Place") den Diffusionsprozeß ebenfalls in sehr starkem Maße.

In Tab. 4 ist eine Anwendung dargestellt, deren Faktoren den Diffusionsprozeß in einem sehr hohen Ausmaß (das arithmetische Mittel liegt bei 4,2) begünstigen. Tab. 5 hingegen zeigt eine andere Anwendung, wobei eine nur geringe Unterstützung des Diffusionsprozesses vorliegt, was durch den mittleren Skalenwert von 2,6 zum Ausdruck kommt.

LAG Manage a Bank Account Factors	Diffusion (VH=5,H=4, M=3,L=2,VL=1)	Numeric Expression
Open an Account	VL	1
Transactions	VH	5
Expert Knowledge is Not Required	VH	5
Deliberation is Not Required	VH	5
Communication at Any Time at Every Place	VH	5
Arithmetical Mean		**4,2**
Quelle: *Roithmayr/Fink* (1998b)		

Tab. 4: LAG Kontoverwaltung

LAG Credit Administration Factors	Diffusion (VH=5,H=4, M=3,L=2,VL=1)	Numeric Expression
Application for a Loan	VL	1
Credit Report	H	4
Terms of a Loan	VL	1
Credit Investigation	M	3
Run a Credit Account	VH	4
Arithmetical Mean		**2,6**
Quelle: *Roithmayr/Fink* (1998b)		

Tab. 5: LAG Kreditverwaltung

2.2.5 Organisationsdimension

Electronic Commerce beginnt erst allmählich an Bedeutung zu gewinnen und nimmt unterschiedliche Formen wie EDI, Multimedia Services, Home-Shopping, Multimediakiosk usw. an (vgl. *Wigand* 1996). Die Organisationsdimension, insbesondere die Organisation des Informations- und Kommunikationssystems eines Unternehmens, hat einen erheblichen Einfluß auf den Diffusionsprozeß. Tab. 6 gibt einen Überblick über die Faktoren, welche diese Dimension determinieren.

Ein **Konsumenten getriebener Entwurf** („Consumer Driven Design") bedeutet, daß die Organisation (Unternehmen, Holding, Abteilung, Büro, Job usw.) Projekte der Virtualisierung (z.B. E-Commerce) nicht als Teil der strategischen Informationssystemplanung betreibt, sondern die jeweilige Implementierung auf Basis der Benutzeranforderungen umsetzt. Eine empirische Studie des Instituts für Wirtschaftsinformatik der Universität Innsbruck zeigt, daß der größte Anteil der Unternehmen (52%) über keine Unternehmensstrategie verfügen. Nur 43% der befragten Unternehmen haben eine solche. Betrachtet man die Verfügbarkeit von Informationssystem-Strategien, so ist das Ergebnis noch wesentlich dramatischer (vgl. *Roithmayr/ Wendner* 1992).

Eine **Rationalisierung des Verkaufsprozesses** („Streamlining the Shopping Process") ist erforderlich. Das Ziel der Virtualisierung in Form des Electronic Commerce besteht darin, den Konsumenten zu ermutigen, zur Produktbeschaffung die neuen Technologien einzusetzen. Eine Benutzerfrustrierung ist dann feststellbar, wenn der Konsument für die Durchführung einer Aufgabe einen bestimmten Grad an Komplexität überbrücken muß (vgl. *Cameron* 1997).

Organizational Dimension Factors	Diffusion (VH=5,H=4, =3,L=2,VL=1)	Numeric Expression
Consumer Driven Design	M	3
Streamlining the Shopping Process	L	2
Geographic and Social Breakdown	L	2
Developing a Business Plan about Virtualization	M	3
VRL-Modeling Language	L	2
Internet-Intranet-Extranet Concept	L	2
GroupWare Capabilities	L	2
Internet-Intranet-Extranet Security Issues	L	2
Multimedia Concepts	L	2
Arithmetical Mean		**2,22**
Quelle: *Roithmayr/Fink* (1998b)		

Tab. 6: Organisationsfaktoren

Geographische und soziale Strukturen („Geographic and Social Breakdown") müssen überwunden werden. Das virtuelle Paradigma geht davon aus, daß eine Organisation das gesamte Spektrum eines elektronischen Marktes unterstützt. Eine weitere empirische Studie des Instituts für Wirtschaftsinformatik der *Universität Innsbruck*, die in Kooperation mit dem Institut für Wirtschaftsinformatik der *Universität Bern*, über französische, spanische und österreichische Unternehmen im Internet gemacht wurde, zeigt das Unternehmen bei Benutzung dieser neuen Technologien sich primär in traditionellen Marktsegmenten und sozialen Strukturen bewegen (vgl. *Fink* u.a. 1997). Demnach unterstützt dieser Faktor den Diffusionsprozeß lediglich in einem kleinen Ausmaß.

Der **Businessplan über die Virtualisierung** muß entwickelt werden („Developing a Business Plan about Virtualization"). Vor jedem Einsatz virtueller Lösungen ist es notwendig, einen speziellen Businessplan zu erarbeiten, der sicherstellen soll, daß die Vorgaben auch erreicht werden können.

VRML ist eine Modellierungssprache („VRL-Modeling Language“). In den meisten Fällen navigiert der Internetbenutzer in einer nicht linearen Struktur. Während „Hypertext Markup Language (Abk. HTML)“ als Spezifikation für die seitenorientierte Webnavigation verwendet wird, kann mit der „Virtual Reality Modeling Language (VRML)“ eine dreidimensionale Navigationsspezifikation erzielt werden. Dies ermöglicht die Schaffung von 3-D Anwendungen. Internet und Intranet bieten neue Formen des Informationsaustausches, und Organisationen müssen sich die Kompetenz aneignen, diesen Informationsaustausch mit 3-D Applikationen zu unterstützen.

Internet - Intranet - Extranet („Internet-Intranet-Extranet Concept“) müssen Teil der Informations- und Kommunikationssystemstrategie des Unternehmens sein. Die Studie von *Roithmayr/Wendner* (1992) bestätigt, daß derartige Konzepte in den Unternehmen nicht ausreichend implementiert sind.

Erfahrungen aus den USA zeigen, daß **Groupwarelösungen („GroupWare Capabilities“)** eine Voraussetzung für eine effektive Kommunikation sein können. Das Internet in der derzeitigen Form kann derartige Groupwareprodukte in Verbindung mit einer Datenbankintegration nicht ausreichend unterstützen (vgl. *Szuprowicz* 1997, S. 53).

Internet - Intranet - Extranet erfordern ein **Sicherheitskonzept** („Internet-Intranet-Extranet Security Issues“). Intranet wurde entwickelt, um in einfacher Form externe Netze (WANs, das Internet oder auch das Extranet) zu integrieren. Diese Schnittstellenöffnung nach außen erfordert erhebliche Schutzmechanismen, um einen unberechtigten Zugriff zu verhindern.

Multimediakonzepte („Multimedia Concepts“) können mit dem Satz „ein Bild sagt mehr als tausend Worte“ treffend beschrieben werden. Die traditionelle Datenverarbeitung ist datenorientiert, während Multimedia jede Form der Information beinhaltet.

3 Integration der Faktorentabellen

Die Integration bzw. Zusammenführung der Faktorentabellen kann in zweifacher Form erfolgen. Die Inhaltsanalyse stellt eine kritische Diskussion über die Faktoren, die Faktorentabellen und deren Bewertung durch Experten dar. Die Experten geben eine Diffusionsvorschau aufgrund ihrer Einschätzung. Nach dem zweiten hier verfolgten Ansatz erfolgt eine Quantifizierung durch ein einfaches mathematisches Modell. Wissend, daß in einem Diffusionsprozeß komplexe Relationen bestehen, gehen wir in dem folgenden Modell dennoch von einer linearen Beziehung zwischen den Faktorentabellen aus. Diese lineare Beziehung wird wie folgt definiert:

$$Y = a_1 x_1 + a_2 x_2 + a_3 x_3 + a_4 x_4 + a_5 x_5 + b$$

$$1 \leq Y \leq 5$$

$$b = 0$$

$$\sum_{i=1}^{5} a_i = 1$$

Y = Grad der Diffusion
x_i = arithmetisches Mittel der Faktorentabelle i
$a_1 \ldots a_5$ Modellparameter, die durch den Benutzer gewichtet werden.

Im Modell wird von einer Gleichwertigkeit der Faktoren ausgegangen, was auch zu einer gleichen Gewichtung der Parameter führt. Ohne Kenntnis ausreichender empirischer Werte ist keine geeignete Definition des Parameters b möglich, so daß wir diesen mit Null annehmen.

Die Diffusionsformel für die Planung der Diffusion der „LAG Kontoverwaltung" lautet:

$$Y = 0{,}20*2{,}38 + 0{,}20*4 + 0{,}20*3{,}4 + 0{,}20*4{,}2 + 0{,}20*2{,}22 + 0$$

$$Y = 3{,}24$$

Die Diffusionsformel für die Planung der Diffusion „LAG Kreditverwaltung" lautet:

Y = 0,20*2,38 + 0,20*4 + 0,20*3,4 + 0,20*2,6 + 0,20*2,22 + 0.

Y = 2,92.

Die „LAG Kontoverwaltung“ hat eine höhere Diffusion als die „LAG Kreditverwaltung“. Die Visualisierung dieser Aussage erfolgt in Abb. 3.

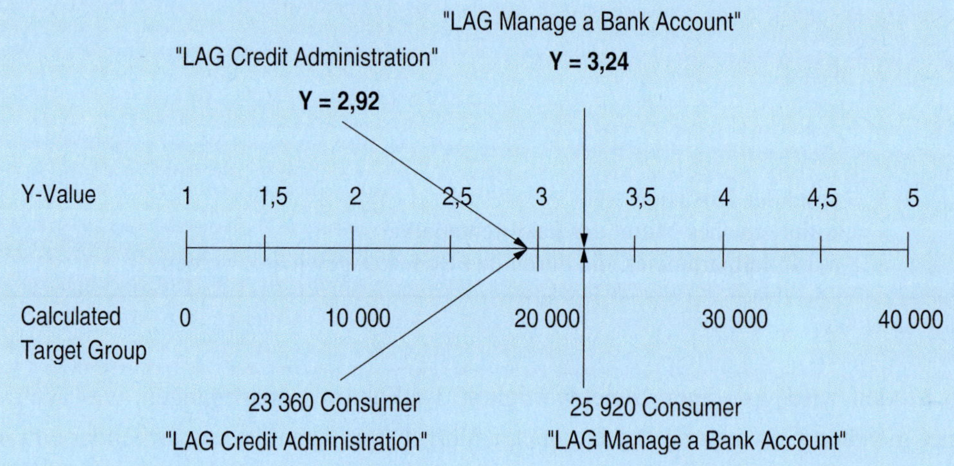

Quelle: *Roithmayr/Fink* (1998b)

Abb. 3: Relative und absolute Diffusion

Geht man von der Annahme aus, daß 40 000 Konsumenten eines Unternehmens das Gesamtpotential für die beiden eben dargestellten Anwendungen sind, visualisiert Abb. 3, daß 25 920 Konsumenten das Internetpotential für die „LAG Kontoverwaltung“ darstellen und 23 360 das Internetpotential für die „LAG Kreditverwaltung“ bilden.

4 Zusammenfassung

Science Fiction-Schriftsteller haben uns vielfache Einsichten gegeben, welche Auswirkungen die virtuelle Realität hat. Diese Träume werden zum Leben in interaktiven virtuellen Systemen erweckt, wobei eine Person jederzeit Aktivitäten setzen kann, ohne sein Leben zu riskieren (vgl. *Vacca* 1996, S. 169). Wir folgen nicht der Aussage von *Vacca*, daß die virtuelle Realität kein Risiko für physisches oder psychisches Befinden ist. Beispiele zeigen, daß virtuelle Realität sowohl zu physischen als auch zu psychischen Schäden führen kann. Die dramatische Verbesserung des Preis/Leistungs-Verhältnisses von Informations- und Kommunikationstechnologien hat die Kapazität und die Leistungsfähigkeit dieses Mediums erheblich gesteigert. Es ist nicht die Verfügbarkeit der Computer selbst, die diese Technologie fördert, als viel mehr die Möglichkeiten die eine virtuelle Realität für den Konsumenten bietet (vgl. *Vacca* 1996, S.170).

Das Entscheidungsunterstützungsmodell ist der Versuch, den Diffusionsprozeß der Virtualisierung zu systematisieren. Aus unserem Blickwinkel kann eine ausreichende Flexibilität eines solchen Modells besonders durch die Faktorentabellen erreicht werden. Eine Erweiterung des Entscheidungsunterstützungsmodells ist möglich, indem man für jeden Faktor der Faktorentabelle Gewichte einführt. In der eben in Entwicklung befindlichen zweiten Fassung des Modells werden die getroffenen Annahmen einer Verifizierung/Falsifizierung unterzogen (Linearität, Faktoren usw.). Ein Vorteil des Modells, der bislang noch nicht angesprochen wurde, liegt in der Möglichkeit, Sensitivitätsanalysen durch entsprechende Faktorenvariationen durchzuführen.

Handelsmarketing mit neuen Medien

Herausforderungen für den klassischen und den elektronischen Handel

Günter Silberer

1 Einleitung

Alles ist im Fluß. Besonders schnell entwickeln sich derzeit die Schlüsseltechnologien, so z.B. die Grundlagen und Anwendungen der Gentechnik, der Datenspeicherung, der Datenübertragung und der Datenverarbeitung. Basis- und Folgeinnovationen verändern Wirtschaft und Gesellschaft, vor allem deswegen, weil sie Marktgrenzen, Marktpotentiale und Markterfolge und damit die Arbeitswelt, die Beschäftigung, die Einkommen und die Einkommensverwendung beeinflussen. Wenn sich die **Distribu-**

tion im Aufbruch befindet, dann nicht zuletzt deswegen, weil neue Informations- und Kommunikationstechnologien die Distributionssysteme der Hersteller, die Strukturen im Handel und das Kaufverhalten privater und gewerblicher Nachfrager verändern. Wie sich der Marktauftritt des Handels im Aufkommen digitaler Informations- und Kommunikationssysteme gestalten kann und entwickeln wird, sei in diesem Beitrag anhand ausgewählter Aspekte aufgezeigt.

So komplex der Handelssektor ist und so vielfältig die neuen Medien wie das Internet, Multimedia-Terminals, CD-ROM-Anwendungen, Desktop-Rechner, portable PCs und interaktive Fernsehgeräte sind, so unbestritten bleiben die **Grundfunktionen des Handels** und die Herausforderungen im Marketing. Der Handel behält seine Hauptaufgabe, die marktgerichtete und gewinnträchtige Distribution von Gütern ständig zu verbessern, damit die Hersteller nicht auf den Direktvertrieb und die Nachfrager nicht auf den Direktkeinkauf beim Produzenten ausweichen müssen. So gesehen kann es beim Einsatz neuer Medien im Marketing des Handels immer nur darum gehen, kunden-, konkurrenz- und kostenorientierte Marktauftritte zu verbessern. Weil neue Medien bei diesem Bemühen enorm nützlich sein können, ist deren Zukunft im Handel so gut wie gesichert.

Entscheidende Aspekte des Themas „Handelsmarketing mit neuen Medien" betreffen

(1) den Multimediaeinsatz im stationären Handel, vor allem das Aufstellen von Informations- und Verkaufsterminals,

(2) den Einsatz von Offline- und Online-Medien im Versandhandel, vor allem die Gestaltung und Verbreitung elektronischer Kataloge, und

(3) den Marketing-Mix im Electronic Commerce.

Mit dem damit verbundenen „Umbruch im Distributionssektor" sollen sich nun die folgenden drei Abschnitte und am Schluß ein Fazit mit Ausblick näher befassen.

2 PoS-Terminals im stationären Handel

Eine Variante des Multimedia-Einsatzes im Handel ist das **Kiosk-System**, eine stationäre Schnittstelle zum Kunden oder zu Passanten vor Ort. Mit einer benutzerfreundlichen Ein- und Ausgabetechnik und einer gezielten Standortwahl lassen sich mit dem Terminal im Prinzip die gesamte Bevölkerung erreichen.

2.1 Informations-Terminals im Laden

Neue Medien dienen im stationären Handel als PoS-Terminal primär der Information und damit der **Verkaufsförderung**. Besonders sinnvoll ist dabei die Unterscheidung zwischen Selbstbedienungs- und Fremdbedienungssystemen. Beide Formen können in einem Terminal etwa derart kombiniert werden, daß dem Kunden die Selbstbedienung per Touch Screen und dem Verkaufspersonal die Fremdbedienung bzw. die Moderation per Tastatur angeboten wird.

Ein **prominentes Beispiel** für Terminals, die die Beratung vor Ort entlasten, den Abverkauf fördern und Bestellvorgänge unterstützen, stellt der *Music- und Video Master* bei *Karstadt* dar (vgl. *Heimbach* 1995, S. 200ff.). Betrieben von der Musik- und Videoabteilung der *Karstadt AG* stehen die Terminals in ausgewählten Filialen, um über erhältliche Musik- und Videotitel zu informieren, bei ausgewählten, eher neueren Produktionen kurze Hör- und Sehproben zu erlauben und Such- sowie Bestellvorgänge im Laden zu unterstützen. Ein entscheidendes, erfolgsrelevantes Merkmal derartiger Anwendungen ist die Einbindung in das Warenwirtschaftssystem, um für Kunden und Mitarbeiter Hinweise auf die Verfügbarkeit der Artikel vor Ort oder im Zentrallager zu liefern und Bestell- und Anlieferungsprozesse zu beschleunigen. Der *Music- und Video-Master* ist somit mehr als die Summe der einzelnen Terminals!

Die **zentralen Aufgaben** derartiger Systeme bestehen in

(1) dem sparsamen Umgang mit kostbarer Verkaufsfläche (beim Einsatz der Terminals sind dem Bestellsortiment so gut wie keine Grenzen gesetzt),

(2) dem einfachen Zugriff auf riesige, komplette Kataloge,

(3) der komfortablen und personalsparenden Bestellannahme und -abwicklung,

(4) der Versorgung anspruchsvoller Kundenschichten ebenso wie die Ansprache junger Käufer, die allein schon am Medium interessiert sind,

(5) dem Kundenservice als Hör- und Sehprobe, die ggf. mehr aussagt als alle Argumente von Verkäufern und Verpackungsgestaltern,

(6) der Information und Schulung des Verkaufspersonals und

(7) der Unterstützung der Marktforschung mit den automatisch gespeicherten Nutzungsdaten und den ergänzenden Daten aus dem Warenwirtschaftssystem.

Diverse Studien, u.a. auch die Befunde zum *Music Master* und zum *Kaufhof-Info-Desk* bei *Swoboda* (1998, S. 16f.) zeigen, daß PoS-Terminals recht erfolgreich sein können, nicht nur als genutzte Informationsquellen, sondern auch als Verkaufsförderung und als Imageträger. Ob die Erfolge eintreten, hängt im Einzelfall von vielen Faktoren ab. Zu den wichtigsten **Erfolgsfaktoren** zählen jedenfalls folgende:

- Unaufdringliche, aber wirksame Kundenansprache
- Einfache und ggf. segmentspezifische Bedienungsmöglichkeit
- Interessantes, relevantes und aktuelles Angebot
- Problemlose Netzanbindung
- Funktionsfähiges Ausgabegerät, so z.B. gute Lautsprecher und ein einwandfreier Bestellscheindrucker

Was die **moderierten Kioskanwendungen** im Handel angeht, sei hier ebenfalls ein Beispiel herausgestellt (vgl. *Leupold & Schlichtkrull* 1995, S. 89ff.): das *Volkswagen-Demonstrations- und Informationssystem (VIDIS)*, das der audiovisuellen Unterstützung von Verkaufsgesprächen dienen sollte (zur multimedialen Unterstützung von Verkaufsgesprächen vgl. *Silberer/Kretschmar* 1998). In den Räumen und Händen der *VW*-Vertragshändler wurden bei diesem Pilotprojekt multimediale PKW-Präsentationen und Berichte über einzelne *VW*- und *Audi*-Modelle und dazugehörige Ausstattungspakete vorgehalten. Verkäufer sollten damit in die Lage versetzt werden, auch die nicht sichtbaren technischen Besonderheiten wie z.B. Sicherheitssysteme und Antiklopfregulierungen in Bild und Ton zu demonstrieren. Neben Motoren- und Preistabellen konnten natürlich auch Werbefilme abgerufen werden, ein Angebot, das vor allem im Selbstbedienungsmodus interessiert, so z.B. den produkt- bzw. kaufinteressierten Showroom-Besucher. Eine einfache Eingabe-Tastatur am Schaufenster machte es möglich, den Passanten auch am Abend und am Wochenende ein Terminal anzubieten.

2.2 Kiosk-System als Smart Shop

Der Übergang vom Kiosk als Bestellhilfe zum Kiosk als Verkaufsautomat ist fließend. Dies gilt auch in zeitlicher Hinsicht, denn künftig werden sich mehr und mehr Informationsterminals zu **Transaktions- bzw. Verkaufsterminals** entwickeln und als intelligente, weil rechnergestützte Systeme die Bezeichnung **„Smart Shops“** durchaus verdienen. Dabei läßt sich ins Feld führen, daß sich moderne Terminals nicht nur benutzerfreundlich und vandalismussicher ausgestalten, sondern auch mit einer **In-**

kasso-Einrichtung ausstatten lassen. Dabei ist an Kredit- und Scheckkartenleser ebenso zu denken wie an Geldkartengerät und heute noch unbekannte Transfermöglichkeiten beim digitalen Geld wie z.B. an die Übergabe von Cybermoney per Funk aus dem Handy heraus als einfache, benutzerfreundliche „Käufer-Handy-Kiosk-Kommunikation".

Beim künftigen **Smart-Shop-Einsatz** sind vor allem vier **Varianten** zu unterscheiden:

(1) Das Terminal als **Buchungsautomat**, an dem Flüge gebucht, Fahrkarten gekauft, Versicherungen abgeschlossen und Aktien geordert werden können (Eine Abgabe physischer Leistungen entfällt. Statt dessen kommt es primär auf die Daten- und Abschlußsicherheit und geeignete Dokumente wie z.B. ausgedruckte Tickets an.).

(2) Das Terminal als **Verkaufskiosk,** der in einem Schritt verkauft und liefert, und zwar **digitale Produkte** wie z.B. Karten, Stadtpläne, Apothekenlisten, Ladenverzeichnisse, Hotelkataloge und Veranstaltungskalender, ggf. auch Devisen in der vor Ort akzeptierten digitalen Form, z.B. lokale Geldkarten. Je nach Übergabetechnik und Kundenwunsch können nicht nur Bits, sondern auch Prints offeriert werden.

(3) Das Terminal als **PoS-Verkaufskiosk** für nicht-digitalisierbare, im Laden vorgehaltene Güter, bei denen der Kunde am Terminal auswählt, kauft und bezahlt (Das Terminal arbeitet hier als ein **elektronischer Verkäufer**, der eine Art Kaufschein ausgibt, der dem Kaufscheinverbot aber deswegen nicht unterliegt, weil die Leistung sofort erbracht und somit überprüft werden kann.).

(4) Das Terminal als **„externer Verkaufskiosk"** , bei dem der Kunde kauft und ggf. auch bezahlt, die Ware aber erst später, im Geschäft am Ort oder anderswo abholt oder die Lieferung an seine Privatadresse erbittet (vgl. dazu den *Jelmoli-Online Shop* in der Schweiz, skizziert bei *Silberer* 1995, S. 20). Wird direkt am Terminal bezahlt, greift das Kaufscheinverbot auch hier nicht, wenn die Leistungsbereitschaft des Anbieters relativ leicht und schnell überprüft bzw. unter Beweis gestellt werden kann.

Smart-Shops lassen sich nicht nur im stationären Handel, in Geschäften und Einkaufszentren aufstellen, sondern auch an anderen Standorten mit hohem Passantenaufkommen, so z.B. an Tankstellen, in Bahnhöfen, auf Flughäfen, in Stadien, auf öffentlichen Plätzen und in öffentlichen Betrieben, zu denen auch Hochschulen und Kliniken zählen.

3 Elektronische Kataloge im Versandhandel

Die Kommunikation eines Sortiments ist im Handel nach wie vor eine der zentralen Marketingherausforderungen. Neue Medien eröffnen hier nicht nur neue Wege, sondern enorme Potentiale einer sachgerechten, kunden- und kostenorientierten Kommunikation. Elektronische Kataloge lassen sich sowohl als Offline- als auch als Onlineanwendungen gestalten.

3.1 Offline-Kataloge auf CD-ROM

Die CD-ROM ist ein standardisierter, leicht zu transportierender und enorm leistungsfähiger Datenträger. Bei den Adressaten wird ein PC mit CD-ROM-Laufwerk vorausgesetzt, was bei immer mehr Menschen und immer mehr Ausbildungs- und Arbeitsplätzen zulässig ist. Potentielle Käufer werden mit diesem neuen Medium in einer Situation erreicht, die mit der Situation beim klassischen Mailing-Kontakt in etwa entspricht. Doch wandert eine CD, auch wenn sie kein nennenswertes Interesse erwarten läßt oder erzeugen kann, im Vergleich mit dem Werbebrief längst nicht so schnell in den Papierkorb. Die Möglichkeiten einer interaktiven und gefälligen Sortimentskommunikation auf den sog. Silberscheiben hat der Versandhandel längst entdeckt. Sortimentsanbieter im Konsumgüterbereich setzen eher auf bildorientierte, unterhaltsame und werbende Darstellungen, Fachhändler im Business-to-Business-Geschäft dagegen stärker auf text- und datenorientierte Kataloge, auf den effizienten Produktzugriff und eine taugliche Schnittstelle zum Warenwirtschaftssystem des Kunden.

Quelle und *Otto* leisteten im Versandhandel ebenso Pionierarbeit wie z.B. *Klöckner-Moeller* im Fachhandel (vgl. *Heimbach* 1997, S. 40ff. und *Weber* 1997). Damit ein elektronischer Katalog im Konsumentenbereich von mehreren Haushaltsmitgliedern und den Zielpersonen möglichst wiederholt Beachtung findet, setzt *Otto* auf ein „Zeitreise-Magazin“ und *Quelle* auf Animationen und eine virtuelle, interaktive Modenschau, also auf den **Unterhaltungs- und Erlebniswert**. Der Katalog bei *Klöckner-Moeller* zeichnet sich dagegen durch eine logische Struktur der Bild-Text-Datenbank, den freien Zugriff auf die unverschlüsselten Daten und somit die Möglichkeit des Nutzers aus, Daten und Bilder direkt in seine EDV zu übernehmen. Exportfunktionen unterstützen die direkte Übernahme von Listen und Bestelldaten in das kundeneigene Warenwirtschaftssystem (vgl. *Weber* 1997, S. 74). Diese Realisierung eines elektronischen Katalogs auf CD-ROM fand nicht nur Akzeptanz bei den Direktabnehmern und den Fachhändlern, sondern auch das Gefallen einer Jury, die den **„Master of Excellence“** zu vergeben hatte. Zu dieser Auszeichnung führte vor allem der Umstand, daß *Klöckner-Moeller* die drei wichtigsten **Ziele,** nämlich die Bestellerleichterung, die Stärkung der Marktposition durch neue Medien und die Nutzung der Vorteile eines digitalen Datenträgers - konsequent und professionell umsetzte und dabei die folgenden zehn **Gestaltungsregeln** beachtete (vgl. *ebda* S. 78):

(1) Komfortable Selbstinstallation des Programms

(2) Integrierte Kompatibilität für alle Hard- und Softwarekomponenten

(3) Einführungsservice für Erstnutzer

(4) Sich selbst erklärende, intuitiv erfaßbare Oberflächen

(5) Kurzer Bildaufbau und die optimale Angebotsdarstellung

(6) Einfache und vertraute Programmnavigation

(7) Beachtung der Corporate Identity im Design

(8) Update-Management, das Datenfriedhöfe auf der Festplatte vermeidet,

(9) Laienmodus für unerfahrene und Expertenmodus für erfahrene Katalognutzer

(10) Möglichkeit einer rückstandsfreien Deinstallation des Programms

3.2 Online-Kataloge im Internet

Was an Informationen auf einer CD-ROM angeboten werden kann, läßt sich im Prinzip auch online, d.h. im Internet oder in einem Online-Service, anbieten - wären nicht die **Beschränkungen** in Sachen Serverleistung, Bandbreite der Verbindungen, Kosten des Internetzugangs und Telekommunikationskosten. Auch die Multimedialität der Endgeräte läßt vielfach noch zu wünschen übrig. Online-Kataloge müssen daher auf solche Engpässe achten und mit Sound, Bildern, Animationen und Videosequenzen zumindest vorerst noch recht sparsam umgehen.

Dennoch sind Online-Kataloge interessant, da das Internet das permanente Aktualisieren von Inhalten und einen Zugang von überall her erlaubt. Die Aktualisierbarkeit ist nicht nur bei begrenzten Angebotsmengen und bei den Preisen, sondern auch bei Verkaufsförderungsaktionen beim Informationsservice von Bedeutung. Ein weiteres

Argument für den Online-Katalog besteht darin, daß dem interessierten Publikum eine unmittelbare Bestellmöglichkeit angeboten werden kann. Dasselbe gilt für Dialogchancen, die mit einem Web-Auftritt, vor allem dem Versenden von E-Mails, den Kontakten in sog. News Groups und dem Einklinken in Diskussionsforen inzwischen verbunden sind (vgl. *Rengelshausen* 1997, S. 103ff., 114ff.).

Da das Internet für eine unüberschaubare Zahl an Web-Auftritten kommerzieller und nicht-kommerzieller Provenienz steht, muß ein Online-Katalog die **Zielgruppen erreichen,** d.h. er muß von den Zielpersonen erst einmal gesucht und gefunden werden. Hierbei sollten die Anbieter mehrere Barrieren zugleich erkennen und abbauen und damit eine Art **„Informationsmarketing"** betreiben. Dabei kommt es u.a. darauf an,

(1) einen guten Namen bzw. eine geeignete Netzadresse zu verwenden,

(2) alles zu tun, um von Suchmaschinen registriert zu werden,

(3) Dritte dazu zu bewegen, in ihrem Netzauftritt auf das eigene Netzangebot hinzuweisen und entsprechende „Links" zu setzen,

(4) in der eigenen klassischen Werbung den eigenen Netzauftritt zu kommunizieren und dies

(5) auch bei anderen Gelegenheiten, z.B. auf Werbeartikeln, am Produkt sowie auf Visitenkarten des Außendienstes und im Schriftverkehr, zu tun.

Online-Kataloge im Internet zeigen vielfältige Versuche, dem Kunden das Finden, das Verbleiben und die Wiederkehr zu erleichtern und schmackhaft zu machen. So arbeitet z.B. *„www.otto.de"* mit einer stilvollen und übersichtlichen **Gestaltung des Internetauftritts**, mit einer Laufschrift im unteren Rahmen des Netscape-Browsers, mit E-Mail-, Bestell- und anderen Services, u.a. auch mit dem Hinweis auf die preisgünstige CD-ROM, die neben der umfangreichen und anspruchsvollen Produktpräsentation komfortable Suchfunktionen und einen kostenlosen „Internet-Schnupperzugang" bietet. Ein Technik- und Modeberater, eine Preis-Update-Funktion, die Job-Börse, Bewerbungstips, Diplomarbeitsthemen, Praktika und Ausbildungshinweise kommen hinzu.

Daß bei der Sortimentspräsentation im Netz alles getan werden muß, um die Suche und das Finden interessanter Artikel und entsprechender Informationsdienste zu unterstützen, versteht sich von selbst. Eigene **Suchhilfen** und geeignete Präsentationsumwelten wie z.B. ein virtuelles Kaufhaus oder eine fiktive Stadt mit Shops und relevanten Dienstleistern eignen sich dabei recht gut. Sie sollten aber nicht nur der Orientierung dienen, sondern auch dazu beitragen, daß der Besuch des virtuellen Ladens als angenehm, interessant, unterhaltend oder gar aufregend empfunden wird und nicht nur zum Kauf, sondern auch zur Wiederkehr motiviert. Die **Ladenatmosphäre** muß auch im Netz stimmen.

4 Marketing-Mix im Electronic Commerce

Unter Electronic Commerce sei hier als das Anbieten von und Nachfragen nach Gütern im Internet verstanden. In diesem zukunftsträchtigen Sektor wird sich auch der Handel beteiligen und Marketing betreiben müssen. Nachdem im vorigen Abschnitt die Sortimentspräsentation im Netz bereits angesprochen wurde, sollen nun einige andere Marketinginstrumente ins Blickfeld rücken. Dabei ist zwischen netzfähigen und sonstigen Gütern zu unterscheiden.

Daß sich das Online-Marketing der Händler vom Online-Marketing der Hersteller nicht allzusehr unterscheiden wird, sei vorab festgehalten. Jedenfalls wird der Electronic Commerce eine entscheidende Triebkraft im künftigen Wandel der Distributionsstrukturen darstellen.

4.1 Angebot netzfähiger Produkte und Dienste

Ein wichtiger Faktor im Electronic Commerce ist der Umstand, daß recht viele Produkte als netzfähige Güter zur Probe und zum Kauf online angeboten werden können. Zu diesen Gütern zählen vor allem folgende:

(1) **Software** jeder Art, die beim Arbeiten, Spielen, Kommunizieren, Entspannen und bei sonstigen Tätigkeiten am Rechner und mit vergleichbaren Geräten eingesetzt werden kann, z.B. Textverarbeitungs- und Grafikprogramme sowie Schriften bzw. Schrifttypen

(2) **Serviceleistungen** für die Kunden von EDV-Anbietern, z.B. eine Hotline für die Käufer von PC-Geräten und DV-Programmen

(3) **Informationsdienste i.e.S.**, z.B. regelmäßige, aktuelle und abonnierbare Nachrichten, Börsenticker und Straßenzustandsberichte

(4) **Digitale Publikationen**, nämlich elektronische Aufsätze und Bücher sowie elektronische Zeitungen und Zeitschriften

(5) **Informationsofferten als Datenbankzugriff**, z.B. der Zugang zu Gesellschafts-, Wirtschafts-, Markt- und Konsumstatistiken, Forschungsergebnissen, Nachschlagewerken, Adressverzeichnissen und Bildarchiven

(6) **Elektronische Unterhaltung**, vor allem Musik, Videoclips, Videos, Filme, TV- und Hörfunkbeiträge, und schließlich

(7) **Kommunikationsservices**, wie z.B. die Vermittlung elektronischer Post, die Internettelefonie, die Bildtelefonie, das Videoconferencing und die rechnergestützte Kooperation am Bildschirm

Als **produkt- und sortimentspolitische Optionen** im elektronischen Handel lassen sich unter anderem folgende herausstellen:

(1) Gestaltung von **Probiermöglichkeiten**, z.B. durch das Angebot an den Nutzer, sich die ihn interessierende Software herunterzuladen, das zeitlich begrenzte Nutzungsrecht von Programmen und das Angebot, Prototypen oder Beta-Versionen kostenlos auszuprobieren bzw. zu testen

(2) Rechnergestützte **Individualisierung** von Leistungen bis hin zum Mass Customizing, dem „massenhaften Maßschneidern" im Netz, z.B. das Gestalten einer elektronischen Zeitung nach den Wünschen oder nach dem bisherigen Abrufverhalten der einzelnen Abonnenten, wobei es sich um Individuen, Gruppen und Organisationen handeln kann

(3) **Bündeln von Teilleistungen** wie z.B. das Angebot einer Anwendersoftware in der Kombination mit einem Update-Angebot und einen Hotline-Service, was zumeist mit der Kommunikation von Bündelpreisen einhergeht

(4) **Gestaltung von Sortimenten**, die ebenfalls individualisiert werden können, und bei denen das Netz dazu genutzt werden kann, durch Links auf Hersteller und andere Händler, das Bestellsortiment zu erweitern, ohne daß dem potentiellen Kunden die Zusammenarbeit der Anbieter voll bewußt werden muß

4.2 Preispolitische Optionen im Netz

Die im Netz per se integrierte Rechnerintelligenz und die günstigen Gelegenheit, anhand der automatischen Logfiles eine kundenbezogene Data Base anzulegen, wird nicht nur der Produktpolitik, sondern auch der Preispolitik zugute kommen. Folgende preispolitischen Optionen bieten sich im Online-Marketing besonders an:

(1) **Individuelle oder systembezogene Preisdifferenzierung**, bei der die Data Dase einschlägige Anhaltspunkte bzw. Kalkulationsgrundlagen in Form von Kauf-, Kaufvolumen- und Kaufwiederholungs-Warscheinlichkeiten liefert, u.a. auch die Kalkulation des sog. Customer Life Cycle Value

(2) **Mischkalkulation** bei Preisbereitschaften, die ganz anders gelagert sind als die jeweiligen Kosten des Anbieters; ist z.B. die Preisbereitschaft bei einer elektronischen Zeitschrift, bei der kurze Beiträge dominieren, relativ gering, die Preisbereitschaft bei den jeweils interessierenden Themen und somit bei den im Verlag vorgehaltenen ausführlichen Artikeln, die vom Abonnenten gesondert bezogen werden könnten, dagegen relativ hoch, dann bietet es sich an, die Preise marktgerecht, d.h. entsprechend der Preisbereitschaft zu gestalten, auch wenn die Kosten der Zeitschrift mit den kurzgefaßten Beiträgen sehr hoch sind und die Zusatzkosten für die Erstellung und Abgabe der ausführlichen Artikel eher gegen Null tendieren

(3) **Preisbündelung** bzw. die Kommunikation von Bündelpreisen, das sind Gesamtpreise für Leistungsbündel, so z.B. die Forderung von 80,- DM für ein Buch, ein Video und ein Musikstück; auf diese Weise kann zusätzliche Preisbereitschaft vor allem dann abgeschöpft werden, wenn die Einzelpreisbereitschaften der Nachfrager stark variieren und bei Einzelpreisen relativ viele Abnehmer nur eines der Produkte oder nur einen Teil der gebündelten Leistung beziehen würden

(4) **Vergütung von Gegenleistungen** und deren **Verrechnung beim Güterkauf**; da beim Online-Marketing mit vorwiegend passiven Angeboten keine passiven Menschen, sondern aktives Verhalten (Handlungen) und somit **Suchende** und **Abrufer** gefragt sind, kann die geschätzte Aufmerksamkeit auf die eigenen Seiten und damit auf das Online-Angebot u.a. dadurch gelenkt werden, daß die Aufmerksamkeit oder die Zuwendung honoriert wird, z.B. durch eine Gutschrift auf dem individuellen „Netzkonto". Derartige Boni können dann bei einer späteren Beschaffung von Produkten oder Nutzung von Diensten eingesetzt werden - eine Praxis, die netzspezifische Spielräume in der Preispolitik eröffnet und wettbewerbsrechtlich unbedenklich sein dürfte.

4.3 Gestaltung von Verkauf, Inkasso und Auslieferung

Kritische Prozesse im Electronic Commerce sind der Verkauf bzw. der Abschluß, das Inkasso bzw. die Bezahlung und die physische oder elektronische Auslieferung.

(1) Elektronischer Verkauf

Entscheidend sind letztlich bei allen neuen Distributionsformen das Vertrauen beider Seiten in die Leistungsbereitschaft des Partners und das Einhalten dessen, was versprochen wurde oder zumindest mit Recht erwartet werden darf. Heute und in Zukunft werden im Electronic Commerce vor allem der Datenschutz, die Sicherheit der Leistung und die Sicherheit des Inkasso eine große Rolle spielen.

Zum **Datenschutz** sei festgehalten, daß seit August 1997 das Teledienste-Datenschutzgesetz (TDDG) auf elektronische Geschäfte Anwendung findet, so daß ein Anbieter hier strengeren Vorschriften unterliegt als in anderen (Dienstleistungs-) Bereichen. Anbieter sind verpflichtet, bei der Gestaltung und Auswahl technischer E-Commerce-Einrichtungen möglichst wenige personenbezogene Daten zu speichern und zu verarbeiten (vgl. *VDMA & ZVEI* 1998, S. 450). Und was die Leistungssicherung angeht, so sei hier lediglich die **elektronische Signatur** als ein wichtiger Sicherheitsfaktor angesprochen. Beide Vertragspartner müssen sich mit Sicherheit identifizieren lassen und die Echtheit der Unterschriften will bewiesen werden können (Der traditionelle Abschluß von Verträgen, der natürlich auch im elektronischen Handel denkbar ist, sei hier außer acht gelassen.). Und beim Ticketkauf muß sich der Käufer darauf verlassen können, daß das Ticket echt und die Quittung rechtsverbindlich ist. Ähnliches gilt für den Anbieter bei der schriftlichen Einwilligung des Käufers in Schufa-Auskünfte, in Sicherheiten und bei Bürgschaften, zumal dann, wenn höhere Beträge im Spiel sind. Eine Lösung bieten hier **Verschlüsselungsverfahren,** die die Integrität und Vertraulichkeit elektronischer Dokumente sicherstellen, und das **Signaturgesetz** mit den dort vorgesehenen technischen und organisatorischen Rahmenbedingungen (vgl. *ebda* S. 46ff.).

(2) Elektronisches Inkasso

Parallel zur steigenden Nutzung des Internet als Plattform des Electronic Commerce wurden inzwischen mehrere Zahlungsmittelvarianten und diverse Zahlungsmethoden entwickelt. Unter **technologischen** Aspekten lassen sich folgende Zahlungsformen unterscheiden (vgl. *Krause* 1998, S. 85):

- Kontobezogene Lösungen wie **Schecks** und **Onlinekonten**
- Inhaberbasierte Verfahren mit **Software** und **elektronischen Münzen**
- Inhaberbasierte Verfahren mit **Hardware**, nämlich **Kreditkarten** und **Smart Cards**

Wichtig ist dabei die Feststellung, daß immer dann, wenn auf reale Bankkonten zurückgegriffen wird, keine Anonymität des Zahlenden gegeben ist. Außerdem wird jede Transaktion gespeichert und damit nachvollziehbar. Wird das elektronische Geld dagegen in größeren Mengen ohne Herkunftsnachweis verteilt und getauscht, bringt dies die vielfach gewünschte Anonymisierung von Zahlungsvorgängen und Zahlungsmitteln mit sich.

Je nach der Gebühr, die für elektronisches Geld bzw. für das Bezahlen im Electronic Commerce zu entrichten ist, werden sich die unterschiedlich teuren und unterschiedlich sicheren **Zahlungsmittel** in diversen Bereichen mal mehr, mal weniger lohnen. Als eine wichtige Unterscheidung wird sich beim **Cyber Money** folgende durchsetzen:

- **Macropayments** für Beträge ab DM 5,-
- **Micropayments** für Beträge von einem Pfennig bis DM 5,-
- **Picopayments** für Beträge von einem hundertstel Pfennig bis zu einem Pfennig

(3) Elektronische Auslieferung

Netzfähige Güter, die vor der Auslieferung bezahlt werden müssen und - wie erste Erfahrungen zeigen - auch bezahlt werden, verursachen keinen nennenswerten Distributionsaufwand. Und die Frage der Rückgabe untauglicher Produkte stellt sich deswegen nicht, weil digitalisierte Güter ohnehin verlustfrei kopiert werden können. Auf Beschwerden muß allerdings auch hier eingegangen werden, und zwar möglichst schnell, wenn ein Vertrauensbruch vermieden werden soll.

Güter, die nicht netzfähig sind, aber im Internet verkauft werden, sind dem Kunden anderweitig zuzustellen. Bei einem breiten elektronischen Bestellsortiment gilt es künftig, ggf. neue Lösungen zu entwickeln. Der Buchgroßhändler *Libri* hat sich z.B. dafür entschieden, nach Wahl des Kunden über den Postversand oder über den regionalen Buchhändler, der als Kommissionär auch das Inkasso vornimmt, auszuliefern. Und der lokale Lebensmittelhandel, der neuerdings ebenfalls online vertreibt, haben vor allem solche Güter des täglichen Bedarfs wie z.B. Getränkekisten einen großen Zuspruch, deren Transport für den Kunden üblicherweise recht mühsam ist, wenn sich der Händler zur **„Lieferung frei Haus“** verpflichtet. Stehen hinter einem Bestellsortiment mehrere regionale und/oder überregionle Anbieter, Hersteller oder Händler, dann liegt es ggf. nahe, auf leistungsfähige, zuverlässige Helfer und auf Logistikunternehmen wie Speditionen und Auslieferungsdienste zurückzugreifen.

5 Zusammenfassung und Ausblick

Die Hinweise auf wichtige Aspekte des Handelsmarketing mit neuen Medien machen deutlich, daß auf diesem Wege die immer bedeutsamere Kunden-, Kosten- und Konkurrenzorientierung verbessert werden kann und daß sich als eine Folge davon die Distribution der Zukunft grundlegend ändern wird. Allein schon durch die Reichweitenvergrößerung wird auch die Internationalisierung im Handel einen starken Schub erhalten. Selbst kleinere Anbieter werden mit den Großen in Sachen Reichweite, Programmbreite und Service ganz gut mithalten können.

In einem derart verstärkten Wettbewerb der Zukunft wird und muß das Marketing der Anbieter professioneller werden. Dazu zählt nicht zuletzt eine strategische Ausrichtung des Handelsmarketing an den sich ändernden Distributionsstrukturen. Derartige Überlegungen finden ihre Bestätigung nicht nur in den derzeit erkennbaren Trends, sondern auch in Umfragestudien. Mit den zentralen Ergebnissen der *Electronic Commerce Enquête (ECE)* zu den **strukturellen Auswirkungen des Online-Business** wollen wir hier zum Abschluß kommen. Diese Enquête von 1997/98 postuliert folgende Trends (ECE 1997/98 S. 13ff.):

(1) Zunahme internationaler Konkurrenz

(2) Ausschaltung von Zwischenhandelsstufen oder anderen Mittlern

(3) Verkürzung von Durchlaufzeiten

(4) Steigender Kooperationsgrad auf der Anbieterseite

(5) Abnehmende Anbietetreue der Nachfrager

Der an letzter Stelle genannte aber deswegen nicht weniger wichtige Trend macht für sich allein genommen schon deutlich, daß dem Marketing aller konkurrierenden Anbieter und somit auch dem Handelsmarketing in Zukunft eine fortgesetzt wichtige Rolle zukommt. In diesem Handlungsfeld sind die neuen Medien nicht nur Problemverursacher und Herausforderungen, auf die das Marketing im Handel reagieren muß, sondern auch Problemlöser, weil sie als neue Marketinginstrumente die Kunden-, Kosten- und Konkurrenzorientierung im Handel erleichtern. Der Handel wird diese Herausforderungen nicht nur annehmen, sondern die neuen Chancen auch zu nutzen wissen. Wir dürfen auf die Fortsetzung der endlosen Geschichte „Wandel im Handel" recht gespannt sein!

Teil 7
Trends und Tendenzen

Zukunft der Innenstädte

Ursula Altenburg

1 Problemstellung

Die Zukunft der Innenstädte liegt in deren Multifunktionalität und der Fähigkeit, diese Multifunktionalität zu gestalten und durchzusetzen.

Diese Arbeitsthese weist auf das Kernproblem der Innenstädte hin: Der beklagte **Attraktivitätsverlust** und damit einhergehende Bedeutungsrückgang von Innenstädten mit Anzeichen der Verödung sind Auswirkungen der Tendenz zur Einschränkung der bisher wahrgenommenen Funktionalität. Das heißt, daß die typischen Innenstadtfunktionen sich verändert haben, verloren gegangen sind, sich verlagert haben. Insbesondere ist die Leitfunktion des Handels betroffen. Für viele stellt sich die Frage, ob sich für große Städte das Bild der gewachsenen, verdichteten europäischen Stadt aufrecht erhalten läßt.

Konsumenten und Bürger, Unternehmen und Verwaltungen trugen und tragen mit ihren Entscheidungen und Handlungen zu dieser Entwicklung bei. In großen deutschen Städten wird der strukturelle Wandel von einer industrie- zu einer dienstleistungsbestimmten Wirtschaft besonders deutlich sichtbar. Für die ostdeutschen Städte Dresden und Leipzig werden mittelfristig für die reale Bruttowertschöpfung erhebliche Wachstumsraten vorausgesagt (vgl. *Koll/Nam* 1996, S. 16). Diese Entwicklung wird nicht allein von den sog. Kernstädten getragen, sondern von Stadtregionen. Die Innenstadt wird mehrheitlich nach wie vor als Zentrum des Wirtschaftsstandortes Stadtregion betrachtet. Innerhalb dieser Stadtregion lassen sich **Verlagerungen von Funktionen** beobachten; betroffen sind insbesondere die Funktionen Wohnen, Arbeiten und Handel. Allerdings sind auch Anzeichen von Re-Urbanisierung zu erkennen, so daß insgesamt von einem sehr komplexen stadtregionalen Wandlungsprozeß auszugehen ist.

Das Funktionenbündel für die Innenstadt gilt es unter qualitativen und quantitativen Aspekten neu zu schnüren, um den veränderten Anforderungen und Bedürfnissen an die Multifunktionalität von Innenstädten zu entsprechen. Das schließt ein, die Stadtentwicklung nicht dem Selbstlauf zu überlassen, sondern die Innenstadt im Zusammenspiel mit anderen Stadtzentren und der gesamten Stadtregion zu gestalten. Diese Aufgabe ist sehr kompliziert. Die Innenstadt ist kein Unternehmen, in dem unternehmerische Zielsetzung und Durchsetzung den Erfolg sichern können. Die vielfältige und vielschichtige Interessenlage der an den Entscheidungen und Handlungen zur Erfüllung der Innenstadtfunktionen Beteiligten stellt hohe Anforderungen an das City-Management. Die bisher praktizierten Konzepte greifen nur Teilbereiche auf.

2 Die Funktionalität von Innenstädten

Viele deutsche Großstädte sind von **Suburbanisierung** betroffen. In Westdeutschland läßt sich diese Erscheinung der partiellen Verlagerung von ehemals stadttypischen Funktionen, wie Arbeiten, Wohnen, Handel, Bildung, Kultur an die Ränder bzw. in das Umland der Städte seit den sechziger Jahren feststellen. Für ostdeutsche Großstädte zeigt sich seit 1990 quasi im Zeitraffer eine ähnliche Entwicklung. Leipzig verlor seither ca. 80 000 Personen der Wohnbevölkerung an das Umland. Durch eine ab Januar 1999 wirksame Eingemeindung kommt Leipzig nun auf die Größe von knapp über 500 000 Bewohnern (vgl. *Müller* 1998, S. 9).

Im Zentrum der Stadt lassen sich immer weniger alle Einkaufswünsche erfüllen. Kunden geben inzwischen den preisgünstigen, bequemlichkeits- und bedarfsorientierten Angeboten der verschiedenen Einzelhandelsformen in Einkaufs- und Gewerbezentren außerhalb der Städte den Vorzug und nehmen dabei erheblichen eigenen Beschaffungsaufwand in Kauf. Das führt zu Verlust an Kaufkraft und letztlich zu ökonomischen Nachteilen für die Händler in der City. In der Region Leipzig wurden der Kernstadt 60% der einzelhandelsrelevanten Kaufkraft entzogen (vgl. *Hartog-Niemann/Boesler* 1997, S. 412). Eine jüngst durchgeführte Telefonbefragung der Leipziger Bevölkerung belegt, daß 41% der Befragten zum Einkaufen in das Umland fahren, während 31% angaben, die Innenstadt aufzusuchen (vgl. *Decker* 1998b, S. 11).

Die Handelsfunktion in der City erfährt außerdem Einschränkung durch die Vereinheitlichung und Vereinfachung der Handelsangebote. Mit einem Filialisierungsgrad von 78,1% liegt Leipzig im gesamtdeutschen Vergleich 1995 an sechster Stelle (vgl. *Kemper* 1995, S. 18). Und Leipzig übt nach wie vor Anziehungskraft auf Handelsfilialisten aus, wie jüngste Informationen nachweisen (vgl. *Kemper* 1998).

Daß Bedeutungsverlust von Innenstädten i.d.R. mit der Entwicklung des City-Handels diskutiert wird, verweist auf die herausragende Stellung des Handels im Funktionengefüge von Innenstädten. Dem **Handel** wird eine **Leitfunktion** zugesprochen. Ein Blick in die Geschichte zeigt: Städte entstanden oft an wichtigen Handelsstraßen und entwickelten sich zum Zentrum des Marktgeschehens einer Region. Heute steht Urbanität für städtisches Leben und Multifunktionalität auf engstem Raum. Diese Multifunktionalität wird wesentlich von einem Funktionenbündel aus Handel, Wohnen, Kultur, Arbeit, Verkehr, Sozialem und Bildung getragen. Sie ist in diesem Sinne Voraussetzung für die Kopplung von Aktivitäten der Besucher von Innenstädten.

Die Innenstadtfunktionen lassen sich als Angebote zur Nutzung verstehen. Sie hängen voneinander ab und beeinflussen sich gegenseitig; sie erscheinen zu einem bestimmten Zeitpunkt in einer bestimmten Ausprägung. Insofern verkörpern sie Multifunktionalität. Entspricht das Gefüge den Bedürfnissen der Kunden, Besucher, Bewohner, Unternehmen, Institutionen usw., kann man mit einer hohen Anziehungskraft des Standortes Innenstadt rechnen.

Der Wunsch nach attraktiven Innenstädten und die veränderten gesellschaftlichen und individuellen Bedürfnisse führen zum Problem, Innenstädte als multifunktionales Zentrum neu zu definieren. Multifunktionalität sollte nicht auf die quantitative Ausweitung von Funktionen bzw. Ausdifferenzierung von Innenstadtfunktionen reduziert werden. Vielmehr geht es um ein Mix von Funktionen, welches den Anforderungen der Akteure und Zielgruppen der Innenstadt entspricht und in Abstimmung mit den Funktionen der Stadtregion insgesamt zu gestalten ist.

3 Anforderungen an Innenstädte

Gesellschaftliches und wirtschaftliches Geschehen vollzieht sich in einem sich ständig ändernden Umfeld. Wandel und Umorientierung kosten Mühe und verursachen Aufwand. Einfacher erscheint, zunächst das Bewährte zu erhalten und dazu ordnungspolitische Maßnahmen oder Subventionierungen zu fordern und durchzuführen. Solche Tendenzen lassen sich für den betrachteten Bereich feststellen, z.B. im Zusammenhang mit dem Vordringen von Factory Outlets als Konkurrenten für den Facheinzelhandel (vgl. *Hallier* 1998, S. 7).

Eine andere Sicht der Dinge ist, Veränderungen als Ausdruck gesellschaftlicher und wirtschaftlicher Ansprüche anzunehmen und die Raumordnung mit ihrem Zentrale-Orte-Konzept nicht zum Dogma zu erklären, sondern zur Koordination der unterschiedlichen Interessen der Beteiligten zu nutzen (vgl. *Hartog-Niemann/Boesler* 1997, S. 418).

Veränderungen und Wandel kann man mit **Innovationen** in Form von neuen Betriebsformen, durch die Aufnahme von neuen Sortimentsteilen, Produkten und Dienstleistungen oder die Anwendung neuer Informations- und Logistik-Technologien nachkommen. Die Geschichte des Handels zeigt eindrucksvoll, daß sich Innovationen in mittel- bis langfristigen Zeiträumen durchsetzen können.

Die Ausprägung der **Multifunktionalität** bzw. des spezifischen Leistungsbündels der Innenstadt hat ihre Grundlage in den Bedürfnissen und Anforderungen der Zielgruppen. Zwei Verhaltensbereiche wirken sich für die Innenstadtfunktionen vermutlich besonders aus: Einmal zeigt gewachsene **Mobilität** der Konsumenten, daß Distanzen auch in größeren Dimensionen eine subjektive Beurteilung erfahren können, die das Einkaufen an entfernteren Orten nicht beeinträchtigen. Diese größere Mobilität fördert die Suburbanisierung. Zum anderen läßt sich ein **sozialgruppenspezifisches Nachfrageverhalten** feststellen, was sich z.B. im Zusammenhang mit der wachsenden Bedeutung des Konsums zeigt. Einkaufen wird zur Freizeitaktivität und zur Möglichkeit der sozialen Integration genutzt. Konsumentenverhalten wird demnach immer mehr durch die Kopplung von Einkaufs- und Freizeitaktivitäten, aber auch durch die sozial- und lebenszyklusspezifische Wahrnehmung von Einkaufsstätten, Produkten und Dienstleistungen bestimmt (vgl. *Gebhardt* 1996, S. 5).

Diese veränderten Verhaltensweisen, die zu einem sehr differenzierten Bild der Konsumentenschaft führen, begründen Überlegungen nach der Ausweitung von Versorgungsräumen bei ganzheitlicher Betrachtung (vgl. *Hartog-Niemann/Boesler* 1997, S. 416). Die Funktion des Versorgungshandels wird von Handelsangeboten in den peripher gelegenen Standortagglomerationen oder im Distanzhandel per Fernseher bzw. Internet wahrgenommen werden können. Einkauf und Freizeitspaß in Kombination dagegen wird zunehmend von Einkaufszentren in Rand- und Innenstadt-Randlagen geboten.

Leistungen im Sinne der Multifunktionalität sollte die Domäne der Innenstadt bleiben. Urbanität ist ihre Chance, sich von anderen Standorten erfolgreich abzugrenzen. Standortvorteile sind eindeutig die Vielfalt des Angebots an Waren und Dienstleistungen (Branchenmix), städtebauliches Ambiente, mehrfache Kopplungsmöglichkeiten der spezifischen Leistungsinanspruchnahme, kurze Wege und günstige Verkehrslösungen. Eine wesentliche Rolle dabei kann der Handel spielen, wenn er es schafft, Einkaufen in der City zum Erlebnis zu machen.

4 Chancen für die Innenstädte

4.1 Leistungsfähigkeit von Innenstädten

Im Vergleich zu den geplanten Einkaufszentren sind in der Innenstadt i.d.R. **gewachsene Agglomerationen** von Betriebstypen des Einzelhandels zu finden. Nicht selten kann man in westdeutschen Städten feststellen, daß Handelsgeschäfte über Jahrzehnte am gleichen Standort in der Innenstadt erfolgreich betrieben werden. Typisch hierfür sind Fachgeschäfte, Waren- und Kaufhäuser, die ihren Erfolg in Abhängigkeit von großen Passantenströmen sehen und oft als innenstadttypische Betriebsformen bezeichnet werden. In letzter Zeit gibt es verstärkte Bestrebungen, Einkaufszentren in die Innenstadt zu integrieren und als Attraktionsträger zu nutzen. Fast die Hälfte der Einkaufszentren in Westdeutschland sind in Innenstädten etabliert (vgl. *Hallier* 1998, S. 6). Dagegen dominieren in Ostdeutschland die Einkaufszentren vor den Toren der Stadt. Für den Landkreis Leipzig, in dem die großflächigen Handelsunternehmen und Einkaufszentren angesiedelt sind, wird für 1996 eine Flächenausstattung von 1,9 qm

Verkaufsfläche je Einwohner ausgewiesen; der Durchschnittswert für Westdeutschland liegt bei 1,1 (vgl. *Sparschuh* 1997, S. 35).

Bekanntlich suchen Einzelhändler die räumliche Nähe von konkurrierenden Einzelhandelsbetrieben; sie erhoffen sich davon höhere Umsätze. Auch mit branchenungleichen Agglomerationen werden attraktivitätsfördernde Wirkungen verbunden, und zwar durch die Erweiterung additiver Kauf- und Nutzungsmöglichkeiten für die Kunden (vgl. *Hansen* 1990, S. 190f.).

Diese Erkenntnisse und Erfahrungen werden genutzt bei der Gestaltung des Branchenmixes von Einkaufszentren. Längst wird dabei ein **Trading up** verfolgt. Die Einkaufszentren planen genau auf die Zielgruppen im Einzugsgebiet bezogen. Inzwischen gibt es Einkaufszentren der sog. höheren Generation. Sie inszenieren die „Stadt im Kleinen“. Dabei wird deutlich, wie neben dem zielgerichteten Ausfüllen der Handelsfunktion weitere, eigentlich bisher als stadttypisch ausgewiesene Funktionen, wie Kultur und Dienstleistungen unterschiedlichster Art zur Freizeitgestaltung und Bequemlichkeit der Konsumenten oder auch die Ansiedlung von Bewohnern, aufgegriffen werden. Die Einkaufszentren etablieren mit ihrem Leistungsangebot eine Mehr-Funktionalität. Dabei wird der Wirkung der Architektur eine besondere Bedeutung beigemessen.

Innenstädte haben noch die Chance der Multifunktionalität. Sie können angesichts der Einmaligkeit ihres städtebaulichen Charakters, ihrer Geschichte und Kultur sowie ihrer Einbettung in ein gewachsenes innerstädtisches und weiteres Umfeld ein zielgruppengerechtes Gefüge von Handels-, Dienst- und Verwaltungsleistungen entwickeln.

Folgt man diesem Gedanken, daß Innenstadtfunktionen durch Leistungen erfüllt werden können, läßt sich analog zu den Überlegungen von *Balderjahn* (1996, S.121) zum Regionalmarketing die **Innenstadt als Produkt** erklären, was für bestimmte Zielgruppen von Interesse sein könnte. Danach kann die Innenstadt als ein vielschichtiges und komplexes Gefüge von Einzelleistungen gesehen werden, die sich ergänzen und voneinander abhängen. Sie lassen sich in dieser Gesamtheit schwer gestalten, sollten aber ein unverwechselbares Profil erhalten. Als Zielgruppen können Personen und Organisationen bestimmt werden, die innerstädtische Leistungen nachfragen, sich selbst in der Innenstadt niedergelassen haben oder von außen kommen.

Stellt man die Frage nach den Funktionsträgern und Leistungserbringern - den Akteuren, die das Produkt Innenstadt gestalten und realisieren -, kann die **Innenstadt als Organisation** betrachtet werden. Diese Organisation wird von Akteuren getragen, die sehr unterschiedliche und auch gegensätzliche Interessen verfolgen, die zu Konflikten führen können. Zu den Akteure können Bewohner, Unternehmen, Verbände, kommunale Einrichtungen und die politische Führung an diesem Standort gehören (vgl. *Balderjahn* 1996, S. 121).

Die Leistungsfähigkeit von Innenstädten kommt direkt zum Ausdruck in der Erfüllung der gewählten Funktionen und ist abhängig von einer effektiven Ressourcennutzung, wie der Infrastruktur, der Stadtarchitektur, der Aktionsräume der Innenstadt. Innenstadtfunktionen werden arbeitsteilig wahrgenommen und durch Leistungen der Akteure der Innenstadt erfüllt. Leistungsfähigkeit setzt insofern Leistungsbereitschaft der Beteiligten voraus.

Dieses Denken in Produkten und Organisationen bietet die Grundlage dafür, die klassische Marketingtheorie für die Entwicklung und Ausschöpfung von Wirtschaftsstandorten anzuwenden (vgl. *Balderjahn* 1996, S. 120). Mit dem Ziel die notwendige Wettbewerbsfähigkeit von Wirtschaftsstandorten zu erreichen, ergeben sich damit Möglichkeiten, Leistungen und Austauschbeziehungen zielgerichtet zu gestalten und nicht zuletzt das Instrument der finanziellen Wirtschaftsförderung wirksamer einzusetzen.

4.2 Wirkungsmöglichkeiten des Handels

Handelsunternehmen sind Akteure der Innenstadt. Bekanntlich wird ihnen eine hervorragende Rolle zur Entwicklung einer attraktiven Innenstadt zuerkannt bzw. abgefordert. Handelsunternehmen betreiben aus einzelwirtschaftlicher Perspektive **Standortpolitik**. Diese standortpolitischen Entscheidungen können entscheidend für ihren unternehmerischen Erfolg sein; außerdem haben sie gesamtwirtschaftliche und gesellschaftliche Relevanz (vgl. *Hansen* 1990, S. 178).

Entsprechend den Anforderungen ihres Betriebskonzeptes setzen sie sich mit den Standortbedingungen auseinander, nutzen diese und passen sich Veränderungen im Zeitablauf an. Welchen Beitrag können Handelsunternehmen unter diesem Aspekt zur Entwicklung des Standortes Innenstadt leisten?

Infolge der Verschärfung des Wettbewerbs hat die Bedeutung der Einkaufsstättenprofilierung unter Ausnutzung des Gestaltungsspielraumes der absatzpolitischen Aktionsbereiche zur Anpassung an den Standort zugenommen, um so Alleinstellung bzw. Präferenzen bei den Kunden zu erreichen. In Abhängigkeit von der Handelsleistung und den Profilierungszielen können unterschiedliche Instrumente, wie Sortimentsbildung, Verkaufsförderung, Ladengestaltung und Warenpräsentation eingesetzt werden.

Diese Angleichung der Standortanforderungen von Betriebskonzepten an die sich ändernden Bedingungen läßt sich relativ kurzfristig realisieren; sie kann sehr innovativ sein und der sog. Store Erosion vorbeugen. Mit dem Trend zum **Einkaufserlebnis** scheint z.B. die Betriebsform Fachgeschäft, eine traditionelle Betriebsform der Innenstadt, geeignet zu sein, Erlebniskonzepte umzusetzen. Ihr Sortiment ist branchenspezifisch und bedarfsgruppenorientiert aufgebaut. Ergänzend dazu werden Dienstleistungen angeboten.

Eine solche standortpolitische Entscheidung kann für den einzelnen Händler durchaus zum Erfolg führen. Die gesamtwirtschaftlichen und gesellschaftlichen Wirkungen scheinen davon abzuhängen, wie es gelingt, einzelbetriebliche Standortpolitik mit Zielvorgaben der Stadtplanung für die Ausprägung der innerstädtischen Handelsfunktion in Übereinstimmung zu bringen.

Aufgrund der großen Abhängigkeit des unternehmerischen Erfolgs von den gegebenen Standortbedingungen ist der Handel seit langem bestrebt, gestaltend auf diese Bedingungen Einfluß nehmen zu können. Kleinere und mittlere Unternehmen stoßen dabei schnell auf Grenzen. Deshalb sind **Handelskooperationen** entstanden, die - Interessenübereinstimmung der Beteiligten vorausgesetzt - bestimmte Aufgaben gemeinsam wahrnehmen, um die Attraktivität ihres Standortes Innenstadt zu verbessern. Solche Kooperationen treten z.B. in Form von Werbe-, Passagen- und Parkgemeinschaften in Erscheinung und verfolgen vor allem imagefördernde Ziele. Die Stärke dieser Gruppen, an denen oftmals auch Dienstleistungsunternehmen beteiligt sind, ist Grundlage für die Einflußnahme auf kommunale Entscheidungen. Im Schwerpunkt geht es dabei um die Schaffung günstiger Verkehrs- und Sicherheitslösungen zur Erreichung hoher Passantenströme und zur Verbesserung der Warenanlieferung.

Häufig findet man Hinweise auf mangelnde Wirksamkeit solcher Kooperationslösungen. Als Nachteile werden benannt mangelhafte Konzepte, Defizite der Organisation, eingeschränkte Mitwirkungsmöglichkeiten, dominante Stellung von Mitgliedern, fehlende Kompetenz, Verständnis und Verständigungsprobleme. Auch in ostdeutschen Innenstädten ist nach anfänglicher Euphorie nunmehr Zurückhaltung und geringere Bereitschaft zur Mitwirkung spürbar.

Positiver schätzt die **Leipziger Citygemeinschaft** ihre Arbeit in den letzten Jahren ein. Erklärtes Ziel dieser Gruppe von gegenwärtig knapp 100 innerstädtischen Handels- und Dienstleistungsunternehmen ist es, an der Gestaltung einer attraktiveren Leipziger Innenstadt mitzuwirken. Sie kann auf Erfolge verweisen, die sich vor allem auf gemeinsame Aktionen zur Belebung der Leipziger City stützen. Mit der Stadtverwaltung wird zu bestimmten Problemen Kontakt gesucht und zusammengearbeitet. Mit dieser Konzeption der Leipziger Citygemeinschaft läßt sich eine größere Wirksamkeit des Marketings der beteiligten Handelsunternehmen und partiell eine Verbesserung der Standortbedingungen erreichen. Das Gesamtkonzept einer multifunktionalen Leipziger City wird aufgrund der gegebenen Interessenlage nicht entwickelt und verfolgt.

5 Kooperatives City-Management

Besonders schwierig scheint es zu sein, die unterschiedlichen Interessen und Zielstellungen in der Zusammenarbeit von privaten und öffentlichen Akteuren zu beherrschen. Die Probleme der Entwicklung und Durchsetzung der in vielen Städten anzutreffenden Stadtmarketing- bzw. Stadtmanagement-Konzeptionen deuten darauf hin. Die Beschränkung auf den kleinsten gemeinsamen Nenner bringt häufig nur eine relativ unverbindliches und sporadisches, nicht auf Kernprobleme und zu kurzfristig angelegtes Zusammenwirken der Akteure zustande. Außerdem wird auf die Gefahr der vorrangigen Durchsetzung bestimmter ökonomischer Interessen hingewiesen (vgl. *Grabow/Hollbach-Grömig* 1998, S. 27ff.).

Im Mittelpunkt des ganzheitlich konzipierten Stadtmarketing-Konzepts steht die Multifunktionalität bzw. die Wiederherstellung der **Multifunktionalität** als Erfolgsfaktor und die darauf ausgerichtete Entwicklung eines unverwechselbaren Leistungsprofils.

Im Vergleich zu den Einkaufszentren, die im Rahmen ihres Konzepts Ziele, Strategien und Maßnahmen gegenüber ihren Mietern durchsetzen können, steht man bei der Entwicklung und Durchsetzung eines Innenstadtkonzepts gleichwohl vor schwierigeren Problemen. Einig ist man sich, daß eine solch komplexe Leistung nicht allein durch kommunale Politik und Verwaltung getragen werden sollte. Insbesondere infolge der zwangsläufig unterschiedlichen Interessen der einzubeziehenden privaten und öffentlichen Akteure ist von einer pluralistischen Willensbildung und Entscheidungsfindung auszugehen. Damit verbunden ist die Forderung nach einer wirksamen kooperativen Führungskonzeption.

Ein qualitativ neuer Ansatz wird im **Konzept des kooperativen City-Management** gesehen. Dieses Konzept ist auf die Gestaltung und Durchsetzung eines innerstädtischen Leistungskonzepts als Teil der Stadtregionenentwicklung gerichtet. Es bezieht Denkansätze und Techniken des Marketings und der Organisationslehre ein und verfolgt das Ziel, die Akteure der Innenstadt zu mobilisieren und im Dialog, also auf Konsens orientiert, gemeinsame Ziele zu bestimmen, im Interesse der Multifunktionalität und Profilierung der innerstädtischen Gesamtleistung Einzelleistungen zu erbringen und zu vernetzen.

Balderjahn (1996, S. 122) sieht deshalb im St. Galler Managementkonzept mit dessen Differenzierung in normative, strategische und operative Managementdimensionen eine geeignete konzeptionelle Basis für ein Standortmanagement. Wesentliche Charakteristika dieses Konzepts, was das Zusammenspiel von Strukturen und Verhalten erfaßt, sind

- Einbeziehung von Visionen für den Standort
- Festlegung von Leitbildern und Zielen
- Strategiebestimmung zur Profilierung und Positionierung der Gesamt- und Teilleistungen
- Planung und Steuerung von Aktionen mit den Schwerpunkten Leistungs-, Kommunikations- und Preispolitik

Dieses Konzept ist methodisch fundiert und scheint praktikabel; allerdings kann noch nicht von Erprobung und Bewährung berichtet werden. In Leipzig hat sich vor kurzem **„City Leipzig Management“** gegründet. Die derzeit zehn Mitglieder vertreten 250 Händler, Gastronomen, Anlieger der Innenstadt und die Stadtverwaltung (vgl. *Decker* 1998a, S. 14). Die Citygemeinschaft als Vertreter der Leipziger Innenstadthändler gehört zu dieser Kooperation, die gute Chancen hat, bei der Gestaltung der geforderten innerstädtischen Multifunktionalität in neuer Qualität voranzukommen. Die Einbindung in die Entwicklung der Stadtregion Leipzig als Ganzes und die damit einhergehende funktionale Arbeitsteilung ist noch zu verdeutlichen (vgl. *Bundesforschungsanstalt für Landeskunde und Raumordnung* 1997, S. 18).

Vermutlich bieten die sog. Public Private Partnerships eine geeignete Lösung für die Institutionalisierung der Trägerschaft der beteiligten Akteure. Die Kernfrage ist, wie es gelingt, mit dem Konzept des kooperativen City-Managements die gewünschte Balance in der funktionalen Ausprägung hinsichtlich des Wirtschaftsstandortes Innenstadt, der Innenstadt als Faktor von Lebensqualität und hohem Identifikationswert zu erreichen (vgl. *Franz* 1997 S. 309f.). Das Besondere des Konzepts ist, daß durch das bewußte Einbringen der Identität des Standortes Innenstadt lokale Kenntnisse, Kompetenz und Innovationsfähigkeit der Akteure aktiviert werden. Denn nach wie vor kann man *Mitscherlich* (1986, S. 14) zustimmen, wenn er schreibt: „Die gestaltete Stadt kann ‚Heimat' werden, die bloß agglomerierte nicht, denn Heimat verlangt Markierungen der Identität eines Ortes". Insofern besteht Optimismus, mit dem Ansatz des kooperativen City-Managements, einen Weg zur Wiederherstellung einer multifunktionalen Innenstadt gefunden zu haben.

Anmerkung: Danksagung an Frau *Kristin Wellner*, die mit den Untersuchungen im Rahmen ihrer Diplomarbeit zu den Möglichkeiten und Grenzen kooperativer Standortgestaltung eine Reihe von Anregungen für diesen Beitrag geben konnte.

Der Handel im 21. Jahrhundert

Ulrich Eggert

1 Szenario 2010

1.1 Rahmenbedingungen

Im Zeitalter der **Nano-Sekundenkultur** entscheiden Wissen, Denkvermögen sowie Verfügbarkeit von Daten über Erfolg und Mißerfolg unternehmerischer Entscheidungen (vgl. *Hirzel, Leder & Partner* 1992). Entfernungen schrumpfen, jeder und alles ist überall und sofort verfügbar. Nicht zuletzt wird die traditionelle Unterscheidung von global und regional obsolet.

Eine **neue Form des Wettbewerbs** entwickelt sich. Sie ist u.a. gekennzeichnet durch die Individualisierung zahlreicher Leistungsprozesse: Kultur, Medien, Unterhaltung, Konsum und Verkauf werden auf immer kleinere Gruppen, ja sogar Individuen zugeschnitten (vgl. *Pine* 1993). Der Einzelne steht so sehr im Vordergrund, daß in manchen Märkten traditionelles Nischen-Marketing vom One-to-One-Marketing abgelöst wird (vgl. *Piller* 1997).

1.1.1 Weiteres Umfeld des Handels

Zumeist nicht aus Einsicht, aber immerhin mangels finanzieller Mittel ist die Deregulierung des Staates weit fortgeschritten. **Ostdeutschland** ist weitgehend saniert. Zwar besteht noch in vielen Lebensbereichen ein erkennbarer, jedoch nicht mehr entscheidender Rückstand gegenüber dem Westen Deutschlands. Aber - und dies ist entscheidend - die ostdeutsche Wirtschaft funktioniert selbsttragend und kommt ohne größere Transferzahlung aus.

Deutschland ist eine **Seniorengesellschaft** geworden. Ca. 26% aller Einwohner sind über 60 Jahre alt und nur ca. 18% jünger als 20 Jahre (vgl. *Brünner* 1997). Noch zeichnet sich keine Lösung der Probleme ab, welche diese Entwicklung den sozialen Systemen bereitet. Für eine gewisse Entlastung sorgt die Zuwanderung, welche die Einwohnerzahl steigen läßt und insgesamt für eine etwas günstigere Altersstruktur sorgt. Weiterhin erreichen Single-Haushalte einen Anteil von fast 40%; in manchen Städten sind es fast 50%. Die Arbeitslosigkeit beträgt „nur" noch 6 - 7% und hat den Höhepunkt der Jahrhundertwende, der bei 12 - 14% lag, überwunden. Zugleich aber blieben tiefe Spuren in der gesellschaftlichen Struktur zurück. Eine **Drei-Klassen-Gesellschaft** ist entstanden.

1.1.2 Engeres Umfeld des Handels

Deutschland ist vollständig in den Europäischen Binnenmarkt integriert. Mit fast 90 Mio. Einwohnern repräsentiert es den mit Abstand interessantesten Teilmarkt und zieht auch leistungsstarke ausländische Handelsunternehmen an. Die Folge ist ein **extrem harter Wettbewerb**. Verschärfend kommt hinzu, daß eine lange Periode relativ schwachen Wachstums hinter uns liegt. Viele Jahre lang pendelte das reale Wachstum pro Kopf der Bevölkerung um die Null-Linie, und neue Auftriebskräfte gewinnen erst langsam an Boden. Diese **stagnativen Tendenzen,** verbunden mit einer relativen Sättigung der Nachfrage, verschärfen die Wettbewerbssituation zusätzlich. Hinzu kommt, daß, bedingt durch eine chronische Überschuldung, die öffentlichen Hände als Nachfrager weitgehend ausfallen.

Die Arbeitslosigkeit ist allmählich auf dem Rückzug, aber noch immer leben erhebliche Teile der Bevölkerung in relativer Armut. Diese kann durch Umverteilung nur bedingt ausgeglichen werden. Waren früher **Armut** und **Alter** eng miteinander verbunden, so hat sich dies nunmehr entscheidend geändert. Deshalb zögert die Wirtschaft auch nicht länger, sich ernsthaft auf den hohen Anteil der Senioren an der Bevölkerung einzustellen (vgl. *Härte-Kasulke* 1998). Dies fördert, zusammen mit anderen Einflußfaktoren, den Trend zur **Dienstleistungs-** und **Servicegesellschaft.**

Der **Verbraucher** verhält sich „smart". Jeder, falls er nicht der untersten sozioökonomischen Schicht angehört und kaum Wahlmöglichkeiten hat, setzt also sein Geld strategisch ein (vgl. *BBDO* 1994). Fernab der Bindung an traditionelle Konsumstile werden preiswerte Produkte ebenso gekauft wie Luxusartikel, und der Zeitaufwand spielt für die Präferenzen keine mindere Rolle als die erlebte Kaufsituation.

Wir stehen mitten im **Informations-Zeitalter**. Das rasante Innovationstempo der Elektronik begünstigt im Verbund mit einer entsprechend hohen Preisverfallsrate die schnelle Diffusion der Multimedia-Technologie in der Wirtschaft, aber auch in den Haushalten (vgl. *Geppert* 1998), was nicht zuletzt auch das Sozialgefüge verändert. Bspw. fordern völlig neue Arbeitszeitmodelle vom Arbeitsanbieter totale Flexibilität. Weiterhin verstärken die immer enger geknüpften Informations-Netze die Globalität der Märkte und damit auch den Wettbewerb auf internationaler Ebene, und ständiges **Benchmarking** sorgt für zusätzliche Dynamik (vgl. *Karlöf/Östblom* 1994). Auf den dadurch bedingten permanenten Preis- und Ertragsverfall reagieren die Anbieter wiederum mit kostenorientierten Strategien, womit sich der Kreis schließt.

Waren **Nischenstrategien** früher zwar gefährlich, aber unter bestimmten Bedingungen durchaus erfolgversprechend, so gleichen sie nunmehr der Quadratur des Kreises. Da Zeit und Entfernung ihre bisherige Schutzfunktion verloren haben, kann jedermann potentielle erfolgversprechende Versuche sofort erkennen und diese Nische, gleich von welchem Punkt auf dem Globus aus, besetzen, möglicherweise schneller als der Innovator.

Nicht nur die Industrie, auch der Handel versucht zunehmend, Personal durch Technik zu ersetzen. Um so größer wird, was nur scheinbar paradox ist, die Bedeutung des **Human-Kapitals**. Gerade mittlere Unternehmen, die nur überleben können, wenn sie sich vom Marktführer durch eine alternative Strategie abheben, setzen darauf: Beziehungsmanagement kontra Preisstrategie (vgl. *Diller* 1995).

1.2 Aktionsfeld

1.2.1 Dienstleistungsboom

Wie in den anderen Industrieländern vollzieht sich in Deutschland eine komplexe **Nachfrageverschiebung**, welche die Absatzmöglichkeiten des Handels entscheidend beeinflußt. Der reine Warenverkauf geht in Relation zur Gesamtnachfrage drastisch zurück, Dienstleistungen dagegen expandieren nachhaltig. Der Anteil des Einzelhandels am Zuwachs des Privaten Verbrauchs ist seit Jahren rückläufig. Waren es in den sechziger Jahren noch 48% und zu Beginn der neunziger Jahre 24%, so ist diese Quote nach Angaben des *HDE* heute auf 6% gefallen.

Wofür aber verwenden die Verbraucher ihren Einkommenszuwachs konkret? Wie Abb. 1 zeigt, steigt der Anteil, den Dienstleistungen und Wohnungsmiete in Anspruch nehmen, drastisch. Wenn man die Betrachtung nach **Ge-** und **Verbrauchsgütern** (= „handelbare“ Ware) sowie **Dienstleistungen** (= zu „erbringende“ Leistung) differenziert, dann zeigt sich: Letztere sind die absoluten Gewinner; denn auf sie entfallen 50% des Privaten Verbrauchs (Gebrauchsgüter 22%, Verbrauchsgüter 28%).

Hieraus hat der Handel entscheidende Konsequenzen zu ziehen: In Zukunft werden nur noch Discounter **„handeln“**, alle anderen **„dienen“**. Angesichts derartiger Strukturveränderungen müssen Dienstleistung und Service große Anteile am Umsatz des Handels erreichen, in manchen Unternehmen 30 - 40%. Zugleich wird die begriffliche Trennung von Produkt und Dienstleistung unsinnig: Problemlösung heißt die Aufgabe, die allen gleichermaßen gestellt ist (vgl. *Engelhardt* u.a. 1995).

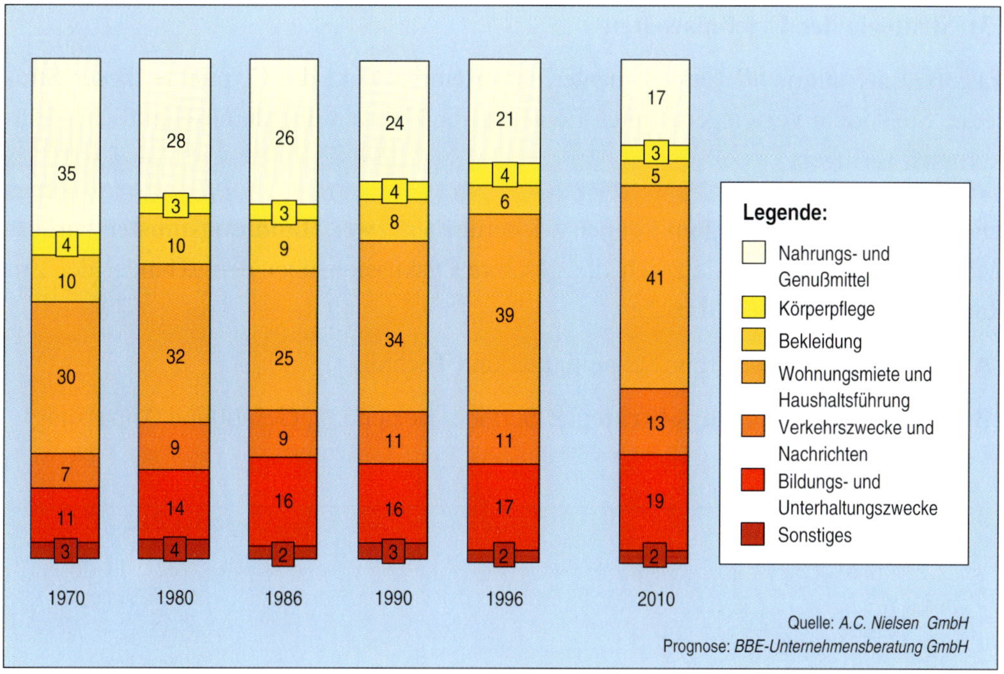

Abb. 1: Struktur des Privaten Verbrauchers im Zeitverlauf (in %)

1.2.2 Handels-Strategien

Im Jahr 2010 stehen dem Einzelhandel - wie eigentlich heute schon - nur drei Strategien zur Verfügung:

(1) Preis-Strategie

Preisführerschaft auf der Basis absoluter Leistungseffizienz des Handels (Kostenführerschaft) stellt das entscheidende Marketing-Instrument dar.

(2) Convenience-Strategie

Serviceleistung, Betreuung und Bequemlichkeit des Kunden stehen im Vordergrund aller Überlegungen. Die Beratungsleistung ist i.d.R. ein notwendiger Bestandteil der Strategie bzw. von wichtigen Strategievarianten, die insbesondere Senioren und Wohlhabende ansprechen.

(3) Strategie der Erlebniswelten

Events, Entertainment, Handelstheater, Gastronomie sind die Fixpunkte dieser Strategie. Sie spricht vorwiegend junge Leute an, die über ein überdurchschnittliches Einkommen verfügen.

Diese **drei Basis-Strategien** können wiederum auf **zwei Handlungsmuster** zurückgeführt werden, welche letztlich die gesamte Diskussion über den „Handel der Zukunft" bestimmen (vgl. Abb. 2):

(A) Waren-Strategie: Preis, Schnelligkeit und Technik

(B) Wert-/Problemlösungs-Strategie: Service, Beziehung, Gefühl und Anpassung

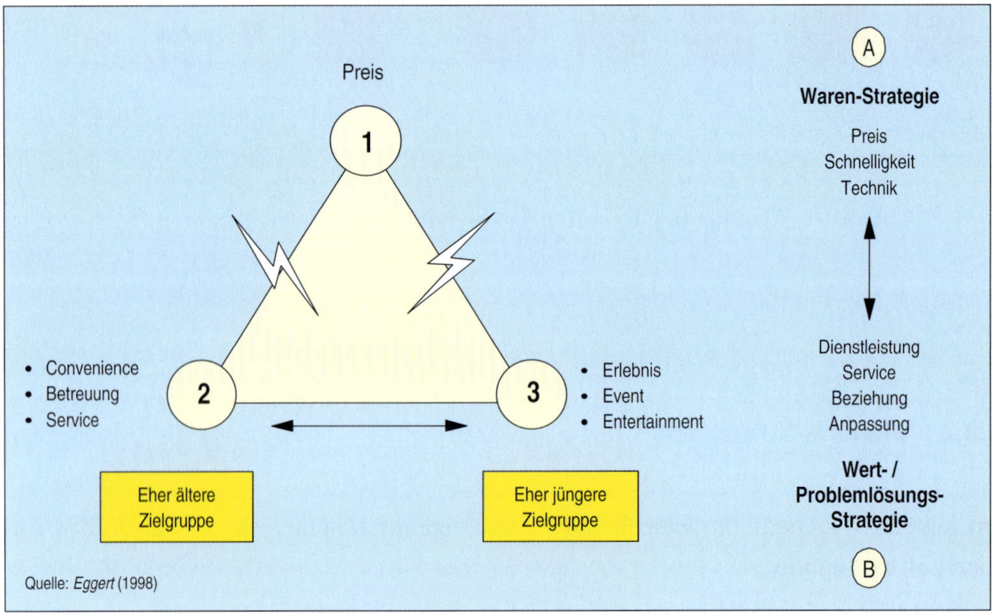

Abb. 2: Strategische Optionen des Handels

1.2.3 Hyperwettbewerb

Die **Verkaufsflächen** im Handel wachsen weiter und dürften zwischen 2005 und 2010 ihren Zenit erreichen. Wenn sie danach wieder schrumpfen, so sorgen dafür einerseits eine verbesserte Logistik und andererseits die aus Kostengründen dringend erforderliche höhere Lagerumschlagsgeschwindigkeit sowie der zunehmende Marktanteil von nicht-stationären Handelsformen.

Daß die **Discounter** als Grundversorger der Bevölkerung enorme Marktanteile erreicht haben (ca. 40% im Food-Bereich und ca. 20 - 25% bei Non-Food-Artikeln), läßt sich auf vielfältige Ursachen zurückführen. Von diesen sind hervorzuheben: Die lange Zeit angespannte gesamtwirtschaftliche Lage, das „smarte" Verhalten der Verbraucher, der harte Wettbewerb sowie dank Multimedia die totale Preistransparenz.

Im Jahr 2010 wird sich ein Trend durchsetzen, der schon einige Jahre zuvor eingesetzt hat: **„Zurück zur City"**. Dafür sorgen zum einen die wachsenden Anteile an Senioren und Singles, deren Erlebnisorientierung innerstädtische Standorte begünstigt. Zusammen mit der Beschränkung des Individualverkehrs leitet diese Entwicklung eine Bereinigung der „Grünen Wiese" ein: Entweder Discount- und Fachmarkt-Center oder Erlebnis-Center.

Multimedia bzw. **Electronic Shopping** entwerten Standortfaktoren aller Art und heben Entfernungen sowie die traditionellen Grenzen zwischen Versand- und stationärem Handel auf. Nicht zuletzt ermöglichen Multimedia bzw. Internet totale Preistransparenz, weshalb größere Preisunterschiede dem Nachfrager nicht mehr glaubhaft zu machen sind (vgl. *Diller* 1988).

Die **Industrie** ist nicht mehr nur Lieferant des **Handels**, sondern tritt zugleich auch als Wettbewerber auf. Vertikalisierte Systeme beider Seiten konkurrieren miteinander, wobei Multimedia und Electronic Shopping der Industrie den Markteintritt erleichtern (vgl. z.B. *Bruhn/Weber* 1996). Neue Distributoren, die bisher nicht im Warenvertrieb tätig waren, treten als Wettbewerber zum Handel auf (Speditionen, Kabelfernsehgesellschaften etc.). Teile der Händler können dadurch in eine **„Sandwich-Position"** zwischen Industrie und Logistik-Dienstleister geraten. Einerseits mangelt es ihm an Distributions-Know How (jedenfalls im Vergleich zu Logistikspezialisten), und andererseits versetzen die Neuen Medien die Industrie in die Lage, die Kunden auf effiziente Weise direkt anzusprechen. Aus beidem erwächst ein erheblicher Druck, auf die kostenintensive Personal- und Raumkapazität des Handels zu verzichten.

„Cross-Product-Competition" lautet das Zeichen der Zeit. Alle stehen mit allen im Wettbewerb: Jede Handelsbranche konkurriert mit jeder anderen, Ware mit Dienstleistung und Produktion (Hersteller) mit Vertrieb (Handel). In diesen Hyperwettbewerb werden neue Betriebsformen und -typen, ausländische Konkurrenten sowie neue Anbieter- und Sortimentsmixturen eingreifen. Auch dies sorgt dafür, daß die klassischen Branchengrenzen verschwinden.

1.2.4 Konsequenzen des Rationalisierungsdrucks

Angesichts dieser Wettbewerbsintensität gibt es keinen Grund anzunehmen, der Handel könne im Jahr 2010 eine hohe **Rendite** erwirtschaften. Deshalb ist der Rationalisierungsdruck ungebrochen:

- Alles wird zur **Verkaufsfläche,** Nebenflächen werden integriert und nicht mehr benötigte Flächen vermietet.
- Das **Personal** muß weiter ausgedünnt werden.
- Die Effizienz der **Logistik** wird entscheidender Triebkraft der Rationalisierung, vor allem bei Großanbietern und Verbundgruppen des Handels. Sie spart Lagerfläche, damit Raum und letztlich Mietbelastung. Zugleich setzt sie totale Vernetzung voraus: Online-Verbindungen für elektronische Warenwirtschaftssysteme, EDI, ECR und begleitend dazu Category-Management (vgl. z.B. *Ahlert/Olbrich* 1994). Solche High Tech-Betriebe mit (Self-)Scanning, automatischer Logistik, bargeldlosem Zahlungsverkehr etc. bestimmen vor allem die Grundversorgung. Kooperative City-Logistiksysteme ermöglichen die „Near-Just-in-Time-Belieferung" des Handels und damit die Reduzierung des Lagerbestandes, was tendenziell die Verkleinerung der Ladenflächen pro Einheit erlaubt. Entscheidungen müssen, wenn nicht gleichfalls automatisiert, so doch zumindest technisch vorbereitet werden.
- Die interne Technisierung ist das eine, elektronische Verkaufsinstrumente das andere. Jedes Unternehmen ist multimedial erreichbar und nutzt **Multimedia** zum Verkauf seiner Leistung, aber auch zur Kundenbindung, z.B. durch individualisierten After-Sales-Service etc. (vgl. *Albers* u.a.1998).
- Systematisches und kontinuierliches Outsourcing von Funktionen und Geschäftsfeldern, die nicht beherrscht werden, sorgten für einen zusätzlichen Effizienzschub.

Alle genannten Tendenzen werden durch **Benchmarking** fortwährend beschleunigt. Die „Orientierung am Besten" erhöht die Geschwindigkeit der Prozesse, da ständig neue Benchmarks gesetzt werden, kaum daß die „alten" Marken erreicht sind.

1.2.5 Neue Kompetenzprofile

Entsprechend den wachsenden und sich verändernden Markt- und Wettbewerbsbedingungen verändern sich auch die Anforderungen an das Management. Stand früher die reine Fachkompetenz im Vordergrund, so sind zunehmend auch **Systemkompetenz**, **Methodenkompetenz** und **Sozialkompetenz** gefordert.

2 Handels-Szenario 2010

2.1 Unternehmensführung

Der **Mittelstand** versucht, sein Überleben durch Systembildung (z.B. Franchiseübernahme) und Integration in „straff" geführten Verbundgruppen, die ehemaligen Einkaufsvereinigungen, zu sichern (vgl. *Glaser* 1994). Das Humankapital bleibt das entscheidende Differenzierungspotential gegenüber den **Großbetrieben**. Diese sind weitgehend internationalisiert und stellenweise globalisiert. Die Konzerne agieren im Ein- und Verkauf teils europa-, teils weltweit. Sie arbeiten preisorientiert (Discount-Strategie) oder als Erlebnisparks.

Weite Teile des Handels sind **vertikalisiert** und übernehmen erhebliche Teile des Marketing der Industrie (Design, Promotion, Entwicklung etc.), nicht jedoch oder allenfalls ausnahmsweise die Produktion. **Strategische Allianzen** beherrschen weitgehend die Szene: Verbundgruppen, vertikale Systeme (Industrie - Handel - Verbraucher), Vertriebskooperationen auf internationaler Ebene. Vertikale und horizontale Systempartnerschaften sind die Regel. Große, aber auch mittelgroße Unternehmen betreiben eine systematische Betriebsaufspaltung, um durch größere regionale **Marktnähe** flexibler zu werden und durch separaten Börsengang die Kapitalbeschaffung zu erleichtern. Großkonzerne mutieren dadurch zu Systemkonzernen. Es entsteht eine „Sammlung kleiner, aber flexibler Riesen" unter einer (Finanz-)Holding (vgl. *Pauli/Hoffmann* 1994), die primär durch Internationalisierung wachsen.

2.2 Marketing-Strategien

Qualität ist die absolute Basisstrategie und mithin eine Mindestanforderung. Im Mittelstand heben Sortimentsverwischungen weitgehend die klassische Branchenspezialisierung auf. Zielgruppen-, Bedarfs-, Erlebnis-, Convenience- und Lifestyle-Orientierung stehen im Vordergrund - und damit die **Verwendung** und nicht die **Entstehung** der Produkte. Zugleich aber entwickeln sich neue Formen durch Hyperspezialisierung als Nischenanbieter. Branchen werden neu definiert, und Frequenzsortimente aus fremden Bereichen ergänzen den Marketingansatz der Betriebe.

Die Vermischung von Handel, Gastronomie, allgemeinen Dienstleistungen und Entertainment ermöglicht neue Formen der Faszination. Der Erlebnishandel traditioneller Prägung wird durch Inszenierung von „Handels-Theater" verdrängt. **Faszination** und **Fun-Shopping** sprechen neue Verbraucherschichten an und wirken als Katalysator für neuartige Bedürfnisse: Freizeit im Handel, kombiniert mit Gastronomie. Versatzstücke dieser Entwicklung sind: Alte Fabriken, Großleinwandprojektionen, Simulatoren, Kletterwände, Geisterbahnen, Rafting Videos, Bungee etc. Was dabei entsteht, ist letztlich eine Kombination von Handel, Film, digitaler Kommunikation und Themenparks.

Der Handel setzt mehr und mehr auf Instore-Aktivitäten (vgl. *Gröppel* 1995). Auch **Instore-Multimedia-Projekte** (Informations-, Präsentations- und Verkaufshilfen) gewinnen an Boden und werden zu alltäglichen Instrumenten.

Das Markenprivileg der Hersteller ist gebrochen. Der Handel benötigt auch im Jahre 2010 **Marken,** aber starke Marken. Soweit sie die Industrie nicht bieten kann, propagiert er Eigen- und Handelsmarken. Auch im Mittelstand (soweit er Verbundsystemen angehört) erreichen Handelsmarken Verkaufsanteile von 20 - 25% (Non-Food) und 30 - 35% (Food). Der Handel selbst wird zur Marke (vgl. *Hammann* u.a. 1996).

3 Handelsstruktur im Jahre 2010

Die Abkehr vom Denken in regionalen Kategorien und die neuen technischen Möglichkeiten lassen die traditionellen Grenzen zwischen Versand- und stationärem Handel verschwimmen. Zusammen mit dem sich abzeichnenden Hyperwettbewerb führt diese Umstrukturierung dazu, daß bis zum Jahr 2010 von 400 000 Handelsunternehmen 175 000 verschwunden, aber 75 000 neue hinzugekommen sein werden. Die verbliebenen **mittelständischen Betriebe** sind stark dienstleistungs- und convenienceorientiert, haben im Durchschnitt kleinere Verkaufsflächen als heute und sind überwiegend in Systeme eingebunden. Mangels geeigneter Nachfolger gehen viele Standorte in Filialketten auf. In den Innenstädten entstehen als Antwort auf die „Grüne Wiese“ weiterhin Passagen und Klein-Einkaufszentren, während Großflächenbetriebe dort relativ selten geworden sind, da die Standardkosten kaum eine marktkonforme Preispolitik ermöglichen. Agglomerationen vom Typ *Centro Oberhausen* dürften im deutschen Markt auch in Zukunft absolute Ausnahme bleiben.

Als Konsequenz des Konzentrationsprozesses wird sich der Handel in einer dreifachen „Champions-League“ organisieren: auf deutscher, auf europäischer Ebene sowie auf Weltebene. Die Top 10 im **deutschen Lebensmittel-Einzelhandel** dürften nach 2005 einen Marktanteil von 93 - 95% haben und damit die höchste Konzentration in Europa. Zu den Top 10 in **Europa** werden dann neben den ersten Fünf in Deutschland noch fünf Franzosen zählen und ihren derzeitigen Marktanteil von ca. 31% auf bis zu ca. 50% steigern können. 10 - 15 Global Player, davon ca. acht europäische Unternehmen, erzielen jeweils zumindest 100 Mrd. DM Jahresumsatz und bilden die **weltweite „Champions-League“**. Sie setzen die Benchmarks für alle, gehen untereinander strategische Allianzen ein und exportieren weltweit.

3.1 Siegeszug der Discounter

Im Jahr 2000 haben die Discounter im **Food-Bereich** einen Marktanteil von 33 - 39% erreicht, zehn Jahre später sind es dann 35 - 45% (vgl. Abb. 3). Im **Non-Food-Bereich** verläuft die Entwicklung wesentlich differenzierter, da in den einzelnen Branchen sehr unterschiedliche Bedingungen herrschen. Es ist aber davon auszugehen, daß infolge der anhaltend hohen Arbeitslosigkeit viele Verbraucher gezwungenermaßen preissensitiv entscheiden; weshalb auch in diesem Bereich der Discountanteil im Durchschnitt auf mindestens 20 - 25% steigt.

Für den Erfolg der Discount-Vertriebsformen lassen sich vielfältige **Ursachen** anführen. Die allgemeine wirtschaftliche Lage oder die insbesondere in Deutschland eher steigende denn fallende Staatsquote. Weiterhin haben es die Discounter gelernt, sehr gut auf die Wünsche der Verbraucher einzugehen und liefern durchweg gute Qualität zu einem um 20 - 30% niedrigerem Preisniveau als ihre Konkurrenten. Garant ihrer Preisführerschaft ist **interne Effizienz**: Umfassendes Kostenmanagement in den Bereichen Einkauf, Logistik, Marketing und Vertrieb erlaubt es, erhebliche Einsparpotentiale zu realisieren. Weitere Pluspunkte sind hohe Rendite, knappe Lagerhaltung und die Umschlagsgeschwindigkeit.

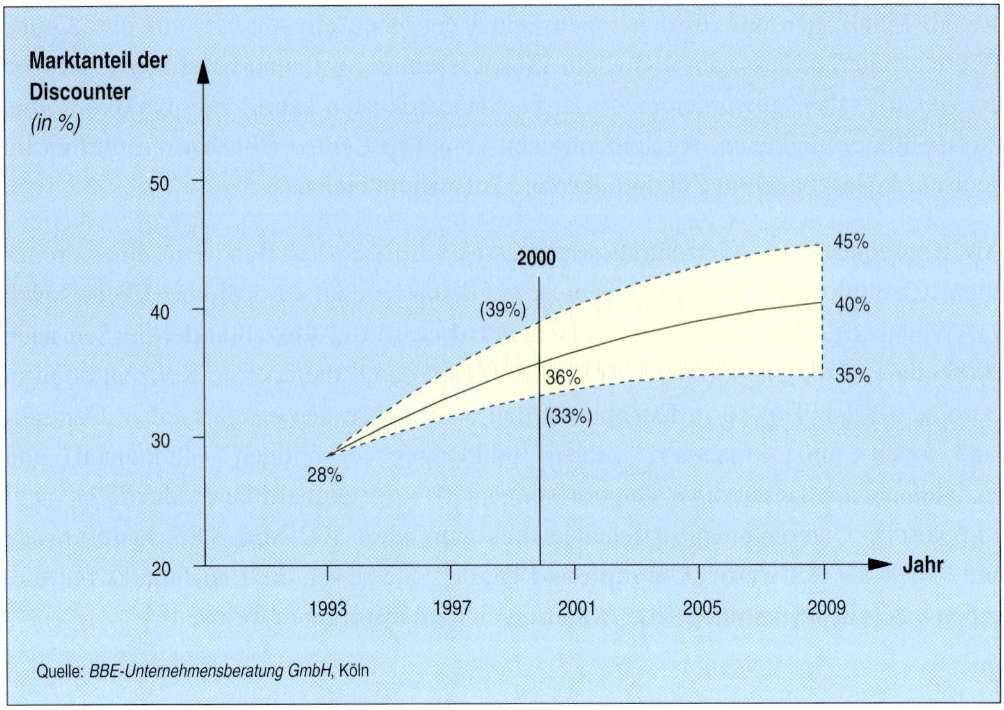

Abb. 3: Voraussichtliche Entwicklung der Discounter im Lebensmittel-Einzelhandel

Neben dem klassischen Discounter haben sich folgende **Spielarten** preisaggressiver Anbieter etabliert. Der Techno-Discounter (Warehouse-Club, Branchen-Spezialist), der Personal weitestgehend durch technische Hilfsmittel ersetzt sowie der Minimalist, der sich dank konsequenter Kostenorientierung mit einer extrem niedrigen Handelsspanne begnügen kann. Weiterhin ermöglichen die neuen Chip-Karten Automatenstraßen. Schließlich sind Factory-Outlets und Outlet-Center, Online-Discount, sowie Tankstellen, Autohäuser, Post und Bahn als neue Discounter zu beachten.

3.2 Convenience: Tragende Erfolgswelle oder künftiger Discounter?

Convenience ist bereits heute Bestandteil unseres Lebensstils: Streßvermeidung in allen Lebenslagen. Convenience-Shops, d.h. konkret Bahnhofsläden, Kioske, Trinkhallen, Bäckereien und Tankstellen-Shops, ermöglichen **Freizeitgewinn** durch **Zeitgewinn**. Von diesen sind letztere die zur Zeit am professionellsten geführten Nahversorger.

Der Geschäftstyp Convenience-Shops zeichnet sich dadurch aus, daß er i.d.R. Handel, Gastronomie und Dienstleistung kombiniert. Zu den **Erfolgsfaktoren** zählen: modulare Sortimente, die eine bedarfs- und standortgerechte Optimierung von Kleinflächen ermöglichen, umfassende Kundenorientierung (Bequemlichkeit, One-Stop-Einkauf, Öffnungszeiten, Nähe zum Kunden, persönliche Kommunikation, Service), Frequenzbringer und Renner-Artikelphilosophie. Weiterhin wird Eigenständigkeit „vor Ort“ mit einem straffen zentralen Management verbunden.

In den multi-funktionalen Shops deckt der Verbraucher überwiegend seinen **kurzfristigen Bedarf.** Da es sich dabei zumeist um Impulskäufe handelt, gilt es, durch tiefe optische Raumerschließung einen „Markt der schnellen Eindrücke“ zu schaffen. Weiterhin ist ein umfassender Service wesentlicher Bestandteil der Convenience-Philosophie und bietet dem Handel enorme Profilierungsmöglichkeiten; hierzu zählt auch das Thema „One-Stop-Shopping“. Deshalb wird die „Tankstelle der Zukunft“ ein völlig anderes Gesicht haben als heute und neben Food klassischer Art, Non-Food und Imbiß insbesondere Dienstleistungen aller Art anbieten.

Kernzielgruppen sind einerseits Ein- und Zwei-Personen-Haushalte sowie Doppelverdiener, die über wenig Zeit verfügen; sie umfassen aber auch rüstige Senioren. Andererseits sind, unabhängig von Alter und Einkommen, Nachtschwärmer, Reisende, Vergeßlichkeits- und Impulskäufer zu nennen.

3.3 Erlebnishandel: Schöne neue Welt?

Der Erlebnishandel verbindet Freizeitgestaltung, Unterhaltung und Handel durch das Konzept der **Multisensualität:** Film, Musik, Technik, gastronomische Erlebnisse und ein spezielles Thema werden, nach einem ausgeklügelten Konzept, miteinander kombiniert. Ein dramaturgischer Leitfaden verbindet Thema, Story, Inszenierung und Themenwelt, weshalb der Besucher Marken, Produkte und Unternehmen buchstäblich „erlebt“.

Der **amerikanische Erlebnishandel** verknüpft interessante Kernsortimente mit themenspezifischen Randsortimenten. Häufig werden Film, Musik, Videowände und Aktionen sowie interaktive Medien eingesetzt. Der klassische Erlebnishandel, mit einem relativ kurzen Lebenszyklus von 10 - 15 Jahren, erwirtschaftet bis zu 60% seiner Erträge aus Randsortimenten. Allerdings ist dieses Konzept auf Deutschland nicht übertragbar, da hierzulande die Verbraucher als kritisch gelten und bautechnische Vorschriften die Umsetzung dieses Konzeptes erschweren. Obwohl der **„kontinentale" Erlebnishandel** ebenfalls interessante Kernsortimente mit themenspezifischen Randsortimenten verknüpft und außerdem persönlichen Service sowie Dienstleistungen einbezieht, ist er zumeist nicht mehr als ein „matter Abklatsch" des amerikanischen Vorbilds. Eine **dritte Variante** - unscheinbar, aber effektiv - bietet zielgruppenorientierte Sortimentsbündel an. Design und Musik schaffen die erforderliche Atmosphäre, und bewußt freundliche Mitarbeiter tragen durch persönliche Ansprache des Kunden zum Erfolg bei. Angemessene Preise sind ein weiteres Merkmal dieser Form des Erlebnishandels, der Standort in Laufnähe zur Zielgruppe bevorzugt.

4 Revitalisierung der Innenstädte

Der überdimensionale Aufbau von Einkaufszentren hat, vor allem in den neuen Bundesländern, zu Brüchen im deutschen Handelsgefüge geführt (vgl. *Greipl* 1997), assistiert von einer häufig rigiden Verkehrspolitik. Der **Filialisierungsgrad** der Innenstädte steigt permanent weiter und läßt diese zusätzlich veröden. Da Einkaufen mehr ist als reine Bedarfsdeckung und mehr auch als Freizeitbeschäftigung - nämlich Lebenselixier der Innenstädte - liegt die Revitalisierung der Innenstädte im öffentlichen Interesse.

Ob allerdings Public private partnership, City-Marketingkonzepte, City-Logistikpartnerschaften und eine Neustrukturierung des öffentlichen Nahverkehrs ausreichend zur Stärkung der Cities beitragen können, wird sich zeigen müssen (vgl. z.B. *Schaller* 1993); denn eine neue Entwicklung belastet diese zusätzlich, der Trend zum UEC. Diese **Urban Entertainment-Center** kombinieren Handel und Freizeit auf relativ großen Flächen. Hierfür geeignet sind vor allem große Industriebrachen in Agglomerationsräumen, zumal dann, wenn - wie in Oberhausen - die Städte relativ strukturschwach sind.

Gegen die These, daß den UECs im besonderen und den Einkaufszentren auf der „Grünen Wiese" im allgemeinen auch in der weiteren Zukunft eine dominante Rolle zukommen wird, spricht allerdings, daß der **Seniorenanteil** an der Bevölkerung dramatisch wächst. Diese Kunden wollen die City nicht verlassen, lehnen die modernen „Einkaufsmaschinen", in denen sie sich schlecht zurechtfinden, ab und sind relativ wenig mobil (vgl. z.B. *Meyer-Hentschel* 1991). Dagegen sprechen auch die Megatrends Convenience und Smart-Shopping. Ein Umweg ist selten bequem; es ist auch nicht unbedingt smart, Zeit für lange Anreisen zu verschwenden. Zudem wird der Individualverkehr teuer, und die Einkaufszentren sind selten optimal an den ÖPNV angebunden.

Auch wachen die Städte langsam auf und wehren sich mit innerstädtischen Zentren und Passagen, Stadtteilzentren, Bahnhofs-Centren, City- und Quartier-Managern, Städte-Marketing und City-Logistik gegen diese Entwicklung. Für das Jahr 2010 zeichnet sich deshalb folgendes Szenario ab:

(1) Mit der Grundversorgung (an die Peripherie) und dem Convenience-Bedarf (an Vororte und Nahversorgungszentren) verlieren die **Innenstädte** weitere Nachfragesegmente. Dank einer zunehmenden aktiven Steuerung der Entwicklung behält die City jedoch entscheidende „Handelsbastionen".

(2) Der innerstädtische Handel hat sich drastisch gewandelt. **Dienstleistungen** tragen in erheblichem Maße zum Umsatz der Betriebe bei, und eine Vielzahl klein- bis mittelflächig strukturierter Betriebe bietet eine reichhaltige Auswahl. Großflächige Warenhäuser oder Kaufhäuser sind selten bzw. werden optisch in „Einzelwelten" zerlegt. Schließlich ist das Angebot insgesamt eher erlebnis-, service- und qualitätsorientiert als versorgungsorientiert. Dabei spielen Leistungen aller Art eine große Rolle: Abholen, Bringen, Unterhaltung von Begleitpersonen, Getränke, Stammservice etc.

(3) Neuartige Dienstleistungs-, Unterhaltungs- sowie Gastronomiebetriebe verstärken die **Vielfalt** und Farbigkeit **des Gesamtangebots**. Zwar wird der traditionelle Handel durch die Anforderung des Umfeldes relativiert, aber durchaus auch zu seinem Nutzen. Gerade die heute „weniger guten Lagen" profitieren von dieser Bündelung.

(4) Der Angebotswandel begünstigt weitere Differenzierungen der **Öffnungszeiten,** was wiederum eine effiziente Nutzung der Cityleistungen ermöglicht.

(5) Baulich treten Betriebsbündelungen in Form von **Passagen** und **Galerien** stärker in den Vordergrund. Ihre Vorteile liegen in der Profilierung durch gemeinsames Marketing, Überdachung (Convenience), Sicherheit und Sauberkeit sowie der gemeinsamen Nutzung zentraler Leistungen (Kosten).

5 Neue Betriebsformen und -typen

Strategisch muß sich der Handel zwischen der Preis- und Warenstrategie bzw. der Betreuungs-/Wertestrategie entscheiden. Problematisch an dieser Dichotomie ist, daß sich die Mehrzahl der Kunden keiner Ausprägung direkt zuordnen läßt, sondern in beiden Segmenten situationsbedingt einkauft. Die Kernfrage wird deshalb im Jahr 2010 ähnlich lauten wie heute: Welche Wettbewerber sind **Promotoren des Strukturwandels**? Zu nennen sind zunächst die neuen Angebotsformen: Neben den bereits erwähnten Techno-Discountern, die in den Branchen Food, Do-It-Yourself, Unterhaltungselektronik, Multimedia, Foto, Schuhe und Lederwaren gute Bedingungen vorfinden, sind es die „Minimalisten", welche sich schwergewichtig in denselben Branchen betätigen. Weiterhin ist an Online-Discounter, Edel-Discounter (auf der Basis von Factory-Outlets), Automatenstraßen, Großdistributeure (Speditionen) und Abholmärkte für Verbraucher zu denken.

In dem **convenience-orientierten Segment** agieren vor allem auch handelsfremde Anbieter. Neben „Tankstelle plus", „Post plus", „Bank plus" und den handwerksorientierten Kleinst-Läden sind folgende Entwicklungen zu erwarten: Direktbelieferung durch die Industrie, z.B. senioren- oder frauenorientiertes Gesundheitscenter (Kombination aus Ärzten, Pflege, Vorsorge, Sanitätshäusern, Apotheken, Bio-Kost, Optikern wie auch Fitness-Center) und Wohnboulevards als Einkaufsstraße oder Galerie rund ums Wohnen.

Erst in Ansätzen ist heute erkennbar, was die Zukunft an neuen **erlebnisorientierten Angebotsformen** bieten mag: In den Vororten, Kleinstädten und Dörfern wird sich die traditionelle „Tante Emma" zum Kommunikationszentrum entwickeln und auch Café, Reinigung, Anzeigenannahme, Post-Shop, Paketannahme sein; Concept-Läden entstehen um eine Idee herum. Darauf und auf andere Innovationen, wie Retail Theatre (Events/Action etc.), Genußlandschaften, Erlebniscenter (wie *Centro Oberhausen*, aber kleiner) oder Wellness-Center, reagiert der klassische Handel, indem er betriebsfremde Frequenz-Sortimente in sein Angebot integriert.

An **sonstigen neuen Betriebsformen** sind zu erwarten: Wiederaufbereitungs-Läden/ -Werkstätten für die Kreislaufwirtschaft, zielgruppenorientierte Szene-Läden, Kunden-Clubs, Schnelldreher-Sortimente (Medien, Do-It-Yourself, gastro-orientiert), Industrie-Kommissionäre, herstellende Händler, Filialisten und Fachmärkte „neuer" Branchen, Bahnhöfe sowie Leasing von Konsumgütern.

Multimedia revolutioniert die Welt des Handels. Als Basis-Technologie und Innovationsmotor verändert die Mikroelektronik die Telekommunikation und auch damit die Formen der Kontaktherstellung und Transaktionen aller Art völlig. Drei Grobstufen der Entwicklung sind hierbei zu unterscheiden:

(1) Entwicklung und Forcierung der Computertechnik (Vergangenheit)

(2) Zusammenwachsen von EDV und Telekommunikation (Gegenwart)

(3) Totalvernetzung aller Beteiligten mit völlig neuen Diensten (Zukunft)

Bereits heute lassen sich **drei Anwendungsgebiete** erkennen (vgl. Tab. 1).

Business-Welt	Private Convenience-Welt	Private Freizeit-Welt
Online-Informationen	Telearbeit	„Normal"-TV
Telearbeit	Electronic-Shopping	Pay-TV-Systeme
Elektronischer Vertrieb	Waren, Reisen, Dienstleistungen	Interaktives Fernsehen
Elektronische Börsen	Electronic Banking	Tele-Kultur
Tele-Teaching/-Learning	Electronic Publishing	Tele-Glücksspiel
EDI (Electronic Data Interchange)	Tele-Information: Wetter, Verkehr, Kochen etc.	Tele-Treff
	Tele-Learning: Bildung	Edu-Tainment (unterhaltsames Lernen)
	Tele-Voting	Electronic Mail
		Sonstige neue Medien

Tab. 1: Wichtige Anwendungen von Multimedia

Damit wird das Wohnzimmer zur medialen Schaltzentrale. Spracherkennung erleichtert auch Senioren und den Uninformierten den Umgang mit diesen Geräten. Hinzu kommt eine in der Elektronik übliche Preisverfallrate von 20 - 30% pro Jahr, so daß ein Telecomputer in fünf Jahren nicht mehr kosten wird als heute ein durchschnittliches Fernsehgerät.

6 Ausblick

Gewinner der Entwicklung und der Veränderungsprozesse sind solche Handelsunternehmen, die

- aufbauend auf einer wettbewerbsfähigen Kernkompetenz eine klare Strategie verfolgen,
- Unsicherheit als notwendige Begleiterscheinung von Entwicklung akzeptieren,
- ihre Mitarbeiter ernst nehmen, gut ausbilden und deren intellektuelles Potential nutzen,
- innovativ sind, statt sich anzupassen,
- kundenorientiert denken,
- ihre Selbständigkeit teilweise aufgeben, indem sie Kooperationen bzw. strategische Allianzen eingehen, aber dennoch individualisiert auftreten,
- Unternehmensprozesse effizient gestalten und
- globale, ganzheitliche Strategien entwickeln.

Institutionell gedacht zählen zu den Gewinnern die Discounter und Filialisten mittlerer Größe, Convenience-Anbieter sowie Extremspezialisten und Spezialversender. Mittel- und langfristig gehört auch der Multimedia-Handel dazu mit Fachspezialisten, Discountern und Großdistributoren (vgl. Abb. 4). Von den neuen Mitbewerbern sind hervorzuheben: herstellende Händler, ausländische Filialisten, Autohäuser, die zu Vertriebsstellen fremder Branchen umfunktioniert werden, Banken, Verbraucherclubs, Kombinationen „Handel - Handwerk - Dienstleistung“ und neue Filialsysteme.

Ein völlig systemfreier, ungebundener Handel ist 2010 am Markt praktisch nicht mehr aktiv. **Filialisten** sind die absoluten Gewinner; alle Filialformen zusammen erreichen über 70% Marktanteil! Fachmärkte gehen zunehmend im Discount auf, der selbst enorm an Boden gewinnt. Der Online-Vertrieb erreicht insgesamt einen Anteil von ca. 6%, eventuell mehr. Franchise gewinnt als Organisationsform enorme Marktanteile; u.a. deshalb, weil Einkaufsvereinigungen diese Vertriebsmethode bevorzugen. Obwohl auch die von Ketten und Großbetrieben adaptierte Conveniencestrategie gewinnt, lassen sich die **Erfolgskriterien des Handelsmanagements 2010** in folgenden Kernsatz zusammenfassen: Der Kunde steht im Mittelpunkt - aber nur zufriedene Mitarbeiter erbringen interne Servicequalität. Damit rückt die Gestaltung der Beziehungsqualität in den Mittelpunkt der Betrachtung (vgl. Tab. 2).

	1995	2010
① Filialisten (ohne WH/SB-WH)	**45**	**60**
a. Discount-orientiert	14	24
b. Fachmärkte	12	13
c. Sonstige (FH-orientiert)	(19)	(23)
② SB-Warenhäuser / V-Märkte	**9**	**7**
③ Warenhäuser / Groß-Kaufhäuser	**6**	**4**
④ Versender "klassisch"	5	3
online	-	3*
⑤ Online-Handel	-	2*
⑥ Sonstiger FH (kooperierend) (+9% in 1995 aus 1c)	**22**	**17**
⑦ Handel ohne Kooperation	**12**	**1**
⑧ Direkt-Vertrieb / Sonstige	**1**	**3** (1)*
Total	**100,0**	**100,0**

* Online/MM = 6%
FH: 53% -> 41%

Anmerkung: Die Angaben beruhen nicht auf einer eigenen Erhebung, sondern auf einer vergleichenden, interpolierenden Analyse von Daten der Herausgeber *Ifo, Statistisches Bundesamt, HDE, BBE*; Presseveröffentlichungen verschiedenster Art; 2010: *BBE*-Prognose; Die Pfeile geben die (Haupt-)Entwicklungsrichtung der Betriebsformen an.

Abb. 4: Marktanteile der Betriebsformen des Handels

Erfolgsfaktor	Konkretisierung
• Kompetenz	→ Fähigkeiten und Fertigkeiten des Personals
• Glaubwürdigkeit	→ Ruf, Vertrauenswürdigkeit, Ehrlichkeit
• Sicherheit	→ Finanzielle und materielle Sicherheit, Vertraulichkeit
• Kommunikation	→ Informationsbereitschaft und -fähigkeit
• Reagibilität	→ Schnelligkeit, Pünktlichkeit, prompte Erledigung von Anfragen
• Kontaktbequemlichkeit	→ Leichte Erreichbarkeit, kurze Wartezeit, angenehme Lage
• Höflichkeit	→ Zuvorkommenheit, Respekt, Freundlichkeit, Erscheinungsbild des Personals
• Verläßlichkeit	→ Richtige und rechtzeitige Leistungserstellung
• Verständnis	→ Kundennähe (Kenntnis der Bedürfnisse), angemessene Behandlung von Stammkunden

Tab. 2: Erfolgsfaktor Beziehungsqualität

Die Mitarbeiter werden diese Beziehungsqualität erst dann gewährleisten (können), wenn der Unternehmer selbst die erforderlichen Voraussetzungen schafft:

(1) Eine überzeugende Vision nach innen und außen vermitteln!

(2) Leistungsreserven und -potential der Mitarbeiter aktivieren, indem in einem offenen Führungs- und Gesprächsklima Eigenverantwortung und Konfliktfähigkeit des einzelnen gefördert werden!

(3) Mitarbeiter in relevante Entscheidungsprozesse einbeziehen und diese fördern, indem ihre Überlegungen zur Mitarbeiterentwicklung, -förderung und -beurteilung berücksichtigt werden!

(4) Gute Leistungen anerkennen und die menschlichen Bedürfnisse berücksichtigen!

Perspektiven der Shopping-Center

Bernd Falk

1 Shopping-Center - Begriffsinhalt und Definition

Die einschlägige Fachliteratur enthält eine ganze Reihe unterschiedlichster Definitionen zum Begriffsinhalt des Shopping-Centers. Durchgesetzt hat sich im wesentlichen die Definition des *Urban Land Institute*, Washington, die auch vom *International Council of Shopping-Centers*, New York, seit Jahren verwendet wird. Danach versteht man unter dieser speziellen Angebotsform:

„A group of retail and other commercial establishments that is planned, developed, owned and managed as a single property. On-site parking is provided. The center´s size and orientation are generally determined by the market characteristics of the trade area served by the center. The two main configurations of shopping centers are malls and open-air strip centers".

Dieser Begriffsinhalt hat sich auch in der deutschsprachigen Literatur sowie in der Shopping-Center-Praxis zwischenzeitlich etabliert. Darüber hinaus wurde er auch in die aktuelle Rechtssprechung aufgenommen.

Vor dem Hintergrund des § 11 Abs. 3, Satz 1, Nr. 1, Baunutzungsverordnung (BauNVO) 1977 hat sich bei den deutschen Gerichten ein Sinneswandel in der Definition und Erscheinungsform von Shopping-Center/Einkaufszentren ergeben. Hob die Rechtsprechung in der Vergangenheit ausschließlich auf die Mietsache ab, ohne dabei das unmittelbare Umfeld und die Besonderheiten eines Shopping-Center zu berücksichtigen, wurde in einem Urteil des *Bundesverwaltungsgerichtes* vom 27. April 1990 (BVerwG 4 C 16.87) demgegenüber stark auf die Erkennbarkeit der „Zusammen-gehörigkeit" der Betriebe für den Kunden abgestellt. In diesem Urteil wurde unter anderem folgender Leitsatz formuliert:

„Ein Einkaufszentrum im Sinne des § 11, Abs. 3, Satz 1, Nr. 1 BauNVO 1977, setzt im Regelfall einen von vornherein einheitlich geplanten, finanzierten, gebauten und verwalteten Gebäudekomplex mit mehreren Einzelhandelsbetrieben verschiedener Art und Größe - zumeist verbunden mit verschiedenartigen Dienstleistungsbetrieben - voraus. Sollen mehrere Betriebe ohne eine solche Planung ein Einkaufszentrum im Rechtssinne darstellen, so ist hierfür außer ihrer engen räumlichen Konzentration ein Mindestmaß an äußerlich in Erscheinung tretender gemeinsamer Organisation und Kooperation erforderlich, welche die Ansammlung mehrerer Betriebe zu einem planvollen gewachsenen und aufeinander bezogenen Ganzen werden läßt".

2 Center-Typen und Erscheinungsformen

Im Gegensatz zu den verschiedenen Ausprägungsformen der gewachsenen Einkaufs-/ Geschäftszentren in den Städten und Stadtteilen handelt es sich beim Shopping-Center um eine bewußt geplante und errichtete „künstliche" Agglomeration von Einzelhandels- und sonstigen Dienstleistungsbetrieben, die auch einheitlich verwaltet bzw. gemanagt und betrieben wird. Ein Shopping-Center verkörpert somit ein Verbundsystem des Einzelhandels.

Neben dem unmittelbaren City- bzw. Innenstadtbereich sind Shopping-Center in Wohnvierteln an der Stadtperipherie/Stadtgrenze und zwischen den Städten auf der „Grünen Wiese" situiert. Mit dem *Main-Taunus-Zentrum* in Sulzbach bei Frankfurt am Main wurde im Mai 1964 das erste Deutsche Shopping-Center nach US-amerikanischem Vorbild eröffnet.

2.1 Shopping-Center-Arten

Will man Shopping-Center einordnen bzw. systematisieren, so sind folgende Strukturmerkmale zu untersuchen:

- Größe des Centers (Geschäftsfläche)
- Größe des Haupteinzugsgebietes
- Waren- und Dienstleistungs-Angebotsstruktur
- Bauliche Gestaltung des Centers
- Art des Magnetmieters (Anchor Tenant)

Üblicherweise differenziert man **Shopping-Center** in die sog. Nachbarschaftszentren (Neighbourhood Center), die Gemeinde- oder Stadtteilzentren (Community Center) und in die Regionalen Shopping-Center (Regional bzw. Super-Regional Center).

(1) Nachbarschaftszentrum (Neighbourhood Center)

Das Nachbarschaftszentrum versorgt ein relativ eng begrenztes Einzugsgebiet mit Gütern des täglichen Bedarfs (Convenience Goods) und ergänzenden Dienstleistungen (Friseur, Reinigung etc.). Als Magnetbetrieb fungiert üblicherweise ein Supermarkt. Gemessen an der GLA (Gross Leasable Area) variiert die Größe der Neighbourhood Center in den USA von 30 000 Square Feet (= 2 790 qm) bis 150 000 Square Feet (= 13 950 qm). Im Durchschnitt sind in einem Neighbourhood Center zwischen 15 und 20 Geschäfte vertreten. Die vom Kunden akzeptierte Fahrzeit reicht bis zu zehn Fahrminuten. Nachbarschaftszentren versorgen üblicherweise zwischen 10 000 und 15 000 Einwohner.

(2) Gemeinde- bzw. Stadtteilzentrum (Community Center)

Der vom Community Center zu versorgende Einzugsbereich geht über den des Neighbourhood Centers hinaus. Das breiter und zugleich tiefer gestaltete Waren- und Dienstleistungsangebot erfordert eine größere Zahl von Gewerbebetrieben sowie neben dem Supermarkt einen zusätzlichen Magnet- bzw. Leitbetrieb, z.B. in Form eines kleinen Warenhauses. Die übliche Größe der Community Center liegt in den USA bei rund 150 000 Square Feet (≈ 14 000 qm). Die Bandbreite reicht von 100 000 bis 350 000 Square Feet. Die akzeptierte Fahrzeit beträgt in den USA bis zu 15 Fahrminuten. Innerhalb von drei bis fünf Meilen sollte ein Bevölkerungspotential von 40 000 bis 150 000 Einwohner vorhanden sein.

(3) Regionales Shopping Center (Regional Center / Superregional Center)

Ein Regionales Shopping-Center ist in der Regel durch ein eine größere Region umspannendes Einzugsgebiet gekennzeichnet. Aufgrund seiner quantitativen und qualitativen Betriebszentralisation bietet ein Regionales Shopping-Center ein umfassendes Angebotsspektrum. Neben einer Vielzahl von Einzelhandelsfachgeschäften, Dienstleistungs- und Gastronomiebetrieben sind neben Warenhäusern und Kaufhäusern auch SB-Warenhäuser und Fachmärkte anzutreffen. Der Standort eines Regionalen Shopping-Centers wird besonders von der raumerschließenden Verkehrslage, d.h. der Pkw-Erreichbarkeit durch die Konsumenten, beeinflußt. Besondere Bedeutung besitzt die Berücksichtigung eines ausreichenden Parkplatzangebotes.

In Deutschland wird ein Shopping-Center ab einer Geschäftsfläche von mindestens 15 000 qm als Regionales Shopping-Center eingestuft. Ende 1997 konnten in Deutschland insgesamt 240 Regionale Shopping-Center ermittelt werden. In den USA wird ein Center erst ab einer Größe von 400 000 Square Feet (37 200 qm) als Regionales Shopping-Center bezeichnet. Unter einem Super-Regional Center versteht man in den USA ein Shopping-Center ab einer Größe von 800 000 Square Feet (74 400 qm). Im Jahr 1997 konnten in den USA 1 308 Regional und 648 Super-Regional Center ermittelt werden.

In Ergänzung dieser „traditionellen" Shopping-Center-Arten haben sich in letzter Zeit **neue Typen** und Erscheinungsformen wie z.B. Fachmarktzentren, Festival Shopping-Center, Themencenter und Factory-Outlet-Center etabliert.

(1) Passage/Galerie/Einkaufshof

Auf der Suche nach Erweiterungsmöglichkeiten innerstädtischer Geschäftszentren, aber auch als Ergänzung bestehender Fußgängerzonen, wurden in den letzten Jahren zahlreiche innerstädtische Einkaufszentren, vorwiegend in der Konzeption von Passagen, Galerien und Einkaufshöfen realisiert. Die Renaissance der Passagen in Deutschland erfolgte vor 15 Jahren (*Calwer-Passage*, Stuttgart; *Hanse-Viertel*, Hamburg).

Gegenwärtig existieren in Deutschland etwa 500 Passagen/Galerien. Zu den Erfolgskriterien einer Einkaufspassage/Galerie zählt neben der Standortqualität (innerstädtische/hochzentrale Lage, Zwangslauf etc.) u.a. auch eine attraktive Architektur und ein standort-optimaler Handels-, Dienstleistungs- und Gastronomie-Mix, verbunden mit einem hohen Erlebniswert und einer entsprechenden Aufenthaltsdauer der Kunden.

(2) Power Center

Power Center bestehen aus mindestens drei Magnetbetrieben (Anchor Tenants). Die Größe der Center variiert zwischen 250 000 und 600 000 Square Feet (≈ 23 000 qm bis ca. 56 000 qm). Der wesentliche Unterschied zu einem traditionellen Shopping-Center besteht in der Flächendominanz der Magnetmieter. Während die Magnetmieter in traditionellen regionalen Shopping-Centern zwischen 45% und 60% der gesamten Geschäftsfläche belegen, nehmen sie im Power Center 60% bis 90% ein.

Zu den Magnetmietern zählen üblicherweise discount-orientierte Fachmärkte, „Category Killers" und Off Price Stores. Ein typischer Magnetmieter in einem Power Center ist bspw. *Toys 'R' Us* auf 3 000 bis 4 000 qm. Die im Vergleich zu regionalen Malls niedrigen Baukosten und eine sehr große Auswahl an preiswerten Waren haben dazu geführt, daß diese Zentren für zahlreiche regionale Shopping-Malls eine bedrohliche Konkurrenz darstellen. Am ehesten ist in Deutschland noch das Fachmarktzentrum mit diesem Center-Typus vergleichbar.

(3) Factory-Outlet-Center

Ein Factory-Outlet-Center faßt Markenartikelhersteller in einer kumulierten größeren Anzahl in einer Standort-Einheit zusammen, wobei jeder Hersteller eine separate Ladeneinheit - „Outlet Store" - anmietet, um eigene Produkte preisreduziert direkt an den Konsumenten zu veräußern. Der Mieter- und Branchenmix wird durch einen überdurchschnittlichen Anteil an Bekleidung, in der Regel bis zu 70%, geprägt. Zu den angebotenen Produktarten zählen in erster Linie Zweite-Wahl-Waren, Produktionsüberhänge, Auslaufmodelle/Letzt-Saison-Ware, Musterkollektionen sowie Alt- und Retourwaren. Die Magnetfunktion wird von Markenherstellern mit einem hohen Bekanntheitsgrad übernommen. Die Mieterstruktur ist kleinteiliger Art, wobei ein hoher Anteil an Verkaufsflächen zwischen 50 qm und 500 qm anzutreffen ist.

(4) Off-Price-Center

Eine ähnliche Vermarktungs-Philosophie wie Factory-Outlet-Center weisen Off-Price-Center auf. Auch in Off-Price-Centern werden Markenwaren zu einem reduzierten Preis an die Konsumenten distribuiert. Während bei den Factory-Outlet-Centern die Initiative eindeutig von den Herstellern ausgeht, sie also die Factory-Outlet-Ladeneinheiten anmieten und im eigenen Namen betreiben, handelt es sich bei den Off-Price-Centern um Einzelhändler, die ihre Ware auch postenweise bei unterschiedlichen Herstellern einkaufen können.

(5) Spezial- und Themen-Center

Ein Spezial- bzw. Themen-Center faßt Einzelhandels- und Dienstleistungsbetriebe in einer räumlichen Einheit zusammen, die entweder eine spezielle Warengattung (z.B. Designermöbel) oder Waren und Dienstleistungen eines spezifischen Themas anbieten. Durch die Akkumulation diverser Anbieter entsteht eine Magnetwirkung, so daß auf die Etablierung eines Magneten u.U. verzichtet werden kann. Ein aktuelles Beispiel dieses Center-Typs zeigt sich mit dem *Stilwerk* in Hamburg. In einer ehemaligen Mälzerei am Hafenrand bieten 20 Einrichtungsanbieter auf 10 000 qm internationales, modernes Design an.

(6) Urban Entertainment Center

Urban Entertainment Center stellen eine synergetische Kombination von Unterhaltung, Erlebnis, Shopping und Kommunikation dar. Als geeignete Standorte gelten Citylagen mit touristischer Kapazität und dem erforderlichen lokalen Besucher- bzw. Kaufkraftpotential. Zu den Angebotsbausteinen eines Urban Entertainment Centers gehören neben erlebnisorientiertem Handel (Merchandising) eine Vielzahl unterschiedlicher Unterhaltungs- und Erlebnisangebote (Multiplex-Kino, Family-Entertainment-Center, Musical-Theater und thematisierte Gastronomiekonzepte).

2.2 Shopping-Center-Entwicklungsphasen

In der deutschen Shopping-Center-Entwicklung sind mehrere Entwicklungsphasen bzw. Generationen festzustellen.

Die **erste** Shopping-Center **Generation** bzw. Entwicklungsphase, die etwa im Zeitraum von 1964 bis 1973 entwickelt wurde, kann in erster Linie durch folgende Kriterien charakterisiert werden:

- Standorte auf der „Grünen Wiese“ oder an der Stadtperipherie
- Relativ große Objekte
- Offene Bauweise, d.h. die Verkehrswege zwischen den Einzelhandels- und Dienstleistungsbetrieben waren nicht überdacht
- Ebenerdige Verkaufsebene
- Ausschließlich Kauf- und Warenhäuser als Magnetbetriebe

- Nach Möglichkeit Autobahnanschluß
- Große, ebenerdige Parkierungsflächen
- Reine mono-funktionale Nutzung „Verkaufsmaschine“
- Einfache, anspruchslose Architektur (Industriebauweise)

Die **zweite** Shopping-Center **Generation** bzw. Entwicklungsphase umfaßte in etwa den Zeitraum zwischen 1973 bis 1982. Kennzeichnend für den in dieser Zeit errichteten Center-Typ sind folgende Merkmale:

- Überwiegend innerstädtische Standorte, gelegentlich Trabantenstädte
- Geschlossene Bauweise (Klimatisierung) mit einer mehrgeschossigen, meist zweigeschossigen Ladenstraße
- Mehrfunktionale Nutzung (Läden, Büros, Wohnungen, Praxen, öffentliche Einrichtungen, Hotels, Freizeitanlagen, Schulen, Bibliotheken)
- Etwas anspruchsvollere Architektur gegenüber der ersten Generation, nach heutigen Gesichtspunkten jedoch als veraltet und unattraktiv einzustufen
- Dunkle Ladenstraßen, kein Tageslichteinfall, Verwendung dunkler Materialien mit als Kontrast hell erleuchteten Schaufenstern
- Abnehmende Betriebsgröße durch Realisierung innerstädtischer Standorte
- Reduzierte Flächen für Parkierung
- Mehrgeschossige Parkhäuser
- Einsatz von Kauf- und Warenhäusern (ab Ende der siebziger Jahre vereinzelt auch SB-Warenhäuser) als Magnetbetriebe

Mit Beginn der achtziger Jahre trat nahezu eine Stagnation der regionalen Shopping-Center-Entwicklung (ab 15 000 qm Geschäftsfläche) ein. Im Gefolge einer insgesamt eher gedämpften Einzelhandelsentwicklung wurden attraktive Standorte für Großprojekte, insbesondere in den Ballungszentren und Großstadtregionen, knapp und deren Errichtung darüber hinaus durch die planungsrechtlichen Bestimmungen (Baunutzungsverordnung/Bundesbaugesetz) erstmals spürbar behindert.

Die Center der **dritten Generation**, die in erster Linie zwischen 1982 und 1992 entwickelt wurden, lassen sich schwerpunktmäßig durch nachfolgende Kriterien beschreiben:

- Nahezu ausschließlich innerstädtische Standorte
- Zunehmende Bedeutung einer anspruchsvolleren Architektur
- Glasüberdachungen für umfassenden Tageslichteinfall
- Helle, freundliche Objektpräsentation durch die Verwendung entsprechender Materialien bei der Innenraumgestaltung
- Zunehmende Bedeutung von Image und Corporate Identity
- Weiterhin rückläufige Flächengrößen (zahlreiche Objekte erreichen lediglich Größenordnungen zwischen 15 000 und 25 000qm)
- Vorwiegend SB-Warenhäuser, teilweise aber auch schon Fachmärkte als Magnetbetriebe
- Zunehmende Versuche der Verbindung von Shopping und Freizeitgestaltung
- Zunehmender Trend zur Passage/Einkaufsgalerie

Kennzeichen der **vierten Entwicklungsphase** (etwa seit Beginn der neunziger Jahre bis zur Gegenwart) sind zahlreiche nahezu parallel verlaufende Entwicklungslinien und Trends. Neben einer weiteren Verbreitung von Einkaufspassagen, Galerien und Einkaufshöfen waren in den Neuen Bundesländern nach der Öffnung der Mauer zahlreiche Realisierungen von großflächigen Shopping-Centern - vor allem auf der „Grünen Wiese" - zu registrieren. Neben regionalen Shopping-Centern mit einem SB-Warenhaus als Frequenzbringer dominieren in den Neuen Bundesländern die Fachmarktzentren.

In einem Fachmarktzentrum steht nicht mehr der einzelne Fachmarkt im Vordergrund, sondern die Magnetkraft der Kombination verschiedener Fachmärkte. Mit dem Ziel einer höheren Kundenfrequenz wurden SB-Warenhäuser integriert. Abgerundet werden Fachmarktzentren durch Shop-Zeilen, Gastronomie- und Dienstleistungsbetriebe.

Während in Ostdeutschland nach der Wiedervereinigung zunächst die „Grüne Wiese" dominierte, zeigt sich auch dort zunehmend der Trend zum City- und Innenstadt-Standort.

Eine weitere Trendbewegung stellt die **Revitalisierung** von Shopping-Centern der ersten und zweiten Generation dar. Zur Erhaltung bzw. Steigerung der Attraktivität sind hierbei Maßnahmen mit unterschiedlicher Intensität realisiert worden. Neben einer stetigen Flächenexpansion mit einer gleichzeitigen Anpassung der Alt-Substanz an bauliche Erfordernisse und ein geändertes Konsumentenverhalten (z.B. Donau-Einkaufszentrum, Regensburg), wurden Center durch Teilabriß, Wiederaufbau, Erweiterung und Anpassung (z.B. *Alstertal-Einkaufszentrum*, Hamburg) oder sogar einen kompletten Abriß und Wiederaufbau (*Elbe-Einkaufszentrum*, Hamburg) revitalisiert.

Zu den **Anpassungsmaßnahmen** zählen u.a.:

- Überdachung (Glasüberdachung) der ehemals offenen Center
- Vertikale Vergrößerung der Center
- Anpassung der Innen- und Außenarchitektur an den Zeitgeschmack (neue Fassaden, neue Fußböden)
- Etablierung zeitgemäßer Betriebsformen wie z.B. SB-Warenhäuser, Fachmärkte, Textilkaufhäuser
- Umwandlung von bisher nicht genutzten Flächen in Verkaufsflächen
- Überbauung ebenerdiger Parkflächen mit Parkpaletten, Parkhäusern oder Verkaufsflächen
- Flächenexpansion z.B. durch den Anbau einer neuen Mall
- Schaffung zusätzlicher Einkaufs- und Freizeiterlebnisse (Food-Courts, Multiplex-Kinos)

Die Umgestaltung von Bahnhöfen in Einkaufs- und Kommunikationszentren, die in Hamburg, München, Kassel, Düsseldorf und Frankfurt begonnen wurde, wird sich auch in den kommenden Jahren weiter durchsetzen. Die Philosophie der Projektentwickler ist hierbei wohl nicht ein „Bahnhof mit verbessertem Handelsangebot“, sondern eine „Einkaufs- und Erlebniswelt mit - u.a. auch - Gleisanschluß“. So will die Deutsche Bahn AG in den nächsten zehn Jahren etwa jeden vierten ihrer insgesamt 6 154 Bahnhöfe in dieser Form revitalisieren.

Die bereits realisierten **neuen Konzepte** (z.B. Hamburg, Düsseldorf, Leipzig) können wie folgt charakterisiert werden:

- Attraktive Architektur
- Attraktive Frische-Konzepte durch „Markt im Bahnhof“, Markthallen oder Supermärkte
- Gastronomische Betriebe und Dienstleistungsbetriebe

- Hotels und Freizeiteinrichtungen
- Parkierungsflächen
- ein hohes Maß an Sicherheit und Sauberkeit (keine Drogen-Meile)

Der Hauptbahnhof in Leipzig bietet ein aktuelles Beispiel dieser Entwicklung. Mit rund 140 Einzelhandelsgeschäften und Gastronomiebetrieben wurde hier von der ECE auf einer Verkaufsfläche von rund 28 000 qm ein Shopping-Center mit regionaler Ausstrahlung realisiert.

Auch deutsche Shopping-Center werden ihr Erlebnisangebot zunehmend durch Freizeiteinrichtungen wie z.B. Multiplex-Kinos, Family-Entertainment-Center, Themengastronomie etc. komplettieren. Ein Beispiel der Verbindung von Handel und Entertainment präsentiert sich im *Centro*, Oberhausen. Neben einem zweistöckigen Einkaufszentrum mit ca. 70 000 qm Nettoverkaufsfläche wurde hier auf dem Gelände der ehemaligen August-Thyssen-Hütte u.a. ein Multiplex-Kino (neun Kinosäle, 2 200 Sitzplätze), ein Freizeitpark, eine Mehrzweckhalle „Arena“ (mit bis zu 11 500 Sitzplätzen) und eine Gastronomiestraße „Promenade“ mit 30 Restaurants, Kneipen, Cafés und Bars errichtet. Zunehmend drängen auch größere Shopping-Center-Typen in kleinere Großstädte und Mittelstädte vor. Selbst in kleineren Kreisstädten und in Kleinstädten entstehen Einkaufszentren oder Passagen.

Im Bereich der **Factory-Outlet-Center** steht Deutschland erst am Beginn der Entwicklung. Seit mittlerweile drei Jahren beschäftigen sich bundesdeutsche, aber auch ausländische Investoren und Developer mit der Entwicklung von Factory-Outlet-Centern (FOC). Als zentrale Frage der Realisierung hat sich hierbei in Deutschland die bauplanungsrechtliche Genehmigungsfähigkeit herauskristallisiert.

3 Zur Shopping-Center-Entwicklung in Nordamerika

Seit 1972 hat sich in den USA die Ladenfläche im Einzelhandel nahezu verdreifacht. Aufgrund dieser starken Flächenzuwächse in den vergangenen Jahren ist der amerikanische Markt für Einzelhandels-Immobilien durch einen erheblichen Verdrängungs-Wettbewerb gekennzeichnet. Differenzierungen sind jedoch hinsichtlich der unterschiedlichen Betriebsformen vorzunehmen. Während Warenhäuser und Power Center den Zenit im Immobilienzyklus nahezu erreicht haben, stehen die Neighbourhood-

und Community Centers erst am Anfang der Aufschwungphase. Demgegenüber befinden sich Regional Malls im unteren Drittel der Abschwungphase des Konjunkturzyklus.

Die Einzelhandelsfläche in amerikanischen Shopping-Malls nimmt seit 1987 kontinuierlich zu und erreichte im Jahr 1997 5,23 Mrd. Square Feet (= 486 Mio. qm). Der Einzelhandelsumsatz in den Shopping-Centern stieg seit 1987 permanent an. In 1997 konnten 1 019,3 Mrd. US $ erzielt werden. Die **Bedeutung der Shopping-Center-Industrie** nahm in den vergangenen Jahren weiterhin permanent zu. 1997 wurden 53% des Einzelhandelsumsatzes in Shopping-Malls getätigt.

Während die Flächenproduktivitäten der Shopping-Center mit Größenordnungen von unter 800 000 Square Feet (≈ 75 000 qm) rückläufig waren, nahmen sie in den grösseren Shopping-Malls seit 1991 wieder zu. Die positive Entwicklung der Flächenproduktivitäten bei den Shopping-Centern über 800 000 Square Feet ist wohl u.a. auch ursächlich für den Anstieg der durchschnittlichen Größe bei den Neueröffnungen. Diese lag 1995 bei 103 401 Square Feet (= 9 606 qm).

1997 konnten in den USA 42 874 Shopping-Center registriert werden (vgl. Abb. 1). Rund 63% sind mit Flächen von weniger als 100 001 Square Feet (9 300 qm) den **Neighborhood-Centern** zuzurechnen.

Von 1987 bis 1995 konnten ausschließlich Center mit einer Größe zwischen 100 001 und 400 000 Square Feet (= 9 300 bis 37 200 qm) ihren prozentualen Marktanteil erhöhen.

Das Urban Land Institute, Washington, ermittelte für 1995 folgende Umsätze:

- Regional Malls US $ 176 pro Square Feet (US $ 1 895 pro qm)
- Super Regional Malls US $ 203 pro Square Feet (US $ 2 185 pro qm)
- Factory-Outlet-Center US $ 220 pro Square Feet (US $ 2 370 pro qm)
- Mills-Center US $ 291 pro Square Feet (US $ 3 130 pro qm)

Die **Wiederbelebung der Innenstädte** wird sich auch in den kommenden Jahren weiter fortsetzen.

Der Druck im amerikanischen Einzelhandel hat sich nicht zuletzt auch durch neue Formen wie **Internet-Shopping** oder Versandhandel verschärft.

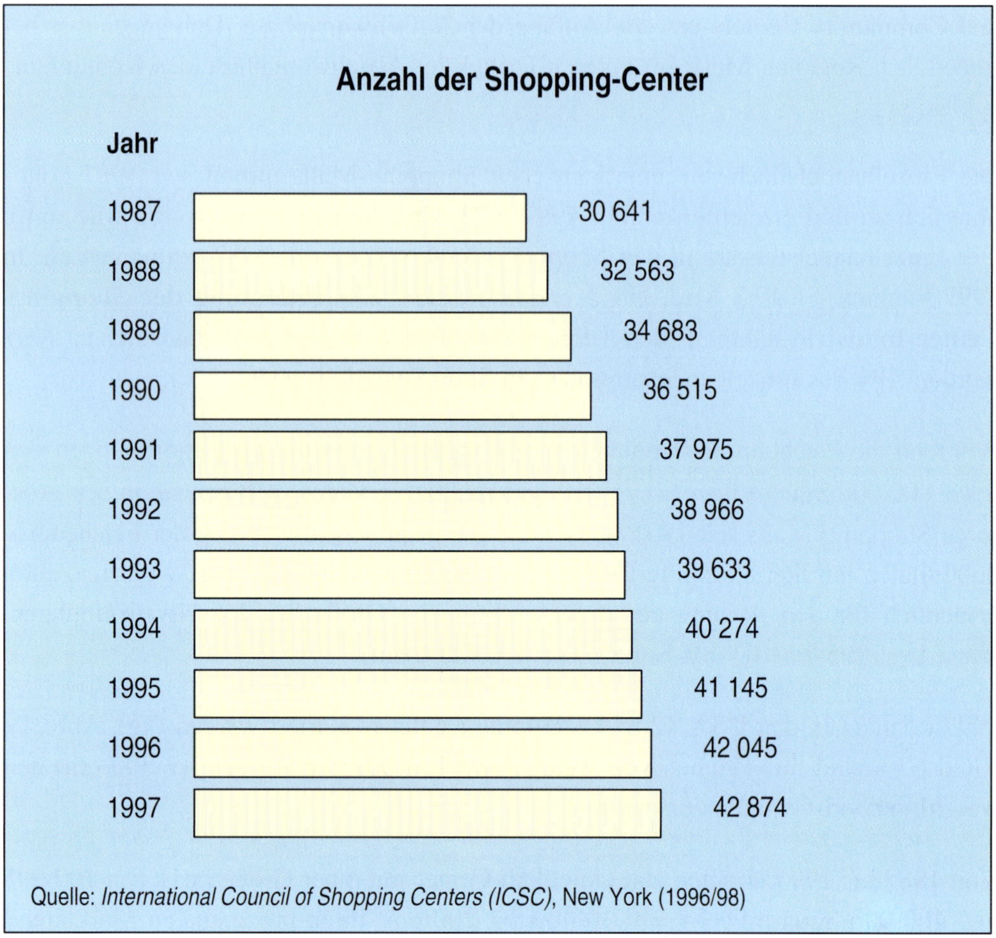

Abb. 1: Shopping-Center-Entwicklung in den USA (1987 bis 1997)

Aufgrund der Stagnation in der Shopping-Center-Entwicklung und des zunehmenden Konkurrenzkampfes stehen **Revitalisierungs-Maßnahmen** von Centern der ersten Generation auf der Tagesordnung. Auch die Repositionierung von Shopping-Centern durch Refurbishment oder durch Umwandlung in einen anderen Center-Typ (Offprice-Center, Fashion Center, etc.) nehmen zu.

Des weiteren ist eine Zunahme unterhaltungs-orientierter Einzelhändler wie *Nike-Town*, festzustellen. Die Geschäfte dienen zur Stärkung des Markenimages der Produkte. 84 Mio. Dollar wurden für *NIKE-Town* in New York ausgegeben. Trotz der überdurchschnittlich hohen Kosten für die Innenausstattung, bis zu 2 500 US $ pro qm, werden exzellente Flächenproduktivitäten erzielt.

4 Zur Shopping-Center-Entwicklung in Deutschland

4.1 Generelle Entwicklungstrends

Die **Polarisierung** zwischen den Vermarktungskonzepten (service-dominierte versus discount-orientierte Vermarktungskonzepte) wird weiter zunehmen.

Trotz einer real stagnierenden Warennachfrage der Konsumenten expandiert auch künftig die Fläche im Einzelhandel. Der zunehmende Druck auf die **Flächenproduktivitäten** wird eine permanente Flächenerneuerung und Umstrukturierung im Einzelhandel erforderlich machen. Der zunehmende Wettbewerbsdruck erfordert neben dem betriebs-individuellen Marketing ein verstärktes Standortverbund-Marketing und -Management.

Neben einer Marktausweitung des Discount-Shopping wird die Bedeutung des Smart- und Convenience-Shopping steigen. Mittelfristig zeigt sich mit dem **Electronic-Shopping** eine ernstzunehmende Herausforderung.

Shopping-Center-Konzepte diversifizieren in Regional-, Spezial- und Themen-Center. Eine **eindeutige Profilierung** der Center wird immer entscheidender. Nach neuesten Erhebungen existieren in Deutschland zur Zeit insgesamt 240 Shopping-Center des regionalen Typs (ab 15 000 qm GF); (vgl. Abb. 2). Nach 35 neuen Objekten im Jahre 1995 und 20 im Jahre 1996 wurden 1997 nur noch 15 neue Shopping-Center eröffnet. Diese Entwicklung wird sich fortsetzen.

Marktführer in der Entwicklung und Betreibung von Shopping-Centern ist nach wie vor die *ECE Projektmanagement GmbH*, Hamburg, gefolgt von der *CMG Center Management Entwicklungs-GmbH*, Saarbrücken, eine Gesellschaft der *METRO*.

Die gesamte Geschäftsfläche dieser 240 Shopping-Center in Deutschland liegt bei rund acht Mio. qm. Die durchschnittliche Shopping-Center-Größe pendelte sich im Jahr 1997 bei 33 215 qm Geschäftsfläche ein. Neben der „Innenstadt" (36,2%) und der „Grünen Wiese" (26,7%) haben sich 37,1% aller Shopping-Center in einer Stadtteillage situiert.

Nach einer starken Entwicklungs-Konzentration in den Neuen Bundesländern seit der Wiedervereinigung ist seit 1995 auch wieder eine deutliche Expansionsbelebung in den alten Bundesländern zu spüren. So wurden im Jahre 1997 allein in Bayern vier Shopping-Center mit einer Gesamtgeschäftsfläche von rund 170 000 qm eröffnet.

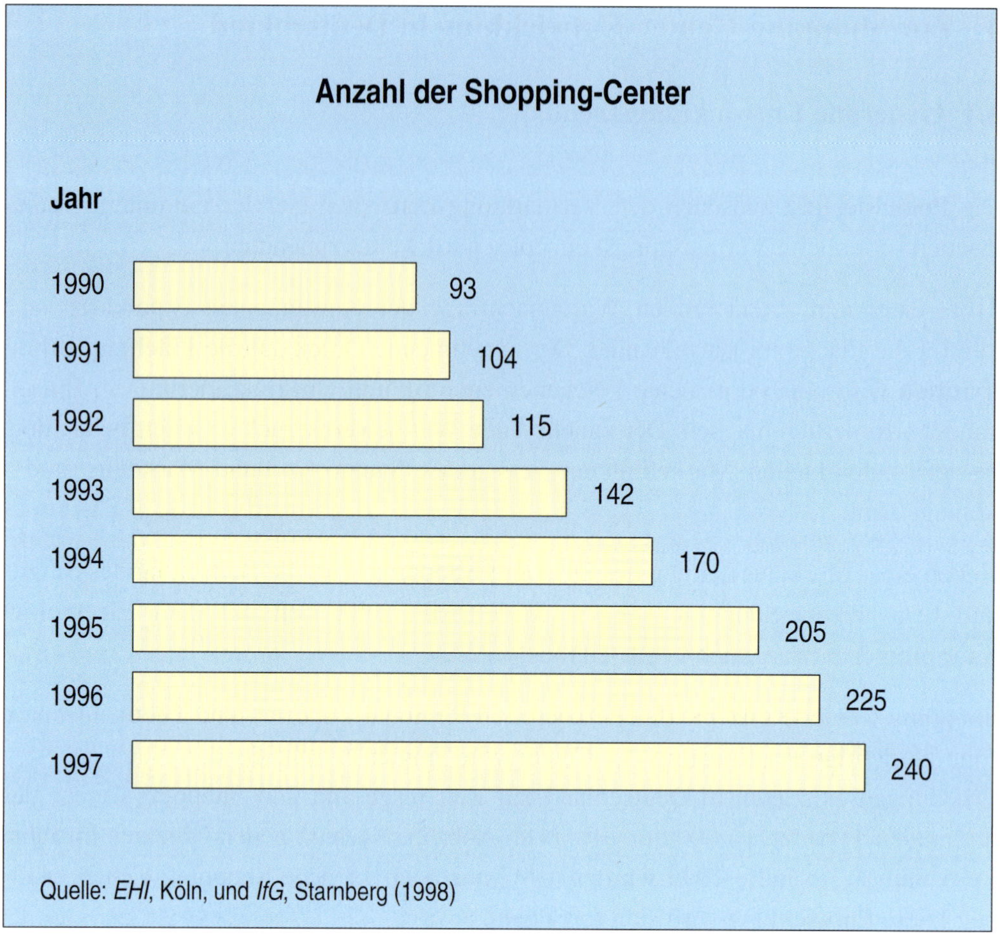

Abb. 2: Shopping-Center-Entwicklung in Deutschland (1990 bis 1997)

Differenziert nach Bundesländern hält Nordrhein-Westfalen nach wir vor mit 37 Shopping-Centern und einer Gesamtfläche von rund 1,235 Mio. qm den Spitzenplatz (vgl. Abb. 3). Dies entspricht einer Shopping-Center-Fläche von 69 qm je 1 000 Einwohner.

In den **Neuen Bundesländern** haben Shopping-Center in beachtlichem Umfang die regionalen Zentrenfunktionen übernommen, die gewachsene Zentren in den Städten aufgrund der Flächen-, Konzept- und Zugänglichkeitsdefizite nicht wahrnehmen konnten. So liegt hier die Shopping-Center-Fläche je 1 000 Einwohner, sowohl in Brandenburg (289), Sachsen-Anhalt (287), Mecklenburg-Vorpommern (240), wie auch in Sachsen (225), deutlich über dem Bundesdurchschnitt (97).

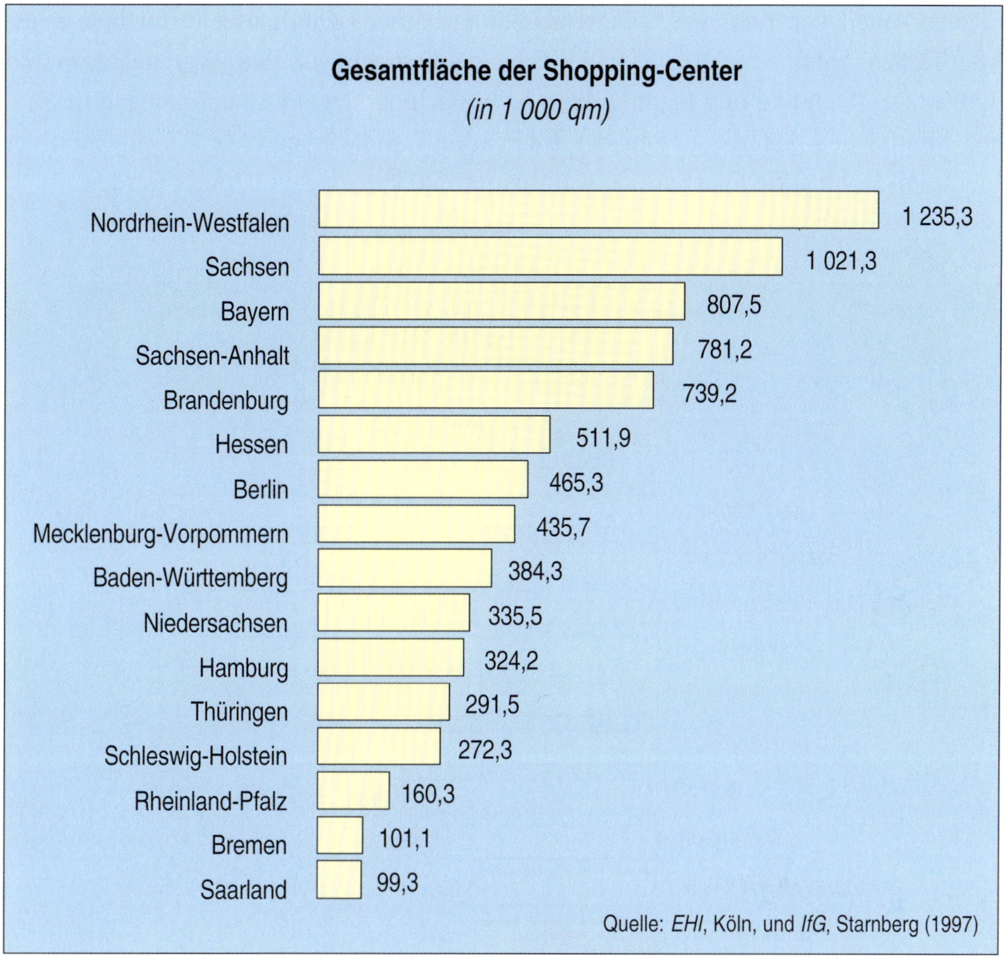

Abb. 3: Fläche der Shopping-Center in Deutschland (1997)

Bezogen auf die Einwohnerzahl zeigt sich in Baden-Württemberg mit 37 qm und Rheinland-Pfalz mit 40 qm Shopping-Center-Fläche je 1 000 Einwohner der geringste Flächenbesatz (vgl. Abb. 4).

Die Umgestaltung von **Bahnhöfen** in Einkaufs- und Kommunikationszentren setzt sich weiter durch. Auch deutsche Shopping-Center werden zunehmend durch **Freizeiteinrichtungen** wie z.B. Multiplex-Kinos, Family-Entertainment-Center, Themengastronomie, etc. ihr Erlebnisangebot komplettieren.

Untersucht man den **Geschäftstypen-Mix** regionaler Shopping-Center (Stand 1995), erkennt man die Bedeutung der SB-Warenhäuser/Verbrauchermärkte mit einem Mietflächen-Anteil von rund 19%. Die Bekleidungshäuser (Kaufhäuser) erreichten einen Mietflächen-Anteil von 10,3% und liegen damit noch vor den Warenhäusern mit 9,59%. Der Trend zu den Fachmärkten bzw. Fachmarktzentren kann anhand des hohen Mietflächen-Anteils sowohl der Baumärkte/Gartencenter (9,66%), als auch der Elektronikfachmärkte (Technische Kaufhäuser; 5,05%), nachvollzogen werden.

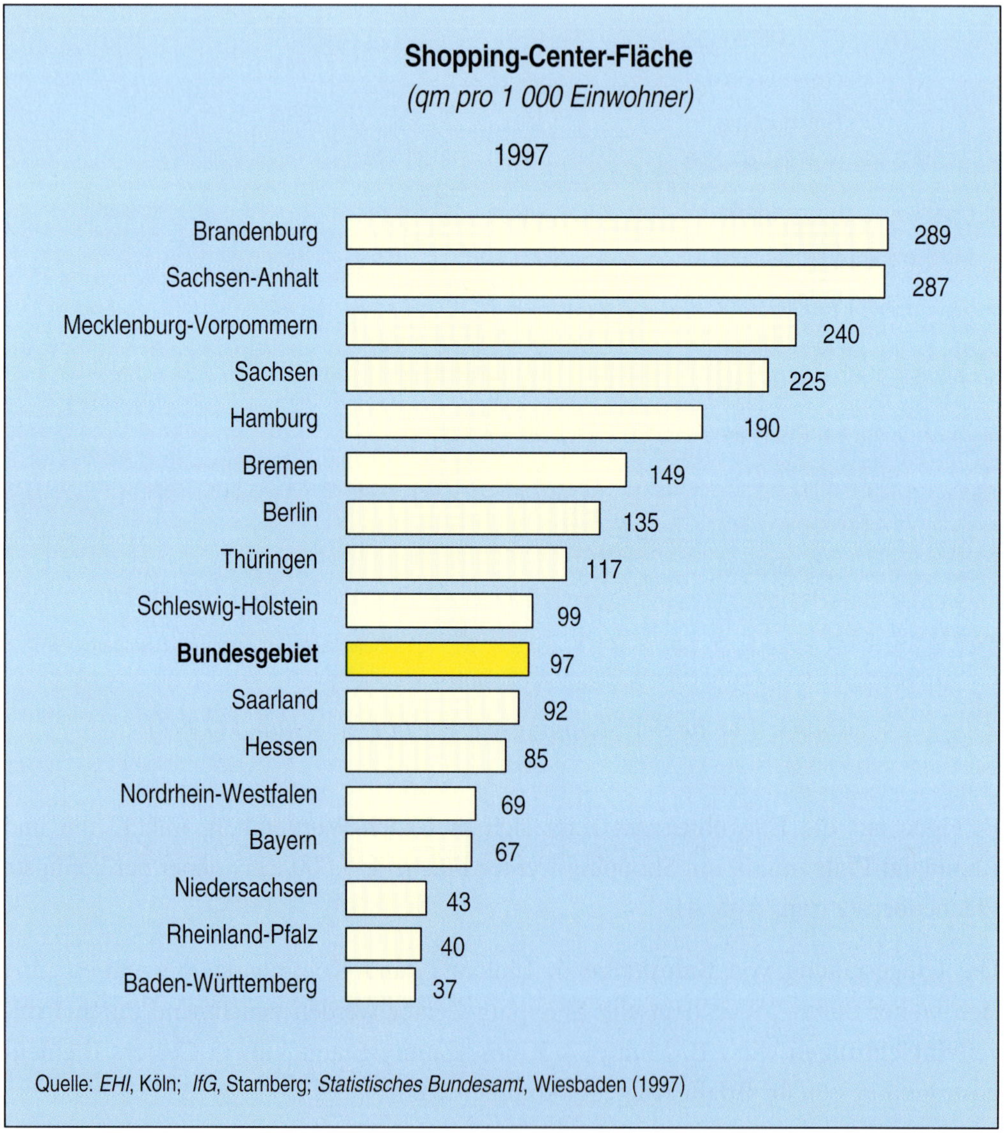

Abb. 4: Verhältnis von Shopping-Center-Fläche zu Einwohnern in Deutschland

4.2 Erfolgskriterien zur Betreibung von Shopping-Centern

Für die erfolgreiche Betreibung eines Shopping-Centers sind eine Reihe von Erfolgskriterien ausschlaggebend. Die wichtigsten davon sind:

- Durchführung von Markt-, Standort- und Wirtschaftlichkeits-Analysen
- Potentialorientierter Makro-Standort (Nähe zum Kunden- bzw. Kaufkraftpotential)
- Gute Erreichbarkeit des Mikro-Standortes (Verkehrsanbindung)
- Marktgerechtes Nutzungskonzept
- Standort- und marktgerechter Branchen- und Mietermix
- Berücksichtigung starker Magnetmieter
- Durchdachter Kundenlauf
- Professionelles Center-Management
- Professionelles Marketing (Öffentlichkeitsarbeit/Werbung/Aktionen etc.)
- Image und Corporate Identity des Centers
- Vermietung nach einem definierten Mieter-Mix im Rahmen eines Vermiet-Managements
- Adäquate Innen- und Außenarchitektur mit positivem Objektumfeld und Tageslichteinfall
- Ausreichende Anzahl von Parkplätzen/Qualität der Parkierungsflächen
- Sicherheitseinrichtungen
- Service und Beratung
- Schaffung von Einkaufsatmosphäre und Erlebniseinkauf (Freizeit und Entertainment)
- Schaffung eines Treffpunktes
- Berücksichtigung einzelhandels- und shopping-center-spezifischer Besonderheiten in den Mietverträgen

Der Handel braucht Visionen

Innovation und Wachstum durch neue Technologien

Dietmar H. Fink

1 Neue Medien, neue Märkte, neue Chancen

Wal-Mart, das größte Einzelhandelsunternehmen der Welt, startete im Juli 1996 sein Internet-Shopping-Programm. Das begrenzte Anfangssortiment von 2 500 Artikeln wurde binnen eines Jahres auf 30 000 Produkte aufgestockt, heute sind über 140 000 Artikel online verfügbar. Das US-Unternehmen *Peapod*, Pionier im Online-Food-Business, verzeichnete 1997 mehr als 390 000 Online-Bestellungen - 97% mehr als im Vorjahr - und steigerte seinen Umsatz um über 100% auf knapp 60 Mio. $. *Amazon.com*, der größte Buchladen im Netz, gibt sein Internet-Geschäft 1997 mit knapp 150 Mio. $ an, viele traditionelle Buchhändler drängt es seither ebenfalls mit Nachdruck ins Netz. Noch rasanter entwickelt sich das Online-Business jedoch im technologie-affinen EDV-Bereich: So konnte bspw. das Systemhaus *Cisco* 1997 Geschäfte im Wert von 3,2 Mrd. $ über das Netz abwickeln, die im Direktmarketing erfahrene *Dell Computer Corporation* erzielte 1997 einen Online-Umsatz von etwa 365 Mio. $. *IBM* hingegen mußte seine erst Ende 1996 eröffnete Shopping-Mall „World Avenue“ bereits im Juni 1997 mangels Umsatz wieder schließen (vgl. *Margherio* u.a. 1998; *Fink* 1998a).

Das Online-Geschäft - der Handel über innovative, multimediale Telekommunikationskanäle wie das Internet, Online-Dienste und dergleichen - bildet für den traditionellen Handel die wohl größte Herausforderung der kommenden Jahre. Neue Technologien, veränderte Konsumgewohnheiten und zahlreiche neue Wettbewerber - der Handel sieht sich zum Ausklang des Jahrhunderts mit **komplexen, weitreichenden Veränderungen** konfrontiert, die durch traditionelle Strategie- und Planungsansätze nur unvollkommen erfaßt werden können. So ist in den meisten Unternehmen das Bewußtsein, den kommenden Veränderungen mit innovativem Denken und Handeln begegnen zu müssen, zwar durchaus präsent, viele der geforderten Manager wissen jedoch nicht, wie dies konkret geschehen soll.

Die Ergebnisse einer aktuellen Studie zum Einsatz multimedialer Telekommunikationsanwendungen im Handel belegen dies ebenso nachdrücklich wie bedenkenswert (vgl. *Arthur D. Little* 1997, S. 6f.): Zwar rechnet der deutsche Handel bereits in naher Zukunft mit einem Online-Handelsvolumen von rund 35 Mrd. DM, knapp die Hälfte hiervon sieht er jedoch nicht durch eigenen Geschäftsaufbau, sondern durch Aktivitäten der **Industrie** und neuer **Dienstleister** realisiert. Treffen die Prognosen des Handels zu, so läuft er Gefahr, in absehbarer Zeit ca. 5% des gesamten Handelsgeschäfts - im Jahr 2 000 immerhin über 17 Mrd. DM - an andere Wettbewerber zu verlieren.

Ein weiteres Ergebnis der Studie zeigt, daß die Beschäftigung mit den neuen Technologien in vielen Handelsunternehmen noch relativ **„planlos“** erfolgt. Knapp die Hälfte der Befragten, die bereits Erfahrungen mit multimedialen Handelsformen gesammelt haben, bewerten diese zwar positiv, d.h. entsprechend ihren Erwartungen oder sogar besser. Bedenklich stimmt jedoch die Tatsache, daß 39% von ihnen nicht dazu in der Lage sind, den Erfolg der umgesetzten Maßnahmen im Online-Bereich überhaupt zu beurteilen. So festigt sich die Vermutung, daß die Etablierung innovativer, multimedialer Handelsformen noch immer viel zu häufig von **Ad-hoc-Entscheidungen** und spontanen Einzelaktionen dominiert wird, die nicht strategischen Überlegungen entspringen, sondern der Angst, etwas zu verpassen, das die Konkurrenz bereits im Verborgenen plant und bald schon erfolgreich realisieren wird. Die zukünftigen Herausforderungen im Handelsgeschäft erfordern jedoch eine systematische, eine strategisch-visionäre Auseinandersetzung mit den neuen Technologien, die über die Grenzen der eigenen Branche hinausgeht.

Traditionell planen Unternehmen **auf der Basis ihres bestehenden Geschäfts**. Wie werden sich die wichtigsten Parameter in Zukunft verändern? Welche Entscheidungen sind notwendig, um darauf zu reagieren? Die Geschichte des Unternehmens wird quasi in die Zukunft fortgeschrieben. Wir betrachten unsere Erfolge von gestern und fragen, wie diese sich auch morgen wiederholen bzw. noch steigern lassen. Nun ändern sich jedoch im Rahmen des Online-Handels nicht mehr nur einige Parameter des Geschäfts - es ist das Geschäftsmodell selbst, das überdacht werden muß. Der Handel darf sich bei seinen Überlegungen nicht zu sehr an alten Werten orientieren, muß traditionelle Strukturen hinterfragen und aufbrechen, muß **neue Wege** aufzeigen und konsequent beschreiten: Wie würde ein Außenstehender, ein „Newcomer", der keine Rücksicht auf ein bestehendes Geschäft nehmen müßte, in den neuen Markt einsteigen? Würde er nicht ganz anders agieren als ein eingeführtes Handelsunternehmen, ganz andere Chancen erkennen?

Wollen wir auf den Märkten von morgen Erfolg haben, dann dürfen wir nicht an Althergebrachtem festhalten, ja nicht einmal auf dem Bestehenden aufbauend planen. Wir brauchen eine Vision. Wir müssen die Zukunft verstehen und uns in ihr positionieren. Erst wenn wir die Chancen von morgen erkannt und eine optimale Position zu ihrer Erschließung gefunden haben, müssen wir diese auf die Gegenwart herunterbrechen und eine Strategie entwerfen, die uns aus unserem heutigen Geschäft heraus in diese Position führen wird. Dabei gilt es, ein ausgewogenes Verhältnis zwischen den Veränderungen der Rahmenbedingungen und den eigenen Kompetenzen und Fähigkeiten zu erlangen. Vor diesem Hintergrund ist ein kreativ-analytisches Vorgehen bei der Ausrichtung des Handels auf die Märkte und Geschäfte von morgen unverzichtbar (vgl. Abb. 1).

Der **kreative Teil** umfaßt die Entwicklung von Zukunftsszenarien, in denen sich der Handel behaupten muß, in denen er Chancen zu nutzen und Herausforderungen zu meistern hat, sowie die Formulierung einer Vision, die beschreibt, wie das eigene Unternehmen seinen Platz in den definierten Szenarien gestalten will. Der **analytische Teil** betrifft zum einen die Auswahl strategischer Optionen, die das Unternehmen wahrnehmen muß, um seine Vision zu realisieren und seine Ambitionen mit den Markttrealitäten in Einklang zu bringen. Aufbauend hierauf gilt es, einen strategischen Fahrplan zu entwickeln, der die erfolgreiche Umsetzung der ausgewählten Optionen sicherstellt und einen kontinuierlichen Kontroll- und Lernprozeß initiiert.

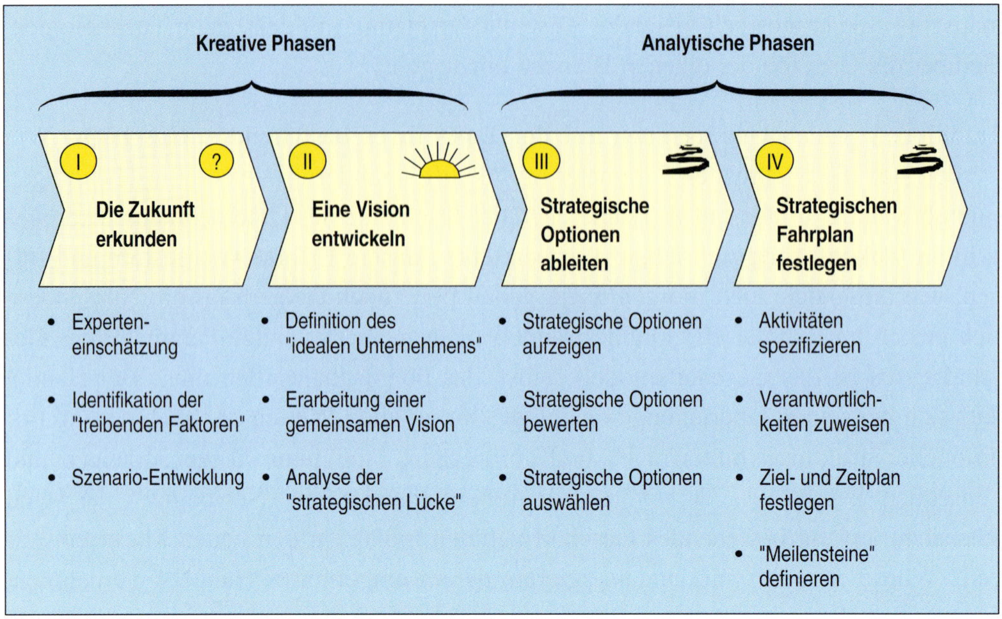

Abb. 1: Ein strategischer Planungsansatz für das Handelsgeschäft von morgen

2 Von der Vision zur Realisation - Strategieentwicklung für das Handelsgeschäft von morgen

2.1 Die Zukunft erkunden

In der ersten (kreativen) Phase besteht die Aufgabe darin, mögliche Zukunftsszenarien zu entwickeln, diese zu bewerten und zu einem umfassenden Geschäftskontext auszubauen. Was sind die treibenden Kräfte des Wandels? Wie wird die Handelslandschaft aussehen, wenn sich bestimmte Kräfte unterschiedlich entwickeln? Welche dieser Szenarien sind wahrscheinlich, welche können verworfen werden? Um diese Fragen zu beantworten, muß man sich zunächst frei machen von konventionellen Denkmustern und sich unvoreingenommen mit der eigenen Zukunft auseinandersetzen. Eine solide Ausgangslage hierfür liefert eine neutrale, externe **Experteneinschätzung**, die mögliche Trends und Entwicklungslinien aufzeigt, ohne jedoch eine vorgefaßte Meinung zu vertreten und ohne die am Strategiebildungsprozeß beteiligten in einer bestimmten Richtung zu beeinflussen.

Wenn - wie eingangs dargelegt - der Handel befürchtet, etwa die Hälfte des zukünftigen Online-Geschäfts an andere Wettbewerber zu verlieren, so liegt es nahe, zunächst einen Blick auf die unterschiedlichen Unternehmensgruppen zu werfen, die derzeit versuchen, ihren Anteil am Online-Handel abzustecken. Wer werden die bedeutenden Wettbewerber im Handelsgeschäft von morgen sein? Was sind ihre versteckten Ziele? Wie sehen die „heimlichen Spielregeln" im zukünftigen Handelsgeschäft aus?

Drei wesentliche Gruppen lassen sich identifizieren (vgl. Abb. 2): Der traditionelle Handel und die Industrie, Neugründungen und branchenfremde Dienstleister sowie Unternehmen aus der Computer-, Telekommunikations-, Unterhaltungsektronik- und Software-Industrie. Sie alle erhoffen sich Geschäft rund um den Online-Handel, sie alle versuchen, möglichst nachhaltig am Online-Kuchen zu partizipieren. Aber sie verfolgen nicht alle die gleichen Ziele, spielen - wer wollte es ihnen verdenken - nicht immer mit offenen Karten (vgl. *Fink* 1998a):

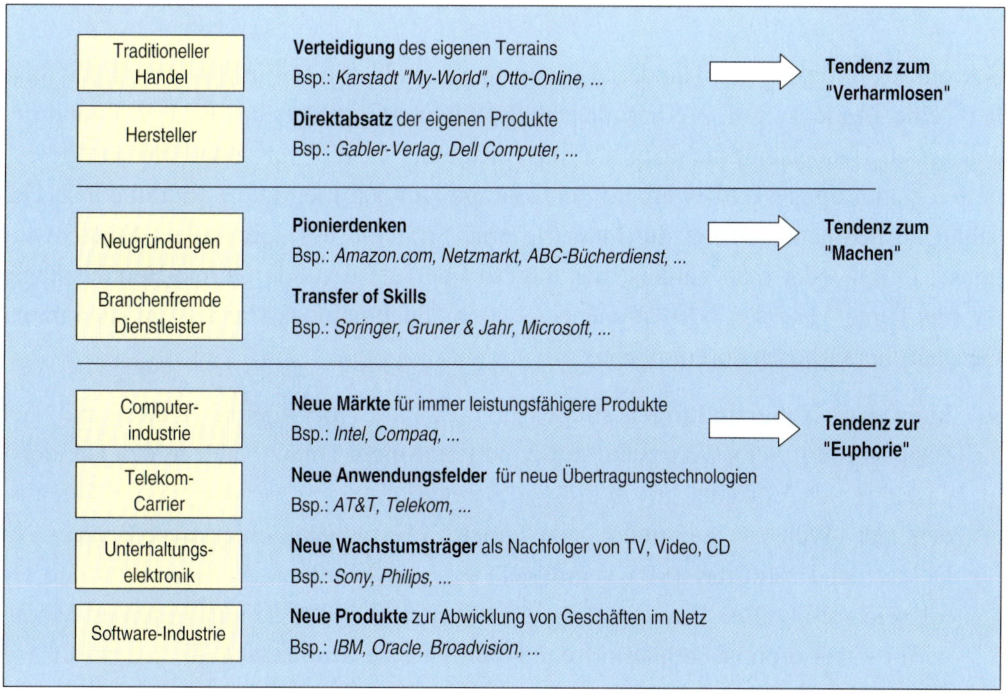

Abb. 2: Die „Key Player" im Handelsgeschäft von morgen

- Dem **traditionellen Handel** geht es zunächst um die proaktive Verteidigung des angestammten Terrains. Zu den bekanntesten Aktivitäten zählen hier vor allem das von der *METRO-Gruppe* Mitte 1996 eingeführte und seit 1998 unter dem Dach der *Primus-Online GmbH* geführte „metronet" sowie die von *Karstadt* gleichfalls 1996 gestartete Shopping-Mall „My-World" (vgl. *Eierhoff* 1997; *Schulte-Huermann* 1998). Ebenfalls im Netz vertreten sind die Versandhäuser *Otto, Quelle* und *Neckermann*, die bei ihrem Engagement auf vorhandenen Direktmarketing- und Logistikstrukturen aufbauen können.

- Die **Industrie** verfolgt bei ihren Online-Handelsaktivitäten vor allem das Ziel des Direktabsatzes der eigenen Produkte an den Endkonsumenten. Bislang sind jedoch nicht viele Unternehmen den konsequenten Schritt zum Verkauf über das Netz gegangen. Man beschränkt sich vielmehr auf die Umsetzung interaktiver Kommunikationsstrategien, die - eingebunden in den klassischen Marketing-Mix - den Abverkauf im traditionellen Handel fördern sollen. Dennoch sieht der Handel - und dies vermutlich zu Recht - die größte Gefahr im Online-Handelsgeschäft von Seiten der Industrie auf sich zukommen. Auch wenn diese noch zögert - die Umgehung des traditionellen Handels über das Netz verspricht hohe Margen.

Sowohl im traditionellen Handel als auch in der Industrie bestimmt - zumindest bisher - eine Tendenz zum „Verharmlosen" des Online-Geschäfts das Bild. Während die etablierten Handelsunternehmen hiermit vor allem das Ziel verbinden dürften, potentiellen zukünftigen Wettbewerbern die Courage zum Einstieg in das multimediale Geschäft zu nehmen, verfolgt die Industrie eine Strategie des „proaktiven Stillschweigens". Offen redet man zumeist nur ungern über existierende Online-Handelspläne, da man keine - latenten oder offenen - Gegenmaßnahmen des Handels im stationären Geschäft heraufbeschwören möchte.

- Innovative **Neugründungen** streben als „Pioniere" des Online-Marktes mit viel Begeisterung, Selbstvertrauen und Kreativität nicht zuletzt auch in das Handelsgeschäft. Als Vorreiter gilt in diesem Bereich *Amazon.com*, der „größte Buchladen der Welt" - gegründet von einem ehemaligen Investment-Banker. In Deutschland zählt das 1995 gegründete Internet-Kaufhaus *Netzmarkt* zu den erfolgreichsten Online-Handelsadressen. Mit rund 600 000 Seitenabrufen im Monat wird es über dreimal so häufig frequentiert wie die *Karstadt*-Mall „my-world".

- Auch andere **branchenfremde Dienstleister** erkennen die Attraktivität des Online-Handels und versuchen Synergieeffekte zu erschließen bzw. in ihrem angestammten Geschäft aufgebaute Kernkompetenzen auf das Handelsgeschäft im Netz zu übertragen. Medienunternehmen und Mineralölkonzerne kooperieren mit lokalen Supermärkten und bieten die Online-Bestellung und Hauslieferung von

Lebensmitteln an. Kreditkartenunternehmen sehen Chancen, ihre Kompetenzen in der individuellen Betreuung von Kunden in Online-Handelskonzepte umzusetzen. Die US-amerikanische Preisagentur *CUC* vermittelt über ihre Online-Dependance „Shoppers Advantage" direkte Geschäfte mit der Industrie im Wert von über 1 Mrd. $. Der traditionelle Handel muß lernen, mit dieser neuen Konkurrenz umzugehen, deren Wettbewerbsverhalten sich von den im Handelsgeschäft üblichen Methoden zum Teil erheblich unterscheidet.

Sowohl bei Neugründungen als auch bei branchenfremden Dienstleistern, die in den Online-Handel einsteigen, kann eine Tendenz zum „Machen" beobachtet werden. Man diskutiert nicht lange das Für und Wider, man redet nicht viel über das, was man plant, man setzt es um. Schnell und konsequent, oft mit einfachen Mitteln, meist mit guten Ideen.

- Die **Computerindustrie** verspricht sich von dem erwarteten Online-Handelsboom vor allem neue Märkte für immer leistungsfähigere Produkte. *Intel* für seine Mikrochips, *Compaq* für seine PCs und viele andere Unternehmen für ebenso viele andere Computerprodukte.

- Die **Telekommunikationsindustrie** sucht nach neuen Anwendungsfeldern für ihre Übertragungs- und Vermittlungstechnologien. Die Abwicklung von Bestellungen und Zahlungen über das Netz verspricht hierbei nicht nur auf Massenmärkten lukrative Geschäfte.

- Die **Unterhaltungselektronik** sucht nach neuen Wachstumsträgern, die die Nachfolge von Fernsehen, Video und CD antreten. Unternehmen wie *Sony* und *Philips* kooperieren mit der Computerindustrie und investieren in die Entwicklung von interaktivem Fernsehen und Web-TV.

- Die **Software-Industrie** sieht das erhebliche Marktpotential für neue Produkte, die die Abwicklung von Geschäften im Netz unterstützen. Waren die ersten Programme vielfach noch Eigenentwicklungen von EDV-Abteilungen oder freien Programmierern, so finden sich mittlerweile zahlreiche Standardpakete von renommierten Firmen wie *IBM, Oracle* oder *Broadvision*.

Bei Unternehmen aus der Computer-, Telekommunikations-, Unterhaltungselektronik- und Software-Industrie ist eine gewisse Tendenz zur „Euphorie" in bezug auf die Entwicklung des Online-Handels nicht zu verkennen. Man verspricht sich viel von den neuen Technologien, vor allem für den eigenen Absatz. Man will sie letztendlich verkaufen - an Firmen, die im Online-Handel ihr Geschäft suchen. Was also liegt näher, als diesem Geschäft eine glorreiche Zukunft zu prophezeien?

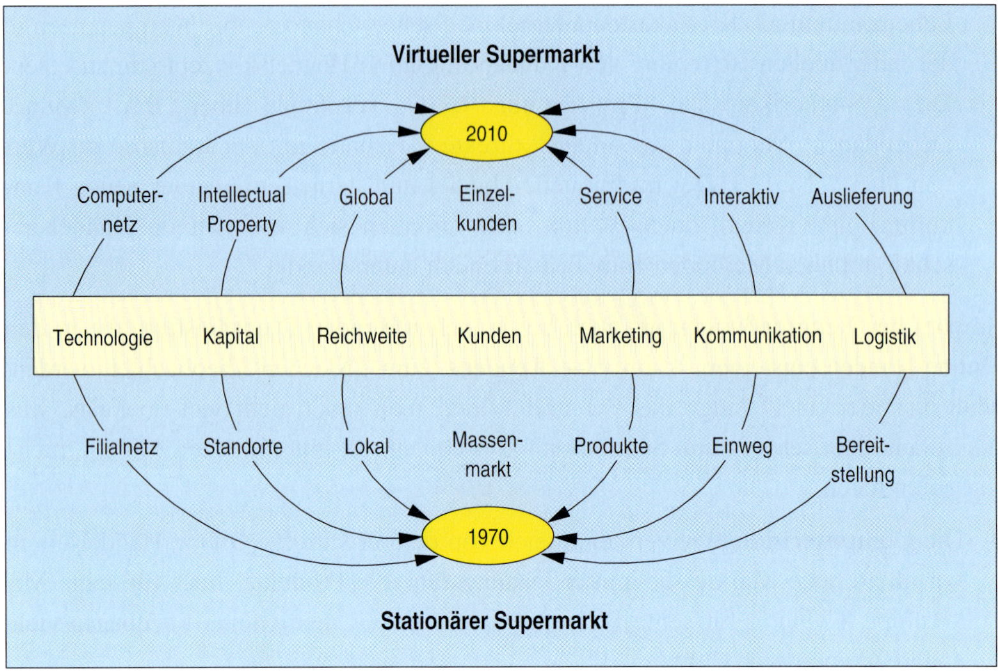

Abb. 3: Evolutionsanalyse des Handelsgeschäfts

Wie könnte es sich nun aber tatsächlich entwickeln, das Online-Handelsgeschäft? Welche Trends lassen sich identifizieren und in die Zukunft fortschreiben? Eine „Evolutionsanalyse“ (vgl. Abb. 3) kann die wesentlichen Entwicklungslinien offenlegen und verdeutlicht den partiellen Wandel des Handels von einem stationären zu einem virtuellen Akteur (vgl. *Fink* 1998a):

- Die vom Handel eingesetzten **Technologien** unterstützten in der Vergangenheit vor allem die Optimierung der Abläufe innerhalb eines im Zielgebiet möglichst flächendeckenden Filialnetzes. In Zukunft werden mehr und mehr Handelsgeschäfte über das weltweit verfügbare Computernetz abgewickelt werden.

- Entsprechend liegt das **Kapital** des Handels traditionellerweise in seinen Standorten. Im Online-Business hingegen gilt es vor allem, durch entsprechende Investitionen, durch Innovation und Lernkurveneffekte eine „Intellectual Property“ - eine intellektuelle Kapitalbasis - im Online-Handel aufzubauen.

- Die **Reichweite** stationärer Outlets ist in aller Regel lokal begrenzt. Online-Shops hingegen sind prinzipiell global erreichbar, können globale Nachfragepotentiale bedienen, globale Nischen zu attraktiven Märkten aggregieren.

- Während traditionelle Supermärkte ihre **Kunden** auf klassischen *Massenmärkten* suchen und finden, richten sich die Angebote von Online-Shops in Form, Ansprache und Inhalt immer häufiger an die individuellen Wünsche und Bedürfnisse von Einzelkunden (vgl. *Fink* 1998b).

- Während sich das **Marketing** im stationären Handel traditionellerweise an den angebotenen Produkten, der Breite und Tiefe des angebotenen Sortiments und seiner preislichen Gestaltung orientiert, differenzieren sich Online-Shops vor allem über den von ihnen gebotenen Service.

- Die **Kommunikation** des Handels mit seinen Kunden folgte in der Vergangenheit den Möglichkeiten der klassischen Massenmedien: Man praktizierte und praktiziert in aller Regel eine reine Einwegkommunikation per TV- oder Radio-Spot, Werbeanzeigen und Beilagen in Tageszeitungen etc. Im Online-Geschäft hingegen ermöglicht die Interaktivität den unmittelbaren Dialog, die individuelle Auseinandersetzung mit einzelnen Kunden.

- Auch - und vor allem - an die **Logistik** stellt der Übergang vom stationären zum Online-Handel ganz neue Anforderungen. Während in der Vergangenheit die Waren zur selbständigen Kommissionierung durch den Kunden in den Fillialen der Handelshäuser bereitgestellt wurden, erfordert der Online-Handel neue Konzepte, die eine Vorkommissionierung und Auslieferung der Waren - direkt zum Kunden nach Hause oder in kundennahe Auslieferungsstützpunkte - abbilden können.

Für ein Handelsunternehmen gilt es nun, vor dem Hintergrund solcher Experteneinschätzungen die in seinem Geschäft relevanten Kräfte des Wandels zu identifizieren, zu priorisieren und auf dieser Basis plausible Zukunftsszenarien zu erarbeiten (vgl. Abb. 4). Welche „treibenden Faktoren“ bestimmen die Zukunft des Handelsgeschäfts, begünstigen oder hemmen den Wandel des Handels von einem stationären zu einem (zumindest partiell) virtuellen Akteur? Die **Identifikation der „treibenden Faktoren“** muß sich an der relevanten Unternehmensumwelt eines Händlers orientieren. Politik, Jurisdiktion, Technologie, Wettbewerber, Gesellschaft - diese und zahlreiche weitere Bereiche der Unternehmensumwelt bilden die Ansatzpunkte zur Ableitung der relevanten treibenden Faktoren des Wandels. Wird die Gesetzgebung bspw. in den Online-Handel eingreifen (Faktor: Regulierung)? Wie schnell wird die technologische Entwicklung im Bereich der neuen Medien voranschreiten (Faktor: Innovationsgeschwindigkeit)? Wird die Gesellschaft den Umgang mit den neuen Handelsmöglichkeiten annehmen (Faktor: gesellschaftliche Akzeptanz)? Wie wird die Konkurrenz im Online-Handelsgeschäft vorgehen (Faktor: Wettbewerbsverhalten)?

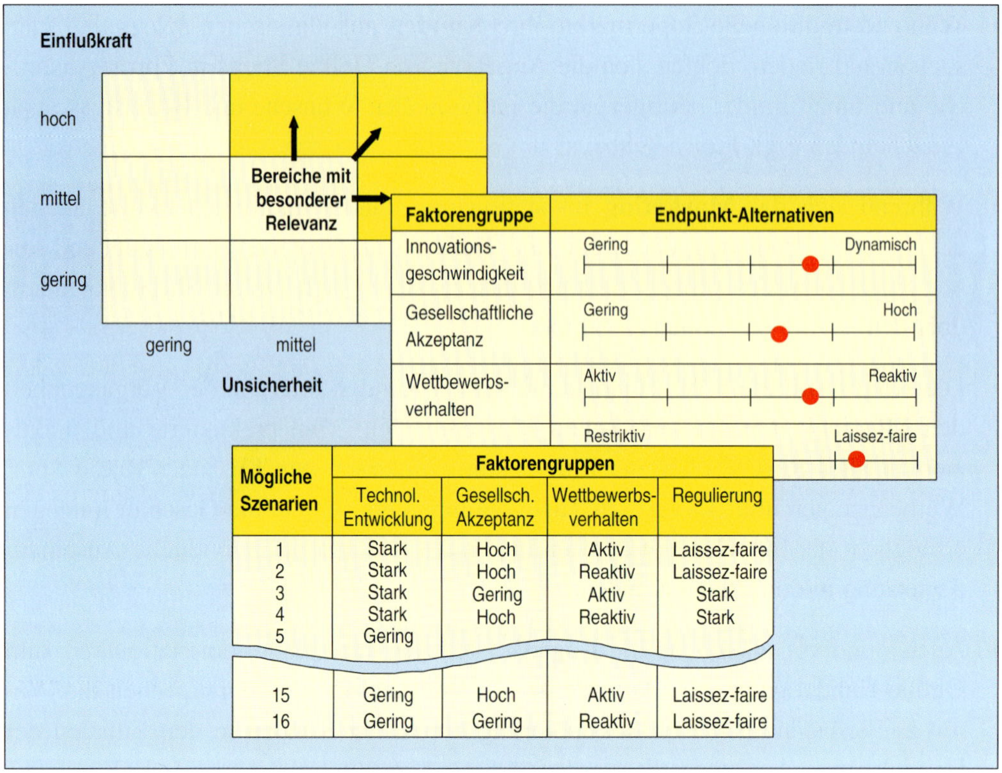

Abb. 4: Priorisierung, Analyse und Aggregation der treibenden Faktoren des Wandels

Hat man die - unternehmensspezifischen - treibenden Faktoren des Wandels identifiziert, müssen diese hinsichtlich ihrer **Einflußkraft** auf das eigene Geschäft und hinsichtlich der Wahrscheinlichkeit, daß sie sich in Zukunft in eine bestimmte Richtung entwickeln werden, analysiert und bewertet werden. Welche Faktoren werden also einen hohen Einfluß auf das eigene Geschäft ausüben, von welchen ist man andererseits nur in geringem Maße betroffen? Wie hoch ist die mit der Entwicklung der einzelnen Faktoren verbundene Unsicherheit?

Faktoren, die sich in absehbarer Zukunft mit hoher Wahrscheinlichkeit in bestimmter Weise entwickeln werden, können als „Schlüsselfaktoren" des Wandels bezeichnet werden. Sie bilden das Grundgerüst der späteren Szenarioentwicklung. Faktoren hingegen, mit denen eine hohe Ungewißheit verbunden ist und die gleichzeitig einen maßgeblichen Einfluß auf das eigene Geschäft ausüben - die sogenannten „Unsicherheitsfaktoren" -, bedürfen einer eingehenderen Analyse. Für sie müssen zunächst plausible Endpunkte, mögliche Extremwerte der Entwicklung definiert und die zugehörigen Implikationen für das betrachtete Geschäft aufgezeigt werden. So würden bspw. eine nur langsam voranschreitende technologische Entwicklung, eine geringe gesellschaftliche Akzeptanz neuer Handelsformen, reaktives Wettbewerbsverhalten und starke Regulierungseingriffe des Staates eher das klassische Handelsgeschäft stärken. Eine hohe technologische Innovationsgeschwindigkeit, eine breite gesellschaftliche Akzeptanz, aktive Wettbewerbsvorstöße und eine Politik des Laissez-faire hingegen könnten die Entwicklung des Online-Handels weiter forcieren.

Im nächsten Schritt gilt es nun, mögliche Ausprägungskombinationen der betrachteten Unsicherheitsfaktoren zu unterschiedlichen **Szenarien** zusammenzufassen, wobei die identifizierten Schlüsselfaktoren das zugrundeliegende Rahmengerüst bilden. Auf der Basis der nachfolgenden Kriterien werden dann drei bis vier dieser Szenarien zur detaillierten Untersuchung ausgewählt:

- **Plausibilität:** Die in den ausgewählten Szenarien beschriebenen Ereignisse müssen ein erkennbares Potential besitzen, tatsächlich zur Realität zu werden.
- **Konsistenz:** Die in den einzelnen ausgewählten Szenarien beschriebenen Ereignisse müssen logisch zueinander passen.
- **Einzigartigkeit:** Jedes ausgewählte Szenario muß sich hinreichend von allen anderen ausgewählten Szenarien unterscheiden.

Zudem müssen die der weiteren Betrachtung zugrundegelegten Szenarien einen signifikanten Teil der prinzipiell denkbaren Entwicklungsmöglichkeiten des zukünftigen Handelsgeschäfts abdecken.

2.2 Eine Vision entwickeln

Nachdem in Phase 1 die treibenden Faktoren des Wandels identifiziert sowie plausible Zukunftsszenarien entwickelt wurden, gilt es nun, in Phase 2 eine ambitionierte Vision zu erarbeiten, die beschreibt, wie und wo das eigene Unternehmen in Zukunft konkurrieren, wie es sich in den beschriebenen Zukunftsszenarien positionieren will. Hierzu müssen zunächst die Anforderungen, die sich in den betrachteten Szenarien ergeben, in ein Profil des unter den definierten Bedingungen **„idealen" Handelsunternehmens** umgesetzt werden. Welche Anforderungen ergeben sich bspw. auf strategischer Ebene, um innovative Geschäftsmodelle zum Handel über das Netz zu entwerfen? Wie müssen welche Prozesse neu gestaltet werden, um virtuelle Wertschöpfungsketten zu etablieren und zu managen? Um physische und informationstechnische Flüsse abzugleichen? Welche Ressourcen sind zum Aufbau eigener Intellectual Capacity erforderlich? Wie sieht eine ideale Marktpositionierung in den entwickelten Szenarien aus? Welche Kunden bzw. Abnehmergruppen sollen bedient werden (Kabelkunden, PC-Besitzer etc.)? Wie muß ein ideales Angebotssortiment gestaltet sein (möglichst breit oder fokussiert)? Welchen Grad an Interaktivität muß man wählen, um die Kommunikation mit den Zielkunden optimal zu gestalten (Information, Auswahl, Bestellung, Bezahlung, Service etc. über das Netz)? Welche geographische Ausdehnung des Angebots ist ideal (lokal, regional, international, global)? Welche logistischen Konzepte sind erforderlich (Bereitstellung im Laden, Auslieferungsstützpunkte, Schließfachsysteme, Hauslieferung etc.)? Die Entwicklung eines idealen Unternehmensprofils erfordert neben analytischen Fähigkeiten ein hohes Maß an Kreativität und gestalterischer Intuition.

Das entwickelte Idealbild eines zukünftigen Handelsunternehmens bildet die Grundlage für die **Erarbeitung der eigenen Vision**. Hierbei ist es wichtig zu verstehen, daß sich die Vision dessen, was man mit dem eigenen Unternehmen erreichen will, zwar an dem definierten Idealbild orientieren sollte, daß Vision und Idealbild jedoch in den seltensten Fällen deckungsgleich sein werden. Nicht immer ist das objektive Idealunternehmen vor dem Hintergrund der eigenen Ziele tatsächlich erstrebenswert, nicht immer ist es mit den verfügbaren Ressourcen zu erreichen. Wichtig ist vielmehr, daß die entwickelte Vision von allen wesentlichen Entscheidungsträgern im Unternehmen gemeinsam getragen wird und mit den grundlegenden Werten, Zielen und Ansprüchen des Unternehmens und seiner Mitarbeiter im Einklang steht.

Welche Aspekte im Rahmen der Visionsentwicklung im einzelnen behandelt werden sollten, läßt sich kaum allgemein formulieren. Vor dem Hintergrund strategischer Überlegungen sollten folgende **Fragestellungen** jedoch in jedem Fall abgedeckt werden:

- Wo wollen wir konkurrieren? Welche Märkte (traditionell/interaktiv) soll unser Unternehmen in den verschiedenen ausgewählten Szenarien bedienen?
- Wie sollen wir konkurrieren? Auf welche wirtschaftlichen, technologischen und logistischen Geschäftsmodelle sollen wir uns jeweils konzentrieren und auf welche Weise kann eine erfolgreiche Markterschließung erfolgen?
- Welche Ressourcenverteilung soll angestrebt werden? Inwieweit soll unser Unternehmen in den verschiedenen Szenarien seine Kompetenzbasis durch Eigen- bzw.

Weiterentwicklung, durch Kooperationen oder Akquisitionen verstärken, um den unterschiedlichen Anforderungen gerecht zu werden?

Aufbauend auf der erarbeiteten Vision muß eine **Analyse der „strategischen Lücke“** zwischen den aktuellen Gegebenheiten und dem angestrebten Zielzustand erfolgen (vgl. Abb. 5). Für jedes relevante Kriterium (Sortiment, Zielkunden, Prozeßketten etc.) muß untersucht werden, ob man von der definierten Vision abweicht, welches Ausmaß die Abweichung gegebenenfalls aufweist und in welche Richtung gegenzusteuern ist.

Die Analyse der strategischen Lücke endet mit der Definition konkreter Zielsetzungen für jedes Kriterium, dessen Ausprägung von dem angestrebten Zielzustand abweicht - bspw. einer Erhöhung des Bekanntheitsgrades des eigenen Online-Angebots bei den relevanten Zielkunden in der bedienten Region auf 80% innerhalb von zwei Jahren oder der Umsetzung einer Auslieferungslogistik mit einer 60%igen Abdeckung im Zielgebiet innerhalb eines Jahres. Für alle Kriterien, die im Sinne der visionären Unternehmensdefinition bereits als erfüllt angesehen werden können, muß das - an sich triviale, in der Praxis aber nicht zu vernachlässigende - Ziel gelten, den aktuellen Zustand auch in Zukunft unverändert beizubehalten.

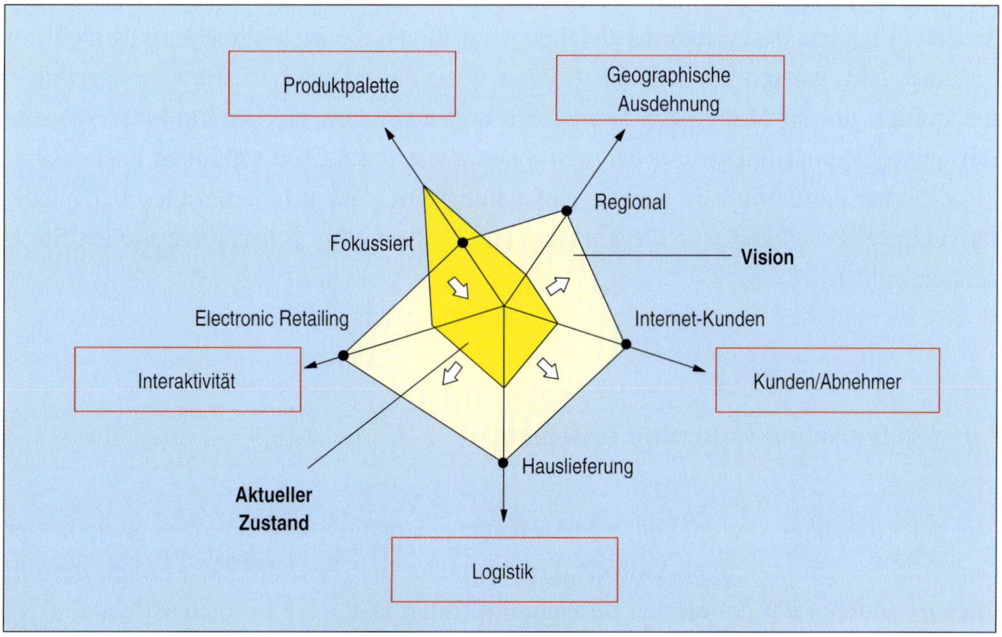

Abb. 5: Analyse der „strategischen Lücke“

2.3 Strategische Optionen ableiten

In der dritten Phase werden strategische Optionen ausgewählt, die dazu geeignet sind, die in Phase 2 auf Basis der strategischen Lücke erarbeiteten Zielsetzungen zu erreichen und somit den langfristigen Erfolg des eigenen Unternehmens in den ausgearbeiteten Handelsszenarien sicherzustellen. Hierzu müssen zunächst mögliche strategische Optionen identifiziert und bewertet werden, bevor attraktive Optionen ausgewählt und in einen detaillierten Geschäftsplan umgesetzt werden können. Zur Identifikation möglicher strategischer Optionen stehen dabei eine Vielzahl verschiedener **Kreativitätstechniken** zur Verfügung - von der „Synektik" über die „Morphologische Box" bis hin zum klassischen „Brainstorming" - auf die an dieser Stelle nicht im Detail eingegangen werden soll (vgl. hierzu z.B. *Nieschlag/Dichtl/Hörschgen* 1988, S. 190ff.). Das Ziel ist es hierbei, aus einer möglichst großen Anzahl innovativer Ideen ein überschaubares und konsistentes Set möglicher strategischer Optionen herauszufiltern.

Diese Optionen gilt es vor dem Hintergrund der entwickelten Szenarien auf ihre **Leistungsfähigkeit** hin zu überprüfen. Auch hierzu existieren zahlreiche, zumeist finanzmathematische Methoden - zu denken ist hierbei unter anderem an die Ermittlung des Kapitalbarwertes alternativer Optionen, eine Cash-Flow-Analyse, Break-Even-Ansätze, Risikoanalysen und dergleichen - auf die an dieser Stelle ebenfalls nicht im einzelnen eingegangen werden soll. Auf der Basis der eingesetzten Bewertungsmethoden werden aus der Menge der als möglich erkannten strategischen Optionen schließlich die vor dem Hintergrund der verfolgten Ziele attraktiven Optionen ausgewählt. Diese bilden die Grundlage für die Aufstellung eines quantifizierten Geschäftsplans, der seinerseits die Basis für die letztendliche Festschreibung der strategischen Stoßrichtung bildet.

2.4 Strategischen Fahrplan festlegen

Auf der Grundlage der in Phase 3 erarbeiteten strategischen Optionen muß in der vierten Phase ein konkreter **Aktionsplan** erarbeitet und beschlossen werden, der die Implementierung der definierten Strategie im Detail festlegt. Ein solcher Plan konkretisiert die Entwicklung eines Umsetzungsprogramms zur Realisation der entwickelten Vision. Er enthält Aufgaben, Meilensteine, Zeitdauer, Budgets und Kontrollmechanismen für die Implementierung und legt die Verantwortlichkeiten für die einzelnen Teilschritte fest.

Nicht nur im Online-Handelsgeschäft ist es dabei von entscheidender Bedeutung, daß sämtliche Maßnahmen für einen dauerhaften Wandel und eine laufende Anpassung an aktuelle Veränderungen von Markt und Wettbewerb ausgelegt sind. So muß ein kontinuierlicher Lern- und Kontrollprozeß angestoßen werden, der sicherstellt, daß einerseits der festgelegte Weg nicht ohne Grund verlassen wird und daß andererseits, wenn neue Erkenntnisse nach neuen Wegen verlangen, diese Wege schnell und zielgerichtet eingeschlagen werden.

3 Resümee und Ausblick

Für den Handel ist es - das ist deutlich geworden - dringend erforderlich, sich mit den neuen, multimedialen Technologien auseinanderzusetzen. Zwar muß dies nicht zwangsläufig in unmittelbaren Online-Handelsaktivitäten resultieren, unabdingbar ist es jedoch, einerseits festzustellen, welche Chancen und Risiken sich ergeben, und andererseits festzulegen, ob bzw. wann sich ein Einstieg lohnt (vgl. *Wamser/Fink* 1997). In diesem Sinne benötigt jedes Unternehmen einen **„Multimedia-Fahrplan"**. Eine Strategie, die sicherstellt, daß das eigene Unternehmen nicht von neuen Entwicklungen überrascht wird.

Know How muß aufgebaut, Verantwortlichkeiten zugeteilt werden: Wie können die neuen Medien in ein strategisches Gesamtkonzept integriert werden? Welche organisatorische Struktur ist erforderlich, um den neuen Rahmenbedingungen zu entsprechen? Welche Prozesse innerhalb des Unternehmens müssen angestoßen werden? Wie kann die erforderliche Logistik aufgebaut werden? Wer sind die geeigneten strategischen Kooperationspartner auf dem Online-Markt? Und vor allem: Was sind die strategischen Ziele, die mit den neuen Technologien verfolgt werden? Gerade hier gibt es erschreckende Defizite in der Praxis.

Der Einsatz der neuen Technologien im Handel bietet zahlreiche Chancen. Aber nur dann, wenn er systematisch geplant und professionell bewerkstelligt wird. Innovation ist angesagt - packen wir's an.

Category Management: Absichten, Einsichten und Aussichten

Cai Fischer

1 Konzeptionelle Leitidee und Anwendungsfelder

Zurückgeführt auf seinen ursprünglichen Kern geht es beim Category Management darum, Warengruppen als **strategische Geschäftseinheiten** zu führen. Folgt man dieser Definition, so ist die Leitidee dieses Management-Konzepts nicht nur unabhängig von bestimmten Handelsbranchen oder -stufen, sondern auch auf vorgelagerte Wirtschaftszweige anwendbar. Vor allem mit Blick auf die Konsequenzen für traditionell funktional und/oder an Absatzstufen (Handel, Endverbraucher) ausgerichtete Organisationsstrukturen finden sich heute gerade aber auf der Herstellerstufe kaum Unternehmen, die Category Management in diesem Sinne verstehen und praktizieren. Häufig reduziert sich herstellerbetriebenes „Category Management" auf ein bloßes Entscheidungsprinzip, das zur Beachtung der Zwei- oder Dreistufigkeit der eigenen Absatzprozesse mahnt, wahrscheinlich noch öfter wird es schlicht als verkaufsunterstützende Dienstleistung gegenüber den eigenen Handelskunden verstanden.

Ungeachtet der grundsätzlichen Reichweite des Themas konzentrieren sich die Erfahrungen in puncto Category Management heute auf die **Food-, sowie die klassischen Non-Food-Sortimente** im Lebensmittel- und Drogeriewarenhandel. Verantwortlich dafür sind neben bestimmten Produktions-, Distributions- und Abverkaufseigenarten der gehandelten Waren (Absatzvolumina, Aktionsrhythmen, Stapelfähigkeit, Kauf- und Verbrauchsfrequenz usw.) vor allem die Marktverhältnisse und die aus diesen Verhältnissen für Händler und Hersteller resultierenden Probleme.

Ziel des vorliegenden Beitrags ist es, am Beispiel des deutschen Lebensmittelhandels die **strategische Bedeutung** des Category Management-Konzepts aufzuzeigen.

2 Ausgangslage

2.1 Marktverhältnisse und Hauptprobleme

Seit Jahren sind die Handelsunternehmen spürbaren, zum Teil dramatischen Veränderungen in ihrem Marktumfeld ausgesetzt. Daß sich dieses Umfeld stabilisiert, ist nicht zu erkennen, im Gegenteil: Das einzig Verläßliche scheint die anhaltende Sprunghaftigkeit der Veränderungen zu sein. Wie in Abb. 1 dargestellt, lassen sich die **wichtigsten Einflußfaktoren** vier Gruppen von Marktpartnern zuordnen.

Die steigende Komplexität der Bedarfs- und Verhaltensmuster auf Seiten der **Kunden** ist keineswegs Folge einer wachsenden Irrationalität, sondern Konsequenz stärker differenzierender Einstellungen und Präferenzen, die handelsseitig immer schwerer zu durchschauen, geschweige denn vorherzusehen sind. Die Kunden emanzipieren sich, lassen sich nicht mehr ungestraft als „Verbraucher" brandmarken, werden zunehmend kritischer und setzen ihre Budgets sehr bewußt ein: Qualität und Luxus werden im Bedarfsfall durch Billigware und Opferkäufe finanziert, Mittelmaß wird abgelehnt. Die sinkenden Ausgaben pro Lebensmitteleinkauf sind aber nicht immer nur Ergebnis ökonomischer Zwänge, sie beruhen auch auf wachsendem Qualitäts- und Vorteilsbewußtsein, „Smart Shopping" und „Schnäppchenjagd" demonstrieren auch Cleverness. Das jahrelange Trommeln auf der Preispauke zeigt nachhaltige Wirkungen. Hinzu kommen demographische Veränderungen, wie z.B. sinkende Haushaltsgrößen oder gravierende Verschiebungen in der Altersstruktur der Bevölkerung, und eine allgemeine Informationsüberflutung, die gerade bei Jüngeren zur Herausbildung neuer Filtermechanismen führt. Folge all dieser Entwicklungen ist, daß sowohl die früher erfolgreichen Mittel der Marktbearbeitung als auch die bislang eingesetzten Methoden der Markterkundung und Entscheidungsfindung zunehmend an Effizienz und Effektivität verlieren. Neue, feiner differenzierende und schneller getaktete Planungs-, Durchführungs- und Kontrollprozesse sind erforderlich.

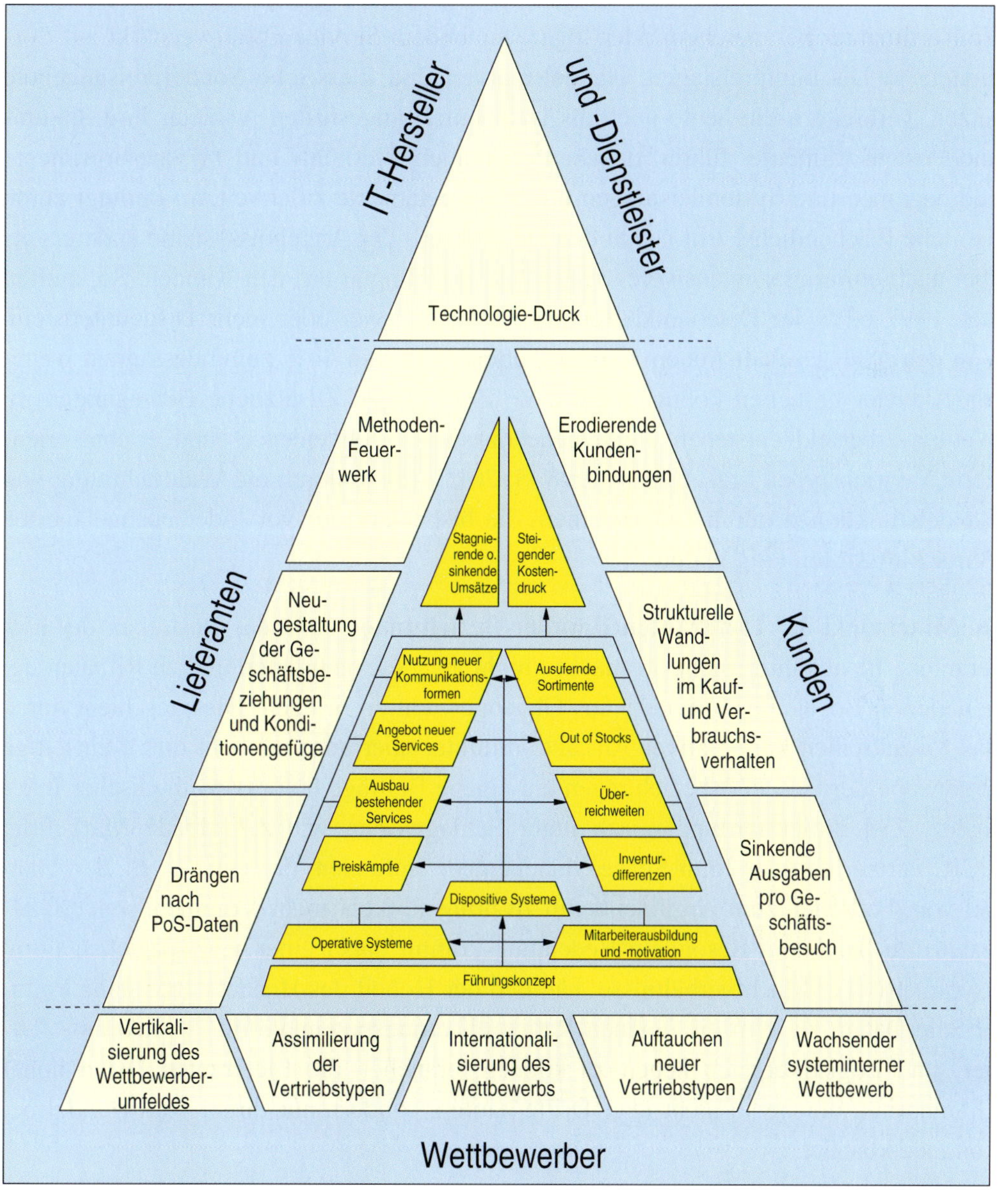

Abb. 1: Die Problempyramide

Verstärkt werden diese Herausforderungen an die Leistungsfähigkeit der eigenen operativen und dispositiven Systeme durch die **Ereignisse auf der Wettbewerberseite**. Der Markteintritt ausländischer, technologisch weit fortschrittlicherer Handelsunternehmen ist dabei nur eine, wenn auch spektakuläre Facette. Strukturell weit bedeutsamer sind die faktischen Wechselwirkungen zwischen Konzentration und Wettbewerbsintensität. Einerseits verwischen die Vertriebstypenprofile. Während die Vollsortimenter bei gleichem oder sogar steigendem Serviceniveau verstärkt auf Sortimente in Discountpreislagen, Handelsmarken und klassische Sonderpreisangebote setzen, verbreitern die heute noch als Discounter eingestuften Anbieter ihre Stamm- und Postensortimente, führen daneben aber auch Tiefkühl- und Frische-Sortimente und beginnen ihre Systemleistungen um Serviceelemente zu erweitern. Bedingt durch die hohe Flächendichte tritt neben den Wettbewerb der Angebotssysteme andererseits aber auch ein immer intensiveres systeminternes Ringen um den Kunden. So kauften z.B. 1997 62% der Discountkäufer pro Monat in zwei oder mehr Discountern ein. Von den 38% geschäftstreuen Kunden hätten immerhin 44% zumindest einen weiteren Anbieter besuchen können (vgl. o.V. 1997, S. 4). Zusätzliche Bewegungen im Wettbewerberfeld entstehen durch neue discount-, convenience- und erlebnisorientierte Vertriebstypen (vgl. *Eggert* 1998, S. 201f.) sowie durch die Wahrnehmung von Handelsfunktionen durch Unternehmen, die bisher nur auf vor- oder nachgelagerten Wirtschaftsstufen tätig waren.

Im Mittelpunkt der **Lieferanten/Händler-Beziehungen** steht das Bestreben der Lieferanten, die aus ihrer Sicht oft macht-, nicht aber sachgeprägten und zu Ritualen degenerierten Begegnungen wieder ins Gleichgewicht zu bringen. Dies geschieht durch das Vorantreiben kooperativer Ansätze, mitunter aber auch schlicht durch einseitige Ergänzung der Geschäftsbeziehungen um eigene Beiträge höherer methodischer Intelligenz. Ziel dieser terminologisch unter Schlagworten wie z.B. Trade Marketing, ECR, Partnering oder Joint Space Management laufenden Versuche ist es, den Handel vom Feilschen zum Argumentieren zu bringen, nicht mehr Volumen, sondern Effizienz zu belohnen. Besondere Bedeutung kommt dabei einer sehr speziellen Form asymmetrischer Machtverhältnisse, nämlich der Hoheit des Handels über seine Point-of-Sale-Daten, zu. Um die eigenen Rationalisierungspotentiale im Produktions-, Lager- und Logistikbereich heben zu können, brauchen die Lieferanten Daten hoher Granularität, die sie so nicht über Dritte kaufen, sondern nur direkt vom Handel bekommen können.

Die **technologischen Entwicklungen** wirken in mehrfacher Hinsicht als Katalysatoren: Schon heute trifft man auf eine weitgehende hard- und softwaremäßige Grenzenlosigkeit, wenn es um die Dokumentation, die Analyse und die Steuerung der eigenen Geschäftsprozesse geht. Der geschäftsindividuellen Prozeßsteuerung stehen technologisch weder Performance- noch Kostengründe entgegen, sie scheitert i.d.R. an den darauf nicht ausgelegten Führungs- und Ausbildungskonzepten. Mittelfristig kommen weitere Faktoren hinzu: Zum einen beschleunigen die unter dem Stichwort „Electronic Commerce" diskutierten Konzepte sowohl das Entstehen neuer Vertriebstypen als auch die Vertikalisierung des Wettbewerbs. Die am Versand- oder Rendezvous-Prinzip ausgerichteten neuen Vertriebstypen sind dabei in ihrer Angebotsbreite nicht von vornherein einschränkbar, selbst Frische-Sortimente werden mit Aussicht auf Erfolg in das Angebot aufgenommen. Zum anderen macht der Technologieeinsatz die Marktprozesse zunehmend transparenter. Schon seit Anfang der neunziger Jahre gibt es Preisagenturen und Preisevidenzzentralen, die ihre Kunden anbieterübergreifend über Preise und Leistungen informieren. Bedeutung und Aktionsradius derartiger Institutionen werden weiter steigen. Vor allem im Bereich nicht erklärungsbedürftiger Waren, wie eben klassischen Food-Sortimenten, werden verstärkt auch vollautomatische Suchmaschinen zur Verfügung stehen, um anhand der individuellen Einkaufsliste den jeweils günstigsten Anbieter herauszufinden.

2.2 Konsequenzen

Um auf die skizzierten Herausforderungen zu reagieren, bieten sich zwei grundsätzliche Möglichkeiten an: **Rationalisierung** und **Innovation**. Aus dem Blickwinkel der Strategieentwicklung betrachtet, ist Rationalisierung auf Effizienz („Doing the things right") gerichtet, während Innovation auf Effektivität („Doing the right things") zielt. Daß es in Anbetracht der geschilderten strukturellen Veränderungen nur im Ausnahmefall gerechtfertigt ist, den Fokus auf den Ausbau aktueller Stärken und die Optimierung bestehender Leistungen zu legen, liegt auf der Hand und setzt außerdem voraus, daß trenderkennende Systeme und innovationsfördernde Strukturen vorhanden sind, die genutzt werden und solche Entscheidungen sinnvoll erscheinen lassen. Ist das nicht der Fall, gilt es, dem Unternehmen durch Implementierung dieser Systeme und Strukturen die Fähigkeit zur Entwicklung von Innovationsstrategien zu geben. Wie Abb. 2 zeigt, setzt dies zunächst die **Ergänzung der traditionellen Maßnahmen- und Ergebniskontrollen** um zusätzliche Aktivitäten voraus. Schlechte Ergebnisse müssen nicht zwangsläufig auf Fehlentscheidungen bzw. Umsetzungsdefiziten beruhen, sondern können ebensogut auf den geltenden Ziel- und Prämissenrahmen selbst oder einfach eine unzureichende Planungs- und Kontrollorganisation zurückzuführen sein. Ohne Möglichkeiten, dies nach allen Seiten offen und kritisch zu hinterfragen, sind Innovationen allenfalls Zufallsprodukte.

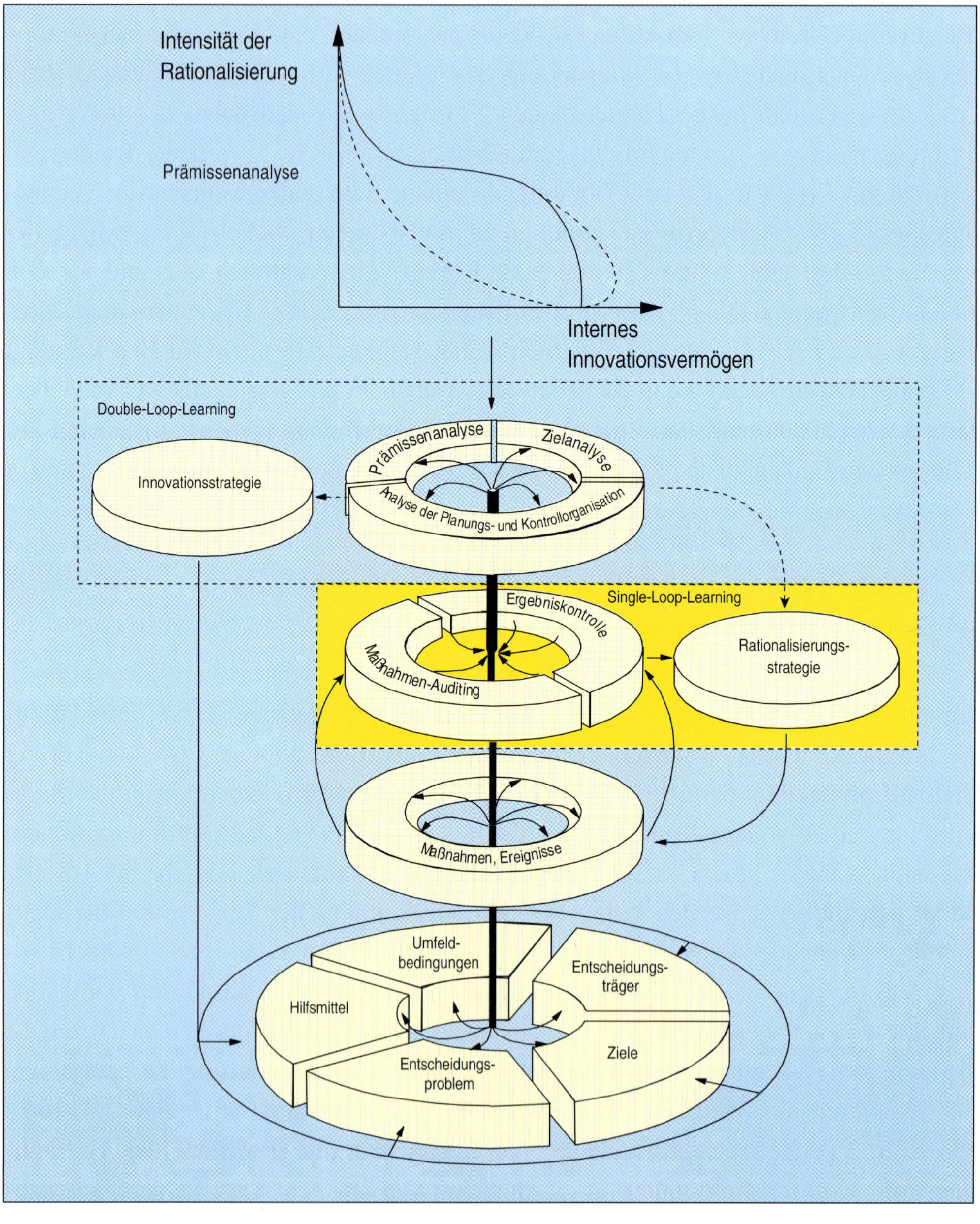

Abb. 2: Kontrollkonzept und Strategie-Entwicklung

Zu beachten ist dabei der **negative Zusammenhang** zwischen der Intensität vorangegangener Rationalisierungen und dem internen Innovationsvermögen (vgl. zum folgenden *Staudt* 1996): Folge von Rationalisierungen ist die Konzentration auf alte Tätigkeitsfelder, wobei die verantwortlichen Manager meist spezifischen Disziplinen oder Erfahrungsbereichen besonders verhaftet sind, da sie zumindest Teile ihrer aktuellen Machtstellung eben jenen Altqualifikationen verdanken. Bestehen darüber hinaus nur dem eigenen Hintergrund entsprechende Informationskanäle nach außen, ist auch der Zustrom neuartigen Wissens gering, alte Gewohnheitsmuster verstärken sich. Zum wichtigsten Argument in solchen Unternehmen wird das Prinzip „Das ist schon immer so gelaufen". Da gerade in solchen Verhältnissen häufig auch die Mitarbeiter an der Basis nur über den Sachverstand verfügen, der der Kontrollfähigkeit der verantwortlichen Manager entspricht, bleibt das beherrschte Tätigkeitsfeld so zwar als Machtbasis erhalten, dem Unternehmen aber fehlt das erforderliche Innovationspotential.

Ein adäquates Kontroll- und Überwachungssystem allein garantiert allerdings noch nicht den künftigen Erfolg. Im Gegensatz zu anderen Wirtschaftszweigen gibt es für den Handel keine Möglichkeit, seine Leistungen und Vermarktungskonzepte rechtlich schützen zu lassen. Der kurzfristigen Nachahmung sind damit im Erfolgsfall Tür und Tor geöffnet. Erforderlich sind deshalb Rahmenbedingungen, die der kontinuierlichen Entwicklung innovativer Ansätze möglichst wenig Grenzen setzen. Letztlich muß das gesamte **Führungskonzept** auf ein Handeln unter solchen Bedingungen ausgelegt sein. Professionalität in diesem Sinne setzt die Berücksichtigung von sechs Dimensionen voraus (vgl. ausführlicher *Fischer* 1995, S. 24ff.): Methoden-, Lern- und strategische Orientierung bezeichnen dabei individuelle Merkmale, an denen sich der einzelne Manager in Zukunft wird messen lassen müssen, während Entscheidungs-, Mitarbeiter- und Marktorientierung Gestaltungsfaktoren umschreiben, die das Managementsystem als Ganzes betreffen.

Strategische Orientierung bedeutet zunächst die Identifikation mit und die Ausrichtung an einem unternehmenspolitischen Leitbild, einer Unternehmensmission. Daneben spielt aber auch die Langfristigkeit und Ganzheitlichkeit des eigenen Denkens, Entscheidens und Handelns eine wichtige Rolle.

Der Stellenwert der **Lernorientierung** ergibt sich daraus, daß die Bewältigung der anstehenden Probleme mit den herkömmlichen Denk- und Verhaltensweisen nicht gelingen dürfte. Die Erschließung zukünftiger Wettbewerbsvorteile wird immer weniger eine Frage des Einsatzes massiger Bilanzaktiva sein, sondern immer stärker durch den Einsatz neuer Denkmuster geprägt werden (so schon *Peters* 1991). Lernorientierung heißt insofern Experimentierfreude und Durchsetzungsvermögen. Freude am Experimentieren impliziert Offenheit für Veränderungen, Hinterfragen des Bestehenden, stetes Ringen mit dem Status quo und Akzeptanz auch unkonventioneller Lösungen. Durchsetzungsvermögen bedeutet, nicht auf halben Wege stehen zu bleiben, Beharrlichkeit zu zeigen und Implementierungswiderständen planvoll zu begegnen.

Die **Verankerung der Methodenorientierung** als Dimension professioneller Führungskonzepte folgt der Erkenntnis, daß Fingerspitzengefühl und Bauchkribbeln zwar unentbehrlich sind, vor dem Hintergrund der zukünftigen Probleme Intuition allein allerdings ein denkbar schwaches Fundament für Entscheidungen bildet. Stärker als bisher ist rationales Abwägen gefragt. Dies erfordert ausgeprägte Analysefähigkeiten, fundierte Kenntnisse betriebswirtschaftlicher Zusammenhänge, das Erkennen und Bewerten von Handlungsspielräumen, aber auch die Fertigkeit, die analytisch gewonnenen Erkenntnisse in konkrete Maßnahmen umzusetzen.

Bei der **Entscheidungsorientierung** steht die Beseitigung ablauf- und aufbauorganisatorischer Mißstände im Vordergrund. Die Anpassung der tradierten Entscheidungshierarchien an die steigenden (Re-)Aktionsgeschwindigkeiten im Tagesgeschäft gehört ebenso in diesen Bereich wie z.B. die Beseitigung unangemessener formeller bzw. informeller Entscheidungszentren oder die Implementierung von Kompetenz- und Verantwortungsstrukturen, die die Betroffenen als kongruent empfinden.

Die Forderung nach **Mitarbeiterorientierung** läßt sich einerseits vielfach immer noch mit altbekannten Unzulänglichkeiten begründen (vgl. o.V. 1992): So wird Personalentwicklung häufig nicht als Vorstandssache angesehen, sondern einer Unterabteilung der Personalabteilung zugeordnet; Fortbildungsveranstaltungen werden als Quellen für Umsatzeinbußen, nicht aber als Instrumente für den Aufbau von Kompetenzpotentialen klassifiziert; Führungskräfte verlieren sich im Tagesgeschäft, statt sich auf die wörtliche Bedeutung ihrer Funktionsbezeichnung zu besinnen. Andererseits bewirkt die zunehmende Verbreitung freizeit- und familienbezogener Lebenskonzepte deutliche Wandlungen des beruflichen Anspruchsniveaus: die Bezahlung mit Arbeitssinn und Arbeitsspaß werden gleichwertige Alternativen zu monetären Leistungsäquivalenten. Zudem bergen rein monetäre Anreizsysteme die Gefahr, daß sie den Führungsdialog gerade dort ersetzen, wo Vordenken und neue Lösungswege erforderlich sind.

Marktorientierung muß unter den genannten Rahmenbedingungen Kundenorientierung bedeuten. Dabei beginnt sich seit einigen Jahren ein Wandel der Betrachtungsperspektive abzuzeichnen: Der Erfolg beim Kunden und die darauf abzielenden Maßnahmen werden nicht mehr statisch, sondern dynamisch beurteilt. Nicht die einzelne Transaktion, sondern die Geschäftsbeziehung als Ganzes steht im Mittelpunkt. Dementsprechend geht es strategisch immer weniger um Frequenzen und Umsätze. Stattdessen gewinnen Kundenzufriedenheit und Kundenbindung an Bedeutung - auch wenn der Zusammenhang zwischen den beiden Konstrukten weit weniger eng ist als lange Zeit angenommen (vgl. *Peter* 1997) und infolgedessen nicht alle Ausgaben, die mit dem Ziel steigender Kundenbindung in zufriedenheitsfördernde Maßnahmen investiert werden, ihren Zweck erfüllen.

Auf Basis dieser grundsätzlichen Anforderungen wird nun im folgenden zu prüfen sein, inwieweit Category Management Händlern helfen kann, die bevorstehenden Herausforderungen in den Griff zu bekommen.

3 Strategischer Nutzen

3.1 Category Management und Efficient Consumer Response

Obwohl im Grunde schon wesentlich älter, hat der Category Management-Ansatz vor allem durch die **ECR-Diskussion** der letzten Jahre erheblich an Aufmerksamkeit und Aktualität gewonnen. Nach der Diktion von *ECR Europe* (1997, S. 141) liegt im Category Management der Schlüssel zum Erfolg von ECR. Category Management wird als integrierender Bestandteil der 14 ECR-Teilbereiche angesehen und gilt in diesem Sinne bildlich als „Herz" oder „Motor" von ECR. Um die darin steckende Problematik zu veranschaulichen, bietet sich der Rückgriff auf die konzeptionelle Leitidee des ECR-Ansatzes an.

Eine der besten Formulierungen stammt von *Götz W. Werner*, der von **Wertschöpfungspartnerschaften** in dem Sinne spricht, daß der Nutzen des einen Voraussetzung für den des jeweils anderen ist (vgl. *Bunk* 1996, S. 34). Legt man diese Interpretation zugrunde, so gilt das zwingende Erfordernis einer Zusammenarbeit in puncto Category Management zwar für den Hersteller, umgekehrt ist dies allerdings nicht der Fall. Im Gegensatz zu vielen anderen ECR-Elementen gibt es beim Category Management keine wechselseitige Abhängigkeit in dem Sinne, daß Ergebnisverbesserungen ohne ein Zusammenwirken der Glieder der Wertschöpfungskette aus der Logik der Aufgabenstellung heraus unmöglich wären. Für den Handel folgt daraus ein wichtiger Unterschied: Während über ECR ex definitione kein strategischer Wettbewerbsvorsprung erreichbar ist, bietet Category Management eben wegen der an sich fehlenden Kooperationsnotwendigkeit in dieser Hinsicht durchaus Chancen. Es trotzdem unter dem ECR-Dach zu betreiben, hieße eigentlich Wettbewerbsvorteile erzeugendes Wissen um Ablauf- und Aufbaustrukturen mit den Wettbewerbern zu teilen.

Folge einer Deklaration von Category Management als Bestandteil des ECR-Konzepts wäre also, daß die handelsseitige Umsetzung des Konzepts dessen Scheitern bewirkt. Beteiligte, die gleichwohl an dieser Diktion festhalten, zielen deshalb faktisch nicht auf partnerschaftliche Zusammenarbeit, sondern auf **Instrumentalisierung** und **Kontrollierbarkeit** der Handelsseite. Im Grunde geht es dann nur darum, höchst sensible handelsinterne Reorganisationsprozesse zu steuern, die Hoheit des Handels über seine Kundendaten zu kippen und durch Know How-Vorsprünge einzelner Vertreter der Marktgegenseite drohende Machtzuwächse durch „Sozialisierung" dieses Wissens zu nivellieren.

Um dieser Beurteilung zu entgehen, stehen **zwei Möglichkeiten** zur Wahl: Zum einen kann man den konzeptionellen Anspruch von ECR auf die Realisierung von „Win/Win-Situationen" reduzieren. Dies ist an sich nicht unbedingt unproduktiv, verwässert aber die strategischen Chancen, interdependente Probleme in den Griff zu bekommen, und bewegt sich schon bedenklich nahe an der trivialen Voraussetzung jeder freiwilligen Transaktion zwischen Lieferant und Kunde. Zum anderen kann man Category Management aber auch von der durchsichtigen Aura der gegenseitigen Kooperationsnotwendigkeit befreien und es als das sehen, was es ist, nämlich Katalysator, vielleicht sogar Voraussetzung für ECR. Aus Handelssicht muß die Entscheidung zugunsten der letztgenannten Alternative fallen, will man den eigenen Category Management-Ansatz nicht von vornherein möglicher Effizienzvorsprünge berauben.

3.2 Category Management als Hebel zur Entwicklung der Kundenorientierung

Wie in Kap. 2 herausgearbeitet, reicht höhere Markteffizienz allein nicht aus, um auch in Zukunft erfolgreich zu bleiben; erforderlich ist höhere Marktintelligenz, vor allem in puncto Kundenbindung. Die Verschmelzung der heute üblichen Einkaufs-, Marketing- und Logistiktätigkeiten auf Category Manager bzw. Category Management-Teams greift dann aber zu kurz, wie **folgende Beispiele** verdeutlichen:

(1) Jeder Category Manager beschäftigt sich seinem Auftrag gemäß mit der von ihm zu führenden Warenkategorie. Auf diese Weise kann es zwar gelingen, innerhalb der Kategorie Sortimentsrelationen aufzubauen, die den Kundenpräferenzen möglichst nahekommen. Was damit aber noch ungeregelt bleibt, ist die **Positionierung der einzelnen Kategorien** untereinander und gegenüber anderen, über die bloße Sortimentsfunktion hinausgehenden Handelsleistungen. Ausgehend von der Ganzheitlichkeit, mit der Kunden das Leistungsspektrum eines Händlers bewerten, können diese Entscheidungen nur zeitlich vor- und sachlich übergeordnet getroffen werden.

(2) Die einer stärkeren Kundenbindung vorausgehende Notwendigkeit, sich gegenüber den Wettbewerbern ein eigenes Profil am Markt zu verschaffen, wird in Zukunft verstärkt zur Bildung von **Händler- oder Ladenmarken** führen. Je besser es gelingt, den Markencharakter der Läden an sich aufzuladen, desto unabhängiger wird der Händler von einem möglichst vielfältigen Angebot klassischer Herstellermarken, die außer dem Preis in aller Regel keine weiteren Differenzierungsmöglichkeiten bieten, durch mehr oder weniger intensive Verkaufsförderungsmaßnahmen aber zusätzliche Kosten verursachen und das mittlere Preisempfinden der Kunden noch weiter nach unten ziehen. Die naheliegende Konsequenz, den entstehenden Spielraum durch drastische Sortimentsbereinigungen voll auszuschöpfen, wird von einem Category Manager nicht ohne weiteres zu erwarten sein.

(3) Der Übergang vom transaktions- zum **beziehungsorientierten Verhalten** gegenüber dem Kunden verstärkt den Zwang, Kundenorientierung „unter der Janusköpfigkeit von Effektivität und Effizienz" (*Backhaus* 1998) zu sehen, setzt Bildung und Bearbeitung von Kundensegmenten voraus und macht Double-Loop-Learning im Sinne der Abb. 2 zu einem kontinuierlichen Prozeß, dessen Ergebnisse für die zeitnahe Steuerung der segmentbezogenen Entscheidungen unerläßlich sind. Stringenz in der Zielverfolgung unterstellt, können als strategische Geschäftseinheiten in einem solchen Unternehmen keine Warengruppen, sondern nur die definierten Kundensegmente in Betracht kommen.

Allgemein formuliert, wird die Ausrichtung eines Unternehmens am Category Management-Ansatz **mit steigender Kundenorientierung** zunehmend **problematischer**. Mit Blick auf die aktuellen Führungskonzepte vieler Händler tut dies der künftigen Bedeutung des Category Managements freilich keinen Abbruch: Natürlich ist die Forderung nach Ausrichtung der eigenen Entscheidungen an den Bedürfnissen der aktuellen und potentiellen Kunden per se weder neu noch originell. Gleichwohl scheitert sie in der Praxis häufig an zwei Dingen: fehlenden Mitteln für die erforderlichen Investitionen und mangelnder Lernorientierung. Category Management kann in beiderlei Hinsicht helfen.

Geht man von den heute noch vorherrschenden funktionalen Organisationsformen aus, so bietet Category Management über die **crossfunktionale Bündelung** der Erfolgsverantwortung im Sinne höherer Entscheidungsorientierung zunächst eine Möglichkeit, die operativen und dispositiven Prozesse im Unternehmen zu verbessern. Allerdings muß dies mit dem Einsatz entsprechender Methoden und Instrumente einhergehen, die von den Verantwortlichen inhaltlich akzeptiert und in puncto Handhabbarkeit auf die künftigen Benutzer zugeschnitten sind (vgl. dazu *Fischer* 1998). Beides vorausgesetzt, eröffnet Category Management heute offensichtlich gute Chancen, einem Handelsunternehmen beachtliche Rationalisierungspotentiale zu erschließen (vgl. *ECR Europe* 1997), um auf diesem Wege die zur Finanzierung innovativer Marketingkonzepte benötigten Mittel freizusetzen.

Darüber hinaus läßt sich Category Management als **Instrument der Organisationsentwicklung** interpretieren, das die Integration kundenorientierter Kalküle in die Beschaffungs- und Absatzprozesse erleichtert und zur Bildung einer Brückenstruktur beiträgt, mit deren Hilfe einkaufsorientierte Organisationen schrittweise marketingorientierter gestaltet werden können. Erst in der Endumbaustufe wird die eigentliche Steuerung des Geschäfts komplett auf die erwähnten Kundensegmentmanager übergegangen sein; Category Management reduziert sich dann auf die operative Umsetzung der Steuerungsentscheidungen und die Abstimmung der daraus folgenden Warenprozesse.

Die Zukunft der Handelsbetriebslehre

Thomas Reutterer und *Peter Schnedlitz*

1 Einleitung

Die Handelsbetriebslehre fußt in diesem Jahrhundert auf oft divergierenden Wurzeln, die nicht selten parallel mit der Ausdifferenzierung des institutionellen Einzelhandels verlaufen (vgl. *Tietz* 1993; *Müller-Hagedorn* 1998; *Schmalen* 1998). Dabei wird offensichtlich, daß sich die Spielarten des Begriffes „Handel" - und damit auch die Forschungszugänge der Handelsbetriebslehre - i.d.R. auf zwei Sichtweisen zurückführen lassen: Unter Handel im **funktionalen Sinne** wird verstanden, daß „Handel neben Produzieren und Konsumieren eine eigenständige wirtschaftliche Tätigkeit erfaßt" (*Müller-Hagedorn* 1998, S. 15). Handel im **institutionellen Sinne** bezieht sich dagegen auf die definitorische und inhaltliche Abgrenzung des Begriffes „Handelsbetrieb".

Neben dem traditionellen, stationären Handel richtet sich in den letzten Jahren verstärkt das Augenmerk von Theorie und Praxis auf neue Formen des Versandhandels und des ambulanten oder halbstationären Handels (vgl. *Schnedlitz/Kotzab/Cerha* 1997, S. 161). Als typische Beispiele seien an dieser Stelle der sog. Electronic Commerce und alle Formen des „Home Delivery Service" angeführt.

In der Folge soll allerdings belegt werden, daß die **Zukunft der Handelsbetriebslehre** nicht so sehr im begriffsanalytischen, definitorischen Fokus zu finden sein wird; vielmehr wird es um das Heben des Potentials neuer Informations- und Kommunikationstechnologien gehen (Kapitel 2). Basierend auf diversen Vorarbeiten (z.B. *Reutterer* 1998) sowie einschlägigen Praxiserfahrungen der Autoren wird im vorliegenden Beitrag die konzeptionelle Basis eines „integrierten", Daten-basierten Marketing-Ansatzes sowie zu erwartende Implikationen für das handelsbetriebliche (Marketing-) Management näher erläutert (Kapitel 3). Im Anschluß daran folgt eine Kurzdarstellung von mit der angestrebten Verarbeitung von PoS-Scanning-Daten zu erwartenden Probleme hinsichtlich Datenqualität und Analysetechniken (Kapitel 4). Der Beitrag schließt mit einem grundlegenden Ausblick auf die disziplinäre Entwicklung der Handelsbetriebslehre (Kapitel 5).

2 Informationstechnologische Basis eines „Daten-basierten" Handelsmanagement

2.1 Die „Gate-Keeper"-Rolle im Wandel der Zeit: Aktuelle Entwicklungstendenzen

Während in Lehrbüchern der siebziger und frühen achtziger Jahren noch über die „**Emanzipation**" des Handels-Marketing vom Hersteller-Marketing berichtet wurde (vgl. z.B. *Tietz* 1984), ist heute eine eigenständige marketingwissenschaftliche Prägung des Literaturbestandes zur Handelsbetriebslehre unübersehbar. In scharfem Gegensatz zu seinem (aus Herstellersicht) traditionell distributionspolitischen Charakter kann in manchen Branchen mittlerweile von einer **Dominanz** des (Einzel-)Handels-Marketing über das Marketing der Hersteller gesprochen werden. Für letzteres wird häufig der seit Jahren tobende Kampf um die begehrten und mit dem Aufkommen von Handelsmarken zusätzlich knapper werdenden Regalflächen des Einzelhandels, gepaart mit vor allem im Lebensmittel-Einzelhandel weltweit beobachtbaren Konzentrations- (Herausbildung von zunehmend weniger und umsatzmäßig größeren Handelskonzernen) und Konsolidierungstendenzen (weniger und großflächigere Outlets auf Einkaufsstätten-Ebene), verantwortlich gemacht (vgl. z.B. *Corstjens/Corstjens* 1995; *Schnedlitz/Waidacher* 1995).

Die damit verbundene Möglichkeit des Einzelhandels, in seiner „Gate-Keeper"-Rolle auf die strategischen Entscheidungsparameter anderer Mitglieder (vor allen Dingen diejenigen der Hersteller) entlang der Absatzkette Einfluß zu nehmen, wird zwar von zahlreichen empirischen Befunden bestätigt (vgl. z.B. *Ailawadi/Borin/Farris* 1995 oder *Messinger/Narasimhan* 1995), bedeutet allerdings nicht notwendigerweise damit einhergehende Transfers von Profit-Margen und wird vor allem durch den dramatischen Konkurrenzkampf auf der Einzelhandelsebene auf einige wenige - wettbewerbspolitisch bedenkliche Anzahl von - Konzernunternehmungen konzentriert (vgl. z.B. *Schnedlitz/Waidacher* 1995, S. 42ff.). Angesichts einer derartigen Verschiebung der „**Marktmacht**" zugunsten der Einzelhandels-Ebene verwundert im übrigen auch nicht, daß Markenartikelhersteller ihre altbewährten Produktmanagement-Strategien (mit unterschiedlichsten Akzentuierungen von „Push-" versus „Pull-"Marketing-Maßnahmen) gegen kooperative Strategien der Industrie-Händler-Beziehungspflege, wie sie gegenwärtig unter Etiketten wie „Category-Management" u.ä. propagiert werden, auszutauschen versuchen.

Sowohl in wissenschaftlichen Auseinandersetzungen als auch in politisch motivierten Debatten (Stichworte „Nahversorgungsproblem" oder „Globalisierung") über diese einleitend kurz angeschnittenen Entwicklungstendenzen bleibt allerdings ein Aspekt häufig ausgeklammert: Mit der Erfassung von individuellen, kaufaktbezogenen Kundeninformationen (via Scanning-Technologie) direkt am „Point of Sale" (PoS) kommt die „Marktmacht" des Einzelhandels zunehmend auch in Gestalt einer **informatorischen Asymmetrie** zwischen Industrie und Handel zum Ausdruck.

Skeptiker dürften in diesem Zusammenhang eine weitere Verschärfung der erwähnten Konzentrationstendenzen assoziieren oder an die unmittelbar bevorstehende Realisierung des „gläsernen Konsumenten" denken. Beide Schlußfolgerungen erscheinen allerdings insofern voreilig, als daß eine intelligente - und mittelfristig auch erfolgsversprechende - Nutzung dieser „Informationsmacht" im Rahmen eines zielgruppenspezifisch maßgeschneiderten Handels-Marketing-Konzeptes die (Re-)Integration einer **expliziten Kundenorientierung** zurück ins Spiel bringt. Auch die traditionell als Domäne lokal agierender und/oder mittelständischer Handelsbetriebe ausgewiesene Fähigkeit einer flexiblen Orientierung am „Wettbewerber vor Ort" (vgl. *Liebmann/*

Schnedlitz 1988) erfährt damit eine neue - PoS-Daten-basierte - Qualität. Mit dem rasanten Vordringen der (immer kostengünstiger einsetzbaren) Scanner-Technologie bieten sich nicht nur auf der Einzelhandels-Ebene, sondern auch hinsichtlich der Beziehung zwischen Herstellern und Händlern innovative und kreative Kooperationsformen an. Einige wesentliche Charakteristika von PoS-Scanning-Daten werden nachfolgend skizziert.

2.2 Bestandteile einer PoS-Scanning-Datenbasis

Unter PoS-Scanning-Daten werden hier **kaufaktbezogene Warenkorbinformationen** verstanden, die unter Anwendung der Scanning-Technologie direkt über die Kassenterminals der jeweiligen Verkaufspunkte („Point of Sale") erfaßt werden. Der Einsatz von Scanner-Kassen setzt zunächst die Kombination mit einer standardisierten Systematik der Produktauszeichnung voraus, welche in Europa durch das inzwischen weit verbreitete Europäische Artikelnumerierungssystem (EAN) zur Verfügung steht (eine Diskussion der hierfür erforderlichen informations- bzw. kommunikationstechnologischen Voraussetzungen findet man bei *Zentes* 1987 oder bei *Gaul/Both* 1990).

Die Erfassung eines Kaufaktes erfolgt während des Scanning-Vorganges **artikelgenau** sowie **ort-** und **zeitkongruent**; d.h. jeder einzelne in einem beliebigen Warenkorb n enthaltene Artikel i_n wird über eine meist auf optisch-elektronischem Wege bewerkstelligte Decodierung eines Strich- oder Zifferncodes (sog. Price-/Text-Look-up-Verfahren) gemeinsam mit seinem zum Zeitpunkt t_n der Realisierung des Kaufaktes in dem vom jeweiligen Kunden gewählten Outlet s_n gültigen Preis $p_{i,n}$ identifiziert (vgl. Abb. 1).

An dieser Stelle wollen wir uns auf die Nutzung derartiger Informationen im Rahmen der absatzseitigen Entscheidungsvorbereitung für das handelsbetriebliche Marketing-Management beschränken (über die Konsequenzen für die handelsbetriebliche Distributionslogistik berichten *Schnedlitz/Kotzab* 1996). Abgesehen von der Zuordnung des Abverkaufs eines Artikels zum aktuellen Preis, Zeitpunkt und Ort bzw. Outlet läßt sich dieser auch problemlos dem jeweiligen Einkaufsakt zuordnen, womit eine akkurate Erfassung der Zusammensetzung einzelner Warenkörbe sehr einfach realisiert werden kann. Da diese Warenkorbinformationen für beliebig kleine Zeitintervalle (n, n+1, n+2, n+...) verfügbar sind, wird eine **zeitkontinuierliche Messung** des Nachfrageverhaltens am PoS möglich (vgl. *Simon/Kucher/Sebastian* 1982, S. 556).

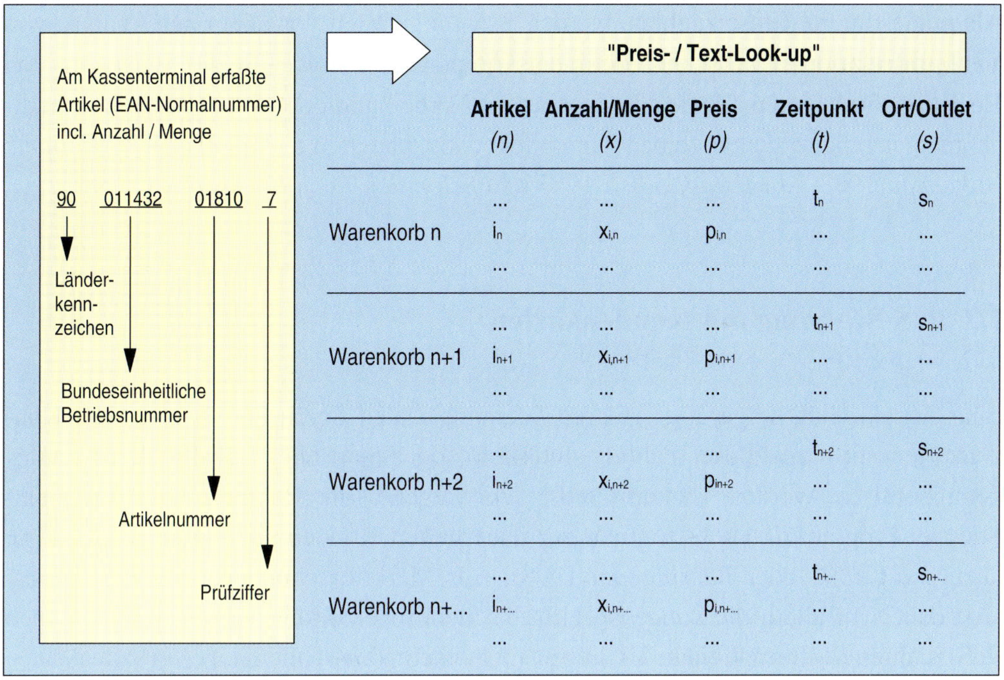

Abb. 1: Die Erschließung von Warenkorb-Informationen via PoS-Scanning

Bernhard Heidel, Leiter der *Rewe*-Marktforschung in Köln, spricht in diesem Zusammenhang auch von „Handelsbetrieben als Produzenten von Warenkörben, welche den Nutzen von Kunden repäsentieren" (*Heidel* 1997). In der Tat erlaubt die Analyse von symptomatisch wiederkehrenden Kombinationen der „produzierten" Warenkörbe Rückschlüsse auf die (dynamische) **Nutzenfunktion der Kunden**.

Freilich war auch bislang eine manuelle Erfassung derartiger Informationen im Rahmen herkömmlicher Handels-Paneluntersuchungen oder Bonanalysen möglich. Abgesehen von Kostenvorteilen wird der elektronischen Verkaufsdatenerfassung mit zunehmend flächendeckenden Verbreitungsgrad der Scanning-Technologie auch generell eine höhere **Validität** und **Reliabilität** der gesammelten Daten zugesprochen (für eine ausführliche Diskussion vgl. *Simon/Kucher/Sebastian* 1982, S. 556). Im Vergleich zu traditionellen Erhebungszutritten zeichnen sich Scanning-Daten aber vor allem durch eine wesentlich höhere und kontinuierliche **Anfallsgeschwindigkeit** der realisierten Kaufverhaltensmuster von Endverbrauchern aus, womit beliebig zeitlich und/oder filialspezifisch disaggregierte Modellspezifikationen, die bis zur Online-Verarbeitung im Echtzeit-Modus reichen können, realisierbar werden (vgl. *Simon* 1987, S. 63ff.; *Erichson* 1992, S. 196ff.).

Als prädestinierte Einsatzgebiete werden Scanning-Daten vor allem zur Analyse von **Verbundrelationen** zwischen Sortimentskomponenten sowie für die Schätzung von **Reaktionsfunktionen** für Sonderangebots-, Werbe- und/oder Zweitplazierungsmaßnahmen herangezogenen (einen Überblick dazu bieten u.a. *Simon* 1987; *Cooper/ Nakanishi* 1988; *Abraham/Lodish* 1993 und *Schmalen/Pechtl/Schweitzer* 1996).

2.3 PoS-Scanning mit Kundenkarten

Eine Attraktivitätssteigerung erfahren Scanning-Daten durch den Einsatz von Kundenkarten mit bargeldloser Zahlungsfunktion (sog. Smart oder Loyalty Cards). Marketingpolitisch werden „Smart-Cards" vorwiegend im Rahmen sog. Frequent-Shopper-Programme als Instrument zur dauerhaften Kundenbindung eingesetzt (vgl. dazu *Shaw* 1991 oder *Passingham* 1998). Aus Marktforschungsperspektive interessiert dabei vor allem die kundenspezifische Identifizierbarkeit der bislang anonymen PoS-Scanning-Informationen: Es liegen nicht mehr (ausschließlich) Verhaltensdaten über einen anonymen Massenmarkt, sondern (auch) eine Datenbasis über die Verbrauchsgewohnheiten und **Verhaltensmuster bekannter Kundensegmente** vor.

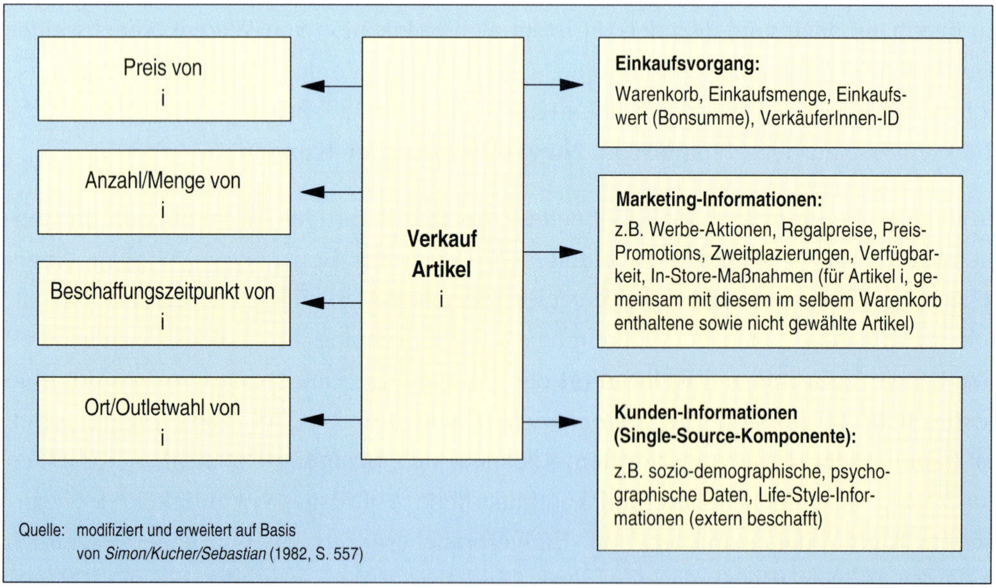

Abb. 2: „Single-Source"-Erhebung via PoS-Scanning mit Kunden-ID-Karte

In der Panelforschung ist die Verknüpfung von unterschiedlichen Datenbeständen, wie sie in Abb. 2 schematisch wiedergegeben sind, aus ein und derselben Quelle schon seit längerem unter dem sog. **Single-Source-Ansatz** geläufig (vgl. z.B. *Erichson* 1992, S. 189ff.). Im Rahmen von elektronischen Haushaltspanels interessieren dabei hauptsächlich die via PoS- (oder Inhome-) Scanning erfaßten

- kaufaktbezogenen Informationen über das **Kaufverhalten von Haushalten** (insbesondere Anzahl bzw. Menge der gekauften Artikel, Warenkorbgröße, Bonsumme, Beschaffungszeitpunkt, Outletwahl) sowie die parallel dazu verfügbaren
- Daten über **Marketing-Instrumentalausprägungen** (wie z.B. Regalpreise, Preis-Promotions, Werbe-, Zweitplazierungs- und sonstige In-Store-Markting-Maßnahmen für die gewählten bzw. nicht gewählten Artikel bzw. Warengruppen),

die sich auf identische Zeitintervalle und das Verhalten derselben Untersuchungsobjekte (Haushalte) beziehen (vgl. z.B. *Zentes* 1987, S. 149ff.; *Erichson* 1992, S. 189f.). Die korrekte Zuordnung eines jeden Kaufaktes zum „richtigen" Panelhaushalt wird dadurch sichergestellt, daß das Haushaltsmitglied beim Einkaufsvorgang am Kassen-Check-Out eine **Identifikationskarte** (ID-Karte) vorlegt (die verschiedene Informationen über den Haushalt enthält), so daß deren Inhalt gelesen und zusammen mit den Kaufaktdaten abgespeichert werden kann.

Als ein Haupteinsatzgebiet von PoS-ID-Scanner-Panels werden derartige Single-Source-Daten in der kommerziellen Marktforschungspraxis im Rahmen von kontrollierten **Testmarkt-Experimenten** erhoben und noch zusätzlich mit haushaltsspezifischen Informationen über das Mediennutzungsverhalten (z.B. Fernseh- und Lesegewohnheiten) und psychographischen Variablen (z.B. im Rahmen von Panelumfragen erhobene Einstellungen oder Kaufabsichten) zu einem Datensatz kombiniert. In Deutschland werden solche regional begrenzte Scanner-Testmärkte von der *GfK* (*GfK*-ERIM-Panel) und von der *A.C. Nielsen Company* (Telerim) durchgeführt (vgl. ausführlicher dazu bei *Gaul/Both* 1990).

Mit dem Einsatz des in Deutschland im internationalen Vergleich zwar (noch) unterdurchschnittlich stark verbreiteten Instrumentariums rund um die „Smart-Cards" (vgl. Abb. 3), stehen dem Einzelhandel grundsätzlich dieselben Analysemöglichkeiten zur Verfügung, wie sie von kommerziellen Marktforschungsinstituten mit aufwendigen PoS-ID-Scanner-Paneluntersuchungen primär den Markenartikelherstellern angeboten werden. Demgegenüber benötigt der Einzelhändler jedoch keinen „externen" Datenlieferanten, so daß die anfallenden Zusatzkosten wesentlich geringer als der mit der Durchführung von Scanner-Markttests entstehende Marktforschungsaufwand ausfallen dürfte. Abgesehen von den Kosten der Kundenbindungsprogramme ist für die Einbindung der nicht-anonymen PoS-Scanning-Daten in ein allenfalls vorhandenes computergestütztes Entscheidungs-Unterstützungs-System (EUS) (vgl. generell dazu bei *Lodish* 1982) vor allem für eine

- effiziente und möglichst sparsame **Datenhaltung** und -**verarbeitung** der permanent anfallenden Massendaten zu sorgen,
- mit allenfalls notwendigen (Zusatz-)Investitionen in **Primärmarktforschung** hinsichtlich der für disaggregierte Marktwirkungsmessungen oder Segmentierungsstudien benötigten Kundenmerkmale („Background-"Charakteristika wie sozio-demographische oder psychographische Daten, Life-Styles, Mediennutzungsverhalten, etc.) sowie
- mit Aufwand für Aufbau und laufende Pflege der **Kunden-Datenbasis** zu rechnen.

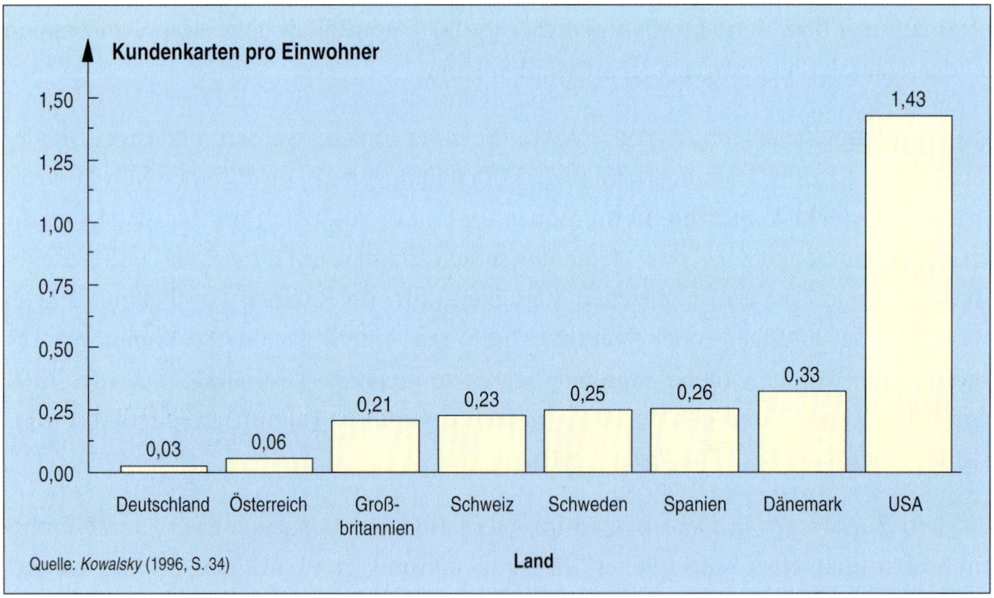

Abb. 3: Verbreitungsgrad von Kundenkarten im internationalen Vergleich

Bei ansonsten weitestgehend mit PoS-ID-Scanner-Paneldaten vergleichbarer Datenqualität (mit Ausnahme der in Kapitel 4 skizzierten Probleme) wird das Einzelhandels-Management in die Lage versetzt, mit dem gesamten Repertoire an kontrollier- und quantifizierbaren Marketing-Entscheidungsparametern auf den unterschiedlichsten Aggregationsebenen (z.B. Zeitintervalle, Warengruppen, Betriebstypen, Filialen, Abteilungen, Kundensegmente) zu experimentieren. Daher eröffnen sich auch Möglichkeiten für die Konstruktion von disaggregierten Modellen zur **Analyse von Sortimentsverbundbeziehungen** (z.B. Berücksichtigung von Kunden-Heterogenität, zeitlich oder marketingpolitisch induzierte Kaufverbundbeziehungen etc.).

Schließlich liefern die aus einer Verknüpfung von Marketing-Variablen mit den individuellen nicht-anonymen Warenkorbdaten der Kundenkartenbesitzer **disaggregierte Mikro-Responsemessungen** (vgl. *Simon/Kucher/Sebastian* 1982, S. 558), welche wiederum unter Berücksichtigung der verschiedensten (insbesondere Kundentypen-spezifischen) Heterogenitätsquellen bei der Spezifikation von Markt-Response-Modellen als eine geeignete Entscheidungsgrundlage für die Planung und Kontrolle von Mikro-Marketing-Maßnahmen dienen können.

3 Charakteristika und Implikationen eines PoS-Daten-basierten Ansatzes des Einzelhandels-Marketing

Wie bereits in der Einleitung angekündigt, eröffnet der Versuch einer Integration von direkt am PoS gemessenen individuellen Kaufverhaltensdaten einzelner (Stamm-) Kunden in das Management-Informationssystem von Einzelhandelsunternehmungen eine neue Qualität der Ausübung von „Marktmacht", die zu einer Verschiebung der in den letzten Jahren häufig beobachtbaren **„Merchandising-Orientierung"** des Einzelhandels (im Sinne einer Konzentration der Managementanstrengungen auf die Waren- bzw. Sortiments-Sphäre des handelsbetrieblichen Leistungserstellungsprozesses) hin zu einer stärkeren Bedeutung von **„Kunden-Management"**-Konzepten (zielgruppenspezifische Ausrichtung der Marketing-Anstrengungen am Kunden) führen dürfte.

Die mit den beiden Management-Konzepten korrespondierenden zentralen Zielgrößen im Einzelhandels-Marketing würden daher auch konsequenterweise weg von der direkten Produkt-Rentabilität (DPR) und hin zu einem Denken in **Rentabilitätsbeiträgen einzelner Kunden** bzw. **Kundensegmente** im Verkaufsraum führen. Angesichts der hinreichend bekannten meß- und operationalisierungstechnischen Schwierigkeiten im Rahmen von DPR-Rechnungen dürfte letzteren aufgrund der via PoS-Scanning zugänglichen individuellen Kaufverhaltensdaten vermutlich auch berechtigte Chancen auf eine operationalere Fassung zukommen.

In Anlehnung an einen kürzlich erschienenen Beitrag von *Mulhern* (1997) illustriert Abb. 4 einen in diesem Sinne verstandenen **PoS-Daten-basierten Ansatz des Einzelhandels-Marketing**, welcher eine sequentielle Anpassung der Marketing-Budget-Allokation auf einzelne Kundensegmente nach Maßgabe von regelmäßig evaluierten Rentabilitätspotentialen vorsieht. Für die Bestimmung der (potentiellen) Rentabilitätsbeiträge einzelner Kundensegmente kann in jeder Planungsperiode unter Verwendung der jeweils aktualisierten PoS-Scanning-Datenbasis eine (segmentspezifisch disaggregierte) Mikro-Responsemessung auf Marketing-Maßnahmen der Vorperiode herangezogen werden. Aufgrund des zeitkontinuierlichen Charakters von PoS-Scanning-Daten stehen freilich auch Informationen für eine Feinsteuerung der Marketing-Aktionen während einer Planperiode zur Verfügung.

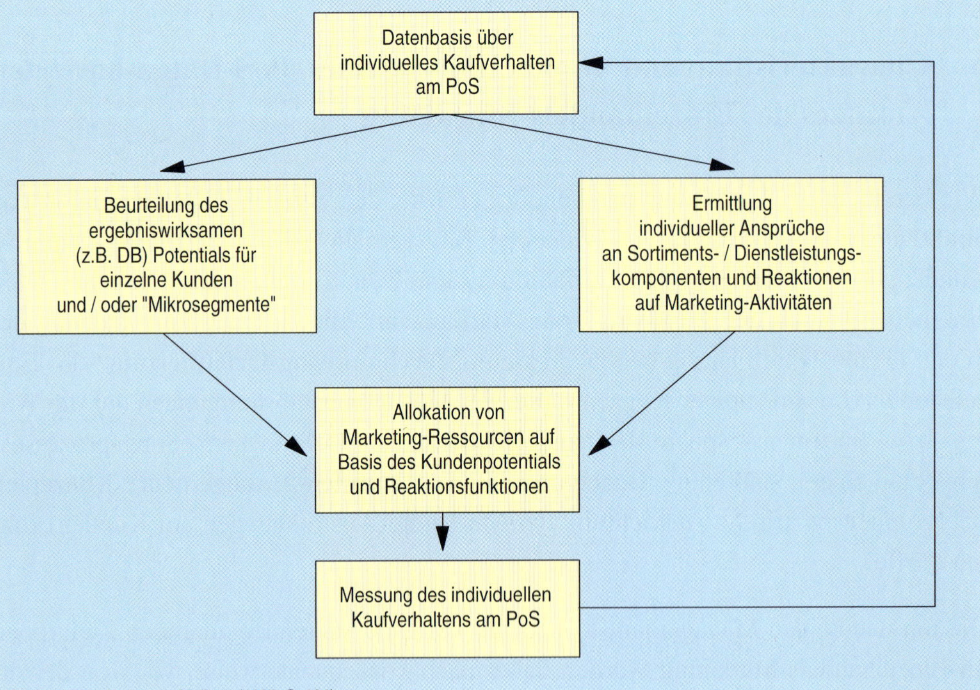

Quelle: in Anlehnung an *Mulhern* (1997, S. 104)

Abb. 4: Integration von PoS-Scanning zu einem Daten-basierten Einzelhandels-Marketing

Die aus der Anwendung eines solchen PoS-Daten-basierten Marketing-Ansatzes zu erwartenden **Implikationen für das Marketing-Management** können folgendermaßen umrissen werden:

- Vom (anonymen) Massen-Marketing zum (segmentspezifischen) Mikro-Marketing: Da die Zielsetzung des Ansatzes in einer Förderung „rentabler" Kundengruppen besteht, wird eine **längerfristige Kundenbindung** durch effizientere Kundenansprache hinsichtlich individueller Bedarfs- und Interessenlagen angestrebt, was u.a. eine geringere Budgetierung massenmedialer Werbeanstrengungen und der verstärkte Einsatz von Maßnahmen der Direktwerbung nach sich ziehen dürfte.
- Stärkere Orientierung an der Kunden-Rentabilität statt Volumen-Orientierung: Eine weitere naheliegende Konsequenz des kundenorientierten Rentabilitäts-Denkens besteht in einer Ablösung der bislang häufig praktizierten Strategie der **Steigerung globaler Umsatzvolumina**; forciert werden hingegen ausgewählte Kundensegmente im Sinne einer „Absatz-Segment-Rechnung" unter Rentabilitätsgesichtspunkten.
- Konzentration der Marketing-Anstrengungen auf regelmäßige (Stamm-)Kunden: Um die Einkaufsstättentreue von bekannten Kunden bzw. Abnehmersegmenten mit den höchsten Ergebnisbeiträgen aufzubauen bzw. zu erhalten werden diese durch zielgruppenspezifisch maßgeschneiderte **„Retail-Packages"** (im Sinne einer den individuellen Ansprüchen möglichst entsprechende Kombination von Sortiments- und Service-Komponenten) bearbeitet; d.h. weniger massenmediale Attraktion von „Laufkundschaften".
- Betriebstypen-Profilierung durch zielgruppenspezifisches „Mikro-Marketing": Die Betriebstypen-Profilierung gegenüber der Konkurrenz wird weniger von konzernweit standardisierten „Top-down-Konzepten" geprägt, sondern durch die Ausrichtung von Sortiments-/Service-Komponenten auf den u.U. zielgruppen- und/ oder **filialspezifisch variierenden Kundenbedarf** vor Ort.

4 Datenverarbeitungstechnische Probleme und Anforderungen an Analysetechniken

Ungeachtet des beachtlichen Potentials, welches direkt am PoS gesammelte Informationen über individuelle Warenkörbe in sich verbergen, ist der Versuch ihrer dauerhaften und erfolgversprechenden Integration im Rahmen eines PoS-Scanning-Daten-basierten Management-Informations-Systems freilich auch mit einigen **Schwierigkeiten** konfrontiert. Den Vorteilen einer generell als kostengünstig zu beurteilenden Datenbeschaffungsmöglichkeit (kein „externer“ Datenlieferant), einer hohen Reliabilität (weitestgehend automatisierte Erfassung) sowie raschen („Echt-Zeit-Verarbeitung“) und langfristigen Verfügbarkeit der Kaufaktdaten stehen insbesondere die folgenden Problembereiche gegenüber:

- **Externe Validitätsprobleme:**

Die lückenlose Erfassung von Kaufaktdaten individueller Kunden mittels PoS-ID-Scanning ist nur unter der Voraussetzung möglich, daß der jeweilige Kunde für jeden seiner Einkäufe auch seine Identifikationskarte benützt, was allerdings eher selten der Fall sein dürfte. So sind üblicherweise vor allem hinsichtlich der „Bagatell-Einkäufe“ (Warenkörbe mit extrem wenig Artikeln) beträchtliche Unterschiede zwischen anonymen und nicht-anonymen Kaufaktdaten zu erwarten. Zudem sind Kundenbindungsprogramme i.d.R. auf eine Erhöhung der Kauffrequenzen ausgerichtet, womit Kundenkartenbesitzer eher zu den „Heavy-Buyers“ einer bestimmten Einkaufsstätte zählen dürften. Sämtliche Argumente sprechen alles andere als dafür, die mit Hilfe von Kundenkarten-basiertem PoS-Scanning gemessenen Kaufverhaltensinformationen als repräsentativ für Nicht-Kundenkartenbesitzer zu betrachten.

- **Speicherung, Verwaltung und Verarbeitung der Massendaten:**

Die Grenzen der in Kapitel 2.3 angedeuteten Analyse-Szenarien werden sehr rasch an den beschränkten Kapazitäten herkömmlicher Datenanalysezutritte sichtbar. Benötigt werden daher leistungsfähigere Modelle der Datenanalyse, die eine (möglichst „Online-“) Aufbereitung solcher permanent anfallender Massendaten erlauben. Auch die vielschichtigen Aggregationsprobleme von Längsschnittdaten, wie sie PoS-Scanning-Daten darstellen, führen zu beträchtlichen Schwierigkeiten bei der Datenanalyse und zu hohen Anforderungen an das Know How des Datenanalytikers wie auch des späteren Modell-Benutzers.

Die aus diesen Schwierigkeiten resultierenden methodischen Implikationen stellen jedenfalls enorme Anforderungen an die Entwicklung von leistungsfähigeren Modellen der Datenanalyse und benötigen noch eine Reihe von aufwendigen Experiment- und Testreihen im Bereich der Grundlagenforschung (vgl. dazu auch *McCann/Gallagher* 1990, S. 4ff.; *Erichson* 1992, S. 214). Vor dem Hintergrund dieser Entwicklungen und der damit verbundenen Herausforderung an Marketing-Forschung und -Praxis drängt sich die Forderung nach verfahrenstechnischen Innovationen geradezu auf.

Während das erstgenannte Problemfeld unmittelbar die Qualität der gesammelten Rohdaten betrifft und nur unter Rückgriff auf ausgeklügelte Techniken der Daten-Fusionierung bewältigbar erscheint, stehen für eine effiziente Datenverarbeitung und unter vertretbaren Aufwendungen an Rechenzeit einsetzbare Analysemethoden bereits eine Reihe von „Data-Mining-Bausteinen“ zur Verfügung. Insbesondere adaptive Modelle der Datenanalyse, die ein zyklisches bzw. permanentes Retraining bereits „konservierter“ Informationen über Marketing-relevante Entscheidungsparameter erlauben, scheinen für einen diesbezüglichen Einsatz gerüstet zu sein (eine weiterführende Diskussion dazu liefert *Reutterer* 1997).

5 Grundlegender Ausblick: Konsequenzen für die Handelsbetriebslehre

In einer besonders (selbst-)kritischen Diskussion hat *Dichtl* (1998) die neuen Herausforderungen für die Theorie und Praxis des Marketing herausgearbeitet. Viele der von ihm vorgebrachten Kritikpunkte treffen auf das Handelsmarketing, dort als Bindestrich-Marketing tituliert, im besonderen und auf die Handelsbetriebslehre im allgemeinen zu. Die Feststellung „Kaum verwunderlich, haben Modelle des Operations Research im Marketingalltag noch nie eine Rolle gespielt“ (*Dichtl* 1998, S. 48), stellt sich vor dem Hintergrund des vorliegenden Beitrages als zumindest diskussionswürdig dar. Anläßlich des 75. Geburtstages der *Harvard University Graduate School of Business* kommt *Levitt* (1988, S. 343ff.) nach einer Anamnese, die sich in vielen Abschnitten vollkommen mit der *Dichtls* deckt, zu vollkommen anders gelagerten Diagnose- und Therapievorschlägen. Diese Gedankengänge werden in der Abb. 5 dem Sinne nach zusammenfassend dargestellt.

Die in Anlehnung an *Levitt* (1988, S. 352) entwickelte Vier-Felder-Matrix ist - ähnlich einer Portfolio-Matrix - in Struktur und Funktion nach dem Grundprinzip kommunizierender Gefäße zu sehen. In der Zelle drei befinden sich die „Torwächter“ der wissenschaftlichen Disziplin. Sie stecken das Terrain für akzeptierte Forschung ab. Sie bilden die **„Scientific Community“**, die sowohl von *Levitt* als auch von *Dichtl* in Frage gestellt wird. Die Torwächter stellen gleichzeitig den Kontrapunkt zum ersten Quadranten dar, in dem sich die „Anhänger der ‚experimentellen‘ Forschung“ aufhalten. Diese folgen dem Prinzip „Learning by doing“, sie sind die Praktiker, alle Theorie ist ihnen suspekt, denn „Handel kommt von Handeln!“. Obwohl diese **An-**

hänger der „experimentellen" Forschung oft viel über die Praxis wissen, reden und manchmal auch schreiben, wird dies im allgemeinen von den „Torwächtern" nicht akzeptiert (vgl. *Levitt* 1988, S. 352). Die dritte wissenschaftliche „Spezies", die **„Wissenschaftlichen Berater"**, fühlen sich zwar der Forschung und Wissenschaft verpflichtet. In vielen Fällen enden sie aber als unkritische „Experimentierer" im ersten Quadranten. Die **„Musterlehrer"** im dritten Quadranten haben diese Probleme gar nicht. Sie sind in der Praxis besonders beliebt, weil sie chronische Vereinfacher sind und keine Probleme sehen oder andiskutieren.

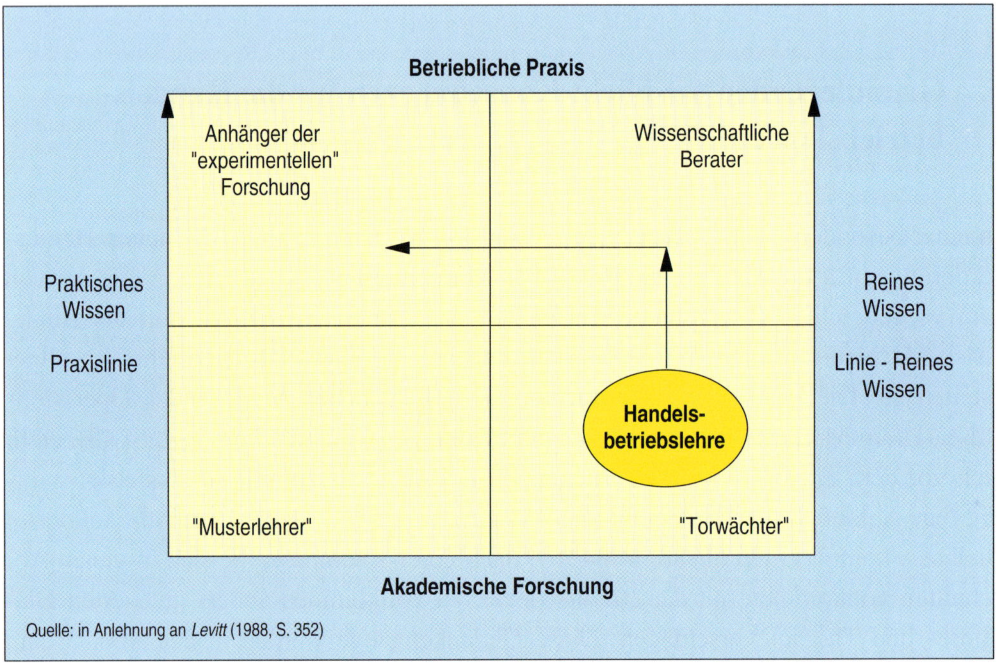

Abb. 5: Die Zukunft der Handelsbetriebslehre

Die in der vorliegenden Arbeit entwickelten Vorschläge und Ansätze bieten vielfältige Anknüpfungspunkte dafür, in der Handelsbetriebslehre im Spannungsfeld zwischen Theorie und Praxis wieder stärkere Brücken zwischen den Beteiligten zu schlagen. Es ist kein Zufall, daß bei amerikanischen Handelskonzernen (Musterbeispiel: *Wal-Mart*) der Weg zum CEO („Chief Executive Officer") immer häufiger über die Position des CIO („Chief Information Officer") führt. Die neuen Informations- und Kommunikationstechnologien bieten die Chance für einen besser fundierten Diskurs für die Handelsbetriebslehre der Zukunft.

Literaturverzeichnis

Aaby, N.E./Slater, S.F.: Management Influences on Export Performance. A Review of the Empirical Literature 1978-1988, in: International Marketing Review, Vol. 6 (1989), No. 4, pp. 41-57.

Aaker, D A.: Managing Brand Equity, New York 1991 (deutsch: Management des Markenwertes, Frankfurt/M. 1992).

Abecker, A./Decker, S./Kühn, O.: Organizational Memory, in: Informatik Spektrum, Band 21 (1998), Nr. 4, S. 213-224.

Abell, D./Hammond, J.S.: Strategic Market Planning, Englewood Cliffs/NJ 1979.

Abraham, M.M./Lodish, L.M.: An Implemented System for Improving Promotion Productivity Using Store Scanner Data, in: Marketing Science, Vol. 12 (1993), No. 3, pp. 248-269.

Adam, M. (Hrsg.): Das große Falken-Buch der modernen Zitate, Niedernhausen/Ts. 1994.

Agryris, C./Schön, D.A.: Organizational Learning. A Theory of Action Perspective, Reading/MA 1978.

Ahlert, D.: Vertragliche Vertriebssysteme zwischen Industrie und Handel, Wiesbaden 1981.

Ahlert, D.: Die Bedeutung der offensiven Untereinstandspreispolitik im Handel für die Hersteller hochwertiger Markenartikel des aperiodischen Bedarfs, in: Wettbewerb in Recht und Praxis, 29. Jg. (1983), Nr. 9, S. 459-469.

Ahlert, D.: Existenzsicherung in der textilen Kette durch vertikale Kooperation. Realität, Vision oder Utopie?, in: Ahlert, D./Dieckheuer, G. (Hrsg.): Kooperation in der Textilwirtschaft. Perspektiven und Konzepte zur Zusammenarbeit zwischen Industrie und Handel, Schriften zur Textilwirtschaft, Band 44, Münster 1994a, S. 1-50.

Ahlert, D.: Warenwirtschaftsmanagement und Controlling in der Konsumgüterdistribution. Betriebswirtschaftliche Grundlegung und praktische Herausforderungen aus der Perspektive von Handel und Industrie, in: Ahlert, D./Olbrich, R. (Hrsg.): Integrierte Warenwirtschaftssysteme und Handelscontrolling. Konzeptionelle Grundlagen und Umsetzung in der Handelspraxis, Stuttgart 1994b, S. 3-114.

Ahlert, D.: Distributionspolitik. Das Management des Absatzkanals, 3. Aufl., Stuttgart 1996a.

Ahlert, D.: Gruppen-Positionierungs-Management bei komplexen Konsumgütern. Dargestellt am Beispiel der strategischen Händlernetzentwicklung in der Automobilbranche, in: Tomczak, R./Rudolph, T./ Roosdorp, A. (Hrsg.): Positionierung, Kernentscheidung des Marketing, Thexis Fachbuch für Marketing, St. Gallen 1996b, S. 96-110.

Ahlert, D.: Auf der Suche nach den Spitzenleistungen im Handel. Evolution mit Benchmarking oder Revolution durch Business Process Reengineering als ‚Königsweg zum Erfolg'?, in: Ahlert, D./Dieckheuer, G. (Hrsg.): Größenmanagement und kundenorientierte Restrukturierung, Schriften zur Textilwirtschaft, Band 49, Münster 1996c, S. 1-44.

Ahlert, D.: Vertikales Marketing im Wandel. Zur Frage des Restrukturierungsbedarfs vertikaler Marketingkonzeptionen in Theorie und Praxis, in: Bruhn, M./Steffenhagen, H. (Hrsg.): Marktorientierte Unternehmensführung. Reflexionen - Denkanstöße - Perspektiven, Festschrift für Heribert Meffert zum 60. Geburtstag, Wiesbaden 1997, S. 143-157.

Ahlert, D./Horstmann, S.: Die vertikale Kooperation im Spannungsfeld zwischen Konfliktverhalten und Direktvertrieb. Strategische Optionen der Bekleidungsindustrie unter Berücksichtigung neuerer US-amerikanischer Lösungskonzeptionen, in: Ahlert, D./Dieckheuer, G. (Hrsg.): Kooperation in der Textilwirtschaft. Perspektiven und Konzepte zur Zusammenarbeit zwischen Industrie und Handel, Band 44, Münster 1994, S. 51-116.

Ahlert, D./Olbrich, R. (Hrsg.): Integrierte Warenwirtschaftssysteme und Handels-Controlling, (1. Aufl. 1994), 3. Aufl., Stuttgart 1997.

Ahlert, D./Schröder, H.: Rechtliche Grundlagen des Marketing, 2. Aufl., Stuttgart 1996.

Ahlert, D./Wellmann, Th.: Von der Machtkonzentration zur dynamischen Marktbeherrschung im Handel. Wirtschaftswissenschaftliche Grundlagen einer Diskussion zur Kartellrechtsnovelle, in: Betriebswirtschaftliche Forschung und Praxis, 40. Jg. (1988a), Nr. 3, S. 193-219.

Ahlert, D./Wellmann, Th.: Deregulierung oder Verschärfung des GWB? Wettbewerbspolitische und wettbewerbsrechtliche Konsequenzen der Konzentration im Handel, in: BFuP, 40. Jg. (1988b), Nr. 3, S. 250-275.

Ahlert, D./Kollenbach, S./Korte, C.: Strategisches Handelsmanagement. Erfolgskonzepte und Profilierungsstrategien am Beispiel des Automobilhandels, Stuttgart 1996.

Ahrens, Ch.: Kooperative Handelssysteme auf europäischen Märkten. Marktstrukturen und Wettbewerbsverhältnisse, München 1994.

Ailawadi, K.L./Borin, N./Farris, P.W.: Market Power and Performance. A Cross-Industry Analysis of Manufacturers and Retailers, in: Journal of Retailing, Vol. 71 (1995), No. 3, pp. 211-248.

Akademie für Raumforschung und Landesplanung (Hrsg.): Factory Outlets in der Diskussion. Informationen und planerische Regelungen, in: ARL-Mitteilungen, o. Jg. (1998), Nr. 2, S. 35-43.

Albach, H.: Innovation und Imitation als Produktionsfaktoren, in: Bombach, G./Gahlen, B./Ott, A.E. (Hrsg.): Technologischer Wandel. Analyse und Fakten, Tübingen 1986, S. 47-63.

Albach, H.: Die Auswirkungen des Dienstleistungsabends auf den ländlichen Raum und den mittelständischen Einzelhandel in Rheinland-Pfalz, Worms 1992.

Albach, H.: Blühende Landschaften? Ein Beitrag zur Transformationsforschung, Discussion Paper, Wissenschaftszentrum Berlin (WZB), Berlin 1998a.

Albach, H.: Die neue Gründerzeit. Die innere Reform der Sozialen Marktwirtschaft, Wissenschaftszentrum Berlin (WZB), Berlin 1998b (in Druck).

Albach, H.: Unternehmensgründungen in Deutschland. Potentiale und Lücken, in: DStR Deutsches Steuerrecht. Wochenschrift für Steuerrecht, Wirtschaftsrecht und Betriebswirtschaft, 36. Jg. (1998c), Nr. 26, S. 988-992.

Albach, H./Freund, W.: Generationswechsel und Unternehmenskontinuität. Chancen - Risiken - Maßnahmen, Gütersloh 1989.

Albach, H./Hunsdiek, D./Kokalj, L.: Finanzierung mit Risikokapital, Stuttgart 1986.

Albach, H./Hunsdiek, D.: Financing the Start-up and Growth of NTBFS in Germany, in: Anglo-German Foundation (Ed.): New Technology-Based Firms in Britain and Germany, London 1988.

Albach, H./Hunsdiek D./Kokalj L.: Die Führungsnachfolge in mittelständischen Unternehmen, Gutachten, erstellt für das Ministerium für Wirtschaft des Landes Rheinland-Pfalz, Vallendar 1998.

Albers, S.: Gewinnorientierte Neuproduktpositionierung in einem Eigenschaftsraum, in: Zeitschrift für betriebswirtschaftliche Forschung, 41. Jg. (1989), Nr. 3, S. 186-209.

Albers, S./Eggert, K.: Kundennähe: Strategie oder Schlagwort?, in: Marketing ▪ ZFP, 10. Jg. (1988), Nr. 1, S. 5-16.

Albers, S./Peters, K.: Die Wertschöpfungskette des Handels im Zeitalter des Electronic Commerce, in: Marketing ▪ ZFP, 19. Jg. (1997), Nr. 2, S. 69-80.

Albers, S./Clement, M./Peters, K. (Hrsg.): Marketing mit Interaktiven Medien, Frankfurt/M. 1988.

Alewell, K.: Markenartikel, in: Tietz, B. (Hrsg.): Handwörterbuch der Absatzwirtschaft, Stuttgart 1974, Sp. 1217-1227.

Alexander, A.A./Muhlebach, R.F.: Shopping Center Management, Chicago/MA 1992.

Alpar, P.: Kommerzielle Nutzung des Internets, Berlin 1996.

Altrichter, H./Schratz, M./Pechar, H. (Hrsg.): Hochschulen auf dem Prüfstand, Innsbruck 1997.

Alvesson, M.: Organizations as Rhetoric. Knowledge-Intensive Firms and the Struggle with Ambiguity, in: Journal of Management Science, Vol. 30 (1993), No. 6, pp. 998-1015.

Anderer, M.: Internationalisierung im Einzelhandel. Strategien und Steuerungsmodelle, Frankfurt/M. 1997.

Andorfer, V.: Von der Integration zum Empowerment. Zur Frauenförderung in der Entwicklungspolitik, München 1995.

Angehrn, O.: Marketing und Kultur, in: Jahrbuch der Absatz und Verbrauchsforschung, 32. Jg. (1986), Nr. 3, S. 201-208.

Aquin, Th. von: Ausgewählte Schriften zur Staats- und Wirtschaftslehre, Übertragung mit Anmerkungen und kritischer Einführung von Friedrich Schreivogl, Jena 1913.

Aquin, Th. von: Summa Theologica, hier Secunda Secundae Partis, Rom 1894.

Arnold, U.: Strategische Beschaffungspolitik. Steuerung und Kontrolle strategischer Beschaffungssubsysteme von Unternehmen, Frankfurt/M. 1982.

Arnold, U.: Global Sourcing. Ein Konzept zur Neuorientierung des Supply Management, in: Welge, M. (Hrsg): Globales Management. Erfolgreiche Strategien für den Weltmarkt, Stuttgart 1990, S. 49-71.

Arnold, U.: Neuorientierung der Zuliefer-Abnehmer-Beziehung. Wertschöpfungspartnerschaften als Erfolgspotentiale, in: Beschaffung Aktuell, o. Jg. (1993), Nr. 10, S. 20-25.

Arnold, U.: Sourcing-Konzepte, in: Kern, W./Schröder, H.H./Weber, J. (Hrsg.): Handwörterbuch der Produktion, 2. Aufl., Stuttgart 1996, Sp. 1861-1874.

Arnold, U.: Beschaffungsmanagement, 2. Aufl., Stuttgart 1997.

Arnold, U.: Global Sourcing. Strategische Neuorientierung des Einkaufs, in: Zentes, J./ Swoboda, B. (Hrsg.): Globales Handelsmanagement. Voraussetzungen - Strategien - Beispiele, Frankfurt/M. 1998, S. 235-256.

Arnold, U./Eßig, M.: Einkaufskooperationen in der Industrie, Stuttgart 1997.

Arthur Andersen & Co.: Future Trends in Wholesale Distribution. A Time of Opportunity, Washington/DC 1983.

Arthur D. Little: Handel 21. Der deutsche Handel und die digitale Zukunft, Studie zum Einsatz neuer Medien im Handel, Düsseldorf 1997.

Arthur, W.B.: Increasing Returns and the New World of Business, in: Harvard Business Review, Vol. 74 (1996), No. 4, pp. 100-110.

Auer, M./Gorbach, S./Laske, S./Welte, H.: Mikropolitische Perspektiven der Personalentwicklung, in: Laske, S./Gorbach, S. (Hrsg.): Spannungsfeld Personalentwicklung. Konzeptionen - Analysen - Perspektiven, Wien 1993, S. 153-169.

Ausschuß für Begriffsdefinitionen aus der Handels- und Absatzwirtschaft: Katalog E. Begriffsdefinitionen aus der Handels- und Absatzwirtschaft, 4. Aufl., Köln 1995.

Ausschuß zur Prüfung der Wirtschafts- und Währungsunion: Bericht zur Wirtschafts- und Währungsunion in der Gemeinschaft, April 1989.

Axelrod, R.: Die Evolution der Kooperation, München 1987.

B.A.T. Freizeitforschungsinstitut (Hrsg.): Konsum als Freizeiterlebnis, Hamburg 1989.

Backhaus, K.: Die Macht der Allianzen, in: absatzwirtschaft, 30. Jg. (1987), Nr. 11, S. 122-130.

Backhaus, K.: Industriegütermarketing, 5. Aufl., München 1997a.

Backhaus, K.: Relationship Marketing. Ein neues Paradigma im Marketing?, in: Bruhn, M./Steffenhagen, H. (Hrsg.): Marktorientierte Unternehmensführung, Wiesbaden 1997b, S. 19-35.

Backhaus, K.: Von Kunden und Kosten, in: manager magazin, 28. Jg. (1998), Nr. 6, S. 138-141.

Backhaus, K./Erichson, B./Plinke, W./Weiber, R.: Multivariate Analysemethoden. Eine anwendungsorientierte Einführung, (7. Aufl. 1994), 8. Aufl., Berlin 1996.

Bacon, F.: Novum Organum, Amsterdam 1694.

Baer, K.St.: Der Kampf gegen die Großbetriebe des Einzelhandels und die Volkswirtschaft, Jena 1932.

BAG Bundesarbeitsgemeinschaft der Mittel- und Großbetriebe des Einzelhandels e.V. (Hrsg.): Standortfragen des Handels, Köln 1983, 1995.

Bain, J.S.: A Note on Pricing in Monopoly and Oligopoly; in: American Economic Review Vol. 39 (1949), No. 2, pp. 448-464.

Balderjahn, I.: Marketing für Wirtschaftsstandorte, in: der markt, 35. Jg. (1996), Nr. 3, S. 119-131.

Bänsch, A.: Variety Seeking. Marketingfolgerungen aus Überlegungen und Untersuchungen zum Abwechslungsbedürfnis von Konsumenten, in: Jahrbuch der Absatz- und Verbrauchsforschung, 41. Jg. (1995), Nr. 4, S. 342-365.

Barrenstein, P.: Handelsmarken. Ein unausgeschöpftes Erfolgspotential, in: McKinsey akzente, o. Jg. (1998), Nr. 8, S. 8-15.

Barth, K./Stoffl, M.: Hat das Marketing im Handel versagt? Die Kundenorientierung als Ansatz einer Neubesinnung, in: Trommsdorff, V. (Hrsg.): Handelsforschung 1997/98. Kundenorientierung im Handel, Jahrbuch der Forschungsstelle für den Handel, Wiesbaden 1997, S. 3-19.

Barth, K.: Betriebswirtschaftslehre des Handels, (1. Auf. 1988, 2. Aufl. 1995), 3. Aufl., Wiesbaden 1996.

Bartling, H.: Leitbilder der Wettbewerbspolitik, München 1980.

Bauer, T.: Faire Marktpreise. Preisbildungsmechanismen in der Baubranche und Einführung eines Ethikmanagementsystems, in: Ulrich, P./Wieland, J. (Hrsg.): Unternehmensethik in der Praxis. Impulse aus den USA, Deutschland und der Schweiz, in: St. Galler Beiträge zur Wirtschaftsethik, Band 19, Bern 1998, S. 211-237.

Bauer, H.H./Herrmann, A.: Preisfindung durch „Nutzenkalkulation" am Beispiel einer Pkw-Kalkulation, in: Controlling, 5. Jg. (1993), Nr. 5, S. 236-240.

Bauer, H.H./Huber, F.: Der Wert der Marke, Arbeitspapier Nr. 120, Institut für Marketing, Universität Mannheim, Mannheim 1997.

Bauer, H.H./Herrmann, A./Graf, G.: Die nutzenorientierte Gestaltung der Distribution für ein Produkt, in: Jahrbuch der Absatz- und Verbrauchsforschung, 41. Jg. (1995), Nr. 1, S. 4-15.

Bauer, H.H./Herrmann, A./Mengen, A.: Eine Methode zur gewinnmaximalen Produktgestaltung auf der Basis des Conjoint Measurement, in: Zeitschrift für Betriebswirtschaft, 64. Jg. (1994), Nr. 1, S. 81-94.

Bauer, H.H./Huber, F./Jung, S.: Kundenwertanalyse im Textileinzelhandel. Eine empirische Studie für drei verschiedene Betriebsformen, Arbeitspapier Nr. 119, Institut für Marketing, Universität Mannheim, Mannheim 1997.

Baum, H.-G./Sturm, A./Wittmann, R.: Pioniererfahrungen mit dem EG-Öko-Audit, in: Umweltwirtschaftsforum uwf, 4. Jg. (1996), Nr. 3, S. 72-77.

Baumbach, A./Hefermehl, W.: Wettbewerbsrecht, 19. Aufl., München 1996.

Baumol, W.J./Panzar, J.C./Willig, R.D.: Contestable Markets and the Theory of Industry Structure, 2nd ed., San Diego 1988.

Bauwens, M.: What is Cyberspace?, in: Computers in Libraries, Vol. 14 (1994), No. 4, pp. 42-48.

Bayerische Staatsregierung: Landesentwicklungsprogramm Bayern, München 1994.

BBDO: Der neue Realismus. Verbraucherverhalten in der Rezession, Düsseldorf 1994.

BBE: Megatrends in Vertrieb, Handel und Gesellschaft. Der Handel im 21. Jahrhundert, Köln 1996.

Bechtel, C./Mulumudi, J.: Supply Chain Management. A Literature Review, in: National Association of Purchasing Management (Ed.): Proceedings of the NAPM Annual Academic Conference, Portland 1996, pp. 1-10.

Becker, F.G.: Grundlagen betrieblicher Leistungsbeurteilungen, 2. Aufl., Stuttgart 1994a.

Becker, F.G.: Anreizsysteme als Führungsinstrumente, in: Kieser, A./Reber, G./Wunderer, R. (Hrsg.): Handwörterbuch der Führung, Stuttgart 1994b.

Becker, J.: Marketing-Konzeption. Grundlagen des strategischen und operativen Marketing-Managements, 6. Aufl., München 1998.

Becker, J./Schütte, R.: Handelsinformationssysteme, Landsberg/L. 1996.

Beckers, C.: Factory-Outlet-Center, in: Immobilien Manager, o. Jg. (1996), Nr. 1/2, S. 29-30.

Beermann, P./Leuninger, St.: Factory Outlet. Weiterer Bedeutungsverlust für die Innenstadt, in: Standort, o. Jg. (1998), Nr. 2, S. 21-36.

Behrends, Ch.: Hält das DPP-Modell, was es verspricht?, in: Lebensmittel Zeitung, 39. Jg. (1987), Nr. 7, S. 73-78.

Behrens, K.Ch.: Discount Houses, in: Seischab, H./Schwantag, K. (Hrsg.): Handwörterbuch der Betriebswirtschaft, 3. Aufl., Stuttgart 1956, Sp. 1420-1422.

Bekmeier, S.: Marktorientierte Markenbewertung, Wiesbaden 1998.

Bell, D.: The Coming of Post-Industrial Society, New York 1973.

Berekoven, L.: Internationales Marketing, 2. Aufl., Berlin 1985.

Berekoven, L.: Geschichte des deutschen Einzelhandels, (1. Aufl. 1986, 2. Aufl. 1987), 4. Aufl., Frankfurt/M. 1988.

Berekoven, L.: Erfolgreiches Einzelhandelsmarketing. Grundlagen und Entscheidungshilfen, (1. Aufl. 1990), 2. Aufl., München 1995.

Berg, W.: Einzelhandelsgroßprojekte. Planungs- und wirtschaftsrechtliche Probleme und Perspektiven, in: Wirtschaft und Verwaltung, o. Jg. (1990), Nr. 4, S. 209-225.

Bernholz, P.: Sind Globalisierung und Umstrukturierung etwas Neues?, in: Neue Zürcher Zeitung, 218. Jg. (1997), Nr. 206, S. 17.

Berthel, J.: Personal-Management, Stuttgart 1997.

Betschart, F.M.: Einzelflasche oder Kasten? Kosten entscheiden über Präsentation, in: Dynamik im Handel, 32. Jg. (1990), Nr. 8, S. 20-25.

Beuthien, V./Schwarz, G.Ch./Täger, U.Ch.: Handelskooperationen und Franchisesysteme im Distributionswettbewerb in Europa. Eine handelspolitische und wettbewerbsrechtliche Darstellung und Analyse, München 1993.

Beyfuss, J.: Globalisierung im Spiegel von Theorie und Empirie, Beiträge zur Wirtschafts- und Sozialpolitik Nr. 235, Institut der deutschen Wirtschaft, Köln 1997.

Bhagwati, J.: International Trade in Services and its Relevance for Economic Development, Political Economy and International Economics, Cambridge/MA 1987.

Bidlingmaier, J.: Die Discount Houses. Pioniere im modernen Einzelhandel, in: Behrens, K.Ch. (Hrsg.): Wandel im Handel, 2. Aufl., Wiesbaden 1966, S. 153-180.

Biehl, B.: Leichter gesagt als getan, in: Lebensmittel Zeitung, 47. Jg. (1995), Nr. 17, S. 48.

Bleicher, K./Meyer, E.: Führung in Unternehmen, Reinbek 1976.

Blettner, K./Knopp, P./Schmidt, A.G.: Strukturwandel in der Distribution. Wettbewerbsposition und Entwicklungsperspektiven für die Handelsvertretung, Kurzfassung des Gutachtens, Köln 1998.

Bliemel, F./Eggert, A.: Kundenbindung. Die neue Sollstrategie?, in: Marketing ▪ ZFP, 20. Jg. (1998), Nr. 1, S. 37-46.

Blotevogel, H.: Zentrale Orte, in: Handwörterbuch der Raumordnung, Hannover 1995, S. 1120.

Blum, U.: Industriepolitik. Traum oder Trauma?, in: Blum, U./Greipl, E./Hereth, H./Müller, S. (Hrsg.): Wettbewerb und Unternehmensführung, Stuttgart 1994a, S. 99-125.

Blum, U.: Volkswirtschaftslehre. Studienhandbuch, 2. Aufl., München 1994b.

Blum, U.: Information, neue Technologien und ökonomische Effizienz, in: Blum, U./ Greipl, E./Hereth, H./Müller, S./Witt, R. (Hrsg.): Erweiterung der Markträume, Stuttgart 1997, S. 92-109.

Blum, U./Dudley, L.: The Rise and Decline of the East German Economy 1949-1989, Cahier de Recherche 9616, Université de Montréal, Département de Science Economique 1996.

Blum, U./Mönius, J.: Versunkene Kosten und Wirtschaftspolitik, in: Wirtschaftswissenschaftliches Studium, 17. Jg. (1997), Nr. 1, S. 7-13.

Blum, U./Dudley, L.: ROLF Rational Organizations and the Longevity of Firms, Essays in Honor of Rolf Funck, Baden-Baden 1998 (in Druck).

Blum, U./Leibbrand, F.: Wettbewerbstheorie ohne Fortschritt?, in: Orientierungen zur Wirtschafts- und Gesellschaftspolitik, o. Jg. (1998), Nr. 77, S. 44-46.

Blyton, P./Turnbull, P.: Reassessing Human Resource Management, London 1992.

Böcker, F.: Präferenzforschung als Mittel marktorientierter Unternehmensführung, in: Zeitschrift für betriebswirtschaftliche Forschung, 38. Jg. (1986), Nr. 7/8, S. 543-574.

Bodenbach, B.F.: Internationale Handelsmarkenpolitik im europäischen Lebensmitteleinzelhandel, Regensburg 1996.

Böhm, F.: Demokratie und ökonomische Macht, in: Böhm, F. (Hrsg.): Kartelle und Monopole im modernen Recht, Karlsruhe 1961, S. 3-24.

Böhme, S.: Veränderte Frauenwelten. Neue Konsumentinnen, in: Deutschland, Schrift zur Jahrestagung der GfK Nürnberg e.V., Nürnberg 1995.

Bohne, A.: Die neuen Konglomerate kommen, in: Handelsblatt, 17. Jg. (1998), Nr. 5, S. 9.

Borchardt, K./Cipolla, C. (Hrsg.): Europäische Wirtschaftsgeschichte, Band 1, Mittelalter, Stuttgart 1978.

Boßhammer, U.: Kooperation auf vielen Ebenen, in: Lebensmittel Zeitung, 50. Jg. (1998), Nr. 35, S. 38 und 40.

Boyens, F. W.: Standardisierung als Element der Marketingpolitik von Filialsystemen des Einzelhandels, Thun 1981.

Brandenburger, A.M./Nalebuff, B.J.: Co-opetition, New York 1996.

Brandkamp, M.: Erfolgsaussichten von Unternehmungsgründungen in den fünf neuen Bundesländern, in: Zeitschrift für Betriebswirtschaft, 63. Jg. (1993), Nr. 1, S. 109-144.

Brandtweiner, R./Greimel, B.: Elektronische Märkte, in: Wirtschaftswissenschaftliches Studium, 27. Jg. (1998), Nr. 1, S. 37-42.

Braudel, F.: Sozialgeschichte des 15. bis 18. Jahrhunderts. Der Handel, München 1986.

Brewster, C./Hegewisch, A. (Eds.): Policy and Practice in European Human Resource Management, London 1994.

Brewster, C./Söderström, M.: Human Resources and Line Management, in: Brewster, C./Hegewisch, A. (Eds.): Policy and Practice in European Human Resource Management, London 1994, pp. 51-67.

Brewster, C./Larsen, H.H./Mayrhofer, W.: Integration and Assignment. A Paradox in Human Resource Management, in: Journal of International Management, Vol. 3 (1997), No. 1, pp. 1-23.

Brewster, C./Mayrhofer, W./Morley, M. (Eds.): New Challenges for European Human Resource Management, London 1998.

Brill, B.: Vom Besten lernen, in: absatzwirtschaft, 41. Jg. (1998), Nr. 8, S. 48-55.

Broichhausen, K.: Der Welt verbunden. Deutscher Außenhandel an der Küste, Stuttgart 1975.

Bruhn, M.: Begriffsabgrenzungen und Erscheinungsformen von Marken, in: Bruhn, M. (Hrsg.): Handbuch Markenartikel. Anforderungen an die Markenpolitik aus Sicht von Wissenschaft und Praxis, Band 1, Stuttgart 1994, S. 3-41.

Bruhn, M.: Markenstrategien, in: Tietz, B./Köhler, R./Zentes, J. (Hrsg.): Handwörterbuch des Marketing, 2. Aufl., Stuttgart 1995, Sp. 1445-1459.

Bruhn, M.: Bedeutung der Handelsmarke im Markenwettbewerb, in: Bruhn, M. (Hrsg.): Handelsmarken. Entwicklungstendenzen und Zukunftsperspektiven der Handelsmarkenpolitik, 2. Aufl., Stuttgart 1997a, S. 3-47.

Bruhn, M.: Kundenorientierung im Handel durch professionelles Qualitätsmanagement. Das Fallbeispiel Migros, in: Trommsdorff, V. (Hrsg.): Handelsforschung 1997/98. Kundenorientierung im Handel, Jahrbuch der Forschungsstelle für den Handel, Wiesbaden 1997b, S. 47-70.

Bruhn, M./Bunge, B.: Beziehungsmarketing. Neuorientierung für Marketingwissenschaft und -praxis?, in: Bruhn, M./Meffert, H./Wehrle, F. (Hrsg.): Marktorientierte Unternehmensführung im Umbruch, Stuttgart 1994, S. 41-84.

Bruhn, M./Weber, St.M.: Netzwerkartige Hersteller-Handel-Serviceanbieter-Beziehungen aufgrund moderner Informations- und Kommunikationssysteme, in: Trommsdorff, V. (Hrsg.): Handelsforschung 1996/97. Positionierung des Handels, Jahrbuch der Forschungsstelle für den Handel, Wiesbaden 1996, S. 401-321.

Brüner, B.O.: Die Zielgruppen Senioren. Eine interdisziplinäre Analyse der älteren Konsumenten, Frankfurt/M. 1997.

Brünne, M./Esch, F.-R./Ruge, H.D.: Berechnung der Informationsüberlastung in der Bundesrepublik Deutschland, Bericht des Instituts für Konsum- und Verhaltensforschung der Universität des Saarlandes, Saarbrücken 1987.

Buddeberg, H.: Über die Vergleichbarkeit der Handelsbetriebe, Köln 1955.

Buerke, G.: Planung und Durchsetzung von Vertriebsinnovationen. Dargestellt am Beispiel der Lieferantenabteilung, Frankfurt/M. 1988.

Bühl, U.L.: Krisentheorien. Politik, Wirtschaft und Gesellschaft im Übergang, Darmstadt 1988.

Bundesforschungsanstalt für Landeskunde und Raumordnung (Hrsg.): Modellvorhaben Leipzig. Stärkung von Innenstadt und Stadtteilzentren, in: ExWoSt-Informationen zum Forschungsfeld „Zentren“, o. Jg. (1997), Nr. 20.4, S. 17-19.

Bundesrat (Hrsg.): Gesetz zur Ausführung der Verordnung (EWG) Nr. 1836/93 des Rates vom 29. 06. 1993 über die freiwillige Beteiligung gewerblicher Unternehmen an einem Gemeinschaftssystem für das Umweltmanagement und die Umweltbetriebsprüfung (Umweltauditgesetz); Drs. 602/95 vom 22. 09. 1995.

Bundesumweltministerium/Umweltbundesamt (Hrsg.): Leitfaden Betriebliche Umweltkennzahlen, Bonn 1997.

Bundesverband der Filialbetriebe und Selbstbedienungswarenhäuser: BFS Aktuell, o. Jg. (1996), Nr. 20, S. 9.

Bunk, B.: Handel und Markenartikelindustrie. In Wertschöpfung vereint?, in: absatzwirtschaft, o. Jg. (1996), Nr. 7, S. 30-37.

Burke, R.A.: Do You See What I See? The Future of Virtual Shopping, in: Journal of the Academy of Marketing Science, Vol. 25 (1997), No. 4, pp. 352-360.

Butler, A./Letza, St./Neale, B.: Linking the Balanced Scorecard to Strategy, in: Long Range Planning, Vol. 30 (1997), No. 2, pp. 242-252.

Butler, J.: Information Technology. Converging Strategies and Trends for the 21st Century, Computer Technology Research Corp., Charleston/SC 1997 (http://www.ctrcorp.com).

Butler, P./Hall, T.W./Hanna, A.M./Mendonca, L./Auguste, B./Manyika, J./Sahay, A.: A Revolution in Interaction, in: The McKinsey Quarterly, no Vol. (1997), No. 1, pp. 4-23.

Butscher, S.: Kundenclubs als modernes Marketinginstrument. Kritische Analyse und Einsatzmöglichkeiten, 2. Aufl., Ettlingen 1995.

Ca´da Mosto: Der Bericht des Venezianers Alvise da Ca´da Mosto, in: Verlinden, Ch./ Schmitt, E.: Die mittelalterlichen Ursprünge der europäischen Expansion, München 1445 (1986), S. 308-310.

Cameron, D.: Electronic Commerce. The New Business Platform for the Internet, Charleston/SC 1997.

Camilieri, J. A./Falk, J.: The End of Sovereignty?, Alderslot/UK 1992.

Capitani, O.: L´etica Economica Medievale, Bologna 1974.

Centralvereinigung Deutscher Wirtschaftsverbände für Handelsvermittlung und Vertrieb: Geschäftsbericht vorgelegt zur Hauptversammlung im Mai 1998 in Bonn.

Cipolla, C.M.: Storia Economica dell´Europa Pre-Industriale, Bologna 1990.

Clement, M./Litfin, T./Peters, K.: Netzeffekte und kritische Masse, in: Albers S./Clement, M./Peters, K. (Hrsg.): Marketing mit Interaktiven Medien. Strategien zum Markterfolg, Frankfurt/M. 1998, S. 81-94.

Cloppenburg, U.: Die deutschen Diskonthäuser, Diss., Köln 1965.

Coase, R.H.: The Firm, the Market and the Law, Chicago/MA 1988, S. 33-55.

Coase, R.H.: The Nature of the Firm, in: Economica, Vol. 4 (1937), No 16, pp. 386-405.

Conradi, E.: Globalisierung: Neue Herausforderungen für Wettbewerb und Politik, AP-Nr. 98/07, TU Braunschweig, Braunschweig 1998a.

Conradi, E.: Konsumgüterhandel im Zeichen der Internationalisierung und Globalisierung, in: GfK Handelsforum (Hrsg.): Globale Unternehmensstrategien. Voraussetzung für Wachstum und Zukunftssicherung, Nürnberg 1998b, S. 56-68.

Cooper, L.G./Nakanishi, M.: Market Share Analysis. Evaluating Competitive Marketing Effectiveness, Boston 1988.

Corfmann, R.: Comparability and Comparison Levels Used in Choices, in: Journal of Marketing Research, Vol. 28 (1991), No. 3, pp. 368-374.

Corporate Intelligence Group: Cross-Border Retailing, in: Europe, Corporate Intelligence Research Publications, London 1991.

Corsten, H./Reiß, M.: Betriebswirtschaftliche Vergleichsformen, in: Wirtschaftswissenschaftliches Studium, 18. Jg. (1989), Nr. 10, S. 615-620.

Corstjens, J./Corstjens, M.: Store Wars. The Battle for Mindspace and Shelfspace, Chichester 1995.

Creusen, U.D./Hommerich, B.: Auf der Suche nach Spitzenleistungen. Internes Benchmarking bei OBI, in: Töpfer, A. (Hrsg.): Benchmarking. Der Weg zu Best Practice, Berlin 1997, S. 221-228.

Czarniawska-Joerges, B.: The Three-Dimensional Organization. A Constructivist View, Lund 1993.

D'Aveni, R.: Hyperwettbewerb, Frankfurt/M. 1995.

Dahlems, R.: Karriereschritte in Marketing und Vertrieb, in: Bruhn, M. (Hrsg.): Handwörterbuch des Marketing, München 1989, S. 629-645.

Davies, R./Treadgold, A.: Multi National und Global Strategies for Retailers, in: Internationale Handelstagung '90, Kooperationen: Die Zukunft des Handels in Europa von morgen, Zürich 1990.

Davis, M.H.: Measuring Individual Differences in Empathy. Evidence for a Multidimensional Approach, in: Journal of Personality and Social Psychology, Vol. 44 (1983), No. 1, pp. 113-126.

de Larosiére de Champfeu, J.: From the Standpoint of a Former Central Banker. The Importance of Monetary Stability, Global Asset Management Conference, New York 1998.

de Roover, R.A.: The Rise and Decline of the Medici Bank, 1397-1494, Cambridge/MA 1963.

de Roover, R.A.: The Scholastic Attitude toward Trade and Entrepreneurship, in: Explorations in Entrepreneurial History, Vol. 2 (1963), pp. 76-87.

Decker, K.: Innenstadt bündelt Kräfte. Geld und Ideen gegen die grüne Wiese, in: Leipziger Volkszeitung, 104. Jg. (1998a), Nr. 76, S. 14.

Decker, K.: Leipziger entdecken die Innenstadt wieder, in: Leipziger Volkszeitung, 104. Jg. (1998b), Nr. 176, S. 11.

DeGeorge, R.T.: The Status of Business Ethics. Past and Future, in: Journal of Business Ethics, Vol. 6 (1987), No. 4, pp. 201-211.

Deutsche Bundesbank (Hrsg.): Zahlungsbilanzstatistik Juni 1998, Statistisches Beiheft zum Monatsbericht 3, Frankfurt/M. 1998.

Deutsches Handelsinstitut (DHI): DPP 1989 International, Köln 1989.

Deutsches Handelsinstitut (DHI): Auf dem Weg zur Direkten Produkt-Rentabilität, Köln 1992.

Dichtl, E.: Grundzüge der Binnenhandelspolitik, Stuttgart 1979.

Dichtl, E.: Die Ansiedlung von großflächigen Betrieben des Einzelhandels im Spannungsfeld von Mittelstands- und Verbraucherpolitik, in: Dichtl, E./Schenke, W.-R. (Hrsg.): Einzelhandel und Baunutzungsverordnung, Heidelberg 1988, S. 117-137.

Dichtl, E.: Zufriedenheit zur Zielgröße machen, in: Lebensmittel Zeitung, 48. Jg. (1996), Nr. 32, S. 46.

Dichtl, E.: Neue Herausforderungen für Theorie und Praxis des Marketing, in: Marketing ▪ ZFP, 20. Jg. (1998), Nr. 1, S. 47-54.

Dichtl, E./Schneider, W.: Kundenzufriedenheit im Zeitalter des Beziehungsmanagements, in: Belz,C./Schnögel, M./Kramer, M. (Hrsg): Lean Management und Lean Marketing, St. Gallen 1994, S. 6-13.

Dichtl, E./Schenke, W.-R. (Hrsg.): Einzelhandel und Baunutzungsverordnung, Heidelberg 1988.

Dichtl, E./Bauer, H.H./Finck, G.: Die Versorgung mit Gütern des täglichen Bedarfs im Urteil von Verbrauchern, in: Die Betriebswirtschaft, 38. Jg. (1978), Nr. 2, S. 219-230.

Dichtl, E./Lingenfelder, M./Müller, S.: Die Internationalisierung des institutionellen Handels im Spiegel der Literatur, in: Zeitschrift für betriebswirtschaftliche Forschung, 43. Jg. (1991), Nr. 12, S. 1023-1047.

Dichtl, E./Hardock, P./Ohlwein, M./Schellhase, R.: Determinanten der Handelszufriedenheit, Arbeitspapier Nr. 113, Institut für Marketing, Universität Mannheim, Mannheim 1997.

Die Gruppe von Lissabon (Hrsg.): Grenzen des Wettbewerbs. Die Globalisierung der Wirtschaft und die Zukunft der Menschheit, München 1997.

Diller, H.: Das Preisbewußtsein der Verbraucher und seine Förderung durch Bereitstellung von Verbraucherinformationen, Habilitationsschrift, Mannheim 1978.

Diller, H.: Verkäufe unter Einstandspreisen, in: Marketing ▪ ZFP, 1. Jg. (1979), Nr. 1, S. 7-12.

Diller, H.: Die Wirkung von Verkäufen unter Einstandspreisen auf den Wettbewerb, in: Wettbewerb in Recht und Praxis, 27. Jg. (1981), Nr. 5, S. 243-248.

Diller, H.: Die Preispolitik als Wettbewerbswaffe in der Marktwirtschaft, in: Wettbewerb in Recht und Praxis, 28. Jg. (1982), Nr. 2, S. 63-70.

Diller, H.: Das Preiswissen von Konsumenten. Neue Ansatzpunkte und empirische Ergebnisse, in: Marketing ▪ ZFP, 10. Jg. (1988), Nr. 1, S. 17-24.

Diller, H.: Key-Account-Management als vertikales Marketingkonzept. Theoretische Grundlagen und empirische Befunde aus der deutschen Lebensmittel-Industrie, in: Marketing ▪ ZFP, 11. Jg. (1989), Nr. 4, S. 213-223.

Diller, H.: Zielgruppen für den Erlebnishandel, in: Trommsdorff, V. (Hrsg.): Handelsforschung 1990. Internationalisierung im Handel, Jahrbuch der Forschungsstelle für den Handel (FfH) e.V., Wiesbaden 1990, S. 139-156.

Diller, H.: Das Preisimage als Wettbewerbsfaktor im Einzelhandel, Arbeitspapier Nr. 8 des Lehrstuhls für Marketing, Universität Erlangen-Nürnberg, Nürnberg 1991.

Diller, H.: Key Account Management. Alter Wein in neuen Schläuchen?, in: Thexis, 10. Jg. (1993a), Nr. 3, S. 6-16.

Diller, H.: Key-Account-Management auf dem Prüfstand, in: Irrgang, W. (Hrsg.): Vertikales Marketing im Wandel, München 1993b, S. 49-80.

Diller, H.: Preisimage, in: Diller, H. (Hrsg.): Vahlens Großes Marketing Lexikon, München 1994, S. 906-907.

Diller, H.: Beziehungsmanagement in: Tietz, B./Köhler, R./Zentes, J. (Hrsg.): Handwörterbuch des Marketing, 2. Aufl., Stuttgart 1995a, Sp. 285-300.

Diller, H.: Beziehungs-Marketing, in: Wirtschaftswissenschaftliches Studium, 24. Jg. (1995b), Nr. 9, S. 442-447.

Diller, H.: Kundenbindung als Zielvorgabe im Beziehungs-Marketing, Arbeitspapier Nr. 40 des Lehrstuhls für Marketing, Universität Erlangen-Nürnberg, Nürnberg 1995c.

Diller, H.: Kundenbindung als Marketingziel, in: Marketing ▪ ZFP, 20. Jg. (1996a), Nr. 2, S. 81-94.

Diller, H.: Ziele und Zielerreichung von Kundenclubs. Ein Fallbeispiel aus dem Motorradfachhandel, Arbeitspapier Nr. 45 des Lehrstuhls für Marketing, Universität Erlangen-Nürnberg, Nürnberg 1996b.

Diller, H.: Preis-Management im Zeichen des Beziehungs-Marketing, Arbeitspapier Nr. 52 des Lehrstuhls für Marketing, Universität Erlangen-Nürnberg, Nürnberg 1997a.

Diller, H.: Was leisten Kundenclubs? Ein Testbeispiel, in: Marketing ▪ ZFP, 19. Jg. (1997b), Nr. 1, S. 33-41.

Diller, H./Gaitanides, M.: Das Key-Account-Management in der deutschen Lebensmittelindustrie. Eine empirische Studie zur Ausgestaltung und Effizienz, Hamburg 1988.

Diller, H./Gaitanides, M.: Vertriebsorganisation und handelsorientiertes Marketing. Lohnt sich kooperatives Verhalten gegenüber dem Handel?, in: Zeitschrift für Betriebswirtschaft, 59. Jg. (1989), Nr. 6, S. 589-608.

Diller, H./Kusterer, M.: Erlebnisbetonte Ladengestaltung im Einzelhandel. Eine empirische Studie, in: Trommsdorff, V. (Hrsg.): Handelsforschung 1986, Jahrbuch der Forschungsstelle für den Handel Berlin (FfH) e.V., Heidelberg 1986, S. 105-123.

Diller, H./Kusterer, M.: Beziehungsmanagement. Theoretische Grundlagen und explorative Befunde, in: Marketing ▪ ZFP, 9. Jg. (1988), Nr. 3, S. 211-220.

Diller, H./Haas, A./Hausruckinger, G.: Discounting. Erfolgreich nicht nur im Handel, in: Harvard Business manager, 19. Jg. (1997), Nr. 4, S. 19-28.

Diller, H./Haas, A./Hausruckinger, G.: Mit Discounting in die Zukunft, in: Lebensmittel Zeitung, 50. Jg. (1998), Nr. 3, S. 57-59.

Djursaa, M./Kragh, S.U.: Central and Peripheral Consumption Contexts. The Uneven Globalization of Consumer Behaviour, Discussion Paper, Copenhagen Business School, Copenhagen 1997.

Donges, J. B./Freytag, A.: Globalisierter Wettbewerb. Schicksal und Chance, Frankfurter Institut - Stiftung Marktwirtschaft und Politik, Band 32, Bad Homburg 1998.

Dornach, F./Gerstein, A.: Das Veränderungsklima im Unternehmen als Innovationsindikator, in: Gablers Magazin, 32. Jg. (1998), Nr. 6/7, S. 24-28.

Downes, L./Mui, Ch.: Unleashing the Killer App, Boston/MA 1998.

Dowst, S.: What Buyers Want from Distributors, in: Purchasing, Vol. 95 (1983), October, pp. 67-71.

Doz, Y.L.: Die Rolle des Staates im globalen Wettbewerb, in: Porter, M.E. (Hrsg.): Globaler Wettbewerb, Wiesbaden 1986, S. 257-306.

Dreesmann, A.C.R.: Economic, Social and Cultural Aspects of International Retailing, in: Kacker, M. (Hrsg.): Transatlantic Trends in Retailing, Westport 1985, pp. 145-151.

Drexl, J.: Nach „GATT und WIPO“. Das TRIPs-Abkommen und seine Anwendung in der europäischen Gemeinschaft, in: GRUR Int., o. Jg. (1994), Nr. 10, S. 777-788.

Drexl, J.: Verbraucherschutz und Rechtsgeschäfte im Netz, in: Lehmann, M. (Hrsg.): Rechtsgeschäfte im Netz. Electronic Commerce, Stuttgart 1998, S. 75-89.

Drucker, P.F.: The Information Executives Truly Need, in: Harvard Business Review, Vol. 73 (1995), No. 1, pp. 54-62.

Duby, G.: The Early Growth of the European Economy, London 1974.

Dull, S.F./Mohn, W.A./Norén, T.: Partners, in: The McKinsey Quarterly, no Vol. (1995), No. 4, pp. 63-72.

Duncan, R./Weiss, A.: Organizational Learning. Implications for Organizational Design, in: Staw, B.M. (Ed.): Reserarch in Organizational Behavior, Greenwich 1979, pp. 75-123.

Dürr, K.: Der Betriebsvergleich im Einzelhandel als Mittel der Kontrolle betriebspolitischer Entscheidungen, Diss., Saarbrücken 1967.

Dyllick, T.: Ökologisch bewußte Unternehmensführung. Der Beitrag der Managementlehre, Schriftenreihe Ö.B.U./A.S.I.E.G.E., St. Gallen 1989.

Ebers, M./Gotsch, W.: Institutionsökonomische Theorien der Organisation, in: Kieser, A. (Hrsg.): Organisationstheorien, Stuttgart 1995, S. 185-235.

ECE: Electronic Commerce Enquête 1997/98, Freiburg/Br. 1997/98.

Eckardt, K.: Umweltpolitik als Standortfaktor im internationalen Vergleich, in: Zeitschrift für Umweltpolitik und Umweltrecht, 20. Jg. (1997), Nr. 4, S. 463-480.

ECR Europe: Category Management Best Practices Report, London 1997.

Edström, A./Lorange, P.: Matching Strategy and Human Resources in Multinational Corporations, in: Journal of International Business Studies, Vol. 15 (1984), No. 2, pp. 125-137.

Eggert, K.: Die Strategie Kundennähe. Komponenten - Konzept - Erfolgspotential, Diss., Lüneburg 1993.

Eggert, U.: Der Handel im 21. Jahrhundert, Düsseldorf 1998a.

Eggert, U.: Quo Vadis deutscher Handel?, in: BBE Unternehmensberatung GmbH (Hrsg.): 3. Trend- und Handelsforum, Köln 1998b, S.159-230.

EHI Europäisches Handelsinstitut e.V. (Hrsg.): Shopping-Center-Report, Ergänzungsband, Köln 1993.

EHI Europäisches Handelsinstitut e.V. (Hrsg.): Handel aktuell '97, Köln 1997, 1998.

Eickhoff, M.: Grundlagen einer Theorie der Binnenhandelspolitik, Frankfurt/M. 1987.

Eickhoff, M.: Erfolgsforschung im Bekleidungsfacheinzelhandel. Eine empirische Analyse erfolgreicher Unternehmen im deutschen und US-amerikanischen Facheinzelhandel mit Oberbekleidung, in: Ahlert D. (Hrsg.): Schriften zu Distribution und Handel, Band 23, Frankfurt/M. 1997, S. 201-229.

Eierhoff, K.: Multimedia im Karstadt Konzern, in: Dichtl, E. (Hrsg.): Electronic Shopping. Handel ohne Handel?, Mainz 1997, S. 48-58.

Eirund, H./Münzberg, H.: Euro legt Preisdifferenzen gnadenlos offen, in: Handelsblatt, o. Jg. (1997), Nr. 14, S. 11.

Elgin, D.: Sustainable Television, in: Context, no Vol. (1993), No. 23, pp. 26-27.

Eli, M. (unter Mitarbeit von Laumer, H./Shimizu, I.): Sogo Shosha. Strukturen und Strategien japanischer Welthandelsunternehmen, Wien 1977.

Eli, M.: Sogo Shosha. Die großen japanischen Handelshäuser, Düsseldorf 1979.

Eli, M. (Hrsg.).: Der Weg der KMU in die Zukunft, ifo Institut für Wirtschaftsforschung, Niederlassung Dresden, Dresden 1997.

Engel-Flechsig, S.: Electronic Commerce und das Informations- und Kommunikationsdienstegesetz, in: Lehmann, M. (Hrsg.): Rechtsgeschäfte im Netz. Electronic Commerce, Stuttgart 1998, S. 3-4.

Engel-Flechsig, S./Maennel, F./Tettenborn, H.: NJW. Das Informations- und Kommunikationsdienstegesetz 1997, Heidelberg 1997, S. 2981-2997.

Engelhardt, W.H./Kleinaltenkamp, M.: Marketingstrategien des Produktionsverbindungshandels, Arbeitspapiere zum Marketing Nr. 23, Bochum 1988.

Engelhardt, W.H./Kleinaltenkamp, M./Reckenfelderbäumer, M.: Leistungstypologien als Basis des Marketing. Ein erneutes Plädoyer für die Aufhebung der Dichotomie von Sachleistungen und Dienstleistungen, in: Die Betriebswirtschaft, 55. Jg. (1995), Nr. 5, S. 673-678.

Enquete-Kommission (Hrsg.): Die Industriegesellschaft gestalten. Perspektiven für einen nachhaltigen Umgang mit Stoff- und Materialströmen, Bericht der Enquete-Kommission „Schutz des Menschen und der Umwelt. Bewertungskriterien und Perspektiven für umweltverträgliche Stoffkreisläufe in der Industriegesellschaft" des 12. Bundestages, Bonn 1994.

Epiney, A.: Das Privileg der Freizügigkeit in der Europäischen Union, in: Neue Zürcher Zeitung, 219. Jg. (1998), Nr. 19, S. 55.

Erhard, L.: Selbstverantwortliche Vorsorge für die sozialen Lebensrisiken (1956), in: Hohmann, K.: Ludwig Erhard. Gedanken aus fünf Jahrzehnten, Düsseldorf 1988, S. 461-465.

Erhard, L.: Wirtschaft und Bildung, in: Der Volkswirt, 17. August 1957a, in: Hohmann, K.: Ludwig Erhard. Gedanken aus fünf Jahrzehnten, Düsseldorf 1988, S. 513-517.

Erhard, L.: Wohlstand für alle, Düsseldorf 1957b.

Erichson, B.: Elektronische Panelforschung, in: Hermanns, A./Flegel, V. (Hrsg.): Handbuch des Electronic Marketing. Funktionen und Anwendungen der Informations- und Kommunikationstechnik im Marketing, München 1992, S. 183-215.

Esch, F.-R.: Markenwert und Markensteuerung. Eine verhaltenswissenschaftliche Perspektive, in: Thexis, 10. Jg. (1993), Nr. 5, S. 56-64.

Esch, F.-R.: Wirkung integrierter Kommunikation. Ein verhaltenswissenschaftlicher Ansatz, Forschungsgruppe Konsum und Verhalten, Wiesbaden 1998.

Esch, F.-R. (Hrsg.): Modernes Markenmanagement, Wiesbaden 1999 (in Druck).

Esch, F.-R./Andresen, T.: Messung des Markenwertes, in: MTP e.V. Alumni/Hauser, U. (Hrsg.): Erfolgreiches Markenmanagement, Wiesbaden 1997, S. 11-37.

Esch, F.-R./Billen, P.: Förderung der Mental Convenience beim Einkauf durch Cognitive Maps und kundenorientierte Produktgruppierungen, in: Trommsdorff, V. (Hrsg.): Handelsforschung 1996/97. Positionierung des Handels, Wiesbaden 1996, S. 317-337.

Esch, F.-R./Levermann, T.: Positionierung als Grundlage des strategischen Kundenmanagements auf Konsumgütermärkten, in: Thexis, 12. Jg. (1995), Nr. 4, S. 8-16.

Escher, M.: Aktuelle Rechtsfragen bei Zahlungen im Internet, in: Lehmann, M. (Hrsg.): Rechtsgeschäfte im Netz. Electronic Commerce, Stuttgart 1998, S. 225-226.

Eßig, M.: Cooperative Sourcing. Erklärung und Gestaltung horizontaler Beschaffungskooperationen in der Industrie, Frankfurt/M. 1999 (in Druck).

Eucken, W.: Das ordnungspolitische Problem, in: ORDO. Jahrbuch für die Ordnung von Wirtschaft und Gesellschaft, Band I, 1948, S. 56-90.

Europäische Wirtschaftsgemeinschaft (EWG) (Hrsg.): Verordnung (EWG), in: Amtsblatt der Europäischen Gemeinschaften, 36. Jg. (1993), Nr. L 168/, S. 5.

Europäisches Währungsinstitut: Allgemeine Regeln für die geldpolitischen Instrumente und Verfahren des ESZB, September 1997, Brüssel 1997.

European Commission: The Single Market Review, Impact on Services and Distribution, Document prepared by Coopers & Lybrand, Luxembourg 1997.

European Council (Ed.): Europe and the Global Information Society, Brüssel 1993.

Evans, P.B./Wurster, T.S.: Die Internet-Revolution. Alte Geschäfte vergehen, neue entstehen, in: Harvard Business manager, 20. Jg. (1998), Nr. 2, S. 51-62.

Fahy, J./Taguchi, F.: Reassessing the Japanese Distribution System, in: Sloan Management Review, Vol. 36 (1995), No. 2, pp. 49-61.

Falk, B. (Hrsg.): Einkaufszentren. Planung, Entwicklung, Realisierung und Management, Landsberg/L. 1982.

Falk, B. (Hrsg.): Das große Handbuch Shopping-Center. Einkaufspassagen, Factory Outlet-Malls, Urban Entertainment-Center, Landsberg/L. 1998.

Falk, B./Wolf, J.: Handelsbetriebslehre, 11. Aufl., Landsberg/L. 1992.

Fantapié Altobelli, C./Fittkau, S.: Formen und Erfolgsfaktoren der Online-Distribution, in: Trommsdorff, V. (Hrsg.): Handelsforschung 1997/98. Kundenorientierung im Handel, Jahrbuch der Forschungsstelle für den Handel (FfH) e.V., Wiesbaden 1997, S. 397-416.

Färber, R.: Einzelhandelsgroßprojekte und ihre landesplanerische Beurteilung. Ein Erfahrungsbericht, in: Arbeitsmaterialien zur Raumordnung und Raumplanung, Nr. 28, Bayreuth 1994, S. 32-47.

Faßnacht, M.: Preisdifferenzierung bei Dienstleistungen. Implementationsformen und Determinanten, Wiesbaden 1996.

Faßnacht, M.: Management von Dienstleistungen im Einzelhandel, Arbeitspapier in der Management Know How-Reihe des Zentrums für Marktorientierte Unternehmensführung (ZMU) an der Wissenschaftlichen Hochschule für Unternehmensführung (WHU), Koblenz 1997.

Fayerweather, J.: International Business Strategy and Administration, Cambridge/MA 1978.

Fehn, R.: Der strukturell bedingte Anstieg der Arbeitslosigkeit in Europa, Baden-Baden 1997.

Feller, M./Göllinger, T./Weber, F.: Umweltkennzahlen im Handel, in: Seidel, E./Clausen, J./Seifert, E.K. (Hrsg.): Umweltkennzahlen. Planungs-, Steuerungs- und Kontrollgrössen für ein umweltorientiertes Management, München 1998, S. 215-245.

Ferstl, O.K./Sinz, E.J.: Grundlagen der Wirtschaftsinformatik, Band 1, Wien 1993.

Finger, M./Samwer, O.Ch.: Erfolgsfaktoren von Start-ups der neunziger Jahre in Silicon Valley, Diplomarbeit an der WHU, Vallendar 1998.

Fink, G.: Versorgungszufriedenheit. Ein Beitrag zur empfängerorientierten Versorgungsforschung, Berlin 1990.

Fink, D.H.: Der Handel im Zeitalter des Electronic Commerce. Anforderungen, Entwicklung und Fallbeispiele, in: Hermanns, A./Sauter, M. (Hrsg.): Handbuch Electronic Commerce, München 1998a (in Druck).

Fink, D.H.: Mass Customization, in: Albers S./Clement M./Peters, K. (Hrsg.): Marketing mit Interaktiven Medien. Strategien zum Markterfolg, Frankfurt/M. 1998b, S. 137-150.

Fink, K./Griese, J./Roithmayr, F./Sieber, P.: Business on the Internet. Some (R)Evolutionary Perspectives, in: Proceedings of the 10th International Bled Electronic Commerce Conference, Vol. 2, Bled., June 9-11 1997, pp. 536-555.

Fischer, C.: Verbundorientierte Preispolitik im Lebensmittelhandel, Berlin 1995.

Fischer, C.: Mißerfolgsmechanismen bei der Integration externer Daten. Ursachen für das Scheitern von Data Warehouse-Projekten, in: EHI e.V. (Hrsg.): Data Warehouse. Bestandsaufnahme und Perspektiven, Köln 1998.

Flavell, J.H./Botkin, P.T./Fry, C.L./Wright, J.W./Jarvis, P.E.: Rollenübernahme und Kommunikation bei Kindern, Weinheim 1975.

Forrester, V.: Der Terror der Ökonomie, Wien 1997.

Fortin, N.M./Lemieux, T.: Institutional Changes and Rising Wage Inequality. Is There a Linkage?, in: The Journal of Economic Perspectives, Vol. 11 (1997), No. 2, pp. 75-96.

Fourastié, J.: Die große Hoffnung des zwanzigsten Jahrhunderts, Köln-Deutz 1954.

Frankel, J.A.: Regional Trading Blocs in the World Economic System, Washington/DC 1997.

Franz, P.: Was kann die Stadt heute noch leisten? Integration, urbane Regimes und die Durchsetzbarkeit von Leitbildern, in: Die alte Stadt, o. Jg. (1997), Nr. 4, S. 294-311.

Freeman, U.E.: Strategic Management. A Stakeholder Approach, Marsfield/MA 1984.

Frey, U.D.: Sales Promotion Power für mehr Umsatz, Landsberg/L. 1997.

Fritz, W.: Die Produktqualität. Ein Schlüsselfaktor des Unternehmenserfolgs, in: Zeitschrift für Betriebswirtschaft, 64. Jg. (1994), Nr. 8, S. 1045-1062.

Fritz, W.: Handelsmarketing und Electronic Commerce im Internet, Bericht des Instituts für Wirtschaftswissenschaften der Technischen Universität Braunschweig, Braunschweig 1998a.

Fritz, W.: Das Internet als Teil des Marketing-Mix, in: Blick durch die Wirtschaft, 41. Jg. (1998b), Nr. 68, S. 5.

Fritz, W./Kerner, M./Könnecke, S.: Online-Marketing in der Computerbranche, in: Jahrbuch der Absatz- und Verbrauchsforschung, 44. Jg. (1998), Nr. 2 (in Druck).

Fuhrmann, H.: Überall ist Mittelalter, München 1997.

Gaitanides, M./Diller, H.: Großkundenmanagement. Überlegungen und Befunde zur organisatorischen Gestaltung und Effizienz, in: Die Betriebswirtschaft, 49. Jg. (1989), Nr. 2, S. 186-197.

Galbraith, J.K.: The New Industrial State, Boston/MA 1967.

Gattorna, J.L./Walters, D.W.: Managing the Supply Chain. A Strategic Perspective, Houndmills 1996.

Gaugler, E.: Personalwesen in der Absatzwirtschaft, in: Tietz, B. (Hrsg.): Handwörterbuch der Absatzwirtschaft, Stuttgart 1974, Sp. 1599-1617.

Gaul, W./Both, M.: Computergestütztes Marketing, Berlin 1990.

Gebhardt, H.: Zentralitätsforschung. Ein „alter Hut" für die Reginonalforschung und Raumordnung heute?, in: Erdkunde, 50. Jg. (1996), Nr. 1, S. 1-8.

Geis, H.: NJW. Das Signaturgesetz, München 1997, S. 2000-2021.

Geißler, K.H./Orthey, F.M.: Der große Zwang zur kleinen Freiheit. Berufliche Bildung im Modernisierungsprozeß, Stuttgart 1998.

George, G.: Internationalisierung im Einzelhandel. Strategische Optionen und Erzielung von Wettbewerbsvorteilen, Berlin 1997.

George, G./Diller, H.: Internationalisierung als Wachstumsstrategie des Einzelhandels, in: Trommsdorff, V. (Hrsg.): Handelsforschung 1992/93, Jahrbuch der Forschungsstelle für den Handel, Wiesbaden 1993, S. 165-186.

Geppert, D./Müller, S.: Interaktive Medien als Kommunikations- und Distributionskanal für Güter und Dienstleistungen. Die Akzeptanz bei Handel und Herstellern, in: Trommsdorff, V. (Hrsg.): Handelsforschung 1997/98. Kundenorientierung im Handel, Jahrbuch der Forschungsstelle für den Handel, Wiesbaden 1997, S. 417-438.

Geppert, D.: Interaktives Fernsehen als Promotor des Home-Shopping, Stuttgart 1998.

Gerhard, A.: Die Unsicherheit von Konsumenten bei der Kaufentscheidung. Verhaltensweisen von Konsumenten und Anbietern, Wiesbaden 1995.

Geulen, D.: Soziales Handeln und Perspektivenübernahme, in: Geulen, D. (Hrsg.): Perspektivenübernahme und soziales Handeln, Frankfurt/M. 1982, S. 24-72.

GfK Marktforschung: Der Verbraucher, Nürnberg 1994/95, 1997.

Gibbons, M.: The New Production of Knowledge. The Dynamics of Science and Research in Contemporary Societies, London 1994.

Gierl, H.: Zufriedene Kunden als Markenwechsler, in: absatzwirtschaft, 36. Jg. (1993), Nr. 2, S. 90-94.

Giersberg, G.: Deutschlands Unternehmen brechen in die Welt auf, in: „Die 100 größten Unternehmen", Beilage zur Frankfurter Allgemeinen Zeitung, 49. Jg. (1998), Nr. 154, S. B 1-2.

Gilbert, X./Strebel, P.: Strategies to Outpace the Competition, in: Journal of Business Strategy, Vol. 8 (1987), No. 1, pp. 28-36 bzw. IMEDE (1985).

Gilchrist, J.: The Church and Economic Activity in the Middle Ages, London 1969.

Glantschnig, E.: Merkmalsgestützte Lieferantenbewertung, Köln 1994.

Glaser, J.: Mitgliederbindung in Verbundgruppen, in: Trommsdorff, V. (Hrsg.): Handelsforschung 1994/95, Jahrbuch der Forschungsstelle für den Handel (FfH) e.V., Wiesbaden 1994, S. 155-166.

Glasmeier, G.: Assortment Ranging. Sortimentsbildung und Sortimentsentwicklung als Erfolgsfaktoren im Modeeinzelhandel, in: Ahlert, D./Dieckheuer, G. (Hrsg.): Erfolg in schwierigen Märkten. Internationale Konzepte und Strategien für den Modeeinzelhandel von morgen, Schriften zur Textilwirtschaft, Band 46, Münster 1995, S. 161-179.

Goldstein, A.P./Michaels, G.Y.: Empathy. Development, Training and Consequences, Hillsdale 1985.

Goleman, D.: Emotionale Intelligenz, München 1995.

Gozzi, R.: The Cyberspace Metaphor. ETC. A Review of General Semantics, no Vol. (1994), No. 51, pp. 218-223.

Grabow, B./Hollbach-Grömig, B.: Stadtmarketing. Eine kritische Zwischenbilanz, Beiträge zur Stadtforschung, Berlin 1998.

Green, P.E.: On the Design of Choice Experiments Involving Multifactor Alternatives, in: Journal of Consumer Research, Vol. 1 (1974), No. 1, pp. 61-68.

Green, P.E./Srinivasan, V.: Conjoint-Analysis in Marketing. New Developments with Implications for Research and Practice, in: Journal of Marketing, Vol. 53 (1990), No. 4, pp. 3-19.

Greipl, E.: Handelsstruktur, in: Falk, B./Wolf, J. (Hrsg.): Das große Lexikon für Handel und Absatz, 2. Aufl., Landsberg/L. 1982, S. 331-335.

Greipl, E.: Leitbilder der Ökonomisierung der Warendistribution. Auftrag und Möglichkeiten der Handelsforschung, in: Greipl, E./Laumer, H./Täger, U.Ch. (Hrsg.): Entwicklung der empirischen Handelsforschung in der Bundesrepublik Deutschland, Berlin 1992, S. 149-169.

Greipl, E.: Binnenhandelspolitik, in: Tietz, B./Köhler, R./Zentes, J. (Hrsg.): Handwörterbuch des Marketing, 2. Aufl., Stuttgart 1995, Sp. 310-325.

Greipl, E.: Rahmenbedingungen und Perspektiven des Handels, in: Marktforschung & Management, 41. Jg. (1997), Nr. 1, S. 15-19.

Gritzmann, K.: Kennzahlensysteme als entscheidungsorientierte Informationsinstrumente der Unternehmensführung in Handelsunternehmen, Göttingen 1991.

Grömling, M./Lichtblau, K./Weber, A.: Industrie und Dienstleistungen im Zeitalter der Globalisierung, Köln 1998.

Gröner, H./Köhler, H.: Der Selbstbedienungsgroßhandel zwischen Rechtszwang und Wettbewerb, München 1986.

Gröppel, A.: Erlebnisbetontes Handelsmarketing, in: Trommsdorff, V. (Hrsg.): Handelsforschung 1990. Internationalisierung im Handel, Jahrbuch der Forschungsstelle für den Handel (FfH) e.V., Wiesbaden 1990, S. 121-137.

Gröppel, A.: Erlebnisstrategien im Einzelhandel. Analyse der Zielgruppen, der Ladengestaltung und der Warenpräsentation zur Vermittlung von Einkaufserlebnissen, Heidelberg 1991.

Gröppel, A.: In-Store-Marketing, in: Tietz, B./Köhler, R./Zentes, J. (Hrsg): Handwörterbuch des Marketing, 2. Aufl., Stuttgart 1995, Sp. 1020-1030.

Gröppel-Klein, A.: Wettbewerbsstrategien im Einzelhandel. Chancen und Risiken von Preisführerschaft und Differenzierung, Wiesbaden 1998.

Gröppel-Klein, A./Thelen, E./Antretter, Ch.: Der Einfluß von Einkaufsmotiven auf die Einkaufsstättenbeurteilung, in: Trommsdorff, V. (Hrsg.): Handelsforschung 1998/99, Jahrbuch der Forschungsstelle für den Handel (FfH) e.V., Wiesbaden 1998 (in Druck).

Grossekettler, H.: Die gesamtwirtschaftliche Problematik vertraglicher Vertriebssysteme, in: Ahlert, D. (Hrsg.): Vertragliche Vertriebssysteme zwischen Industrie und Handel. Grundzüge einer betriebswirtschaftlichen, rechtlichen und volkswirtschaftlichen Beurteilung, Wiesbaden 1981, S. 255-314.

Grossman, G./Helpman, E.: Innovation and Growth in the Global Economy, Cambridge/MA 1992.

Grossmann, R. (Hrsg.): Besser, Billiger, Mehr. Zur Reform der Expertenorganisationen Krankenhaus, Schule und Universität, Wien 1997.

Grossmann, R./Pellert, A./Gotwald, V.: Krankenhaus, Schule, Universität. Charakteristika und Optimierungspotential, in: Grossmann, R. (Hrsg.): Besser, Billiger, Mehr. Zur Reform der Expertenorganisationen Krankenhaus, Schule und Universität, Wien 1997, S. 24-35.

Gruner, K./Garbe, B./Homburg, Ch.: Produkt- und Key-Account-Management als objektorientierte Formen der Marketingorganisation, in: Die Betriebswirtschaft, 57. Jg. (1997), Nr. 2, S. 234-251.

GRUR Gewerblicher Rechtsschutz und Urheberrecht 1958, 1959, 1963, 1964, 1965, 1968, 1970, 1972, 1979, 1993, 1996, 1997.

GRUR Int. Gewerblicher Rechtsschutz und Urheberrecht, Internationaler Teil 1993, 1994, 1995, 1997, 1998.

Gümbel, R.: Handel, Markt und Ökonomik, Wiesbaden 1985.

Gummesson, E.: The New Marketing-Developing Long-Term Interactive Relationships, in: Long Range Planning, Vol. 20 (1987), No. 4, pp. 10-20.

Gundlach, E./Nunnenkamp, P.: Labor Markets in the Global Economy. How to Prevent Rising Wage Gaps and Unemployment, Kieler Diskussionsbeitrag Nr. 305, September 1997.

Günther, A.R.: Marktpotentiale über ECR nutzen, in: Dynamik im Handel, 41. Jg. (1997), Nr. 12, S. 62-65.

Günther, E.: Ökologieorientiertes Controlling, München 1994.

Günther, T.: Direkter Produkt-Profit. Ein besonderer Kostenrechnungsansatz an der Schnittstelle von Handel und Industrie, in: Zeitschrift für betriebswirtschaftliche Forschung, 45. Jg. (1993a), Nr. 5, S. 460-482.

Günther, T.: Operative und strategische Entscheidungsunterstützung im Konsumgüterbereich durch „Direkte Produkt-Rentabilität", in: Controlling, 5. Jg. (1993b), Nr. 2, S. 64-72.

Günther, T./Mattmüller, R.: Möglichkeiten und Grenzen der Regaloptimierung, in: Marketing ▪ ZFP, 15. Jg. (1993), Nr. 2, S. 77-86.

Gutsche, J.: Produktpräferenzanalyse, Berlin 1995.

Habermas, J.: Die Idee der Universität. Lernprozesse, in: Eigen, M./Gadamer, H.G./Habermas, J./Lepenies, W./Lübbe, H./Meyer-Abich, K.M. (Hrsg.): Die Idee der Universität. Versuch einer Standortbestimmung, Berlin 1988.

Hagel, J./Armstrong, A.G.: Net Gain. Expanding Markets through Virtual Communities, Boston/MA 1997.

Hallier, B.: DPR = Mehr Professionalität, in: Thexis, 5. Jg. (1988), Nr. 1, S. 85-91.

Hallier, B.: Der Handel auf dem Weg zur Marketingführerschaft, in: absatzwirtschaft, 38. Jg. (1995), Nr. 3, S. 104-107.

Hallier, B.: Wal Mart-Mythos führt zur falschen ECR-Positionierung, in: Dynamik im Handel, 41. Jg. (1997), Nr. 4, S. 4-9.

Hallier, B.: Umorientierung. Immer unbequem, in: Dynamik im Handel, 42. Jg. (1998), Nr. 7, S. 6-7.

Hambuch, P.: Das Missing-Link ?, in: Lebensmittel Zeitung Journal, 41. Jg. (1989), Nr. 43, S. J4 - J10.

Hambuch, P.: Space-Management. Integrierter Bestandteil des Category Management, in: Deutsches Handelsinstitut (Hrsg.): Auf dem Weg zur Direkten Produkt-Rentabilität, Köln 1992, S. 57-65.

Hammann, P./Tebbe, C./Braun, D.: Die Führung und Etablierung transnationaler Handelsmarken als Instrument der Profilierung des Handels, in: Trommsdorff, V. (Hrsg.): Handelsforschung 1996/97. Positionierung des Handels, Jahrbuch der Forschungsstelle für den Handel (FfH) e.V., Wiesbaden 1996, S. 259-276.

Hansen, U.: Ökologisches Marketing im Handel, in: Brandt, A./Hansen, U. (Hrsg.): Ökologisches Marketing, Frankfurt/M. 1988, S. 331-362.

Hansen, U.: Absatz- und Beschaffungsmarketing des Einzelhandels. Eine Aktionsanalyse, 2. Aufl., Göttingen 1990.

Hansen, U.: Umweltmanagement im Handel, in: Steger, U. (Hrsg.): Handbuch des Umweltmanagements. Anforderungen und Leistungsprofile von Unternehmen und Gesellschaft, München 1992, S. 733-756.

Hansen, U./Algermissen, J.: Handelsbetriebslehre Band 1 und 2, Göttingen 1979.

Hansen, U./Jeschke, K.: Nachkaufmarketing. Ein neuer Trend im Konsumgütermarketing?, in: Marketing ▪ ZFP, 14. Jg (1992), Nr. 2, S. 88-97.

Hansen, U./Kull, S.: Öko-Label als umweltbezogenes Informationsinstrument, in: Marketing ▪ ZFP, 16. Jg. (1994), Nr. 4, S. 265-274.

Hansen, U./Kull, S.: Der Handel als ökologieorientierter Diffusionsagent. Theoretische Überlegungen und ein Blick in die Praxis, in: Jahrbuch der Absatz- und Verbrauchsforschung, 42. Jg. (1996), Nr. 1, S. 90-115.

Hansen, U./Schrader, U.: „Leistungs- statt Produktabsatz" für einen ökologischeren Konsum ohne Eigentum, in: Steger, U. (Hrsg.): Handbuch des integrierten Umweltmanagements, München 1997, S. 87-110.

Hartog-Niemann, E. den/Boesler, K.-A.: Zentrale Orte und Einzelhandelsstandorte. Sachsen, in: Raumforschung und Raumordnung, 55. Jg. (1997), Nr. 6, S. 411-420.

Hass, R.G.: Perspective Taking and Self-Awareness. Drawing an E on Your Forehead, in: Journal of Personality and Social Psychology, Vol. 46 (1984), No. 4, pp. 788-798.

Hattemer, K.: Senioren wünschen sich bessere Verpackungen, in: Markenartikel, 53. Jg. (1991), Nr. 7, S. 318-320.

Hayek, F.A. von.: Wettbewerb als Entdeckungsverfahren, in: Hayek, F.A. von: Freiburger Studien. Gesammelte Aufsätze, Tübingen 1969, S. 249-265.

HDE Hauptgemeinschaft des Deutschen Einzelhandels: 42. - 50. Arbeitsbericht, Abschnitt Bildungspolitik, Köln 1989-1997.

Hedtke, U.: Globalisierung historisch. Generationenwechsel und Basistechnologiesprünge in der Weltwirtschaftsgeschichte. Auftakt zur Erholungsphase des „vierten Kontradieff"?, in: Hülsbömer, A./Sach, V. (Hrsg.): Globalisierung. Eine Satellitenaufnahme, Frankfurt/M. 1997, S. 91-115.

Heeter, C.: Communication Research on Consumer Virtual Reality, in: Biocca, F./Levy M.R. (Eds.): Communication in the Age of Virtual Reality, Hillsdale/NJ 1995, pp. 191-218.

Heidel, B.: Die Zukunft der Handelsmarktforschung. Vortrag gehalten am 29. 10. 1997 im Rahmen der Vortragsreihe „Praxisdialog" am Institut für Absatzwirtschaft, Abteilung für Handel und Marketing.

Heimbach, P.: Multimedia im Musik-Marketing, in: Silberer, G. (Hrsg.): Marketing mit Multimedia, Stuttgart 1995, S. 185-217.

Heimbach, P.: Marktkommunikation mit digitalen Offline-Medien, in: Silberer, G. (Hrsg.): Interaktive Werbung, Stuttgart 1997, S. 23-70.

Heinemann, G.: Dynamisierung im Absatzkanal. ECR: ein Allheilmittel?, in: absatzwirtschaft, 40. Jg. (1997), Sonderheft 10, S. 188-191.

Heinrich, L.J.: Informationsmanagement. 5. Aufl., München 1996.

Heinrich, L.J./Roithmayr, F.: Wirtschaftsinformatik. Lexikon, 6. Aufl., München 1998.

Heller, E.: Vom demonstrativen Konsum zur demonstrativen Gemeinsamkeit, in: Interview & Analyse, 6. Jg. (1979), Nr. 12, S. 471-475.

Helpman, E./Krugman, P.R.: Market Structure and Foreign Trade, Cambridge/MA 1990.

Henkel KGaA: zitiert in: Verkaufsleiter Service, o. Jg. (1998), Nr. 645, S. 1-3.

Henning-Bodewig, F.: Das Grünbuch der EU-Kommission über die „Kommerziellen Kommunikationen", in: Gewerblicher Rechtsschutz und Urheberrecht, Internationaler Teil (GRUR Int.) 1997, S. 515-524.

Hermeier, B./Weibler, J.: Unternehmerische Ausrichtung der Führung und Zusammenarbeit. Dargestellt am Beispiel der Karstadt AG, in: Wunderer, R./Kuhn, T. (Hrsg.): Innovatives Personalmanagement, Neuwied 1995, S. 43-74.

Heydt, A. von der: Efficient Consumer Response (ECR). Basisstrategien und Grundtechniken, zentrale Erfolgsfaktoren sowie globaler Implementierungsplan, 2. Aufl., Frankfurt/M. 1997.

Hirn, W./Jensen, S.: Stille Macht, in: manager magazin, 26. Jg. (1996), Nr. 1, S. 32-44.

Hirsch, J.: Der moderne Handel, seine Organisation und Formen und die staatliche Binnenhandelspolitik, 2. Aufl., Tübingen 1925.

Hirst, P./Thompson, G.: Globalization in Question, Cambridge/MA 1996.

Hirzel, Leder & Partner (Hrsg.): Speed-Management. Geschwindigkeit zum Wettbewerbsvorteil machen, Wiesbaden 1992.

Hoffmann, D.: Die europäische Fernabsatzrichtlinie, in: Lehmann, M. (Hrsg.): Rechtsgeschäfte im Netz. Electronic Commerce, Stuttgart 1998, S. 61-80.

Hoffman, D.L./Novak, T.P.: Marketing in Hypermedia Computer-Mediated Environments. Conceptual Foundations, in: Journal of Marketing, Vol. 60 (1996), No. 3, pp. 50-68.

Hoffmann, M.: Außenhändler im Wettbewerb auf den Weltmärkten, Wiesbaden 1998.

Hofstede, G.: Die Bedeutung von Kultur und ihren Dimensionen im Internationalen Management, in: Kumar, B.N./Haussmann, H. (Hrsg.): Handbuch der Internationalen Unternehmenstätigkeit, München 1992, S. 303-324.

Hogan, R.: Development of an Empathy Scale, in: Journal of Consulting and Clinical Psychology, Vol. 33 (1969), No. 3, pp. 307-316.

Hollander, S.C.: The International Storekeepers, in: Gist, R. (Ed.): Management Perspectives in Retailing, 2nd Ed., New York 1971, pp. 95-105.

Homburg, Ch.: Closeness to the Customer in Industrial Markets, in: Zeitschrift für Betriebswirtschaft, 65. Jg. (1995), Nr. 3, S. 309-331.

Homburg, Ch./Faßnacht, M.: Kundennähe, Kundenzufriedenheit und Kundenbindung bei Dienstleistungsunternehmen, in: Bruhn, M./Meffert, H. (Hrsg): Handbuch Dienstleistungsmanagement. Von der strategischen Konzeption zur praktischen Umsetzung, Wiesbaden 1998, S. 405-428.

Homburg, Ch./Giering, A./Hentschel, F.: Der Zusammenhang zwischen Kundenzufriedenheit und Kundenbindung, in: Bruhn, M./Homburg, Ch. (Hrsg.): Handbuch Kundenbindungsmanagement. Grundlagen - Konzepte - Erfahrungen, Wiesbaden 1998, S. 81-112.

Homburg, Ch./Rudolph, B.: Theoretische Perspektiven zur Kundenzufriedenheit, in: Simon, H./Homburg, Ch. (Hrsg.): Kundenzufriedenheit. Konzepte - Methoden - Erfahrungen, 3. Aufl., Wiesbaden 1998, S. 31-51.

Homburg, Ch./Werner, H.: Kundenorientierung mit System. Mit Customer Orientation Management zu profitablem Wachstum, Frankfurt/M. 1998.

Höper, U./Schmidt, C.: ECR bei Milchfrischprodukten, in: Dynamik im Handel, 41. Jg. (1997), Nr. 10, S. 68-72.

Hopfenbeck, W.: Umweltorientierte Unternehmensführung und Marketing. Konzepte - Instrumente - Praxisbeispiele, Landsberg/L. 1991.

Horstmann, S.: Vertikale Vertriebskooperation in der Bekleidungswirtschaft. Eine Analyse innovativer Distributionskonzepte US-amerikanischer und deutscher Bekleidungshersteller, in: Ahlert D. (Hrsg.): Schriften zu Distribution und Handel, Band 25, Frankfurt/M. 1997.

Horváth, P./Kaufmann, L.: Balanced Scorecard. Ein Werkzeug zur Umsetzung von Strategien, in: Harvard Business manager, 20. Jg. (1998), Nr. 5, S. 39-48.

Hruschka, H.: Die Auswirkungen interaktiver Informationstechnologien auf das Herstellermarketing, in Marketing ▪ ZFP, 20. Jg. (1998), Nr. 2, S. 195-204.

Hünerberg, R./Heise, G./Mann, A. (Hrsg.): Handbuch Online M@rketing, Landsberg/L. 1996.

ifo Institut für Wirtschaftsforschung: Strukturen und Tendenzen des Handels in der Europäischen Gemeinschaft, Schlußbericht zu einem Forschungsprojekt für die Generaldirektion 23 der Kommission der Europäischen Gemeinschaften, München 1997.

Ihde, G.: Transport, Verkehr, Logistik, München 1991.

ILOI Internationales Institut für Lernende Organisation und Innovation (Hrsg.): Knowledge Management, München 1997.

IMD International Institute for Management Development (Ed.): The World Competitiveness Yearbook 1998, Lausanne 1998.

IMF International Monetary Fund: World Economic Outlook, May 1997, 1998.

Immenga, U./Mestmäcker E.-J. (Hrsg.): EG-Wettbewerbsrecht, Kommentar, Band I, München 1997.

Imug Institut für Markt-Umwelt-Gesellschaft e.V. (Hrsg.): Umweltlogo im Einzelhandel, Hannover 1994.

Inglehart, R.: Modernisierung und Postmodernisierung. Kultureller, wirtschaftlicher und politischer Wandel in 43 Gesellschaften, Frankfurt/M. 1998.

Institut für Wirtschaftsinformatik der Universität Innsbruck (Hrsg.): WWW-Studie 1997. Österreichische Firmen im Internet, Innsbruck 1998.

Irrgang, W.: Strategien im vertikalen Marketing. Handelsorientierte Konzeptionen der Industrie, München 1989.

ISB Institut für Selbstbedienung: DPR'88 Direkte Produkt-Rentabilität. Wichtiger Baustein im Gesamtkonzept des Marketing, Köln 1988.

Israel, D.: Entwicklung eines Expertensystems zur Beurteilung von Anzeigen und Beilagen in Zeitungen, Diss., Universität des Saarlandes, Saarbrücken 1991.

iwd Informationsdienst des Instituts der deutschen Wirtschaft, 24. Jg. (1998), Nr. 1, Nr. 6, Nr. 17.

Jaburek, W./Wölfl, N.: Cyber-Recht. Marktplatz Internet. Schrankenlose Geschäfte, Wien 1997.

Jacobi, K.-O.: Die Wirtschaftsgesetzgebung als Determinante der Einzelhandelsstruktur, Köln 1972.

Jarmai, H./Zauner, A.: NPO-Management. Perspektiven für ein eigenständiges Verständnis der Architektur und Führung, unveröff. Manuskript, 1996.

Jaspers, K.: Die Idee der Universität, Berlin 1946.

Jediss, H.: Ökonomisierung des Gesamtdistributionssystems durch DPR-Analysen, in: Zentes, J. (Hrsg.): Moderne Distributionskonzepte in der Konsumgüterwirtschaft, Stuttgart 1991, S. 243-274.

Jensen, S.: Die Abzocker, in: manager magazin, 27. Jg. (1997), Nr. 10, S. 57-66.

Jones, E.L.: Das Wunder Europa. Umwelt, Wirtschaft und Geopolitik in der Geschichte Europas und Asiens, Tübingen 1991.

Jones, P.: Factory-Outlet Shopping Developments, in: Geography, Vol. 7 (1995), pp. 278-293.

Jöreskog, K./Sörbom, D.: LISREL 7. A Guide to the Program and Applications, Chicago/MA 1988.

Jüngst, K./Mengen, A.: Käuferpräferenzmessung mit Conjoint Measurement und Componential Segmentation, in: Baier, D./Decker, R. (Hrsg.): Marketingprobleme, Regensburg 1995, S. 91-102.

Kaapke, A./Hudetz, K.: Der Einsatz des Kano-Modells zur Ermittlung von Anforderungen zur Steigerung der Kundenzufriedenheit. Dargestellt am Beispiel der Anforderungen von Senioren an Reisen, in: Mitteilungen des Instituts für Handelsforschung an der Universität zu Köln, 50. Jg. (1998), S. 49-63.

Kaas, K.P.: Marketing als die Bewältigung von Informations- und Unsicherheitsproblemen im Markt, in: Die Betriebswirtschaft, 50. Jg. (1990), Nr. 4, S. 539-548.

Kaas, K.P. (Hrsg.): Marketing und Neue Institutionenökonomik, in: Zeitschrift für betriebswirtschaftliche Forschung, 47. Jg. (1995), Sonderheft 35, Kontrakte, Geschäftsbeziehungen, Netzwerke. Marketing und Neue Institutionenökonomik, Düsseldorf 1995.

Kammel, A./Teichelmann, D.: Internationaler Personaleinsatz. Konzeptionelle und instrumentelle Grundlagen, München 1994.

Kantzenbach, E.: Unternehmenskonzentration und Wettbewerb, in: Wirtschaft und Wettbewerb, 44. Jg. (1994), Nr. 4, S. 294-302.

Kaplan, R.S./Norton, D.P.: The Balanced Scorecard. Measures that Drive Performance, in: Harvard Business Review, Vol. 70 (1992), No. 1, pp. 71-79.

Kaplan, R.S./Norton, D.P.: Using the Balanced Scorecard as a Strategic Management System, in: Harvard Business Review, Vol. 74 (1996), No. 1, pp. 75-85.

Kappel, R./Landmann, O.: Die Schweiz im globalen Wandel, Außenwirtschaftliche und entwicklungspolitische Herausforderungen, Zürich 1997.

Kappler, E.: Planung ohne Prognose, in: Kappler, E. (Hrsg.): Entscheidungen für die Zukunft. Instrumente und Methoden der Unternehmensplanung, Frankfurt/M. 1983, S. 9-19.

Kappler, E.: Aspects and Consequences of Management Education in the Era of High Technology, in: The First Federation of Scholarly Associations of Management (IFSAM) (Ed.): Conference Proceedings, Tokyo 1992, pp. 218-221.

Kappler, E.: Welche Universität braucht die Gesellschaft?, in: Kappler, E./Scheytt, T. (Hrsg.): Unternehmensführung. Wirtschaftsethik. Gesellschaftliche Evolution, Gütersloh 1995, S. 201-229.

Kappler, E.: Kann in pluralistisch-transitorischen Gesellschaften überhaupt noch „gewußt" werden?, in: Schneider, U. (Hrsg.): Wissensmanagement, Frankfurt/M. 1996, S. 181-203.

Kappler, E.: Wissenschaft zu suchen. Ist die Berufung auf Humboldt reaktionärer Humbug?, in: Mitteilungen der Humboldt-Gesellschaft, Folge 33, Juli 1997, S. 81-100.

Karlöf, B./Östblom, S.: Das Benchmarking-Konzept, München 1994.

Kast, F.E./Rosenzweig, J.E.: Organization and Management. A Systems and Contingency Approach, 4th Ed., Tokyo 1985.

Katona, G./Morgan, J.N.: The Quantitative Study of Factors Determining Business Decisions, in: The Quarterly Journal of Economics, Vol. LXVI (1952), No. 1, pp. 67-90.

Keck-Urteil: Urteil vom 24. 11. 1993, Sache C-267/91 und C-268/91, in: Wettbewerb in Recht und Praxis, 40. Jg. (1994), S. 99-117.

Kempcke, T.: Das DHI-DPR-Modell für das Trockensortiment, in: DHI (Hrsg.): Auf dem Weg zur Direkten Produkt-Rentabilität, Köln 1992a, S. 17-20.

Kempcke, T.: Die Handelsbasisdaten und Produktdaten im DPR-Modell, in: DHI (Hrsg.): Auf dem Weg zur Direkten Produkt-Rentabilität, Köln 1992b, S. 21-32.

Kempcke, T.: Mehrweg. Teures Handling im Handel, in: absatzwirtschaft, 35. Jg. (1992c), Nr. 9, S. 106-111.

Kemper (Hrsg.): Kemper's Frequenzanalyse. Die 1 A-City-Lage, Bewertung der Mikro-Standortfaktoren, Düsseldorf 1995.

Kemper (Hrsg.): Kemper's Umfrage. Standortpräferenzen im Einzelhandel, Presseinformation vom 23. 07., Düsseldorf 1998.

Kerber, W.: Evolutionäre Marktprozesse und Nachfragemacht. Das Nachfragemachtproblem in einer evolutionären Spielraumanalyse und Kritik seiner bisherigen wettbewerbspolitischen Behandlung, in: Mestmäcker, E.-J. (Hrsg.): Wirtschaftsrecht und Wirtschaftspolitik, Band 101, Baden-Baden 1989.

Kerr, S./Mathews, C.S.: Führungstheorien. Theorie der Führungssubstitution, in: Kieser, A./Reber, G./Wunderer R. (Hrsg.): Handwörterbuch der Führung, Stuttgart 1987, Sp. 909-922.

Kirchner, J.D.: Beziehungskrise ohne Personal, in: absatzwirtschaft, 39. Jg. (1996), Sondernummer Oktober, S. 194-197.

Kirkpatrick, D.L.: How to Manage Change Effectively, San Francisco/CL 1985.

Kirschbaum, V.: Unternehmenserfolg durch Wettbewerb. Strategie, Implementation und Erfolgsfaktoren, München 1995.

Kleinaltenkamp, M.: Marketing-Strategien des Produktionsverbindungshandels, in: Thexis, 5. Jg. (1988), Nr. 2, S. 38-43.

Kleinaltenkamp, M./Schmäh, M.: Umpositionierung im technischen Handel, in: Trommsdorff, V. (Hrsg.): Handelsforschung 1996/97. Positionierung des Handels, Wiesbaden 1996, S. 209-226.

Kleinaltenkamp, M./Rieker, S.A.: Kundenorientierte Organisation, in: Kleinaltenkamp, M./Plinke, W. (Hrsg.): Geschäftsbeziehungsmanagement, Berlin 1997, S. 161-217.

Klodt, H.: Perspektiven des Ost-West-Handels. Die komparativen Vorteile der mittel- und osteuropäischen Reformländer, in: Die Weltwirtschaft, o. Jg. (1993), Nr. 3, S. 424-440.

Klodt, H./Maurer, R./Schimmelpfennig, A.: Tertiarisierung in der deutschen Wirtschaft, Tübingen 1997.

Klös, H.-P.: Arbeit plus Transfers, in: Institut der deutschen Wirtschaft (Hrsg.): Beiträge zur Wirtschafts- und Sozialpolitik, 26. Jg. (1998), Nr. 243, S. 83-89.

Klump, R.: Soziale Marktwirtschaft. Vom Wirtschaftsordnungsmodell zum gesellschaftspolitischen Leitbild?, in: Konrad-Adenauer-Stiftung (Hrsg.): Historisch-politische Mitteilungen, 4. Jg. (1997), S. 221-238.

Knights, D./Murray, F./Willmott, H.: Networking as Knowledge Work. A Study of Strategic Interorganizational Development in the Financial Services Industry, in: Journal of Management Studies, Vol. 39 (1993), No. 6, pp. 975-995.

Knorr, A.: Die Internationalisierung der Güter- und Faktormärkte. Ein (neues) Problem für die deutsche Wirtschaftspolitik?, in: List Forum, o. Jg. (1997), Band 23, Nr. 3, S. 316-334.

Köhler, F.: Die „Dynamik der Betriebsformen des Handels“, in: Marketing ▪ ZFP, 12. Jg. (1990), Nr. 1, S. 59-64.

Köhler, H./Piper, H.: Gesetz gegen den unlauteren Wettbewerb, München 1995.

Koll, R./Nam, Ch.W.: Europäische Großstädte wandeln sich weiter zu internationalen Dienstleistungszentren, in: ifo-Schnelldienst, München, 49. Jg. (1996), Nr. 23, S. 29-42.

KOM (Hrsg.): Informationsgesellschaft und Urheberrecht, Nr. 628 vom 10. 12. 1997, Brüssel 1997.

Kommission für Zukunftsfragen der Freistaaten Bayern und Sachsen: Erwerbstätigkeit und Arbeitslosigkeit in Deutschland, Bände 1, 2, 3, Bonn 1996, 1997, 1997.

Koob, F.: Die Wirkung des Bauplanungsrechts auf die Entwicklung des deutschen Handels, München 1993.

Koppelmann, U.: Beschaffungsmarketing, 2. Aufl., Berlin 1995.

Koppelmann, U.: Beschaffungsmarketing für die Praxis. Ein strategisches Handlungskonzept, Berlin 1997.

Kotler, Ph.: The Prosumer Movement. A New Challenge for Marketers, in: Lutz, R.J. (Ed.): Advances in Consumer Research, Vol. 13, Provo 1986, pp. 510-513.

Kotler, Ph./Bliemel, F.: Marketingmanagement, 7. Aufl., Stuttgart 1992.

Kowalsky, M.: Zur Verbreitung von Kundenkarten des Einzelhandels, in: Cards - Karten - Cartes, o. Jg. (1996), Nr. 2, S. 30-34.

Krause, J.: Electronic Commerce, München 1998.

Krause, P.: Armes Deutschland?, Deutsches Institut für Wirtschaftsforschung, Berlin 1998 (veröffentlicht als Exclusiv-Studie für „Das Capital“, Nr. 1, S. 69-84).

Kroeber-Riel, W.: Strategie und Technik der Werbung, 4. Aufl., Stuttgart 1993.

Kroeber-Riel, W.: Bildkommunikation, München 1994.

Kroeber-Riel, W./Weinberg, P.: Konsumentenverhalten, 6. Aufl., München 1996.

Krulis-Randa, J.S./Ergenzinger, R.: Entwicklung zum strategischen Denken im Handel, Bern 1990.

Krulis-Randa, J.S.: Die Funktionen des Handels, die Handelsfunktionen und die Handelsstrategie, in: Krulis-Randa, J. S./Ergenzinger, R. (Hrsg.): Entwicklung zum strategischen Denken im Handel. Theoretische Überlegungen und praktische Beispiele, Bern 1990, S. 19-37.

Kucher, E.: Pharma-Preismanagement für Innovationen, in: Simon, H. (Hrsg.): Wettbewerbsstrategien im Pharmamarkt, 1989, S. 102-123.

Kucher, E./Simon, H.: Durchbruch bei der Preisentscheidung. Conjoint Measurement. Eine neue Technik zur Gewinnoptimierung, in: Harvard manager, 9. Jg. (1987), Nr. 3, S. 28-36.

Kühn, R.: Methodische Überlegungen zum Umgang mit der Kundenorientierung im Marketing-Management, in: Marketing ▪ ZFP, 13. Jg. (1991), Nr. 2, S. 97-107.

Kuhn, Th. S.: Die Struktur wissenschaftlicher Revolutionen, Frankfurt/M. 1967.

Kull, S.: Ökologieorientiertes Handelsmarketing, Frankfurt/M. 1998.

Küpper, H.-U.: Industrielles Controlling, in Schweitzer, M. (Hrsg.): Industriebetriebslehre, München 1990, S. 781-891.

Kupsch, P./Hufschmied, P.: Wahrgenommenes Risiko und Komplexität der Beurteilungsdimension als Determinanten der Qualitätsbeurteilung, in: Meffert, H./Steffenhagen, H./Freter, H. (Hrsg.): Konsumverhalten und Information, Wiesbaden 1979, S. 225-257.

Lachner, J./Nassua, T./Spannagel, R.: Ergebnisse des Transformationsprozesses im Handel der neuen Bundesländer, ifo Studien zu Handels- und Dienstleistungsfragen, Nr. 54, München 1997, S. 15.

Lademann, R.: Machtverteilung zwischen Industrie und Handel. Eine empirische Untersuchung der Marktstrukturen in der Ernährungwirtschaft, Göttingen 1988.

Lademann, R.: Marktstruktur und Wettbewerb in der Ernährungswirtschaft. Eine empirische Analyse der Konzentrationsentwicklung und Marktkräfte in Industrie und Handel, Göttingen 1996.

Lademann, R.: Industrie in der Markenfalle gefangen, in: Lebensmittel Zeitung, 50. Jg. (1998), Nr. 21, S. 54.

Lademann, R./Treis, B.: Factory-Outlet-Center: Innovation gegen den institutionellen Einzelhandel?, in: Jahrbuch der Absatz- und Verbrauchsforschung, 44. Jg. (1998), Nr. 2, S. 116-129.

Lal, D.K.: Das zyklische Auf und Ab der Liberalen Ordnungspolitik, in: Neue Zürcher Zeitung, 218. Jg. (1997), Nr. 300, S. 29.

Landmann, O./Pflüger, M.: Arbeitsmärkte im Spannungsfeld von Globalisierung und Technologischem Wandel, in: B. Külp (Hrsg.): Arbeitsmarkt und Arbeitslosigkeit, Schriftenreihe des Instituts für Allgemeine Wirtschaftsforschung der Albert-Ludwigs-Universität Freiburg i. Br., Freiburg 1996, S. 174-230.

Landmann, O./Pflüger, M.: Verteilung und Außenwirtschaft. Verteilungswirkungen der Globalisierung. Beitrag für das 27. Wirtschaftswissenschaftliche Seminar Ottobeuren vom 14. - 17. 09. 1997.

Laske, S./Hammer, R.: Zur Autonomiefähigkeit der Universität. Eine eher skeptische Nabelschau, in: Altrichter, H./Schratz, M./Pechar, H. (Hrsg.): Hochschulen auf dem Prüfstand, Innsbruck 1997, S. 27-47.

Laske, S.: Führung als Management von Widersprüchen. Gedanken zur Steuerung von Bildungsorganisationen, in: Benedikter, R. (Hrsg.): Wirtschaft und Kultur im Gespräch. Zukunftsperspektiven der Wirtschaftskultur, Meran 1997, S. 139-159.

Laurent, M.: Vertikale Kooperation zwischen Industrie und Handel, Saarbrücken 1996.

Lauszus, D./ Sebastian K.-H.: Value Based-Pricing. Win-Win-Konzepte und Beispiele aus der Praxis, in: Thexis, 14. Jg. (1997), Nr. 2, S. 2-8.

Lauszus, D./Kalka R.: Preiscontrolling, in: Reinecke, S./Tomczak, T./Dittrich, S. (Hrsg.): Marketingcontrolling, St. Gallen 1998, S. 178-189.

Lauszus, D./Kneller M.: Preisoptimierung bei Parallelimporten, in: Kognos-Brief, Nr. 1, 1998, S. 5-10.

Le Goff, J.: Phantasie und Realität des Mittelalters, Stuttgart 1990.

Lehmann, M. (Hrsg.): Internet- und Multimediarecht (Cyberlaw), Stuttgart 1997.

Lehmann, M.: Electronic Commerce und Urheberrecht, in: Lehmann, M. (Hrsg.): Rechtsgeschäfte im Netz. Electronic Commerce, Stuttgart 1998a, S. 105-113.

Lehmann, M.: Die Datenbankrichtlinie der EU, in: Quellen des Urheberrechts, 1998b,

Lehmann, M.: Unvereinbarkeit des § 5 Teledienstegesetz mit Völkerrrecht und Europarecht, CR 1998c, S. 232-239.

Leinfellner, W.: Wissenschaftstheorie und Begründung der Wissenschaft, in: Eberlein, G., Kroeber-Riel, W./Leinfellner, W. (Hrsg.): Forschungslogik der Sozialwissenschaften, Düsseldorf 1974, S. 11-35.

Leitherer, E.: Geschichte der handels- und absatzwirtschaftlichen Literatur, Köln 1961.

Lenel, H.O.: Leistungswettbewerb oder ruinöse Konkurrenz?, in: Orientierungen zur Wirtschafts- und Gesellschaftspolitik, o. Jg. (1997), Nr. 72, S. 24-30.

Lerchenmüller, M.: Handelsbetriebslehre, Ludwigshafen, (1. Aufl. 1992), 2. Aufl., Ludwigshafen 1995.

Leupold, M./Schlichtkrull, J.: Multimedia im Automobil-Marketing, in: Silberer, G. (Hrsg.): Marketing mit Multimedia, Stuttgart 1995, S. 85-104.

Levitt, Th.: The Globalization of Markets, in: Harvard Business Review, Vol. 61 (1983), No. 3, pp. 92-102.

Levitt, Th.: Paradoxe Zukunft oder ein Neuanfang?, in: Buzzell, R.D. (Hrsg.): Marketing im Zeitalter der Communications, Wiesbaden 1988, S. 343-354.

Liebmann, H.-P./Schnedlitz, P.: Standortpolitik und strategische Marktforschung im Handel, in: Trommsdorff, V. (Hrsg.): Handelsforschung 1988, Jahrbuch der Forschungsstelle für den Handel (FfH) e.V., Heidelberg 1988, S. 81-98.

Liebmann, H.P./Zentes, J. (Hrsg.): HandelsMonitor 97. Quantitative Studie, Frankfurt/M. 1997.

Lin, C.A.: Cultural Differences in Message Strategies. A Comparison Between American and Japanese TV Commercials, in: Journal of Advertising Research, Vol. 33 (1993), No. 4, S. 40-48.

Lingenfelder, M.: Lebensstile, in: Tietz, B./ Köhler, R./Zentes, J. (Hrsg.): Handwörterbuch des Marketing, 2. Aufl., Stuttgart 1995, S. 1377-1392.

Lingenfelder, M.: Die Internationalisierung im europäischen Einzelhandel, Berlin 1996.

Lingenfelder, M./Dann, S.: Positionierung und Vermarktung von Handelsmarken in Europa, in: Jahrbuch der Absatz- und Verbrauchsforschung, 43. Jg. (1997), Nr. 1, S. 90-108.

Linkert, K.: Der Großhandel im Europäischen Wirtschaftsraum, in: Mitteilungen des Instituts für Handelsforschung an der Universität zu Köln, Nr. 8, Köln 1998.

Lippitt, G.L./Langseth, P./Mossop, J.: Implementing Organizational Change, San Francisco/CL 1985.

List, Ch.: DPR identifiziert Profitbringer, in: Dynamik im Handel, 31. Jg. (1989), Nr. 3, S. 36-37.

List, F.: Das nationale System der politischen Ökonomie, Jena 1848 (1928).

Litzenroth, H.A.: Dem Verbraucher auf der Spur, in: Jahrbuch der Absatz- und Verbraucherforschung, 41. Jg. (1995), Nr. 3, S. 217-305.

Litzenroth, H.A.: Vom „Otto-Normalverbraucher" zum individualisierten multioptionalen Konsumenten, in: planung & analyse, o. Jg. (1997), Nr. 6, S. 10-13.

Lodish, L.M.: A Marketing Decision Support System for Retailers, in: Marketing Science, Vol. 1 (1982), No. 4, pp. 31-56.

London, S.: Teledemocracy vs. Deliberative Democracy. A Comparative Look at Two Models of Public Talk, in: Journal of Interpersonal Computing and Technology, Vol. 3 (1995), No. 2, pp. 33-55.

Loschelder, M.: Die Novellierung des Gesetzes gegen den unlauteren Wettbewerb, in: Gewerblicher Rechtsschutz und Urheberrecht (GRUR) 1994, S. 535-540.

Louviere, J.J./Timmermans, H.J.: Using Hierarchical Information Integration to Model Consumer Response to Possible Planning Actions, in: Environment and Planning, Vol. 22 (1990), No. 4, pp. 291-308.

Ludwig-Erhard-Stiftung: Vollbeschäftigung. Auch heute keine Utopie, Ordnungspolitischer Bericht des Vorstandes der Ludwig-Erhard-Stiftung, Bonn 1998.

Luzzatto, G.: Storia Economica d`Italia. Il Medioevo, Florenz 1963.

Maennel, F.: Die Europäische Entwicklung, in: Lehmann, M. (Hrsg.): Rechtsgeschäfte im Netz. Electronic Commerce, Stuttgart 1998, S. 31-53.

March, J.G./Simon, H.A.: Organisation, New York 1958.

Marfels, Ch.: Concentration and Buying Power. The Case of German Food Distribution, in: The International Review of Retail, Distribution and Consumer Research, Vol. 2 (1992), No. 3, pp. 233-244.

Margherio, L./Henry, D./Cooke, S./Montes, S.: The Emerging Digital Economy, U.S. Department of Commerce, Secretariat on Electronic Commerce, Washington/DC 1998.

Martin, H. P./Schuman, H.: Die Globalisierungsfalle, Hamburg 1996.

Marx, K.: Das Kapital. Kritik der politischen Ökonomie, Frankfurt/M. 1867 (1956).

Mason, E.S.: Price and Production Policies of Large Scale Enterprises, in: American Economic Review, Vol. 29 (1939), No. 1, pp. 61-64.

Mattmüller, R.: Marketingstrategien des Handels und staatliche Restriktionen. Geschäftsfeldsegmentierung, Wachstumsoptionen und rechtliche Rahmenbedingungen, München 1997.

Maurer, R.: Wertverlust durch Diversifikation, in: Frankfurter Allgemeine Zeitung, 48. Jg. (1997), Nr. 273, S. 7.

Mayrhofer, W.: Mobilität und Steuerung in international tätigen Unternehmen, Stuttgart 1996.

Mayrhofer, W.: Integration und Differenz. Personalarbeit zwischen Stabsabteilung und Linienmanagement in internationaler Perspektive, in: Kutschker, M. (Hrsg.): Integration in der internationalen Unternehmung, Wiesbaden 1998, S. 297-324.

McCann, J.M./Gallagher, J.P.: Expert Systems for Scanner Data Environments. The Marketing Workbench Laboratory Experience, Boston/MA 1990.

McKenna, R.: Relationship Marketing. Own the Market through Strategic Customer Relationships, London 1991.

McNair, M.P.: Trends in Large Scale Retailings, in: Harvard Business Review, Vol. 10 (1931), No. 1, pp. 30-39.

Meffert, H.: Vertikales Marketing und Marketingtheorie, in: Steffenhagen, H. (Hrsg.): Konflikt und Kooperation in Absatzkanälen, Wiesbaden 1975, S. 15-20.

Meffert, H.: Der Markenartikel und seine Bedeutung für den Verbraucher, Gruner + Jahr Schriftenreihe, Band 24, Hamburg 1979.

Meffert, H.: Verhaltenswissenschaftliche Aspekte vertraglicher Vertriebsformen, in: Ahlert, D. (Hrsg.): Vertragliche Vertriebssysteme zwischen Industrie und Handel, Wiesbaden 1981, S. 99-123.

Meffert, H.: Einführung in die Problemstellung, in: Meffert, H./Wagner, H./Backhaus, K. (Hrsg.): Category Management. Neue Herausforderungen im vertikalen Marketing?, Arbeitspapier Nr. 97 der Wissenschaftlichen Gesellschaft für Marketing und Unternehmensführung e.V., Münster 1995.

Meffert, H.: Marketing. Grundlagen marktorientierter Unternehmensführung. Konzepte, Instrumente, Praxisbeispiele, 8. Aufl., Wiesbaden 1998.

Meffert, H./Bolz, J.: Internationales Marketing-Management, 2. Aufl., Stuttgart 1994.

Meffert, H./Kimmeskamp, G.: Industrielle Vertriebssysteme im Zeichen der Handelskonzentration, in: absatzwirtschaft, 26. Jg. (1983), Nr. 3, S. 214-231.

Meffert, H./Kirchgeorg, M.: Marktorientiertes Umweltmanagement. Konzeption - Strategie - Implementierung, 3. Aufl., Stuttgart 1998.

Meffert, H./Patt, P.-J.: Strategische Erfolgsfaktoren im Einzelhandelsmarketing. Eine empirische Analyse am Beispiel der Bekleidungsfachgeschäfte, in: Trommsdorff, V. (Hrsg.): Handelsforschung 1987, Jahrbuch der Forschungsstelle für den Handel (FfH) e.V., Heidelberg 1987, S. 181-198.

Meffert, H./Steffenhagen, H.: Konflikte zwischen Industrie und Handel. Empirische Untersuchungen im Lebensmittelsektor der BRD, Wiesbaden 1976.

Meffert, H./Wöllenstein, S./Burmann, C.: Erfolgswirkungen des Konflikt- und Kooperationsverhaltens in vertraglichen Vertriebssystemen des Automobilhandels, in: Marketing ▪ ZFP, 18. Jg. (1996), Nr. 4, S. 279-290.

Mehrabian, A./Epstein, N.: A Measure of Emotional Empathy, in: Journal of Personality, Vol. 40 (1972), No. 4, pp. 525-543.

Meissner, G.: Sage mir, was du kaufst und ich sage dir, wer du bist, in: Konrad, o. Jg. (1998), Nr. 1, S. 54-57.

Mellerowicz, K.: Markenartikel. Die ökonomischen Gesetze ihrer Preisbildung und Preisbindung, 2. Aufl., München 1963.

Menke, A.: Ansätze eines evolutionären Management für Kooperationen in Handelssystemen, Stuttgart 1994.

Mertens, D.: Schlüsselqualifikationen. Thesen zur Schulung für eine moderne Gesellschaft, in: Mitteilungen aus der Arbeitsmarkt- und Berufsforschung, 7. Jg. (1974), Nr. 1, S. 36-43.

Mertens, J.: Konstellationsadäquate Beschaffungspolitik im Handel, Köln 1986.

Mertens, J.: Zur Entwicklung und zum konstellationsadäquaten Einsatz eines Beschaffungsmarketing-Instrumentariums im Einzelhandel, Köln 1986.

Mertens, P.: Integrierte Informationsverarbeitung 1. Administrations- und Dispositionssysteme in der Industrie. 9. Aufl., Wiesbaden 1993.

Mertens, P./Morschheuser, S.: Stufen der Integration von Daten- und Dokumentenverarbeitung. Dargestellt am Beispiel eines Maschinenbauunternehmens, in: Wirtschaftsinformatik, 35 Jg. (1994), Nr. 5, S. 444-454.

Messinger, P.R./Narasimhan, Ch.: Has Power Shifter in the Grocery Channel?, in: Marketing Science, Vol. 14 (1995), No. 2, pp. 189-223.

Metzner, J.: Die Gründerzeit ist schon Geschichte, in: Bode, Ch./Becker, W./Habbich, C./Klofat, R. (Hrsg.): Fachhochschulen in Deutschland, München 1997, S. 14-21.

Meyer, A./Oevermann, D.: Kundenbindung, in: Tietz, B./Köhler, R./Zentes, J. (Hrsg.): Handwörterbuch des Marketing, 2. Aufl., Stuttgart 1995, Sp. 1340-1351.

Meyer, C.: Beschaffungsziel, in: Koppelmann, U. (Hrsg.): Schriftenreihe „Beiträge zum Beschaffungsmarketing“, Band 5, Köln 1986.

Meyer, J.-A.: Multimedia in der Werbe- und Konsumentenforschung, in: Forschungsgruppe Konsum und Verhalten (Hrsg.): Konsumentenforschung, München 1994, S. 305-320.

Meyer, P.W.: Der Wettbewerb im Lebensmittelhandel und die Konsequenzen für Handel, Verbraucher, Lieferanten und Gesellschaft. Ein Diskussionsbeitrag, in: Jahrbuch der Absatz- und Verbrauchsforschung, 22. Jg. (1976), Nr. 2, S. 201- 229.

Meyer, P.W.: Gedanken über die Entfaltung der Handelssysteme und der Handlungsformen seit 1844, in: Forschungsstelle für den Handel (FfH) e.V. (Hrsg.): Handelsforschung heute, Berlin 1979, S. 59-68.

Meyer, P.W./Mattmüller, R.: Kundenbindung im Einzelhandel, in: Trommsdorff, V. (Hrsg.): Handelsforschung 1991. Jahrbuch der Forschungsstelle für den Handel (FfH) e.V., Wiesbaden 1992, S. 88-101.

Meyer, R.A.: Neue Chancen in der Spezialitätenchemie, in: Neue Zürcher Zeitung, 219. Jg. (1998), Nr. 19, S. 15.

Meyer-Hentschel, H./Meyer-Hentschel, G.: Das goldene Marktsegment, Frankfurt/M. 1991.

Meyerhöfer, W.: Kooperation im Groß- und Außenhandel, Berlin 1980.

Michman, R.D.: Managing Structural Changes in Marketing Channels, in: Journal of Business and Industrial Management, Vol. 5 (1990), No. 2, pp. 5-14.

Milde, H.: Category Management aus der Perspektive eines Marktforschungsinstituts, in: Dieter, D./Becker, J./Olbrich, R./Schütte R. (Hrsg.): Informationssysteme für das Handelsmanagement, Berlin 1998, S. 289-303.

Milgrom, P./Roberts, J.: Economics, Organization and Management, Prentice Hall/NJ 1992.

Minsky, M.: Telepresence, in: Omni, Vol. 2 (1980), No. 9, pp. 45-52.

Mitscherlich, A.: Die Unwirtlichkeit unserer Städte. Anstiftung zum Unfrieden, Frankfurt/M. 1986.

Möhlenbruch, D.: Sortimentsplanung im Einzelhandel, Wiesbaden 1994.

Möhlenbruch, D.: Kundenorientierung durch Category Management. Kritische Analyse eines Kooperationsmodells zwischen Industrie und Handel, in: Trommsdorff, V. (Hrsg.): Handelsforschung 1997/98. Kundenorientierung im Handel, Jahrbuch der Forschungsstelle für den Handel, Wiesbaden 1997, S. 113-133.

Möhlenbruch, D.: Controlling in internationalen Handelsunternehmen, in: Zentes, J./Swoboda, B. (Hrsg): Globales Handelsmanagement. Voraussetzungen - Strategien - Beispiele, Frankfurt/M. 1998, S. 451-486.

Möller, H.: Die westdeutsche Währungsreform von 1948, in: Deutsche Bundesbank (Hrsg.): Währung und Wirtschaft in Deutschland 1876-1975, Frankfurt/M. 1976, S. 433-488.

Monopolkommission (Hrsg.): Die Konzentration im Lebensmittelhandel, Baden-Baden 1985.

Monopolkommission (Hrsg.): Marktstruktur und Wettbewerb im Handel, Sondergutachten der Monopolkommission, Baden-Baden 1994.

Moore, R.K.: Democracy and Cyberspace, in: http://www.iol.ie/~rkmoore/cyberjournal (USA Citizen).

Moser, D.: Neue Betriebsformen im Einzelhandel. Eine Untersuchung der Enstehungsursachen und Entwicklungsdeterminanten, Frankfurt/M. 1974.

Mulhern, F.J.: Retail Marketing. From Distribution to Integration, in: International Journal of Research in Marketing, Vol. 14 (1997), No. 2, pp. 103-124.

Müller, J.: Ein Markt wird auf den Kopf gestellt, in: Textilwirtschaft, 51. Jg. (1996), Sondernummer vom 10. 10. 1996, S. 42-48.

Müller, S.: Die jungen Alten. Zielgruppe, Vision oder Fiktion?, in: planung & analyse, o. Jg. (1997), Nr. 6, S. 20-26.

Müller, S./Beeskow, W.: Einkaufsstättenimage und Einkaufsstättenwahl, in: Jahrbuch der Absatz- und Verbrauchsforschung, 28. Jg. (1982), Nr. 4, S. 400-426.

Müller, S./Köglmayr, H.-G.: Die psychische Distanz zu Auslandsmärkten. Ein verkanntes Exporthemmnis, in: Zeitschrift für betriebswirtschaftliche Forschung, 38. Jg. (1986), Nr. 9, S. 788-804.

Müller, S./Kornmeier, M.: Internationales Konsumgütermarketing, in: Hermanns, A./Wissmeier, U.K. (Hrsg.): Internationales Marketing Management, München 1995, S. 339-386.

Müller, S./Kornmeier, M.: Internationales Marketing. Eine interkulturelle Perspektive, München 1999 (in Druck).

Müller, Th.: Einwohner-Schwund ohne finanzielle Nachteile, in: Leipziger Volkszeitung, 104. Jg. (1998), Nr. 173, S. 9.

Müller-Armack, A.: Genealogie der Sozialen Marktwirtschaft, Bern 1974.

Müller-Böling, D.: Zur Organisationsstruktur von Universitäten, in: Die Betriebswirtschaft, 57. Jg. (1997), Nr. 5, S. 604-614.

Müller-Hagedorn, L.: Handelsmarketing, Stuttgart 1984.

Müller-Hagedorn, L.: Die Dynamik der Betriebsformen, in: Marketing ▪ ZFP, 7. Jg. (1985), Nr. 1, S. 21-26.

Müller-Hagedorn, L.: Die Wahl von Vergleichsbetrieben. Teil I, in: Mitteilungen des Instituts für Handelsforschung an der Universität zu Köln, 46. Jg. (1994), S. 125-134.

Müller-Hagedorn, L.: Die Wahl von Vergleichsbetrieben. Teil II, in: Mitteilungen des Instituts für Handelsforschung an der Universität zu Köln, 47. Jg. (1995), S. 129-135.

Müller-Hagedorn, L.: Der Handel, Stuttgart 1998.

Müller-Hagedorn, L./Bekker, T.: Der Betriebsvergleich als Controllinginstrument in Handelsbetrieben, in: Wirtschaftswissenschaftliches Studium, 23. Jg. (1994), Nr. 5, S. 231-236.

Müller-Hagedorn, L./Zielke, St.: Die Preispolitik im Einzelhandel nach der Währungsumstellung auf den Euro, in: Mitteilungen des Instituts für Handelsforschung an der Universität zu Köln, 49. Jg. (1997), S. 189-196.

Müller-Wenk, R.: Ökologische Buchhaltung. Ein Informations- und Steuerungsinstrument für umweltkonforme Unternehmenspolitik, Frankfurt/M. 1978.

Murray, A.: Archbischop and Mendicants in Thirteenth-Century Pisa, in: Elm, K. (Hrsg.): Stellung und Wirksamkeit der Bettelorden in der städtischen Gesellschaft, Berlin 1981, S. 19-75,.

Naidu, G.M./Kanti Prasad, V.: Predictors of Export Strategy and Performance of Small- and Medium-Sized Firms, in: Journal of Business Research, Vol. 31 (1994), No. 2/3, pp. 107-115.

Naisbitt, J.: Megatrends. Asia, New York 1997.

Neibecker, B. : Computergestützte Wissensintegration im Marketing, in: Forschungsgruppe Konsum und Verhalten (Hrsg.): Konsumentenforschung, München 1994, S. 321-338.

Nelson, P.: Information and Consumer Behavior, in: The Journal of Political Economy, Vol. 78 (1970), No. 2, pp. 311-329.

Neuberger, O.: Widersprüche? In Ordnung!, in: Königswieser, R./Lutz, Chr. (Hrsg.): Das systemisch evolutionäre Management. Der neue Horizont für Unternehmer, Wien 1990, S. 150-171.

Neuberger, O.: Führen und geführt werden, 5. Aufl., Stuttgart 1995.

Neuhaus, A.: Internationalisierungsstrategien des Einzelhandels, Göttingen 1996.

Nickel, V.: Der ältere Mensch in der Werbung. Vortrag in der Evangelischen Akademie Tutzing, 20. Mai 1996.

Nielsen, A.C.: The Future for European Discounters. Rising Challenge or Spent Force?, Oxfordshire 1997.

Nielsen, A.C. (Hrsg.): Warengruppen-Report Handelsmarken Deutschland Food und Non-Food, Frankfurt/M. 1998.

Nieschlag, R.: Die Dymanik der Betriebsformen im Handel, Essen 1954.

Nieschlag, R./Kuhn, G.: Binnenhandel und Binnenhandelspolitik, 3. Aufl., Berlin 1980.

Nieschlag, R./Dichtl, E./Hörschgen, H.: Marketing, (15. Aufl. 1988, 17. Aufl. 1994), 18. Aufl., Berlin 1997.

Nommensen, J.N.: Die Prägnanz von Markenbildern. Prüfung der Kommunikationsstrategie bei Produktrepositionierung, Forschungsgruppe Konsum und Verhalten, Heidelberg 1990.

Nonaka, I./Takeuchi, H.: Die Organisation des Wissens, Frankfurt/M. 1997.

o.V.: Die Probleme sind hausgemacht, in: Lebensmittel Zeitung, 44. Jg. (1992), Nr. 21, S. 69.

o.V.: Im Schlagschatten des Giganten, in: Der Einzelhandelsberater, o. Jg. (1993), Nr. 2, S. 78-80.

o.V: Was dem Handel in Europa erlaubt und verboten ist, in: ZAW-Service, 23. Jg. (1994), Nr. 181, S. 13.

o.V.: Bundesbürger als Schnäppchenjäger, in: Lebensmittel Zeitung, 47. Jg. (1995), Nr. 49, S. 50-51.

o.V.: Blumenauer zählt die Käufer in den Straßen, in: Lebensmittel Zeitung, 48. Jg. (1996a), Nr. 44, S. 78.

o.V.: Smart Shopper, die neue Konsumgeneration, in: absatzwirtschaft, 39. Jg. (1996b), Nr. 1, S. 21.

o.V.: Umweltbewußtsein in Deutschland, in: Umwelt, o. Jg. (1996c), Nr. 9, S. 275-276.

o.V.: Discounter stoßen an ihre Grenzen, in: Lebensmittel Zeitung, 49. Jg. (1997a), Nr. 34, S. 4.

o.V.: Gutes aus Polen, in: Der Handel, o. Jg. (1997b), Nr. 7, S. 34.

o.V: Interview mit dem Vorsitzenden Klaus Mangold der debis AG zum Thema „Wir sind kein Land ohne Zukunft. Zur Förderung der Dienstleistungsgesellschaft gibt es keine Alternative", in: Der Tagesspiegel, 53. Jg. (1997c), Nr. 16133, S. 17.

o.V.: Tchibo/Eduscho. Sonderangebote? Nicht die Bohne!, in: plus. Das aktuelle Verbrauchermagazin, o. Jg. (1997d), Nr. 8, S. 18-21.

o.V.: Vom Konsument zum Prosument, in: Lebensmittel Zeitung, 50. Jg. (1998a), Nr. 37, S. 67.

o.V.: Verödung und Banalisierung der Innenstädte, in: Lebensmittel Zeitung, 50. Jg. (1998b), Nr. 36, S. 68.

o.V.: Rückblick auf die Arbeit der Zentrale zur Bekämpfung unlauteren Wettbewerbs e.V. im Jahre 1997, in: Wettbewerb in Recht und Praxis, 45. Jg. (1998c), S. 653-664.

o.V.: C&A mit Shop-Konzept. Auf Wunsch der Kunden, in: Lebensmittelpraxis, 50. Jg. (1998d), Nr. 2, S. 18.

o.V.: Wellness. Ein Lebensstil bringt den Markt auf Touren, in: Lebensmittel Zeitung Spezial, 50. Jg. (1998e), Nr. 2, S. 17.

OECD (Ed..): Economic Outlook, No. 62, Paris 1997.

OECD (Ed.): Labour Force Statistics 1976-1996, Paris 1997.

OECD (Ed.): Services. Statistics on Value Added and Employment, Paris 1998.

Oehme, W.: Die Problematik vertriebsformenheterogener Sortimente, in: Marketing ▪ ZFP, 7. Jg. (1985), Nr. 2, S. 85-90

Oehme, W.: Handels-Marketing. Entstehung, Aufgabe, Instrumente, 2. Aufl., München 1992.

Oehme, W.: Handelsmanagement. Eine Konzeption für die Führung des Operatingbereiches von Handelsunternehmen, München 1993.

Oemens, C./Janssen, R.: Der Zustand der Umwelt, in: Dieren, W. van (Hrsg.): Mit der Natur rechnen. Der neue Club-of-Rome-Bericht, Basel 1995, S. 65-79.

Ohmae, K.: The Mind of the Strategist, New York 1982.

Olbrich, R.: Erfolgspositionen im Lebensmittelhandel. Ergebnisse und Konsequenzen einer repräsentativen Befragung, in: Zeitschrift für Betriebswirtschaft, 64. Jg. (1994), Nr. 4, S. 425-442.

Olbrich, R.: Unternehmenswachstum. Verdrängung und Konzentration im Konsumgüterhandel, Stuttgart 1998.

Olesch, G.: Internationalisierungsstrategien der Kooperationen des Handels, in: Thexis, 11. Jg. (1994), Nr. 4, S. 16-20.

Olesch, G.: Einkaufskooperationen im Handel, in: Arnold, U. (Hrsg.): Erfolg durch Einkaufskooperationen. Chancen, Risiken, Lösungsmöglichkeiten, Wiesbaden 1998, S. 57-88.

Opaschowski, H.W.: Vom Versorgungs- zum Erlebniskonsum. Die Folgen des Wertewandels, in: Nickel, O. (Hrsg.): Eventmarketing. Grundlagen und Erfolgsbeispiele, München 1998, S. 25-38.

Orton, J.D./Weick, K.E.: Loosely Coupled Systems. A Reconceptualization, in: Academy of Management Review, Vol. 15 (1990), No. 2, pp. 203-223.

Ott, M.: Von Partnern und Vertikalen, in: Textilwirtschaft, 51. Jg. (1996), Sondernummer vom 10. 10. 1996, S. 252-255.

Overtheil, W.: Standardisierung versus Differenzierung in Filialsystemen des Einzelhandels, Theoretische Analyse marktbezogener Steuerungsprobleme und Diskussion einschlägiger Handhabungspraktiken, Frankfurt/M. 1983.

Palupski, R.: Virtual Reality und Marketing, Marketing ▪ ZFP, 17. Jg. (1995), Nr. 4, S. 264-272.

Panek, N./Wolf, G.: Managementsysteme zusammenführen. Prozeßorientierung erleichtert die Integration einzelner Managementsysteme, in: Qualitätszirkel, 42. Jg. (1997), Nr. 5, S. 566-568.

Panzer, S.: Die Partievermarktung im Einzelhandel. Ein Konzept zur Massenvermarktung von Einzelartikeln, in: Marketing ▪ ZFP, 10. Jg. (1988), Nr. 1, S. 25-32.

Parker, M./Jary, D.: The McUniversity. Organization, Management and Academic Subjectivity, in: Organization, Vol. 2 (1995), No. 2, pp. 319-338.

Passingham, J.: Grocery Retailing and the Loyalty Card, in: Journal of the Market Research Society, Vol. 40 (1998), No. 1, pp. 55-63.

Patt, P.J.: Strategische Erfolgsfaktoren im Einzelhandel. Eine empirische Analyse am Beispiel des Bekleidungsfachhandels, Frankfurt/M. 1987.

Paul, C./Runte, M.: Virtuelle Communities, in: Albers S./Clement M./Peters, K. (Hrsg.): Marketing mit Interaktiven Medien. Strategien zum Markterfolg, Frankfurt/M. 1998, S. 151-164

Pauli, Ch.G./Hoffmann, F.: Zukunftsorientierte Führung von Einzelhandelskooperationen in: Trommsdorff, V. (Hrsg.): Handelsforschung 1994/95, Jahrbuch der Forschungsstelle für den Handel (FfH) e.V., Wiesbaden 1994, S. 135-154.

Pautzke, G.: Die Evolution der organisatorischen Wissensbasis. Bausteine zu einer Theorie des organisatorischen Lernens, Herrsching 1989.

Pawlowsky, P.: Wissensmanagement in der lernenden Organisation, Paderborn 1994.

Pellert, A.: Die Universität in der Wissensgesellschaft, Innsbruck 1997.

Pellert, A./Welan, M.: Die formierte Anarchie. Die Herausforderung der Universitätsorganisation, Wien 1995.

Pelton, L./Schnedlitz, P. (Eds.): 1998 Marketing Exchange Colloquium, American Marketing Association: Logistics and Supply Chain Management. International Marketing Strategy. Ethical and Sociatal Issues, Conference Proceedings, Wien 1998.

Perich, R: Unternehmensdynamik, 2. Aufl., Bern 1993.

Perrey, J.: Erhebungsdesign-Effekte bei der Conjoint-Analyse, in: Marketing ▪ ZFP, 18. Jg. (1996), Nr. 2, S. 105-116.

Perrey, J.: Nutzenorientierte Marktsegmentierung im Verkehrsdienstleistungsbereich. Ein integrativer Ansatz zum Zielgruppenmarketing, Diss., Münster 1998.

Peter, S./Schneider, W.: Strategiefaktor Kundenähe. Vom Transaktionsdenken zum Relationship Marketing, in: Marktforschung & Management, 38. Jg. (1994), Nr. 1, S. 7-11.

Peter, S.I.: Kundenbindung als Marketingziel, Wiesbaden 1997.

Peters, T.J./Waterman, R.H.: In Search of Excellence. Lessons to Learn from America`s Best Run Companies, New York 1982 (deutsch: Auf der Suche nach Spitzenleistungen, Landsberg/L. 1984).

Peters, W.: Konsequenzen. Fixpunkte und Leitlinien für das Denken der Unternehmensführer in den 90er Jahren, in: Lebensmittel Zeitung, 43. Jg. (1991), Nr. 47, S. 72-75.

Petersen, D.: Über Grenzen und Kontinente hinweg. Das große Fressen geht weiter, in: Handelsblatt, 53. Jg. (1997), Nr. 250, S. 2.

Pfuhl, H.: Einzelhandel und Versorgungsfunktion. Zur Theorie der zentralen Orte als Grundlage der Planung großstädtischer Einzelhandelsstrukturen, Göttingen 1993.

Piantanida, T.: What is „Real Time“, „Real Space“? in: http://os.sri.com/papers/realtime.html.

Picot, A.: Transaktionskosten, in: Die Betriebswirtschaft, 45. Jg. (1985), Nr. 2, S. 224-225.

Picot, A.: Transaktionskosten im Handel, in: Der Betriebs-Berater, 41. Jg. (1986), Nr. 27, Beilage 13, S. 1-16.

Picot, A./Reichwald, R./Wigand, R.T.: Die grenzenlose Unternehmung, 3. Aufl., Wiesbaden 1998.

Piller, F.T.: Kundenindividuelle Produkte - von der Stange, in: Harvard Business manager, 19. Jg. (1997), Nr. 3, S. 15-26.

Pine, B.J.: Mass Customization. The New Frontier in Business Competition, Boston/MA 1993.

Pittroff, R.: Innenstadt-Center im Aufwind, in: Dynamik im Handel, 42. Jg. 1998, Nr. 5, S. 60-64.

Pleschinski, H.: Der Prophet der Globalisierung, in: Frankfurter Allgemeine Zeitung, 48. Jg. (1997), Nr. 195, S. 16.

Porter, M.E.: Wettbewerbsvorteile. Spitzenleistungen erreichen und behaupten, (1. Aufl. 1986), 2. Aufl. Frankfurt/M. 1989.

Porter, M.E.: Wettbewerbsstrategien. 9. Aufl., Frankfurt/M. 1997.

Potucek, V.: Strukturelle Wandlungen im deutschen Lebensmitteleinzelhandel und ihre Auswirkungen auf den Wettbewerb, Berlin 1987.

Price Waterhouse Unternehmensberatung (Ed.): European Retailing 2010, Tagungsmappe zum Kongreß „Global Retailing in the 21st Century“, Madrid, 14. Mai 1998.

Prichard, C./Willmott, H.: Just How Managed is the McUniversity?, in: Organization Studies, Vol. 18 (1997), No. 2, pp. 287-316.

Probst, G./Raub, S./Romhardt, K.: Wissen managen. Wie Unternehmen ihre wertvollste Ressource optimal nutzen, Frankfurt/M. 1997.

Prognos (Ed.): Prognos World Report ’98. Industrial Countries 1996 - 2002 - 2010. Analyses and Forecasts, Basel 1997.

Prothero, J.D./Parker, D.E./Furness, T.A./Wells, M.J.: Towards a Robust, Quantitative Measure for Presence [On-line], in: Proceedings of the Conference on Experimental Analysis and Measurement of Situational Awareness, Embry-Riddle Aeronautical University Press (http://www.hitl.washington.edu/publications/p-95-8.html), pp. 359-366.

Quinn, J.B.: Intelligent Enterprise. A Knowledge- and Service-Based Paradigm for Industry, New York 1992.

Rehmann, K.: Die Marktdynamik des Discount, Frankfurt/M. 1967.

Reichheld, F.F.: Loyalty-Based Management, in: Harvard Business Review, Vol. 71 (1993), No. 2, pp. 64-73.

Reichheld, F.F./Sasser, E.W.: Zero Defections. Quality Comes to Service, in: Harvard Business Review, Vol. 68 (1990), No. 5, pp. 105-111.

Reichheld, F.F./Sasser, W.E.: Zero-Migration. Dienstleister im Sog der Qualitätsrevolution, in: Harvard Business manager, 13. Jg. (1991), Nr. 4, S. 108-116.

Reichmann, T.: Controlling mit Kennzahlen, München 1985.

Reichstag: Stenographische Berichte über die Verhandlungen des Reichstages, IX. Legislaturperiode, Berlin 1896.

Reiner, M.: Was 10 886 Stunden TV-Spots bewirken, in: Media und Marketing, o. Jg. (1998), Nr. 4, S. 50-58.

Reinke, B.: Synergiemanagement im Handel. Grundzüge einer handelsbetrieblichen Synergiekonzeption unter Berücksichtigung empirischer Untersuchungen im deutschen Konsumgüterhandel, Frankfurt/M. 1996.

Reischauer, C.: Höllisch aufpassen. Unternehmen sollten die Vorbereitung auf den Euro nutzen, um ihr Preismanagement zu verbessern, in: Wirtschaftswoche, 51. Jg. (1997), Nr. 39, S. 120-123.

Reischl, H.: Euro-Einkaufszentralen des Handels. Das Beispiel EUROGROUP, in: Zentes, J. (Hrsg.): Strategische Partnerschaften im Handel, Stuttgart 1992, S. 257-272.

Rengelshausen, O.: Werbung im Internet und in kommerziellen Online-Diensten, in: Silberer, G. (Hrsg.): Interaktive Werbung, Stuttgart 1997, S. 101-145.

Reutterer, T.: Analyse von Wettbewerbsstrukturen mit neuronalen Netzen. Ein Ansatz zur Kundensegmentierung auf Basis von Haushaltspaneldaten, Wien 1997.

Reutterer, T.: Die entscheidungsrelevante Aufbereitung von PoS-Scanning-Daten, in: Clement, W. (Hrsg.): Kompetenz-Zentrum Wien, WU-Jahrestagung 1998, Wien 1998, S. 213-224.

Ricardo, D.: Grundsätze der Volkswirtschaft und Besteuerung, Jena 1817 (1923).

Richter, R.: Die Geldpolitik im Spiegel der wissenschaftlichen Diskussion, in: Deutsche Bundesbank (Hrsg.): 50 Jahre Deutsche Mark, Frankfurt/M. 1998, S. 561-598.

Richter, R./Furubotn, E.: Neue Institutionenökonomik. Eine Einführung und kritische Würdigung, Tübingen 1996.

Riedl, J./Busch, M.: Marketing-Kommunikation in Online-Medien. Anwendungsbedingungen, Vorteile und Restriktionen, in: Marketing ▪ ZFP, 19. Jg. (1997), Nr. 3, S. 163-176.

Rieger, T.: Factory Outlet Center als neue Erscheinungsform des großflächigen Einzelhandels, in: Bayerisches Staatsministerium für Landesentwicklung und Umweltfragen (Hrsg.): Standorte, Entwicklungsmuster und planerische Konsequenzen, München 1998, S. 74-89.

Roberts, L./Smith, L./Pollock, C.: Exploring Virtuality. Telepresence in Text-Based Virtual Environments, in: http://psych.curtin.edu.au/people/robertsl/Telep.htm, Perth 1996.

Roeb, T.: Von der Handelsmarke zur Händlermarke. Die Storebrands als Markenstrategie für den Einzelhandel, in: Bruhn, M. (Hrsg.): Handelsmarken, 2. Aufl., Stuttgart 1997, S. 345-366.

Roithmayr, F.: Know How-Corporation and Virtual-Corporation as Instruments of Market Development, in: Nelson, S. A./Steel, H. (Eds.): The Second International China Business Symposium, Proceedings, Volume II, Macao. 1996, pp. 1011-1030.

Roithmayr, F./Fink, K.: Information and Communication Systems for Know How-Collaboration, in: China International Business Symposium (Eds.): A Global Market Place. Know How-Collaboration is More than Information Transfer, Shanghai 1998a, Vol. II, pp. 476-483.

Roithmayr, F./Fink, K.: Shifting of Market Power through Virtualization. A Decision Model for the Determination of the Diffusion Process of the Internet, Draft, Institut für Wirtschaftsinformatik, Universität Innsbruck 1998b.

Roithmayr, F./Wendner, J.: Ergebnisse einer empirischen Studie über den Zusammenhang zwischen Unternehmensstrategie - Informationssystemstrategie, in: Wirtschaftsinformatik, 34. Jg. (1992), Nr. 5, S. 472-480.

Rosemann, B./Kerres, M.: Interpersonales Wahrnehmen und Verstehen, Bern 1986.

Rosmanith, U./Dawson, M.: Nagelprobe deutscher Markt, in: Der Handel, o. Jg. (1997), Nr. 8, S. 20-25.

Rudolph, T.: Zentralisierung oder Dezentralisierung für den Einzelhandel in Europa?, in: Thexis, 11. Jg. (1994), Nr. 4, S. 45-54.

Rudolph, T.: Profilieren mit Methode, Frankfurt/M. 1997.

Rusche, T.: Strategisches Sortimentsmanagement im Handel, Münster 1990.

Russi, D.P.: Elemente einer strategischen Planung im Großhandel, Bergisch-Gladbach 1993.

Sabisch, H./Tintelnot, C. (Hrsg.): Benchmarking. Weg zu unternehmerischen Spitzenleistungen, Stuttgart 1997.

Sachverständigenrat zur Begutachtung der gesamtwirtschaftlichen Entwicklung (Hrsg.): Wachstum, Beschäftigung, Währungsunion. Orientierungen für die Zukunft, Jahresgutachten 1997/98, Stuttgart 1998.

Sattler, H.: Monetäre Bewertung von Markenstrategien für neue Produkte, Stuttgart 1997.

Sauernheimer, K.: Außenhandel, Reallöhne und Beschäftigung, in: ORDO. Jahrbuch für die Ordnung von Wirtschaft und Gesellschaft, Band 47, 1996, S. 51-71.

Say, J.B.: A Treatise on Political Economy and the Production, Distribution and Consumption of Wealth, New York 1803 (1964).

Schaller, U.: City-Management, City-Marketing. Allheilmittel für die Innenstadtentwicklung?, Bayreuth 1993.

Schanz, G. (Hrsg.): Anreizsysteme in Wirtschaft und Verwaltung, Stuttgart 1991.

Schär, J.F.: Allgemeine Handelsbetriebslehre. 4. Aufl., Leipzig 1921.

Schaub, H.: Sunk Costs, Rationalität und ökonomische Theorie, Stuttgart 1997.

Schäuble, W.: Und sie bewegt sich doch, Berlin 1998.

Scheer, A.W.: Wirtschaftsinformatik. Referenzmodelle für industrielle Geschäftsprozesse, 4. Aufl., Berlin 1994.

Schenk, H.-O.: Geschichte und Ordnungstheorie der Handelsfunktionen. Entwicklungsgeschichtliche und ordnungstheoretische Untersuchungen zur Lehre von den Handelsfunktionen in Marktwirtschaft und Zentralverwaltungswirtschaft, Dritte Folge, Nr. 5, Berlin 1970.

Schenk, H.-O.: Dogmengeschichte des Handels, in: Tietz, B. (Hrsg.): Handwörterbuch der Absatzwirtschaft, Stuttgart 1974, Sp. 487-504.

Schenk, H.-O.: Marktwirtschaftslehre des Handels, Wiesbaden 1991.

Schenk, H.-O.: Handelspsychologie, Göttingen 1995.

Schenk, H.-O.: Ansatzstellen der Kundenorientierung im Einzelhandel und ihre Implikationen, in: Trommsdorff, V. (Hrsg.): Handelsforschung 1997/98. Kundenorientierung im Handel, Jahrbuch der Forschungsstelle für den Handel (FfH) e.V., Wiesbaden 1997a, S. 21-43.

Schenk, H.-O.: Funktionen, Erfolgsbedingungen und Psychostrategie von Handels- und Gattungsmarken, in: Bruhn, M. (Hrsg.): Handelsmarken. Entwicklungstendenzen und Zukunftsperspektiven der Handelsmarkenpolitik, 2. Aufl., Stuttgart 1997b, S. 71-96.

Scherhorn, G.: Verbraucherinteresse und Verbraucherpolitik, Göttingen 1975.

Scherrm, E.: Konsequenzen eines Lean Management für die Planung und das Controlling in der Unternehmung, in: Die Betriebswirtschaft, 54. Jg. (1994), Nr. 5, S. 645-661.

Schlecht, O.: Wettbewerb als ständige Aufgabe. Vorträge und Aufsätze Nr. 53 des Walter Eucken Instituts, Tübingen 1975.

Schlecht, O.: Grundlagen und Perspektiven der Sozialen Marktwirtschaft, Tübingen 1990.

Schlecht, O.: Die empirische Handelsforschung und ihre Ergebnisse aus der Sicht der Wirtschafts- und Wettbewerbspolitik, in: Greipl, E./Laumer, H./Täger, U.Chr.: Entwicklung der empirischen Handelsforschung in der Bundesrepublik Deutschland, Berlin 1992, S. 93-106.

Schlecht, O.: Wohlstand für ganz Europa, Bonn 1995.

Schlegel, D.: Dynamisches Wachstum durch Multiplikation innovativer Handelskonzepte, Hallstadt 1995.

Schlesinger, H.: Geldpolitik in der Phase des Wiederaufbaues (1950-1958), in: Deutsche Bundesbank (Hrsg.): Währung und Wirtschaft in Deutschland 1876-1975, Frankfurt/M. 1976, S. 555-605.

Schlesinger, H.: Banken im Spannungsfeld von Geld-, Währungs- und Finanzpolitik, in: Die Bank. Dienstleister im Wandel. 125 Jahre Commerzbank, Fankfurt/M. 1995, S. 178-191.

Schmalen, H.: Die Entwicklung der Warenhäuser, in: Wirtschaftswissenschaftliches Studium, 17. Jg. (1988), Nr. 11, S. 564-570.

Schmalen, H.: Das hybride Kaufverhalten und seine Konsequenzen für den Handel. Theoretische und empirische Betrachtungen, in: Zeitschrift für Betriebswirtschaft, 64. Jg. (1994), Nr. 10, S. 1221-1240.

Schmalen, H.: Schnäppchenjagd und Polarisierung im Handel, in: Markenartikel, 58. Jg. (1996), Nr. 2, S. 187-197.

Schmalen, H.: Wandel im Handel. Ist der Käufer Opfer oder Täter?, in: Wirtschaftswissenschaftliches Studium, 26. Jg. (1997), Nr. 8, S. 405-411.

Schmalen, H.: Der Einzelhandel im Spannungsfeld von Markt und Politik, in: Senatsverwaltung für Wirtschaft und Betriebe, Berlin (Hrsg.): Entwicklung des Einzelhandels in der Metropole Berlin, Berlin 1998, S. 28-42.

Schmalen, H./Lang, H.: Hybrides Kaufverhalten und das Definitionskriterium des Mehrproduktfalls. Theoretische Grundlegung, Problematik und empirischer Lösungsansatz, in: Marketing ▪ ZFP, 20. Jg. (1998), Nr. 1, S. 5-13.

Schmalen, H./Pechtl, H./Schweitzer, W.: Sonderangebotspolitik im Lebensmittel-Einzelhandel, Stuttgart 1996.

Schmelzer, G.: Keine Ideologie, in: Der Handel, o. Jg. (1997), Nr. 3, S. 32-34.

Schmidt, H.: Gespräch mit H. Schmidt, stellvertretender Vorsitzender der Douglas AG, in: Handelsjournal, o. Jg. (1998), Nr. 8, S. 70-76.

Schmidt, I./Rittaler, J.B.: Chicago School of Antitrust Analysis. Ökonomische Analyse des Wettbewerbsrechts, in: Wirtschaftswissenschaftliches Studium, 15. Jg. (1986), Nr. 6, S. 283-290.

Schnedlitz, P./Kotzab, H.: Neue Informations- und Kommunikationstechnologien im österreichischen Handel, Wien 1996.

Schnedlitz, P./Waidacher, E.-M.: Der Handel in Österreich, in: Bundesministerium für wirtschaftliche Angelegenheiten (Hrsg.): Bericht über die Situation der kleinen und mittleren Unternehmungen der gewerblichen Wirtschaft 1995, Wien 1995.

Schnedlitz, P./Kotzab, H./Cerha, C.: Direkt- und Strukturvertrieb. Begriffsklärung und empirische Bestandsaufnahme, in: der markt, 36. Jg. (1997), Nr. 142/143, S. 161-174.

Schneider, A.: DPP. Direkte Produkt-Profitabilität, in: Thexis, 6. Jg. (1989), Nr. 1, S. 33-37.

Schneider, G.: 638,- DM. Die freie Kaufkraft der Älteren, in: Lebensmittel Zeitung Spezial: Konsumlust kennt kein Alter, 50. Jg. (1998), S. 14.

Schnitzler, Th.: Discounter, in: Tietz, B. (Hrsg.): Handwörterbuch der Absatzwirtschaft, Stuttgart 1974, Sp. 470-473.

Scholl-Latour, P.: Aufruhr in der Kasbah. Krisenherd Algerien, München 1992.

Scholz, C.: Personalmanagement. Informationsorientierte und verhaltenstheoretische Grundlagen, 4. Aufl., München 1994.

Schoop, E.: Strukturierung der betrieblichen Dokumentation als Grundbaustein für ein multimediales Wissensmanagement in der Unternehmung, in: Pribbenow, S./Ohly, H.-P./Czap, H. (Hrsg.): Wissensorganisation mit multimedialen Techniken, Würzburg 1998, S. 139-149.

Schoop, E./Strobel, K.: SGML als Grundbaustein für das Betriebliche Wissensmanagement, in: Möhr, W./Schmidt, I. (Hrsg.): SGML. Anwendungen und Perspektiven, Berlin 1998a (in Druck).

Schoop, E./Strobel, K.: Strukturorientiertes Dokumentenmanagement. Aufgaben, Methoden, Standards und Werkzeuge, Dresdner Beiträge zur Wirtschaftsinformatik, Nr. 28/98, Dresden 1998b.

Schreyögg, G.: Verschlüsselte Botschaften. Neue Perspektiven einer Strategischen Personalführung, in: Zeitschrift Führung und Organisation, 56. Jg. (1987), Nr. 3, S. 151-158.

Schricker, G.: Zur Werberechtspolitik der EG. Liberalisierung und Restriktion im Widerstreit, in: Gewerblicher Rechtsschutz und Urheberrecht, Internationaler Teil (GRUR Int.) 1992, S. 347-361.

Schricker, G.: Einleitung, in: Jacobs, J./Lindacher, F./Teplitzky, O.: UWG-Großkommentar, Berlin 1994a.

Schricker, G.: Reformen im Recht des unlauteren Wettbewerbs, in: Zeitschrift für Rechtspolitik, 27. Jg. (1994p), Nr. 11, S. 430-436.

Schricker, G.: Hundert Jahre Gesetz gegen den unlauteren Wettbewerb. Licht und Schatten, in: Gewerblicher Rechtsschutz und Urheberrecht, Internationaler Teil (GRUR Int.) 1996, S. 473-479.

Schricker, G.: Zur wettbewerbsrechtlichen Beurteilung der Telefonwerbung im geschäftlichen Bereich, in: Gewerblicher Rechtsschutz und Urheberrecht, Internationaler Teil (GRUR Int.) 1998, S. 541-553.

Schricker, G./Lehmann, M.: Der Selbstbedienungsgroßhandel, 2. Aufl., Köln 1976.

Schröder, C.: Individueller Wohlstand, in: Universität Köln (Hrsg.): Verdienst, Vermögen und Verteilung. Reichtumsbericht Deutschland, Köln 1998, S. 9-29.

Schröder, H.: Benchmarking im Handel, in: Harvard Business manager, 20. Jg. (1998), Nr. 2, S. 17-25.

Schuckel, M./Dobbelstein, T.: Die Kategorisierung von Kundenanforderungen mit Hilfe der PRC-Analyse. Dargestellt am Beispiel einer Studie zum Gebrauchtwagenmarkt, in: Mitteilungen des Instituts für Handelsforschung an der Universität zu Köln, 50. Jg. (1998), S. 89-102.

Schulte-Huermann, T.: Erfolgsstrategien und Erfolgsfaktoren im Online-Handel. Die Perspektive von Metronet, Vortragsdokumentation des Internet Handelskongreß 1998, Bad Homburg 1998.

Schüppel, J.: Wissensmanagement. Organisatorisches Lernen im Spannungsfeld von Wissens- und Lernbarrieren, Wiesbaden 1996.

Schwarz, G.: Und die Größe ist gefährlich ... , in: Neue Zürcher Zeitung, 219. Jg. (1998), Nr. 43, S. 9.

Schwarz, M. (Hrsg.): Recht im Internet, Stadtbergen 1997.

Schweiger, G./Mayrhofer, W.: Der Einfluß der Preiswerbung auf das Image von Handelsketten. Ergebnisse einer empirischen Studie in Österreich, in: Trommsdorff, V. (Hrsg.): Handelsforschung 1990. Internationalisierung im Handel, Jahrbuch der Forschungsstelle für den Handel (FfH) e.V., Wiesbaden 1990, S. 157-170.

Schweikl, H.: Computergestützte Präferenzanalyse mit individuell wichtigen Merkmalen, Berlin 1985.

Schweitzer, M.: Gegenstand der Industriebetriebslehre, in: Schweitzer, M. (Hrsg.): Industriebetriebslehre. Das Wirtschaften in Industrieunternehmungen, München 1990, S. 1-60.

Schwesig, H.: Strategische Marketing-Analyse in internationalen Handelsunternehmen, konzeptionale Ausgestaltung zur effizienten Fundierung der Absatzmarktexpansion in ausländischen Konsumgütermärkten, Berlin 1998.

Schwill, J.: Reparaturservice als Marketingaufgabe des Handels, Frankfurt/M. 1995.

Scott, L.: Teledemocracy vs. Deliberative Democracy. A Comparative Look at Two Models of Public Talk, in: Journal of Interpersonal Computing and Technology, Vol. 3 (1995), No 2, pp. 33-55.

Seidel, E./Goldmann, B./Weber, F.M.: Betrieblich-ökologische Kennzahlen in der praktischen Anwendung, Siegen 1994.

Seidel, E./Scharnhorst, S./Liebehenschel, T.: Leitfaden „Umweltkennzahlensysteme für den Handel", Arbeitspapier des Instituts für ökologische Betriebswirtschaftslehre (IÖB), Siegen 1998 (in Druck).

Sell, F. L.: Warum Gleichheit wenig brüderlich ist. Grundzüge einer Theorie der optimalen Vielfalt, in: Neue Zürcher Zeitung, 218. Jg. (1997), Nr. 147, S. 28.

Sell, F.L./Gehle, S.: Reformpolitik in Transformations- und Enwicklungsländern, München 1996.

Senge, P.: Die fünfte Dimension. Kunst und Praxis lernender Organisation, Stuttgart 1996.

Seyffert, R.: Wirtschaftslehre des Handels, 5. Aufl., Opladen 1972.

Shaw, R.: How the Smart Card is Changing Retailing, in: Long Range Planning, Vol. 24 (1991), No. 1, pp. 111-114.

Sheth, J.N./Parvatiyar, A.: Relationship Marketing in Consumer Markets. Antecedents and Consequences, in: Journal of the Academy of Marketing Science, Vol. 23 (1995), No. 4, pp. 255-271.

Siebert, H.: Weltwirtschaft, Stuttgart 1997.

Silberer, G.: Wertewandel und Marketing, in: Wirtschaftswissenschaftliches Studium, 14. Jg. (1985), Nr. 3, S. 119-124.

Silberer, G.: Marketing mit Multimedia im Überblick, in: Silberer, G. (Hrsg.): Marketing mit Multimedia, Stuttgart 1995, S. 4-31.

Silberer, G.: Interaktive Werbung auf dem Weg ins digitale Zeitalter, in: Silberer, G. (Hrsg.): Interaktive Werbung, Stuttgart 1997, S. 4-20.

Silberer, G./Kretschmar, C.: Multimedia im Verkaufsgespräch, Wiesbaden 1998 (in Druck).

Simon, H.: Entscheidungsunterstützung mit Scanner-Daten, in: Simon, H. (Hrsg.): Marketing im technologischen Umbruch, Stuttgart 1987, S. 63-75.

Simon, H.: Conjoint Measurement. Was ist dem Kunden Leistung wert?, in: absatzwirtschaft, 37. Jg. (1994), Nr. 2, S. 74-77.

Simon, H.: Preismanagement: Analyse, Strategie, Umsetzung, 2. Aufl., Wiesbaden 1992.

Simon, H./Dolan, R.: Profit durch Power Pricing. Strategien aktiver Preispolitik, Frankfurt/M. 1997.

Simon, H./Kucher, E./Sebastian, K.-H.: Scanner-Daten in Marktforschung und Marketingentscheidung, in: Zeitschrift für Betriebswirtschaft, 52. Jg. (1982), Nr. 6, S. 555-579.

Sinn, H.-W.: The Subsidiary Principle and Market Failure in Systems Competition, CES Working Paper No. 103, München 1996.

Sinn, H.-W.: Deutschland im Steuerwettbewerb. CES Working Paper No. 113, München 1997.

Smith, A.: Der Wohlstand der Nationen. Eine Untersuchung seiner Natur und seiner Ursachen, München 1776 (1974).

Smyth, J. (Ed.): Academic Work. The Changing Labour Process in Higher Education, Bukkingham 1995.

Spannagel, R.: Die Bedeutung der Fußgängerzonen für den Strukturwandel im Einzelhandel, Gutachten der FfH Berlin im Auftrag des Bundesministeriums für Wirtschaft, Berlin 1978.

Spannagel, R./Wölk, A.: Die Versorgung der Bevölkerung mit Einzelhandelsleistungen, Gutachten der FfH Berlin im Auftrag des Bundesministeriums für Wirtschaft, Berlin 1997, S. 5-8.

Spannagel, R./Trommsdorff, V.: Kundenorientierung im Einzelhandel, in: Dichtl, E./Lingenfelder, M. (Hrsg.): Handel im Wandel. Erfolgsstrategien gestern, heute und morgen. Frankfurt/M. 1998 (in Druck).

Sparschuh, R.: Entwicklung im Einzelhandel mit Licht und Schatten. Zu viel Fläche und zu geringe Kaufkraft, in: Leipziger Wirtschaft, 8. Jg. (1997), Nr. 7/8, S. 34-35.

Specht, G.: Dynamische Distributionsstrategien, in: absatzwirtschaft, 34. Jg. (1991), Nr. 2, S. 78-98.

Spinner, H.: Die Wissensordnung, Opladen 1994.

Sprenger, R.U.: Mythos Motivation, Frankfurt/M. 1991.

Spulber, D.: Regulation and Markets, Cambridge/MA 1989.

Staehle, W.: Management. Eine verhaltenswissenschaftliche Perspektive, 4. Aufl., München 1994.

Statistisches Bundesamt (Hrsg.): HGZ Handels- und Gaststättenzählung, Wiesbaden 1993.

Statistisches Bundesamt (Hrsg.): Statistisches Jahrbuch 1995 für die Bundesrepublik Deutschland, Stuttgart 1995.

Statistisches Bundesamt (Hrsg.): Fachserie 6, Handel, Gastgewerbe, Reiseverkehr. Handels- und Gaststättenzählung 1993, Einzelhandel, Nr. 2: Mehrbetriebsunternehmen und Arbeitsstätten des Einzelhandels, Wiesbaden 1996.

Staudt, E.: Dienstleistungsinnovationen in der Wertschöpfungskette am Beispiel des Handels, Bericht Nr.149 des Instituts für angewandte Innovationsforschung e.V., Bochum 1996.

Stauss, B.: Total Quality Management und Marketing, in: Marketing ▪ ZFP, 16. Jg. (1994), Nr. 3, S. 149-159.

Steffenhagen, H.: Konflikt und Kooperation in Absatzkanälen, Wiesbaden 1975.

Stehr, N.: Knowledge Societies, London 1994.

Steins, G./Wicklund, R.A.: Zum Konzept der Perspektivenübernahme. Ein kritischer Überblick, in: Psychologische Rundschau, 44. Jg. (1993), Nr. 2, S. 226-239.

Stern, L.W./Brown, J.W.: Distribution Channels. A Social Systems Approach, in: Stern, L.W. (Ed.): Distribution Channels. Behavioral Dimensions, Boston/MA 1969, pp. 6-20.

Steuer, J.: Defining Virtual Reality. Dimensions Determining Telepresence, in: Journal of Communication, no Vol. (1992), No. 42, pp. 73-93.

Stewart, T.A.: Der vierte Produktionsfaktor, München 1998.

Stigler, G.J.: The Economics of Information, in: The Journal of Political Economy, Vol. 69 (1961), pp. 213-225.

Stiglitz, J.E.: Technological Change, Sunk Costs, and Competition, Brooking Papers in Economic Activity 1987, pp. 883-937.

Strebel, H./Seidel, E.: Umweltorientierte Entscheidungshilfen für den Handel. Der Umweltbericht und mit ihm korrespondierende Kennzahlensysteme als Instrumente eines qualifizierten Umweltschutzmanagement in Handelsunternehmen, Projektabschlußbericht, Graz 1998.

Strobel, B./Heinsch, B.: Service-Politik im Großhandel. Möglichkeit der Unternehmerprofilierung durch Service und ihre Nutzung im Großhandel Baden-Württembergs, Mannheim 1988.

Strohmeyer, K.: Warenhäuser. Geschichte, Blüte und Untergang im Warenmeer, Berlin 1980.

Sundhoff, E.: Dreihundert Jahre Handelswissenschaft. Beiträge zur Geschichte der Betriebswirtschaftslehre, 2. Aufl., Köln 1991.

Sutton, J.: Sunk Costs and Market Structure, Price Competition, Advertising and the Evolution of Concentration, Cambridge/MA 1991.

Swoboda, B.: PoS-Terminals als neuere Ansätze des Convenience-Shopping im Handel, in: Fluhr, M. (Hrsg.): Der elektronische Kiosk als Informations- und Verkaufssystem, Berlin 1998.

Szuprowicz, B.O.: Intranets and Groupware. Effective Communications for the Enterprice, Charleston/SC 1997.

Täger, U.Ch.: Hohe Wettbewerbsintensität in der Warendistribution der Europäischen Union, in: ifo Schnelldienst, 51. Jg. (1998), Nr. 15, S. 3-12.

Täger, U.Ch./Nassua, T.: Der Einzelhandel in Westeuropa. Struktur und Entwicklungstendenzen in: Zentes, J./Swoboda, B. (Hrsg.): Globales Handelsmanagement. Voraussetzungen - Strategien - Beispiele, Frankfurt/M. 1997.

Täger, U.Ch./Vogler-Ludwig, K./Munz, S. (Hrsg.): Das deutsche Ladenschlußgesetz auf dem Prüfstand, Binnenhandels- und wettbewerbspolitische sowie beschäftigungspolitische und arbeitsrechtliche Überlegungen, Berlin 1995.

Thaler, G.: Vertriebsunterstützung mit Multimedia, in: Dichtl, E. (Hrsg.): Electronic Shopping. Handel ohne Handel?, Mainz 1997, S. 59-74.

The Economist: A Powerful Beat. From Nerve Cell to Mind?, Vol. 345 (1997), No. 42, pp. 103-109.

The Morgan Stanley Central Bank Directory: Central Banking Publications, London 1998.

Theuer, G.: Discounting. Versuch einer absatzwirtschaftlichen Diagnose, in: Discount Informationen, o. Jg. (1967), S. 5-8.

Theuer, G.: Qualität und Preis im Spannungsfeld einer konfliktären Wirtschaftsentwicklung, in: der markt, o. Jg. (1977), Nr. 63, S. 57-62.

Thielecke, M.: Eine intensive Zusammenarbeit ist ein Muß, in: Handelsblatt, 41. Jg. (1998), Nr. 107, S. 44.

Thomas, J.: Merkmale der Smart-Shopper-Generation, in: Horizont, 12. Jg. (1995), Nr. 50, S. 20.

Thome, R./Schinzer, H.: Electronic Commerce, München 1997.

Tietz, B.: Konsument und Einzelhandel, 2. Aufl., Frankfurt/M. 1973.

Tietz, B.: Betriebsvergleich im Handel, in Tietz, B. (Hrsg.): Handwörterbuch der Absatzwirtschaft, Stuttgart 1974, Sp. 394-405.

Tietz, B.: Strategien zur Unternehmensprofilierung, in: Marketing ▪ ZFP, 2. Jg. (1979), Nr. 4, S. 251-259.

Tietz, B.: Der Gruppenwettbewerb als Element der Wettbewerbspolitik, Köln 1981.

Tietz, B.: Zur Emanzipation des Handels-Marketing vom Hersteller-Marketing, in: Hasitschka, W./Hruschka, H. (Hrsg.): Handels-Marketing, Berlin 1984, S. 53-79.

Tietz, B.: Binnenhandelspolitik, München 1986.

Tietz, B.: Marktbearbeitung morgen. Neue Konzepte und ihre Durchsetzung, Landsberg/L. 1988.

Tietz, B.: Euromarketing. Unternehmensstrategien für den Binnenmarkt, 2. Aufl., Landsberg/L. 1990.

Tietz, B.: Handbuch Franchising. Zukunftsstrategien für die Marktbearbeitung, 2. Aufl., Landsberg/L. 1991a.

Tietz, B.: Die Dynamik des Euromarktes. Konsequenzen für die Neupositionierung der Unternehmen, 2. Aufl., Landsberg/L. 1991b.

Tietz, B.: Die Internationalisierungsstrategien im europäischen Handel, in: Thexis, 8. Jg. (1991c), Nr. 3, S. 4-9.

Tietz, B.: Einzelhandelsperspektiven für die Bundesrepublik Deutschland bis zum Jahre 2010, Frankfurt/M. 1992a.

Tietz, B.: Eurostrategien im Einzelhandel. Konzepte und empirische Befunde, in: Marketing ▪ ZFP, 1. Jg. (1992b), Nr. 4, S. 233-238.

Tietz, B.: Die bisherige und künftige Paradigmatik des Marketing, in: Marketing ▪ ZFP, 15. Jg. (1993a), Teil 1: Nr. 3, S. 149-163, Teil 2: Nr. 4, S. 221-236.

Tietz, B.: Der Handelsbetrieb, 2. Aufl., München 1993b.

Tietz, B.: Großhandelsperspektiven für die Bundesrepublik Deutschland bis zum Jahre 2010, Frankfurt/M. 1993c.

Tietz, B.: Binnenhandelspolitik, 2. Aufl., München 1993d.

Tietz, B.: Zukunftsaspekte der Handelssysteme, in: Trommsdorff, V. (Hrsg.): Handelsforschung 1993/94. Systeme im Handel, Jahrbuch der Forschungsstelle für den Handel (FfH) e.V., Wiesbaden 1993e, S. 3-11.

Tietz, B.: Systemdynamik und Konzentration im Handel, Vortrag anläßlich der wissenschaftlichen Jahrestagung 1994 des Verbandes der Hochschullehrer für Betriebswirtschaftslehre e.V. an der Universität Passau am 27. Mai 1994a - Druckfassung.

Tietz, B.: Die Rückkehr der Händlergesellschaft, Ein Beitrag zur Prosperität und Integration von Volkswirtschaften, in: Blum, U./Greipl, E./Hereth, H./Müller, S. (Hrsg.): Wettbewerb und Unternehmensführung, Stuttgart 1994b, S. 5-57.

Tietz, B.: Die Metamorphose der Industrie. Auf dem Weg zur Handels- und Dienstleistungsgesellschaft, in: absatzwirtschaft, 38. Jg. (1995a), Nr. 1, S. 76-81.

Tietz, B.: Handelsmarketing, in: Tietz, B./Köhler, R./Zentes, J. (Hrsg.): Handwörterbuch des Marketing, 2. Aufl., Stuttgart 1995b, Sp. 875-890.

Tietz, B./Greipl, E.: Das Leistungsprofil des Großhandels in Bayern, Frankfurt/M. 1994.

Tietz, B./Mathieu, G.: Das Kontraktmarketing als Kooperationsmodell. Eine Analyse für die Beziehungen zwischen Konsumgüterindustrie und Handel, Köln 1979.

Tietz, B./Rothhaar, P.: City Studie. Marktbearbeitung und Management für die Stadt, Landsberg/L. 1991.

Tirole, J.: The Theory of Industrial Organization, Cambridge/MA 1989.

Tödtmann, C.: Drehen und dann drücken, in: Wirtschaftswoche, 52. Jg. (1998), Nr. 33, S. 78-79.

Tomczak, T./Lindner, U.: Keine Zukunft für DPR ?, in: Thexis, 9. Jg. (1992), Nr. 4, S. 35-38.

Töpfer, A. (Hrsg.): Geschäftsprozesse. Analysiert & optimiert, Neuwied 1996.

Tordjman, A.: European Retailing. Convergences, Differences and Perspectives, in: International Journal of Retail & Distribution Management, Vol. 22 (1994), No. 5, pp. 3-19.

Treis, B.: Zur Problematik der statistischen Erfaßbarkeit des Mittelstands im Einzelhandel, in: Treis, B. (Hrsg.): Der mittelständische Einzelhandel im Wettbewerb. Größenbedingte Vor- und Nachteile, München 1981, S. 11-20.

Trommsdorff, V.: Multivariate Imageforschung und strategische Marketingplanung, in: Hermanns, A./Flegel, V. (Hrsg.): Handbuch des Electronic Marketing, München 1992, S. 321-337.

Trommsdorff, V. (Hrsg.): Handelsforschung 1997/98. Kundenorientierung im Handel, Jahrbuch der Forschungsstelle für den Handel (FfH) e.V., Wiesbaden 1997a.

Trommsdorff, V.: Kundenorientierung verhaltenswissenschaftlich gesehen, in: Bruhn, M./Steffenhagen, H. (Hrsg.): Marktorientierte Unternehmensführung, Festschrift zum 60. Geburtstag von Heribert Meffert, Stuttgart 1997b.

Trommsdorff, V.: Konsumentenverhalten, 3. Aufl., Stuttgart 1998.

Tuchtfeldt, E.: Soziale Marktwirtschaft und Globalsteuerung, in: Stützel, W./Watrin, Chr./Willgerodt, H./Hohmann, K. (Hrsg.): Grundtexte zur Sozialen Marktwirtschaft, Stuttgart 1981, S. 83-104.

UNO: Resolution 51/162 vom 14. 12. 1996, New York 1996.

Vacca, J.: Virtual Reality. Strategies for Internet and World Wide Web Applications. Computer Technology Research Corp., Charleston/SC 1996.

Vahrenwald, A.: Recht in Online und Multimedia, Ulm 1997.

VDMA & ZVEI: Electronic Commerce. Chancen für den Mittelstand, Frankfurt/M. 1998.

Veenhoven, R.: Happiness in Nations. Subjective Appreciation of Life in 67 Nations 1946-1995 (Up-date 1996).

Verbraucherpolitische Korrespondenz, o. Jg. (1993, 1994), Nr. 49, Nr. 16.

Vernor, J.D./ Rabianski, J.: Shopping Center, Appraisal and Analyses, Chicago 1993.

Viereck, H.: Die Textilindustrie 1995 und 1996, in: Gesamtverband der Textilindustrie (Hrsg.): Jahrbuch der Textilindustrie 1996, S. 53-65.

Vinnai, G.: Die Austreibung der Kritik aus der Wissenschaft, Frankfurt/M. 1993.

Volkmann, H.: Auf dem Weg zur Wissensstadt, in: absatzwirtschaft, 40. Jg. (1997), Nr. 6, S. 40-43.

Volmerg, B./Leithäuser, Th./Neuberger, O.: Nach allen Regeln der Kunst. Macht und Geschlecht in Organisationen, Freiburg/Br. 1995.

Wamser, C./Fink, D.: Multimedia im Handel. Von der Technologie zum Nutzen, in: Dichtl, E. (Hrsg.): Electronic Shopping. Handel ohne Handel?, Mainz 1997, S. 28-42.

Waterman, R.H.: The Seven Elements of Strategic Fit, in: Journal of Business Strategy, Vol. 3 (1982), Winter, pp. 69-73.

Weber, J./Kummer, S.: Logistikmanagement, Stuttgart 1994.

Weber, W.: Markteinführung eines elektronischen Katalogs, in : Silberer, G. (Hrsg.): Interaktive Werbung, Stuttgart 1997, S. 71-86.

Weibler, J.: Führung durch den nächsthöheren Vorgesetzten, Wiesbaden 1994.

Weick, K.E.: Educational Organizations as Loosely Coupled Systems, in: Administrative Science Quarterly, Vol. 21 (1976), No. 1, pp. 1-19.

Weinberg, P.: Erlebnisorientierte Einkaufsstättengestaltung im Einzelhandel, in: Marketing ▪ ZFP, 8. Jg. (1986), Nr. 2, S. 97-102.

Weißmann, K.: Globalisierung und Nation, in: Criticon, 26. Jg. (1996), Nr. 151, S. 129-134.

Welge, M.K./Al-Laham, A.: Erscheinungsformen und betriebswirtschaftliche Relevanz von Strategischen Allianzen, in: Macharzina, K./Oesterle M.-J. (Hrsg.): Handbuch Internationales Management. Grundlagen, Instrumente, Perspektiven, Wiesbaden 1997, S. 553-578.

Weltbank: Weltentwicklungsbericht, Washington/DC 1995.

White, J.R./Gray, K.D.: Shopping Centers and other Retail Properties, New York 1996.

Widmer, U./Bähler, K.: Rechtsfragen beim Electronic Commerce, Zürich 1997.

Wiebel, B.: Kommt die Weiterbildungspflicht? Die Entwicklung der Qualifizierungskonzepte für Arbeitslose, in: Neue Zürcher Zeitung, 219. Jg. (1998), Nr. 17, S. 57.

Wieland, J.: Formen der Institutionalisierung von Moral in amerikanischen Unternehmen. Die amerikanische Business-Ethics-Bewegung. Why and How They Do it, in: St. Galler Beiträge zur Wirtschaftsethik Band 9, Bern 1993.

Wieland, J.: Wie kann Unternehmensethik praktiziert werden? Aufgabenfelder und strategische Anknüpfungspunkte, in: Ulrich, P./Wieland, J. (Hrsg.): Unternehmensethik in der Praxis. Impulse aus den USA, Deutschland und der Schweiz, Bern 1997, S. 29-46.

Wigand, R.: Comment to a Call for Papers, School of Information Studies 4-293 Center for Science and Technology Syracuse, University Syracuse, New York 1996.

Wigand, R.T./Benjamin, R.I.: Electronic Commerce. Effects on Electronic Markets, in: Journal of Computer Mediated Communication, Vol. 1 (1996) No. 3, pp. 7-19 (http://www.usc.edu/dept/annenberg/vol1/issue3/wigand.html).

Wildemann, H.: Das Just-in-Time-Konzept. Produktion und Zulieferung auf Abruf, 3. Aufl., München 1992.

Williamson, O.E.: The Economic Institutions of Capitalism, New York 1985.

Williamson, O.E.: Die ökonomischen Institutionen des Kapitalismus. Unternehmen, Märkte, Kooperationen, Tübingen 1990.

Williamson, O.E.: Transaktionskostenökonomik, in: Dietl, H./Erlei, C./Erlei, M./Leschke, M. (Hrsg.): Ökonomische Theorie der Institutionen, Münster 1993.

Willmott, H.: Managing the Academics. Commodification and Control in the Development of University Education in the U.K., in: Human Relations, Vol. 48 (1995), No. 9, pp. 993-1027.

Wimmer, F./ Blank, O./Maier, J./Beck, G./Karatz, M.: Einzelhandels- und innerstädtische Wirtschaftsentwicklung in Bamberg, Bamberg 1996.

Winch, G./Schneider, E.: Managing the Knowledge-Based Organization. The Case of Architectural Practice, in: Journal of Management Science, Vol. 30 (1993), No. 6, pp. 923-937.

Wind, Y.: Product Policy, Reading/MA 1982.

Windolf, P./Beyer, J.: Cooperative Capitalism, in: British Journal of Sociology, Vol. 47 (1996), No. 2, pp. 205-231.

Winkelmann, I.: Das Maastricht Urteil des Bundesverfassungsgerichts vom 12. 10. 1993, Wortprotokoll, Berlin 1994.

Winkler, A.: Lebensstile in wirtschaftlichen Problemzeiten, in: GfK (Hrsg.): Lebensstile in wirtschaftlichen Problemzeiten. Exklusivbericht für GfK-Mitglieder, Nürnberg 1994, S. 2-4.

Wissenschaftliche Hochschule für Unternehmensführung (Hrsg.): Vom Markt der Ethik, Schriftenreihe der Wissenschaftlichen Hochschule für Unternehmensführung, Koblenz 1993.

Wissenschaftsrat: Empfehlungen zu Aufgaben und Stellung der Fachhochschulen, Köln 1981.

Wissenschaftsrat: Empfehlungen zur Entwicklung der Fachhochschulen in den neunziger Jahren, Köln 1991.

Wissenschaftsrat: 10 Thesen zur Hochschulpolitik, Köln 1993, S. 34-36.

Wissenschaftsrat: Stellungnahme zu den Berufsakademien in Baden-Württemberg, Köln 1994.

Wissenschaftsrat: Empfehlung zur Differenzierung des Tertiären Bereichs durch die Entwicklung dualer Studienangebote, Köln 1995.

Wiswede, G.: Der neue Konsument im Licht des Wertewandels, in: Szallies, R./Wiswede, G. (Hrsg.): Wertewandel und Konsum, Landsberg/L. 1991, S. 25-39.

Witt, F.-J.: Zur Garantiepolitik im Rahmen des Beschwerdemanagement. Die „Geld-zurück-Garantie“, in: Markenartikel, 49. Jg. (1987), Nr. 11, S. 545-548.

Witt, R.: Wissensmanagement im lernenden Unternehmen, in: Schwuchow, K./Gutmann, J. (Hrsg.): Jahrbuch Personalentwicklung und Weiterbildung 1998/99, Neuwied 1998a, S. 251-255.

Witt, R.: Verbindung von Fachwissen und Meta-Wissen beim Umgang mit Rechtsnormen und rechtlichen Konstruktionen im Projekt Navigator, in: Beck, K./Dubs, R. (Hrsg.): Kompetenzentwicklung in der Berufserziehung, Beiheft 14 der Zeitschrift für Berufs- und Wirtschaftspädagogik (ZBW), 94. Jg., 1998b, S. 100-117.

Wittink, D.R./Krishnamurthi, L./Reibstein, D.: The Effect of Differences in the Number of Attribute Level on Conjoint Results, in: Marketing Letters, Vol. 1 (1990), No. 1, pp. 113-123.

Wolf, D./Fink, R.: Mit der Verordnung Nr. 17 ins nächste Jahrtausend, in: Wirtschaft und Wettbewerb, 44. Jg. (1994), Nr. 4, S. 289-293.

Wölk, A.: Erfolgsfaktoren kleiner und mittlerer Unternehmen im Einzelhandel. Eine empirische Studie, in: Trommsdorff, V. (Hrsg.): Handelsforschung 1991, Jahrbuch der Forschungsstelle für den Handel (FfH) e.V., Wiesbaden 1992, S. 47-64.

Woll, A.: Der Wettbewerb im Einzelhandel, Berlin 1964.

Wood, A.: North-South Trade, Employment and Inequality, Changing Fortunes in a Skill-Driven World, Oxford 1994.

World Bank: World Development Report, Washington/DC 1995.

WRP: Die Werbeselbstkontrolle in Deutschland, in: Erdmann,W. (Hrsg.): Festschrift für Henning Piper, München 1996.

Wunderer, R.: Führung und Zusammenarbeit, Stuttgart 1997.

Wurman, R.S.: Information Anxiety, New York 1990.

Wuttke, J.: Sicherung des Leistungswettbewerbs durch das Verbot der unbilligen Behinderung in §26, Abs. 4 GWB, Köln 1995.

Zabielska, I.: Konsumenci wedlug Young & Rubicam, in: Businessman, 7. Jg. (1997), Nr. 2, S. 80-81.

Zapf, W.: Zur Messung der Lebensqualität, in: Zeitschrift für Soziologie, 1. Jg. (1972), Nr. 4, S. 353-376.

Zäpfel, G./Pölz, W.: Zur Analyse von Wettbewerbsvorteilen einer strategischen Geschäftseinheit, in: Marketing ▪ ZFP, 9. Jg. (1987), Nr. 4, S. 257-265.

ZAW: Werbung in Deutschland 1998, Bonn 1998.

Zeitschrift für Kommerzielle Kommunikationen, Die Zeitschrift für Werbung und Marketingpolitik und -praxis in der Europäischen Gemeinschaft, o. Jg. (1998), Nr. 11.

Zentes, J.: EDV-gestütztes Marketing. Ein informations- und kommunikationstheoretischer Ansatz, Berlin 1987.

Zentes, J.: Convenience Shopping. Ein neuer Einkaufstrend?, in: Trommsdorff, V. (Hrsg.): Handelsforschung 1996/97. Positionierung des Handels, Jahrbuch der Forschungsstelle für den Handel (FfH) e.V., Wiesbaden 1996a, S. 227-236.

Zentes, J.: Toptrends im Handel, in: Zentes, J. (Hrsg.): Convenience Shopping. Bedrohung oder Chance für den LEH?, Mainz 1996b, S. 13-22.

Zentes, J.: Global Sourcing, Strategische Allianzen, Supply Chain Management. Neuorientierung des Beschaffungsmanagements im Handel, in: Scholz, C./Zentes, J. (Hrsg.): Strategisches Euro-Management, Band 2, Stuttgart 1998, S. 133-146.

Zentes, J./Anderer, M.: Handelsperspektiven bis zum Jahre 2000, Saarbrücken 1993.

Zentes, J./Anderer, M.: Mit Customer Service aus der Krise, in: GDI-Handels-Trendletter, 1. Jg. (1994), Nr. 1, S. 1-29.

Zentes, J./Ferring, N.: Internationales Handelsmarketing, in: Hermanns, A./Wissmeier, U.K. (Hrsg.): Internationales Marketing Management, München 1995, S. 410-436.

Zentes, J./Morschett, D.: Electronic Shopping. Die Zukunft des Handels?, in: Gottlieb Duttweiler Institut (Hrsg.): GDI-Trendletter, Rüschlikon 1996, S. 1-56.

Zentes, J./Opgenhoff, L.: Kundenzufriedenheit als Erfolgsfaktor im Handel, in: Gottlieb Duttweiler Institut (Hrsg.): GDI-Trendletter, Rüschlikon 1995, S. 1-47.

Zentes, J./Swoboda, B.: Globales Handelsmanagement. Voraussetzungen - Strategien - Beispiele, Frankfurt/M. 1998a.

Zentes, J./Swoboda, B.: Kundenbindung im vertikalen Marketing, in: Bruhn, M./Homburg, Ch. (Hrsg.): Handbuch Kundenbindungsmanagement, Wiesbaden 1998b, S. 273.

Zentes, J./Swoboda, B.: Profilierungsdimensionen des Tankstellen-Shopping, Saarbrücken 1998c.

Autorenverzeichnis

Prof. Dr. Ahlert, Dieter; Jahrgang 1944, Inhaber des Lehrstuhls für Betriebswirtschaftslehre, insbesondere Distribution und Handel an der Westfälischen Wilhelms-Universität in Münster.

Dieter Ahlert ist Diplom-Kaufmann. Er promovierte 1971 an der RWTH Aachen, wo er 1974 auch habilitierte. Seit 1975 ist er an der Westfälischen Wilhelms-Universität in Münster tätig. Seine Forschungsschwerpunkte sind Handelsmanagement, Distributionsmanagement und Vertikales Marketing sowie Marketing-Rechts-Management und Wettbewerb.

Prof. Dr. Dr. hc. mult. Albach, Horst; Jahrgang 1931, Inhaber des Lehrstuhls für Betriebswirtschaftslehre an der Humboldt-Universität in Berlin sowie Geschäftsführender Direktor des Wissenschaftszentrums für Sozialforschung, Berlin (WZB).

Horst Albach studierte Wirtschaftswissenschaften sowie Rechtswissenschaften und Mathematik. Er promovierte 1958 und habilitierte 1960 in Köln. Heute ist er u.a. Honorarprofessor an der Wissenschaftlichen Hochschule für Unternehmensführung in Vallendar und Ehrendoktor mehrerer in- und ausländischer Universitäten.

Prof. Dr. Albers, Sönke; Jahrgang 1948, Professor für Betriebswirtschaftslehre und Marketing sowie Direktor des Instituts für betriebswirtschaftliche Innovationsforschung an der Christian-Albrechts-Universität in Kiel.

Sönke Albers ist Diplom-Kaufmann. Er promovierte 1977 an der Universität Hamburg und habilitierte 1995 in Kiel. Danach war er u.a. Gastprofessor am INSEAD in Fontainebleau. Seine Forschungsschwerpunkte liegen auf den Gebieten Marketing-Planung und -Controlling, Verkaufsmanagement, Electronic Commerce, Produkt- und Innovationspolitik.

Prof. Dr. Altenburg, Ursula; Jahrgang 1947, Leiterin des Bereiches Handel an der Wirtschaftswissenschaftlichen Fakultät der Universität Leipzig.

Ursula Altenburg ist Diplom-Ingenieurökonomin. Sie promovierte 1973 in Dresden und habilitierte 1985 in Leipzig. Seit 1987 lehrt und forscht Ursula Altenburg an der Universität Leipzig. Ein Forschungsschwerpunkt bezieht sich auf das Umweltmanagement in Distribution und Handel, insbesondere auf Untersuchungen zur Gestaltung von Redistributionssystemen. Außerdem befaßt sie sich mit Fragen der Standortpolitik des Handels.

Prof. Dr. Arnold, Ulli; Jahrgang 1944, Inhaber des Lehrstuhls für Investitionsgütermarketing und Beschaffungsmanagement an der Universität Stuttgart.

Ulli Arnold studierte Betriebswirtschaftslehre und Wirtschaftspädagogik. Er promovierte 1974 und habilitierte 1981 an der Universität Göttingen. Er lehrte u.a. an den Universitäten Kassel und Würzburg und unterhält über Gastprofessuren und Forschungsprojekte enge Kontakte zu ausländischen Universitäten. Seine Forschungsschwerpunkte sind Beschaffung, Einkaufskooperationen, Logistik, Non-Profit-Organisationen und Sozio-Sponsoring.

Prof. Dr. Bauer, Hans H.; Jahrgang 1947, Inhaber des Lehrstuhls für Allgemeine Betriebswirtschaftslehre und Marketing II an der Universität Mannheim.

Hans H. Bauer ist Diplom-Kaufmann. Er promovierte 1979 und habilitierte 1986 in Mannheim. Von 1986 bis 1993 war er Inhaber des Lehrstuhls für Marketing an der Wissenschaftlichen Hochschule für Unternehmensführung in Koblenz. Seine Forschungsschwerpunkte sind u.a. branchenorientiertes Marketing, quantitative Marketing-Forschung, Marketing-Management, Kaufentscheidungstheorie sowie Neuprodukteinführung.

Prof. Dr. Becker, Fred G.; Jahrgang 1955, Inhaber des Lehrstuhls für Betriebswirtschaftslehre, insbesondere Organisation, Personal und Unternehmungsführung an der Universität Bielefeld.

Fred Becker ist Diplom-Kaufmann. Er promovierte 1985 und habilitierte 1991 in Siegen. 1991 vertrat er den Lehrstuhl für Internationales Management an der Bundeswehruniversität München. 1992-1996 war er Lehrstuhlinhaber für Personal- und Organisationslehre an der FSU Jena. Seine Forschungsschwerpunkte sind Personalentwicklung und -beurteilung, Anreizsysteme und Familienbetriebe.

Prof. Dr. Beisheim, Otto; Jahrgang 1924, Gründer der METRO-Gruppe und seit 1994 Ehrenpräsident des Verwaltungsrates der METRO Holding AG, Baar.

Nach einer Lehre zum Industriekaufmann, Kriegsdienst und Gefangenschaft war er in leitender Position in einem Großhandelsbetrieb tätig. 1964 gründete Otto Beisheim die METRO und 1970 die gemeinnützigen Beisheim-Stiftungen. Bis 1994 stand er als geschäftsführender Gesellschafter an der Spitze der METRO-Gruppe. Für seine unternehmerische Leistung, sein Lebenswerk und sein gemeinnütziges Engagement wurde er mehrfach geehrt.

Berger, Roland; Jahrgang 1937, geschäftsführender Gesellschafter der Roland Berger & Partner GmbH, International Management Consultants, München.

Roland Berger ist Diplom-Kaufmann. 1967 gründete er die weltweit tätige Management-Beratungsfirma, die seinen Namen trägt. Zuvor war er als Unternehmensberater und Partner bei einer großen internationalen Beratungsgesellschaft in Boston und Mailand tätig. Heute ist er Vice-Chairman des AMCF, des Verbandes der großen amerikanischen Beratungsfirmen, und war mehrfacher Präsident der FEACO und des BDU.

Prof. Dr. Blum, Ulrich; Jahrgang 1953, Inhaber des Lehrstuhls für Volkswirtschaftslehre, insbesondere Wirtschaftspolitik und Wirtschaftsforschung an der Technischen Universität Dresden.

Ulrich Blum ist Diplom-Wirtschaftsingenieur. Er promovierte und habilitierte in Karlsruhe. Ab 1992 war er Gründungsdekan der Fakultät Wirtschaftswissenschaften der TU Dresden. Er forscht zu Wettbewerbstheorie, Industrie- und Institutionenökonomik sowie Verkehrswissenschaft und ist Mitbegründer des Instituts Angewandte Wirtschaftsforschung und Wirtschaftsberatung, Dresden.

Prof. Dr. Bruhn, Manfred; Jahrgang 1949, Inhaber des Lehrstuhls für Betriebswirtschaftslehre, insbesondere Marketing und Unternehmensführung am Wirtschaftswissenschaftlichen Zentrum (WWZ) der Universität Basel.

Manfred Bruhn ist Diplom-Volkswirt. Er promovierte 1977 und habilitierte 1995. Von 1983 bis 1995 war er Inhaber des Lehrstuhls für Marketing und Handel an der European Business School im Rheingau. Seine Forschungsgebiete sind Dienstleistungsmarketing, Kommunikationspolitik, Qualitätsmanagement, Internationales Marketing und Markenpolitik.

Dr. Bunge, Helmut; Jahrgang 1935, Geschäftsführer der Forschungsstelle für den Handel Berlin (FfH) e.V.

Helmut Bunge ist Diplom-Volkswirt und promovierte im Jahre 1969 in Berlin. Er hat sowohl als wissenschaftlicher Mitarbeiter als auch als Geschäftsführer das Leistungsprofil der FfH auf dem Gebiet der empirischen Handelsforschung entscheidend geprägt. Seine Forschungsschwerpunkte liegen auf den Gebieten Standortanalysen, Stadt- und Regionalanalysen sowie Wettbewerbspolitik; die Beratungstätigkeit konzentriert sich auf Politik und öffentliche Verwaltung.

Cleven, Hans Dieter; Jahrgang 1943, Vizepräsident der Generaldirektion und Mitglied im Verwaltungsrat der METRO Holding AG, Baar, sowie Mitglied des Aufsichtsrates der METRO AG, Köln.

Hans Dieter Cleven arbeitete als Großhandelskaufmann bereits vor der Gründung der METRO mit deren Gründer, Otto Beisheim, zusammen. Er war seit Beginn am Aufbau der METRO-Gruppe beteiligt und wirkte maßgeblich an der strategischen Weichenstellung und der Unternehmensentwicklung zum heutigen internationalen Struktur- und Leistungsbild mit.

Conradi, Erwin; Jahrgang 1935, Präsident der Generaldirektion der METRO Holding AG, Baar, und Vorsitzender des Aufsichtsrates der METRO AG, Köln.

Erwin Conradi ist Diplom-Wirtschaftsingenieur. Seine berufliche Laufbahn begann er bei IBM, gefolgt von Stationen in Essen, Düsseldorf und New York. 1971 wechselte Erwin Conradi zur METRO. Der Aufstieg der METRO von einem regionalen C&C-Unternehmen zu einem internationalen Handelskonzern ist eng mit Person und Leistung von Erwin Conradi verbunden. Seit 1990 ist er Mitglied des Aufsichtsrates der Allianz Versicherungs-AG.

Prof. Dr. Dr. hc. Dichtl, Erwin; Jahrgang 1935, lehrte bis zu seinem allzu frühen Tod im Jahre 1997 Marketing, Unternehmensführung und Binnenhandelspolitik an der Universität Mannheim.

Als früher Wegbereiter des modernen Marketing im deutschsprachigen Raum hat Erwin Dichtl die Disziplin durch seine beispielhafte Publikationstätigkeit und als Herausgeber zahlreicher Sammelbände und Periodika entscheidend geprägt. Generationen von Studenten wurden anhand des von ihm zusammen mit R. Nieschlag und H. Hörschgen verfaßten Standardwerkes (NDH) ausgebildet.

Prof. Dr. Diller, Hermann; Jahrgang 1945, Inhaber des Lehrstuhls für Betriebswirtschaftslehre, insbesondere Marketing an der Universität Erlangen-Nürnberg.

Hermann Diller studierte Betriebswirtschaftslehre an der Universität München. Er promovierte 1975 in Nürnberg und habilitierte 1979 in Mannheim. Anschließend lehrte er an der Universität der Bundeswehr, Hamburg, und an der Universität Erlangen-Nürnberg. Hermann Diller ist Präsident der GIM Gesellschaft für Innovatives Marketing e.V. Seine Forschungsschwerpunkte sind Preismanagement, Beziehungsmarketing und Handelsmarketing.

Eggert, Ulrich; Jahrgang 1948, Geschäftsführer der BBE Unternehmensberatung GmbH, Köln.

Ulrich Eggert trat nach dem Studium der Betriebswirtschaftslehre und Abschluß als Diplom-Kaufmann an der Westfälischen Wilhelms-Universität in Münster 1974 in die BBE ein und hat in verschiedenen Funktionen maßgeblich an der Entwicklung der Leistungspalette dieser Beratungsgesellschaft mitgearbeitet. Seit 1992 ist er Geschäftsführer der BBE. Seine Tätigkeitsschwerpunkte sind Marketing und Marktforschung, Trendforschung, Seminare und Kongresse.

Prof. Dr. Esch, Franz-Rudolf; Jahrgang 1960, Direktor des Instituts für Marken- und Kommunikationsforschung an der Justus-Liebig-Universität in Gießen.

Franz-Rudolph Esch ist Diplom-Kaufmann und promovierte 1990. Er habilitierte 1996 an der Universität des Saarlandes. Vor seiner Professur in Gießen war er als Dozent, Lehrbeauftragter bzw. Vertreter einer Professur an den Universitäten des Saarlandes, St. Gallen, Innsbruck und Trier tätig. Seine Forschungsschwerpunkte sind Marken- und Kommunikationsmanagement sowie Konsumentenverhalten.

Prof. Dr. Falk, Bernd; Jahrgang 1941, Geschäftsführender Gesellschafter am Institut für Gewerbezentren in Starnberg.

Bernd Falk ist Diplom-Kaufmann. Er promovierte an der Universität Regensburg. Als Hochschullehrer liegen seine Tätigkeitsschwerpunkte auf den Gebieten Handelsbetriebslehre und Immobilien-Ökonomie. Seine Forschungs- und Beratungstätigkeit widmet er vorrangig den Bereichen Standortforschung und Projektentwicklung. Das von ihm aufgebaute und geführte IfG arbeitet im Shopping-Center-Bereich auf internationaler Ebene.

Prof. Dr. Fels, Gerhard; Jahrgang 1939, Direktor und Mitglied des Präsidiums des Instituts der deutschen Wirtschaft, Köln.

Gerhard Fels ist Diplom-Volkswirt. Er promovierte 1969 und ist seit 1985 Honorarprofessor an der Universität Köln, seit 1988 Mitglied der Group of Thirty sowie Aufsichtsratsmitglied von Hannoversche Lebensversicherung a.G., Oppenheim Kapitalanlagegesellschaft und Bayerische Rückversicherung AG. Er befaßt sich vorrangig mit internationalen Wirtschaftsbeziehungen, Entwicklungspolitik sowie mit Struktur- und Konjunkturpolitik.

Prof. Dr. Fink, Dietmar; Jahrgang 1967, Inhaber des Lehrstuhls für Unternehmensberatung und -entwicklung an der Fachhochschule Rhein-Sieg und Adviser der Managementberatung Arthur D. Little in Düsseldorf.

Dietmar Fink studierte Betriebswirtschaftslehre in London, Frankfurt am Main und Kassel. Von 1991 bis 1998 war er als Berater für Arthur D. Little tätig, ab 1995 als Leiter der „Electronic Marketing Group“. Er befaßt sich vorrangig mit den strategischen Implikationen des Electronic Commerce und der Entwicklung innovativer Geschäftsmodelle auf der Basis der neuen Medien.

Fink, Kerstin; Jahrgang 1969, wissenschaftliche Mitarbeiterin am Institut für Wirtschaftsinformatik der Leopold-Franzens-Universität Innsbruck.

Kerstin Fink studierte an der Universität des Saarlandes sowie an der Universität Innsbruck und schloß ihr Studium 1995 mit dem Diplom (Mag. rer. oec.) ab. Seit 1995 ist sie Assistentin am Institut für Wirtschaftsinformatik der Leopold-Franzens-Universität. Ihre Forschungstätigkeit konzentriert sich auf die Bereiche Know How-Engineering, Know How-Unternehmen, Electronic Commerce und Internet.

Dr. Fischer, Cai; Jahrgang 1964; Leiter des „Competence Center Handel“ der GMO Gesellschaft für Management- und Organisationsberatung, Hamburg.

Cai Fischer ist Diplom-Kaufmann und promovierte mit einer Arbeit zur Verbundorientierten Preispolitik im Lebensmittelhandel. Nach mehrjähriger freiberuflicher Tätigkeit für verschiedene Handelsunternehmen und auf dem Gebiet der Software-Entwicklung arbeitete er zuletzt in leitenden Funktionen im Schnittstellenbereich zwischen Informationsverarbeitung, Einkauf sowie Marketing und Vertrieb bei Spar.

Prof. Dr. François-Poncet, Jean; Jahrgang 1928, ehemaliger Diplomat, Senator.

Jean François-Poncet studierte an der Ecole Nationale de l'Administration (ENA) sowie an der TUFTS University, USA, und promovierte im Bereich der Wirtschaftswissenschaften. Seit dem Beginn seiner Diplomatenlaufbahn 1955 bekleidete er diplomatische Ämter in Marokko, Iran und Paris. Nach einer Tätigkeit bei der Carnaud-Gruppe. wurde Jean François-Poncet Professor am Institut d'Etudes Politiques de Paris und Präsident der Kommission für Wirtschaftsfragen im Senat.

Franzen, Hermann; Jahrgang 1940, Präsident des Hauptverbandes des Deutschen Einzelhandels (HDE) und des Gemeinschaftsverbandes des Deutschen Einzelhandels (GVE) sowie Mitinhaber und haftender Gesellschafter des Porzellanhauses Hermann Franzen KG, Düsseldorf.

Hermann Franzen bekleidet neben seinen Spitzenfunktionen auf Verbandsebene auch das Amt des Vizepräsidenten der IHK Düsseldorf und ist dort seit 1995 ständiger Vertreter des Präsidenten. Er ist außerdem Aufsichtsratsvorsitzender der Signal-Lebensversicherungs AG in Dortmund.

Prof. Dr. Fritz, Wolfgang; Jahrgang 1951, Inhaber des Lehrstuhls für Betriebswirtschaftslehre, insbesondere Marketing an der Technischen Universität Braunschweig sowie Honorarprofessor für Internationales Marketing an der Universität Wien.

Wolfgang Fritz ist Diplom-Kaufmann. Er promovierte 1984 und habilitierte 1992 an der Universität Mannheim. Seine Forschungsarbeit konzentriert sich auf Marktorientierte Unternehmensführung, empirische Erfolgsfaktorenforschung, Internationales und Online-Marketing sowie innovative Methoden betriebswirtschaftlicher Didaktik.

Dr. Fuchs, Michael; Jahrgang 1949, Präsident des Bundesverbandes des Deutschen Groß- und Außenhandels.

Michael Fuchs studierte Pharmazie in Erlangen und Bonn und promovierte 1976. Er gründete 1980 die Firma Impex Electronic HGmbH und ist Mitglied verschiedener Kuratorien, Ausschüsse und Wirtschaftsverbände, u.a. des ifo Instituts für Wirtschaftsforschung in München sowie der Bundesvereinigung Deutscher Arbeitgeberverbände (BDA). In dieser Funktion engagierte er sich besonders für eine angemessene Berücksichtigung des Handels in der Wirtschafts- und Gesellschaftspolitik.

Gelbrich, Katja; Jahrgang 1971, wissenschaftliche Mitarbeiterin am Lehrstuhl für Betriebswirtschaftslehre, insbesondere Marketing, der Technischen Universität Dresden.

Katja Gelbrich studierte Asienwissenschaften in Berlin und Betriebswirtschaftslehre in Dresden. Während eines Forschungsaufenthaltes in Südkorea untersuchte sie Markteintrittsstrategien deutscher Unternehmen. Ihre Forschungsschwerpunkte sind Interkulturelle Kompetenz und Auslandserfolg, Entwicklung von Lernsoftware und Anwendung multivariater Verfahren.

Prof. Dr. Gierl, Heribert; Jahrgang 1959, Inhaber des Lehrstuhls für Betriebswirtschaftslehre, insbesondere Marketing an der Universität Augsburg.

Heribert Gierl beendete sein Studium 1983 an der Universität Regensburg als Diplom-Kaufmann, wo er 1986 auch promovierte und 1991 habilitierte. Vor dem Wechsel nach Augsburg war er an der University of Edinburgh, an der Technischen Universität München-Weihenstephan und an der Technischen Universität Freiberg als Universitätsdozent tätig. Heribert Gierl befaßt sich vorzugsweise mit Präferenz- und Innovationsforschung.

Prof. Dr. Greipl, Erich; Jahrgang 1940, Mitglied der Geschäftsführung der METRO Vermögensverwaltung, Düsseldorf, und Mitglied des Aufsichtsrates der METRO AG, Köln.

Erich Greipl studierte Betriebswirtschaftslehre und promovierte an der Ludwig-Maximilians-Universität München. Von 1968 bis 1981 war er wissenschaftlicher Mitarbeiter am ifo Institut für Wirtschaftsforschung. Seit 1982 ist er im Konsumgüterhandel tätig, ab 1986 bei der METRO-Gruppe. 1990 ernannte ihn die Universität Mannheim zum Honorarprofessor.

Prof. Dr. Gröppel-Klein, Andrea; Jahrgang 1962, Inhaberin des Lehrstuhls für Allgemeine Betriebswirtschaftslehre, insbesondere Internationales Marketing an der Europa-Universität Viadrina in Frankfurt/Oder.

Andrea Gröppel-Klein ist Diplom-Kauffrau. Sie promovierte 1990 und habilitierte 1996 in Paderborn. Darüber hinaus lehrt sie seit März 1997 an der Universität Innsbruck. Zuvor war sie Gastdozentin an der Universität Stockholm. Ihre Forschungsschwerpunkte sind Handelsmarketing, Internationales Marketing und Konsumentenverhalten.

Prof. Dr. Günther, Edeltraud; Jahrgang 1965, Inhaberin des Lehrstuhls für Betriebswirtschaftslehre, insbesondere Betriebliche Umweltökonomie an der Technischen Universität Dresden.

Edeltraud Günther ist Diplom-Kauffrau. Sie promovierte 1996 in Augsburg und war danach als wissenschaftliche Mitarbeiterin und Projektleiterin am Bayrischen Institut für Abfallforschung (BIfA) tätig. Ihre Forschungsschwerpunkte sind ökologieorientiertes Controlling, Umweltmanagementsysteme sowie monetäre und nicht-monetäre Bewertung ökologiebedingter Konsequenzen.

Prof. Dr. Günther, Thomas; Jahrgang 1961, Inhaber des Lehrstuhls für Betriebswirtschaftslehre, insbesondere Betriebliches Rechnungswesen und Controlling an der Technischen Universität Dresden.

Thomas Günther ist Diplom-Ökonom. Er promovierte 1990 und habilitierte 1996. Lehrerfahrungen sammelte er als Dozent u.a. am Universitätsseminar der Wirtschaft, Köln, und an der European Business School, Oestrich-Winkel. Seine Forschungsschwerpunkte sind Finanz- und Rechnungswesen sowie strategische und operative Planungs- und Kontrollrechnung.

Prof. Dr. Hansen, Ursula; Jahrgang 1939, Inhaberin des Lehrstuhls für Marketing I: Markt und Konsum an der Universität Hannover.

Ursula Hansen studierte Betriebswirtschaftslehre und Sozialpsychologie in Göttingen, Kiel und Wien. Sie promovierte und habilitierte an der Universität Göttingen und ist wissenschaftlicher Vorstand des von ihr gegründeten Instituts für Markt-Umwelt-Gesellschaft e.V. (imug). Ihre Forschungsbereiche sind Handelsmarketing, Zufriedenheits- und Produktpolitik, Ökologisches Marketing, Unternehmensethik sowie Hochschulmanagement.

Dr. Helm, Roland; Jahrgang 1966, Vertreter des Lehrgebiets Marketing und Marktlehre am Institut für Wirtschafts- und Sozialwissenschaften an der Technischen Universität München-Weihenstephan.

Roland Helm studierte Betriebswirtschaftslehre bis 1992 an der Universität Regensburg und an der European Business Management School der University of Wales. Er promovierte 1997 an der Universität Augsburg. Seine Forschungsschwerpunkte sind Internationales Marketing, Innovationsmanagement und zwischenbetriebliche Kooperationen.

Prof. Dr. Herrmann, Andreas; Jahrgang 1964, Inhaber des Lehrstuhls für Allgemeine Betriebswirtschaftslehre, insbesondere Marketing an der Johannes-Gutenberg-Universität in Mainz.

Andreas Herrmann ist Diplom-Kaufmann. Er promovierte 1992 an der WHU Koblenz und habilitierte 1996 an der Universität Mannheim. Seine Forschungsschwerpunkte liegen auf den Gebieten Marktorientierte Produktgestaltung, Produkt- und Preisbündelung, Behavioral Pricing, Deskriptive Entscheidungstheorie, Marketingmodelle sowie Anwendung multivariater Verfahren.

Prof. Dr. Homburg, Christian; Jahrgang 1962, Inhaber des Otto-Beisheim-Stiftungslehrstuhls für Betriebswirtschaftslehre, insbesondere Marketing an der WHU Koblenz. Im September 1998 hat er einen Ruf an die Universität Mannheim angenommen.

Christian Homburg ist Diplom-Wirtschaftsmathematiker. Er promovierte 1988 in Karlsruhe und habilitierte 1995 an der Johannes-Gutenberg-Universität in Mainz. Seine Forschungsschwerpunkte liegen auf den Gebieten Kundenorientierung, Kundenbindung sowie Marketing- und Vertriebsorganisation.

Huber, Frank; Jahrgang 1964, wissenschaftlicher Mitarbeiter am Lehrstuhl für Betriebswirtschaftslehre, insbesondere Allgemeine Betriebswirtschaftslehre und Marketing II an der Universität Mannheim.

Frank Huber ist Diplom-Kaufmann. Seit 1994 arbeitet er an seiner Dissertation zum Thema „Spieltheorie und Marketing: eine wissenschaftstheoretisch geleitete Analyse des Wettbewerbsverhaltens von Unternehmen bei Innovationsentscheidungen mit Hilfe spieltheoretischer Modelle“. Seine Forschungsschwerpunkte sind Kausalmodelle, Spieltheorie, Konsumentenverhalten, Produktpolitik.

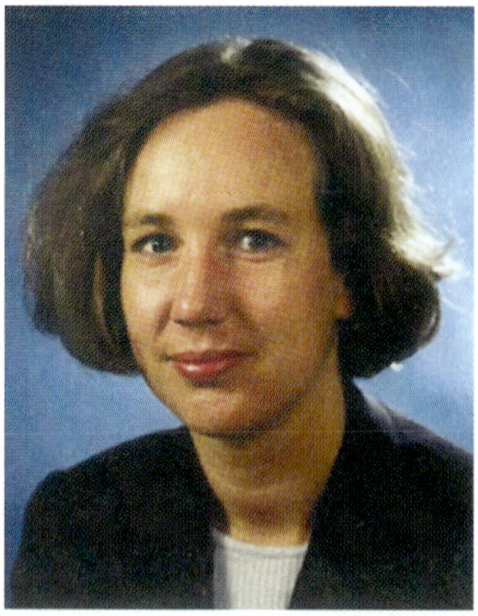

Jung, Sabine; Jahrgang 1967, wissenschaftliche Mitarbeiterin am Lehrstuhl für Allgemeine Betriebswirtschaftslehre und Marketing II an der Universität Mannheim.

Sabine Jung beendete ihr Studium an der Universität Karlsruhe (TH) als Diplom-Wirtschaftsingenieurin. Seit 1994 arbeitet sie an ihrer Dissertation auf dem Gebiet der Hersteller/Handels-Beziehung. Ihre Forschungsschwerpunkte liegen in den Bereichen Vertikales Marketing, Preispolitik, High-Tech-Marketing, Kundenzufriedenheit sowie Tourismusmarketing.

Dr. Kalka, Regine; Jahrgang 1968, Senior Consultant bei der Simon, Kucher & Partners Strategy & Marketing Consultants GmbH, Bonn und Cambridge/Mass.

Regine Kalka ist Diplom-Kauffrau. Sie studierte in Trier und Nancy und promovierte 1995 an der Wirtschaftsuniversität Wien. Während ihrer Promotion leitete sie als Prokuristin ein mittelständisches Möbel-Einzelhandelsunternehmen. Ihre Beratungsschwerpunkte sind Vertriebslinienpolitik, Kundenbeziehungs-Management, Einzelhandelsmarketing sowie Strategieentwicklung und -umsetzung.

Prof. Dr. Dr. hc. Kappler, Ekkehard; Jahrgang 1940, Inhaber des Lehrstuhls für Betriebswirtschaftslehre und Controlling der Leopold-Franzens-Universität Innsbruck.

Ekkehard Kappler ist Diplom-Kaufmann sowie Gründer und Leiter der wirtschaftswissenschaftlichen Fakultät der Privaten Universität Witten/Herdecke GmbH. Seit 1967 lehrt er an mehreren Universitäten des In- und Auslandes und ist als Unternehmensberater tätig. Seine Forschungsschwerpunkte sind u.a. Personal- und Organisationsentwicklung, Strategisches Management, Stategische Planung sowie Corporate Identity und Controlling.

Prof. Dr. Kaufer, Erich; Jahrgang 1937, lehrt Nationalökonomie an der Leopold-Franzens-Universität Innsbruck.

Erich Kaufer ist Diplom-Volkswirt. Er promovierte 1965 in Marburg und habilitierte 1970 in Freiburg. Anschliessend war er Professor für Nationalökonomie an der Universität des Saarlandes. Seine Forschungstätigkeit konzentrierte sich zunächst auf die Industrie- und Wettbewerbsökonomik. In den letzten Jahren widmet er sich verstärkt der Wirtschaftsgeschichte, insbesondere der Mentalitätsgeschichte des Hohen Mittelalters.

Dr. Kisseler, Marcel; Jahrgang 1927, Rechtsanwalt und Geschäftsführendes Präsidiumsmitglied der Zentrale zur Bekämpfung unlauteren Wettbewerbs, Vorsitzender des Deutschen Schutzverbandes gegen Wirtschaftskriminalität, Bad Homburg.

Nach Abschluß seines Jurastudiums promovierte Marcel Kisseler 1962 an der Universität Bonn. Er war Mitglied der Geschäftsführung der Industrie- und Handelskammer in Bonn sowie Leiter der Rechts- und der Steuerabteilung der Hauptgemeinschaft des Deutschen Einzelhandels, Köln.

Prof. Dr. Kleinaltenkamp, Michael; Jahrgang 1955, Inhaber des Lehrstuhls für Allgemeine Betriebswirtschaftslehre mit Schwerpunkt Technischer Vertrieb an der Freien Universität Berlin.

Michael Kleinaltenkamp ist Diplom-Ökonom. Er promovierte 1984 und habilitierte 1992 an der Ruhr-Universität Bochum. Er ist u.a. Mitherausgeber der Schriftenreihen „Focus Dienstleistungsmarketing“ sowie „Business-to-Business-Marketing“. Seine Forschungsschwerpunkte liegen in den Bereichen Business-to-Business-Marketing und Dienstleistungsmarketing.

Dr. Lademann, Rainer P.; Jahrgang 1953, Geschäftsführender Gesellschafter der GWH Dr. Lademann & Partner Gesellschaft für Wettbewerbsforschung und Handelsentwicklung mbH, Hamburg.

Rainer P. Lademann ist Diplom-Kaufmann. Vor Studium und Promotion an der Universität Göttingen absolvierte er eine Ausbildung zum Industriekaufmann. Er ist seit mehreren Jahren Lehrbeauftragter an der Universität Göttingen. Seine Forschungs- und Beratungstätigkeit konzentrierte sich in den letzten Jahren auf die Bereiche Regional- und Stadtplanung sowie Stadtmanagement.

Prof. Dr. Laske, Stephan; Jahrgang 1944, Inhaber des Lehrstuhls für Betriebswirtschaftslehre und Wirtschaftspädagogik der Leopold-Franzens-Universität Innsbruck.

Stephan Laske ist Diplom-Kaufmann. 1988/89 war er als Personal- und Organisationsberater freiberuflich tätig. 1995/96 lehrte er als Gastprofessor in Brisbane und in Lismore, Australien. Seit 1997 ist er Vorsitzender des Senats der Universität Innsbruck. Seine Forschungs- und Beratungsschwerpunkte sind Mitarbeiterführung, Personal- und Organisationsentwicklung, Führungskräfteberatung, Universitätsmanagement und -entwicklung.

Lauszus, Dieter; Jahrgang 1960, Unternehmensberater und Partner der Simon, Kucher & Partners Strategy & Marketing Consultants GmbH, Bonn und Cambridge/Mass.

Dieter Lauszus beendete sein Studium in Bielefeld und an der University of Georgia, USA, als Diplom-Kaufmann und Master of Economics. Zuvor hatte er eine Ausbildung zum Industriekaufmann absolviert. Seine Beratungsschwerpunkte sind Preisoptimierung, kundenorientierte Neuprodukt- bzw. Produktweiterentwicklung sowie Entwicklung von Marketing-Strategien.

Prof. Dr. Lehmann, Michael; Jahrgang 1949, Inhaber des Lehrstuhls für Bürgerliches Recht, Handels- und Wirtschaftsrecht sowie Urheberrecht und Gewerblichen Rechtsschutz an der Technischen Universität München.

Nach Abschluß seines Jurastudiums promovierte Michael Lehmann 1973 und habilitierte 1980 in München. Er war als Gastprofessor u.a. an Universitäten in Luxemburg, Ferrara, Harvard und Palermo tätig. Darüber hinaus ist er wissenschaftliches Mitglied im Verbraucherbeirat des Bundeswirtschaftsministeriums und Rechtsberater der Kommission der Europäischen Gemeinschaften.

Prof. Dr. Dr. hc. Maier, Jörg; Jahrgang 1940, Inhaber des Lehrstuhls für Wirtschaftsgeographie und Regionalplanung an der Universität Bayreuth sowie Geschäftsführer der RRV-Forschungsstelle für Raumanalysen, Regionalpolitik und Verwaltungspraxis mbH.

Jörg Maier ist Diplom-Volkswirt. Er promovierte 1970 und habilitierte 1975 in München. Er ist Ehrendoktor der Janus-Pannonius-Universität in Pecs, Ungarn. Seine Forschungsschwerpunkte sind Wirtschaftsgeographie, Kommunal- und Regionalpolitik sowie Regional- und Landesplanung.

Prof. Dr. Mattmüller, Roland; Jahrgang 1961, Inhaber des Lehrstuhls für Allgemeine Betriebswirtschaftslehre, insbesondere Marketing und Handel an der European Business School in Oestrich-Winkel.

Roland Mattmüller ist Diplom-Ökonom. Er promovierte 1990 und habilitierte 1996 in Augsburg. Neben anderen Aktivitäten ist er Sprecher des Vorstandes des Instituts für Marketing-Management und -Forschung e.V. und Fachkoordinator des Deutsch-Chinesischen Hochschulkollegs in Shanghai. Forschungsschwerpunkte sind Strategisches Marketing, Handels- und Dienstleistungs-Marketing.

Prof. Dr. Mayrhofer, Wolfgang; Jahrgang 1958, Ordinarius der Interdisziplinären Abteilung für Verhaltenswissenschaftlich orientiertes Management an der Wirtschaftsuniversität Wien.

Wolfgang Mayrhofer studierte Betriebswirtschaftslehre und war Assistent an der Universität Paderborn und der Wirtschaftsuniversität Wien. Bis 1997 war er Inhaber des Lehrstuhls für Personalwirtschaft der Technischen Universität Dresden. Seine Forschungsschwerpunkte sind Internationale Personal- und Unternehmensführung, Karriere- und Laufbahnforschung sowie Neuere Systemtheorie.

Prof. Dr. Dr. hc. Meffert, Heribert; Jahrgang 1937, Direktor des Instituts für Marketing an der Westfälischen Wilhelms-Universität in Münster.

Heribert Meffert ist Diplom-Kaufmann. Er promovierte 1964 und habilitierte 1968 in München. 1968 gründete er das erste Institut für Marketing an einer deutschen Hochschule. 1993 zeichnete die Universität St. Gallen Heribert Meffert mit der Ehrendoktorwürde aus. Seine Forschungsschwerpunkte sind Marketing und Unternehmensführung sowie Umweltmanagement und Internationales Management.

Meister-Scheytt, Claudia; Jahrgang 1965, wissenschaftliche Mitarbeiterin am Institut für Wirtschaftspädagogik und Personalwirtschaft an der Leopold-Franzens-Universität Innsbruck.

Claudia Meister-Scheytt ist Diplom-Ökonomin. Aktuelle Arbeitsschwerpunkte in Forschung und Lehre bilden die Bereiche Personal- und Organisationsentwicklung, Hochschulökonomie sowie Kultur- und Wissenschaftssponsoring. Ihre Dissertation ist dem Thema „Zur sozialen und ökonomischen Effizienz von Leitungsstrukturen in Universitäten" gewidmet.

Prof. Dr. Mielenhausen, Erhard; Jahrgang 1942, Inhaber des Lehrstuhls für Allgemeine Betriebswirtschaftslehre und Marketing an der Fachhochschule Osnabrück.

Erhard Mielenhausen beendete sein Studium an der Universität Göttingen im Jahre 1970. Er promovierte 1974 in Mannheim und war u.a. als Bereichsleiter für Handelsforschung in einer Unternehmensberatung tätig. Seit 1991 ist er Präsident der Fachhochschule Osnabrück und seit 1995 Mitglied des Wissenschaftsrates. Seine Forschungsschwerpunkte sind Stadt- und Regionalentwicklung, Shopping-Center-Planung sowie Standortanalysen.

Prof. Dr. Müller, Stefan; Jahrgang 1948, Inhaber des Lehrstuhls für Betriebswirtschaftslehre, insbesondere Marketing an der Technischen Universität Dresden.

Stefan Müller ist Diplom-Psychologe. Seit 1978 war er als wissenschaftlicher Mitarbeiter am Sonderforschungsbereich 24 der Universität Mannheim tätig. Nach der Promotion (1990) folgten Forschungsaufenthalte in Japan, Südafrika und den USA. Seine Forschungs- und Beratungsschwerpunkte sind Kundenzufriedenheit, Internationales und Interkulturelles Marketing, Dienstleistungsmarketing sowie Verbraucherverhalten.

Prof. Dr. Müller-Hagedorn, Lothar; Jahrgang 1941, Direktor des Seminars für Allgemeine Betriebswirtschaftslehre, Handel und Distribution an der Universität Köln.

Lothar Müller-Hagedorn ist Diplom-Handelslehrer. Er promovierte 1969 an der Technischen Universität Berlin und lehrte sodann als Professor für Marketing an der Universität Trier. Seit 1992 ist er Direktor des Instituts für Handelsforschung an der Universität Köln. Seine Forschungsschwerpunkte sind Handel, Handelsmanagement, Handelsmarketing, Käuferverhalten und Controlling.

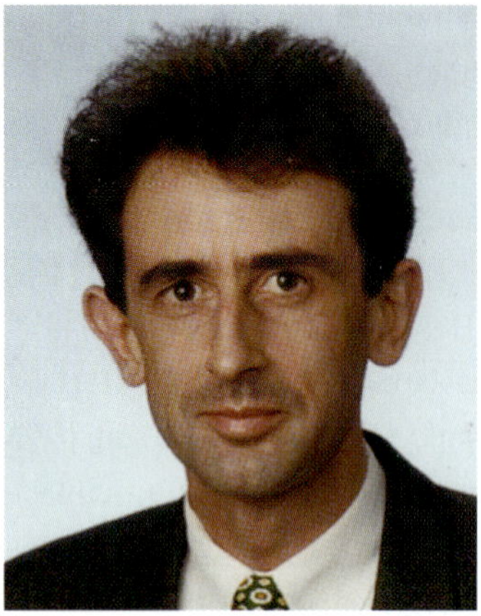

Prof. Dr. Olbrich, Rainer; Jahrgang 1963, Inhaber des Lehrstuhls für Betriebswirtschaftslehre, insbesondere Marketing an der FernUniversität GHS Hagen.

Rainer Olbrich ist Diplom-Kaufmann. Er promovierte 1992 und habilitierte 1997 in Münster. Von 1985 bis 1989 arbeitete er als freier Mitarbeiter einer Unternehmensberatung. Seine Forschungsschwerpunkte sind Handelskonzentration und Betriebsformendynamik, Warenwirtschafts- und Informationsmanagement im Handel, Internationale Markteintrittsstrategien deutscher Unternehmen sowie Markenführung im Rahmen des ECR.

Paul, Claudius; Jahrgang 1971, wissenschaftlicher Mitarbeiter am Lehrstuhl für Marketing an der Christian-Albrechts-Universität in Kiel.

Claudius Paul ist Diplom-Kaufmann. Er studierte in Kiel und Lyon. Er ist seit 1998 gefördertes Mitglied des Graduiertenkollegs „Betriebswirtschaftslehre für Technologie und Innovation“ der Universität Kiel. Seine Forschungsschwerpunkte sind Präferenzabfrage mittels Self-Explicated Measurement und Conjoint Measurement im Internet, Electronic Commerce, Community Building sowie Individualmarketing.

Prof. Dr. Pümpin, Cuno, Jahrgang 1939, Extraordinarius der Universität St. Gallen.

Cuno Pümpin promovierte 1968 und arbeitete insgesamt neun Jahre in Industrie und Handel. Er ist in den Verwaltungsräten verschiedener internationaler Handels- und Finanzunternehmen tätig. Cuno Pümpin hat sich im Bereich der Handels- und Management-Beratung sowie des Coaching von unternehmerischer Innovation schon früh einen Namen erworben. Seine Arbeitsschwerpunkte sind heute Innovationsforschung, Unternehmensentwicklung und Innovationsmanagement.

Redwitz, Gunter; Jahrgang 1944, Geschäftsführer der GfK-Handelsforschung GmbH in Nürnberg.

Gunter Redwitz beendete 1972 sein Studium in Nürnberg als Diplom-Kaufmann. Seitdem ist er in der GfK-Handelsforschung in verschiedenen Gebrauchsgütermärkten (z.B. Unterhaltungselektronik, Foto, Sport, Möbel, Spielwaren) tätig. Seit 1983 ist er Geschäftsführer der GfK-Handelsforschung. Neben der Handelsforschung und der methodischen Weiterentwicklung des Erhebungsinstrumentariums liegt ein Schwerpunkt seiner Tätigkeit auf der Organisation und Durchführung von Fachtagungen.

Dr. Reutterer, Thomas; Jahrgang 1967, Universitätsassistent und Lehrbeauftragter für Handel und Marketing an der Wirtschaftsuniversität Wien.

Thomas Reutterer ist Magister und promovierte 1997 an der Wirtschaftsuniversität Wien. Er hat zahlreiche Forschungsaufenthalte an ausländischen Universitäten (Fontainebleau, Stockholm, Mailand, Ontario) absolviert. Forschungsschwerpunkte von Thomas Reutterer sind Marketing-Modellierung, Marktsegmentierung und Positionierungsmodelle, Handelsmarketing und Konsumverhalten sowie Datenanalysen im Marketing.

Prof. Dr. Roithmayr, Friedrich; Jahrgang 1946, Inhaber des Lehrstuhls für Betriebswirtschaftslehre und Wirtschaftsinformatik an der Leopold-Franzens-Universität Innsbruck.

Friedrich Roithmayr habilitierte 1987 in Linz und war danach Professor an den Universitäten Bamberg, Duisburg, Halle-Wittenberg und Leipzig. Er ist Vorstand des Instituts für Wirtschaftsinformatik und Dekan der Sozial- und Wirtschaftswissenschaftlichen Fakultät der Universität Innsbruck. Forschungsschwerpunkte sind Know How-Engineering, Controlling und Informationssysteme.

Runte, Matthias; Jahrgang 1972, wissenschaftlicher Mitarbeiter im Rahmen des Graduiertenkollegs Betriebswirtschaftslehre für Technologie und Innovation am Lehrstuhl für Marketing an der Christian-Albrechts-Universität in Kiel.

Matthias Runte ist Diplom-Wirtschaftsingenieur. Er studierte in Hamburg und Sydney und arbeitete als EDV-Berater. Seine Forschungsschwerpunkte sind Electronic Commerce mit Schwerpunkt Individual-Marketing im Umfeld Virtueller Communities und Individualisierung von Angeboten in Interaktiven Medien.

Prof. Dr. Schenk, Hans-Otto; Jahrgang 1936, Inhaber des Lehrstuhls für Handelsbetriebslehre an der Gerhard-Mercator-Universität-GH Duisburg.

Hans-Otto Schenk ist Diplom-Volkswirt. Er war von 1964 bis 1997 als Schriftleiter, Forschungsleiter und stellvertretender Geschäftsführer der Forschungsstelle für den Handel, Berlin, und seit der Promotion 1969 als Lehrbeauftragter an der FU Berlin und an der Universität Erlangen-Nürnberg tätig. Seit 1997 forscht er als Hochschullehrer zu Handelsforschung, -marketing und -psychologie und leitet das Forschungsprojekt „Fruchthandel“.

Schimmel, André; Jahrgang 1969, wissenschaftlicher Mitarbeiter am Lehrstuhl für Wirtschaftspädagogik an der Technischen Universität Dresden.

André Schimmel ist Diplom-Kaufmann. Er studierte von 1990 bis 1995 Betriebswirtschaftslehre an der Hochschule für Verkehrswesen „Friedrich List“ sowie an der Technischen Universität Dresden, wo er seit 1996 als Projektmitarbeiter tätig ist. Seine Forschungsschwerpunkte liegen in den Bereichen Wissensmanagement, Category Management sowie Struktur und Einflußfaktoren der Hersteller/Handels-Beziehung.

Prof. Dr. Schlecht, Otto; Jahrgang 1925, Vorsitzender der Ludwig-Erhard-Stiftung e.V., Bonn, und Präsident der Deutsch-Ungarischen Gesellschaft, Bonn.

Otto Schlecht ist Diplom-Volkswirt. Er promovierte 1952 an der Universität Freiburg. Von 1973 bis 1991 war er als Staatssekretär im Bundesministerium für Wirtschaft tätig. Im Oktober 1990 ernannte ihn die Universität Trier zum Honorarprofessor für Volkswirtschaftslehre. Neben seinen politischen Ämtern erfüllte Otto Schlecht stets zahlreiche ehrenamtliche Funktionen (insbesondere die beratende Begleitung der Wirtschaftsforschung).

Prof. Dr. Dr. hc. mult. Schlesinger, Helmut; Jahrgang 1924, Mitglied des Verwaltungsrats der Bank für Internationalen Zahlungsausgleich in Basel, Aufsichtsratsmitglied der METRO AG und Mitglied des Wissenschaftlichen Beirats beim Bundesministerium für Wirtschaft.

Helmut Schlesinger studierte Wirtschaftswissenschaften und promovierte in München. Ab 1952 arbeitete er für die Bank deutscher Länder, die spätere Bundesbank, deren Präsident er von 1991 bis 1993 war. Er ist Ehrendoktor der Universitäten von Frankfurt am Main, Göttingen und St. Gallen.

Dr. Schmäh, Marco; Jahrgang 1966, Marketing-Ingenieur bei der Service Fossile Energieerzeugung (KWU), Siemens AG, Berlin.

Marco Schmäh ist Diplom-Wirtschaftsingenieur. Bis 1998 war er wissenschaftlicher Mitarbeiter am Institut für Allgemeine Betriebswirtschaftslehre an der Freien Universität Berlin. Dort promovierte er ebenfalls 1998 mit einer Arbeit zum Thema „Anarbeitungsleistungen als Marketing-Instrumente im Technischen Handel“. Seine Forschungsschwerpunkte liegen in den Bereichen Business-to-Business-Marketing und Handelsmarketing.

Prof. Dr. Dr. hc. Schmalen, Helmut; Jahrgang 1944, Inhaber des Lehrstuhls für Betriebswirtschaftslehre, insbesondere Absatzwirtschaft und Handel an der Universität Passau.

Helmut Schmalen ist Diplom-Volkswirt. Er promovierte 1972 und habilitierte 1976 in Kiel. Seit 1997 ist er wissenschaftlicher Direktor des Instituts für Deutschsprachige Wirtschaftsausbildung an der Wirtschaftsuniversität Budapest. Forschungsschwerpunkte sind Preis- und Kommunikationsmanagement, Innovations- und Erfolgsfaktoren, Käuferverhalten sowie Handelsmarketing.

Prof. Dr. Schnedlitz, Peter; Jahrgang 1954, Inhaber des Lehrstuhls für Handel und Marketing an der Wirtschaftsuniversität Wien.

Peter Schnedlitz promovierte 1980 und habilitierte 1990 am Institut für Handel, Absatz und Marketing der Universität Graz. Danach nahm er zahlreiche Gastprofessuren an in- und ausländischen Universitäten wahr. Seine Forschungsschwerpunkte sind Handel, Handelsmarketing, Logistik, Marketing- und Wettbewerbskonzepte. Er ist wissenschaftlicher Berater von Unternehmen und Herausgeber von handelswissenschaftlichen Publikationen.

Prof. Dr. Schoop, Eric; Jahrgang 1958, Inhaber des Lehrstuhls für Wirtschaftsinformatik, insbesondere Informationsmanagement an der Technischen Universität Dresden.

Eric Schoop ist Diplom-Volkswirt. Er promovierte 1987 in Bamberg und habilitierte 1993 in Würzburg. Seine Forschungsschwerpunkte sind Dokumenten- und Wissensmanagement. In Praxisprojekten werden integrierte Methoden der Informationsanalyse, -modellierung und -strukturierung für elektronische Geschäftsprozesse und Cross Media Publishing erprobt und weiterentwickelt.

Prof. Dr. Dr. hc. mult. Schricker, Gerhard; Jahrgang 1935, Geschäftsführender Direktor des Max-Planck-Instituts für ausländisches und inländisches Patent-, Urheber- und Wettbewerbsrecht, München.

Gerhard Schricker studierte Jura in München. Er promovierte 1962, wurde 1964 Assessor und habilitierte 1969. Neben seiner Tätigkeit als Geschäftsführender Direktor des Max-Planck-Instituts ist Gerhard Schricker seit 1973 Professor an der Universität München. Seine Forschungsschwerpunkte liegen in den Bereichen Urheber-, Marken- und Wettbewerbsrecht.

Prof. Dr. Schröder, Hendrik; Jahrgang 1959, Inhaber des Lehrstuhls für Betriebswirtschaftslehre, insbesondere Marketing und Handel an der Universität-GH-Essen.

Hendrik Schröder ist Diplom-Kaufmann. Er promovierte 1988 und habilitierte 1995 in Münster. Seine Forschungsschwerpunkte liegen in den Bereichen Kooperation in Industrie und Handel, Handelsmanagement, -marketing und -controlling, Distributionsmanagement sowie Wettbewerbsrecht. Aktuelle Projekte befassen sich mit ECR, Markenführung, Factory Outlet Center und Handelsgastronomie.

Prof. Dr. Sell, Friedrich Leopold; Jahrgang 1954, Inhaber des Lehrstuhls für Volkswirtschaftslehre, insbesondere Makroökonomie und Wirtschaftspolitik an der Universität der Bundeswehr München.

Friedrich Leopold Sell ist Diplom-Volkswirt. Er promovierte 1981, habilitierte 1988 und lehrte u.a. an den Universitäten Freiburg, Gießen und Dresden sowie am Kieler Institut für Weltwirtschaft. Seine Forschungsschwerpunkte sind u.a. Makroökonomik offener Volkswirtschaften, Theorie spekulativer Attacken, Reformpolitik in Entwicklungsländern sowie Fragen der Wirtschaftspolitik.

Prof. Dr. Silberer, Günter; Jahrgang 1944, Direktor am Institut für Marketing und Handel der Georg-August-Universität in Göttingen sowie Mitglied des Verwaltungsrates der Stiftung Warentest, Berlin.

Günter Silberer ist Diplom-Kaufmann. Er promovierte 1977 in Mannheim zum Thema Vergleichender Warentest und habilitierte ebenda mit einer Arbeit zur Werteforschung und -orientierung im Unternehmen. Forschungsschwerpunkte sind Information und Kommunikation, Multimedia, Interaktive Medien, Stimmung als Marketingfaktor, Kunst im Unternehmen, Electronic Commerce.

Prof. Dr. Simon, Hermann; Jahrgang 1947, Vorsitzender der Geschäftsführung der Simon, Kucher & Partners Strategy & Marketing Consultants GmbH, Bonn und Cambridge/Mass.

Hermann Simon studierte Volks- und Betriebswirtschaftslehre in Köln, promovierte und habilitierte in Bonn. Bis 1995 hatte er den Lehrstuhl für Marketing an der Johannes-Gutenberg-Universität in Mainz inne. Er war Gastprofessor an mehreren Universitäten und ist u.a. Mit-Herausgeber des International Journal of Research in Marketing und des European Management Journal.

Spannagel, Rolf; Jahrgang 1945, wissenschaftlicher Mitarbeiter und stellvertretender Geschäftsführer der Forschungsstelle für den Handel Berlin (FfH) e.V.

Rolf Spannagel ist Diplom-Kaufmann. Seine berufliche Tätigkeit konzentrierte sich von Beginn an auf die Forschung und die Politikberatung im Bereich des Groß- und Einzelhandels. Die Forschungsschwerpunkte von Rolf Spannagel liegen in den Bereichen Struktur- und Wettbewerbsanalysen, Wettbewerbspolitik sowie Internationales Marketing. Eine besondere Position in seiner internationalen Forschungstätigkeit nimmt Osteuropa ein.

Dr. Täger, Uwe Christian; Jahrgang 1943, Leiter der Abteilung Handel & Wettbewerb am ifo Institut für Wirtschaftsforschung, München.

Uwe Christian Täger ist Diplom-Kaufmann. Er war von 1971 bis 1976 wissenschaftlicher Assistent an der Universität Mannheim. Seit 1978 arbeitet er im ifo Institut in München, wo er seit 1992 die Abteilung Handel und Wettbewerb leitet. Seine Forschungsschwerpunkte sind Distribution und Handel, Unternehmensverbindungen, Gewerbliche Schutzrechte sowie rechtsökonomische Fragestellungen.

Prof. Dr. Tietz, Bruno; Jahrgang 1933, lehrte bis zu seinem tragischen Unfalltod 1995 an der Universität des Saarlandes Handelsbetriebslehre, Marketing, Euromarketing und Futurologie.

Bruno Tietz war Direktor des Handelsinstituts im Institut für empirische Wirtschaftsforschung an der Universität des Saarlandes. Er galt aufgrund seiner richtungweisenden Studien, Publikationen und Referate als „Handelspapst". Bruno Tietz begleitete Unternehmen der METRO-Gruppe lange Jahre als wissenschaftlicher Berater und Aufsichtsrat.

Prof. Dr. Trommsdorff, Volker; Jahrgang 1943, Inhaber des Lehrstuhls für Betriebswirtschaftslehre, insbesondere Marketing an der Technischen Universität in Berlin.

Volker Trommsdorff ist Wirtschafts-Ingenieur und promovierte 1974 in Saarbrücken. Neben seiner Tätigkeit als wissenschaftlicher Direktor der Forschungsstelle für den Handel, Berlin, ist er Präsident der Deutschen Werbewissenschaftlichen Gesellschaft sowie Faculty Member des Instituts für Management und Technologie, Berlin. Er forscht in den Bereichen Innovationsmarketing, Strategische Marktforschung und Konsumentenverhalten.

Viermetz, Kurt F.; Jahrgang 1939, Aufsichtsrat und Director of the Board von J.P. Morgan & Co. Incorporated, New York.

Zusätzlich zu seiner seit 1965 bestehenden Verbindung zu J.P. Morgan ist Kurt F. Viermetz u.a. in den Aufsichtsräten der Hoechst AG, Frankfurt und der VEBA AG, Düsseldorf sowie im Internationalen Beirat der METRO Holding AG, Baar vertreten. Darüber hinaus bekleidet er als ausgewiesener Kenner des internationalen Finanz- und Wirtschaftsgeschehens eine Reihe weiterer Funktionen in den Vereinigten Staaten und in Deutschland.

Prof. Dr. Wieland, Josef; Jahrgang 1951, Leiter des Konstanz Institut für Ethik Management (KIEM).

Josef Wieland promovierte 1988 in Wuppertal und habilitierte 1995 in Witten-Herdecke. Er entwickelte u.a. ein Ethik-Management-System, das in verschiedenen Branchen der deutschen Wirtschaft implementiert ist. Er leitet das Deutsche Netzwerk Wirtschaftsethik (DNWE) und ist designierter wissenschaftlicher Direktor des neu gegründeten Zentrums für Wirtschaftsethik (ZfW) des DNWE. Seine Forschungsschwerpunkte sind Wirtschafts- und Unternehmensethik sowie Organisationstheorie.

Prof. Dr. Witt, Ralf; Jahrgang 1939, Inhaber des Lehrstuhls für Wirtschaftspädagogik an der Technischen Universität Dresden.

Ralf Witt studierte von 1959 bis 1965 Wirtschaftspädagogik und war bis 1972 im Schuldienst tätig, danach wissenschaftlicher Assistent. Er promovierte 1975 und arbeitete anschließend als Professor in Hamburg und Berlin. Seine Forschungsschwerpunkte liegen in den Bereichen kaufmännisches Bildungswesen, Fachdidaktik Wirtschaftslehre, Wissensstrukturforschung sowie rechnergestützte Lernsysteme.

Stichwortverzeichnis

E

F

G

H

I

K

L

S

T

U

V

W

Y

Z